专利法律知识

真题 演练和精解全集

欧阳石文　曹京涛◎编著

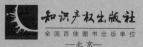

知识产权出版社

全国百佳图书出版单位

—北京—

图书在版编目（CIP）数据

专利法律知识真题演练和精解全集/欧阳石文，曹京涛编著. —北京：知识产权出版社，2025.1. —ISBN 978 - 7 - 5130 - 9655 - 3

Ⅰ. D923.424

中国国家版本馆 CIP 数据核字第 20246T7J32 号

内容提要

本书将 2010 年以来的专利代理师资格考试专利法律知识真题分类解析，先分类列出所有试题，再集中给出答案解析和考点分析，方便读者演练。其中答案解析参考最新《专利法》及其实施细则、《专利审查指南 2023》等法律法规，个别试题也进行适应性调整以适合最新法律法规。同时，每道试题除给出选项答案外，还特意留出"选错记录"，方便读者简要记录出错的原因。本书适合专利代理师资格考试备考考生和学习专利法律知识的人员阅读。

责任编辑：卢海鹰　王瑞璞		责任校对：潘凤越	
封面设计：杨杨工作室·张冀		责任印制：刘译文	

专利法律知识真题演练和精解全集

欧阳石文　曹京涛　编著

出版发行：**知识产权出版社** 有限责任公司		网　　址：http://www.ipph.cn	
社　　址：北京市海淀区气象路 50 号院		邮　　编：100081	
责编电话：010 - 82000860 转 8116		责编邮箱：wangruipu@cnipr.com	
发行电话：010 - 82000860 转 8101/8102		发行传真：010 - 82000893/82005070/82000270	
印　　刷：三河市国英印务有限公司		经　　销：新华书店、各大网上书店及相关专业书店	
开　　本：880mm×1230mm　1/16		印　　张：32.75	
版　　次：2025 年 1 月第 1 版		印　　次：2025 年 1 月第 1 次印刷	
字　　数：1310 千字		定　　价：188.00 元	

ISBN 978 - 7 - 5130 - 9655 - 3

作者简介

欧阳石文　博士，研究员，原资深审查员，现为北京知文通达知识产权代理事务所执行事务合伙人、专利代理师。

2002年博士毕业于中国农业科学院，同年到国家知识产权局专利局专利审查协作北京中心（以下简称"北京中心"）工作，主要从事医药生物领域发明实质审查工作；拥有近20年的专利审查工作经验。曾借调到原国家知识产权局专利复审委员会和北京市第一中级人民法院；曾担任北京中心审业部研究室主任、医药部室主任，专利审查协作河南中心化学部副主任。2018年起专职从事专利代理业务，2021年成立北京知文通达知识产权代理事务所。

熟悉各种专利业务，包括发明实质审查、PCT国际阶段审查、实用新型专利检索/评价报告、复审无效案件的审理。长期深入研究审查标准、申请文件撰写问题，曾参与《专利审查指南》修订、专利局内部规程的制定、《专利法》及其实施细则修订的课题研究工作；参与涉及专利审查政策、专利审查标准、专利检索、专利侵权分析、专利分析导航等20余项课题研究，业务文章30余篇，并在知名媒体发表数十篇业务文章；

主编出版《专利代理实务应试指南及真题精解》《医药生物领域专利申请文件撰写和答复技巧》《专利有效性检索》《专利代理实务考试应试指南》《专利代理师资格考试模拟试题及解析——专利代理实务篇》《专利代理师资格考试模拟试题及解析——相关法律篇》等；参与编写《海外专利保护实务（美国卷）》（编委）、《发明专利保护客体典型案例评析》、《实用新型专利权评价报告实务手册》（撰稿人和统稿人）、《农业与健康创新的知识产权管理——最佳实践手册》等。对审查标准和实务有深入研究和独到见解。

曾担任专利审查协作中心的审查员培训讲师，承担教学研究工作，并多年在外担任专利相关方面的培训教师，尤其涉及专利代理师资格考试考前培训和高质量专利申请文件撰写等课程；曾入选北京市知识产权局等专家库、青海省高端引进人才。

曹京涛　副研究员，国家注册知识产权管理体系（IPMS）审核员、ISO56005创新与知识产权管理能力分级评价师，中国政法大学法学硕士。2007年进入国家知识产权局工作，目前就职于中规（北京）认证有限公司，拥有10余年的知识产权从业经验，擅长知识产权管理体系审核、专利代理师资格考试培训、高级知识产权师职称考试培训等，多年担任专利代理师资格考试培训教师、高级知识产权师职称考试培训教师，具有丰富的培训经验。代表作品包括《全国专利代理人资格考试考点法条精读及真题分类解析》《企业知识产权管理体系构建与运行》《专利代理师资格考试模拟试题及解析——相关法律篇》等。

前 言

本书收集了 2010 年以来的专利代理师资格考试专利法律知识（科目一）真题，其中，2010 年和 2011 年每年试卷共有 100 道题，每题为 1.5 分，总分 150 分。所有试题均为复选题，也被称为不定项选择题，即每一试题的四个答案选项中至少有一个是正确答案。应试者错选、少选或多选答案均不得分。但从 2012 年起有所变化，每年试卷仍然共有 100 道题，每题 1.5 分，总分 150 分。试题分两部分：第一部分为单项选择题（1 ~ 30 题），每题所设选项中只有一个正确答案，多选、错选或不选均不得分。第二部分为多项选择题（31 ~ 100 题），每题所设选项中至少有两个正确答案，多选、少选、错选或不选均不得分。

本书中 A 代表《专利法》，数字代表条款，例如 A22.3 指《专利法》第二十二条第三款，A25.1（2）指《专利法》第二十五条第一款第（二）项；R 代表《专利法实施细则》，数字代表条款，例如 R20.2 指《专利法实施细则》第二十条第二款，R27（1）指《专利法实施细则》第二十七条第（一）项；G 代表《专利审查指南 2023》，例如 G - 1 - 1 - 1.1 代表《专利审查指南 2023》第一部分第一章第 1.1 节。在解析中，需要考生关注的关键知识点用下划线示出。

本书中各题会显示真题的年份和题号，例如 "2018 - 1" 表示 2018 年专利代理师资格考试专利法律知识（科目一）试卷第 1 题。

本书针对考点或相近考点将真题进行归类，先集中列出试题（数量通常为 1 ~ 20 题），方便读者演练或检验对知识点的掌握情况。试题通常按年份倒序排列，但在遇有较统一的知识点时将涉及该相关知识点的试题集中在一起，便于读者重点攻克。这种情况往往涉及重要、频率非常高的考点。同时，为了练习和再次检查做错的题目以巩固相关知识点，避免考试中在同样的问题上出错，每题除给出选项答案外还特意留出 "选错记录"，以便读者记录练习中的出错之处，还可简要记录出错的原因。最后，集中给出各试题的答案解析和总体的考点分析。通过这种方式，考生能够完整了解并熟记相关知识点。针对每道真题，本书对涉及知识点的相关规定都进行列明和分析，对每个选项都进行分析。当然，对于各题涉及相关知识点的相同规定，有时采取引用的方式，以减少篇幅。另外，将出现频率较高的相关知识点罗列于各 "总体考点分析" 之后，供考生考前冲刺或临考前重点复习，但平时复习备考时不应局限于此。在忠于原试题的基础上，对于相关规定发生变化导致题干和选项不再适用等情况，对试题进行适应性的修改并给出对应的答案。本书第一至二章、第五至六章、第九章由欧阳石文完成，第三至四章、第七至八章由曹京涛完成，并进行相互校对，欧阳石文对全书进行了统校。由于《专利法》等相关法律修改较为频繁，加之编者水平有限，书中难免存在错误（甚至个别答案错误），敬请读者批评指正。

目 录

第一章　专利制度概论

本章要求掌握专利权的概念（排他性的含义）、先申请原则，对各国专利制度有总体了解；掌握申请人和发明人基本概念、权利的归属（申请专利的权利和专利权的归属）；掌握我国专利代理制度的相关规定。本章分三节：专利基础知识、申请专利的权利和专利权的归属以及专利代理制度。

第一节　专利基础知识（专利制度概要及中国专利制度）

（一）历年试题集合

1. (2018 - 31) 关于专利权，以下说法错误的有？

　A. 专利权具有排他性，专利权人有权禁止任何人未经其许可为生产经营目的实施该专利技术

　B. 自专利授权之日起，专利权人即获得在专利有效期内不受他人约束、自由实施其专利技术以获利的权利

　C. 专利的排他权本质上是排除对专利权所保护之知识产品的非法侵占、妨害或损毁

　D. 各国专利制度均涵盖发明专利、实用新型和外观设计三种类型的专利

【你的答案】

【选错记录】

2. (2018 - 1) 甲、乙、丙、丁分别就无人驾驶汽车用摄像装置各自独立地先后完成了同样的发明创造，并就该发明创造分别向国家知识产权局提交了专利申请。根据下述选项所述的情形，应当被授予专利权的是？

　A. 甲于 2014 年 8 月 1 日向国家知识产权局受理部门提交的符合规定的发明专利申请文件

　B. 乙于 2014 年 8 月 6 日向国家知识产权局受理部门提交的符合规定的发明专利申请文件，并享有 2013 年 8 月 6 日的优先权

　C. 丙于 2013 年 8 月 1 日通过顺丰速递向国家知识产权局受理部门寄交的符合规定的发明专利申请文件，国家知识产权局受理部门于 2013 年 8 月 2 日收到该申请文件

　D. 丁于 2013 年 7 月 30 日通过邮局向国家知识产权局受理部门寄交的符合规定的发明专利申请文件，国家知识产权局受理部门于 2013 年 8 月 8 日收到该申请文件

【你的答案】

【选错记录】

3. (2013 - 1) 甲于 2011 年 7 月 1 日完成了某项发明创造，并于 2011 年 7 月 4 日向国家知识产权局受理处直接递交了专利申请。乙也于 2011 年 7 月 1 日完成了同样的发明创造，并于 7 月 2 日上午到邮局寄出了专利申请，国家知识产权局 2011 年 7 月 4 日收到该申请。如果甲乙二人的申请均符合其他授予专利权的条件，则专利权应当授予何人？

　A. 甲　　　　　　　　　　　B. 乙

　C. 甲和乙共有　　　　　　　D. 经甲和乙协商确定的人

【你的答案】

【选错记录】

4. (2016 - 2) 甲于 2013 年 7 月 7 日完成一项发明创造，并于 2013 年 7 月 8 日下午到当地的专利代办处面交了专利申请；乙于 2013 年 7 月 4 日独立完成相同发明创造，并于 2013 年 7 月 7 日通过快递公司提交申请文件，专利局受理处于次日上午收到该申请文件。如果两件申请均符合其他授权条件，则专利权应当授予谁？

　A. 甲　　　　　　　　　　　B. 乙

　C. 甲和乙　　　　　　　　　D. 甲和乙协商确定的人

【你的答案】

【选错记录】

5. (2011 - 34) 赵某于 2010 年 5 月 7 日完成一项发明创造，并于 2010 年 5 月 11 日下午到当地的代办处面交了专利申请。王某于 2010 年 5 月 4 日独立完成同样的发明创造，并于 2010 年 5 月 10 日通过速递公司提交申请文件，国家知识产权局受理处于次日上午收到该申请文件。如果两件申请均符合其他授权条件，则专利权应当授予谁？

 A. 赵某

 B. 王某

 C. 赵某和王某

 D. 赵某和王某协商确定的申请人

6. (2019 - 86，有适应性修改) 下列有关最高人民法院知识产权法庭的说法正确的是？

 A. 知识产权法庭是最高人民法院派出的常设审判机构，设在北京市

 B. 知识产权法庭可以根据案件情况到实地或原审人民法院所在地巡回审理案件

 C. 知识产权法庭主要审理专利等专业技术性较强的知识产权上诉案件

 D. 知识产权法庭作出的判决、裁定、调解书和决定，是最高人民法院的判决、裁定、调解书和决定

7. (2015 - 14) 下列说法哪个是正确的？

 A. 国务院专利行政部门负责管理全国的专利工作

 B. 专利局复审和无效审理部❶负责受理针对专利权评价报告的更正请求

 C. 国务院专利行政部门设立的专利代办处受理所有专利申请

 D. 基层人民法院负责管辖本辖区内的专利纠纷第一审案件

8. (2012 - 1) 下列哪种说法是正确的？

 A. 国务院专利行政部门负责管理全国的专利工作

 B. 专利局复审和无效审理部负责受理强制许可请求并作出决定

 C. 专利代办处负责受理本行政区域内的 PCT 国际申请

 D. 基层人民法院负责受理专利侵权诉讼的一审案件

9. (2011 - 1) 下列说法哪些是正确的？

 A. 国务院专利行政部门负责管理全国的专利工作

 B. 管理专利工作的部门可以应当事人请求对专利申请权和专利权归属纠纷进行调解

 C. 国务院专利行政部门设立的专利代办处受理所有专利申请

 D. 基层人民法院负责管辖本辖区内的专利纠纷第一审案件

10. (2017 - 1) 下列哪个机关依法具有处理侵犯专利权纠纷的职能？

 A. 省、自治区、直辖市人民政府设立的管理专利工作的部门

 B. 县人民政府设立的管理专利工作的部门

 C. 设区的市人民政府

 D. 国家知识产权局

11. (2019 - 31) 下列关于国防专利的说法正确的是？

 A. 国防专利机构负责受理和审查国防专利申请

 B. 国防专利申请经国防专利机构审查认为符合规定的，由国防专利机构授予国防专利权

 C. 国防专利申请权和国防专利权经批准可以向国内的单位和个人转让

 D. 禁止向国外的单位和个人转让国防专利申请权和国防专利权

---

❶ 原题为"专利复审委员会"，根据 2018 年党和国家机构改革方案改为"专利局复审和无效审理部"，后文类似情况不再赘述。

12. （2015－70）下列有关国防专利申请和国防专利的说法哪些是正确的？　　【你的答案】

A. 专利申请涉及国防利益需要保密的，由国防专利机构受理并进行审查

【选错记录】

B. 经主管部门批准，国防专利权人可以向国外的单位或者个人转让国防专利权

C. 国防专利申请人在对第一次审查意见通知书进行答复时，可以对其国防专利申请主动提出修改

D. 国家知识产权局专利局复审和无效审理部负责国防专利的复审和无效宣告工作

13. （2013－72）某科研机构欲就一项涉及国防利益的发明创造申请国防专利。下列　　【你的答案】

说法哪些是正确的？

A. 该国防专利申请文件不得按照普通函件邮寄

【选错记录】

B. 该国防专利申请权经批准可以转让给国外单位

C. 该国防专利申请应当由国防专利机构进行审查

D. 该国防专利申请经审查符合授权条件的，应当由国防专利机构授予专利权

（二）参考答案解析

【1.（2018－31）解析】知识点：专利权的概念；相关知识点：专利制度常识

本题涉及对专利权相关特点和其他国家专利制度的总体了解。

对于选项 A，根据 A11 的规定，发明和实用新型专利权被授予后，除该法另有规定的以外，任何单位和个人未经专利权人许可，都不得实施其专利……。这里的法律规定表述是严谨的，其中的前提是除《专利法》另有规定的以外，而不是绝对的"任何单位和个人"。这一点与通常非正式表述"任何人"的含义是不同的。进一步地，A75 规定，有下列情形之一的，不视为侵犯专利权：……；（二）在专利申请日前已经制造相同产品、使用相同方法或者已经作好制造、使用的必要准备，并且仅在原有范围内继续制造、使用的；……。其中该规定中第二种情形，属于他人能够继续以生产经营为目的实施专利技术而不视为侵犯专利权，专利权人无权禁止的情况。这就是所谓的先用权，属于一种例外情形。因此，选项 A 说法过于绝对，是错误的。

对于选项 B，获得专利权仅意味着专利权人对该专利技术具有排他权，但并不代表在专利有效期内不受他人约束、自由实施其专利技术。因为该专利的实施可能要依赖于其他专利技术，此时在未获得所述其他专利技术的专利权人许可之前，该专利的专利权人也不得为生产经营目的实施其专利技术。最为典型的是所谓的从属专利，即专利的实施依赖于在先专利。如果在先专利的专利权人不同意给予实施许可，则该从属专利的专利权人可依照法律规定实施其从属专利（A56 条针对此种情形规定了强制许可）。因此，选项 B 的说法错误。

选项 C 是考查有形财产权（房屋、物品器具等）与无形财产权的区分。专利权属于无形财产权，不发生像有形财产权那样有形占有和损耗。专利权的排他权是指除《专利法》另有规定的以外，"任何单位和个人未经专利权人许可，都不得实施其专利"。此处是指不允许他人对专利权所保护之知识产品进行不法仿制、假冒或剽窃，而不是非法侵占、妨害或损毁。因此，选项 C 的说法错误。

选项 D 要求考生掌握大体的专利制度基本常识。中国《专利法》规定了发明、实用新型和外观设计三种专利类型，其中实用新型专利制度并不是世界各国专利制度都具有的，许多国家（例如美国）没有实用新型专利制度。因此，选项 D 的说法错误。

综上所述，本题答案为 A、B、C、D。

【2.（2018－1）解析】知识点：先申请原则；相关知识点：申请日的确定

本题主要涉及先申请原则和申请日的确定两方面知识点，重点是确定甲、乙、丙、丁四人中谁的申请日最早。但这与谁最先完成发明创造没有关系，因为我国专利制度并非先发明制。

A9.2 规定："两个以上的申请人分别就同样的发明创造申请专利的，专利权授予最先申请的人。"这就是先申请原则，其中，最先申请的人涉及最早申请日的确定。进一步地，根据 R12.1 的规定，除《专利法》第二十八条和第四十二条规定的情形外，《专利法》所称申请日，有优先权的，指优先权日。因此，在先申请原则中，有优先权的，按优先权日。注意题干中选项 B 提到享有优先权，则认为能够享受，而不要过多考虑优先权是否成立的其他条件。

其次，本题各选项的申请人以不同的形式提交申请文件，则需要掌握申请日确定的相关规定。A28 规定："国务院专利行政部门收到专利申请文件之日为申请日。如果申请文件是邮寄的，以寄出的邮戳日为申请日。"根据 G－5－3－2.3.1 关于"受理程序"的规定可知，向专利局受理部门窗口直接递交的专利申请，以收到日为申请日；通过邮局邮寄递交到专利局受理部门的专利申请，以信封上的寄出邮戳日为申请日；通过速递公司递交到专利局受理部门的专利申请，以收到日为申请日。

由此可知，甲是向受理部门提交的申请文件的，故其申请日为2014年8月1日。乙的申请日相距优先权日在12个月内，因此其申请能够享受优先权日，故以优先权日即2013年8月6日作为判断其先申请原则的日期。丙由于是通过顺丰速递公司提交专利申请的，以受理部门实际收到日为申请日，故其申请日为2013年8月2日。丁采用的是邮局邮寄方式，以其邮寄日2013年7月30日为申请日，而不是以受理部门收到日即2013年8月8日为申请日。

综上所述，丁的申请日2013年7月30日为最早，应当被授予专利权，故本题答案为D。

【3.（2013－1）解析】知识点：先申请原则；相关知识点：申请日的确定

参照2.（2018－1）解析中的相关规定。其中，需要指出的是，中国专利制度中申请日是以天为单位，一天之内不区分先后，例如不区分上午、下午等。

在本题中，甲于2011年7月4日向国家知识产权局受理处直接递交了专利申请，其专利申请的申请日为2011年7月4日；乙于2011年7月2日上午到邮局寄出了专利申请，其专利申请的申请日为2011年7月2日，即乙的申请日要早于甲的申请日。因此，专利权应当授予最先申请的人乙，因此选项B正确。

需要指出的是，选项C和D为干扰项，由于甲乙先后提交而不是同一天提交的专利申请的，因此不可能由甲乙共有专利权，也没有必要经甲和乙协商来确定（选项D实际涉及A9.1的规定）。

综上所述，本题答案为B。

【4.（2016－2）解析】知识点：先申请原则；相关知识点：申请日的确定

参照2.（2018－1）和3.（2013－1）中关于申请日确定的规定和解析。题中，由于甲是在当地的专利代办处面交了专利申请，应以专利代办处收到日（不论是当天上午还是下午）为申请日，即申请日为2013年7月8日。乙通过快递公司提交了专利申请，因此以专利局受理处的收到日作为申请日，即申请日为2013年7月8日，而非2013年7月7日。由此可知，甲和乙的专利申请日为同一天，而根据R47.1的规定，两个以上的申请人同日（指申请日；有优先权的，指优先权日）分别就同样的发明创造申请专利的，应当在收到国务院专利行政部门的通知后自行协商确定申请人。因此，选项D符合题意，选项A、B、C不符合题意。注意，题干中给出的甲完成发明创造时间为2013年7月7日是干扰信息，因为我国采取的是先申请制。

综上所述，本题答案为D。

【5.（2011－34）解析】知识点：先申请原则；相关知识点：申请日的确定

参见2.（2018－1）和3.（2013－1）中关于申请日确定的规定和解析。本题中，由于赵某是在当地代办处面交的专利申请，应以代办处收到日为申请日，即2010年5月11日。王某通过速递公司提交的专利申请，应以受理处的收到日作为申请日，即2010年5月11日，而不是2010年5月10日。

由此可知，赵某和王某的申请日为同一天，而R47.1规定，两个以上的申请人同日（指申请日；有优先权的，指优先权日）分别就同样的发明创造申请专利的，应当在收到国务院专利行政部门的通知后自行协商确定申请人。因此，选项D正确。

综上所述，本题答案为D。

【6.（2019－86）解析】知识点：专利行政部门与司法机构

根据《最高人民法院关于知识产权法庭若干问题的规定》第一条的规定，最高人民法院设知识产权法庭，主要审理专利等专业技术性较强的知识产权上诉案件。知识产权法庭是最高人民法院派出的设审判机构，设在北京市。知识产权法庭作出的判决、裁定、调解书和决定，是最高人民法院的判决、裁定、调解书和决定。由此可知，选项A、C和D与该规定中的表述完全一致，因此其说法是正确的。第五条规定，知识产权法庭可以根据案件情况到实地或者原审人民法院所在地巡回审理案件。故选项B与该规定的表述完全一致，因此其说法是正确的。

综上所述，本题答案为A、B、C、D。

【7.（2015－14）解析】知识点：专利行政部门与司法机构

对于选项A，根据A3.1的规定，国务院专利行政部门负责管理全国的专利工作；统一受理和审查专利申请，依法授予专利权。可见，选项A正确。

对于选项B，根据A66.2的规定，专利侵权纠纷涉及实用新型专利或者外观设计专利的，人民法院或者管理专利工作的部门可以要求专利权人或者利害关系人出具由国务院专利行政部门对相关实用新型或者外观设计进行检索、分析和评价后作出的专利权评价报告，作为审理、处理专利侵权纠纷的证据；……。由上述规定可知，专利权评价报告由国务院专利行政部门作出。G－5－10－6.3关于"更正程序的进行和终止"中规定，更正程序启动后，作出专利权评价报告的部门应当成立由组长、主核员和参核员组成的三人复核组，对原专利权评价报告进行复核。由以上规定可知，针对专利权评价报告的更正请求由国务院专利行政部门受理。同时，根据专利局复审和无效审理部的职责范围，其负责专利复审和无效宣告的审理，并不受理专利权评价报告的更正请求，也不负责专利权评价报告相关事宜。因此选项B的说法是错误的。

对于选项C，根据G-5-3-1关于"受理部门"中规定可知，各代办处按照相关规定受理专利申请及其他有关文件。其中，于2007年5月16日由国家知识产权局印发、自2007年7月1日起施行的《国家知识产权局专利局代办处专利申请受理工作规程》中关于专利申请受理范围规定如下：

"1. 可以受理的专利申请文件：（1）内地申请人面交或寄交的发明、实用新型、外观设计专利申请文件；（2）港、澳、台地区的个人委托内地专利代理机构面交或寄交的发明、实用新型、外观设计专利申请文件。2. 不能受理的专利申请文件：<u>（1）PCT申请文件</u>；（2）外国申请人及港、澳、台地区法人提交的专利申请文件；（3）分案申请文件；（4）有要求优先权声明的专利申请文件；（5）专利申请被受理后提交的其他文件。"虽然近些年来，对受理处的受理范围有所扩展，但总归其不能受理所有专利申请，故选项C错误。

对于选项D，根据《最高人民法院关于适用〈中华人民共和国民事诉讼法〉的解释》第二条第一款规定，专利纠纷案件由知识产权法院、最高人民法院确定的中级人民法院和基层人民法院管辖。因此，基层人民法院只有在最高人民法院确定的情况下才能审理本辖区内的专利纠纷第一审案件，故选项D错误。

综上所述，本题答案为A。

【8.（2012-1）解析】知识点：专利行政部门与司法机构

对于选项A、C和D，参见7.（2015-14）的解析。其中选项A正确，选项C和D错误。

对于选项B，A53规定，有下列情形之一的，<u>国务院专利行政部门根据具备实施条件的单位或者个人的申请，可以给予实施发明专利或实用新型专利的强制许可</u>……。可见，强制许可请求由国务院专利行政部门受理并作出决定，并不是由专利局复审和无效审理部负责的。因此，选项B错误。

综上所述，本题答案为A。

【9.（2011-1）解析】知识点：专利行政部门与司法机构

对于选项A、C和D，参见7.（2015-14）的解析。其中选项A正确，选项C和D错误。

对于选项B，R102.1规定，除《专利法》第六十五条规定的外，管理专利工作的部门应当事人请求，可以对下列专利纠纷进行调解：（一）专利申请权和专利权归属纠纷；……。其中，管理专利工作的部门可以应当事人请求对专利申请权和专利权归属纠纷进行调解，因此，选项B正确。

综上所述，本题答案为A、B。

【10.（2017-1）解析】知识点：专利行政部门的职能

根据A65的规定，未经专利权人许可，实施其专利，即侵犯其专利权，引起纠纷的，由当事人协商解决；不愿协商或者协商不成的，专利权人或者利害关系人可以向人民法院起诉，也可以请求管理专利工作的部门处理……。进一步地，根据R95的规定，省、自治区、直辖市人民政府管理专利工作的部门以及专利管理工作量大又有实际处理能力的地级市、自治州、盟、地区和直辖市的区人民政府管理专利工作的部门，可以处理和调解专利纠纷。由此可知，选项A正确。

对于选项B，上述规定并不包括县人民政府设立的管理专利工作的部门，其并不具有处理侵犯专利权纠纷的职能；对于选项C，设区的市人民政府本身也不具有该职能；因此选项B、C均是错误的。对于选项D，A70.1规定，<u>国务院专利行政部门可以应专利权人或者利害关系人的请求处理在全国有重大影响的专利侵权纠纷</u>。故国家知识产权局也具有处理专利侵权纠纷的职能，即选项D正确。

需要注意区分的是，《专利法》中所称国务院专利行政部门是指国家知识产权局，而管理专利工作的部门则是R95中规定的部门。

综上所述，本题答案为A、D。

【11.（2019-31）解析】知识点：国防专利

根据R7.1的规定，专利申请涉及国防利益需要保密的，由国防专利机构受理并进行审查……。进一步地，《国防专利条例》第三条第一款规定，国家国防专利机构负责受理和审查国防专利申请。<u>经国防专利机构审查认为符合该条例规定的，由国务院专利行政部门授予国防专利权</u>。由该规定可知，选项A的说法正确，而国防专利权仍由国务院专利行政部门授予而非由国防专利机构授予，因此选项B的说法错误。

《国防专利条例》第七条第一款规定，国防专利申请权和国防专利权经批准可以向国内的中国单位和个人转让。根据该规定，国防专利申请权和国防专利权只能向国内的中国单位和个人转让，而不能向在国内的外国人和外国机构转让，（参见该条例第八条的规定），因此选项C的说法错误。

《国防专利条例》第八条规定，禁止向国外的单位和个人以及在国内的外国人和外国机构转让国防专利申请权和国防专利权。根据该规定，选项D的说法正确。

综上所述，本题答案为 A、D。

【12.（2015－70）解析】知识点：国防专利

根据 R7.1 的规定，专利申请涉及国防利益需要保密的，由国防专利机构受理并进行审查；国务院专利行政部门受理的专利申请涉及国防利益需要保密的，应当及时移交国防专利机构进行审查……。由此可知，故选项 A 的说法正确。

《国防专利条例》第八条规定，禁止向国外的单位和个人以及在国内的外国人和外国机构转让国防专利申请权和国防专利权。故选项 B 的说法错误。

《国防专利条例》第十四条第二款规定，国防专利申请人在自申请日起 6 个月内或者在对第一次审查意见通知书进行答复时，可以对其国防专利申请主动提出修改。故选项 C 的关于主动修改的说法是正确的。

《国防专利条例》第十六条第一款规定，国防专利机构设立国防专利复审委员会，负责国防专利的复审和无效宣告工作。根据该规定，国防专利的复审和无效宣告工作并不由国家知识产权局专利局复审和无效审理部负责。因此，选项 D 的说法是错误的。

综上所述，本题答案为 A、C。

【13.（2013－72）解析】知识点：国防专利

《国防专利条例》第十条第二款规定，国防专利申请人应当按照国防专利机构规定的要求和统一格式撰写申请文件，并亲自送交或者经过机要通信以及其他保密方式传交国防专利机构，不得按普通函件邮寄。由此可知，国防专利申请文件不得按照普通函件邮寄，故选项 A 正确。

《国防专利条例》第八条规定，禁止向国外的单位和个人以及在国内的外国人和外国机构转让国防专利申请权和国防专利权。由此可知，选项 B 错误。

参见 11.（2019－31）的解析，可知选项 C 正确，选项 D 错误。

综上所述，本题答案为 A、C。

（三）总体考点分析

从 2010～2019 年试题的汇集来看，本节的重点内容比较明确，具体分析如下。

专利制度概要方面涉及专利制度的产生与发展、专利体系及特点以及专利制度的作用。其中专利体系及特点包括的主要知识点为：专利权的概念、专利权的性质、先申请制、先发明制、登记制、初步审查制、实质审查制等。

重点掌握专利权的概念（排他性的含义），同时其他知识点需要适当了解，比如各国专利制度。但不必对每一个国家的专利制度都深入了解。该部分出题频率较低，上述十年试题中只涉及一道题（1.（2018－31））。

相对重要的考点则是中国专利制度。需要适当了解中国专利制度的发展历史，理解我国专利制度的主要特点。主要的知识点为：先申请原则、三种专利类型及其审查制度、行政保护与司法保护双轨制；中国专利制度行政部门的设置、国务院专利行政部门及其主要职能、国防专利机构及其主要职能、地方管理专利工作的部门及它们的主要职能，以及审理专利案件的人民法院及其管辖权。但重点需要掌握先申请原则及其判断（与申请日的确定相关原则）、各专利行政部门及司法机构（尤其是国防专利机构和最高人民法院的知识产权法庭）及其职能。

 高频结论

✓ 发明和实用新型专利权被授予后，除《专利法》另有规定的以外，任何单位和个人未经专利权人许可，都不得实施其专利。其中有例外，如先用权就不视为侵犯专利权。

✓ 实用新型专利制度并不是世界各国专利制度都具有的，例如美国就没有实用新型专利制度。

✓ 两位以上的申请人分别就同样的发明创造申请专利的，专利权授予最先申请的人（即我国及绝大部分国家采取先申请原则，相对的是极少数国家采取的先发明制）。其中以申请日（有优先权的，按优先权日）先后来判断。

✓ 向专利局受理处或者代办处窗口直接递交的专利申请，以收到日为申请日；通过邮局邮寄递交到专利局受理处或者代办处的专利申请，以信封上的寄出邮戳日为申请日；通过速递公司递交到专利局受理处或者代办处的专利申请，以收到日为申请日。值得注意的是，申请日最小单位是天，而不是时。

✓ 最高人民法院知识产权法庭是最高人民法院派出的常设审判机构，设在北京市，主要审理专利等专业技术性较强的知识产权上诉案件（注意并不是所有的知识产权上诉案件），其作出的判决、裁定、调解书和决定，是最高人民法院的判决、裁定、调解书和决定；可以通过电子诉讼平台或者采取在线视频等方式组织证据交换、召集庭前会议。

✓ 国务院专利行政部门负责管理全国的专利工作，也负责处理在全国有重大影响的专利权侵权纠纷。

✓ 省、自治区、直辖市人民政府管理专利工作的部门以及专利管理工作量大又有实际处理能力的地级市、自治州、盟、地区和直辖市的区人民政府管理专利工作的部门，可以处理和调解专利纠纷。

✓ 管理专利工作的部门可以应当事人请求对专利申请权和专利权归属等专利纠纷进行调解。

✓ 专利局代办处按照相关规定受理专利申请及其他有关文件，这意味着并不能受理所有的专利申请。

✓ 专利纠纷案件，由知识产权法院最高人民法院确定的中级人民法院和基层人民法院管辖。基层人民法院在最高人民法院确定的情况下才会审理第一审专利纠纷案件。

✓ 强制许可请求由国务院专利行政部门受理并作出决定，并不是由专利局复审和无效审理部负责的。

✓ 国家国防专利机构负责受理和审查国防专利申请。如果授权，则由国务院专利行政部门授予，而不是国防专利机构。

✓ 国防专利申请权和国防专利权经批准可以向国内的中国单位和个人转让，但禁止向国外的单位和个人以及在国内的外国人和外国机构转让。

✓ 国防专利的复审和无效由国防专利复审委员会负责，并不由国家知识产权局专利局复审和无效审理部负责。

✓ 国防专利申请人应当按照国防专利机构规定的要求和统一格式撰写申请文件，并亲自送交或者经过机要通信以及其他保密方式传交国防专利机构，不得按普通函件邮寄。

（四）参考答案

1. A、B、C、D	2. D	3. B	4. D	5. D
6. A、B、C、D	7. A	8. A	9. A、B	10. A、D
11. A、D	12. A、C	13. A、C		

第二节　申请专利的权利和专利权的归属

一、发明人、申请人概念

（一）历年试题集合

1. (2014－10) 下列哪个单位或者个人可以作为《专利法》规定的发明人或者设计人？

　　A. 某电视台

　　B. 某大学教务处

　　C. 李某

　　D. 某课题组

【你的答案】
_____

【选错记录】
_____

2. (2013－64) 蓝天公司科研人员田幸和林福在公司的科研工作中完成了一项发明创造。该公司就该发明创造向国家知识产权局提交了一件发明专利申请。请求书中发明人一栏的填写哪些符合规定？

　　A. 蓝天公司

　　B. 田幸林福

　　C. 田幸林福（不公布姓名）

　　D. 蓝天公司田幸林福

【你的答案】
_____

【选错记录】
_____

3. (2012－44)下列哪些主体可以作为发明人？　【你的答案】

　　A. 限制民事行为能力人

　　B. 某大学科研小组　　　　　　　　　　　　　　　　　　【选错记录】

　　C. 在监狱里服刑的罪犯

　　D. 具有法人资格的企业

4. (2010－2)某电机厂职工张某所作的职务发明被授予了专利权。下列说法哪些是　【你的答案】

正确的？

　　A. 张某有在申请文件中写明自己是发明人的权利　　　　　【选错记录】

　　B. 张某有从该电机厂获得奖励的权利

　　C. 在该电机厂不实施该专利的情况下，张某有实施该专利的权利

　　D. 在该专利权被侵犯时，张某有向人民法院提起诉讼的权利

5. (2017－32，有适应性修改)李某作为发明人完成了一项职务发明创造，其所在　【你的答案】

的甲公司就此项发明创造提出了发明专利申请。那么，以下哪些说法是正确的？

　　A. 在提出专利申请后，李某请求不公布其姓名，则应当提交李某签字或盖章的书　【选错记录】

面声明

　　B. 在提出专利申请时，李某请求不公布其姓名，则应当在请求书"发明人"一栏

所填写的李某姓名后注明"（不公布姓名）"

　　C. 李某不公布其姓名的请求被批准后，专利局在专利公报、专利单行本中不公布其姓名，但在专利证

书中公布其姓名

　　D. 在专利申请做好公报编辑后，李某请求不公布其姓名，则李某的请求将视为未提出

6. (2019－32)下列哪些可以作为申请人申请专利？　　　　　【你的答案】

　　A. 某公司知识产权部

　　B. 某知识产权代理有限责任公司　　　　　　　　　　　　【选错记录】

　　C. 北京某十岁小学生甲

　　D. 在我国境内没有营业所的美国公司

7. (2015－19)下列哪个主体不能作为专利申请人？　　　　　【你的答案】

　　A. 某研究所课题组

　　B. 某有限责任公司　　　　　　　　　　　　　　　　　　【选错记录】

　　C. 某监狱服刑人员

　　D. 某十四周岁的中学生

8. (2013－35)下列哪些主体可以作为《专利法》规定的申请人？　【你的答案】

　　A. 中国中央电视台

　　B. 清华大学教务处　　　　　　　　　　　　　　　　　　【选错记录】

　　C. 北京市民李某

　　D. 专利代理师张某

9. (2012－7)下列哪个主体不能作为专利申请人？　　　　　　【你的答案】

　　A. 某大学课题组

　　B. 某有限责任公司　　　　　　　　　　　　　　　　　　【选错记录】

　　C. 某患有抑郁症的病人

　　D. 某十三周岁的中学生

10. (2017－33)下列哪些情形中专利申请人的填写不符合规定？　【你的答案】

　　A. 正式全称为北京某电子科技股份有限公司的企业在提交的专利申请中，专利申

请人一栏填写的是"北京某电子公司"　　　　　　　　　　　　【选错记录】

　　B. 某大学提交的专利申请中，专利申请人一栏填写的是"某大学科研处"

C. 外国某大学教授约翰·史密斯提交的专利申请中，专利申请人一栏填写的是"约翰·史密斯教授"

D. 张某在其提交的专利申请中，专利申请人一栏填写的是其笔名"风行"

11. （2018－32）关于申请人，下列说法正确的是？

【你的答案】

A. 中国内地申请人是个人的，在提交专利申请时应当填写其姓名、地址、居民身份证件号码等信息

【选错记录】

B. 申请人是外国企业的，如果其在中国有营业所的，应当提供当地工商行政管理部门（市场监督管理部门）出具的证明文件

C. 申请人是外国人的，如果其在中国有经常居所，应当提交公安部门出具的已在中国居住一年以上的证明文件

D. 申请人是外国人的，如果其所属国不是《巴黎公约》成员国或者世界贸易组织成员，其所属国法律也没有明文规定依互惠原则给外国人以专利保护的条款的，申请人也不能提供相关文件证明其所属国承认中国公民和单位可以按照该国国民的同等条件，在该国享有专利权及其他相关权利的，则其在中国的申请应当被驳回

12. （2017－34）下列哪些人可以在中国申请专利？

【你的答案】

A. 在法国境内设有营业所的泰国人

B. 在我国境内只设有代表处的英国公司

【选错记录】

C. 在我国境内有经常居所的无国籍人

D. 营业所设在德国的企业

13. （2019－19）下列关于发明人的说法正确的是？

【你的答案】

A. 发明人是指对发明创造的实质性特点作出创造性贡献的人

B. 请求书中发明人可以填写为"某课题组"

【选错记录】

C. 申请人提交文件后发现发明人姓名的文字有错误，将"王立"错写成"王丽"，申请人应通过补正更正

D. 发明人就其完成的任何发明创造均有权申请专利

14. （2017－31）下列关于发明人、设计人的说法哪些是正确的？

【你的答案】

A. 职务发明创造的发明人在其发明被授予专利权后有权获得奖励

B. 发明人或设计人有在专利文件中不公开自己姓名的权利

【选错记录】

C. 发明人或设计人有在专利文件中写明自己是发明人或者设计人的权利

D. 职务发明创造的发明人在其发明被授予专利权后无权自行实施

（二）参考答案解析

【1.（2014－10）解析】知识点：发明人或者设计人的概念

本题涉及哪些主体可以作为发明人的规定。根据 G－1－1－4.1.2 关于"发明人"的规定可知，发明人应当是个人，请求书中不得填写单位或者集体，以及人工智能名称，例如不得写成"××课题组"或者"人工智能××等。这里所说的个人指的是自然人。由此可知，选项 A 的"某电视台"、选项 B 的"某大学教务处"以及选项 D 的"某课题组"都不是自然人的个人，故不能作为发明人或者设计人。由于选项 C 中的李某是个人，可以作为《专利法》规定的发明人或者设计人，故选项 C 正确。

综上所述，本题答案为 C。

【2.（2013－64）解析】知识点：发明人的概念；相关知识点：发明人的填写要求。

根据 G－1－1－4.1.2 关于"发明人"的规定，发明人应当是个人，请求书中不得填写单位或者集体，以及人工智能名称，例如不得写成"××课题组"或者"人工智能××"等。发明人应当使用本人真实姓名，不得使用笔名或者其他非正式的姓名。……发明人可以请求专利局不公布其姓名。提出专利申请时请求不公布发明人姓名的，应当在请求书"发明人"一栏所填写的相应发明人后面注明"（不公布姓名）"。根据上述规定，选项 A 的蓝天公司不得作为发明人，选项 D 中的"蓝天公司田幸林福"的填写也是不规范的，因而都不符合要求。选项 B 是规范的发明人姓名，选项 C 中标明"不公布姓名"符合上述规定。

综上所述，本题答案为 B、C。

【3.（2012-44）解析】知识点：发明人的概念

根据G-1-1-4.1.2关于"发明人"的规定可知，发明人应当是个人，请求书中不得填写单位或者集体，以及人工智能名称，例如不得写成"××课题组"或者"人工智能××"等。因此，选项B中某大学科研小组、选项D中具有法人资格的企业不属于自然人的个人，不能作为发明人。

选项A的限制民事行为能力人和选项C在监狱里服刑的罪犯，属于自然人，因此可以作为发明人。其中，自然人是不是限制民事行为或者在监狱里服刑不影响其自然人属性，因此，这两个选项中的上述限定属于干扰信息。

综上所述，本题答案为A、C。

【4.（2010-2）解析】知识点：发明人的概念；相关知识点：发明人的权利、职务发明创造

本题主要考查专利的发明人所具有的几种权利，或者所不具有的权利。根据A16.1的规定，发明人或者设计人有权在专利文件中写明自己是发明人或者设计人。因此，张某有在申请文件中写明自己是发明人的权利，故选项A的说法是正确的。

根据A15.1的规定，被授予专利权的单位应当对职务发明创造的发明人或者设计人给予奖励；发明创造专利实施后，根据其推广应用的范围和取得的经济效益，对发明人或者设计人给予合理的报酬。因此，张某有从该电机厂获得奖励的权利，故选项B的说法正确。

对于选项C，由题干所知，张某属于职务发明人，涉及发明人是否具有能够自行实施专利的权利。根据A6.1的规定可知，职务发明创造申请专利的权利属于该单位；申请被批准后，该单位为专利权人。因此，由于张某所做的发明为职务发明，专利权应当属于张某所在的电机厂。进一步地，根据A11.1的规定，发明和实用新型专利权被授予后，除该法另有规定的以外，任何单位或者个人未经专利权人许可，都不得实施其专利，即不得为生产经营目的制造、使用、许诺销售、销售、进口其专利产品，或者使用其专利方法以及使用、许诺销售、销售、进口依照该专利方法直接获得的产品。由此可知，除《专利法》另有规定的情形外，能够实施专利的只能是专利权人或者其许可实施的被许可人。因此，张某虽然是发明人，但由于不是专利权人，在未获得专利权人（即该电机厂）许可的情况下也不能实施该专利，选项C的说法错误。

选项D涉及专利权被侵犯时，谁具有诉权的问题。根据A65的规定，未经专利权人许可，实施其专利，即侵犯其专利权，引起纠纷的，由当事人协商解决；不愿协商或者协商不成的，专利权人或者利害关系人可以向人民法院起诉，也可以请求管理专利工作的部门处理……。根据该规定，只有专利权人或者利害关系人才可以向人民法院起诉。其中，对于利害关系人，根据G-5-10-2.1关于"专利权评价报告请求的主体及时机"中对"利害关系人"的规定可知，利害关系人是指有权根据《专利法》第六十五条的规定就专利侵权纠纷向人民法院起诉或者请求管理专利工作的部门处理的人，例如专利实施独占许可合同的被许可人和由专利权人授予起诉权的专利实施普通许可合同的被许可人。由此可知，专利权被侵犯时，只有专利权人或者专利实施许可合同的被许可人等利害关系人才能向人民法院起诉。发明人不属于利害关系人，因此作为发明人的张某无权向人民法院提起诉讼。故选项D错误。

综上所述，本题答案为A、B。

【5.（2017-32）解析】知识点：发明人的概念；相关知识点：发明人的权利、职务发明创造

本题主要考查对不公布发明人姓名的相关规定。根据G-1-1-4.1.2关于"发明人"的规定可知，发明人可以请求专利局不公布其姓名。提出专利申请时请求不公布发明人姓名的，应当在请求书"发明人"一栏所填写的相应发明人后面注明"（不公布姓名）"。不公布姓名的请求提出之后，经审查认为符合规定的，专利局在专利公报、专利申请单行本、专利单行本以及专利证书中均不公布其姓名，并在相应位置注明"请求不公布姓名"字样，发明人也不得再请求重新公布其姓名。提出专利申请后请求不公布发明人姓名的，应当提交由发明人签字或者盖章的书面声明，但是专利申请做好公布准备后才提出该请求的，视为未提出请求，审查员应当发出视为未提出通知书。

根据上述规定，李某请求不公布其姓名，则应当提交李某签字或盖章的书面声明，因此选项A的说法正确；应当在请求书"发明人"一栏所填写的李某姓名后注明"（不公布姓名）"，因此选项B的说法正确。而在李某不公布其姓名的请求被批准后，专利局不仅不在专利公报、专利单行本中不公布其姓名，在专利证书中也不公布其姓名，因此选项C的说法错误。在专利申请做好公布准备后才提出该请求的，视为未提出请求，因此选项D的说法正确。

综上所述，本题答案为A、B、D。

【6.（2019-32）解析】知识点：申请人的概念

G-1-1-4.1.3.1关于"申请人是本国人"中规定，在专利局的审查程序中，审查员对请求书中填写的申请人一般情况下不作资格审查。进一步地，《专利法》及其实施细则中所指的单位是指能够以自己名义独立进行民事活动的组织，既包括法人单位，也包括非法人单位，不包括不能以自己名义进行民事活动的单位内部机构。根据上述规定

可知，选项 A 中的某公司知识产权部，属于企业中的一个部分，明显不具备法人资格，因此不能作为申请人申请专利。

《专利代理条例》第十八条规定，专利代理机构或专利代理师不得以自己的名义申请专利或者请求宣告专利权无效。据此，选项 B 中的某知识产权代理有限责任公司作为专利代理机构不能作为《专利法》规定的申请人。

选项 C 中的北京某十岁小学生甲属于自然人，因此可以作为专利申请人。其中，对于自然人来说，是否成年、是否属于中小学生都不影响其能作为专利申请人的结论。考生不应当受这种限定的干扰而得出错误的结论。

选项 D 中的美国公司，虽然在我国境内没有营业所，但由于美国属于《巴黎公约》成员国，因此可以作为申请人在中国申请专利，即并不要求其必须在我国境内有营业所。还可参见 11.（2018-32）的解析。

综上所述，本题答案为 C、D。

【7.（2015-19）解析】 知识点：申请人的概念

参见 6.（2019-32）的解析。根据 G-1-1-4.1.3 关于"申请人"的规定可知，选项 A 的某研究所课题组，明显不具有法人资格，也是相关规定中明确列出不能作为专利申请人的例子，因此选项 A 符合题意。而选项 B 中的某有限责任公司属于法人单位，因而能够作为专利申请人。选项 C 中的某监狱服刑人员，以及选项 D 中的某十四周岁的中学生，都属于自然人，因此均可以作为专利申请人。其中对于自然人来说，不管是否在服刑还是学生都不影响其能作为专利申请人的结论。

综上所述，本题答案为 A。

【8.（2013-35）解析】 知识点：申请人的概念

参见 6.（2019-32）的解析。根据 G-1-1-4.1.3 关于"申请人"的规定可知，选项 A 的"中国中央电视台"是国务院直属事业单位，显然属于能够以自己名义独立进行民事活动的组织。由于选项 B 的"清华大学教务处"属于清华大学的一个部门，明显不具有法人资格，不能作为《专利法》规定的申请人。选项 C 的"北京市民李某"作为自然人，可以成为《专利法》规定的申请人。

《专利代理条例》第十八条规定，专利代理机构或专利代理师不得以自己的名义申请专利或者请求宣告专利权无效。据此，选项 D 中的专利代理师张某不能作为《专利法》规定的申请人。

综上所述，本题答案为 A、C。

【9.（2012-7）解析】 知识点：申请人的概念

参见 6.（2019-32）的解析以及 7.（2015-19）的选项 A、B 和 D 的解析。由此可知，选项 A 不能作为专利申请人，选项 B 和 D 可以作为专利申请人。至于选项 C，某患有抑郁症的病人是自然人，可以作为专利申请人。考生不要受其患有抑郁症这一限定的干扰。

综上所述，本题答案为 A。

【10.（2017-33）解析】 知识点：申请人的概念；相关知识点：申请人的填写，外国申请人

参见 6.（2019-32）的解析。根据相关规定可知，对于选项 A，专利申请人一栏填写的"北京某电子公司"而不是全称即"北京某电子科技股份有限公司"，因此填写不符合规定。对于选项 B，由于"某大学科研处"属于某大学的一个部门，明显不具有法人资格，不能作为《专利法》规定的申请人，因此应当填写某大学的全称。

对于选项 C，涉及外国申请人的翻译，在 G-1-1-4.1.3.2 关于"申请人是外国人、外国企业或外国其他组织"中最后一段规定，申请人是个人的，其中文译名中可以使用外文缩写字母，姓和名之间用圆点分开，圆点置于中间位置，例如 M. 琼斯。姓名中不应当含有学位、职务等称号，例如××博士、××教授等。申请人是企业或者其他组织的，其名称应当使用中文正式译文的全称。对于申请人所属国法律规定具有独立法人地位的某些称谓允许使用。由此可知，选项 C 中的填写包括"教授"这一职称，因此不符合规定。

根据 G-1-1-4.1.3.1 关于"申请人是本国人"的规定可知，申请人是中国单位或者个人的，应当填写其名称或者姓名、地址、邮政编码、统一社会信用代码或者身份证件号码。申请人是个人的，应当使用本人真实姓名，不得使用笔名或者其他非正式的姓名。申请人是单位的，应当使用正式全称，不得使用缩写或者简称。请求书中填写的单位名称应当与所使用的公章上的单位名称一致。对于选项 D，由于填写的是张某的笔名"风行"，不属于真实姓名，因此不符合规定。

综上所述，本题答案为 A、B、C、D。

【11.（2018-32）解析】 知识点：申请人的概念；相关知识点：中国内地申请人、外国申请人

选项 A 涉及国内申请人的填写。根据 G-1-1-4.1.3.1 关于"申请人是本国人"的规定可知，申请人是中国单位

或者个人的，应当填写其名称或者姓名、地址、邮政编码、统一社会信用代码或者身份证件号码。因此，选项A的说法正确。

选项B和C涉及外国申请人。G-1-1-4.1.3.2关于"申请人是外国人、外国企业或外国其他组织"中规定，申请人是外国人、外国企业或者外国其他组织的，应当填写其姓名或者名称、国籍或者注册的国家或者地区。审查员认为请求书中填写的申请人的国籍、注册地有疑义时，可以根据《专利法实施细则》第三十八条第（一）项或者第（二）项的规定，通知申请人提供国籍证明或者注册的国家或者地区的证明文件。目前《专利审查指南2023》已经删除关于营业所、经常居所的证明文件的相关规定，因此，选项B、C的说法错误。

G-1-1-4.1.3.2关于"申请人是外国人、外国企业或外国其他组织"中规定，……只有当申请人所属国不是《巴黎公约》成员国或者世界贸易组织成员时，才需审查该国法律中是否订有依互惠原则给外国人以专利保护的条款。申请人所属国法律中没有明文规定依互惠原则给外国人以专利保护的条款的，审查员应当要求申请人提交其所属国承认中国公民和单位可以按照该国国民的同等条件，在该国享有专利权和其他有关权利的证明文件。申请人不能提供证明文件的，根据《专利法实施细则》第五十条的规定，以不符合《专利法》第十七条为理由，驳回该专利申请……。选项D针对外国人作为申请人，符合上述规定的情形，故其说法是正确的。

综上所述，本题答案为A、D。

【12.（2017-34）解析】知识点：申请人的概念；相关知识点：外国申请人、国际条约

A17规定，在中国没有经常居所或者营业所的外国人、外国企业或者外国其他组织在中国申请专利的，依照其所属国同中国签订的协议或者共同参加的国际条约，或者依照互惠原则，根据该法办理。进一步地，G-1-1-4.1.3.2关于"申请人是外国人、外国企业或外国其他组织"中规定，……在确认申请人是在中国没有经常居所或者营业所的外国人、外国企业或者外国其他组织后，应当审查请求书中填写的申请人国籍、注册地是否符合下列三个条件之一：（1）申请人所属国同我国签订有相互给予对方国民以专利保护的协议；（2）申请人所属国是《保护工业产权巴黎公约》（以下简称《巴黎公约》）成员国或者世界贸易组织成员；（3）申请人所属国依互惠原则给外国人以专利保护。审查员应当从申请人所属国（申请人是个人的，以国籍或者经常居所来确定；申请人是企业或者其他组织的，以注册地来确定）是否《巴黎公约》成员国或者世界贸易组织成员开始审查，一般不必审查该国是否与我国签订有互相相给予对方国民以专利保护的协议，因为与我国已签订上述协议的所有国家都是《巴黎公约》成员国或者世界贸易组织成员……。

此外，由于中国属于《巴黎公约》成员国，根据国民待遇原则，该公约所有成员国的国民（自然人、法人和其他组织）都有权在我国申请专利。并且，对于非公约成员国的国民，如果在某一《巴黎公约》成员国内有住所或者真实有效的工商业营业所，也有权在我国申请专利。

由于法国属于《巴黎公约》成员国，因此选项A中在法国境内设有营业所的泰国人能在中国申请专利。虽然选项B中的英国公司仅在中国设代表处，但由于英国属于《巴黎公约》成员国，因此该英国公司能在中国申请专利。

对于选项C，根据A17的规定可知，可以理解在中国有经常居所或者营业所的外国人、外国企业或者外国其他组织都可以在中国申请专利，并且在我国境内有经常居所的无国籍人可以参照上述理解。选项C中的无国籍人由于在我国境内有经常居所，因此也可以在中国申请专利。对于选项D中的营业所设在德国的企业，由于德国也属于《巴黎公约》成员国，因此该企业能在中国申请专利。

综上所述，本题答案为A、B、C、D。

【13.（2019-19）解析】知识点：发明人的概念；相关知识点：发明人的署名、更正及发明人的权利

根据R14的规定可知，《专利法》所称发明人或者设计人，是指对发明创造的实质性特点作出创造性贡献的人。因此，选项A的说法正确。

根据G-1-1-4.1.2关于"发明人"的规定可知，发明人应当是个人，请求书中不得填写单位或者集体，以及人工智能名称，例如不得写成"××课题组"或者"人工智能××"等。因此，选项B的说法错误。

G-1-1-6.7关于"著录项目变更"中第二段规定，其中有关人事的著录项目（指申请人或者专利权人事项、发明人姓名、专利代理事项、联系人事项、代表人）发生变化的，应当由当事人按照规定办理著录项目变更手续；其他著录项目发生变化的，可以由专利局根据情况依职权进行变更。根据该规定，发明人姓名的文字有错误而将"王立"错写成"王丽"，需要按照规定办理著录项目变更手续，而不能通过补正的方式进行更正。因此，选项C的说法错误。（事实上，根据G-1-1-6.7.2.3关于"发明人变更"及6.7.2.1关于"申请人（或专利权人）姓名或名称变更"第（1）项的规定可知，发明人个人因更改姓名提出变更请求的，应当提交户籍管理部门出具的证明文件。）

根据G-1-1-4.1.3.1关于"申请人是本国人"的规定可知，职务发明，申请专利的权利属于单位；非职务发明，申请专利的权利属于发明人。由此可知，只有非职务发明人才有权就其完成的发明创造申请专利，职务发明人没有这个权利，因此选项D的说法过于绝对，是错误的。

综上所述，本题答案为 A。

【14.（2017-31）解析】知识点：发明人的概念；相关知识点：发明人的权利

根据 A15.1 的规定，被授予专利权的单位应当对职务发明创造的发明人或者设计人给予奖励；发明创造专利实施后，根据其推广应用的范围和取得的经济效益，对发明人或者设计人给予合理的报酬。因此，职务发明创造的发明人在其发明被授予专利权后有权获得奖励，故选项 A 的说法正确。

G-1-1-4.1.2 关于"发明人"第三段规定，发明人可以请求专利局不公布其姓名。提出专利申请时请求不公布发明人姓名的，应当在请求书"发明人"一栏所填写的相应发明人后面注明"（不公布姓名）"⋯⋯。G-1-3-4.1.2 关于"设计人"的规定适用上述规定。因此，发明人或设计人有在专利文件中不公开自己姓名的权利，即选项 B 的说法是正确的。而 A16.1 规定，发明人或者设计人有权在专利文件中写明自己是发明人或者设计人。据此可知，选项 C 的说法正确。

根据 A6.1 的规定可知，职务发明创造申请专利的权利属于该单位；申请被批准后，该单位为专利权人。由此可知，职务发明创造的发明人并非专利权人。进一步地，根据 A11.1 的规定可知，发明和实用新型专利权被授予后，除该法另有规定的以外，任何单位或者个人未经专利权人许可，都不得实施其专利。由此可知，职务发明创造的发明人由于不是专利权人，在未获得专利权人许可的情况下也不能实施该专利，选项 D 的说法正确。

综上所述，本题答案为 A、B、C、D。

（三）总体考点分析

本部分主要涉及发明人、申请人的概念。具体涉及知识点包括发明人或设计人的定义、其判断规则及权利，各种类型的申请人（中国内地申请人和港澳台申请人、外国申请人和共同申请人）及法律适用。

重点掌握哪些情形不能作为发明人或设计人；哪些不能作为申请人，尤其是外国申请人的相关规定。由于相关规定比较细，并且往往与其他知识点相关联（发明人的权利等），因此需要熟悉相关规定，并正确理解其含义，这样才能正确答题。

该部分出题频率较高，每年至少有一至两道题涉及该部分的考点。需要提及的是，关于专利权人概念的专门试题并不多见，但关于专利权人的相关权利等则是专利权保护中的重要内容。

高频结论

✓　发明人应当是个人（不管是否患病，是否服刑，是否是学生，是否是限制民事行为人等，均可作为发明人），发明人不能是、也不能填写为单位或者集体，例如不得写成"××课题组"等。

✓　发明人或者设计人有权在专利文件中写明自己是发明人或者设计人。

✓　发明人应当使用本人真实姓名，不得使用笔名或者其他非正式的姓名。

✓　发明人可以请求专利局不公布其姓名。提出专利申请时请求不公布发明人姓名的，应当在请求书"发明人"一栏所填写的相应发明人后面注明"（不公布姓名）"。

✓　提出专利申请后请求不公布发明人姓名的，应当提交由发明人签字或者盖章的书面声明。但是专利申请进入公布准备后才提出该请求的，视为未提出请求。

✓　不公布姓名的请求提出之后，经审查认为符合规定的，专利局在专利公报、专利申请单行本、专利单行本以及专利证书中均不公布其姓名。

✓　非职务发明人才有权就其完成的发明创造申请专利，而职务发明人没有这个权利。

✓　发明人在未获得专利权人许可的情况下也不能实施该专利。

✓　专利申请人可以是个人，也可以是单位。其中，所述个人不管是否患病，是否服刑，是否是学生，是否是限制民事行为人等均可以作为专利申请人。所述单位是指能够以自己名义独立进行民事活动的组织，既包括法人单位，也包括非法人单位，但不包括不能以自己名义进行民事活动的单位内部机构。

✓　申请人是中国单位或者个人的，应当填写名称或者姓名、地址、邮政编码、统一社会信用代码或者身份证件号码。申请人是个人的，应当使用本人真实姓名，不得使用笔名或者其他非正式的姓名。申请人是单位的，应当使用正式全称，不得使用缩写或者简称。请求书中填写的单位名称应当与所使用的公章上的单位名称一致。

✓　申请人是外国人、外国企业或者外国其他组织的，应当填写其姓名或者名称、国籍或者注册的国家或者地区。

✓ 在中国没有经常居所或者营业所的外国人、外国企业或者外国其他组织，申请人应当符合下列三个条件之一：（1）申请人所属国同我国签订有相互给予对方国民以专利保护的协议；（2）申请人所属国是《巴黎公约》成员国或者世界贸易组织成员；（3）申请人所属国依互惠原则给外国人以专利保护。审查员应当从申请人所属国（申请人是个人的，以国籍或者经常居所来确定；申请人是企业或者其他组织的，以注册地来确定）是否是《巴黎公约》成员国或者世界贸易组织成员。

✓ 只有当申请人所属国不是《巴黎公约》成员国或者世界贸易组织成员时，才需要审查该国法律中是否订有依互惠原则给外国人以专利保护的条款。申请人所属国法律中没有明文规定依互惠原则给外国人以专利保护的条款的，申请人就要提交其所属国承认中国公民和单位可以按照该国国民的同等条件，在该国享有专利权和其他有关权利的证明文件。

✓ 《巴黎公约》所有成员国的国民（自然人、法人和其他组织）都有权在我国申请专利。并且如果非公约成员国的国民在某一《巴黎公约》成员国内有住所或者真实有效的工商业营业所，也有权在我国申请专利。

✓ 在中国有经常居所或者营业所的外国人、外国企业或者外国其他组织（包括所谓的无国籍人）都可以在中国申请专利。

（四）参考答案

1. C	2. B、C	3. A、C	4. A、B	5. A、B、D
6. C、D	7. A	8. A、C	9. A	10. A、B、C、D
11. A、D	12. A、B、C、D	13. A	14. A、B、C、D	

二、共有权利的行使

（一）历年试题集合

1. (2019－33)甲乙二人合作开发一项产品，申请了专利并获得专利权。二人未就该专利权的行使进行任何约定，下列说法哪些是正确的？

【你的答案】
————————
【选错记录】
————————

A. 甲乙二人可分别以普通许可的形式许可他人实施专利，并分别收取使用费，使用费无须重新分配

B. 甲可将自己对该专利享有的权利转让给丙，而无须取得乙的同意

C. 甲可单独实施该专利，无须取得乙的同意，且获得的收益也无须和乙分配

D. 甲必须取得乙的同意才能以独占许可的方式许可他人实施该专利

2. (2018－33)甲、乙、丙、丁四人合作研制出新型加湿器，共同申请专利并获得授权，但甲、乙、丙、丁四人未就专利权的行使作出明确约定。甲欲将该专利以普通许可的方式许可A公司使用，乙欲将该专利以排他许可的方式许可B公司使用，丙对这两种许可均表示反对，丁未与甲乙丙协商自行实施该专利技术。则下列哪些说法是错误的？

【你的答案】
————————
【选错记录】
————————

A. 丁自行实施该专利所获得收益应当与甲、乙、丙分享

B. 如果丙反对，甲、乙均无权与A公司、B公司签署许可合同

C. 甲有权不顾丙的反对，将该专利技术以普通许可的方式许可给A公司实施

D. 只要乙同意与甲、丙、丁分享专利许可费，乙就可以自行与B公司签署排他许可协议

3. (2016－31)甲和乙共同拥有一项发明专利权，甲乙未对该专利权的行使进行约定。下列说法哪些是正确的？

【你的答案】
————————
【选错记录】
————————

A. 甲可以单独实施该专利，实施获得的收益应当与乙平均分配

B. 甲如果以独占许可的方式许可丙实施，则必须取得乙同意

C. 甲可以普通许可的方式许可丙实施，无须取得乙同意

D. 甲可以放弃其共有的专利权，无须取得乙同意

4.（2015 – 84）甲乙二人共同拥有一项发明专利权。在没有任何约定的情形下，下列说法哪些是正确的？

  A. 甲可以单独实施该专利

  B. 甲在未经乙同意的情况下可以独占许可方式许可他人实施该专利

  C. 甲单独实施该专利获得的收益应当在甲乙之间分配

  D. 甲许可他人实施该专利，其收取的使用费应当在甲乙之间分配

【你的答案】

【选错记录】

5.（2015 – 33）对于共有的专利权，在共有人无任何约定的情形下，下列哪些行为必须获得全体共有人的同意？

  A. 专利权的转让

  B. 专利权的普通实施许可

  C. 以专利权入股

  D. 专利权的出质

【你的答案】

【选错记录】

6.（2014 – 14）甲乙二人共同提交的专利申请被授予了专利权。甲乙事先没有任何约定，在未经乙同意的情形下，甲的下列哪种做法符合相关规定？

  A. 单独实施该专利

  B. 放弃该专利权

  C. 将该专利权质押给丙

  D. 将该专利赠与丁

【你的答案】

【选错记录】

7.（2013 – 10）对于共有的专利权，在共有人无任何约定的情形下，下列哪种行为不必获得全体共有人的同意？

  A. 专利权的转让

  B. 专利权的普通实施许可

  C. 以专利权入股

  D. 专利权的出质

【你的答案】

【选错记录】

8.（2012 – 80）李某和王某共同拥有一项专利权，但未对权利的行使进行约定。下列说法哪些是正确的？

  A. 王某可以自行实施该专利，无须取得李某同意

  B. 李某可以普通许可的方式许可他人实施该专利，无须取得王某同意

  C. 王某可以放弃该专利权，无须取得李某同意

  D. 李某可以转让该专利权，无须取得王某同意

【你的答案】

【选错记录】

9.（2011 – 79）甲公司和王某共同拥有一项专利权，但未对该专利权的行使进行约定。下列说法哪些是正确的？

  A. 甲公司可以自行实施该专利，无须取得王某的同意

  B. 甲公司自行实施该专利的，其实施该专利所获得的利益应当在甲公司和王某之间分配

  C. 王某可以普通许可的方式许可第三人实施，无须取得甲公司的同意

  D. 王某以普通许可的方式许可第三人实施该专利的，其取得的许可费应当在甲公司和王某之间分配

【你的答案】

【选错记录】

10.（2010 – 79）一项专利的专利权人为赵某和张某，二人未就该专利权的行使进行任何约定。下列说法哪些是正确的？

  A. 赵某可以不经张某同意单独实施该专利

  B. 张某可以普通许可的方式许可他人实施该专利

  C. 赵某在征得张某同意的情况下，可以将其共有的专利权转让给他人

  D. 张某在未经赵某同意的情况下，可以放弃其共有的专利权

【你的答案】

【选错记录】

（二）参考答案解析

【1. （2019 - 33）解析】知识点：共有权利的行使

A14 规定，专利申请权或者专利权的共有人对权利的行使有约定的，从其约定。没有约定的，共有人可以单独实施或者以普通许可方式许可他人实施该专利；许可他人实施该专利的，收取的使用费应当在共有人之间分配。除前款规定的情形外，行使共有的专利申请权或专利权应当取得全体共有人的同意。

根据上述规定，对于选项 A，甲乙二人可分别以普通许可的形式许可他人实施专利，并分别收取使用费，使用费需要重新进行分配。因此，选项 A 的说法错误。对于选项 B，甲要将自己对该专利享有的权利转让给丙，这属于专利权转让行为，根据上述规定必须取得乙的同意才能进行。因此，选项 B 的说法错误。对于选项 C，由于甲是自己单独实施，无须取得共有人乙的同意，而且也没有收取使用费，因此所获得的收益也无须和乙分配。因此，选项 C 的说法正确。对于选项 D，无须征得其他共有人的同意，共有人就可以普通许可方式许可他人实施该专利，但以独占许可或排他许可的方式许可他人实施该专利应当取得全体共有人的同意。因此，选项 D 的说法是正确的。

综上所述，本题答案为 C、D。

【2. （2018 - 33）解析】共有权利的行使

本题中，甲、乙、丙、丁四人合作研制出新型加湿器，共同申请专利并获得授权，属于共有的专利权，但没有明确约定专利权的行使，涉及在没有约定情况下共有权利的行使。

参见 1. （2019 - 33）的解析。对于选项 A，专利权共有人自行实施该专利的，既不需要取得全体共有人的同意，也不需要在共有人之间分配其收益。故选项 A 的说法错误。

甲欲将该专利以普通许可的方式许可 A 公司使用，依据上述规定，以普通许可方式许可他人实施该专利的，共有权人可以自行决定，不需要取得全体共有人的同意。但乙欲将该专利以排他许可的方式许可 B 公司使用，根据上述规定，排他许可行应当取得全体共有人的同意。因此，在丙反对的情况下，乙无权与 B 公司签署许可合同，而甲可以与 A 公司签署许可合同。故选项 B 的说法是错误的，选项 C 的说法是正确的。而乙与 B 公司提出的排他许可的方式，应当取得全体共有人的同意，这与乙是否愿意与甲、丙、丁分享许可费无直接关系。虽然在现实中乙愿意分享许可费，甲、丙、丁同意的可能性要变大一些，但分享许可费不直接构成乙可以提出排他许可的充分条件。故选项 D 的说法错误。

综上所述，本题答案为 A、B、D。

【3. （2016 - 31）解析】知识点：共有权利的行使

参见 1. （2019 - 33）的解析。对于选项 A，由于甲是自己单独实施，无须取得共有人乙的同意，而且没有收取使用费，因此所获得的收益无须和乙分配，更不用说平均分配了。因此，选项 A 的说法错误。对选项 B 和 C，如果甲需要以独占许可的方式许可丙实施，则必须取得乙的同意；如果以普通许可的方式许可丙实施，则无须取得乙的同意。故选项 B 和 C 的说法正确。

选项 D 中甲放弃其共有的专利权，从其表述来看是要放弃该专利权，而根据 G - 1 - 1 - 4.1.5 关于 "代表人" 中的规定可知，直接涉及共有权利的手续包括：提出专利申请，委托专利代理，转让专利申请权、优先权或者专利权，撤回专利申请，撤回优先权要求，放弃专利权等。直接涉及共有权利的手续应当由全体权利人签字或者盖章。由该规定可知，所列直接涉及共有权利的行使都需要征得全体共有人的同意。由此可见，甲要放弃其共有的专利权，必须取得乙同意，因此选项 D 的说法是错误的。

需要指出的是，对于选项 D，如果甲仅仅是放弃自己的名义（即甲不拥有该专利权，但乙仍然享受该专利权），则该专利权是存在的，不存在该专利权被放弃的问题，但需要办理手续。目前，根据 G - 1 - 1 - 4.1.5 的规定，甲也应当需要征得乙的同意（比如有协议等证明材料），才能到专利局办理著录项目变更。

综上所述，本题答案为 B、C。

【4. （2015 - 84）解析】知识点：共有权利的行使

参见 1. （2019 - 33）的解析。由此可知，甲可以单独实施该专利，选项 A 的说法正确。

本题中，甲在未经乙同意的情况下不能以独占许可方式许可他人实施专利，故选项 B 的说法错误。甲单独实施该专利的收益无须在甲乙之间分配，选项 C 错误。在共有人无任何约定的情形下，甲许可他人实施该专利，其收取的使用费应当在甲乙之间分配，故选项 D 正确。

综上所述，本题正确答案为 A、D。

【5. （2015 - 33）解析】知识点：共有权利的行使

参见 1. （2019 - 33）的解析。根据 G - 1 - 1 - 4.1.5 关于 "代表人" 的规定可知，直接涉及共有权利的手续包括：

提出专利申请,委托专利代理,转让专利申请权、优先权或者专利权,撤回专利申请,撤回优先权要求,放弃专利权等。直接涉及共有权利的手续应当由全体权利人签字或者盖章。由此可见,选项A中专利权的转让需要获得全体共有人的同意。

根据A14的规定可知,应当取得全体共有人同意的情形直接涉及了共有权利,即除了共有人可以单独实施或者以普通许可方式许可他人实施该专利之外,其他情形都需要取得全体共有人的同意。因此,专利权的普通实施许可不需要获得全体共有人的同意,故选项B正确。

对于选项C,在共有人没有约定的情况下,以专利权入股不属于共有人自行实施或以普通许可他人实施专利的情形,因此属于应当征得全体共有人同意才能行使的权利。故选项C正确。

对于选项D,根据《专利权质押登记办法》第四条的规定,以共有的专利权出质的,除全体共有人另有约定的以外,应当取得其他共有人的同意。因此,由于共有人无任何约定,因此选项D中专利权的出质均应获得全体共有人的同意,故选项D正确。

综上所述,本题答案为A、C、D。

【6.(2014-14)解析】知识点:共有权利的行使

参见1.(2019-33)和5.(2015-33)的解析。由于甲、乙事先没有任何约定,因此,根据所述规定,选项A中甲单独实施该专利不需要获得全体共有人即乙的同意,选项B中甲放弃专利权需要乙的同意,选项C中甲将该专利权质押给丙需要获得乙的同意,并且选项D中甲将该专利赠与丁,属于专利权的转让行为,因此应当征得乙的同意。因此,在未经乙同意的情形下,选项A中甲的行为符合相关规定,但选项B、C、D中甲的做法不符合相关规定。

综上所述,本题答案为A。

【7.(2013-10)解析】知识点:共有权利的行使

参见1.(2019-33)和5.(2015-33)的解析。选项B中专利权的普通实施许可不必获得全体共有人的同意,而选项A、C和D分别涉及专利权的转让、以专利权入股、专利权的出质,都必须获得全体共有人的同意。

综上所述,本题答案为B。

【8.(2012-80)解析】知识点:共有权利的行使

参见1.(2019-33)和5.(2015-33)的解析。选项A王某自行实施该专利,选项B李某以普通许可方式许可他人实施该专利均不需取得对方的同意。选项C王某放弃该专利权,选项D李某转让该专利权都直接涉及共有权利,必须取得对方的同意。因此,选项A、B的说法正确,选项C、D的说法错误。

综上所述,本题答案为A、B。

【9.(2011-79)解析】知识点:共有权利的行使

参见1.(2019-33)和5.(2015-33)的解析。甲公司可以自行实施该专利,无须取得王某的同意,故选项A的说法正确;甲公司自实施该专利的,其实施该专利所获得的利益不是必须要在甲公司和王某之间分配,因此选项B的说法错误;王某可以普通许可的方式许可第三人实施该专利,无须取得甲公司的同意,但其取得的许可费应当在甲公司和王某之间分配,因此选项C和D的说法正确。

综上所述,本题答案为A、C、D。

【10.(2010-79)解析】知识点:共有权利的行使

参见1.(2019-33)和5.(2015-33)的解析。在赵某和张某二人就该专利权的行使进行任何约定的情况下,赵某可以不经张某同意单独实施该专利,张某可以普通许可的方式许可他人实施该专利,赵某在征得张某同意的情况下,可以将其共有的专利权转让给他人,因此选项A、B、C的说法正确。但对于放弃共有的专利权,需征得全体共有人的同意,因此张某在未经赵某同意的情况下,不可以放弃其共有的专利权,即选项D的说法是错误的。

综上所述,本题答案为A、B、C。

(三)总体考点分析

本部分考点集中在共有专利权的行使。考试则通常涉及共有权利人没有约定的情况下如何行使专利权,因为已有约定,则从其约定,相对来说非常容易判断。

重点掌握在共有权利人没有约定的情况下,哪些权利的行使不需征得全体共有权利人的同意,哪些权利的行使必须征得全体专利权的同意。本考点属于每年几乎必考的考点。

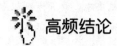 **高频结论**

✓ 专利申请权或者专利权的共有人对权利的行使有约定的，从其约定。

✓ 没有约定的，任一共有人可以单独实施该专利，无须征得其他共有权利人的同意，且实施专利所得的收益也不必在共有权利人之间分配。

✓ 没有约定的，任一共有人可以普通许可方式许可他人实施该专利，无须征得其他共有权利人的同意，但收取的使用费应当在共有人之间分配。

✓ 没有约定的，共有人以独占许可或排他许可方式许可他人实施该专利，必须获得全体共有人的同意。

✓ 没有约定的，对于提出专利申请，委托专利代理，转让专利申请权、优先权、专利权（包括赠予他人专利权），撤回专利申请、优先权要求，放弃专利权、专利权的质押出质、专利权的入股等必须获得全体共有人的同意。

（四）参考答案

1. C、D	2. A、B、D	3. B、C	4. A、D	5. A、C、D
6. A	7. B	8. A、B	9. A、C、D	10. A、B、C

三、权利的归属（职务发明创造）

（一）历年试题集合

1.（2017–2）2015年11月10日，张某与甲电子技术公司终止了劳动合同，之后，张某于2016年12月8日作出了一项与其在甲电子技术公司的本职工作相关的发明创造。那么就该发明创造申请专利的权利属于谁？

A. 甲公司

B. 甲公司和张某

C. 张某

D. 由甲公司和张某协商决定

2.（2016–33）下列哪些属于职务发明创造？

A. 金某在履行本单位交付的本职工作之外的任务时完成的发明创造

B. 吕某退休一年之后作出的与其退休前所从事的工作有关的发明创造

C. 王某在职期间作出的与其在单位所从事工作无关的发明创造

D. 刘某临时借调到某研究所工作，在执行该所交付的任务时完成的发明创造

3.（2013–31）下列哪些属于职务发明创造？

A. 金某受所在公司指派，临时到另一家公司参与某产品的研发所作出的发明创造

B. 吕某退休一年半之后作出的发明创造

C. 王某主要利用本单位未公开的技术资料作出的发明创造

D. 刘某在外地休假期间完成的与本职工作相关的发明创造

4.（2012–31）甲公司研发人员张某在本职工作中作出了一项发明创造。下列说法哪些是正确的？

A. 该发明创造属于职务发明创造

B. 该发明创造申请专利的权利属于甲公司

C. 甲公司就该发明创造申请发明专利的，张某有权在专利文件中写明自己是发明人

D. 该发明创造被授予专利权后，张某享有获得奖励的权利

【你的答案】

【选错记录】

5. (2015－3) 甲公司是一家光缆设备公司，王某是甲公司负责光缆设备研发的技术人员。王某在 2011 年 3 月从甲公司离职，并加入了乙公司。乙公司 2012 年 1 月就王某发明的一项光缆设备技术提交了一件专利申请，并获得专利权。下列说法哪个是正确的？

    A. 专利权应归甲公司所有

    B. 专利权应归乙公司所有

    C. 专利权应归甲公司和乙公司共同所有

    D. 王某及乙公司负责人有权主张在专利文件中写明自己是发明人

【你的答案】

【选错记录】

6. (2014－3) 甲公司职工王某在执行本公司任务的过程中，于 2011 年 1 月 20 日完成了一项发明创造，王某 2012 年 6 月 1 日从甲公司辞职。就该发明创造申请专利的权利属于谁？

    A. 王某

    B. 甲公司

    C. 甲公司和王某

    D. 经甲公司和王某协商确定

【你的答案】

【选错记录】

7. (2019－34) 甲执行本单位任务完成了一项发明创造，其单位就该发明创造申请并获得了一项发明专利。在没有任何约定或者规章制度规定奖励方式和数额的前提下，下列说法正确的是？

    A. 其单位应当在提出专利申请之日起 3 个月内发给甲不少于 3000 元的奖金

    B. 甲可以请求国家知识产权局不公布其姓名

    C. 甲发现乙单位侵犯了该发明专利权，可以向人民法院提起诉讼

    D. 其单位许可他人实施该专利，应当从收取的使用费中提取不低于 10% 作为报酬给予甲

【你的答案】

【选错记录】

8. (2017－35) 某公司员工王某在本职工作中独立完成了一项发明创造。该公司就该发明创造提交了发明专利申请，在提交的专利申请文件中将王某和总经理李某署名为共同发明人。在发明专利权授予 1 年后，发给王某 5000 元人民币作为奖金。此外，该公司每年从获得的实施许可费 200 万元中拿出 10 万元和 1 万元分别支付给王某和李某作为报酬。下列哪些说法是正确的？

    A. 该公司给予王某奖金的时间符合法定期限

    B. 该公司不应当将李某署名为发明人

    C. 该公司给予王某 5000 元的奖金符合法定标准

    D. 该公司给予王某 10 万元的报酬符合法定标准

【你的答案】

【选错记录】

9. (2016－32) 某公司就其员工张某完成的一项职务发明创造获得了发明专利权，该公司未与张某就职务发明创造的奖励及实施方式进行约定，并且公司规章中也没有相应规定，下列说法哪些是正确的？

    A. 张某有在申请文件中写明自己是发明人的权利

    B. 该公司应当自专利权公告之日起 3 个月内发给张某奖金

    C. 该公司如果自行实施该专利，则应当从实施该专利的营业利润中提取一定比例作为报酬给张某

    D. 在该公司不实施该专利的情况下，张某有实施该专利的权利

【你的答案】

【选错记录】

10. (2015－34) 某公司员工张某执行本公司任务完成了一项发明创造，其公司就该发明获得了发明专利权。在没有约定的情形下，下列说法哪些是正确的？

    A. 该公司应当自专利权公告之日起 3 个月内发给张某奖金

    B. 该公司给予张某的奖金数额最低不少于 3000 元

    C. 该公司如果自行实施该发明专利，则应当从实施该发明专利的营业利润中提取不低于 2% 作为报酬给予张某

    D. 该公司如果许可他人实施该发明专利，则应当从收取的许可费中提取不低于 10% 作为报酬给予张某

【你的答案】

【选错记录】

11. (2014－61，有适应性修改)甲执行本单位任务完成了一项发明创造，其单位就该发明获得了实用新型专利权。在没有约定的情形下，下列说法哪些是正确的？

　　A. 单位应当在收到授权通知书之日起3个月内发给甲奖金

　　B. 单位应给予甲不少于1500元的奖金

　　C. 单位自己实施该专利的，应当从实施该专利的营业利润中提取不低于2%作为报酬给予甲

　　D. 单位许可他人实施该专利的，应当从收取的使用费中提取不低于10%作为报酬给予甲

【你的答案】

【选错记录】

12. (2013－54)甲公司就其员工孙某完成的一项发明创造获得专利权后，自行实施了该专利。随后甲公司将该专利权许可给子公司乙公司实施。甲公司在规章制度中未规定也未与孙某约定奖励报酬事宜。下列说法哪些是正确的？

　　A. 甲公司在专利权被授予后应当给予孙某奖励

　　B. 甲公司自行实施其专利后应当给予孙某报酬

　　C. 甲公司将专利许可给乙公司后，甲公司应当给予孙某报酬

　　D. 甲公司将专利许可给乙公司后，乙公司应当给予孙某报酬

【你的答案】

【选错记录】

13. (2012－53)某公司就其员工张某完成的一项职务发明创造获得了发明专利权。该公司未与张某约定，也未在公司的规章制度中规定奖励、报酬的方式和数额。下列说法哪些是正确的？

　　A. 该公司应当自专利权公告之日起3个月内发给张某奖金

　　B. 该公司给予张某的奖金数额最低不少于3000元

　　C. 该公司如果自行实施该发明专利，则应当从实施该发明专利的营业利润中提取不低于5%作为报酬给予张某

　　D. 该公司如果许可他人实施该发明专利，则应当从收取的许可费中提取不低于10%作为报酬给予张某

【你的答案】

【选错记录】

（二）参考答案解析

【1.(2017－2)解析】知识点：职务发明创造（定义）

本题涉及职务发明创造的定义，尤其与非职务发明创造的区分。

A6.1规定，执行本单位的任务或者主要是利用本单位的物质技术条件所完成的发明创造为职务发明创造。职务发明创造申请专利的权利属于该单位；申请被批准后，该单位为专利权人……。该规定中涉及"执行本单位的任务或者主要是利用本单位的物质技术条件"的界定，R13对此作了进一步的澄清解释："专利法第六条所称执行本单位的任务所完成的职务发明创造，是指：（一）在本职工作中作出的发明创造；（二）履行本单位交付的本职工作之外的任务所作出的发明创造；（三）退休、调离原单位后或者劳动、人事关系终止后1年内作出的，与其在原单位承担的本职工作或者原单位分配的任务有关的发明创造。专利法第六条所称本单位，包括临时工作单位；专利法第六条所称本单位的物质技术条件，是指本单位的资金、设备、零部件、原材料或者不对外公开的技术信息和资料等。"

张某与甲电子技术公司终止了劳动合同是在2015年11月10日，而作出发明创造的时间是在2016年12月8日，两者相差超过了一年的时间。根据上述规定可知，虽然张某作出的发明创造与其在甲电子技术公司的本职工作有关，但是张某离开该公司已经超过1年才完成该发明创造，因此该发明创造不属于职务发明创造，而是非职务发明创造。因而，该发明创造申请专利的权利属于张某，而不是甲电子技术公司。

综上所述，本题答案为C。

【2.(2016－33)解析】知识点：职务发明创造（定义）

本题涉及何种情形下构成职务发明创造的判断。参见1.(2017－2)的解析。根据A6.1的规定可知，选项A中金某在履行本单位交付的本职工作之外的任务时完成的发明创造属于职务发明创造。选项B中吕某退休1年之后作出的与其退休前所从事的工作有关的发明创造，由于已超出退休后1年，因此不属于职务发明创造。选项C中王某在职期间作出的与其在单位所从事工作无关的发明创造不属于职务发明创造。选项D中刘某临时借调到某研究所工作，在执行该所交付的任务时完成的发明创造，由于职务发明创造规定中的单位包括临时工作单位，因此也属于职务发明创造。

综上所述，本题答案为A、D。

【3.（2013-31）解析】知识点：职务发明创造（定义）

参见1.（2017-2）的解析。选项A中，金某受所在公司指派，临时到另一家公司参与某产品的研发所作出的发明创造。由于职务发明创造中的单位包括临时工作单位，因此金某所作出的发明创造属于职务发明创造。选项B吕某退休一年半之后作出的发明创造，由于已经不是在退休后一年之内作出的，因此不属于职务发明创造。选项C王某主要利用本单位未公开的技术资料作出的发明创造，显然属于"主要是利用本单位的物质技术条件"完成的，故王某所作出的发明创造属于职务发明创造。选项D中，由于刘某在外地休假期间完成的与本职工作相关的发明创造，与本职工作相关（且按通常理解休假期间应当与单位保持劳动、人事关系），因此刘某作出的发明创造属于职务发明创造。

综上所述，本题答案为A、C、D。

【4.（2012-31）解析】知识点：职务发明创造（定义、权利归属）；相关知识点：发明人的权利

根据A6.1的规定可知，由于张某在本职工作中所作出的发明创造，应当属于职务发明创造，因此选项A的说法正确，进而该发明创造申请专利的权利属于张某所在的单位甲公司，因此选项B的说法正确。

根据A16.1的规定，发明人或者设计人有权在专利文件中写明自己是发明人或者设计人。由于张某是发明人，因此其有权在专利文件中写明自己是发明人，故选项C的说法正确。

根据A15的规定，被授予专利权的单位应当对职务发明创造的发明人或者设计人给予奖励；发明创造专利实施后，根据其推广应用的范围和取得的经济效益，对发明人或者设计人给予合理的报酬。由此可知，作为发明人的张某在该发明创造被授予专利权后，享有获得奖励的权利，因此选项D的说法正确。

综上所述，本题答案为A、B、C、D。

【5.（2015-3）解析】知识点：职务发明创造（权利归属）；相关知识点：发明人的概念

参见1.（2017-2）的解析。具体到本题中，由于王某所作出的发明创造在2012年1月，王某调离甲公司是在2011年3月，相隔时间不到1年（1年之内），而且其发明涉及光缆设备技术，即与其在原单位承担的本职工作相关，故根据相关规定，就该发明创造的申请专利的权利应属于甲公司而不是乙公司。因此，选项A的说法正确，进而也就能够得出选项B和C的说法均是错误的。

选项D则涉及发明人的概念。根据R14规定，《专利法》所称发明人或者设计人，是指对发明创造的实质性特点作出创造性贡献的人。在完成发明创造过程中，只负责组织工作的人、为物质技术条件的利用提供方便的人或者从事其他辅助工作的人，不是发明人或者设计人。根据该规定，题干中明确是该光缆设备技术是王某发明的，即王某是对发明创造的实质性特点作出创造性贡献的人，而乙公司负责人不是发明人。因此，王某有权而乙公司负责人无权主张在专利文件中写明自己是发明人，故选项D的说法错误。

综上，本题答案为A。

【6.（2014-3）解析】知识点：职务发明创造（权利归属）

本题重点涉及谁有权就职务发明创造申请专利。根据A6.1的规定，首先，题中"甲公司职工王某在执行本公司任务的过程中"而完成的发明创造属于职务发明创造；其次，职务发明创造申请专利的权利属于所在单位，因此该发明创造申请专利的权利属于其所在的甲公司（选项B）。这与王某是否从甲公司辞职无关。

综上所述，本题答案为B。

【7.（2019-34）解析】知识点：职务发明创造（职务发明人的奖励和报酬）；相关知识点：发明人的权利

本题中甲执行本单位任务完成的发明创造，属于职务发明，获得的是发明专利，且没有约定奖励方式。

选项A和D，涉及对于职务发明人的奖励。根据A15.1的规定，被授予专利权的单位应当对职务发明创造的发明人或者设计人给予奖励；发明创造专利实施后，根据其推广应用的范围和取得的经济效益，对发明人或者设计人给予合理的报酬。

进一步地，R93.1规定了给予职务发明人奖励的方式，即被授予专利权的单位未与发明人、设计人约定也未在其依法制定的规章制度中规定……报酬的方式和数额的，应当自公告授予专利权之日起3个月内发给发明人或者设计人奖金。一项发明专利的资金最低不少于4000元，一项实用新型专利或外观设计专利的资金最低不少于1500元。根据上述规定，甲的单位应当自专利权公告之日起3个月内发给甲奖金，而不是自提出专利申请之日起3个月内，因此选项A的说法错误。

根据G-1-1-4.1.2有关"发明人"的规定可知，发明人应当是个人，可以请求专利局不公布其姓名。提出专利申请时请求不公布发明人姓名的，应当在请求书"发明人"一栏所填写的相应发明人后面注明"（不公布姓名）"。根据上述规定，甲可以请求国家知识产权局不公布其姓名，因此选项B的说法正确。

参见本章第二节4.（2010-2）选项D的解析，可知，发明人既不是申请人也不属于利害关系人，因此作为发明人

的甲无权向人民法院提起诉讼。故选项 C 的说法错误。

根据 R94 的规定，进一步地，根据《促进科技成果转化法》第四十五条第一款的规定，科技成果完成单位未规定、也未与科技人员约定奖励和报酬的方式和数额的，按照下列标准对完成、转化职务科技成果做出重要贡献的人员给予奖励和报酬：(1) 将该项职务科技成果转让、许可给他人实施的，从该项科技成果转让净收入或者许可净收入中提取不低于百分之五十的比例；(2) 利用该项职务科技成果作价投资的，从该项科技成果形成的股份或者出资比例中提取不低于百分之五十的比例；(3) 将该项职务科技成果自行实施或者与他人合作实施的，应当在实施转化成功投产后连续三至五年，每年从实施该项科技成果的营业利润中提取不低于百分之五的比例。根据上述规定，选项 D 的说法是错误的。

综上所述，本题答案为 B。

【8.(2017 - 35) 解析】知识点：职务发明创造（职务发明人的奖励和报酬）；相关知识点：发明人的权利

参见 7.(2019 - 34) 的解析。王某完成的发明创造属于职务发明，因此该公司应当根据规定给予王某奖励。根据相关规定，首先，该公司应当自专利权公告之日起 3 个月内发给发明人奖金，且由于是一项发明专利，因此其奖金最低不少于 4000 元。而该公司在发明专利权授予 1 年后才发给王某奖金，因此不符合所规定的时间，因此选项 A 的说法是错误的。其次，该公司发给王某 5000 元人民币作为奖金，符合对于发明专利而言奖金不低于 4000 元的规定，因此选项 C 的说法是正确的。

在本题中，由于明确说明王某独立完成该发明创造，总经理李某就不可能对发明创造的实质性特点作出创造性贡献，根据 R14 的规定，可知总经理也不能作为发明人，因此，选项 B 的说法是正确的。

而根据 R94 和《促进科技成果转化法》第四十五条第一款的规定，该公司对该专利进行实施许可，则应当从收取的使用费中提取不低于 50% 作为报酬给予发明人王某。该公司每年获得的实施许可费为 200 万元，则给予发明人王某的报酬不得低于 100 万元。但该公司只给予发明人王某 10 万元报酬，显然低于法定标准。因此，选项 D 的说法错误。

综上所述，本题答案为 B、C。

【9.(2016 - 32) 解析】知识点：职务发明创造（职务发明人的奖励和报酬）；相关知识点：发明人的权利

对于选项 A，根据 A16.1 的规定，发明人或者设计人有权在专利文件中写明自己是发明人或者设计人。因此，张某作为发明人有权在申请文件中写明自己是发明人，因此选项 A 正确。

对于选项 B 和 C，参照 7.(2019 - 34) 的解析。由于张某获得的是发明专利，且没有与公司约定奖励方式，故该公司应在专利权公告之日起 3 个月内发给发明人张某奖金，且最低不少于 4000 元。因此，选项 B 的说法正确。如果该公司自行实施该发明专利，则每年应当从实施该项发明专利的营业利润中提取不低于 5%，作为报酬给予发明人张某。选项 C 中说的是"一定比例"而没有给出具体数值，但从考试的角度，其说法应当认为是正确的。

根据 A6.1 的规定可知，职务发明创造申请专利的权利属于该单位；申请被批准后，该单位为专利权人。因此，由于张某所做的发明为职务发明，因此专利权应当属于张某所在的公司。进一步地，根据 A11.1 的规定，发明和实用新型专利权被授予后，除该法另有规定的以外，任何单位或者个人未经专利权人许可，都不得实施其专利，……。由此可知，除《专利法》另有规定的情形外，能够实施专利的只能是专利权人或者其许可实施的被许可人。因此，在该公司不实施该专利的情况下，张某虽然是发明人，但由于不是专利权人，在未获得专利权人即该公司许可的情况下也没有实施该专利的权利，因此选项 D 的说法错误。

综上所述，本题答案为 A、B、C。

【10.(2015 - 34) 解析】知识点：职务发明创造（职务发明人的奖励和报酬）

参见 7.(2019 - 34) 的解析。根据 R93.1 的规定，对于发明专利而言，该公司应当自专利权公告之日起 3 个月内发给张某奖金，并且该公司给予张某的奖金数额最低不少于 4000 元。张某执行本公司任务完成了一项发明创造属于职务发明创造，并且获得的是发明专利权，且没有约定奖励方式。因此选项 A 的说法正确，选项 B 的说法错误。

根据 R94 和《促进科技成果转化法》第四十五条第一款的规定，如果该公司自行实施该发明专利，则应当从实施该发明专利的营业利润中提取不低于 5% 作为报酬给予发明人张某，或者如果该公司许可他人实施该发明专利，则应当从收取的许可费中提取不低于 50% 作为报酬给予发明人张某。因此，选项 C、D 的说法是错误的。

综上所述，本题答案为 A。

【11.(2014 - 61) 解析】知识点：职务发明创造（职务发明人的奖励和报酬）

参照 7.(2019 - 34) 的解析。甲执行本公司任务完成的一项发明创造属于职务发明创造，并且获得的是实用新型专利权（注意不是发明专利权），且没有约定奖励方式。根据 R93.1 的规定，公司应当自专利权公告之日起 3 个月内发给发明人奖金，且一项实用新型专利或者外观设计专利的奖金最低不少于 1500 元。由于上述规定是要求自专利权公告之日起 3 个月内，而不是收到授权通知书之日（只有办理专利权登记手续后才能公告）起 3 个月内发给发明人奖金，因此选项 A 的说法是错误的。由于获得的是实用新型专利权，单位应给予甲不少于 1500 元的奖金，因此选项 B 的说法正确。

根据 R94 和《促进科技成果转化法》第四十五条第一款的规定，单位自己实施该专利的，应当从实施该专利的营业利润中提取不低于 5% 作为报酬给予甲，或者单位许可他人实施该专利的，应当从收取的使用费中提取不低于 50% 作为报酬给予甲。因此，选项 C、D 的说法是错误的。

综上所述，本题答案为 B。

【12.（2013－54）解析】知识点：职务发明创造（职务发明人的奖励和报酬）

参见 7.（2019－34）的解析。孙某完成的发明创造属于职务发明创造，且没有约定奖励方式。根据 R93.1 的规定，可以得出甲公司在专利权被授予后应当给予孙某奖励。因此，选项 A 的说法正确。

进一步地，根据 R94 的规定可知，甲公司自行实施其专利后应当给予孙某报酬，因此，选项 B 的说法正确。

而根据 R94 和《促进科技成果转化法》第四十五条第一款的规定，被授予专利权的单位许可其他单位或者个人实施其专利的，应当从收取的使用费中提取不低于 50%，作为报酬给予发明人或者设计人。因此，根据上述规定，甲公司将该专利许可给乙公司后，应当给予孙某报酬，但乙公司是被许可人，只需向甲公司支付许可使用费而没有义务向孙某支付报酬。由此可知，选项 C 的说法正确，而选项 D 的说法错误。

综上所述，本题答案为 A、B、C。

【13.（2012－53）解析】知识点：职务发明创造（职务发明人的奖励和报酬）

参见 7.（2019－34）的解析。张某完成一项职务发明创造并获得了发明专利权，且没有约定奖励方式。根据 R93.1 的规定，该公司应当自专利权公告之日起 3 个月内发给张某奖金，因此，选项 A 的说法是正确的。由于是发明专利权，因此该公司给予张某的奖金数额最低不少于 4000 元，因此选项 B 的说法是错误的。

根据 R94 和《促进科技成果转化法》第四十五条第一款的规定，该公司实施发明创造专利后，每年应当从实施该项发明专利的营业利润中提取不低于 5%，作为报酬给予发明人或者设计人。因此选项 C 的说法正确。根据 R94 和《促进科技成果转化法》第四十五条第一款的规定，如果该公司许可他人实施该发明专利，则应当从收取的许可费中提取不低于 50% 作为报酬给予张某，因此选项 D 的说法错误。

综上所述，本题答案为 A、C。

（三）总体考点分析

本部分主要涉及的知识点集中在职务发明创造，具体包括：职务发明创造和非职务发明创造的概念及其判断，两者申请专利的权利及所取得的专利权的归属，职务发明创造的发明人或设计人获得奖酬的权利。

重点掌握职务发明创造的判断、所取得的专利权的归属，尤其是在没有约定的情况下对职务发明创造的发明人奖酬相关规定等。该部分考点属于较高频率的考点。

高频结论

✓ 执行本单位的任务或者主要是利用本单位的物质技术条件所完成的发明创造为职务发明创造。

✓ 职务发明创造申请专利的权利属于该单位；申请被批准后，该单位为专利权人，职务发明人没有申请专利的权利，未经单位（即专利权人）的同意也不能实施专利等，但具有署名权以及获得奖励和报酬的权利。

✓ 执行本单位的任务所完成的职务发明创造，是指：（1）在本职工作中作出的发明创造；（2）履行本单位交付的本职工作之外的任务所作出的发明创造；（3）退休、调离原单位后或者劳动、人事关系终止后 1 年内作出的（意味着超出 1 年完成的发明创造就不算职务发明创造），与其在原单位承担的本职工作或者原单位分配的任务有关的发明创造。这里所称本单位包括临时工作单位（包括临时借调的工作单位）。

✓《专利法》第六条所称本单位的物质技术条件，是指本单位的资金、设备、零部件、原材料或者不对外公开的技术资料等。

✓ 发明人或者设计人是指对发明创造的实质性特点作出创造性贡献的人。在完成发明创造过程中，只负责组织工作的人、为物质技术条件的利用提供方便的人或者从事其他辅助工作的人，不是发明人或者设计人。公司负责人，包括董事长、总经理等如果没有对发明创造的实质性特点作出创造性贡献，也不能列为发明人。

✓ 对职务发明人的奖励没有约定的，被授予专利权的单位应当自公告授予专利权之日起 3 个月内发给发明人或者设计人奖金。一项发明专利的奖金最低不少于 4000 元，一项实用新型专利或外观设计专利的奖金最低不少于1500元。注意，不同类型专利的奖励不同，且这里起算时间为专利权公告之日，而不是自提出专利申请之日，也不是收到授权通知书之日等其他日期。

✓ 对给予职务发明人报酬没有约定的，依照《促进科技成果转化法》的规定，给予发明人或者设计人合理的报酬：将该项职务科技成果转让、许可给他人实施的，从该项科技成果转让净收入或者许可净收入中提取不低于50%的比例；利用该项职务科技成果作价投资的，从该项科技成果形成的股份或者出资比例中提取不低于50%的比例；将该项职务科技成果自行实施或者与他人合作实施的，应当在实施转化成功投产后连续三至五年，每年从实施该项科技成果的营业利润中提取不低于5%的比例。

（四）参考答案

1. C	2. A、D	3. A、C、D	4. A、B、C、D	5. A
6. B	7. B	8. B、C	9. A、B、C	10. A
11. B	12. A、B、C	13. A、C		

四、权利的归属（合作或委托完成的发明创造）

（一）历年试题集合

1. (2019-1)甲公司委托乙公司研发某产品，乙公司指定员工李某承担此项研发任务。后来，为了加快研发进度，甲公司又派员工周某参与研发。李某和周某共同在研发过程中完成了一项发明创造。在没有任何约定的情形下，该发明创造申请专利的权利属于下列哪个公司或个人？ 【你的答案】_____ 【选错记录】_____

A. 李某和周某
B. 甲公司
C. 乙公司
D. 甲公司和乙公司

2. (2018-3)甲、乙二人合作研制出一种新型加湿器，申请专利并获得授权。W公司与甲、乙二人商谈，提出获得许可实施该专利的意向。甲以W公司规模太小没有名气为由拒绝，乙随后独自与W公司签订专利实施普通许可合同，许可费20万元。则以下说法哪一个是错误的？ 【你的答案】_____ 【选错记录】_____

A. 该专利的专利权由甲乙共同享有
B. 乙享有的发明人的署名权不可转让
C. 乙无权与W公司签订普通许可合同
D. 乙获得的20万元许可费应当合理分配给甲

3. (2018-4)蓝天公司是一家化工企业，为降低工业污染，遂请绿水公司开发新型催化剂，并向绿水公司支付了10万元报酬，由绿水公司的工程师甲某负责该研究项目，但未约定研究成果的知识产权归属。该催化剂研发成功后，该项发明的专利申请权应当归谁所有？ 【你的答案】_____ 【选错记录】_____

A. 归蓝天公司所有
B. 归甲某所有
C. 归绿水公司所有
D. 归蓝天公司和绿水公司共同所有

4. (2015-1)乙公司委托甲公司研发某产品，甲公司指定员工吕某承担此项研发任务，吕某在研发过程中完成了一项发明创造。在没有任何约定的情形下，该发明创造申请专利的权利属于谁？ 【你的答案】_____ 【选错记录】_____

A. 吕某
B. 甲公司

C. 乙公司

D. 甲公司和乙公司

5.（2014-23）甲大学李教授以个人名义接受乙公司委托，利用业余时间在家完成了一项发明创造。在未作任何约定的情形下，就该发明创造申请专利的权利属于谁？

【你的答案】

【选错记录】

A. 李教授

B. 甲大学

C. 乙公司

D. 乙公司和李教授

6.（2011-6）甲公司委托乙研究所进行一项技术开发。在研发过程中，由于工作需要，甲公司派员工张某参加了研发工作，并对研发成果的实质性特点作出了创造性贡献。甲、乙未就研发成果的权属进行约定，就该成果申请专利的权利属于谁？

【你的答案】

【选错记录】

A. 张某和乙研究所共有

B. 甲公司

C. 乙研究所

D. 甲公司和乙研究所共有

7.（2010-17）某研究中心接受某公司委托研究一种药物。该研究中心邀请某大学一起进行研究。该研究中心指派的王某和该大学指派的冯某共同对所开发药物的实质性特点作出了创造性贡献。若不存在任何涉及专利权利归属的约定，则该药物申请专利的权利应当属于谁？

【你的答案】

【选错记录】

A. 该公司

B. 该研究中心

C. 该研究中心和该大学

D. 王某和冯某

（二）参考答案解析

【1.（2019-1）解析】知识点：合作完成的发明创造；相关知识点：委托完成的发明创造、职务发明创造

本题涉及上述三个知识点。根据题目干可知，甲公司委托乙公司研发某产品，由属于委托关系。但后来为了加快研发进度，甲公司又派员工周某参与研发，则表明甲公司也参与了研发，因此甲公司和乙公司构成了合作关系，也就改变了此前的委托关系。同时，李某和周某都是受各自单位指派进行研发，属于完成本职工作，所完成的发明创造属于职务发明创造。他们二人是发明人。

首先，A6.1规定，执行本单位的任务或者主要是利用本单位的物质技术条件所完成的发明创造为职务发明创造。职务发明创造申请专利的权利属于该单位；申请被批准后，该单位为专利权人……。可知，本题中的发明创造属于职务发明创造，申请专利的权利属于单位，并不属于发明人李某和周某。因此，选项A的说法错误。

其次，A8规定，两个以上单位或者个人合作完成的发明创造、一个单位或者个人接受其他单位或者个人委托所完成的发明创造，除另有协议的以外，申请专利的权利属于完成或者共同完成的单位或者个人；申请被批准后，申请的单位或者个人为专利权人。本题中，该发明创造最后实际上是通过合作完成的，因此根据该规定申请专利的权利属于共同完成的单位即甲公司和乙公司，而不是其中任何一方。故选项B和C的说法错误，选项D的说法正确。

综上所述，本题答案为D。

【2.（2018-3）解析】知识点：合作完成的发明创造；相关知识点：共有权利的行使、发明人或设计人的署名权

本题中甲、乙二人合作研制出一种新型加湿器，属于合作完成的发明创造。因此，根据A8的规定可知，该发明创造申请专利的权利属于甲、乙二人，获得授权后，甲、乙为专利权人，故选项A的说法正确。

A16.1规定，发明人或者设计人有权在专利文件中写明自己是发明人或者设计人。因而，乙享有的发明人的署名权。同时，署名权是一种人身权，不可转让，故选项B的说法正确。

A14规定，专利申请权或者专利权的共有人对权利的行使有约定的，从其约定。没有约定的，共有人可以单独实施或者以普通许可方式许可他人实施该专利；许可他人实施该专利的，收取的使用费应当在共有人之间分配。除前款规定的情形外，行使共有的专利申请权或者专利权应当取得全体共有人的同意。本题中，即使未获得甲的同意，乙也可以与

丙公司签订普通许可合同，合同有效。故选项 C 的说法是错误的。但乙公司通过普通许可而获得的使用费 20 万元应当在共有人之间分配，故选项 D 的说法正确。

综上所述，本题答案为 C。

【3.（2018－4）解析】知识点：委托完成的发明创造；相关知识点：职务发明创造

参见 1.（2019－1）的解析。本题中，蓝天公司请绿水公司开发新型催化剂，并支付了 10 万元报酬，因此最后研发成的催化剂属于委托完成的发明创造，但没有约定研究成果的知识产权归属（包括申请专利的权利）。同时，根据 A6 的规定可知，绿水公司的工程师甲某负责该研究项目，属于甲某完成本职工作的职务行为，所完成的发明创造属于职务发明创造，甲某是发明人。根据 A8 的规定，由于没约定研究成果的知识产权归属，因此该发明的专利申请权属于完成该发明的单位即绿水公司，而不是委托人蓝天公司，也不是发明人甲某，也不是蓝天公司和绿水公司共同所有。因此，选项 C 正确，选项 A、B、D 错误。

综上所述，本题答案为 C。

【4.（2015－1）解析】知识点：委托完成的发明创造；相关知识点：职务发明创造

参见 1.（2019－1）的解析。根据 A6 的规定，甲公司指定员工吕某承担此项研发任务，吕某在研发过程中完成的一项发明创造，属于吕某完成的本职工作的职务行为，为职务发明创造，吕某是发明人。根据 A8 的规定，由于没任何约定，因此该发明的专利申请权属于完成该发明的单位即甲公司，而不是委托人乙公司，也不是发明人甲某，更不是甲公司和乙公司共同所有。因此，选项 B 正确，选项 A、C、D 错误。

综上所述，本题答案为 B。

【5.（2014－23）解析】知识点：委托完成的发明创造；相关知识点：非职务发明创造

参见 1.（2019－1）的解析。根据 A8 的规定，李教授接受委托完成了发明创造，由于乙公司与李教授之间并没有就申请专利进行任何约定，故申请专利的权利属于完成发明创造的李教授。需要指出的是，虽然题干中写明了甲大学的李教授，但由于李教授是以个人名义接受委托，并且利用业余时间完成发明创造，因此该发明创造与甲大学没有关系，属于非职务发明。根据 G－1－1－4.1.3.1 有关"申请人是本国人"的规定可知，职务发明，申请专利的权利属于单位；非职务发明，申请专利的权利属于发明人。故李教授完成的发明创造申请专利的权利应当属于李教授自己，选项 A 正确，选项 B、C、D 错误。

综上所述，本题答案为 A。

【6.（2011－6）解析】知识点：委托和合作完成的发明创造；相关知识点：发明人的概念

参见 1.（2019－1）和 4.（2015－1）的解析。本题中，首先甲公司委托乙研究所进行一项技术开发，此时属于委托关系。但随后，甲公司派员工张某参加了研发工作，并对研发成果的实质性特点作出了创造性贡献。由张某是受甲公司的指派参与研发工作，此时甲公司和乙研究所的关系就构成合作关系，所完成的成果属于合作完成的发明创造。故根据 A8 的规定，甲公司和乙研究所未就研发成果的权属进行约定的情况下，就该成果申请专利的权利为两者共同拥有，而不是委托人甲公司单独拥有，也不是乙研究所单独拥有，更不是发明人张某拥有。因此，选项 D 正确，选项 A、B、C 错误。

综上所述，本题答案为 D。

【7.（2010－17）解析】知识点：委托和合作完成的发明创造；相关知识点：职务发明创造、发明人的概念

参见 1.（2019－1）和 4.（2015－1）的解析。题中，首先某公司委托某研究中心研究一种药物，两者就构成了委托关系。但该研究中心邀请某大学一起进行研究，则表明该研究中心与该大学之间的合作关系，开发出来的药物属于合作完成的发明创造。因此，该题既涉及委托完成的发明创造，也涉及合作完成的发明创造。根据 A8 的规定可知，发明创造申请专利的权利属于共同完成该发明创造的单位。本题中，药物由某研究中心与某大学之间的合作完成，由于不存在任何涉及专利权利归属的约定，因此就该药物申请专利的权利应当属于该研究中心和该大学，而不是委托人该公司，也不是该研究中心，更不是发明人王某和冯某。因此，选项 C 正确，选项 A、B、D 错误。

综上所述，本题答案为 C。

（三）总体考点分析

本部分主要涉及的知识点是合作或委托完成的发明创造，重点是申请专利的权利及所取得的专利权的归属（主要涉及没有约定的情况）。但题目往往会同时涉及相关的知识点，例如职务或非职务发明创造的概念、发明人的署名权等权利、共有权利的行使等。其中，往往还会综合委托开发和合作开发来出题，比如本

来是委托开发，后面委托方派人员参与或者被委托方式自行邀请其他人参与而转变成合作开发，同时还可能给出一些干扰信息，注意排除。本部分属于较高频考点。注意，题目中往往会结合实际，而不是直接考查规定本身。

高频结论

✓　两个以上单位或者个人合作完成的发明创造，除另有协议的以外，申请专利的权利属于完成或者共同完成的单位或者个人；申请被批准后，申请的单位或者个人为专利权人。在考试题目中，主要涉及没有约定的情况。

✓　一个单位或者个人接受其他单位或者个人委托所完成的发明创造，除另有协议的以外，申请专利的权利属于完成的单位或者个人；申请被批准后，申请的单位或者个人为专利权人。

✓　委托完成的发明创造，在没有约定的情况下，申请专利的权利属于完成或者共同完成的单位或者个人，而不是委托人。

✓　合作完成的发明创造，在没有约定的情况下，申请专利的权利属于共同完成的单位或者个人，而不是其中任一方单独拥有。

✓　当事人一方转让其共有专利申请权的，其他各方享有等同条件下优先受让的权利。合作开发的当事人一方放弃其有专利申请权的，可以由另一方单独申请或其他方共同申请（授权后）弃一方可以免费实施。

✓　合作开发的当事人一方不同意申请专利的另一方或其他方不得申请专利。

✓　一方先委托另一方进行研发，后又派人参与另一方的研发工作，或另一方邀请第三方参与研发，则构成合作完成的发明创造。

（四）参考答案

1. D	2. C	3. C	4. B	5. A
6. D	7. C			

第三节　专利代理制度

一、专利代理

（一）历年试题集合

1. （2019-2）根据《专利代理条例》，下列哪个人或机构可以接受委托人的委托，以委托人的名义在代理权限范围内，办理专利申请或者其他专利事务？　【你的答案】

A. 某产权交易所　　【选错记录】

B. 某获得专利代理机构执业许可证的律师事务所

C. 刚刚取得专利代理师资格的甲

D. 具有专利代理师资格且执业多年的乙

2. （2019-15，有适应性修改）关于委托专利代理机构办理专利事务，下列说法正确的是？　【你的答案】

A. 在苏州设立的某日本独资企业在中国申请专利，必须委托专利代理机构　【选错记录】

B. 某英国公司作为代表人与北京某国有企业共同在中国申请专利，必须委托专利代理机构

C. 香港、澳门或者台湾地区的申请人向国家知识产权局提交专利申请，必须委托专利代理机构

D. 委托专利代理机构申请专利的，解除委托时必须征得专利代理机构的同意

3. (2016 - 3)根据《专利代理条例》，下列哪个人或机构可以接受委托人的委托，以委托人的名义在代理权限范围内，办理专利申请或者办理其他专利事务？

【你的答案】

_____

A. 专利代理师❶

【选错记录】

B. 专利代理机构

_____

C. 有专利代理师资格证的人

_____

D. 有民事行为能力的自然人

4. (2015 - 15，有适应性修改)关于委托专利代理机构办理专利事务，下列说法哪个是正确的？

【你的答案】

_____

A. 在中国内地没有营业所的澳门公司在中国申请专利的，可以不委托专利代理机构

【选错记录】

_____

B. 上海某国有企业作为代表人与某英国公司共同在中国申请专利的，应当委托专利代理机构

_____

C. 在中国内地没有经常居所的香港人在中国申请专利的，应当委托专利代理机构

D. 委托专利代理机构申请专利的，仅限委托一家专利代理机构且不可更换

5. (2014 - 81，有适应性修改)下列哪些情形下，申请人应当委托依法设立的专利代理机构办理专利事务？

【你的答案】

_____

A. 中国内地居民向国家知识产权局提出 PCT 国际申请

【选错记录】

B. 在中国内地没有营业所的香港公司向国家知识产权局提出专利申请

_____

C. 中国内地居民作为代表人与澳门居民共同向国家知识产权局提出专利申请

_____

D. 在中国内地没有营业所的外国公司作为代表人与中国内地公司共同向国家知识产权局提出专利申请

6. (2013 - 22)在中国设有办事处的美国某公司欲就其一项发明创造在中国申请专利。该公司可以通过下列哪种方式提交其申请？

【你的答案】

_____

A. 直接通过国家知识产权局电子申请系统提交

【选错记录】

B. 委托美国专利代理机构提交

_____

C. 委托中国专利代理机构提交

_____

D. 指派其在中国的员工提交

7. (2013 - 45)下列哪些主体在中国申请专利应当委托中国专利代理机构？

【你的答案】

_____

A. 在中国内地有经常居所的法国人保罗

B. 在中国内地有营业所的德国某公司

【选错记录】

C. 常驻美国的中国公民李明

_____

D. 在中国内地没有营业所的澳门某公司

_____

8. (2010 - 47)下列关于解除或者辞去专利代理委托的说法哪些是正确的？

【你的答案】

_____

A. 办理解除委托或者辞去委托手续的，应当事先通知对方当事人

B. 专利申请人解除委托时，应当提交著录项目变更申报书

【选错记录】

C. 专利代理机构辞去委托时，应当提交由全体委托人签字或盖章的同意辞去委托声明

_____

_____

D. 办理解除委托或者辞去委托的手续生效前，原专利代理关系依然有效

（二）参考答案解析

【1.(2019 - 2)解析】知识点：专利代理的概念

《专利代理条例》第二条规定，该条例所称专利代理，是指专利代理机构接受委托，以委托人的名义在代理权限范围内办理专利申请、宣告专利权无效等专利事务行为。根据上述规定，专利代理机构可以接受委托人的委托，而获得专利代理机构执业许可证的律师事务所也属于专利代理机构，因而可以接受委托，选项 B 正确。

根据《专利代理管理办法》第十四条的规定，专利代理机构只能使用一个名称。除律师事务所外，专利代理机构的

❶ 为了与现行《专利代理条例》保持一致，本书将原试题中的"专利代理人"修改为"专利代理师"。

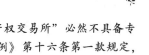

名称中应当含有"专利代理"或者"知识产权代理"等字样……。因此，选项A中的"某产权交易所"必然不具备专利代理机构执业许可证，故不能接受委托以办理专利申请或者其他专利事务。《专利代理条例》第十六条第一款规定，专利代理师应当根据专利代理机构的指派承办专利代理业务，不得自行接受委托。因此选项C中刚刚取得专利代理师资格的甲，以及选项D中具有专利代理师资格且执业多年的乙都不能自行接受委托。这两个选项中的限定条件仅仅是干扰信息。故选项A、C、D错误。

综上所述，本题答案为B。

【2.（2019－15）解析】知识点：委托专利代理机构

在G－1－1－6.1.1有关"委托"第一段规定，……在中国内地没有经常居所或者营业所的外国人、外国企业或者外国其他组织在中国单独申请专利和办理其他专利事务，或者作为代表人与其他申请人共同申请专利和办理其他专利事务的，应当委托专利代理机构办理。根据上述规定，选项A中"在苏州设立的某日本独资企业"属于在中国内地有营业所的外国企业，因而在中国申请专利或办理其他专利事务，并不属于上述中规定的必须委托专利代理机构的情形，因此选项A的说法错误。选项B中由于某英国公司属于在中国内地没有营业所的外国企业且作为代表人与北京某国有企业共同在中国申请专利，故按上述规定，也必须委托专利代理机构，故选项B的说法正确。

在G－1－1－6.1.1有关"委托"第三段规定，在中国内地没有经常居所或者营业所的香港、澳门或者台湾地区的申请人单独向专利局提出专利申请和办理其他专利事务，或者作为代表人与其他中国内地的申请人共同申请专利和办理其他专利事务的，应当委托专利代理机构办理……。根据上述规定可以理解为"内事外办"，选项C中由于题干并没有明确"香港、澳门或者台湾地区的申请人"在中国内地是否有经常居所或者营业所，如果没有，则在向国家知识产权局提交专利申请时必须要委托专利代理机构；如果有，则不是必须委托专利代理机构的。因此，选项C的说法过于绝对，是错误的。

在G－1－1－6.7.2.4关于"专利代理机构及代理师变更"中规定，……办理解除委托或者辞去委托手续的，应当事先通知对方当事人。解除委托时，申请人（或专利权人）应当提交著录项目变更申报书，并附具全体申请人（或专利权人）签字或者盖章的解聘书，或者仅提交由全体申请人（或专利权人）签字或者盖章的著录项目变更申报书……。根据上述规定，解除委托时不必征得专利代理机构的同意，但应当事先通知专利代理机构。因此，选项D的说法是错误的。

综上所述，本题答案为B。

【3.（2016－3）解析】知识点：专利代理的概念

参照1.（2019－2）的解析。根据《专利代理条例》的相关规定，只有专利代理机构（选项B）才可以接受委托人的委托。既然专利代理师（选项A）不能自行接受委托，而有专利代理师资格证的人（选项C）和有民事行为能力的自然人（选项D）也就更不能接受委托办理专利申请等事务。

综上所述，本题答案为B。

【4.（2015－15）解析】知识点：委托专利代理机构

参照2.（2019－15）的解析。选项A的申请人是在中国内地没有营业所的澳门公司，应当委托专利代理机构，故选项A的说法错误。选项B的代表人为上海某国有企业，可以不委托专利代理机构办理专利事务，即使其与某英国公司共同申请专利，也可以不委托专利代理机构，故选项B的说法错误。选项C的申请人是在中国内地没有经常居所的香港人，应当委托专利代理机构，故选项C的说法正确。

在G－1－1－6.1.3关于"解除委托和辞去委托"中规定，申请人（或专利权人）委托专利代理机构后，可以解除委托；专利代理机构接受申请人（或专利权人）委托后，可以辞去委托。因此，申请人委托专利代理机构申请专利的，可以解除委托或者更换专利代理机构，故选项D中所述的专利代理机构不可更换的说法是错误的。

综上所述，本题答案为C。

【5.（2014－81）解析】知识点：委托专利代理机构

参照2.（2019－15）的解析。选项A中的中国内地居民向国家知识产权局提出PCT国际申请，可以不委托专利代理机构，即选项A不符合题意。选项B的申请人为在中国内地没有营业所的香港公司，向国家知识产权局提出专利申请应当委托专利代理机构，故选项B符合题意。选项C的代表人为中国内地居民，可以不委托专利代理机构办理，即使其与澳门居民共同申请专利，也可以不委托专利代理机构，故选项C不符合题意。代表人是在中国内地没有营业所的外国公司，与中国内地的申请人共同申请专利和办理其他专利事务的，应当委托专利代理机构办理。故选项D符合题意。

综上所述，本题答案为B、D。

【6.（2013－22）解析】知识点：委托专利代理机构

根据A18.1的规定，在中国没有经常居所或者营业所的外国人、外国企业或者外国其他组织在中国单独申请专利和办理其他专利事务的，应当委托依法设立的专利代理机构办理。题干中，虽然美国某公司在中国设有办事处，但由于办事处并不是该规定中所指的营业所，因此该公司仍然是在中国没有经常居所或者营业所的外国企业，其在中国申请专利和办理其他专利事务的，应当委托依法设立的专利代理机构办理。这里依法设立当然是指依中国的法律法规设立的中国专利代理机构，即选项C的做法正确，符合题意。其不能直接通过国家知识产权局电子申请系统提交（选项A错误），也不能委托美国专利代理机构提交（不属于该规定所指的依法设立的专利代理机构，即选项B错误），也不能指派其在中国的员工提交（选项D错误）。

综上所述，本题答案为C。

【7.（2013－45）解析】知识点：委托专利代理机构

参照2.（2019－15）的解析。选项A，法国人保罗在中国内地有经常居所，故可以不委托专利代理机构。选项B，德国某公司在中国内地有营业所，故可以不委托专利代理机构。选项D，澳门某公司在中国内地没有营业所，应当委托专利代理机构办理，即选项D符合题意。

根据A18.2的规定，中国单位或者个人在国内申请专利和办理其他专利事务的，可以委托依法设立的专利代理机构办理。根据该规定，中国单位或个人可以委托，也可以不委托专利代理机构办理专利事务。而中国公民李明虽然常驻美国，但仍然属于中国个人，因此可以不委托专利代理机构，因此选项C不符合题意。

综上所述，本题答案为D。

【8.（2010－47）解析】知识点：委托专利代理机构（解除委托和辞去委托）

在G－1－1－6.7.2.4关于"专利代理机构及代理人变更"中规定，……办理解除委托或者辞去委托手续的，应当事先通知对方当事人。解除委托时，申请人（或专利权人）应当提交著录项目变更申报书，并附具全体申请人（或专利权人）签字或者盖章的解聘书，或者仅提交由全体申请人（或专利权人）签字或者盖章的著录项目变更申报书。辞去委托时，专利代理机构应当提交著录项目变更申报书，并附具申请人（或专利权人）或者其代表人签字或者盖章的同意辞去委托声明，或者附具由专利代理机构盖章的表明已通知申请人（或专利权人）的声明。变更手续生效（即发出手续合格通知书）之前，原专利代理委托关系依然有效，且专利代理机构已为申请人（或专利权人）办理的各种事务在变更手续生效之后继续有效……。

根据上述规定，办理解除委托或者辞去委托手续的，应当事先通知对方当事人，因此选项A正确。解除委托时，申请人（或专利权人）应当提交著录项目变更申报书，因此选项B正确。辞去委托时，不是必须要提交由全体委托人签字或盖章的同意辞去委托声明，也可以由代表人签字或者盖章，甚至由专利代理机构盖章的表明已通知申请人（或专利权人）的声明都可以（特别注意解除委托和辞去委托有些要求是相同的，但更要留意所存在的差别）。因此，选项C错误。办理解除委托或者辞去委托的手续生效前，原专利代理关系依然有效，因此选项D正确。

综上所述，本题答案为A、B、D。

（三）总体考点分析

本部分主要涉及专利代理的概念和作用。重点考查专利代理的基本概念，涉及哪些情况下必须委托专利代理机构，哪些情况下不是必须委托的；只有专利代理机构才能接受委托；解除或辞去委托的相关规定等。

该部分出题频率近年较高，因为修订后的《专利代理条例》于2019年3月1日起施行，而新公布的《专利代理管理办法》于2019年5月1日起施行。近年考试作为重点的可能性较大。

高频结论

✓ 专利代理是指专利代理机构以委托人的名义，在代理权限范围内，办理专利申请或者办理其他专利事务。

✓ 只有专利代理机构才可以接受委托人的委托，而获得专利代理机构执业许可证的律师事务所也属于专利代理机构。

✓ 任何个人都不能接受委托办理专利相关事务。

✓ 专利代理机构只能使用一个名称。除律师事务所外，专利代理机构的名称中应当含有"专利代理"或者"知识产权代理"等字样。

✓ 在中国内地没有经常居所或者营业所的外国人、外国企业或者外国其他组织在中国单独申请专利和办理其他专利事务，或者作为代表人与其他中国内地的申请人共同申请专利和办理其他专利事务的，应当委托专利代理机构办理。注意：在中国设立办事处不属于在中国有营业所。

✓　在中国内地没有经常居所或者营业所的香港、澳门或者台湾地区的申请人单独向专利局提出专利申请和办理其他专利事务，或者作为代表人与其他中国内地的申请人共同申请专利和办理其他专利事务的，应当委托中国专利代理机构办理。

✓　中国单位或个人可以委托，也可以不委托专利代理机构办理专利事务；在中国内地有经常居所或者营业所的外国申请人，以及香港、澳门或者台湾地区的申请人也不是必须委托中国专利代理机构。

✓　办理解除委托或者辞去委托手续的，应当事先通知对方当事人。

✓　解除委托时，申请人（或专利权人）应当提交著录项目变更申报书，并附具全体申请人（或专利权人）签字或者盖章的解聘书，或者仅提交由全体申请人（或专利权人）签字或者盖章的著录项目变更申报书。

✓　解除委托时不必征得专利代理机构的同意，但应当事先通知对方当事人。

✓　辞去委托时，专利代理机构应当提交著录项目变更申报书，并附具申请人（或专利权人）或者其代表人签字或者盖章的同意辞去委托声明，或者附具由专利代理机构盖章的表明已通知申请人（或专利权人）的声明。即辞去委托不是必须提交全体委托人的同意辞去委托的证明。

✓　专利代理变更手续生效（即发出手续合格通知书）之前，原专利代理委托关系依然有效，且专利代理机构已为申请人（或专利权人）办理的各种事务在变更手续生效之后继续有效。

（四）参考答案

1. B　　　2. B　　　3. B　　　4. C　　　5. B、D
6. C　　　7. D　　　8. A、B、D

二、专利代理机构

（一）历年试题集合

1. (2019－90) 以下哪些是专利代理机构设立分支机构办理专利代理业务应具备的条件？
　A. 办理专利代理业务时间满两年，且有五名以上专利代理师执业
　B. 专利代理师不得同时在两个以上的分支机构担任负责人
　C. 分支机构负责人应当具有专利代理师资格证
　D. 设立分支机构前三年内未受过专利代理行政处罚

2. (2017－42，有适应性修改) 合伙企业形式的专利代理机构申请执业许可证的，应当提交下列哪些材料？
　A. 合伙协议
　B. 营业执照
　C. 专利代理师资格证扫描件
　D. 合伙人身份证件扫描件

3. (2018－34) 甲省某专利代理机构在乙省设有办事机构，对于该办事机构的管理，以下做法错误的是？
　A. 为便于办事机构开展业务活动，专利代理机构许可办事机构自行接受业务委托
　B. 办事机构的财务由专利代理机构统一管理
　C. 专利代理机构拟撤销办事机构，应当在向甲省知识产权局提出申请并获得同意后，再向乙省知识产权局提出申请
　D. 办事机构的撤销报经国家知识产权局批准后生效

4. (2016－35，有适应性修改)专利代理师甲、乙和丙三人欲在北京设立一家专利代理机构，下列说法哪些是正确的？
  A. 甲、乙、丙仅能设立合伙企业形式的专利代理机构
  B. 甲、乙、丙三人申请设立时的年龄均不得超过 60 周岁
  C. 甲、乙、丙提交的证明材料应当是在申请设立前 6 个月内出具的证明材料
  D. 甲、乙、丙应当直接向国家知识产权局提出设立专利代理机构的申请

【你的答案】
_____
【选错记录】
_____
_____

5. (2015－35，有适应性修改)关于合伙形式的专利代理机构的设立，下列说法哪些是正确的？
  A. 应当有 3 名以上合伙人
  B. 应当具有不低于 5 万元人民币的资金
  C. 作为另一专利代理机构的合伙人不满 2 年的，不得作为新设立的专利代理机构的合伙人
  D. 合伙人应当能够专职在专利代理机构工作

【你的答案】
_____
【选错记录】
_____
_____

6. (2014－37，有适应性修改)专利代理机构有下列哪些情形的，不能设立分支机构？
  A. 办理专利代理业务的时间为 1 年
  B. 有 12 名执业的专利代理师
  C. 设立分支机构时被列入经营异常名录
  D. 上一年度专利代理数量为 200 件

【你的答案】
_____
【选错记录】
_____
_____

7. (2013－39，有适应性修改)王某欲开办一家合伙形式的专利代理机构，应当符合下列哪些条件？
  A. 除王某外另有一名合伙人，两人均符合专利代理机构合伙人的条件
  B. 签订书面合伙协议
  C. 具有不低于 5 万元人民币的资金
  D. 有独立的经营场所

【你的答案】
_____
【选错记录】
_____
_____

8. (2011－47，有适应性修改)下列关于专利代理机构的说法哪些是正确的？
  A. 合伙形式的专利代理机构应当有 2 名以上合伙人
  B. 有限公司形式的专利代理机构的股东均应当具有专利代理师资格证
  C. 有限公司形式的专利代理机构应当有 5 名以上股东
  D. 律师事务所开办专利代理业务的，其具有专利代理师资格证的专职律师不得少于 3 名

【你的答案】
_____
【选错记录】
_____
_____

9. (2011－66，有适应性修改)下列哪些专利代理机构符合设立分支机构的条件？

专利代理机构类型	办理专利代理业务时间	执业专利代理师的数量	设立分支机构前是否受专利代理行政处罚
A. 某专利代理事务所	二年半	8 人	无
B. 某专利代理事务所	一年半	11 人	无
C. 某知识产权代理有限公司	三年	13 人	无
D. 某开办专利代理业务的律师事务所	四年	15 人	前两年被责令停止承接新的专利代理业务 6 个月

【你的答案】
_____
【选错记录】
_____
_____

10. (2010－82，有适应性修改)下列哪些属于专利代理师林某与他人合伙成立的专利代理事务所应当满足的条件？
  A. 合伙人的人数不少于 2 人
  B. 资金不得低于 3 万元人民币
  C. 有书面合伙协议
  D. 有独立的经营场所

【你的答案】
_____
【选错记录】
_____
_____

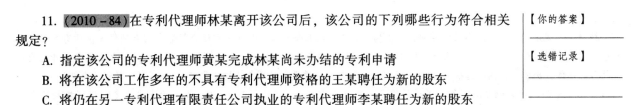

11. **(2010-84)** 在专利代理师林某离开该公司后,该公司的下列哪些行为符合相关 【你的答案】
规定?

A. 指定该公司的专利代理师黄某完成林某尚未办结的专利申请 【选错记录】

B. 将在该公司工作多年的不具有专利代理师资格的王某聘任为新的股东

C. 将仍在另一专利代理有限责任公司执业的专利代理师李某聘任为新的股东

D. 接受某企业的委托,就林某在该公司执业时代理并获得授权的某专利向国家知识产权局提出无效宣告请求

(二) 参考答案解析

【1. (2019-90) 解析】 知识点: 专利代理机构 (办事机构的设立)

《专利代理管理办法》第二十条规定:"专利代理机构设立分支机构办理专利代理业务的,应当具备下列条件:(一) 办理专利代理业务时间满两年;(二) 有十名以上专利代理师执业,拟设分支机构应当有一名以上专利代理师执业,并且分支机构负责人应当具有专利代理师资格证;(三) 专利代理师不得同时在两个以上的分支机构担任负责人;(四) 设立分支机构前三年内未受过专利代理行政处罚;(五) 设立分支机构时未被列入经营异常名录或者严重违法失信名单。"

根据上述规定,选项A中提到的"五名以上专利代理师执业",不符合该规定第 (二) 项中要求的"十名以上",因此选项A错误。而选项B、C、D分别与该规定第 (三) (二) (四) 项中的表述一致,因此其符合题意。

综上所述,本题答案为B、C、D。

【2. (2017-42) 解析】 知识点: 专利代理机构执业许可证

《专利代理管理办法》第十五条第一款规定:"申请专利代理机构执业许可证的,应当通过专利代理管理系统向国家知识产权局提交申请书和下列申请材料:(一) 合伙企业形式的专利代理机构应当提交营业执照、合伙协议和合伙人身份证件扫描件;(二) 有限责任公司形式的专利代理机构应当提交营业执照、公司章程和股东身份证件扫描件;(三) 律师事务所应当提交律师事务所执业许可证和具有专利代理师资格证的合伙人、专职律师身份证件扫描件。"由此可知,选项A中的合伙协议是必须提交的;选项B、D按照上述第 (一) 项的合伙企业形式规定是必须提交的,因此选项B、D正确。专利代理师资格证扫描件不是必须要提交的 (因为是经过专利代理管理系统提交,只需合伙人身份证就可以判断其是否具备合伙人资格),故选项C不符合题意。

需要提醒一下,尤其是律师事务所申请专利代理机构执业许可证所提交的材料与合伙企业形式或有限责任公司形式的专利代理机构申请时所提交的材料相差较大。

综上所述,本题答案为A、B、D。

【3. (2018-34) 解析】 知识点: 专利代理机构 (办事机构的停业或撤销)

《专利代理管理办法》第二十一条规定,专利代理机构的分支机构不得以自己的名义办理专利代理业务。专利代理机构应当对其分支机构的执业活动承担法律责任。故选项A中"许可办事机构自行接受业务委托"的说法错误。

《专利代理管理办法》第二十三条第一款规定,专利代理机构应当建立健全质量管理、利益冲突审查、投诉处理、年度考核等执业管理制度以及人员管理、财务管理、档案管理等运营制度,对专利代理师在执业活动中遵守职业道德、执业纪律的情况进行监督。因此,办事机构没有独立的财务权,因此选项B的说法正确。

《专利代理管理办法》第二十二条第一款规定,专利代理机构设立、变更或者注销分支机构的,应当自完成分支机构相关企业或者司法登记手续之日起三十日内,通过专利代理管理系统向分支机构所在地的省、自治区、直辖市人民政府管理专利工作的部门进行备案。根据该规定,专利代理机构拟撤销办事机构,无须征得甲省知识产权局的同意,也无须向乙省知识产权局提出申请 (因此,选项C错误),也无须报经国家知识产权局批准后生效 (因此,选项D错误),只需注销其在乙省的办事机构后向办事机构所在的乙省进行备案即可。

综上所述,本题答案为A、C、D。

【4. (2016-35) 解析】 知识点: 专利代理机构 (设立)

《专利代理管理办法》第十条规定:"合伙企业形式的专利代理机构申请办理执业许可证的,应当具备下列条件:(一) 有符合法律、行政法规和本办法第十四条规定的专利代理机构名称;(二) 有书面合伙协议;(三) 有独立的经营场所;(四) 有两名以上合伙人;(五) 合伙人具有专利代理师资格证,并有两年以上专利代理师执业经历。"

《专利代理管理办法》第十一条规定:"有限责任公司形式的专利代理机构申请办理执业许可证的,应当具备下列条件:(一) 有符合法律、行政法规和本办法第十四条规定的专利代理机构名称;(二) 有书面公司章程;(三) 有独立的经营场所;(四) 有五名以上股东;(五) 五分之四以上股东以及公司法定代表人具有专利代理师资格证,并有两年以上专利代理师执业经历。"

根据上述规定,合伙企业形式的专利代理机构应有 2 名以上合伙人,而有限责任公司形式的专利代理机构有 5 名以上股东。因此,甲、乙、丙三位专利代理师仅能设立合伙形式的专利代理机构,故选项 A 正确。同时,上述规定也并没有对合伙人的年龄提出要求,因此选项 B 中的"甲、乙、丙三人申请设立时的年龄均不得超过 60 周岁"的说法是错误的。

根据《专利代理管理办法》第十五条的规定 [参见 2.(2017-42)解析],甲、乙、丙先设立专利代理机构获营业执照后,再申请专利代理机构执业许可证,因此并不存在选项 C 说的"甲、乙、丙提交的证明材料应当是在申请设立前 6 个月内出具的证明材料",也不存在选项 D 中的"甲、乙、丙应当直接向国家知识产权局提出设立专利代理机构的申请"要求。

综上所述,本题答案为 A。

【5.(2015-35)解析】知识点:专利代理机构(设立)

参照 4.(2016-35)的解析。根据《专利代理管理办法》第十条的规定可知,选项 A 中提到应当有 3 名以上合伙人的说法错误(2 名合伙人就可以了);根据该规定可知,《专利代理管理办法》对于设立专利代理机构的条件中并未对资金数额进行要求,因此选项 B "具有不低于 5 万元人民币的资金"说法错误;该规定也没有对新设立的合伙人在之前的专利代理机构担任合伙人的时间进行要求,因此选 C 错误。

《专利代理管理办法》第十三条规定:"有下列情形之一的,不得作为专利代理机构的合伙人、股东:(一)不具有完全民事行为能力;(二)因故意犯罪受过刑事处罚;(三)不能专职在专利代理机构工作;(四)所在专利代理机构解散或者被撤销、吊销执业许可证,未妥善处理各种尚未办结的专利代理业务"。根据上述规定,选项 D 提到的合伙人应当能够专职在专利代理机构工作的说法是正确的。

综上所述,本题答案为 D。

【6.(2014-37)解析】知识点:专利代理机构(分支机构的设立)

根据《专利代理管理办法》第二十条的规定 [参见 1.(2019-90)解析] 选项 A 由于办理专利代理业务不足两年,因此不能设立分支机构,故选项 A 符合题意。选项 B 中有 12 名执业的专利代理师,符合该规定第(二)项中要求十名专利代理执业业务,因此不符合题意。选项 C 不符合上述第(五)项规定的设立分支机构时未被列入经营异常名录的规定,因此选项 C 符合题意。根据上述规定,对于上一年度专利代理数量没有作出要求,因此选项 D 不符合题意。

综上所述,本题答案为 A、C。

【7.(2013-39)解析】知识点:专利代理机构(设立)

参照 4.(2016-35)的解析。根据《专利代理管理办法》第十条的规定可知,合伙形式的专利代理机构应当有 2 名合伙人,并且合伙人具有专利代理师资格证,并有两年以上专利代理师执业经历,因此选项 A 的条件正确。根据该规定,需要有书面合伙协议,以及独立的经营场所,因此选项 B 和 D 的条件正确。但该规定在设立专利代理机构的条件中并未对资金数额进行要求,因此选项 C 要求"具有不低于 5 万元人民币的资金"说法错误。

综上所述,本题答案为 A、B、D。

【8.(2011-47)解析】知识点:专利代理机构(设立)

参照 4.(2016-35)的解析。根据《专利代理管理办法》第十条的规定,选项 A 要求 2 名以上合伙人是正确的。根据《专利代理管理办法》第十一条的规定,有限责任公司形式的专利代理机构要求有 5 名以上股东,因此选项 C 正确,但只需五分之四以上股东及公司法定代表人具有专利代理师资格证,因此选项 B 是错误的。根据《专利代理管理办法》第十二条的规定可知,律师事务所申请办理执业许可证的,有两名以上合伙人或者专职律师具有专利代理师资格证。因此选项 D 是错误的。

综上所述,本题答案为 A、C。

【9.(2011-66)解析】知识点:专利代理机构(分支机构的设立)

参照 6.(2014-37)的解析。根据《专利代理管理办法》第二十条规定,选项 A 执业专利代理师的数量只有 8 人,不足 10 人(不符合该规定第(二)项的要求),不能设立分支机构。选项 B 办理专利代理业务时间仅一年半,不足两年 [不符合该规定第(一)项的要求],不能设立分支机构。选项 C 办理专利代理业务时间三年 [符合该规定第(一)项要求两年以上的规定],执业专利代理师的数量 13 人 [符合该规定第(一)项要求执业专利代理师有 10 人以上的规定],并且设立分支机构前三年未受专利代理行政处罚 [符合该规定第(四)项的要求],因此可以设立分支机构。选项 D 中由于前两年被责令停止承接新的专利代理业务 6 个月,不符合该规定第(四)项要求前三年未受到过行政处罚的规定,因此,选项 D 的师事务所不能设立分支机构。

综上所述，本题答案为 C。

【10.（2010 - 82）解析】知识点：专利代理机构（设立）

参照 4.（2016 - 35）的解析。根据《专利代理管理办法》第十条的规定，选项 A 要求不少于 2 名以上合伙人是正确的。该规定对于设立专利代理机构的条件中并未对资金数额进行要求，因此选项 B 要求"资金不得低于 3 万元人民币"的说法错误。根据该规定，需要有书面合伙协议，以及独立的经营场所，因此选项 C 和 D 的条件正确。

综上所述，本题答案为 A、C、D。

【11.（2010 - 84）解析】知识点：专利代理机构

《专利代理条例》第二条规定，该条例所称专利代理，是指专利代理机构接受委托，以委托人的名义在代理权限范围内办理专利申请、宣告专利权无效等专利事务的行为。《专利代理条例》第十六条第一款规定，专利代理师应当根据专利代理机构的指派承办专利代理业务，不得自行接受委托。根据上述规定，选项 A 中指定该公司的专利代理师黄某完成林某尚未办结的专利申请是正确的。

参照 4.（2016 - 35）的解析。根据《专利代理管理办法》第十条的规定可知，合伙人必须具备专利代理师资格证。而王某不具有专利代理师资格，故不能作为专利代理机构的股东，因此选项 B 的做法是错误的。

《专利代理条例》第十六条第二款规定，专利代理师不得同时在两个以上专利代理机构从事专利代理业务。由此可知，选项 C 的做法违背上述规定（不得同时在两个以上专利代理机构从事专利代理业务），因而其做法是错误的。

《专利代理条例》第十四条第一款规定，专利代理机构接受委托，应当与委托人订立书面委托合同。专利代理机构接受委托后，不得就同一专利申请或者专利权的事务接受有利益冲突的其他当事人的委托。根据上述规定可知，选项 D 中，林某在该公司执业时代理并获得授权的某专利，因而不能再接受某企业的委托对该专利提出无效宣告请求，因此选项 D 的做法是错误的。这里需要明确该专利虽然由林某具体完成，接受委托是受专利代理公司的指派，其是该专利代理公司的行为，不因林某离职而改变。

综上所述，本题答案为 A。

（三）总体考点分析

本部分涉及专利代理机构，具体考查专利代理机构的组织形式（合伙形式、股份制形式、律师事务所开办）及其设立条件，申请办理专利代理机构执业许可证的条件和程序，专利代理机构合伙人或者股东应当满足的条件，专利代理机构执业许可审批，专利代理机构的事项变更、解散、注销，以及专利代理机构设立分支机构的条件，分支机构的备案、变更和注销。

高频结论

✓ 专利代理机构设立分支机构办理专利代理业务的，应当具备下列条件：（1）办理专利代理业务时间满两年；（2）有十名以上专利代理师执业，拟设分支机构应当有一名以上专利代理师执业，并且分支机构负责人应当具有专利代理师资格证；（3）专利代理师不得同时在两个以上的分支机构担任负责人；（4）设立分支机构前三年内未受过专利代理行政处罚；（5）设立分支机构时未被列入经营异常名录或者严重违法失信名单。

✓ 申请专利代理机构执业许可证的，应当通过专利代理管理系统向国家知识产权局提交申请书和下列申请材料：（1）合伙企业形式的专利代理机构应当提交营业执照、合伙协议和合伙人身份证件扫描件；（2）有限责任公司形式的专利代理机构应当提交营业执照、公司章程和股东身份证件扫描件；（3）律师事务所应当提交律师事务所执业许可证和具有专利代理师资格证的合伙人、专职律师身份证件扫描件。

✓ 合伙企业形式的专利代理机构申请办理执业许可证的，应当具备下列条件：（1）有符合法律、行政法规和《专利代理管理办法》第十四条规定的专利代理机构名称；（2）有书面合伙协议；（3）有独立的经营场所；（4）有两名以上合伙人；（5）合伙人具有专利代理师资格证，并有两年以上专利代理师执业经历。（《专利代理管理办法》第十四条规定，专利代理机构只能使用一个名称。除律师事务所外，专利代理机构的名称中应当含有"专利代理"或者"知识产权代理"等字样。）

✓ 有限责任公司形式的专利代理机构申请办理执业许可证的，应当具备下列条件：（1）有符合法律、行政法规和《专利代理管理办法》第十四条规定的专利代理机构名称；（2）有书面公司章程；（3）有独立的经营场所；（4）有五名以上股东；（5）五分之四以上股东以及公司法定代表人具有专利代理师资格证，并有两年以上专利代理师执业经历。

✓ 专利代理机构的分支机构不得以自己的名义办理专利代理业务。专利代理机构应当对其分支机构的执业活动承担法律责任。

✓ 有下列情形之一的，不得作为专利代理机构的合伙人、股东：（1）不具有完全民事行为能力；（2）因故意犯罪受过刑事处罚；（3）不能专职在专利代理机构工作；（4）所在专利代理机构解散或者被撤销、吊销执业许可证，未妥善处理各种尚未办结的专利代理业务。

✓ 专利代理机构接受委托，应当与委托人订立书面委托合同。专利代理机构接受委托后，不得就同一专利申请或者专利权的事务接受有利益冲突的其他当事人的委托。

（四）参考答案

1. B、C、D　　　　2. A、B、D　　　　3. A、C、D　　　　4. A　　　　5. D
6. A、C　　　　　7. A、B、D　　　　8. A、C　　　　　9. C　　　　10. A、C、D
11. A

三、专利代理师

（一）历年试题集合

1.（2019-35）以下哪些人员可以报名参加专利代理师资格考试？

A. 台湾地区居民甲，22岁，刚刚从北京某大学机械系本科毕业

B. 中国公民乙，18岁，在中国某大学新闻系读大一

C. 中国公民丙，30岁，中国某大学物理系毕业，在某律师事务所任职3年

D. 美籍华人丁，28岁，毕业于中国某大学化学系

【你的答案】

　　　　　　

【选错记录】

　　　　　　

2.（2017-5，有适应性修改）下列哪个说法是正确的？

A. 年满60周岁的专利代理师，不能作为合伙人或股东设立新专利代理机构

B. 从事过一年以上的科学技术工作或者法律工作的中国公民，可以申请专利代理师资格

C. 对年龄超过70周岁的人员，可以进行首次专利代理师执业备案

D. 未满18周岁的中国公民，可以申请专利代理师资格

【你的答案】

　　　　　　

【选错记录】

　　　　　　

3.（2013-96，有适应性修改）在满足其他条件的情况下，下列哪些人员仍然不具备报名参加专利代理师资格考试？

A. 毕业于清华大学的美国人托马斯

B. 仅具有中文专业大学学历的李某

C. 17周岁的张某

D. 无工作经历的在校本科生孙某

【你的答案】

　　　　　　

【选错记录】

　　　　　　

4.（2019-37）专利代理师在从事专利代理工作中应当遵守以下哪些规定？

A. 专利代理师必须承办专利代理机构委派的专利代理工作，不得自行接受委托

B. 专利代理师不得以自己的名义申请专利

C. 专利代理师对其在执业过程中了解的发明创造的内容，除专利申请已经公布或者公告的以外，负有保守秘密的义务

D. 专利代理师不得同时在两个以上专利代理机构从事专利代理业务

【你的答案】

　　　　　　

【选错记录】

　　　　　　

5.（2016-34）专利代理师在从事专利代理工作中应当遵守以下哪些规定？

A. 专利代理师必须承办专利代理机构委派的专利代理工作，不得自行接受委托

B. 专利代理师在从事专利代理业务期间和脱离专利代理业务后一年内，不得申请专利

C. 专利代理师对其在代理业务活动中了解的发明创造的内容，除专利申请已经公

【你的答案】

　　　　　　

【选错记录】

布或者公告的以外，负有保守秘密的责任

　　D. 专利代理师不得同时在两个以上专利代理机构从事专利代理业务

　　6.(2014-71，有适应性修改)假设吴某2019年通过了全国专利代理师资格考试，2020年3月到甲专利代理机构实习，2021年6月进行了专利代理师执业备案。2022年8月到合伙企业形式的乙专利代理机构工作。下列说法哪些是正确的？

【你的答案】

【选错记录】

　　A. 吴某从甲专利代理机构离职，应当妥善办理业务移交手续

　　B. 吴某到乙专利代理机构工作时，不能进行专利代理师执业备案

　　C. 吴某到乙专利代理机构工作时，不能成为合伙人或者股东

　　D. 吴某到乙专利代理机构工作后，可以兼职在甲专利代理机构从事专利代理业务

　　7.(2011-18，有适应性修改)下列获得专利代理师资格证的人员，哪些不符合专利代理执业备案的条件？

【你的答案】

【选错记录】

　　A. 73岁的赵某

　　B. 在专利代理机构实习6个月的钱某

　　C. 不具有完全民事行为能力的孙某

　　D. 首次专利代理执业备案后半年转换专利代理机构的李某

（二）参考答案解析

【1.(2019-35)解析】知识点：专利代理师（资格考试）

　　《专利代理师资格考试办法》第二十一条规定："符合以下条件的中国公民，可以报名参加考试：（一）具有完全民事行为能力；（二）取得国家承认的理工科大专以上学历，并获得毕业证书或者学位证书。香港特别行政区、澳门特别行政区永久性居民中的中国公民和台湾地区居民可以报名参加考试。"

　　根据上述规定，选项A的甲属于台湾居民，22岁具有完全民事行为能力，且获得了国家承认的理工科大专以上学历，并获得毕业证书（北京某大学机械系本科毕业），因此可以报名参加考试。选项B中乙由于还在读大一，因此没有获得国家承认的理工科大专以上学历，并获得毕业证书或学位证书，因此不能报名参加考试。选项C中，丙是中国公民，且由于已获得理工科大专以上学历（某大学物理系毕业），因此符合报名条件，可以报名参加考试（在为律师事务所任职不影响报名合格）。选项D的丁是美籍华人，不是中国公民，因此不能报名参加考试。

　　综上所述，本题答案为A、C。

【2.(2017-5)解析】知识点：专利代理师（资格）

　　《专利代理管理办法》第十条规定，合伙企业形式的专利代理机构申请办理执业许可证的，应当具备下列条件：……（四）有两名以上合伙人；（五）合伙人具有专利代理师资格证，并有两年以上专利代理师执业经历。根据上述规定，并没有对专利代理师的年龄作出要求，因此，选项A的说法错误。

　　《专利代理师资格考试办法》第二十一条规定第（二）项，要求"取得国家承认的理工科大专以上学历，并获得毕业证书或者学位证书"。选项B仅提及从事过一年以上的科学技术工作或者法律工作，因此并不符合上述规定，故选项B的说法错误。

　　《专利代理管理办法》第二十六条规定："专利代理师执业应当符合下列条件：（一）具有完全民事行为能力；（二）取得专利代理师资格证；（三）在专利代理机构实习满一年，但具有律师执业经历或者三年以上专利审查经历的人员除外；（四）在专利代理机构担任合伙人、股东，或者与专利代理机构签订劳动合同；（五）能专职从事专利代理业务。符合前款所列全部条件之日为执业之日"。由上述规定可知，并没有对首次执业的专利代理师年龄作出规定，因此选项C的说法是正确的。同时，选项D中的中国公民未满18岁，不具有完全民事行为能力，因此不能申请专利代理师资格（具有完全民事行为能力也是报名参加专利代理师资格考试的条件，因此该中国公民也不可能报名参加资格考试，因而也不能申请专利代理师资格）。故选项D的说法是错误的。

　　综上所述，本题答案为C。

【3.(2013-96)解析】知识点：专利代理师（资格）

　　参照1.(2019-35)的解析。根据《专利代理条例》第二十一条的规定可知，选项A的托马斯由于不是中国公民，不能报名参加专利代理师资格考试，故选项A正确。选项B中的李某是中文专业大学学历，不属于理工科大专以上学历，不能报名参加考试，故选项B正确。选项C中的张某由于未满十八岁，不具有完全民事行为能力，不能报名参加考试，因此选项C正确。选项D中的孙某由于是在校本科生，尚未毕业因而不可能获得国家承认的理工科大专以上学历，

并获得毕业证书或者学位证书，不能报名参加考试，故选项D正确。

综上所述，本题答案为A、B、C、D。

【4.（2019－37）解析】知识点：专利代理师（工作规定）

《专利代理条例》第十六条第一款规定，专利代理师应当根据专利代理机构的指派承办专利代理业务，不得自行接受委托。根据上述规定，选项A的表述与该规定一致，因此应当要遵守。

《专利代理条例》第十八条规定，专利代理机构和专利代理师不得以自己的名义申请专利或者请求宣告专利权无效。因此，选项B属于应当遵守的规定。

《专利代理条例》第十七条规定，专利代理机构和专利代理师对其在执业过程中了解的发明创造的内容，除专利申请已经公布或者公告的以外，负有保守秘密的义务。因此，选项C属于应当遵守的规定。

《专利代理条例》第十六条第二款规定，专利代理师不得同时在两个以上专利代理机构从事专利代理业务。根据该规定可知，选项D说法正确。

综上所述，本题答案为A、B、C、D。

【5.（2016－34）解析】知识点：专利代理师（工作规定）

参照4.（2019－37）的解析。根据《专利代理条例》第十六条、第十七条的规定可知，选项A、C、D符合题意。

对于选项B，《专利代理条例》第十八条规定，专利代理机构和专利代理师不得以自己的名义申请专利或者请求宣告专利权无效。该规定并没有禁止脱离专利代理业务后一年内，不得申请专利。但修改前的《专利代理条例》规定代理师脱离代理业务后一年内也不得申请专利，新规定对此未作限制，故应该不再受此限制。故选项B的说法错误，不符合题意。

综上所述，本题答案为A、C、D。

【6.（2014－71）解析】知识点：专利代理师（执业变更）

《专利代理管理办法》第二十九条规定，专利代理师从专利代理机构离职的，应当妥善办理业务移交手续，……专利代理师转换执业专利代理机构的，应当自转换执业之日起三十日内进行执业备案变更，上传与专利代理机构签订的劳动合同或者担任股东、合伙人的证明……。根据上述规定，吴某从甲专利代理机构离职，应当妥善办理业务移交手续，即选项A的说法正确。吴某到乙专利代理机构工作时，应在入职后（转换执业之日）起三十日内进行执业备案变更，因此选项B中说吴某到乙专利代理机构工作时，不能进行执业备案是错误的。

《专利代理管理办法》第十条规定，合伙企业形式的专利代理机构申请办理执业许可证的，应当具备下列条件：……（五）合伙人具有专利代理师资格证，并有两年以上专利代理师执业经历。由于吴某于2021年6月首次进行专利代理师执业，到2022年8月时在专利代理机构执业的经历尚未满2年，因此其不能成为合伙人或者股东，因此，选项C的说法正确。

《专利代理条例》第十六条第二款规定，专利代理师不得同时在两个以上专利代理机构从事专利代理业务。根据该规定可知，吴某到乙专利代理机构工作后，不得兼职在甲专利代理机构从事专利代理业务。因此，选项D的说法错误。

综上所述，本题答案为A、C。

【7.（2011－18）解析】知识点：专利代理师（执业条件）

根据《专利代理管理办法》第二十六条的规定（参见2.（2017－5）选项C、D解析）可知，对专利代理师的执业备案时的年龄没有进行限制，因此选项A中73岁的赵某，可以执业。对于选项B，由于钱某实习只有6个月，不足一年不符合上述规定第（三）项要求，因此选项B的钱某不能执业。根据上述规定第（一）项的规定，选项C中不具有完全民事行为能力的孙某不能执业。

对于选项D，根据《专利代理管理办法》第二十九条规定可知，专利代理师转换执业专利代理机构的，应当自转换执业之日起三十日内进行执业备案变更，上传与专利代理机构签订的劳动合同或者担任股东、合伙人的证明。因此，对于首次专利代理执业备案后半年转换专利代理机构的李某，应在转换执业之日起三十日内进行执业备案变更，因此也符合执业条件。

综上所述，本题答案为B、C。

（三）总体考点分析

本部分涉及专利代理师，相关考点包括专利代理师资格考试，申请专利代理师资格的条件，专利代理师执业条件以及执业备案的条件和程序、执业备案变更，专利代理师的执业规范、执业纪律和职业道德。

 高频结论

✓ 符合以下条件的中国公民，可以报名参加考试：（1）具有完全民事行为能力；（2）取得国家承认

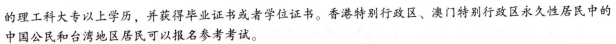

的理工科大专以上学历，并获得毕业证书或者学位证书。香港特别行政区、澳门特别行政区永久性居民中的中国公民和台湾地区居民可以报名参考考试。

✓ 专利代理师执业应当符合下列条件：（1）具有完全民事行为能力；（2）取得专利代理师资格证；（3）在专利代理机构实习满一年，但具有律师执业经历或者三年以上专利审查经历的人员除外；（4）在专利代理机构担任合伙人、股东，或者与专利代理机构签订劳动合同；（5）能专职从事专利代理业务（但没有年龄限制）。

✓ 专利代理师应当根据专利代理机构的指派承办专利代理业务，不得自行接受委托。专利代理师不得同时在两个以上专利代理机构从事专利代理业务。专利代理师对其签名办理的专利代理业务负责。

✓ 专利代理机构和专利代理师对其在执业过程中了解的发明创造的内容，除专利申请已经公布或者公告的以外，负有保守秘密的义务。

✓ 专利代理机构和专利代理师不得以自己的名义申请专利或者请求宣告专利权无效。

✓ 专利代理师从专利代理机构离职的，应当妥善办理业务移交手续。

✓ 专利代理师转换执业专利代理机构的，应当自转换执业之日起三十日内进行执业备案变更，上传与专利代理机构签订的劳动合同或者担任股东、合伙人的证明。

（四）参考答案

1. A、C　　　　　2. C　　　　　　3. A、B、C、D　　　4. A、B、C、D　　　5. A、C、D
6. A、C　　　　　7. B、C

四、专利代理执业监管、违法的处理等

（一）历年试题集合

1. (2019－91)针对专利代理机构的下列哪些行为，视情节严重程度，主管部门可以作出警告、罚款、责令停业直至吊销执业许可证的行政处罚？
　　A. 合伙人、股东或者法定代表人等事项发生变化未办理变更手续
　　B. 就同一专利申请或者专利权的事务接受有利益冲突的其他当事人的委托
　　C. 指派专利代理师承办与其本人或者其近亲属有利益冲突的专利代理业务
　　D. 泄露委托人的发明创造内容，或者以自己的名义申请专利或请求宣告专利权无效

【你的答案】

【选错记录】

2. (2019－36)专利代理机构有下列哪些情形，应按照国家有关规定列入严重违法失信名单？
　　A. 被列入经营异常名录满三年仍未履行相关义务
　　B. 三年内两次被列入经营异常名录
　　C. 受到责令停止承接新的专利代理业务的专利代理行政处罚
　　D. 受到吊销专利代理机构执业许可证的专利代理行政处罚

【你的答案】

【选错记录】

3. (2018－35，有适应性修改)专利代理师违反有关规定的，对专利代理师给予的处罚包括：
　　A. 警告
　　B. 处5万元以下的罚款
　　C. 责令停止承办新的专利代理业务6个月至12个月
　　D. 吊销专利代理师资格证

【你的答案】

【选错记录】

4. (2017－41，有适应性修改)刘某于2019年通过了全国专利代理师资格考试，于2020年7月到某代理公司工作，2020年8月进行了专利代理师执业备案。刘某的下列哪些行为符合相关规定？
　　A. 刘某作为申请人于2020年6月向国家知识产权局提交了一件外观设计专利申请
　　B. 刘某在该代理公司任职期间，到另一家专利代理公司兼职从事有关专利事务方

【你的答案】

【选错记录】

面的咨询工作

　　C. 刘某在该代理公司任职期间，在国家知识产权局将其代理的一件发明专利申请公布后，将该专利申请的内容告诉了其好友

　　D. 刘某在该代理公司任职期间，以自己的名义接受好友的委托，代理其提交了一件实用新型专利申请，并收取了代理费

　　5. (2016-36，有适应性修改) 专利代理师有下列哪些情形的，由省、自治区、直辖市人民政府管理专利工作的部门责令限期改正，予以警告，可以处 5 万元以下的罚款？
　　A. 同时在两个以上专利代理机构从事专利代理业务
　　B. 未按规定进行执业备案
　　C. 自行接受委托办理专利代理业务
　　D. 泄露委托人的发明创造内容

【你的答案】
＿＿＿＿＿＿
【选错记录】
＿＿＿＿＿＿

　　6. (2015-36，有适应性修改) 李某是某专利代理公司聘用的专职专利代理师，其在任职期间的下列哪些行为不符合相关规定？
　　A. 受该代理公司的指派，到一家制药公司从事专利事务方面的咨询
　　B. 以个人名义对来该代理公司任职之前完成的一项研究成果提出专利申请
　　C. 在该代理公司不知情的情况下利用业余时间接受张某的委托，从事专利代理业务
　　D. 与朋友私下交谈时提及了所代理的尚未公开的发明专利申请中的发明创造的内容

【你的答案】
＿＿＿＿＿＿
【选错记录】
＿＿＿＿＿＿

　　7. (2011-29，有适应性修改) 下列关于专利代理的说法哪些是正确的？
　　A. 专利代理师承办专利代理业务，应当与委托人签订委托合同，写明委托事项和委托权限
　　B. 接受委托的专利代理机构应当以委托人的名义，在代理权限范围内办理专利申请或者办理其他专利事务
　　C. 专利代理机构接受委托后，不得就同一专利申请或者专利权的事务接受有利益冲突的其他当事人的委托
　　D. 专利代理师在从事专利代理业务期间，不得申请专利

【你的答案】
＿＿＿＿＿＿
【选错记录】
＿＿＿＿＿＿

　　8. (2013-70) 吴某是某专利代理机构的专利代理师，其下列做法哪些不符合相关规定？
　　A. 利用业余时间自行接受他人委托从事专利代理业务
　　B. 将其代理的某件已经授权的发明专利的内容告诉其朋友
　　C. 在该专利代理机构执业的同时，兼任某公司知识产权部的副经理
　　D. 在执业期间申请专利

【你的答案】
＿＿＿＿＿＿
【选错记录】
＿＿＿＿＿＿

（二）参考答案解析

【1. (2019-91) 解析】知识点：专利代理机构的法律责任

　　《专利代理条例》第二十五条规定："专利代理机构有下列行为之一的，由省、自治区、直辖市人民政府管理专利工作的部门责令限期改正，予以警告，可以处 10 万元以下的罚款；情节严重或者逾期未改正的，由国务院专利行政部门责令停止承接新的专利代理业务 6 个月至 12 个月，直至吊销专利代理机构执业许可证：

　　（一）合伙人、股东或者法定代表人等事项发生变化未办理变更手续；

　　（二）就同一专利申请或者专利权的事务接受有利益冲突的其他当事人的委托；

　　（三）指派专利代理师承办与其本人或者其近亲属有利益冲突的专利代理业务；

　　（四）泄露委托人的发明创造内容，或者以自己的名义申请专利或请求宣告专利权无效；

　　（五）疏于管理，造成严重后果。

　　专业代理机构在执业过程中泄露委托人的发明创造内容，涉及泄露国家秘密、侵犯商业秘密的，或者向有关行政、司法机关的工作人员行贿，提供虚假证据的，依照有关法律、行政法规的规定承担法律责任；由国务院专利行政部门吊销专利代理机构执业许可证"。

本题中选项 A、B、C、D 分别相应于上述规定第（一）、（二）、（三）和（四）项，因此均符合题意。

综上所述，本题答案为 A、B、C、D。

【2.（2019-36）解析】知识点：专利代理机构执业监管

《专利代理管理办法》第三十八条规定："专利代理机构有下列情形之一的，按照国家有关规定列入严重违法失信名单：（一）被列入经营异常名录满三年仍未履行相关义务；（二）受到责令停止承接新的专利代理业务、吊销专利代理机构执业许可证的专利代理行政处罚。"

根据上述规定，选项 A 相应于上述规定的第（一）项，选项 C 和 D 相应于上述规定第（二）项中所列的两种情况，因此符合题意。而选项 B 中的"三年内两次被列入经营异常名录"并没有列入上述规定的情况，因此不会被列入严重违法失信名单，即不符合题意 [需要注意选项 B 不要与上述规定的第（一）项相混淆]。

综上所述，本题答案为 A、C、D。

【3.（2018-35）解析】知识点：专利代理师的法律责任

《专利代理条例》第二十六条规定，专利代理师有下列行为之一的，由省、自治区、直辖市人民政府管理专利工作的部门责令限期改正，予以警告，可以处 5 万元以下的罚款；情节严重或者逾期未改正的，由国务院专利行政部门责令停止承办新的专利代理业务 6 个月至 12 个月，直到吊销专利代理师资格证；……。根据该规定，对专利代理师可能给予的处罚包括选项 A、B、C 和 D 四种情况。

综上所述，本题答案为 A、B、C、D。

【4.（2017-41）解析】知识点：专利代理师执业纪律

《专利代理条例》第十八条规定，专利代理机构和专利代理师不得以自己的名义申请专利或者请求宣告专利权无效。因此，选项 A 中，刘某申请外观设计专利是在 2020 年 6 月，而刘某在 2020 年 7 月才到某专利代理公司工作。因此，刘某申请外观设计专利并不违背相关规定，符合题意。

《专利代理条例》第十六条第二款规定，专利代理师不得同时在两个以上专利代理机构从事专利代理业务。根据该规定可知，刘某不能到另一家专利代理公司兼职从事有关专利事务方面的咨询工作。因此，选项 B 中刘某的做法不符合相关规定，因此不符合题意。

《专利代理条例》第十七条规定，专利代理机构和专利代理师对其在执业过程中了解的发明创造的内容，除专利申请已经公布或者公告的以外，负有保守秘密的义务。因此，选项 C 中，由于刘某在发明专利申请公布后将其内容告诉了其好友，并不违背相关规定，因此符合题意。

《专利代理条例》第十六条第一款规定，专利代理师应当根据专利代理机构的指派承办专利代理业务，不得自行接受委托。根据上述规定，选项 D 中，以自己的名义接受好友的委托提交实用新型专利申请的做法不符合相关规定。

综上所述，本题答案为 A、C。

【5.（2016-36）解析】知识点：专利代理师的法律责任

《专利代理条例》第二十六条第一款规定，专利代理师有下列行为之一的，由省、自治区、直辖市人民政府管理专利工作的部门责令限期改正，予以警告，可以处 5 万元以下的罚款；……：（一）未依照该条例规定进行备案；（二）自行接受委托办理专利代理业务；（三）同时在两个以上专利代理机构从事专利代理业务；（四）违反该规定对其审查、审理或者处理过的专利申请或专利案件进行代理；（五）泄露委托人的发明创造内容，或者以自己的名义申请专利或请求宣告专利权无效。

根据上述规定可知，选项 A、B、C、D 分别为上述规定第（三）、（一）、（二）、（五）项所列的情形，均符合题意。

综上所述，本题答案为 A、B、C、D。

【6.（2015-36）解析】知识点：专利代理师执业纪律

《专利代理条例》第十六条第一款规定，专利代理师应当根据专利代理机构的指派承办专利代理业务，不得自行接受委托。根据上述规定，选项 A 中，李某受该代理公司的指派到一家制药公司从事专利事务方面的咨询的做法符合相关规定，不符合题意。选项 C 中，李某实际上是自行接受张某的委托从事专利代理业务，故不符合相关规定，符合题意。

《专利代理条例》第十八条规定，专利代理机构和专利代理师不得以自己的名义申请专利或者请求宣告专利权无效。根据该规定，由于李某已经是专职专利代理师，因此不能以自己的名义申请专利，尽管李某针对来该代理公司任职之前完成的一项研究成果提出的专利申请也不符合相关规定，故选项 B 符合题意。

《专利代理条例》第十七条规定，专利代理机构和专利代理师对其在执业过程中了解的发明创造的内容，除专利申请已经公布或者公告的以外，负有保守秘密的义务。因此，选项 D 中，由于李某向他人透露了尚未公开的发明专利申请中的发明创造的内容，虽然是向朋友私下谈及，也违背了保守秘密的义务。因此选项 D 符合题意。

综上所述，本题答案为 B、C、D。

【7.（2011–29）解析】知识点：专利代理（委托方式、执业纪律）

《专利代理条例》第十六条第一款规定，专利代理师应当根据专利代理机构的指派承办专利代理业务，不得自行接受委托。选项 A "专利代理师承办专利代理业务" 说法错误。这里需要注意的是，在阅读试题时不要把 "专利代理师" 错看成 "专利代理机构"（如果理解成专利代理机构，则说法就是正确的），或者没有注意到这里写成 "专利代理师" 是错误的。

《专利代理条例》第二条规定，该条例所称专利代理，是指专利代理机构接受委托，以委托人的名义在代理权限范围内办理专利申请、宣告专利权无效等专利事务的行为。根据上述规定，选项 B 的说法正确。

《专利代理条例》第十四条第一款规定，专利代理机构接受委托，应当与委托人订立书面委托合同。专利代理机构接受委托后，不得就同一专利申请或者专利权的事务接受有利益冲突的其他当事人的委托。根据上述规定可知，选项 C 的说法正确。

《专利代理条例》第十八条规定，专利代理机构和专利代理师不得以自己的名义申请专利或者请求宣告专利权无效。据此，选项 D 中的专利代理师在从事专利代理业务期间，不得申请专利的说法正确。

综上所述，本题答案为 B、C、D。

【8.（2013–70）解析】知识点：专利代理师执业纪律

参照试题 6（2015–36）的解析。根据《专利代理条例》第十六条规定，吴某不能自行接受他人委托从事专利代理业务，因此选项 A 不符合相关规定，符合题意。根据《专利代理条例》第十七条规定，吴某对承办的申请在未公开或公告之前负有保密义务，因此选项 B 吴某将已经授权的发明专利的内容告诉其朋友，并未违反相关规定，因此不符合题意。《专利代理条例》第十八条规定，吴某在执业期间不能申请专利，因此选项 D 不符合相关规定，符合题意。

对于选项 C，《专利代理管理办法》第二十六条第一款规定，专利代理师执业应当符合下列条件：……（五）能专职从事专利代理业务。吴某兼任某公司知识产权部的副经理表明不能专职从事专利代理业务。因此，选项 C 中吴某的做法不符合相关规定，符合题意。

综上所述，本题答案为 A、C、D。

（三）总体考点分析

本部分涉及专利代理机构的业务范围、对专利代理机构和专利代理师执业活动的检查和监督、对专利代理机构和专利代理师的行政处罚、专利代理行业组织等。具体知识点包括：专利代理机构接受委托的方式、避免利益冲突的要求、保密义务、专利代理机构年度报告；专利代理机构经营异常名录和严重违法失信名单、专利代理违法行为的处理、列入经营异常名录和严重违法失信名单的情形、撤销专利代理机构执业许可证和专利代理师资格证的情形、专利代理行政处罚的种类、专利代理行政处罚的实施机关、专利代理机构和专利代理师违法行为及法律责任。

还包括擅自开展专利代理业务的法律责任、对知识产权（专利）领域严重失信主体联合惩戒 [联合惩戒对象、知识产权（专利）领域严重失信行为类型]。

最后是专利代理行业组织及职责、专利代理行业自律规范和对于专利代理行业组织的监管。

 高频结论

✓ 专利代理机构有下列行为之一的，由省、自治区、直辖市人民政府管理专利工作的部门责令限期改正，予以警告，可以处 10 万元以下的罚款；情节严重或者逾期未改正的，由国务院专利行政部门责令停止承接新的专利代理业务 6 个月至 12 个月，直至吊销专利代理机构执业许可证：

（1）合伙人、股东或者法定代表人等事项发生变化未办理变更手续；

（2）就同一专利申请或者专利权的事务接受有利益冲突的其他当事人的委托；

（3）指派专利代理师承办与其本人或者其近亲属有利益冲突的专利代理业务；

（4）泄露委托人的发明创造内容，或者以自己的名义申请专利或请求宣告专利权无效；

（5）疏于管理，造成严重后果。

专业代理机构在执业过程中泄露委托人的发明创造内容，涉及泄露国家秘密、侵犯商业秘密的，或者向有关行政、司法机关的工作人员行贿，提供虚假证据的，依照有关法律、行政法规的规定承担法律责任；由

国务院专利行政部门吊销专利代理机构执业许可证。

✓ 专利代理机构有下列情形之一的，按照国家有关规定列入严重违法失信名单：（1）被列入经营异常名录满三年仍未履行相关义务；（2）受到责令停止承接新的专利代理业务、吊销专利代理机构执业许可证的专利代理行政处罚。

（四）参考答案

1. A、B、C、D　　2. A、C、D　　3. A、B、C、D　　4. A、C　　　　5. A、B、C、D

6. B、C、D　　　7. B、C、D　　8. A、C、D

第二章 授予专利权的实质条件

本章要求掌握三种专利的保护对象和可以授予专利权的主题；掌握发明、实用新型和外观设计专利授予专利权的各项实质条件。本章共分三节：专利保护的对象和主题、发明和实用新型专利申请的授权条件、外观设计专利申请的授权条件。

第一节 专利保护的对象和主题

一、三种专利的保护对象

（一）历年试题集合

1. (2017-19) 以下说法哪个是正确的？ 【你的答案】
A. 一种超强超短激光及其发生器均可获得发明专利保护 _____
B. 塑料薄膜和其制备方法均可获得实用新型专利保护 【选错记录】
C. 带有人民币图案的窗帘的外观设计可获得外观设计专利保护 _____
D. 以上说法都错误 _____

2. (2012-52) 下列哪些属于可授予专利权的主题？ 【你的答案】
A. 一种驱虫用的气体 _____
B. 一种提高十字路口通行效率的交通规则 【选错记录】
C. 一种促进植物生长的光 _____
D. 一种解决转子磁力线偏转问题的装置 _____

3. (2014-22) 下列哪个属于可以授予专利权的主题？ 【你的答案】
A. 一种抗干扰的电波信号 _____
B. 一种抗干扰的电波信号的发生装置 【选错记录】
C. 一种可对室内环境进行有效消毒的光 _____
D. 一种通过环保无污染的方式获得的能量 _____

4. (2019-39) 下列哪些属于实用新型专利产品的构造？ 【你的答案】
A. 物质的金相结构 _____
B. 产品的机械构造 【选错记录】
C. 产品的渗碳层 _____
D. 金属的氧化层 _____

5. (2019-6) 下列申请主题哪个可以被授予实用新型专利权？ 【你的答案】
A. 一种添加有防腐剂的饮料 _____
B. 一种模具的制作方法 【选错记录】
C. 一种包含有指纹识别装置的防盗锁 _____
D. 一种表面图案为乘法口诀的扑克 _____

6.（2017－61）关于实用新型的保护客体，以下说法正确的是？

　　A. 将若干一次性水杯摆放成有利于运动员拿取的楔形，这样的水杯造型产品属于实用新型保护客体

　　B. 含有无确定形状的水银或酒精的温度计，属于实用新型的保护客体

　　C. 一种带有棱柱形蜡烛的音乐开关，随着蜡烛的熔化变形而实现电路的转换，该开关属于实用新型的保护客体

　　D. 堆积成圆台状的建筑沙子属于实用新型的保护客体

【你的答案】

【选错记录】

7.（2017－14）下列哪一主题属于实用新型的保护客体？

　　A. 一种生活晾绳

　　B. 动物标本

　　C. 一种玻璃水

　　D. 织物中掺入荧光粉而形成的荧光织物

【你的答案】

【选错记录】

8.（2016－4）下列哪个属于实用新型专利保护的客体？

　　A. 一种采用新程序控制的垃圾桶

　　B. 一种制作卡通形象垃圾桶的模具

　　C. 一种用于制作垃圾桶的新材料

　　D. 一种为了美观而将外形设计为动物形象的垃圾桶

【你的答案】

【选错记录】

9.（2015－5）下列哪个属于实用新型专利保护的客体？

　　A. 一种复合齿轮，其特征在于将熔制的钢水浇铸到齿模内，冷却、保温后而成

　　B. 一种药膏，其特征在于包含凡士林 5% ~20%、尿素 10% ~30%、水杨酸 8% ~30%

　　C. 一种建筑沙子，其特征在于将其堆积成圆台状

　　D. 一种葫芦容器，其特征在于容器主体为葫芦形，容器上口内镶有衬套

【你的答案】

【选错记录】

10.（2014－66）下列关于实用新型专利保护客体的说法哪些是正确的？

　　A. 一种"多层雪糕"。由于雪糕在常温下会融化，没有固定形状，所以不属于实用新型专利保护客体

　　B. 一种"涂有氧化层的铁锅"。由于氧化层在铁锅表面形成了氧化层结构，所以属于实用新型专利保护客体

　　C. 一种"内部装有导流装置的烟囱"。由于烟囱由混凝土或砖砌成，属于一种固定建筑物，所以不属于实用新型专利保护客体

　　D. 一种"植物盆栽"。由于盆栽的形状是植物自然生长形成的，所以不属于实用新型保护的客体

【你的答案】

【选错记录】

11.（2013－21）下列哪个属于实用新型专利保护的客体？

　　A. 一种复合板材，其特征在于由三层板材构成，板材之间由胶水黏结

　　B. 一种复合板材，其特征在于经浸泡、脱水、干燥而成

　　C. 一种复合板材，其特征在于可用于制造简易房屋

　　D. 一种复合板材，其特征在于板材上印刷有卡通图案

【你的答案】

【选错记录】

12.（2012－70）下列哪些属于实用新型专利保护的客体？

　　A. 一种温度计，其特征在于主体为空心圆柱体，圆柱体内灌有水银

　　B. 一种盆景，其特征在于植物生长所形成的形状

　　C. 一种菱形药片，其特征在于该药片由 33.6% 的 a 组分和 66.4% 的 b 组分构成

　　D. 一种降落伞，其特征在于展开后的横截面为半圆形

【你的答案】

【选错记录】

13.（2011－11）下列哪些属于实用新型专利保护的客体？

　　A. 一种添加有防腐剂的饮料

　　B. 一种模具的加工过程

　　C. 一种包含有指纹识别装置的防盗锁

【你的答案】

【选错记录】

D. 一种表面印有乘法口诀的扑克牌

14. （2010－26）下列哪些不属于实用新型专利的保护客体？ 【你的答案】
A. 一种钢笔，其特征在于由不锈钢制成 ＿＿＿＿＿
B. 一种领带，其特征在于具有蝴蝶结和扣环 【选错记录】
C. 一种椭圆形药片，其特征在于该药片包括 X 组分、Y 组分 ＿＿＿＿＿
D. 一种电线，其特征在于包括外层和内芯 ＿＿＿＿＿

15. （2019－3）下面哪项属于外观设计的保护客体？ 【你的答案】
A. 蒙娜丽莎油画 ＿＿＿＿＿
B. 《王者荣耀》游戏界面 【选错记录】
C. 刻有文字的花瓶 ＿＿＿＿＿
D. 依山而建的别墅 ＿＿＿＿＿

16. （2017－66）下列选项哪些属于不授予外观设计专利的情形？ 【你的答案】
A. 《王者荣耀》游戏界面 ＿＿＿＿＿
B. 带有网格设计的屏幕壁纸 【选错记录】
C. 手机开机画面设计 ＿＿＿＿＿
D. 网站网页的图文排版 ＿＿＿＿＿

17. （2016－5）下列哪个主题可获得外观设计专利权？ 【你的答案】
A. 以企业商标标识为主体内容的瓶贴设计 ＿＿＿＿＿
B. 手机屏幕壁纸的设计 【选错记录】
C. 艺术花瓶的设计 ＿＿＿＿＿
D. 可批量印制的摄影作品 ＿＿＿＿＿

18. （2015－37）下列哪些属于外观设计专利保护的客体？ 【你的答案】
A. 帽子上的绢花造型设计 ＿＿＿＿＿
B. 通电后才显示的霓虹灯的彩色图案 【选错记录】
C. 饼干的月牙形设计 ＿＿＿＿＿
D. 餐巾扎成的玫瑰花形状 ＿＿＿＿＿

19. （2013－8）下列哪个属于外观设计专利保护的客体？ 【你的答案】
A. 电脑屏幕保护画面设计 ＿＿＿＿＿
B. 主要起标识作用的平面包装袋设计 【选错记录】
C. 达·芬奇的画 ＿＿＿＿＿
D. 售报亭的形状设计 ＿＿＿＿＿

20. （2011－23）下列哪些属于外观设计专利保护的客体？ 【你的答案】
A. 竹凉席的图案设计 ＿＿＿＿＿
B. 手机开机画面设计 【选错记录】
C. 天然大理石的纹理 ＿＿＿＿＿
D. 眼镜的形状设计 ＿＿＿＿＿

21. （2010－63）下列哪些属于不授予外观设计专利权的情形？ 【你的答案】
A. 一种瓶贴，其图案主要用于产生标识作用 ＿＿＿＿＿
B. 一种竹雕，其设计主要是利用了竹子的根部形状 【选错记录】
C. 一种糕点，其设计要点在于采用了六边形的形状
D. 一种窗帘，其设计要点在于采用了新的波浪图案

（二）参考答案解析

【1.（2017-19）解析】知识点：专利保护的对象；相关知识点：违反法律的发明创造

根据A2.2的规定，发明，是指对产品、方法或者其改进所提出的新的技术方案。在G-2-1-2关于"不符合专利法第二条第二款规定的客体"中规定，气味或者诸如声、光、电、磁、波等信号或者能量也不属于《专利法》第二条第二款规定的客体。但利用其性质解决技术问题的，则不属此列。由此可知，选项A中的"激光"不可获得发明专利的保护，因此选项A的说法错误。

根据A2.3的规定，实用新型，是指对产品的形状、构造或者其结合所提出的适于实用的新的技术方案。由该规定可知，实用新型不保护任何方法，故选项B中包括的制备方法不可获得实用新型专利的保护，因此选项B的说法是错误的。

根据A5.1的规定，对违反法律、社会公德或者妨害公共利益的发明创造，不授予专利权。根据该规定，人民币属于我国法定货币，因此不能作为外观设计的设计要素，带有人民币图案的窗帘的外观设计，也违背了《中国人民银行法》，因此选项C中的带有人民币图案的窗帘的外观设计不能获得外观设计专利保护，即选项C的说法是错误的。（此外，诸如含国徽、国旗等也不能获得外观设计专利的保护。）

综上所述，本题答案为D。

【2.（2012-52）解析】知识点：专利保护的对象；相关知识点：智力活动的规则和方法

参照1.（2017-19）的解析。选项A中的气体属于产品，因此符合发明的定义，可以授予专利权，即选项A符合题意。选项C中的光属于明确规定的不属于专利保护的对象，不符合题意。选项D中的"解决转子磁力线偏转问题的装置"明显属于产品，符合发明的定义，可以授予专利权，符合题意。

而根据A25.1（2）的规定，智力活动的规则和方法不能被授予专利权。而选项B中的"一种提高十字路口通行效率的交通规则"是人为规定的交通规则，属于智力活动规则，因此不能授予专利权，故选项B不符合题意。注意在G-2-1-4.2关于"智力活动的规则和方法"规定中，举例属于智力活动的规则和方法的例子就包括"交通行车规则、时间调度表、比赛规则"。

综上所述，本题答案为A、D。

【3.（2014-22）解析】知识点：专利保护的对象（技术方案）

参照1.（2017-19）的解析。在G-2-1-2关于"不符合专利法第二条第二款规定的客体"中规定，……技术方案是对要解决的技术问题所采取的利用了自然规律的技术手段的集合。技术手段通常是由技术特征来体现的。未采用技术手段解决技术问题，以获得符合自然规律的技术效果的方案，不属于《专利法》第二条第二款规定的客体。气味或者诸如声、光、电、磁、波等信号或者能量也不属于《专利法》第二条第二款规定的客体……。选项A中抗干扰的电波信号、选项C所述的可对室内环境进行有效消毒的光，以及选项D所述的通过环保无污染的方式获得的能量，均属于上述明确规定的不属于专利保护对象的情形，不符合题意。而选项B所述抗干扰的电波信号的发生装置属于产品，可以授予专利权。

综上，本题答案为B。

【4.（2019-39）解析】知识点：专利保护的对象（实用新型专利保护客体）

在G-1-2-6.2.2关于"产品的构造"中规定，产品的构造是指产品的各个组成部分的安排、组织和相互关系。产品的构造可以是机械构造，也可以是线路构造。机械构造是指构成产品的零部件的相对位置关系、连接关系和必要的机械配合关系等；线路构造是指构成产品的元器件之间的确定的连接关系。复合层可以认为是产品的构造，产品的渗碳层、氧化层等属于复合层结构。物质的分子结构、组分、金相结构等不属于实用新型专利给予保护的产品的构造。例如，仅改变焊条药皮组分的电焊条不属于实用新型专利保护的客体……。由上述规定可知，选项A中的"物质的金相结构"不属于实用新型意义上的产品构造，而选项B中的机械构造、选项C中的渗碳层，以及选项D中的氧化层，都属于实用新型意义上的产品构造。

综上所述，本题答案为B、C、D。

【5.（2019-6）解析】知识点：专利保护的对象（实用新型专利保护客体）

在G-1-2-6.2.1关于"产品的形状"第三段中规定，无确定形状的产品，例如气态、液态、粉末状、颗粒状的物质或材料，其形状不能作为实用新型产品的形状特征。选项A中的饮料是一种无确定形状的液态物质，因而不属于实用新型的保护客体，不能被授予实用新型专利权。

根据G-1-2-6.1关于"实用新型专利只保护产品"中规定可知，实用新型专利只保护产品。选项B中涉及的是一种模具的制作方法，不属于实用新型的保护客体，不能被授予实用新型专利权。

在 G-1-2-6.3 关于"技术方案"中规定,《专利法》第二条第三款所述的技术方案,是指对要解决的技术问题所采取的利用了自然规律的技术手段的集合。……产品的形状以及表面的图案、色彩或者其结合的新方案,没有解决技术问题的,不属于实用新型专利保护的客体。产品表面的文字、符号、图表或者其结合的新方案,不属于实用新型专利保护的客体。例如:仅改变按键表面文字、符号的计算机或手机键盘;以十二生肖形状为装饰的开罐刀;仅以表面图案设计为区别特征的棋类、牌类,如古诗扑克等。根据上述规定,选项 C 中的包含有指纹识别装置的防盗锁显然构成技术方案,而且属于有形态构造的产品,因此可以被授予实用新型专利权。而选项 D 中的"表面图案为乘法口诀的扑克"属于以表面图案设计为区别特征的牌,不属于实用新型专利保护的客体。

综上所述,本题答案为 C。

【6. (2017-61) 解析】知识点:专利保护的对象(实用新型专利保护客体)

在 G-1-2-6.1 关于"实用新型专利只保护产品"中第一段规定,根据《专利法》第二条第三款的规定,实用新型专利只保护产品。所述产品应当是经过产业方法制造的,有确定形状、构造且占据一定空间的实体。进一步地,在 G-1-2-6.2.1 关于"产品的形状"中提到的应当注意的第(2)种情形,即不能以摆放、堆积等方法获得的非确定的形状作为产品的形状特征。选项 A 中的水杯摆放成楔形、选项 D 中建筑沙子堆积成圆台状,都属于以摆放、堆积形成的形状,不属于实用新型专利保护的客体,因此选项 A 和 D 的说法是错误的。

在 G-1-2-6.2.1 关于"产品的形状"中提到的应当注意的第(3)种情形,即允许产品中的某个技术特征为无确定形状的物质,如气态、液态、粉末状、颗粒状物质,只要其在该产品中受该产品结构特征的限制即可,例如,对温度计的形状构造所提出的技术方案中允许写入无确定形状的酒精。据此可知,选项 B 中温度计含有无确定形状的水银或酒精、选项 C 中带有棱柱形蜡烛的音乐开关,均属于上述所规定的情形,属于实用新型专利保护客体,即其说法是正确的。

综上所述,本题答案为 B、C。

【7. (2017-14) 解析】知识点:专利保护的对象(实用新型专利保护客体)

对于选项 A 和 B,参照 6. (2017-61) 的解析。选项 A 中的"生活晾绳"明显属于有确定形状构造并占据一定空间的实体产品,属于实用新型保护客体。选项 B 中的动物标本是自然存在的生物,来源于自然界,且动物标本的制备过程并不属于产业加工,因此它不是实用新型保护对象中所说的产品,而不属于实用新型专利保护的客体。

在 G-1-2-6.2.1 关于"产品的形状"中第三段规定,无确定形状的产品,例如气态、液态、粉末状、颗粒状的物质或材料,其形状不能作为实用新型专产品的形状特征。选项 C 中的玻璃水是一种无确定形状的液态物质,因而不属于实用新型专利保护的客体。

参照 4. (2019-39) 的解析。根据 G-1-2-6.2.2 关于"产品的构造"的规定可知,选项 D 中,在荧光织物中掺入荧光粉,其实是二者的混杂,荧光粉与织物没有形成可以明确界定的结构层,因而不属于实用新型意义上的产品构造,故选项 D 中的荧光织物不属于实用新型专利保护的客体。

综上所述,本题答案为 A。

【8. (2016-4) 解析】知识点:专利保护的对象(实用新型专利保护客体)

在 G-1-2-6.1 关于"实用新型专利只保护产品"中规定,根据《专利法》第二条第三款的规定,实用新型专利只保护产品。所述产品应当是经过产业方法制造的,有确定形状、构造且占据一定空间的实体……(2)如果权利要求中既包含形状、构造特征,又包含对方法本身提出的改进,例如含有对产品制造方法、使用方法或计算机程序进行限定的技术特征,则不属于实用新型专利保护的客体……据此可知,选项 A 采用新程序控制的垃圾桶,包含的是对计算机程序的改进,也属于相关规定中"使用计算机程序进行限定的技术特征",因为计算机程序并不是产品结构,故选项 A 不属于实用新型专利保护客体,不能被授予实用新型专利权。

选项 B 中的制作卡通形象垃圾桶的模具,保护主题是模具而不是卡通形象垃圾桶,因此涉及产品形状构造的改进,属于实用新型专利保护的客体。

在 G-1-2-6.2.2 关于"产品的构造"中规定,产品的构造是指产品的各个组成部分的安排、组织和相互关系……(2)如果权利要求中既包含形状、构造特征,又包含对材料本身提出的改进,则不属于实用新型专利保护的客体……。据此可知,选项 C 中的"用于制作垃圾桶的新材料"属于材料的改进,不属于实用新型专利保护的客体。

参照 5. (2019-6) 中选项 C 和 D 的解析。根据 G-1-2-6.3 关于"技术方案"的规定可知,选项 D 中将垃圾桶的外形设计为动物形象,仅仅为美观,因而未采用技术手段解决技术问题,也没有获得符合自然规律的技术效果,不属于技术方案的定义,即不属于实用新型专利保护的客体,故不能被授予实用新型专利权。

综上所述,本题答案为 B。

【9.（2015-5）解析】知识点：专利保护的对象（实用新型专利保护客体）

在G-1-2-6.1关于"实用新型专利只保护产品"中规定，……（1）权利要求中可以使用已知方法的名称限定产品的形状、构造，但不得包含方法的步骤、工艺条件等。例如，以焊接、铆接等已知方法名称限定各部件连接关系的，不属于对方法本身提出的改进……。

根据上述规定，选项A所涉及的复合齿轮，包含"将熔制的钢水浇铸到齿模内，冷却、保温"这些对产品制造方法进行限定的技术特征，因而不属于实用新型专利保护的客体。故选项A不符合题意。

在G-1-2-6.2.2"产品的构造"中规定，……如果权利要求中既包含形状、构造特征，又包含对材料本身提出的改进，则不属于实用新型专利保护的客体……。而选项B中的药膏，由凡士林、尿素、水杨酸三种物质按一定比例组成，显然属于材料的改进，即所述药膏不属于实用新型专利保护的客体。故选项B不符合题意。

对于选项C，参照6.（2017-61）的解析。选项C中将建筑沙子堆积成圆台状，属于以摆放、堆积形成的形状，不属于实用新型专利保护的客体，故选项C不符合题意。

选项D的葫芦容器，既包含产品的形状即"容器主体为葫芦形"，也包含产品的构造特征，即构成产品零部件的相对位置关系"容器上口内镶有衬套"。故选项D的葫芦容器属于实用新型专利保护的客体，符合题意。

综上所述，本题答案为D。

【10.（2014-66）解析】知识点：专利保护的对象（实用新型专利保护客体）

在G-1-2-6.2.1关于"产品的形状"中规定，产品的形状是指产品所具有的、可以从外部观察到的确定的空间形状。虽然雪糕在常温下会融化，但由于雪糕在冷冻的情况下具有确定的空间形态，故属于实用新型专利保护的客体，即选项A的说法错误。

在G-1-2-6.2.2关于"产品的构造"中规定，……复合层可以认为是产品的构造，产品的渗碳层、氧化层等属于复合层结构……。选项B中氧化层在铁锅表面形成了氧化层结构，属于复合结构，因此涂有该氧化层的铁锅属于实用新型专利保护的客体，即选项B的说法正确，符合题意。

根据A2.3的规定，实用新型，是指对产品的形状、构造或者其结合所提出的适于实用的新的技术方案。选项C中的"内部装有导流装置的烟囱"，对烟囱内部的构造进行了改进，因此属于实用新型专利保护的客体，即选项C的说法错误。

根据G-1-2-6.2.1关于"产品的形状"中规定可知，不能以生物的或者自然形成的形状作为产品的形状特征。例如，不能以植物盆景中植物生长所形成的形状作为产品的形状特征，也不能以自然形成的假山形状作为产品的形状特征。由此可知，选项D中的盆栽形状是植物自然生长形成的，不属于实用新型保护的客体。因此，选项D的说法正确，符合题意。

综上所述，本题答案为B、D。

【11.（2013-21）解析】知识点：专利保护的对象（实用新型专利保护客体）

参照10.（2014-66）选项B的解析可知，选项A中的复合板材，由三层板材构成，板材之间由胶水粘结，是对复合板材构造提出的适于实用的技术方案，故属于实用新型专利保护的客体，选项A符合题意。

在G-1-2-6.1关于"实用新型专利只保护产品"中规定，……一切方法以及未经人工制造的自然存在的物品不属于实用新型专利保护的客体。上述方法包括产品的制造方法、使用方法、通信方法、处理方法、计算机程序以及将产品用于特定用途……。由此可知，选项B中的复合板材，是经浸泡、脱水、干燥而成，属于制造方法特征，故不属于实用新型专利保护的客体。选项C中的复合板材，仅限定可用于制造简易房屋，属于所述复合板材的使用方法特征，故不属于实用新型专利保护的客体。因此，选项B和C不符合题意。

在G-1-2-6.3关于"技术方案"中规定，……产品表面的文字、符号、图表或者其结合的新方案，不属于实用新型专利保护的客体。例如：仅改变按键表面文字、符号的计算机或手机键盘；以十二生肖形状为装饰的开罐刀；仅以表面图案设计为区别特征的棋类、牌类，如古诗扑克等。选项D中的复合板材，其仅仅是板材上印刷有卡通图案，属于产品表面的图案的新方案，根据上述规定，其不属于实用新型专利保护的客体，故选项D不符合题意。

综上所述，本题答案为A。

【12.（2012-70）解析】知识点：专利保护的对象（实用新型专利保护客体）

参照6.（2017-61）选项C的解析。选项A属于G-1-2-6.2.1关于"产品的形状"规定提到的温度计的举例，故属于实用新型专利保护的客体，符合题意。

参照10.（2014-66）中选项D的解析。根据G-1-2-6.2.1关于"产品的形状"的规定可知，以植物的形状作为产品的形状特征的盆景，不属于实用新型专利保护的客体，选项B不符合题意。

在G-1-2-6.2.2关于"产品的构造"中规定，……如果权利要求中既包含形状、构造特征，又包含对材料本身提出的改进，则不属于实用新型专利保护的客体……。选项C中要求保护的菱形药片，由于对其包含a组分和b组分含量的限定，属于对材料本身提出的改进，因此不属于实用新型专利保护的客体，选项C不符合题意。

在G-1-2-6.2.1关于"产品的形状"中规定，……产品的形状可以是在某种特定情况下所具有的确定的空间形状……降落伞在使用时打开的形状属于确定的空间形状……。选项D中要求保护的降落伞，其展开后的横截面为半圆形属于在特定情况下所具有的确定空间形状，属于实用新型专利保护的客体，符合题意。

综上所述，本题答案为A、D。

【13.（2011-11）解析】知识点：专利保护的对象（实用新型专利保护客体）

该题与5.（2019-6）题目仅文字表述稍有差异，参照4.（2019-6）的解析可知，本题答案为C。

【14.（2010-26）解析】知识点：专利保护的对象（实用新型专利保护客体）

根据A2.3的规定，实用新型，是指对产品的形状、构造或者其结合所提出的适于实用的新的技术方案。选项A中要求保护的钢笔，由于仅涉及制造该钢笔的材料，不涉及钢笔的形状或者构造，故其技术方案不属于实用新型专利保护的客体，选项A符合题意。选项B中的领带，具有蝴蝶结和扣环的产品构造，故属于实用新型专利保护的客体，因而选项B不符合题意。选项D中的电线包括外层和内芯，显然属于产品的构造方面的技术改进，即属于实用新型的保护客体，即选项D不符合题意。

根据G-1-2-6.2.2关于"产品的构造"中规定可知，如果权利要求中既包含形状、构造特征，又包含对材料本身提出的改进，则不属于实用新型专利保护的客体。选项C中的椭圆形药片由于"包括X组分、Y组分"，属于对材料本身提出的改进，因而不属于实用新型专利保护的客体，即选项C符合题意。

综上所述，本题答案为A、C。

【15.（2019-3）解析】知识点：专利保护的对象（外观设计专利保护客体）

根据A2.4的规定，外观设计，是指对产品的整体或者局部的形状、图案或者其结合以及色彩与形状、图案的结合所作出的富有美感并适于工业应用的新设计。进一步在G-1-3-7.4关于"不授予外观设计专利权的情形"中规定，根据《专利法》第二条第四款的规定，以下属于不授予外观设计专利权的情形：

（1）取决于特定地理条件、不能重复再现的固定建筑物、桥梁的设计等。例如，包括特定的山水在内的山水别墅。

（2）因其包含有气体、液体及粉末状等无固定形状的物质而导致其形状、图案、色彩不固定的产品。

（3）对于由多个不同特定形状或者图案的构件组成的产品，如果构件本身不能单独出售且不能单独使用，则该构件不属于外观设计专利保护的客体。例如，一组由不同形状的插块组成的拼图玩具，只有将所有插接块共同作为一项外观设计申请时，才属于外观设计专利保护的客体。

（4）不能作用于视觉或者肉眼难以确定，需要借助特定的工具才能分辨其形状、图案、色彩的物品。例如，其图案是在紫外线灯照射下才能显现的产品。

（5）以自然物原有形状、图案、色彩作为主体的设计，通常指两种情形，一种是自然物本身；一种是自然物仿真设计。

（6）纯属美术、书法、摄影范畴的作品。

（7）仅以在其产品所属领域内司空见惯的几何形状和图案构成的外观设计。

（8）文字和数字的字音、字义不属于外观设计保护的内容。

（9）游戏界面以及与人机交互无关的显示装置所显示的图案。例如，电子屏幕壁纸、开关机画面、与人机交互无关的网站网页的图文排版。

……

根据上述规定中的第（6）种情形可知，选项A的蒙娜丽莎油画属于美术作品，不属于外观设计专利保护的客体。根据上述规定中的第（9）种情形可知，选项B中的《王者荣耀》游戏界面，不属于外观设计专利保护的客体。选项C中刻有文字的花瓶，属于产品，可以有图案或形状，并且能够适于工业应用的设计，故属于外观设计专利保护的客体，符合题意。根据上述规定中的第（1）种情形，选项D依山而建的别墅，属于取决于特定地理条件、不能重复再现的固定建筑物，因而不属于外观设计专利保护的客体。

综上所述，本题答案为C。

【16.（2017-66）解析】知识点：专利保护的对象（外观设计专利保护客体）

参照15.（2019-3）的解析。根据G-1-3-7.4中关于"不授予外观设计专利权的情形"的第（9）种情形可知，选项A属于游戏界面，不能授予外观设计专利，符合题意。而选项B中的屏幕壁纸、选项C中的手机开机画面设计，以及选项D中的网站网页的图文排版，均是上述规定中第（9）种情形，它们均不能授予外观设计专利权。

综上所述，本题答案为A、B、C、D。

【17. (2016 - 5) 解析】知识点：专利保护的对象（外观设计专利保护客体）；相关知识点：不授予专利权的情形

对于选项 A，根据 A25.1 的规定，对下列各项，不授予专利权：……（六）对平面印刷品的图案、色彩或者二者的结合作出的主要起标识作用的设计。"选项 A 中所述的以企业商标标识为主体内容的瓶贴设计，显然属于上述第（六）项所述的不授予专利权的情形。因此，选项 A 不符合题意。

参照 15. (2019 - 3) 的解析。根据 G - 1 - 3 - 7.4 中关于"不授予外观设计专利权的情形"可知，选项 B 属于第（9）种情形，因此不能授予外观设计专利权。选项 D 中可批量印制的摄影作品，属于上述第（6）种情形所述摄影范畴的作品，不能授予外观设计专利权。

选项 C 所述艺术花瓶的设计，虽然提到艺术两字，但其实能够表明是所述花瓶富有美感的设计，因此属于外观设计专利保护的客体，可以获得外观设计专利权。

综上所述，本题答案为 C。

【18. (2015 - 37) 解析】知识点：专利保护的对象（外观设计专利保护客体）

选项 A 帽子上的绢花造型设计，属于对帽子这一产品的形状作出的设计，属于外观设计专利保护的客体，符合题意。

对于选项 B，参照 15. (2019 - 3) 的解析。根据 G - 1 - 3 - 7.4 中关于"不授予外观设计专利权的情形"的第（9）种情形可知，选项 B 中"通电后才显示的霓虹灯的彩色图案"并不属于游戏界面，也不属于与人机交互无关或者与实现产品功能无关的产品显示装置所显示的图案。因为霓虹灯在夜间用来吸引人注意，或者起到夜景装饰的作用，显示的彩色图案是与实现产品功能有关的，因而属于外观设计专利保护的客体，选项 B 符合题意。

选项 C 中所述的饼干的月牙形设计属于对饼干这一产品的形状作出的设计，属于外观设计专利保护的客体，符合题意。

选项 D 所述的餐巾扎成的玫瑰花形状，餐巾属于外观设计专利权的保护客体，只是不能以折叠形式进行保护，从选项本身来看无法确定是否属于外观设计专利保护的客体，选项 D 不符合题意。

综上所述，本题答案为 A、B、C。

【19. (2013 - 8) 解析】知识点：专利保护的对象（外观设计专利保护客体）

参照 15. (2019 - 3) 的解析。根据 G - 1 - 3 - 7.4 中关于"不授予外观设计专利权的情形"的第（9）种情形可知，选项 A 中的电脑屏幕保护画面设计，是一种电子屏幕壁纸，属于不能授予外观设计专利权的情形，不符合题意。

根据 A25.1 (6) 的规定可知，对平面印刷品的图案、色彩或者二者的结合作出的主要起标识作用的设计，不授予专利权。选项 B 中所述主要起标识作用的平面包装袋设计，显然属于上述第（六）项所述的不授予专利权的情形。因此，不符合题意。

根据 G - 1 - 3 - 7.4 中关于"不授予外观设计专利权的情形"的第（6）种情形可知，选项 C 达·芬奇的画，纯属美术范畴的作品，不属于外观设计专利保护的客体，不符合题意。

选项 D 售报亭的形状设计，显然涉及产品形状设计，属于外观设计专利保护的客体，符合题意。

综上所述，本题答案为 D。

【20. (2011 - 23) 解析】知识点：专利保护的对象（外观设计专利保护客体）

根据 A2.4 的规定，选项 A 所述竹凉席的图案设计是对竹凉席这一产品的外观图案所作出的设计，属于外观设计专利保护的客体，符合题意。

参照 15. (2019 - 3) 的解析。根据 G - 1 - 3 - 7.4 中关于"不授予外观设计专利权的情形"的第（9）种情形可知，选项 B 中的手机开机画面设计，不属于外观设计专利保护的客体，不符合题意。

根据 G - 1 - 3 - 7.4 中关于"不授予外观设计专利权的情形"的第（5）种情形可知，选项 C 所述的天然大理石的纹理属于自然物本身，不属于外观设计专利保护的客体，不符合题意。

选项 D 中所述眼镜的形状设计是对眼镜这一产品的形状所作出的设计，属于外观设计专利保护的客体，符合题意。

综上所述，本题答案为 A、D。

【21. (2010 - 63) 解析】知识点：专利保护的对象（外观设计专利保护客体）；相关知识点：不授予专利权的情形

根据 A25.1 (6) 的规定可知，平面印刷品的图案、色彩或者二者的结合作出的主要起标识作用的设计，不能被授予专利权。选项 A 所述的瓶贴的图案主要用于产生标识作用，属于不授予外观设计专利权的情形，故符合题意。

参照 15. (2019 - 3) 的解析。根据 G - 1 - 3 - 7.4 中关于"不授予外观设计专利权的情形"的第（5）种情形可知，选项 B 中所述的竹雕，设计主要是利用了竹子的根部形状，属于以自然物本身为主体的设计，故不属于外观设计专利保护的客体，符合题意。

选项 C 所述的糕点和选项 D 所述的窗帘都是对产品的形状或图案作出的新设计，故属于可授予外观设计专利权的情形，不符合题意。

综上所述，本题答案为 A、B。

（三）总体考点分析

本部分涉及发明、实用新型和外观设计专利的保护对象（或者说客体），主要涉及技术方案的概念，实用新型中的产品，产品的形状和构造的含义，外观设计的产品载体，以及产品的形状、图案或者其结合的含义。

高频结论

对于发明来说

✓ 气味或者诸如声、光、电、磁、波等信号或者能量也不属于《专利法》第二条第二款规定的客体。

对于实用新型来说

✓ 实用新型专利只保护产品。且所述产品应当是经过产业方法制造的，有确定形状、构造且占据一定空间的实体。

✓ 一切方法以及未经人工制造的自然存在的物品不属于实用新型专利保护的客体。所述方法包括产品的制造方法、使用方法、通信方法、处理方法、计算机程序以及将产品用于特定用途等。

✓ 产品的构造是指产品的各个组成部分的安排、组织和相互关系。产品的构造可以是机械构造，也可以是线路构造。

✓ 复合层可以认为是产品的构造，产品的渗碳层、氧化层等属于复合层结构。

✓ 物质的分子结构、组分、金相结构等不属于实用新型专利给予保护的产品的构造。

✓ 产品的形状可以是在某种特定情况下所具有的确定的空间形状。如虽然雪糕在常温下会融化，但在冷冻时具有确定的空间形态；降落伞在使用打开的形状属于确定的空间形状等。

✓ 不能以生物的或者自然形成的形状作为产品的形状特征。例如，不能以植物盆景中植物生长所形成的形状作为产品的形状特征，也不能以自然形成的假山形状作为产品的形状特征。

✓ 不能以摆放、堆积等方法获得的非确定的形状作为产品的形状特征。

✓ 无确定形状的产品，例如气态、液态、粉末状、颗粒状的物质或材料，其形状不能作为实用新型产品的形状特征。

✓ 允许产品中的某个技术特征为无确定形状的物质，如气态、液态、粉末状、颗粒状物质，只要其在该产品中受该产品结构特征的限制即可，例如，对温度计的形状构造所提出的技术方案中允许写入无确定形状的酒精。

✓ 产品的形状以及表面的图案、色彩或者其结合的新方案，没有解决技术问题的，不属于实用新型专利保护的客体。产品表面的文字、符号、图表或者其结合的新方案，不属于实用新型专利保护的客体。例如，仅改变按键表面文字、符号的计算机或手机键盘；以十二生肖形状为装饰的开罐刀；仅以表面图案设计为区别特征的棋类、牌类，如古诗扑克等。

✓ 如果权利要求中既包含形状、构造特征，又包含对方法本身提出的改进，例如含有对产品制造方法、使用方法或计算机程序进行限定的技术特征，则不属于实用新型专利保护的客体。

✓ 如果权利要求中既包含形状、构造特征，又包含对材料本身提出的改进，则不属于实用新型专利保护的客体。

✓ 权利要求中可以使用已知方法的名称限定产品的形状、构造，但不得包含方法的步骤、工艺条件等。例如，以焊接、铆接等已知方法名称限定各部件连接关系的，不属于对方法本身提出的改进。

对于外观设计来说（注意《专利法》第四次修改中增加了局部外观设计）

✓ 不授予外观设计专利权的情形：

（1）取决于特定地理条件、不能重复再现的固定建筑物、桥梁的设计等。例如，包括特定的山水在内的山水别墅。

（2）因其包含有气体、液体及粉末状等无固定形状的物质而导致其形状、图案、色彩不固定的产品。

（3）对于由多个不同特定形状或者图案的构件组成的产品，如果构件本身不能单独出售且不能单独使用，则该构件不属于外观设计专利保护的客体。例如，一组由不同形状的插接块组成的拼图玩具，只有将所有插接块共同作为一项外观设计申请时，才属于外观设计专利保护的客体。

（4）不能作用于视觉或者肉眼难以确定，需要借助特定的工具才能分辨其形状、图案、色彩的物品。例如，其图案是在紫外线灯照射下才能显现的产品。

（5）以自然物原有形状、图案、色彩作为主体的设计，通常指两种情形，一种是自然物本身；一种是自然物仿真设计。

（6）纯属美术、书法、摄影范畴的作品。

（7）仅以在其产品所属领域内司空见惯的几何形状和图案构成的外观设计。

（8）文字和数字的字音、字义不属于外观设计保护的内容。

（9）游戏界面以及与人机交互无关的显示装置所显示的图案，例如，电子屏幕壁纸、开关机画面、与人机交互无关的网站网页的图文排版。

（10）不能在产品上形成相对独立的区域或者构成相对完整的设计单元的局部外观设计。例如，水杯杯把的一条转 折线、任意截取的眼镜镜片的不规则部分。

（11）要求专利保护的局部外观设计仅为产品表面的图案或者图案和色彩相结合的设计。例如，摩托车表面的图案。

（四）参考答案

1. D	2. A、D	3. B	4. B、C、D	5. C
6. B、C	7. A	8. B	9. D	10. B、D
11. A	12. A、D	13. C	14. A、C	15. C
16. A、B、C、D	17. C	18. A、B、C	19. D	20. A、D
21. A、B				

二、不授予专利权的主题

（一）历年试题集合

1. (2019-5) 甲公司发明了一种新的为实现原子核变换而增加粒子能量的粒子加速方法 X。同时甲公司发明了一种设备 Y，设备 Y 能以方法 X 对粒子加速来完成原子核变换。假设方法 X 和设备 Y 满足其他授予专利权的条件，下列说法正确的是？　【你的答案】　【选错记录】

A. 只有方法 X 能被授予专利权

B. 只有设备 Y 能被授予专利权

C. 方法 X 和设备 Y 都不能被授予专利权

D. 方法 X 和设备 Y 都能被授予专利权

2. (2018-5) 关于《专利法》第五条，以下说法正确的是：　【你的答案】　【选错记录】

A. 该条第一款所述"违反法律的发明创造"中的"法律"，包括由全国人民代表大会或其常务委员会以及国务院制定和颁布的法律法规

B. 只要发明创造的产品的生产、销售或使用违反了法律，则该产品本身及其制造方法就属于违反法律的发明创造

C. 如果一项在美国完成的发明创造的完成依赖于从中国获取的某畜禽遗传资源，该遗传资源属于列入《中华人民共和国国家级畜禽遗传资源保护名录》的遗传资源，但发明人并未按照《中华人民共和国畜禽遗传资源进出境和对外合作研究利用审批办法》的规定办理审批手续，因此，该项发明向中国申请专利时不能授予专利权

D. 如果某专利申请说明书包含了违反法律的发明创造，但该申请的权利要求中未请求保护该违反法律的发明创造，则该专利申请不违反《专利法》第五条第一款的规定

3. (2018-6) 下列选项属于不授予专利权的主题是？　【你的答案】　【选错记录】

A. 一种快速检测人类尿液中尿蛋白含量的方法

B. 一种利用辐照饲养法生产高产牛奶的乳牛的方法

C. 一种为实现原子核变换而增加粒子能量的粒子加速装置

D. 上述都属于不授予专利权的主题

4.（2018－38）下列选项哪些属于不授予专利权的主题？

A. 一种由稳频单频激光器发出的稳频单频激光，其特征在于所述稳频单频激光器具有激光管和稳频器

B. 一种治疗妇科炎症的胶囊制剂的质量控制方法，其特征在于：质量控制方法由性状、鉴别、检查和含量测定组成，其中鉴别是对地稔、头花蓼、黄柏、五指毛桃和延胡索的鉴别，含量测定是用高效液相色谱法对胶囊制剂中没食子酸的含量测定

C. 一种测定唾液中酒精含量的方法，该方法通过检测被测人唾液酒精含量，以反映出其血液中酒精含量

D. 一种检测患者患癌症风险的方法，包括如下步骤：（ⅰ）分离患者基因组样本；（ⅱ）检测是否存在或表达 SEQ ID NO：1 序列所包含的基因，其中存在或表达所述基因表明患者有患癌症的风险

【你的答案】

【选错记录】

5.（2017－85）以下涉及计算机程序的发明专利的权利要求，哪些是《专利法》第二十五条规定的不授予专利权的情形？

A. 一种机器识别算法本身

B. 一种用源代码限定的计算机程序

C. 一种 U 盘，其上存储有计算机程序，其特征在于，该程序被处理器执行时实现数据获取和数据处理的步骤

D. 一种狼人杀的游戏规则

【你的答案】

【选错记录】

6.（2017－74）钟某的下列有关肺病的预防与治疗方面研究成果中，哪些属于不授予专利权的申请？

A. 雾霾导致肺癌发生率明显上升的发现

B. 发明了一套促进肺气肿患者康复的理疗仪器

C. 发明了一种精确诊断早期肺癌的方法

D. 发明了一种治疗肺结核的中成药制品

【你的答案】

【选错记录】

7.（2016－6）下列哪个属于不可获得专利权的主题？

A. 一种用转基因方法培育的黑色玉米品种

B. 一种必须经主管机关批准方能生产的武器

C. 一种生产放射性同位素的设备

D. 一种制造假肢的方法

【你的答案】

【选错记录】

8.（2016－37）外科医生张某发明了一种用于清洗伤口的药水，按照其独特的方法涂抹该药水可促进伤口的愈合，下列说法哪些是正确的？

A. 该药水以及该药水的制备方法均属于可授予专利权的主题

B. 该药水以及使用该药水促进伤口愈合的方法都属于可授予专利权的主题

C. 该药水以及使用该药水促进伤口愈合的方法都不属于可授予专利权的主题

D. 该药水属于可授予专利权的主题，使用该药水促进伤口愈合的方法不属于可授予专利权的主题

【你的答案】

【选错记录】

9.（2015－4）下列哪个属于可以授予专利权的主题？

A. 伪造人民币的设备

B. 快速记忆德语动词规则的方法

C. 促进种子发芽的红外光

D. 原子核裂变的反应器

【你的答案】

【选错记录】

10.（2014－32）下列哪些不属于可授予专利权的主题？

A. 一种可有效识别抑郁症的心理测验方法

B. 一种可有效驯服野马的方法

C. 一种可有效提高婴儿体质的食谱

D. 一种可有效开发计算机软件的计算机编程语言

【你的答案】

【选错记录】

11. (2013-2)下列哪项属于不授予专利权的主题？

A. 一种制造冲锋枪的方法

B. 一种肝移植的方法

C. 一种新的地质勘探方法

D. 一种寺庙中使用的木鱼

【你的答案】

【选错记录】

12. (2013-26)下列说法哪个是正确的？

A. 一种能够控制特定机械状态发生概率的装置，由于该装置可能被用于赌博，因此该装置不能被授予专利权

B. 一种能治疗乙肝的化合物，由于药品监督管理部门认为该化合物副作用超标，不允许其上市，因此该化合物不能被授予专利权

C. 一种致人失明的女子防身器，由于该防身器的使用以致人伤残为手段，因此该防身器不能被授予专利权

D. 一种能透过玻璃听到他人谈话的装置，由于该装置可能被用于窃听，危害公共秩序，因此该装置不能被授予专利权

【你的答案】

【选错记录】

13. (2012-2)关于下列哪一类主题的技术方案不能被授予专利权？

A. 麻将牌

B. 大口径步枪

C. 克隆人的方法

D. 有副作用的药品

【你的答案】

【选错记录】

14. (2012-17)下列哪种方法不属于疾病的诊断和治疗方法？

A. 利用冠状造影判断心脏疾病的操作步骤

B. 杀灭植物虫害的方法

C. 对伤口进行拉链式缝合的方法

D. 检测脱离人体的粪便以判断人体是否有炎症的方法

【你的答案】

【选错记录】

15. (2011-2)下列哪些属于可授予专利权的主题？

A. 新型洗衣机的操作说明

B. 制造人体假肢的方法

C. 利用电磁波传输信号的方法

D. 动物和植物品种的非生物学生产方法

【你的答案】

【选错记录】

16. (2011-39)下列哪些属于专利法意义上的疾病的诊断和治疗方法？

A. 以离体样品为对象，以获得同一主体疾病诊断结果为直接目的的诊断方法

B. 在已经死亡的人体或动物体上实施的病理解剖方法

C. 伤口消毒方法

D. 杀灭人头发上的跳蚤的方法

【你的答案】

【选错记录】

17. (2010-3)下列哪些属于不授予专利权的主题？

A. 紫草可治疗感冒的特性

B. 治疗心脏病的方法

C. 可使彩灯闪烁的电流

D. 可喷出浓硫酸的防盗门

【你的答案】

【选错记录】

（二）参考答案解析

【1.（2019-5）解析】知识点：不授予专利权的客体（原子核变换的方法）

根据 A25.1（5）的规定，用原子核变换方法以及用原子核变换方法获得的物质不能被授予专利权。进一步地，在 G-2-1-4.5 关于"原子核变换方法以及用该方法获得的物质"中规定，原子核变换方法以及用该方法所获得的物质关系到国家的经济、国防、科研和公共生活的重大利益，不宜为单位或私人垄断，因此不能被授予专利权。在 G-2-1-

4.5.1关于"原子核变换方法"中规定，……为实现原子核变换而增加粒子能量的粒子加速方法（如电子行波加速法、电子驻波加速法、电子对撞法、电子环形加速法等），不属于原子核变换方法，而属于可被授予发明专利权的客体。为实现核变换方法的各种设备、仪器及其零部件等，均属于可被授予专利权的客体。在G-2-1-4.5.2关于"用原子核变换方法所获得的物质"中规定，……但是这些同位素的用途以及使用的仪器、设备属于可被授予专利权的客体。

本题中的为实现原子核变换而增加粒子能量的粒子加速方法X，不属于原子核变换方法，故属于可被授予发明专利权的客体。甲公司发明的设备Y属于实现核变换方法的各种设备，因而属于可被授予专利权的客体。因此，方法X和设备Y都能被授予专利权人，故选项D的说法是正确的。

综上所述，本题答案为D。

【2.（2018-5）解析】知识点：不授予专利权的发明创造（违反法律的发明创造）

在G-2-1-3.1.1关于"违反法律的发明创造"第一段中规定，法律，是指由全国人民代表大会或者全国人民代表大会常务委员会依照立法程序制定和颁布的法律。它不包括行政法规和规章。选项A中的国务院制定和颁布的法规属于行政法规，不属于《专利法》第五条所称的法律，因此选项A的说法是错误的。

在G-2-1-3.1.1关于"违反法律的发明创造"第四段中规定，……《专利法》第五条所称违反法律的发明创造，不包括仅其实施为法律所禁止的发明创造。其含义是，如果仅仅是发明创造的产品的生产、销售或使用受到法律的限制或约束，则该产品本身及其制造方法并不属于违反法律的发明创造。例如，用于国防的各种武器的生产、销售及使用虽然受到法律的限制，但这些武器本身及其制造方法仍然属于可给予专利保护的客体。因此选项B的说法是错误的。

根据A5.2的规定，对违反法律、行政法规的规定获取或者利用遗传资源，并依赖该遗传资源完成的发明创造，不授予专利权。《中华人民共和国畜禽遗传资源进出境和对外合作研究利用审批办法》属于国务院颁布的行政法规，而选项C中的发明人并未按照该行政法规的规定办理审批手续，因而违反了该行政法规，属于根据A5.2规定的依赖于违反该法规获得的遗传资源完成的发明创造，不能被授予专利权。因此，选项C的说法是正确的，符合题意。

在G-2-1-3.1.4关于"部分违反专利法第五条第一款的申请"中第一段规定，一件专利申请中含有违反法律、社会公德或者妨害公共利益的内容，而其他部分是合法的，则该专利申请称为部分违反《专利法》第五条第一款的申请。对于这样的专利申请，审查员在审查时，应当通知申请人进行修改，删除违反《专利法》第五条第一款的部分。该规定所提到的"专利申请中含有"并不局限于权利要求，而应当是整个申请文件（即还包括说明书摘要、说明书及说明书附图），只要其中任何地方出现了违反法律、社会公德或者妨害公共利益的内容均不能授予专利权。因而，即便仅在申请说明书中记载而未在权利要求书中请求保护的违反法律的内容，该专利申请也不得授予专利权，故选项D的说法是错误的。

综上所述，本题答案为C。

【3.（2018-6）解析】知识点：不授予专利权的客体（疾病的诊断方法、动植物品种、原子核变换方法）

根据A25.1（3）的规定，疾病的诊断和治疗方法不能被授予专利权。进一步地，在G-2-1-4.3.1.1关于"属于诊断方法的发明"中规定，……如果一项发明从表述形式上看是以离体样品为对象的，但该发明是以获得同一主体疾病诊断结果或健康状况为直接目的，则该发明仍然不能被授予专利权……。选项A中的快速检测人类尿液中尿蛋白含量的方法，虽然以尿液离体样本为检测对象，但检测目的是通过尿蛋白含量获得诊断结果或健康状况（因为蛋白尿是肾脏病的常见表现，全身性疾病亦可出现蛋白尿，这需要医学基本常识）。根据上述规定，其属于疾病的诊断方法，不能被授予专利权。

根据A25.1（4）的规定，动物和植物品种不能被授予专利权。进一步地，在G-2-1-4.4关于"动物和植物品种"中第二段和第三段规定，根据《专利法》第二十五条第二款的规定，对动物和植物品种的生产方法，可以授予专利权。但这里所说的生产方法是指非生物学的方法，不包括生产动物和植物主要是生物学的方法。一种方法是否属于"主要是生物学的方法"，取决于在该方法中人的技术介入程度。如果人的技术介入对该方法所要达到的目的或者效果起了主要的控制作用或者决定性作用，则这种方法不属于"主要是生物学的方法"。例如，采用辐照饲养法生产高产牛奶的乳牛的方法；改进饲养方法生产瘦肉型猪的方法等属于可被授予发明专利权的客体。因此，选项B所述的利用辐照饲养法生产高产牛奶的乳牛的方法采用了辐照技术，这是人为采取的技术，对于实现乳牛能够高产牛奶这一技术目的具有决定性作用，因此属于非生物学方法（恰好也是上述规定所列举的例子之一）。因此，选项B中的方法是可以被授予专利权的主题。由此可知，选项D的说法是错误的。

在G-2-1-4.5.1关于"原子核变换方法"中规定，……为实现核变换方法的各种设备、仪器及其零部件等，均属于可被授予专利权的客体。选项C中为实现原子核变换而增加粒子能量的粒子加速装置可以被授予专利权。

综上所述，本题答案为A。

【4.（2018-38）解析】知识点：不授予专利权的客体（智力活动的规则和方法、疾病的诊断方法）；相关知识点：专利保护的对象

在G-2-1-2关于"不符合专利法第二条第二款规定的客体"中最后一段规定，气味或者诸如声、光、电、磁、波等信号或者能量也不属于专利法第二条第二款规定的客体。选项A请求保护的主题本质上还是一种光，虽然主题名称中限定"由稳频单频激光器发出的"，以及特征部分对产生激光的激光器的具体构成部件例如激光管等进行了限定，但由于请求保护的主题仍然是激光本身，不属于《专利法》第二条第二款规定的客体，因而不能被授予专利权。

在G-2-1-4.2关于"智力活动的规则和方法"中第一段规定，智力活动，是指人的思维运动，它源于人的思维，经过推理、分析和判断产生出抽象的结果，或者必须经过人的思维运动作为媒介，间接地作用于自然产生结果。智力活动的规则和方法是指导人们进行思维、表述、判断和记忆的规则和方法。由于其没有采用技术手段或者利用自然规律，也未解决技术问题和产生技术效果，因而不构成技术方案。它既不符合《专利法》第二条第二款的规定，又属于《专利法》第二十五条第一款第（二）项规定的情形。因此，指导人们进行这类活动的规则和方法不能被授予专利权。选项B涉及药品的质量控制方法，由性状、鉴别、检查和含量测定组成，属于人为的规定，是根据产品的特点来确定具体测定哪些成分，控制哪些指标，检测哪些项目。因此，选项B属于智力活动的规则和方法，不能被授予专利权（注意：目前基本认为"药品的质量控制方法"这种主题名称就属于智力活动的规则和方法）。

在G-2-1-4.3.1.1关于"属于诊断方法的发明"中第二段规定，如果一项发明从表述形式上看是以离体样品为对象的，但该发明是以获得同一主体疾病诊断结果或健康状况为直接目的，则该发明仍然不能被授予专利权。选项C的方法涉及一种离体样本的检测方法，是通过检测被测人唾液酒精含量，以反映出其血液中的酒精含量。但血液中酒精含量多少并不能反映出被检测者的健康状况（喝酒多少也不属于健康状况），故其直接目的是检测该样本主体血液中的酒精含量，并不是为了获得疾病的诊断结果，即该方法不属于疾病的诊断方法，可以被授予专利权。

在G-2-1-4.3.1.1关于"属于诊断方法的发明"中列举了不能被授予专利权的例子：诊脉法、足诊法、X光诊断法、超声诊断法、胃肠造影诊断法、内窥镜诊断法、同位素示踪影像诊断法、红外光无损诊断法、患病风险度评估方法、疾病治疗效果预测方法、基因筛查诊断法。由此可知选项D中检测患者患癌症风险的方法属于上述中的患病风险度评估方法，不能被授予专利权。（注意：该选项中虽然后面限定了具体步骤，但具体技术内容并不需要了解，从其主题名称就可以判断得出结论。）

综上所述，本题答案为A、B、D。

【5.（2017-85）解析】知识点：不授予专利权的客体（智力活动的规则和方法）；相关知识点：涉及计算机程序的发明

根据A25.1（2）的规定，智力活动的规则和方法不能被授予专利权。进一步地，在G-2-9-2关于"涉及计算机程序的发明专利申请的审理基准"中规定，……（1）如果一项权利要求仅仅涉及一种算法或数学计算规则，或者计算机程序本身或仅仅记录在载体（例如磁带、磁盘、光盘、磁光盘、ROM、PROM、VCD、DVD或者其他的计算机可读介质）上的计算机程序，或者游戏的规则和方法等，则该权利要求属于智力活动的规则和方法，不属于专利保护的客体……。选项A所述的机器识别算法本身（属于上述规定的仅仅涉及一种算法）、选项D中狼人杀的游戏规则，根据上述规定可知，均属于不授予专利权的情形。

计算机程序本身包括源程序和目标程序，选项B中的采用源代码限定的计算机程序属于计算机程序本身，根据上述规定不能被授予专利权。

选项C中，U盘上存储的计算机程序被处理器执行时实现数据获取和数据处理的步骤，系采用计算机流程步骤限定的可读存储介质，并非相关规定中的"仅由所记录在载体上的程序本身"这一属于计算机程序本身的情形，也即选项C的U盘不被认为是计算机程序本身，因而属于可以授予专利权的情形，不符合题意。

综上所述，本题答案为A、B、D。

【6.（2017-74）解析】知识点：不授予专利权的客体（科学发现、疾病的诊断和治疗方法）；相关知识点：涉及计算机程序的发明

根据A25.1（1）的规定，科学发现不能被授予专利权。在G-2-1-4.1关于"科学发现"中规定，科学发现，是指对自然界中客观存在的物质、现象、变化过程及其特性和规律的揭示。科学理论是对自然界认识的总结，是更为广义的发现。它们都属于人们认识的延伸。这些被认识的物质、现象、过程、特性和规律不同于改造客观世界的技术方案，不是专利法意义上的发明创造，因此不能被授予专利权……。选项A所述的雾霾导致肺癌发生率明显上升的发现属于科学发现，不能被授予专利权，符合题意。

在G-2-1-4.3关于"疾病的诊断和治疗方法"中规定，疾病的诊断和治疗方法，是指以有生命的人体或者动物体为直接实施对象，进行识别、确定或消除病因或病灶的过程。……但是，用于实施疾病诊断和治疗方法的仪器或装

置，以及在疾病诊断和治疗方法中使用的物质或材料属于可被授予专利权的客体。选项B中的理疗仪器是用于治疗方法中使用的仪器，可以被授予专利权，不符合题意。而选项C所述的精确诊断早期肺癌的方法，明显属于疾病的诊断方法，不能被授予专利权，符合题意。选项D是治疗结核的中成药制品，属于药物产品，因而不属于疾病的治疗方法，可以被授予专利权，不符合题意。

综上所述，本题答案为A、C。

【7.（2016-6）解析】知识点：不授予专利权的客体（违反法律的发明创造、疾病的诊断和治疗方法、动物和植物品种、原子核变换方法）

根据A25.1（4）的规定，动物和植物品种不能被授予专利权。选项A所述的用转基因方法培育的黑色玉米品种，属于植物品种，不能被授予专利权，即选项A符合题意。

根据G-2-1-3.1.1关于"违反法律的发明创造"第四段中的规定可知（参见2.（2018）解析，选项B中武器，虽然必须经主管机关批准才能生产，但仍然属于可授予专利权，不符合题意。

在G-2-1-4.5.1关于"原子核变换方法"中第二段规定，为实现核变换方法的各种设备、仪器及其零部件等，均属于可被授予专利权的客体。根据该规定，选项C生产放射性同位素的设备，可以授予专利权，不符合题意。

在G-2-1-4.3.2.2关于"不属于治疗方法的发明"中规定，以下几类方法是不属于治疗方法的例子，不得依据《专利法》第二十五条第一款第（三）项拒绝授予其专利权。（1）制造假肢或者假体的方法，以及为制造该假肢或者假体而实施的测量方法。例如一种制造假牙的方法，该方法包括在病人口腔中制作牙齿模具，而在体外制造假牙。虽然其最终目的是治疗，但是该方法本身的目的是制造出合适的假牙……。由此可知，选项D所述的制造假肢的方法，也属于可授予专利权主题，不符合题意。

综上所述，本题答案为A。

【8.（2016-37）解析】知识点：不授予专利权的客体（疾病的诊断和治疗方法）

根据A25.1（3）的规定，疾病的诊断和治疗方法不能被授予专利权。进一步，在G-2-1-4.3关于"疾病的诊断和治疗方法"中规定，……用于实施疾病诊断和治疗方法的仪器或装置，以及在疾病诊断和治疗方法中使用的物质或材料属于可被授予专利权的客体。根据相关规定，张某发明的一种用于清洗伤口的药水可被授予专利权。而且该药水的制备方法明显不属于疾病的诊断和治疗方法，也可被授予专利权，因此选项A的说法正确，符合题意；而选项C中含有药水，不能被授予专利权，说法错误，不符合题意。

又在G-2-1-4.3.2.1关于"属于治疗方法的发明"中列举了几类方法属于或者应当视为治疗方法的例子，其中包括：……（9）处置人体或动物体伤口的方法，例如伤口消毒方法、包扎方法……。因此，本题中的"使用该药水促进伤口愈合的方法"与上述规定中的第（9）项对应，属于治疗方法，不能被授予专利权。因此，选项B中含有"使用该药水促进伤口愈合的方法属于可授予专利权的主题"，说法错误。而选项D所述"药水属于可授予专利权的主题，使用该药水促进伤口愈合的方法不属于可授予专利权的主题"，其说法正确，符合题意。

综上所述，本题答案为A、D。

【9.（2015-4）解析】知识点：不授予专利权的客体（违反法律的发明创造、智力活动的规则和方法、原子核变换方法）；相关知识点：专利保护的对象

在G-2-1-3.1.1关于"违反法律的发明创造"中第二段规定，发明创造与法律相违背的，不能被授予专利权。例如，《中华人民共和国刑法》《中华人民共和国治安管理处罚法》《中华人民共和国人民银行法》《中华人民共和国票据法》禁止赌博、吸毒、伪造国家货币或票据等相关行为，用于赌博的设备、机器或工具，吸毒的器具，伪造国家货币、票据、公文、证件、印章的设备等都属于违反法律的发明创造，不能被授予专利权。选项A伪造人民币的设备不能授予专利权，不符合题意。

根据A25.1（2）的规定，智力活动的规则和方法不授予专利权。选项B中的快速记忆德语动词规则的方法显然属于智力活动的规则和方法，不能授予专利权，故不符合题意。

根据G-2-1-2关于"不符合专利法第二条第二款规定的客体"中的规定可知，气味或者诸如声、光、电、磁波等信号或者能量也不属于专利保护的客体。选项C促进种子发芽的红外光不能授予专利权，故不符合题意。

在G-2-1-4.5.1关于"原子核变换方法"中最后一段规定，为实现核变换方法的各种设备、仪器及其零部件等，均属于可被授予专利权的客体。根据该规定，选项D原子核裂变的反应器，可以授予专利权，符合题意。

综上所述，本题答案为D。

【10.（2014-32）解析】知识点：不授予专利权的客体（智力活动的规则和方法）

根据A25.1（2）的规定，智力活动的规则和方法不授予专利权。进一步，在G-2-1-4.2关于"智力活动的规则

和方法"中第（1）项规定：

如果一项权利要求仅仅涉及智力活动的规则和方法，则不应当被授予专利权。……【例如】审查专利申请的方法；组织、生产、商业实施和经济等方面的管理方法及制度；交通行车规则、时间调度表、比赛规则；演绎、推理和运筹的方法；图书分类规则、字典的编排方法、情报检索的方法、专利分类法；日历的编排规则和方法；仪器和设备的操作说明；各种语言的语法、汉字编码方法；计算机的语言及计算规则；速算法或口诀；数学理论和换算方法；心理测验方法；教学、授课、训练和驯兽的方法；各种游戏、娱乐的规则和方法；统计、会计和记账的方法；乐谱、食谱、棋谱；锻炼身体的方法；疾病普查的方法和人口统计的方法；信息表述方法；计算机程序本身。

由此可知，选项A所述的可有效识别抑郁症的心理测验方法，属于心理测验方法；选项B所述的可有效驯服野马的方法，属于训练和驯兽的方法；选项C所述的可有效提高婴儿体质的食谱，属于食谱；选项D的计算机编程语言，属于计算机的语言，均不应当被授予专利权。

综上所述，本题答案为A、B、C、D。

【11.（2013－2）解析】知识点：不授予专利权的客体（违反法律、社会公德的发明创造、疾病的诊断和治疗方法）；相关知识点：专利保护的对象（技术方案）

参照2.（2018－5）的解析。对于选项A而言，虽然冲锋枪的生产、销售和使用受到法律的限制，但制造冲锋枪的方法并不属于违反法律的发明创造，可以被授予专利权，不符合题意。

根据A25.1（2）的规定，疾病的诊断和治疗方法不能被授予专利权。而选项B所述的肝移植方法显然是治疗方法，不能被授予专利权，故符合题意。

根据A2.2的规定，发明，是指对产品、方法或者其改进所提出的新的技术方案。选项C所述的新的地质勘探方法属于对方法提出的新的技术方案，而选项D所述的寺庙中使用的木鱼是涉及产品的技术方案，因此均可以被授予专利权。（注意：选项D中的木鱼虽然供寺庙使用，但并非属于封建迷信的范畴，因此并不影响木鱼成为可授予专利权的主题。即选项C、D不符合题意。）

综上所述，本题答案为B。

【12.（2013－26）解析】知识点：不授予专利权的客体（违反法律、妨害公共利益的发明创造）

在G－2－1－3.1.1关于"违反法律的发明创造"第三段中规定，发明创造并没有违反法律，但是由于其被滥用而违反法律的，则不属此列。例如，用于医疗的各种毒药、麻醉品、镇静剂、兴奋剂和用于娱乐的棋牌等。选项A中的能够控制特定机械状态发生概率的装置，本身并没有违反法律，虽然可能被用于赌博而违反法律，但也不影响该装置成为可授予专利权的主题。故选项A的说法错误。同样，选项D所述的能透过玻璃听到他人谈话的装置本身并没有违反法律，虽然可能被用于窃听违反法律，也不影响该装置成为可授予专利权的主题。故选项D的说法也是错误的。

在G－2－1－3.1.3关于"妨害公共利益的发明创造"中规定，妨害公共利益，是指发明创造的实施或使用会给公众或社会造成危害，或者会使国家和社会的正常秩序受到影响。

【例如】发明创造以致人伤残或损害财物为手段的，如一种使盗窃者双目失明的防盗装置及方法，不能被授予专利权；……。但是，如果发明创造因滥用而可能造成妨害公共利益的，或者发明创造在产生积极效果的同时存在某种缺点的，例如对人体有某种副作用的药品，则不能以"妨害公共利益"为理由拒绝授予专利权。选项B所述的能治疗乙肝的化合物，由于药品监督管理部门认为该化合物副作用超标，不允许其上市，属于发明创造在产生积极效果的同时存在某种缺点的情形，根据相关规定，不能其因副作用超标而以"妨害公共利益"为理由拒绝授予专利权，即选项B的化合物属于可授予专利权的主题。选项C所述的一种致人失明的女子防身器，属于上述规定所列举的情形，即由于该防身器的使用以致人伤残为手段，因此该防身器不能被授予专利权。故选项C的说法正确，符合题意。

综上所述，本题答案为C。

【13.（2012－2）解析】知识点：违反法律的发明创造、违反社会公德的发明创造

选项A的麻将牌属于可以授予专利权的主题，不符合题意。其中需要指出的是，麻将牌可用于赌博，因而有人误认为麻将牌不能授予专利权（参见12.（2013－26）解析）。

根据G－2－1－3.1.1关于"违反法律的发明创造"第四段中规定可知（参见2.（2018－5）选项B的解析）。选项B中的大口径步枪虽然生产、销售和使用受到法律的限制，但本身并不属于违反法律的发明创造，根据相关规定，其可以被授予专利权，不符合题意。

在G－2－1－3.1.2关于"违反社会公德的发明创造"中规定，发明创造与社会公德相违背的，不能被授予专利权。例如，带有暴力凶杀或者淫秽内容的产品或方法，非医疗目的的人造性器官或者其替代物，人与动物交配的方法，改变

人生殖系遗传同一性的方法或改变了生殖系遗传同一性的人，克隆的人或克隆人的方法，人胚胎的工业或商业目的的应用，可能导致动物痛苦而对人或动物的医疗没有实质性益处的改变动物遗传同一性的方法等，上述发明创造违反社会公德，不能被授予专利权。但是，如果发明创造是利用未经过体内发育的受精14天以内的人类胚胎分离或者获取干细胞的，则不能以"违反社会公德"为理由拒绝授予专利权。因此，选项 C 所述的克隆人的方法属于上述不能被授予专利权的情形（且作为明确的例子列举的），故符合题意。

在 G-2-1-3.1.3 关于"妨害公共利益的发明创造"中最后一段规定，如果发明创造因滥用而可能造成妨害公共利益的，或者发明创造在产生积极效果的同时存在某种缺点的，例如对人体有某种副作用的药品，则不能以"妨害公共利益"为理由拒绝授予专利权。因此，选项 D 所述的有副作用的药品，属于上述规定中所述的有"积极效果的同时存在某种缺点"的情形（并且作为例子），可以被授予专利权。故选项 D 不符合题意。

综上所述，本题答案为 C。

【14.（2012-17）解析】知识点：不授予专利权的客体（疾病的诊断和治疗方法）

本题涉及疾病的诊断和治疗方法不授予专利的判断。在 G-2-1-4.3.1 关于"诊断方法"中规定，诊断方法，是指为识别、研究和确定有生命的人体或动物体病因或病灶状态的过程。进一步地，在 G-2-1-4.3.1.1 关于"属于诊断方法的发明"中第一段规定，一项与疾病诊断有关的方法如果同时满足以下两个条件，则属于疾病的诊断方法，不能被授予专利权：（1）以有生命的人体或动物体为对象；（2）以获得疾病诊断结果或健康状况为直接目的。选项 A "利用冠状造影判断心脏疾病的操作步骤"明显是以人体为直接实施对象，以诊断心脏疾病为直接目的，因而属于疾病的诊断方法，不符合题意。但选项 B "杀灭植物虫害的方法"是以植物为直接实施对象（而不是以人体或动物体为实施对象），因而不属于疾病的诊断和治疗方法，符合题意。

在 G-2-1-4.3.2 关于"治疗方法"中规定，治疗方法，是指为使有生命的人体或动物体恢复或获得健康或减少痛苦，进行阻断、缓解或者消除病因或病灶的过程。治疗方法包括以治疗为目的或者具有治疗性质的各种方法。预防疾病或者免疫的方法视为治疗方法……。进一步地，参照 8.（2016-37）的解析，在 G-2-1-4.3.2.1 关于"属于治疗方法的发明"中列举的属于治疗方法的例子，包括"（9）处置人体或动物体伤口的方法，例如伤口消毒方法、包扎方法"。选项 C "对伤口进行拉链式缝合的方法"，属于上述列举的处置人体或动物体伤口的方法，故属于疾病治疗方法，不符合题意。

在 G-2-1-4.3.1.1 关于"属于诊断方法的发明"中第二段规定，如果一项发明从表述形式上看是以离体样品为对象的，但该发明是以获得同一主体疾病诊断结果或健康状况为直接目的，则该发明仍然不能被授予专利权。选项 D 检测脱离人体的粪便以判断人体是否有炎症的方法，虽然检测的粪便属于离体样品，但以获得同一人体的诊断结果（即是否有炎症）为直接目的，故仍然不能被授予专利权，不符合题意。

综上所述，本题答案为 B。

【15.（2011-2）解析】知识点：不授予专利权的客体（智力活动的规则和方法、疾病的诊断和治疗方法、动物和植物品种）；相关知识点：专利保护的对象

参照 10.（2014-32）的解析。在 G-2-1-4.2 关于"智力活动的规则和方法"中列举的属于智力活动规则和方法的情形包括仪器和设备的操作说明。由此可知，选项 A 新型洗衣机的操作说明属于智力活动的规定和方法，不能授予专利权，故不符合题意。

参照 7.（2016-6）选项 D 的解析可知，选项 B 制造人体假肢的方法属于可以授予专利权的主题，符合题意。

在 G-2-1-2 关于"不符合专利法第二条第二款规定的客体"中最后一段规定，气味或者诸如声、光、电、磁、波等信号或者能量不属于《专利法》第二条第二款规定的客体。但利用其性质解决技术问题的，则不属此列。由此可知，选项 C 所述的利用电磁波传输信号的方法，是利用电磁波的性质解决技术问题的技术方案，属于可以授予专利权的主题，符合题意。

根据 G-2-1-4.4 关于"动物和植物品种"中的规定可知，对动物和植物品种的生产方法，可以授予专利权。但这里所说的生产方法是指非生物学的方法，不包括生产动物和植物主要是生物学的方法。因此，选项 D 动物和植物品种的非生物学生产方法属于可以授予专利权的主题，符合题意。

综上所述，本题答案为 B、C、D。

【16.（2011-39）解析】知识点：不授予专利权的客体（疾病的诊断和治疗方法）

在 G-2-1-4.3.1.1 关于"属于诊断方法的发明"中第二段规定，如果一项发明从表述形式上看是以离体样品为对象的，但该发明是以获得同一主体疾病诊断结果或健康状况为直接目的，则该发明仍然不能被授予专利权。选项 A 属于疾病的诊断和治疗方法，符合题意。

参照 7.（2016-6）选项 D 的解析。在 G-2-1-4.3.2.2 关于"不属于治疗方法的发明"中规定，"（4）对于已经死亡的人体或动物体采取的处置方法。例如解剖、整理遗容、尸体防腐、制作标本的方法"不属于或不应当视为治疗方法的例子，因此，选项 B 所述的在已经死亡的人体或动物体上实施的病理解剖方法不属于疾病的治疗方法，可授予专利权，不符合题意。在 G-2-1-4.3.2.2 关于"不属于治疗方法的发明"中规定，"(7) 杀灭人体或者动物体外部（皮肤或毛发上，但不包括伤口和感染部位）的细菌、病毒、虱子、跳蚤的方法"不属于或不应当视为治疗方法的例子，故选项 D 所述的"杀灭人头发上的跳蚤的方法"不属于治疗方法，不符合题意。

参照 8.（2016-37）的解析可知，在 G-2-1-4.3.2.1 关于"属于治疗方法的发明"中规定，"(9) 处置人体或动物体伤口的方法，例如伤口消毒方法、包扎方法"属于或应当视为治疗方法的例子，选项 C 所述的伤口消毒方法，属于上述列举的处置人体或动物体伤口的方法，故属于疾病治疗方法，符合题意。

综上所述，本题答案为 A、C。

【17.（2010-3）解析】 知识点：不授予专利权的客体（妨害公共利益的发明创造、科学发现、疾病的诊断和治疗方法）；相关知识点：专利保护的对象

参照 6.（2017-74）的解析可知，选项 A 所述的紫草可治疗感冒的特性属于科学发现，故不能被授予专利权，符合题意。

根据 A25.1（3）的规定，疾病的诊断和治疗方法不能被授予专利权。选项 B 所述的"治疗心脏病的方法"属于疾病的治疗方法，故不能被授予专利权，符合题意。

在 G-2-1-2 关于"不符合专利法第二条第二款规定的客体"中规定，……气味或者诸如声、光、电、磁、波等信号或者能量也不属于专利法第二条第二款规定的客体……。选项 C 中"可使彩灯闪烁的电流"明显不属于专利保护的客体，不能被授予专利权，符合题意。

在 G-2-1-3.1.3 关于"妨害公共利益的发明创造"中规定，列举的例子包括发明创造以致人伤残或损害财物为手段的，如一种使盗窃者双目失明的防盗装置及方法，不能被授予专利权。选项 D 可喷出浓硫酸的防盗门，其实施或使用是以致人伤残为手段的，不能被授予专利权，符合题意。

综上所述，本题答案为 A、B、C、D。

（三）总体考点分析

本部分涉及《专利法》第五条和第二十五条的规定。《专利法》第五条的具体考点涉及：违反法律的发明创造；违反社会公德的发明创造；妨害公共利益的发明创造；违反法律、行政法规的规定获取或者利用遗传资源，并依赖该遗传资源完成的发明创造。

《专利法》第二十五条的具体考点涉及：科学发现（其中主要包括科学发现的定义，其与发明的区别）；智力活动的规则和方法；疾病的诊断和治疗方法；动物和植物品种（其中重点是授予专利权的动物和植物生产方法即非生物学的生产方法）；原子核变换方法和用该方法获得的物质；对平面印刷品的图案、色彩或者二者的结合作出的主要起标识作用的设计。

高频结论

√　法律，是指由全国人民代表大会或者全国人民代表大会常务委员会依照立法程序制定和颁布的法律。它不包括行政法规和规章。

√　违反法律的发明创造，不包括仅其实施为法律所禁止的发明创造。其含义是，如果仅仅是发明创造的产品的生产、销售或使用受到法律的限制或约束，则该产品本身及其制造方法并不属于违反法律的发明创造。例如，用于国防的各种武器的生产、销售及使用虽然受到法律的限制，但这些武器本身及其制造方法仍然属于可给予专利保护的客体。

√　整个申请文件（即还包括说明书摘要、说明书及可能的说明书附图）中任何地方出现了违反法律、社会公德或者妨害公共利益的内容均不能授予专利权。因而，即便仅仅在申请说明书中记载而未在权利要求书中请求保护的违反法律的内容，该专利申请也不得授予专利权。

√　发明创造并没有违反法律，但是由于其被滥用而违反法律的，则可以授予专利权。例如，用于医疗的各种毒药、麻醉品、镇静剂、兴奋剂和用于娱乐的棋牌等。

√　《中华人民共和国刑法》《中华人民共和国治安管理处罚法》《中华人民共和国中国人民银行法》《中华人民共和国票据法》禁止赌博、吸毒、伪造国家货币或票据等相关行为，用于赌博的设备、机器或工具，吸毒的器具，伪造国家货币、票据、公文、证件、印章等的设备等都属于违反法律的发明创造，不能被授

予专利权。

✓ 妨害公共利益的发明创造的例子：发明创造以致人伤残或损害财物为手段的，如一种使盗窃者双目失明的防盗装置及方法，不能被授予专利权；发明创造的实施或使用会严重污染环境、严重浪费能源或资源、破坏生态平衡、危害公众健康的，不能被授予专利权；涉及政党的象征和标志、国家重大政治事件、伤害人民感情或民族感情、宣扬封建迷信的发明创造，不能被授予专利权；涉及国家重大经济事件、文化事件或者宗教信仰，以致妨害公共利益的发明创造，不能被授予专利权。

✓ 如果发明创造因滥用而可能造成妨害公共利益的，或者发明创造在产生积极效果的同时存在某种缺点的，例如对人体有某种副作用的药品，则不能以"妨害公共利益"为理由拒绝授予专利权。

✓ 发明创造与社会公德相违背的，不能被授予专利权。例如，带有暴力凶杀或者淫秽内容的产品或方法，非医疗目的的人造性器官或者其替代物，人与动物交配的方法，改变人生殖系遗传同一性的方法或改变了生殖系遗传同一性的人，克隆的人或克隆人的方法，人胚胎的工业或商业目的的应用，可能导致动物痛苦而对人或动物的医疗没有实质性益处的改变动物遗传同一性的方法等，上述发明创造违反社会公德，不能被授予专利权。

✓ 如果发明创造是利用未经过体内发育的受精14天以内的人类胚胎分离或者获取干细胞的，则不能以"违反社会公德"为理由拒绝授予专利权。

✓ 对违反法律、行政法规的规定获取或者利用遗传资源，并依赖该遗传资源完成的发明创造，不授予专利权。

✓ 科学发现（如发现某物质的特性、发现某现象的原因等）不能被授予专利权。

✓ 如果一项权利要求仅仅涉及一种算法或数学计算规则，或者计算机程序本身或仅仅记录在载体（例如磁带、磁盘、光盘、磁光盘、ROM、PROM、VCD、DVD或者其他的计算机可读介质）上的计算机程序，或者游戏的规则和方法等，则该权利要求属于智力活动的规则和方法，不属于专利保护的客体。

✓ 智力活动的规定和方法的例子：审查专利申请的方法；组织、生产、商业实施和经济等方面的管理方法及制度；交通行车规则、时间调度表、比赛规则；演绎、推理和运筹的方法；图书分类规则、字典的编排方法、情报检索的方法、专利分类法；日历的编排规则和方法；仪器和设备的操作说明；各种语言的语法、汉字编码方法；计算机的语言及计算规则；速算法或口诀；数学理论和换算方法；心理测验方法；教学、授课、训练和驯兽的方法；各种游戏、娱乐的规则和方法；统计、会计和记账的方法；乐谱、食谱、棋谱；锻炼身体的方法；疾病普查的方法和人口统计的方法；信息表述方法；计算机程序本身。

✓ 采用源代码限定的计算机程序属于计算机程序本身，不能被授予专利权。

✓ 药品的质量控制方法这种主题名称就属于智力活动的规则和方法。

✓ 疾病的诊断和治疗方法，是指以有生命的人体或者动物体为直接实施对象，进行识别、确定或消除病因或病灶的过程。

✓ 用于实施疾病诊断和治疗方法的仪器或装置，以及在疾病诊断和治疗方法中使用的物质或材料属于可被授予专利权的客体。

✓ 如果一项发明从表述形式上看是以离体样品为对象，但该发明是以获得同一主体疾病诊断结果或健康状况为直接目的，则该发明不能被授予专利权。

✓ 诊断方法的例子：诊脉法、足诊法、X光诊断法、超声诊断法、胃肠造影诊断法、内窥镜诊断法、同位素示踪影像诊断法、红外光无损诊断法、患病风险度评估方法、疾病治疗效果预测方法、基因筛查诊断法。

✓ 不属于诊断方法的例子：（1）在已经死亡的人体或动物体上实施的病理解剖方法；（2）直接目的不是获得诊断结果或健康状况，而（ⅰ）只是从活的人体或动物体获取作为中间结果的信息的方法，或处理该信息（形体参数、生理参数或其他参数）的方法；或（ⅱ）只是对已经脱离人体或动物体的组织、体液或排泄物进行处理或检测以获取作为中间结果的信息的方法，或处理该信息的方法。（3）全部步骤由计算机等装置实施的信息处理方法。

✓ 不属于治疗方法的发明的例子：（1）制造假肢或者假体的方法，以及为制造该假肢或者假体而实施的测量方法。例如一种制造假牙的方法，该方法包括在病人口腔中制作牙齿模具，而在体外制造假牙。虽然其最终目的是治疗，但是该方法本身的目的是制造出合适的假牙。（2）通过非外科手术方式处置动物体以改变其生长特性的畜牧业生产方法。例如，通过对活羊施加一定的电磁刺激促进其增长、提高羊肉质量或增加羊毛产量的方法。（3）动物屠宰方法。（4）对于已经死亡的人体或动物体采取的处置方法。例如解剖、整理遗容、尸体防腐、制作标本的方法。（5）单纯的美容方法，即不介入人体或不产生创伤的美容方法，包括在皮肤、毛发、指甲、牙齿外部可为人们所视的部位局部实施的、非治疗目的的身体除臭、保护、装饰或者修饰方法。（6）为使处于非病态的人或者动物感觉舒适、愉快或者在诸如潜水、防毒等特殊情况下输送氧气、负氧离子、水分的方法。（7）杀灭人体或者动物体外部（皮肤或毛发上，但不包括伤口和感染部位）的细菌、病毒、虱子、跳蚤的方法。

✓　属于治疗方法的发明例子：（1）外科手术治疗方法、药物治疗方法、心理疗法。（2）以治疗为目的的针灸、麻醉、推拿、按摩、刮痧、气功、催眠、药浴、空气浴、阳光浴、森林浴和护理方法。（3）以治疗为目的利用电、磁、声、光、热等种类的辐射刺激或照射人体或者动物体的方法。（4）以治疗为目的采用涂覆、冷冻、透热等方式的治疗方法。（5）为预防疾病而实施的各种免疫方法。（6）为实施外科手术治疗方法和/或药物治疗方法采用的辅助方法，例如返回同一主体的细胞、组织或器官的处理方法、血液透析方法、麻醉深度监控方法、药物内服方法、药物注射方法、药物外敷方法等。（7）以治疗为目的的受孕、避孕、增加精子数量、体外受精、胚胎转移等方法。（8）以治疗为目的的整容、肢体拉伸、减肥、增高方法。（9）处置人体或动物体伤口的方法，例如伤口消毒方法、包扎方法。（10）以治疗为目的的其他方法，例如人工呼吸方法、输氧方法。

✓　外科手术方法，是指使用器械对有生命的人体或者动物体实施的剖开、切除、缝合、纹刺等创伤性或者介入性治疗或处置的方法，这种外科手术方法不能被授予专利权。

✓　对于已经死亡的人体或者动物体实施的剖开、切除、缝合、纹刺等处置方法，只要该方法不违反《专利法》第五条第一款，则属于可被授予专利权的客体。

✓　外科手术方法分为治疗目的和非治疗目的的外科手术方法。以治疗为目的的外科手术方法，属于治疗方法，根据《专利法》第二十五条第一款第（三）项的规定不授予其专利权。而非治疗目的的外科手术方法不符合《专利法》第二十二条第四款的规定。

✓　动物和植物品种不能被授予专利权。

✓　对动物和植物品种的生产方法，可以授予专利权。但这里所说的生产方法是指非生物学方法，不包括生产动物和植物主要是生物学的方法。一种方法是否属于"主要是生物学的方法"，取决于在该方法中人的技术介入程度。如果人的技术介入对该方法所要达到的目的或者效果起了主要的控制作用或者决定性作用，则这种方法不属于"主要是生物学的方法"。例如，采用辐照饲养法生产高产牛奶的乳牛的方法；改进饲养方法生产瘦肉型猪的方法等属于可被授予发明专利权的客体。

✓　微生物和微生物方法属于可被授予专利权的客体。

✓　原子核变换方法以及用该方法所获得的物质不能被授予专利权。

✓　为实现原子核变换而增加粒子能量的粒子加速方法（如电子行波加速法、电子驻波加速法、电子对撞法、电子环形加速法等），不属于原子核变换方法，而属于可被授予发明专利权的客体。

✓　为实现核变换方法的各种设备、仪器及其零部件等，均属于可被授予专利权的客体。同位素的用途以及使用的仪器、设备属于可被授予专利权的客体。

✓　用原子核变换方法所获得的物质，主要是指用加速器、反应堆以及其他核反应装置生产、制造的各种放射性同位素，这些同位素不能被授予发明专利权。

✓　平面印刷品的图案、色彩或者二者的结合作出的主要起标识作用的设计，不能被授予专利权。其中需同时满足三个条件：（1）使用外观设计的产品属于平面印刷品；（2）该外观设计是针对图案、色彩或者二者的结合而作出的（不包括形状）；（3）该外观设计主要起标识作用。

✓　壁纸、纺织品不属于平面印刷品。

（四）参考答案

1. D	2. C	3. A	4. A、B、D	5. A、B、D
6. A、C	7. A	8. A、D	9. D	10. A、B、C、D
11. B	12. C	13. C	14. B	15. B、C、D
16. A、C	17. A、B、C、D			

第二节　发明和实用新型专利申请的授权条件

一、现有技术

（一）历年试题集合

1. (2019 - 8) 某发明专利申请的申请日为 2019 年 3 月 20 日。下列出版物均记载了与该申请请求保护的技术方案相同的技术内容，哪个会导致该申请丧失新颖性？

　　A. 2019 年 3 月印刷并公开发行的某中文期刊

　　B. 在 2019 年 3 月 20 日召开的国际会议上发表的学术论文

　　C. 2019 年 2 月出版的专业书籍，该书籍印刷后仅在某些地区的新华书店出售

　　D. 该发明申请人于 2019 年 3 月 2 日向国家知识产权局提出实用新型专利申请，该实用新型专利申请于 2019 年 3 月 20 日被申请人主动撤回

【你的答案】
_____

【选错记录】
_____
_____

2. (2019 - 45) 某专利申请涉及一种塑料瓶，其申请日是 2017 年 12 月 2 日，优先权日是 2017 年 6 月 9 日。下列哪些属于该申请的现有技术？

　　A. 印刷日为 2017 年 5 月的一份出版物，内容涉及一种玻璃瓶

　　B. 2017 年 5 月 3 日公开的一件日本专利申请，该申请涉及一种特殊色彩的塑料瓶

　　C. 2017 年 6 月 9 日公开的一件中国专利申请，该申请涉及一种玻璃瓶

　　D. 2017 年 6 月 8 日在韩国购买的一种装饰塑料瓶

【你的答案】
_____

【选错记录】
_____
_____

3. (2017 - 20) 关于现有技术的说法，哪个是正确的？

　　A. 专利法意义上的出版物仅限于纸件出版物

　　B. 云南白药的保密配方一旦泄露，即属于现有技术

　　C. 能够使公众得知技术内容的馈赠和交换不属于使用公开

　　D. 印有"内部资料"字样的出版物一定不属于公开出版物

【你的答案】
_____

【选错记录】
_____
_____

4. (2016 - 7) 某发明专利申请的申请日为 2012 年 12 月 25 日。下列出版物均记载了与该申请请求保护的技术方案相同的技术内容，哪个会导致该申请丧失新颖性？

　　A. 2012 年 12 月印刷并公开发行的某中文期刊

　　B. 在 2012 年 12 月 25 日召开的国际会议上发表的学术论文

　　C. 2012 年 11 月出版的专业书籍，该书籍印刷后仅在某些地区的新华书店出售

　　D. 该发明申请人于 2012 年 11 月 2 日向国家知识产权局提出的实用新型专利申请，该实用新型专利申请于 2013 年 2 月 5 日被申请人主动撤回

【你的答案】
_____

【选错记录】
_____
_____

5. (2015 - 42) 某建材公司发明了一种仿古瓷砖，在国内市场上销售一段时间后，该公司就该瓷砖的相关内容提出专利申请。上述销售行为在下列哪些情形下不会影响该专利申请的新颖性？

　　A. 公司提出的是该仿古瓷砖的外观设计专利申请

　　B. 公司提出的是关于该仿古瓷砖外部构造的实用新型专利申请

　　C. 公司提出的是关于该仿古瓷砖原料的发明专利申请，其原料配方无法从瓷砖中分析得出

　　D. 公司提出的是关于该仿古瓷砖的制备方法专利申请

【你的答案】
_____

【选错记录】
_____
_____

6. (2015 - 38) 某发明专利申请的申请日为 2014 年 2 月 5 日，优先权日为 2013 年 3 月 6 日。下列哪些技术构成了该申请的现有技术？

　　A. 2013 年 3 月出版的国外某科技专著上公开的与该申请相关的技术

　　B. 2013 年 2 月在欧洲公开使用的与该申请相关的技术

　　C. 2013 年 3 月 6 日在国内某期刊上公开的与该申请相关的技术

【你的答案】
_____

【选错记录】
_____

D. 2013 年 2 月 5 日在国内某展览会上公开的与该申请相关的技术

7. (2014 - 39) 某专利申请涉及一种玻璃杯，其申请日是 2010 年 11 月 1 日，优先权日是 2010 年 5 月 8 日。下列哪些属于该申请的现有技术？ 【你的答案】_____ 【选错记录】_____

　　A. 印刷日为 2010 年 4 月的一份出版物，内容涉及一种陶瓷杯
　　B. 2010 年 4 月 2 日公开的一件美国专利申请，该申请涉及一种特殊色彩的玻璃杯
　　C. 2010 年 5 月 8 日公开的一件中国专利申请，该申请涉及一种陶瓷杯
　　D. 2010 年 9 月 2 日由德国进口到中国的玻璃杯

8. (2013 - 4) 王某于 2009 年 10 月 20 日就一种改进的汽车制动系统向国家知识产权局递交了发明专利申请。下列哪种情形不会影响该发明专利申请的新颖性？ 【你的答案】_____ 【选错记录】_____

　　A. 2008 年 8 月在日本参加一个学术会议时，王某就该种系统进行了口头介绍
　　B. 王某在一本 2009 年 10 月出版的杂志上发表了一篇介绍该种系统的文章，且无其他证据证明该杂志的具体印刷日
　　C. 王某于 2009 年 10 月 15 日向国家知识产权局提交了一件同样内容的实用新型专利申请，该申请于 2010 年 5 月 8 日被授予专利权
　　D. 某公司经王某授权于 2009 年 2 月在美国销售的新型汽车上使用了该种系统

9. (2013 - 32) 甲公司于 2010 年 1 月 15 日向国家知识产权局提交了一件有关电视机的发明专利申请。乙公司在 2009 年 9 月 8 日举办的中国政府承认的某国际展览会上展出了包含该申请中的技术方案的电视机。下列说法哪些是正确的？ 【你的答案】_____ 【选错记录】_____

　　A. 该展出行为发生在甲公司专利申请提出之前，破坏了甲公司专利申请的新颖性
　　B. 该展出行为属于发生在国外的使用公开，不破坏甲公司专利申请的新颖性
　　C. 该展出行为发生在申请日之前六个月内举办的中国政府承认的展览会上，不破坏甲公司专利申请新颖性
　　D. 由于该展出行为的主体不是甲公司，因此该展出行为破坏甲公司专利申请新颖性

10. (2012 - 21) 黄某于 2012 年 3 月 8 日向国家知识产权局提交了一件优先权日为 2011 年 4 月 3 日的发明专利申请。下列哪一技术构成了该申请的现有技术？ 【你的答案】_____ 【选错记录】_____

　　A. 胡某 2011 年 4 月 3 日在国外公开使用的技术
　　B. 周某在印刷日为 2011 年 4 月的国内某期刊上公开的技术
　　C. 黄某在印刷日为 2011 年 12 月的国外某期刊上公开的技术
　　D. 李某 2010 年 8 月 10 日在中国政府主办的国际展览会上公开的技术

11. (2011 - 24) 一件专利申请的申请日是 2010 年 2 月 5 日，下列哪些技术相对于该申请而言属于现有技术？ 【你的答案】_____ 【选错记录】_____

　　A. 2010 年 2 月 5 日前在美国公开使用的一项技术
　　B. 由他人于 2010 年 1 月在国际性学术会议上首次发表的技术
　　C. 在印刷日是 2010 年 2 月但无其他证据证明其公开日的某科技杂志上记载的技术
　　D. 2010 年 2 月 5 日前在某印有"内部资料"字样，且确系在特定范围内发行并要求保密的出版物上记载的技术

12. (2010 - 14) 某申请人于 2010 年 4 月 1 日提交了一件未要求优先权的发明专利申请，下列哪些构成了该申请的现有技术？ 【你的答案】_____ 【选错记录】_____

　　A. 2010 年 3 月 31 日申请人在国内某期刊上公开的技术
　　B. 2010 年 4 月 1 日在美国某期刊上公开的技术
　　C. 2010 年 4 月 1 日之前在法国公开使用的技术
　　D. 2009 年 12 月 1 日他人在中国政府主办的国际展览会上公开的技术

（二）参考答案解析

【1.(2019 - 8) 解析】知识点：现有技术；相关知识点：专利申请的主动撤回

　　根据 G - 2 - 3 - 2.1 关于"现有技术"中规定可知，现有技术是指申请日以前在国内外为公众所知的技术。进一步

地，在 G-2-3-2.1.1 关于"时间界限"中规定，现有技术的时间界限是申请日，享有优先权的，则指优先权日……。根据上述规定，本题中的发明专利申请应当以其申请日 2019 年 3 月 20 日作为判断现在技术的时间界限。

在 G-2-3-2.1.2.1 关于"出版物公开"中规定，纸质出版物的印刷日和视听资料的出版日视为公开日，有其他证据证明其公开日的除外。印刷日、出版日或者发布日只写明年月或者年份的，以所写月份的最后一日或者所写年份的 12 月 31 日为公开日。根据该规定可知，选项 A 的 2019 年 3 月印刷并公开发行的某中文期刊，其公开日为 2019 年 3 月 31 日，在该专利申请的申请日 2019 年 3 月 20 日之后，因而不能构成该专利申请的现有技术，不能导致该专利申请的新颖性丧失，不符合题意。对于选项 C，该专业书籍的出版时间仅写到 2019 年 2 月这个月份，故应当以 2019 年 2 月的最后一天作为其公开日，仍然早于该专利申请的申请日 2019 年 3 月 20 日，因此构成其现有技术，能够导致该申请丧失新颖性，符合题意。值得注意的是，在 G-2-3-2.1.2.1 关于"出版物公开"中规定，纸质出版物和视听资料不受地理位置、语言或者获得方式的限制，也不受年代的限制。纸质出版物和视听资料是否能够获得与出版发行量多少、是否有人阅读过、申请人是否知道无关。因此，选项 C "该书籍印刷后仅在某些地区的新华书店出售"属于干扰信息，其并不影响其作为公开出版物的结论。

根据 G-2-3-2.1.1 关于"时间界限"中规定可知，申请日以前公开的技术内容都属于现有技术，但申请日当天公开的技术内容不包括在现有技术范围内。因此，选项 B 中国际会议上发表的学术论文的公开时间为 2019 年 3 月 20 日，与该专利申请的申请日为同一天，根据规定，其不构成该专利申请的现有技术，不能导致该专利申请的新颖性丧失，不符合题意。

在 G-1-2-1 关于"引言"第一段中规定，专利局受理和审查实用新型专利申请，经初步审查没有发现驳回理由的，作出授予实用新型专利权的决定，发给相应的专利证书，同时予以登记和公告……。由此可见实用新型专利申请只有在被授权后才会公告（即公开其内容），其他情况下都不会被公开。而根据 G-2-3-2.1.1 关于"时间界限"中规定可知，申请日以前公开的技术内容都属于现有技术，也就是没有被公开的内容就不属于现有技术。选项 D 中，由于申请人于 2019 年 3 月 20 日主动撤回，该实用新型不可能被公开，因而不可能构成现有技术，也就不能导致题干中专利申请丧失新颖性，不符合题意。

综上所述，本题答案为 C。

【2.（2019-45）解析】知识点：现有技术

在 G-2-3-2.1 关于"现有技术"中第一段规定，……现有技术是指申请日以前在国内外为公众所知的技术。现有技术包括在申请日（有优先权的，指优先权日）以前在国内外出版物上公开发表、在国内外公开使用或者以其他方式为公众所知的技术。进一步，在 G-2-3-2.1.1 关于"时间界限"中规定，现有技术的时间界限是申请日，享有优先权的，则指优先权日……。根据上述规定，本题中的发明专利申请应当以其优先权日 2017 年 6 月 9 日（而不是申请日 2017 年 12 月 2 日）作为判断现在技术的时间界限。

在 G-2-3-2.1.2.1 关于"出版物公开"中规定，纸质出版物的印刷日和视听资料的出版日视为公开日，有其他证据证明其公开日的除外。印刷日、出版日或者发布日只写明年月或者年份的，以所写月份的最后一日或者所写年份的 12 月 31 日为公开日。选项 A 中出版物的印刷日为 2017 年 5 月，则其公开日应为 2017 年 5 月 31 日，早于该申请的优先权日，构成现有技术，故符合题意。需要提醒的是，选项 A 中的该出版物公开的是玻璃瓶而不该申请中的塑料瓶，因此并不能影响该专利申请的新颖性。但题干中的问题仅涉及是否是现有技术的判断，并不涉及新颖性的判断，故不要因此而错选答案。

选项 B 的日本专利申请公开日为 2017 年 5 月 3 日，早于该申请的优先权日 2017 年 6 月 9 日，因此也构成现有技术。选项 C 中的中国专利申请的公开日与该申请的优先权日相同。而在 G-2-3-2.1.1 关于"时间界限"中规定，……申请日（有优先权日指优先权）当天公开的技术内容不包括在现有技术范围内。故选项 C 的中国专利申请不构成现有技术，不符合题意。

在 G-2-3-2.1.2.2 关于"使用公开"中规定，……使用公开的方式包括能够使公众得知其技术内容的制造、使用、销售、进口、交换、馈赠、演示、展出、招标投标等方式……使用公开是以公众能够得知该产品或者方法之日为公开日。因此，选项 D 中在韩国购买装饰塑料瓶的时间为 2017 年 6 月 8 日，即其公开日就为 2017 年 6 月 8 日，其在该申请的优先权日前一天，因此构成现有技术。

综上所述，本题答案为 A、B、D。

【3.（2017-20）解析】知识点：现有技术

根据 A22.5 的规定，该法所称现有技术，是指申请日以前在国内外为公众所知的技术。因此可知，现有技术包括在申请日（有优先权的，指优先权日）以前在国内外出版物上公开发表、在国内外公开使用或者以其他方式为公众所知的技术。进一步地，在 G-2-3-2.1.2.1 关于"出版物公开"中规定，专利法意义上的出版物是指记载有技术或者设计内容的独立存在的传播载体，并且应当表明或者有其他证据证明其公开发表或者出版的时间。符合上述含义的出版物可以是纸质出版物、视听资料，也可以是存在于互联网或者其他在线数据库中的资料等。根据上述规定可知，出版物不仅限于纸件出版物，因此选项 A"专利法意义上的出版物仅限于纸件出版物"的说法错误，不符合题意。

在 G-2-3-2.1 关于"现有技术"中规定：……现有技术应当在申请日以前处于能够为公众获得的状态，并包含有能够使公众从中得知实质性技术知识的内容。应当注意，处于保密状态的技术内容不属于现有技术。所谓保密状态，不仅包括受保密规定或者协议约束的情形，还包括社会观念或者商业习惯上被认为应当承担保密义务的情形，即默契保密的情形。然而，如果负有保密义务的人违反规定、协议或者默契泄露秘密，导致技术内容公开，使公众能够得知这些技术，这些技术也就构成了现有技术的一部分。由此可知，云南白药的保密配方一旦泄露就构成现有技术，因此选项 B 的说法正确，符合题意。

根据 G-2-3-2.1.2.2 关于"使用公开"中规定可知，使用公开的方式包括能够使公众得知其技术内容的制造、使用、销售、进口、交换、馈赠、演示、展出、招标投标等方式。只要通过上述方式使有关技术内容处于公众想得知就能够得知的状态，就构成使用公开，而不取决于是否有公众得知。由此可知，能够使公众得知技术内容的馈赠和交换属于使用公开，即选项 C 的说法错误，不符合题意。

在 G-2-3-2.1.2.1 关于"出版物公开"中规定，印有"内部资料""内部发行"等字样的纸质出版物和视听资料，确系在特定范围内发行并要求保密的，不属于公开出版物。由该规定可知，如果印有"内部资料""内部发行"等字样的出版物，事实上并没有在特定范围内要求保密，则属于公开出版物。也就是说，即使印有"内部资料"字样的出版物并未要求保密的，则属于公开出版物。选项 D 所述的"印有'内部资料'字样的出版物一定不属于公开出版物"的表述过于绝对化，因此说法错误，不符合题意。

综上所述，本题答案为 B。

【4.（2016-7）解析】知识点：现有技术；相关知识点：抵触申请

参照 1.（2019-8）的解析。在 G-2-3-2.1.2.1 关于"出版物公开"中规定，选项 A 中的 2012 年 12 月印刷并公开发行某中文期刊的公开日应当是 2012 年 12 月 31 日，晚于该申请的申请日，不属于现有技术，故不会使导致该申请丧失新颖性，不符合题意。

根据 G-2-3-2.1.1 关于"时间界限"中规定可知，申请日当天公开的技术内容不包括在现有技术范围内。因此选项 B 中的学术论文发表时间与该申请的申请日是同一天，不属于该申请的现有技术，故不会导致该申请丧失新颖性，不符合题意。

选项 C 中所述书籍的公开日应当是 2012 年 11 月 30 日，早于该申请的申请日 2012 年 12 月 25 日，因而属于现有技术，导致该申请丧失新颖性，符合题意。

对于实用新型专利申请而言，如果专利申请人主动撤回，则不会被公开。因此，尽管选项 D 中的实用新型专利申请申请日在该专利申请日之前，但由于没有公开而不满足抵触申请中要求的"在申请日之后公开"的条件，因而未构成抵触申请，不会导致该专利申请丧失新颖性，不符合题意。

综上所述，本题答案为 C。

【5.（2015-42）解析】知识点：使用公开；相关知识点：新颖性

在 G-2-3-2.1.2.2 关于"使用公开"中规定，使用公开的方式包括能够使公众得知其技术内容的制造、使用、销售、进口、交换、馈赠、演示、展出、招标投标等方式。只要通过上述方式使有关技术内容处于公众想得知就能够得知的状态，就构成使用公开，而不取决于是否有公众得知。但是，未给出任何有关技术内容的说明，以致所属技术领域的技术人员无法得知其结构和功能或材料成分的产品展示，不属于使用公开。

本题中，建材公司是在申请日前销售其仿古瓷砖。而一旦所述仿古瓷砖销售后，公众就能够得知（肉眼直观就能看到）其外观和外部构造，构成使用公开，也就影响了选项 A 中的该仿古瓷砖的外观设计专利申请，以及选项 B 中的该仿古瓷砖外部构造的实用新型专利申请的新颖性，即选项 A 和 B 不符合题意。

但这种仿古瓷砖销售行为并不能让所属技术领域的技术人员得知该仿古瓷砖的原料配方和制备方法，也就是在涉及仿古瓷砖的原料配方和制备方法方面，所述销售行为并不构成使用公开，因而就不能影响选项 C 中的关于该仿古瓷砖原料的发明专利申请及选项 D 中的关于该仿古瓷砖的制备方法专利申请，即选项 C 和 D 符合题意。

综上所述，本题答案为 C、D。

【6.（2015-38）解析】知识点：现有技术；相关知识点：优先权

参照 2.（2019-45）的解析。本题中的发明专利申请应当以其优先权日 2013 年 3 月 6 日（而不是申请日 2014 年 2 月 5 日）作为判断现在技术的时间界限。

选项 A 专著于 2013 年 3 月出版，则公开日为 2013 年 3 月 31 日，在该专利申请的优先权日 2013 年 3 月 6 日之后，因而不能构成该专利申请的现有技术，不符合题意。选项 B 中的欧洲公开使用时间为 2013 年 2 月，即使认为是该月的最后一日公开，也在该专利申请的优先权日 2013 年 3 月 6 日之前，因而构成该专利申请的现有技术，符合题意。

根据 G-2-3-2.1.1 关于"时间界限"中规定可知，申请日当天公开的技术内容不包括在现有技术范围内。因此，选项 C 中所述技术是在国内某期刊上公开的时间为 2013 年 3 月 6 日，与该专利申请的优先权日为同一天，不构成该专利申请的现有技术，不符合题意。

根据 G-2-3-2.1.2.2 关于"使用公开"中规定可知，使用公开是以公众能够得知该产品或者方法之日为公开日。因此，选项 D 中在国内某展览会上公开的时间为 2013 年 2 月 5 日就是公开日，早于该专利申请的优先权日 2013 年 3 月 6 日，属于该专利申请的现有技术，符合题意。

综上所述，本题答案为 B、D。

【7.（2014-39）解析】知识点：现有技术；相关知识点：优先权

参照 2.（2019-45）的解析。题中专利申请现有技术的时间界限是其优先权日即 2010 年 5 月 8 日。

根据 G-2-3-2.1.2.1 关于"出版物公开"中规定可知，选项 A 中出版物的公开日应当为 2010 年 4 月 30 日，早于该专利申请的优先权日 2010 年 5 月 8 日，故其记载的技术构成申请的现有技术。因此，符合题意。

选项 B 中的美国专利申请公开日是 2010 年 4 月 2 日，早于该专利申请的优先权日，构成该专利申请的现有技术，符合题意。

根据 G-2-3-2.1.1 关于"时间界限"中规定可知，申请日当天公开的技术内容不包括在现有技术范围内。因此，故不构成该专利申请的现有技术，不符合题意。

选项 D 中的进口行为发生在 2010 年 9 月 2 日（即公开日），晚于该专利申请的优先权日，故不构成该专利申请的现有技术，不符合题意。

综上所述，本题答案为 A、B。

【8.（2013-4）解析】知识点：现有技术；相关知识点：抵触申请

参照 2.（2019-45）的解析。选项 A，由于王某在日本口头介绍属于以其他方式公开，且其发生日就是公开日，因此王某的口头介绍行为公开时间就是 2008 年 8 月，早于专利申请的申请日 2009 年 10 月 20 日，破坏了专利申请的新颖性，不符合题意。

选项 B，由于王某发表文章杂志的出版日期为 2009 年 10 月，根据 G-2-3-2.1.2.1 关于"出版物公开"中规定可知，其公开日应为 2009 年 10 月 31 日，显然晚于专利申请的申请日，因此王某的文章不能破坏王某申请的新颖性，符合题意。

在 G-2-3-2 关于"新颖性的概念"中规定，……没有任何单位或者个人就同样的发明或者实用新型在申请日以前向专利局提出过申请，并记载在申请日以后（含申请日）公开的专利申请文件或者公告的专利文件中。选项 C，王某的实用新型专利申请的申请日在其发明专利申请的申请日之前，并在发明专利申请的申请日之后公告，是中国专利申请（向国家知识产权局提交的）且记载了相同的内容，因此王某的实用新型专利申请构成其发明专利申请的抵触申请，影响该发明专利申请的新颖性，不符合题意。

根据 G-2-3-2.1.2.2 关于"使用公开"中规定可知，使用公开是以公众能够得知该产品或者方法之日为公开日。选项 D，由于某公司使用该种系统的日期为 2009 年 2 月，早于王某发明专利申请的申请日，构成了使用公开，能够破坏该发明专利申请的新颖性，不符合题意。注意，使用公开不限于国内，选项 D 中"在美国销售的新型汽车上使用"属于干扰信息，不要因此影响最终结论。

综上所述，本题答案为 B。

【9.（2013-32）解析】知识点：现有技术；相关知识点：不丧失新颖性的宽限期

参照 2.（2019-45）的解析。选项 A，由于乙公司在展览会上展出的时间早于甲公司专利申请的申请日，故乙公司的展出行为构成甲公司专利申请的现有技术。由于展出的内容包含该申请中的技术方案的电视机，因此导致甲公司的专利申请失去新颖性。选项 A 的说法正确。

选项 B，由于现有技术包括在申请日（有优先权的，指优先权日）以前在国内外出版物上公开发表、在国内外公开使用或者以其他方式为公众所知的技术，因此，即使乙公司的展出行为是发生在中国外，也影响甲公司专利申请的新颖性，故选项 B 的说法错误。需要说明的是，我国《专利法》采用绝对新颖性标准（使用公开包括国内外），而在《专利法》第三次修改之前采用的是相对新颖性标准（即使用公开仅限于中国境内，国外使用公开不会导致中国专利申请丧失新颖性）。

对于选项 C 和 D，涉及不丧失新颖性宽限期的规定。根据 A24 的规定，申请专利的发明创造在申请日以前六个月内，有下列情形之一的，不丧失新颖性：（一）……；（二）在中国政府主办或者承认的国际展览会上首次展出的；

（三）在规定的学术会议或者技术会议上首次发表的；（四）……。进一步，根据G-2-3-5关于"不丧失新颖性的宽限期"中规定可知，宽限期和优先权的效力是不同的。宽限期仅仅是把申请人（包括发明人）的某些公开，或者他人从申请人或者发明人那里以合法手段或者不合法手段得来的发明创造的某些公开，认为是不损害该专利申请新颖性和创造性的公开。可见，A24的规定中的第（二）和第（三）种情形要求必须是申请人本人而不是他人的行为。题中，由于在展览会上展出的行为是乙公司的行为而不是甲公司，故甲公司的专利申请不能享有不丧失新颖性的宽限期，乙公司的展出行为破坏甲公司专利申请的新颖性。因此，选项C的说法错误，而选项D的说法正确。当然，从本题来看，前两个选项与后两个选项具有关联性，如果对选项A和B有把握，则自然能判断选项C和D是否正确。

综上所述，本题答案为A、D。

【10.（2012-21）解析】知识点：现有技术；相关知识点：优先权

参照6.（2015-38）的解析。题中黄某的发明专利申请的现有技术的时间界限是其优先权日（即2011年4月3日）。选项A，胡某在国外公开使用的技术的时间为2011年4月3日，与黄某的发明专利申请的优先权日相同。由于申请日当天公开的技术内容不包括在现有技术范围内，因而，选项A中胡某公开的技术不构成现有技术，不符合题意。根据G-2-3-2.1.2.1关于"出版物公开"中规定可知，选项B中出版物的公开日应当为2011年4月30日，晚于该专利申请的优先权日2011年4月3日，故其记载的技术不构成黄某的发明专利申请的现有技术。因此，不符合题意。同样，选项C中黄某在国外某期刊上公开的技术时间为2011年12月31日，晚于该专利申请的优先权日，故其记载的技术不构成黄某的发明专利申请的现有技术。因此，不符合题意。

选项D中李某公开技术的时间为2010年8月10日，早于黄某发明专利申请的优先权日，因而构成现有技术，符合题意。

综上所述，本题答案为D。

【11.（2011-24）解析】知识点：现有技术

参照3.（2017-20）和6.（2015-38）的解析。题中专利申请现有技术的时间界限是其申请日即2010年2月5日。选项A，"2010年2月5日前"，含义是早于2010年2月5日，故选项A中的技术属于在申请日前公开的，构成该专利申请的现有技术，符合题意。选项B，国际性学术会议上首次发表时间为2010年1月（即使认为当月最后一天），也早于该专利早班的申请日前公开，构成该专利申请的现有技术，符合题意。选项C中公开日应当为2010年2月的最后一天，显然晚于该专利申请的申请日2010年2月5日，故其记载的技术不构成该专利申请的现有技术，即选项C不符合题意。

在G-2-3-2.1.2.1关于"出版物公开"中规定，印有"内部资料""内部发行"等字样的纸质出版物和视听资料，确系在特定范围内发行并要求保密的，不属于公开出版物。选项D，由于确系在特定范围内发行并要求保密，因此不管其时间如何，都不能构成该专利申请的现有技术。因此，不符合题意。

综上所述，本题答案为A、B。

【12.（2010-14）解析】知识点：现有技术

参照6.（2015-38）的解析。题中的发明专利申请的现有技术的时间界限是其申请日（即2010年4月1日）。其中，选项A、C、D中所述技术公开的时间都在该发明专利申请的申请日2010年4月1日以前，均构成现有技术，符合题意。而选项B中的公开时间为2010年4月1日，与该发明专利申请的申请日是同一天，而根据G-2-3-2.1.1关于"时间界限"中的规定可知，申请日当天公开的技术内容不包括在现有技术范围内。因此，选项B中的技术不构成该发明专利申请的现有技术，不符合题意。

综上所述，本题答案为A、C、D。

（三）总体考点分析

本部分考点涉及现有技术的定义、时间界限，以及三种公开方式（出版物公开、使用公开、以其他方式公开）及其公开时间的确定。

高频结论

✓ 现有技术是指申请日以前在国内外为公众所知的技术。

✓ 现有技术包括在申请日（有优先权的，指优先权日）以前在国内外出版物上公开发表、在国内外公开使用或者以其他方式为公众所知的技术。

✓ 现有技术的时间界限是申请日，享有优先权的，则指优先权日。

✓ 申请日当天公开的技术内容不包括在现有技术范围内。

✓ 专利法意义上的出版物是指记载有技术或者设计内容的独立存在的传播载体，并且应当表明或者有其他证据证明其公开发表或者出版的时间。符合上述含义的出版物可以是纸质出版物、视听资料，也可以是存在于互联网或者其他在线数据库华的资料等。纸质出版物通常指各种印刷的、打字的纸件，例如纸质的专利文献、科技杂志、科技书籍、学术论文、专业文献、教科书、技术手册、正式公布的会议记录或者技术报告、报纸、产品样本、产品目录、广告宣传册等。视听资料可以是用电、光、磁、照相等方法制成的资料，例如缩微胶片、影片、照相底片、录像带、磁带、唱片、光盘等。存在于互联网或者其他在线数据库中的资料是指以数据形式存储、以网络为传播途径的文字、图片、音视频等资料。

✓ 纸质出版物和视听资料不受地理位置、语言或者获得方式的限制，也不受年代的限制。纸质出版物和视听资料是否能够获得与出版发行量多少、是否有人阅读过、申请人是否知道无关。

✓ 现有技术应当是在申请日以前公众能够得知的技术内容。现有技术应当在申请日以前处于能够为公众获得的状态，并包含有能够使公众从中得知实质性技术知识的内容。应当注意，处于保密状态的技术内容不属于现有技术。所谓保密状态，不仅包括受保密规定或者协议约束的情形，还包括社会观念或者商业习惯上被认为应当承担保密义务的情形，即默契保密的情形。然而，如果负有保密义务的人违反规定、协议或者默契泄露秘密，导致技术内容公开，使公众能够得知这些技术，这些技术也就构成了现有技术的一部分。

✓ 纸件出版物的印刷日视为公开日和视听资料的出版日，有其他证据证明其公开日的除外。印刷日、出版日或者发布日只写明年月或者年份的，以所写月份的最后一日或者所写年份的12月31日为公开日。

✓ 使用公开的方式包括能够使公众得知其技术内容的制造、使用、销售、进口、交换、馈赠、演示、展出、招标投标等方式。只要通过上述方式使有关技术内容处于公众想得知就能够得知的状态，就构成使用公开，而不取决于是否有公众得知。

✓ 印有"内部资料""内部发行"等字样的纸质出版物和视听资料，确系在特定范围内发行并要求保密的，不属于公开出版物。如果印有"内部资料"字样的出版物并未要求保密的，则属于公开出版物。

✓ 为公众所知的其他方式，主要是指口头公开等，例如，口头交谈、报告、讨论会发言、广播、电视、电影等能够使公众得知技术内容的方式。口头交谈、报告、讨论会发言以其发生之日为公开日。公众可接收的广播、电视或者电影的报道，以其播放日为公开日。

（四）参考答案

1. C	2. A、B、D	3. B	4. C	5. C、D
6. B、D	7. A、B	8. B	9. A、D	10. D
11. A、B	12. A、C、D			

二、抵触申请

（一）历年试题集合

1. （2019－44）一件中国发明专利申请的申请日为2019年5月5日，优先权日为2018年5月8日。下列哪项记载了相同发明内容的专利文献不构成该申请的抵触申请？

【你的答案】

A. 一件俄罗斯专利申请，其申请日为2017年3月15日，公开日为2018年10月26日

【选错记录】

B. 一件在日本提出的PCT国际申请，其国际申请日为2016年9月18日，国际公布日为2018年5月3日，进入中国国家阶段的日期为2019年5月18日，中国国家公布日为2019年9月18日

C. 同一申请人于2018年4月24日向国家知识产权局提交的实用新型专利申请，授权公告日为2018年9月16日

D. 法国某公司在中国提出的发明专利申请，其申请日为2018年3月11日，公开日为2018年8月21日

2. （2018 - 57）某申请日为 2017 年 10 月 11 日的中国发明专利申请 X 中，要求保护技术方案 A1 和 A2，该申请优先权日为 2016 年 10 月 11 日，且优先权文本中仅记载了技术方案 A1。审查部门检索到一篇申请日为 2016 年 9 月 23 日、公开日为 2017 年 9 月 6 日的中国发明专利申请，其中公开了技术方案 A1 和 A2。则下列说法正确的是？

A. 该对比文件构成了申请 X 中技术方案 A1 的抵触申请

B. 该对比文件构成了申请 X 中技术方案 A2 的抵触申请

C. 该对比文件构成申请 X 中技术方案 A1 的现有技术

D. 该对比文件构成申请 X 中技术方案 A2 的现有技术

3. （2018 - 15）一件中国发明专利申请的申请日为 2016 年 3 月 18 日，优先权日为 2015 年 3 月 19 日。下列记载了相同发明内容的哪个专利文献构成该申请的抵触申请？

A. 一件在 WIPO（世界知识产权组织）提出的 PCT 国际申请，国际申请日为 2016 年 6 月 15 日，优先权日为 2015 年 6 月 15 日，国际公布日为 2016 年 12 月 15 日，进入中国国家阶段的日期为 2017 年 12 月 15 日

B. 同一申请人于 2015 年 3 月 19 日向国家知识产权局提交的实用新型专利申请，授权公告日为 2016 年 9 月 19 日

C. 一件在欧洲专利局提出的发明专利申请，其申请日为 2015 年 6 月 15 日，优先权日为 2014 年 6 月 15 日，公开日为 2015 年 12 月 15 日

D. 日本某公司在中国提出的发明专利申请，其申请日为 2014 年 12 月 15 日，优先权日为 2013 年 12 月 15 日，公开日为 2015 年 6 月 15 日

4. （2017 - 79）甲公司向国家知识产权局提交了一件申请日为 2016 年 1 月 12 日、公开日为 2016 年 8 月 25 日的发明专利申请，该申请请求保护一种产品 A，以下哪几个选项构成该申请的抵触申请文件？

A. 乙公司向国家知识产权局提交的一件申请日为 2016 年 1 月 12 日、公开日为 2016 年 7 月 20 日的发明专利申请，该申请请求保护一种产品 A

B. 乙公司向国家知识产权局提交的一件申请日为 2015 年 7 月 20 日、公开日为 2016 年 1 月 12 日的发明专利申请，该申请请求保护一种产品 A

C. 甲公司向国家知识产权局提交的一件申请日为 2015 年 9 月 30 日、公开日为 2016 年 1 月 12 日的发明专利申请，该申请请求保护一种产品 A

D. 甲公司向国家知识产权局提交的一件申请日为 2015 年 9 月 30 日、公开日为 2016 年 2 月 20 日的发明专利申请，该申请在说明书实施例中公开了产品 A

5. （2017 - 21）向国家知识产权局提出的两件发明专利申请甲、乙，如果甲申请构成了乙申请的抵触申请，以下哪个说法正确？

A. 甲申请只需摘要中记载了乙申请权利要求书内容即可构成乙申请的抵触申请

B. 甲申请可以是进入中国国家阶段的国际专利申请

C. 甲申请可作为评价乙申请创造性的对比文件

D. 甲申请的申请人必须与乙申请的申请人不同

6. （2016 - 38）甲拥有一件发明专利申请，其申请日为 2010 年 5 月 16 日，下列专利文献均记载了与该申请中所请求保护的技术方案相同的技术内容，哪些专利文献使得该申请不具备新颖性？

A. 申请人为乙的国际申请，国际申请日为 2010 年 1 月 15 日，国际公布日为 2011 年 7 月 15 日，进入中国国家阶段的日期为 2011 年 8 月 5 日

B. 申请人为甲本人的中国实用新型专利申请，申请日为 2010 年 1 月 4 日，公告日为 2010 年 5 月 16 日

C. 申请人为丙的欧洲专利申请，申请日为 2010 年 2 月 1 日，公布日为 2010 年 11 月 1 日

D. 申请人为丁的中国实用新型专利申请，申请日为 2010 年 6 月 14 日，优先权日为 2010 年 2 月 4 日，授权公告日为 2010 年 10 月 16 日

【你的答案】

【选错记录】

7. (2015-39) 一件中国发明专利申请的申请日为 2014 年 2 月 1 日，优先权日为 2013 年 3 月 5 日。下列记载了相同发明内容的专利文献哪些构成该申请的抵触申请？

　　A. 一件西班牙专利申请，其申请日为 2011 年 10 月 15 日，公开日为 2013 年 5 月 6 日

　　B. 一件在韩国提出的 PCT 国际申请，其国际申请日为 2011 年 9 月 8 日，国际公布日为 2013 年 3 月 8 日，进入中国国家阶段的日期为 2014 年 4 月 8 日，中国国家公布日为 2014 年 8 月 8 日

　　C. 同一申请人于 2013 年 1 月 4 日向国家知识产权局提交的实用新型专利申请，授权公告日为 2013 年 3 月 6 日

　　D. 美国某公司在中国提出的发明专利申请，其申请日为 2013 年 3 月 1 日，公开日为 2014 年 9 月 1 日

【你的答案】

【选错记录】

8. (2014-19) 下列关于"抵触申请"的说法哪个是正确的？
　　A. 实用新型专利必然不构成发明专利申请的抵触申请
　　B. 同一申请人在先提出的发明专利申请必然不构成其在后提出的发明专利申请的抵触申请
　　C. 同一日提出的两件发明专利申请必然互不构成抵触申请
　　D. 两件发明专利申请若权利要求不同，则前一申请必然不构成后一申请的抵触申请

【你的答案】

【选错记录】

9. (2014-49) 胡某向国家知识产权局提交了一件发明专利申请，其申请日为 2010 年 5 月 5 日，公布日为 2010 年 12 月 1 日。若下列向国家知识产权局提交的申请记载了与该申请完全相同的技术方案，则哪些破坏该申请的新颖性？
　　A. 申请日：2010 年 4 月 10 日，公布日：2010 年 7 月 1 日，申请人：胡某
　　B. 申请日：2010 年 5 月 5 日，公布日：2010 年 9 月 1 日，申请人：朱某
　　C. 申请日：2009 年 5 月 5 日，公布日：2010 年 5 月 5 日，申请人：胡某、朱某
　　D. 申请日：2009 年 7 月 31 日，公布日：2010 年 1 月 5 日，申请人：胡某

【你的答案】

【选错记录】

10. (2013-59) 一件请求保护催化剂 M 的专利申请，申请日为 2010 年 7 月 12 日，公布日为 2011 年 12 月 16 日。下列向国家知识产权局提交的哪些申请构成该申请的抵触申请？
　　A. 申请日为 2010 年 6 月 11 日、公布日为 2011 年 12 月 9 日的申请，其权利要求请求保护催化剂 M 的制备方法，说明书中记载了催化剂 M 及其制备方法
　　B. 申请日为 2010 年 6 月 12 日、公布日为 2011 年 12 月 9 日的申请，其权利要求请求保护催化剂 M 的制备方法，说明书中记载了催化剂 M 的制备方法
　　C. 申请日为 2010 年 6 月 12 日、公布日为 2011 年 12 月 16 日的申请，请求保护催化剂 M1，M1 和 M 的区别仅在于，M 中活性成分的含量为 1%~10%，M1 中活性成分的含量为 2%~5%
　　D. 申请日为 2010 年 6 月 12 日、公布日为 2011 年 12 月 16 日的申请，仅在说明书摘要中描述了催化剂 M

【你的答案】

【选错记录】

11. (2012-43) 一件中国发明专利申请的申请日为 2011 年 3 月 4 日，优先权日为 2010 年 4 月 5 日。下列记载相同发明内容的专利文献哪些构成该申请的抵触申请？
　　A. 一件中国实用新型专利申请，申请日为 2010 年 3 月 31 日，授权公告日为 2010 年 10 月 9 日
　　B. 一件德国专利申请，申请日为 2010 年 1 月 5 日，公布日为 2011 年 7 月 5 日
　　C. 一件 PCT 国际申请，国际申请日为 2009 年 3 月 9 日，进入日为 2011 年 3 月 4 日，中国国家公布日为 2011 年 10 月 16 日
　　D. 一件中国发明专利申请，申请日为 2010 年 3 月 1 日，申请人于 2011 年 3 月 1 日主动要求撤回专利申请，但该申请仍于 2011 年 3 月 9 日被公布

【你的答案】

【选错记录】

12. (2011-83) 刘某分别于 2010 年 2 月 15 日和 2010 年 12 月 7 日提交了说明书相同的实用新型专利申请 S 和发明专利申请 F，说明书记载了一种产品和制造该产品的设备。S 申请要求保护该产品，F 申请要求保护该设备，F 申请未要求优先权。S 申请在 2011 年 1 月 15 日被公告授予了实用新型专利权。若 F 申请满足其他授权条件，则下列说法

【你的答案】

【选错记录】

哪些是正确的？

  A. 在刘某放弃上述实用新型专利权的情况下，F 申请可以被授权

  B. 在刘某放弃上述实用新型专利权的情况下，若 F 申请修改为要求保护该产品，则可以被授权

  C. 由于申请人相同，因此 S 申请不构成 F 申请的抵触申请

  D. S 申请破坏 F 申请的新颖性，因此 F 申请不能被授权

13. **(2010 - 45)** 李某于 2009 年 11 月 1 日提交了一件实用新型专利申请，其权利要求书要求保护一种产品，说明书中记载了该产品和制造该产品的设备。该申请于 2010 年 10 月 19 日被公告授予专利权。2009 年 11 月 2 日，李某提交了一件发明专利申请，该申请的说明书与前述实用新型专利申请的说明书相同，其权利要求书中要求保护前述设备。下列说法哪些是正确的？

【你的答案】

【选错记录】

  A. 实用新型专利申请构成了发明专利申请的抵触申请

  B. 由于申请人相同，因此实用新型专利申请不构成发明专利申请的抵触申请

  C. 由于两件专利申请要求保护的主题不同，因此实用新型专利申请不破坏发明专利申请的新颖性

  D. 在李某放弃实用新型专利权的条件下，发明专利申请可以被授予专利权

14. **(2011 - 48)** 甲于 2010 年 5 月 12 日向国家知识产权局提交了一件请求保护产品的发明专利申请。下列哪些申请构成该申请的抵触申请？

【你的答案】

【选错记录】

  A. 甲于 2009 年 8 月 12 日向国家知识产权局提交且于 2010 年 12 月 9 日公告授权的实用新型专利申请，该申请公开了该产品

  B. 乙于 2010 年 5 月 12 日向国家知识产权局提交且于 2011 年 6 月 2 日公布的发明专利申请，该申请公开了该产品

  C. 丙于 2009 年 1 月 22 日向国家知识产权局提交且于 2010 年 5 月 12 日公布的发明专利申请，该申请请求保护该产品的制备方法，说明书中公开了该产品

  D. 丁于 2009 年 8 月 12 日提出一件 PCT 国际申请，该申请进入中国国家阶段后于 2011 年 10 月 26 日进行了中文公布，该申请公开了该产品

（二）参考答案解析

【1.（2019 - 44）解析】知识点：抵触申请；相关知识点：优先权、PCT 申请

  在 G - 2 - 3 - 2.2 关于"抵触申请"中规定，根据《专利法》第二十二条第二款的规定，在发明或者实用新型新颖性的判断中，由任何单位或者个人就同样的发明或者实用新型在申请日以前向专利局提出并且在申请日以后（含申请日）公布的专利申请文件或者公告的专利文件损害该申请日提出的专利申请的新颖性。为描述简便，在判断新颖性时，将这种损害新颖性的专利申请，称为抵触申请。……抵触申请还包括满足以下条件的进入了中国国家阶段的国际专利申请，即申请日以前由任何单位或者个人提出、并在申请日之后（含申请日）由专利局作出公布或公告的且为同样的发明或者实用新型的国际专利申请……。根据上述规定，抵触申请的条件：一是中国专利申请（或者是进入中国国家阶段的国际申请）申请人可以是同一申请人也可以是不同申请人，二是在本申请日之前提出的申请，三是在本专利申请日或其后进行了公布或公告，四是与本申请属于同样的发明或者实用新型。注意，对于进入中国国家阶段的国际申请，如果在本申请之前已进行了国际公布，则直接构成本申请的现有技术，即使满足上述条件，也不再构成抵触申请。

  进一步地，根据 R12.1 的规定，除《专利法》第二十八条和第四十二条规定的情形外，《专利法》所称申请日，有优先权的，指优先权日。抵触申请是《专利法》第二十二条中规定的，因此其中的申请日，有优先日应当指优先权日，故构成本题中的发明专利申请的抵触申请的时间点是 2018 年 5 月 8 日。基于上述分析，选项 A 涉及的俄罗斯专利申请，由于不是中国专利申请不可能构成本题中的发明专利申请的抵触申请，符合题意。

  选项 B 中的 PCT 国际申请的国际公布日为 2018 年 5 月 3 日，早于本题中发明专利申请的优先权日 2018 年 5 月 8 日，因而已构成现有技术，不再是抵触申请，符合题意（注意：如果不考虑国际公布，该 PCT 国际申请满足抵触申请的条件，但由于国际公布日早于本申请的优先权日，因而不可能再成为抵触申请）。

  选项 C 中的实用新型专利申请，属于在本题的发明专利申请的优先权日之前申请（2018 年 4 月 24 日），并在其后公告（2018 年 9 月 16 日），且向国家知识产权局提交而属于中国专利申请，由于记载了相同发明内容，因此构成抵触申请。注意，选项 C 中提到"同一人"属于干扰信息，因为《专利法》第三次修改后，本人的在先申请也可以构成本人的在后申请的抵触申请（但在《专利法》第三修改前，本人的在先申请不构成本人在后申请的抵触申请）。

  选项 D 中的法国某公司在中国提出的专利申请也满足抵触申请的四个条件，因此也构成了本题中发明专利申请的抵

触申请。注意：选项D中提到的"法国某公司"也属于干扰信息，因为上述四个条件只要求是中国专利申请而不管其申请人是谁。

综上所述，本题答案为A、B。

【2.（2018－57）解析】知识点：抵触申请；相关知识点：现有技术、部分优先权

本题中涉及优先权的最基本概念（更具体的规定详见优先权相关章节），由于优先权文本中记载了技术方案A1，且优先权日离专利申请X的申请日没有超过12个月，因而技术方案A1的优先权日成立，即可以享受2016年10月11日这一优先权日作为判断现有技术和抵触申请的时间点。但由于优先权文本中没有记载技术方案A2，因而技术方案A2不能享受优先权，因而其判断现有技术和抵触申请的时间点就是其申请日2017年10月11日。

参照1.（2019－44）的解析。本题的对比文件是一篇中国发明专利申请，其申请日2016年9月23日早于专利申请X的优先权日，公开日2017年9月6日晚于专利申请X的优先权日，因而相对于享有优先权日的技术方案A1来说满足抵触申请的四个条件，构成抵触申请。但相对于不享有优先权日的技术方案A2来说，其公开日早于专利申请X的申请日，因而构成技术方案X2的现有技术。基于上述分析，选项A、D的说法正确，选项B、C的说法错误。

综上所述，本题答案为A、D。

【3.（2018－15）解析】知识点：抵触申请；相关知识点：优先权

参照1.（2019－44）的解析。本题中的发明专利申请的抵触申请的时间点是其优先权日即2015年3月19日（距离申请日2016年3月18日没有超过12个月，符合优先权的期限要求）。

选项A中的PCT国际申请，优先权日为2015年6月15日，晚于本申请的优先权日2015年3月19日，因此不能构成本题中的发明专利申请的抵触申请。注意：选项A中的其他时间都无关紧要，优先权日晚于本题中的发明专利申请的优先权日就可以得出结论。

选项B中的实用新型专利申请，申请日为2015年3月19日，与本题中的发明专利申请的优先权日相同。而在G－2－3－2.2关于"抵触申请"最后一段中规定，抵触申请仅指在申请日以前提出的，不包含在申请日提出的同样的发明或者实用新型专利申请。因此，选项B中实用新型专利申请也不能构成抵触申请。

选项C中的是欧洲专利局提出的发明专利申请，不属于中国专利申请（即不符合A22.2规定的"向国务院专利行政部门提出过申请"这一条件），不会构成抵触申请。

选项D中的日本某公司在中国提出的发明专利申请，优先权日为2013年12月15日早于本题中发明专利申请的优先权日，公开日为2015年6月15日晚于本题中发明专利申请的优先权日。由于题干中明确记载了相同发明内容，因此符合抵触申请的所有条件，即选项D符合题意。

综上所述，本题答案为D。

【4.（2017－79）解析】知识点：抵触申请；相关知识点：禁止重复授权原则

选项A中的乙公司向国家知识产权局提交的申请日是2016年1月12日，与甲公司的申请日相同。而抵触申请仅指在申请日以前提出的，不包含在申请日提出的同样的发明或者实用新型专利申请。因此，选项A所述的乙公司的申请不构成抵触申请，不符合题意。

选项B，乙公司向国家知识产权局提交的申请（由于请求保护产品A，即记载了产品A），申请日为2015年7月20日，早于甲公司的申请日，而其公开日为2016年1月12日，与甲公司的申请日为同一天。参见3.（2019－44）的解析，其中抵触申请的条件之一，在申请日后公开（包括了申请日当日），因此乙公司的申请满足构成甲公司的申请的抵触申请的条件，符合题意。

选项C中的甲公司向国家知识产权局提交的申请（由于请求保护产品A，即记载了产品A），申请日为2015年9月30日，早于甲公司的申请日，而公开日为2016年1月12日，与甲公司的申请日为同一天。基于上述同样的理由，选项C中的甲公司的申请也构成甲公司的申请的抵触申请。注意：在判断是否属于抵触申请时对其申请人没有任何限制，可以是任何单位或者个人（当然也包括本人）。

选项D中甲公司的申请，完全满足抵触申请的四个条件。注意，G－2－3－2.2关于"抵触申请"中第二段规定，……确定是否存在抵触申请，不仅要查阅在先专利或者专利申请的权利要求书，而且要查阅其说明书（包括附图），应当以其全文内容为准。因此，选项D中的申请虽然在说明书实施例中公开产品A，但也与在后申请构成同样的发明（而并不要求记载的权利要求书中）。故选项D构成题干中甲公司的申请的抵触申请文件，符合题意。

综上所述，本题答案为B、C、D。

【5.（2017－21）解析】知识点：抵触申请

参见1.（2019－44）的解析。在G－2－3－2.2关于"抵触申请"中第二段规定，……审查员在检索时应当注意，

确定是否存在抵触申请，不仅要查阅在先专利或者专利申请的权利要求书，而且要查阅其说明书（包括附图），应当以其全文内容为准。根据该规定，在确定是否抵触申请时，应当将本申请与在先专利申请文件或专利文件的全文，具体包括权利要求书和说明书（有附图则包括附图）进行比较。进一步地，G-2-2-2.4 关于"说明书摘要"中规定，摘要是说明书记载内容的概述，它仅是一种技术信息，不具有法律效力。摘要的内容不属于发明或者实用新型原始记载的内容，不能作为以后修改说明书或者权利要求书的根据，也不能用来解释专利权的保护范围……。根据该规定可知，摘要仅仅提供一种技术信息，不具有法律效力，因此仅记载在摘要（和摘要附图）中的内容不能用于抵触申请的判断。由此可知，选项 A 的说法是错误的。

根据 G-2-3-2.2 关于"抵触申请"中规定可知，抵触申请还包括满足以下条件的进入了中国国家阶段的国际专利申请。由此可知，选项 B 的说法正确。

根据 A22.5 的规定，现有技术，是指申请日以前在国内外为公众所知的技术。而抵触申请在申请日以前并没有被公开，因而不属于现有技术，进而不能用于评价发明的创造性。由此可知，甲申请构成乙申请的抵触申请，并不能用于评价乙申请的创造性的对比文件，故选项 C 的说法错误。

根据 G-2-3-2.2 关于"抵触申请"中的规定，作为抵触申请的申请人可以任何单位或个人，即对申请人没有限制，也可以包括申请人相同即本人的情况。由此可知，选项 D 中的"甲申请的申请人必须与乙申请的申请人不同"说法错误。注意：在《专利法》第三次修改之前，该选项的说法却是正确的。

综上所述，本题答案为 B。

【6.（2016-38）解析】知识点：抵触申请；相关知识点：现有技术、优先权、国际申请

参见 1.（2019-44）的解析。选项 A 中，乙的国际申请进入了中国国家阶段，其国际申请日 2010 年 1 月 15 日被视为在中国的申请日，而且也于 2011 年 8 月 5 日进入中国国家阶段的日期（即在中国国家阶段的公布晚于 2011 年 8 月 5 日，也就晚于甲申请的申请日 2010 年 5 月 16 日），因而乙的国际申请文件属于甲的申请的抵触申请，能够使甲的申请丧失新颖性，符合题意。（注意：乙的国际申请的国际公布日 2011 年 7 月 15 日，也在甲申请的申请日之后，如果在甲申请的申请日之前进行国际公布，则直接构成现有技术。）

选项 B 所述的专利申请文件为甲本人在该申请日前提出的另一份中国实用新型专利申请，且在该申请的申请日之后公告，且题干中明确其记载了相同的技术内容，故能够影响甲申请的新颖性，符合题意。

选项 C 中丙的欧洲专利申请，公布日为 2010 年 11 月 1 日，甲申请的申请日为 2010 年 5 月 16 日，未构成甲申请的现有技术。虽然申请日早于甲申请的申请日，公开日晚于甲申请的申请日，但由于并不中国专利申请，因此也不能构成甲申请的抵触申请，因此不会影响甲申请的新颖性，不符合题意。

选项 D 中丁的中国实用新型专利申请，虽然申请日 2010 年 6 月 14 日在甲申请的申请日之后，但其享有的优先权日 2010 年 2 月 4 日早于甲申请的申请日，且于甲申请的申请日后被公布。因而选项丁的中国实用新型专利申请相对于甲的申请来说，构成了抵触申请，故能够使甲的申请不具备新颖性，符合题意。

综上所述，本题答案为 A、B、D。

【7.（2015-39）解析】知识点：抵触申请；相关知识点：现有技术、国际申请

参见 1.（2019-44）的解析。选项 A 中的专利申请是一件西班牙申请，由于并不是向国务院专利行政部门提出的申请，而不属于中国专利申请，不可能构成抵触申请，不符合题意。

选项 B 的专利申请属于在申请日前提出的申请，且进入中国国家阶段并在申请日后进行了中国国家公布的国际专利申请，构成了题干中发明专利申请的抵触申请，故符合题意。

选项 C 和 D 均符合申请日在本申请的申请日前，公告日在本申请的申请日后，并向国务院专利行政部门提出的中国专利申请的条件。由于题干中明确其记载了相同发明内容，因此构成抵触申请，符合题意。注意：选项 C 中同一申请人和选项 D 中美国某公司均属于干扰信息，因为抵触申请对申请人是没有任何限制的。

综上所述，本题答案为 B、C、D。

【8.（2014-19）解析】知识点：抵触申请；相关知识点：禁止重复授权

参见 1.（2019-44）解析。根据抵触申请的规定可知，实用新型专利申请也可以构成发明专利申请的抵触申请，故选项 A 的说法错误。注意：理论上发明专利申请和实用新型专利申请可以相互构成抵触申请，因为两者保护的对象都是技术方案，但外观设计并不构成实用新型和发明专利申请的抵触申请，因为外观设计保护的对象是外观设计，并不涉及技术方案。但外观设计可以构成实用新型和发明专利申请的现有技术。

由 G-2-3-2.2 关于"抵触申请"的规定可知，本人的发明专利也可以构成在后发明专利申请的抵触申请，故选项 B 的说法错误。同时，由上述规定可知，抵触申请仅指在申请日以前提出的，不包括在申请日提出的同样的发明或者实用新型专利申请（如果是同一天提出的多件专利申请，则适用《专利法》第九条第一款关于禁止重复授权的规定）。

由此可知，选项 C 的说法正确。

根据 G-2-3-2.2 关于"抵触申请"中的规定可知，抵触申请以其全文内容为准。因此，两件专利申请如果仅仅是权利要求不同，并不必然得出前一申请不构成后一申请抵触申请的结论，因为在先申请的说明书中记载了在后申请权利要求中要求保护的技术方案，也会构成抵触申请，选项 D 的说法错误。

综上所述，本题答案为 C。

【9.（2014-49）解析】知识点：抵触申请；相关知识点：现有技术

参见 1.（2019-44）的解析。选项 A 中的专利申请是在胡某的专利申请日之前向国家知识产权局提出并且在申请日以后公布，构成了抵触申请，破坏胡某专利申请的新颖性，符合题意。

选项 B 中的专利申请由于与胡某的专利申请申请日是同一天，既没有构成现有技术，也不构成抵触申请，即不能破坏胡某专利申请的新颖性，选项 B 不符合题意。

选项 C 中的专利申请是在胡某的专利申请日之前向国家知识产权局提出并且在其申请日当天公布的，构成了抵触申请，能破坏胡某专利申请的新颖性，符合题意。

选项 D 中的专利申请的公布日早于胡某专利申请的申请日，即构成了胡某专利申请的现有技术，能够破坏胡某专利申请的新颖性即选项符合题意。

综上所述，本题答案为 A、C、D。

【10.（2013-59）解析】知识点：抵触申请；相关知识点：新颖性的判断基准

抵触申请相关规定参见 1.（2019-44）的解析。首先从时间来看，选项 A、B、C、D 中的专利申请，其申请日都在题干中该申请的申请日之前，公布日都在该申请的申请日之后，且都是向国家知识产权局提交的专利申请（即中国专利申请），均已符合抵触申请应当满足的四个条件中的三个条件，仅需进一步判断各选项中申请的申请文件中是否记载了与题干中申请的同样的发明（即是否记载催化剂 M），其中申请文件包括权利要求书和说明书（但不包括摘要）。

选项 A 中的专利申请由于说明书中明确记载了催化剂 M，因而构成了题干中申请的抵触申请，符合题意。

选项 B 中的专利申请在权利要求书和说明书中均仅涉及催化剂 M 的制备方法，而没有明确记载催化剂 M，因而不满足构成该申请的抵触申请的条件，不符合题意。注意：按照考试思路，选项 B 中记载催化剂 M 的制备方法而没有明确记载催化剂 M，不要想当然地认为也就公开了其制备得到的催化剂 M（当然有人认为隐含公开了催化剂 M 而构成抵触申请，因此稍有争议）。

选项 C 中的专利申请请求保护催化剂 M1（即记载了催化剂 M1），虽然没有文字直接记载催化剂 M，但由于 M 活性成分的含量为 1%～10%，M1 中活性成分的含量为 2%～5%，M1 的活性成分含量落在了 M 的活性成分含量内。进一步在 G-2-3-3.2.4 关于"数值和数值范围"中规定，如果要求保护的发明或者实用新型中存在以数值或者连续变化的数值范围限定的技术特征，例如部件的尺寸、温度、压力以及组合物的组分含量，而其余技术特征与对比文件相同，则其新颖性的判断应当依照以下各项规定。（1）对比文件公开的数值或者数值范围落在上述限定的技术特征的数值范围内，将破坏要求保护的发明或者实用新型的新颖性……。根据上述规定，选项 C 的专利申请构成该申请的抵触申请，符合题意。

选项 D 中的专利申请由于仅在说明书摘要中描述了催化剂 M，参照 5.（2017-21）的解析，仅在说明书摘要中描述了催化剂 M 而没有在其权利要求书和/或说明书中记载，则认为没有记载催化剂 M，即不能构成该申请的抵触申请，不符合题意。

综上所述，本题答案为 A、C。

【11.（2012-43）解析】知识点：抵触申请；相关知识点：优先权

参见 1.（2019-44）的解析。题干中明确各选项中的专利申请都记载了与题干中专利申请相同的发明内容，故判断是否构成该申请的抵触申请，需要判断是否满足抵触申请的其他三个条件。同时，注意判断的时间点是该申请的优先权日 2010 年 4 月 5 日。

选项 A 中的专利申请是中国实用新型专利申请，且在题干中申请的申请日前提出，并在该申请的申请日后授权公告，故构成该申请的抵触申请，符合题意。

选项 B 中的专利申请是一件德国专利申请，并不是向国家知识产权局提交的专利申请，不能构成该申请的抵触申请，不符合题意。

选项 C 中的专利申请是一件 PCT 国际申请，并且进入了中国国家阶段。而根据 R132.3 的规定可知，对国际申请，《专利法》第二十二条所称的公布是指中国国家阶段的公布。因此该申请的申请日为 2009 年 3 月 9 日（早于该申请的优先权日 2010 年 4 月 5 日），公开日为 2011 年 10 月 16 日（晚于该申请的优先权日 2010 年 4 月 5 日），构成该申请的抵触申请，符合题意。（注意：选项 C 中并没有提及国际公布日期，导致题目有点瑕疵，因为国际公布在题干中该申请的优

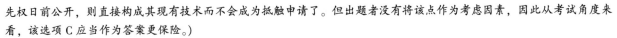

先权日前公开，则直接构成其现有技术而不会成为抵触申请了。但出题者没有将该点作为考虑因素，因此从考试角度来看，该选项 C 应当作为答案更保险。）

选项 D 中的专利申请是一件中国发明专利申请，满足在该申请的申请日前提出，并在该申请的申请日后公布的条件，即构成该申请的抵触申请，符合题意。注意：选项 D 中提及的"申请人于 2011 年 3 月 1 日主动要求撤回专利申请"属于干扰信息，因为这个申请仍于 2011 年 3 月 9 日被公布，构成了题干中该申请的抵触申请。但如果申请人主动撤回专利申请，导致后续没有进行公布，则不能构成题干中该申请的抵触申请。

综上所述，本题答案为 A、C、D。

【12. (2011 - 83) 解析】知识点：抵触申请

参见 1. (2019 - 44) 的解析。本题中，实用新型申请 S 的申请日早于发明专利申请 F 申请的申请日，且 S 申请在 F 申请的申请日后被公告授予了实用新型专利权，而且从题干来看，虽然没有明确但隐含着两者都是中国专利申请。两份申请的说明书相同（即 S 申请说明书中记载的制造该产品的设备），而 F 申请要求保护该设备，因此 S 申请构成 F 申请的抵触申请，影响了 F 申请的新颖性。

选项 A 中刘某放弃实用新型专利权（即 S 申请），但也不影响 S 申请构成 F 申请的抵触申请，因此 F 申请仍然不能够被授权，即选项 A 的说法是错误的。这里需要提醒注意的是，该考点容易与《专利法》第九条第一款中但书部分相混淆。但根据 A9.1 的规定，同样的发明创造只能授予一项专利权。但是，同一申请人同日对同样的发明创造既申请实用新型专利又申请发明专利，先获得的实用新型专利权尚未终止，且申请人声明放弃该实用新型专利权的，可以授予发明专利权。根据该规定，由于 S 申请和 F 申请并非同日提交的申请，因此不能适用该规定，故选项 A 中在放弃实用新型专利权的情况下，F 申请也不能获得被授权。

选项 B 中，即使刘某放弃上述实用新型专利权并且 F 申请修改为要求保护该产品，S 申请仍然构成 F 申请的抵触申请（因为抵触申请是以 S 申请的全文内容为准），影响了 F 申请的新颖性，即 F 申请仍然不能获得授权。即选项 B 的说法错误。

由于抵触申请中的在先申请可以为任何单位或者个人（包括本人），因此选项 C 的说法错误。

基于上述分析可知，S 申请构成 F 申请的抵触申请，即破坏 F 申请的新颖性，导致 F 申请不能被授权，因此选项 D 的说法正确。

综上所述，本题答案为 D。

【13. (2010 - 45) 解析】知识点：抵触申请

参见 1. (2019 - 44) 以及 12. (2011 - 83) 的解析。由此可知，实用新型专利申请构成了发明专利申请的抵触申请，即选项 A 的说法是正确的，选项 B 和 D 的说法也是错误的。

对于选项 C，由于实用新型专利申请构成了发明专利申请的抵触申请，不管两者保护主题是否相同，只要在实用新型专利申请的说明书中记载了发明专利申请的权利要求的技术方案，就丧失了新颖性。因此，选项 C 的说法也是错误的。

综上所述，本题答案为 A。

【14. (2011 - 48) 解析】知识点：抵触申请；相关知识点：国际申请

参见 1. (2019 - 44) 的解析。由此可知，选项 A 中，甲的实用新型专利申请是在该申请的申请日前申请，在该申请的申请日后公告，而且公开了该产品，因此构成了抵触申请，故选项 A 符合题意。

选项 B 中，乙的发明专利申请的申请日与该申请的申请日相同，因此，不可能构成抵触申请，故选项 B 不符合题意。

选项 C 中，丙的发明专利申请是在该申请的申请日前申请，在该申请的申请日后公告，而且说明书中公开了该产品（虽然请求保护的是该产品的制备方法），因此构成抵触申请，故选项 C 符合题意。

参见 11. (2012 - 43) 选项 C 的解析。选项 D 中，丁的国际申请进入了中国国家阶段，因此其国际申请日 2009 年 8 月 12 日视为其国内申请的申请日（早于该申请的申请日），而且公布于 2011 年 10 月 26 日（晚于该申请的申请日），且该国际申请公开了该产品，因而选项 D 中的申请构成了该申请的抵触申请，符合题意。

综上所述，本题答案为 A、C、D。

（三）总体考点分析

本部分涉及抵触申请相关考点，包括抵触申请的定义，构成抵触申请的四个条件以及抵触申请的效力。其中重点掌握构成抵触申请的四个条件，以及 PCT 国际申请进入中国国家阶段是否构成抵触申请。同时，抵触申请往往与优先权（包括部分优先权）、禁止重复授权、专利申请的主动撤回以及摘要的地位等考点相关联，需要系统掌握相关知识点，才能更好地把握正确答案。

高频结论

✓ 由任何单位或者个人就同样的发明或者实用新型在申请日以前向专利局提出，并且在申请日以后（含申请日）公布的专利申请文件或者公告的专利文件损害该申请日提出的专利申请的新颖性（称为抵触申请）。此处所述的申请日，如果有优先权日的，则指优先权日。

✓ 满足抵触申请的四个条件：一是中国专利申请（或者是进入中国国家阶段的国际申请），申请人可以是同一申请人也可以是不同的申请人；二是在本申请日之前（不包括申请日当天）提出的申请；三是在本专利申请日或其后进行了公布或公告；四是与本申请属于同样的发明或者实用新型。

✓ 确定是否存在抵触申请，不仅要查阅可能成为抵触申请的在先专利或者专利申请的权利要求书，而且要查阅其说明书（包括附图）（即应当以其全文内容为准），但不包括摘要及摘要附图。也就是说，抵触申请的权利要求或说明书（有附图则包括附图）任何地方记载的内容都可以用于判断是否构成抵触申请，不局限于权利要求书，同时也不能用仅记载在摘要中内容来进行判断。

✓ 抵触申请还包括满足以下条件的进入了中国国家阶段的国际专利申请，即申请日以前由任何单位或者个人提出并在申请日之后（含申请日）由专利局作出公布或公告的且为同样的发明或者实用新型的国际专利申请（注意：这里需要满足两个条件，国际公布日不能早于申请日，而且要进入中国国家阶段并公布或公告；如果国际公布日早于申请日，则直接构成现有技术）。

✓ 抵触申请仅指在申请日以前提出的，不包含在申请日提出的同样的发明或者实用新型专利申请（后者属于禁止重复授权规则的问题）。

✓ 对于抵触申请的在先申请的申请人没有任何限制（可以是任何单位或个人，包括在后申请的申请人本人）。

✓ 外国专利申请不可能构成中国专利申请的抵触申请。

✓ 实用新型专利申请有可能构成发明专利申请的抵触申请，反之亦然。但外观设计专利申请不能构成实用新型专利申请或发明专利申请的抵触申请。

（四）参考答案

1. A、B	2. A、D	3. D	4. B、C、D	5. B
6. A、B、D	7. B、C、D	8. C	9. A、C、D	10. A、C
11. A、C、D	12. D	13. A	14. A、C、D	

三、判断新颖性的原则和基准

（一）历年试题集合

1. (2018－16) 某发明专利申请的权利要求如下：

"1. 一种复合材料的制备方法，其特征在于：……混合时间为 10～75 分钟。

2. 根据权利要求 1 所述的复合材料制备方法，其特征在于混合时间为 30～45 分钟。"

【你的答案】
＿＿＿＿＿＿＿＿

【选错记录】
＿＿＿＿＿＿＿＿

关于上述权利要求的新颖性，下列说法错误的是？

A. 对比文件公开的一种复合材料的制备方法，其中混合时间为 15～90 分钟（其余特征与权利要求 1 相同），则权利要求 1 相对于该对比文件不具备新颖性

B. 对比文件公开的一种复合材料的制备方法，其中混合时间为 20～60 分钟（其余特征与权利要求 1 相同），则权利要求 1 相对于该对比文件不具备新颖性

C. 对比文件公开的一种复合材料的制备方法，其中混合时间为 20～90 分钟（其余特征与权利要求 2 相同），则权利要求 2 相对于该对比文件不具备新颖性

D. 对比文件公开的一种复合材料的制备方法，其中混合时间为 45 分钟（其余特征与权利要求 2 相同），则权利要求 2 相对于该对比文件不具备新颖性

2. （2017－75）以下关于新颖性判断正确的是？
A. 一种抗拉强度为 530MPa 钢板相对于抗拉强度为 350MPa 的普通钢板具有新颖性
B. 一种用于抗病毒的化合物 X 与一种用作洗涤剂的化合物 X 相比具有新颖性
C. 一种使用 X 方法制作的玻璃杯与一种用 Y 方法制作的玻璃杯相比一定具有新颖性
D. 一种厚度为 25～30mm 的托板与一种厚度为 30mm 的托板相比不具有新颖性

【你的答案】
【选错记录】

3. （2016－8）某发明专利申请要求保护一种光催化剂的制备方法，其中采用 A 工艺，并对干燥温度进行了限定。某现有技术记载了采用 A 工艺制备同种光催化剂的方法，其中干燥温度为 50～100℃。相对于该现有技术，该发明专利申请的哪个权利要求不具备新颖性？
A. 一种光催化剂的制备方法，采用 A 工艺，其特征在于干燥温度为 40～90℃
B. 一种光催化剂的制备方法，采用 A 工艺，其特征在于干燥温度为 58℃
C. 一种光催化剂的制备方法，采用 A 工艺，其特征在于干燥温度为 60～75℃
D. 一种光催化剂的制备方法，采用 A 工艺，其特征在于干燥温度为 40～45℃

【你的答案】
【选错记录】

4. （2015－45）某发明专利申请的权利要求如下：
"1. 一种铝钛合金的生产方法，其特征在于加热温度为 200～500℃。
2. 一种根据权利要求 1 的铝钛合金生产方法，其特征在于加热温度为 350℃。"
下列说法哪些是正确的？
A. 对比文件 1 公开的铝钛合金的生产方法中加热温度为 400～700℃，则权利要求 1 相对于对比文件 1 不具备新颖性
B. 对比文件 2 公开的铝钛合金的生产方法中加热温度为 500～700℃，则权利要求 1 相对于对比文件 2 不具备新颖性
C. 对比文件 3 公开的铝钛合金的生产方法中加热温度为 200～500℃，则权利要求 2 相对于对比文件 3 不具备新颖性
D. 对比文件 4 公开的铝钛合金的生产方法中加热温度为 450℃，则权利要求 1 和权利要求 2 相对于对比文件 4 均不具备新颖性

【你的答案】
【选错记录】

5. （2015－40）一件发明专利申请的权利要求书如下：
"1. 一种设备，其特征在于包括部件 a，b 和 c。
2. 根据权利要求 1 所述的设备，其特征在于还包括部件 d。
3. 根据权利要求 1 或 2 所述的设备，其特征在于还包括部件 e。
4. 根据权利要求 3 所述的设备，其特征在于还包括部件 f。"
审查员检索到构成本申请现有技术的一篇对比文件，其技术方案公开了由部件 a、b、c、d、f 组成的设备。上述 a、b、c、d、e、f 为实质不同且不能相互置换的部件。下列哪些选项是正确的？
A. 权利要求 1 不具备新颖性
B. 权利要求 2 不具备新颖性
C. 权利要求 3 不具备新颖性
D. 权利要求 4 不具备新颖性

【你的答案】
【选错记录】

6. （2013－11）一件专利申请公开了一种组合物，该组合物由植物材料 M 经过步骤 X、Y 和 Z 加工处理制得，并公开了该组合物可用来杀菌。该申请的申请日为 2012 年 6 月 1 日。一篇 2011 年 3 月 1 日公开的文献记载了一种由植物材料 M 经过步骤 X、Y 和 Z 加工处理制得的染料组合物，该文献没有公开所得组合物可用来杀菌。相对于该篇文献，该申请下列哪项权利要求具备新颖性？
A. 一种杀菌组合物，该组合物由植物材料 M 经过步骤 X、Y 和 Z 加工处理制得
B. 一种制备杀菌组合物的方法，该方法包括将植物材料 M 经过步骤 X、Y 和 Z 加工处理
C. 一种由植物材料 M 经过步骤 X、Y 和 Z 加工处理制得的组合物，其特征在于该组合物可以杀菌
D. 一种杀菌方法，包括使用有效量的由植物材料 M 经过步骤 X、Y 和 Z 加工处理制得的一种组合物

【你的答案】
【选错记录】

7.（2010-33）一件专利申请的权利要求为：一种光催化剂的制备方法，采用A工艺，其特征在于干燥温度为40℃、58℃、75℃或者100℃。对比文件记载了采用A工艺的同种光催化剂的制备方法，干燥温度为40~100℃。对比文件破坏了权利要求中哪些干燥温度的技术方案的新颖性？

A. 40℃

B. 58℃

C. 75℃

D. 100℃

【你的答案】

【选错记录】

（二）参考答案解析

【1.（2018-16）解析】知识点：新颖性判断基准（数值和数值范围）

在G-2-3-3.2.4关于"数值和数值范围"中规定，如果要求保护的发明或者实用新型中存在以数值或者连续变化的数值范围限定的技术特征，例如部件的尺寸、温度、压力以及组合物的组分含量，而其余技术特征与对比文件相同，则其新颖性的判断应当依照以下各项规定。（1）对比文件公开的数值或者数值范围落在上述限定的技术特征的数值范围内，将破坏要求保护的发明或者实用新型的新颖性。……（2）对比文件公开的数值范围与上述限定的技术特征的数值范围部分重叠或者有一个共同的端点，将破坏要求保护的发明或者实用新型的新颖性。……（3）对比文件公开的数值范围的两个端点将破坏上述限定的技术特征为离散数值并且具有该两端点中任一个的发明或者实用新型的新颖性，但不破坏上述限定的技术特征为该两端点之间任一数值的发明或者实用新型的新颖性。……（4）上述限定的技术特征的数值或者数值范围落在对比文件公开的数值范围内，并且与对比文件公开的数值范围没有共同的端点，则对比文件不破坏要求保护的发明或者实用新型的新颖性……。

根据上述规定，可以简单归结为，只要权利要求的数值或数值范围包括了现有技术公开的一个数值点（离散值或端点）或一个数值范围，在其他特征相同的情况下，则权利要求不具备新颖性。本题中，选项A中的对比文件，由于其他特征与权利要求1相同，而其混合时间为15~90分钟与权利要求1中限定的"10~75分钟"有部分重叠[属于上述规定中的第（2）种情形，也可以认为权利要求1中包括了该对比文件中的75分钟这一端点值]，因而权利要求1相对于该对比文件不具备新颖性，故选项A的说法正确，不符合题意。同样的道理，选项B中对比文件的数值范围与权利要求1的数值范围部分重叠，也影响权利要求1的新颖性，选项B说法正确，不符合题意。

选项C中对比文件的数值范围"20~90分钟"大于权利要求2中限定的"30~45分钟"[即权利要求的数值范围中没有包括现有技术公开的任一数值点或数值范围，属于上述规定中的第（4）种情形]，故不能影响权利要求2的新颖性，选项C的说法错误，符合题意（注意：选项C针对的是权利要求2，如果是针对权利要求1，则该对比文件也能影响权利要求1的新颖性，所以要注意看清题目信息）。选项D中对比文件公开的45分钟这一点值是权利要求2中限定的数值范围的端值，因此能够影响权利要求2的新颖性[属于上述规定中的第（2）种情形，即相当于权利要求的数值包括了现有技术公开的一个数值点]，故选项D的说法正确，不符合题意。

综上所述，本题答案为C。

【2.（2017-75）解析】知识点：新颖性判断基准（数值和数值范围；包含性能、参数、用途、制备方法等特征的产品权利要求）

在G-2-3-3.2.5关于"包含性能、参数、用途或者制备方法等特征的产品权利要求"中规定，（1）包含性能、参数特征的产品权利要求：对于这类权利要求，应当考虑权利要求中的性能、参数特征是否隐含了要求保护的产品具有某种特定结构和/或组成。如果该性能、参数隐含了要求保护的产品具有区别于对比文件产品的结构和/或组成，则该权利要求具备新颖性；相反，如果所属技术领域的技术人员根据该性能、参数无法将要求保护的产品与对比文件产品区分开，则可推定要求保护的产品与对比文件产品相同，因此申请的权利要求不具备新颖性，除非申请人能够根据申请文件或者现有技术证明权利要求中包含性能、参数特征的产品与对比文件产品在结构和/或组成上不同……。选项A中，两种钢板采用了抗拉强度这一参数限定，二者抗拉强度的不同必然隐含了两者具有不同的结构和/或组成，因而根据上述规定，不能影响其新颖性，选项A正确。

在G-2-3-3.2.5关于"包含性能、参数、用途或者制备方法等特征的产品权利要求"中规定，……（2）包含用途特征的产品权利要求：对于这类权利要求，应当考虑权利要求中的用途特征是否隐含了要求保护的产品具有某种特定结构和/或组成。如果该用途由产品本身固有的特性决定，而且用途特征没有隐含产品在结构和/或组成上发生改变，则该用途特征限定的产品权利要求相对于对比文件的产品不具有新颖性。例如，用于抗病毒的化合物X的发明与用作催化剂的化合物X的对比文件相比，虽然化合物X用途改变，但决定其本质特性的化学结构式并没有任何变化，因此用于抗病毒的化合物X的发明不具备新颖性。但是，如果该用途隐含了产品具有特定的结构和/或组成，即该用途表明产品结构和/或组成发生改变，则该用途作为产品的结构和/或组成的限定特征必须予以考虑。例如"起重机用吊钩"是指仅适用于起重机的尺寸和强度等结构的吊钩,其与具有同样形状的一般钓鱼者用的"钓鱼用吊钩"相比,结构上不同,两者是不同的产品……。选项B中,用于抗病毒的化合物X与用作洗涤剂的化合物X,两者都涉及化合物X,虽然限定的用途不同,但并没有隐含着化合物的结构或组成的不同,因为化合物X由其化学结构式确定,不因用途不同而发生变化,因此用于抗病毒的化合物X相比于用作洗涤剂的化合物X不具备新颖性,故选项B的说法错误,不符合题意。

在G-2-3-3.2.5关于"包含性能、参数、用途或制备方法等特征的产品权利要求"中规定,……(3)包含制备方法特征的产品权利要求:对于这类权利要求,应当考虑该制备方法是否导致产品具有某种特定的结构和/或组成。如果所属技术领域的技术人员可以断定该方法必然使产品具有不同于对比文件产品的特定结构和/或组成,则该权利要求具备新颖性;相反,如果申请的权利要求所限定的产品与对比文件产品相比,尽管所述方法不同,但产品的结构和组成相同,则该权利要求不具备新颖性,除非申请人能够根据申请文件或现有技术证明该方法导致产品在结构和/或组成上与对比文件产品不同,或者该方法给产品带来了不同于对比文件产品的性能从而表明其结构和/或组成已发生改变。例如,专利申请的权利要求为用X方法制得的玻璃杯,对比文件公开的是用Y方法制得的玻璃杯,如果两个方法制得的玻璃杯的结构、形状和构成材料相同,则申请的权利要求不具备新颖性。相反,如果上述X方法包含了对比文件中没有记载的在特定温度下退火的步骤,使得用该方法制得的玻璃杯在耐碎性上比对比文件的玻璃杯有明显的提高,则表明要求保护的玻璃杯因制备方法的不同而导致了微观结构的变化,具有了不同于对比文件产品的内部结构,该权利要求具备新颖性……。选项C中两者都涉及玻璃杯,尽管制作玻璃杯的方法不同,但根据题目给出的信息,并不能确定两种方法的不同必然会导致产品具有不同的特定结构和/或组成,因而应当认定使用X方法制作的玻璃杯与用Y方法制作的玻璃杯相比不具有新颖性,而选项C中说"一定具备新颖性"显然是错误的,不符合题意。

根据G-2-3-3.2.4关于"数值和数值范围"中规定可知,对比文件公开的数值或者数值范围落在上述限定的技术特征的数值范围内,将破坏要求保护的发明或者实用新型的新颖性。选项D中,30mm落入了25~30mm的范围内而影响其新颖性,选项D的说法正确。

综上所述,本题答案为A、D。

【3.(2016-8)解析】知识点:新颖性判断基准(数值和数值范围)

参照1.(2018-16)的解析。对于选项A,现有技术的干燥温度50~100℃与权利要求中的40~90℃部分重叠,因而权利要求不具备新颖性,符合题意。

选项B中,权利要求中的干燥温度为58℃,在现有技术的数值范围50~100℃之内,因而没有被现有技术公开。选项C中干燥温度为60~75℃,在现有技术的数值范围之内(既不重叠,也不包括其端点),因而没有被现有技术公开。选项D中的干燥温度为40~45℃,在现有技术的数值范围之外(既不重叠,也没有端点重合),因而没有被现有技术公开。即选项B、C、D中的权利要求都具备新颖性,不符合题意。

综上所述,本题答案为A。

【4.(2015-45)解析】知识点:新颖性判断基准(数值和数值范围)

参照1.(2018-16)的解析。对于选项A,对比文件1中加热温度为400~700℃与权利要求1中的200~500℃部分重叠;对于选项B,对比文件2中加热温度为500~700℃与权利要求1中的200~500℃有一个共同的端点500。根据相关规定,对比文件1、2能够破坏权利要求1的新颖性,选项A、B的说法正确。

对于选项C,对比文件3中加热温度为200~500℃,而权利要求2所限定是的加热温度为350℃,其在对比文件3公开的范围内,且没有共同的端点,根据相关规定,对比文件3不能破坏权利要求1的新颖性,故选项C的说法错误。

对于选项D,对比文件4中的450℃落入权利要求1限定的200~500℃范围内,根据相关规定,故对比文件4破坏权利要求1的新颖性;但对比文件4的数值点450℃,不同于权利要求2中限定的数值点350℃,因而不破坏权利要求2的新颖性,故选项D的说法错误。

综上所述,本题答案为A、B。

【5.(2015-40)解析】知识点:新颖性审查原则

在G-2-3-3.1关于"审查原则"中规定,审查新颖性时,应当根据以下原则进行判断:(1)同样的发明或者实用新型:被审查的发明或者实用新型专利申请与现有技术或者申请日前由任何单位或者个人向专利局提出申请并在申请日后(含申请日)公布或者公告的(以下简称申请在先公布或者公告在后的)发明或者实用新型的相关内容相比,如果其技术领域、所解决的技术问题、技术方案和预期效果实质上相同,则认为两者为同样的发明或者实用新型……。

从题目给出信息,应当认为对比文件与本申请属于相同的技术领域。且现有技术的对比文件公开了由部件a、b、c、d、f组成的设备,其公开了所述专利申请的权利要求1请求保护的设备包含a、b、c的三个部件,也公开了权利要求2请求保护的设备包含a、b、c、d的四个部件,也即该比文件完全公开了权利要求1和权利要求2的全部技术特征(或者说对比文件公开的设备落入权利要求1、2请求保护的范围内),因此权利要求1和2不具备新颖性,即选项A、B的说法正确。

权利要求 3 的附加技术特征为部件 e，而对比文件并没有公开部件 e，因此不管权利要求 3 引用权利要求 1 还是引用权利要求 2，其技术方案都有被对比文件公开，即对比文件公开的设备与权利要求 3 的技术方案实质不同，因而权利要求 3 具备新颖性，即选项 C 的说法错误。至于权利要求 4，由于其引用的是对权利要求 3，其技术方案中也就包括了部件 e，如上分析，权利要求 4 也同样具备新颖性，即选项 D 的说法错误。

综上所述，本题答案为 A、B。

【6.（2013 - 11）解析】知识点：新颖性审查原则、化学领域特殊规定

在 G - 2 - 10 - 5.4 关于"化学产品用途发明的新颖性"第二段中规定，一种已知产品不能因为提出了某一新的应用而被认为是一种新的产品。例如，产品 X 作为洗涤剂是已知的，那么一种用作增塑剂的产品 X 不具有新颖性。但是，如果一项已知产品的新用途本身是一项发明，则已知产品不能破坏该新用途的新颖性。这样的用途发明属于使用方法发明，因为发明的实质不在于产品本身，而在于如何去使用它。例如，上述原先作为洗涤剂的产品 X，后来有人研究发现将它配以某种添加剂后能作为增塑剂用。那么如何配制、选择什么添加剂、配比多少等就是使用方法的技术特征。这时，审查员应当评价该使用方法本身是否具备新颖性，而不能凭产品 X 是已知的认定该使用方法不具备新颖性。

题干的信息表明该篇对比文献构成该申请的现有技术，可以用于评价其新颖性。选项 A 要求保护的是一种杀菌组合物，而对比文献为"染料组合物"，但由于两者的制备方法是相同的，即都是"由植物材料 M 经过步骤 X、Y 和 Z 加工处理制得"，因此应当得到的是相同的组合物，根据相关规定，选项 A 属于一种已知产品，不能因为提出了杀菌这一新的应用而被认为是一种新的产品，故不具备新颖性，不符合题意。

选项 B 项中"一种制备杀菌组合物的方法"与对比文献中已公开的组合物的制备方法相同，且制备的组合物实质上也是相同的，因此选项 B 中的权利要求技术方案与对比文献中制备染料组合物的方法实质相同，而不具备新颖性，不符合题意。

选项 C 的文字表述方式不同，但实际表达的含义与选项 A 是相同的，虽然采用了"可以杀菌"限定，但由于制备方法完全相同，因而该权利要求的组合物与对比文献中已公开的组合物实质相同，因此也没有新颖性，不符合题意。

选项 D 所述的"一种杀菌方法"，属于使用方法权利要求，而对比文献没有公开所述组合物可用来杀菌，因此对比文献没有公开所述的杀菌方法。并且根据相关规定，不能凭产品是已知的而认定该使用方法不具备新颖性。故选项 D 的权利要求具备新颖性，符合题意。

综上所述，本题答案为 D。

【7.（2010 - 33）解析】知识点：新颖性判断基准（数值和数值范围）

参照 1.（2018 - 16）的解析。本题中，对比文件公开的干燥温度数值范围为 40～100℃，则其两个端点 40℃ 和 100℃ 能够破坏权利要求中干燥温度为 40℃ 和 100℃ 的技术方案的新颖性，即选项 A 和 D 符合题意。但对比文件不能破坏 40～100℃ 任一数值的新颖性，即不能破坏权利要求中干燥温度为 58℃ 和 75℃ 的技术方案的新颖性，故选项 B 和 C 不符合题意。

综上所述，本题答案为 A、D。

（三）总体考点分析

本部分涉及新颖性的判断原则和判断基准。具体考点涉及两个审查原则，即同样的发明或者实用新型和单独对比原则。具体判断基准的五种常见情形，包括相同内容的发明或者实用新型；具体（下位）概念与一般（上位）概念；惯用手段的直接置换；数值和数值范围；包含性能、参数、用途、制备方法等特征的产品权利要求的新颖性审查原则。此外，还包括化学领域发明新颖性判断的其他若干规定、包含算法特征或商业规则和方法特征的发明专利的新颖性审查规定中的相对简单的情形。

 高频结论

✓ 权利要求与现有技术或抵触申请相比，如果其技术领域、所解决的技术问题、技术方案和预期效果实质上相同，则认为两者为同样的发明或者实用新型。简称"四个相同"，但化学领域发明有些特殊，此时则遵循：所属技术领域的技术人员根据两者的技术方案可以确定两者能够适用于相同的技术领域，解决相同的技术问题，并具有相同的预期效果，则认为两者为同样的发明或者实用新型。例如用于洗涤剂的化合物 X，与用于增塑剂的化合物 X，应当认为两者是同样的发明。

✓ 权利要求与对比文件相比，其区别仅在于前者采用一般（上位）概念，而后者采用具体（下位）

概念限定同类性质的技术特征，则权利要求丧失新颖性；否则就具备新颖性（简称下位概念影响上位概念的新颖性，上位概念不能影响下位概念的新颖性）。

✓　与对比文件的区别仅仅是所属技术领域的惯用手段的直接置换，则该发明或者实用新型不具备新颖性。

✓　权利要求的数值或数值范围包括了现有技术公开的一个数值点或一个数值范围，其他特征相同的情况下，则权利要求不具备新颖性，否则具备新颖性，例如权利要求的数值或者数值范围落在对比文件公开的数值范围内（且无共同的端点），具有完全不同的数值点、完全不重叠的数值范围等。反过来可归纳为，只要现有技术公开的点值或数值范围的端值与权利要求中的点值或端值相同，或者落入权利要求的数值范围之内，则权利要求不具备新颖性。

✓　包含性能、参数、用途、制备方法等特征的产品权利要求，应当考虑权利要求中的性能、参数、用途、制备方法等特征是否隐含了要求保护的产品具有某种特定结构和/或组成。如果该性能、参数隐含了要求保护的产品具有区别于对比文件产品的结构和/或组成，则该权利要求具备新颖性，否则就不具备新颖性（注意《专利审查指南2023》中举的例子）。

✓　在对包含算法特征或商业规则和方法特征的发明专利申请进行新颖性审查时，应当考虑权利要求记载的全部特征，所述全部特征既包括技术特征，也包括算法特征或商业规则和方法特征。（该规定需要了解，虽然具体判断实例应该不会作为考点。）

✓　已知产品不能因为提出了某一新的应用而被认为是一种新的产品（注意权利要求的技术方案的主题是产品）。例如产品X作为洗涤剂是已知的，那么一种用作增塑剂的产品X不具有新颖性。

✓　如果一项已知产品的新用途本身是一项发明，则已知产品不能破坏该新用途的新颖性（注意权利要求的技术方案的主题是用途或使用方法）。例如，产品X作为洗涤剂是已知的，那么产品X用于杀菌的用途或方法具备新颖性。

（四）参考答案

1. C	2. A、D	3. A	4. A、B	5. A、B
6. D	7. A、D			

四、不丧失新颖性的宽限期

（一）历年试题集合

1.（2019-4）甲于2019年2月10日在我国政府主办的一个国际展览会上首次展出了其研制的新产品。乙于2019年7月11日独立作出了与甲完全相同的新产品，并于2019年7月16日提出了专利申请。甲于2019年8月2日也提出了专利申请，并提出了不丧失新颖性宽限期声明且附有证据。下列说法中正确的是？

【你的答案】

【选错记录】

A. 甲的发明在其申请日前已经被公开，因此不能被授予专利权

B. 甲于2019年2月10日将其新产品进行展出的行为不影响其获得专利权

C. 乙的发明是独立作出的，因此可以被授予专利权

D. 甲的发明享有六个月的不丧失新颖性宽限期，因此可以被授予专利权

2.（2018-58）关于不丧失新颖性的宽限期，下列说法错误的是？

【你的答案】

【选错记录】

A. 如果申请人在中国政府主办的国际展会上首次展出其发明创造后六个月内在中国提出首次专利申请，之后又希望基于该首次专利申请作为国内优先权基础提出一份在后中国专利申请，则该在后中国专利申请的申请日应不晚于其首次展出后十二个月

B. 《专利法》第二十四条有关宽限期规定中所述的"首次展出""首次发表"是指在申请日以前的六个月内仅允许申请人将其发明创造以《专利法》第二十四条所规定的方式展出或发表一次，不允许申请人在上述期限内多次发表或展出的情形

C. 申请人将其发明创造在中国政府主办的国际展览会上首次展出后，他人在该展会获得了该发明创造的信息，进而在宽限期内在出版物上公开发表了该发明创造的，将导致该申请丧失新颖性

D. 申请人作出的《专利法》第二十四条中规定的不丧失新颖性的公开行为，不能作为现有技术评价该

申请人在宽限期内所提交专利申请请求保护的相似技术方案的创造性

3. （2018－11）下列情形，不可以在提出专利申请时要求不丧失新颖性宽限期的是？

A. 在中国政府主办或者承认的国际展览会上首次展出的

B. 在学术期刊公开发表或者规定的技术会议上首次发表的

C. 他人未经申请人同意而泄露其内容的

D. 在有明确保密要求的省以下学术会议上首次发表的

4. （2017－22）甲向国家知识产权局提出发明专利申请，要求保护一种智能手表，申请日为 2016 年 7 月 18 日，以下关于宽限期的说法正确的是？

A. 乙于 2016 年 5 月 1 日未经申请人甲的同意泄露其专利申请的内容，申请人甲于 2016 年 7 月 28 日得知此事，其应当在 2016 年 10 月 28 日之前提出要求不丧失新颖性宽限期的声明，并附具证明材料

B. 甲于 2016 年 1 月 1 日在第×届全国电子学术会议上首次发表了该智能手表的技术方案，并于 2016 年 2 月 1 日在广交会上公开展出了其智能手表，则该申请仍可以享有宽限期

C. 甲于 2016 年 2 月 1 日在第×届全国电子学术会议上首次发表了该智能手表的技术方案，乙独立作出了同样的智能手表，并在 2016 年 3 月 1 日提出了专利申请，但由于甲提出宽限期声明，甲仍可以取得专利权

D. 申请人于 2016 年 2 月 1 日在第×届全国电子学术会议上首次发表了该智能手表的技术方案，乙独立作出了同样的智能手表，并在 2016 年 3 月 1 日提出专利申请，但 2016 年 2 月 1 日智能手表技术方案的公开破坏了乙的申请的新颖性，乙的申请不能被授予专利权

5. （2016－39）甲、乙分别独立研发出了技术方案 A。甲于 2010 年 6 月 1 日在中国政府主办的一个国际展览会上首次展出了技术 A，并于 2010 年 11 月 1 日向国家知识产权局递交了关于技术方案 A 的发明专利申请 X，同时声明要求享有不丧失新颖性宽限期，并按期提交了相关证明文件。乙于 2010 年 8 月 2 日递交了关于技术方案 A 的发明专利申请 Y，并于 2010 年 10 月 10 日公开发表了详细介绍技术方案 A 的论文。以下说法哪些是正确的？

A. 甲的专利申请 X 享受六个月的宽限期，因此甲的展出行为及乙发表的论文均不影响该申请 X 的新颖性

B. 甲在展览会上的展出行为不影响专利申请 X 的新颖性，但影响申请 Y 的新颖性

C. 乙独立完成发明并且在甲之前提出了专利申请，因此乙的申请具备新颖性

D. 甲和乙的专利申请都不具备新颖性

6. （2015－41）下列哪些情形一定会导致申请专利的发明创造丧失新颖性？

A. 该发明创造于申请日前五个月在我国政府主办的某国际展览会上首次公开展出

B. 该发明创造于申请日前四个月被独立作出同样发明创造的他人在科技部组织召开的科技会议上首次公开

C. 该发明创造于申请日前七个月被他人未经申请人同意发布在互联网上

D. 该发明创造于申请日前两个月在国务院有关主管部门主办的核心期刊上首次公开发表

7. （2014－70）下列哪些情形一定会导致申请专利的发明创造丧失新颖性？

A. 该发明创造于申请日前八个月在我国政府主办的某国际展览会上首次公开展出

B. 该发明创造于申请日前三个月在某全国性学术团体组织召开的技术会议上首次公开

C. 该发明创造于申请日前两个月在国务院有关主管部门主办的核心期刊上首次公开发表

D. 该发明创造于申请日前一个月被他人未经申请人同意发布在互联网上

8. （2012－12）甲完成一项产品发明并于 2010 年 5 月 10 日在卫生部召开的学术会议上首次公开该产品。乙独立开发出相同的产品，并在 2010 年 8 月 5 日出版的《中国现代医学》杂志上详细介绍了该产品。就该

产品，乙于 2010 年 8 月底提出专利申请，甲于 2010 年 9 月 1 日提出专利申请。下列哪种说法是正确的？

A. 由于乙提出专利申请的时间比甲早，如果甲乙二人的申请皆满足其他授予专利权的条件，则乙应当获得专利权

B. 由于该发明已在学术会议上公开，因此甲的申请丧失了新颖性

C. 由于甲的发明享有不丧失新颖性的宽限期，因此在宽限期内的任何公开都不会影响甲的申请的新颖性

D. 由于该发明在申请日前已在杂志上被公开，因此甲和乙的申请都不具备新颖性

9.（2011－77）王教授于 2010 年 3 月 1 日在卫生部召开的学术会议上首次公开并演示了一种新医疗器械。丁某独立开发出相同产品并在 2010 年 6 月 5 日出版的某期刊上详细介绍了该医疗器械的结构。丁某和王教授分别于 2010 年 6 月 20 日和 2010 年 7 月 1 日就该医疗器械申请专利。下列哪些说法是正确的？

A. 丁某独立完成发明并且在王教授之前提出了专利申请，因此应当由丁某获得专利权

B. 王教授和丁某的上述专利申请都不具备新颖性

C. 王教授在该学术会议上公开其发明后，任何人就该发明提出的任何专利申请都丧失了新颖性

D. 王教授的专利申请享受六个月的宽限期，因此其专利申请具备新颖性

10.（2010－44）在专利申请人在办理了相关手续的情况下，下列哪些情形其申请专利的发明创造不丧失新颖性？

A. 专利申请人在申请日前十二个月时在中国政府主办的国际展览会上首次展出了其发明创造

B. 专利申请人在申请日前三个月时在某全国性学术团体召开的技术会议上首次发表了有关其发明创造的论文

C. 专利申请人由于不慎在申请日前四个月时将自己的发明创造公布在了互联网上

D. 他人未经专利申请人同意在申请日前五个月时泄露了其发明创造的内容

11.（2010－55）甲于 2006 年 1 月 10 日提交了有关电话机的一件发明专利申请，并提交了有关证明文件。下列哪些情形会影响该发明的新颖性？

A. 乙违反与甲订立的保密协议，于 2005 年 11 月在某国际学术刊物上发表了记载该发明所有内容的论文

B. 丙将与甲的发明同样的电话机于 2005 年 10 月在美国举办的中国政府承认的国际展览会上首次展出

C. 甲将其发明的电话机于 2005 年 5 月在中国政府主办的国际展览会上首次展出

D. 甲发明的电话机于 2005 年 10 月在北京某超市出售

（二）参考答案解析

【1.（2019－4）解析】知识点：不丧失新颖性的宽限期（国际展览会上首次展出）

A24 规定："申请专利的发明创造在申请日以前六个月内，有下列情形之一的，不丧失新颖性：（一）在国家出现紧急状态或者非常情况时，为公共利益目的首次公开的；（二）在中国政府主办或者承认的国际展览会上首次展出的；（三）在规定的学术会议或者技术会议上首次发表的；（四）他人未经申请人同意而泄露其内容的。"

在 G－2－3－5 关于"不丧失新颖性的宽限期"中规定：……申请专利的发明创造在申请日以前六个月内，发生《专利法》第二十四条规定的四种情形之一的，该申请不丧失新颖性。即这四种情形不构成影响该申请的现有技术。所说的六个月期限，称为宽限期，或者称为优惠期。宽限期和优先权的效力是不同的。宽限期仅仅是把申请人（包括发明人）的某些公开，或者他人从申请人或者发明人那里以合法手段或者不合法手段得来的发明创造的某些公开，认为是不损害该专利申请新颖性和创造性的公开。实际上，发明创造公开以后已经成为现有技术，只是这种公开在一定期限内对申请人的专利申请来说不视为影响其新颖性和创造性的现有技术，并不是把发明创造的公开日看作专利申请的申请日。所以，从公开之日至提出申请的期间，如果他人独立地作出了同样的发明创造，而且在申请人提出专利申请以前提出了专利申请，那么根据先申请原则，申请人就不能取得专利权。当然，由于申请人（包括发明人）的公开，使该发明创造

成为现有技术，故他人的申请没有新颖性，也不能取得专利权。"

根据题目信息，甲于2019年2月10日在我国政府主办的一个国际展览会上首次展出了其研制的新产品（属于《专利法》第二十四条规定的第二种情形），然后于2019年8月2日也提出了专利申请（距离首次展出没有超过六个月），并提出了不丧失新颖性宽限期声明且附有证据，因此可以享受不丧失新颖性宽限期，甲的申请不会因首次展出丧失新颖性。选项A所述"甲的发明在其申请日前已经被公开，因此不能被授予专利权"的说法是错误，不符合题意。选项B所述"甲于2019年2月10日将其新产品进行展出的行为不影响其获得专利权"符合上述情形，因此其说法是正确的。

而乙于2019年7月11日独立作出了与甲完全相同的新产品，并于2019年7月16日提出了专利申请，可见乙的新产品完成时间及申请的时间均处于甲的首次展出与提交专利申请的时间中间。基于上述规定可知，甲的首次展出构成了乙的申请的现有技术，因此乙的申请也不能被授予专利权，不能因为其是乙独立作出的而能获得授权，即选项C的说法错误。根据上述规定，基于先申请原则（实际上是甲的申请由于乙的申请成为其抵触申请而丧失新颖性），甲的专利申请不能被授予专利权，因此选项D的说法是错误的。

综上所述，本题答案为B。

【2.（2018-58）解析】 知识点：不丧失新颖性的宽限期；相关知识点：优先权

参照1.（2019-4）的解析。对于选项A，进一步地，根据R11.1的规定，除《专利法》第二十八条和第四十二条规定的情形外，《专利法》所称申请日，有优先权的，指优先权日。基于该规定，《专利法》第二十四条规定的宽限期的起算日，有优先权的是指优先权日，即宽限期是指优先权日之前六个月内。但《专利法》第二十四条规定的行为发生日不构成优先权日。由此可知，选项A中，申请人在中国政府主办的国际展会上首次展出其发明创造后六个月内在中国提出首次专利申请，之后又希望基于该首次专利申请作为国内优先权提出一份在后中国专利申请，则该在后中国专利申请的申请日应不晚于首次专利申请后十二个月，而不是首次展出后十二个月，因此选项A的说法是错误的。

对选项B，在G-2-3-5关于"不丧失新颖性的宽限期"中规定，……发生《专利法》第二十四条规定的任何一种情形之日起六个月内，申请人提出申请之前，发明创造再次被公开的，只要该公开不属于上述四种情形，则该申请将由于此再次公开而丧失新颖性。再次公开属于上述四种情形的，该申请不会因此而丧失新颖性，但是，宽限期自发明创造的第一次公开之日起计算……。因此，《专利法》第二十四条规定的首次展或发表，仅仅是规定"首次"作出上述行为时应在申请日前六个月内，并没有排除申请人在上述期限内多次作出上述行为。因此，选项B中提到"仅允许申请人将其发明创造以《专利法》第二十四条所规定的方式展出或发表一次，不允许申请人在上述期限内多次发表或展出的"的说法是错误的。

对于选项C，他人在出版物上公开发表的发明创造是通过参加展览这种合法方式直接从申请人那里获得的，属于合法获得。而且，根据展览会的目的，申请人在展览会上展出的行为表明申请人有意公开其发明创造而不要使其发明创造处于保密状态，因此他人通过合法方式得知该发明创造后，再予以公开的行为无须经申请人同意。虽然他人在出版物上公开发表该发明创造的行为本身可能存在学术道德等问题，但并不构成所谓的"泄露"问题（因而也不适用《专利法》第二十四条规定的第（四）种情形即"他人未经申请人同意而泄露其内容"）。因此，选项C的说法正确。

对于选项D，参见1.（2019-4）的解析。根据G-2-3-5关于"不丧失新颖性的宽限期"中规定可知，《专利法》第二十四条中规定的公开行为，既不能用于评述随后申请的发明创造的新颖性，也不能用于评述其创造性。故选项D的说法正确。（注意：《专利法》第二十四条规定中虽然采用的"不丧失新颖性"，仅仅是一种通俗表达，并不意味着相关的公开仅仅不影响新颖性而可以影响创造性，而且《专利审查指南2023》的相关规定中采用"不损害该专利申请新颖性和创造性的公开""已成为现有技术""不视为影响其新颖性和创造性的现有技术"的表述更为准确。）

综上所述，本题答案为A、B。

【3.（2018-11）解析】 知识点：不丧失新颖性的宽限期

参照1.（2019-4）的解析可知，选项A、C分别相应于《专利法》第二十四条规定中第（二）和第（四）种情形，可以在提出专利申请时要求不丧失新颖性宽限期，不符合题意。

选项B中在学术期刊上公开发表不属于可以享受不丧失新颖性宽限期的情形，因而不可以在提出专利申请时要求不丧失新颖性宽限期，符合题意。

对于选项D，在G-1-1-6.3.3关于"在规定的学术会议或者技术会议上首次发表"中第一段规定，规定的学术会议或者技术会议，是指国务院有关主管部门或者全国性学术团体组织召开的学术会议或者技术会议，以及国务院有关主管部门认可的国际组织召开的学术会议或者技术会议。不包括省以下或者受国务院各部委或者全国性学术团体委托或者以其名义组织召开的学术会议或者技术会议。在后者所述的会议上的公开将导致丧失新颖性，除非这些会议本身有保密约定。根据上述规定，选项D中在有明确保密要求的省以下学术会议上首次发表，也可以在提出专利申请时要求不丧失新颖性宽限期，不符合题意（虽然从某种意义上来说，如果学术既然有保密要求，也就不会构成专利法意义上的公开，但根据《专利审查指南2023》的规定，申请人还是可以提出不丧失新颖性宽限期的要求）。

综上所述，本题答案为 B。

【4.（2017-22）解析】知识点：不丧失新颖性的宽限期

参照 1.（2019-4）的解析。在 G-1-1-6.3.4 关于"他人未经申请人同意而泄露其内容"中第二段规定，申请专利的发明创造在申请日以前六个月内他人未经申请人而泄露了其内容，若申请人在申请日前已获知，应当在提出专利申请时在请求书中声明，并在自申请日起两个月内提交证明材料。若申请人在申请日以后自行得知的，应当在得知情况后两个月内提出要求不丧失新颖性宽限期的声明，并附具证明材料……。选项 A 中申请人是在申请日后得知乙未同意泄露其专利申请的内容的，因此应当在得知情况后两个月内提出要求不丧失新颖性宽限期的声明，即甲应在 2016 年 9 月 28日之前而不是 2016 年 10 月 28 日之前提出要求不丧失新颖性宽限期的声明，因此选项 A 中的时间超过了两个月，说法是错误的。

在 G-2-3-5 关于"不丧失新颖性的宽限期"中规定，……发生《专利法》第二十四条规定的任何一种情形之日起六个月内，申请人提出申请之前，发明创造再次被公开的……再次公开属于上述四种情形的，该申请不会因此而丧失新颖性，但是，宽限期自发明创造的第一次公开之日起计算……。选项 B 中，应当以其第一次公开时间 2016 年 1 月 1日起算，距离申请日 2016 年 7 月 18 日已经超过六个月。虽然在广交会上展出时间 2016 年 2 月 1 日，距离申请日没有超过六个月，但由于其不是第一次公开，因此不能以 2016 年 2 月 1 日作为宽限期的起算日。因此甲的申请不能享受不丧失新颖性宽限期，选项 B 说法错误。

对于选项 C，参照 1.（2019-4）中选项 D 的解析，由于乙独立作出了同样的智能手表，并在 2016 年 3 月 1 日提出了专利申请，早于甲提交专利申请，导致甲不能取得专利权；同时，甲于 2016 年 2 月 1 日在第 × 届全国电子学术会议上首次发表而构成了乙的专利申请的现有技术，导致乙也不能获得专利权。因此，选项 C 认为甲仍可以取得专利权的说法错误；选项 D 中认为乙的申请不能被授予专利权的说法正确，符合题意。

综上所述，本题答案为 D。

【5.（2016-39）解析】知识点：不丧失新颖性的宽限期

参照 1.（2019-4）的解析。甲于 2010 年 6 月 1 日的展出行为已经使得技术方案 A 构成现有技术，影响乙于 2010 年8 月 2 日递交的发明专利申请 Y 的新颖性。但该展出是中国政府主办的国际展览会，且距离甲的专利申请 X 的申请日2010 年 11 月 1 日没有超过六个月，因此专利申请 X 可以享受该展出行为的丧失新颖性宽限期，不会因该展出而失去新颖性。而乙已于 2010 年 10 月 10 日公开发表了涉及技术方案 A 的论文，由于这是乙独立研发出来的，且发表时间早于甲的专利申请 X 的申请日，故该论文构成了甲的专利申请 X 的现有技术，而使得甲的专利申请 X 丧失新颖性。另外，乙于 2010 年 8 月 2 日递交了关于技术方案 A 的发明专利申请 Y，申请日早于甲的专利申请 X，如果后续公开了，也会导致甲的专利申请 X 失去新颖性。

基于上述分析可知，选项 A 中"甲的展出行为及乙发表的论文均不影响该申请 X 的新颖性"的说法是错误的。选项 B 中在展览会上的展出行为不影响专利申请 X 的新颖性，但影响申请 Y 的新颖性，说法是正确的。选项 C 中说法是错误的，因为不能因为乙是独立完成的发明并且在甲之前提出了专利申请而不失去新颖性。选项 D 中甲和乙的专利申请都不具备新颖性的说法是正确的。

综上所述，本题答案为 B、D。

【6.（2015-41）解析】知识点：不丧失新颖性的宽限期

参照 1.（2019-4）的解析。对于选项 A，该发明创造在我国政府主办的某国际展览会上首次公开展出，如果该首次公开展出是申请人自己的行为，则属于《专利法》第二十四条关于不丧失新颖宽限期规定的情形之一，而且申请日距离首次公开展出时间只有五个月而没有超过六个月，则可以在提交专利申请时，提出不丧失新颖宽限期的声明而避免申请专利的发明创造丧失新颖性，因此该首次公开展出不一定会导致申请专利的发明创造丧失新颖性，不符合题意。

对于选项 B，由于该发明创造是他人在申请日前 4 个月在科技部组织召开的科技会议上首次公开，而且是由他人独立作出的同样发明创造，则构成了专利申请的现有技术而影响其新颖性，即所述首次公开一定会导致申请专利的发明创造丧失新颖性，选项 B 符合题意。

对于选项 C，由于他人未经申请人同意发布在互联网上的时间为七个月，超过了享受不丧失新颖性宽限期的六个月期限，故申请专利的发明创造丧失新颖性，符合题意。

对于选项 D，所述的申请日前两个月在国务院有关主管部门主办的核心期刊上首次公开发表，并不属于《专利法》第二十四条关于不丧失新颖宽限期规定的情形之一，因而导致申请专利的发明创造丧失新颖性，符合题意。（需要说明的是：对于选项 D，没有明确公开发表的人是申请人本人还是他人。虽然从出题思路来看，应当隐含着是申请人本人的行为，但如果明确是申请人本人的行为，则答案更为确定一些，因为如果是他人未经申请人同意而进行上述公开发表，申请人仍然有可能请求享受不丧失新颖性宽限期。）

综上所述，本题答案为 B、C、D。

【7. (2014 - 70) 解析】知识点：不丧失新颖性的宽限期

参照 1. (2019 - 4) 和 6. (2015 - 41) 的解析。对于选项 A，由于首次公开展出时间在申请日前八个月的行为，已超出了不丧失新颖性的宽限期的六个月要求，故该首次展出会导致申请专利的发明创造丧失了新颖性，符合题意。

对于选项 B，由于是申请日前三个月在某全国性学术团体组织召开的技术会议上首次公开，如果是申请人本人的行为且距离申请时没有超过六个月，则符合《专利法》第二十四条关于不丧失新颖宽限期规定的第三种情形（"在规定的学术会议或者技术会议上首次发表的"），因此申请人有可能提出不丧失新颖性宽限期的请求，而避免该首次公开导致专利申请丧失新颖性，不符合题意。

对于选项 C，参照 6. (2015 - 41) 选项 D 的解析可知，其符合题意。

对于选项 D，由于是被他人未经申请人同意发布在互联网上，并且发生在申请日前一个月，则根据《专利法》第二十四条规定的第四种情形（他人未经申请人同意而泄露其内容的）的规定，申请人有可能请求不丧失新颖性宽限期，因而不一定会导致申请专利的发明创造丧失新颖性，不符合题意。

综上所述，本题答案为 A、C。

【8. (2012 - 12) 解析】知识点：不丧失新颖性的宽限期

参照 1. (2019 - 4) 和 5. (2016 - 39) 的解析。对于选项 A，由于甲对其所作的发明产品于 2010 年 5 月 10 日在卫生部召开的学术会议上首次公开，时间早于乙提出专利申请的时间（2010 年 8 月底），即构成乙的专利申请的现有技术，由于涉及相同的产品，因此影响乙的专利申请的新颖性，乙不能获得专利权，故选项 A 中认为乙应当获得专利权的说法错误。（注意：由于乙于 2010 年 8 月 5 日出版的《中国现代医学》杂志上详细介绍了该产品，早于乙提交专利申请的时间，因而也构成乙的专利申请的现有技术，也导致乙不能获得专利权。）

对于选项 B，甲于 2010 年 5 月 10 日在卫生部召开的学术会议上首次公开该产品，属于在规定的学术会议上首次发表，且提出专利申请的时间（2010 年 9 月 1 日），距离该首次公开的时间没有超过六个月，因此甲可以请求享受不丧失新颖性宽限期。故甲的申请不会因为其在学术会议上公开而丧失新颖性，故选项 B 所述甲的申请丧失了新颖性的说法错误。（注意：甲的申请确实丧失了新颖性，但其原因并不是甲在学术会议上的公开，而是乙在《中国现代医学》杂志上的发表。）

对于选项 C，虽然甲的专利申请可以要求享有不丧失新颖性的宽限期，但由于宽限期效力并不同于优先权，而由于乙独立地作出了同样的发明创造，并且于 2010 年 8 月 5 日在《中国现代医学》杂志上进行了公开，早于甲提专利申请的时间（2010 年 9 月 1 日），因此乙在《中国现代医学》杂志上的公开构成了甲的申请的现有技术。因此，选项 C 所述在宽限期内自于任何公开都不会影响甲专利申请的新颖性的说法错误。

对于选项 D，参见选项 A 和 C 的解析，乙在 2010 年 8 月 5 日出版的《中国现代医学》杂志上详细介绍了该产品，既影响甲的申请的新颖性，也影响乙的申请的新颖性。故选项 D 的说法正确。

综上所述，本题答案为 D。

【9. (2011 - 77) 解析】知识点：不丧失新颖性的宽限期

参照 1. (2019 - 4) 和 8. (2012 - 12) 的解析。由于王教授于 2010 年 3 月 1 日在卫生部召开的学术会议上首次公开并演示了所述的医疗器械，早于丁某提出专利申请的时间，构成其现有技术，因此丁某的专利申请不具备新颖性。虽然王教授的申请可以享有不丧失新颖性的宽限期，但由于在其提出专利申请之前，丁某独立开发出该医疗器械并将该产品在期刊上公开，因此王教授的专利申请也为丁某的公开而不具备新颖性。由此可知，选项 A、C、D 的说法是错误的，选项 B 所述的"王教授和丁某的上述专利申请都不具备新颖性"的说法是正确的。

综上所述，本题答案为 B。

【10. (2010 - 44) 解析】知识点：不丧失新颖性的宽限期

参照 1. (2019 - 4) 的解析。选项 A 中，由于申请人在中国政府主办的国际展览会上首次展出其发明创造的时间在申请日前十二个月，超出了不丧失新颖性宽限期的六个月期限，故其申请专利的发明创造丧失新颖性，不符合题意。

选项 B 中，申请人的论文在申请日前三个月时在某全国性学术团体召开的技术会议上首次发表，由于其属于规定的学术会议上首次发表，且在申请日前三个月内，没有超出不丧失新颖性宽限期的六个月期限，故该论文不会导致其申请专利的发明创造丧失新颖性，符合题意。

选项 C 中，申请人将自己的发明创造在互联网上公开，虽然是不慎导致的，但由于并不属于可以享受不丧失新颖性宽限期中的任何一种，因此所述公开导致其申请专利的发明创造丧失新颖性，不符合题意。

选项 D 中，由于是他人未经申请人同意而泄露了发明创造的内容，并且发生在申请日前六个月内，能够享受不丧失新颖性宽限期，因此该申请专利的发明创造不会因此而丧失新颖性，符合题意。

综上所述，本题答案为 B、D。

【11.（2010－55）解析】知识点：不丧失新颖性的宽限期

参照 1.（2019－4）的解析。选项 A 中，由于乙违反其与甲签订的保密协议，在申请日前的六个月内在国际学术刊物上公开了甲申请专利的发明创造，其属于《专利法》第二十四条规定中的第（四）种情形（他人未经申请人同意而泄露其内容的），甲可以据此请求不丧失新颖性宽限期的声明，由于题中说明甲已提交了有关证明文件，因此乙的公开行为不会影响该发明的新颖性，不符合题意。

选项 B 中，丙将同样的电话机在国际展览会上首次展出的时间早于甲提交专利申请的时间，因而构成了甲的申请的现有技术，故丙的公开行为影响甲申请的新颖性，符合题意。注意：从出题思路来看，选项 B 中的丙应当是独立研发出同样的电话机，不要过多地设想其可能从甲处获得的。

选项 C 中，由于甲在中国政府主办的国际展览会上首次展出其发明的电话机的时间是 2005 年 5 月，距离其提出专利申请的时间 2006 年 1 月 10 日，超过六个月，不能再享受不丧失新颖性宽限期，故甲的展出影响甲申请的新颖性，符合题意。

选项 D 中，甲发明的电话机于 2005 年 10 月在北京某超市出售，早于提出专利申请的时间，构成了申请日前的使用公开，相对于甲的申请构成现有技术，因而影响了甲申请的新颖性，符合题意。

综上所述，本题答案为 B、C、D。

（三）总体考点分析

本部分涉及不丧失新颖性宽限期（相关内容见于 G-1-1-6.3 关于"不丧失新颖性的公开"规定，以及 G-2-3-5 关于"不丧失新颖性的宽限期"规定），具体包括宽限期的效力、宽限期的六个月期限、适用宽限期的四种情形、提出宽限期声明的时间要求、二次公开适用宽限期的条件、首次发表和首次展出的含义、他人未经申请人同意而泄露其发明创造内容的含义，以及适用宽限期的证明材料。其中有些宽限期的考点融入现有技术、优先权、新颖性的判断等试题中，本部分主要收集了以不丧失新颖性宽限期为重点试题。

高频结论

✓　申请专利的发明创造在申请日以前六个月内，有下列情形之一的，不丧失新颖性：（一）在国家出现紧急状态或者非常时期时，为公共利益的首次公开的；❶（二）在中国政府主办或者承认的国际展览会上首次展出的；（三）在规定的学术会议或者技术会议上首次发表的；（四）他人未经申请人同意而泄露其内容的。其中，对于第（二）和第（三）种情形，第（一）种情形也应如此，申请人应当在提出申请时在请求书中声明，并在自申请日起两个月内提交证明材料。对于第（四）种情形，若申请人在申请日已获知，应当在提出专利申请时在请求书中声明，并在自申请日起两个月内提交证明材料。若申请人在申请日以后得知的，应当在得知情况后两个月内提出要求不丧失新颖性宽限期的声明，并附具证明材料。

✓　中国政府主办的国际展览会，包括国务院、各部委主办或者国务院批准由其他机关或者地方政府举办的国际展览会。中国政府承认的国际展览会，是指国际展览会公约规定的由国际展览局注册或者认可的国际展览会。

✓　规定的学术会议或者技术会议，是指国务院有关主管部门或者全国性学术团体组织召开的学术会议或者技术会议，以及国务院有关主管部门认可的国际组织召开的学术会议或者技术会议。不包括省以下或者受国务院各部委或者全国性学术团体委托或者以其名义组织召开的学术会议或者技术会议。在后者所述的会议上的公开将导致丧失新颖性，除非这些会议本身有保密约定。

✓　申请专利的发明创造在申请日以前六个月内，发生《专利法》第二十四条规定的情形之一的，该申请不丧失新颖性。即所述情况不构成影响该申请的现有技术。

✓　从首次公开之日至提出申请的期间，如果第三人独立地作出了同样的发明创造，而且在申请人提出专利申请以前提出了专利申请，那么根据先申请原则，申请人就不能取得专利权。由于申请人（包括发明人）的公开，使该发明创造成为现有技术，故第三人的申请没有新颖性，也不能取得专利权。即谁都不能获得专利权。因为宽限期和优先权的效力是不同的：①发明创造被公开以后已经成为现有技术，只是这种公开

---

❶　这种情形是《专利法》第四次修改增加的，作考点的可能性较大。

在一定期限内对申请人本人的专利申请来说不视为影响其新颖性和创造性的现有技术;②并不是将其公开日看作专利申请的申请日或者优先权日。

✓ 发生《专利法》第二十四条规定的任何一种情形之日起六个月内,申请人提出申请之前,发明创造再次被公开的,如果再次公开属于上述四种情况的,该申请不会因此而丧失新颖性,但是,宽限期自发明创造的第一次公开之日起计算。(但只要再次公开不属于上述四种情况,则该申请丧失新颖性。)

✓ 申请人在中国政府主办或者承认的国际展览会上首次展出或在规定的学术会议或者技术会议上首次发表的行为表明申请人有意公开其发明创造,如果他人基于所述公开而再次公开的,同时样会导致申请人在后申请失去新颖性。

(四)参考答案

1. B   2. A、B   3. B   4. D   5. B、D

6. B、C、D   7. A、C   8. D   9. B   10. B、D

11. B、C、D

五、对同样的发明创造的处理

(一)历年试题集合

1. (2019－16)同一申请人同日对同样的发明创造既提交了发明专利申请,又提交了实用新型专利申请,并于申请日进行了声明。如果先获得的实用新型专利权尚未终止,而发明专利申请符合其他可以授予专利权的条件,申请人声明放弃实用新型专利权的,放弃的实用新型专利权自下列哪日终止?

【你的答案】

【选错记录】

A. 发明专利权的授权公告日

B. 放弃实用新型专利权声明的提交日

C. 实用新型的申请日

D. 实用新型的授权公告日

2. (2017－80)甲公司2015年8月26日就同样的发明创造提出了一项实用新型专利申请和一项发明专利申请,申请人也已在申请时分别作出说明,2015年12月26日实用新型专利申请获得授权且一直维持有效。以下哪些说法正确?

【你的答案】

【选错记录】

A. 作为同样发明创造的发明专利申请可以直接被授权

B. 作为同样发明创造的发明专利申请进行修改权利要求后,可能会被授权

C. 如果在发明专利申请授权前,甲公司因不缴纳年费导致实用新型专利权已终止,作为同样发明创造的发明专利申请可以被授权

D. 如果在实用新型专利申请授权前,甲公司提交了撤回实用新型专利申请声明并且该撤回声明已经生效,如果该发明申请符合授予专利权的其他条件,该发明专利申请可以被授权

3. (2016－40)关于同样发明创造,下列说法哪些是正确的?

【你的答案】

【选错记录】

A. 李某于2014年5月4日和5月5日先后就同样的发明创造提交了实用新型专利申请A和发明专利申请B,为禁止重复授权,李某可以选择放弃已经取得的实用新型A的专利权,或选择修改发明申请B的权利要求

B. 王某在2014年5月5日就同样的发明创造分别提交实用新型专利申请A和发明专利申请B,但未就存在同日申请进行说明。为禁止重复授权,李某既可以选择放弃已经取得的实用新型A的专利权,也可以选择修改发明申请B的权利要求

C. 为禁止重复授权,张某依据《专利法》第九条及实施细则第四十一条选择放弃已经获得的实用新型专利权,则该实用新型专利权自同日提交的发明专利申请授权公告之日起终止

D. 赵某、郑某同日就同样的发明创造分别提出的专利申请,当该两件申请均符合授予专利权的其他条件时,二人应当在收到通知后自行协商确定申请人

4. （2015－6）张某和刘某同日就同样的吸尘器分别向国家知识产权局提交了一件发明专利申请。在下列哪个情形下，张某和刘某的专利申请所要求保护的技术方案构成同样的发明创造？

A. 张某的申请请求保护吸尘器 X，刘某的申请请求保护吸尘器 X′，X 与 X′的区别仅仅是所属技术领域的惯用手段的直接置换

B. 张某的申请请求保护吸尘器 X，刘某的申请请求保护包括吸尘器 X 的清洁系统 Y

C. 张某的申请请求保护吸尘器 X，刘某的申请请求保护吸尘器 X 及包括吸尘器 X 的清洁系统 Y

D. 张某的申请请求保护吸尘器 X，刘某的申请请求保护吸尘器 X 在清洁系统 Y 中的应用

5. （2015－2）甲乙二人于 2014 年 5 月 10 日就同样的面包机分别提出了发明专利申请，如果甲乙二人的专利申请均符合其他授予专利权的条件，则专利权应当授予谁？

A. 甲

B. 乙

C. 甲和乙共有

D. 经甲和乙协商确定的人

6. （2014－84）下列说法哪些是正确的？

A. 同样的发明创造可以同时被授予一项实用新型专利权和一项发明专利权

B. 在两件发明专利中存在保护范围相同的权利要求就构成重复授权

C. 为防止权利冲突，对于同样的发明创造，不能将多项专利权分别授予不同的申请人，但可以授予同一申请人

D. 两个以上的申请人同日（有优先权的，指优先权日）分别就同样的发明创造申请专利的，应当在收到国家知识产权局的通知后自行协商确定申请人

7. （2013－71）王某在同日就一项发明创造既申请实用新型专利又申请发明专利，并在申请时分别说明对同样的发明创造已申请了另一专利。此后，实用新型专利申请被授予了专利权。若发明专利申请符合其他授权条件，则下列说法哪些是正确的？

A. 若实用新型专利权已经终止，则发明专利申请不能被授予专利权

B. 若王某不同意放弃实用新型专利权，则国务院专利行政部门应当驳回其发明专利申请

C. 若王某放弃实用新型专利权，则应当提交书面声明

D. 若发明专利申请被授予专利权，则实用新型专利权自公告授予发明专利权之日起终止

8. （2010－37）下列有关发明或者实用新型是否属于同样的发明创造的说法哪些是正确的？

A. 在判断是否为同样的发明创造时，应当将两件发明或者实用新型专利申请或专利的权利要求书的内容进行比较

B. 如果一件专利申请的一项权利要求与另一件具有多项权利要求的专利的某一项权利要求保护范围相同，则它们是同样的发明创造

C. 两个以上的申请人分别就同样的发明创造申请专利的，专利权授予最先申请的人

D. 同样的发明创造是指两件或两件以上申请中权利要求书的内容全部相同

9. （2011－52）甲和乙同日分别向国家知识产权局提交了一件专利申请。在下列哪些情形下甲和乙提交的申请所要求保护的技术方案不构成同样的发明创造？

A. 两者的说明书相同，甲申请要求保护催化剂 M，乙申请要求保护催化剂 M 的制备方法

B. 甲申请要求保护催化剂 N，乙申请要求保护催化剂 N′，区别仅在于 N 中活性成分的含量为 1%～5%，N′中活性成分的含量为 1%～10%

C. 甲申请要求保护托盘 P，乙申请要求保护托盘 P′，区别仅在于 P 由钢或铝合金制成，P′由金属制成

D. 甲申请要求保护玻璃杯 Q，乙申请要求保护玻璃杯 Q′，区别在于二者的结构不同

【你的答案】

【选错记录】

（二）参考答案解析

【1. (2019 - 16) 解析】知识点：禁止重复授权（同日申请实用新型和发明）

根据A9.1的规定，同样的发明创造只能授予一项专利权。但是，同一申请人同日对同样的发明创造既申请实用新型专利又申请发明专利，先获得的实用新型专利权尚未终止，且申请人声明放弃该实用新型专利权的，可以授予发明专利权。

进一步地，根据R47.2的规定，同一申请人在同日（指申请日）对同样的发明创造既申请实用新型专利又申请发明专利的，应当在申请时分别说明对同样的发明创造已申请了另一专利；未作说明的，依照《专利法》第九条第一款关于同样的发明创造只能授予一项专利权的规定处理。根据R41.4的规定，发明专利申请经审查没有发现驳回理由，国务院专利行政部门应当通知申请人在规定期限内声明放弃实用新型专利权。申请人声明放弃的，国务院专利行政部门应当作出授予发明专利权的决定，并在公告授予发明专利权时一并公告申请人放弃实用新型专利权声明。申请人不同意放弃的，国务院专利行政部门应当驳回该发明专利申请；申请人期满未答复的，视为撤回该发明专利申请。根据R47.5的规定，实用新型专利权自公告授予发明专利权之日起终止。

本题中描述的情形完全符合上述相关规定，申请人可以声明放弃实用新型专利权，实用新型专利权自公告授予发明专利权之日起终止选项A正确。

综上所述，本题答案为A。

【2. (2017 - 80) 解析】知识点：禁止重复授权（对一件专利申请和一项专利权的处理）

参照1. (2019 - 16) 的解析。本题中，甲公司同日就同样的发明创造既提出实用新型专利申请又提出发明专利申请，申请人也已在申请时分别作出说明，且实用新型专利申请获得授权尚未终止，应当适用A9.1和R47.2、R47.4和R47.5的规定。

进一步地，在G-2-3-6.2.2关于"对同一件专利申请和一项专利权的处理"中第二段规定，对于同一申请人同日（仅指申请日）对同样的发明创造既申请实用新型又申请发明专利的，在先获得的实用新型专利权尚未终止，并且申请人在申请时分别作出说明的，除通过修改发明专利申请外，还可以通过放弃实用新型专利权避免重复授权……。由此可知，同日申请的实用新型授权后，发明专利申请可以通过修改申请，或通过放弃实用新型专利权获得发明专利的授权。因此，选项A"作为同样发明创造的发明专利申请可以直接被授权"的说法错误。由于通过修改发明专利申请的权利要求后有可能会被授权（修改权利要求以便不存在相同保护范围的专利权即可），因此选项B的说法正确。

对于选项C，根据A9.1的规定可知，其要求在先获得的实用新型专利权尚未终止，申请人才可以通过放弃实用新型获得发明专利授权。由此可知，甲公司因不缴纳年费导致实用新型专利权已终止，作为同样发明创造的发明专利申请不能再被授权了，故选项C的说法错误。

对于选项D，根据A32的规定，申请人可以在被授予专利权之前随时撤回其专利申请。由于申请人在实用新型专利申请授权前，甲公司提交了撤回实用新型专利申请声明并且该撤回声明已经生效，则该实用新型申请不会被授权公告，因而不存在重复授权的可能，故这种情况下，发明专利申请可以被授权。选项D的说法正确。（需要说明的是：选项D中采用的假设说法，则应当接受这假设的事实，而不要再以题干中"2015年12月26日实用新型专利申请获得授权且一直维持有效"为条件，否则就产生矛盾。当然，从出题的角度看，选项D这种假设并不妥当。）

综上所述，本题答案为B、D。

【3. (2016 - 40) 解析】知识点：禁止重复授权；相关知识点：抵触申请

根据A22.2的规定，选项A中李某的实用新型专利申请A的申请日2014年5月4日早于发明专利申请B的申请日2014年5月5日，且在之后授权公告（因为题中说已经获得实用专利权），因此申请A构成了申请B的抵触申请，即发明专利申请B因此不具备新颖性。不管李某放弃已经取得的实用新型专利申请A的专利权，还是修改发明专利申请B的权利要求，由于发明专利申请B已经不具备新颖性，因而发明专利申请B均不可能获得授权，选项A的说法错误。

对于选项B，根据R47.2的规定，同一申请人在同日（指申请日）对同样的发明创造既申请实用新型专利又申请发明专利的，应当在申请时分别说明对同样的发明创造已申请了另一专利；未作说明的，依照《专利法》第九条第一款关于同样的发明创造只能授予一项专利权的规定处理。由于王某在同日就同样的发明创造分别提交实用新型专利申请A和发明专利申请B，但未就存在同日申请进行说明，则直接适用《专利法》第九条第一款关于同样的发明创造只能授予一项专利权的规定处理，即如果王某的实用新型获得了专利权，则不能通过选择实用新型专利权来获得发明申请的授权，但仍然可以通过修改发明专利申请权利要求以便与实用新型不构成同样的发明创造来避免重复授权。选项B的说法错误。

对于选项C，根据A9.1及R47.5的规定，在符合选择放弃已经取得的实用新型的专利权，来获得发明专利申请授权的情况下，则该实用新型专利权自同日提交的发明专利申请授权公告之日起终止，故说法正确。

对于选项 D，根据 A41.1 的规定，两个以上的申请人同日（指申请日；有优先权的，指优先权日）分别就同样的发明创造申请专利的，应当在收到国务院专利行政部门的通知后自行协商确定申请人。因此，选项 D 的说法正确。

综上所述，本题答案为 C、D。

【4.（2015 - 6）解析】知识点：禁止重复授权（同样的发明创造的判断）

参照 1.（2019 - 16）的解析。根据 A9.1 的规定，同样的发明创造只能授予一项专利权⋯⋯。进一步地，在 G - 2 - 3 - 6.1 关于"判断原则"第二段中规定，判断时如果一件专利申请或者专利的一项权利要求与另一件专利申请或者专利的某一项权利要求保护范围相同，应当认为它们是同样的发明创造。选项 A 中，X 与 X′ 存在区别，虽然两者的区别仅仅是所属技术领域惯用手段的直接置换，但两者的区别仍然导致两者的保护范围不同，不构成同样的发明创造，故选项 A 不符合题意。

选项 B 中，张某的申请请求保护吸尘器 X，刘某的申请请求保护包括吸尘器 X 的清洁系统 Y，两者明显不同，不可能属于同样的发明创造，不符合题意。

选项 C，由于刘某的申请既请求保护吸尘器 X，又请求保护包括吸尘器 X 的清洁系统 Y，其中吸尘器 X 与张某的申请所请求保护吸尘器 X 相同，其保护范围相同，两者构成同样的发明创造，符合题意。[注意：虽然刘某的申请还请求保护包括吸尘器 X 的清洁系统 Y，与张某的申请所请求保护吸尘器 X 不相同，不构成同样的发明创造。但在判断时，只要刘某的申请有一项权利要求与张某的申请中一项权利要求保护范围相同，则认为两个申请之间存在同样的发明创造（即并不是将权利要求书的整体来进行比较）。]

选项 D 中吸尘器 X 在清洁系统 Y 中的应用属于方法权利要求，明显不同于张某请求保护的吸尘器 X 这一产品，两者也不可能构成同样的发明创造，因此不符合题意。

综上所述，本题答案为 C。

【5.（2015 - 2）解析】知识点：禁止重复授权

根据 R47.1 的规定，两个以上的申请人同日（指申请日；有优先权的，指优先权日）分别就同样的发明创造申请专利的，应当在收到国务院专利行政部门的通知后自行协商确定申请人。由于甲乙二人同日提出专利申请的，且都涉及同样的面包机，因此专利权应当授予经甲和乙协商确定的人，即选项 D 正确。

综上所述，本题答案为 D。

【6.（2014 - 84）解析】知识点：禁止重复授权

参照 1.（2019 - 16）和 4.（2015 - 6）的解析。根据 A9.1 的规定可知，同样的发明创造只能授予一项专利权。因此，同样的发明创造不能同时被授予一项实用新型专利权和一项发明专利权，故选项 A 的说法错误。在 G - 2 - 3 - 6.1 关于"判断原则"第二段中规定，判断时，如果一件专利申请或者专利的一项权利要求与另一件专利申请或者专利的某一项权利要求保护范围相同，应当认为它们是同样的发明创造。选项 B 说法正确。

A9.1 的规定并没有对授予专利权的人进行任何限制，因此就同样的发明创造既不能将专利权授予不同的申请人，也不能授予同一申请人，故选项 C 的说法错误。（注意：选项 C 的说法，对于防止权利冲突的理解过于狭隘，但确实有人有这种想法，因此不要混淆。）

根据 R47.1 的规定，两个以上的申请人同日（指申请日；有优先权的，指优先权日）分别就同样的发明创造申请专利的，应当在收到国务院专利行政部门的通知后自行协商确定申请人。由于国家知识产权局就是国务院专利行政部门，因此选项 D 的说法是正确的。

综上所述，本题答案为 B、D。

【7.（2013 - 71）解析】知识点：禁止重复授权

参照 1.（2019 - 16）的解析。根据 A9.1 的规定可知，先获得的实用新型专利权尚未终止，且申请人声明放弃该实用新型专利权的，可以授予发明专利权。由此可知，若实用新型专利权已经终止，则发明专利申请不能被授予专利权，故选项 A 的说法正确。

根据 R47.4 的规定，发明专利申请经审查没有发现驳回理由，国务院专利行政部门应当通知申请人在规定期限内声明放弃实用新型专利权。申请人声明放弃的，国务院专利行政部门应当作出授予发明专利权的决定，并在公告授予发明专利权时一并公告申请人放弃实用新型专利权声明。申请人不同意放弃的，国务院专利行政部门应当驳回该发明专利申请；申请人期满未答复的，视为撤回该发明专利申请。根据该规定可知，若王某不同意放弃实用新型专利权（即意味着收到了专利局的通知，并且答复时不同意放弃），则其发明专利申请应当被驳回，故选项 B 的说法正确。

根据 R47.4 的规定可知，如果申请人声明放弃的，则在公告授予发明专利权时一并公告申请人放弃实用新型专利权声明。若王某放弃实用新型专利权，则应当提交书面声明，选项 C 的说法正确。

对于选项 D，王某声明放弃实用新型专利权，则根据 R47.5 的规定，实用新型专利权自公告授予发明专利权之日起终止，选项 D 的说法正确。

综上所述，本题答案为 A、B、C、D。

【8. (2010－37) 解析】知识点：禁止重复授权（同样的发明创造的判断）

根据 A9.1 的规定，同样的发明创造只能授予一项专利权……。进一步地，在 G－2－3－6.1 关于"判断原则"中规定，……为了避免重复授权，在判断是否为同样的发明创造时，应当将两件发明或者实用新型专利申请或专利的权利要求书的内容进行比较，而不是将权利要求书与专利申请或专利文件的全部内容进行比较。判断时，如果一件专利申请或者专利的一项权利要求与另一件专利申请或者专利的某一项权利要求保护范围相同，应当认为它们是同样的发明创造。两件专利申请或者专利说明书的内容相同，但其权利要求保护范围不同的，应当认为所要求保护的发明创造不同……。

选项 A 的表述与上述规定的表述一致，因此是正确的。

对于选项 B，只要一件专利申请中某一项权利要求与另一项专利申请的某一项权利要求保护范围相同，即构成同样的发明创造，而不论专利申请中是否还有其他权利要求，说法正确。

对于选项 C，两个以上的申请人分别就同样的发明创造申请专利的，专利权授予最先申请的人。可见，选项 C 说法正确。

对于选项 D，上述规定明确指出不是将权利要求书与专利申请或专利文件的全部内容进行比较，说法错误。

综上所述，本题答案为 A、B、C。

【9. (2011－52) 解析】知识点：禁止重复授权（同样的发明创造的判断）

参照 4. (2015－6) 的解析。在 G－2－3－6.1 关于"判断原则"中规定，……两件专利申请或者专利说明书的内容相同，但其权利要求保护范围不同的，应当认为所要求保护的发明创造不同。例如，同一申请人提交的两件专利申请的说明书都记载了一种产品以及制造该产品的方法，其中一件专利申请的权利要求书要求保护的是该产品，另一件专利申请的权利要求书要求保护的是制造该产品的方法，应当认为要求保护的是不同的发明创造。应当注意的是，权利要求保护范围仅部分重叠的，不属于同样的发明创造。例如，权利要求中存在以连续的数值范围限定的技术特征的，其连续的数值范围与另一件发明或者实用新型专利申请或者专利权利要求中的数值范围不完全相同的，不属于同样的发明创造。

对于选项 A，虽然两件专利申请的说明书相同，但甲要求保护催化剂 M，乙要求保护催化剂 M 的制备方法，两者的保护范围不相同，因而不构成同样的发明创造，符合题意。

对于选项 B，甲申请要求保护催化剂 N，乙申请要求保护催化剂 N'，但两者的活性成分的含量范围并不相同，仅有部分重叠，根据上述规定权利要求保护范围仅部分重叠的，不属于同样的发明创造，符合题意。

对于选项 C，甲申请要求保护托盘 P，乙申请要求保护托盘 P'，但 P 由钢或铝合金制成，而 P' 由金属制成，可见乙申请保护以上位概念金属限定的范围，其包含了甲申请以下位概念钢或铝合金的保护范围，显然两者的保护范围不相同，故不构成同样的发明创造，符合题意。

对于选项 D，甲和乙申请要求保护的玻璃杯结构不同，因此两件专利申请要求保护的是不同的发明创造，不可能存在保护范围相同的权利要求，因而两者不构成同样的发明创造，符合题意。

综上所述，本题答案为 A、B、C、D。

（三）总体考点分析

本部分涉及禁止重复授权的规定，包括同样发明创造的判断、同一申请人就同样发明创造提出两件专利申请（尤其是一件实用新型专利申请，一件发明专利申请）、不同申请人就同样发明创造在同一日分别提出专利申请，以及对涉及同样发明创造的一件专利申请和一项已经是专利的处理。

高频结论

✓ 同样的发明创造只能授予一项专利权（即使是授予同一申请人也是不行的）。

✓ 两个以上的申请人分别就同样的发明创造申请专利的，专利权授予最先申请的人（注意与抵触申请的区别和联系）。

✓ 对于同一申请人同日（仅指申请人）对同样的发明创造既申请实用新型又申请发明专利的，在先获得的实用新型专利权尚未终止，并且申请人在申请时分别作出说明的，除通过修改发明专利申请的权利要求外，还可以通过放弃实用新型专利权避免重复授权。

✓ 申请人声明放弃的，国务院专利行政部门应当作出授予发明专利权的决定，并在公告授予发明专利权时一并公告申请人放弃实用新型专利权声明。申请人不同意放弃的，国务院专利行政部门应当驳回该发明专利申请；申请人期满未答复的，视为撤回该发明专利申请。

✓　实用新型专利权自公告授予发明专利权之日起终止。

✓　在判断是否为同样的发明创造时，应当将两件发明或者实用新型专利申请或专利的权利要求书的内容进行比较，而不是将权利要求书与专利申请或专利文件的全部内容进行比较。判断时，如果一件专利申请或专利的一项权利要求与另一件专利申请或专利的某一项权利要求保护范围相同，应当认为它们是同样的发明创造。

✓　两件专利申请或专利说明书的内容相同，但其权利要求保护范围不同的，应当认为所要求保护的发明创造不同。

✓　权利要求保护范围仅部分重叠的，不属于同样的发明创造。例如，权利要求中存在以连续的数值范围限定的技术特征的，其连续的数值范围与另一件发明或者实用新型专利申请或专利权利要求中的数值范围不完全相同的，不属于同样的发明创造。

✓　两个以上的申请人同日（指申请日；有优先权的，指优先权日）分别就同样的发明创造申请专利的，应当在收到专利局的通知后自行协商确定申请人。

（四）参考答案

| 1. A | 2. B、D | 3. C、D | 4. C | 5. D |
| 6. B、D | 7. A、B、C、D | 8. A、B、C | 9. A、B、C、D | |

六、创造性

（一）历年试题集合

1.（2019 - 56）下列关于创造性的说法正确的是？

A. 现有技术和抵触申请可以用来评价一项发明的创造性

B. 发明是否具备创造性，应当基于所属技术领域的技术人员的知识和能力进行评价

C. 如果发明取得了预料不到的技术效果，则该发明具备创造性

D. 如果独立权利要求具备创造性，则引用其的从属权利要求也具有创造性，反之亦然

【你的答案】

【选错记录】

2.（2019 - 54）一种关于涂料组合物的发明，与现有技术的区别仅在于不含防冻剂。在下列哪些情形下，该发明可能具备创造性？

A. 该涂料组合物不具有防冻效果，其余性能稍有下降

B. 该涂料组合物不具有防冻效果，其余性能不变

C. 该涂料组合物仍具有防冻效果，其余性能不变

D. 该涂料组合物不具有防冻效果，其余性能显著提高

【你的答案】

【选错记录】

3.（2019 - 43）关于发明的创造性，下列说法正确的是？

A. 如果从现有技术公开的宽范围中选择未提到的窄范围或个体，产生预料不到的技术效果，则具有创造性

B. 判断创造性时，应当考虑申请日当天公布的专利文献中的技术内容

C. 发明在商业上获得成功，则应该认定其具有创造性

D. 发明提供了一种技术构思不同的技术方案，其技术效果能够基本上达到现有技术水平，则说明该发明具有显著的进步

【你的答案】

【选错记录】

4.（2018 - 14）关于创造性，下列说法错误的是？

A. 如果一项发明与现有技术相比具有预料不到的技术效果，则该发明具备创造性

B. 如果发明解决了人们一直渴望解决但始终未能获得成功的技术难题，则该发明具备创造性

【你的答案】

【选错记录】

C. 如果发明不是历尽艰辛而是偶然作出的，则该发明不具备创造性

D. 如果发明在商业上获得的成功是由于其技术特征直接导致的，则该发明具备创造性

5. (2017－82) 以下关于所属技术领域的技术人员的说法哪些是错误的？

　A. 他应当是所属技术领域的本科以上学历的人员

　B. 他应当知晓申请日或者优先权日之前所属技术领域所有的普通技术知识

　C. 他也可以具有创造性能力

　D. 他应当具有应用申请日或者优先权日之前常规实验手段的能力

【你的答案】
＿＿＿＿＿＿＿

【选错记录】
＿＿＿＿＿＿＿

6. (2017－76) 下列对于创造性中有关突出的实质性特点的说法，正确的是？

　A. 判断发明是否具有突出的实质性特点，需要站位本领域技术人员来判断发明相对于现有技术是否显而易见

　B. 判断发明是否显而易见，需要本领域技术人员从最接近的现有技术和发明实际解决的技术问题出发进行判断

　C. 对于转用发明而言，只有所述转用能够产生预料不到的技术效果，该转用发明才具有突出的实质性特点和显著的进步

　D. 只要发明的产品在商业上获得成功时，则这类发明具有突出的实质性特点和显著的进步，具备创造性

【你的答案】
＿＿＿＿＿＿＿

【选错记录】
＿＿＿＿＿＿＿

7. (2017－62) 李某于 2015 年 4 月 1 日向国家知识产权局提交了一份关于塑料肥皂盒的实用新型申请。该肥皂盒底部具有用于排出积水的椭圆孔，该申请于 2015 年 7 月 15 日获得授权公告，在后续评价该实用新型专利创造性的过程中，下列哪些技术文献不适于作为判断该专利创造性的对比文件？

　A. 由某企业于 2015 年 3 月 23 日提出申请并于 2015 年 9 月 28 日公布的发明专利申请，该申请公开了一种具有长方孔的储物盒，长方孔用于排出积水

　B. 于 2014 年 3 月公开的某美国专利文件，其公开了一种底部具有椭圆形开孔的齿轮箱，椭圆形开孔用于通风散热

　C. 于 1994 年 5 月出版的某塑料行业期刊，其中一篇文章介绍了一种注塑成型设备，并公开了使用该设备制造底部具有排水槽的肥皂盒的工艺过程

　D. 于 2013 年 8 月公开了中国专利文件，其公开了一种与洗手池固定在一起的陶瓷肥皂盒，该肥皂盒底部具有镂空的排水孔

【你的答案】
＿＿＿＿＿＿＿

【选错记录】
＿＿＿＿＿＿＿

8. (2016－41) 下列哪些发明不具备创造性？

　A. 将油漆组合物中的防腐蚀剂去掉，得到不具有防腐蚀功能的油漆，节约了成本

　B. 将用于衣柜的自动闭合门结构用到书柜中

　C. 将电子表粘贴在鱼缸上，得到一种带有电子表的鱼缸

　D. 将已知的杀菌剂 X 用作抛光剂，实现了抛光效果

【你的答案】
＿＿＿＿＿＿＿

【选错记录】
＿＿＿＿＿＿＿

9. (2016－9) 关于发明的创造性，下列说法哪个是正确的？

　A. 发明具有显著的进步，就是要求发明不能有负面的技术效果

　B. 判断创造性时，应当考虑申请日当天公布的专利文献中的技术内容

　C. 发明在商业上获得成功，则应该认定其具有创造性

　D. 如果发明是所属技术领域的技术人员在现有技术的基础上仅仅通过合乎逻辑的分析、推理即可得到，则该发明是显而易见的，也就不具备突出的实质性特点

【你的答案】
＿＿＿＿＿＿＿

【选错记录】
＿＿＿＿＿＿＿

10. (2015－43) 一件发明专利申请，涉及将已知的解热镇痛药阿司匹林用于预防心脑血管疾病，取得了预料不到的疗效，其权利要求书如下：

　"1. 阿司匹林在制备预防心脑血管疾病的药物中的用途。

　2. 用于预防心脑血管疾病的阿司匹林。"

　一份现有技术文献公开了阿司匹林用作解热镇痛药物的用途。下列哪些说法是正确的？

【你的答案】
＿＿＿＿＿＿＿

【选错记录】
＿＿＿＿＿＿＿

A. 阿司匹林属于现有技术中已知的药物，权利要求 2 不具备新颖性

B. 用于预防心脑血管疾病的阿司匹林具有预料不到的疗效，权利要求 2 具备创造性

C. 阿司匹林在预防心脑血管疾病方面的新用途并未改变阿司匹林的成分结构，权利要求 1 不具备新颖性

D. 权利要求 1 的用途发明相对于现有技术是非显而易见的，因此具备创造性

11. （2015－7）下列说法哪个是错误的？ 【你的答案】

A. 如果一项发明与现有技术相比具有预料不到的技术效果，则该发明具备创造性

B. 如果一项发明与现有技术相比不具有预料不到的技术效果，则该发明一定不具备创造性 【选错记录】

C. 对发明创造性的评价应当针对权利要求限定的技术方案进行，未写入权利要求中的技术特征不予考虑

D. 如果发明仅是从一些已知的可能性中进行选择，而选出的方案未能取得预料不到的技术效果，则该发明不具备创造性

12. （2014－89）一种关于油漆的发明，与现有技术的区别仅在于不含防冻剂。在下列哪些情形下，该发明可能具备创造性？ 【你的答案】

A. 该油漆不具有防冻效果，其余性能稍有下降

B. 该油漆不具有防冻效果，其余性能不变 【选错记录】

C. 该油漆仍具有防冻效果，其余性能不变

D. 该油漆不具有防冻效果，其余性能显著提高

13. （2014－55）下列关于发明创造性的说法哪些是正确的？ 【你的答案】

A. 抵触申请可以用来评价一项发明的创造性

B. 如果发明相对于现有技术具有突出的实质性特点，并具有显著的进步，则一定具备创造性 【选错记录】

C. 如果选择发明是可以从现有技术中直接推导出来的，则该发明不具备创造性

D. 如果某项从属权利要求具备创造性，则从属于同一独立权利要求的其他权利要求一定具备创造性

14. （2013－19）专利法中"所属技术领域的技术人员"这一概念不具有下列哪个含义？ 【你的答案】

A. "所属技术领域的技术人员"不是真实存在的人

B. "所属技术领域的技术人员"不具有创造能力 【选错记录】

C. "所属技术领域的技术人员"知晓申请日或者优先权日之前所有技术领域的普通技术知识

D. "所属技术领域的技术人员"能够获知所属技术领域中所有的现有技术，并且具有应用申请日或者优先权日之前的常规实验手段的能力

15. （2012－73）在判断选择发明的创造性时，下列说法哪些是正确的？ 【你的答案】

A. 在进行选择发明创造性的判断时，选择所带来的预料不到的技术效果是考虑的主要因素

B. 如果发明是可以从现有技术中直接推导出来的选择，则该发明不具备创造性 【选错记录】

C. 如果发明仅仅是从一些具有相同可能性的技术方案中选出一种，而选出的方案未能取得预料不到的技术效果，则该发明不具备创造性

D. 如果发明是在可能的、有限的范围内选择具体的温度范围，则该发明不具备创造性

16. （2012－51）在无效宣告程序中评价实用新型专利创造性时，应当考虑其技术方案中的下列哪些特征？ 【你的答案】

A. 构造特征

B. 方法特征 【选错记录】

C. 材料特征

D. 形状特征

17. (2010-8)某发明专利申请涉及车辆发动机的润滑系统，在判断该项发明的创造性时，下列关于"所属技术领域的技术人员"的说法哪些是正确的？

【你的答案】

【选错记录】

A. 所属技术领域的技术人员是指一种假设的"人"

B. 所属技术领域的技术人员是指长期在车辆发动机润滑系统技术领域工作的技术专家

C. 所属技术领域的技术人员是指在车辆发动机润滑系统技术领域具有至少两年以上工作经验的普通技术人员

D. 所属技术领域的技术人员能够获知车辆发动机润滑系统技术领域所有的现有技术

18. (2012-32)下列关于发明的创造性的说法哪些是正确的？

【你的答案】

【选错记录】

A. 在评价发明是否具备创造性时，不仅要考虑发明的技术方案本身，还要考虑发明所属技术领域、所解决的技术问题和所产生的技术效果

B. 发明的某一技术特征与最接近的现有技术的对应特征有区别，则该发明必然具备创造性

C. 对创造性的评价无须考虑创立发明的途径

D. 发明提供了一种技术构思不同的技术方案，其技术效果能够基本上达到现有技术的水平，则可以说明该发明具有显著的进步

19. (2010-67)下列关于要素省略发明的说法哪些是正确的？

【你的答案】

【选错记录】

A. 如果发明与现有技术相比，省去一项或多项要素后，该要素所带来的功能也相应消失，则该发明不具备创造性

B. 尽管发明与现有技术相比，省去一项或多项要素后，依然能保持原有的全部功能，该发明也不具备创造性

C. 如果发明与现有技术相比，省去一项或多项要素后，能够带来预料不到的技术效果，则该发明具备创造性

D. 如果一项方法发明与现有技术相比，该方法发明省去了一个工序后，依然保持原有的全部功能，且带来了预料不到的技术效果，则该发明具备创造性

20. (2011-35)一件专利申请的一项权利要求包括 K、L、M、N 四个技术特征，现检索到公开日早于本专利申请日的三篇对比文件，对比文件 1 公开了技术特征 K、L、M，对比文件 2 公开了技术特征 K、M、N，对比文件 3 公开了技术特征 N。下列说法哪些是正确的？

【你的答案】

【选错记录】

A. 该权利要求不具备新颖性

B. 该权利要求具备新颖性，但不具备创造性

C. 该权利要求具备新颖性，也具备创造性

D. 该权利要求具备新颖性，是否具备创造性应根据全部对比文件进行具体分析

21. (2011-43)下列关于创造性的说法哪些是正确的？

【你的答案】

【选错记录】

A. 评价发明是否具备创造性，只需要考虑其技术方案和要解决的技术问题

B. 对于新的化学产品，如果其用途不能从结构或者组成相似的已知产品预见到，可以认为这种用途具备创造性

C. 一项发明是否具备创造性，只有在该发明具备新颖性的条件下才进行判断

D. 独立权利要求限定的发明具备创造性，其从属权利要求限定的发明不一定具备创造性

（二）参考答案解析

【1. (2019-56) 解析】知识点：创造性

根据 A22.2 的规定可知，现在技术和抵触申请可以用于评价一项发明创造的新颖性；而根据 A22.3 的规定，创造性，是指与现有技术相比，该发明具有突出的实质性特点和显著的进步，该实用新型具有实质性特点和进步。可见对于一项发明创造的创造性，只采用现有技术，而不能采用抵触申请。因为抵触申请虽然申请在先，但公开在后，而不属于

现有技术，只能用于评价新颖性而不能用评价创造性。选项 A 的说法错误。

在 G－2－4－2.4 关于"所属技术领域的技术人员"中规定，发明是否具备创造性，应当基于所属技术领域的技术人员的知识和能力进行评价……。选项 B 的说法正确。

在 G－2－4－5.3 关于"发明取得了预料不到的技术效果"中规定，发明取得了预料不到的技术效果，是指发明同现有技术相比，其技术效果产生"质"的变化，具有新的性能；或者产生"量"的变化，超出人们预期的想象。这种"质"的或者"量"的变化，对所属技术领域的技术人员来说，事先无法预测或者推理出来。当发明产生了预料不到的技术效果时，一方面说明发明具有显著的进步，同时也反映出发明的技术方案是非显而易见的，具有突出的实质性特点，该发明具备创造性。选项 C 的说法正确。

在 G－2－4－3.1 关于"审查原则"中最后一段规定，如果一项独立权利要求具备创造性，则一般不再审查该独立权利要求的从属权利要求的创造性。这就意味着，引用其从属权利要求也具备创造性。但从属权利要求相对于独立权利要求而言会增加附加技术特征，即使独立权利要求不具备创造性，从属权利要求也可能因附加技术特征而具备创造性。因此，选项 D 前半句的说法正确，但"反之亦然"的说法错误，选项 D 整体的说法错误。

综上所述，本题答案为 B、C。

【2. (2019－54) 解析】知识点：创造性（组合物 & 要素变更发明的创造性）

在 G－2－4－4.6.3 关于"要素省略的发明"中规定，要素省略的发明，是指省去已知产品或者方法中的某一项或者多项要素的发明。

(1) 如果发明省去一项或者多项要素后其功能也相应地消失，则该发明不具备创造性。

【例如】一种涂料组合物发明，与现有技术的区别在于不含防冻剂。由于取消使用防冻剂后，该涂料组合物的防冻效果也相应消失，因而该发明不具备创造性。

(2) 如果发明与现有技术相比，发明省去一项或者多项要素（例如，一项产品发明省去了一个或者多个零部件或者一项方法发明省去一步或者多步工序）后，依然保持原有的全部功能，或者带来预料不到的技术效果，则具有突出的实质性特点和显著的进步，该发明具备创造性。

根据上述规定可知，如果不含防冻剂，则其防冻效果也消失，其余性能下降或不变（表明也没有获得预料不到的技术效果），则仍然不具备有创造性，故选项 A 和 B 所述情况均不具备创造性，不符合题意。但如果不含防冻剂，仍然保持有防冻效果，则根据上述规定第 (2) 种情形，则具备创造性。因此，选项 C 具备创造性，符合题意。但在防冻效果消失，而其他性能显著提高时，则表明获得了预料不到的技术效果，因此选项 D 具备创造性，符合题意。

综上所述，本题答案为 C、D。

【3. (2019－43) 解析】知识点：创造性

在 G－2－4－4.3 关于"选择发明"中规定，选择发明，是指从现有技术中公开的宽范围中，有目的地选出现有技术中未提到的窄范围或个体的发明。在进行选择发明创造性的判断时，选择所带来的预料不到的技术效果是考虑的主要因素。……(4) 如果选择使得发明取得了预料不到的技术效果，则该发明具有突出的实质性特点和显著的进步，具备创造性……。根据该规定，选项 A 所述的从现有技术公开的宽范围中选择未提到的窄范围或个体，产生预料不到的技术效果，则具备创造性，其说法正确。

根据 A22.5 的规定可知，现有技术，是指申请日以前在国内外为公众所知的技术。故在判断创造性时，不能考虑申请日当天公开的内容，即选项 B 的说法错误。

在 G－2－4－5.4 关于"发明在商业上获得成功"中规定，当发明的产品在商业上获得成功时，如果这种成功是由于发明的技术特征直接导致的，则一方面反映了发明具有有益效果，同时也说明了发明是非显而易见的，因而这类发明具有突出的实质性特点和显著的进步，具备创造性。但是，如果商业上的成功是由于其他原因所致，例如由于销售技术的改进或者广告宣传造成的，则不能作为判断创造性的依据。选项 C 中，缺少所述商业成功"是由于发明的技术特征直接导致的"这一前提条件，故其说法错误。

在 G－2－4－3.2.2 关于"显著的进步的判断"中规定，在评价发明是否具有显著的进步时，主要应当考虑发明是否具有有益的技术效果。以下情况，通常应当认为发明具有有益的技术效果，具有显著的进步：……(2) 发明提供了一种技术构思不同的技术方案，其技术效果能够基本上达到现有技术的水平……。因此，选项 D 的说法正确。

综上所述，本题答案为 A、D。

【4. (2018－14) 解析】知识点：创造性（判断发明创造性时需考虑的其他因素）

在 G－2－4－5.3 关于"发明取得了预料不到的技术效果"中规定，……当发明产生了预料不到的技术效果时，一方面说明发明具有显著的进步，同时也反映出发明的技术方案是非显而易见的，具有突出的实质性特点，该发明具备创造性。因此选项 A 的说法正确。

在 G-2-4-5.1 关于"发明解决了人们一直渴望解决但始终未能获得成功的技术难题"中规定,如果发明解决了人们一直渴望解决但始终未能获得成功的技术难题,这种发明具有突出的实质性特点和显著的进步,具备创造性……。因此选项 B 的说法正确。

在 G-2-4-6.1 关于"创立发明的途径"中第一段规定,不管发明者在创立发明的过程中是历尽艰辛,还是唾手而得,都不应当影响对该发明创造性的评价。绝大多数发明是发明者创造性劳动的结晶,是长期科学研究或者生产实践的总结。但是,也有一部分发明是偶然作出的。因此选项 C 的说法错误,符合题意。

在 G-2-4-5.4 关于"发明在商业上获得成功"中规定,当发明的产品在商业上获得成功时,如果这种成功是由于发明的技术特征直接导致的,……具备创造性。因此,选项 D 的说法正确。

综上所述,本题答案为 C。

【5.(2017-82)解析】知识点:创造性(所属技术领域的技术人员)

在 G-2-4-2.4 关于"所属技术领域的技术人员"中第一段规定,……所属技术领域的技术人员,也可称为本领域的技术人员,是指一种假设的"人",假定他知晓申请日或者优先权日之前发明所属技术领域所有的普通技术知识,能够获知该领域中所有的现有技术,并且具有应用该日期之前常规实验手段的能力,但他不具有创造能力。如果所要解决的技术问题能够促使本领域的技术人员在其他技术领域寻找技术手段,他也应具有从该其他技术领域中获知该申请日或者优先权日之前的相关现有技术、普通技术知识和常规实验手段的能力。

所属技术领域的技术人员的概念与学历无关,故选项 A 说法错误,符合题意。他知晓申请日或者优先权日之前所属技术领域所有的普通技术知识,故选项 B 的说法正确。但他不具有创造能力,故选项 C 的说法错误,符合题意。他具有应用该日期之前常规实验手段的能力,故选项 D 说法正确。

综上所述,本题答案为 A、C。

【6.(2017-76)解析】知识点:创造性(突出的实质性特点)

在 G-2-4-3.2.1 关于"突出的实质性特点的判断"中规定,判断发明是否具有突出的实质性特点,就是要判断对本领域的技术人员来说,要求保护的发明相对于现有技术是否显而易见。如果要求保护的发明相对于现有技术是显而易见的,则不具有突出的实质性特点;反之,如果对比的结果表明要求保护的发明相对于现有技术是非显而易见的,则具有突出的实质性特点。选项 A 的说法正确。

在 G-2-4-3.2.1.1 关于"判断方法"第三步中规定,判断要求保护的发明对本领域的技术人员来说是否显而易见。在该步骤中,要从最接近的现有技术和发明实际解决的技术问题出发,判断要求保护的发明对本领域的技术人员来说是否显而易见……。选项 B 的说法正确。

在 G-2-4-4.4 关于"转用发明"中规定,……在进行转用发明的创造性判断时通常需要考虑:转用的技术领域的远近、是否存在相应的技术启示、转用的难易程度、是否需要克服技术上的困难、转用所带来的技术效果等。……如果这种转用能够产生预料不到的技术效果,或者克服了原技术领域中未曾遇到的困难,则这种转用发明具有突出的实质性特点和显著的进步,具备创造性……。据此可知,预料不到的技术效果并不是转用发明具备创造性的必要条件(但构成充分条件)。选项 C 说法错误。

在 G-2-4-5.4 关于"发明在商业上获得成功"中规定,当发明的产品在商业上获得成功时,如果这种成功是由于发明的技术特征直接导致的……具备创造性。由此可知,选项 D 的说法缺乏前提条件(即商业成功是发明的技术特征直接导致的),故说法错误。

综上所述,本题答案为 A、B。

【7.(2017-62)解析】知识点:创造性(实用新型创造性的判断)

选项 A 中的发明专利申请相对于题干中实用新型申请来说,是申请在先、公开在后的文献,由于其公开日晚于实用新型专利的申请日,故不构成现有技术,不适于作为该专利的创造性对比文件,符合题意。

在 G-4-6-4 关于"实用新型创造性的审查"中规定,……对于实用新型专利而言,一般着重于考虑该实用新型专利所属的技术领域。但是现有技术中给出明确的启示,例如现有技术中有明确的记载,促使本领域的技术人员到相近或者相关的技术领域寻找有关技术手段,可以考虑其相近或者相关的技术领域。据此,选项 B 中的美国专利文件,其公开日期在题干中实用新型专利的申请日之前而构成现有技术,但由于其涉及的是齿轮箱与该实用新型专利所涉及塑料肥皂盒所属技术领域不同,也不属于相近或相关的技术领域,因此不适于作为该专利的创造性对比文件,故选项 B 符合题意。

选项 C 中的文章构成现有技术,虽然涉及注塑成型设备,但涉及利用该设备用于制造底部具有排水槽的肥皂盒,因此其属于与该实用新型专利相同或相近的技术领域;选项 D 中国专利文件也构成该实用新型专利的现有技术,且涉及与洗手池固定在一起的陶瓷肥皂盒,属于与该专利相同或相近的技术领域。因此,两者适合于作为判断该实用新型专利的创造性的对比文件,选项 C 和 D 不符合题意。

综上所述，本题答案为A、B。

【8.（2016-41）解析】知识点：创造性（创造性的判断）

在G-2-4-4.6.3关于"要素省略的发明"中规定，要素省略的发明，是指省去已知产品或者方法中的某一项或者多项要素的发明。（1）如果发明省去一项或者多项要素后其功能也相应地消失，则该发明不具备创造性……。选项A中的发明不具备创造性，符合题意。

在G-2-4-4.4关于"转用发明"中规定，转用发明，是指将某一技术领域的现有技术转用到其他技术领域中的发明。在进行转用发明的创造性判断时通常需要考虑：转用的技术领域的远近、是否存在相应的技术启示、转用的难易程度、是否需要克服技术上的困难、转用所带来的技术效果等。（1）如果转用是在类似的或者相近的技术领域之间进行的，并且未产生预料不到的技术效果，则这种转用发明不具备创造性。【例如】将用于柜子的支撑结构转用到桌子的支撑，这种转用发明不具备创造性……。据此可知，选项B所述的发明所涉及的书柜与现有技术的衣柜二者均属于家具类，属于非常接近的技术领域，并且"闭合门结构"在书柜中的作用与衣柜中的作用相同，属于在相近的技术领域之间进行的转用，并且未产生预料不到的技术效果，故不具备创造性，选项B符合题意。

在G-2-4-4.2关于"组合发明"中规定，……如果要求保护的发明仅仅是将某些已知产品或者方法组合或者连接在一起，各自以其常规的方式工作，而且总的技术效果是各组合部分效果之总和，组合后的各技术特征之间在功能上无相互作用关系，仅仅是一种简单的叠加，则这种组合发明不具备创造性……。据此可知，选项C所述发明属于上述规定的简单叠加这种不具备创造性的组合发明，故符合题意。

在G-2-4-4.5关于"已知产品的新用途发明"中规定，已知产品的新用途发明，是指将已知产品用于新的目的的发明。在进行已知产品新用途发明的创造性判断时通常需要考虑：新用途与现有用途技术领域的远近、新用途所带来的技术效果等。（1）如果新的用途仅仅是使用了已知材料的已知的性质，则该用途发明不具备创造性。【例如】将作为润滑油的已知组合物在同一技术领域中用作切削剂，这种用途发明不具备创造性。（2）如果新的用途是利用了已知产品新发现的性质，并且产生了预料不到的技术效果，则这种用途发明具有突出的实质性特点和显著的进步，具备创造性。【例如】将作为木材杀菌剂的五氯酚制剂用作除草剂而取得了预料不到的技术效果，该用途发明具备创造性。据此可知，选项D所述发明利用了已知产品杀菌剂X的新发现的性质，将其用作抛光剂，产生了预料不到的技术效果，因而具备创造性，不符合题意。

综上所述，本题答案为A、B、C。

【9.（2016-9）解析】知识点：创造性

在G-2-4-3.2.2关于"显著的进步的判断"中规定，在评价发明是否具有显著的进步时，主要应当考虑发明是否具有有益的技术效果。以下情况，通常应当认为发明具有有益的技术效果，具有显著的进步……（4）尽管发明在某些方面有负面效果，但在其他方面具有明显积极的技术效果。由此可知，即使发明在某些方面有负面的技术效果，也不一定说明发明不具有显著的进步，故选项A说法错误。

由于申请日当天公布的专利文献中的技术内容不构成现有技术，故选项B的说法错误。发明在商业上获得成功要求这种成功必须是发明的技术特征直接导致的，故选项C的说法错误。

在G-2-4-2.2关于"突出的实质性特点"中规定，发明有突出的实质性特点，是指对所属技术领域的技术人员来说，发明相对于现有技术是非显而易见的。如果发明是所属技术领域的技术人员在现有技术的基础上仅仅通过合乎逻辑的分析、推理或者有限的试验可以得到的，则该发明是显而易见的，也就不具备突出的实质性特点。因此，选项D的说法正确。

综上所述，本题答案为D。

【10.（2015-43）解析】知识点：创造性；相关知识点：新颖性

根据G-2-3-3.2.5关于"包含性能、参数、用途或者制备方法等特征的产品权利要求"中规定可知，包含用途特征的产品权利要求，对于这类权利要求，应当考虑权利要求中的用途特征是否隐含了要求保护的产品具有某种特定结构和/或组成。如果该用途由产品本身固有的特性决定，而且用途特征没有隐含产品在结构和/或组成上发生改变，则该用途特征限定的产品权利要求相对于对比文件的产品不具备新颖性。进一步地，根据G-2-10-5.4关于"化学产品用途发明的新颖性"中规定可知，一种已知产品不能因为提出了某一新的应用而被认为是一种新的产品。例如，产品X作为洗涤剂是已知的，那么一种用作增塑剂的产品X不具备新颖性。但是，如果一项已知产品的新用途本身是一项发明，则已知产品不能破坏该新用途的新颖性。

因此，权利要求2采用"用于预防心脑血管疾病"这一用途进行限定的阿司匹林这一产品权利要求，由于该用途由阿司匹林固有的特性决定，并没有隐含阿司匹林在结构和/或组成上发生改变，而且也不能因为发现了阿司匹林能够用于预防心脑血管疾病这一新用途而具备新颖性。因此现有技术已经公开阿司匹林的情况下，权利要求2不具备新颖性，故选项 A 说法正确，进而由于权利要求 2 相对于现有技术不具备新颖性，自然也就不具备创造性，选项 B 说法错误。

权利要求 1 涉及的是"阿司匹林在制备预防心脑血管疾病的药物中的用途"，属用途权利要求，因此其相对于现有技术具有新颖性，选项 C 说法错误。

更进一步地，在 G－2－4－4.5 关于"已知产品的新用途发明"中规定，……（2）如果新的用途是利用了已知产品新发现的性质，并且产生了预料不到的技术效果，则这种用途发明具有突出的实质性特点和显著的进步，具备创造性……。因此，权利要求 1 相对于现有技术具备创造性，即选项 D 说法正确。

综上所述，本题答案为 A、D。

【11.（2015－7）解析】知识点：创造性

根据 G－2－4－5.3 关于"发明取得了预料不到的技术效果"中规定可知，当发明产生了预料不到的技术效果时，该发明具备创造性，即选项 A 的说法正确。进一步地，在 G－2－4－6.3 关于"对预料不到的技术效果的考虑"中规定，……如果发明与现有技术相比具有预料不到的技术效果，则不必再怀疑其技术方案是否具有突出的实质性特点，可以确定发明具备创造性。但是，应当注意的是，如果通过该章第 3.2 节中所述的方法（即三步法），可以判断出发明的技术方案对本领域的技术人员来说是非显而易见的，且能够产生有益的技术效果，则发明具有突出的实质性特点和显著的进步，具备创造性，此种情况不应强调发明是否具有预料不到的技术效果。由此可知产生了预料不到的技术效果时是发明具备创造性的充分条件，但不是必要条件，故选项 B 的说法错误，符合题意。

在 G－2－4－6.4 关于"对要求保护的发明进行审查"中规定，发明是否具备创造性是针对要求保护的发明而言的，因此，对发明创造性的评价应当针对权利要求限定的技术方案进行。发明对现有技术作出贡献的技术特征，例如，使发明产生预料不到的技术效果的技术特征，或者体现发明克服技术偏见的技术特征，应当写入权利要求中；否则，即使说明书中有记载，评价发明的创造性时也不予考虑……。由此可知，选项 C 的说法正确。

在 G－2－4－4.3 关于"选择发明"中规定，……（1）如果发明仅是从一些已知的可能性中进行选择，或者发明仅仅是从一些具有相同可能性的技术方案中选出一种，而选出的方案未能取得预料不到的技术效果，则该发明不具备创造性。故选项 D 的说法正确。

综上所述，本题答案为 B。

【12.（2014－89）解析】知识点：创造性（组合物＆要素变更发明的创造性）

参照 2.（2019－54）的解析可知（题目中由涂料组合物变成油漆，其他未变）。

综上所述，本题答案为 C、D。

【13.（2014－55）解析】知识点：创造性

申请在先、公开在后的抵触申请不属于现有技术，在评价发明创造性时不予考虑。选项 A 的说法错误。

根据 A22.3 的规定可知，创造性，是指与现有技术相比，该发明具有突出的实质性特点和显著的进步，故选项 B 的说法正确，符合题意。

根据 G－2－4－4.3 关于"选择发明"中规定可知，如果发明是可以从现有技术中直接推导出来的选择，则该发明不具备创造性。选项 C 的说法正确，符合题意。

每项从属权利要求都有其各自不同的附加技术特征。当一项独立权利要求不具备创造性时，其从属权利要求需要分别判断是否具备创造性。由于每项从属权利要求的附加技术特征并不同，则一项从属权利要求具备创造性，并不能代表从属于同一独立权利要求的其他权利要求也具备创造性，故选项 D 的说法错误。

综上所述，本题答案为 B、C。

【14.（2013－19）解析】知识点：创造性（所属技术领域的技术人员）

参照 5.（2017－82）的解析，所属技术领域的技术人员是假设的人，并不是真实存在的，选项 A 说法正确。他不具有创造能力，选项 B 的说法正确。假定他知晓申请日或者优先权日之前所属技术领域所有的普通技术知识，能够获知该领域中所有的现有技术，并且具有应用该日期之前常规实验手段的能力。由此可知，他能够获知所属技术领域中所有的现有技术，知晓申请日或者优先权日之前所属技术领域所有的普通技术知识，而不是知晓所有技术领域的普通技术知识，故选项 C 的说法错误，符合题意（注意其中"知晓"与"获知"两者是不同的）。而选项 D 的表述与相关规定一致，故选项 D 的说法正确。

综上所述，本题答案为 C。

【15.（2012－73）解析】知识点：创造性（选择发明）

在 G－2－4－4.3 关于"选择发明"中规定，……在进行选择发明创造性的判断时，选择所带来的预料不到的技术效果是考虑的主要因素。（1）如果发明仅是从一些已知的可能性中进行选择，或者发明仅仅是从一些具有相同可能性的技术方案中选出一种，而选出的方案未能取得预料不到的技术效果，则该发明不具备创造性。……（2）如果发明是在可能的、有限的范围内选择具体的尺寸、温度范围或者其他参数，而这些选择可以由本领域的技术人员通过常规手段得到并且没有产生预料不到的技术效果，则该发明不具备创造性。……（3）如果发明是可以从现有技术中直接推导出来的选择，则该发明不具备创造性。……（4）如果选择使得发明取得了预料不到的技术效果，则该发明具有突出的实质性特点和显著的进步，具备创造性……。

根据相关规定，选项 A 说法正确；根据上述第（3）种情形，选项 B 说法正确；根据上述第（1）种情形，选项 C 说法正确；根据上述第（2）种情形，如果发明是在可能的、有限的范围内选择具体的温度范围，并且没有获得预料不到的技术效果时，则该发明不具备创造性，而选项 D 中缺乏后一条件，故其说法错误，不符合题意。

综上所述，本题答案为 A、B、C。

【16.（2012-51）解析】知识点：创造性（实用新型专利的创造性）

在 G-4-6-4 关于"实用新型专利创造性的审查"中规定，在实用新型专利创造性的审查中，应当考虑其技术方案中的所有技术特征，包括材料特征和方法特征……。由此可知，在无效宣告程序中评价实用新型专利创造性时，应当考虑其技术方案中的所有技术特征，除了包括构造特征、形状特征，也包括材料特征和方法特征（注意：不要因为实用新型的保护客体仅涉及产品的形状和构造，而误认为在创造性判断时不考虑方法特征和材料特征）。

综上所述，本题答案为 A、B、C、D。

【17.（2010-8）解析】知识点：创造性（所属技术领域的技术人员）

参照 5.（2017-82）的解析。所属技术领域的技术人员是假设的人，故选项 A 的说法正确。他并不是真实存在的人，因此选项 B 所述的技术专家，以及选项 C 中所述的具有至少两年以上工作经验的普通技术人员，并非假设的所属技术领域的技术人员（可以认为其混淆了假设的"人"与现实生活中技术人员之间的区别），即选项 B 和 C 的说法错误，不符合题意。根据规定，他能够获知所属技术领域中所有的现有技术（本题中涉及的是车辆发动机的润滑系统这一技术领域），因此选项 D 的说法正确。

综上所述，本题答案为 A、D。

【18.（2012-32）解析】知识点：创造性

在 G-2-4-3.1 关于"审查原则"中第二段规定，在评价发明是否具备创造性时，审查员不仅要考虑发明的技术方案本身，而且还要考虑发明所属技术领域、所解决的技术问题和所产生的技术效果，将发明作为一个整体看待。因此，选项 A 说法正确。

根据 A22.3 的规定，创造性，是指与现有技术相比，该发明具有突出的实质性特点和显著的进步，该实用新型具有实质性特点和进步。创造性不仅要求发明区别于现有技术，还应当达到一定的高度。因此，发明的某一技术特征与最接近的现有技术的对应特征仅仅有区别，并不意味着该技术方案与现有技术相比一定具备创造性。因此，选项 B 说法错误。

根据 G-2-4-6.1 关于"创立发明的途径"中规定可知，不管发明者在创立发明的过程中是历尽艰辛，还是唾手而得，都不应当影响对该发明创造性的评价。因此，对创造性的评价无须考虑创立发明的途径，即选项 C 说法正确。

在 G-2-4-3.2.2 关于"显著的进步的判断"中规定，……（2）发明提供了一种技术构思不同的技术方案，其技术效果能够基本上达到现有技术的水平……。因此，选项 D 说法正确。

综上所述，本题答案为 A、C、D。

【19.（2010-67）解析】知识点：创造性

在 G-2-4-4.6.3 关于"要素省略的发明"中规定，要素省略的发明，是指省去已知产品或者方法中的某一项或多项要素的发明。（1）如果发明省去一项或者多项要素后其功能也相应地消失，则该发明不具备创造性。【例如】一种涂料组合物发明，与现有技术的区别在于不含防冻剂。由于取消使用防冻剂后，该涂料组合物的防冻效果也相应消失，因而该发明不具备创造性。（2）如果发明与现有技术相比，发明省去一项或者多项要素（例如，一项产品发明省去了一个或者多个零部件或者一项方法发明省去一步或者多步工序）后，依然保持原有的全部功能，或者带来预料不到的技术效果，则具有突出的实质性特点和显著的进步，该发明具备创造性。

选项 A、C、D 的表述与上述规定一致，符合题意。选项 B 的说法与上述规定恰好相反，故其不符合题意。

综上所述，本题答案为 A、C、D。

【20.（2011-35）解析】知识点：创造性；相关知识点：新颖性

参见新颖性的相关规定和解析可知，题目中对比文件 1 至 3 中任一篇记载的技术特征都没有包括该专利申请的全部技术特征，故该专利申请具备新颖性。故选项 A 错误。

在 G-2-4-3.1 关于"审查原则"中第二段和第三段规定，在评价发明是否具备创造性时，审查员不仅要考虑发明的技术方案本身，而且还要考虑发明所属技术领域、所解决的技术问题和所产生的技术效果，将发明作为一个整体看待。与新颖性"单独对比"的审查原则不同，审查创造性时，将一份或者多份现有技术中的不同的技术内容组合在一起对要求保护的发明进行评价。根据上述规定可知，该专利申请是否具备创造性，应当根据全部对比文件进行具体分析才能得出结论。故选项 B 和 C 分别认为具备或不具备创造性的说法错误。而选项 D 中认为是否具备创造性需要根据全部对比文件进行分析的说法正确（而且根据"三步法"的判断方法可知，不仅要看区别技术特征是否在现有技术中被公开，而且还要看其作用是否相同才能得出是否有技术启示的结论）。

综上所述，本题答案为 D。

【21.（2011-43）解析】知识点：创造性

在 G-2-4-3.1 关于"审查原则"中第二段规定，在评价发明是否具备创造性时，审查员不仅要考虑发明的技术方案本身，而且还要考虑发明所属技术领域、所解决的技术问题和所产生的技术效果，将发明作为一个整体看待。因此，选项 A 的说法没有提及"产生的技术效果"，故其说法错误。

根据 G-2-10-6.2 关于"化学产品用途发明的创造性"中规定可知，对于新的化学产品，如果该用途不能从结构或者组成相似的已知产品预见到，可认为这种新产品的用途发明有创造性。因此，选项 B 说法正确。

在 G-2-4-3 关于"发明创造性的审查"中规定，一件发明专利申请是否具备创造性，只有在该发明具备新颖性的条件下才予以考虑。因此，选项 C 说法正确。

在 G-2-4-3.1 关于"审查原则"中最后一段规定，如果一项独立权利要求具备创造性，则一般不再审查该独立权利要求的从属权利要求的创造性。意味着独立权利要求限定的发明具备创造性，其从属权利要求限定的发明也具备创造性，因此，选项 D 说法错误。

综上所述，本题答案为 B、C。

（三）总体考点分析

本部分涉及发明创造性的概念、判断创造性的原则和基准以及实用新型创造性的判断。具体考点涉及：发明的创造性的定义、所属技术领域的技术人员、突出的实质性特点以及显著的进步的概念；判断创造性的方法和步骤（三步法），以及技术效果对创造性判断的影响，开拓性发明、组合发明、选择发明、转用发明、已知产品新用途发明以及要素变更发明等几种类型发明的创造性判断，判断创造性时需考虑的其他因素（商业成功、发明途径、预料不到的技术效果等），以及化学领域发明创造性判断的规定、包含算法特征或商业规则和方法特征的发明专利的创造性审查规定；判断实用新型创造性时应当考虑的技术特征，判断实用新型创造性的标准（现有技术领域、现有技术数量的要求）。

高频结论

√　创造性，是指与现有技术相比，该发明具有突出的实质性特点和显著的进步，该实用新型具有实质性特点和进步。

√　在申请日以前由任何单位或个人向专利局提出过申请并且记载在申请日以后公布的专利申请文件或者公告的专利文件中的内容（简称"抵触申请"），不属于现有技术，因此，在评价发明创造性时不予考虑。

√　发明有突出的实质性特点，是指对所属技术领域的技术人员来说，发明相对于现有技术是非显而易见的。如果发明是所属技术领域的技术人员在现有技术的基础上仅仅通过合乎逻辑的分析、推理或者有限的试验可以得到的，则该发明是显而易见的，也就不具备突出的实质性特点。

√　发明是否具备创造性，应当基于所属技术领域技术人员的知识和能力进行评价。

√　所属技术领域的技术人员，也可称为本领域的技术人员，是指一种假设的"人"，假定他知晓申请日或者优先权日之前发明所属技术领域所有的普通技术知识，能够获知该领域中所有的现有技术，并且具有应用该日期之前常规实验手段的能力，但他不具有创造能力。如果所要解决的技术问题能够促使本领域的技术人员在其他技术领域寻找技术手段，他也应具有从该其他技术领域中获知申请日或优先权日之前的相关现有技术、普通技术知识和常规实验手段的能力。

√　一件发明专利申请是否具备创造性，只有在该发明具备新颖性的条件下才予以考虑。

√　在评价发明是否具备创造性时，审查员不仅要考虑发明的技术方案本身，而且还要考虑发明所属技术领域、所解决的技术问题和所产生的技术效果，将发明作为一个整体看待。

✓ 如果一项独立权利要求具备创造性，则一般不再审查该独立权利要求的从属权利要求的创造性（这意味着独立权利要求具备创造性，则从属权利要求也就具备创造性；但独立权利要求不具备创造性，从属权利要求不一定不具备创造性）。

✓ 判断发明是否具有突出的实质性特点，就是要判断对本领域的技术人员来说，要求保护的发明相对于现有技术是否显而易见。

✓ 最接近的现有技术，是指现有技术中与要求保护的发明最密切相关的一个技术方案，它是判断发明是否具有突出的实质性特点的基础。最接近的现有技术，例如可以是，与要求保护的发明技术领域相同，所要解决的技术问题、技术效果或者用途最接近和/或公开了发明的技术特征最多的现有技术，或者虽然与要求保护的发明技术领域不同，但能够实现发明的功能，并且公开发明的技术特征最多的现有技术。应当注意的是，在确定最接近的现有技术时，应首先考虑技术领域相同或相近的现有技术。

✓ 首先应当分析要求保护的发明与最接近的现有技术相比有哪些区别技术特征，然后根据该区别技术特征所能达到的技术效果确定发明实际解决的技术问题。

✓ 作为一个原则，发明的任何技术效果都可以作为重新确定技术问题的基础，只要本领域的技术人员从该申请说明书中所记载的内容能够得知该技术效果即可。对于功能上彼此相互支持、存在相互作用关系的技术特征，应整体上考虑所述技术特征和它们之间的关系在要求保护的发明中所达到的技术效果。

✓ 下述情况，通常认为现有技术中存在技术启示：（ⅰ）所述区别技术特征为公知常识；（ⅱ）所述区别技术特征为与最接近的现有技术相关的技术手段；（ⅲ）所述区别技术特征为另一份对比文件中披露的相关技术手段，该技术手段在该对比文件中所起的作用与该区别技术特征在要求保护的发明中为解决该重新确定的技术问题所起的作用相同。

✓ 以下情况，通常应当认为发明具有有益的技术效果，具有显著的进步：（1）发明与现有技术相比具有更好的技术效果；（2）发明提供了一种技术构思不同的技术方案，其技术效果能够基本上达到现有技术的水平；（3）发明代表某种新技术发展趋势；（4）尽管发明在某些方面有负面效果，但在其他方面具有明显积极的技术效果。

✓ 开拓性发明同现有技术相比，具有突出的实质性特点和显著的进步，具备创造性。

✓ 在进行组合发明创造性的判断时通常需要考虑：组合后的各技术特征在功能上是否彼此相互支持、组合的难易程度、现有技术中是否存在组合的启示以及组合后的技术效果等。（1）组合后的各技术特征之间在功能上无相互作用关系，仅仅是一种简单的叠加，则这种组合发明不具备创造性。（2）如果组合的各技术特征在功能上彼此支持，并取得了新的技术效果；或者说组合后的技术效果比每个技术特征效果的总和更优越，则发明具备创造性。其中组合发明的每个单独的技术特征本身是否完全或部分已知并不影响对该发明创造性的评价。

✓ 在进行选择发明创造性的判断时，选择所带来的预料不到的技术效果是应考虑的主要因素。（1）如果发明仅是从一些已知的可能性中进行选择，或者发明仅仅是从一些具有相同可能性的技术方案中选出一种，而选出的方案未能取得预料不到的技术效果，则该发明不具备创造性。（2）如果发明是在可能的、有限的范围内选择具体的尺寸、温度范围或者其他参数，而这些选择可以由本领域的技术人员通过常规手段得到并且没有产生预料不到的技术效果，则该发明不具备创造性。（3）如果发明是可以从现有技术中直接推导出来的选择，则该发明不具备创造性。（4）如果选择使得发明取得了预料不到的技术效果，则该发明具有突出的实质性特点和显著的进步，具备创造性。

✓ 在进行转用发明的创造性判断时通常需要考虑：转用的技术领域的远近、是否存在相应的技术启示、转用的难易程度、是否需要克服技术上的困难、转用所带来的技术效果等。（1）如果转用是在类似的或者相近的技术领域之间进行的，并且未产生预料不到的技术效果，则这种转用发明不具备创造性。（2）如果这种转用能够产生预料不到的技术效果，或者克服了原技术领域中未曾遇到的困难，则这种转用发明具有突出的实质性特点和显著的进步，具备创造性。

✓ 已知产品的新用途发明，是指将已知产品用于新的目的的发明。（1）如果新的用途仅仅是使用了已知材料已知的性质，则该用途发明不具备创造性。（2）如果新的用途是利用了已知产品新发现的性质，并且产生了预料不到的技术效果，则这种用途发明具有突出的实质性特点和显著的进步，具备创造性。

✓ 要素关系改变的发明：（1）如果要素关系的改变没有导致发明效果、功能及用途的变化，或者发明效果、功能及用途的变化是可预料到的，则发明不具备创造性。（2）如果要素关系的改变导致发明产生了预料不到的技术效果，则发明具有突出的实质性特点和显著的进步，具备创造性。

✓ 要素替代的发明：（1）如果发明是相同功能的已知手段的等效替代，或者是为解决同一技术问题，用已知最新研制出的具有相同功能的材料替代公知产品中的相应材料，或者是用某一公知材料替代公知产品中的某材料，而这种公知材料的类似应用是已知的，且没有产生预料不到的技术效果，则该发明不具备创造性。（2）如果要素的替代能使发明产生预料不到的技术效果，则该发明具备创造性。

要素省略的发明：（1）如果发明省去一项或多项要素后其功能也相应地消失，则该发明不具备创造性。（2）如果发明与现有技术相比，发明省去一项或多项要素（例如，一项产品发明省去了一个或多个零部件或者一项方法发明省去一步或多步工序）后，依然保持原有的全部功能，或者带来预料不到的技术效果，则该发明具备创造性。

✓ 如果发明解决了人们一直渴望解决但始终未能获得成功的技术难题，这种发明具有突出的实质性特点和显著的进步，具备创造性。

✓ 如果发明克服了这种技术偏见，采用了人们由于技术偏见而舍弃的技术手段，从而解决了技术问题，则这种发明具备创造性。

✓ 当发明产生了预料不到的技术效果时，一方面说明发明具备显著的进步。另一方面也反映出发明的技术方案是非显而易见的，具有突出的实质性特点，该发明具备创造性。

✓ 当发明的产品在商业上获得成功时，如果这种成功是发明的技术特征直接导致的，具备创造性。但是，如果商业上的成功是其他原因所致，例如销售技术的改进或者广告宣传造成的，则不能作为判断创造性的依据。

✓ 不管发明者在创立发明的过程中是历尽艰辛，还是唾手而得，都不应当影响对该发明创造性的评价。

✓ 发明是否具备创造性是针对要求保护的发明而言的，因此，对发明创造性的评价应当针对权利要求限定的技术方案进行。发明对现有技术作出贡献的技术特征，例如，使发明产生预料不到的技术效果的技术特征，或者体现发明克服技术偏见的技术特征，应当写入权利要求中；否则，即使说明书中有记载，评价发明的创造性时也不予考虑。此外，应当针对权利要求限定的技术方案整体进行评价，即评价技术方案是否具备创造性，而不是评价某一技术特征是否具备创造性。

✓ 就实用新型专利的创造性而言，一般着重于考虑该实用新型专利所属的技术领域。但是现有技术中给出明确的启示，例如现有技术中有明确的记载，促使本领域的技术人员到相近或者相关的技术领域寻找有关技术手段的，可以考虑其相近或者相关的技术领域。

✓ 在实用新型专利创造性的审查中，应当考虑其技术方案中的所有技术特征，包括材料特征和方法特征（当然也要考虑结构特征、形状特征）。

（四）参考答案

1. B、C	2. C、D	3. A、D	4. C	5. A、C
6. A、B	7. A、B	8. A、B、C	9. D	10. A、D
11. B	12. C、D	13. B、C	14. C	15. A、B、C
16. A、B、C、D	17. A、D	18. A、C、D	19. A、C、D	20. D
21. B、C				

七、实用性

（一）历年试题集合

1. （2019－46）下列哪些专利申请的技术方案不具备实用性？　【你的答案】

A. 一种耐寒测量方法，其特征在于通过逐渐降低动物的体温，以测量动物对寒冷耐受程度

B. 一种测量冠状动脉代谢机能的非侵入性的检查方法，其特征在于利用降低吸入气体中氧气分压的方法逐级增加冠状动脉的负荷　【选错记录】

C. 一种别墅，其特征在于依据地形地貌的特点进行建造

D. 一种打耳洞的方法，其特征在于将一次性无菌穿耳器在耳垂上固定后压下

2. （2017-78）关于专利申请实用性的判断，以下说法正确的是？

【你的答案】

A. 实用性要求专利申请主题必须能够在产业上制造或使用，因此，专利申请主题为产品的，该产品都需要由机器设备来制造

【选错记录】

B. 一种产品的生产方法，但其成品率极低，仅有0.6%，因此属于发明无再现性，不具备实用性

C. 实用性的判断应当以申请日提交的说明书（包括附图）和权利要求书所公开的整体技术内容为依据，而不仅仅局限于权利要求所记载的内容

D. 即使专利申请请求保护的产品已经投入生产和销售，也不可依此判断该申请符合有关实用性的规定

3. （2017-23）以下说法正确的是？

【你的答案】

A. 医生处方具有实用性

B. 一种烹调方法属于智力活动的规则和方法，不能授予专利权

【选错记录】

C. 一种通过化学试剂诱导微生物随机突变产生新微生物菌株的方法，具有实用性

D. 从某县某地的土壤中分离筛选出一种具有特殊功能的微生物，具有实用性

4. （2016-42）下列有关实用性的说法哪些是正确的？

【你的答案】

A. 判断实用性应当以申请日提交的说明书（包括附图）和权利要求书所公开的整体技术内容为依据，而不仅仅局限于权利要求所记载的内容

【选错记录】

B. 某产品的制备方法，其对环境清洁度有苛刻要求，导致实施时成品率极低，所以该制备方法不具备实用性

C. 具备实用性的发明或者实用新型应该能够制造或使用，并且应当已经实施

D. 满足实用性要求的技术方案应当符合自然规律并且具有再现性

5. （2015-44）下列哪些专利申请的技术方案不具备实用性？

【你的答案】

A. 一种南水北调的方法，其特征在于依照地形地貌的特点，由丹江口水库引水，自流供水给黄淮平原地区

【选错记录】

B. 一种手工编织地毯的方法，其特征在于以旧毛线和粗帆布为原料经手工编制而成

C. 一种微型机器人，其特征在于用于外科手术中

D. 一种纹眉的方法，其特征在于用纹眉针刺入皮肤，注入纹眉液

6. （2015-9）以下关于实用性的观点哪个是正确的？

【你的答案】

A. 发明的实用性，是指其申请的主题必须能够在产业上制造或者使用，并能够产生积极效果

【选错记录】

B. 发明必须相对于现有技术产生了更好的技术效果才具备实用性

C. 一项发明的市场销售状况不好，可以确定该发明不具备实用性

D. 一项发明在实施过程中成品率低，可以确定该发明不具备实用性

7. （2014-86）下列哪些发明不具备实用性？

【你的答案】

A. 一种利用喜马拉雅山上的冰雪制造的无污染冰水

B. 一种通过对皮肤进行喷水和按摩而使皮肤焕发光泽的美容方法

【选错记录】

C. 一种测量人体对极限严寒的耐受程度的方法

D. 一种测量企鹅对极限严寒的耐受程度的方法

8. （2014-76）下列关于实用性的说法哪些是正确的？

【你的答案】

A. 具备实用性的发明或者实用新型必须已经实施

B. 具备实用性的发明或者实用新型必须符合自然规律

【选错记录】

C. 具备实用性的发明或者实用新型必须具备较高的成品率

D. 具备实用性的发明或者实用新型不能是由自然条件限定的独一无二的产品

9. （2013－14）下列有关实用性的说法哪些是正确的？

　　A. 实用性，是指该发明或实用新型能够制造或使用，并且能够产生积极效果，这里的积极效果指的是完美无缺的有益效果

　　B. 由于电离盒有可能产生微量臭氧，对人的身体可能会造成伤害，从人体健康方面考虑不宜使用，因此不具备实用性

　　C. 由于永动机违背自然规律，是不能实施的，因此不具备实用性

　　D. 由于过滤净化装置与高压静电发生器价格昂贵，导致烟雾净化器成本高，社会上很少人使用，脱离社会需要，因此不具备实用性

10. （2012－63）下列主题哪些不具备实用性？

　　A. 永动机

　　B. 逐渐降低动物的体温，以测量动物对寒冷耐受程度的测量方法

　　C. 具有很好抗震效果的活动板房

　　D. 为美容而实施的外科手术方法

11. （2011－58）下列发明专利申请所涉及的技术方案哪些具备实用性？

　　A. 一种为美容而实施的外科手术方法

　　B. 一种利用喜马拉雅山上的无污染水制造的饮料

　　C. 一种利用长江某段的独特地形建造水电站的方法

　　D. 一种在奶牛饲料中添加含硒物质得到富硒牛奶的方法

12. （2010－50）下列哪些专利申请中的技术方案不具备实用性？

　　A. 一次性无疤痕去纹眉的美容方法，包括用激光刀头根据皮纹方向去除纹眉

　　B. 防止晒黑的美容方法中所采用的物理防晒剂

　　C. 实施冠状造影之前为辅助诊断而采用的外科手术方法

　　D. 通过逐渐降低牛的体温，以测量牛对寒冷耐受程度的测量方法

【你的答案】

【选错记录】

（二）参考答案解析

【1.（2019－46）解析】知识点：实用性（审查基准）

　　在 G－2－5－3.2 关于"审查基准"中规定，《专利法》第二十二条第四款所说的"能够制造或者使用"是指发明或者实用新型的技术方案具有在产业中被制造或者使用的可能性。满足实用性要求的技术方案不能违背自然规律并且应当具有再现性……。

　　进一步地，在 G－2－5－3.2.5 关于"测量人体或者动物体在极限情况下的生理参数的方法"中规定，测量人体或者动物体在极限情况下的生理参数需要将被测对象置于极限环境中，这会对人或者动物的生命构成威胁，不同的人或者动物个体可以耐受的极限条件是不同的，需要有经验的测试人员根据被测对象的情况来确定其耐受的极限条件，因此这类方法无法在产业上使用，不具备实用性。以下测量方法属于不具备实用性的情况：（1）通过逐渐降低人或者动物的体温，以测量人或者动物对寒冷耐受程度的测量方法；（2）利用降低吸入气体中氧气分压的方法逐级增加冠状动脉的负荷，并通过动脉血压的动态变化观察冠状动脉的代偿反应，以测量冠状动脉代谢机能的非侵入性的检查方法。根据上述规定，选项 A 和 B 分别属于上述列举的第（1）和（2）种方法，因此符合题意。

　　在 G－2－5－3.2.3 关于"利用独一无二的自然条件的产品"中规定，具备实用性的发明或者实用新型专利申请不得是由自然条件限定的独一无二的产品。利用特定的自然条件建造的自始至终都是不可移动的唯一产品不具备实用性。应当注意的是，不能因为上述利用独一无二的自然条件的产品不具备实用性，而认为其构件本身也不具备实用性。选项 C 的别墅是依据地形地貌的特点进行建造，属于特定的自然条件建造的自始至终都是不可移动的唯一产品，因此不具备实用性，符合题意。

　　在 G－2－5－3.2.4 关于"人体或者动物体的非治疗目的的外科手术方法"中规定，……非治疗目的的外科手术方法，由于是以有生命的人或者动物为实施对象，无法在产业上使用，因此不具备实用性。例如，为美容而实施的外科手术方法，或者采用外科手术从活牛身体上摘取牛黄的方法，以及为辅助诊断而采用的外科手术方法，例如实施冠状造影之前采用的外科手术方法等。选项 D 中打耳洞的方法，属于非治疗目的的外科手术方法，因而不具备实用性，符合题意。

　　综上所述，本题答案为 A、B、C、D。

【2. (2017-78) 解析】知识点：实用性（概念、审查原则和审查基准）

根据A22.4的规定，实用性，是指该发明或者实用新型能够制造或者使用，并且能够产生积极效果。进一步地，在G-2-5-2关于"实用性的概念"中规定，实用性，是指发明或者实用新型申请的主题必须能够在产业上制造或者使用，并且能够产生积极效果。……在产业上能够制造或者使用的技术方案，是指符合自然规律、具有技术特征的任何可实施的技术方案。这些方案并不一定意味着使用机器设备，或者制造一种物品，还可以包括例如驱雾的方法，或者将能量由一种形式转换成另一种形式的方法……。根据上述规定，对于是否满足实用性，对于专利申请主题为产品的，不必须要由机器设备来制造的，因此选项A的说法错误。

在G-2-5-3.2.1关于"无再现性"中规定，具有实用性的发明或者实用新型专利申请主题，应当具有再现性。……申请发明或者实用新型专利的产品的成品率低与不具有再现性是有本质区别的。前者是能够重复实施，只是由于实施过程中未能确保某些技术条件（例如环境洁净度、温度等），成品率低；后者则是在确保发明或者实用新型专利申请所需全部技术条件下，所属技术领域的技术人员仍不可能重复实现该技术方案所要求达到的结果。根据上述规定，选项B中以成品率低为由而认为所述生产方法不具备实用性的说法错误。

在G-2-5-3.1关于"审查原则"中规定，审查发明或者实用新型专利申请的实用性时，应当遵循下列原则：（1）以申请日提交的说明书（包括附图）和权利要求书所公开的整体技术内容为依据，而不仅仅局限于权利要求所记载的内容；（2）实用性与所申请的发明或者实用新型是怎样创造出来的或者是否已经实施无关。由此可知，选项C说法是正确的。而由于上述规定表明实用性与发明是怎样创造出来的或者是否已经实施无关，因此选项D的说法正确。

综上所述，本题答案为C、D。

【3. (2017-23) 解析】知识点：实用性（审查基准、化学发明的实用性）

在G-2-10-7.2关于"医生处方"中规定，医生处方，指医生根据具体病人的病情所开的药方。医生处方和医生对处方的调剂以及仅仅根据医生处方配药的过程，均没有工业实用性，不能被授予专利权。因此，选项A所述的医生处方具备实用性的说法错误。

在G-2-10-7.1关于"菜肴和烹调方法"中规定，不适于在产业上制造和不能重复实施的菜肴，不具备实用性，不能被授予专利权；依赖于厨师的技术、创作等不确定因素导致不能重复实施的烹调方法不适于在产业上应用，也不具备实用性，不能被授予专利权。因此，烹调方法不适于在产业上应用，也不具备实用性而不能授权，但烹调方法并不是因为其是智力活动的规则和方法而不能授予专利权，因此选项B的说法错误。

在G-2-10-9.4.3.2关于"通过物理、化学方法进行人工诱变生产新微生物的方法"中规定，这种类型的方法主要依赖于微生物在诱变条件下所产生的随机突变，这种突变实际上是DNA复制过程中的一个或者几个碱基的变化，然后从中筛选出具有某种特征的菌株。由于碱基变化是随机的，因此即使清楚记载了诱变条件，也很难通过重复诱变条件而得到完全相同的结果。这种方法在绝大多数情况下不符合《专利法》第二十二条第四款的规定。根据上述规定，通过化学试剂诱导微生物随机突变产生新微生物菌株的方法不具备实用性，即选项C说法错误。

在G-2-10-9.4.3.1关于"由自然界筛选特定微生物的方法"中规定，这种类型的方法由于受到客观条件的限制，且具有很大随机性，因此在大多数情况下都是不能重现的。例如从某省某县某地的土壤中分离筛选出一种特定的微生物，由于其地理位置的不确定和自然、人为环境的不断变化，再加上同一块土壤中特定的微生物存在的偶然性，不可能在专利有效期二十年内能重现地筛选出同种同属、生化遗传性能完全相同的微生物体。因此，由自然界筛选特定微生物的方法，一般不具有工业实用性，除非申请人能够给出充足的证据证明这种方法可以重复实施，否则这种方法不能被授予专利权。根据上述规定，由自然界筛选特定微生物的方法不具备实用性，但选项D涉及的是微生物本身，由于因其已经从土壤中分离出来且具有特殊功能而具有用途，因而具有实用性。因此，选项D说法正确。

综上所述，本题答案为D。

【4. (2016-42) 解析】知识点：实用性（审查原则、审查基准）

参照试题2.(2017-78) 选项D的解析，选项A的表述与相关规定一致，说法正确。参照其选项B的解析，成品率低并非不具备实用性的理由，因此选项B的说法错误。参照其选项D的解析，实用性与所申请的发明或者实用新型是否已经实施无关，故选项C说法错误。

在G-2-5-3.2关于"审查基准"中规定，《专利法》第二十二条第四款所说的"能够制造或者使用"是指发明或者实用新型的技术方案具有在产业中被制造或者使用的可能性。满足实用性要求的技术方案不能违背自然规律并且应当具有再现性……。由此可知，选项D的说法正确。

综上所述，本题答案为A、D。

【5. (2015-44) 解析】知识点：实用性（审查原则、审查基准）

参照1.(2019-46) 选项C的解析，选项A中南水北调的方法，与依赖于利用特定自然条件建造的自始至终都是不可移动的唯一产品相联系，所述方法并不能直接适用于任何其他地方，因而选项A中的南水北调的方法不具备实用性，符合题意。

根据G－2－5－2关于"实用性的概念"中规定可知，在产业上能够制造或者使用的技术方案，是指符合自然规律、具有技术特征的任何可实施的技术方案。选项B中手工编织地毯的方法，虽然需要手工编制，得到的地毯明显能产生积极效果，但仍属于在产业上能够使用的技术方案，故具备实用性；选项C中微型机器人能够被制造，能用于外科手术中，而且能产生积极的效果，故具备实用性。

在G－2－5－3.2.4关于"人体或者动物体的非治疗目的的外科技术方法"中规定，……非治疗目的的外科手术方法，由于是以有生命的人或者动物为实施对象，无法在产业上使用，因此不具备实用性。例如，为美容而实施的外科手术方法……。而选项D纹眉的方法就属于为美容而实施的外科手术方法，故不具备实用性，符合题意。

综上所述，本题答案为A、D。

【6.（2015－9）解析】知识点：实用性（概念、审查基准）

根据A22.4的规定，实用性，是指该发明或者实用新型能够制造或者使用，并且能够产生积极效果。选项A的说法正确。

在G－2－5－2关于"实用性的概念"中规定，……能够产生积极效果，是指发明或者实用新型专利申请在提出申请之日，其产生的经济、技术和社会的效果是所属技术领域的技术人员可以预料到的。这些效果应当是积极的和有益的。由此可知，实用性所要求的积极效果是申请之日可以预料，并且是积极和有益的，并非要求必须优于现有技术的技术效果，因此选项B的说法错误。

对于选项C，需要注意区分《专利法》中所述的实用性与日常生活中提到的实用性（尤其是说市场什么产品不具备实用性）。前者是要求能够制造或者使用，并且能够产生积极效果，并不等同于在市场上销售状况好。而且市场销售情况不好，可能有多种因素造成，并不意味着发明不能制造或者使用，无法产生积极效果，因此选项C的说法错误。

参照2.（2017－78）选项B的解析可知，选项D的说法错误。

综上所述，本题答案为A。

【7.（2014－86）解析】知识点：实用性（审查基准）

在G－2－5－3.2.3关于"利用独一无二的自然条件的产品"中规定，具备实用性的发明或者实用新型专利申请不得是由自然条件限定的独一无二的产品。利用特定的自然条件建造的自始至终都是不可移动的唯一产品不具备实用性……。因此，选项A中喜马拉雅山上的冰雪由于可反复取用，利用它制造的无污染冰水并不属于利用独一无二的自然条件的产品，具备实用性，不符合题意。

根据G－2－5－2关于"实用性的概念"中规定可知，如果申请的是一种方法（仅限发明），那么这种方法必须在产业中能够使用，并且能够解决技术问题。根据该规定，选项B中对皮肤进行喷水和按摩而使皮肤焕发光泽的美容方法，完全可以在实际产业（《专利法》实用性中所述的产业具有宽泛的含义，美容等也属于产业）中实施，并且能够使皮肤焕发光泽这种积极或有益的效果，因此具备实用性，不符合题意。

对于选项C所述的测量人体对极限严寒的耐受程度的方法，以及选项D所述的测量企鹅对极限严寒的耐受程度的方法，明显属于G－2－5－3.2.5关于"测量人体或者动物体在极限情况下的生理参数的方法"中规定的测量人体或者动物体在极限情况下的生理参数的情形而不具备实用性，因而选项C和D符合题意。

综上所述，本题答案为C、D。

【8.（2014－76）解析】知识点：实用性（审查原则、审查基准）

参照1.（2019－46）和2.（2017－78）的解析，选项A说法错误，因为实用性不需要已经实施；选项B说法正确，因为实用性要求必须符合自然规律；选项C说法错误，因为实用性与成品率高低没有必然的联系；选项D说法正确，因为具备实用性的发明或者实用新型专利申请不得是由自然条件限定的独一无二的产品。

综上所述，本题答案为B、D。

【9.（2013－14）解析】知识点：实用性（审查原则、审查基准）

参照1.（2019－46）和2.（2017－78）的解析，选项A说法错误，实用性只要能够产生积极效果，并不要求完美无缺的有益效果，故其说法错误。

选项B，因为电离盒本身能够被制造出来，而且能够达到电离这一预料效果，并且是积极和有益的，因而具备实用性。而电离盒可能产生微量臭氧，对人的身体可能会造成伤害，只是该产品某些方面的特性或缺陷，但并不能否定其可以获得预料的积极和有益的效果，因此并不会导致电离盒不具备实用性，即选项B说法错误。

选项C，永动机违背能量守恒定律这一自然规律，是典型的不具备实用性的情况，故其说法正确。

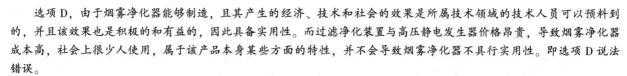

选项 D，由于烟雾净化器能够制造，且其产生的经济、技术和社会的效果是所属技术领域的技术人员可以预料到的，并且该效果也是积极的和有益的，因此具备实用性。而过滤净化装置与高压静电发生器价格昂贵，导致烟雾净化器成本高，社会上很少人使用，属于该产品本身某些方面的特性，并不会导致烟雾净化器不具行实用性。即选项 D 说法错误。

综上所述，本题答案为 C。

【10.（2012-63）解析】知识点：实用性（审查基准）

根据 G-2-5-3.2.2 关于"违背自然规律"中规定可知，永动机违背自然规律，不具备实用性，选项 A 符合题意。

G-2-5-3.2.5 关于"测量人体或者动物体在极限情况下的生理参数"中规定，测量人体或者动物体在极限情况下的生理参数需要被测对象置于极限环境中，还会对人或者动物的生命构成威胁，……不具备实用性，故选项 B 符合题意。

由于具有很好抗震效果的活动板房明显能够产生上制造并产生积极的效果，具备实用性，故选项 C 不符合题意。

根据 G-2-5-3.2.4 关于"人体或者动物体的非治疗目的的外科手术方法"中规定可知，非治疗目的的外科手术方法不具备实用性。因此，选项 D 符合题意。

综上所述，本题的答案为 A、B、D。

【11.（2011-58）解析】知识点：实用性（审查基准）

根据 G-2-5.2-3.2.4 关于"人体或者动物体的非治疗目的的外科手术方法"中规定可知，非治疗目的的外科手术方法不具备实用性。故选项 A 不符合题意。

对于选项 B，参照 7.（2014-86）选项 A 的解析，其无污染水具备实用性，符合题意。

基于 G-2-5-3.2.3 关于"利用独一无二的自然条件的产品"中的规定，选项 C 属于利用独一无二的自然条件的产品不具备实用性，不符合题意。

在 G-2-3-3.2.1 关于"无再现性"中第一段规定，具有实用性的发明或者实用新型专利申请主题，应当具有再现性。反之，无再现性的发明或者实用新型专利申请主题不具备实用性。选项 D 所述的一种在奶牛饲料中添加含硒物质得到富硒牛奶的方法，虽然涉及以活的动物体为对象，但由于该方法在产业中能够实施，且获得的结果是能够重复再现的（当然并不是每一头牛吃了添加含硒物质的饲料，都必然会成为富硒奶牛，这相当于成品率的问题，并不影响其重复再现性），因此具有再现性，故具备实用性，选项 D 符合题意。

综上所述，本题答案为 B、D。

【12.（2010-50）解析】知识点：实用性（审查基准）

根据 G-2-5-3.2.4 关于"人体或者动物体的非治疗目的的外科手术方法"中规定可知，非治疗目的的外科手术方法不具备实用性。而选项 A 所述的一次性无疤痕去纹眉的美容方法、选项 C 所述的实施冠状造影之前为辅助诊断而采用的外科手术方法均属于非治疗目的的外科手术方法，因此不具备实用性，即选项 A 和 C 符合题意。

选项 B 所述的防止晒黑的美容方法中所采用的物理防晒剂，主题是物理防晒剂这一产品，能够在产业上制造，并能产生积极效果，因此具备实用性，即选项 B 不符合题意。注意：审题时要看清题目，不要错误理解为防止晒黑的美容方法（该方法有可能不具备实用性）。

选项 D，在 G-2-5-3.2.5 关于"测量人体或者动物体在极限情况下的生理参数的方法"中规定，……以下测量方法属于不具备实用性的情况：（1）通过逐渐降低人或者动物的体温，以测量人或动物对寒冷耐受程度的测量方法……。故选项 D 符合题意。

综上所述，本题答案为 A、C、D。

（三）总体考点分析

本部分涉及实用性，具体考点涉及实用性的定义，实用性中的产业范畴，"能够制造或者使用""能够解决技术问题"及"积极效果"的含义，以及实用性审查原则和审查基准（具体有 6 种情形：无再现性、违背自然规律、利用独一无二的自然条件的产品、人体或者动物体的非治疗目的的外科手术方法、测量人体或者动物体在极限情况下的生理参数的方法，以及无积极效果）。

高频结论

✓ 实用性，是指该发明或者实用新型能够制造或者使用，并且能够产生积极效果。

✓ "能够制造或者使用"是指发明或者实用新型的技术方案具有在产业中被制造或使用的可能性（不要求已经实施或者已经制造出来）。

✓ 实用性中的产业具有宽泛的含义，它包括工业、农业、林业、水产业、畜牧业、交通运输业以及文化体育、生活用品和医疗器械等行业。

✓ 在产业上能够制造或者使用的技术方案，是指符合自然规律、具有技术特征的任何可实施的技术方案。这些方案并不一定意味着使用机器设备，或者制造一种物品，还可以包括例如驱雾的方法，或者将能量由一种形式转换成另一种形式的方法。

✓ 能够产生积极效果，是指发明或者实用新型专利申请在提出申请之日，其产生的经济、技术和社会的效果是所属技术领域的技术人员可以预料到的。这些效果应当是积极的和有益的。不能仅仅由于发明或实用新型具有一定的缺点或缺陷（销量不好、成本高、药物具有一定的副作用等）而认定其不具备实用性。

✓ 实用性是以申请日提交的说明书（包括附图）和权利要求书所公开的整体技术内容为依据，而不仅仅局限于权利要求所记载的内容；实用性与所申请的发明或者实用新型是怎样创造出来的或者是否已经实施无关。

✓ 具有实用性的发明或者实用新型专利申请主题，应当具有再现性。再现性中的"能够重复实施"不得依赖任何随机的因素，并且实施结果应该是相同的。申请发明或者实用新型专利的产品的成品率低与不具有再现性是有本质区别的。

✓ 因不能制造或者使用而不具备实用性是由技术方案本身固有的缺陷引起的，与说明书公开的程度无关。

✓ 满足实用性要求的技术方案不能违背自然规律，例如永动机，不具备实用性。

✓ 利用特定的自然条件建造的自始至终都是不可移动的唯一产品不具备实用性。应当注意的是，不能因为上述利用独一无二的自然条件的产品不具备实用性，而认为其构件本身也不具备实用性。但是利用来自特定自然下的原材料，例如利用喜马拉雅山上的冰雪制造的无污染冰水不属于上述之列而具备实用性。

✓ 非治疗目的的外科手术方法不具备实用性。例如，为美容而实施的外科手术方法，或者采用外科手术从活牛身体上摘取牛黄的方法，以及为辅助诊断而采用的外科手术方法，例如实施冠状造影之前采用的外科手术方法等。注意：治疗目的的外科手术方法则属于疾病的诊断和治疗方法而不能授予专利权。

✓ 测量人体或动物体在极限情况下的生理参数不具备实用性。例如：（1）通过逐渐降低人或者动物的体温，以测量人或者动物对寒冷耐受程度的测量方法；（2）利用降低吸入气体中氧气分压的方法逐级增加冠状动脉的负荷，并通过动脉血压的动态变化观察冠状动脉的代偿反应，以测量冠状动脉代谢机能的非侵入性的检查方法。

✓ 明显无益、脱离社会需要的发明或者实用新型专利申请的技术方案不具备实用性。

（四）参考答案

1. A、B、C、D   2. C、D   3. D   4. A、D   5. A、D

6. A   7. C、D   8. B、D   9. C   10. A、B、D

11. B、D   12. A、C、D

第三节　外观设计专利申请的授权条件

一、现有设计、抵触申请及判断方式

（一）历年试题集合

1. （2019 - 7）下列属于相近种类的外观设计产品的是？

A. 机械表和电子表

B. 玩具汽车和汽车

C. 带 MP3 的手表和普通手表

D. 毛巾和地毯

【你的答案】

_____

【选错记录】

_____

2. （2019-41）下列哪些情形可以将两件产品的外观设计认定为实质相同的外观设计？

    A. 图案和色彩完全相同的毛巾和地毯

    B. 互为镜像对称的手表

    C. 仅有具体叶片数不同的百叶窗

    D. 仅将形状由正方体改为长方体的带有图案和色彩的饼干桶

【你的答案】
_____

【选错记录】
_____

3. （2019-42）在确定外观设计产品种类时，可以参考以下哪些内容？

    A. 产品的名称

    B. 国际外观设计分类

    C. 产品销售时的货架分类位置

    D. 国际商品和服务分类

【你的答案】
_____

【选错记录】
_____

4. （2018-7）判断外观设计是否符合《专利法》第二十三条第一款、第二款授权条件的判断主体是？

    A. 所属技术领域的技术人员

    B. 一般消费者

    C. 普通设计人员

    D. 实际消费者

【你的答案】
_____

【选错记录】
_____

5. （2018-43）下列哪些情形构成相同或实质相同的外观设计？

    A. 形状、图案均相同的红色书包和绿色书包

    B. 形状、图案均相同的白色透明塑料杯与白色透明玻璃杯

    C. 图案、色彩均相同的长方体饼干桶和正方体饼干桶

    D. 形状、图案、色彩均相同的电话机与玩具电话，二者的内部结构不同

【你的答案】
_____

【选错记录】
_____

6. （2017-67）下列哪些情况属于涉案专利与对比设计相比是实质相同的外观设计？

    A. 仅在于具体的叶片数不同的两个百叶窗

    B. 仅在于底部的支脚设计不同的两个冰箱

    C. 一个正方形包装盒和带有相同图案和色彩的圆形包装盒

    D. 电影院中五连排座椅和十五连排座椅

【你的答案】
_____

【选错记录】
_____

7. （2016-10）下列哪个选项中的外观设计不属于相同或实质相同的外观设计？

    A. 一款座椅的外观设计和与该款座椅外观相同的手机支架外观设计

    B. 一款圆珠笔和一款自动铅笔的外观设计，二者除笔尖设计不同外其余设计均相同

    C. 一款具有电子时钟和收音机双功能产品的外观设计，与一款纯电子时钟功能的产品外观设计，二者形状、图案和色彩设计相同

    D. 一件珠宝盒的专利外观设计，与一件包装盒的专利外观设计，二者形状、图案和色彩设计相同

【你的答案】
_____

【选错记录】
_____

8. （2016-43）某外观设计专利申请的申请日为2010年9月30日，下列哪些设计构成了该申请的现有设计？

    A. 2010年6月1日申请人本人在中国政府主办的展览会上展出了该外观设计产品

    B. 2010年7月7日在法国某商场橱窗中陈列的设计

    C. 2010年9月30日公开在某杂志中的设计

    D. 2010年8月12日提出申请、2010年12月20日授权公告的中国外观设计专利申请中的设计

【你的答案】
_____

【选错记录】
_____

9. （2015-47）下列哪些情形可以将两件产品的外观设计认定为实质相同的外观设计？

    A. 互为镜像对称的两张电脑桌

    B. 难以察觉细微差异的两扇百叶窗，其差异仅在于具体叶片数不同

【你的答案】
_____

【选错记录】
_____

C. 形状、图案和色彩均相同的两个玻璃杯子，其区别仅在于一个是钢化玻璃的，一个是普通玻璃的

D. 形状、图案和色彩均相同的浴巾和地毯

10. (2014－44)下列哪些情形可以将两件产品的外观设计认定为实质相同的外观设计？　　　　　　　　　　　　　　　　【你的答案】

　　A. 互为镜像对称的两把椅子　　　　　　　　　　　　　　　　　　　【选错记录】

　　B. 难以察觉细微差异的两扇百叶窗，其差异仅在于具体叶片数不同

　　C. 图案、色彩相同的两个长方体包装盒，其设计差别仅在于盒体的高度略有不同

　　D. 形状、图案和色彩均相同的铅笔和巧克力

11. (2012－38)在无效宣告程序中，涉案外观设计专利与对比设计的区别仅属于下　　　　　　　　　　　　　　　　　【你的答案】
列哪些情形时，涉案专利与对比设计实质相同？

　　A. 其区别在于施以一般注意力不能察觉到的局部的细微差异　　　　　【选错记录】

　　B. 其区别在于将某一设计要素整体置换为该类产品的惯常设计的相应设计要素

　　C. 其区别在于将对比设计作为设计单元按照该种类产品的常规排列方式作重复
排列

　　D. 其区别在于互为镜像对称

12. (2010－36)涉案外观设计专利与对比设计的区别属于下列哪些情形时，涉案专　　　　　　　　　　　　　　　　【你的答案】
利与对比设计实质相同？

　　A. 仅将产品的材料由塑料替换为金属　　　　　　　　　　　　　　　【选错记录】

　　B. 产品为单一色彩且仅作色彩改变

　　C. 仅在于暖气片的叶片数量一个为 48 片，另一个为 46 片

　　D. 两者区别仅在于互为镜像对称

13. (2010－19)在外观设计专利无效宣告程序中，判断对比设计是否构成涉案专利　　　　　　　　　　　　　　　　【你的答案】
的抵触申请时，下列说法哪些是正确的？

　　A. 涉案专利请求保护色彩，对比设计所公告的为带有色彩的外观设计，但其明确
不请求保护色彩，此种情况下不能将对比设计中包含有该色彩要素的外观设计与涉案专
利进行比较　　　　　　　　　　　　　　　　　　　　　　　　　　　　【选错记录】

　　B. 涉案专利请求保护色彩，对比设计所公告的虽然为带有色彩的外观设计，其虽明确不请求保护色彩，
但仍可以将对比设计中包含有该色彩要素的外观设计与涉案专利进行比较

　　C. 对比设计所公告的使用状态参考图中包含有不要求保护的外观设计，在与涉案专利进行比较时，不
考虑该不要求保护的外观设计

　　D. 对比设计所公告的使用状态参考图中包含有不要求保护的外观设计，在与涉案专利进行比较时，应
当考虑该不要求保护的外观设计

（二）参考答案解析

【1. (2019－7)解析】知识点：外观设计授权条件（相同或者相近种类）

在 G－4－5－5.1.1 关于"外观设计相同"第三段中规定，在确定产品的种类时，可以参考产品的名称、国际外观设
计分类以及产品销售时的货架分类位置，但是应当以产品的用途是否相同为准。相同种类产品是指用途完全相同的产
品。……例如机械表和电子表尽管内部结构不同，但是它们的用途是相同的，所以属于相同种类的产品。选项 A 中的机
械表与电子表属于相同种类的产品而不是相近种类的产品，不符合题意。

在 G－4－5－5.1.2 关于"外观设计实质相同"第二段中规定，相近种类的产品是指用途相近的产品。例如，玩具
和小摆设的用途是相近的，两者属于相近种类的产品。应当注意的是，当产品具有多种用途时，如果其中部分用途相
同，而其他用途不同，则二者应属于相近种类的产品。如带 MP3 的手表与手表都具有计时的用途，二者属于相近种类
的产品。选项 C 中的带 MP3 的手表和普通手表属于相近种类的产品，符合题意。

在 G－4－5－5.1.2 关于"外观设计实质相同"第一段中规定，外观设计实质相同的判断仅限于相同或者相近种类
的产品外观设计。对于产品种类不相同也不相近的外观设计，不进行涉案专利与对比设计是否实质相同的比较和判断，
即可认定涉案专利与对比设计不构成实质相同，例如，毛巾和地毯的外观设计。选项 B 中的玩具汽车和汽车两者的用途
既不相同，也不相近，因此不属于相近种类的产品，不符合题意；选项 D 中的毛巾和地毯的用途也既不相同也不相近

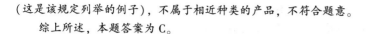

（这是该规定列举的例子），不属于相近种类的产品，不符合题意。

综上所述，本题答案为C。

【2.（2019－41）解析】知识点：外观设计授权条件（外观设计实质相同）

根据A23.1的规定，授予专利权的外观设计，应当不属于现有设计；也没有任何单位或者个人就同样的外观设计在申请日以前向国务院专利行政部门提出过申请，并记载在申请日以后公告的专利文件中。进一步，根据G－4－5－5关于"根据专利法第二十三条第一款的审查"中规定可知，不属于现有设计，是指在现有设计中，既没有与涉案专利相同的外观设计，也没有与涉案专利实质相同的外观设计。

根据G－4－5－5.1.2关于"外观设计实质相同"第一段中的规定可知，选项A中的毛巾和地毯，由于产品种类不相同也不相近，可以直接认定两者不构成实质相同的外观设计（即使图案和色彩完全相同）。

在G－4－5－5.1.2关于"外观设计实质相同"第三段中规定，如果一般消费者经过对涉案专利与对比设计的整体观察可以看出，二者的区别仅属于下列情形，则涉案专利与对比设计实质相同：

（1）其区别在于施以一般注意力不易察觉到的局部的细微差异，例如，百叶窗的外观设计仅有具体叶片数不同；

（2）其区别在于使用时不容易看到或者看不到的部位，但有证据表明在不容易看到部位的特定设计对于一般消费者能够产生引人瞩目的视觉效果的情况除外；

（3）其区别在于将某一设计要素整体置换为该类产品的惯常设计的相应设计要素，例如，将带有图案和色彩的饼干桶的形状由正方体置换为长方体；

（4）其区别在于将对比设计作为设计单元按照该种类产品的常规排列方式作重复排列或者将其排列的数量作增减变化，例如，将影院座椅成排重复排列或者将其成排座椅的数量作增减；

（5）其区别在于互为镜像对称。

（6）其区别在于局部外观设计要求保护部分在产品整体中的位置和/或比例关系的常规变化。

选项B，互为镜像对称的手表，属于上述规定的第（5）种情形；选项C，仅有具体叶片数不同的百叶窗属于上述规定的第（4）种情形；选项D，仅将形状由正方体改为长方体的带有图案和色彩的饼干桶属于上述规定的第（3）种情形，因而选项B、C和D中两件产品分别均构成实质相同的外观设计。

综上所述，本题答案为B、C、D。

【3.（2019－42）解析】知识点：外观设计授权条件（相同或者相近种类）

在G－4－5－5.1.1关于"外观设计相同"第三段中规定，在确定产品的种类时，可以参考产品的名称、国际外观设计分类以及产品销售时的货架分类位置，但是应当以产品的用途是否相同为准。相同种类产品是指用途完全相同的产品。对于局部外观设计，相同种类产品是指产品的用途和该局部的用途均相同的产品。据此可知，选项A、B、C分别属于上述规定的情形，符合题意。而选项D所述的国际商品和服务分类并没有在上述规定之中，因此不符合题意。

综上所述，本题答案为A、B、C。

【4.（2018－7）解析】知识点：外观设计授权条件（判断主体）

在G－4－5－4关于"判断主体"第一段中规定，在判断外观设计是否符合《专利法》第二十三条第一款、第二款规定时，应当基于涉案专利产品的一般消费者的知识水平和认知能力进行评价。据此，《专利法》第二十三条第一款、第二款都是相同的判断主体，即一般消费者，选项B符合题意。注意：所属技术领域的技术人员是在发明和实用新型的创造性判断中的概念，而《专利审查指南2023》中没有普通设计人员的概念，不要混淆；实际消费者因人而异，因此不可能作为判断的主体。

综上所述，本题答案为B。

【5.（2018－43）解析】知识点：外观设计授权条件（相同或实质相同的外观设计）

在G－4－5－5.2.6.3关于"色彩的判断"中规定，……单一色彩的外观设计仅色彩改变，两者仍属于实质相同的外观设计。选项A中的书包仅仅颜色不同，属于上述规定的实质相同的外观设计，符合题意。

在G－4－5－5.1.1关于"外观设计相同"中第二段规定，如果涉案专利与对比设计仅属于常用材料的替换，或者仅存在产品功能、内部结构、技术性能或者尺寸的不同，而未导致产品外观设计的变化，二者仍属于相同的外观设计。选项B中所述玻璃杯与塑料杯的形状、图案、色彩均相同，仅仅是材料不同，并没有对产品外观产生任何影响，因此二者应属于相同的外观设计。

参照2.（2019－41）的解析。选项C所述情形属于将某一设计要素整体置换为该类产品的惯常设计的相应设计要素，属于实质相同的外观设计［也是该规定中的第（3）种情形］。

选项D所述情形中，电话机与玩具电话的用途不同，二者不属于相同或者相近种类的产品，根据G－4－5－5.1.2

关于"外观设计实质相同"第一段的规定可知，可直接认定两者不构成实质相同，不符合题意（选项 D 中限定的形状、图案、色彩均相同，以及二者的内部结构不同都属于干扰信息，不影响结论）。

综上所述，本题答案为 A、B、C。

【6.（2017 - 67）解析】知识点：外观设计授权条件（实质相同的外观设计）

参照 2.（2019 - 41）的解析，涉及 G - 4 - 5 - 5.1.2 关于"外观设计实施相同"的规定。其中，选项 A 所述的具体的叶片数不同的两个百叶窗属于上述规定的第（1）种情形中例子；选项 B 所述的底部的支脚设计不同的两个冰箱，其区别是在使用时不容易看到或者看不到的部位，故属于上述规定的第（2）种情形；选项 C 所述的情形，仅在于一个是正方形，一个是圆形，属于惯常设计的置换，即属于上述规定的第（3）种情形；选项 D 所述情形，属于上述规定第（4）种情形。

综上所述，本题答案为 A、B、C、D。

【7.（2016 - 10）解析】知识点：外观设计授权条件（相同或实质相同的外观设计）

参照 1.（2019 - 7）和 2.（2019 - 41）的解析。基于 G - 4 - 5 - 5.1.2 关于"外观设计实质相同"中第一段的规定，由于选项 A 中的座椅与手机支架的用途不同，二者属于种类不同也不相近的产品，故不属于相同或实质相同的外观设计，符合题意。

基于 G - 4 - 5 - 5.1.2 关于"外观设计实质相同"中第三段规定的第（1）种情形，选项 B 中的圆珠笔和自动铅笔二者均是用于书写的笔，属于用途相同的产品，而二者外观设计上的区别仅在于笔尖设计不同，这对于笔这一产品来说，属于施以一般注意力不能察觉到的局部的细微差异，因此构成实质相同的外观设计。

基于 G - 4 - 5 - 5.1.2 关于"外观设计实质相同"中第二段的规定可知，当产品具有多种用途时，如果其中部分用途相同，而其他用途不同，则二者应属于相近种类的产品。选项 C 中具有电子时钟和收音机双功能的产品与另一种纯电子时钟产品，二者都具有时钟用途，即两者存在部分相同用途，因而属于种类相近产品，且二者的外观设计相同，故构成了实质相同的外观设计。选项 D 所述的珠宝盒与包装盒，二者均用于产品的包装而具有相近的用途，属于相近种类产品，在二者外观设计相同的情况下，故构成实质相同的外观设计。

综上所述，本题答案为 A。

【8.（2016 - 43）解析】知识点：外观设计授权条件（现有技术）

在 G - 4 - 5 - 2 关于"现有设计"中规定：根据《专利法》第二十三条第四款的规定，现有设计是指申请日（有优先权的，指优先权日）以前在国内外为公众所知的设计。现有设计包括申请日以前在国内外出版物上公开发表过、公开使用过或者以其他方式为公众所知的设计。关于现有设计的时间界限、公开方式等参照第二部分第三章第 2.1 节的规定。现有设计中一般消费者所熟知的、只要提到产品名称就能想到的相应设计，称为惯常设计。例如，提到包装盒就能想到其有长方体、正方体形状的设计。

选项 A 所述在中国政府主办的展览会上展出的外观设计，展览时间早于专利申请日，故构成该申请的现有设计，符合题意（注意：申请人本人在申请日前公开的外观设计也构成现有技术设计，虽然其是在申请日前六个月内在中国政府主办的展览会上展出，可以要求享受新颖性宽限期，但该展示行为本身使得相关设计构成现有设计）。选项 B 所述的设计是在申请日前在法国某商场橱窗中陈列的，故构成该申请的现有设计，符合题意（注意：申请日前不管是在国外任何国家，还是在国内进行陈列展示，都构成现有设计）。

选项 C 所述于 2010 年 9 月 30 日公开在某杂志中的设计，其公开日与专利申请日为同一天。根据 G - 2 - 3 - 2.1 关于"现有技术"中规定可知，申请日当天公开的技术内容不包括在现有技术范围内。因此，在申请日当天公开的设计，不构成该申请的现有设计，选项 C 就属于这种情形，不符合题意。

选项 D 所述的 2010 年 12 月 20 日授权公告的中国外观设计专利申请中的设计，其公开日晚于题干中的该申请外观设计的专利申请日，因此不构成该申请的现有设计，不符合题意。注意：选项 D 所示外观设计属于申请在先公开在后的中国专利文件，根据《专利法》第二十三条第一款的规定，构成题干中申请的抵触申请，即可以破坏其新颖性，但该申请在先公开在后的中国专利文件的设计并不是现有设计。

综上所述，本题答案为 A、B。

【9.（2015 - 47）解析】知识点：外观设计授权条件（实质相同的外观设计）

参照 2.（2019 - 41）的解析。选项 A 所述的互为镜像对称的两张电脑桌属于 G - 4 - 5 - 5.1.2 关于"外观设计实质相同"中第三段所列第（5）种情形；选项 B 所述的难以察觉细微差异的两扇百叶窗，其差异仅在于具体叶片数不同，属于该规定中所列第（1）种情形，因此均构成实质相同的外观设计。选项 A、B 符合题意。

参照 5.（2018 - 43）解析，基于 G - 4 - 5 - 5.1.1 关于"外观设计相同"的规定可知，选项 C 中所述一个是钢化玻璃的，一个是普通玻璃的两个玻璃杯子，属于常用材料的替换，且未导致产品外观设计的变化，因此属于相同的外观设计，符合题意。

在 G-4-5-5.1.2 关于"外观设计实质相同"中规定第一段可知，……对于产品种类不相同也不相近的外观设计，不进行涉案专利与对比设计是否实质相同的比较和判断，即可认定涉案专利与对比设计不构成实质相同，例如，毛巾和地毯的外观设计。而选项 D 中浴巾和地毯的产品种类既不相同也不相近，不构成实质相同，不符合题意。

综上所述，本题答案为 A、B、C。

【10.（2014-44）解析】知识点：外观设计授权条件（实质相同的外观设计）

参照 2.（2019-41）和 9.（2015-47）的解析，可知选项 A、B、C 中的外观设计为实质相同的外观设计，选项 D 中的铅笔和巧克力不构成实质相同的外观设计。

综上所述，本题答案为 A、B、C。

【11.（2012-38）解析】知识点：外观设计授权条件（实质相同的外观设计）

参照 2.（2019-41）的解析。选项 A 所述的情形属于 G-4-5-5.1.2 关于"外观设计实质相同"中第三段所列第（1）种情形，选项 B 所述的情形属于该规定所列第（3）种情形，选项 C 所述的情形属于该规定中所列第（4）种情形，选项 D 所述的情形属于该规定中所列第（5）种情形，这些均属于涉案专利与对比设计实质相同的情形。

综上所述，本题答案为 A、B、C、D。

【12.（2010-36）解析】知识点：外观设计授权条件（实质相同的外观设计）

根据 G-4-5-5.1.1 关于"外观设计相同"中规定可知，如果涉案专利与对比设计仅属于常用材料的替换，二者仍属于相同的外观设计。选项 A 所述的仅将产品的材料由塑料替换为金属，属于常用材料的替换，两者属于相同的外观设计，故选项 A 不符合题意（注意看清题目，本题题干要求的是"实质相同"而不是"相同"）。

根据 G-4-5-5.2.6.3 关于"色彩的判断"中规定可知，单一色彩的外观设计仅作色彩改变，两者仍属于实质相同的外观设计。选项 B 所述的产品为单一色彩且仅作色彩改变，属于实质相同的外观设计，故符合题意。

参照 2.（2019-41）解析，选项 C 所述暖气片的叶片数量的区别属于 G-4-5-5.1.2 关于"外观设计实质相同"第三段所列第（1）种情形；选项 D 所述的属于该规定所列第（5）种情形，因此构成实质相同的外观设计，符合题意。

综上所述，本题答案为 B、C、D。

【13.（2010-19）解析】知识点：外观设计授权条件（抵触申请）

本题涉及外观设计的抵触申请。根据 A23.1 的规定，授予专利权的外观设计，应当不属于现有设计；也没有任何单位或者个人就同样的外观设计在申请日以前向国务院专利行政部门提出过申请，并记载在申请日以后公告的专利文件中。进一步地，在 G-4-5-5 关于"根据专利法第二十三条第一款的审查"中最后一段规定，判断对比设计是否构成涉案专利的抵触申请时，应当以对比设计所公告的专利文件全部内容为判断依据。与涉案专利要求保护的产品的外观设计进行比较时，判断对比设计中是否包含有与涉案专利相同或者实质相同的外观设计。例如，涉案专利请求保护色彩，对比设计所公告的为带有色彩的外观设计，即使对比设计未请求保护色彩，也可以将对比设计中包含有该色彩要素的外观设计与涉案专利进行比较；又如，对比设计所公告的专利文件含有使用状态参考图，即使该使用状态参考图中包含有不要求保护的外观设计，也可以将其与涉案专利进行比较，判断是否为相同或者实质相同的外观设计。根据上述规定，选项 A 和 B 对应于上述规定中列举第一种情形，即对比设计所公告的为带有色彩的外观设计，虽然其明确不请求保护色彩，但仍然可以将对比设计中包含有该色彩要素的外观设计与涉案专利进行比较，以确定是否为抵触申请，故选项 A 说法错误，选项 B 说法正确。选项 C 和 D 中对应于上述规定所列第二种情形，即对比设计所公告的使用状态参考图中包含有不要求保护的外观设计，在与涉案专利进行比较时，应当考虑该不要求保护的外观设计，故选项 C 说法错误，选项 D 说法正确。

综上所述，本题答案为 B、D。

（三）总体考点分析

本部分涉及外观设计专利授权条件相关知识点，包括现有设计的定义和范围、"惯常设计"的含义、判断客体和主体；外观设计相同、外观设计实质相同的含义，相同或者相近种类产品的定义，以及判断方式，如单独对比、直接观察，仅以产品的外观作为判断的对象，以及整体观察、综合判断设计要素的判断。外观设计中抵触申请的定义、构成抵触申请的条件以及抵触申请的判断依据。

高频结论

✓ 现有设计包括申请日以前在国内外出版物上公开发表过、公开使用过或者以其他方式为公众所知的设计。

✓ 现有设计中一般消费者所熟知的、只要提到产品名称就能想到的相应设计，称为惯常设计。例如，提到包装盒就能想到其有长方体、正方体形状的设计。

✓ 在判断外观设计是否符合《专利法》第二十三条第一款、第二款规定时，应当基于涉案专利产品的一般消费者的知识水平和认知能力进行评价。

✓ 不属于现有设计，是指在现有设计中，既没有与涉案专利相同的外观设计，也没有与涉案专利实质相同的外观设计。在涉案专利申请日以前任何单位或者个人向专利局提出并且在申请日以后（含申请日）公告的同样的外观设计专利申请，称为抵触申请（其中，同样的外观设计是指外观设计相同或者实质相同）。

✓ 外观设计相同，是指涉案专利与对比设计是相同种类产品的外观设计，并且涉案专利的全部外观设计要素与对比设计的相应设计要素相同，其中外观设计要素是指形状、图案以及色彩。

✓ 如果涉案专利与对比设计仅属于常用材料的替换，或者仅存在产品功能、内部结构、技术性能或者尺寸的不同，而未导致产品外观设计的变化，二者仍属于相同的外观设计。

✓ 在确定产品的种类时，可以参考产品的名称、国际外观设计分类以及产品销售时的货架分类位置，但是应当以产品的用途是否相同为准。

✓ 相同种类产品是指用途完全相同的产品。例如机械表和电子表尽管内部结构不同，但是它们的用途是相同的，所以属于相同种类的产品。

✓ 相近种类的产品是指用途相近的产品。例如，玩具和小摆设的用途是相近的，两者属于相近种类的产品。应当注意的是，当产品具有多种用途时，如果其中部分用途相同，而其他用途不同，则二者应属于相近种类的产品。如带MP3的手表与手表都具有计时的用途，二者属于相近种类的产品。

✓ 外观设计实质相同的判断仅限于相同或者相近种类的产品外观设计。对于产品种类不相同也不相近的外观设计，不进行涉案专利与对比设计是否实质相同的比较和判断，即可认定涉案专利与对比设计不构成实质相同，例如，毛巾和地毯的外观设计。

✓ 如果一般消费者经过对涉案专利与对比设计的整体观察可以看出，二者的区别仅属于下列情形，则涉案专利与对比设计实质相同：

（1）其区别在于施以一般注意力不易察觉的局部的细微差异，例如，百叶窗的外观设计仅有具体叶片数不同；

（2）其区别在于使用时不容易看到或者看不到的部位，但有证据表明在不容易看到部位的特定设计对于一般消费者能够产生引人瞩目的视觉效果的情况除外；

（3）其区别在于将某一设计要素整体置换为该类产品的惯常设计的相应设计要素，例如，将带有图案和色彩的饼干桶的形状由正方体置换为长方体；

（4）其区别在于将对比设计作为设计单元按照该种类产品的常规排列方式作重复排列或者将其排列的数量作增减变化，例如，将影院座椅成排重复排列或者将其成排座椅的数量作增减；

（5）其区别在于互为镜像对称；

（6）其区别在于局部外观设计要求保护部分在产品整体中的位置和/或比例关系的常规变化。

✓ 一般应当用一项对比设计与涉案专利进行单独对比来判断是否属于相同或实质相同的外观设计，而不能将两项或者两项以上对比设计结合起来与涉案专利进行对比（称为"单独对比原则"）。

✓ 在对比时应当通过视觉进行直接观察，不能借助放大镜、显微镜、化学分析等其他工具或者手段进行比较，不能由视觉直接分辨的部分或者要素不能作为判断的依据（称为"直接观察原则"）。

✓ 判断对比设计是否构成涉案专利的抵触申请时，应当以对比设计所公告的专利文件全部内容为判断依据。与涉案专利要求保护的产品的外观设计进行比较时，判断对比设计中是否包含有与涉案专利相同或者实质相同的外观设计。例如，涉案专利请求保护色彩，对比设计所公告的为带有色彩的外观设计，即使对比设计未请求保护色彩，也可以将对比设计中包含有该色彩要素的外观设计与涉案专利进行比较以确定是否构成抵触申请；又如，对比设计所公告的专利文件含有使用状态参考图，即使该使用状态参考图中包含有不要求保护的外观设计，也可以将其与涉案专利进行比较，判断是否为相同或者实质相同的外观设计。

（四）参考答案

1. C　　　　2. B、C、D　　　3. A、B、C　　　4. B　　　　5. A、B、C

6. A、B、C、D　7. A　　　　8. A、B　　　9. A、B、C　　10. A、B、C

11. A、B、C、D　12. B、C、D　　13. B、D

二、与现有设计及其特征组合相比具有明显区别以及不与在先权利相冲突

（一）历年试题集合

1. （2018-44）下列哪些情形属于涉案专利与现有设计或者现有设计特征的组合相比不具有明显区别？

A. 涉案专利为蛋糕的外观设计，其设计模仿的是自然界青椒的原有形态

B. 涉案专利为玩具汽车的外观设计，其形状、图案、色彩与现有甲壳虫汽车的形状、图案、色彩仅有细微差别

C. 涉案专利为电饭煲的外观设计，其与申请日前已经公开销售的一款电饭煲仅在开盖按钮的形状设计上不同

D. 涉案专利为盘子的外观设计，其形状与现有的一款盘子的形状相同，其边缘一圈图案与一款布料上的圆环形图案相同，图片显示盘子底色为浅黄色，图案为金色，但简要说明未声明请求保护的外观设计包含有色彩

【你的答案】

【选错记录】

2. （2011-70）除产生独特视觉效果外，下列哪些外观设计与现有设计相比不具有明显区别？

A. 单纯采用基本几何形状或者对其仅作细微变化得到的外观设计

B. 单纯模仿自然物、自然景象的原有形态得到的外观设计

C. 纯模仿著名建筑物、著名作品的全部或者部分形状、图案、色彩得到的外观设计

D. 由其他种类产品的外观设计转用得到的玩具、装饰品、食品类产品的外观设计

【你的答案】

【选错记录】

3. （2017-17）下列哪个情形不属于《专利法》第二十三条第二款所述的"现有设计特征"？

A. 现有设计的形状、图案、色彩要素或者其结合

B. 现有设计的产品名称

C. 现有设计的某组成部分的设计

D. 现有设计整体外观设计产品中的零部件的设计

【你的答案】

【选错记录】

4. （2018-8）授予专利权的外观设计不得与他人在申请日以前已经取得的著作权相冲突。判定外观设计专利权与在先著作权相冲突的标准是？

A. 外观设计与作品中的设计相同或者实质相同

B. 外观设计与作品中的设计相同或者实质性相似

C. 外观设计与作品中的设计相同或者相近似

D. 外观设计与作品中的设计相同或者无明显区别

【你的答案】

【选错记录】

5. （2017-68）《专利法》第二十三条第三款中授予专利权的外观设计不得与他人在申请日前取得的合法权利相冲突中的合法权利的类型包括以下哪项？

A. 商号权

B. 在先专利权

C. 肖像权

D. 著作权

【你的答案】

【选错记录】

6. (2016－44)《专利法》第二十三条第三款规定，授予专利权的外观设计不得与他人在申请日以前已经取得的合法权利相冲突，下列哪些属于该规定所指的合法权利？

【你的答案】

【选错记录】

    A. 发明、实用新型专利权

    B. 商标权、著作权

    C. 企业名称权

    D. 知名商品特有包装或者装潢使用权

7. (2011－15)被授予专利权的外观设计不得与他人在先取得的下列哪些合法权利相冲突？

【你的答案】

【选错记录】

    A. 商标权

    B. 企业名称权

    C. 肖像权

    D. 知名商品特有包装使用权

（二）参考答案解析

【1.(2018－44)解析】知识点：外观设计授权条件（不具有明显区别的情形）

根据 A23.2 的规定，授予专利权的外观设计与现有设计或者现有设计特征的组合相比，应当具有明显区别。该规定相当于外观设计的"创造性"标准，而 A23.1 的规定相当于外观设计的"新颖性"标准。

在 G－4－5－6 关于"根据专利法第二十三条第二款的审查"中规定，……涉案专利与现有设计或者现有设计特征的组合相比不具有明显区别是指如下几种情形：(1) 涉案专利与相同或者相近种类产品现有设计相比不具有明显区别；(2) 涉案专利是由现有设计转用得到的，二者的设计特征相同或者仅有细微差别，且该具体的转用手法在相同或者相近种类产品的现有设计中存在启示；(3) 涉案专利是由现有设计或者现有设计特征组合得到的，所述现有设计与涉案专利的相应设计部分相同或者仅有细微差别，且该具体的组合手法在相同或者相近种类产品的现有设计中存在启示……。

进一步地，在 G－4－5－6.2.2 关于"现有设计的转用"中规定，转用，是指将产品的外观设计应用于其他种类的产品。模仿自然物、自然景象以及将无产品载体的单纯形状、图案、色彩或者其结合应用到产品的外观设计中，也属于转用。以下几种类型的转用属于明显存在转用手法的启示的情形，由此得到的外观设计与现有设计相比不具有明显区别：(1) 单纯采用基本几何形状或者对其仅作细微变化得到的外观设计；(2) 单纯模仿自然物、自然景象的原有形态得到的外观设计；(3) 单纯模仿著名建筑物、著名作品的全部或者部分形状、图案、色彩得到的外观设计；(4) 由其他种类产品的外观设计转用得到的玩具、装饰品、食品类产品的外观设计。上述情形中产生独特视觉效果的除外。

选项 A 中蛋糕的外观设计模仿的是自然界青椒的形态，属于单纯模仿自然物的原有形态得到的外观设计，属于上述关于"现有设计的转用"规定中的第 (2) 种情形，即存在转用手法的启示，因而与现有设计相比不具有明显区别，符合题意。

选项 B 中玩具汽车的外观设计，由于其形状、图案、色彩与现有甲壳虫汽车的形状、图案、色彩仅有细微差别，属于上述关于"现有设计的转用"规定中的第 (4) 种情形，所述转用属于明显存在转用手法的启示情形，由此得到的外观设计与现有设计相比不具有明显区别，符合题意。

在 G－4－5－6.1 关于"与相同或者相近种类产品现有设计对比"中规定，…… (4) 若区别点仅在于局部细微变化，则其对整体视觉效果不足以产生显著影响，二者不具有明显区别。例如，涉案专利与对比设计均为电饭煲，区别点仅在于二者控制按钮的形状不同，且控制按钮在电饭煲中仅为一个局部细微的设计，在整体设计中所占比例很小，其变化不足以对整体视觉效果产生显著影响……。而选项 C 的情形恰好属于上述列举的情形，即涉案专利与相同种类产品现有设计相比不具有明显区别，符合题意。

在 G－4－5－6.2.3 关于"现有设计及其特征的组合"中规定，组合包括拼合和替换，是指将两项或者两项以上设计或者设计特征拼合成一项外观设计，或者将一项外观设计中的设计特征用其他设计特征替换。以一项设计或者设计特征为单元重复排列而得到的外观设计属于组合设计。上述组合也包括采用自然物、自然景象以及无产品载体的单纯形状、图案、色彩或者其结合进行的拼合和替换。以下几种类型的组合属于明显存在组合手法的启示的情形，由此得到的外观设计属于与现有设计或者现有设计特征的组合相比没有明显区别的外观设计：

(1) 将相同或者相近种类产品的多项现有设计原样或者作细微变化后进行直接拼合得到的外观设计。例如，将多个零部件产品的设计直接拼合为一体形成的外观设计。(2) 将产品外观设计的设计特征用另一项相同或者相近种类产品的设计特征原样或者作细微变化后替换得到的外观设计。(3) 将产品现有的形状设计与现有的图案、色彩或者其结合通过直接拼合得到该产品的外观设计；或者将现有设计中的图案、色彩或者其结合替换成其他现有设计的图案、色彩或者其结合得到的外观设计。上述情形中产生独特视觉效果的除外。

选项 D 中涉案专利盘子的外观设计，由于未请求保护色彩，因此仅考察其形状与图案要素，其图案与现有的布料上的圆环形图案相同，其形状与现有的盘子的形状相同。根据上述规定的第（3）种情形，即将产品现有的形状设计与现有的图案、色彩或者其结合通过直接拼合得到该产品的外观设计。因而与现有设计特征的组合相比不具有明显区别，符合题意。

综上所述，本题答案为A、B、C、D。

【2.（2011-70）解析】知识点：外观设计授权条件（不具有明显区别的情形）

参照1.（2018-44）的解析。在G-4-5-6.2.2关于"现有设计的转用"中规定，选项A的表述对应于上述规定的第（1）种情形，选项B的表述对应于上述规定的第（2）种情形，选项C的表述对应于上述规定的第（3）种情形，选项D的表述对应于上述规定的第（4）种情形，因此选项A、B、C、D符合题意。

综上所述，本题答案为A、B、C、D。

【3.（2017-17）解析】知识点：外观设计授权条件（与现有设计或者现有设计特征的组合相比具有明显区别）

在G-4-5-6关于"根据专利法第二十三条第二款的审查"倒数第二段中规定，现有设计特征，是指现有设计的部分设计要素或者其结合，如现有设计的形状、图案、色彩要素或其结合，或者现有设计的某组成部分的设计，如整体外观设计产品中的零部件的设计。选项A、选项C和选项D所述情形对应于上述规定中列举的例子，因而均属于现有设计特征，故不符合题意。而选项B所述的现有设计的产品名称，是在确定产品种类时可参考认定产品用途的因素之一，并非现有设计特征，故选项B符合题意。

综上所述，本题答案为B。

【4.（2018-8）解析】知识点：外观设计授权条件（外观设计与在先权利相冲突的判断）

根据A23.3的规定，授予专利权的外观设计不得与他人在申请日以前已经取得的合法权利相冲突。

进一步地，在G-4-5-7.2关于"著作权"第二段中规定，在接触或者可能接触他人享有著作权的作品的情况下，未经著作权人许可，在涉案专利中使用了与该作品相同或者实质性相似的设计，从而导致涉案专利的实施将会损害在先著作权人的相关合法权利或者权益的，应当判定涉案专利权与在先著作权相冲突。根据该规定可知，判定外观设计专利权与在先著作权是否相冲突时采用的是"相同或者实质性相似"标准，故选项B符合题意。（注意：这里各选项用词非常接近，但法律含义不同，需要清楚区分，不要混淆。）

综上所述，本题答案为B。

【5.（2017-68）解析】知识点：外观设计授权条件（在先权利的类型）

在G-4-5-7关于"根据专利法第二十三条第三款的审查"中第一段规定，一项外观设计专利权被认定与他人在申请日（有优先权的，指优先权日）之前已经取得的合法权利相冲突的，应当宣告该项外观设计专利权无效。《最高人民法院关于审理专利纠纷案件适用法律问题的若干规定》第十二条规定，《专利法》第二十三条第三款所称合法权利，包括就作品、商标、地理标志、姓名、企业名称、肖像，以及有一定影响的商品名称、包装、装潢等享有的合法权利或者权益。根据上述规定可知，选项A的商号权、选项C的肖像权、选项D的著作权属于上述规定的合法权利情形，符合题意。而选项B是在先专利权，并不包括在上述规定的在先权利类型之中（因为如果存在所谓的"权利冲突"，也是通过《专利法》第二十三条第一款和第二款进行处理）。

综上所述，本题答案为A、C、D。

【6.（2016-44）解析】知识点：外观设计授权条件（在先权利的类型）

参照5.（2017-68）的解析。在G-4-5-7关于"根据专利法第二十三条第三款的审查"中规定，选项A、B、C、D属于所明确列出的合法权利情形，符合题意。但选项A中的发明、实用新型专利权并不包括在上述规定中的合法权利的情形中，不符合题意。

综上所述，本题答案为B、C、D。

【7.（2011-15）解析】知识点：外观设计授权条件（在先权利的类型）

参照5.（2017-68）的解析。在G-4-5-7关于"根据专利法第二十三条第三款的审查"中规定，选项A、B、C、D属于所明确列出的合法权利情形，均符合题意。

综上所述，本题答案为A、B、C、D。

（三）总体考点分析

本部分涉及《专利法》第二十三条第二款和第三款。知识点涉及与现有设计或者现有设计特征的组合相比具有明显区别的判断，不具有明显区别的情形，涉及现有设计的转用、现有设计及其特征的组合、转用或组合手法的启示及独特视觉效果；与他人在先取得的合法权利相冲突的含义、合法权利的类型以及与在先权利相冲突的判断。

高频结论

✓ 现有设计特征，是指现有设计的部分设计要素或者其结合，如现有设计的形状、图案、色彩要素或者其结合，或者现有设计的某组成部分的设计，如整体外观设计产品中的零部件的设计。

✓ 对涉案专利与现有设计进行整体观察时，应当更关注使用时容易看到的部位，使用时容易看到部位的设计变化相对于不容易看到或者看不到部位的设计变化，通常对整体视觉效果更具有显著影响。

✓ 当产品上某些设计被证明是该类产品的惯常设计（如易拉罐产品的圆柱形状设计）时，其余设计的变化通常对整体视觉效果更具有显著的影响。

✓ 由产品的功能唯一限定的特定形状对整体视觉效果通常不具有显著的影响。例如，汽车轮胎的圆形形状是由功能唯一限定的，其胎面上的花纹对整体视觉效果更具有显著影响。

✓ 若区别点仅在于局部细微变化，则其对整体视觉效果不足以产生显著影响，二者不具有明显区别。例如，涉案专利与对比设计均为电饭煲，区别点仅在于二者控制按钮的形状不同，且控制按钮在电饭煲中仅为一个局部细微的设计，在整体设计中所占比例很小，其变化不足以对整体视觉效果产生显著影响。

✓ 以下几种类型的转用属于明显存在转用手法的启示的情形，由此得到的外观设计与现有设计相比不具有明显区别：

（1）单纯采用基本几何形状或者对其仅作细微变化得到的外观设计；

（2）单纯模仿自然物、自然景象的原有形态得到的外观设计；

（3）单纯模仿著名建筑物、著名作品的全部或者部分形状、图案、色彩得到的外观设计；

（4）由其他种类产品的外观设计转用得到的玩具、装饰品、食品类产品的外观设计。

上述情形中产生独特视觉效果的除外。

✓ 以下几种类型的组合属于明显存在组合手法的启示的情形，由此得到的外观设计属于与现有设计或者现有设计特征的组合相比没有明显区别的外观设计：

（1）将相同或者相近种类产品的多项现有设计原样或者作细微变化后进行直接拼合得到的外观设计。例如，将多个零部件产品的设计直接拼合为一体形成的外观设计。

（2）将产品外观设计的设计特征用另一项相同或者相近种类产品的设计特征原样或者作细微变化后替换得到的外观设计。

（3）将产品现有的形状设计与现有的图案、色彩或者其结合通过直接拼合得到该产品的外观设计；或者将现有设计中的图案、色彩或者其结合替换成其他现有设计的图案、色彩或者其结合得到的外观设计。

上述情形中产生独特视觉效果的除外。

✓ 独特视觉效果，是指涉案专利相对于现有设计产生了预料不到的视觉效果。外观设计如果具有独特视觉效果，则与现有设计或者现有设计特征的组合相比具有明显区别。

✓ 一项外观设计专利权不得与他人在申请日（有优先权的，指优先权日）之前已经取得的合法权利相冲突。他人，是指专利权人以外的民事主体，包括自然人、法人或者其他组织。合法权利，是指依照我国法律享有并且在涉案专利申请日仍然有效的权利或者权益，包括商标权、著作权、企业名称权（包括商号权）、肖像权以及知名商品特有包装或者装潢使用权等。

（四）参考答案

1. A、B、C、D　　2. A、B、C、D　　3. B　　　　4. B　　　　5. A、C、D

6. B、C、D　　　7. A、B、C、D

第三章 对专利申请文件要求

本章需要掌握发明、实用新型和外观设计专利申请文件应当满足的各项要求。

第一节 发明和实用新型专利申请文件

一、请求书

(一) 历年试题集合

1. (2016-11) 下列各项所示实用新型的名称，哪个是正确的？
   A. 一种苹果牌手机
   B. 一种轮胎及包含该轮胎的汽车
   C. 一种遥控技术
   D. 一种睡袋及其使用方法

   【你的答案】
   【选错记录】

2. (2016-45) 发明专利申请请求书中出现的下列哪些情形不符合相关规定？
   A. 申请人一栏填写为"李力高级工程师"
   B. 发明人一栏填写为"王明 赵伟（不公开姓名）"
   C. 联系人一栏填写为"张宇，王量"
   D. 发明名称一栏填写为"一种发电装置"

   【你的答案】
   【选错记录】

3. (2015-8) 下列哪个发明名称符合相关规定？
   A. 一种苹果牌手机
   B. 一种治疗乙型肝炎的药物及其制备方法
   C. 一种 F-2 痤疮治疗仪
   D. 一种降低能耗的技术

   【你的答案】
   【选错记录】

4. (2015-48) 专利申请请求书中的下列哪些内容不符合相关规定？
   A. 发明名称：一种离心分解装置
   B. 发明人：××大学
   C. 专利代理机构名称：美国××专利代理事务所
   D. 申请人：××大学科研处

   【你的答案】
   【选错记录】

5. (2014-41) 下列关于请求书中所填写事项的说法哪些是正确的？
   A. 发明人在提出专利申请后请求国家知识产权局不公布其姓名的，应当提交发明人签字或盖章的书面声明
   B. 国家知识产权局认为请求书中填写的外国申请人的国籍有疑义时，可以通知申请人提供国籍证明
   C. 申请人是单位的，必须指定本单位的一名工作人员作为联系人
   D. 无论申请人是中国人还是外国人，其填写的地址都应当是中国境内的地址

   【你的答案】
   【选错记录】

6.（2012－54）下列关于发明名称撰写的说法哪些是正确的？
A. 一般不得超过25个字，特殊情况下，可以允许最多到40个字
B. 不得含有非技术词语
C. 可以使用商标
D. 不得使用商业性宣传用语

【你的答案】
_____
【选错记录】
_____

7.（2011－7）下列请求书中的实用新型名称哪些不符合相关规定？
A. 一种新型晾衣架及其系列产品
B. 一种节水水龙头（Ⅱ）
C. 一种手机的台式充电器
D. 一种节煤炉及其应用

【你的答案】
_____
【选错记录】
_____

8.（2010－28）请求书中出现的下列哪些情形符合规定？
A. 发明名称一栏填写为"一种化合物"
B. 联系人一栏填写为"汤姆·马克"
C. 申请人一栏填写为"徐克敏博士"
D. 发明人一栏填写为"太阳能自行车研究课题组"

【你的答案】
_____
【选错记录】
_____

（二）参考答案解析

【1.（2016－11）解析】知识点：请求书（实用新型名称）

G－1－1－4.1.1关于"发明名称"中规定，请求书中的发明名称和说明书中的发明名称应当一致。发明名称应当简短、准确地表明发明专利申请要求保护的主题和类型。发明名称中不得含有非技术词语，例如人名、单位名称、商标、代号、型号等；也不得含有含糊的词语，例如"及其他""及其类似物"等；也不得仅使用笼统的词语，致使未给出任何发明信息，例如仅用"方法""装置""组合物""化合物"等词作为发明名称。而选项A中实用新型名称中包含商号"苹果牌"，属于商标或品牌名称，因而不符合上述规定，是不正确的。选项B的"一种轮胎及包含该轮胎的汽车"符合实用新型名称的相关规定，故是正确的。

在G－2－2－2.2.1关于"名称"中规定，……（1）说明书中的发明或者实用新型的名称与请求书中的名称应当一致，一般不得超过25个字，必要时可不受此限，但也不得超过60个字；（2）采用所属技术领域通用的技术术语，最好采用国际专利分类表中的技术术语，不得采用非技术术语；（3）清楚、简要、全面地反映要求保护的发明或者实用新型的主题和类型（产品或者方法），以利于专利申请的分类，例如一件包含拉链产品和该拉链制造方法两项发明的申请，其名称应当写成"拉链及其制造方法"；（4）不得使用人名、地名、商标、型号或者商品名称等，也不得使用商业性宣传用语。由于选项C的实用新型名称中包含的"技术"一词，属于模糊不清的名称，不能明确要求保护主题是方法还是产品，即类型不清楚（其作为权利要求的主题名称也是不清楚的），因此不符合相关规定而不正确。

根据A2.3的规定可知，实用新型保护对象不能是任何方法，而选项D的实用新型名称中包含了"使用方法"，因此不符合相关规定，是不正确的。

综上所述，本题答案为B。

【2.（2016－45）解析】知识点：请求书（填写要求）

根据A26.2的规定，请求书应当写明发明或者实用新型的名称，发明人的姓名，申请人姓名或者名称、地址，以及其他事项。

在G－1－1－4.1.3.1关于"申请人是本国人"中规定，……申请人是个人的，应当使用本人真实姓名，不得使用笔名或者其他非正式的姓名……。而选项A中对申请人的填写，除姓名"李力"外还包含了职称"高级工程师"，故不符合上述规定。

在G－1－1－4.1.2关于"发明人"中规定，……发明人应当是个人……发明人可以请求专利局不公布其姓名。提出专利申请时请求不公布发明人姓名的，应当在请求书"发明人"一栏所填写的相应发明人后面注明"（不公布姓名）"……。因此，选项B符合相关规定。

在G－1－1－4.1.4关于"联系人"中规定，……联系人只能填写一人。填写联系人的，还需要同时填写联系人的通信地址、邮政编码和电话号码。而选项C中填写的联系人有两个人，不符合规定。

参照1.（2016－11）的解析，选项D中的"一种发电装置"符合发明名称的相关规定。

综上所述，本题答案为A、C。

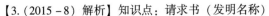

【3.（2015-8）解析】知识点：请求书（发明名称）

参照1.（2016-11）的解析，选项A包括"苹果牌"这一商标或品牌名，选项C包括"F-2"这一产品型号，选项D中的"技术"因未明确要求保护的发明或者实用新型的类型而不清楚，故选项A、C、D不符合相关规定，不符合题意。选项B的发明名称"一种治疗乙型肝炎的药物及其制备方法"不存在不符合发明名称撰写规定的缺陷，故选项B符合题意。

综上所述，本题答案为B。

【4.（2015-48）解析】知识点：请求书（填写要求）

参照1.（2016-11）的解析，选项A"一种离心分解装置"，符合相关规定，不符合题意。

参照2.（2016-45）的解析，发明人应当是个人。而选项B中发明人是"××大学"，是单位而不是个人，故不符合相关规定，符合题意。

在G-1-1-4.1.6关于"专利代理机构、专利代理师"第一段中规定，专利代理机构应当依照《专利代理条例》的规定经国家知识产权局批准成立。虽然根据最新的《专利代理条例》，专利代理机构的设立并不必须经过国家知识产权局批准，而只需进行备案。但根据《专利代理条例》等规定可知，在中国申请专利委托的专利代理机构都是中国的专利代理机构，而选项C中的"美国××专利代理事务所"从名称来看并不符合上述规定，符合题意。

在G-1-1-4.1.3关于"申请人"中规定，……申请人是单位的，应当使用正式全称，不得使用缩写或者简称。请求书中填写的单位名称应当与所使用的公章上的单位名称一致……。可见选项D不符合规定，符合题意。

综上所述，本题答案为B、C、D。

【5.（2014-41）解析】知识点：请求书（填写要求）

在G-1-1-4.1.2关于"发明人"中规定，……提出专利申请后请求不公布发明人姓名的，应当提交由发明人签字或者盖章的书面声明，但是专利申请做好公布准备后才提出该请求的，视为未提出请求，审查员应当发出视为未提出通知书……。可见，选项A说法正确。

R38规定："在中国没有经常居所或者营业所的申请人，申请专利或者要求外国优先权的，国务院专利行政部门认为必要时，可以要求其提供下列文件：（一）申请人是个人的，其国籍证明；（二）申请人是企业或者其他组织的，其注册的国家或者地区的证明文件；（三）申请人的所属国，承认中国单位和个人可以按照该国国民的同等条件，在该国享有专利权、优先权和其他与专利有关的权利的证明文件。"可见，专利局认为请求书中填写的外国申请人的国籍有疑义时，可以通知申请人提供国籍证明，故选项B说法正确。

G-1-1-4.1.4关于"联系人"中规定，申请人是单位且未委托专利代理机构的，应当填写联系人，联系人是该单位接收专利局所发信函的收件人。联系人应当是本单位的工作人员，必要时审查员可以要求申请人出具证明，例如，联系人地址与单位地址明显不一致时……。可见，申请人是单位时必须指定联系人的前提条件是未委托专利代理机构，即对于委托了专利代理机构的单位，不是必须要指定联系人的。选项C的说法过于绝对，因而其说法错误。

G-1-1-4.1.7关于"地址"中规定，……外国的地址应当注明国别，并附具外文详细地址。可见，申请人是外国人的，其填写的地址不一定是中国境内的地址，故选项D说法错误。

综上所述，本题答案为A、B。

【6.（2012-54）解析】知识点：请求书（发明名称）

参照2.（2016-45）的解析，根据G-2-2-2.2.1关于"名称"中的规定可知，选项A的表述与相关规定一致，选项B中所述"不得含有非技术词语"，以及选项D中所述"不得使用商业性宣传用语"，其说法都是正确的。而选项C所述的可以使用商标，恰好与相关规定相反，故其说法错误。

综上所述，本题答案为A、B、D。

【7.（2011-7）解析】知识点：请求书（实用新型名称）

参照1.（2016-11）的解析，选项A中述的"一种新型晾衣架及其系列产品"中含有"新型"这一宣传用语，以及"系列产品"的含糊表述，因而不符合相关规定，符合题意。选项B中的"节水水龙头（Ⅱ）"含有"（Ⅱ）"这一产品型号的非技术词语，不符合相关规定，符合题意。选项C所述的"一种手机的台式充电器"，不存在不符合规定之处，不符合题意。对于选项D，由于任何方法都不是实用新型专利保护的客体，而"一种节煤炉及其应用"中包括"应用"这一主题名称，是一种方法类型，因此不符合实用新型发明名称的规定，故选项D符合题意。

综上所述，本题答案为A、B、D。

【8.（2010-28）解析】知识点：请求书（填写要求）

参照1.（2016-11）选项A的解析，选项A所述的"一种化合物"过于笼统，因而是不正确的。

在 G-1-1-4.1.4 关于"联系人"中规定，申请人是单位且未委托专利代理机构的，应当填写联系人，联系人是该单位接收专利局所发信函的收件人。联系人应当是本单位的工作人员，必要时审查员可以要求申请人出具证明，例如，联系人地址与单位地址明显不一致时。申请人是个人且需由他人代收专利局所发信函的，也可以填写联系人。联系人只能填写一人……。选项 B 中联系人填写"汤姆·马克"，从其形式上看符合上述规定，符合题意。（注意：不要由于此处的姓名看上去是外国人的姓名而影响判断。）

选项 C 的申请人包括"博士"这一学历名称，不符合相关规定。选项 D 中的"太阳能自行车研究课题组"明显不是个人（自然人），因此不符合发明人的填写要求，因此不符合相关规定。

综上所述，本题答案为 B。

（三）总体考点分析

本部分涉及发明和实用新型专利申请请求书相关内容，包括其法律效力、填写要求以及应当随同请求书提交的各类证明文件。

高频结论

✓ 请求书中的发明名称和说明书中的发明名称应当一致。

✓ 发明名称应当简短、准确地表明发明专利申请要求保护的主题和类型。发明名称中不得含有非技术词语，例如人名、单位名称、商标、代号、型号等；也不得含有含糊的词语，例如"及其他""及其类似物"等；也不得仅使用笼统的词语，致使未给出任何发明信息，例如仅用"方法""装置""组合物""化合物"等词作为发明名称。

✓ 发明或实用新型的名称一般不得超过 25 个字，必要时可不受此限，但也不得超过 60 个字。

✓ 发明或实用新型的名称清楚、简要、全面地反映要求保护的发明或者实用新型的主题和类型（产品或者方法），以便于专利申请的分类，例如一件包含拉链产品和该拉链制造方法两项发明的申请，其名称应当写成"拉链及其制造方法"（但实用新型名称不得包括任何方法）。

✓ 发明或者实用新型的名称中不得使用人名、地名、商标、型号或者商品名称等，也不得使用商业性宣传用语。

✓ 申请人是单位且未委托专利代理机构的，应当填写联系人，联系人是该单位接收专利局所发信函的收件人（如果委托了代理机构，则可以不填写联系人）。联系人应当是本单位的工作人员，必要时审查员可以要求申请人出具证明。

（四）参考答案

1. B　　　　　2. A、C　　　　3. B　　　　4. B、C、D　　　　5. A、B
6. A、B、D　　7. A、B、D　　8. B

二、权利要求书（一般撰写规定及支持等）

（一）历年试题集合

1. (2019-51) 下列关于权利要求的说法正确的是？
A. 独立权利要求应当记载解决发明所有技术问题的必要技术特征
B. 从属权利要求可以增加新的技术特征
C. 如果一项权利要求引用了在前的其他权利要求，则该权利要求为从属权利要求
D. 不论是独立权利要求，还是从属权利要求，所限定的技术方案都应当是完整的

【你的答案】
_____

【选错记录】
_____

2. (2019-55) 下列关于权利要求是否得到说明书支持的说法正确的是？
A. 在判断权利要求是否得到说明书的支持时，仅限于考虑具体实施方式部分的内容
B. 权利要求通常由说明书记载的一个或者多个实施方式概括而成
C. 权利要求的技术方案在说明书中存在一致性的表述，并不意味着权利要求必然

【你的答案】
_____

【选错记录】
_____

得到说明书的支持

  D. 纯功能性的权利要求得不到说明书的支持

  3. (2016－14) 关于权利要求是否得到说明书的支持，下列说法哪个是正确的？ 【你的答案】

  A. 纯功能性的权利要求必然得不到说明书的支持

  B. 独立权利要求得到说明书的支持，其从属权利要求必然得到说明书的支持 【选错记录】

  C. 权利要求的技术方案在说明书中存在一致性的表述，则该权利要求必然得到说明书的支持

  D. 产品权利要求得到说明书的支持，则制备该产品的方法权利要求也必然得到说明书的支持

  4. (2016－47) 关于发明专利申请权利要求的撰写，下列哪些说法是正确的？ 【你的答案】

  A. 权利要求书中使用的科技术语应当与说明书中的一致，权利要求书中可以有数学式 【选错记录】

  B. 如果一项权利要求包含了另一项权利要求中的所有技术特征，且对该另一项权利要求的技术方案作进一步限定，则该权利要求为从属权利要求

  C. 某独立权利要求为："1. 一种茶杯，包括部件 A 和 B，其特征在于：还包括部件 C。"其从属权利要求可以对部件 C 进行限定，但不能再对部件 A 进行限定

  D. 引用两项以上权利要求的多项从属权利要求，可以择一方式引用在前的权利要求，并不得作为另一项多项从属权利要求的基础

  5. (2015－53) 下列关于权利要求得到说明书的支持的说法哪些是正确的？ 【你的答案】

  A. 权利要求概括的技术方案不得超出说明书公开的范围

  B. 如果独立权利要求得到说明书的支持，从属权利要求也必然能得到支持 【选错记录】

  C. 只要将权利要求的技术方案拷贝到说明书中，就可以克服权利要求得不到说明书支持的缺陷

  D. 判断权利要求是否得到说明书的支持，应当考虑说明书的全部内容

  6. (2014－80) 独立权利要求 1 为"包含部件 X 和 Y 的散热器"，下列哪些权利要求是其从属权利要求？ 【你的答案】

  A. 根据权利要求 1 所述的散热器，其中还包括部件 Z

  B. 根据权利要求 1 所述的散热器，其中不包括部件 Y 【选错记录】

  C. 根据权利要求 1 所述的散热器，其中用部件 Z 来替代部件 Y

  D. 根据权利要求 1 所述的散热器，其中部件 X 由铜制成

  7. (2014－97) 下列关于权利要求是否得到说明书的支持的说法哪些是正确的？ 【你的答案】

  A. 在判断权利要求是否得到说明书的支持时，应当考虑说明书的全部内容

  B. 为支持权利要求，说明书必须包括至少两个具体实施例 【选错记录】

  C. 如果权利要求的技术方案在说明书中存在一致性的表述，则权利要求必然得到说明书的支持

  D. 纯功能性的权利要求得不到说明书的支持

  8. (2013－97) 下列说法哪些是正确的？ 【你的答案】

  A. 权利要求书请求保护一种制造某产品的方法及通过该方法制造出的产品，如果其方法权利要求得到说明书的支持，则应当认为其产品权利要求也得到说明书的支持 【选错记录】

  B. 由于独立权利要求的保护范围大于其从属权利要求，因此如果独立权利要求得到说明书的支持，则应当认为其从属权利要求也得到说明书的支持

  C. 在判断权利要求是否得到说明书的支持时，应当考虑说明书的全部内容，而不是仅限于具体实施方式部分的内容

  D. 如果一项权利要求是纯功能性的，则该项权利要求得不到说明书的支持

9. (2013-79) 下列哪些权利要求属于独立权利要求？ 【你的答案】
   A. 一种实施权利要求1所述方法的设备……
   B. 一种包含权利要求1所述设备的装置…… 【选错记录】
   C. 一种与权利要求1所述插座相配合的插头……
   D. 根据权利要求1所述的组合物，其特征在于用特征Y代替权利要求1中的特征X

10. (2013-36) 如果独立权利要求1为"一种机床，包括特征X"，则下列哪些属于 【你的答案】
该权利要求的从属权利要求？ 【选错记录】
    A. 根据权利要求1所述的机床，其特征在于该机床还包括特征Y
    B. 根据权利要求1所述的机床，其特征在于特征X的材料是金属
    C. 根据权利要求1所述的机床，其特征在于用特征Z代替特征X
    D. 根据权利要求1所述的机床，其特征在于该机床用于加工刀具

11. (2012-59) 关于权利要求是否得到说明书的支持，下列说法哪些是正确的？ 【你的答案】
    A. 独立权利要求得到说明书的支持，其从属权利要求必然得到说明书的支持 【选错记录】
    B. 方法权利要求得到说明书的支持，产品权利要求必然得到说明书的支持
    C. 纯功能性的权利要求得不到说明书的支持
    D. 在判断权利要求是否得到说明书的支持时，应当考虑说明书的全部内容

12. (2012-71) 下列关于发明专利申请权利要求书的说法哪些是正确的？ 【你的答案】
    A. 权利要求书应当记载发明的技术特征
    B. 权利要求书有几项权利要求的，应当用阿拉伯数字顺序编号 【选错记录】
    C. 权利要求书中可以有插图
    D. 权利要求书中可以有化学式或者数学式

13. (2012-90) 下列关于从属权利要求的说法哪些是正确的？ 【你的答案】
    A. 从属权利要求只能引用独立权利要求
    B. 从属权利要求只能进一步限定独立权利要求特征部分中的特征 【选错记录】
    C. 从属权利要求的引用部分应当写明引用的权利要求的编号，其后应当重述引用
的权利要求的主题名称
    D. 一项多项从属权利要求不得作为另一项多项从属权利要求的引用基础

14. (2011-67) 下列关于必要技术特征的说法哪些是正确的？ 【你的答案】
    A. 必要技术特征是发明或者实用新型为解决其技术问题所不可缺少的技术特征
    B. 实施例中的技术特征通常可以直接认定为必要技术特征 【选错记录】
    C. 必要技术特征的总和足以构成发明或者实用新型的技术方案
    D. 任何一个必要技术特征均可使发明或者实用新型的技术方案区别于背景技术的
其他技术方案

（二）参考答案解析

【1.(2019-51) 解析】知识点：权利要求的撰写要求

根据R23.2的规定，独立权利要求应当从整体上反映发明或者实用新型的技术方案，记载解决技术问题的必要技术特征。在G-2-2-3.1.2关于"独立权利要求和从属权利要求"中规定，……判断某一技术特征是否为必要技术特征，应当从所要解决的技术问题出发并考虑说明书描述的整体内容，不应简单地将实施例中的技术特征直接认定为必要技术特征……。根据上述规定可知，独立权利要求应当记载解决发明所要解决的技术问题的必要技术特征，即应当记载解决某一个技术问题的必要技术特征，而不是必须记载解决发明的多个或所有技术问题的必要技术特征。因此，选项A的说法错误。

在G-2-2-3.1.2关于"独立权利要求和从属权利要求"中规定，……由于从属权利要求用附加的技术特征对所引用的权利要求作了进一步的限定，所以其保护范围落在其所引用的权利要求的保护范围之内。从属权利要求中的附加技术特征，可以是对所引用的权利要求的技术特征作进一步限定的技术特征，也可以是增加的技术特征……。因此，从属权利要求可以增加新的技术特征，故选项B的说法正确。

在 G-2-2-3.1.2 关于"独立权利要求和从属权利要求"最后一段中规定，在某些情况下，形式上的从属权利要求（即其包含有从属权利要求的引用部分），实质上不一定是从属权利要求。例如，独立权利要求 1 为："包括特征 X 的机床"。在后的另一项权利要求为："根据权利要求 1 所述的机床，其特征在于用特征 Y 代替特征 X"。在这种情况下，后一权利要求也是独立权利要求。因此，一项权利要求引用了在前的其他权利要求，其不一定是从属权利要求，也可能是独立权利要求，故选项 C 的说法错误。

至于选项 D，虽然在《专利审查指南 2023》中没有完全一致的表述，但权利要求所限定的技术方案都应当是完整的，这是 A26.4 的规定，即权利要求应当以说明书为依据，清楚、简要地限定要求专利保护的范围（注意：如果权利要求不完整中，可以认为是不清楚的一种情形）。

综上所述，本题答案为 B、D。

【2.（2019-55）解析】知识点：权利要求应当以说明书为依据

在 G-2-2-3.2.1 关于"以说明书为依据"倒数第三段中规定，在判断权利要求是否得到说明书的支持时，应当考虑说明书的全部内容，而不是仅限于具体实施方式部分的内容。如果说明书的其他部分也记载了有关具体实施方式或实施例的内容，从说明书的全部内容来看，能说明权利要求的概括是适当的，则应当认为权利要求得到了说明书的支持。因此，选项 A 提到在判断支持时，仅限于考虑具体实施方式部分的内容，其说法错误。

G-2-2-3.2.1 关于"以说明书为依据"第二段中规定，权利要求通常由说明书记载的一个或者多个实施方式或实施例概括而成。权利要求的概括应当不超出说明书公开的范围……。因此，选项 B 说法正确。

G-2-2-3.2.1 关于"以说明书为依据"最后一段中规定，当要求保护的技术方案的部分或全部内容在原始申请的权利要求书中已经记载而在说明书中没有记载时，允许申请人将其补入说明书。但是权利要求的技术方案在说明书中存在一致性的表述，并不意味着权利要求必然得到说明书的支持。只有当所属技术领域的技术人员能够从说明书充分公开的内容中得到或概括得出该项权利要求所要求保护的技术方案时，记载该技术方案的权利要求才被认为得到了说明书的支持。因此，选项 C 说法正确。

G-2-2-3.2.1 关于"以说明书为依据"倒数第四段中规定，如果说明书中仅以含糊的方式描述了其他替代方式也可能适用，但对所属技术领域的技术人员来说，并不清楚这些替代方式是什么或者怎样应用这些替代方式，则权利要求中的功能性限定也是不允许的。另外，纯功能性的权利要求得不到说明书的支持，因而也是不允许的。因此，选项 D 说法正确。

综上所述，本题答案为 B、C、D。

【3.（2016-14）解析】知识点：权利要求应当以说明书为依据

参照 2.（2019-55）的解析，选项 A 的说法正确，相对应地，选项 C 说法错误。

在 G-2-2-3.2.1 关于"以说明书为依据"倒数第二段中规定，对于包括独立权利要求和从属权利要求或者不同类型权利要求的权利要求书，需要逐一判断各项权利要求是否都得到了说明书的支持。独立权利要求得到说明书支持并不意味着从属权利要求也必然得到支持；方法权利要求得到说明书支持也并不意味着产品权利要求必然得到支持。根据上述规定可知，选项 B 的说法错误。而基于其"方法权利要求得到说明书支持也并不意味着产品权利要求必然得到支持"可以推知"产品权利要求得到说明书的支持，制备该产品的方法权利要求并不必然得到说明书的支持"，因此选项 D 的说法也错误。

综上所述，本题答案为 A。

【4.（2016-47）解析】知识点：权利要求的撰写要求

在 G-2-2-3.3 关于"权利要求的撰写规定"中规定，……权利要求中使用的科技术语应当与说明书中使用的科技术语一致。权利要求中可以有化学式或者数学式，但是不得有插图……。由此可知，选项 A 说法正确。

在 G-2-2-3.1.2 关于"独立权利要求和从属权利要求"中规定，……如果一项权利要求包含了另一项同类型权利要求中的所有技术特征，且对该另一项权利要求的技术方案作了进一步的限定，则该权利要求为从属权利要求……有时并列独立权利要求也引用在前的独立权利要求，例如，"一种实施权利要求 1 的方法的装置，……""一种制造权利要求 1 的产品的方法，……""一种包含权利要求 1 的部件的设备，……""与权利要求 1 的插座相配合的插头，……"等。这种引用其他独立权利要求的权利要求是并列的独立权利要求，而不能被看作从属权利要求……。注意：从属权利要求要满足三个条件：首先，该权利要求与被引用的权利要求是同类型的权利要求（如果是不同类型，则不是从属权利要求）；其次，包含了被引用的权利要求所有技术特征；最后，必须对被引用的权利要求作进一步的限定。因此，虽然一项权利要求包含了另一项权利要求中的所有技术特征，且对该另一项权利要求的技术方案作进一步限定，但如果并不是同类型的权利要求，则也不是从属权利要求，而是并列独立权利要求。故选项 B 说法错误。

在 G-2-2-3.3.2 关于"从属权利要求的撰写规定"中规定，……从属权利要求的限定部分可以对在前的权利要求（独立权利要求或者从属权利要求）中的技术特征进行限定。在前的独立权利要求采用两部分撰写方式的，其后的从属权利要求不仅可以进一步限定该独立权利要求特征部分中的特征，也可以进一步限定前序部分中的特征……。因此，选项C中的从属权利要求既可以对部件C进行限定，也可以对前述部分的部件A或者B进行限定。故选项C说法错误。

根据R25.2的规定，从属权利要求只能引用在前的权利要求。引用两项以上权利要求的多项从属权利要求，只能以择一方式引用在前的权利要求，并不得作为另一项多项从属权利要求的基础。上述该规定简称"多项不能引用多项从属权利要求"，故选项D的说法正确。

综上所述，本题答案为A、D。

【5.（2015−53）解析】知识点：权利要求应当以说明书为依据

在G−2−2−3.2.1关于"以说明书为依据"第一段中规定，权利要求书应当以说明书为依据，是指权利要求应当得到说明书的支持。权利要求书中的每一项权利要求所要求保护的技术方案应当是所属技术领域的技术人员能够从说明书充分公开的内容中得到或概括得出的技术方案，并且不得超出说明书公开的范围。因此，选项A说法正确。

参照3.（2016−14）中选项B的解析，独立权利要求得到说明书支持并不意味着从属权利要求也必然得到支持，选项B说法错误。

参照2.（2019−55）选项A和D的解析，因为将权利要求的技术方案拷贝到说明书中，仅仅是满足权利要求的技术方案在说明书中存在一致性的表述，并不意味着权利要求必然得到说明书的支持，故选项C说法错误。由于在判断权利要求是否得到说明书的支持时，应当考虑说明书的全部内容，因此选项D说法正确。

综上所述，本题答案为A、D。

【6.（2014−80）解析】知识点：权利要求的撰写要求（从属权利要求）

参见4.（2016−47）选项B的解析，根据G−2−2−3.1.2关于"独立权利要求和从属权利要求"规定可知，选项A中的附加技术特征是"还包括部件Z"属于进一步增加的特征，因而其包括了权利要求1中的所有技术特征，并对权利要求1作了进一步的限定，故其是权利要求1的从属权利要求；选项D中的附加技术特征是"部件X由铜制成"属于对部件X的进一步限定，因而其包括权利要求1中的所有技术特征，并对权利要求1中作了进一步的限定，故其是权利要求1的从属权利要求，符合题意。选项B所述的"不包括部件Y"，表明该权利要求不包括权利要求1中的部件Y，故并没有包括权利要求1的全部技术特征，因而不是权利要求1的从属权利要求，即选项B不符合题意。

参见1.（2019−51）选项C的解析，根据G−2−2−3.1.2的规定可知，选项C所述的"用部件Z来替代部件Y"，其表明不再包括权利要求1中的部件Y这一技术特征，故其不是权利要求1的从属权利要求，不符合题意。

综上所述，本题答案为A、D。

【7.（2014−97）解析】知识点：权利要求应当以说明书为依据

参照2.（2019−55）的解析，选项A和D说法正确，选项C说法错误。但G−2−2−3.2.1关于"以说明书为根据"中第二段规定，权利要求通常由说明书记载的一个或者多个实施方式或实施例概括而成……。可见，其并不要求必须包括至少两个具体实例，也可以只有一个实施例。选项B中要求"为支持权利要求，说明书必须包括至少两个具体实施例"的说法错误。

综上所述，本题答案为A、D。

【8.（2013−97）解析】知识点：权利要求应当以说明书为依据

参照2.（2019−55）的解析，根据G−2−2−3.2.1关于"以说明书为根据"的规定，方法权利要求得到说明书的支持，则并不必然代表其产品权利要求也得到说明书的支持，故选项A说法错误。独立权利要求得到说明书支持也并不意味着从属权利要求必然得到支持，故选项B说法错误。在判断权利要求是否得到说明书的支持时，应当考虑说明书的全部内容，而不是仅限于具体实施方式部分的内容，故选项C说法正确。纯功能性的权利要求得不到说明书的支持，故选项D说法正确。

综上所述，本题答案为C、D。

【9.（2013−79）解析】知识点：权利要求的撰写要求（独立权利要求）

参见4.（2016−47）选项B的解析，根据G−2−2−3.1.2关于"独立权利要求和从属权利要求"的规定可知，选项A、B、C中的权利要求属于独立权利要求，符合题意。

参见1.（2019−51）选项C的解析，根据G−2−2−3.1.2关于"独立权利要求和从属权利要求"的规定可知，选项D中的权利要求属于独立权利要求，符合题意。

综上所述，本题答案为 A、B、C、D。

【10.（2013 - 36）解析】知识点：权利要求的撰写要求（从属权利要求）

参照 6.（2014 - 80）的解析，选项 A 和 B 为从属权利要求。选项 C 为独立权利要求，不符合题意。对于选项 D，附加技术特征是"该机床用于加工刀具"，通过用途限定的方式对引用的权利要求 1 作了进一步的限定，故其属于从属权利要求。

综上所述，本题答案为 A、B、D。

【11.（2012 - 59）解析】知识点：权利要求应当以说明书为依据

参照 2.（2019 - 55）的解析可知，选项 A 和 B 的说法错误，而选项 C 和 D 的说法正确。

综上所述，本题答案为 C、D。

【12.（2012 - 71）解析】知识点：权利要求的撰写要求（从属权利要求）

根据 R22.1 的规定，权利要求书应当记载发明或者实用新型的技术特征。因此，选项 A 的说法正确。根据 R22.2 的规定，权利要求书有几项权利要求的，应当用阿拉伯数字顺序编号。因此，选项 B 的说法正确。

根据 R22.3 的规定，权利要求书中使用的科技术语应当与说明书中使用的科技术语一致，可以有化学式或者数学式，但是不得有插图。除绝对必要的外，不得使用"如说明书……部分所述"或者"如图……所示"的用语。因此，选项 C 所述权利要求可以有插图的说法错误，选项 D 所述"权利要求书中可以有化学式或者数学式"的说法正确。

综上所述，本题答案为 A、B、D。

【13.（2012 - 90）解析】知识点：权利要求的撰写要求（从属权利要求）

根据 R25.2 的规定，从属权利要求只能引用在前的权利要求。引用两项以上权利要求的多项从属权利要求，只能以择一方式引用在前的权利要求，并不得作为另一项多项从属权利要求的基础。进一步，在 G - 2 - 2 - 3.3.2 关于"从属权利要求的撰写规定"中规定，……多项从属权利要求是指引用两项以上的从属权利要求，多项从属权利要求的引用方式，包括引用在前的独立权利要求和从属权利要求，以及引用在前的几项从属权利要求……。由此可知，从属权利要求只能引用在前的权利要求，而不是只能引用独立权利要求（也可以引用从属权利要求），故选项 A 说法错误，而选项 D 说法正确（俗称多项从属权利要求不能引用多项从属权利要求，简称"多项不能引用多项"）。

在 G - 2 - 2 - 3.3.2 关于"从属权利要求的撰写规定"倒数第二段中规定，从属权利要求的限定部分可以对在前的权利要求（独立权利要求或者从属权利要求）中的技术特征进行限定。在前的独立权利要求采用两部分撰写方式的，其后的从属权利要求不仅可以进一步限定该独立权利要求特征部分中的特征，也可以进一步限定前序部分中的特征。由此可知，选项 B 所述的"从属权利要求只能进一步限定独立权利要求特征部分中的特征"的说法错误。

R25.1 规定："发明或者实用新型的从属权利要求应当包括引用部分和限定部分，按照下列规定撰写：（一）引用部分：写明引用的权利要求的编号及其主题名称；（二）限定部分：写明发明或者实用新型附加的技术特征。"由此可知，选项 C 的表述与上述规定第（一）项要求相同，故其说法正确。

综上所述，本题答案为 C、D。

【14.（2011 - 67）解析】知识点：权利要求的撰写要求（必要技术特征）

G - 2 - 2 - 3.1.2 关于"独立权利要求和从属权利要求"中规定，……必要技术特征是指，发明或者实用新型为解决其技术问题所不可缺少的技术特征，其总和足以构成发明或者实用新型的技术方案，使之区别于背景技术中所述的其他技术方案。判断某一技术特征是否为必要技术特征，应当从所要解决的技术问题出发并考虑说明书描述的整体内容，不应简单地将实施例中的技术特征直接认定为必要技术特征……。

根据上述规定可知，选项 A、C 说法正确。对于选项 B，由于不应简单地将实施例中的技术特征直接认定为必要技术特征，故其说法错误。

对于选项 D，R24.1 规定："发明或者实用新型的独立权利要求应当包括前序部分和特征部分，按照下列规定撰写：（一）前序部分：写明要求保护的发明或者实用新型技术方案的主题名称和发明或者实用新型主题与最接近的现有技术共有的必要技术特征；（二）特征部分：使用"其特征是……"或者类似的用语，写明发明或者实用新型区别于最接近的现有技术的技术特征。这些特征和前序部分写明的特征合在一起，限定发明或者实用新型要求保护的范围。"由此可知，必要技术特征既包括与现有技术不构成区别的共有的必要技术特征，也包括区别于现有技术的技术特征，故选项 D 说法错误。（注意：在开拓性的发明中，独立权利要求所有技术特征可能完全是区别于现有技术的技术特征，但这种情况十分罕见。）

综上所述，本题答案为 A、C。

（三）总体考点分析

本部分主要涉及权利要求书应当以说明书为依据的含义、权利要求书没有得到说明书支持的主要情形，以及相关的结论性表述；还涉及必要技术特征的含义、独立权利要求和从属权利要求的撰写形式要求，以及多项从属权利要求及其引用关系的限制。

 高频结论

✓ 权利要求书应当记载发明或者实用新型的技术特征。

✓ 独立权利要求应当记载解决其技术问题的必要技术特征（并不是要求记载解决其所有技术问题的必要技术特征）。

✓ 发明或者实用新型的独立权利要求应当包括前序部分和特征部分，按照下列规定撰写：（1）前序部分：写明要求保护的发明或者实用新型技术方案的主题名称和发明或者实用新型主题与最接近的现有技术共有的必要技术特征；（2）特征部分：使用"其特征是……"或者类似的用语，写明发明或者实用新型区别于最接近的现有技术的技术特征。这些特征和前序部分写明的特征合在一起，限定发明或者实用新型要求保护的范围。

✓ 必要技术特征是指，发明或者实用新型为解决其技术问题所不可缺少的技术特征，其总和足以构成发明或者实用新型的技术方案，使之区别于背景技术中所述的其他技术方案。判断某一技术特征是否为必要技术特征，应当从所要解决的技术问题出发并考虑说明书描述的整体内容，不应简单地将实施例中的技术特征直接认定为必要技术特征。

✓ 发明或者实用新型的从属权利要求应当包括引用部分和限定部分，按照下列规定撰写：（1）引用部分：写明引用的权利要求的编号及其主题名称；（2）限定部分：写明发明或者实用新型附加的技术特征。

✓ 从属权利要求的引用部分应当写明引用的权利要求的编号，其后应当重述引用的权利要求的主题名称。例如，一项从属权利要求的引用部分应当写成："根据权利要求1所述的金属纤维拉拔装置，……。"

✓ 从属权利要求只能引用在前的权利要求。引用两项以上权利要求的多项从属权利要求，只能以择一方式引用在前的权利要求，并不得作为另一项多项从属权利要求的基础。

✓ 在前的独立权利要求采用两部分撰写方式的，其后的从属权利要求不仅可以进一步限定该独立权利要求特征部分中的特征，也可以进一步限定前序部分中的特征。

✓ 有时并列独立权利要求也引用在前的独立权利要求，例如，"一种实施权利要求1的方法的装置，……""一种制造权利要求1的产品的方法，……""一种包含权利要求1的部件的设备，……""与权利要求1的插座相配合的插头，……"等。这种引用其他独立权利要求的权利要求是并列的独立权利要求，而不能被看作从属权利要求。

✓ 形式上的从属权利要求（即其包含有从属权利要求的引用部分），实质上不一定是从属权利要求。例如，独立权利要求1为："包括特征X的机床"。在后的另一项权利要求为："根据权利要求1所述的机床，其特征在于用特征Y代替特征X"。在这种情况下，后一权利要求也是独立权利要求。

✓ 在判断权利要求是否得到说明书的支持时，应当考虑说明书的全部内容，而不是仅限于具体实施方式部分的内容。

✓ 权利要求通常由说明书记载的一个或者多个实施方式或实施例概括而成。

✓ 权利要求书应当以说明书为依据，是指权利要求应当得到说明书的支持。权利要求书中的每一项权利要求所要求保护的技术方案应当是所属技术领域的技术人员能够从说明书充分公开的内容中得到或概括得出的技术方案，并且不得超出说明书公开的范围。

✓ 独立权利要求得到说明书支持并不意味着从属权利要求也必然得到支持；方法权利要求得到说明书支持也并不意味着相应的产品权利要求必然得到支持，反之亦然。

✓ 如果说明书中仅以含糊的方式描述了其他替代方式也可能适用，但对所属技术领域的技术人员来说，并不清楚这些替代方式是什么或者怎样应用这些替代方式，则权利要求中的功能性限定也是不允许的。

✓ 纯功能性的权利要求得不到说明书的支持。

✓ 权利要求的技术方案在说明书中存在一致性的表述，并不意味着权利要求必然得到说明书的支持。

（四）参考答案

1. B、D	2. B、C、D	3. A	4. A、D	5. A、D
6. A、D	7. A、D	8. C、D	9. A、B、C、D	10. A、B、D
11. C、D	12. A、B、D	13. C、D	14. A、C	

三、权利要求书（与"清楚"相关规定）

（一）历年试题集合

1. （2019 - 9）下列权利要求表述清楚的是？
A. 一种组合物，其包括 A 和 B，其中，A 是 C 等
B. 一种燃烧器，其特征在于混合燃烧室有正切方向的燃料进料口
C. 一种储气罐，其由金属例如钢制成
D. 一种醇，其链长约为 3 个碳原子

【你的答案】
_____

【选错记录】
_____
_____

2. （2019 - 10）下列权利要求的主题名称清楚的是？
A. 一种双向气缸的密封技术
B. 一种高聚合塑料及其制造方法
C. 一种气悬浮柔性物质的输送及定位
D. 一种使用砖坯回转窑传输装置生产保温砖的方法

【你的答案】
_____

【选错记录】
_____
_____

3. （2019 - 66）下列关于权利要求的说法正确的是？
A. 权利要求中不允许使用表格
B. 权利要求除记载技术特征外，可以对原因或者理由作少量的描述，以便使得权利要求简要，但不得使用商业性宣传用语
C. 附图标记不得解释为对权利要求保护范围的限制
D. 权利要求中可以使用数学式或者化学式

【你的答案】
_____

【选错记录】
_____
_____

4. （2018 - 40）下列发明专利申请的权利要求，哪些请求保护的范围是不清楚的（不考虑选项中的省略号部分的内容）？
A. 一种非易失性存储器的操作方法，包括……执行 - 抹除过程，其中井电压远大于基底电压
B. 一种装饰照明装置，包括照明灯及连接的导线，该导线的电阻很小
C. 一种含三水合氧化铝的牙膏，其中三水合氧化铝的平均粒度小于 30 微米，优选 5~20 微米
D. 一种制备产品 A 的方法，其特征在于……将混合物最高加热到不低于 80℃ 的温度

【你的答案】
_____

【选错记录】
_____
_____

5. （2018 - 41）关于权利要求保护范围的理解，以下说法正确的有？
A. "一种中药组合物，包括山药、枸杞、西洋参、栀子。"该权利要求解释为该组合物还可以含有除山药、枸杞、西洋参、栀子以外的其他组分
B. 权利要求中可以使用附图标记，附图标记可以解释为对权利要求的限制
C. "根据权利要求 1 - 5 所述的制造方法，其特征在于……"，这样的引用关系是不允许的，会导致权利要求的保护范围不清楚
D. 权利要求中如果使用了"如图……所示"的用语，就会导致保护范围的不清楚

【你的答案】
_____

【选错记录】
_____
_____

6. （2017 - 71）下列权利要求的主题名称中，不能清楚表明其类型的是？
A. 用于钢水浇铸的模具
B. 空调作为空气净化机的应用
C. 一种电话机及其制造方法
D. 一种改进的除草技术

【你的答案】
_____

【选错记录】
_____
_____

7. (2017－24)以下哪种撰写方式不会导致所在的权利要求保护范围不清楚？

　　A. 组合物中含有 20%～35%（重量）组分 A

　　B. 传动器由金属制成，最好是铜

　　C. 化合物 A 和化合物 B 在高温下反应

　　D. 操作温度为 30～60 摄氏度，例如 45 摄氏度

【你的答案】
＿＿＿＿＿＿＿
【选错记录】
＿＿＿＿＿＿＿
＿＿＿＿＿＿＿

8. (2016－12)下列说法哪个是正确的？

　　A. 某项权利要求中记载"温度超过 100℃"，是指温度大于 100℃，不包括 100℃本数在内

　　B. 某项组合物权利要求中记载了某组分含量的数值范围"10～20 重量份"，为了支持该数值范围，说明书实施例中必须相应给出 10 重量份和 20 重量份的实施例

　　C. 一项制备方法权利要求可以撰写如下：一种生产薄膜的技术，其特征在于将树脂 A、填料 B、抗氧剂 C 加入混合机中混合，然后将混合物热成型为薄膜

　　D. 一项使用方法权利要求可以撰写如下：一种化合物 K，该化合物用作杀虫剂

【你的答案】
＿＿＿＿＿＿＿
【选错记录】
＿＿＿＿＿＿＿
＿＿＿＿＿＿＿

9. (2015－50)下列权利要求的主题名称中，哪些不能清楚表明权利要求的类型？

　　A. 根据权利要求 1，所述装置包括圆筒

　　B. 一种空气净化机作为空气加湿器的应用

　　C. 用二氯丙酸作为除草剂

　　D. 一种自动修复计算机系统元件的技术

【你的答案】
＿＿＿＿＿＿＿
【选错记录】
＿＿＿＿＿＿＿
＿＿＿＿＿＿＿

10. (2014－11)下列哪项从属权利要求的撰写符合相关规定？

　　A. 根据权利要求 1 所述的冷水机，其特征是所述蒸发器包括一大一小两个导管

　　B. 根据权利要求 1 所述的冷水机，其特征是所述蒸发器由金属、铜或铝制成

　　C. 根据权利要求 1 所述的冷水机，其特征是所述蒸发器最长不短于 100 厘米

　　D. 根据权利要求 1 所述的冷水机，其特征是所述蒸发器的表面上有一凹块，该凹块的大小和形状与信用卡相同

【你的答案】
＿＿＿＿＿＿＿
【选错记录】
＿＿＿＿＿＿＿
＿＿＿＿＿＿＿

11. (2014－27)下列哪个权利要求主题名称的撰写方式符合相关规定？

　　A. 一种关于钢化玻璃的发明

　　B. 一种关于钢化玻璃的设计

　　C. 一种制造钢化玻璃的方法

　　D. 一种关于钢化玻璃的配方

【你的答案】
＿＿＿＿＿＿＿
【选错记录】
＿＿＿＿＿＿＿
＿＿＿＿＿＿＿

12. (2013－40)下列哪些权利要求的主题名称是不符合相关规定的？

　　A. 一种对 CRT 屏幕上的字符进行游标控制

　　B. 一种实现车床加速运行的技术

　　C. 一种二氧化钛光催化剂的制备方案

　　D. 一种数据通信方法及其系统

【你的答案】
＿＿＿＿＿＿＿
【选错记录】
＿＿＿＿＿＿＿
＿＿＿＿＿＿＿

13. (2012－81)下列哪些权利要求的撰写存在不清楚的缺陷？

　　A. 一种基于串行通信接口方式的通信技术，其特征为 a

　　B. 一种加热系统，包括 b 特征和 c 特征，尤其是该系统还可包括 e 特征

　　C. 一种信号处理装置，包括滤波器和高频放大器

　　D. 一种治疗癌症的组合物，其中 g 成分的含量为 25%～35%（重量）

【你的答案】
＿＿＿＿＿＿＿
【选错记录】
＿＿＿＿＿＿＿
＿＿＿＿＿＿＿

14. (2012－93)下列说法哪些是正确的？

　　A. 除绝对必要外，发明或者实用新型的说明书中不得使用"如权利要求……所述的……"一类的引用语

　　B. 发明或者实用新型的摘要中不得使用商业性宣传语，但说明书中可以使用

　　C. 发明或者实用新型权利要求中出现的附图标记应当加括号

【你的答案】
＿＿＿＿＿＿＿
【选错记录】
＿＿＿＿＿＿＿
＿＿＿＿＿＿＿

D. 发明或者实用新型专利申请的说明书的名称应当与请求书中的名称一致

15.（2010-20）下列哪些权利要求的撰写符合规定？

【你的答案】

A. 一种书架，由托板和支杆组成，所述托板固定在所述支杆上，其特征在于所述托板上具有两个以上的孔

【选错记录】

B. 一种折合可调式鱼竿架，其特征在于包括鱼竿托架、转动头、防前倾撑架、升降调节杆和如图3所示的升降调节管

C. 一种新型免缝被，优选由被套和被絮两大部分构成，被套上留有可把被子翻转过来的口，其特征在于所述被絮固定于被套内的固定装置上

D. 一种由丝、绢、棉布、针织、化纤等面料制成的围涎，其特征在于领口处装有系物，当系物系在一起时，构成蝴蝶状的围涎，当解开系物时，可展开成一平面

16.（2011-62）权利要求中的下列哪些表述存在不清楚的缺陷？

【你的答案】

A. 一种多挡变速器，包括多个行星齿轮组尤其是三个行星齿轮组……

【选错记录】

B. 一种用于接收机变换器的放大器，其特征在于该放大器是高频放大器……

C. 一种往复活塞发动机，其特征在于泵油凸轮机构包括泵油（点火）触轮……

D. 一种等离子喷涂方法，高温喷涂时的喷枪功率为90kW～120kW……

（二）参考答案解析

【1.（2019-9）解析】知识点：权利要求应当清楚

根据A26.4的规定，权利要求书应当以说明书为依据，清楚、简要地限定要求专利保护的范围。进一步地，在G-2-2-3.2.2关于"清楚"第二段中规定，权利要求应当清楚，一是指每一项权利要求应当清楚，二是指构成权利要求书的所有权利要求作为一个整体也应当清楚。更进一步地，在倒数第三段中规定，在一般情况下，权利要求中不得使用"约""接近""等""或类似物"等类似的用语，因为这类用语通常会使权利要求的范围不清楚。当权利要求中出现了这类用语时，审查员应当针对具体情况判断使用该用语是否会导致权利要求不清楚，如果不会，则允许。因此，选项A和D中采用的"等"和"约"字表示的是不确定的范围，属于导致保护范围不清楚的情形。另外，在G-2-2-3.2.2关于"清楚"倒数第四段中规定，权利要求中不得出现"例如""最好是""尤其是""必要时"等类似用语。因为这类用语会在一项权利要求中限定出不同的保护范围，导致保护范围不清楚……。据此，选项C中采用的"例如"导致权利要求不清楚。而选项B不存在不清楚的缺陷。

综上所述，本题答案为B。

【2.（2019-10）解析】知识点：权利要求应当清楚（主题名称）

在G-2-2-3.2.2关于"清楚"中规定，……每项权利要求的类型应当清楚。权利要求的主题名称应当能够清楚地表明该权利要求的类型是产品权利要求还是方法权利要求。不允许采用模糊不清的主题名称，例如，"一种……技术"，或者在一项权利要求的主题名称中既包含有产品又包含有方法，例如，"一种……产品及其制造方法"……。根据该规定，选项A所述的"一种双向气缸的密封技术"，属于上述列举的不能明确其主题类型是产品还是方法的情形，不符合题意。选项B所述的"一种高聚合塑料及其制造方法"，既包含有产品又包含有方法，不符合题意。选项C所述的"一种气悬浮柔性物质的输送及定位"，其中的"输送及定位"表示包括输送和定位两种不同的方法，因此也是模糊不清的主题名称，不符合题意。选项D的名称能够清楚表明为方法权利要求，故是清楚的，符合题意。

综上所述，本题答案为D。

【3.（2019-66）解析】知识点：权利要求应当清楚

在G-2-2-3.3关于"权利要求的撰写规定"中第四段规定，权利要求中通常不允许使用表格，除非使用表格能够更清楚地说明发明或者实用新型要求保护的主题。因此，选项A的说法过于绝对，是错误的。

在G-2-2-3.2.3关于"简要"中第三段规定，权利要求的表述应当简要，除记载技术特征外，不得对原因或者理由作不必要的描述，也不得使用商业性宣传用语。因此，选项B的说法错误。

在G-2-2-3.3关于"权利要求的撰写规定"中第五段规定，权利要求中的技术特征可以引用说明书附图中相应的标记，以帮助理解权利要求所记载的技术方案。但是，这些标记应当用括号括起来，放在相应的技术特征后面。附图标记不得解释为对权利要求保护范围的限制。因此，选项C说法正确。

在G-2-2-3.3关于"权利要求的撰写规定"第三段中规定，权利要求中使用的科技术语应当与说明书中使用的科技术语一致。权利要求中可以有化学式或者数学式，但是不得有插图。除绝对必要外，权利要求中不得使用"如说明

书……部分所述"或者"如图……所示"等类似用语。绝对必要的情况是指当发明或者实用新型涉及的某特定形状仅能用图形限定而无法用语言表达时，权利要求可以使用"如图……所示"等类似用语。由此可知，选项 D 说法正确。

综上所述，本题答案为 C、D。

【4.（2018-40）解析】知识点：权利要求应当清楚

在 G-2-2-3.2.2 关于"清楚"中规定，……权利要求中不得使用含义不确定的用语，如"厚""薄""强""弱""高温""高压""很宽范围"等，除非这种用语在特定技术领域中具有公认的确切含义，如放大器中的"高频"……。选项 A 中的"远大于"含义不确切，并不能确定两个比较对象之间差别程度为多大时才属于"远大于"的情形，因此难于清楚界定出权利要求的保护范围，该权利要求不清楚，符合题意。选项 B 中的"导线电阻很小"表述不清楚，不知道多小才算很小，即没有公认的含义，故该权利要求的保护范围不清楚，符合题意。

根据 G-2-2-3.2.2 关于"清楚"倒数第三段中规定可知，选项 C 中采用的"优选"一词导致该权利要求限定出两个不同的保护范围，即"所含三水合氧化铝的平均粒度小于 30 微米的牙膏"和"所含三水合氧化铝的平均粒度是 5～20 微米的牙膏"，因此该权利要求不清楚，故选项 C 符合题意。

选项 D 中的"最高加热到不低于 80℃ 的温度"其表述是矛盾的，即"最高"和"不低于"的表达导致表述自相矛盾，导致该权利要求不清楚，符合题意。

综上所述，本题答案为 A、B、C、D。

【5.（2018-41）解析】知识点：权利要求的撰写要求（清楚、开放式权利要求）

在 G-2-2-3.3 关于"权利要求的撰写规定"中规定，……通常，开放式的权利要求宜采用"包含""包括""主要由……组成"的表达方式，其解释为还可以含有该权利要求中没有述及的结构组成部分或方法步骤……。由此可知，选项 A 中应用的是"包括"，则表明除山药、枸杞、西洋参、栀子以外，还可以有其他组成部分，故选项 A 说法正确。

根据 R22.4 的规定可知，附图标记不得解释为对权利要求的限制。故选项 B 中认为附图标记可以解释为对权利要求的限制的说法错误。

根据 R25.2 的规定可知，引用两项以上权利要求的多项从属权利要求，只能以择一方式引用在前的权利要求。这意味着，如果不能择一方式引用，则会导致权利要求不清楚。而选项 C 中的"根据权利要求 1-5 所述"属于非择一引用，导致权利要求的保护范围不清楚。故选项 C 说法正确。

在 G-2-2-3.3 关于"权利要求的撰写规定"中规定，……除绝对必要外，权利要求中不得使用"如说明书……部分所述"或者"如图……所示"等类似用语。绝对必要的情况是指当发明或者实用新型涉及的某特定形状仅能用图形限定而无法用语言表达时，权利要求可以使用"如图……所示"等类似用语……。故选项 D 说法过于绝对，因为在极特殊情况下，采用"如图……所示"的表述不会导致权利要求不清楚。故选项 D 的说法错误。

综上所述，本题答案为 A、C。

【6.（2017-71）解析】知识点：权利要求应当清楚（主题名称）

在 G-2-2-3.1.1 关于"权利要求的类型"中规定，按照性质划分，权利要求有两种基本类型，即物的权利要求和活动的权利要求。……第一种基本类型的权利要求包括人类技术生产的物（产品、设备）；第二种基本类型的权利要求包括有时间过程要素的活动（方法、用途）。属于物的权利要求有物品、物质、材料、工具、装置、设备等权利要求；属于活动的权利要求有制造方法、使用方法、通信方法、处理方法以及将产品用于特定用途的方法等权利要求……。选项 A 的"模具"表明其类型是产品；选项 B 涉及的应用，即用途发明属于方法发明。故选项 A 和 B 所述的主题名称能够清楚表明其类型，不符合题意。

参照 2.（2019-10）的解析。选项 C、D 并不能清楚地表明权利要求的类型是产品还是方法，符合题意。

综上所述，本题答案为 C、D。

【7.（2017-24）解析】知识点：权利要求应当清楚

在 G-2-2-3.2.2 关于"清楚"中倒数第二段规定，除附图标记或者化学式及数学式中使用的括号之外，权利要求中应尽量避免使用括号，以免造成权利要求不清楚，例如"（混凝土）模制砖"。然而，具有通常可接受含义的括号是允许的，例如"（甲基）丙烯酸酯""含有 10%～60%（重量）的 A"。可见，选项 A 所述的 20%～35%（重量）中的括号在相关技术领域具有通常含义，不会导致权利要求保护范围不清楚，故符合题意。

参照 4.（2018-40）的解释，根据 G-2-2-3.2.2 关于"清楚"倒数第三段规定可知，选项 B、D 中采用"最好是"和"例如"导致该权利要求限定出两个不同的保护范围，选项 C 中的"高温"不具有确切的含义，导致权利要求保护范围不清楚，均不符合题意。

综上所述，本题答案为 A。

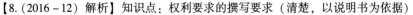

【8.（2016-12）解析】知识点：权利要求的撰写要求（清楚，以说明书为依据）

在 G-2-2-3.3 关于"权利要求的撰写规定"中第八段规定，一般情况下，权利要求中包含有数值范围的，其数值范围尽量以数学方式表达，例如，"≥30℃""＞5"等。通常，"大于""小于""超过"等理解为不包括本数；"以上""以下""以内"等理解为包括本数。选项 A 中采用的是"超过"一词，不包括本数，故其说法正确。

在 G-2-2-2.2.6 关于"具体实施方式"中第五段规定，当一个实施例足以支持权利要求所概括的技术方案时，说明书中可以只给出一个实施例。当权利要求（尤其是独立权利要求）覆盖的保护范围较宽，其概括不能从一个实施例中找到依据时，应当给出至少两个不同实施例，以支持要求保护的范围。当权利要求相对于背景技术的改进涉及数值范围时，通常应给出两端值附近（最好是两端值）的实施例，当数值范围较宽时，还应当给出至少一个中间值的实施例。根据该规定可知，对于选项 B 中涉及的数值范围"10-20重量份"，并不必然要求给出两个端值的实施例。故选项 B 的说法错误。

根据 G-2-2-3.2.2 关于"清楚"的规定可知，诸如"一种……技术"属于主题不清楚的情形。因此，选项 C 中权利要求的主题名称"一种生产薄膜的技术"没有清楚地表明该权利要求的类型是产品权利要求还是方法权利要求，故选项 C 说法错误。

在 G-2-2-3.2.2 关于"清楚"中第七段规定，用途权利要求属于方法权利要求。但应当注意从权利要求的撰写措词上区分用途权利要求和产品权利要求。例如，"用化合物 X 作为杀虫剂"或者"化合物 X 作为杀虫剂的应用"是用途权利要求，属于方法权利要求，而"用化合物 X 制成的杀虫剂"或者"含化合物 X 的杀虫剂"，则不是用途权利要求，而是产品权利要求。选项 D 中的主题名称"一种化合物 K"，其表述为产品权利要求而非使用方法权利要求，虽然其后写明"该化合物用作杀虫剂"，也不能改变该权利要求的类型是产品权利要求，因为权利要求的类型由其主题名称来确定的（若要写成方法权利要求，例如可以写成：化合物 X 作为杀虫剂的应用）。故选项 D 的说法不正确。

综上所述，本题答案为 A。

【9.（2015-50）解析】知识点：权利要求应当清楚

在 G-2-2-3.2.2 关于"清楚"中第三段规定，……权利要求的主题名称应当能够清楚地表明该权利要求的类型是产品权利要求还是方法权利要求。不允许采用模糊不清的主题名称，例如，"一种……技术"，或者在一项权利要求的主题名称中既包含有产品又包含有方法，例如，"一种……产品及其制造方法"。选项 A 中没有主题名称，不可能清楚表明权利要求的类型。而选项 D 采用了"技术"作为主题名称，明显属于模糊不清的。故选项 A 和 D 符合题意。

参见 8.（2016-12）选项 D 的解析，根据 G-2-2-3.2.2 关于"清楚"的规定可知，选项 B 所述的"一种空气净化机作为空气加湿器的应用"，类似于上述规定中的"化合物 X 作为杀虫剂的应用"，其权利要求的主题表达的是空气净化机的用途，属于方法权利要求。选项 C 所述的"用二氯丙酸作为除草剂"明显也属用二氯丙酸作为除草剂。故选项 B 和 C 能清楚表明权利要求的类型，故不符合题意。

综上所述，本题答案为 A、D。

【10.（2014-11）解析】知识点：权利要求的撰写要求（从属权利要求、清楚）

根据 G-2-2-3.2.2 关于"清楚"第二段中规定可知，权利要求应当清楚，一是指每一项权利要求应当清楚。而选项 A 中引用部分没有问题，限定部分的"所述蒸发器包括一大一小两个导管"，其表达的是蒸发器这一特征的进一步限定，包括大小不同的两个导管，故其表达清楚，即选项 A 符合相关规定。

在 G-2-2-3.3 关于"权利要求的撰写规定"中倒数第一段规定，采用并列选择法概括时，被并列选择概括的具体内容应当是等效的，不得将上位概念概括的内容，用"或者"与其下位概念并列。另外，被并列选择概括的概念，应含义清楚。例如在"A、B、C、D 或者类似物（设备、方法、物质）"这一描述中，"类似物"这一概念含义是不清楚的，因而不能与具体的物或者方法（A、B、C、D）并列。选项 B 中，由于金属是铜、铝的上位概念，故属于将上位概念概括与其下位概念并列的情形，与上述规定相违背，不符合规定。

选项 C 的权利要求中"最长不短于 100 厘米"是一种矛盾的表述，不清楚其表达是蒸发器最长为 100 厘米，还是最短为 100 厘米，属于语句含义表达不清楚，不符合相关规定。

选项 D 的权利要求中，使用信用卡来限定凹块的大小和形状，但是信用卡并没有规定的和标准的大小和形状，因而无法确定凹块的大小和形状，导致权利要求不清楚，不符合相关规定。

综上所述，本题答案为 A。

【11.（2014-27）解析】知识点：权利要求应当清楚（主题名称）

参照 2.（2019-10）的解析，根据 G-2-2-3.2.2 关于"清楚"的规定可知，选项 A 所述的"一种关于钢化玻璃的发明"，其中"发明"这一名词不能明确其主题类型是产品还是方法；选项 B 所述的"一种关于钢化玻璃的设计"，其中的"设计"这一名词也不能明确其主题类型是产品还是方法，故选项 A 和 B 不符合题意。选项 C 所述的"一种制造钢化玻璃的方法"，属于方法权利要求，故符合题意。选项D所述的"一种关于钢化玻璃的配方"，其中的"配方"一词不能清楚表明其是产品还是配制过程，因而也不清楚主题是产品还是方法，故属于主题名称模糊不清的情形，不符合题意。

综上所述，本题答案为C。

【12. (2013-40) 解析】知识点：权利要求应当清楚（主题名称）

参照2. (2019-10) 的解析，根据G-2-2-3.2.2关于"清楚"的规定可知，选项A中的"控制"和选项C中的"制备方案"不能体现出是产品还是方法，故不能清楚表明权利要求的类型，不符合相关规定。选项B中的"技术"以及选项D中既包括方法（数据通信方法）又包括产品（系统），属于上述规定中明确指出的不能清楚地表明权利要求类型的情况，故不符合相关规定。

综上所述，本题答案为A、B、C、D。

【13. (2012-81) 解析】知识点：权利要求应当清楚

参照2. (2019-10) 的解析，根据G-2-2-3.2.2关于"清楚"的规定可知，选项A中的"技术"不能清楚地表明权利要求的类型，故存在不清楚的缺陷，符合题意。选项B中采用了"尤其是"限定出两个不同的包括范围，属于不清楚的情形，符合题意。

在G-2-2-3.2.2关于"清楚"中规定，……权利要求中不得使用含义不确定的用语，如"厚""薄""强""弱""高温""高压""很宽范围"等，除非这种用语在特定技术领域中具有公认的确切含义，如放大器中的"高频"……。选项C中恰好是该规定列举的具有公认的确切含义，不存在不清楚的缺陷，故不符合题意。

在G-2-2-3.2.2关于"清楚"中倒数第二段规定，除附图标记或者化学式及数学式中使用的括号之外，权利要求中应尽量避免使用括号，以免造成权利要求不清楚，例如"（混凝土）模制砖"。然而，具有通常可接受含义的括号是允许的，例如"（甲基）丙烯酸酯""含有10%~60%（重量）的A"。选项D中采用的括号属于上述规定中列举的可以允许的情形，不存在不清楚的缺陷，不符合题意。

综上所述，本题答案为A、B。

【14. (2012-93) 解析】知识点：权利要求的撰写要求

根据R20.3的规定，发明或者实用新型说明书应当用词规范、语句清楚，并不得使用"如权利要求……所述的……"一类的引用语，也不得使用商业性宣传用语。根据该规定可知，说明书中是绝对不能使用"如权利要求……所述的……"一类的引用语的，选项A中提到"除绝对必要外"表明存在例外，可以使用这种引用语，显然说法是错误的。该规定表明说明书中不得使用商业性宣传用语，即选项B的说法错误。另外，根据R26.2的规定可知，摘要中不得使用商业性宣传用语。

根据R22.4的规定可知，权利要求中的技术特征可以引用说明书附图中相应的标记，该标记应当放在相应的技术特征后并置于括号内，便于理解权利要求。因此，选项C的说法正确。

根据R20.1的规定可知，发明或者实用新型专利申请的说明书应当写明发明或者实用新型的名称，该名称应当与请求书中的名称一致。因此，选项D的说法正确。

综上所述，本题答案为C、D。

【15. (2010-20) 解析】知识点：权利要求应当清楚

对于选项A，不存在不清楚的缺陷，故符合相关规定。

根据R22.3的规定，……除绝对必要的外，不得使用"如说明书……部分所述"或者"如图……所示"的用语。选项B中采用了"如图3所示"，不属于绝对必要的情形，故不符合上述规定。

参照4. (2018-40) 的解析，选项C中采用了"优选"，选项D中采用了"等"表示还包括其他面料，均属于相关规定中所述不清楚的表述，故均不符合题意。

综上所述，本题答案为A。

【16. (2011-62) 解析】知识点：权利要求应当清楚

参照4. (2018-40) 和13. (2012-81) 的解析，由于选项A中的权利要求使用了"尤其是"，故其存在不清楚的缺陷，符合题意。选项B中恰好是G-2-2-3.2.2关于"清楚"规定中列举的具有公认确切含义的情形，不存在不清楚的缺陷，故选项B不符合题意。选项C中的权利要求使用了括号，且该括号不属于通常可接受含义的括号，因此该权利要求的表述存在不清楚的缺陷，符合题意。选项D中的权利要求，使用了"高温"这样的表述，且此种表述不具有公认的确切含义，因此该权利要求存在表述不清楚的缺陷，符合题意。

综上所述，本题答案为A、C、D。

（三）总体考点分析

本部分涉及权利要求应当"清楚"方面的规定，具体考点涉及权利要求的类型（主题名称）、权利要求书应当清楚的含义、权利要求书中不得采用的用语、对权利要求书中使用的科技术语的要求、权利要求中何种情形下可以采用括号的情形。

 高频结论

✓ 每项权利要求的类型应当清楚。权利要求的主题名称应当能够清楚地表明该权利要求的类型是产品权利要求还是方法权利要求。不允许采用模糊不清的主题名称，例如，"一种……技术"，或者在一项权利要求的主题名称中既包含有产品又包含有方法，例如，"一种……产品及其制造方法"。

✓ 用途权利要求属于方法权利要求。但应当注意从权利要求的撰写措词上区分用途权利要求和产品权利要求。例如，"用化合物 X 作为杀虫剂"或者"化合物 X 作为杀虫剂的应用"是用途权利要求，属于方法权利要求，而"用化合物 X 制成的杀虫剂"或者"含化合物 X 的杀虫剂"，则不是用途权利要求，而是产品权利要求。

✓ 权利要求中不得使用含义不确定的用语，如"厚""薄""强""弱""高温""高压""很宽范围"等，除非这种用语在特定技术领域中具有公认的确切含义，如放大器中的"高频"。

✓ 权利要求中不得出现"例如""最好是""尤其是""必要时"等类似用语。因为这类用语会在一项权利要求中限定出不同的保护范围，导致保护范围不清楚。

✓ 在一般情况下，权利要求中不得使用"约""接近""等""或类似物"等类似的用语，因为这类用语通常会使权利要求的范围不清楚。当权利要求中出现了这类用语时，审查员应当针对具体情况判断使用该用语是否会导致权利要求不清楚，如果不会，则允许。

✓ 除附图标记或者化学式及数学式中使用的括号之外，权利要求中应尽量避免使用括号，以免造成权利要求不清楚，例如"（混凝土）模制砖"。然而，具有通常可接受含义的括号是允许的，例如"（甲基）丙烯酸酯""含有 10% ~ 60%（重量）的 A"。

✓ 权利要求书中使用的科技术语应当与说明书中使用的科技术语一致，可以有化学式或者数学式，但是不得有插图。除绝对必要的外，不得使用"如说明书……部分所述"或者"如图……所示"的用语（意味着不是绝对不允许）。

✓ 权利要求中通常不允许使用表格，除非使用表格能够更清楚地说明发明或者实用新型要求保护的主题。

✓ 权利要求中的技术特征可以引用说明书附图中相应的标记，以帮助理解权利要求所记载的技术方案。但是，这些标记应当用括号括起来，放在相应的技术特征后面。附图标记不得解释为对权利要求保护范围的限制。

✓ 权利要求的表述应当简要，除记载技术特征外，不得对原因或者理由作不必要的描述，也不得使用商业性宣传用语（摘要和说明书中也不能采用商业性宣传用语）。

✓ 每一项权利要求只允许在其结尾处使用句号。权利要求书有几项权利要求的，应当用阿拉伯数字顺序编号。

✓ 开放式的权利要求宜采用"包含""包括""主要由……组成"的表达方式，其解释为还可以含有该权利要求中没有述及的结构组成部分或方法步骤。封闭式的权利要求宜采用"由……组成"的表达方式，其一般解释为不含有该权利要求所述以外的结构组成部分或方法步骤。

✓ "大于""小于""超过"等理解为不包括本数；"以上""以下""以内"等理解为包括本数。

✓ 采用并列选择法概括时，被并列选择概括的具体内容应当是等效的，不得将上位概念概括的内容，用"或者"与其下位概念并列。另外，被并列选择概括的概念，应含义清楚。例如在"A、B、C、D 或者类似物（设备、方法、物质）"这一描述中，"类似物"这一概念含义是不清楚的，因而不能与具体的物或者方法（A、B、C、D）并列。

（四）参考答案

1. B	2. D	3. C、D	4. A、B、C、D	5. A、C
6. C、D	7. A	8. A	9. A、D	10. A

11. C   12. A、B、C、D   13. A、B   14. C、D   15. A

16. A、C、D

四、权利要求书（实例判断）

（一）历年试题集合

1. （2016－46）一件发明专利申请的权利要求书撰写如下：

"1. 一种方便面的制作方法，包括：将处理干净的蔬菜用沸水烫制成菜糊，用菜糊和水将杂粮粉和匀，制成面条，蒸熟，切块、分排，微波炉加热熟化烘干，最后经风冷干燥即可。

2. 根据权利要求1所述的制作方法，其特征在于：所述的杂粮是大豆、绿豆或豆类。

3. 根据权利要求1和2所述的制作方法，其特征在于：所述的蔬菜是菠菜、西红柿或胡萝卜。

4. 根据权利要求1所述的制作方法，其特征在于：菠菜在烫前要切除根部。"

在上述权利要求均得到说明书支持的情况下，哪些权利要求撰写上存在错误？

A. 权利要求1　　　　　　　　　　　B. 权利要求2

C. 权利要求3　　　　　　　　　　　D. 权利要求4

【你的答案】

【选错记录】

2. （2016－13）某专利申请的权利要求书如下：

"1. 一种枕头，其特征在于：由枕套和枕芯组成。

2. 根据权利要求1所述的枕套，其特征在于：枕套中间设置为凹面。

3. 根据权利要求1所述的枕头，其特征在于：凹面深度为8cm。

4. 根据权利要求1和3所述的枕头，其特征在于：枕套两端设置两个如附图所示的不同高度的平面。"

上述从属权利要求有几处错误？

A. 2　　　　　　　　　　　　　　　B. 3

C. 4　　　　　　　　　　　　　　　D. 5

【你的答案】

【选错记录】

3. （2015－52）一件专利申请的权利要求书如下：

"1. 一种散热装置，包括进气管、出气管和散热箔。

2. 根据权利要求1所述的散热装置，其特征在于，所述散热箔为金属（铝）箔。

3. 根据权利要求1所述的散热装置，其特征在于，所述出气管的形状如附图1所示。

4. 根据权利要求1所述的散热装置，其特征在于，所述散热箔为金属箔，最好为铜箔。

5. 根据权利要求1所述的散热装置，其特征在于，所述进气管的形状为螺旋状。"

上述权利要求中哪些存在撰写错误？

A. 权利要求2　　　　　　　　　　　B. 权利要求3

C. 权利要求4　　　　　　　　　　　D. 权利要求5

【你的答案】

【选错记录】

4. （2015－51）某专利申请的权利要求书如下：

"1. 一种钢笔，包括笔杆、笔帽和笔尖。

2. 根据权利要求1所述的钢笔，其特征在于，所述笔帽上设有帽夹。

3. 根据权利要求1或2所述的笔帽，其特征在于，该笔帽是塑料的。

4. 根据权利要求1和2所述的钢笔，其特征在于，所述笔尖是铜合金材料。

5. 根据权利要求1或3所述的钢笔，其特征在于，所述帽夹是塑料的。"

上述从属权利要求的撰写哪些是不正确的？

A. 权利要求2　　　　　　　　　　　B. 权利要求3

C. 权利要求4　　　　　　　　　　　D. 权利要求5

【你的答案】

【选错记录】

5. (2014-40) 某专利申请的权利要求书如下：

"1. 一种茶杯，包括特征 H 和 I。

2. 根据权利要求 1 所述的茶杯，还包括特征 J。

3. 根据权利要求 1 或 2 所述的茶杯，还包括特征 K。

4. 根据权利要求 1 和 2 所述的茶杯，还包括特征 L。

5. 根据权利要求 1 或 3 所述的茶壶，还包括特征 M。"

上述哪些从属权利要求的引用方式不正确？

A. 权利要求 2　　　　　　　　B. 权利要求 3

C. 权利要求 4　　　　　　　　D. 权利要求 5

【你的答案】

【选错记录】

6. (2012-39) 一件专利申请的权利要求书撰写如下：

"1. 一种散热装置，包括进气管、出气管和散热箔。

2. 根据权利要求 1 所述的散热箔，其特征在于，所述散热箔为散热铝箔。

3. 根据权利要求 1 所述的散热装置，其特征在于，所述的进气管和出气管均为特定形状。

4. 根据权利要求 1 所述的散热装置，其特征在于，所述散热箔最好为散热铜箔。

5. 根据权利要求 1 所述的散热装置，其特征在于，所述进气管的形状为螺旋状。"

上述权利要求中哪些存在撰写错误？

A. 权利要求 2　　　　　　　　B. 权利要求 3

C. 权利要求 4　　　　　　　　D. 权利要求 5

【你的答案】

【选错记录】

7. (2012-8) 一件发明专利申请的权利要求如下：

"1. 一种具有滑动支架的机床，其特征在于包括齿轮箱。

2. 根据权利要求 1 的机床，其特征在于将所述滑动支架替换为固定支架。

3. 包含权利要求 2 的机床的装配线。"

对于上述 3 个权利要求，下列哪种说法是正确的？

A. 权利要求 1 为独立权利要求，权利要求 2、3 为从属权利要求

B. 权利要求 1、2 为独立权利要求，权利要求 3 为从属权利要求

C. 权利要求 1、2、3 皆为独立权利要求

D. 权利要求 1、3 为独立权利要求，权利要求 2 为从属权利要求

【你的答案】

【选错记录】

8. (2012-68) 下列哪些权利要求得不到说明书的支持？

权利要求	说明书
A. 一种碱性蛋白酶酶解蚕蛹蛋白的方法……其中酶解反应液 pH 为 5.0~8.0	仅公开了一个酶解反应液 pH 为 7.5 的实施例
B. 一种废渣处理方法……其中 A 步骤的处理温度是 380~400℃	技术方案部分所记载的 A 步骤的处理温度是 350~400℃，两个实施例中 A 步骤的处理温度分别是 380℃ 和 400℃
C. 一种柔性电纺丝喷嘴……制作该喷嘴的材料为金属……	仅记载了制作该喷嘴的材料是铜，并明确说明用铜制作电纺丝喷嘴是利用其软金属特性
D. 一种图像处理设备，包括：触摸屏……	文字部分未提及触摸屏，但在附图中绘制了具有触摸屏的图像处理设备

【你的答案】

【选错记录】

9. (2010-4) 一件发明专利申请的独立权利要求如下：

"1. 一种电动研磨装置，包括研磨柄，所述研磨柄一端的端部为研磨体，其特征在于所述研磨体的端部具有凸起，所述凸起的外表面黏结有由金刚石颗粒组成的微粒层。"

下列哪些从属权利要求存在不清楚的缺陷？

【你的答案】

【选错记录】

A. 根据权利要求 1 所述的电动研磨装置，所述端部为圆锥形

B. 根据权利要求 1 所述的电动研磨装置，其特征在于所述凸起的外表面上设置一条以上的凹槽

C. 根据权利要求 1 所述的电动研磨装置，所述磨损指示剂为一种可见染料

D. 根据权利要求 1 所述的电动研磨装置，所述微粒层的厚度小于 0.5mm，最好小于 0.3mm

10. (2011-30) 某发明专利申请的权利要求 1 如下：

"权利要求 1：一种半导体器件，包括部件 a、b、c。"

下列哪些权利要求的撰写存在缺陷？

【你的答案】

【选错记录】

A. 权利要求 2：如权利要求 1 所述的制造半导体器件的方法，其特征在于 d

B. 权利要求 2：制造如权利要求 1 所述的半导体器件的方法，其特征在于 e

C. 权利要求 2：如权利要求 1 所述的半导体器件，其特征在于所述部件 f 由铜制成

D. 权利要求 2：如权利要求 1 所述的半导体器件，其特征在于还包括部件 g

11. (2010-42) 某发明专利申请的独立权利要求如下：

"1. 一种橡皮泥的制作方法，原料按重量份计算，具体步骤为：步骤一：将蜂蜡 140～160 份、微晶蜡 140～160 份、白凡士林 40～50 份、松香 20～30 份放入金属容器中，加热到 120℃～140℃，熔化后离火；步骤二：倒入粉末填料 300～400 份，搅匀，冷却后即得。"

【你的答案】

【选错记录】

下列哪些从属权利要求的撰写不符合规定？

A. 权利要求 2：根据权利要求 1 所述的橡皮泥制作方法，其特征在于在步骤一中加入的蜂蜡为 170 份，微晶蜡为 155 份，白凡士林为 50 份，松香为 25 份

B. 权利要求 3：根据权利要求 1 所述的橡皮泥制作方法，其特征在于在步骤一中加热到温度 140℃

C. 权利要求 4：根据权利要求 1 所述的橡皮泥，其特征在于在步骤二中倒入的粉末填料 360 份

D. 权利要求 5：根据权利要求 1 所述的橡皮泥制作方法，其特征在于在步骤二中倒入的粉末填料 350～400 份，特别是 370 份

12. (2010-76) 某发明专利申请权利要求如下：

"1. 一种启瓶器，包括支撑件、压盖、横杆和密封体，其特征在于所述支撑件上有一个 V 形槽。

2. 根据权利要求 1 所述的启瓶器，其特征在于所述 V 形槽的角度为 90 至 120 度。

【你的答案】

【选错记录】

3. 根据权利要求 1 所述的启瓶器，其特征在于所述副支架由导入段、密封段和上腔构成。

4. 根据权利要求 1 或 2 所述的启瓶器，其特征在于所述压盖由金属制成。

5. 根据权利要求 1 或 4 所述的启瓶器，其特征在于所述密封体由有弹性的有机材料制造而成。"

下列哪些权利要求的撰写不符合规定？

A. 权利要求 2   B. 权利要求 3

C. 权利要求 4   D. 权利要求 5

（二）参考答案解析

【1. (2016-46) 解析】知识点：权利要求应当清楚

权利要求 1 未发现撰写上的缺陷。

在 G-2-2-3.3 关于"权利要求的撰写规定"中规定，……采用并列选择法概括时，被并列选择概括的具体内容应当是等效的，不得将上位概念概括的内容，用"或者"与其下位概念并列……。权利要求 2 的附加技术特征写为"所述的杂粮是大豆、绿豆或豆类"，其中"豆类"为上位概念，而"大豆""绿豆"为下位概念，它们并列在一起，导致该权利要求 2 不清楚。

在 G-2-2-3.3.2 关于"从属权利要求的撰写规定"中规定，……当从属权利要求是多项从属权利要求时，其引用的权利要求的编号应当用"或"或者其他与"或"同义的择一引用方式表达……。权利要求 3 为多项从属权利要求，采用的是"权利要求 1 和 2 所述"这种非择一的引用方式，不符合规定。

在 G-2-2-3.3.2 关于"从属权利要求的撰写规定"中规定……，从属权利要求的限定部分可以对在前的权利要求中的技术特征进行限定……。权利要求 4 引用权利要求 1，其进一步限定是对"菠菜"的处理，但在权利要求 1 中并

未出现"菠菜"这一技术特征，因此导致权利要求4不清楚（这是典型的缺乏引用基础的缺陷）。

综上所述，本题答案为B、C、D。

【2. (2016－13）解析】知识点：从属权利要求的撰写要求

在G－2－2－3.3.2关于"从属权利要求的撰写规定"中规定，从属权利要求……按照下列规定撰写：（1）引用部分：写明引用的权利要求的编号及其主题名称……。而权利要求2的主题名称为"枕套"，与所引用的权利要求1的主题名称"枕头"不一致，故不符合上述撰写规定。

在G－2－2－3.3.2关于"从属权利要求的撰写规定"中规定，……从属权利要求的限定部分可以对在前的权利要求中的技术特征进行限定……。而权利要求3进一步限定的"凹面"在其所引用的权利要求1中并未出现，缺乏引用基础，故不符合相关规定（若引用权利要求2就可以克服该缺陷）。

在G－2－2－3.3.2关于"从属权利要求的撰写规定"中规定，……当从属权利要求是多项从属权利要求时，其引用的权利要求的编号应当用"或"或者其他与"或"同义的择一引用方式表达……。而题中的权利要求4为多项从属权利要求，其引用时采用了非择一引用的表达方式，故不符合相关规定。根据R22.3的规定，……除绝对必要的外，不得使用"如说明书……部分所述"或者"如图……所示"的用语。权利要求4中出现"如附图所示"的用语，并不属于"绝对必要"的情形，故不符合相关规定。

因此，从属权利要求撰写存在四处错误（权利要求2和3各一处，权利要求4有两处）。

综上所述，本题答案为C。

【3. (2015－52）解析】知识点：从属权利要求的撰写要求

各选项不涉及权利要求1，故不需要考虑权利要求1是否存在撰写错误。

根据G－2－2－3.2.2关于"清楚"中的规定可知，除附图标记或者化学式及数学式中使用的括号之外，权利要求中应尽量避免使用括号。权利要求2中的"金属（铝）箔"的括号导致限定出不同的保护范围，造成权利要求不清楚，不符合相关规定。

根据R22.3的规定，权利要求3中采用了"如附图1所示"的撰写方式，且对于出气管的形状而言并不属于绝对必要采用如图所示的撰写方式，故不符合相关规定。

根据G－2－2－3.2.2关于"清楚"中规定可知，权利要求4出现了"最好为"的表述，限定出不同的保护范围，导致保护范围不清楚，不符合相关规定。

权利要求5的撰写方式不存在撰写缺陷。

综上所述，本题答案为A、B、C。

【4. (2015－51）解析】知识点：从属权利要求的撰写要求

权利要求2不存在错误，不符合题意。权利要求3的主题名称为"笔帽"，与所引用的权利要求1和2的主题名称"钢笔"不一致，故不符合R25.1的规定。权利要求4为多项从属权利要求，引用时采用了"权利要求1和2所述"这种非择一引用的表达方式，根据G－2－2－3.3.2关于"从属权利要求的撰写规定"的规定可知，其引用出现错误。权利要求5引用权利要求1或3，其对"帽夹"这一特征作进一步限定，但在权利要求1中并未出现"帽夹"这一技术特征，因此导致该权利要求5缺乏引用基础而不清楚。

综上所述，本题答案为B、C、D。

【5. (2014－40）解析】知识点：从属权利要求的撰写要求

权利要求2和3不存在引用方式错误，即选项A和B不符合题意。权利要求4是多项从属权利要求，引用时由于采用了非择一引用的表达方式，故不符合相关规定，即选项C符合题意。权利要求5中所引用的主题名称"茶壶"，与其引用的权利要求1和权利要求3的主题名称"茶杯"不一致，故引用方式存在错误，即选项D符合题意。

综上所述，本题答案为C、D。

【6. (2012－39）解析】知识点：从属权利要求的撰写要求

权利要求2的主题名称是"散热箔"，与所引用的权利要求1中的主题名称"散热装置"不一致，因此其撰写不符合相关规定，即选项A符合题意。

根据G－2－2－3.2.2关于"清楚"的规定可知，权利要求3中使用的"特定"含义是不清楚的，权利要求4中采用了"最好为"限定出两个不同的保护范围，导致权利要求不清楚，即选项B和C符合题意。权利要求5不存在撰写错误，即选项D不符合题意。

综上所述，本题答案为A、B、C。

【7.（2012－8）解析】知识点：权利要求的撰写要求（独立权利要求、从属权利要求）

在G－2－2－3.1.2关于"独立权利要求和从属权利要求"最后一段中规定，在某些情况下，形式上的从属权利要求（即其包含有从属权利要求的引用部分），实质上不一定是从属权利要求。例如，独立权利要求1为："包括特征X的机床"。在后的另一项权利要求为："根据权利要求1所述的机床，其特征在于用特征Y代替特征X"。在这种情况下，后一权利要求也是独立权利要求……。

权利要求2撰写形式上是从属权利要求，但其限定的是"将所述滑动支架替换为固定支架"。根据上述规定可知，权利要求2不是权利要求1的从属权利要求，而是独立权利要求。权利要求3的主题已经不同于权利要求1，根据上述规定可知，也是独立权利要求。因此，权利要求1、2和3都是独立权利要求，即选项C的说法正确。

综上所述，本题答案为C。

【8.（2012－68）解析】知识点：权利要求应当以说明书为依据

根据G－2－2－3.2.1关于"以说明书为依据"中规定可知，权利要求书中的每一项权利要求所要求保护的技术方案应当是所属技术领域的技术人员能够从说明书充分公开的内容中得到或概括得出的技术方案，并且不得超出说明书公开的范围。

选项A中，由于说明书仅公开了一个酶解反应液pH为7.5的实施例，权利要求中的酶解反应液pH为5.0～8.0涵盖了酸性（pH 5.0～7.0）、中性（pH 7.0）、碱性（pH 7.0～8.0），而实施例的pH 7.5为碱性，同时说明书中也没有记载pH为5.0～8.0这一范围，因此其超出了说明书公开的范围，因而该权利要求不能得到说明书的支持，即符合题意（该选项答案条件稍显不足，但可从出题意图来判断）。

选项B中，虽然技术方案部分记载的A步骤的处理温度是350～400℃，但由于两个实施例中A步骤的处理温度分别是380℃和400℃，因此权利要求书中A步骤的处理温度380～400℃，落于技术方案中记载的范围之内，其两个端值都有实施例作为支持，因此该权利要求能够得到说明书的支持，不符合题意。

选项C中，由于说明书中仅记载了制作该喷嘴的材料是铜，并明确说明用铜制作电纺丝喷嘴是利用其软金属特性，故并不是所有的金属都具有软金属特性，因此权利要求将制作该喷嘴的材料由铜概括为上位概念的金属，不能得到说明书的支持，符合题意。

选项D中，虽然在说明书文字部分未提及触摸屏，但在附图中绘制了具有触摸屏的图像处理设备，因此可以从说明书附图中直接地毫无疑义地得到权利要求的技术方案，因此该权利要求书能够得到说明书的支持，不符合题意。

综上所述，本题答案为A、C。

【9.（2010－4）解析】知识点：从属权利要求的撰写要求

选项A中对于"所述端部"作了进一步限定，但独立权利要求中存在两个"端部"（即"研磨柄一端的端部"和"研磨体的端部"），因此，仅限定"所述端部"并不清楚限定的是独立权利要求中的哪一个端部，故权利要求存在不清楚的缺陷，符合题意。

选项B中不存在不清楚的缺陷，不符合题意。

选项C中对"磨损指示剂"的限定，但在引用的独立权利要求中并未出现过"磨损指示剂"，因此缺乏引用基础，导致权利要求不清楚，符合题意。

选项D中的权利要求采用了"最好"一词，限定出两个不同的保护范围。根据G－2－2－3.2.2关于"清楚"的规定可知，导致了权利要求不清楚，符合题意。

综上所述，本题答案为A、C、D。

【10.（2011－30）解析】知识点：权利要求的撰写要求

选项A中权利要求2引用的是权利要求1，但写成了"如权利要求1所述的制造半导体器件的方法"，与权利要求1的主题名称"半导体器件"不一致，根据R25.1的规定可知，其撰写存在缺陷，符合题意。

根据G－2－2－3.1.2关于"独立权利要求和从属权利要求"中的规定可知，并列独立权利要求也可以引用在前的独立权利要求，而选项B就是采用这种撰写方式的独立权利要求2，其撰写方式是允许的，符合相关规定，不符合题意。

选项C中的权利要求2中"所述"部件f，由于在权利要求1中并没有述及，缺乏引用基础，故符合题意。

选项D中的权利要求2的附加技术特征"还包括部件g"属于增加的技术特征，是对权利要求1的进一步限定，符合相关规定，不存在缺陷，即不符合题意。

综上所述，本题答案为A、C。

【11.（2010－42）解析】知识点：从属权利要求的撰写要求

根据G－2－2－3.1.2关于"独立权利要求和从属权利要求"中规定可知，由于从属权利要求用附加的技术特征对所引用的权利要求作了进一步的限定，所以其保护范围落在其所引用的权利要求的保护范围之内。而选项 A 中 "蜂蜡为 170 份" 并没有落在权利要求 1 限定的范围 "蜂蜡 140 ~ 160 份" 中，导致权利要求 2 不清楚，即从属权利要求撰写不符合规定，符合题意。

选项 B 中的 "加热到 140℃"，是引用的权利要求 1 的 "加热到 120℃ ~ 140℃" 这一范围的端值，故从属权利要求 3 撰写符合规定，故不符合题意。

选项 C 中从属权利要求 4 的主题名称 "橡皮泥"，与引用的权利要求 1 的主题名称 "橡皮泥制作方法" 不一致，故该从属权利要求 4 撰写不符合规定，符合题意。

选项 D 中的权利要求 5 采用了 "特别是" 的表述，导致保护范围不清楚，故该从属权利要求 5 撰写不符合相关规定，符合题意。

综上所述，本题答案为 A、C、D。

【12.（2010 - 76）解析】知识点：从属权利要求的撰写要求

权利要求 2 和权利要求 4 的撰写不存在缺陷，即选项 A 和 C 不符合题意。

权利要求 3 中的 "副支架" 在权利要求 1 中并未出现，即缺乏引用基础，导致该权利要求不清楚，不符合相关规定，即选项 B 符合题意。权利要求 5 属于多项从属权利要求，其引用了已经是多项从属权利要求的权利要求 4，不符合 R25.2 的规定，即权利要求 5 的撰写不符合规定，即选项 D 符合题意。

综上所述，本题答案为 B、D。

（三）总体考点分析

本部分属于权利要求书撰写方面的知识点，不过以假设例的形式进行判断，近几年出现频率有所减少，但涉及的知识点考试频率并没有下降（只是试题形式发生了变化）。

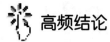

高频结论

权利要求存在 "不清楚" 的主要情形

✓ 从属权利要求的主题名称与被引用的权利要求的主题名称不一致的错误。

✓ 从属权利要求引用关系错误，如从属权利要求中缺乏引用基础的错误。

✓ 权利要求的语句表述存在矛盾，"最高不低于" 等表述。

✓ 权利要求采用了不允许的表述导致不清楚，常见包括 "如图所示" "最好是" "例如" "高温" "等" "特定的" 等表述。

✓ 多项从属权利要求引用在前的多项从属权利要求的错误。

✓ 从属权利要求没有落入被引用的权利要求的保护范围之内。

✓ 从属权利要求进一步限定的特征不明确，如被引用的权利要求中两个相同的名称，没有写明是针对哪一个特征作进一步的限定。

（四）参考答案

1. B、C、D	2. C	3. A、B、C	4. B、C、D	5. C、D
6. A、B、C	7. C	8. A、C	9. A、C、D	10. A、C
11. A、C、D	12. B、D			

五、说明书及说明书附图

（一）历年试题集合

1.（2019 - 52）下列关于说明书的说法正确的是？

A. 当一个实施例足以支持权利要求所概括的技术方案时，说明书中可以只给出一个实施例

B. 说明书技术领域部分应当是要求保护的发明或者实用新型技术方案所属具体技术领域的上位技术领域

【你的答案】
_____

【选错记录】
_____

C. 背景技术中所引证的非专利文献和专利文件的公开日应当在本申请的申请日之前

D. 说明书摘要所记载的内容不能作为权利要求的修改依据

2. (2018 - 39)下列专利申请，存在可能导致该申请被驳回的实质性缺陷的有？

A. 请求保护的发明是一种固体燃料。该燃料包含助燃剂"神威9号"。但说明书中并未对该助燃剂"神威9号"作任何具体说明，仅在背景技术部分指出某国防专利具体记载了该助燃剂，并提供了具体的国防专利的申请号、授权公告日

B. 请求保护的发明是一种使用交流电的点烟器，其无须将交流电转换为直流电，而是直接使用交流电驱动点烟器。说明书中只记载了该点烟器可使用交流电，而没有记载该点烟器的具体结构

C. 请求保护的发明是一种有机化合物，但申请说明书中记载的该化合物结构鉴定图谱信息与其化学分子结构明显矛盾，且说明书记载的其他信息不足以澄清该矛盾的

D. 请求保护的发明是一种抗癌组合物，但说明书中记载的该组合物的全部成分均选自绿豆、淀粉、蔗糖、食用胶

【你的答案】

【选错记录】

3. (2017 - 72)以下关于说明书的说法正确的是？

A. 说明书中不得使用商品名称

B. 说明书中不得使用"如权利要求……所述的……"一类的引用语

C. 说明书中不得使用商业性宣传用语

D. 说明书中不得采用自定义词

【你的答案】

【选错记录】

4. (2015 - 49)在满足其他条件的情况下，下列哪些文件可以作为说明书"背景技术"部分的引证文件？

A. 公开日在本申请的申请日与公开日之间的外国专利文件

B. 公开日在本申请的申请日与公开日之间的中国专利文件

C. 公开日在本申请的申请日与公开日之间的非专利文件

D. 公开日在本申请的申请日之前的非专利文件

【你的答案】

【选错记录】

5. (2014 - 94)下列关于发明或者实用新型说明书附图的说法哪些是正确的？

A. 如果发明专利申请的文字足以清楚、完整地描述其技术方案，则可以没有附图

B. 如果实用新型专利申请的文字足以清楚、完整地描述其技术方案，则可以没有附图

C. 附图中未出现的附图标记不得在说明书文字部分中提及

D. 附图中不得出现文字

【你的答案】

【选错记录】

6. (2014 - 33)下列哪些发明名称符合相关规定？

A. 一种北京电器设备

B. 一种手表及其生产方法

C. 一种具有引线端的电器元件

D. 一种橡胶绝缘材料及其他

【你的答案】

【选错记录】

7. (2013 - 87)下列关于说明书的说法哪些是正确的？

A. 说明书第一页第一行应当写明发明名称

B. 说明书中涉及核苷酸或者氨基酸序列的，应当将该序列表作为说明书的一个单独部分

C. 说明书文字部分可以有化学式、数学式或者表格，必要时可以有插图

D. 说明书应当用阿拉伯数字顺序编写页码

【你的答案】

【选错记录】

8. (2013 - 63)下列关于实施例的说法哪些是正确的？

A. 实施例是对发明或者实用新型的优选的具体实施方式的举例说明

B. 一项权利要求涉及数值范围0～100，说明书中必须给出涉及端值0和100的实施例

【你的答案】

【选错记录】

C. 当一个实施例足以支持权利要求所概括的技术方案时，说明书中可以只给出一个实施例

D. 说明书中可以有引证文件，但对于那些就满足说明书公开充分的要求而言必不可少的内容，不能采用引证其他文件的方式撰写，而应当将其具体内容写入说明书

9. (2013-9，有适应性修改) 某中国发明专利申请的申请日为 2009 年 6 月 1 日，公布日为 2011 年 3 月 1 日。该申请的说明书背景技术部分能引证下列哪个文件？

A. 申请日为 2009 年 5 月 31 日、公布日为 2011 年 2 月 25 日的欧洲专利申请

B. 申请日为 2009 年 4 月 1 日、公布日为 2011 年 3 月 1 日的中国专利申请

C. 印刷日为 2009 年 5 月的某中文期刊

D. 公开日为 2009 年 5 月 19 日存在于互联网的相关文件

【你的答案】

【选错记录】

10. (2012-88) 阿司匹林是已知药物，具有解热镇痛的功效，现有技术中用作感冒药的成分。某项发明涉及阿司匹林的新用途，该发明对现有技术的贡献在于：实验证实阿司匹林能有效防治心血管疾病。如对此发明申请专利，说明书中不能缺少下列哪些内容？

A. 阿司匹林的制备方法

B. 阿司匹林用于防治心血管疾病的使用方法

C. 证明阿司匹林具有解热镇痛功效的实验数据

D. 证明阿司匹林能防治心血管疾病的实验数据

【你的答案】

【选错记录】

11. (2010-9) 某项发明涉及一种治疗乙型肝炎的药物，该药物能使患者的乙肝表面抗原（HBsAg）转阴率达 90%。就该发明提交专利申请时，下列哪些发明名称符合相关规定？

A. 一种治疗乙型肝炎的药物

B. 郭氏转阴排毒丸

C. 增强生命活力强健体质的新药

D. 乙肝特效药

【你的答案】

【选错记录】

12. (2017-81) 以下说法是正确的？

A. 对于申请人在申请日之后补交的实验数据，因不是原说明书和权利要求书记载的内容，审查员不应予以考虑

B. 判断说明书是否充分公开，应当以原说明书和权利要求书记载的内容为准

C. 对于申请人在申请日之后补交的实验数据，只有在申请人证明了其是在申请日前完成的情况下，审查员才应予以考虑

D. 申请人在申请日之后补交的实验数据所证明的技术效果应当是所属技术领域的技术人员能够从专利申请公开的内容中得到的

【你的答案】

【选错记录】

13. (2011-25) 下列哪些情形将导致说明书不能满足充分公开发明的要求？

A. 一项设备发明，说明书中记载了该设备的结构及三种组装方法，其中两种方法都不能够组装出所述设备

B. 一项组合物发明，其中一种组分是公知产品，但使用效果不佳，不及采用发明人制备的该组分，说明书中未记载发明人制备该组分的方法

C. 一项生产方法发明，其中一项工艺参数对于产品性能较为重要，但说明书中未提及该参数，不掌握该参数就不能使用该方法

D. 一项新化合物发明，说明书摘要中记载了该产品的用途及效果，但说明书中未记载该产品的用途及效果

【你的答案】

【选错记录】

14. (2019-53) 实用新型专利申请的说明书附图可以包括？

A. 工艺流程图

B. 工程蓝图

C. 曲线图

D. 照片

【你的答案】

【选错记录】

15. (2017-13) 提出实用新型专利申请时，如果没有附图，国家知识产权局将如何处理？

【你的答案】
_____

A. 发出补正通知书要求申请人补交附图

【选错记录】

B. 发出审查意见通知书要求申请人补交附图

_____

C. 不予受理，并发出不予受理通知书

D. 予以处理，并发出受理通知书

16. (2015-54) 关于实用新型专利申请的附图，下列说法哪些是错误的？

【你的答案】
_____

A. 摘要附图应是从说明书附图中选出的能够反映技术方案的附图

B. 如果说明书文字足以清楚地描述所要求保护的产品的形状，可以没有附图

【选错记录】
_____

C. 说明书附图可以是彩色照片

D. 结构复杂的实用新型专利申请允许有两幅摘要附图

17. (2012-96) 实用新型专利申请的说明书应当包括下列哪些内容？

【你的答案】
_____

A. 背景技术

B. 技术方案

【选错记录】
_____

C. 附图说明

D. 具体实施方式

18. (2016-15) 关于实用新型专利申请，下列说法哪个是正确的？

【你的答案】
_____

A. 说明书摘要可以作为修改说明书的依据

B. 说明书附图不得仅有表示产品效果、性能的附图

【选错记录】
_____

C. 说明书文字部分可以有表格，必要时也可以有插图，例如流程图

D. 原始说明书附图不清晰，可以通过重新确定申请日方式补入清晰附图

19. (2011-36) 下列哪些可以作为实用新型专利申请的说明书附图？

【你的答案】
_____

A. 工艺流程图

B. 逻辑框图

【选错记录】
_____

C. 照片

D. 工程蓝图

（二）参考答案解析

【1. (2019-52) 解析】知识点：说明书的撰写要求

根据 G-2-2-2.2.6 关于"具体实施方式"中规定可知，当一个实施例足以支持权利要求所概括的技术方案时，说明书中可以只给出一个实施例。当权利要求（尤其是独立权利要求）覆盖的保护范围较宽，其概括不能从一个实施例中找到依据时，应当给出至少两个不同实施例，以支持要求保护的范围。根据上述规定，选项 A 的说法正确。

在 G-2-2-2.2.2 关于"技术领域"中规定，发明或者实用新型的技术领域应当是要求保护的发明或者实用新型技术方案所属或者直接应用的具体技术领域，而不是上位的或者相邻的技术领域，也不是发明或者实用新型本身……。据此可知，选项 B 的说法错误。

在 G-2-2-2.2.3 关于"背景技术"中规定，……引证文件还应当满足以下要求：（1）引证文件应当是公开出版物，除纸件形式外，还包括电子出版物等形式。（2）所引证的非专利文件的公开日应当在本申请的申请日之前；所引证的专利文件的公开日不能晚于本申请的公开日。（3）引证外国专利或非专利文件的，应当以所引证文件公布或发表时的原文所使用的文字写明引证文件的出处以及相关信息，必要时给出中文译文，并将译文放置在括号内……。根据上述规定，对于所引证的专利文件，其公开日不能晚于本申请的公开日，据此可知，而选项 C 的说法错误。

在 G-2-2-2.4 关于"说明书摘要"中规定，摘要是说明书记载内容的概述，它仅是一种技术信息，不具有法律效力。摘要的内容不属于发明或者实用新型原始记载的内容，不能作为以后修改说明书或者权利要求书的根据，也不能用来解释专利权的保护范围……。因此，选项 D 的说法正确。

综上所述，本题答案为 A、D。

【2. (2018-39) 解析】知识点：说明书公开充分

在 G-2-2-2.1.3 关于"能够实现"中规定，……说明书应当清楚地记载发明或者实用新型的技术方案，详细地

描述实现发明或者实用新型的具体实施方式，完整地公开对于理解和实现发明或者实用新型必不可少的技术内容，达到所属技术领域的技术人员能够实现该发明或者实用新型的程度。……以下各种情况由于缺乏解决技术问题的技术手段而被认为无法实现：（1）说明书只给出了任务和/或设想，或者只表明了一种愿望和/或结果，而未给出任何使所属领域技术人员能够实施的技术手段；（2）说明书中给出了技术手段，但对所属技术领域的技术人员来说，该手段是含糊不清的，根据说明书记载的内容无法具体实施；（3）说明书中给出了技术手段，但所属技术领域的技术人员采用该手段并不能解决发明或者实用新型所要解决的技术问题；（4）申请的主题为由多个技术手段构成的技术方案，对于其中一个技术手段，所属技术领域的技术人员按照说明书记载的内容并不能实现；（5）说明书中给出了具体的技术方案，但未给出实验证据，而该方案又必须依赖实验结果加以证实才能成立……。

选项A中，说明书中并未对该助燃剂"神威9号"作任何具体说明，仅在背景技术部分指出某国防专利具体记载了该助燃剂，并提供了具体的国防专利的申请号、授权公告日。由于该助燃剂"神威9号"并不是这个领域大家公知的该助燃剂，虽然申请说明书引证了国防专利，但是国防专利的具体技术内容并不公开，因而不属于公开出版物而处于保密状态。因此，其引证的国防专利也不能用于清楚说明该助燃剂的具体组成等必要信息。因此，根据说明书记载的内容并不能实施该发明［属于上述规定中第（2）种情形］，即说明书没有充分公开其发明，存在不符合A26.3规定的驳回缺陷，符合题意。

选项B中，根据常识，现有技术中的点烟器都采用直流电源来驱动（即将交流电转换为直流电）；而直接使用交流电驱动点烟器，如果不记载具体结构，则无法知道采用何种结构才能实现直接使用交流电实现点烟，进而也不能制造出该点烟器。因此，该申请仅仅提出了一种设想，并未给出实现其设想的技术手段，属于上述规定第（1）种情形，存在不符合A26.3规定的驳回缺陷，符合题意。

选项C中，说明书中给出了该化合物结构鉴定图谱信息与其化学分子结构明显矛盾，而且不能澄清。因此，属于说明书中给出的手段是含糊不清的情形，根据说明书记载的内容无法具体实施，属于上述规定第（2）种情形，存在不符合A26.3规定的驳回缺陷，符合题意。

选项D中，所述的组合物成分为绿豆、淀粉、蔗糖、食用胶。根据常识可知，它们都不具备药用活性的成分，因此并不能解决抗癌的技术问题，属于上述规定第（3）种情形，存在不符合A26.3规定的驳回缺陷，符合题意。

综上所述，本题答案为A、B、C、D。

【3.（2017-72）解析】知识点：说明书的撰写要求

在G-2-2-2.2.7关于"对于说明书撰写的其他要求"倒数第二段中规定，说明书中无法避免使用商品名称时，其后应当注明其型号、规格、性能及制造单位。据此可知，在某些情况下，说明书中可以使用商品名称，故选项A的说法错误。

根据R20.3的规定，发明或者实用新型说明书应当用词规范、语句清楚，并不得使用"如权利要求……所述的……"一类的引用语，也不得使用商业性宣传用语。因此，选项B、C的说法正确，符合题意。

在G-2-2-2.2.7关于"对于说明书撰写的其他要求"第二段中规定，说明书应当使用发明或者实用新型所属技术领域的技术术语。……必要时可以采用自定义词，在这种情况下，应当给出明确的定义或者说明……。因此，必要时说明书中可以采用自定义词，故选项D的说法错误。

综上所述，本题答案为B、C。

【4.（2015-49）解析】知识点：说明书的撰写要求（背景技术）

参照1.（2019-52）选项C的解析。选项A的外国专利文件、选项C的非专利文件，公开日在本申请的申请日与公开日之间，选项A能作为说明书"背景技术"部分的引证文件，符合题意，选项C不能作为说明书"背景技术"部分的引证文件。选项B的中国专利文件的公开日在本申请的公开日之前，选项D的非专利文件的公开日早于本申请的申请日，都可以作为说明书"背景技术"部分的引证文件，符合题意。

综上所述，本题答案为B、D。

【5.（2014-94）解析】知识点：说明书的撰写要求（说明书附图）

根据A26.3的规定，说明书应当对发明或者实用新型作出清楚、完整的说明，以所属技术领域的技术人员能够实现为准；必要的时候，应当有附图……。进一步地，根据R20.5的规定，实用新型专利申请说明书应当有表示要求保护的产品的形状、构造或者其结合的附图。根据前述规定，对于发明专利申请来说，只要文字足以清楚完整地描述其技术方案，可以没有附图，因此选项A的说法正确。但对于实用新型专利申请来说，则必须要有附图（而且是产品的形状、构造或者其结合的附图），故选项B的说法错误。

根据R21.2的规定，发明或者实用新型说明书文字部分中未提及的附图标记不得在附图中出现，附图中未出现的附图标记不得在说明书文字部分中提及。申请文件中表示同一组成部分的附图标记应当一致。根据上述规定，选项C的说法正确。根据 R21.3 的规定，附图中除必需的词语外，不应当含有其他注释。因此，附图中在必要时也可以有文字，尤其是流程框图中可以有文字，故选项 D 的说法错误。

综上所述，本题答案为 A、C。

【6.（2014－33）解析】知识点：说明书的撰写（发明名称）

在 G－2－2－2.2.1 关于"名称"中规定，……发明或者实用新型的名称应当按照以下各项要求撰写：……（3）清楚、简要、全面地反映要求保护的发明或者实用新型的主题和类型（产品或者方法），以利于专利申请的分类，例如一件包含拉链产品和该拉链制造方法两项发明的申请，其名称应当写成"拉链及其制造方法"；（4）不得使用人名、地名、商标、型号或者商品名称等，也不得使用商业性宣传用语。

选项 A 中的"一种北京电器设备"，由于使用了北京这一地名，故不符合上述规定，不符合题意。

选项 B 中的"一种手表及其生产方法"，以及选项 C 的"一种具有引线端的电器元件"，作为发明名称符合上述规定，故符合题意。

选项 D 中的"一种橡胶绝缘材料及其他"，由于其中的"其他"的含义不清楚，故不符合上述规定，不符合题意。

综上所述，本题答案为 B、C。

【7.（2013－87）解析】知识点：说明书的撰写要求（格式）

在 G－1－1－4.2 关于"说明书"中规定，说明书第一页第一行应当写明发明名称，该名称应当与请求书中的名称一致，并左右居中……。因此，选项 A 的说法正确。

在 G－1－1－4.2 关于"说明书"中规定，涉及核苷酸或者氨基酸序列的申请，应当将序列表作为说明书的一个单独部分。因此，选项 B 的说法正确。

根据 G－1－1－4.2 关于"说明书"中规定，说明书文字部分可以有化学式、数学式或者表格，但不得有插图。因此，选项 C 的说法错误，不符合题意。

根据 G－1－1－4.2 关于"说明书"中规定，说明书应当用阿拉伯数字顺序编写页码。因此，选项 D 的说法正确。

综上所述，本题答案为 A、B、D。

【8.（2013－63）解析】知识点：说明书的撰写要求（实施例）

根据 G－2－2－2.2.6 关于"具体实施方式"中的规定可知，实施例是对发明或者实用新型的优选的具体实施方式的举例说明。因此，选项 A 说法正确。

在 G－2－2－2.2.6 关于"具体实施方式"中规定，……当权利要求相对于背景技术的改进涉及数值范围时，通常应给出两端值附近（最好是两端值）的实施例，当数值范围较宽时，还应当给出至少一个中间值的实施例……。因此，权利要求涉及数值范围 0～100，并不一定要给出涉及端值 0 和 100 的实施例，故选项 B 的说法错误，不符合题意。

根据 G－2－2－2.2.6 关于"具体实施方式"中规定可知，当一个实施例足以支持权利要求所概括的技术方案时，说明书中可以只给出一个实施例。因此，选项 C 的说法正确。

G－2－2－2.2.6 关于"具体实施方式"中规定，……为了方便专利审查，也为了帮助公众更直接地理解发明或者实用新型，对于那些就满足专利法第二十六条第三款的要求而言必不可少的内容，不能采用引证其他文件的方式撰写，而应当将其具体内容写入说明书……。因此，选项 D 的说法正确。

综上所述，本题答案为 A、C、D。

【9.（2013－9）解析】知识点：说明书的撰写要求（背景技术）

参照 1.（2019－52）选项 C 的解析。选项 A 中的欧洲专利申请，公开日早于题干中的发明专利申请的公开日，故在该发明专利申请的说明书背景技术部分能引证该欧洲专利申请，故符合题意。

选项 B 中的中国专利申请，公开日与题干中的发明专利申请的公开日为同一天（即没有晚于该发明专利申请的公开日），因此可以被引证，故符合题意。选项 C 中的中文期刊的公开日（其印刷日视为公开日），早于题干中的发明专利申请的申请日，因此可以被引证，故符合题意。选项 D 中的互联网的相关文件，其公开日早于题干中的发明专利申请的申请日，因此可以被引证，故符合题意。

综上所述，本题答案为 A、B、C、D。

【10.（2012－88）解析】知识点：说明书的撰写要求（化学发明）

根据 A26.3 的规定，说明书应当对发明或者实用新型作出清楚、完整的说明，以所属技术领域的技术人员能够实现为准……。根据该规定，说明书的描述要达到能够实现的程度，而对于那些已知的技术则可以不作描述，因为其不影响实现发明。而题中涉及化学产品阿司匹林已知的化学产品，因此在说明书中不写入该化学产品的制备方法，也不影响实现发明，故选项A不符合题意。

在G-2-10-3.3关于"化学产品用途发明的充分公开"中规定，对于化学产品用途发明，在说明书中应当记载所使用的化学产品、使用方法及所取得的效果，使得本领域技术人员能够实施该用途发明。……如果本领域的技术人员无法根据现有技术预测该用途，则应当记载对于本领域的技术人员来说，足以证明该物质可以用于所述用途并能解决所要解决的技术问题或者达到所述效果的实验数据。根据上述规定，由于发明贡献在于阿司匹林的新用途即防治心血管疾病，因此需要描述阿司匹林用于防治心血管疾病的使用方法，说明书中不能缺少，否则会认为公开不充分。故选项B符合题意。

在G-2-2-2.1.3关于"能够实现"的中规定的由于缺乏解决技术问题的技术手段而被认为无法实现第（5）种情形为：说明书中给出了具体的技术方案，但未给出实验证据，而该方案又必须依赖实验结果加以证实才能成立。例如，对于已知化合物的新用途发明，通常情况下，需要在说明书中给出实验证据来证实其所述的用途以及效果，否则将无法达到能够实现的要求。因此，由于阿司匹林具有解热镇痛功效是已知的，因此说明书中无须写入该功效的实验数据（即并非不可缺少的内容），即选项C不符合题意。而发明涉及阿司匹林防治心血管疾病，这是一种新用途，显然需要实验证据来证实，结合G-2-10-3.3关于"化学产品用途发明的充分公开"的规定可知，证明阿司匹林防治心血管疾病的实验数据是说明书必须要描述的内容，即选项D符合题意。

综上所述，本题答案为B、D。

【11.（2010-9）解析】知识点：说明书的撰写要求（发明名称）

在G-2-2-2.2.1关于"名称"中规定，发明或者实用新型的名称应当清楚、简要，写在说明书首页正文部分的上方居中位置。发明或者实用新型的名称应当按照以下各项要求撰写：

（1）说明书中的发明或者实用新型的名称与请求书中的名称应当一致，一般不得超过25个字，必要时可不受此限，但也不得超过60个字；

（2）采用所属技术领域通用的技术术语，最好采用国际专利分类表中的技术术语，不得采用非技术术语；

（3）清楚、简要、全面地反映要求保护的发明或者实用新型的主题和类型（产品或者方法），以利于专利申请的分类，例如一件包含拉链产品和该拉链制造方法两项发明的申请，其名称应当写成"拉链及其制造方法"；

（4）不得使用人名、地名、商标、型号或者商品名称等，也不得使用商业性宣传用语。

据此，选项A的发明名称"一种治疗乙型肝炎的药物"符合上述规定，符合题意。选项B的发明名称"郭氏转阴排毒丸"，其中使用了人名，不符合上述规定，不符合题意。选项C的发明名称"增强生命活力强健体质的新药"，一方面，未能清楚反映要求保护的发明的主题，因为涉及的是治疗乙型肝炎的药物，上位成"增强生命活力强健体质"是不合适的；另一方面，该名称也使用了商业性宣传用语（即"新药"），因此不符合上述规定，不符合题意。

选项D发明名称"乙肝特效药"，其中"特效药"属于商业性宣传用语，因此该名称也不符合上述规定，不符合题意。

综上所述，本题答案为A。

【12.（2017-81）解析】知识点：补交的实验数据；相关知识点：充分公开

在G-2-10-3.5关于"审查原则"中规定，判断说明书是否充分公开，以原说明书和权利要求书记载的内容为准，申请日之后申请人为满足《专利法》第二十二条第三款、第二十六条第三款等要求补交的实验数据，审查员应当予以审查。补交实验数据所证明的技术效果应当是所属技术领域的技术人员能够从专利申请公开的内容中得到的。由此可知，选项A的说法，即对于申请人在申请日之后补交的实验数据，因不是原说明书和权利要求书记载的内容，审查员不应予以考虑，与上述规定要求应当予以审查相悖，因此其说法错误。而选项B所述的"判断说明书是否充分公开，以原说明书和权利要求书记载的内容为准"的说法，与上述规定一致，因此其说法是正确的。对于申请日之后补交的实验数据应予审查，并没有要求"只有在申请人证明了其是在申请日前完成的情况下，审查员才应予以考虑"，因此选项C的说法错误。而选项D所述的"申请人在申请日之后补交的实验数据所证明的技术效果应当是所属技术领域的技术人员能够从专利申请公开的内容中得到的"的说法与上述规定一致，因此其说法正确。

综上所述，本题答案为B、D。

【13.（2011-25）解析】知识点：说明书公开充分

G-2-2-2.1.3关于"能够实现"中第一段规定，所属技术领域的技术人员能够实现，是指所属技术领域的技术人员按照说明书记载的内容，就能够实现该发明或者实用新型的技术方案，解决其技术问题，并且产生预期的技术效果。

选项A中涉及的是一项设备发明，说明书中记载了该设备的结构及三种组装方法，虽然其中两种方法都不能够组装出所述设备，但表明还有一种方法能够组装出该设备，因此所属技术领域的技术人员按照该组装方法能够实现该发明的

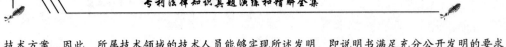

技术方案。因此，所属技术领域的技术人员能够实现所述发明，即说明书满足充分公开发明的要求，故选项 A 不符合题意。（注意：如果这个申请请求保护的主题就是这两种不能组装出所述设备的方法，则可以认为不满足充分公开的要求，但由于选项 A 涉及的是设备发明，只要有一种方法能够组装成功，即满足充分公开的要求。）

选项 B 中涉及的是一项组合物发明，其中一种组分使用公知产品，只是效果不佳，但已表明能够解决发明的技术问题，满足充分公开的发明要求。至于使用发明人制备的组分比使用公知产品具有更佳的效果，只是为了获得更好的效果才会用到发明人制备的组分，因此说明书中没有记载发明人制备的组分，并不影响按照说明书记载的内容使用公知产品的该组分来实现该发明。因此，选项 B 的这种情形不会导致说明书不满足充分公开发明的要求，不符合题意。需要注意的是，如果发明保护的是发明人制备的组合物本身，则应当认为说明书没有满足充分公开的要求。

选项 C 涉及的是一项生产方法发明，其中提及一项工艺参数对于产品性能较为重要，不掌握该参数就不能使用该方法。而由于说明书中未记载使用该方法所必需的参数，因此会导致按照说明书记载的内容无法实现该发明，即说明书不能满足充分公开发明的要求，符合题意。

选项 D 涉及的是一项新化合物发明。在 G-2-10-3 关于"化学发明的充分公开"中规定，……要求保护的发明为化学产品本身的，说明书中应当记载化学产品的确认、化学产品的制备以及化学产品的用途……（3）化学产品的用途和/或使用效果。对于化学产品发明，应当完整地公开该产品的用途和/或使用效果，即使是结构首创的化合物，也应当至少记载一种用途。因此，对于选项 D 新化合物，在说明书中至少要记载一种用途，但说明书未记载该产品的用途及效果，因而不满足该要求。虽然在说明书摘要中记载了该产品的用途及效果，但根据 G-2-2-2.4 关于"说明书摘要"的规定可知，摘要的内容不属于发明或者实用新型原始记载的内容，不能作为以后修改说明书或者权利要求书的根据，也不能用来解释专利权的保护范围。因此，选项 D 所述情形导致说明书不能满足充分公开发明的要求，故符合题意。（注意：摘要中的内容也不能修改写到说明书中去，因此通过修改也不能克服公开不充分的这一缺陷。）

综上所述，本题答案为 C、D。

【14.（2019-53）解析】知识点：说明书的撰写要求（实用新型专利申请说明书附图）

在 G-1-2-7.3 关于"说明书的附图"中规定，（实用新型专利申请的）说明书附图的审查包括下述内容：（1）附图不得使用工程蓝图、照片……（8）结构框图、逻辑框图、工艺流程图应当在其框内给出必要的文字和符号……（10）说明书附图中应当有表示要求保护的产品的形状、构造或者其结合的附图，不得仅有表示现有技术的附图，也不得仅有表示产品效果、性能的附图，例如温度变化曲线图……。因此，根据上述第（8）项规定，选项 A 的工艺流程图可以是实用新型专利申请的说明书附图，符合题意。根据上述第（1）项规定，选项 B 的工程蓝图、选项 D 的照片不能作为实用新型的附图，故不符合题意。根据上述（10）项规定，实用新型专利申请应当有表示要求保护的产品的形状、构造或者其结合的附图，不得只有表示产品效果、性能的附图，例如温度变化曲线图等，因此实用新型专利申请的说明书附图可以包括选项 C 的曲线图（只是不能仅有这种曲线图而已），故选项 C 符合题意。

综上所述，本题答案为 A、C。

【15.（2017-13）解析】知识点：说明书的撰写要求（实用新型专利申请说明书附图）

在 G-1-2-3.2 关于"申请文件的补正"中规定，初步审查中，对于申请文件存在可以通过补正克服的缺陷的专利申请，审查员应当进行全面审查，并发出补正通知书。而根据受理的相关规定，未经过受理登记的文件，不得进入审批程序。据此可知，由于实用新型专利申请时没有附图，属于不予受理的情形（参见 R44 的规定），而根据上述规定补正通知书和审查意见通知书都是针对已受理的申请才可能发出的，对于不予受理的申请，未进入审批程序故不可能发出补正通知书和审查意见通知书，因此选项 A、B 说法不正确。

根据 R44 的规定，专利申请文件有下列情形之一的，国务院专利行政部门不予受理，并通知申请人：（一）发明或者实用新型专利申请缺少请求书、说明书（实用新型无附图）或者权利要求书的，或者外观设计专利申请缺少请求书、图片或者照片、简要说明的……。该规定中的通知申请人发出的就是不予受理通知书。根据该规定可知，选项 C 的说法正确，选项 D 的说法不正确。

综上所述，本题答案为 C。

【16.（2015-54）解析】知识点：说明书的撰写要求（实用新型专利申请说明书附图）

根据 R26.2 的规定可知，说明书摘要可以包含最能说明发明的化学式；有附图的专利申请，还应当在请求书中指定一幅最能说明该发明或者实用新型技术特征的附图作为摘要附图。进一步，在 G-1-1-4.5.2 关于"摘要附图"中第一段规定，说明书有附图的，申请人应当指定其中一幅最能说明该发明技术方案主要技术特征的附图作为摘要附图。并在请求书中写明图号。申请人未指定摘要附图的，审查员可以通知申请人补正，或者依职权指定一幅，并通知申请人。审查员确认没有合适的摘要附图可以指定的，可以不要求申请人补正。由此上述规定，选项 A 所述的摘要附图应是从说明书中选出的能够反映技术方案的附图的说法正确，选项 D 所述的可以有两幅图作为摘要附图的说法错误，因为摘要附图只能是一幅。

根据R20.5的规定，实用新型专利申请说明书应当有表示要求保护的产品的形状、构造或者其结合的附图。选项B中所述实用新型专利申请可以没有附图的说法错误。

根据G－1－2－7.3关于"说明书附图"中规定可知，说明书附图的审查包括下列内容：附图不得使用工程蓝图、照片。故选项C所述的"说明书附图可以是彩色照片"的说法错误。

综上所述，本题答案为B、C、D。

【17.（2012－96）解析】 知识点：说明书的撰写要求（实用新型专利申请）

根据R20.1的规定，……说明书应当包括下列内容：（一）技术领域……；（二）背景技术……；（三）发明内容：写明发明或者实用新型所要解决的技术问题以及解决其技术问题采用的技术方案，并对照现有技术写明发明或者实用新型的有益效果；（四）附图说明……；（五）具体实施方式：……。上述规定通常表述说明书包括的五个部分，在发明内容部分又包括解决的技术问题、技术方案和有益效果三个方面的内容。因此，选项A、B、C、D均是实用新型专利申请的说明书应当包括的内容而符合题意。[注意：对于发明专利申请来说，说明书附图不是必须的，在没有说明附图的情况下也就没有附图说明这一部分内容。但对于实用新型专利申请，则必须有说明书附图（故也就必然会有附图说明这一部分内容）。]

综上所述，本题答案为A、B、C、D。

【18.（2016－15）解析】 知识点：实用新型专利申请的说明书附图、说明书摘要；相关知识点：申请日的重新确定

参见1.（2019－52）选项D的解析可知，说明书摘要不能作为修改说明书依据，即选项A的说法错误，不符合题意。

在G－1－2－7.3关于"说明书附图"中规定，……（10）说明书附图中应当有表示要求保护的产品的形状、构造或者其结合的附图，不得仅有表示现有技术的附图，也不得仅有表示产品效果、性能的附图，例如温度变化曲线图……。因此选项B所述的说明书附图不得仅有表示产品效果、性能的附图的说法正确。

在G－1－2－7.2关于"说明书"中规定，……（8）说明书文字部分可以有化学式、数学式或者表格，但不得有插图，包括流程图、方框图、曲线图、相图等。因此选项C所述的"说明书文字部分可以有表格，必要时也可以有插图，例如流程图"的说法错误。

对于重新确定申请日仅有一种情况，根据R46的规定，说明书中写有对附图的说明但无附图或者缺少部分附图的，申请人应当在国务院专利行政部门指定的期限内补交附图或者声明取消对附图的说明。申请人补交附图的，以向国务院专利行政部门提交或者邮寄附图之日为申请日；取消对附图的说明的，保留原申请日。即该规定只是对"说明书中写有对附图的说明但无附图或者缺少部分附图"这一特殊情况的特殊规定，其并不适用于"原始说明书附图不清晰"的情形。因此，原始说明书附图不清晰，不可以通过重新确定申请日的方式补入清晰附图。故选项D的说法错误。

综上所述，本题答案为B。

【19.（2011－36）解析】 知识点：说明书的撰写要求（实用新型专利申请说明书附图）

参照14.（2019－53）的解析。根据G－1－2－7.3关于"说明书的附图"的规定，工艺流程图（选项A）和逻辑框图（选项B）可以作为实用新型专利申请的说明书附图，照片（选项C）和工程蓝图（选项D）不能作为实用新型专利申请的说明书附图。

综上所述，本题答案为A、B。

（三）总体考点分析

本部分涉及发明和实用新型的说明书相关知识。具体包括充分公开的含义、说明书应当包含的主要内容，以及说明书整体和各部分的撰写要求，说明书附图的要求，尤其是实用新型专利申请说明书附图的要求。

高频结论

✓ 说明书应当充分公开发明或实用新型的判断标准，以本领域技术人员能够实现为准（其中需要注意说明书充分公开与否是基于权利要求保护的技术方案的）。

✓ 说明书第一页第一行应当写明发明名称，该名称应当与请求书中的名称一致，并左右居中。

✓ 说明书文字部分可以有化学式、数学式或者表格，但不得有插图。

✓ 发明名称一般不得超过25个字，最多可以到60个字；应采用所属技术领域通用的技术术语，不得采用非技术术语，不得使用人名、地名、商标、型号或者商品名称等，也不得使用商业性宣传用语。也不得含有含糊的词语，例如"及其他""及其类似物"等（技术等也不能作为发明名称）；也不得仅使用笼统的词语，致使未给出任何发明信息，例如仅用"方法""装置""组合物""化合物"等词作为发明名称。

✓ 发明名称应当清楚、简要、全面地反映要求保护的发明或者实用新型的主题和类型，例如一件包含拉链产品和该拉链制造方法两项发明的申请，其名称应当写成"拉链及其制造方法"（实用新型专利申请的发明名称不得含有方法）。

✓ 发明或者实用新型的技术领域应当是要求保护的发明或者实用新型技术方案所属或者直接应用的具体技术领域，而不是上位的或者相邻的技术领域，也不是发明或者实用新型本身。

✓ 说明书中所引证的非专利文件的公开日应当在本申请的申请日之前，所引证的专利文件的公开日不能晚于本申请的公开日。

✓ 对于那些就满足A26.3的要求而言必不可少的内容，不能采用引证其他文件的方式撰写，而应当将其具体内容写入说明书。

✓ 当一个实施例足以支持权利要求所概括的技术方案时，说明书中可以只给出一个实施例。当权利要求（尤其是独立权利要求）覆盖的保护范围较宽，其概括不能从一个实施例中找到依据时，应当给出至少两个不同实施例，以支持要求保护的范围。

✓ 当权利要求相对于背景技术的改进涉及数值范围时，通常应给出两端值附近（最好是两端值，但不是必须）的实施例，当数值范围较宽时，还应当给出至少一个中间值的实施例。

✓ 发明专利申请包含一个或者多个核苷酸或者氨基酸序列的，说明书应当包括符合国务院专利行政部门规定的序列表。申请人应当将该序列表作为说明书的一个单独部分提交，并按照国务院专利行政部门的规定提交该序列表的计算机可读形式的副本。

✓ 对于化学产品用途发明，在说明书中应当记载所使用的化学产品、使用方法及所取得的效果，使得本领域技术人员能够实施该用途发明。

✓ 对于已知化合物的新用途发明，通常情况下，需要在说明书中给出实验证据来证实其所述的用途以及效果，否则将无法达到能够实现的要求。

✓ 申请日之后补交的实验数据审查员应予审查。

✓ 实用新型专利申请说明书应当有表示要求保护的产品的形状、构造或者其结合的附图（即实用新型专利申请必须有附图，而发明专利申请可以没有附图）。

✓ 实用新型专利申请的说明书附图不得使用工程蓝图、照片，但可以有工艺流程图、曲线图、逻辑框图等。

✓ 说明书附图中除了必需的词语外，不应当含有其他的注释；但对于流程图、框图一类的附图，应当在其框内给出必要的文字或符号。

（四）参考答案

1. A、D	2. A、B、C、D	3. B、C	4. A、B、D	5. A、C
6. B、C	7. A、B、D	8. A、C、D	9. A、B、C、D	10. B、D
11. A	12. B、D	13. C、D	14. A、C	15. C
16. B、C、D	17. A、B、C、D	18. B	19. A、B	

六、说明书摘要及摘要附图

（一）历年试题集合

1. (2017-70)下列有关说明书摘要的说法哪些是正确的？

A. 说明书摘要仅是一种技术情报，不具有法律效力

B. 说明书摘要属于发明或者实用新型原始记载的内容

C. 说明书摘要不能用来解释专利权的保护范围

D. 有附图的专利申请，申请人还应当提供一幅最能说明该发明或者实用新型技术

【你的答案】

【选错记录】

特征的附图作为摘要附图

2. (2013－51) 下列关于实用新型专利申请的说法哪些是正确的？

A. 说明书摘要文字部分（包括标点符号）不得超过 300 个字

B. 说明书摘要文字部分应写清反映技术方案要点的内容

C. 说明书摘要和摘要附图不属于实用新型原始记载的内容

D. 说明书摘要附图可以不是说明书附图之一

【你的答案】
_____
【选错记录】
_____

3. (2012－74) 下列关于说明书摘要的说法哪些是正确的？

A. 摘要不得包含化学式

B. 摘要文字部分不得超过 300 个字

C. 摘要的内容可以作为修改说明书的依据

D. 摘要的内容不能用来解释专利权的保护范围

【你的答案】
_____
【选错记录】
_____

4. (2010－32) 下列哪些说法是正确的？

A. 说明书摘要不能用来解释专利权的保护范围

B. 实用新型专利申请的说明书可以没有附图

C. 说明书附图中不可以有文字

D. 发明专利申请的说明书必须有附图

【你的答案】
_____
【选错记录】
_____

（二）参考答案解析

【1. (2017－70) 解析】知识点：说明书摘要

在 G－2－2－2.4 关于"说明书摘要"中规定，摘要是说明书记载内容的概述，它仅是一种技术信息，不具有法律效力。摘要的内容不属于发明或者实用新型原始记载的内容，不能作为以后修改说明书或者权利要求书的根据，也不能用来解释专利权的保护范围……。根据上述规定，选项 A 和 C 的表述正确，选项 B 的说法错误。根据 R26.2 的规定可知，有附图的专利申请，还应当在请求书中指定一幅最能说明该发明或者实用新型技术特征的附图作为摘要附图。因此，选项 D 的说法正确。[注意：实际的发明专利申请有些有说明书附图，但没有摘要附图的情况，这是由于申请人没有指定要附图，而且审查员也确认没有合适的摘要附图是可以指定的（即都不能反映发明的技术特征的附图），可以不要求申请人补正，因而就没有摘要附图。]

综上所述，本题答案为 A、C、D。

【2. (2013－51) 解析】知识点：说明书摘要

在 G－1－1－4.5.1 关于"摘要文字部分"中规定，摘要文字部分应当写明发明的名称和所属的技术领域，清楚反映所要解决的技术问题，解决该问题的技术方案的要点以及主要用途。未写明发明名称或者不能反映技术方案要点的，应当通知申请人补正；使用了商业性宣传用语的，可以通知申请人删除或者由审查员删除，审查员删除的，应当通知申请人。摘要文字部分不得使用标题，文字部分（包括标点符号）不得超过 300 个字。摘要超过 300 个字的，可以通知申请人删节或者由审查员删节；审查员删节的，应当通知申请人。由上述规定可知，选项 A 和 B 的说法正确，符合题意。

根据 G－2－2－2.4 关于"说明书摘要"中规定可知，摘要的内容不属于发明或者实用新型原始记载的内容，不能作为以后修改说明书或者权利要求书的根据，也不能用来解释专利权的保护范围。由此可知，选项 C 正确。

在 G－1－1－4.5.2 关于"摘要附图"中规定，说明书有附图的，申请人应当指定其中一幅最能说明该发明技术方案主要技术特征的附图作为摘要附图，并在请求书中写明图号。因此，选项 D 所述摘要附图可以不是说明书附图之一的说法错误。

综上所述，本题答案为 A、B、C。

【3. (2012－74) 解析】知识点：说明书摘要

根据 R26.2 的规定，说明书摘要可以包含最能说明发明的化学式；有附图的专利申请，还应当在请求书中指定一幅最能说明该发明或者实用新型技术特征的附图作为摘要附图。摘要中不得使用商业性宣传用语。根据该规定可知，选项 A 的说法错误。在 G－1－1－4.5.1 关于"摘要文字部分"中规定，摘要文字部分不得使用标题，文字部分（包括标点符号）不得超过 300 个字。根据该规定可知，选项 B 的说法正确。

根据 G－2－2－2.4 关于"说明书摘要"中的规定可知，摘要的内容不属于发明或者实用新型原始记载的内容，不能作为以后修改说明书或者权利要求书的根据，也不能用来解释专利权的保护范围。因此，选项 C 的说法错误，选项 D

的说法正确。

综上所述，本题答案为B、D。

【4. (2010 - 32) 解析】知识点：说明书的撰写（说明书摘要、说明书附图）

根据G - 2 - 2 - 2.4关于"说明书摘要"中规定可知，摘要的内容不能用来解释专利权的保护范围。据此，选项A的说法正确。

根据R20.5的规定，实用新型专利申请说明书应当有表示要求保护的产品的形状、构造或者其结合的附图。因此，选项B的说法错误。

在G - 2 - 2 - 2.3关于"说明书附图"中规定，……附图中除了必需的词语外，不应当含有其他的注释；但对于流程图、框图一类的附图，应当在其框内给出必要的文字或符号……。因此，选项C的说法错误。

根据G - 2 - 2 - 2.3关于"说明书附图"中规定可知，对发明专利申请，用文字足以清楚、完整地描述其技术方案的，可以没有附图。实用新型专利申请的说明书必须有附图。据此，发明专利申请可以没有附图，因此选项D的说法错误。

综上所述，本题答案为A。

（三）总体考点分析

本部分涉及说明书摘要的知识点，具体包括说明书摘要的法律效力、说明书摘要文字部分的撰写要求以及说明书摘要附图的选择和要求。

高频结论

✓ 摘要的内容不属于发明或者实用新型原始记载的内容，不能作为以后修改说明书或者权利要求书的根据。

✓ 摘要和摘要附图不能用来解释专利权的保护范围。

✓ 说明书摘要可以包含最能说明发明的化学式。

✓ 摘要文字部分应当写明发明的名称和所属的技术领域，清楚反映所要解决的技术问题，解决该问题的技术方案的要点以及主要用途。

✓ 摘要文字部分不得使用标题，文字部分（包括标点符号）不得超过300个字。

✓ 有附图的专利申请，还应当提供一幅最能说明该发明或者实用新型技术特征的附图。

✓ 摘要附图应当是说明书附图中的一幅（只能是一幅）。

（四）参考答案

1. A、C、D   2. A、B、C   3. B、D   4. A

七、发明和实用新型专利申请的单一性

（一）历年试题集合

1. (2019 - 48) 某发明专利申请的权利要求书如下：

"1. 一种复合材料A。

2. 一种用复合材料A制成的调温装置B。

3. 一种鱼缸D，装有用复合材料A制成的调温装置B和照明装置C。

4. 一种制造照明装置C的方法。"

与现有技术相比，复合材料A具有创造性，照明装置C是现有技术。下列说法正确的是？

A. 权利要求1和2之间具有单一性

B. 权利要求1和3之间具有单一性

C. 权利要求1和4之间具有单一性

D. 权利要求3和4之间具有单一性

【你的答案】

【选错记录】

2. (2016-52)某发明专利申请的权利要求如下：

"1. 一种混合器，其特征在于：包括由材料 A 制成的搅拌器、形状为 B 形的混合室。

2. 一种制造混合器的方法，所述的混合器包括搅拌器和混合室，其特征在于：搅拌器由材料 A 制成。

3. 根据权利要求 2 所述的方法，其特征在于：包括步骤 C，将混合室形状制成 B 形。

4. 一种用权利要求 1 的混合器制造混凝土的方法，其特征在于：包括将原料送入混合室并进行搅拌的步骤。"

现有技术公开的混合器包括搅拌器及混合室，其中搅拌器由材料 A 制成。经审查，本发明权利要求 1 因包括 B 形混合器而具备创造性，下列说法哪些是正确的？

A. 权利要求 1、2 之间具有单一性

B. 权利要求 1、3 之间具有单一性

C. 权利要求 3、4 之间具有单一性

D. 权利要求 1、4 之间具有单一性

【你的答案】
_____

【选错记录】
_____

3. (2015-57)某发明专利申请的权利要求书如下：

"1. 一种灯丝 A。

2. 一种用灯丝 A 制成的灯泡 B。

3. 一种探照灯 D，装有用灯丝 A 制成的灯泡 B 和旋转装置 C。

4. 一种制造旋转装置 C 的方法。"

与现有技术相比灯丝 A 具有创造性，旋转装置 C 是现有技术。下列说法哪些是正确的？

A. 权利要求 1 和 2 之间具有单一性

B. 权利要求 1 和 3 之间具有单一性

C. 权利要求 1 和 4 之间具有单一性

D. 权利要求 3 和 4 之间具有单一性

【你的答案】
_____

【选错记录】
_____

4. (2014-90)一件发明专利申请的权利要求如下：

"1. 一种含有防尘物质 X 的涂料。

2. 应用权利要求 1 所述的涂料喷涂制品的方法，包括以下步骤：

（1）用压缩空气将涂料喷成雾状；

（2）将雾状的涂料通过一个电极装置 Y 使之带电后再喷涂到制品上。

3. 一种喷涂设备，包括一个电极装置 Y。"

含有物质 X 的涂料和电极装置 Y 是体现发明对现有技术作出贡献的技术特征。但用压缩空气使涂料雾化以及使雾化涂料带电后再喷涂到制品上的方法是已知的。哪些权利要求之间具有单一性？

A. 权利要求 1 和权利要求 2

B. 权利要求 1 和权利要求 3

C. 权利要求 2 和权利要求 3

D. 权利要求 1、权利要求 2 和权利要求 3

【你的答案】
_____

【选错记录】
_____

5. (2014-28)某发明专利申请的权利要求如下：

"1. 一种饮用水净化装置，其特征在于包含外壳和滤芯。

2. 根据权利要求 1 所述的装置，其特征在于所述外壳由材料 X 制成。

3. 根据权利要求 1 所述的装置，其特征在于所述滤芯由材料 Y 制成。

4. 制备权利要求 1 所述的装置的方法，其特征在于包括将外壳和由材料 Y 制成的滤芯组装的步骤。

5. 用权利要求 1 所述的装置净化水的方法，其特征在于包括步骤 Z。"

已知权利要求 1 不具备新颖性和创造性，X、Y、Z 均为特定技术特征且互不相关。下列说法哪个是正确的？

A. 权利要求 2、3 之间具有单一性

【你的答案】
_____

【选错记录】
_____

B. 权利要求 2、4 之间具有单一性

C. 权利要求 3、4 之间具有单一性

D. 权利要求 4、5 之间具有单一性

6. (2013－27) 某发明专利申请的权利要求如下：

"1. 一种葡萄酒的制造方法，包括步骤 X 和 Y。

2. 为实施步骤 X 而专门设计的设备。

3. 为实施步骤 Y 而专门设计的设备。

4. 为实施步骤 X 和 Y 而专门设计的设备。"

X 和 Y 均是特定技术特征。哪两项权利要求之间不具有单一性？

A. 权利要求 1 与 2 之间

B. 权利要求 1 与 3 之间

C. 权利要求 2 与 3 之间

D. 权利要求 2 与 4 之间

【你的答案】

【选错记录】

7. (2012－99) 一件发明专利申请的权利要求书如下：

"1. 一种制造方法，包括步骤 L 和 M。

2. 为实施步骤 L 而专门设计的设备。

3. 为实施步骤 M 而专门设计的设备。"

没有检索到任何与权利要求 1 所述方法相关的现有技术文献。下列说法哪些是正确的？

A. 权利要求 1、2 之间具有单一性

B. 权利要求 1、3 之间具有单一性

C. 权利要求 1、2、3 之间具有单一性

D. 权利要求 2、3 之间具有单一性

【你的答案】

【选错记录】

8. (2012－45) 一件发明专利申请的权利要求如下：

"1. 一种处理纺织材料的方法，其特征在于用涂料 L 在工艺条件 M 下喷涂该纺织材料。

2. 根据权利要求 1 的方法喷涂得到的一种纺织材料。

3. 权利要求 1 方法中用的一种喷涂机，其特征在于有一喷嘴 N 能使涂料均匀分布在纺织材料上。"

现有技术中公开了用涂料处理纺织品的方法，但是，没有公开权利要求 1 的用一种特殊的涂料 L 在特定的工艺条件 M 下喷涂的方法。而且，权利要求 2 的纺织材料具有预想不到的特性。喷嘴 N 是新的并具备创造性。下列说法哪些是正确的？

A. 权利要求 1、2 之间不具有单一性

B. 权利要求 1、3 之间不具有单一性

C. 权利要求 2、3 之间不具有单一性

D. 权利要求 1、2、3 之间都具有单一性

【你的答案】

【选错记录】

9. (2011－86) 某发明专利申请的权利要求书如下：

"1. 一种汽车，其特征在于包括底盘 L、车身 M 和发动机 N。

2. 根据权利要求 1 所述的汽车，其特征在于底盘 L 由合金材料 K 制成。

3. 根据权利要求 2 所述的汽车，其特征在于轮胎上的花纹为 X。

4. 根据权利要求 2 所述的汽车，其特征在于轮胎由橡胶材料 Y 制成。

5. 根据权利要求 1 所述的汽车，其特征在于还包括后视镜 Z。"

已知现有技术中已经公开了包括底盘 L、车身 M 和发动机 N 的汽车，K、X、Y、Z 均为特定技术特征且互不相关。下列哪些权利要求之间具有单一性？

A. 权利要求 2 与 3

B. 权利要求 2 与 5

【你的答案】

【选错记录】

C. 权利要求 3 与 4

D. 权利要求 3 与 5

10. (2010 - 24) 某发明专利申请的权利要求如下：

【你的答案】

【选错记录】

"1. 一种栽培装置，包括栽培盘、溢流管、支架和灌溉管路。

2. 根据权利要求 1 所述的装置，其特征在于所述栽培盘以 M 方式设置。

3. 根据权利要求 1 所述的装置，其特征在于所述支架由材料 N 制成。

4. 根据权利要求 1 所述的装置，其特征在于还包括以材料 N 制成的形状为 P 的凹槽。

5. 根据权利要求 1 所述的装置，其特征在于所述支架为两个。"

已知权利要求 1 不具备新颖性和创造性，M、N、P 均为特定技术特征且互不相关。下列说法哪些是正确的？

A. 权利要求 2、3 之间具有单一性

B. 权利要求 3、4 之间具有单一性

C. 权利要求 4、5 之间具有单一性

D. 权利要求 2、5 之间具有单一性

11. (2010 - 70) 某发明专利申请的权利要求如下：

【你的答案】

【选错记录】

"1. 一种组合物，包括化合物 X。

2. 一种治疗咽喉疾病的药物，包括化合物 X、化合物 Y。

3. 根据权利要求 2 所述的药物，还包括成分 Z。

4. 一种制备权利要求 2 所述药物的方法，包括在工艺条件 M 下混合药物成分。

5. 一种制备权利要求 3 所述药物的方法，包括在工艺条件 N 下混合药物成分。"

其中，X 是特定技术特征，Y、Z、M、N 不是特定技术特征。下列说法哪些是正确的？

A. 权利要求 1、2 之间具有单一性

B. 权利要求 2、5 之间具有单一性

C. 权利要求 1、4 之间具有单一性

D. 权利要求 4、5 之间具有单一性

12. (2011 - 40) 某发明专利申请权利要求如下：

【你的答案】

【选错记录】

"1. 一种复合材料，由树脂 a、填料 b、抗氧剂 c、阻燃剂 d 组成。

2. 权利要求 1 所述的复合材料，其特征在于由树脂 a、填料 b、抗氧剂 c、发泡剂 e 组成。

3. 权利要求 1 所述的复合材料，其特征在于由树脂 a、填料 b、发泡剂 e、稳定剂 g 组成。

4. 权利要求 1 所述的复合材料制成的薄膜，其特征在于薄膜为圆形。

5. 权利要求 1 所述的复合材料制成的薄膜，其特征在于薄膜的厚度为 0.1 ~ 0.5mm。"

对比文件 1 公开了由树脂 a、填料 b、抗氧剂 c 组成的复合材料，对比文件 2 公开了由树脂 a、填料 b、发泡剂 e 组成的复合材料。权利要求 1 相对于对比文件 1 和 2 具备创造性。下列说法哪些是正确的？

A. 权利要求 1、2 之间具有单一性

B. 权利要求 1、3 之间不具有单一性

C. 权利要求 4、5 之间具有单一性

D. 权利要求 2、3 之间不具有单一性

13. (2015 - 56) 下列选项中的发明哪些一定具有单一性？

【你的答案】

【选错记录】

A. 具有相同的技术特征的多项发明

B. 具有相应的技术特征的多项发明

C. 属于一个总的发明构思的多项发明

D. 具有相应的特定技术特征的多项发明

14.（2014 - 7）下列关于单一性的说法哪个是正确的？

A. 申请人可以通过多缴费用而将不具备单一性的多项发明保留在同一件申请中

B. 如果不具备单一性的多项发明属于同一个专利分类号，则允许在一件专利申请中提出

C. 如果两项发明属于一个总的发明构思，则它们具备单一性

D. 如果两项发明的主题名称完全相同，则它们必然具备单一性

【你的答案】

【选错记录】

15.（2013 - 5）下列说法哪个是正确的？

A. 同一组从属权利要求之间必然具有单一性

B. 若独立权利要求具有新颖性，则其从属权利要求之间必然具有单一性

C. 若独立权利要求具有创造性，则其从属权利要求之间必然具有单一性

D. 若从属权利要求的限定部分还包括了不同于独立权利要求的其他发明，则该从属权利要求和该独立权利要求之间不具有单一性

【你的答案】

【选错记录】

（二）参考答案解析

【1.（2019 - 48）解析】知识点：单一性

根据 A31.1 的规定，一件发明或者实用新型专利申请应当限于一项发明或者实用新型。属于一个总的发明构思的两项以上的发明或者实用新型，可以作为一件申请提出。这一规定通常称为单一性。进一步地，在 G - 2 - 6 - 2.1.2 关于"总的发明构思"中规定，……可以作为一件专利申请提出的属于一个总的发明构思的两项以上的发明或者实用新型，应当在技术上相互关联，包含一个或者多个相同或者相应的特定技术特征，其中特定技术特征是指每一项发明或者实用新型作为整体，对现有技术作出贡献的技术特征。……上述条款还对特定技术特征作了定义。特定技术特征是专门为评定专利申请单一性而提出的一个概念，应当把它理解为体现发明对现有技术作出贡献的技术特征，也就是使发明相对于现有技术具有新颖性和创造性的技术特征，并且应当从每一项要求保护的发明的整体上考虑后加以确定……。根据上述规定，特定技术特征是指使发明相对于现有技术具有新颖性和创造性的技术特征（注意：如果某技术特征仅仅是使发明具备新颖性，而不具备创造性，也不构成特定技术特征）。本题中，复合材料 A 具有创造性，因此构成特定技术特征，因此权利要求 1、2、3 均具有该特定技术特征（即复合材料 A），它们相互之间均有单一性。因此，选项 A 和 B 的说法正确。

权利要求 4 与权利要求 3 仅具有共同的技术特征为照明装置 C，但题中已说明照明装置 C 属于现有技术，因而不构成特定技术特征。进一步地，权利要求 4 与权利要求 1、2 都不具有相同的技术特征，因而权利要求 4 与权利要求 1 ~ 3 任一项之间都不可能具有相同或相应的特定技术特征，因而不具有单一性。由此可知，选项 C 和 D 的说法错误。

综上所述，本题答案为 A、B。

【2.（2016 - 52）解析】知识点：单一性

参照 1.（2019 - 48）的解析。本题中，权利要求 1 因包括 B 形混合器而具备创造性，即"B 形混合室"是对现有技术作出贡献的特定技术特征（即特定技术特征）。权利要求 2 制造混合器的方法，其不包括与"B 形混合室"相同或相应的技术特征，因而与权利要求 1 之间不存在相同或相应的特定技术特征，即权利要求 1 和 2 之间不具有单一性，选项 A 的说法错误，不符合题意。权利要求 3 中包括"将混合室形状制成 B 形"的步骤 C，这是与权利要求 1 中的"B 形混合室"相应的技术特征，故两者存在相应的特定技术特征，即权利要求 1 和权利要求 3 之间具备单一性，选项 B 的说法正确。权利要求 4 的主题名称为"用权利要求 1 的混合器制造混凝土的方法"。通过这种引用，权利要求 4 包含了权利要求 1 的所有技术特征，即也包含了"混合室的形状 B"这一技术特征，因此权利要求 1 和 4 之间具有相同的特定技术特征，而根据前述分析，权利要求 3 与 4 之间存在相应的特定技术特征，故权利要求 1 和 4 之间具有单一性，权利要求 3 和 4 之间也具有单一性，即选项 C 和 D 的说法正确。

综上所述，本题答案为 B、C、D。

【3.（2015 - 57）解析】知识点：单一性

参照 1.（2019 - 48）的解析。本题中，与现有技术相比，灯丝 A 具有创造性，故其构成特定技术特征，而权利要求 1、2、3 都包含了该特征，因而它们之间具有相同的特定技术特征灯丝 A，因此它们相互之间都具有单一性，故选项 A、B 的说法正确。

权利要求 4 与权利要求 3 仅具有共同的技术特征为旋转装置 C，但题中已给出旋转装置 C 属于现有技术，因而不构成特定技术特征；进一步地，权利要求 4 与权利要求 1、2 都不具有相同的技术特征，因而权利要求 4 与权利要求 1 ~ 3 任一项之间都不可能具有相同或相应的特定技术特征，因而不具有单一性。由此可知，选项 C 和 D 所述权利要求 4 与权

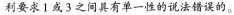

利要求 1 或 3 之间具有单一性的说法错误的。

综上所述，本题答案为 A、B。

【4. (2014－90) 解析】知识点：单一性

参照 1. (2019－48) 的解析。本题中，由于含有物质 X 的涂料和电极装置 Y 是体现发明对现有技术作出贡献的技术特征，因而可以得知含有物质 X 的涂料和电极装置 Y 是特定技术特征。权利要求 1 包括了物质 X 的涂料这一特定技术特征，而权利要求 2 是"应用权利要求 1 所述的涂料喷涂制品的方法"，通过这种引用而包含了权利要求 1 的所有技术特征，也就包括了物质 X 的涂料这一特定技术特征，因此权利要求 1 和权利要求 2 具有相同的特定技术特征，具备单一性。故选项 A 符合题意。

权利要求 2 和权利要求 3 都包含了电极装置 Y 这一特定技术特征，因而两者具备单一性。故选项 C 符合题意。

而权利要求 3 并不包含物质 X 的涂料这一特定技术特征，同时也不包括该特征相应的技术特征，因而与权利要求 1 之间不具有相同或相应的特定技术特征，即权利要求 1 和权利要求 3 之间不具备单一性，即选项 B 和 D 不符合题意。

综上所述，本题答案为 A、C。

【5. (2014－28) 解析】知识点：单一性

参照 1. (2019－48) 的解析。题中指出，X、Y、Z 均为特定技术特征且互不相关（即它们不可能是相应的特定技术特征）。权利要求 1 不具备新颖性和创造性，故需要考虑权利要求 2、权利要求 3 之间是否具备单一性，由于它们两者所包含的特定技术特征分别为 X 和 Y，故不存在相同或相应的特定技术特征，两者之间不具备单一性。权利要求 4 作为一项独立权利要求，包括了材料 Y 这一特定技术特征，因而与含有材料 Y 的权利要求 3 之间具备单一性，但与权利要求 2 之间不具有相同或相应的特定技术特征。而权利要求 5 包括的特定技术特征是步骤 Z，因而与权利要求 2~4 任项权利要求之间都不具有单一性。基于上述分析，只有权利要求 3 和 4 之间具备单一性，其他权利要求之是都不具备单一性，即选项 C 正确。

综上所述，本题答案为 C。

【6. (2013－27) 解析】知识点：单一性

参照 1. (2019－48) 的解析。题中写明，X 和 Y 均是特定技术特征（而且从题意来看两者也不可能构成相应的技术特征），由于权利要求 1 和 4 都包含步骤 X 和 Y 这两个特征技术特征，权利要求 2 包含步骤 X 这一特定技术特征，权利要求 3 包含步骤 Y 这一特定技术特征。由此可知，权利要求 1 与权利要求 2 之间具备单一性（含相同的特定技术特征步骤 X），权利要求 1 与权利要求 3 之间也具备单一性（含相同的特定技术特征步骤 Y），即选项 A 和 B 不符合题意。而权利要求 2 和权利要求 3 不含有相同的技术特征（也不可能具有相应的技术特征），故权利要求 2 和 3 之间不具备单一性，即选项 C 符合题意。权利要求 2 和 4 之间具备单一性（含相同的特定技术特征步骤 X），即选项 D 不符合题意。

综上所述，本题答案为 C。

【7. (2012－99) 解析】知识点：单一性

参照 1. (2019－48) 的解析。本题中，由于没有检索到任何与权利要求 1 所述方法相关的现有技术文献，因此就表明步骤 L 和 M 分别都能使得发明具备新颖性和创造性，即步骤 L 和 M 分别构成特定技术特征（而且从题意来看，两者也不可能是相应的技术特征）。权利要求 1 与 2 之间包含相同的特定技术特征（步骤 L），因而具有单一性，即选项 A 的说法正确。权利要求 1 与 3 之间包含相同的特定技术特征（步骤 M），因而也具有单一性，即选项 B 的说法正确。权利要求 2 与 3 之间包含的特定技术特征分别是步骤 L 和步骤 M，故两者之间不存在相同的或相应的特定技术特征，因而没有单一性，即选项 C 和 D 的说法错误。

综上所述，本题答案为 A、B。

【8. (2012－45) 解析】知识点：单一性

参照 1. (2019－48) 的解析。根据题中信息可知，权利要求 1 的特定技术特征是"用涂料 L 在工艺条件 M 下喷涂"；权利要求 2 是根据权利要求 1 的方法喷涂得到的一种纺织材料，包含了用涂料 L 在工艺条件 M 下喷涂的过程才能获得所述纺织材料，由此带来了预想不到的特性（即获得了预料不到的技术效果），该特性是由用涂料 L 在工艺条件 M 下喷涂所带来的，因此权利要求 2 含有与权利要求 1 的特定技术特征相应的技术特征，即两者具有相应的特定技术特征，而具备单一性。故选项 A 的说法错误。

权利要求 3 的主题是"权利要求 1 方法中用的一种喷涂机"，为独立权利要求，且并不包括权利要求 1 的全部技术特征，而根据题中信息可知其特定技术特征是喷嘴 N。权利要求 3 与权利要求 1 或 2 之间不具有相同的技术特征也没有相应的技术特征，因此权利要求 3 与权利要求 1 或 2 之间都没有单一性，故选项 B、C 的说法正确，而选项 D 的说法错误。

综上所述，本题答案为B、C。

【9. (2011 - 86) 解析】知识点：单一性

参照1. (2019 - 48) 的解析。在G-2-6-2.2.1关于"审查原则"中规定，……一般情况下，审查员只需要考虑独立权利要求之间的单一性，从属权利要求与其所从属的独立权利要求之间不存在缺乏单一性的问题……如果一项独立权利要求由于缺乏新颖性、创造性等理由而不能被授予专利权，则需要考虑其从属权利要求之间是否符合单一性的规定……。

本题中，由于现有技术中已经公开了包括底盘L、车身M和发动机N在内的汽车，因此权利要求1不具备新颖性而不能被授予专利权，此时需要考虑其从属权利要求之间的是否具备单一性。

其中，权利要求3和权利要求4均引用了权利要求2，属于权利要求2的从属权利要求，这种引用关系使得权利要求2、权利要求3和权利要求4均包含特定技术特征K，因此权利要求2、3和4之间都具有单一性，可见选项A的"权利要求2与3"以及选项C的"权利要求3与4"分别都具有单一性，符合题意。

权利要求2和权利要求5属于权利要求1的并列从属权利要求，权利要求2中包含特定技术特征K，权利要求5中包含特定技术特征Z，两者既不相同也不相应（因为题中指明它们之间互不相关）。因此，权利要求2与5不具有相同或相应的特定技术特征而不具有单一性，即选项B不符合题意。

权利要求3和权利要求5之间没有引用关系，权利要求3中包含特定技术特征X和K，权利要求5中包含特定技术特征Z，而Z与X或K既不相同也不相应（因为互不相关），即权利要求3和权利要求5之间没有相同或者相应的特定技术特征，故权利要求3与5不具有单一性，选项D不符合题意。

综上所述，本题答案为A、C。

【10. (2010 - 24) 解析】知识点：单一性

参照1. (2019 - 48) 的解析，以及9. (2011 - 86) 的解析。本题中，由于权利要求1不具备新颖性和创造性，因此需要考虑其从属权利要求之间的单一性。由于权利要求2中包含特定技术特征M，权利要求3中包含特定技术特征N，权利要求4中包含特定技术特征N和P，权利要求5中不包含特定技术特征。题中指明特定技术特征M、N、P不相同也不相关（即既不相同也不相应）。基于上述信息，由于权利要求3和权利要求4中包含有相同的特定技术特征N，二者之间具有单一性，即选项B的说法正确。而权利要求2和3之间、权利要求4和5之间，以及权利要求2和5之间都不具有单一性，即选项A、C和D都不符合题意。

综上所述，本题答案为B。

【11. (2010 - 70) 解析】知识点：单一性

参照1. (2019 - 48) 的解析。题中明确X是特定技术特征，权利要求2的药物包括化合物X，因此权利要求1和权利要求2都含有X这一特定技术特征，因而具备单一性，选项A的说法正确。进一步地，权利要求4是制备权利要求2所述的药物，因而也包括了X这一特定技术特征，即权利要求1和4之间也具备单一性，选项C的说法正确。

权利要求3是权利要求2的从属权利要求，也包含X这一特定技术特征；权利要求4是制备权利要求2所述药物的方法，其包含X这一特定技术特征，而权利要求5是制备权利要求3所述药物的方法，也包含X这一特定技术特征。因此，权利要求2和5之间具有单一性，选项B符合题意。权利要求4和5之间具有单一性，选项D符合题意。事实上，基于上述分析可知，权利要求1~5中都含有X这一相同特定技术特征，因此它们之间都具有单一性。其中，题中给出Y、Z、M、N不是特定技术特征这一信息对结论的判断没有影响，即不管它们是不是特定技术特征，权利要求1~5之间都具有单一性。

综上所述，本题答案为A、B、C、D。

【12. (2011 - 40) 解析】知识点：单一性

参照1. (2019 - 48) 的解析。本题中，首先要分析权利要求2和3与权利要求1之间的关系，从其撰写形式来看，似乎权利要求2和3是从属权利要求，但由于权利要求2和3中均不包括阻燃剂d，因此权利要求2和3实际上是独立权利要求。（注意：这种撰写方式明显不符合权利要求的撰写规定，但题中这样给出的，应当判断权利要求2和3是独立权利要求，而如果认定是从属权利要求，则不存在与权利要求1之间缺乏单一性的问题，这显然不符合出题的本意。）

进一步地，根据G-2-6-2.2.1关于"审查原则"中的规定可知，在遇有形式上为从属权利要求而实质上是独立权利要求的情况时，应当审查其是否符合单一性规定。因此，需要判断权利要求2与权利要求1之间、权利要求3与权利要求1之间是否具备单一性。权利要求1和2之间共同的技术特征树脂a、填料b、抗氧剂c，但都已记载在对比文件

1中，故权利要求1和2之间不具有相同或者相应的特定技术特征，不具有单一性，即选项A的说法错误。类似地，权利要求1和3之间的共同技术特征为树脂a、填料b，但都已记载在对比文件1和2中，故权利要求1和3之间不具有相同或者相应的特定技术特征，不具有单一性，即选项B的说法正确。

权利要求1相对于现有技术对比文件1和对比文件2具备创造性，由于树脂a、填料b、抗氧剂c已被对比文件1公开，则其中阻燃剂d是使其具备创造性的特征，因而阻燃剂d是特定技术特征。权利要求4和5都引用了权利要求1，虽然均为独立权利要求，但都包含了阻燃剂d这一共同的特定技术特征，故权利要求4和5之间具有单一性，即选项C说法正确。

而权利要求2和3实际上都是独立权利要求，两者之间的共同技术特征是树脂a、填料b、发泡剂e，其已记载在对比文件2中，因此权利要求2和3之间不具有相同或者相应的特定技术特征，不具有单一性，即选项D的说法正确。

综上所述，本题答案为B、C、D。

【13.（2015-56）解析】知识点：单一性

参照1.（2019-48）的解析。根据G-2-6-2.1.2关于"总的发明构造"中的规定可知，属于一个总的发明构思的两项以上的发明或者实用新型，应当在技术上相互关联，包含一个或者多个相同或者相应的特定技术特征。因此，选项D所述具有相应的特定技术特征的多项发明具有单一性，故符合题意。而选项A所述"具有相同的技术特征的多项发明"，以及选项B所述"具有相应的技术特征的多项发明"，由于没有明确所述相同或相应的技术特征是否是特定技术特征，而如果所述相同或相应的技术特征并不是特定技术特征，则多项发明之间就不一定具有单一性，故选项A和B不符合题意。

在G-2-6-2.1.1关于"单一性要求"中第一段规定，单一性，是指一件发明或者实用新型专利申请应当限于一项发明或者实用新型，属于一个总的发明构思的两项以上发明或者实用新型，可以作为一件申请提出。也就是说，如果一件申请包括几项发明或者实用新型，则只有在所有这几项发明或者实用新型之间有一个总的发明构思使之相互关联的情况下才被允许。这是专利申请的单一性要求。基于上述规定，属于一个总的发明构思的多项发明就一定具有单一性，因此选项C正确。

综上所述，本题答案为C、D。

【14.（2014-7）解析】知识点：单一性

参照1.（2019-48）的解析。只有具备单一性的多项发明才可以作为一件专利申请提出，这是唯一的标准，因而，选项A所述的"通过多缴费用"，或者选项B所述的将属于同一个专利分类号但不具备单一性的多项发明在一件专利申请中提出都是不允许的，故选项A、B的说法错误。根据相关规定可知，两项发明属于一个总的发明构思，则它们具备单一性，即选项C的说法正确。基于上述规定，两项发明的主题名称完全相同，并不代表着其必然具有相同的特定技术特征，因而也就不一定具备单一性。如果不具备相同或相应的特定技术特征，则它们之间不具有单一性，故选项D的说法错误。

综上所述，本题答案为C。

【15.（2013-5）解析】知识点：单一性

参照1.（2019-48）以及9.（2011-86）的解析。根据G-2-6-2.2.1关于"审查原则"的规定可知，当独立权利要求缺乏新颖性、创造性时，才考虑其从属权利要求之间是否具有单一性（也就是说此时从属权利要求之间有可能存在缺乏单一性的问题），这是因为独立权利要求因不具备新颖性和创造性，则作为从属权利要求中共同拥有的独立权利要求中的特征不可能构成特定技术特征的技术特征，此时这些从属权利要求有可能不存在相同或相应的特定技术特征，而不具备单一性。因此选项A所述的"同一组从属权利要求之间必然具有单一性"的说法是错误的。

根据G-2-6-2.2.1关于"审查原则"的规定，即使独立权利要求具有新颖性，但如果缺乏创造性，则其从属权利要求之间也可能存在缺乏单一性的问题（这是因为特定技术特征的概念所要求同时满足新颖性和创造性），因此选项B所述的"若独立权利要求具有新颖性，则其从属权利要求之间必然具有单一性"的说法错误。

独立权利要求具有创造性，也就必然包含有对现有技术作出了创造性贡献的特征即特定技术特征，而该独立权利要求的从属权利要求包括了独立权利要求的全部特征，自然也就包括了独立权利要求中的特定技术特征，故该独立权利要求之下的从属权利要求之间必然具有单一性，即选项C说法正确。

根据上述规定可知，只需要考虑独立权利要求之间的单一性，从属权利要求与其从属的独立权利要求之间不存在缺乏单一性的问题。因此，即使从属权利要求的限定部分还包括不同于独立权利要求的其他发明，与所引用独立权利要求之间也不存在缺乏单一性的问题，即选项D的说法错误。

综上所述，本题答案为C。

（三）总体考点分析

本部分涉及发明和实用新型的单一性的概念和判断。具体涉及单一性要求、总的发明构思和特定技术特征的含义，以及判断单一性的原则和方法，包括检索前后的单一性判断、同类和不同类独立权利要求的单一性判断、从属权利要求的单一性判断等。其中对于判断单一性的方法，通常是给出一个假设的例子来进行考查的。

高频结论

✓ 一件发明或者实用新型专利申请应当限于一项发明或者实用新型。属于一个总的发明构思的两项以上的发明或者实用新型，可以作为一件申请提出。

✓ 可以作为一件专利申请提出的属于一个总的发明构思的两项以上的发明或者实用新型，应当在技术上相互关联，包含一个或者多个相同或者相应的特定技术特征，其中特定技术特征是指每一项发明或者实用新型作为整体，对现有技术作出贡献的技术特征。

✓ 是否包含一个或者多个相同或者相应的特定技术特征是判断是否具备单一性的唯一标准，其他任何理由（如相同的主题名称、属于同一个分类号）都不能作为具备单一性的理由。

✓ 特定技术特征是专门为评定专利申请单一性而提出的一个概念，应当把它理解为体现发明或者实用新型对现有技术作出贡献的技术特征，也就是使发明或者实用新型相对于现有技术具有新颖性和创造性的技术特征，并且应当从每一项要求保护的发明或者实用新型的整体上考虑后加以确定。

✓ 特定技术特征是指使发明或者实用新型相对于现有技术不仅具有新颖性，而且也具有创造性的技术特征（注意：如果某技术特征仅仅是使发明具备新颖性，而不具备创造性，则也不构成特定技术特征）。

✓ 只需要考虑独立权利要求之间的单一性，从属权利要求与其所从属的独立权利要求之间不存在缺乏单一性的问题。

✓ 如果一项独立权利要求由于缺乏新颖性、创造性等理由而不能被授予专利权，则需要考虑其从属权利要求之间是否符合单一性的规定（意味着独立权利要求具备创造性，则其从属权利要求之间必然具备单一性）。

✓ 在遇有形式上为从属权利要求而实质上是独立权利要求的情况时，应当审查其是否符合单一性规定。

✓ 相应的特定技术特征是指在技术上相互对应的特定技术特征（如特征为A的插头，与特征与A相应的插头，两者就是相应的技术特征；另外，参见试题8（2012-45）、试题2（2016-52）等涉及产品与制备方法中的相应技术特征）。如果题中指出两个特定技术特征互不相关，则意思是两者不是相应的特定技术特征。

（四）参考答案

1. A、B	2. B、C、D	3. A、B	4. A、C	5. C
6. C	7. A、B	8. B、C	9. A、C	10. B
11. A、B、C、D	12. B、C、D	13. C、D	14. C	15. C

八、对于涉及生物材料申请及遗传资源的特殊要求

（一）历年试题集合

1. (2019-11) 下列哪个情形符合生物材料保藏要求？

A. 申请人自申请日起第四个月在国家知识产权局认可的保藏单位进行了生物保藏，并提交了保藏及存活证明

B. 申请人于申请日前四个月在国家知识产权局认可的保藏单位进行了生物保藏，在申请日后的第五个月提交了保藏及存活证明

C. 申请人于申请日前一个月在国家知识产权局认可的保藏单位进行了生物保藏，在申请日后的第二个月提交了保藏及存活证明

【你的答案】

【选错记录】

D. 申请人于申请日当天在其学校的国家重点生物实验室自行进行了生物保藏，在申请日后的第二个月提交了保藏及存活证明

2. （2018－42）下列哪些情况视为未保藏生物材料？

A. 申请日为 2017 年 6 月 1 日，优先权日为 2016 年 9 月 1 日，保藏日期为 2017 年 1 月 1 日，提交保藏证明和存活证明的日期为 2017 年 6 月 1 日

B. 申请日为 2017 年 6 月 1 日，优先权日为 2016 年 9 月 1 日，保藏日期为 2016 年 9 月 1 日，提交保藏证明和存活证明的日期为 2017 年 12 月 1 日

C. 申请日为 2017 年 6 月 1 日，优先权日为 2016 年 9 月 1 日，保藏日期为 2017 年 3 月 1 日，提交保藏证明和存活证明的日期为 2017 年 7 月 1 日，同日提交了放弃优先权声明

D. 申请日为 2017 年 6 月 1 日，优先权日为 2016 年 9 月 1 日，保藏日期为 2016 年 9 月 1 日，提交保藏证明和存活证明的日期为 2017 年 8 月 1 日，后发现请求书和申请文件均没有记载保藏信息，于 2017 年 12 月 1 日提交了补正

【你的答案】

【选错记录】

3. （2017－47）申请人甲于 2017 年 2 月 20 日提交了一项发明专利申请，该申请要求了两项外国优先权，优先权日分别是 2016 年 4 月 5 日和 2016 年 6 月 10 日，该申请被受理后，申请人发现在申请时忘记在请求书和说明书中写明生物材料的样品信息，保藏日是 2016 年 5 月 20 日，如果申请人想补入该生物材料样品信息，应当如何办理手续？

A. 申请人应当于 2017 年 6 月 20 日前办理补正手续

B. 办理该手续时应当提交修改后的请求书以及该生物材料的样品保藏证明和存活证明

C. 该申请中，保藏日期晚于最早优先权日，因此生物材料的内容不能享有任何优先权

D. 申请人可以声明撤回部分优先权要求或者声明该保藏证明涉及的生物材料的内容不要求享有优先权，以满足保藏日的要求

【你的答案】

【选错记录】

4. （2016－48）某涉及生物材料的发明专利申请，申请日为 2015 年 5 月 1 日，优先权日为 2014 年 6 月 1 日，申请人将该生物材料的样品提交到国家知识产权局认可的保藏单位进行保藏，下列手续哪些符合要求？

A. 提交保藏的日期：2015 年 5 月 1 日，提交保藏证明及存活证明的日期：2015 年 8 月 1 日

B. 提交保藏的日期：2014 年 6 月 1 日，提交保藏证明及存活证明的日期：2015 年 9 月 1 日

C. 提交保藏的日期：2014 年 10 月 1 日，提交保藏证明及存活证明的日期：2015 年 8 月 1 日

D. 提交保藏的日期：2014 年 10 月 1 日，提交保藏证明及存活证明的日期：2015 年 8 月 1 日，同时申请人提交声明表示放弃优先权

【你的答案】

【选错记录】

5. （2015－11）关于涉及生物材料的专利申请，下列哪个情形是符合生物材料保藏要求的？

A. 申请人自申请日起第二个月在国家知识产权局认可的保藏单位进行了生物保藏，并提交了保藏及存活证明

B. 申请人于申请日前二个月在国家知识产权局认可的保藏单位进行了生物保藏，自申请日起第六个月提交了保藏及存活证明

C. 申请人于申请日前半个月在国家知识产权局认可的保藏单位进行了生物保藏，自申请日起第二个月提交了保藏及存活证明

D. 为防止泄密，申请人于申请日前二个月在其学校的国家重点生物实验室自行进行了生物保藏，自申请日起第二个月提交了保藏及存活证明

【你的答案】

【选错记录】

6. （2013－84）张某于 2010 年 5 月 23 日向国家知识产权局提交了一件涉及新生物材料的发明专利申请，该申请的优先权日为 2009 年 9 月 10 日，申请文件中含有 11 项权利要求、25 页说明书和 10 页核苷酸序列表。该生物材料公众不能得到，并且对该生物材料的说明不足以使所属领域的技术人员实施该发明。下列说法哪些是正确的？

A. 张某应当在申请费的缴纳期限内缴纳申请附加费

【你的答案】

【选错记录】

B. 张某应当在 2010 年 5 月 23 日前将该生物样品提交至国家知识产权局认可的保藏单位保藏

C. 张某应当在申请的同时提交与该序列表一致的计算机可读形式的副本

D. 张某应当在 2010 年 9 月 23 日前提交生物材料样品的保藏证明和存活证明

7. (2019 - 38) 关于涉及遗传资源的专利申请，下列说法正确的是？

A. 对违反法律、行政法规的规定获取遗传资源，并依赖该遗传资源完成的发明创造，不授予专利权

B. 《专利法》所称依赖遗传资源完成的发明创造，是指利用遗传资源的遗传功能完成的发明创造

C. 依赖遗传资源完成的发明创造，申请人只需在专利申请文件中说明遗传资源的直接来源

D. 遗传资源，是指取自人体、动物、植物或者微生物等含有遗传功能单位并具有实际或者潜在价值的材料

【你的答案】

【选错记录】

8. (2016 - 49) 下列涉及遗传资源发明专利申请的说法，哪些是正确的？

A. 对违反法律的规定获取遗传资源，并依赖该遗传资源完成的发明创造，不授予专利权

B. 《专利法》所称依赖遗传资源完成的发明创造，是指利用遗传资源完成的发明创造

C. 依赖遗传资源完成的发明创造，申请人应当在专利申请文件中说明遗传资源的直接来源和原始来源

D. 依赖遗传资源完成的发明创造，申请人无法说明直接来源的，可以在申请文件中陈述理由

【你的答案】

【选错记录】

9. (2015 - 10) 关于涉及遗传资源的专利申请，下列说法哪个是错误的？

A. 对违反法律的规定获取遗传资源，并依赖该遗传资源完成的发明创造，不授予专利权

B. 对违反行政法规的规定利用遗传资源，并依赖该遗传资源完成的发明创造，不授予专利权

C. 依赖遗传资源完成的发明创造，申请人应当在专利申请文件中说明遗传资源的直接来源和原始来源

D. 依赖遗传资源完成的发明创造，申请人无法说明直接来源的，应当在申请文件中陈述理由

【你的答案】

【选错记录】

10. (2013 - 53) 下列说法哪些是正确的？

A. 《专利法》所称遗传资源包括取自人体、动物或植物的材料，不包括取自微生物的材料

B. 《专利法》所称依赖遗传资源完成的发明创造，是指利用了遗传资源的遗传功能完成的发明创造

C. 就依赖遗传资源完成的发明创造申请专利的，申请人应当在请求书中予以说明

D. 违反法律、行政法规的规定获取或者利用遗传资源，是指未按照我国法律、行政法规的规定事先获得有关行政管理部门的批准或者相关权利人的许可

【你的答案】

【选错记录】

11. (2012 - 62) 申请人就一件依赖遗传资源完成的发明向国家知识产权局提出了专利申请，并同时提交了遗传资源来源披露登记表。下列说法哪些是正确的？

A. 申请人应当在请求书中说明该发明是依赖遗传资源完成的

B. 该登记表中应当写明遗传资源的直接来源

C. 该登记表中应当写明遗传资源的原始来源，无法说明原始来源的，应当陈述理由

D. 该登记表经补正仍不符合规定的，国家知识产权局应当驳回该专利申请

【你的答案】

【选错记录】

12. (2014 - 62) 下列说法哪些是正确的？

A. 申请专利的发明涉及公众不能得到的新的生物材料，并且对该生物材料的说明不足以使所属领域的技术人员实施其发明的，则应当在申请日前或者最迟在申请日（有优先权的，指优先权日）将该生物材料的样品提交国家知识产权局认可的保藏单位保藏

B. 涉及生物材料样品保藏的专利申请应当在请求书和说明书中写明该生物材料的

【你的答案】

【选错记录】

分类命名（注明拉丁文名称）、保藏该生物材料样品的单位名称、地址、保藏日期和保藏编号

C. 依赖遗传资源完成的发明创造，申请人应当在专利申请文件中说明该遗传资源的直接来源和原始来源；申请人无法说明原始来源的，应当陈述理由

D. 遗传资源来源披露登记表中的内容可被视为原申请记载的内容，可以作为修改说明书和权利要求书的基础

（二）参考答案解析

【1.（2019 - 11）解析】知识点：生物材料保藏的要求

R27 规定："申请专利的发明涉及新的生物材料，该生物材料公众不能得到，并且对该生物材料的说明不足以使所属领域的技术人员实施其发明的，除应当符合专利法和本细则的有关规定外，申请人还应当办理下列手续：（一）在申请日前或者最迟在申请日（有优先权的，指优先权日），将该生物材料的样品提交国务院专利行政部门认可的保藏单位保藏，并在申请时或者最迟自申请日起 4 个月内提交保藏单位出具的保藏证明和存活证明；期满未提交证明的，该样品视为未提交保藏；（二）在申请文件中，提供有关该生物材料特征的资料；（三）涉及生物材料样品保藏的专利申请应当在请求书和说明书中写明该生物材料的分类命名（注明拉丁文名称）、保藏该生物材料样品的单位名称、地址、保藏日期和保藏编号；申请时未写明的，应当自申请日起 4 个月内补正；期满未补正的，视为未提交保藏。"

选项 A 由于是自申请日后第四个月才进行生物保藏，不符合上述第（一）项中所述的在申请日前或者最迟在申请日（有优先权的，指优先权日）进行保藏的时间要求，故不符合题意。选项 B 由于在申请日后的第五个月才提交保藏及存活证明，不符合上述第（一）项中所述的在申请时或者最迟自申请日（不是指优先权日）起四个月内提交保藏单位出具的保藏证明和存活证明的时间要求，故不符合题意。选项 C 的保藏时间、提交保藏证明和存活证明的时间均符合要求，故符合题意。选项 D 所述的保藏是在其学校的国家重点生物实验室自行进行的，即保藏单位并不属于国务院专利行政部门认可的保藏单位，故也不符合上述规定中第（一）项关于保藏单位的要求，这种情况不符合生物材料保藏的要求，即不符合题意。[注意：国务院专利行政部门认可的保藏单位是指《布达佩斯条约》承认的生物材料样品国际保藏单位，包括国内的三家保藏单位：位于北京的中国微生物菌种保藏管理委员会普通微生物中心（CGMCC）、位于武汉的中国典型培养物保藏中心（CCTCC）、位于广州的广东省微生物保藏中心（GDMCC）。]

综上所述，本题答案为 C。

【2.（2018 - 42）解析】知识点：生物材料保藏的要求

参照 1.（2019 - 11）解析。根据 R27 的规定可知，选项 A 中的保藏日期 2017 年 1 月 1 日晚于申请的优先权日 2016 年 9 月 1 日，故视为未提交保藏，符合题意。（注意：专利申请由于有优先权，所以应当在优先权日当天或之前进行保藏，所以保藏日期早于实际申请日而晚于优先权日也视为未提交保藏。）

选项 B 中提交保藏证明和存活证明的日期 2017 年 12 月 1 日晚于申请日 2017 年 6 月 1 日（注意：这里并不以优先权日起算，而以实际申请日起算）超过 4 个月，不符合在申请时或者最迟自申请日起 4 个月内提交保藏单位出具的保藏证明和存活证明，因而也视为未提交保藏，故选项 B 符合题意。

选项 C 中，由于提交了放弃优先权声明，因此其保藏日期的要求应当以实际申请日 2017 年 6 月 1 日为时间界限，由于保藏日期为 2017 年 3 月 1 日早于其实际申请日，并且提交保藏证明和存活证明的日期 2017 年 7 月 1 日也在其实际申请日起算的 4 个月之内，故符合相关规定，不会被视为未提交保藏，即选项 C 不符合题意。

选项 D 中，虽然保藏日期，提交保藏证明和存活证明的日期符合相关要求，但由于请求书和申请文件均没有记载保藏信息，于 2017 年 12 月 1 日提交补正，其补正时间晚于优先权日起算的 4 个月内，故属于 R24 规定所述的期满未补正的情形，因而视为未提交保藏，即选项 D 符合题意。

综上所述，本题答案为 A、B、D。

【3.（2017 - 47）解析】知识点：生物材料保藏的要求

参照 1.（2019 - 11）的解析。根据 R27（3）的规定，本题中补入该生物材料样品信息，应当在其实际申请日 2017 年 2 月 20 日起的 4 个月内进行补充，即办理补正手续的时间是自申请日 2017 年 2 月 20 日起的 4 个月期限的最后一天（即 2017 年 6 月 20 日）前办理补正手续，故选项 A 的说法正确。

根据 R27（1）的规定，在申请时或者最迟自申请日起 4 个月内提交保藏单位出具的保藏证明和存活证明，即应当在办理补正手续（同时要提交修改后的请求书以补充保藏信息）的时间期限与提交该生物材料的样品保藏证明和存活证明的时间期限相同。因此，选项 B 的说法正确。（注意：这里不应理解提交该生物材料样品的保藏证明和存活证明必须与办理补正手续同时进行，只要符合上述期限都是允许的。）

在 G - 1 - 1 - 5.2.1 关于"涉及生物材料的申请的核实"中规定，……保藏证明写明的保藏日期在所要求的优先权日之后，并且在申请日之前的，审查员应当发出办理手续补正通知书，要求申请人在指定的期限内撤回优先权要求或者

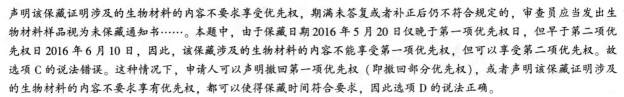
声明该保藏证明涉及的生物材料的内容不要求享受优先权，期满未答复或者补正后仍不符合规定的，审查员应当发出生物材料样品视为未保藏通知书……。本题中，由于保藏日期2016年5月20日仅晚于第一项优先权日，但早于第二项优先权日2016年6月10日，因此，该保藏涉及的生物材料的内容不能享受第一项优先权，但可以享受第二项优先权。故选项C的说法错误。这种情况下，申请人可以声明撤回第一项优先权（即撤回部分优先权），或者声明该保藏证明涉及的生物材料的内容不要求享有优先权，都可以使得保藏时间符合要求，因此选项D的说法正确。

综上所述，本题答案为A、B、D。

【4. (2016 - 48) 解析】 知识点：生物材料保藏的要求

参照1. (2019 - 11) 解析。根据R27 (1) 的规定，选项A中提交保藏的日期为2015年5月1日（与申请日同一天），显然晚于优先权日2014年6月1日，因此不符合要求（提交保藏证明及存活证明的日期无关紧要），故不符合要求。选项B提交保藏的日期为2014年6月1日（与优先权日同一天），符合要求，其提交保藏证明及存活证明的日期2015年9月1日，未超过自申请日2015年5月1日起4个月的时间期限，因此也符合要求，故符合题意。选项C中提交保藏的日期2014年10月1日晚于优先权日2014年6月1日，因此，不符合要求。选项D由于提交了放弃优先权的声明，因此提交保藏的时间变为以申请日2015年5月1日为最后保藏的时间，而提交保藏的日期为2014年10月1日，早于其申请日，因而保藏时间符合要求；其提交保藏证明及存活证明的日期为2015年8月1日，也没有超过自申请日（2015年5月1日）起4个月的时间期限，因此符合提交保藏证明及存活证明的时间规定，符合题意。

综上所述，本题答案为B、D。

【5. (2015 - 11) 解析】 知识点：生物材料保藏的要求

参照1. (2019 - 11) 解析。选项A中，由于申请人是自申请日起第二个月在国家知识产权局认可的保藏单位进行了生物保藏，不符合提交生物保藏的时间要求，故不符合题意。选项B中，由于申请人是自申请日起第六个月才提交保藏证明及存活证明，不符合关于在申请时或者最迟自申请日起4个月内提交保藏证明和存活证明的时间规定，故不符合题意。选项C中，申请人于申请日前半个月在国家知识产权局认可的保藏单位进行了生物保藏，符合上述保藏时间的要求；自申请日起第二个月提交了保藏及存活证明，也符合上述关于提交证明的时间要求，故符合题意。选项D，申请人在其学校的国家重点生物实验室自行进行了生物保藏，不符合关于应当在国务院专利行政部门认可的保藏单位保藏的要求，故不符合题意。

综上所述，本题答案为C。

【6. (2013 - 84) 解析】 知识点：生物材料保藏的要求；相关知识点：涉及序列表的专利申请、申请附加费

在G-5-2-1关于"费用缴纳的期限"中规定，(1) 申请费的缴纳期限是自申请日起两个月内，或者自收到受理通知书之日起15日内。需要在该期限内缴纳的费用有优先权要求费和申请附加费以及发明专利申请的公布印刷费。……申请附加费是指申请文件的说明书（包括附图、序列表）页数超过30页或者权利要求超过10项时需要缴纳的费用，该项费用的数额以页数或者项数计算……。题中，由于权利要求书含有11项权利要求，超过了10项故应当缴纳附加费；说明书页数共为35页（注意包括序列表的页数），超过了30页，也应当缴纳附加费。根据上述规定，张某应当在申请费的缴纳期限内缴纳申请附加费，即选项A的说法正确，符合题意。

根据R27的规定可知，题中，张某的申请涉及新生物材料，且生物材料公众不能得到，因此需要进行生物材料的专利程序的保藏。而张某的专利申请要求享有优先权日2009年9月10日，因此张某应当在优先权日即2009年9月10日前将该生物样品提交至国家知识产权局认可的保藏单位保藏。而选项B提到的应当在申请日2010年5月23日前进行保藏的说法错误，其应在优先权日2009年9月10日前进行保藏。根据上述规定，张某应当在申请日（即2010年5月23日）起的4个月内即2010年9月23日前提交生物材料样品的保藏证明和存活证明，故选项D的说法正确，符合题意。

根据R20.4的规定，发明专利申请包含一个或者多个核苷酸或者氨基酸序列的，说明书应当包括符合国务院专利行政部门规定的序列表。进一步地，在G-1-1-4.2关于"说明书"中规定，……对于电子申请，应当提交一份符合规定的计算机可读形式序列表作为说明书的一个单独部分。对于纸件申请，应当提交单独编写页码的序列表，并且在申请的同时提交与该序列表相一致的计算机可读形式序列表的副本，如提交记载有该序列表的符合规定的光盘或者软盘……。由此可知，选项C的说法正确，符合题意。

综上所述，本题答案为A、C、D。

【7. (2019 - 38) 解析】 知识点：涉及遗传资源的申请

根据A5.2的规定，对违反法律、行政法规的规定获取或者利用遗传资源，并依赖该遗传资源完成的发明创造，不授予专利权。选项A的说法正确，符合题意。

根据R29.1的规定，《专利法》所称遗传资源，是指取自人体、动物、植物或者微生物等含有遗传功能单位并具有

实际或者潜在价值的材料和利用此类材料产生的遗传信息；《专利法》所称依赖遗传资源完成的发明创造，是指利用了遗传资源的遗传功能完成的发明创造。基于此，选项 B 和 D 的说法正确，符合题意。

根据 A26.5 的规定，依赖遗传资源完成的发明创造，申请人应当在专利申请文件中说明该遗传资源的直接来源和原始来源；申请人无法说明原始来源的，应当陈述理由。根据上述规定可知，选项 C 的说法错误，因为除说明直接来源外，还需说明原始来源，即选项 C 不符合题意。

综上所述，本题答案为 A、B、D。

【8.（2016 - 49）解析】知识点：涉及遗传资源的申请

参照 7.（2019 - 38）解析。根据 A5.2 的规定，对违反法律、行政法规的规定获取或者利用遗传资源，并依赖该遗传资源完成的发明创造，不授予专利权。故选项 A 正确，符合题意。

根据 R29.1 的规定，……《专利法》所称依赖遗传资源完成的发明创造，是指利用了遗传资源的遗传功能完成的发明创造。根据该规定可知，选项 B 所述的"是指利用遗传资源完成的发明创造"，由于没有限定"利用遗传功能"，故其说法不正确，不符合题意。事实上，如果发明利用的是遗传资源的遗传功能以外的其他性能而完成的发明并不属于《专利法》中所称"依赖遗传资源完成的发明"。

根据 A26.5 的规定，依赖遗传资源完成的发明创造，申请人应当在专利申请文件中说明该遗传资源的直接来源和原始来源；申请人无法说明原始来源的，应当陈述理由。故选项 C 的说法正确，符合题意。只有在无法说明原始来源，才应当陈述理由，故选项 D 的说法错误。

综上所述，本题答案为 A、C。

【9.（2015 - 10）解析】知识点：涉及遗传资源的申请

参照 1.（2019 - 38）解析。根据 A5.2 的规定，选项 A 和 B 的说法正确，不符合题意。根据 A26.5 的规定，选项 C 的说法正确，不符合题意。选项 D 的说法错误，符合题意。

综上所述，本题答案为 D。

【10.（2013 - 53）解析】知识点：涉及遗传资源的申请

参照 7.（2019 - 38）解析。根据 R29.1 的规定可知，由于选项 A 所述遗传资源不包括取自微生物，故其说法错误，不符合题意。

根据 R29.1 的规定可知，专利法所称依赖遗传资源完成的发明创造，是指利用了遗传资源的遗传功能完成的发明创造，故选项 B 说法是正确的。

根据 A26.5 的规定可知，依赖遗传资源完成的发明创造，申请人应当在专利申请文件中说明该遗传资源的直接来源和原始来源……。因此，选项 C 说法正确，符合题意。

在 G - 2 - 1 - 3.2 关于"根据专利法第五条第二款不授予专利权的发明创造"中规定，……违反法律、行政法规的规定获取或者利用遗传资源，是指遗传资源的获取或者利用违反法律、行政法规的禁止性规定或者未按照我国有关法律、行政法规的规定事先获得有关行政管理部门的批准或者相关权利人的许可……。选项 D 的说法正确，符合题意。

综上所述，本题答案为 B、C、D。

【11.（2012 - 62）解析】知识点：涉及遗传资源的申请

根据 R29.2 的规定，就依赖遗传资源完成的发明创造申请专利的，申请人应当在请求书中予以说明，并填写国务院专利行政部门制定的表格。因此，选项 A 的说法正确，符合题意。

根据 A26.5 的规定，申请人应当在专利申请文件中说明该遗传资源的直接来源和原始来源。因此，选项 B 所述"该登记表中应当写明遗传资源的直接来源"的说法正确，符合题意（注意：此选项 B 并没有说只需提供直接来源，因此不要误认为该选项排除了对原始来源的说明，进而认为选项 B 的说法错误）。

在 G - 1 - 1 - 5.3 关于"涉及遗传资源的申请"中规定，就依赖遗传资源完成的发明创造申请专利，申请人应当在请求书中对于遗传资源的来源予以说明，并填写遗传资源来源披露登记表，写明该遗传资源的直接来源和原始来源。申请人无法说明原始来源的，应当陈述理由。对于不符合规定的，审查员应当发出补正通知书，通知申请人补正。期满未补正的，审查员应当发出视为撤回通知书。补正后仍不符合规定的，该专利申请应当被驳回。即选项 C 和 D 的说法正确，符合题意。

综上所述，本题答案为 A、B、C、D。

【12.（2014 - 62）解析】知识点：涉及遗传资源的申请、生物材料保藏的要求

对于选项 A 和 B，参照 1.（2019 - 11）解析。根据 R27（1）的规定，选项 A 的说法正确，符合题意。根据 R27

（3）的规定，选项 B 说法正确。

对于选项 C，参照 7.（2019 - 38）解析中的相关规定。根据 A26.5 的规定，选项 C 的说法正确。

在 G - 2 - 10 - 9.5.3 关于"遗传资源来源披露的审查"中规定，……登记表中的内容不属于原说明书和权利要求书记载的内容，因此不能作为判断说明书是否充分公开的依据，也不得作为修改说明书和权利要求书的基础。因此，选项 D 的说法与上述规定相悖，故是错误的，不符合题意。

综上所述，本题答案为 A、B、C。

（三）总体考点分析

本部分涉及生物材料申请和依赖遗传资源完成的发明创造（往往与《专利法》第五条第二款的知识点混合在一起），具体知识点包括：涉及生物材料申请的请求书应当满足的要求、涉及生物材料申请的应当进行保藏的情形、生物材料样品国际保藏单位、生物材料保藏的时间及保藏证明和存活证明提交时间的要求；依赖遗传资源完成的发明创造的含义，遗传资源的直接来源和原始来源以及遗传资源来源披露登记表的填写要求。

高频结论

✓ 申请专利的发明涉及新的生物材料，该生物材料公众不能得到，并且对该生物材料的说明不足以使所属领域的技术人员实施其发明的，除应当符合《专利法》及其实施细则的有关规定外，申请人还应当办理下列手续：（1）在申请日前或者最迟在申请日（有优先权的，指优先权日），将该生物材料的样品提交国务院专利行政部门认可的保藏单位保藏，并在申请时或者最迟自申请日起 4 个月内提交保藏单位出具的保藏证明和存活证明；期满未提交证明的，该样品视为未提交保藏；（2）在申请文件中，提供有关该生物材料特征的资料；（3）涉及生物材料样品保藏的专利申请应当在请求书和说明书中写明该生物材料的分类命名（注明拉丁文名称）、保藏该生物材料样品的单位名称、地址、保藏日期和保藏编号；申请时未写明的，应当自申请日起 4 个月内补正；期满未补正的，视为未提交保藏。

✓ 注意：其中保藏时间是以优先权日为判断界限，而提交保藏或存活证明是以实际申请日而不是优先权日为起算时间点。

✓ 国务院专利行政部门认可的保藏单位是指《布达佩斯条约》承认的生物材料样品国际保藏单位，包括国内的三家保藏单位：位于北京的中国微生物菌种保藏管理委员会普通微生物中心（CGMCC）、位于武汉的中国典型培养物保藏中心（CCTCC）、位于广州的广东省微生物保藏中心（GDMCC）（最后一个是 2016年开始新增加的保藏单位）。

✓ 保藏证明写明的保藏日期在所要求的优先权日之后，并且在申请日之前的，审查员应当发出办理手续补正通知书，要求申请人在指定的期限内撤回优先权要求或者声明该保藏证明涉及的生物材料的内容不要求享受优先权，期满未答复或者补正后仍不符合规定的，审查员应当发出生物材料样品视为未保藏通知书。这里意味着在上述情形下，申请人可以撤回优先权，也可声明涉及的生物材料的内容不要求享受优先权两种方式来满足生物材料的保藏日期要求。

✓ 《专利法》所称遗传资源，是指取自人体、动物、植物或者微生物等含有遗传功能单位并具有实际或者潜在价值的材料。

✓ 《专利法》所称依赖遗传资源完成的发明创造，是指利用了遗传资源的遗传功能完成的发明创造。

✓ 依赖遗传资源完成的发明创造，申请人应当在专利申请文件中说明该遗传资源的直接来源和原始来源；申请人无法说明原始来源的，应当陈述理由。

✓ 就依赖遗传资源完成的发明创造申请专利的，申请人应当在请求书中予以说明，并填写国务院专利行政部门制定的表格。

✓ 遗传资源来源披露登记表中的内容不属于原说明书和权利要求书记载的内容，因此不能作为判断说明书是否充分公开的依据，也不得作为修改说明书和权利要求书的基础。

（四）参考答案

1. C   2. A、B、D   3. A、B、D   4. B、D   5. C

6. A、C、D   7. A、B、D   8. A、C   9. D   10. B、C、D

11. A、B、C、D   12. A、B、C

第二节　外观设计专利申请文件

一、请求书

（一）历年试题集合

1.（2017－63）下列在请求书中写明的使用外观设计的产品名称哪些不正确？

　　A. 带有图形用户界面的手机

　　B. 手动工具

　　C. 祛皱美白精华素包装瓶

　　D. 小米运动手环

【你的答案】
_____

【选错记录】
_____
_____

2.（2016－50）下列在外观设计请求书中填写的使用外观设计的产品名称哪些是正确的？

　　A. LED 灯

　　B. 办公用品

　　C. 图形用户界面

　　D. 成套沙发

【你的答案】
_____

【选错记录】
_____
_____

3.（2015－55）下列在请求书中写明的使用外观设计的产品名称哪些是正确的？

　　A. 方凳

　　B. MP3

　　C. 小型书桌

　　D. 地空两用飞行汽车

【你的答案】
_____

【选错记录】
_____
_____

4.（2014－4）下列哪个外观设计专利申请中写明的使用外观设计产品名称是正确的？

　　A. 手机

　　B. 中型书柜

　　C. 电子设备

　　D. 人体增高鞋垫

【你的答案】
_____

【选错记录】
_____
_____

5.（2013－67）下列使用外观设计的产品名称哪些是正确的？

　　A. 方凳

　　B. iPhone 5s

　　C. 小型书桌

　　D. 摩托车

【你的答案】
_____

【选错记录】
_____
_____

6.（2010－68）下列在请求书中写明的使用外观设计的产品名称哪些是正确的？

　　A. 虹吸式节水马桶

　　B. MP3 播放器

　　C. 圆桌

　　D. 爱家牌抽油烟机

【你的答案】
_____

【选错记录】
_____
_____

（二）参考答案解析

【1.（2017－63）解析】知识点：外观设计的产品名称

在 G－1－3－4.5 关于"涉及图形用户界面的产品外观设计"中规定，产品名称应当……写明图形用户界面的具体用途和其所应用的产品，一般要有"图形用户界面"字样的关键词，例如"带有温控图形用户界面的冰箱""手机的移动支付图形用户界面"。不应笼统仅以"图形用户界面"名称作为产品名称，例如"软件图形用户界面""操作图形用户界面"。根据上述规定，选项 A 所述的带有图形用户界面的手机，其中写明了"图形用户界面"的关键词及其应用的手机这一具体产品，故其产品名称正确，符合题意。

在 G－1－3－4.1.1 关于"使用外观设计的产品名称"中规定，……产品名称一般应当符合国际外观设计分类表中小类列举的名称。产品名称一般不得超过 20 个字。产品名称通常还应当避免下列情形：（1）含有人名、地名、国名、单位名称、商标、代号、型号或者以历史时代命名的产品名称；（2）概括不当、过于抽象的名称，例如"灯""文具""炊具""乐器""建筑用物品"等；（3）描述技术效果、内部构造的名称，例如"节油发动机""人体增高鞋垫""装有新型发动机的汽车"等；（4）附有产品规格、大小、规模、数量单位的名称，例如"21 英寸电视机""中型书柜""一副手套"等；（5）以外国文字或者无确定的中文意义的文字命名的名称，例如"克莱斯酒瓶"，但已经众所周知并且含义确定的文字可以使用，例如"DVD 播放机""USB 集线器"等。

选项 B 的手动工具属于上述规定第（2）项所述的概括不当、过于抽象的名称，选项 C 的"祛皱美白精华素包装瓶"属于上述规定第（3）项所述的描述技术效果的名称，选项 D"小米运动手环"属于上述规定第（1）项所述的含有产品商标的名称，选项 B、C、D 均属于上述规定的在产品名称中应当避免出现的情形，其名称不正确，即选项 B、C、D 符合题意。

综上所述，本题答案为 B、C、D。

【2.（2016－50）解析】知识点：外观设计的产品名称

参照 1.（2017－63）的解析。基于 G－1－3－4.1.1 关于"使用外观设计的产品名称"中规定可知，选项 A 的 LED 灯和选项 B 的办公用品属于上述规定第（2）项所述的概括不当、过于抽象的名称，不正确而不符合题意。根据 G－1－3－4.5 关于"涉及图形用户界面的产品外观设计"规定可知，不应笼统仅以"图形用户界面"名称作为产品名称，因此选项 C 的图形用户界面不能作为产品名称，故不正确，不符合题意。选项 D 的成套沙发，能够准确、简明地表明要求保护的产品的外观设计，故选项 D 的名称正确，符合题意。

综上所述，本题答案为 D。

【3.（2015－55）解析】知识点：外观设计的产品名称

参照 1.（2017－63）的解析。选项 A 的"方凳"是比较通用的产品名称，能够准确、简明地表明要求保护的产品的外观设计，故符合题意。选项 B 的 MP3，仅是外文字母表示的，没有含有表示产品的名称，属于 G－1－3－4.1.1 关于"使用外观设计的产品名称"规定中第（5）项所述以外国文字或无确定的中文意义的文字命名的名称，故作为名称不正确，不符合题意（虽然 MP3 代号成为公知，但由于没有写明产品名称，故不可以）。选项 C 的小型书桌，附有产品大小的名称，属于 G－1－3－4.1.1 关于"使用外观设计的产品名称"规定中第（4）项所述应当避免的情形，故其产品名称不正确，不符合题意。选项 D 的地空两用飞行汽车，准确、简明地表明了要求保护的产品的外观设计，故符合题意。

综上所述，本题答案为 A、D。

【4.（2014－4）解析】知识点：外观设计的产品名称

参照 1.（2017－63）的解析。题中，选项 A 的"手机"，属于公认的产品名称，能够准确、简明地表明要求保护的产品的外观设计，故作为外观设计的产品名称是正确的，符合题意。选项 B 的"中型书柜"，由于附有产品的大小（属于 G－1－3－4.1.1 关于"使用外观设计的产品名称"规定中第（4）项所述应当避免的情形，且是所列举的例子），故作为外观设计的产品名称不正确，不符合题意。选项 C 的"电子设备"，由于过于抽象（属于 G－1－3－4.1.1 关于"使用外观设计的产品名称"规定中第（2）项所述应当避免的情形），故作为外观设计的产品名称不正确，不符合题意。选项 D 的"人体增高鞋垫"，由于是描述技术效果的名称（属于 G－1－3－4.1.1 关于"使用外观设计的产品名称"规定中第（3）项所述应当避免的情形，且是所列举的例子），故作为外观设计的产品名称不正确，不符合题意。

综上所述，本题答案为 A。

【5.（2013－67）解析】知识点：外观设计的产品名称

参照 1（2017－63）的解析。选项 A 的"方凳"属于非常公认的产品名称，能够准确、简明地表明要求保护的产品的外观设计，故作为产品名称正确，符合题意。

选项 B 的"iPhone 5s"是含有型号且以外国文字命名的名称，且不属于已经众所周知并且含义确定的文字，属于 G－1－3－4.1.1 关于"使用外观设计的产品名称"规定中第（5）项所述应当避免的情形。

选项 C 的"小型书桌"，其附有产品大小的名称，属于 G－1－3－4.1.1 关于"使用外观设计的产品名称"规定中第（4）项所述应当避免的情形，故其产品名称不符合要求。

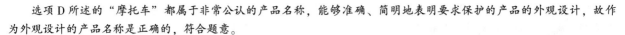

选项 D 所述的 "摩托车" 都属于非常公认的产品名称，能够准确、简明地表明要求保护的产品的外观设计，故作为外观设计的产品名称是正确的，符合题意。

综上所述，本题答案为 A、D。

【6.（2010－68）解析】知识点：外观设计的产品名称

参照 1.（2017－63）的解析。选项 A 的 "虹吸式节水马桶"，由于是描述技术效果的名称 [属于 G－1－3－4.1.1 关于 "使用外观设计的产品名称" 规定中第（3）项所述应当避免的情形]，故作为外观设计的产品名称不正确，不符合题意。

选项 B 中的 "MP3 播放器" 虽然是以外国文字命名的播放器，而由于 MP3 为已经众所周知并且含义确定的文字，因此使用外观设计的产品名称正确，符合题意。

选项 C 中的 "圆桌" 属于公认的产品名称，能够准确、简明地表明要求保护的产品的外观设计，故作为外观设计的产品名称正确。

选项 D 的 "爱家牌抽油烟机"，由于包括商标的名称 [属于 G－1－3－4.1.1 关于 "使用外观设计的产品名称" 规定中第（1）项所述应当避免的情形]，故作为外观设计的产品名称是不正确的，不符合题意。

综上所述，本题答案为 B、C。

（三）总体考点分析

本部分涉及外观设计专利申请请求书的法律效力、请求书应当包含的主要内容及其应当满足的要求，以及应当随同请求书提交的各类证明文件及其主要内容。但重点是外观设计名称的规定。

高频结论

✓ 产品名称一般不得超过 20 个字。产品名称通常还应当避免下列情形：（1）含有人名、地名、国名、单位名称、商标、代号、型号或以历史时代命名的产品名称；（2）概括不当、过于抽象的名称，例如 "灯" "文具" "炊具" "乐器" "建筑用物品" 等；（3）描述技术效果、内部构造的名称，例如 "节油发动机" "人体增高鞋垫" "装有新型发动机的汽车" 等；（4）附有产品规格、大小、规模、数量单位的名称，例如 "21 英寸电视机" "中型书柜" "一副手套" 等；（5）以外国文字或无确定的中文意义的文字命名的名称，例如 "克莱斯酒瓶"，但已经众所周知并且含义确定的文字可以使用，例如 "DVD 播放机" "USB 集线器" 等。

✓ 产品名称应当写明图形用户界面的具体用途和其所应用的产品，一般要有 "图形用户界面" 字样的关键词，例如 "带有温控图形用户界面的冰箱" "手机的移动支付图形用户界面"。不应笼统仅以 "图形用户界面" 名称作为产品名称，例如 "软件图形用户界面" "操作图形用户界面"。

（四）参考答案

1. B、C、D   2. D   3. A、D   4. A   5. A、D
6. B、C

二、图片或者照片

（一）历年试题集合

1.（2019－49）提交外观设计申请的视图时，下列说法正确的是？

【你的答案】

A. 对于立体产品的外观设计，产品设计要点涉及六个面的，应当提交六面正投影视图

B. 对于组装关系唯一的组件产品的外观设计，应当提交组合状态的视图

【选错记录】

C. 对于平面产品的外观设计，产品设计要点涉及一个面的，可以仅提交该面正投影视图

D. 对于图形用户界面的产品外观设计，应当提交整体产品外观设计视图

2. （2018－45）下列各图是一款电饭煲的外观设计专利申请的视图，已知主视图和立体图正确，下列哪些视图明显错误？

立体图	主视图	左视图	右视图
	俯视图	仰视图	后视图

A. 左视图

B. 右视图

C. 俯视图

D. 仰视图

3. （2017－64）下列各图是一款食物料理机的外观设计专利申请的视图，已知主视图和立体图正确，下列哪些视图明显错误？

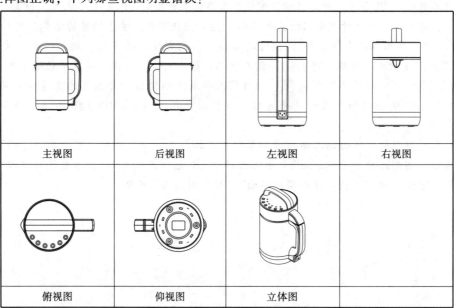

主视图	后视图	左视图	右视图
俯视图	仰视图	立体图	

A. 左视图

B. 右视图

C. 俯视图

D. 仰视图

4. （2017－16）下列关于外观设计专利申请中提交的图片或照片，不符合规定的是？

A. 图片的绘制使用双点划线来表示细长物品的省略部分

B. 在图片中用指示线表示剖切位置和剖切方向

C. 对需要依靠衬托物来清楚显示产品外观设计的申请，拍摄照片时保留了衬托物

D. 对产品设计中不要求进行专利保护的结构采用虚线绘制

5.（2014-87）下列各图是净水器产品的外观设计专利申请视图。已知主视图和立体图正确，下列哪些视图明显错误？

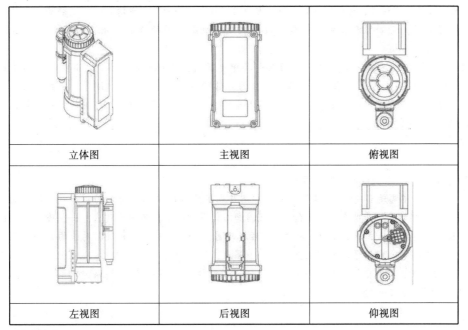

A. 俯视图

B. 左视图

C. 后视图

D. 仰视图

6.（2010-13）下列关于外观设计专利申请中的图片或者照片的说法哪些是正确的？

A. 照片中的产品不允许包含内装物或者衬托物

B. 图片可以使用铅笔、蜡笔、圆珠笔绘制

C. 照片的拍摄通常应当遵循正投影规则，避免因透视产生的变形影响产品的外观设计的表达

D. 透明产品的外观设计，外层与内层有两种以上形状、图案和色彩时，应当分别表示出来

（二）参考答案解析

【1.（2019-49）解析】知识点：外观设计图片或者照片

在 G-1-3-4.2 关于"外观设计图片或者照片"第二段中规定，就立体产品的外观设计而言，产品设计要点涉及六个面的，应当提交六面正投影视图；产品设计要点仅涉及一个或者几个面的，应当提交所涉及面的正投影视图，对于其他面既可以提交正投影视图，也可以提交立体图。使用时不容易看到或者看不到的面可以省略视图，并应当在简要说明中写明省略视图的原因。根据该规定，选项 A 的说法正确，符合题意。

在 G-1-3-4.2.1 关于"视图名称及其标注"中规定，……对于组装关系唯一的组件产品，应当提交组合状态的产品视图；对于无组装关系或者组装关系不唯一的组件产品，应当提交各构件的视图，并在每个构件的视图名称前以阿拉伯数字顺序编号标注，在编号前加"组件"字样……。根据上述规定，对于组装关系唯一的组件产品，应当提交组合状态的产品视图，故选项 B 的说法正确，符合题意。

在 G-1-3-4.2 关于"外观设计图片或者照片"第三段中规定，就平面产品的外观设计而言，产品设计要点涉及一个面的，可以仅提交该面正投影视图；产品设计要点涉及两个面的，应当提交两面正投影视图。基于上述规定，选项 C 的说法正确，符合题意。

在 G-1-3-4.5.1 关于"以产品整体外观设计方式提交申请"中规定：涉及图形用户界面的产品外观设计，申请人可以以产品整体外观设计方式提交申请。……设计要点仅在于图形用户界面设计的，申请人至少应当提交图形用户界面所涉及面的产品正投影视图，必要时还应当提交图形用户界面的视图。根据该规定可知，对于图形用户界面的产品外观设计，不是必须要提交整体产品外观设计视图，故选项 D 的说法错误。

综上所述，本题答案为 A、B、C。

【2. (2018－45) 解析】知识点：外观设计图片或者照片

根据 A27.2 的规定，申请人提交的有关图片或者照片应当清楚地显示要求专利保护的产品的外观设计。在 G－1－3－4.2.4 关于"图片或者照片的缺陷"中规定，对于图片或者照片中的内容存在缺陷的专利申请……所述缺陷主要是指下列各项：（1）视图投影关系有错误，例如投影关系不符合正投影规则、视图之间的投影关系不对应或者视图方向颠倒……。

题中，已知主视图和立体图正确，从主视图和立体图可知，其中电饭煲盖子部分前低后高，其提手向后平放。据此，可以判断左视图和右视图的视图恰好弄反了，故是错误的，因此选项 A、B 符合题意。另外，在主视图和立体图中，盖子顶部有可见的一个横条，但在俯视图的盖子顶部没有显示有横条，因此俯视图错误，即选项 C 符合题意。仰视图没有发现错误，因此选项 D 不符合题意。

综上所述，本题答案为 A、B、C。

【3. (2017－64) 解析】知识点：外观设计图片或者照片

参照 2. (2018－45) 的解析。依据是 G－1－3－4.2.4 关于"图片或者照片的缺陷"规定的第一种情形。题中，已知主视图和立体图正确，从主视图的壶把手所在位置可知，左视图和右视图对，名称与图不对应，应当将两者互换才符合投影规则，故选项 A、B 符合题意。从立体图可知，在食物料理机顶盖上有六个控制按钮及其对应的六个小圆点，而俯视图显示的顶盖仅有六个控制按钮，相对于立体图缺少了六个小圆点，故选项 C 不符合题意。从主视图可知，从仰视方向可知，其把手应当在图的右侧，而题中仰视图显示把手在左侧，因此视图方向存在错误，旋转 180 度才是正确的。故选项 D 中的视图存在明显错误，符合题意。

综上所述，本题答案为 A、B、C、D。

【4. (2017－16) 解析】知识点：外观设计图片或者照片

在 G－1－3－4.2.4 关于"图片或者照片的缺陷"中规定，对于图片或者照片中的内容存在缺陷的专利申请……所述缺陷主要是指下列各项：……（6）细长物品例如量尺、型材等，绘图时省略了中间一段长度，但没有使用两条平行的双点划线或者自然断裂线断开的画法……。根据上述规定，可以采用双点划线来表示细长物品的省略部分，故选项 A 的说法正确，不符合题意。

在 G－1－3－4.2.4 关于"图片或者照片的缺陷"中规定，对于图片或者照片中的内容存在缺陷的专利申请……所述缺陷主要是指下列各项：……（7）剖视图或者剖面图的剖面及剖切处的表示有下述情况的：（ⅰ）缺少剖面线或者剖面线不完全；（ⅱ）表示剖切位置的剖切位置线、符号及方向不全或者缺少上述内容（但可不给出表示从中心位置处剖切的标记）……。根据上述规定，剖视图或剖面图的剖面及剖切处，应有表示剖切位置的剖切位置线、符号及方向，故选项 B 的说法正确，不符合题意。

在 G－1－3－4.2.3 关于"照片的拍摄"中规定，……（5）照片中的产品通常应当避免包含内装物或者衬托物，但对于必须依靠内装物或者衬托物才能清楚地显示产品的外观设计时，允许保留内装物或者衬托物。根据上述规定，在需要依靠衬托物的情况下，拍摄照片时保留了衬托物是允许的，故选项 C 的说法正确，不符合题意。

在 G－1－3－4.2.4 关于"图片或者照片的缺陷"中规定，对于图片或者照片中的内容存在缺陷的专利申请……所述缺陷主要是指下列各项：……（3）外观设计图片中的产品绘制线条包含有应删除或者修改的阴影线、指示线、虚线、中心线、尺寸线、点划线……。根据上述规定，外观设计专利申请的图片或者照片中不应包含有虚线。这一规定的原因在于，之前我国对于外观设计的保护还不包括局部外观设计的保护制度，因此不允许在视图中对不要求专利保护的结构采用虚线绘制的方式表达。故选项 D 的说法错误，符合题意。

综上所述，本题答案为 D。

【5. (2014－87) 解析】知识点：外观设计图片或者照片

参照 2. (2018－45) 的解析。依据是 G－1－3－4.2.4 关于"图片或照片的缺陷"规定的第一种情形。题中，已知主视图和立体图正确。从立体图和主视图可知，俯视图中产品前后颠倒，存在明显错误，应当旋转 180 度才是正确的，即选项 A 符合题意。左视图中产品前后颠倒，存在明显错误，应当旋转 180 度才是正确的，即选项 B 符合题意。后视图中产品上下颠倒，存在明显错误，应当旋转 180 度才是正确的，即选项 C 符合题意。从题中的信息来看，仰视图中没有明显的错误，是正确的，故选项 D 不符合题意。

综上所述，本题答案为 A、B、C。

【6. (2010－13) 解析】知识点：外观设计图片或者照片

在 G－1－3－4.2.3 关于"照片的拍摄"中规定，……（5）照片中的产品通常应当避免包含内装物或者衬托物，但对于必须依靠内装物或者衬托物才能清楚地显示产品的外观设计时，则允许保留内装物或者衬托物。根据上述规定，

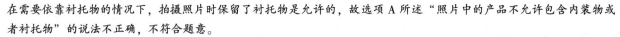

在需要依靠衬托物的情况下，拍摄照片时保留了衬托物是允许的，故选项A所述"照片中的产品不允许包含内装物或者衬托物"的说法不正确，不符合题意。

在G-1-3-4.2.2关于"图片的绘制"中规定，……图片可以使用包括计算机在内的制图工具绘制，但不得使用铅笔、蜡笔、圆珠笔绘制，也不得使用蓝图、草图、油印件。对于使用计算机绘制的外观设计图片，图面分辨率应当满足清晰的要求。据上述规定，选项B所述"图片可以使用铅笔、蜡笔、圆珠笔绘制"的说法错误。

在G-1-3-4.2.3关于"照片的拍摄"中规定，……（3）照片的拍摄通常应当遵循正投影规则，避免因透视产生的变形影响产品的外观设计的表达……。选项C的说法正确，符合题意。

在G-1-3-4.2.4关于"图片或者照片的缺陷"中规定，对于图片或者照片中的内容存在缺陷的专利申请……所述缺陷主要是指下列各项：……（10）透明产品的外观设计，外层与内层有两种以上形状、图案和色彩时，没有分别表示出来。根据该规定，透明产品的外观设计，外层与内层有两种以上形状、图案和色彩时，应当分别表示出来，故选项D的说法正确，符合题意。

综上所述，本题答案为C、D。

（三）总体考点分析

本部分涉及外观设计图片或者照片的法律效力，以及提交要求，其中重点掌握立体产品的视图要求（掌握不同视图之间的投影关系）、平面产品的视图要求、色彩的要求、视图名称及其标注要求、图片绘制和照片拍摄的要求，尤其是关于图片或者照片的缺陷中的主要情形（这些缺陷反过来其实表达的是对照片或图片的要求）。

高频结论

✓ 立体产品设计要点涉及六个面的，应当提交六面正投影视图；产品设计要点仅涉及一个或者几个面的，应当提交所涉及面的正投影视图，对于其他面既可以提交正投影视图，也可以提交立体图。使用时不容易看到或者看不到的面可以省略视图，并应当在简要说明中写明省略视图的原因。（注意，应当知晓实际产品图片的投影关系的判断。）

✓ 就平面产品的外观设计而言，产品设计要点涉及一个面的，可以仅提交该面正投影视图；产品设计要点涉及两个面的，应当提交两面正投影视图。

✓ 对于组装关系唯一的组件产品，应当提交组合状态的产品视图；对于无组装关系或者组装关系不唯一的组件产品，应当提交各构件的视图，并在每个构件的视图名称前以阿拉伯数字顺序编号标注，并在编号前加"组件"字样。

✓ 图片可以使用包括计算机在内的制图工具绘制，但不得使用铅笔、蜡笔、圆珠笔绘制，也不得使用蓝图、草图、油印件。

✓ 外观设计图片中的产品绘制线条不得包含有删除或修改阴影线、指示线、虚线、中心线、尺寸线、点划线等。

✓ 剖视图或剖面图的剖面及剖切处，应有表示剖切位置的剖切位置线、符号及方向。

✓ 细长物品例如量尺、型材等，绘图时省略了中间一段长度，应当使用两条平行的双点划线或自然断裂线断开的画法。

✓ 照片中的产品通常应当避免包含内装物或者衬托物，但对于必须依靠内装物或者衬托物才能清楚地显示产品的外观设计时，则允许保留内装物或者衬托物。

✓ 照片的拍摄通常应当遵循正投影规则，避免因透视产生的变形影响产品的外观设计的表达。

✓ 透明产品的外观设计，外层与内层有两种以上形状、图案和色彩时，应当分别表示出来。

✓ 涉及图形用户界面的产品外观设计，申请人可以以产品整体外观设计方式提交申请。设计要点仅在于图形用户界面设计的，申请人至少应当提交图形用户界面所涉及面的产品正投影视图，必要时还应当提交图形用户界面的视图。

（四）参考答案

1. A、B、C   2. A、B、C   3. A、B、C、D   4. D   5. A、B、C
6. C、D

三、简要说明

(一) 历年试题集合

1. (2019 – 50) 以下哪些内容可以在外观设计简要说明中写明？
A. 外观设计产品的技术效果
B. 外观设计产品的底部是透明的
C. 外观设计产品的内部结构
D. 请求保护的外观设计包含有色彩

【你的答案】
_____

【选错记录】
_____
_____

2. (2017 – 65) 下列哪些内容可以在外观设计简要说明中写明？
A. 一个玻璃水杯，写明该产品由透明材料制成
B. 一套茶具，写明套件 1 为茶壶，套件 2 为茶杯，套件 3 为茶碟
C. 一款汽车，写明其为新能源动力驱动
D. 一幅花布，写明其单元图案为四方连续无限定边界并请求保护色彩

【你的答案】
_____

【选错记录】
_____
_____

3. (2015 – 12) 下列写入外观设计专利申请简要说明中的内容，哪个是错误的？
A. 外观设计产品名称是沙发
B. 产品内部设有加热装置
C. 省略仰视图
D. 本外观设计的形状是设计要点

【你的答案】
_____

【选错记录】
_____
_____

4. (2012 – 98) 申请外观设计专利时，下列哪些内容应当在简要说明中写明？
A. 外观设计产品的名称
B. 外观设计产品的用途
C. 外观设计产品的性能
D. 外观设计产品的设计要点

【你的答案】
_____

【选错记录】
_____
_____

5. (2010 – 51) 下列有关外观设计专利申请简要说明的说法哪些是正确的？
A. 申请外观设计专利时，应当提交简要说明
B. 在简要说明中应当写明设计要点
C. 外观设计专利申请人自申请日起两个月内，可以对简要说明提出主动修改
D. 在侵权判断过程中，简要说明可以用于解释图片或者照片所表示的该产品的外观设计

【你的答案】
_____

【选错记录】
_____
_____

6. (2011 – 44) 外观设计专利申请简要说明中含有的下列哪些内容不符合相关规定？
A. 外观设计产品的名称为"人体增高鞋垫"
B. 外观设计产品是一种用来烧开水的电器，热效率高、省电
C. 设计要点在于产品表面的图案美观大方
D. 指定主视图和俯视图用于出版专利公报

【你的答案】
_____

【选错记录】
_____
_____

(二) 参考答案解析

【1. (2019 – 50) 解析】知识点：简要说明的撰写要求

在 G – 1 – 3 – 4.3 关于"简要说明"最后一段中规定，简要说明不得使用商业性宣传用语，也不能用来说明产品的性能和内部结构。根据该规定，选项 A 中提到外观设计产品的技术效果，以及选项 C 提到的外观设计产品的内部结构不能写入简要说明中，故选项 A 和 C 不符合题意。

在 G – 1 – 3 – 4.3 关于"简要说明"中规定，……下列情形应当在简要说明中写明：……（5）如果产品的外观设计由透明材料或者具有特殊视觉效果的新材料制成，必要时应当在简要说明中写明……。选项 B 的外观设计产品的底部是透明的，可以在简要说明中写明，故选项 B 符合题意。

在 G – 1 – 3 – 4.3 关于"简要说明"中规定，……下列情形应当在简要说明中写明：（1）请求保护色彩或者省略视

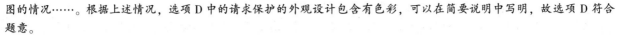

图的情况……。根据上述情况，选项 D 中的请求保护的外观设计包含有色彩，可以在简要说明中写明，故选项 D 符合题意。

综上所述，本题答案为 B、D。

【2. (2017 - 65) 解析】知识点：简要说明的撰写要求

在 G - 1 - 3 - 4.3 关于"简要说明"中规定，……下列情形应当在简要说明中写明：……（5）如果产品的外观设计由透明材料或者具有特殊视觉效果的新材料制成，必要时应当在简要说明中写明……。选项 A 的玻璃水杯由透明材料制成，则在简要说明应当予以写明，故选项 A 符合题意。

在 G - 1 - 3 - 4.3 关于"简要说明"中规定，……下列情形应当在简要说明中写明：……（6）如果外观设计产品属于成套产品，必要时应当写明各套件所对应的产品名称……。选项 B 的茶具属于茶壶、茶杯和茶碟构成的成套产品，则在简要说明应当予以写明，故选项 B 符合题意。

在 G - 1 - 3 - 4.3 关于"简要说明"最后一段中规定，简要说明不得使用商业性宣传用语，也不能用来说明产品的性能和内部结构。选项 C 中写明为新能源动力驱动汽车，属于对产品的性能和内部结构的说明，是不符合要求的，故选项 C 不符合题意。

在 G - 1 - 3 - 4.3 关于"简要说明"中规定，……下列情形应当在简要说明中写明：（1）请求保护色彩或者省略视图的情况。……（3）对于花布、壁纸等平面产品，必要时应当描述平面产品中的单元图案两方连续或者四方连续等无限定边界的情况……。因此根据上述两种情况可知，选项 D 中的花布，可以在简要说明中写明其单元图案为四方连续无限定边界和请求保护色彩，故选项 D 符合题意。

综上所述，本题答案为 A、B、D。

【3. (2015 - 12) 解析】知识点：简要说明的撰写要求

在 G - 1 - 3 - 4.3 关于"简要说明"中规定，……简要说明应当包括下列内容：（1）外观设计产品的名称……（2）外观设计产品的用途……（3）外观设计的设计要点……（4）指定一幅最能表明设计要点的图片或者照片……。根据上述规定，简要说明应当写明外观设计产品的名称，同时选项 A 中的"沙发"的名称也符合要求，故选项 A 符合撰写要求，不符合题意。由该规定可知，简要说明应当包括外观设计的设计要点，而选项 D 中写明形状是设计要点，故符合要求，不符合题意。

在 G - 1 - 3 - 4.3 关于"简要说明"最后一段中规定，简要说明不得使用商业性宣传用语，也不能用来说明产品的性能和内部结构。故选项 B 中的产品内部设有加热装置，属于产品的内部结构，故不符合相关要求，符合题意。

在 G - 1 - 3 - 4.3 关于"简要说明"中规定，……下列情形应当在简要说明中写明：（1）请求保护色彩或者省略视图的情况……。故选项 C 中说明省略仰视图，属于省略视图的情形，故符合要求。

综上所述，本题答案为 B。

【4. (2012 - 98) 解析】知识点：简要说明应当包括的内容

参照 3. (2015 - 12) 的解析。在 G - 1 - 3 - 4.3 关于"简要说明"中规定，……简要说明应当包括下列内容：（1）外观设计产品的名称……（2）外观设计产品的用途……（3）外观设计的设计要点……简要说明不得使用商业性宣传用语，也不能用来说明产品的性能和内部结构。故选项 A、B、D 分别相应于上述第（1）、（2）、（3）的要求，故符合题意，选项 C 所述"性能"恰是上述规定不能用来说明的，故不符合题意。

综上所述，本题答案为 A、B、D。

【5. (2010 - 51) 解析】知识点：简要说明应当包括的内容；相关知识：修改、保护范围

根据 A27.1 的规定，申请外观设计专利的，应当提交请求书、该外观设计的图片或者照片以及对该外观设计的简要说明等文件。因此，申请外观设计专利时，应当提交简要说明，即选项 A 的说法正确，符合题意。

在 G - 1 - 3 - 4.3 关于"简要说明"中规定，……简要说明应当包括下列内容：……（3）外观设计的设计要点……。故选项 B 说法正确，符合题意。

根据 R57.2 的规定，实用新型或者外观设计专利申请人自申请日起 2 个月内，可以对实用新型或者外观设计专利申请主动提出修改。因此，自申请日起 2 个月内，外观设计专利申请人可以对简要说明提出主动修改，即选项 C 的说法正确，符合题意。

根据 A64.2 的规定，外观设计专利权的保护范围以表示在图片或者照片中的该产品的外观设计为准，简要说明可以用于解释图片或者照片所表示的该产品的外观设计。因此，在侵权判断过程中，简要说明可以用于解释图片或者照片所表示的该产品的外观设计，即选项 D 正确，符合题意。

综上所述，本题答案为 A、B、C、D。

【6. (2011-44) 解析】知识点：简要说明应当包括的内容

在G-1-3-4.1.1关于"使用外观设计的产品名称"中规定，……产品名称通常还应当避免下列情形：……(3) 描述技术效果、内部构造的名称，例如"节油发动机""人体增高鞋垫""装有新型发动机的汽车"……。故选项A中的名称为"人体增高鞋垫"明显不符合相关规定，故符合题意。

在G-1-3-4.3关于"简要说明"最后一段中规定，简要说明不得使用商业性宣传用语，也不能用来说明产品的性能和内部结构。故选项B中包括的"热效率高、省电"属于商业性宣传用语，故不符合相关规定，符合题意。

在G-1-3-4.3关于"简要说明"中规定，……设计要点是指与现有设计相区别的产品的形状、图案及其结合，或者色彩与形状、图案的结合，或者部位。对设计要点的描述应当简明扼要……。而选项C中的"产品表面的图案美观大方"并不属于上述规定的与现有设计相区别的内容，故不符合相关规定，符合题意。

在G-1-3-4.3关于"简要说明"中规定，……(4) 指定一幅最能表明设计要点的图片或者照片。指定的图片或者照片用于出版专利公报……。因此，表明设计要点的图片或者照片只能有一幅，且这一幅图片或照片用于出版专利公报，而选项D中指定了主视图和俯视图两幅图，故不符合相关规定，符合题意。

综上所述，本题答案为A、B、C、D。

（三）总体考点分析

本部分涉及外观设计专利申请文件中的简要说明，具体包括其法律效力、应当包括的内容、应当在简要说明中写明的情形，以及不应当进行说明的内容。

高频结论

√ 简要说明应当包括下列内容：(1) 外观设计产品的名称。(2) 外观设计产品的用途。(3) 外观设计的设计要点。设计要点是指与现有设计相区别的产品的形状、图案及其结合，或者色彩与形状、图案的结合，或者部位。对设计要点的描述应当简明扼要。(4) 指定一幅最能表明设计要点的图片或者照片。指定的图片或者照片用于出版专利公报（只能指定一幅）。

√ 应当在简要说明中写明的情形：(1) 请求保护色彩或者省略视图的情况。(2) 对同一产品的多项相似外观设计提出一件外观设计专利申请的，应当在简要说明中指定其中一项作为基本设计。(3) 对于花布、壁纸等平面产品，必要时应当描述平面产品中的单元图案两方连续或者四方连续等无限定边界的情况。(4) 对于细长物品，必要时应当写明细长物品的长度采用省略画法。(5) 如果产品的外观设计由透明材料或者具有特殊视觉效果的新材料制成，必要时应当在简要说明中写明。(6) 如果外观设计产品属于成套产品，必要时应当写明各套件所对应的产品名称。(7) 用虚线表示视图中图案设计的，必要时应当在简要说明中写明。

√ 简要说明不得使用商业性宣传用语，也不能用来说明产品的性能和内部结构。

（四）参考答案

1. B、D	2. A、B、D	3. B	4. A、B、D	5. A、B、C、D

6. A、B、C、D

四、外观设计专利申请的单一性

（一）历年试题集合

1. (2016-53) 下列哪些选项所示外观设计可以作为一件外观设计专利申请提出？

A. 轿车和轿车车模的相似外观设计

B. 设计构思相同的床、床头柜的外观设计

C. 咖啡杯和咖啡壶的成套产品外观设计，以及与其中的咖啡杯相似的另一款咖啡杯外观设计

D. 仅有色彩差别的产品包装盒的两项外观设计

【你的答案】
_____

【选错记录】
_____

2. (2015-58) 在设计构思相同的情况下，下列哪组产品的外观设计可以合案申请？

A. 彼此相似的两个电饭锅

B. 材质相同的餐桌和餐椅

C. 同一商家出售的浴缸和沐浴房

D. 沙发和可放在沙发上使用的靠垫

【你的答案】
_____
【选错记录】
_____
_____
_____

3. (2013-13) 在设计构思相同的情况下，下列哪组产品的外观设计可以合案申请？

A. 毛巾和围巾

B. 书包和铅笔盒

C. 麻将牌及其外包装盒

D. 茶壶和茶杯

【你的答案】
_____
【选错记录】
_____
_____
_____

4. (2012-4) 在设计构思相同的情况下，下列哪组产品的外观设计可以合案申请？

A. 鞋柜和书柜

B. 床单、被罩和枕套组成的多件套床上用品

C. 铅笔和销售时赠送的橡皮

D. 皮鞋和销售时用来盛装该皮鞋的鞋盒

【你的答案】
_____
【选错记录】
_____
_____
_____

5. (2010-41) 在设计构思相同的情况下，下列哪些产品的外观设计可以合案申请？

A. 药品包装瓶和该包装瓶的外包装盒

B. 同时销售的设计相似的两只铅笔

C. 同时使用的茶壶和茶杯

D. 浴室用洗脸池、水龙头和盥洗镜

【你的答案】
_____
【选错记录】
_____
_____
_____

6. (2010-74) 简要说明中指定设计1为基本设计，哪些设计能作为设计1的相似设计与设计1在一件外观设计专利申请中提出？

【你的答案】
_____
【选错记录】
_____
_____

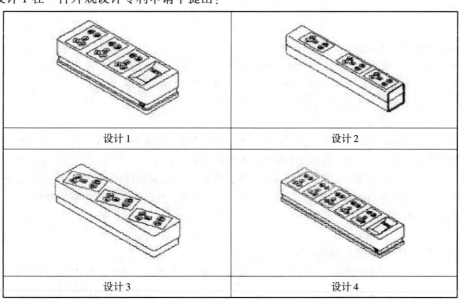

| 设计1 | 设计2 |
| 设计3 | 设计4 |

A. 设计2

B. 设计3

C. 设计4

D. 设计2、设计3、设计4

（二）参考答案解析

【1. (2016-53) 解析】知识点：外观设计的单一性

根据A31.2的规定，一件外观设计专利申请应当限于一项外观设计。同一产品两项以上的相似外观设计，或者用于同一类别并且成套出售或者使用的产品的两项以上外观设计，可以作为一件申请提出。

根据该规定，外观设计符合单一性要求有两种情形，一是同一产品两项以上的相似外观设计，二是成套出售或者使用的产品的两项以上外观设计。

选项A中的"轿车"和"轿车车模"二者属于不同产品，也不是成套出售的产品，因此，两者无论何种情况都不可能符合单一性的要求，即使二者的外观相似也不具备单一性，不能作为一件外观设计专利申请提出，不符合题意。

对于上述第二种具备单一性的情形，根据R40.2的规定，……同一类别并且成套出售或者使用的产品的两项以上外观设计，是指各产品属于分类表中同一大类，习惯上同时出售或者同时使用，而且各产品的外观设计具有相同的设计构思。在G-1-3-9.2关于"成套产品的外观设计"中规定，……用于同一类别并且成套出售或者使用的产品并且具有相同设计构思的两项以上外观设计，可以作为一件申请提出……。进一步地，在G-1-3-9.2.2关于"成套出售或者使用"中规定，……成套出售或者使用，指习惯上同时出售或者同时使用并具有组合使用价值。（1）同时出售：同时出售，是指外观设计产品习惯上同时出售，例如由床单、床单和枕套等组成的多套件床上用品。为促销而随意搭配出售的产品，例如书包和铅笔盒，虽然在销售书包时赠送铅笔盒，但是这不应认为是习惯上同时出售，不能作为成套产品提出申请。（2）同时使用：同时使用，是指产品习惯上同时使用，也就是说，使用其中一件产品时，会产生使用联想，从而想到另一件或者另几件产品的存在，而不是指在同一时刻同时使用这几件产品。例如咖啡器具中的咖啡杯、咖啡壶、糖罐、牛奶壶等。

基于上规定可知，选项B所述的床与床头柜习惯上同时出售或者同时使用，因而属于成套出售或使用的产品，而且外观设计构思相同，因而符合上述规定的单一性要求，可以作为一件外观设计专利申请提出，故符合题意。

在G-1-3-9.2.4关于"成套产品中不应包含相似外观设计"中规定，成套产品外观设计专利申请中不应包含某一件或者几件产品的相似外观设计。例如，一项包含餐用杯和碟的成套产品外观设计专利申请中，不应再包括所述杯和碟的两项以上（含两项）的相似外观设计……。据此，选项C中，咖啡杯和咖啡壶的成套产品外观设计，则在此基础上，该专利申请就不能包括与咖啡杯相似的另一款咖啡杯的外观设计，因此选项C中的外观设计不符合单一性要求，不能作为一件外观设计专利申请提出，不符合题意。

在G-4-5-5.2.6.3关于"色彩的判断"中规定，……单一色彩的外观设计仅作色彩改变，两者仍属于实质相同的外观设计。这里所说的实质相同，属于单一性中所述的相似的外观设计的情况，因此，选项D所述的仅有色彩差别的产品包装盒的两项外观设计属于同一产品的两项相似的外观设计，符合单一性要求，可以作为一件外观设计专利申请提出，符合题意。

综上所述，本题答案为B、D。

【2. (2015-58) 解析】知识点：外观设计的单一性

参照1. (2016-53) 的解析。选项A中的彼此相似的两个电饭锅，在设计构思相同的情况下，属于同一产品两项的相似外观设计，故符合单一性的要求，可以合案申请（即作为一件专利申请提出），符合题意。

选项B中的材质相同的餐桌和餐椅，属于同一类别且会成套出售或使用的产品，在设计构思相同的情况下，则符合单一性的要求，可以合案申请，符合题意。

选项C中的同一商家出售的浴缸和沐浴房，虽然都放在浴室中，但两者并不是同一类别的产品，既不是相同的产品也不是成套产品，故不可能符合单一性的要求，不能合案申请，不符合题意。

选项D的沙发和可放在沙发上使用的靠垫，根据常识可以判断，两者习惯上是同时销售和使用的，且两者属于同一类别产品，故属于成套产品，在设计构思相同的情况下，则符合单一性的要求，可以合案申请，不符合题意。

综上所述，本题答案为A、B、D。

【3. (2013-13) 解析】知识点：外观设计的单一性

参照1. (2016-53) 的解析。选项A中的毛巾和围巾，两者不属于相同的产品，且根据常识可以判断两者习惯上并不同时出售或者同时使用，因此两者不可能符合单一性的要求，不能合案申请（即不能作为一件专利申请提出），即不符合题意。

选项B中的书包和铅笔盒，两者不是相同的产品，而且习惯上并不同时出售或同时使用，其是G-1-3-9.2.2关于"成套出售或者使用"中规定不属于成套产品的例子（是为了促销而随意搭配的情形），因此两者不可能具备单一性，不能合案申请，不符合题意。

选项C中的麻将牌及其外包装盒，两者并不属于同一类别的产品，也不构成成套产品，因此不能合案申请，不符合题意。

D选项中的茶壶和茶杯，由于属于同一大类的产品，并且习惯上同时出售或者使用，是比较典型的成套产品，在设计构思相同的情况下，具备单一性，可以合案申请，即符合题意。

综上所述，本题答案为D。

【4.（2012－4）解析】知识点：外观设计的单一性

参照1.（2016－53）的解析。选项A中的鞋柜和书柜，不是相同的产品，虽然属于同一大类的产品，但由于习惯上并不同时出售或者同时使用，因此不属于成套产品，因而不可能符合单一性的要求，不能合案申请，即不符合题意。

选项B中床单、被单和枕套组成的多件套床上用品，这些产品属于同一类别，并且习惯上同时出售和同时使用，属于成套产品（也是G－1－3－9.2.2关于"成套出售或者使用"中规定的属于成套产品的例子），因此在设计构思相同的情况下，可以合案申请，即符合题意。

选项C中的铅笔和橡皮，都属于文具，在文具商店也往往放在一起，虽然题中给出的是销售铅笔时，同时赠送了橡皮，但两者在习惯上并不是同时出售的，因此不属于成套产品，故不能合案申请，不符合题意。

选项D中的皮鞋和销售时用来盛装该皮鞋的鞋盒不属于同一大类的产品，虽然销售时鞋盒用于盛装皮鞋，但并不属于同一类别并且成套出售或者使用的产品，因此不属于成套产品，故不可能具备单一性，不能合案申请，即不符合题意。

综上所述，本题答案为B。

【5.（2010－41）解析】知识点：外观设计的单一性

参照1.（2016－53）的解析。选项A中的药品包装瓶和该包装瓶的外包装盒，均属于药品的包装，属于同一大类的产品，在设计构思相同的情况下，具备单一性，可以合案申请，符合题意。

选项B同时销售的设计相似的两支铅笔，属于相同的产品，在设计构思相同的情况下，两者具备单一性，可以合案申请，符合题意。

选项C中同时使用的茶壶和茶杯，两者属于比较典型的成套产品的外观设计，在设计构思相同的情况下，具备单一性，可以合案申请，符合题意。

选项D中的洗脸池、水龙头和盥洗镜明显不属于同一大类的产品，虽然在盥洗室会同时安装这三种产品，但也不能成为成套产品，不可能具备单一性，即其外观设计不能合案申请，不符合题意。

综上所述，本题答案为A、B、C。

【6.（2010－74）解析】知识点：外观设计的单一性

参照1.（2016－53）的解析。在G－1－3－9.1.2关于"相似外观设计"中规定，……判断相似外观设计时，应当将其他设计与基本设计单独进行对比。初步审查时，对涉及相似外观设计的申请，应当审查其是否明显不符合《专利法》第三十一条第二款的规定。一般情况下，经整体观察，如果其他设计和基本设计具有相同或者相似的设计特征，并且二者之间的区别点在于局部细微变化、该类产品的惯常设计、设计单元重复排列、局部外观设计在整体中位置和/或比例关系的常规变化或者仅色彩要素的变化等情形，则通常认为二者属于相似的外观设计。

本题涉及的插座板，从给出图的外观来看，设计1形状为长方体，重点在面板包括插孔形状和开关两个方面设计要素。而设计2中没开关这一设计要素，其与设计1不属于相似的设计。设计3不仅没有开关，而且插孔的方向不同于设计1，故与设计1不属于相似的设计。设计4既有开关，且插孔的排列与设计1相同，其区别在于设计4的插孔数量比设计1的插孔数量多了两个，而这种不同仅仅属于设计单元重复排列的情形，因此设计4与设计1属于相似的外观设计。因此，选项C符合题意。

综上所述，本题答案为C。

（三）总体考点分析

本部分涉及外观设计的单一性，包括同一产品的两项以上的相似外观设计和成套产品的外观设计具备单一性两种情形。具体涉及同一产品的认定、相似外观设计的定义及判断方式、相似外观设计的项数、成套产品的外观设计的定义、同一类别产品的含义、成套出售或者使用的含义以及设计构思相同的要求。

高频结论

✓ 一件外观设计专利申请应当限于一项外观设计。

✓ 同一产品两项以上的相似外观设计，或者用于同一类别并且成套出售或者使用的产品的两项以上外观设计，可以作为一件申请提出。

✓ 同一类别并且成套出售或者使用的产品的两项以上外观设计，是指各产品属于分类表中同一大类，习惯上同时出售或者同时使用，而且各产品的外观设计具有相同的设计构思。

✓ 成套出售或者使用，指习惯上同时出售或者同时使用并具有组合使用价值。（1）同时出售：是指外观设计产品习惯上同时出售，例如由床罩、床单和枕套等组成的多套件床上用品。为促销而随意搭配出售的产品，例如书包和铅笔盒，虽然在销售书包时赠送铅笔盒，但是这不应认为是习惯上同时出售，不能作为成套产品提出申请。（2）同时使用：是指产品习惯上同时使用，也就是说，使用其中一件产品时，会产生使用联想，从而想到另一件或另几件产品的存在，而不是指在同一时刻同时使用这几件产品。例如咖啡器具中的咖啡杯、咖啡壶、糖罐、牛奶壶等。

✓ 成套产品外观设计专利申请中不应包含某一件或者几件产品的相似外观设计。例如，一项包含餐用杯和碟的成套产品外观设计专利申请中，不应再包括所述杯和碟的两项以上的相似外观设计。

✓ 判断相似外观设计时，应当将其他外观设计与基本外观设计单独进行对比。如果其他外观设计和基本外观设计具有相同或者相似的设计特征，并且二者之间的区别点在于局部细微变化、该类产品的惯常设计、设计单元重复排列或者仅色彩要素的变化等情形，则通常认为二者属于相似的外观设计。

（四）参考答案

1. B、D   2. A、B、D   3. D   4. B   5. A、B、C

6. C

五、外观设计国际申请

（一）模拟试题测试

模拟题－1. 通过专利局提交外观设计国际注册申请文件的，可以由下列哪些途径通过专利局向国际局缴纳国际注册申请的相关费用？

【你的答案】

A. 直接向专利局当面缴纳

B. 通过专利局地方代办处当面缴纳

【选错记录】

C. 邮局汇款

D. 网上缴费

模拟题－2. 对外观设计国际申请作出给予保护的决定后，专利局予以公告，以下属于公告内容的有？

【你的答案】

A. 国际注册号

B. 国家专利号

【选错记录】

C. 优先权事项

D. 本申请全部图片或者照片

模拟题－3. 关于外观设计国际申请视图的审查，以下说法正确的是？

【你的答案】

A. 审查员应当就申请人提交的有关图片或者照片是否存在影响要求保护的产品整体或者局部外观设计清楚表达的明显实质性缺陷进行审查

B. 如果外观设计国际申请的视图中使用了阴影线，审查员应当以影响要求保护的外观设计的清楚表达为由发出驳回通知

【选错记录】

C. 审查员不得以图片或者照片的形式缺陷为由驳回外观设计国际申请

D. 外观设计国际申请的视图名称和标注应当符合我国对视图名称和标注的规定

模拟题－4. 关于外观设计国际申请简要说明书的审查，以下说法正确的是？

【你的答案】

A. 外观设计国际申请应当包含简要说明书

B. 外观设计国际申请的简要说明书应当包含关于外观设计的设计要点的描述

【选错记录】

C. 外观设计国际申请的简要说明书如未在申请时向国际局提交的，可以在外观设计国际申请公布之日起两个月内向专利局提交

D. 外观设计国际申请简要说明书的内容用于解释图片或者照片所示的产品的外观设计

模拟题－5. 关于外观设计国际申请的优先权的审查，以下说法正确的是？

【你的答案】

A. 外观设计国际申请的申请人要求以其在先在中国提出的外观设计为基础享有优先权的，该优先权属于本国优先权

【选错记录】

B. 外观设计国际申请的申请人要求外国优先权的，应当自外观设计国际申请注册日起三个月内向专利局提交第一次提出的专利申请的副本

C. 在先申请文件副本中不要求包含该副本的中文题录译文

D. 外观设计国际申请被视为未要求优先权的，可以向专利局请求恢复

（二）参考答案解析

【模拟题－1. 解析】知识点：外观设计国际申请，费用缴纳

G－6－1－4.1关于"国际程序费用的缴纳"中规定："通过专利局缴纳费用的，当事人应当以传送编号为依据，通过网上缴费或者直接向专利局当面缴纳相关费用。"因此，选项A、D的说法正确，选项B、C的说法错误。

综上所述，本题答案为A、D。

【模拟题－2解析】知识点：外观设计国际申请，公告

G－6－1－3.5关于"公告程序"中规定："对外观设计国际申请作出给予保护的决定后，专利局予以公告，公告的内容包括：专利权的著录事项以及一幅图片或者照片。著录事项主要包括：分类号、专利号、国际注册号、授权公告号（出版号）、申请日、授权公告日、优先权事项、专利权人事项、使用该外观设计的产品名称等。……外观设计专利的单行本的内容包括扉页、图片或者照片以及简要说明。其中，图片或者照片、简要说明以国际局公布的给予保护声明所确定的文本形式提供。"因此，选项A、B、C的说法正确，选项D的说法错误。

综上所述，本题答案为A、B、C。

【模拟题－3. 解析】知识点：外观设计国际申请，视图审查

G－6－2－5.2.2关于"图片或者照片的清楚表达"中规定："审查员应当就申请人提交的有关图片或者照片是否存在影响要求保护的产品整体或者局部外观设计清楚表达的明显实质性缺陷进行审查。"因此，选项A的说法正确。同时，外观设计国际申请的视图中使用阴影线辅助表达产品表面形状，而未影响清楚表达的，不构成驳回理由，因此，选项B的说法错误。

G－6－2－2关于"审查原则"中规定，申请的形式或者内容适用《海牙协定》以及1999年文本和1960年文本共同实施细则的规定，审查员不得以申请文件的形式缺陷为由驳回外观设计国际申请。外观设计国际申请视图的形式缺陷，如未影响审查员对视图的理解的，不构成驳回理由，因此，选项C的说法正确。

G－6－2－5.2.1关于"视图名称及其标注"中规定："外观设计国际申请的视图名称及其标注被视为符合本指南第一部分第三章第4.2.1节的规定。"外观设计国际申请的视图名称及其标注以国际局的形式要求为准，因此，选项D的说法错误。

综上所述，本题答案为A、C。

【模拟题－4解析】知识点：外观设计国际申请，简要说明书

G－6－2－5.3关于"简要说明书的审查"中规定："根据专利法实施细则第一百四十二条的规定，国际局公布的外观设计国际申请中包括含设计要点的说明书的，视为已经依照专利法实施细则第三十一条的规定提交了简要说明。"因此，选项A和B的说法正确。外观设计国际申请的简要说明书是指定中国的必要内容，应当在向国际局提交申请时提交，并包含在国际公布的文件中，因此，选项C的说法错误。

G－6－2－5.3关于"简要说明书的审查"中规定："根据专利法第六十四条第二款的规定，外观设计国际申请简要说明书的内容用于解释图片或者照片所示的产品的外观设计。"因此，选项D的说法正确。

综上所述，本题答案为A、B、D。

【模拟题－5解析】知识点：外观设计国际申请，优先权审查

G－6－2－6.2.2.1关于"在先申请和要求优先权的在后申请"中规定："申请人要求以其在先在中国提出的外观设计为基础享有优先权的，视为根据专利法第二十九条第二款的规定要求本国优先权。"因此，选项A的说法正确。

G－6－2－6.2.1.3关于"在先申请文件副本"中规定："根据专利法实施细则第一百三十九条的规定，外观设计国际申请的申请人要求优先权的，应当自外观设计国际申请公布之日起三个月内向专利局提交第一次提出的专利申请的副本。在先申请文件副本中可以不包含该副本的中文题录译文。"因此，选项B的说法错误，选项C的说法正确。

G-6-2-6.2.4 关于"优先权要求的恢复"规定："外观设计国际申请被视为未要求优先权的，不予恢复。"因此，选项 D 的说法错误。

综上所述，本题答案为 A、C。

（三）总体考点分析

本部分涉及外观设计国际申请，具体包括外观设计国际注册申请的事务处理相关内容、外观设计国际申请审查相关内容。

高频结论

✓　外观设计国际注册申请的提交，在中国有经常居所或营业所的申请人，提交外观设计国际注册申请时，可以选择直接途径或者间接途径。直接途径是指向国际局提交申请文件；间接提交是指申请人向国家知识产权局提交申请文件，再由国家知识产权局向国际局传送，但是后续其他文件都需要直接向国际局提交。

✓　外观设计国际申请经审查符合授权条件的，专利权自公告之日起在中国生效，授权公告的内容包括专利权的著录事项以及一幅图片或者照片。专利局公告后，权利人可以请求专利局出具外观设计国际申请专利登记簿副本，作为在中国给予保护的证明。

✓　申请人提交的有关图片或者照片应当清楚地显示要求专利保护的产品的外观设计。审查员应当就申请人提交的有关图片或者照片是否存在影响要求保护的产品整体或者局部外观设计清楚表达的明显实质性缺陷进行审查。

✓　国际公布的外观设计国际申请中包括含设计要点的说明书的，视为已经依照《专利法实施细则》第三十一条的规定提交了简要说明。审查员应当结合简要说明书的内容和产品名称，就外观设计图片或者照片是否清楚地表达了要求保护的产品整体或者局部的外观设计进行审查。

✓　外观设计国际申请的申请人要求优先权的，应当自外观设计国际申请公布之日起三个月内向专利局提交第一次提出的专利申请的副本。在先申请文件副本中可以不包含该副本的中文题录译文。期满未提交的，视为未要求优先权。

✓　申请人要求本国优先权并且在请求书中写明了在先申请的申请日和申请号的，视为提交了在先申请文件副本。

（四）参考答案

1. A、D　　　　2. A、B、C　　　　3. A、C　　　　4. A、B、D　　　　5. A、C

第四章　申请获得专利权的程序及手续

本章要求熟悉专利申请程序中的基本概念；熟悉发明、实用新型和外观设计专利的申请及审查流程，掌握专利申请及审查程序的规定和原则；熟悉与专利申请审查流程有关的手续及其文件。

第一节　基本概念

一、申请日

（一）历年试题集合

1. （2017-8）关于申请日的确定，以下说法正确的是？
   A. 向国家知识产权局受理处窗口直接递交的分案申请，以收到日为申请日
   B. 通过邮局邮寄递交到国家知识产权局受理处的专利申请，以寄出的邮戳日为申请日
   C. 通过速递公司递交到国家知识产权局受理处的专利申请，以寄出的邮戳日为申请日
   D. 通过邮局邮寄到国家知识产权局收发室的专利申请，以收发室收到日为申请日

【你的答案】
————————
【选错记录】
————————

2. （2016-16）常某于 2015 年 1 月 18 日向国家知识产权局提交了一件实用新型专利申请，该申请享有 2014 年 8 月 20 日的优先权日，后发现所提交申请遗漏了附图 2，而说明书中写有对该附图 2 的说明，常某于 2015 年 3 月 18 日补交了附图 2，经审查国家知识产权局接受了该附图 2，该申请于 2015 年 5 月 19 日被公告授予专利权。该实用新型专利于下列哪个日期届满？
   A. 2024 年 8 月 20 日
   B. 2025 年 1 月 18 日
   C. 2025 年 3 月 18 日
   D. 2025 年 5 月 19 日

【你的答案】
————————
【选错记录】
————————

3. （2015-13）在下列哪种情形下，国家知识产权局将重新确定申请日？
   A. 甲通过邮局寄交的专利申请，因邮戳不清，国家知识产权局以收到日作为申请日，甲于收到受理通知书一个月后提交了邮局出具的寄出日期有效证明
   B. 乙的实用新型专利申请的说明书中写有对附图 3 的说明，但缺少相关附图，接到审查员发出的补正通知后，乙删除了该附图说明
   C. 丙提交的发明专利申请文件中缺少说明书摘要，一个月后丙补交了说明书摘要
   D. 丁提出的分案申请请求书中原案申请日填写错误，三天后经补正符合规定

【你的答案】
————————
【选错记录】
————————

4. （2015-71）张某于 2014 年 3 月 2 日就同样的发明创造同时提交了实用新型专利申请和发明专利申请。张某发现该实用新型的说明书附图缺少图 2，并于 2014 年 3 月 20 日补交了附图 2。该发明专利申请于 2014 年 10 月 25 日公开。下列哪些说法是正确的？
   A. 该实用新型专利申请可以保留原申请日 2014 年 3 月 2 日
   B. 应重新确定该实用新型专利申请的申请日为 2014 年 3 月 20 日

【你的答案】
————————
【选错记录】
————————

C. 该发明专利申请破坏该实用新型专利申请的新颖性

D. 该发明专利申请构成该实用新型专利申请的抵触申请

5.（2014－18）某公司就申请日为 2013 年 8 月 21 日、优先权日为 2013 年 5 月 21 日的专利申请提出分案申请，该分案申请通过邮局邮寄到国家知识产权局受理处，寄出的邮戳日为 2014 年 4 月 15 日，受理处于 2014 年 4 月 18 日收到该分案申请。下列哪个日期为该分案申请的申请日？

【你的答案】

【选错记录】

A. 2014 年 4 月 15 日

B. 2014 年 4 月 18 日

C. 2013 年 8 月 21 日

D. 2013 年 5 月 21 日

6.（2012－3）赵某向国家知识产权局邮寄了一件发明专利申请，寄出的邮戳日为 2007 年 3 月 6 日。说明书中写有对两幅附图的说明，但附图中仅包含附图 1。国家知识产权局于 2007 年 3 月 12 日收到上述文件。2007 年 4 月 2 日，赵某到国家知识产权局补交了附图 2。2007 年 4 月 25 日，赵某到国家知识产权局补交了摘要。该申请的申请日为哪天？

【你的答案】

【选错记录】

A. 2007 年 3 月 6 日

B. 2007 年 3 月 12 日

C. 2007 年 4 月 2 日

D. 2007 年 4 月 25 日

7.（2011－50）王某通过邮局向国家知识产权局寄交了一件专利申请后，发现国家知识产权局确定的申请日与其实际寄出申请的日期不符。若王某欲请求国家知识产权局更正申请日，则下列说法哪些是正确的？

【你的答案】

【选错记录】

A. 王某应当在寄交申请之日起两个月内或者收到受理通知书一个月内提出申请日更正请求

B. 王某应当在寄交申请之日起两个月内或者收到受理通知书 15 日内提出申请日更正请求

C. 王某在提出申请日更正请求的同时，应当一并提交收寄申请的邮局出具的寄出日期的有效证明

D. 王某在提出申请日更正请求的同时，应当一并提交能证明其为该申请申请人的有效证明材料

8.（2010－15）在专利申请符合受理条件的情况下，下列哪些申请的申请日可以确定为 2010 年 4 月 26 日？

【你的答案】

【选错记录】

A. 申请人以邮寄方式递交的申请，寄出的邮戳日为 2010 年 4 月 26 日

B. 国家知识产权局专利代办处于 2010 年 4 月 26 日收到申请人通过速递公司递交的专利申请

C. 申请人以邮寄方式递交到国家知识产权局某审查员的专利申请，邮戳日为 2010 年 4 月 26 日，该审查员于 2010 年 4 月 27 日将其递交受理处

D. 国家知识产权局电子专利申请系统于 2010 年 4 月 26 日接收到的电子申请

（二）参考答案解析

【1.（2017－8）解析】知识点：申请日的确定

根据 R49.1 的规定，依照该细则第四十八条规定提出的分案申请，可以保留原申请日，享有优先权的，可以保留优先权日，但是不得超出原申请记载的范围……。因此，对于分案申请，不管何种形式提交，都是以作为分案申请的基础即母案申请的申请日作为申请日，因此，选项 A 的说法错误，不符合题意。

根据 A28 的规定，国务院专利行政部门收到专利申请文件之日为申请日。如果申请文件是邮寄的，以寄出的邮戳日为申请日。进一步，在 G－5－3－2.3.1 关于"受理程序"中规定，……通过邮局邮寄递交到专利局受理部门的专利申请，以信封上的寄出邮戳日为申请日。通过速递公司递交到专利局受理部门的专利申请，以收到日为申请日。邮寄或者递交到专利局非受理部门或者个人的专利申请，以受理部门实际收到日为申请日。根据上述规定可知，对于从邮局邮寄递交专利申请的，以寄出的邮戳日为申请日，即选项 B 的说法正确，符合题意；对于通过速递公司向国家知识产权局受

理处递交专利申请的，以受理处的收到日为申请日，而不是以其邮戳日为申请日，即选项C的说法错误，不符合题意；而对于通过邮局邮寄到国家知识产权局收发室的专利申请，由于国家知识产权局收发室并非受理部门，其邮寄日或者递交日不具有确定申请日的效力，因此选项D的说法错误，不符合题意。

综上所述，本题答案为B。

【2. (2016-16) 解析】知识点：申请日的确定；相关知识点：实用新型专利保护期限计算

根据R46的规定，说明书中写有对附图的说明但无附图或者缺少部分附图的，申请人应当在国务院专利行政部门指定的期限内补交附图或者声明取消对附图的说明。申请人补交附图的，以向国务院专利行政部门提交或者邮寄附图之日为申请日；取消对附图的说明的，保留原申请日。

题中的实用新型专利申请，由于常某于2015年3月18日补交了附图2并被国家知识产权局接受，根据该规定可知，则应当重新确定专利申请日，即应以补交附图2的时间2015年3月18日作为申请日。进一步，根据A42的规定，……实用新型专利权的期限为十年，……均自申请日起计算。因此，该实用新型专利于2025年3月18日届满，故选项C正确，符合题意（注意：专利权期限的起算日与公告授权的日期无关）。

综上所述，本题答案为C。

【3. (2015-13) 解析】知识点：申请日的更正；相关知识点：形式审查、分案申请

在G-5-3-4关于"申请日的更正"中规定，申请人收到专利申请受理通知书之后认为该通知书上记载的申请日与邮寄该申请文件日期不一致的，可以请求专利局更正申请日。专利局受理处收到申请人的申请日更正请求后，应当检查更正请求是否符合下列规定：(1) 在递交专利申请文件之日起两个月内或者申请人收到专利申请受理通知书之日起一个月内提出。(2) 附有收寄专利申请文件的邮局出具的寄出日期的有效证明，该证明中注明的寄出挂号号码与请求书中记录的挂号号码一致。符合上述规定的，应予更正申请日；否则，不予更正申请日……。选项A中，因邮戳不清，国家知识产权局以收到日作为申请日，但甲提交邮局出具的寄出日期有效证明是在收到受理通知书一个月后，超出了上述规定的请求更正的期限，故国家知识产权局不予更正申请日，不符合题意。（注意：该选项中并没有明确甲提交邮局出具的寄出日期有效证明的时间是否在其递交专利申请文件之日起两个月内；如果是，国家知识产权局仍然会更正申请日，因此该选项条件稍显不足。）

参见2. (2016-16) 解析，根据R46的规定可知选项B中，乙的实用新型专利申请的说明书中写有对附图3的说明，但缺少相关附图，乙收到补正通知后，删除了附图3的说明，此时将保留原来的申请日，无须重新确定申请日，不符合题意。

在G-5-3-2.3.1关于"受理程序"中规定，专利申请符合受理条件的，受理程序如下：(1) 确定收到日：记录受理部门收到申请文件的日期。进一步地，在G-5-3-2.1关于"受理条件"中规定，专利申请符合下列条件的，专利局应当受理：(1) ……；(2) 发明专利申请文件中有说明书和权利要求书……。根据上述规定可知，说明书摘要并不是发明专利申请受理的条件，即符合受理条件并能确定申请日的专利申请文件可以不包括说明书摘要。因此，选项C中，丙提交的发明专利申请文件中缺少说明书摘要，也会被国家知识产权局受理，并获得申请日，其后补交说明书摘要，也不会重新确定申请日，不符合题意。

G-1-1-5.1.1关于"分案申请的核实"中规定，……对于分案申请，除按规定审查申请文件和其他文件外，审查员还应当根据原申请核实下列各项内容：(1) 请求书中填写的原申请的申请日。请求书中应当正确填写原申请的申请日，申请日填写有误的，审查员应当发出补正通知书，通知申请人补正。期满未补正的，审查员应当发出视为撤回通知书；补正符合规定的，审查员应当发出重新确定申请日通知书……。故选项D中，丁提出的分案申请请求书中原案申请日填写错误，三天后经补正符合规定，因此根据上述规定，应当重新确定申请日（即以正确的原案申请日作为申请日），故选项D符合题意。

综上所述，本题答案为D。

【4. (2015-71) 解析】知识点：申请日的确定；相关知识点：抵触申请

参见2. (2016-16) 解析。根据R46的规定可知，题中，由于张某发现该实用新型的说明书附图缺少图2，张某于2014年3月20日补交了附图2，故其实用新型专利申请的申请日以补充附图2的时间2014年3月20日为重新确定的申请日，而不再是原来的申请日2014年3月2日。因此，选项A的说法错误，不符合题意；选项B的说法正确，符合题意。

在G-2-3-2.2关于"抵触申请"中规定，……由任何单位或者个人就同样的发明或者实用新型在申请日以前向专利局提出并且在申请日以后（含申请日）公布的专利申请文件或者公告的专利文件损害该申请日提出的专利申请的新颖性，……称为抵触申请。题中，由于张某所提交的发明专利申请和实用新型专利申请涉及同样的发明创造，且发明专利申请的申请日2014年3月2日早于实用新型专利申请重新确定的申请日2014年3月20日，且该发明专利申请在

2014年10月25日公开，晚于实用新型专利申请重新确定的申请日，故该发明专利申请构成了实用新型专利申请的抵触申请，破坏了实用新型专利申请的新颖性。选项C和D的说法正确，符合题意。

综上所述，本题答案为B、C、D。

【5.（2014－18）解析】知识点：申请日的确定

根据R49.1的规定，依照该细则第四十八条规定提出的分案申请，可以保留原申请日，享有优先权的，可以保留优先权日，但是不得超出原申请记载的范围……。根据该规定，分案申请享有原申请的申请日。题中原申请的申请日是2013年8月21日，故分案申请的申请日也就是2013年8月21日，即选项C符合题意。[注意：该题问的是分案申请的申请日而不是优先权日。此外，分案申请享有母案申请的申请日与提交的方式或时间无关（当然其应当符合提交分案申请的时机，但本题中并不涉及）。]

综上所述，本题答案为C。

【6.（2012－3）解析】知识点：申请日的确定

参照2.（2016－16）的解析。赵某递交专利申请的日期为2007年3月6日，但由于缺少附图2，赵某于2007年4月2日补交了附图2。因此，该申请的申请日应当是赵某向国家知识产权局补充提交附图2的日期2007年4月2日。即选项C符合题意。（注意：只有在规定情况下补充提交附图时才会重新确定申请日，而补充提交摘要等均不会导致重新确定申请日，因此题中给出赵某到国家知识产权局补交摘要的时间属于干扰信息。）

综上所述，本题答案为C。

【7.（2011－50）解析】知识点：申请日的改正

参照3.（2015－13）选项A的解析。根据G－5－3－4关于"申请日的更正"规定第一个要求可知，王某欲请求国家知识产权局更正申请日，应当在寄交申请之日起两个月内或者申请人收到受理通知书之日起一个月内提出申请日更正请求，即选项A的说法正确，符合题意。而选项B中的应当在"收到受理通知书15日内提出申请日更正请求"与上述规定的时间不一致，因而选项B的说法错误，不符合题意。（注意：收到受理通知书15日内这一期限是缴纳申请费的期限条件之一，不要混淆。）

G－5－3－4关于"申请日的更正"第二个要求规定，附有收寄专利申请文件的邮局出具的寄出日期的有效证明，该证明中注明的寄出挂号号码与请求书中记录的挂号号码一致。即王某在提出申请日更正请求的同时，应当附有收寄申请的邮局出具的寄出日期的有效证明，即选项C的说法正确，符合题意。

上述规定的两个要求，均不涉及提交能证明其为该申请的申请人的有效证明材料，故选项D所述的"王某在提出申请日更正请求的同时，应当一并提交能证明其为该申请申请人的有效证明材料"并不是请求更正申请日所要求的，选项D的说法错误，不符合题意。

综上所述，本题答案为A、C。

【8.（2010－15）解析】知识点：申请日的确定

参照1.（2017－8）的解析可知，选项A中是以邮寄方式递交的申请，故以寄出的邮戳日（2010年4月26日）作为申请日，因此选项A符合题意。

选项B中通过速递公司递交到专利局受理处或者代办处的专利申请，以收到日2010年4月26日为申请日，故选项B符合题意。

选项C中以邮寄方式递交到国家知识产权局某审查员的专利申请，属于邮寄到个人的专利申请，其邮寄日或者递交日不具有确定申请日的效力。如果该专利申请被转送到专利局受理处或者代办处，以受理处或者代办处实际收到日为申请日。因此，不能以邮戳日为2010年4月26日作为申请日，而应以该审查员将其递交受理处的时间（即2010年4月27日）作为申请日，因此选项C不符合题意。

根据《关于电子专利申请的规定》第七条的规定，申请人提出电子专利申请的，以国家知识产权局收到符合《专利法》及其实施细则规定的专利申请文件之日为申请日。根据G－5－3－2.3.1关于"受理程序"的规定可知，电子申请以符合要求的申请文件进入专利局指定的特定电子系统的日期为申请日。据此，选项D所述的国家知识产权局电子专利申请系统于2010年4月26日接收到的电子申请，应以2010年4月26日作为该申请的申请日，故选项D符合题意。

综上所述，本题答案为A、B、D。

（三）总体考点分析

本部分涉及申请日的确定和申请日的作用，与本书第一章的关于先申请原则相关（涉及申请日的确定），重点是不同递交申请形式的申请日的确定、重新确定申请日的情形。

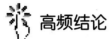 高频结论

✓ 国务院专利行政部门收到专利申请文件之日为申请日。如果申请文件是邮寄的，以寄出的邮戳日为申请日，以信封上的寄出邮戳日为申请日。

✓ 通过速递公司递交到专利局受理部门的专利申请，以收到日为申请日。

✓ 邮寄或者递交到专利局非受理部门或者个人的专利申请，其邮寄日或者递交日不具有确定申请日的效力。如果该专利申请被转送到专利局受理处或者代办处，以实际收到日为申请日。

✓ 专利局电子专利申请系统收到电子文件的日期为递交日，专利局电子专利申请系统收到符合《专利法》及其实施细则规定的专利申请文件之日为申请日。

✓ 说明书中写有对附图的说明但无附图或者缺少部分附图的，如果申请人在指定期限内补交附图的，以向国务院专利行政部门提交或者邮寄附图之日为申请日；如果取消对附图的说明的，则保留原申请日。

✓ 申请人收到专利申请受理通知书之后认为该通知书上记载的申请日与邮寄该申请文件日期不一致的，可以请求专利局更正申请日，即应在递交专利申请文件之日起两个月或申请人在收到受理通知书之日起一个月内提出，并附有寄出日期的有效证明。

✓ 分案申请，可以保留原申请日，享有优先权的，可以保留优先权日，但是不得超出原申请记载的范围。

✓ 分案申请的请求书中应当正确填写原申请的申请日，申请日填写有误的，审查员应当发出补正通知书，通知申请人补正。期满未补正的，审查员应当发出视为撤回通知书；补正符合规定的，审查员应当发出重新确定申请日通知书。

（四）参考答案

1. B   2. C   3. D   4. B、C、D   5. C
6. C   7. A、C   8. A、B、D

二、优先权

（一）历年试题集合

1.（2019－67）&（2015－59）下列关于优先权的说法正确的是？　　【你的答案】

A. 申请人要求本国优先权的，其在先申请自在后申请提出之日起即视为撤回

B. 申请人要求外国优先权的，应当自在后申请日起两个月内提交在先申请文件　　【选错记录】
副本

C. 申请人要求优先权的，应当在缴纳申请费的同时缴纳优先权要求费

D. 申请人要求优先权的，应当在申请的时候提出书面声明

2.（2018－47，有适应性改动）关于发明或实用新型转利优先权，下列哪些说法是　　【你的答案】
错误的？

A. 申请人要求外国优先权的，必须在提出专利申请的同时在请求书中声明并同时　　【选错记录】
提交在先申请文件副本

B. 申请人要求外国优先权的，其在先申请文件副本中记载的申请人与在后申请的
申请人完全不一致的，应当于在后申请之日起三个月内提交优先权转让证明，否则优先权不成立

C. 申请人提出在后申请之前，其在先申请已被授予专利权的，本国优先权不能成立，申请人声明放弃
已取得的在先申请专利权的情形除外

D. 申请人要求撤回优先权要求的，应当提交全体申请人或其代表人签字或者盖章的撤回优先权声明

3.（2013－68）某公司提交了一件申请日为 2011 年 8 月 9 日、优先权日为 2010 年 8 月 9 日和 2011 年 1 月 31 日的发明专利申请。该公司随后撤回了优先权日为 2010 年 8 月 9 日的优先权。下列说法哪些是正确的？

【你的答案】

【选错记录】

　　A. 该申请应当自 2011 年 1 月 31 日起三年内提出实质审查请求，并缴纳实质审查费

　　B. 该公司可以对已撤回的优先权提出恢复请求

　　C. 对于已撤回的优先权，缴纳的优先权要求费不予退回

　　D. 该公司不能再要求撤回优先权日为 2011 年 1 月 31 日的优先权

4.（2011－3）在发明专利申请享有优先权的情况下，下列哪些期限是以专利申请的优先权日作为起算日？

【你的答案】

【选错记录】

　　A. 专利权的期限

　　B. 发明专利申请提出实质审查请求的期限

　　C. 缴纳优先权请求费的期限

　　D. 缴纳专利年费的期限

5.（2012－87）下列哪些情形中的申请人可以请求恢复要求优先权的权利？

【你的答案】

【选错记录】

　　A. 在申请时未在请求书中提出优先权声明

　　B. 要求优先权声明中在先申请的申请日填写正确，但未在规定期限内提交在先申请文件副本

　　C. 要求优先权声明中在先申请的申请号填写正确，但未在规定期限内缴纳优先权要求费

　　D. 提出了撤回优先权声明，国家知识产权局发出了手续合格通知书

6.（2019－69，有适应性修改）下列关于发明或实用新型专利优先权的说法正确的是？

【你的答案】

【选错记录】

　　A. 要求外国优先权的发明专利申请，其在先申请只能是发明申请

　　B. 要求本国优先权的发明专利申请，其在先申请可以是发明专利申请，也可以是实用新型专利申请

　　C. 要求外国优先权的实用新型专利申请，其在先申请可以是发明专利申请，也可以是实用新型专利申请

　　D. 外观设计专利申请也能作为本国优先权的基础

7.（2015－32）下列哪些专利申请不能作为就相同主题提出的实用新型专利申请的优先权基础？

【你的答案】

【选错记录】

　　A. 在中国提出的外观设计专利申请

　　B. 已享受过本国优先权的专利申请

　　C. 不是第一次在外国提出的专利申请

　　D. 已被授予专利权的专利申请

8.（2014－73）下列哪些专利申请不能作为就相同主题提出的专利申请的本国优先权基础？

【你的答案】

【选错记录】

　　A. 外观设计专利申请

　　B. 已享受过外国优先权的专利申请

　　C. 已享受过本国优先权的专利申请

　　D. 已被授予专利权的专利申请

9.（2013－33）李某于 2012 年 4 月 6 日向国家知识产权局提出一件发明专利申请。下列由李某首次向国家知识产权局提出的相同主题的申请，哪些可以作为该发明专利申请要求本国优先权的基础？

【你的答案】

【选错记录】

　　A. 申请日为 2011 年 6 月 7 日的实用新型专利申请，该申请已被授予专利权

　　B. 申请日为 2011 年 6 月 4 日的发明专利申请，申请人已就该申请提出分案申请

C. 申请日为 2011 年 5 月 6 日的发明专利申请,该申请于 2012 年 4 月 5 日被申请人撤回

D. 申请日为 2011 年 8 月 9 日的发明专利申请,该申请享有外国优先权

10.(2011—26)刘某于 2010 年 7 月 9 日向国家知识产权局提交了一件实用新型专利申请。刘某的下列哪些具有相同主题的专利申请不能作为该申请要求本国优先权的基础?　　　　　　　　　　【你的答案】

【选错记录】

A. 2009 年 8 月 9 日提出的某实用新型专利申请,刘某已于 2009 年 10 月 9 日在该申请的基础上提出了分案申请

B. 2009 年 9 月 8 日被公告授予专利权的发明专利申请

C. 2009 年 12 月 5 日提出的享有外国优先权的发明专利申请

D. 2010 年 2 月 1 日提出的享有本国优先权的实用新型专利申请

11.(2010—21)申请人于 2009 年 6 月 16 日向国家知识产权局提出一件发明专利申请。下述由该申请人提出的相同主题的在先申请,哪些可以作为其要求本国优先权的基础?　　　　　　　　　　【你的答案】

【选错记录】

A. 2009 年 1 月 7 日提交的申请日为 2008 年 9 月 14 日的分案申请

B. 申请日为 2008 年 6 月 15 日的实用新型专利申请

C. 申请日为 2008 年 7 月 25 日的享有外国优先权的发明专利申请

D. 申请日为 2008 年 6 月 18 日的实用新型专利申请,国家知识产权局已经对该申请发出授予专利权通知书,申请人尚未办理登记手续

12.(2018—59)某申请人在 12 个月内向国家知识产权局先后提交了 2 份申请请求保护一种可燃气体,其中两份申请的区别仅在于记载的可燃气体中的氧气体积含量不同,其他特征相同,且该在先申请是申请人在中国的首次申请。则以下情况中,在后申请可以要求享有在先申请的优先权的是?　　　　　　　　　　【你的答案】

【选错记录】

A. 在先申请权利要求的氧气体积含量为 20%～50%,在后申请权利要求的氧气体积含量为 30%～60%。但在先申请既没有记载氧气含量范围为 50%～60%,也没有明确记载氧气含量为 30%。

B. 在先申请权利要求的氧气体积含量为 20%～50% 并在说明书记载了氧气体积含量可以为 30%,在后申请权利要求的氧气体积含量为 30%～50%。

C. 在先申请权利要求的氧气体积含量为 20%～50% 并在说明书记载了氧气体积含量可以为 30%、35%,在后申请权利要求的氧气体积含量分别为 30%、35%、50%。

D. 在先申请权利要求的氧气体积含量分别为 20%、50%,但在该在先申请的说明书中没有记载氧气含量为 20%～50% 之间的范围内的技术方案,在后申请权利要求的氧气体积含量为 20%～50%。

13.(2016—60)申请 X 是申请 Y 所要求优先权的在先申请。申请 X 在说明书中记载了由技术特征 a、b 构成的技术方案,在权利要求书中记载了技术特征 b、c 构成的技术方案,在说明书摘要中记载了技术特征 a、c 构成的技术方案。申请 Y 要求保护的下列哪些技术方案可以要求申请 X 的优先权?　　　　　　　　　　【你的答案】

【选错记录】

A. 技术特征 b、c 构成的技术方案

B. 技术特征 a、b 构成的技术方案

C. 技术特征 a、c 构成的技术方案

D. 技术特征 a、b、c 构成的技术方案

14.(2014—60)在判断是否享有优先权时,下列关于"相同主题的发明创造"的说法哪些是错误的?　　　　　　　　　　【你的答案】

【选错记录】

A. 对发明或者实用新型而言,相同主题的发明创造仅指权利要求相同

B. 技术领域相同、技术方案相似的发明或者实用新型属于相同主题的发明创造

C. 能够解决完全相同的技术问题的发明或者实用新型都属于相同主题的发明创造

D. 能够达到完全相同的预期效果的发明或者实用新型都属于相同主题的发明创造

15. (2013 - 94) 在满足其他条件的情况下，下列关于发明专利申请优先权的说法哪些是正确的？

A. 在判断能否享有优先权时，应当判断在后申请要求保护的技术方案是否记载在在先申请的说明书、权利要求书和摘要中

B. 在后申请记载两个技术方案，在先申请的只记载了其中的一个技术方案，则在后申请的两个技术方案都不能享有优先权

C. 在后申请记载了两个技术方案，这两个技术方案分别记载在不同的在先申请中，则该在后申请的两个技术方案都能享有优先权

D. 如果在后申请的技术方案仅记载在在先申请的说明书中，而没有记载在权利要求书中，该技术方案也能享有优先权

16. (2010 - 69) 在先申请记载了某种黏结剂，其中环氧树脂的含量为 30% ~ 60%，该申请还公开了环氧树脂含量为 40% 的实施例，该黏结剂的其他技术特征与在后申请相同。在后申请要求保护的技术方案中环氧树脂的含量为下列哪些数值的，可以享有在先申请的优先权？

A. 30% ~ 40%

B. 40%

C. 50%

D. 60%

17. (2019 - 13) 甲 2001 年 10 月向美国提出首次申请，其中权利要求请求保护技术方案 A1，说明书还描述了技术方案 A2。甲后于 2001 年 12 月向德国也提出一份申请，其中权利要求请求保护技术方案 A1 和 A3。2002 年 5 月，甲又向中国国家知识产权局提出申请，请求保护技术方案 A1、A2 和 A3，并要求享有美国和德国的优先权。下列说法正确的是？

A. 方案 A1、A3 能享有优先权，A2 不能享有优先权

B. 方案 A1、A2 能享有优先权，A3 不能享有优先权

C. 方案 A3 能享有优先权，A1、A2 不能享有优先权

D. A1、A2 和 A3 都能享有优先权

18. (2012 - 28) 申请人于 2009 年 10 月向英国提出首次申请，要求保护某产品，说明书还记载了该产品的制造方法。申请人于 2009 年 12 月向法国提出一件要求保护该产品及其生产设备的申请，该设备是首次公开。2010 年 5 月，申请人向中国国家知识产权局提出要求保护该产品、方法及设备的发明申请，并要求享有英国申请和法国申请的优先权。下列就申请人向中国提出的发明专利申请享有优先权的哪种说法是正确的？

A. 该产品和设备的技术方案能享有优先权，方法的技术方案不能享有优先权

B. 该产品和方法的技术方案能享有优先权，设备的技术方案不能享有优先权

C. 该设备的技术方案能享有优先权，该产品和方法的技术方案不能享有优先权

D. 该产品、方法和设备的技术方案都能享有优先权

19. (2017 - 45，有适应性修改) 申请人于 2017 年 5 月 15 日提交一件发明专利申请，并于 2017 年 5 月 22 日收到受理通知书。该申请要求了一项美国优先权，优先权日为 2016 年 7 月 3 日，则以下关于在先申请文件副本的说法正确的是？

A. 应当在 2017 年 8 月 15 日前提交在先申请文件副本

B. 应当在 2017 年 8 月 22 日前提交在先申请文件副本

C. 应当提交在先申请文件副本的中文题录译文

D. 国家知识产权局通过电子交换等途径从该受理机构获得在先申请文件副本的，可以视为申请人提交了经该受理机构证明的在先申请文件副本

【你的答案】

【选错记录】

20.（2015－60）某外国公司向国家知识产权局递交了一件发明专利申请，如果其要求享有一项外国优先权，则应当满足下列哪些条件？

【你的答案】

【选错记录】

A. 该申请应当自在先申请的申请日起十二个月内提出

B. 该申请的权利要求应当与在先申请的权利要求相同

C. 在先申请的申请人不是该外国公司的，应当提供优先权转让证明

D. 该外国公司应当在法定的期限内提交在先申请文件的副本

21.（2014－15）张某向国家知识产权局提交一件要求德国优先权的发明专利申请，该德国专利申请的申请人为张某和于某。下列说法哪个是正确的？

【你的答案】

【选错记录】

A. 由于该申请与德国专利申请的申请人不完全一致，因此应当提交优先权转让证明文件

B. 张某应当在提出在后申请之日起四个月内提交在先申请文件副本

C. 若张某未在请求书中声明要求优先权，可以请求恢复该德国优先权

D. 若张某未在规定期限内提交在先申请文件副本，该优先权要求将被视为未要求

22.（2016－59）关于本国优先权，下列哪些说法是正确的？

【你的答案】

【选错记录】

A. 发明专利申请要求本国优先权的，在先申请既可以是发明专利申请也可以是实用新型专利申请

B. 在后申请的申请人与在先申请中记载的申请人应当一致，不一致的应当在规定期限内提交优先权转让证明

C. 已经授予专利权但尚处于优先权期限内的申请可以作为在后申请的本国优先权基础

D. 因未缴纳申请费被视为撤回但尚处于优先权期限内的申请可以作为在后申请的本国优先权基础

23.（2011－74）韩国人李某于2005年1月12日向美国提交首次申请F，该申请说明书中记载了技术方案a和b，要求保护技术方案a。2005年7月12日，李某向中国提交了专利申请F1，要求保护技术方案b。2005年12月18日，李某向中国提交了专利申请F2，要求保护技术方案a和b。若申请F1和申请F2满足其他享有优先权的条件，则下列说法哪些是正确的？

【你的答案】

【选错记录】

A. 申请F1可以享有申请F的优先权

B. 申请F2中的技术方案a可以享有申请F的优先权

C. 申请F2可以享有申请F1的优先权

D. 申请F2中的技术方案b可以享有申请F的优先权

24.（2011－88，有适应性修改）王某向国家知识产权局提交了一件发明专利申请，该申请欲要求一项美国专利申请的优先权。下列说法哪些是正确的？

【你的答案】

【选错记录】

A. 王某应当在提出专利申请的同时在请求书中声明要求享有优先权

B. 王某应当自优先权日起十二个月内缴纳优先权要求费

C. 王某应当自美国专利申请的申请日起十六个月内提交由美国专利商标局出具的在先申请文件副本

D. 如果在先申请文件副本中记载的申请人不是王某，王某应当提交优先权转让证明

（二）参考答案解析

【1.（2019－67）&（2015－59）解析】知识点：优先权的基本规定

根据R35.5的规定，申请人要求本国优先权的，其在先申请自后一申请提出之日起即视为撤回，但外观设计专利申请人要求以发明或者实用新型专利申请作为本国优先权基础的除外。根据该规定，选项A的说法错误，不符合题意。

根据A30.1的规定，申请人要求发明、实用新型专利优先权的，应当在申请的时候提出书面声明，并且在第一次提出申请之日起十六个月内提交第一次提出的专利申请文件的副本。A30.2规定，申请人要求外观设计专利优先权的，应当在申请的时候提出书面声明，并且在三个月内提交第一次提出的专利申请的副本。据此可知，选项D所述的申请人要求优先权的，应当在申请的时候提出书面声明的说法是正确的，符合题意。根据该规定，选项B的说法中关于提交在先申请文件副本的时间期限是错误的。（注意：事实上，不管是外国优先权还是本国优先权，对于发明、实用新型而言提交副本的时间都在优先权日起十六个月内提交，而对于外观设计而言，在提出在后申请的三个月内提交。）

根据 R112.2 规定，申请人要求优先权的，应当在缴纳申请费的同时缴纳优先权要求费；期满未缴纳或者未缴足的，视为未要求优先权。根据该规定，选项 C 的说法是正确的，符合题意。

综上所述，本题答案为 C、D。

【2.（2018 - 47）解析】知识点：优先权、外国优先权、优先权的撤回

参见 1.（2019 - 67）&（2015 - 59）的解析。根据 A30 的规定可知，选项 A 中所述的在提出专利申请的同时提交在先申请文件副本的说法是错误的，符合题意。

在 G - 1 - 1 - 6.2.1.4 关于"在后申请的申请人"中规定，要求优先权的在后申请的申请人与在先申请文件副本中记载的申请人应当一致，或者是在先申请文件副本中记载的申请人之一。申请人完全不一致，且在先申请的申请人将优先权转让给在后申请的申请人的，应当在优先权日（要求多项优先权的，指最早优先权日）起十六个月提交由在先申请的全体申请人签字或者盖章的优先权转让证明文件……。所以选项 B 的说法正确，不符合题意。（注意：对于本国优先权的规定与上述规定存在差异。）

在 G - 1 - 1 - 6.2.2.1 关于"在先申请和要求优先权的在后申请"中规定，在先申请和要求优先权的在后申请应当符合下列规定：（1）在先申请……不应当是分案申请。（2）在先申请的主题没有要求过外国优先权或者本国优先权，或者虽然要求外国优先权或者本国优先权，但未享有优先权。（3）该在先申请的主题，尚未被授予专利权。（4）要求优先权的在后申请是在其在先申请的申请日起十二个月内提出的（指发明或实用新型）……。根据该规定，在先申请已被授予专利权的，不能再作为本国优先权的基础。且并没有给出申请人可以声明放弃已取得的在先申请专利权而重新能够作为优先权基础的规定，因此选项 C 的说法是错误的。理由在于，放弃被授予的专利权的，并不能真正产生该专利权自始不存在的效果（即并非自其授权公告日开始就视为放弃），而是自放弃声明手续合格通知书发文之日才终止。因此，这将导致该项发明创造的专利保护期延长超过法定的期限。因此，根据规定，申请人不能通过放弃已经授权的在先申请的专利权，来使得其可以作为优先权的基础。

在 G - 1 - 1 - 6.2.4 关于"优先权要求的撤回"中规定，……申请人要求撤回优先权要求的，应当提交全体申请人签字或者盖章的撤回优先权声明……。因此，选项 D 提及的申请人要求撤回优先权要求的，提交全体申请人的代表人签字或者盖章的撤回优先权声明的做法是错误的。事实上，在 G - 1 - 1 - 4.1.5 关于"代表人"中规定，……除直接涉及共有权利的手续外，代表人可以代表全体申请人办理在专利局的其他手续。直接涉及共有权利的手续包括：提出专利申请，委托专利代理，转让专利申请权、优先权或者专利权，撤回专利申请，撤回优先权要求，放弃专利权等。直接涉及共有权利的手续应当由全体权利人签字或者盖章，不可以由代表人办理。基于该规定，也可知选项 D 的说法错误。

综上所述，本题答案为 A、C、D。

【3.（2013 - 68）解析】知识点：优先权（优先权日、优先权期限）

G - 1 - 1 - 6.2.4 关于"优先权要求的撤回"中规定，申请人要求优先权之后，可以撤回优先权要求。申请人要求多项优先权之后，可以撤回全部优先权要求，也可以撤回其中某一项或者几项优先权要求。……优先权要求撤回后，导致该专利申请的最早优先权日变更时，自该优先权日起算的各种期限尚未届满的，该期限应当自变更后的最早优先权日或者申请日起算，撤回优先权的请求是在原最早优先权日起十五个月之后到达专利局的，则在后专利申请的公布期限仍按照原最早优先权日起算……。题中的发明专利申请要求两项外国优先权，优先权日分别为 2010 年 8 月 9 日和 2011 年 1 月 31 日。该公司随后撤回了优先权日为 2010 年 8 月 9 日的优先权，因而该申请的最早优先权日就变成了 2011 年 1 月 31 日。进一步地，根据 A35.1 的规定，发明专利申请自申请日起三年内，国务院专利行政部门可以根据申请人随时提出的请求，对其申请进行实质审查；申请人无正当理由逾期不请求实质审查的，该申请即被视为撤回。题中以撤回的优先权的优先权日（2010 年 8 月 9 日）起算，其实质审查请求的期限还没有届满，则应以变化后的优先权日 2011 年 1 月 31 日来计算实质审查请求和缴纳实审费的期限，因此选项 A 的说法正确，符合题意。

G - 1 - 1 - 6.2.6 关于"根据专利法实施细则第六条的恢复"中规定，视为未要求优先权并属于下列情形之一的，申请人可以根据《专利法实施细则》第六条的规定请求恢复要求优先权的权利：（1）由于未在指定期限内答复办理手续补正通知书导致视为未要求优先权。（2）要求优先权声明中至少一项内容填写正确，但未在规定的期限内提交在先申请文件副本或者优先权转让证明。（3）要求优先权声明中至少一项内容填写正确，但未在规定期限内缴纳或者缴足优先权要求费。（4）分案申请的原申请要求了优先权……除以上情形外，其他原因造成被视为未要求优先权的，不予恢复。例如，由于提出专利申请时未在请求书中提出声明而视为未要求优先权的，不予恢复要求优先权的权利。根据上述规定可见，可以恢复的优先权要求情形中并不包括对已撤回的优先权进行恢复的情形，故选项 B 的说法错误，不符合题意。

根据 R111.3 的规定，多缴、重缴、错缴专利费用的，当事人可以自缴费日起 3 年内，向国务院专利行政部门提出退款请求，国务院专利行政部门应当予以退还。题中的优先权要求费是基于当时要求了该优先权而缴纳的费用，并不属于多缴、重缴、错缴的专利费用，故对于已撤回的优先权，该公司不能请求退还所缴纳的优先权要求费。同时，在 G - 5 - 2 - 4.2.1.2 关于"专利局主动退款的情形"中规定，下列情形一经核实，专利局应当主动退款。（1）专利申

请已被视为撤回或者撤回专利申请的声明已被批准后，并且在专利局作出发明专利申请进入实质审查阶段通知书之前，已缴纳的实质审查费。(2) 在专利权终止或者宣告专利权全部无效的决定公告后缴纳的年费。(3) 恢复权利请求审批程序启动后，专利局作出不予恢复权利决定的，当事人已缴纳的恢复权利请求费及相关费用。可见，要求优先权所缴纳的优先权要求费，其后撤回优先权的，所缴纳过的已撤回优先权的也不属于"专利局的主动退款"的情形。因此，对于已撤回的优先权，缴纳的优先权要求费不予退回，选项C正确，符合题意。

在G-1-1-6.2.4关于"优先权要求的撤回"中规定，……申请人要求多项优先权之后，可以撤回全部优先权要求，也可以撤回其中某一项或者几项优先权要求……。因此该公司也还可以再次要求撤回优先权日为2011年1月31日的优先权，故选项D的说法错误，不符合题意。

综上所述，本题答案为A、C。

【4.(2011-3)解析】知识点：优先权的效力；相关知识点：期限

根据A42的规定，发明专利权的期限……均自申请日起计算。此处的申请日为实际申请日，而不是优先权日，故专利权的期限不是以专利申请的优先权日作为起算日，即选项A不符合题意。根据A35.1的规定，发明专利申请自申请日起三年内……对其进行实质审查……。此处的申请日，有优先权的指优先权日，故发明专利申请提出实质审查请求的期限，以专利申请的优先权日作为起算日，即选项B符合题意。根据R112的规定，申请人应当自申请日起2个月内或者在收到受理通知书之日起15日内缴纳申请费、公布印刷费和必要的申请附加费……申请人要求优先权的，应当在缴纳申请费的同时缴纳优先权要求费……。此处期限起算的申请日指的是实际申请日而不是优先权日，故缴纳优先权请求费的期限不是以专利申请的优先权日作为起算日，即选项C不符合题意。

在G-5-9-4.2.1关于"年费"中规定，授予专利权当年的年费应当在办理登记手续的同时缴纳，以后的年费应当在上一年度期满前缴纳。缴费期限届满日是申请日在该年的相应日。而在G-5-9-4.2.1.1关于"年度"中规定，专利年度从申请日起算，与优先权日、授权日无关，与自然年度也没有必然联系。例如，一件专利申请的申请日是1999年6月1日，该专利申请的第一年度是1999年6月1日至2000年5月31日，第二年度是2000年6月1日至2001年5月31日，以此类推。此处的申请日为实际申请日（不是优先权日），故缴纳专利年费的期限不是以优先权日作为起算日的，即选项D不符合题意。

综上所述，本题答案为B。

【5.(2012-87)解析】知识点：优先权要求的恢复

参见3.(2013-68)的选项B的解析。根据G-1-1-6.2.6关于"根据专利法实施细则第六条的恢复"的规定可知，选项A所述的在申请时未在请求书中提出优先权声明之情形，不可以请求恢复要求优先权的权利（是该规定明确列举的不予恢复的情形），不符合题意。选项B中由于未在规定期限内提交在先申请文件副本，视为未要求优先权的，属于上述规定中第（1）种可以请求恢复优先权的情形，故符合题意。选项C中由于未在规定期限内缴纳优先权要求费，视为未要求优先权的，属于上述规定中第（3）种可以请求恢复优先权的情形，故符合题意。选项D中由于提出了撤回优先权声明且被国家知识产权局审批合格，如此不享有优先权，显然不属于上述规定的可以请求恢复优先权的情形之一，故不符合题意。

综上所述，本题答案为B、C。

【6.(2019-69)解析】知识点：作为优先权基础的在先申请

根据A29.1的规定，申请人自发明或者实用新型在外国第一次提出专利申请之日起十二个月内，或者自外观设计在外国第一次提出专利申请之日起六个月内，又在中国就相同主题提出专利申请的，依照该外国同中国签订的协议或者共同参加的国际条约，或者依照相互承认优先权的原则，可以享有优先权。据此，选项A的说法是错误的，不符合题意。

根据A29.2的规定，申请人自发明或者实用新型在中国第一次提出专利申请之日起十二个月内，或者自外观设计在中国第一次提出专利申请之日起六个月内，又向国务院专利行政部门就相同主题提出专利申请的，可以享有优先权。进一步地，根据R35.2的规定，发明或者实用新型专利申请人要求本国优先权，在先申请是发明专利申请的，可以就相同主题提出发明或者实用新型专利申请；在先申请是实用新型专利申请的，可以就相同主题提出实用新型或者发明专利申请。外观设计专利申请人要求本国优先权，在先申请是发明或者实用新型专利申请的，可以就附图显示的设计提出相同主题的外观设计专利申请；在先申请是外观设计专利申请的，可以就相同主题提出外观设计专利申请……。据此可知，要求本国优先权的发明专利申请或者实用新型专利申请，其在先申请既可以是发明专利申请，也可以是实用新型专利申请，因此选项B和C的说法正确，符合题意。由上述规定可知，国内优先权也包括外观设计，因此外观设计专利申请也可以作为本国优先权的基础，即选项D的说法正确，符合题意。(注意：《专利法》第四次修改中增加了外观设计专利申请的本国优先权。)

综上所述，本题答案为B、C、D。

【7.（2015－32）解析】知识点：作为优先权基础的在先申请

根据R35.2的规定，发明或者实用新型专利申请人要求本国优先权，在先申请是发明专利申请的，可以就相同主题提出发明或者实用新型专利申请；在先申请是实用新型专利申请的，可以就相同主题提出实用新型或者发明专利申请。外观设计专利申请人要求本国优先权，在先申请是发明或者实用新型专利申请的，可以就附图显示的设计提出相同主题的外观设计专利申请；在先申请是外观设计专利申请的，可以就相同主题提出外观设计专利申请……。据此可知，要求本国优先权的发明专利申请或者实用新型专利申请，其在先申请既可以是发明专利申请，也可以是实用新型专利申请。根据该规定可知，提出的实用新型专利申请的优先权基础可以是发明或者实用新型专利申请，但不能是外观设计专利申请，即选项A符合题意。（注意：其中的原因在于，外观设计专利申请涉及的是产品的外观，并不涉及技术方案，因此不能作为在后的发明或实用新型专利申请的优先权的基础。）

R35.2规定："……提出后一申请时，在先申请的主题有下列情形之一的，不得作为要求本国优先权的基础：（一）已经要求外国优先权或者本国优先权的；（二）已经被授予专利权的；（三）属于按照规定提出的分案申请的。"据此可知，已享受过本国优先权的专利申请不能作为在后申请要求优先权的基础。即选项B符合题意。

根据A29.1的规定，申请人自发明或者实用新型在外国第一次提出专利申请之日起十二个月内……可以享有优先权。根据A29.2的规定：申请人自发明或者实用新型在中国第一次提出专利申请之日起十二个月内，……又向国务院专利行政部门就相同主题提出专利申请的，可以享有优先权。根据上述规定可知，不管是外国优先权还是本国优先权，作为优先权基础的应当是首次申请，故选项C符合题意。

在G－2－3－4.1.1关于"享有外国优先权的条件"最后一段中规定：……享有外国优先权的发明创造与外国首次申请审批的最终结果无关，只要该首次申请在有关国家或者政府间组织中获得了确定的申请日，就可作为要求外国优先权的基础。根据该规定可知，对于已经授予专利权的专利申请，如果是外国申请，仍然可以作为就相同主题提出的实用新型专利申请的优先权基础。但根据R35.2的规定可知，已经被授予专利权的专利申请不得作为要求本国优先权的基础。由于选项D中并没有明确已被授予专利权的专利申请是外国专利申请还是中国专利申请，故不符合题意。（注意：如果将选项D的已被授予专利权的专利申请理解为国内授权的专利申请，则选项D就符合题意，因此需要合理理解题意，不要主观地增加限定条件。）

综上所述，本题答案为A、B、C。

【8.（2014－73）解析】知识点：作为本国优先权基础的在先申请

根据A29.2的规定可知，本国优先权也包括外观设计专利申请，因此选项A不符合题意。参见7.（2015－32）选项B的解析，根据R35.2的规定可知，不管是已享受过外国优先权的专利申请还是已享受过本国优先权的专利申请，都不能再作为优先权的基础，即选项B和C符合题意。已被授予专利权的专利申请不能作为本国优先权的基础，即选项D符合题意。

综上所述，本题答案为B、C、D。

【9.（2013－33）解析】知识点：作为本国优先权基础的在先申请

参见2.（2018－47）选项C的解析。根据G－1－1－6.2.2.1关于"在先申请和要求优先权的在后申请"的规定，可知选项A中由于其实用新型专利申请已被授予专利权，不符合上述规定中的第（3）个要求，因此不可以作为该发明专利申请要求本国优先权的基础，即选项A不符合题意。

对于在先申请，只要符合上述G－1－1－6.2.2.1关于"在先申请和要求优先权的在后申请"规定的条件，无论针对其是否提出分案申请、是否主动撤回等，均不影响其可以作为优先权的基础。由于选项B中发明专利申请的申请日为2011年6月4日，在优先权期限的十二个月内，即使申请人就该申请提出了分案申请，其也可以作为该发明专利申请要求本国优先权的基础，即选项B符合题意。选项C的发明专利申请的申请日为2011年5月6日，在优先权期限的十二个月内，即使申请人主动撤回了该申请，其也可以作为该发明专利申请要求本国优先权的基础，即选项C符合题意。

选项D的发明专利申请，由于享有外国优先权，不再是首次申请，因而不符合上述规定第（2）个要求，因而不可以作为该发明专利申请要求本国优先权的基础，即选项D不符合题意。

综上所述，本题答案为B、C。

【10.（2011－26）解析】知识点：作为本国优先权基础的在先申请

参照2.（2018－47）和9.（2013－33）的解析。对于在先申请，只要符合其他规定的条件，无论其是否提出分案申请，其均可以作为优先权的基础。由于选项A中发明专利申请的申请日为2009年8月9日，在后申请日2010年7月9日处在优先权期限的十二个月内，即使申请人就该申请提出分案申请，其也可以作为该实用新型专利申请要求本国优先权的基础，即选项A不符合题意。选项B中由于发明专利申请已被授予专利权，因此不可以作为该实用新型专利申请要求本国优先权的基础，即选项B符合题意。选项C的发明专利申请，由于已享有外国优先权，不再是首次申请，因而不可以作为该实用新型专利申请要求本国优先权的基础，即选项 C 符合题意。选项 D 的实用新型专利申请，由于已享有本国优先权，不再是首次申请，因而不可以作为该实用新型专利申请要求本国优先权的基础，即选项 D 符合题意。

综上所述，本题答案为 B、C、D。

【11.（2010 - 21）解析】 知识点：作为本国优先权基础的在先申请

参照 8.（2014 - 73）的解析。选项 A 中的 2009 年 1 月 7 日提交的分案申请不能作为要求本国优先权的基础，但申请人可就其申请日为 2008 年 9 月 14 日的母案申请要求优先权，故选项 A 不符合题意。选项 B 中的实用新型专利申请申请日为 2008 年 6 月 15 日，相对于在后申请的提交日 2009 年 6 月 16 日超过了十二个月的优先权期限（虽然仅超过一天），也不能作为要求本国优先权的基础，不符合题意。选项 C 中的发明专利申请由于已经要求过外国优先权，因此也不能作为要求本国优先权的基础，不符合题意。选项 D 的实用新型专利申请，一方面，申请日为 2008 年 6 月 18 日，相对于在后申请而言，没有超出十二个月的优先权期限；另一方面，该实用新型还没有被授予专利权（虽然国家知识产权局已经对该申请发出授予专利权通知书，但申请人尚未办理登记手续，则仍然没有授权公告即没有被授予专利权），因此可以作为要求优先权的基础，故选项 D 符合题意。

综上所述，本题答案为 D。

【12.（2018 - 59）解析】 知识点：优先权（相同主题的发明创造）

G - 2 - 8 - 4.6.2 关于"优先权核实的一般原则"中规定，只要在先申请文件清楚地记载了在后申请权利要求所述的技术方案，就应当认定该在先申请与在后申请涉及相同的主题……。此外，所述的记载不仅包括在先申请文件文字明确记载的内容，也包括可以从在先申请文件中直接地、毫无疑义地确定的内容。

选项 A 中，在后申请的氧气含量范围 30% ~60% 与在先申请氧气含量范围 20% ~50% 仅仅是部分重叠，在先申请既没有记载氧气含量范围为 50% ~60%，也没有明确记载氧气含量为 30%，因而不能由在先申请直接和毫无疑义地确定氧气含量范围为 30% ~60% 的技术方案，在后申请不能享受在先申请的优先权，不符合题意。

选项 B 中，在先申请虽然没有明确记载氧气含量范围为 30% ~50%，但由于在先申请记载了氧气含量范围为 20% ~50% 并且还记载了氧气含量可以是 30%，由在先申请可以直接和毫无疑义地确定氧气含量范围可以是 30% ~50%，因此在后申请可以享受在先申请的优先权，符合题意。

选项 C 中，在先申请已记载了 30%、35% 两个点值和 50% 这个端点，因此在后申请可以享受在先申请的优先权，符合题意。

选项 D 中，在先申请没有记载氧气含量为 20% ~50% 的范围内的技术方案，并且也不能从在先申请中直接和毫无疑义地确定这一技术方案，因此在后申请不能享受在先申请的优先权，符合题意。

综上所述，本题答案为 B、C。

【13.（2016 - 60）解析】 知识点：优先权（相同主题的发明创造）

在 G - 2 - 8 - 4.6.2 关于"优先权核实的一般原则"中规定，一般来说，核实优先权是指核查申请人要求的优先权是否能依照《专利法》第二十九条的规定成立。为此，审查员应当在初步审查部门审查的基础上（参见指南第一部分第一章 6.2 节）核实：（1）作为要求优先权的基础的在先申请是否涉及与要求优先权的在后申请相同的主题；（2）该在先申请是否是记载了同一主题的首次申请；（3）在后申请的申请日是否在在先申请的申请日起十二个月内❶，根据《专利法实施细则》第三十六条恢复优先权的除外。进行上述第（1）项核实，即判断在后申请中各项权利要求所述的技术方案是否清楚地记载在上述在先申请的文件（说明书和权利要求书，不包括摘要）中……。

根据上述规定可知，如果要求优先权的在后申请中各项权利要求所述的技术方案清楚地记载在在先申请的说明书或权利要求书中，则在满足其他条件的情况下可以享有优先权。题中，由于由技术特征 a、b 构成的技术方案记载在先申请的 X 的说明书中，由技术特征 b、c 构成的技术方案记载在权利要求书中，则在后申请 Y 可以针对这两个技术方案要求享有优先权，故选项 A 和 B 符合题意。

但技术特征 a、c 构成的技术方案仅在记载在在先申请的 X 的说明书摘要中，则不能就该技术方案要求享有 X 申请的优先权，即选项 C 不符合题意。

对于选项 D 中的技术特征 a、b、c 构成的技术方案，虽然各技术特征分别记载在在先申请的权利要求书及说明书中，但是并未记载在在先申请的权利要求书或说明书中，故就该技术方案不能要求享有 X 申请的优先权，即选项 D 不符合题意。

综上所述，本题答案为 A、B。

---

❶ 此处是针对发明和实用新型专利。

【14.（2014－60）解析】知识点：优先权的判断（相同主题的发明创造）

在 G－2－3－4.1.2 关于"相同主题的发明创造的定义"中规定，《专利法》第二十九条所述的相同主题的发明或者实用新型，是指技术领域、所解决的技术问题、技术方案和预期的效果相同的发明或者实用新型。但应注意这里所谓的相同，并不意味在文字记载或者叙述方式上完全一致。审查员应该注意，对于中国在后申请权利要求中限定的技术方案，只要已记载在外国首次申请中就可享有该首次申请的优先权，而不必要求其包含在该首次申请的权利要求书中……。

根据上述规定可知，相同主题的发明创造并不是仅仅指权利要求相同，故选项 A 的说法错误，符合题意。相同的主题发明创造要求技术领域、所解决的技术问题、技术方案和预期的效果相同的发明或者实用新型，因此技术方案相似的发明或者实用新型并不属于相同主题的发明创造，即选项 B 的说法错误，符合题意。如果仅仅是能够解决完全相同的技术问题的发明或者实用新型，或者仅仅是能够达到完全相同的预期效果的发明或者实用新型，而技术方案不同，则也不属于相同主题的发明创造，即选项 C 和 D 的说法错误，符合题意。

综上所述，本题答案为 A、B、C、D。

【15.（2013－94）解析】优先权（相同主题的发明创造）

在 G－2－8－4.6.2 关于"优先权核实的一般原则"中规定，……即判断在后申请中各项权利要求所述的技术方案是否清楚地记载在上述在先申请的文件（说明书和权利要求书，不包括摘要）中……。根据上述规定可知，如果在后申请要求保护的技术方案仅记载在在先申请的摘要中，则不能享受优先权，故选项 A 的说法错误，不符合题意。

在 G－2－3－4.1.4 关于"外国多项优先权和外国部分优先权"中规定，……（3）要求外国优先权的申请中，除包括作为外国优先权基础的申请中记载的技术方案外，还可以包括一个或者多个新的技术方案。例如中国在后申请中除记载了外国首次申请的技术方案外，还记载了对该技术方案进一步改进或者完善的新技术方案，如增加了反映说明书中新增实施方式或者实施例的从属权利要求，或者增加了符合单一性的独立权利要求，在这种情况下，审查员不得以中国在后申请的权利要求书中增加的技术方案未在外国首次申请中记载为理由，拒绝给予优先权，或者将其驳回，而应当<u>对于该中国在后申请中所要求的与外国首次申请相同主题的发明创造给予优先权，有效日期为外国首次申请的申请日，即优先权日，其余的则以中国在后申请之日为申请日。该中国在后申请中有部分技术方案享有外国优先权，故称为外国部分优先权。</u>❶根据上述原则（还可参见 G－2－8－4.6.2.1 关于"部分优先权的核实"规定），如选项 B 中的在后申请可以就在先申请记载的那个技术方案享受优先权（部分优先权），而不能就未在在先申请中记载的技术方案享有优先权，即并不是在后申请的两个技术方案都不能享有优先权，因此选项 B 的说法错误，不符合题意。

G－2－8－4.6.2.2 关于"多项优先权的核实"中规定，如果一件具有单一性的专利申请要求了多项优先权，审查员在核实优先权时，应当检查该申请的权利要求书中所反映的各种技术方案，是否分别在作为优先权基础的多件外国或者本国的专利申请中已有清楚的记载。此外，审查员还要核实所有的在先申请的申请日是否都在在后申请的优先权期限之内。<u>满足上述两个条件的，在后申请的多项优先权成立，并且其记载上述各种技术方案的各项权利要求具有不同的优先权日</u>……。据此可知，在后申请记载了两个技术方案，这两个技术方案分别记载在不同的在先申请中，且满足其他条件，则该在后申请的两个技术方案都能享有优先权，即选项 C 的说法正确，符合题意。

在 G－2－8－4.6.2 关于"优先权核实的一般原则"中规定，……审查员不得以在先申请的权利要求书中没有包含该技术方案为理由，而拒绝给予优先权……。因此，如果在后申请的技术方案仅记载在在先申请的说明书中，而没有记载在权利要求书中，该技术方案也能享有优先权，选项 D 的说法正确，符合题意。

综上所述，本题答案为 C、D。

【16.（2010－69）解析】知识点：优先权（相同主题的发明创造）

参见 14.（2014－60）解析。题中，在先申请记载了环氧树脂的含量范围为 30%～60%，并在该申请说明书中公开了环氧树脂含量为 40% 的实施例。这表明在先申请记载了环氧树脂含量为 30%、30%～60%、30%～40%、40%、40%～60%、60% 这些技术方案 [也可以按照《专利法》第三十三条的判断思路（即直接地、毫无疑义地得出，就认为不超范围）来判断，这些技术方案都没有超出在先申请记载的范围，能够从在先申请记载的范围直接地、毫无疑义地得出），故在后申请中要求保护的这些技术方案可以享有优先权，即选项 A、B、D 符合题意。而对于环氧树脂含量为 50% 的技术方案，由于在在先申请并没有记载（也可以按照《专利法》第三十三条的思路判断，该技术方案超出了在先申请记载的范围，即不能从在先申请记载的范围直接地、毫无疑义地得出），因而在后申请要求保护的该技术方案不能享有优先权，即选项 C 不符合题意。

综上所述，本题答案为 A、B、D。

---

❶ 该原则同样适宜于本国优先权。

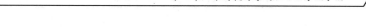

【17.（2019－13）解析】知识点：多项优先权

在G－2－3－4.1.4关于"外国多项优先权和外国部分优先权"中规定，……作为多项优先权基础的外国首次申请可以是在不同的国家或者政府间组织提出的。例如，中国在后申请中，记载了两个技术方案A和B，其中，A是在法国首次申请中记载的，B是在德国首次申请中记载的，两者都是在中国在后申请之日以前十二个月内分别在法国和德国提出的，在这种情况下，中国在后申请就可以享有多项优先权，即A享有法国的优先权日，B享有德国的优先权日。如果上述的A和B是两个可供选择的技术方案，申请人用"或"结构将A和B记载在中国在后申请的一项权利要求中，则中国在后申请同样可以享有多项优先权，即有不同的优先权日……。

根据上述规定可知，题中在先的美国和德国申请跟中国在后申请均没有超过十二个月，因此在要求优先权期限的之内。

进一步地，在G－2－3－4.1.1关于"享有外国优先权的条件"中规定，享有外国优先权的专利申请应当满足以下条件：（1）申请人就相同主题的发明创造在外国第一次提出专利申请（以下简称外国首次申请）后又在中国提出专利申请（以下简称中国在后申请）……由此可知，享有优先权的基础必须是外国首次申请（注意：对于发明或实用新型而言，优先权的基础是以权利要求的技术方案为基本单位，而不是以整个外国申请为单位进行判断的）。

更进一步地，在G－2－3－4.1.2关于"相同主题的发明创造的定义"第二段中规定，……审查员应该注意，对于中国在后申请权利要求中限定的技术方案，只要已记载在外国首次申请中就可享有该首次申请的优先权，而不必要求其包含在该首次申请的权利要求书中。据此可知，享有优先权的技术方案既可以记载在优先权文本的权利要求书，也可以仅记载在其说明书中……。

由题中信息可知，技术方案A1和技术方案A2记载在首次申请的美国申请之中，中国在后申请可以就这两个技术方案请求享受美国专利申请的优先权。而技术方案A3首次记载在德国专利申请中，中国在后申请可以就该技术方案A3请求享受德国专利申请的优先权。因此，A1、A2和A3都能享有优先权，即选项D符合题意。[注意：虽然德国专利申请记载了技术方案A1，但对于技术方案A1而言，并不是首次申请（故技术方案A1不能享受德国专利申请的优先权，而只能享受美国专利申请的优先权）。]

综上所述，本题答案为D。

【18.（2012－28）解析】知识点：多项优先权

参照17.（2019－13）的解析。题中，英国提出的申请和在法国提出的申请都在中国发明专利申请提出前的十二个月内。产品和制造该产品的方法记载在英国专利申请的说明书中，即英国的专利申请是首次申请，在后的中国专利申请可以就产品和制造该产品的方法享受英国专利申请的优先权。制造产品的设备记载在法国专利申请的权利要求和说明书中，即法国专利申请属于首次申请，在后的中国专利申请可以就制造产品的设备享受法国专利申请的优先权。因此，申请人在中国提出的专利申请包括产品、方法和设备三个技术方案均可以享有优先权，故选项D的说法正确，符合题意。而选项A中认为方法的技术方案不能享有优先权，选项B中认为设备的技术方案不能享有优先权，以及选项C认为产品和方法的技术方案不能享有优先权的说法都是错误的，不符合题意。

综上所述，本题答案为D。

【19.（2017－45）解析】知识点：外国优先权

根据A30.1的规定，申请人要求发明、实用新型优先权的，应当在申请的时候提出书面声明，并且在第一次提出申请之日起十六个月内，提交第一次提出的专利申请文件的副本。此处的申请之日指第一次提出申请的，即在先申请的实际申请日，即优先权日，而不是在后申请的实际申请日。题中申请的优先权日是2016年7月3日，因此提交在先申请文件副本的期限从该日期开始计算的十六个月内，届满日为2017年11月3日。选项A的应当在2017年8月15日前提交在先申请文件副本说法错误，因是从在后申请的实际申请日起算的三个月，故不符合题意。而选项B的日期2017年8月22日是从收到受理通知书的日期2017年5月22日开始计算的三个月内，显然是错误的，不符合题意。（注意：《专利法》第四次修改之前，选项A正确。）

在G－5－1－3.3关于"外文的翻译"中规定，……当事人在提交外文证明文件、证据材料（例如优先权证明文本、转让证明等）时，应当同时附具中文题录译文，审查员认为必要时，可以要求当事人在规定的期限内提交全文中文译文或者摘要中文译文……。故选项C中的应当提交在先申请文件副本的中文题录译文的说法正确，符合题意。

根据R34.1的规定，……依照国务院专利行政部门与该受理机构签订的协议，国务院专利行政部门通过电子交换等途径从该受理机构获得在先申请文件副本的，视为申请人提交了经该受理机构证明的在先申请文件副本……。选项D的说法与该规定一致，因此是正确的，符合题意。

综上所述，本题答案为C、D。

【20.（2015－60）解析】知识点：外国优先权

根据A29.1的规定可知，申请人自发明或者实用新型在外国第一次提出专利申请之日起十二个月内，……又在中国就相同主题提出专利申请的，……可以享有优先权。由于题中的申请是发明专利申请，因此该申请应当自在先申请的申请日起十二个月内提出才能享有优先权，故选项 A 的说法正确，符合题意。

在 G-2-3-4.1.2 关于"相同主题的发明创造的定义"第二段中规定，审查员应该注意，对于中国在后申请权利要求中限定的技术方案，只要已记载在外国首次申请中就可享有该首次申请的优先权，而不必要求其包含在该首次申请的权利要求书中……。因此，选项 B 所述该申请的权利要求应当与在先申请的权利要求相同的说法是错误的，不符合题意。

根据 R34.3 的规定，要求优先权的申请人的姓名或者名称与在先申请文件副本中记载的申请人姓名或者名称不一致的，应当提交优先权转让证明材料，未提交该证明材料的，视为未要求优先权。进一步地，在 G-1-1-6.2.1.4 关于"在后申请的申请人"中规定，要求优先权的在后申请的申请人与在先申请文件副本中记载的申请人应当一致，或者是在先申请文件副本中记载的申请人之一。申请人完全不一致，且在先申请的申请人将优先权转让给在后申请的申请人的，应当在优先权日（要求多项优先权的，指最早优先权日）起十六个月提交由在先申请的全体申请人签字或者盖章的优先权转让证明文件……。本题中，由某外国公司提交在后的中国专利申请，而选项 C 中的"在先申请的申请人不是该外国公司的"，属于上述规定中的"申请人完全不一致"的情形，因而需要提供优先权转让证明，故选项 C 的说法正确，符合题意。[注意：如果将本题中"在先申请的申请人不是该外国公司的"错误理解成包括了在先申请的申请人有多个且其中一个是该外国公司的情形，则会得出错误的结论。因为在要求外国优先权时，在后申请的申请人是在先申请文件副本中记载的申请人之一的情况下，无须提供优先权转让证明（但如果要求国内优先权，则也需要提供优先权转让证明）。]

根据 A30.3 的规定可知，申请人未提出书面声明或者逾期未提交专利申请文件副本的，视为未要求优先权。选项 D 所述的该外国公司应当在法定的期限内提交在先申请文件的副本的说法正确，符合题意。

综上所述，本题答案为 A、C、D。

【21.（2014-15）解析】知识点：外国优先权

参见 20.（2015-60）选项 C 的解析。根据 G-1-1-6.2.1.4 关于"在后申请的申请人"中规定可知，题中涉及的是外国优先权，由于在后申请的申请人张某是在先申请的申请人之一，根据上述规定，无须提交优先权转让证明。只有在在后申请与在先申请完全不一致的时候，才须提供优先权转让证明，故选项 A 的说法错误，不符合题意。

根据 A30.1 的规定，申请人要求发明、实用新型优先权的，应当在申请的时候提出书面声明，并且第一次提出申请之日起十六个月内，提交第一次提出的专利申请文件的副本。由此可知，选项 B 关于在先申请的副本提交时间错误，故不符合题意。A30.3 规定，申请人未提出书面声明或者逾期未提交专利申请文件副本的，视为未要求优先权。因此，如果在申请时未提出要求优先权声明，则视为未要求优先权，不能请求恢复该德国优先权的，故选项 C 的说法错误，不符合题意。且逾期未提交专利申请文件副本的，视为未要求优先权，故选项 D 的说法正确，符合题意。

综上所述，本题答案为 D。

【22.（2016-59）解析】知识点：本国优先权

根据 R35.2 的规定，发明或者实用新型专利申请人要求本国优先权，在先申请是发明专利申请的，可以就相同主题提出发明或者实用新型专利申请；在先申请是实用新型专利申请的，可以就相同主题提出实用新型或者发明专利申请……。根据上述规定，发明专利申请要求本国优先权的，在先申请既可以是发明专利申请也可以是实用新型专利申请，因此选项 A 的说法正确，符合题意。已经授予专利权，不管是否处于优先权期限内的申请，都不能作为在后申请的本国优先权基础，故选项 C 的说法错误，不符合题意。

在 G-1-1-6.2.2.4 关于本国优先权的"在后申请的申请人"中规定，要求优先权的在后申请的申请人与在先申请中记载的申请人应当一致；不一致的，在后申请的申请人应当……提交由在先申请的全体申请人签字或者盖章的优先权转让证明文件。在后申请的申请人期满未提交优先权转让证明文件，或者提交的优先权转让证明文件不符合规定的，审查员应当发出视为未要求优先权通知书。因此，选项 B 的说法正确，符合题意。（注意：对于外国优先权，要求有所不同，要注意区分。）

参见 13.（2016-60）解析，根据 G-1-1-6.2.2.1 关于"在先申请和要求优先权的在后申请"的规定可知，对于在先申请，只要符合上述规定的条件，无论是否因未缴纳申请费被视为撤回或者主动撤回等，都可以作为优先权的基础。因此，选项 D 的说法正确，符合题意。

综上所述，本题答案为 A、B、D。

【23.（2011-74）解析】知识点：外国优先权

对于发明或实用新型专利而言，在 G-2-3-4.1.1 关于"享有外国优先权的条件"中规定，享有外国优先权的专利申请应当满足的条件：（1）申请人就相同主题的发明创造在外国第一次提出专利申请（以下简称外国首次申请）后又在中国提出专利申请（以下简称中国在后申请）。（2）发明和实用新型而言，中国在后申请之日不得迟于外国首次申请之日起十二个月。根据《专利法实施细则》第三十六条规定恢复优先权的除外。（3）申请人提出首次申请的国家或者政府间组织应当是同中国签有协议或者共同参加国际条约，或者相互承认优先权原则的国家或者政府间组织……。题中，中国、美国和韩国都是《保护工业产权巴黎公约》的成员国，互相承认优先权。由于技术方案a和技术方案b的首次申请是申请F，且相对于在后申请F1和F2而言，均在优先权期限的十二个月之内。因此，申请F1可享有申请F的优先权，选项A的说法正确，符合题意。申请F2中的技术方案a和技术方案b可享有申请F的优先权，选项B和D的说法正确，符合题意。但由于申请F1要求保护技术方案b，已记载在在先申请F中，故申请F1并不是首次申请，不能作为要求优先权的基础，即申请F2中的技术方案b不能享有申请F1的优先权（但可以享有申请F的优先权），选项C的说法错误，不符合题意。

综上所述，本题答案为A、B、D。

【24.（2011-88）解析】知识点：外国优先权

参照21.（2014-15）的解析。根据A30.1的规定可知，申请人要求发明、实用新型优先权的，应当在申请的时候提出书面声明，并且在第一次提出申请之日起十六个月内提交第一次提出的专利申请文件的副本……。故选项A和C的说法正确，符合题意。（注意，题中的第一次提出申请之日就是美国专利申请和申请日。）

根据R112的规定，申请人应当自申请起2个月内或者在收到受理通知书之日起15日内缴纳申请费、公布印刷费和必要的申请附加费；期满未缴纳或者未缴足的，其申请视为撤回。申请人要求优先权的，应当在缴纳申请费的同时缴纳优先权要求费；期满未缴纳或者未缴足的，视为未要求优先权。由此可知，选项B所述的"王某应当自优先权日起十二个月内缴纳优先权要求费"明显与上述规定不一致，故选项B的说法是错误的，不符合题意。

在G-1-1-6.2.1.4关于外国优先权的"在后申请的申请人"中规定：……申请人完全不一致，且在先申请的申请人将优先权转让给在后申请的申请人的，应当……提交由在先申请的全体申请人签字或者盖章的优先权转让证明文件。由此可知，选项D中由于在先申请文件副本中记载的申请人不是王某，则应当提交优先权转让证明，故其说法正确，符合题意。

综上所述，本题答案为A、C、D。

（三）总体考点分析

本部分涉及优先权的定义、优先权日的概念、优先权的期限、优先权的种类、优先权的效力以及多项优先权或部分优先权的概念。

高频结论

✓　申请人自发明或者实用新型在第一次提出专利申请之日起十二个月内，或者自外观设计在外国第一次提出专利申请之日起六个月内，又在中国就相同主题提出专利申请的，依照该外国同中国签订的协议或者共同参加的国际条约，或者依照相互承认优先权的原则，可以享有优先权。

✓　申请人要求本国优先权的，其在先申请自后一申请提出之日起即视为撤回。

✓　申请人自发明或者实用新型在中国第一次提出专利申请之日起十二个月内，或者自外观设计在中国第一次提出专利申请之日起六个月内又向国务院专利行政部门就相同主题提出专利申请的，可以享有优先权（称为本国优先权，且三种专利都有本国优先权）。

✓　申请人要求本国优先权，在先申请是发明专利申请的，可以就相同主题提出发明或者实用新型专利申请；在先申请是实用新型专利申请的，可以就相同主题提出实用新型或者发明专利申请。

✓　作为多项优先权基础的外国首次申请可以是在不同的国家或政府间组织提出的。

✓　享有优先权的基础必须是外国首次申请（注意：这里优先权的基础是以权利要求的技术方案为基本单位，而不是以整个外国申请为单位进行判断的）。

✓　相同主题的发明或者实用新型，是指技术领域、所解决的技术问题、技术方案和预期的效果相同的发明或者实用新型。但应注意这里所谓的"相同"，并不意味在文字记载或者叙述方式上完全一致。

✓　相同主题的发明或实用新型就是判断在后申请中各项权利要求所述的技术方案是否清楚地记载在上述在先申请的文件（说明书和权利要求书，不包括摘要）中。如果在后申请与在先申请的技术方案在表达上的不同仅仅是简单的文字变换，或者在后申请的技术方案是能够从在先申请中直接和毫无疑义地确定的技术内容，则两者也属于相同主题的发明创造。

✓ 对于在后申请权利要求中限定的技术方案，只要已记载在首次申请中就可享有该首次申请的优先权，而不必要求其包含在该首次申请的权利要求书中。

✓ 申请人要求发明、实用新型专利优先权的，应当在申请的时候提出书面声明，并且在第一次提出申请之日（即优先权日）起十六个月内提交第一次提出的专利申请文件的副本。期满未提交的，审查员应当发出视为未要求优先权通知书。对于外国优先权，当事人在提交外文证明文件、证据材料时（例如优先权证明文本、转让证明等），应当同时附具中文题录译文。

✓ 申请人要求外观设计专利优先权的，应当在申请时提出书面声明，并且在三个月内提交第一次提出的专利申请文件的副本。

✓ 申请人要求优先权的，应当在缴纳申请费的同时缴纳优先权要求费；期满未缴纳或者未缴足的，视为未要求优先权。

✓ 在先申请的主题有下列情形之一的，不得作为要求本国优先权的基础：（1）已经要求外国优先权或者本国优先权的；（2）已经被授予专利权的；（3）属于按照规定提出的分案申请的。其中，授予专利权与否以办理登记公告为准，收到授权通知书而未办理登记不算作已被授权。

✓ 要求优先权的申请中，除包括作为优先权基础的申请中记载的技术方案外，还可以包括一个或多个新的技术方案，则该在后申请中有部分技术方案享有优先权，故称为部分优先权。

✓ 如果一件具有单一性的专利申请要求了多项优先权，需要针对该申请的权利要求书中所反映的各种技术方案，是否分别在作为优先权基础的多件外国或者本国的专利申请中已有清楚的记载，如果满足条件，在后申请的多项优先权成立。

✓ 关于外国优先权，只有在申请人完全不一致，且在先申请的申请人将优先权转让给在后申请的申请人的，应当提交由在先申请的全体申请人签字或者盖章的优先权转让证明文件（提交时间应与提交优先权副本的时间相同）。

✓ 涉及本国优先权的"在后申请的申请人"的规定：要求优先权的在后申请的申请人与在先申请中记载的申请人应当一致；不一致的，在后申请的申请人应当提交由在先申请的全体申请人签字或者盖章的优先权转让证明文件（提交时间应与提交优先权副本的时间相同）。

✓ 申请人要求撤回优先权要求的，应当提交全体申请人签字或者盖章的撤回优先权声明。

✓ 申请人要求优先权之后，可以撤回优先权要求。申请人要求多项优先权之后，可以撤回全部优先权要求，也可以撤回其中某一项或者几项优先权要求……优先权要求撤回后，导致该专利申请的最早优先权日变更时，自该优先权日起算的各种期限尚未届满的，该期限应当自变更后的最早优先权日或者申请日起算，撤回优先权的请求是在原最早优先权日起十五个月之后到达专利局的，则在后专利申请的公布期限仍按照原最早优先权日起算。

✓ 视为未要求优先权并属于下列情形之一的，申请人可以根据《专利法实施细则》第六条的规定请求恢复要求优先权的权利：（1）由于未在指定期限内答复办理手续补正通知书导致视为未要求优先权；（2）要求优先权声明中至少一项内容填写正确，但未在规定的期限内提交在先申请文件副本或者优先权转让证明；（3）要求优先权声明中至少一项内容填写正确，但未在规定期限内缴纳或者缴足优先权要求费；（4）分案申请的原申请要求了优先权。除以上情形外，其他原因造成被视为未要求优先权的，不予恢复。例如，由于提出专利申请时未在请求书中提出声明而视为未要求优先权的，不予恢复要求优先权的权利。

（四）参考答案

1. C、D	2. A、C、D	3. A、C	4. B	5. B、C
6. B、C、D	7. A、B、C	8. B、C、D	9. B、C	10. B、C、D
11. D	12. B、C	13. A、B	14. A、B、C、D	15. C、D
16. A、B、D	17. D	18. D	19. C、D	20. A、C、D
21. D	22. A、B、D	23. A、B、D	24. A、C、D	

三、期　限

（一）历年试题集合

1. （2019－63）申请人甲于 2015 年 3 月 1 日向国家知识产权局提出一件发明专利申请，并要求两项外国优先权，优先权日分别为 2014 年 3 月 1 日和 2014 年 6 月 1 日。2015 年 8 月 1 日其请求撤回优先权日为 2014 年 3 月 1 日的优先权。下列期限计算正确的是？

　　A. 该申请经初步审查符合要求的，自 2014 年 3 月 1 日起满十八个月即行公布

　　B. 该申请人提出实质审查请求的期限届满日为 2017 年 3 月 1 日

　　C. 该申请经初步审查符合要求的，自 2014 年 6 月 1 日起满十八个月即行公布

　　D. 该申请人提出实质审查请求的期限届满日为 2017 年 6 月 1 日

【你的答案】

【选错记录】

2. （2017－48）以下哪一个期限是以申请日起算的？

　　A. 发明专利申请的公布时间

　　B. 专利权的保护期限

　　C. 专利年度的计算

　　D. 提交实质审查请求书的期限

【你的答案】

【选错记录】

3. （2015－63，有适应性修改）下列哪些期限经请求可以延长？

　　A. 复审请求补正通知书中指定的补正期限

　　B. 提交作为发明专利优先权基础的在先申请文件副本的期限

　　C. 无效宣告请求补正通知书中指定的补正期限

　　D. 第一次审查意见通知书中指定的答复期限

【你的答案】

【选错记录】

4. （2015－20）国家知识产权局于 2014 年 3 月 6 日向申请人刘某发出其申请视为撤回通知书，但该通知书由于地址不详被退回，国家知识产权局于 2014 年 5 月 29 日公告送达。刘某最迟应当在哪天缴纳恢复权利请求费？

　　A. 2014 年 5 月 21 日

　　B. 2014 年 7 月 29 日

　　C. 2014 年 8 月 13 日

　　D. 2014 年 8 月 29 日

【你的答案】

【选错记录】

5. （2015－16）一件享有外国优先权的发明专利申请，优先权日为 2011 年 2 月 20 日，申请日为 2012 年 2 月 7 日。下列说法哪个是错误的？

　　A. 该申请自 2012 年 2 月 7 日起满十八个月即行公布

　　B. 申请人提出实质审查请求的期限为自 2011 年 2 月 20 日起三年

　　C. 如果该项专利申请被授予专利权，则其保护期限自 2012 年 2 月 7 日起算

　　D. 2011 年 2 月 20 日以前公开的相关技术属于该发明专利申请的现有技术

【你的答案】

【选错记录】

6. （2015－17）&（2012－25）申请人向国家知识产权局邮寄了一件专利申请，寄出的邮戳日为 2015 年 3 月 6 日。国家知识产权局于 2015 年 3 月 8 日收到了该申请，并于同日发出了受理通知书。申请人于 2015 年 3 月 10 日收到了该受理通知书。申请人最迟应当在哪一天缴纳申请费？

　　A. 2015 年 3 月 25 日

　　B. 2015 年 4 月 7 日

　　C. 2015 年 5 月 6 日

　　D. 2015 年 5 月 8 日

【你的答案】

【选错记录】

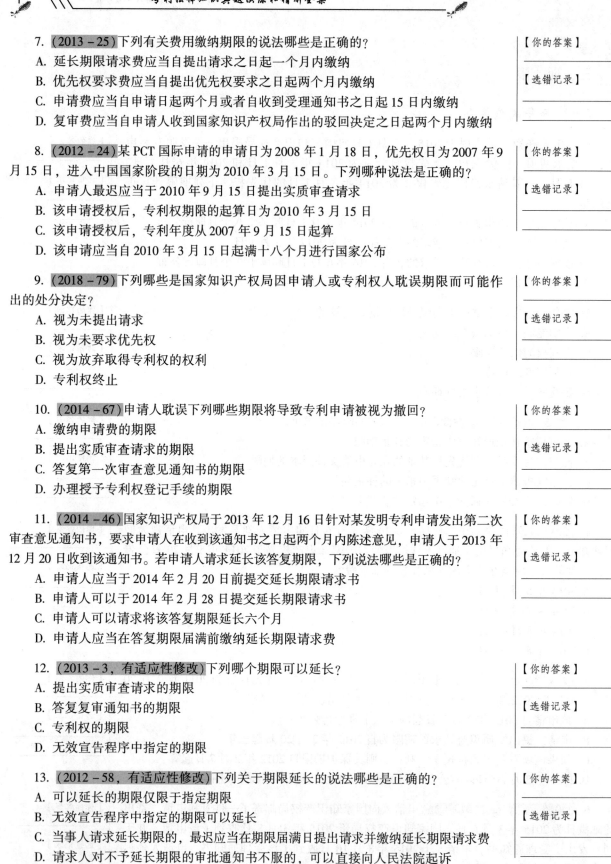

7. (2013－25) 下列有关费用缴纳期限的说法哪些是正确的?

　　A. 延长期限请求费应当自提出请求之日起一个月内缴纳

　　B. 优先权要求费应当自提出优先权要求之日起两个月内缴纳

　　C. 申请费应当自申请日起两个月或者自收到受理通知书之日起 15 日内缴纳

　　D. 复审费应当自申请人收到国家知识产权局作出的驳回决定之日起两个月内缴纳

【你的答案】

【选错记录】

8. (2012－24) 某 PCT 国际申请的申请日为 2008 年 1 月 18 日, 优先权日为 2007 年 9 月 15 日, 进入中国国家阶段的日期为 2010 年 3 月 15 日。下列哪种说法是正确的?

　　A. 申请人最迟应当于 2010 年 9 月 15 日提出实质审查请求

　　B. 该申请授权后, 专利权期限的起算日为 2010 年 3 月 15 日

　　C. 该申请授权后, 专利年度从 2007 年 9 月 15 日起算

　　D. 该申请应当自 2010 年 3 月 15 日起满十八个月进行国家公布

【你的答案】

【选错记录】

9. (2018－79) 下列哪些是国家知识产权局因申请人或专利权人耽误期限而可能作出的处分决定?

　　A. 视为未提出请求

　　B. 视为未要求优先权

　　C. 视为放弃取得专利权的权利

　　D. 专利权终止

【你的答案】

【选错记录】

10. (2014－67) 申请人耽误下列哪些期限将导致专利申请被视为撤回?

　　A. 缴纳申请费的期限

　　B. 提出实质审查请求的期限

　　C. 答复第一次审查意见通知书的期限

　　D. 办理授予专利权登记手续的期限

【你的答案】

【选错记录】

11. (2014－46) 国家知识产权局于 2013 年 12 月 16 日针对某发明专利申请发出第二次审查意见通知书, 要求申请人在收到该通知书之日起两个月内陈述意见, 申请人于 2013 年 12 月 20 日收到该通知书。若申请人请求延长该答复期限, 下列说法哪些是正确的?

　　A. 申请人应当于 2014 年 2 月 20 日前提交延长期限请求书

　　B. 申请人可以于 2014 年 2 月 28 日提交延长期限请求书

　　C. 申请人可以请求将该答复期限延长六个月

　　D. 申请人应当在答复期限届满前缴纳延长期限请求费

【你的答案】

【选错记录】

12. (2013－3, 有适应性修改) 下列哪个期限可以延长?

　　A. 提出实质审查请求的期限

　　B. 答复复审通知书的期限

　　C. 专利权的期限

　　D. 无效宣告程序中指定的期限

【你的答案】

【选错记录】

13. (2012－58, 有适应性修改) 下列关于期限延长的说法哪些是正确的?

　　A. 可以延长的期限仅限于指定期限

　　B. 无效宣告程序中指定的期限可以延长

　　C. 当事人请求延长期限的, 最迟应当在期限届满日提出请求并缴纳延长期限请求费

　　D. 请求人对不予延长期限的审批通知书不服的, 可以直接向人民法院起诉

【你的答案】

【选错记录】

14. (2010－29) 国家知识产权局于 2007 年 4 月 25 日发出第一次审查意见通知书, 指定的答复期限为自收到该通知书之日起四个月。在下列哪些情形下, 王某提出的延长答复期限的请求可以被批准?

　　A. 王某于 2007 年 9 月 15 日提交延长期限请求书, 并同时缴纳了延长期限请求费

　　B. 王某于 2007 年 6 月 27 日提交了延长期限请求书, 并于 2007 年 8 月 25 日缴纳了

【你的答案】

【选错记录】

延长期限请求费

    C. 王某于 2007 年 7 月 10 日提交了延长期限请求书，并于 2007 年 9 月 15 日缴纳了延长期限请求费

    D. 王某于 2007 年 8 月 10 日提交了延长期限请求书，并于 2007 年 9 月 1 日缴纳了延长期限请求费

15.（2011-8）下列关于期限的说法哪些是正确的？

    A. 因不可抗拒事由耽误法定期限的，都可以恢复

    B. 期限届满日是法定休假日的，以休假日后的第一个工作日为期限届满日

    C. 所有的指定期限都可以延长

    D. 申请人请求延长期限的，应当在提出请求的同时缴纳延长期限请求费

【你的答案】

_____

【选错记录】

_____

（二）参考答案解析

【1.（2019-63）解析】知识点：期限的起算日、优先权的撤回

在 G-1-1-6.2.3 关于"优先权要求的撤回"中规定，申请人要求优先权之后，可以撤回优先权要求。申请人要求多项优先权之后，可以撤回全部优先权要求，也可以撤回其中某一项或者几项优先权要求。……优先权要求撤回后，导致该专利申请的最早优先权日变更时，自该优先权日起算的各种期限尚未届满的，该期限应当自变更后的最早优先权日或者申请日起算，撤回优先权的请求是在原最早优先权日起十五个月之后到达专利局的，则在后专利申请的公布期限仍按照原最早优先权日起算……。

题中的发明专利申请要求两项外国优先权，优先权日分别为 2014 年 3 月 1 日和 2014 年 6 月 1 日，2015 年 8 月 1 日其请求撤回优先权日为 2014 年 3 月 1 日的优先权，可见申请人请求撤回优先权的请求，离该优先权日已达到十七个月。根据上述规定，撤回优先权的请求是在原最早优先权日起十五个月之后到达专利局的，则在后专利申请的公布期限仍按照原最早优先权日起算，故应自 2014 年 3 月 1 日起满十八个月即行公布，即选项 A 的说法正确，符合题意。可见，该公布期限的起算日也就不是从第二项优先权日即 2014 年 6 月 1 日起计算，故选项 C 的说法错误，不符合题意。明显地，该优先权撤回时，自该优先权日起算的实质审查请求的三年期限未届满，则该期限应当自变更后的最早优先权日或者申请日起算，在本题中变更后的最早优先权日为 2014 年 6 月 1 日（而不再是原最早优先权日 2014 年 3 月 1 日），据此计算，提出实质审查请求的期限届满日为 2017 年 6 月 1 日。即选项 B 的说法错误，不符合题意，选项 D 的说法正确，符合题意。

综上所述，本题答案为 A、D。

【2.（2017-48）解析】知识点：期限的起算日；相关知识点：专利年度、保护期限

在 G-5-8-1.2.1.1 关于"发明专利申请公布"中规定，发明专利申请经初步审查合格后，自申请日（有优先权的，为优先权日）起满十八个月，即行公布。据此，发明专利申请的公布时间，如果有优先权，是以优先权日起算的，故选项 A 的"发明专利申请的公布时间"不符合题意。

根据 A42.1 的规定，发明专利权的期限为二十年，实用新型专利权的期限为十年，外观设计专利权的期限是十五年，均自申请日起算。进一步地，根据 R12 的规定，除《专利法》第二十八条和第四十二条规定的情形外，《专利法》所称申请日，有优先权的，指优先权日……。因此，《专利法》第四十二条所述的申请日是实际申请日而不是优先权日，即专利权的保护期限是自申请日起算，选项 B 符合题意。

在 G-5-9-4.2.1.1 关于"年度"中规定，专利年度从申请日起算，与优先权日、授权日无关，与自然年度也没有必然联系……。故选项 C"专利年度的计算"符合题意。

在 G-1-1-6.4.1 关于"实质审查请求的相关要求"中规定，实质审查请求应当在自申请日（有优先权的，指优先权日）起三年内提出，并在此期限内缴纳实质审查费……。故选项 D 的"提交实质审查请求书的期限"不符合题意。

综上所述，本题答案为 B、C。

【3.（2015-63）解析】知识点：期限的延长、指定期限

在 G-4-2-2.7 关于"形式审查通知书"中规定，复审请求经形式审查不符合《专利法》及其实施细则和本指南有关规定需要补正的，专利复审和无效审理部应当发出补正通知书，要求复审请求人在收到通知书之日起十五日内补正……。可见，选项 A 中的"复审请求补正通知书中指定的补正期限"属于指定期限，可以延长，符合题意。

根据 A30.1 的规定，申请人要求发明、实用新型专利优先权的，应当在申请的时候提出书面声明，并且在第一次提出申请之日起十六个月内提交第一次提出的专利申请文件的副本。据此，选项 B 中的"提交作为发明专利优先权基础的在先申请文件副本的期限"属于法定期限，不能延长，不符合题意。

在 G-5-7-4.1 关于"延长期限请求"中规定，当事人因正当理由不能在期限内进行或者完成某一行为或者程序时，可以请求延长期限。可以请求延长的期限仅限于指定期限。但在无效宣告程序中，……指定的期限不得延长……。

据此可知，选项 C 的"无效宣告请求补正通知书中指定的补正期限"是专利复审和无效审理部在无效宣告程序中的指定期限，不能延长，不符合题意。

在 G-2-8-4.10.3 关于"答复期限"中规定，在审查意见通知书中，审查员应当指定答复期限。该期限由审查员考虑与申请有关的因素后确定。这些因素包括：审查意见的数量和性质；申请可能进行修改的工作量和复杂程度等。答复第一次审查意见通知书的期限为四个月。因此，选项 D 的"第一次审查意见通知书中指定的答复期限"属于指定期限，可以延长，符合题意。

综上所述，本题答案为 A、D。

【4.（2015-20）解析】 知识点：请求恢复权利、费用的缴纳期限

根据 R4.6 的规定，文件送交地址不清，无法邮寄的，可以通过公告的方式送达当事人。自公告之日起满 1 个月，该文件视为已经送达。

根据 R6.1 的规定，当事人因不可抗拒的事由而延误《专利法》或者该细则规定的期限或者国务院专利行政部门指定的期限，导致其权利丧失的，自障碍消除之日起 2 个月内且自期限届满之日起 2 年内，可以向国务院专利行政部门请求恢复权利。

根据 R6.2 的规定，除前款规定的情形外，当事人因其他正当理由延误《专利法》或者该细则规定的期限或者国务院专利行政部门指定的期限，导致其权利丧失的，可以自收到国务院专利行政部门的通知之日起 2 个月内向国务院专利行政部门请求恢复权利。但是，延误复审请求期限的，可以自复审请求期限届满之日起 2 个月内向国务院专利行政部门请求恢复权利。

根据 R6.3 的规定，当事人依照该条第一款或者第二款的规定请求恢复权利的，应当提交恢复权利请求书，说明理由，必要时附具有关证明文件，并办理权利丧失前应当办理的相应手续；依照该条第二款的规定请求恢复权利的，还应当缴纳恢复权利请求费……。

根据 R5 的规定，《专利法》和该细则规定的各种期限的开始的当日不计算在期限内，自下一日开始计算。期限以年或者月计算的，以其最后一月的相应日为期限届满日；该月无相应日的，以该月最后一日为期限届满日；期限届满日是法定休假日的，以休假日后的第一个工作日为期限届满日。

根据上述各项规定，题中的申请视为撤回通知书于 2014 年 5 月 29 日公告送达，根据 R4.5 的规定，应当于 2014 年 6 月 29 日视为已经送达。进一步地，基于题中信息，应以其他正当理由请求恢复权利，故申请人应当在该日期起的两个月内（即 2014 年 8 月 29 日）向国务院专利行政部门请求恢复权利（R6.2），并同时缴纳恢复权利请求费（R6.3）。故选项 D 的 2014 年 8 月 29 日符合题意。

综上所述，本题答案为 D。

【5.（2015-16）解析】 知识点：期限的起算日

根据 A34 的规定，国务院专利行政部门收到发明专利申请后，经初步审查认为符合该法要求的，自申请日起满十八个月，即行公布……。进一步地，在 G-5-8-1.2.1.1 关于"发明专利申请公布"中规定，发明专利申请经初步审查合格后，自申请日（有优先权的，为优先权日）起满十八个月，即行公布……。故题中的发明专利申请公布应从优先权日 2011 年 2 月 20 日起满十八个月，而不是从申请日 2012 年 2 月 7 日起算，故选项 A 的说法错误，符合题意。

根据 A35.1 的规定，发明专利申请自申请日起三年内，国务院专利行政部门可以根据申请人随时提出的请求，对其申请进行实质审查；申请人无正当理由逾期不请求实质审查的，该申请即被视为撤回。该规定中的申请日，有优先权的，指优先权日（根据 R12 的规定）。故申请人提出实质审查请求的期限为自 2011 年 2 月 20 日起三年，即选项 B 的说法正确，不符合题意。

根据 A42 的规定可知，专利权的期限，自申请日起计算。此处的申请日指实际申请日，而不是优先权日（根据 R12 的规定），因此，如果该申请授予专利，则专利权的保护期限自 2012 年 2 月 7 日起算，即选项 C 的说法正确，不符合题意。

根据 A22.5 的规定，该法所称现有技术，是指申请日以前在国内外为公众所知的技术。此处的申请日，有优先权的，指优先权日（根据 R12 的规定）。因此，题中申请的现有技术判断的时间界限是优先权日 2011 年 2 月 20 日以前（不包括当天）公开的技术属于该发明专利申请的现有技术，故选项 D 的说法正确，不符合题意。

综上所述，本题答案为 A。

【6.（2015-17）&（2012-25）解析】 知识点：期限的计算

根据 R112.1 的规定，申请人应当自申请日起 2 个月内或者在收到受理通知书之日起 15 日内缴纳申请费、公布印刷费和必要的申请附加费；期满未缴纳或者未缴足的，其申请视为撤回。该规定中，两个期限的计算以后到期的为最后期限。

进一步地，根据 A28 的规定，国务院专利行政部门收到专利申请文件之日为申请日。如果申请文件是邮寄的，以寄出的邮戳日为申请日。因此，题中申请的申请日为其寄出的邮戳日即 2015 年 3 月 6 日。若按自申请日起两个月内缴纳申请费，则应当最迟在 2015 年 5 月 6 日缴纳费用。

根据 R4.4 的规定，国务院专利行政部门邮寄的各种文件，自文件发出之日起满 15 日，推定为当事人收到文件之日。

选项 A 的 2015 年 3 月 25 日，是以申请人实际收到受理通知书的时间 2015 年 3 月 10 计算的，显然是错误的，不符合题意。选项 B 的 2015 年 4 月 7 日，虽然是按推定申请人收到受理通知书的时间即 2015 年 3 月 23 日计算的，但相比于按自申请日起两个月内缴纳的期限要早，故也不符合题意。国家知识产权局发出受理通知书的发文日为 2015 年 3 月 8 日，则推定李某收到受理通知书之日为 2015 年 3 月 23 日，若按在收到受理通知书之日起 15 日内缴纳申请费，则应当在 2015 年 4 月 7 日前缴纳申请费。由于该期限比按自申请日起两个月内缴纳申请费的期限（即 2015 年 5 月 6 日）要早，故李某最迟缴费日应为 2015 年 5 月 6 日，即选项 C 符合题意。选项 D 的 2015 年 5 月 8 日，是以国家知识产权局收到该申请的时间即 2015 年 3 月 8 日来计算的，并不是从申请日即 2015 年 3 月 6 开始计算的，也是错误的，不符合题意。

综上，本题答案为 C。

【7.（2013-25）解析】知识点：费用的缴纳期限

根据 R116.2 的规定，延长期限请求费应当在相应期限届满之日前缴纳；期满未缴纳或者未缴足的，视为未提出请求。由此可知，延长期限请求费应当在相应期限届满之日前缴纳，而不是自提出请求之日起一个月内缴纳，故选项 A 的说法错误，不符合题意。

根据 R112.2 的规定，申请人要求优先权的，应当在缴纳申请费的同时缴纳优先权要求费；期满未缴纳或者未缴足的，视为未要求优先权。由此可知，优先权要求费应当与缴纳申请费的同时缴纳，而不是自提出优先权要求之日起两个月内缴纳，故选项 B 的说法错误，不符合题意。

根据 R112.1 的规定，申请人应当自申请日起 2 个月内或在收到受理通知书之日起 15 日内缴纳申请费、公布印刷费和必要的申请附加费；期满未缴纳或者未缴足的，其申请视为撤回。选项 C 的表述与该规定一致，故其说法是正确的，符合题意。

根据 A41.1 的规定，……专利申请人对国务院专利行政部门驳回申请的决定不服的，可以自收到通知之日起三个月内，向国务院专利行政部门请求复审……。根据 R113 的规定，当事人请求实质审查或者复审的，应当在《专利法》及该细则规定的相关期限内缴纳费用；期满未缴纳或者未缴足的，视为未提出请求。由此可知，专利申请人可以自收到驳回决定之日起三个月内缴纳复审费，而不是收到国家知识产权局作出的驳回决定之日起两个月内缴纳，故选项 D 的说法错误，不符合题意。

综上所述，本题答案为 C。

【8.（2012-24）解析】知识点：优先权日

根据《专利合作条约》第十一条的规定可知，……国际申请日应认为是在每个指定国的实际申请日。题中 PCT 国际申请的优先权日为 2007 年 9 月 15 日，PCT 国际申请的申请日是就其实际申请日即 2008 年 1 月 18 日。

根据 R12 的规定，除《专利法》第二十八条和第四十二条规定的情形外，《专利法》所称申请日，有优先权的，指优先权日。该细则所称申请日，除另有规定的外，是指《专利法》第二十八条规定的申请日。（注意：《专利法》第二十八条规定涉及的是国家知识产权局收到专利申请文件之日这一实际申请日，而《专利法》第四十二条涉及的是专利权的保护期限是自申请日起算。）

进一步，根据 A35.1 的规定，发明专利申请自申请日起三年内，国务院专利行政部门可以根据申请人随时提出的请求，对其申请进行实质审查；申请人无正当理由逾期不请求实质审查的，该申请即被视为撤回。这里的申请日，有优先权的则指优先权日，故申请人最迟应当自优先权日 2007 年 9 月 15 日起的三年内（即最晚应于 2010 年 9 月 15 日）提出实质审查请求，即选项 A 的说法正确，符合题意。

根据 A42 的规定可知，专利权的期限，自申请日起计算。此处的申请日指的是实际申请日，根据前述可知，该实际申请日是 2008 年 1 月 18 日，则专利权期限的起算日为 2008 年 1 月 18 日，选项 B 的说法错误，不符合题意。（注意：选项 B 的时间是进入中国国家阶段的时间，与专利权期限的起算日没有任何关系。）

在 G-5-9-4.2.1.1 关于"年度"中规定，专利年度从申请日起算，与优先权日、授权日无关，与自然年度也没有必然联系……。因此，题中的该申请授权后，专利年度从实际申请日 2008 年 1 月 18 日起算，即选项 C 的说法错误，不符合题意。

在 G-3-1-6.1 关于"何时公布"中规定，除该章第 3.4 节（注意：涉及提前处理的 PCT 申请）所述的情况外，多数国际申请在自优先权日起满十八个月后进入国家阶段，不适用《专利法》第三十四条的规定。专利局对进入国家阶段的国际申请进行初步审查，认为合格之后，应当及时进行国家公布的准备工作。因此，对于 PCT 的国家公布是在进入国家的国际申请进行初步审查合格后才进行的，并不是从进入国家阶段之日起满十八个月进行的。故选项 D 的"该申请应当自2010年3月15日起满十八个月进行国家公布"，实际上是从进入国家阶段之日起计算的，显然是错误的，不符合题意。

综上所述，本题答案为A。

【9.（2018-79）解析】知识点：耽误期限的处分

在G-5-7-5.2关于"处分决定"第一段中规定，因耽误期限作出的处分决定主要包括：视为撤回专利申请权、视为放弃取得专利权的权利、专利权终止、不予受理、视为未提出请求和视为未要求优先权等。故选项A、B、C、D所述情形包括在上述规定范围之内，因此均符合题意。

综上所述，本题答案为A、B、C、D。

【10.（2014-67）解析】知识点：耽误期限的处分

根据R112.1的规定可知，申请人期满未缴纳或者未缴足的申请费，其申请视为撤回。由此可知，申请人耽误缴纳申请费的期限将导致专利申请视为撤回，即选项A符合题意。

根据A35.1的规定可知，申请人无正当理由逾期不请求实质审查的，该申请即被视为撤回。由此可知，申请人耽误实质审查请求的期限将导致专利申请视为撤回，即选项B符合题意。

根据A60的规定，国务院专利行政部门对发明专利申请进行实质审查后，认为不符合该法规定的，应当通知申请人，要求其在指定的期限内陈述意见，或者对其申请进行修改；无正当理由逾期不答复的，该申请即被视为撤回。由此可知，申请人耽误答复第一次审查意见通知书的期限将导致专利申请视为撤回，即选项C符合题意。

根据R54的规定，国务院专利行政部门发出授予专利权的通知后，申请人应当自收到通知之日起2个月内办理登记手续。申请人按期办理登记手续的，国务院专利行政部门应当授予专利权，颁发专利证书，并予以公告。期满未办理登记手续的，视为放弃取得专利权的权利。由此可知，申请人耽误办理授予专利权登记手续的期限将视为放弃取得专利权的权利，注意并不是导致专利申请视为撤回，两者概念上存在本质区别。故选项D不符合题意。

综上所述，本题答案为A、B、C。

【11.（2014-46）解析】知识点：期限的延长

根据R5的规定，《专利法》和该细则规定的各种期限开始的当日不计算在期限内，自下一日开始计算。期限以年或者月计算的，以其最后一月的相应日为期限届满日；该月无相应日的，以该月最后一日为期限届满日；期限届满日是法定休假日的，以休假日后的第一个工作日为期限届满日。根据R4.4的规定，国务院专利行政部门邮寄的各种文件，自文件发出之日起满15日，推定为当事人收到文件之日。根据R6.4的规定，当事人请求延长国务院专利行政部门指定的期限的，应当在期限届满前，向国务院专利行政部门说明理由并办理有关手续。

题中，国家知识产权局发出第二次审查意见通知书的日期是2013年12月16日，则推定申请人的收到日为2013年12月31日（发出日期加15天），进而申请人的答复期限应当在该收到日起两个月内，则以2014年2月的最后一天（即2014年2月28日）为期限届满日，申请人应当在该届满日即2014年2月28日前办理延长期限的手续（包括提交延长期限请求书和缴纳延长期限请求费）。因此，选项A的说法错误，不符合题意。而选项B和D的说法正确，符合题意。

G-5-7-4.2关于"延长期限请求的批准"中规定，延长期限请求由作出相应通知和决定的部门或者流程管理部门进行审批。延长的期限不足一个月的，以一个月计算。延长的期限不得超过两个月。对同一通知或者决定中指定的期限一般只允许延长一次。因此，针对该第二次审查意见通知书，申请人不可能请求延长六个月，选项C的说法错误，不符合题意。

综上所述，本题答案为B、D。

【12.（2013-3）解析】知识点：期限的延长

参照3.（2015-63）的解析可知，在G-5-7-4.1关于"延长期限请求"中规定，当事人因正当理由不能在期限内进行或者完成某一行为或者程序时，可以请求延长期限。可以请求延长的期限仅限于指定期限。但在无效宣告程序中，……指定的期限不得延长……。

而由于"提出实质审查请求的期限"和"专利权的期限"都是属于法定期限，故不能延长，选项A和C不符合题意。选项D的无效宣告程序中指定的期限，属于规定的不得延长期限的情形，不符合题意。

G-4-2-4.3"审查方式"中规定，……针对合议组发出的复审通知书，复审请求人应当在收到该通知书之日起一个月内针对通知书指出的缺陷进行书面答复；……。因此，选项B的答复复审通知书的期限为指定期限，故可以延长，符合题意。（注意：期限的延长与权利的恢复两者在概念上具有本质区别，权利恢复虽然也最终在期限上耽误而后延了，但并不是期限延长的概念，不要混淆。）

综上所述，本题答案为B。

【13.（2012－58）解析】知识点：期限的延长

参照3.（2015－63）的解析可知，在G－5－7－4.1关于"延长期限请求"中规定，……可以请求延长的期限仅限于指定期限……。即选项A的说法正确，符合题意。在无效宣告程序中，指定的期限不得延长，即选项B的说法正确，不符合题意。

根据R6.4的规定，当事人请求延长国务院专利行政部门指定的期限的，应当在期限届满前，向国务院专利行政部门提交延长期限请求书，说明理由并办理有关手续。进一步地，根据R116.2的规定，延长期限请求费应当在相应期限届满之日前缴纳；期满未缴纳或者未缴足的，视为未提出请求。因此，当事人请求延长期限的，最迟应当在期限届满日提出请求并缴纳延长期限请求费，即选项C的说法正确，符合题意。

根据《行政诉讼法》第三十七条的规定，由于国家知识产权局对请求人作出的不予延长期限的审批属于具体行政行为，请求人不服的，既可以向国家知识产权局申请行政复议，也可以直接向人民法院提起行政诉讼，故选项D的说法正确。

综上所述，本题答案为A、C、D。

【14.（2010－29）解析】知识点：请求延长期限的手续

根据R4.4的规定，国务院专利行政部门邮寄的各种文件，自文件发出之日起满15日，推定为当事人收到文件之日。题中，国家知识产权局发出审查意见通知书的日期为2007年4月25日，则推定王某收到该通知书的日期为2007年5月10日。

根据R6.4的规定，当事人请求延长国务院专利行政部门指定的期限的，应当在期限届满前，向国务院专利行政部门提交延长期限请求书，说明理由并办理有关手续。进一步地，根据R99.2的规定，延长期限请求费应当在相应期限届满之日前缴纳；期满未缴纳或者未缴足的，视为未提出请求。由于指定的答复审查意见通知书的期限为四个月，根据上述规定，王某提交延长期限请求书及缴纳延长期限请求费的届满日应当是自2007年5月10日起算的四个月届满日（即2007年9月10日）之前进行办理。由此可知，选项A中王某提交延长期限请求书和缴纳延长期限请求费的时间为2007年9月15日，超过了上述期限，不能被批准，不符合题意。选项B中王某提交延长期限请求书的时间为2007年6月27日，缴纳延长期限请求费的时间为2007年8月25日，均早于上述届满日，故可以被批准，符合题意。选项C中，虽然王某提交延长期限请求书的时间为2007年7月10日，早于上述届满日，但缴纳延长期限请求费的时间为2007年9月15日，晚于上述届满日，故也不能被批准，不符合题意。选项D中，王某提交延长期限请求书的时间为2007年8月10日，缴纳延长期限请求费2007年9月1日，均早于上述届满日，故可以被批准，符合题意。

综上所述，本题答案为B、D。

【15.（2011－8）解析】知识点：期限的计算、期限的延长

根据R6.1的规定，当事人因不可抗拒的事由而延误《专利法》或者该细则规定的期限或者国务院专利行政部门指定的期限，导致其权利丧失的，自障碍消除之日起2个月内且自期限届满之日起2年内，可以向国务院专利行政部门请求恢复权利。但依据该条第五款规定可知，不丧失新颖性的宽限期、优先权期限、专利权期限和侵权诉讼时效这四种期限被耽误而造成的权利丧失，不能请求恢复权利。根据上述规定，并不是所有的法定期限被耽误都可以请求恢复权利的，故选项A的说法错误，不符合题意。

根据R5的规定可知，期限届满日是法定休假日的，以休假日后的第一个工作日为期限届满日。因此，选项B说法正确，符合题意。

根据R75的规定，在无效宣告请求审查程序中，国务院专利行政部门指定的期限不得延长。因此，并不是所有的指定期限都可以延长的，即选项C的说法错误，不符合题意。

根据R116.2的规定，延长期限请求费应当在相应期限届满之日前缴纳；期满未缴纳或者未缴足的，视为未提出请求。根据上述规定，并不要求一定要在提出延长期限请求的同时缴纳延长期限请求费，而只要在相应期限届满之日前缴纳就可以，因此选项D的说法错误，不符合题意。

综上所述，本题答案为B。

（三）总体考点分析

本部分涉及下述内容：期限的种类；期限的计算（包括期限的起算日、期限的届满日、期限的计算）；期限的延长（包括允许延长的期限种类、请求延长期限的理由、请求延长期限的手续）；以及耽误期限的处分（包括处分的种类、补救措施）。

高频结论

✓ 因耽误期限作出的处分决定主要包括：视为撤回专利申请权、视为放弃取得专利权的权利、专利权

终止、不予受理、视为未提出请求和视为未要求优先权等。

　　√　优先权要求撤回后，导致该专利申请的最早优先权日变更时，自该优先权日起算的各种期限尚未届满的，该期限应当自变更后的最早优先权日或者申请日起算，撤回优先权的请求是在原最早优先权日起十五个月之后到达专利局的，则在后专利申请的公布期限仍按照原最早优先权日起算。

　　√　国务院专利行政部门收到发明专利申请后，经初步审查认为符合该法要求的，自申请日（有优先权的指优先权日）起满十八个月，即行公布。

　　√　发明专利权的期限为二十年，实用新型专利权的期限为十年，外观设计专利权的期限为十五年均自申请日（与优先权日无关）起算。

　　√　实质审查请求应当在自申请日（有优先权的，指优先权日）起三年内提出，并在此期限内缴纳实质审查费。

　　√　多数国际申请在自优先权日起满十八个月后进入国家阶段，不适用《专利法》第三十四条的规定（即进入国家阶段时已超过自优先权日起十八个月）。专利局对进入国家阶段的国际申请进行初步审查，认为合格之后，应当及时进行国家公布的准备工作。专利局完成国家公布准备工作的时间一般不早于自该国际申请进入国家阶段之日起两个月。

　　√　PCT国际申请的国际申请日应认为是在每个指定国的实际申请日（注意：涉及以实际申请日起算的时间，应当以国际申请日起算）。

　　√　当事人因不可抗拒的事由而延误《专利法》或者《专利法实施细则》规定的期限或者国务院专利行政部门指定的期限，导致其权利丧失的，自障碍消除之日起2个月内，最迟自期限届满之日起2年内，可以向国务院专利行政部门请求恢复权利。但是，《专利法》第二十四条关于不丧失新颖性的宽限期、第二十九条关于优先权的期限、第四十二条关于专利权的期限、第七十四条规定关于侵权诉讼时效的期限等四种情形，如果被延误的，是不能请求恢复的（因此，并不是所有的法定期限被耽误都可以请求恢复权利）。

　　√　当事人因正当理由不能在期限内进行或者完成某一行为或者程序时，可以请求延长期限。可以请求延长的期限仅限于指定期限（即专利局指定的期限）。但在无效宣告程序中指定的期限不得延长（因此，并不是所有的指定期限都可以延长）。另外，法定期限即《专利法》及其实施细则中规定的期限不得请求延长，如但被延误，则只能通过权利恢复途径解决，即可以自收到国务院专利行政部门的通知之日起2个月内向国务院专利行政部门请求恢复权利。

　　√　当事人请求延长国务院专利行政部门指定的期限的，应当在期限届满前，向国务院专利行政部门说明理由并办理有关手续。

　　√　延长期限请求由作出相应通知和决定的部门或者流程管理部门进行审批。延长的期限不足1个月的，以1个月计算。延长的期限不得超过2个月。对同一通知或者决定中指定的期限一般只允许延长一次（现实操作中可允许延长两次）。

　　√　请求恢复权利的，应当提交恢复权利请求书，说明理由，必要时附具有关证明文件，并办理权利丧失前应当办理的相应手续；由于非不可抗力导致延误而请求恢复权利的，还应当缴纳恢复权利请求费。

　　√　延长期限请求费应当在相应期限届满之日前缴纳；期满未缴纳或者未缴足的，视为未提出请求。

　　√　国务院专利行政部门邮寄的各种文件，自文件发出之日起满15日，推定为当事人收到文件之日（即使是电子系统发文，也是推定申请人自发文日起满15日收到）。

　　√　文件送交地址不清，无法邮寄的，可以通过公告的方式送达当事人。自公告之日起满1个月，该文件视为已经送达。

　　√　申请人应当自申请日起2个月内或者在收到受理通知书之日起15日内缴纳申请费、公布印刷费和必要的申请附加费；期满未缴纳或者未缴足的，其申请视为撤回。该规定中，两个期限的计算以后到期的为最后期限。

　　√　各种期限的开始的当日不计算在期限内，自下一日开始计算。期限以年或者月计算的，以其最后一月的相应日为期限届满日；该月无相应日的，以该月最后一日为期限届满日；期限届满日是法定休假日的，以休假日后的第一个工作日为期限届满日。

　　√　专利年度从申请日起算，与优先权日、授权日无关，与自然年度也没有必然联系。例如，一件专利申请的申请日是1999年6月1日，该专利申请的第一年度是1999年6月1日至2000年5月31日，第二年度是2000年6月1日至2001年5月31日，以此类推。

（四）参考答案

1. A、D	2. B、C	3. A、D	4. D	5. A
6. C	7. C	8. A	9. A、B、C、D	10. A、B、C
11. B、D	12. B	13. A、C、D	14. A、D	15. B

四、费　用

（一）历年试题集合

1.（2018－48）李某与甲公司共同提出一份发明专利申请的同时，提出费用减缴请求，并指定李某为代表人，因甲公司不具有费减资格，国家知识产权局作出不予费减决定。则以下说法错误的是？

　　A. 李某与甲公司应当在指定期限内足额缴纳申请费及其他需要在受理程序中缴纳的费用，否则该申请将被视为撤回

　　B. 如果甲公司在下一年具备费减资格条件，对于尚未到期的费用，李某与甲公司可以在相关收费缴纳期限届满日两个半月之前继续提出费用减缴请求

　　C. 在甲公司具备费减资格条件后，李某与甲公司继续提出费用减缴请求的，其在费用减缴请求书中只需填写甲公司的信息即可，并且无须再次提交李某的费减资格证明

　　D. 专利授权公告第二年李某与甲公司获得70%费减比例后，将该专利权转让给冯某和乙公司的，则冯某和乙公司可在费减年限内继续享有年费70%的费减比例，无须提出新的费用减缓请求

【你的答案】

【选错记录】

2.（2016－57）关于费用转换，下列说法哪些是正确的？

　　A. 当事人请求转换费用种类的，应当在转换后费用的缴纳期限内提出请求并附具相应证明

　　B. 费用种类转换的，缴费日不变

　　C. 费用种类转换的，缴费日应确定为当事人提出转换费用请求之日

　　D. 不同专利申请之间的费用不能转换

【你的答案】

【选错记录】

3.（2014－34，有适应性修改）王某向国家知识产权局提交了一件申请日为2014年5月7日，优先权日为2013年5月8日的发明专利申请，受理通知书的发文日为2014年5月12日。下列关于该申请费用的说法哪些是正确的？

　　A. 王某最迟应当在2014年7月7日缴纳申请费

　　B. 王某在缴纳申请费的同时，还应当缴纳优先权要求费和实质审查费

　　C. 若王某在2014年5月28日提出费用减缴请求，则申请费不能减缴

　　D. 若王某未在规定期限内缴纳优先权要求费，该申请将被视为撤回

【你的答案】

【选错记录】

4.（2012－40）下列关于退款的说法哪些是正确的？

　　A. 对于多缴的专利费用，当事人自缴费日起三年内提出退款请求的，国家知识产权局应当予以退还

　　B. 在专利权终止后缴纳的年费，国家知识产权局应当主动退款

　　C. 专利代理机构作为非缴款人请求退款的，应当声明是受缴款人委托办理退款手续

　　D. 被退的款项视为自始未缴纳

【你的答案】

【选错记录】

5.（2011－78，有适应性修改）李某和王某共同向国家知识产权局提交了一件专利申请。关于该申请的费用减缴，下列说法哪些是正确的？

　　A. 王某和李某必须在提出专利申请的同时请求费用减缴

　　B. 王某和李某可以委托专利代理机构办理该申请的费用减缴手续

　　C. 王某和李某提出费用减缴请求的，应当在费用减缴请求书中如实填写每个人上

【你的答案】

【选错记录】

年度收入情况

  D. 王某和李某的费用减缴请求被批准后，其尚未到期的所有费用都予以减缴

  6. (2011-81)申请人在办理专利权登记手续时应当缴纳下列哪些费用？

  A. 专利登记费

  B. 授权当年的年费

  C. 公告印刷费

  D. 专利证书工本费

【你的答案】
_____

【选错记录】
_____

  7. (2010-52，有适应性修改)张某和李某共同提出一件发明专利申请，并指定张某为代表人。因两人缴纳专利费用有困难，在提出专利申请的同时向国家知识产权局提出了费用减缴请求。下列说法哪些是正确的？

  A. 可以减缴的费用种类包括：申请费、公布印刷费、发明专利申请实质审查费

  B. 张某和李某应当提交费用减缴请求书和费用减缴证明文件

  C. 张某和李某未委托专利代理机构的，费用减缴请求书可以仅由张某签字或者盖章

  D. 张某和李某委托专利代理机构办理费用减缴手续并提交声明的，费用减缴请求书可以由专利代理机构盖章

【你的答案】
_____

【选错记录】
_____

  8. (2011-54)下列关于专利费用缴费日的说法哪些是正确的？

  A. 申请人于2010年12月22日直接向国家知识产权局缴纳费用，则缴费日为2010年12月22日

  B. 申请人通过邮局汇付费用并在汇单上写明了规定事项，其邮戳日为2010年12月22日，国家知识产权局收到日为2010年12月24日，则缴费日为2010年12月24日

  C. 申请人通过银行汇付费用并在汇单上写明了规定事项，银行实际汇出日为2010年12月22日，国家知识产权局收到日为2010年12月24日，则缴费日为2010年12月22日

  D. 申请人于2010年12月22日到邮局汇付费用，汇单上未写申请号，费用被退回，申请人一周后正确缴纳了费用，则缴费日为2010年12月22日

【你的答案】
_____

【选错记录】
_____

（二）参考答案解析

【1.(2018-48)解析】知识点：费用减缴

  《专利收费减缴办法》（财税〔2016〕78号）第三条规定：专利申请人或者专利权人符合下列条件之一的，可以向国家知识产权局请求减缴上述收费：……两个或者两个以上的个人或单位为共同专利申请人或者共有专利权人的，应当分别符合前款规定。题中，因甲公司不具有费减资格，国家知识产权局作出不予费减决定，因此，李某与甲公司应当足额缴纳相关费用。进一步地，根据R112.1规定，申请人应当自申请日起2个月内或者在收到受理通知书之日起15日内缴纳申请费、公布印刷费和必要的申请附加费；期满未缴纳或者未缴足的，其申请视为撤回。如果李某与甲公司应当在指定期限内足额缴纳申请费及其他需要在受理程序中缴纳的费用（即公布印刷费），否则其申请视为撤回，故选项A的说法正确，不符合题意。

  《专利收费减缴办法》第五条规定，专利申请人或者专利权人只能请求减缴尚未到期的收费。减缴申请费的请求应当与专利申请同时提出，减缴其他收费的请求可以与专利申请同时提出，也可以在相关收费缴纳期限届满日两个半月之前提出……。因此，如果甲公司在下一年具备费减资格条件，对于尚未到期的费用，李某与甲公司可以在相关收费缴纳期限届满日两个半月之前继续提出费用减缴请求，即选项B的说法正确，符合题意。

  《专利收费减缴办法》第九条规定："专利收费减缴请求有下列情形之一的，不予批准：……（四）收费减缴请求的个人或者单位未提供符合本办法第七条规定的证明材料的；（五）收费减缴请求书中的专利申请人或者专利权人的姓名或者名称，或者发明创造名称，与专利申请书或者专利登记簿中的相应内容不一致的。"按照该规定第（五）项，甲公司具备费减资格条件后，李某与甲公司继续提出费用减缴请求的，应当在费用减缴请求书中完整填写李某与甲公司的信息。因此，选项C的说法是错误的，符合题意。按该规定第（四）项，李某与甲公司继续提出费用减缴请求的应当同时提交李某和甲公司的减缴证明材料。但该办法第六条规定，……专利申请人或者专利权人通过专利事务服务系统提交专利收费减缴请求并经审核批准备案的，在一个自然年度内再次请求减缴专利收费，仅需提交收费减缴请求书，无需再次提交相关证明材料。因此，如果在上次减缴请求的同一自然年度内，则李某不需再提交相关证明材料，但如果超出上一个自然年度，则李某仍然要重新进行减缴备案（即提交相关证明材料）。故从这一角度来看，选项C的说法也是错

误的，符合题意。

《专利收费减缴办法》第十条规定，……收费减缴请求批准后，专利申请人或者专利权人发生变更的，对于尚未缴纳的收费，变更后的专利申请人或者专利权人应当重新提交收费减缴请求。根据该规定，专利授权公告转让给冯某和乙公司后，则冯某和乙公司须提出新的费用减缓请求，否则后续收费不再予以减缴。因此，选项 D 的说法错误，符合题意。

综上所述，本题答案为 C、D。

【2.（2016－57）解析】知识点：费用种类的转换

G－5－2－6 关于"费用种类的转换"中规定，对于同一专利申请（或专利）缴纳费用时，费用种类填写错误的，缴纳该款项的当事人可以在转换后费用的缴纳期限内提出转换费用种类请求并附具相应证明，经专利局确认后可以对费用种类进行转换。但不同申请号（或者专利号）之间的费用不能转换……费用种类转换的，缴费日不变。根据上述规定，当事人请求转换费用种类的，应当在转换后费用的缴纳期限内提出请求并附具相应证明，即选项 A 的说法正确，符合题意。费用种类转换的，缴费日不变，即选项 B 的说法正确，符合题意。而选项 C 所述的"缴费日应确定为当事人提出转换费用请求之日"显然是错误的，不符合题意。不同专利申请之间的费用不能转换，只限于同一专利申请（或专利）可以进行费用转换，因此选项 D 的说法正确，符合题意。

综上所述，本题答案为 A、B、D。

【3.（2014－34）解析】知识点：费用的缴纳；相关知识点：期限的计算、费用的减缴

根据 R112.1 的规定，申请人应当自申请日起 2 个月内或者在收到受理通知书之日起 15 日内缴纳申请费、公布印刷费和必要的申请附加费；期满未缴纳或者未缴足的，其申请视为撤回。进一步地，根据 R12.1 的规定，除《专利法》第二十八条和第四十二条规定的情形外，《专利法》所称申请日，有优先权的，指优先权日。根据 R12.2 的规定，该细则所称申请日，除另有规定的外，是指《专利法》第二十八条规定的申请日。根据 A28 的规定，国务院专利行政部门收到专利申请文件之日为申请日。如果申请文件是邮寄的，以寄出的邮戳日为申请日。由上述可知，R112 规定的自申请日起 2 个月的起算日是实际申请日而不是优先权日。

题中，如果以王某专利申请的申请日（即 2014 年 5 月 7 日），则其最迟应当缴纳申请费的日期为 2014 年 7 月 7 日。而如果以收到受理通知书的时间（在发文日 2014 年 5 月 12 日基础上加 15 天即 2014 年 5 月 27 日）之日起 15 天，则最晚应当在 2014 年 6 月 12 日缴纳申请费。上述两个期限以最后届满的为准，故王某最迟应当在 2014 年 7 月 7 日缴纳申请费，即选项 A 正确，符合题意。

进一步地，根据 A35.1 的规定，发明专利申请自申请日起三年内，国务院专利行政部门可以根据申请人随时提出的请求，对其申请进行实质审查；申请人无正当理由逾期不请求实质审查的，该申请即被视为撤回。根据 R113 的规定，当事人请求实质审查或者复审的，应当在《专利法》及该细则规定的相关期限内缴纳费用；期满未缴纳或者未缴足的，视为未提出请求。根据上述规定，实质审查费可以在 A35 规定的请求实质审查的期限内缴纳（即自申请日起三年内缴纳），而不需要在缴纳申请费的同时缴纳。选项 B 说法是错误的，不符合题意。

《专利收费减缴办法》第五条规定，专利申请人或者专利权人只能请求减缴尚未到期的收费。减缴申请费的请求应当与专利申请同时提出，减缴其他收费的请求可以与专利申请同时提出，也可以在相关收费缴纳期限届满日两个半月之前提出……。据此，由于王某在申请日即 2014 年 5 月 7 日，在此时间之后提出费用减缓请求，则申请费不能减缴，选项 C 中提求减缴的时间为 2014 年 5 月 28 日，晚于申请日，故申请费不予减缴，其说法是正确的，符合题意。

根据 R112.2 规定，申请人要求优先权的，应当在缴纳申请费的同时缴纳优先权要求费；期满未缴纳或者未缴足的，视为未要求优先权。据此规定可知，王某在缴纳申请费的同时，还应当缴纳优先权要求费，但如果未在规定期限内缴纳优先权要求费，则视为未要求优先权，但不会导致该申请被视为撤回。因此，选项 D 的说法是错误的，不符合题意。

综上所述，本题答案为 A、C。

【4.（2012－40）解析】知识点：退款

根据 R111.3 规定，多缴、重缴、错缴专利费用的，当事人可以自缴费日起 3 年内，向国务院专利行政部门提出退款请求，国务院专利行政部门应当予以退还。进一步地，在 G－5－2－4.2.1 关于"退款的原则"中规定，多缴、重缴、错缴专利费用的，当事人可以自缴费日起三年内，提出退款请求。符合规定的，专利局应当予以退款。据此，选项 A 的说法是正确的，符合题意。

在 G－5－2－4.2.1.2 关于"专利局主动退款的情形"中规定，下列情形一经核实，专利局应当主动退款。（1）专利申请已被视为撤回或者撤回专利申请的声明已被批准后，并且在专利局作出发明专利申请进入实质审查阶段通知书之前，已缴纳的实质审查费。（2）在专利权终止或者宣告专利权全部无效的决定公告后缴纳的年费。（3）恢复权利请求审批程序启动后，专利局作出不予恢复权利决定，当事人已缴纳的恢复权利请求费及相关费用。根据上述规定，在专利权终止后缴纳的年费，国家知识产权局应当主动退款，即选项 B 的说法正确，符合题意。

在 G-5-2-4.2.2.1 关于"退款请求的提出"中规定，退款请求人应当是该款项的缴款人。申请人（或者专利权人）、专利代理机构作为非缴款人请求退款的，应当声明是受缴款人委托办理退款手续。由此可知，选项 C 的说法正确，符合题意。

在 G-5-2-4.2.3 关于"退款的效力"中规定，被退的款项视为自始未缴纳。因此，选项 D 的说法正确，符合题意。

综上所述，本题答案为 A、B、C、D。

【5.（2011-78）解析】知识点：费用的减缴

根据《专利收费减缴办法》第五条规定可知，涉及申请费的减缴则必须在提出专利申请的同时请求减缴，但涉及其他费用的减缴，则可以在相关收费缴纳期限届满日两个半月之前提出，并不必须在提出专利申请的同时请求。故选项 A 的说法是错误的，不符合题意。

在 G-5-2-3.2 关于"费用减缓的手续"中规定，专利收费减缴请求手续应当由申请人（或者专利权人）或者其代表人办理；已委托专利代理机构的，应当由专利代理机构办理。因此，选项 B 的说法正确，符合题意。

《专利收费减缴办法》第七条第一款规定，个人请求减缴专利收费的，应当在收费减缴请求书中如实填写本人上年度收入情况……而《专利收费减缴办法》第三条规定，专利申请人或者专利权人符合下列条件之一的，可以向国家知识产权局请求减缴上述收费：……两个或者两个以上的个人或单位为共同专利申请人或者共有专利权人的，应当分别符合前款规定。根据上述规定，王某和李某提出费用减缴请求的，应当在费用减缴请求书中如实填写本人上年度收入情况，因此选项 C 正确，符合题意。（注意：目前是要求申请人在通过专利事务服务系统提交专利收费减缴请，故王某和李某需要分别在该系统中进行减缴备案。）

《专利收费减缴办法》第二条规定，"专利申请人或者专利权人可以请求减缴下列专利收费：（一）申请费（不包括公布印刷费、申请附加费）；（二）发明专利申请审查费；（三）年费（自授予专利权当年起十年内的年费）；（四）复审费"。由此可知，并非所有费用都可以减缴，即选项 D 错误，不符合题意。

综上所述，本题答案为 B、C。

【6.（2011-81）解析】知识点：专利权登记

根据 R114 的规定，申请人办理登记手续时，应当缴纳授予专利权当年的年费；期满未缴纳或者未缴足的，视为未办理登记手续。进一步地，在 G-5-9-1.1.3 关于"登记手续"中规定，申请人在办理登记手续时，应当按照办理登记手续通知书的要求缴纳授权当年的年费。在《关于停征和调整部分专利收费的公告》（2018 年 6 月 15 日国家知识产权局公告第二七二号发布）第一条中规定，停征专利收费（国内部分）中的专利登记费、公告印刷费、著录事项变更费（专利代理机构、代理人委托关系的变更），PCT（《专利合作条约》）专利申请收费（国际阶段部分）中的传送费……。在《关于终止代征印花税有关事宜的公告》（2022 年 6 月 23 日国家知识产权局公告第四八九号发布）第一条规定，《中华人民共和国印花税法》征收范围不包括"权利、许可证照"，国家知识产权局自 2022 年 7 月 1 日起终止印花税代征业务。综合上述规定，申请人在办理专利权登记手续时不再缴纳专利登记费、公告印刷费。此外，上述规定中并不包括专利证书工本费。由此可知，选项 B 符合题意。

综上所述，本题答案为 B。

【7.（2010-52）解析】知识点：费用的减缴

根据《专利收费减缴办法》第二条规定，公布印刷费不包括在减缴的费用种类范围之内，因此选项 A 的说法是错误的，不符合题意。

在 G-5-2-3.2 关于"收费减缓的手续"中规定，请求减缴专利收费的，应当提出收费减缴请求，并在提出请求前提前办理专利费减备案手续。办理专利开放许可实施合同备案的，视为提出年费减缴请求，无需办理专利费减备案手续。专利收费减缴请求手续应当由申请人（或者专利权人）或者其代表人办理；已委托专利代理机构的，应当由专利代理机构办理。据此，张某和李某应当提交费用减缴请求书，必要时还应当附具证明文件（即只有必要时才提交费用减缴证明文件，而不是必须要提交的），因此选项 B 的说法错误，不符合题意。根据上述规定可知，张某和李某未委托专利代理机构的，减缴请求书应当由张某和李某签字（或盖章），而非仅由张某签字（或盖章），故选项 C 的说法错误，不符合题意。根据上述规定可知，张某和李某委托专利代理机构办理费用减缴手续并提交声明的，费用减缴请求书可以由专利代理机构盖章，即选项 D 的说法正确，符合题意。

综上所述，本题答案为 D。

【8.（2011-54）解析】知识点：缴费日

根据 R111.2 的规定，直接向国务院专利行政部门缴纳费用的，以缴纳当日为缴费日；以邮局汇付方式缴纳费用的，以邮局汇出的邮戳日为缴费日；以银行汇付方式缴纳费用的，以银行实际汇出日为缴费日。选项 A 中由于申请人是直接向国家知识产权局缴纳费用，则缴费日为缴纳费用，当日即 2010 年 12 月 22 日，故选项 A 的说法正确，符合题意。选项 B 中，由于是通过邮局汇付费用，则以其邮戳日为 2010 年 12 月 22 日为缴费日，而不是以国家知识产权局收到日 2010 年 12 月 24 日为缴费日，故选项 B 的说法错误，不符合题意。选项 C 中，由于是通过银行汇付费用，则应当以银行实际汇出日 2010 年 12 月 22 日作为缴费日，即选项 C 的说法正确，符合题意。

在 G-5-2-4.2.3 关于"退款的效力"中规定，被退的款项视为自始未缴纳。因此，选项 D 中，由于申请人于 2010 年 12 月 22 日到邮局汇付费用被退回，则视为自始未缴纳，则缴费日不可能是 2010 年 12 月 22 日。而申请人一周后正确缴纳了费用，则一周后正确缴纳费用的时间为缴费日，故选项 D 的说法错误，不符合题意。

综上所述，本题答案为 A、C。

（三）总体考点分析

本部分涉及专利费用相关知识，包括费用的类别、费用的减缴、费用的缴纳期限、费用的缴纳方式，以及专利费用的退款和费用种类的转换。其中重点是费用减缴、缴费日的确定。

高频结论

✓ 专利申请人或者专利权人可以请求减缴下列专利收费：（1）申请费（其中不包括公布印刷费、申请附加费）；（2）发明专利申请审查费；（3）年费（自授予专利权当年起十年内的年费）；（4）复审费。其他的费用不予减缴。

✓ 两个或者两个以上的个人或单位为共同专利申请人或者共有专利权人的，应当均符合减缴的规定。申请人或专利权人发生变更的对于未缴费用，变更后的申请人或专利权人应当重新提交收费减缴请求。

✓ 专利申请人或者专利权人只能请求减缴尚未到期的收费。减缴申请费的请求应当与专利申请同时提出，减缴其他收费的请求可以与专利申请同时提出，也可以在相关收费缴纳期限届满日两个半月之前提出。

✓ 收费减缴请求书中的专利申请人或者专利权人的姓名或者名称，或者发明创造名称，与专利申请书或者专利登记簿中的相应内容不一致的，不予减缴。

✓ 请求减缴专利收费的，应当提出收费减缴请求，并在提出请求前提前办理专利费减备案手续。专利收费减缴请求手续应当由申请人（或者专利权人）或者其代表人办理；已委托专利代理机构的，应当由专利代理机构办理。

✓ 直接向国务院专利行政部门缴纳费用的，以缴纳当日为缴费日；以邮局汇付方式缴纳费用的，以邮局汇出的邮戳日为缴费日；以银行汇付方式缴纳费用的，以银行实际汇出日为缴费日。

✓ 多缴、重缴、错缴专利费用的，当事人可以自缴费日起 3 年内，向国务院专利行政部门提出退款请求，国务院专利行政部门应当予以退还。

✓ 多缴、重缴、错缴专利费用的，当事人可以自缴费日起 3 年内，提出退款请求。

✓ 下列情形一经核实，专利局应当主动退款。（1）专利申请已被视为撤回或者撤回专利申请的声明已被批准后，并且在专利局作出发明专利申请进入实质审查阶段通知书之前，已缴纳的实质审查费。（2）在专利权终止或者宣告专利权全部无效的决定公告后缴纳的年费。（3）恢复权利请求审批程序启动后，专利局作出不予恢复权利决定的，当事人已缴纳的恢复权利请求费及相关费用。

✓ 退款请求人应当是该款项的缴款人。申请人（或专利权人）、专利代理机构作为非缴款人请求退款的，应当声明是受缴款人委托办理退款手续。

✓ 被退的款项视为自始未缴纳。

✓ 对于同一专利申请（或专利）缴纳费用时，费用种类填写错误的，缴纳该款项的当事人可以在转换后费用的缴纳期限内提出转换费用种类请求并附具相应证明，经专利局确认后可以对费用种类进行转换。但不同申请号（或专利号）之间的费用不能转换。费用种类转换的，缴费日不变。

（四）参考答案

1. C、D　　　　2. A、B、D　　　3. A、C　　　　4. A、B、C、D　　　5. B、C

6. B　　　　　7. D　　　　　8. A、C

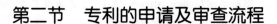

第二节　专利的申请及审查流程

一、专利的申请及受理

（一）历年试题集合

1.（2019－64）下列专利申请文件不予受理的是？

A. 直接从台湾地区向国家知识产权局邮寄的申请文件

B. 提交分案申请时从原案的实用新型专利申请改变为发明专利申请

C. 涉及核苷酸序列的发明专利申请，未提交相应序列表的计算机可读形式的副本

D. 请求书中没有申请人或代理机构签章

【你的答案】

【选错记录】

2.（2016－18，有适应性修改）在满足其他受理条件的情况下，下列哪个专利申请应当予以受理？

A. 某台湾地区的个人作为代表人，其经常居住地和详细地址均位于台湾地区，未委托专利代理机构

B. 某在中国内地没有营业所的香港企业作为代表人与深圳某企业共同申请专利，未委托专利代理机构

C. 某澳门居民作为代表人，其经常居住地和详细地址均位于澳门，未委托专利代理机构，指定居住于中国内地的亲友作为联系人

D. 某营业所位于上海的外国独资企业申请专利，未委托专利代理机构

【你的答案】

【选错记录】

3.（2015－66）专利申请文件有下列哪些情形时，国家知识产权局不予受理？

A. 发明专利申请文件缺少说明书摘要

B. 实用新型专利申请文件没有说明书附图

C. 外观设计专利申请文件缺少简要说明

D. 说明书正文未使用中文

【你的答案】

【选错记录】

4.（2014－57，有适应性修改）国家知识产权局对下列哪些专利申请不予受理？

A. 使用英文提交的实用新型专利申请

B. 从香港直接邮寄来的发明专利申请

C. 改变原申请的类别的分案申请

D. 请求书中未写明发明人信息的发明专利申请

【你的答案】

【选错记录】

5.（2013－15）对下列哪件申请，国家知识产权局可以受理？

A. 缺少说明书摘要的发明专利申请

B. 缺少说明书附图的实用新型专利申请

C. 缺少简要说明的外观设计专利申请

D. 请求书中缺少申请人地址的发明专利申请

【你的答案】

【选错记录】

6.（2012－86）山西人王某欲申请一件实用新型专利，他可以向下列哪些机构提交申请文件？

A. 国家知识产权局专利局受理处

B. 山西省知识产权局

C. 国家知识产权局专利局实用新型审查部

D. 国家知识产权局专利局西安代办处

【你的答案】

【选错记录】

7.（2012－67）下列哪些情形的专利申请不符合受理条件？

A. 直接从外国向国家知识产权局邮寄的专利申请

B. 缺少说明书附图的实用新型专利申请

C. 改变申请类别的分案申请

D. 用外文提交的外观设计专利申请

【你的答案】

【选错记录】

8.（2011－20）对下列哪些情形下的专利申请，国家知识产权局不予受理？

A. 分案申请改变申请类别

B. 外观设计专利申请缺少简要说明

C. 专利申请类别不明确

D. 申请文件直接从美国邮寄给国家知识产权局

【你的答案】

【选错记录】

9.（2010－10）对于下列哪些情形的专利申请，国家知识产权局将不予受理？

A. 仅提交了图片和简要说明的外观设计专利申请

B. 缺少摘要的发明专利申请

C. 直接从香港特别行政区向国家知识产权局邮寄的专利申请

D. 在中国有经常居所的外国人未委托专利代理机构提出的专利申请

【你的答案】

【选错记录】

10.（2016－17）申请人通过 EMS 给专利局审查员王某邮寄了一份答复文件，寄出的邮戳日为 2016 年 7 月 3 日，收到地邮局的邮戳日为 2016 年 7 月 7 日，审查员王某于 2016 年 7 月 9 日收到了该答复文件，并于 2016 年 7 月 10 日转交到专利局受理处，该答复文件的递交日应被认定为哪一天？

A. 2016 年 7 月 3 日

B. 2016 年 7 月 7 日

C. 2016 年 7 月 9 日

D. 2016 年 7 月 10 日

【你的答案】

【选错记录】

11.（2012－6）国家知识产权局对黄某的专利申请于 2012 年 1 月 20 日发出了补正通知书。该补正通知书因收件人地址不详被退回。随后，国家知识产权局于 2012 年 4 月 9 日在专利公报上通过公告方式通知申请人。则该补正通知书的送达日为哪天？

A. 2012 年 2 月 4 日

B. 2012 年 4 月 9 日

C. 2012 年 4 月 24 日

D. 2012 年 5 月 9 日

【你的答案】

【选错记录】

12.（2013－92）某公司就一项技术方案向国家知识产权局提出了发明专利申请，并欲获得香港标准专利的保护。下列说法哪些是正确的？

A. 该公司应当在向国家知识产权局提出申请的同时声明要求获得香港标准专利保护

B. 该公司应当自该申请的申请日起六个月内向香港知识产权署办理记录请求手续

C. 该公司应当自该申请的公布之日起六个月内向香港知识产权署办理记录请求手续

D. 该公司应当自该申请的授权之日起六个月内向香港知识产权署办理注册与批予请求手续

【你的答案】

【选错记录】

（二）参考答案解析

【1.（2019－64）解析】知识点：专利申请的受理

在 G－5－3－2.2 关于"不受理的情形"中规定，……（9）直接从香港、澳门或者台湾地区向专利局邮寄的……。选项 A 中，专利申请是直接从台湾地区向国家知识产权局邮寄的，属于上述不受理的情形，即选项 A 符合题意。

根据 R48.3 的规定，分案的申请不得改变原申请的类别。在 G－5－3－2.2 关于"不受理的情形"中规定，……（11）分案申请改变原申请的类别的。因此，选项 B 中提交的分案申请从原案的实用新型专利申请改变为发明专利申请，属于改变申请类别的分案申请，是不予受理的情形，即选项 B 符合题意。

在 G－1－1－4.2 关于"说明书"中规定，……涉及核苷酸或者氨基酸序列的申请，应当将该序列表作为说明书的一个单独部分，并单独编写页码。对于电子申请，应当提交一份符合规定的计算机可读形式序列表作为说明书的一个单独部分。对于纸件申请，应当提交单独编写页码的序列表，并且在申请的同时提交与该序列表一致的计算机可读形式的副本……未提交计算机可读形式的副本，或者所提交的副本与说明书中的序列表明显不一致的，审查员应当发出补正通知书，通知申请人在指定期限内补交正确的副本。期满未补交的，审查员应当发出视为撤回通知书……。根据上述规定，涉及核苷酸序列的发明专利申请，未提交相应序列表的计算机可读形式的副本，并不影响专利申请的受理，但该缺陷是在专利申请受理后，审查员会发出补正通知书。即选项 C 不符合题意。

选项 D 所述的请求书中没有申请人或代理机构签章，并不属于不受理的情形。而与此相应地，在 G-5-3-2.2 关于"不受理的情形"中规定，……（4）请求书中缺少申请人姓名或者名称，或者缺少地址的……。可见只有缺少申请人的姓名或者名称才不予受理，而仅是没有申请人签章或代理机构签章，并不是专利申请受理的必要条件。故选项 D 不符合题意。

综上所述，本题答案为 A、B。

【2.（2016-18）解析】知识点：专利申请的受理

在 G-5-3-2.2 关于"不受理的情形"中规定，……（7）在中国内地没有经常居所或者营业所的香港、澳门或者台湾地区的个人、企业或者其他组织单独申请专利，或者作为代表人申请专利，没有委托专利代理机构的……。根据上述规定可知，选项 A 中，代表人为台湾地区的个人，且在中国内地没有经常居所或者营业所，因此应当委托专利代理机构办理专利事务，否则其专利申请不予受理，即选项 A 不符合题意。选项 B 中，代表人是在中国内地没有营业所的香港企业，虽然是与深圳某企业共同申请专利的，但根据上述规定，应当委托专利代理机构办理专利事务，否则其专利申请不予受理，即选项 B 不符合题意。选项 C 的代表人是澳门居民，且在中国内地均没有经常居所或者营业所，应当委托专利代理机构，否则其专利申请不予受理（即使指定居住于中国内地的亲友作为联系人也不符合受理条件），即选项 C 不符合题意。

在 G-5-3-2.2 关于"不受理的情形"中规定，……（6）在中国内地没有经常居所或者营业所的外国人、外国企业或者外国其他组织单独申请专利，或者作为代表人，没有委托专利代理机构的……。根据上述规定可知，如果作为代表人的外国人、外国企业或者外国其他组织在中国内地有经常居所或者营业所，则不必委托专利代理机构办理专利事务，而选项 D 中的外国独资企业的申请人，在中国上海有营业所，故其申请专利可以不委托专利代理机构，在满足其他受理条件的情况下，其专利申请应当予以受理，即选项 D 符合题意。

综上所述，本题答案为 D。

【3.（2015-66）解析】知识点：专利申请的受理

在 G-5-3-2.2 关于"不受理的情形"中规定，……（1）发明专利申请缺少请求书、说明书或者权利要求书的；实用新型专利申请缺少请求书、说明书、说明书附图或者权利要求书的；外观设计专利申请缺少请求书、图片或者照片或者简要说明的……。根据上述规定可知，说明书摘要并不属于受理的条件，即使申请时缺乏说明书摘要也可以受理（这是由说明书摘要仅仅是提供技术情报的性质决定的），即选项 A 不符合题意。实用新型专利申请缺少说明书附图属于不受理的情形（因为实用新型专利申请必须有附图），因此选项 B 符合题意。外观设计专利申请文件缺少简要说明属于不予受理的情形，因此选项 C 符合题意。

在 G-5-3-2.2 关于"不受理的情形"中规定，……（2）未使用中文的……。选项 D 中的说明书正文未使用中文属于不受理的情形，即选项 D 符合题意。

综上所述，本题答案为 B、C、D。

【4.（2014-57）解析】知识点：专利申请的受理

根据 G-5-3-2.2 关于"不受理的情形"中第（2）种情形可知，选项 A 中用英文提交的实用新型申请属于未使用中文而不予受理的情形，即选项 A 符合题意。

在 G-5-3-2.2 关于"不受理的情形"中规定，……（9）直接从香港、澳门或者台湾地区向专利局邮寄的……。选项 B 中，专利申请"直接从香港直接寄来的发明专利申请"属于上述不受理的情形，即选项 B 符合题意。

根据 R48.3 的规定，分案的申请不得改变原申请的类别。在 G-5-3-2.2 关于"不受理的情形"中规定，……（11）分案申请改变原申请的类别的。因此，选项 C 中改变原申请的类别的分案申请，属于不受理的情形，即选项 C 符合题意。

在 G-1-1-4.1.2 关于"发明人"中规定，……申请人改正请求书中所填写的发明人姓名的，应当提交补正书、当事人的声明及相应的证明文件。由此可知，对于请求书中未写明发明人信息的，审查员发出的是补正通知书，而其前提是该专利申请已经受理（如果未受理，则发出的是不予受理通知书）。但发明人信息这一项并不是受理的必要条件，故选项 D 不符合题意。

综上所述，本题答案为 A、B、C。

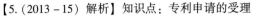

【5.（2013－15）解析】知识点：专利申请的受理

参照3.（2015－66）的解析可知，说明书摘要并不属于受理的必要条件，即选项A中"缺少说明书摘要的发明专利申请"，国家知识产权局可以受理，符合题意；选项B中的"缺少说明书附图的实用新型专利申请"，属于不予受理的情况之一；选项C中的"缺少简要说明的外观设计专利申请"，属于不予受理的情况之一。

选项D中的请求书中缺少申请人地址的发明专利申请，属于R44规定第（四）种情形所述"请求书中缺少申请人姓名或者名称，或者缺少地址的"之不予受理的情形。因此，选项B、C、D均不符合题意。

综上所述，本题答案为A。

【6.（2012－86）解析】知识点：专利申请的受理地点

在G－5－3－1关于"受理部门"第一段中规定，专利局受理部门包括专利局初审及流程管理部受理处、复审和无效审理部立案及流程管理处和专利局各代办处。初审及流程管理部受理处负责受理专利申请及其他有关文件，复审和无效审理部立案及流程管理处受理与复审和无效宣告请求有关的文件，各代办处按照相关规定受理专利申请及其他有关文件。

由此可知，王某申请实用新型专利，既可以向国家知识产权局专利局受理处提交，也可以向国家知识产权局设立的代办处提交。注意：提交专利申请时不限于本省的代办处，即王某虽然属于山西人，但也可以向国家知识产权局专利局西安代办处提交专利申请。因此，选项A、D正确，符合题意。而选项B的山西省知识产权局不具有受理专利申请的职能，选项C的国家知识产权局专利局实用新型审查部属于国家知识产权局的非受理部门，不能接受任何类型专利申请或专利文件，即选项B和C是错误的，不符合题意。

综上所述，本题答案为A、D。

【7.（2012－67）解析】知识点：专利申请的受理

G－5－3－2.2关于"不受理的情形"中规定：……（8）直接从外国向专利局邮寄的……。选项A中属于上述不受理的情形，即选项A符合题意。

参照3.（2015－66）解析，缺少说明书附图的实用新型专利申请，属于不受理的情形。因此，选项B符合题意。

G－5－3－2.2关于"不受理的情形"中规定，……（11）分案申请改变原申请的类别的。因此，选项C符合题意。

G－5－3－2.2关于"不受理的情形"中规定，……（2）未使用中文的……。因此，选项D符合题意。

综上，本题答案A、B、C、D。

【8.（2011－20）解析】知识点：专利申请的受理

G－5－3－2.2关于"不受理的情形"中规定，……（11）分案申请改变原申请的类别的。因此，选项A符合题意。根据R44的规定，专利申请文件有下列情形之一的，国务院专利行政部门不予受理，并通知申请人：……外观设计专利申请缺少请求书、图片或者照片、简要说明的……。因此，选项B符合题意。

G－5－3－2.2关于"不受理的情形"中规定，……（10）专利申请类别（发明、实用新型或者外观设计）不明确或者难以确定的……。即选项C符合题意。

G－5－3－2.2关于"不受理的情形"中规定，……（8）直接从外国向专利局邮寄的……。选项D中，专利申请是"直接从美国邮寄给国家知识产权局"，属于上述不予受理的情形，即选项D符合题意。

综上所述，本题答案为A、B、C、D。

【9.（2010－10）解析】知识点：专利申请的受理

根据R44的规定，专利申请文件有下列情形之一的，国务院专利行政部门不予受理，并通知申请人：……外观设计专利申请缺少请求书、图片或者照片、简要说明的……。因此选项A中仅提交了图片和简要说明的外观设计专利申请，由于缺少请求书，因此不能被受理，符合题意。

根据R44的规定可知，对于发明和实用新型专利申请而言，说明书摘要并非受理条件之一，因此选项B中缺少说明书摘要的发明专利申请，仍然会受理，故不符合题意。

在G－5－3－2.2关于"不受理的情形"中规定，……（9）直接从香港、澳门或者台湾地区向专利局邮寄的……。即选项C符合题意。

根据A18.1的规定，在中国没有经常居所或者营业所的外国人、外国企业或者外国其他组织在中国申请专利和办理其他专利事务的，应当委托依法设立的专利代构办理。由于选项D的外国人在中国有经常居所，因此并非必须要委托专利代理机构，即选项D所述情形是可以受理的，不符合题意。

综上所述，本题答案为A、C。

【10.（2016－17）解析】知识点：文件递交日的确定

在G－5－3－2.3.1关于"受理程序"中规定，……邮寄或者递交到专利局非受理部门或者个人的专利申请，以受理部门实际收到日为申请日。进一步地,在 G-5-3-3.2 关于"其他文件的受理程序"中规定,⋯⋯其他文件递交日的确定参照该章第 2.3.1 节第 (3) 项的规定。题中,申请人通过 EMS 将答复文件邮寄给审查员个人的寄出邮戳日、收到地邮局的邮戳日以及审查员实际收到日均不能作为答复文件的递交日,只有该答复文件被转交到专利局受理处的时间(即 2016 年 7 月 10 日)才是递交日,即选项 D 符合题意。事实上,不管申请人将答复文件以任何方式寄给审查员个人,其相关日期都不能作为递交日。

综上所述,本题答案为 D。

【11. (2012 - 6) 解析】知识点:送达日的确定

根据 R4.6 的规定,文件送交地址不清,无法邮寄的,可以通过公告的方式送达当事人。自公告之日起满 1 个月,该文件视为已经送达。题中,国家知识产权局于 2012 年 4 月 9 日在专利公报上公告补正通知书,则应当自 2012 年 4 月 9 日起满一个月视为已经送达当事人,即 2012 年 5 月 9 日应当被视为送达日。因此,选项 D 符合题意。

综上所述,本题答案为 D。

【12. (2013 - 92) 解析】知识点:申请在香港特别行政区获得专利保护

《关于香港回归后中国内地和香港专利申请若干问题的说明》第三条规定,向中国专利局❶提出发明专利申请的申请人,为获得香港标准专利的保护,应当按照香港《专利条例》的有关规定,向香港知识产权署办理标准专利的注册手续,即:自该申请由中国专利局公布之日起六个月内向香港知识产权署办理记录请求手续;并自该申请由中国专利局授予专利权之日起六个月内向香港知识产权署办理注册与批文请求手续。以上程序适用于公布日在 1997 年 6 月 27 日或之后的申请。根据上述规定,而选项 A 所述"在向国家知识产权局提出申请的同时声明要求获得香港标准专利保护",相关规定并没有提出这样的要求,因此是错误的,不符合题意。选项 B 所述"自该申请的申请日起六个月内向香港知识产权署办理记录请求手续"的说法,混淆了向香港知识产权署办理记录请求手续的时间规定,其应当是"自该申请由中国专利局公布之日起六个月内"而不是"自该申请的申请日起六个月内",故选项 B 的说法错误。选项 C、D 的说法与上述规定相符合,因此符合题意。

综上所述,本题答案为 C、D。

(三) 总体考点分析

本部分涉及申请专利应提交的文件及形式、专利申请的受理、文件的递交和送达、委托专利代理(参见第一章相关内容)、申请在香港特别行政区获得专利保护。重点是专利申请的受理、文件的递交和送达。具体包括:受理地点、受理条件、不受理的情形、受理程序、申请日的更正、受理程序中错误的更正,以及递交日和送达日的确定。

高频结论

✓ 专利申请有下列情形之一的,专利局不予受理:

(1) 发明专利申请缺少请求书、说明书或者权利要求书的;实用新型专利申请缺少请求书、说明书、说明书附图或者权利要求书的;外观设计专利申请缺少请求书、图片或照片或者简要说明的。(注意:三种专利申请受理条件要求有共同之处,也有不同之处,如说明书附图是实用新型的受理条件之一,而发明则不需要;说明书摘要不是发明和实用新型的受理条件,而简要说明是外观设计申请的受理条件。)

(2) 未使用中文的。

(3) 不符合下述规定的受理条件的:即申请文件是使用中文打字或者印刷的。全部申请文件的字迹和线条清晰可辨,没有涂改,能够分辨其内容。发明或者实用新型专利申请的说明书附图和外观设计专利申请的图片是用不易擦去的笔迹绘制,并且没有涂改。

(4) 请求书中缺少申请人姓名或者名称,或者缺少地址的(注意:申请人未签章并不是受理的必要条件;未填写发明人及填写不规范,不影响专利申请的受理)。

(5) 外国申请人因国籍或者居所原因,明显不具有提出专利申请的资格的。

(6) 在中国内地没有经常居所或者营业所的外国人、外国企业或者外国其他组织单独申请专利,

---

❶ 因该说明公告于 1997 年,当时国务院专利行政部门为"中国专利局",后改为"国家知识产权局",以下类似情况不再赘述。

或者作为代表人申请专利，没有委托专利代理机构的。

（7）在中国内地没有经常居所或者营业所的香港、澳门或者台湾地区的个人、企业或者其他组织单独申请专利，或者作为代表人申请专利，没有委托专利代理机构的。

（8）直接从外国向专利局邮寄的。

（9）直接从香港、澳门或者台湾地区向专利局邮寄的。

（10）专利申请类别（发明、实用新型或者外观设计）不明确或者难以确定的。

（11）分案申请改变原申请的类别的。

✓ 其他文件递交日的确定参照申请日确定的相关规定。

✓ 文件送交地址不清，无法邮寄的，可以通过公告的方式送达当事人。自公告之日起满1个月，该文件视为已经送达。

✓ 向中国专利局提出发明专利申请的申请人，为获得香港标准专利的保护，应当自该申请由中国专利局公布之日起六个月内向香港知识产权署办理记录请求手续；并自该申请由中国专利局授予专利权之日起六个月内向香港知识产权署办理注册与批予请求手续。

（四）参考答案

1. A、B	2. D	3. B、C、D	4. A、B、C	5. A
6. A、D	7. A、B、C、D	8. A、B、C、D	9. A、C	10. D
11. D	12. C、D			

二、保密专利申请与向外申请专利的保密审查

（一）历年试题集合

1.（2019－40）关于专利申请的保密审查，下列说法正确的是？

A. 就发明、实用新型、外观设计向外国申请专利或者证书的，应当事先报经国务院专利行政部门进行保密审查

B. 任何中国单位或者个人完成的发明或者实用新型向外国申请专利的，应当事先报经国务院专利行政部门进行保密审查

C. 申请人向国家知识产权局提出专利国际申请的，无须再提出保密审查请求

D. 任何外国人或外国企业将在中国完成的发明或者实用新型向外国申请专利的，应当事先报经国务院专利行政部门进行保密审查

【你的答案】

【选错记录】

2.（2018－37）某国内企业想就其最新研发的产品技术向中国及其在"一带一路"沿线的主要市场所在国申请专利，以下说法正确的有？

A. 该企业拟在向国家知识产权局申请专利后又向外国申请专利的，应当在提交专利申请同时或之后向国家知识产权局提交向外国申请专利保密审查请求书，向外国申请专利的内容应当与该专利申请的内容一致

B. 该企业未在其向外国申请专利保密审查请求书递交日起四个月内收到向外国申请专利保密审查通知的，可以就该技术方案向外国申请专利

C. 该企业未经国家知识产权局进行保密审查而直接向外国申请专利的，其在中国提出的专利申请不能被授予专利权

D. 该企业向国家知识产权局提交国际申请的，视为同时提出向外国申请专利保密审查请求，国际申请需要保密的，国家知识产权局审查部门应自申请日起三个月内向该企业发出因国家安全原因不再传送登记本和检索本的通知书

【你的答案】

【选错记录】

3.（2017－9）以下哪种情况不需要进行向外国申请专利的保密审查？

A. 外国公司将在中国完成的发明向外国申请专利

B. 外国个人将在中国完成的发明提交PCT国际申请

C. 中国公司将在中国完成的实用新型向外国申请专利

【你的答案】

【选错记录】

D. 中国个人将在中国完成的外观设计向外国申请专利

4.（2015-65）下列哪些发明创造向外国申请专利前，需要经过国家知识产权局的保密审查？
　　A. 某外资公司在深圳完成的发明
　　B. 李某在浙江完成的外观设计
　　C. 资料收集在天津完成，技术方案的实质性内容在纽约完成的某发明
　　D. 某中资企业在北京完成的实用新型

【你的答案】
_____
【选错记录】
_____

5.（2014-63）下列哪些情形下，申请人在申请专利前应当事先报经国务院专利行政部门进行保密审查？
　　A. 某外资企业将其在中国完成的发明向日本申请专利
　　B. 李某将其在中国完成的外观设计向美国申请专利
　　C. 某中资企业将其在南非完成的发明向韩国申请专利
　　D. 某中国研究院将其在中国完成的实用新型向世界知识产权组织国际局提出 PCT 国际申请

【你的答案】
_____
【选错记录】
_____

6.（2013-37）某公司拟将其在中国完成的一项发明向外国申请专利。下列说法哪些是正确的？
　　A. 该公司可以在向国家知识产权局提交专利申请的同时提出保密审查请求
　　B. 该公司向国家知识产权局提出 PCT 国际申请的，视为同时提出了保密审查请求
　　C. 该公司可以直接向国家知识产权局提出向外国申请专利的保密审查请求，待请求获得通过后，再向外国申请专利
　　D. 该公司在向国家知识产权局提交保密审查请求四个月后，如未接到保密审查通知，则可以向外国申请专利

【你的答案】
_____
【选错记录】
_____

7.（2011-41）关于向外国申请专利前的保密审查，下列说法哪些是正确的？
　　A. 中国人拟就其在外国完成的发明创造向外国申请专利的，不需事先报经国家知识产权局进行保密审查
　　B. 不论发明人是中国人还是外国人，只要拟就在中国完成的实用新型向外国申请专利的，都应当事先报经国家知识产权局进行保密审查
　　C. 只有技术方案的全部内容在中国完成的发明或者实用新型拟向外国申请专利的，才需要报经国家知识产权局进行保密审查
　　D. 拟就在中国完成的外观设计向外国申请专利的，不需事先报经国家知识产权局进行保密审查

【你的答案】
_____
【选错记录】
_____

8.（2012-34）下列哪些发明创造向外国申请专利前，需要经过国家知识产权局的保密审查？
　　A. 在上海完成的某发明
　　B. 资料收集在天津完成，技术方案的实质性内容在纽约完成的某发明
　　C. 某外资企业的外籍员工在北京完成的某项实用新型
　　D. 在广州完成的某外观设计

【你的答案】
_____
【选错记录】
_____

9.（2018-10，有适应性修改）关于保密专利的审查，以下说法错误的是？
　　A. 申请人认为其发明或者实用新型专利申请涉及除国防利益以外的国家安全或者重大利益需要保密的，应当在提出专利申请的同时，在请求书上提出保密请求，其申请文件不得以电子申请的形式提交
　　B. 专利申请涉及国防利益需要保密的，由国防专利机构受理并进行审查，经审查没有发现驳回理由的，由国家知识产权局根据国防专利机构的审查意见作出授予国防专利权的决定并颁发国防专利证书
　　C. 国家知识产权局认为其受理的发明或者实用新型专利申请涉及国防利益以外的国家安全或者重大利益需要保密的，应及时作出按照保密专利申请处理的决定，并通知申请人
　　D. 保密专利申请的授权公告仅公布专利号、申请日和授权公告日，发明或者实用新型专利解密后，应

【你的答案】
_____
【选错记录】
_____

当进行解密公告

10.（2012 - 94）下列关于需要保密的专利申请的说法哪些是正确的？　　　　　　【你的答案】

　　A. 专利申请涉及国防利益需要保密的，应当由国防专利机构进行审查

　　B. 专利申请涉及国防利益以外的国家安全或者重大利益需要保密的，应当由国家知识产权局进行审查　　　　　　　【选错记录】

　　C. 保密专利申请经审查未发现驳回理由的，由国家知识产权局作出授予专利权的决定

　　D. 保密专利申请的授权公告仅公布专利号、申请日和授权公告日

（二）参考答案解析

【1.（2019 - 40）解析】知识点：向外申请专利的保密审查

根据 A19.1 的规定，任何单位或者个人将在中国完成的发明或者实用新型向外国申请专利的，应当事先报经国务院专利行政部门进行保密审查。保密审查的程序、期限等按照国务院的规定执行。根据该规定，向外国申请专利的保密审查只适用于发明和实用新型专利申请，而向外国申请外观设计专利的，不需要进行保密审查，故选项 A 包括了外观设计向外国申请专利应当事先报经国务院专利行政部门进行保密审查的说法是错误的，不符合题意。

根据 A19.1 的规定，是要求在中国完成的发明或者实用新型向外国申请专利的，应当进行保密审查，但并不是针对任何中国单位和个人完成的发明或者实用新型向外国申请专利，例如中国单位或个人在外国完成的发明或者实用新型向外国申请专利的，并不需要进行保密审查。故选项 B 的说法中缺乏"在中国完成的"这一条件限制，故是错误的，不符合题意。

根据 R8.3 的规定，向国务院专利行政部门提交专利国际申请的，视为同时提出了保密审查请求。故选项 C 所述的申请人向国家知识产权局提出专利国际申请的，无须再提出保密审查请求正确的说法是正确的，符合题意（注意：虽然这种情况下，申请人不需要提出保密审查请求，但国家知识产权局仍然会对该国际申请进行保密审查）。

根据 A19.1 的规定，只要在中国完成的发明或者实用新型，不管申请人是中国单位或个人，还是外国人或外国企业，向外国申请专利的都应当事先报经国务院专利行政部门进行保密审查。即选项 D 的说法正确，符合题意。

综上所述，本题答案为 C、D。

【2.（2018 - 37）解析】知识点：向外申请专利的保密审查

在 G - 5 - 5 - 6.2.1 关于"保密审查请求的提出"中规定，申请人拟在向专利局申请专利后又向外国申请专利的，应当在提交专利申请同时或者之后提交向外国申请专利保密审查请求书。未按上述规定提出请求的，视为未提出请求。向外国申请专利的内容应当与该专利申请的内容一致。选项 A 的说法与该规定一致，因此是正确的，符合题意。

根据 R9.1 的规定，国务院专利行政部门收到依照该细则第八条规定递交的请求后，经过审查认为该发明或者实用新型可能涉及国家安全或者重大利益需要保密的，应当在请求递交日起 2 个月内向申请人发出保密审查通知；情况复杂的，可以延长 2 个月。根据上述规定，选项 B 的说法错误，不符合题意。

根据 A19.1 的规定，任何单位或者个人将在中国完成的发明或者实用新型向外国申请专利的，应当事先报经国务院专利行政部门进行保密审查。保密审查的程序、期限等按照国务院的规定执行。A19.4 规定，对违反该条第一款规定向外国申请专利的发明或者实用新型，在中国申请专利的，不授予专利权。根据上述规定，如果该企业未经国家知识产权局进行保密审查而直接向外国申请专利，其在中国提出的专利申请不能被授予专利权，即选项 C 的说法正确，符合题意。

在 G - 5 - 5 - 6.3.1 关于"保密审查请求的提出"中规定，申请人向专利局提交国际申请的，视为同时提出向外国申请专利保密审查请求。进一步地，在 G - 5 - 5 - 6.3.2 关于"保密审查"中规定，……国际申请需要保密的，审查员应当自申请日起三个月内发出因国家安全原因不再传送登记本和检索本的通知书，通知申请人和国际局该申请将不再作为国际申请处理，终止国际阶段程序……。选项 D 的说法符合上述两方面的规定，故是正确的，符合题意。

综上所述，本题答案为 A、C、D。

【3.（2017 - 9）解析】知识点：向外申请专利的保密审查

参照 1.（2019 - 40）选项 D 的解析。根据 A19.1 的规定可知，选项 A 中的申请人虽然是外国公司，但将其在中国完成的发明向外国申请专利，需要进行向外国申请专利的保密审查，故选项 A 不符合题意。

根据 A19.2 的规定，中国单位或者个人可以根据中华人民共和国参加的有关国际条约提出专利国际申请。申请人提出专利国际申请的，应当遵守前款（即 A19.1）规定。进一步地，在 G - 5 - 5 - 6.3.1 关于"保密审查请求的提出"中规定，申请人向专利局提交国际申请的，视为同时提出向外国申请专利保密审查请求。根据上述规定，选项 B 中的外国个人将在中国完成的发明提交 PCT 国际申请，如果是向中国的国家知识产权局提交的，则不需要另外单独提出保密审查

请求（由国家知识产权局直接进行保密审查）；但如果不是向国家知识产权局提交PCT国际申请，则须事先提出向外国申请专利的保密审查的请求。因此，外国个人将在中国完成的发明提交PCT国际申请也是需要进行保密审查的，即选项B不符合题意。

根据A19.1的规定可知，向外国申请专利的保密审查适用于发明或实用新型专利申请，不适用于外观设计专利申请，选项C所述的中国公司将在中国完成的实用新型向外国申请专利的申请，需要进行向外国申请专利的保密审查，故选项C不符合题意。而选项D中的申请是外观设计，不需要进行向外国申请专利的保密审查，即选项D符合题意。

综上所述，本题答案为D。

【4.（2015－65）解析】知识点：向外申请的保密审查

参照1.（2019－40）的解析。根据A19.1的规定，选项A中的某外资公司在深圳完成的发明，在向外国申请专利前，需要经过国务院专利行政部门的保密审查，即选项A符合题意。而根据该规定，向外申请专利的保密审查不适用于外观设计，故选项B中的李某在浙江完成的外观设计，在向外国申请专利前，无须经过保密审查，即选项B不符合题意。而选项D的某中资企业在北京完成的实用新型，在向外国申请专利前，需要经过国务院专利行政部门的保密审查，即选项D符合题意。

根据R8.1的规定，《专利法》第二十条所称在中国完成的发明或者实用新型，是指技术方案的实质性内容在中国境内完成的发明或者实用新型。选项C中的发明，由于其技术方案的实质性内容是在纽约完成的，虽然是在天津完成资料收集，但该发明仍然是在国外完成的，即不属于在国内完成的发明，无须进行保密审查。选项C不符合题意。

综上所述，本题答案为A、D。

【5.（2014－63）解析】知识点：向外申请的保密审查

参照1.（2019－40）的解析。根据A19.1的规定，选项A中的某外资企业将其在中国完成的发明向日本申请专利，应当事先报经国务院专利行政部门进行保密审查，即选项A符合题意。选项B涉及的外观设计专利申请，无须经过保密审查，故不符合题意。而选项C中的发明是在南非完成即不是在中国完成的，虽然申请人是中资企业，也无须经过保密审查，故不符合题意。

根据R8.2的规定，任何单位或者个人将在中国完成的发明或者实用新型向外国申请专利的，应当按照下列方式之一请求国务院专利行政部门进行保密审查：（一）直接向外国申请专利或者向有关国外机构提交专利国际申请的，应当事先向国务院专利行政部门提出请求，并详细说明其技术方案；（二）……。选项D中，某中国研究院将其在中国完成的实用新型向世界知识产权组织国际局提出PCT国际申请，其属于上述规定中第（一）项所述的直接向有关国外机构（世界知识产权组织国际局属于国外机构）提交专利国际申请的情形，因此应当事先报经国务院专利行政部门进行保密审查，即选项D符合题意。

综上所述，本题答案为A、D。

【6.（2013－37）解析】知识点：向外申请的保密审查

参照1.（2019－40）的解析。根据A19.1的规定，任何单位或者个人将在中国完成的发明或者实用新型向外国申请专利的，应当事先报经国务院专利行政部门进行保密审查……。进一步地，在G－5－5－6.2.1关于"保密审查请求的提出"中规定，申请人拟在向专利局申请专利后又向外国申请专利的，<u>应当在提交专利申请同时或者之后提交向外国申请专利保密审查请求书……</u>。选项A所述的该公司可以在向国家知识产权局提交专利申请的同时提出保密审查请求的说法正确，符合题意。

根据R8.3规定，向国务院专利行政部门提交专利国际申请的，视为同时提出了保密审查请求。故选项B的说法正确，符合题意。

参照5.（2014－63）选项D的解析，根据R8.2第（一）项的规定，该公司可以直接向国家知识产权局提出向外国申请专利的保密审查请求，待请求获得通过后，再向外国申请专利，故选项C的说法正确，符合题意。

参见2.（2018－37）选项B的解析，根据R9.1的规定可知，申请人未在其请求递交日起2个月内收到保密审查通知的，可以就该发明或者实用新型向外国申请专利或者向有关国外机构提交专利国际申请。根据上述规定，在向国家知识产权局提交保密审查请求两个月后，如未接到保密审查通知，则可以向外国申请专利，即选项D的说法错误，不符合题意。

综上所述，本题答案为A、B、C。

【7.（2011－41）解析】知识点：向外申请的保密审查

参照1.（2019－40）的解析。根据A19.1的规定可知，中国人拟就其在外国完成的发明创造向外国申请专利的，由于不是在中国完成的发明创造，故不需事先报经国家知识产权局进行保密审查，即选项A的说法正确，符合题意。向外国申请专利的保密审查，要求只要在中国完成的发明或者实用新型向外国申请专利的，要经过保密审查，与发明人无关

(即无论发明人是中国人还是外国人)，因此，选项 B 的说法正确，符合题意。根据该规定可知，对于外观设计专利申请，无须经过保密审查，因而选项 D 的说法是正确的。

根据 R8.1 的规定可知，在中国完成的发明或者实用新型，是指技术方案的实质性内容在中国境内完成的发明或者实用新型。因此，要求的是技术方案的实质性内容在中国境内而不是要求技术方案的全部内容在中国完成，因此选项 C 的说法错误，不符合题意。

综上所述，本题答案为 A、B、D。

【8.（2012－34）解析】知识点：向外申请的保密审查

参照 1.（2019－40）的解析。根据 A19.1 的规定可知，选项 A 中的在上海完成的某发明，属于在中国完成的发明，故向外国申请专利前，需要经过国家知识产权局的保密审查，即选项 A 符合题意。选项 C 中的实用新型是在北京完成，属于在中国完成的发明，故向外国申请专利前，需要经过国家知识产权局的保密审查，即选项 C 符合题意（注意，虽然该选项是指明是某外资企业的外籍员工完成的，但保密审查与否与发明人无关）。而选项 D 涉及的外观设计，不适于保密审查的规定，因而不符合题意。

根据 R8.1 的规定可知，在中国完成的发明或者实用新型，是指技术方案的实质性内容在中国境内完成的发明或者实用新型。根据该规定，选项 B 中的发明，由于其技术方案的实质性内容是在纽约完成的（在天津完成资料收集，完成的并不是实质性内容），因此就该发明向外国申请专利前，无须经过国家知识产权局的保密审查，即选项 B 不符合题意。

综上所述，本题答案为 A、C。

【9.（2018－10）解析】知识点：保密专利申请、国防专利申请、保密专利的公告

在 G－5－5－3.1.1 关于"保密请求的提出"中规定，申请人认为其发明或者实用新型专利申请涉及除国防利益以外的国家安全或者重大利益需要保密的，应当在提出专利申请的同时，在请求书上提出保密请求，其申请文件应当以纸件形式提交……。据此可知，申请人认为其发明或者实用新型专利申请涉及除国防利益以外的国家安全或者重大利益需要保密的，应当在提出专利申请的同时，在请求书上提出保密请求，并且其申请文件只能以纸件形式而不得以电子申请的形式提交，故选项 A 的说法正确，不符合题意。

《国防专利条例》第三条第一款规定，国家国防专利机构负责受理和审查国防专利申请。经国防专利机构审查认为符合该条例规定的，由国务院专利行政部门授予国防专利权。进一步地，《国防专利条例》第十八条规定，国防专利申请经审查认为没有驳回理由或者驳回后经过复审认为不应驳回的，由国务院专利行政部门作出授予国防专利权的决定，并委托国防专利机构颁发国防专利证书……。据此可知，选项 B 中关于"国家知识产权局……颁发国防专利证书"的说法错误，符合题意。

根据 R7.2 的规定，国务院专利行政部门认为其受理的发明或者实用新型专利申请涉及国防利益以外的国家安全或者重大利益需要保密的，应当及时作出按照保密专利申请处理的决定，并通知申请人。保密专利申请的审查、复审以及保密专利权无效宣告的特殊程序，由国务院专利行政部门规定。选项 C 与该规定一致，故其说法是正确的，不符合题意。

在 G－5－8－1.2.1.3 关于"保密发明专利和国防发明专利"中规定，保密发明专利只公告保密专利权的授予和保密专利的解密，<u>保密专利公告的著录事项包括：专利号、申请日、授权公告日</u>等。保密发明专利解密后，在专利公报的解密栏中予以公告，出版单行本……G－5－8－1.2.2.2 关于"保密实用新型专利"中规定，保密实用新型专利只公告保密专利权的授予和保密专利的解密，保密专利公告的著录事项包括：专利号、申请日、授权公告日等。保密实用新型专利解密的，在专利公告的解密栏中予以公告，出版单本……。由此可知，保密专利申请的授权公告仅公布专利号、申请日和授权公告号，发明或实用新型专利解密后，应当进行解密公告，选项 D 的说法正确，不符合题意。

综上所述，本题答案为 B。

【10.（2012－94）解析】知识点：保密专利申请、解密程序

参照 9.（2018－10）的解析。根据 R7.1 的规定和《国防专利条例》第三条第一款的规定，专利申请涉及国防利益需要保密的，由国防专利机构受理并进行审查……，故选项 A 的说法正确，符合题意。

G－5－5－4 关于"保密专利申请的审批流程"中规定，……（2）涉及国防利益以外的国家安全或者重大利益需要保密的发明或者实用新型专利申请，……保密专利申请的初步审查和实质审查均由专利局指定的审查员进行。可见，专利申请涉及国防利益以外的国家安全或者重大利益需要保密的，应当由国家知识产权局进行审查（而不是由国防专利机构负责审查），即选项 B 的说法正确，符合题意。

根据 R7.1 的规定，专利申请涉及国防利益需要保密的……经国防专利机构审查没有发现驳回理由的，由国务院专利行政部门作出授予国防专利权的决定（而涉及国防利益以外的国家安全或者重大利益需要保密的专利申请，仍然由国家知识产权局负责审查，当然也是由国家知识产权局作出授予专利权的决定）。因此，选项 C 的说法正确，符合题意。

根据 G－5－5－4 关于"保密专利申请的审批流程"最后一段中规定，保密专利申请的授权公告仅公布专利号、申请日和授权公告日。因此，选项 D 的说法正确，符合题意。

综上所述，本题答案为 A、B、C、D。

（三）总体考点分析

本部分涉及保密专利申请和向外国申请专利的保密审查的相关规定。重点包括：专利申请的保密确定、保密专利申请的审批流程、保密专利申请（或专利）的解密程序，尤其是向外申请专利的保密审查，更具体包括"在中国完成的发明或者实用新型"的含义、保密审查请求的提出、保密审查的程序、擅自向外申请专利的法律后果等。

 高频结论

✓ 任何单位或者个人将在中国完成的发明或者实用新型向外国申请专利的，应当事先报经国务院专利行政部门进行保密审查（包括向外国申请专利，也包括直接向外国局和世界知识产权组织国际局提交 PCT 国际申请）。

✓ 在中国完成的发明或者实用新型，是指技术方案的实质性内容（而不是全部内容）在中国境内完成的发明或者实用新型。

✓ 向外国申请专利的保密审查只适用于发明和实用新型专利申请，而不适用于外观设计专利申请（因为后者并不涉及技术方案）。

✓ 中国单位或个人在外国完成的发明或者实用新型向外国申请专利的，并不需要进行保密审查。

✓ 外国人在中国完成的发明或者实用新型向外国申请专利的，也需要事先进行保密审查。

✓ 向国务院专利行政部门提交专利国际申请的，视为同时提出了保密审查请求（但国家知识产权局仍然会对该国际申请进行保密审查的程序，经审查认为需要保密的，则不再作为 PCT 申请来处理）。

✓ 申请人拟在向中国国家知识产权局申请专利后又向外国申请专利的，应当在提交专利申请同时或之后提交向外国申请专利保密审查请求书。未按上述规定提出请求的，视为未提出请求。向外国申请专利的内容应当与该专利申请的内容一致。

✓ 国务院专利行政部门保密请求后，经过审查认为该发明或者实用新型可能涉及国家安全或者重大利益需要保密的，应当在请求递交日起 2 个月内向申请人发出保密审查通知；情况复杂的，可以延长 2 个月。

✓ 对违反《专利法》关于保密审查规定的而直接向外国申请专利的发明或者实用新型，在中国申请专利的，不授予专利权。

✓ 保密专利申请的授权公告仅公布专利号、申请日和授公告日。

（四）参考答案

1. C、D	2. A、C、D	3. D	4. A、D	5. A、D
6. A、B、C	7. A、B、D	8. A、C	9. B	10. A、B、C、D

三、三种专利申请的初步审查程序

（一）历年试题集合

1. （2018 - 50）某申请人于 2017 年 4 月 19 日向国家知识产权局提出一项发明专利申请 A，并要求了其在 2017 年 1 月 6 日就相同主题提出的发明专利申请 B 作为该申请 A 的优先权，2017 年 7 月 12 日该申请 A 经初步审查合格，以下说法正确的是？ 　【你的答案】

A. 申请人未针对该发明专利申请 A 提出提前公开声明的，国家知识产权局应当于 2018 年 7 月 6 日公布该发明专利申请　【选错记录】

B. 申请人在发明专利申请 A 的请求书中一并提出提前公开声明的，在 2017 年 7 月 12 日起进入公布准备阶段

C. 申请人提出提前公开声明的，只要该申请未公布，随时可以要求撤销提前公开声明

D. 发明专利申请公布的著录事项主要包括国际专利分类号、申请号、公布号（出版号）、申请日、优先

权日、申请人事项、发明人、专利代理等事项

2.（2016－55）对于经初步审查符合相关规定的下列发明专利申请，有关公布的说法哪些是正确的？

【你的答案】

_____

【选错记录】

_____

A. 申请人请求早日公布的，应当在初审合格后立即予以公布

B. 申请人未要求提前公布的，则自申请日起满十八个月即行公布，与优先权日无关

_____

C. 申请人未要求提前公布的，则自优先权日起满十八个月即行公布

D. 分案申请自提出分案请求之日起满十八个月即行公布

3.（2014－93）申请人张某在提交一件发明专利申请的同时提交了提前公布声明。下列说法哪些是正确的？

【你的答案】

_____

【选错记录】

_____

A. 张某可以在该提前公布声明中附加若干条件

B. 若该提前公布声明符合规定，则该申请在初步审查合格后立即进入公布准备

_____

C. 若该提前公布声明符合规定，张某在该申请进入公布准备后要求撤销该提前公布声明的，该要求视为未提出，申请文件照常公布

D. 若该提前公布声明不符合规定，国家知识产权局应当发出补正通知书

4.（2013－18）下列关于发明专利申请提前公布的说法哪个是正确的？

【你的答案】

_____

【选错记录】

_____

A. 申请人应当在提出发明专利申请的同时提交提前公布声明

B. 申请人应当在提交提前公布声明的同时缴纳提前公布费

_____

C. 申请人应当在发明专利申请初步审查合格之前提交提前公布声明

D. 申请人提出提前公布声明不能附有任何条件

5.（2017－59）下列有关实用新型专利申请的说法，哪些是正确的？

【你的答案】

_____

【选错记录】

_____

A. 实用新型专利权的期限为十年，自授权公告之日起计算

B. 在初步审查中，国家知识产权局应当对实用新型是否明显不具备新颖性进行审查

_____

C. 属于一个总的发明构思的两项以上的实用新型，可以作为一件实用新型专利申请提出

D. 对于不需要补正就符合初步审查要求的实用新型专利申请，国家知识产权局可以直接作出授予实用新型专利权的决定

6.（2017－60）涉及实用新型的以下说法，哪些是不正确的？

【你的答案】

_____

【选错记录】

_____

A. 自申请日起三个月内，实用新型专利申请人对申请文件提出的修改属于主动修改，专利局应予以接受

B. 相同主题的外观设计专利申请可以作为实用新型专利申请的本国优先权基础

_____

C. 分案申请可以作为实用新型专利申请的本国优先权基础

D. 申请人在修改实用新型的申请文件时，即使是对明显错误的更正，这样的修改也将超出原说明书和权利要求书记载的范围

7.（2016－62）对于实用新型专利申请，下列哪些情况可能在初步审查程序中被驳回？

【你的答案】

_____

【选错记录】

_____

A. 权利要求得不到说明书支持

B. 权利要求所要求保护的技术方案不具备新颖性

_____

C. 权利要求所保护的技术方案不具备单一性

D. 说明书缺少要求保护的产品的形状或构造图

8.（2014－99）下列有关答复实用新型专利申请通知书的说法哪些是正确的？

【你的答案】

_____

【选错记录】

_____

A. 申请人在收到补正通知书或者审查意见通知书后，应当在指定的期限内补正或者陈述意见

B. 申请人在对补正通知书进行答复时，申请文件的修改替换页和其他文件均应提交一式两份

_____

C. 申请人在对专利申请文件进行修改时，其修改的内容不得超出申请日提交的说明书和权利要求书记

载的范围

D. 申请人在对补正通知书进行答复时，申请人有两个以上的，补正书上必须有全体申请人的签章

（二）参考答案解析

【1. (2018－50) 解析】知识点：发明专利申请的公布、提前公布声明

在 G－5－8－1.2.1.1 关于"发明专利申请公布"中规定，发明专利申请经初步审查合格后，自申请日（有优先权的，为优先权日）起满十八个月，即行公布……。题中的发明专利申请 A，其优先权日为 2017 年 1 月 6 日，故初步审查合格后，自优先权日 2017 年 1 月 6 日起满十八个月即 2017 年 7 月 6 日进行公布，即选项 A 的说法是正确的，符合题意。

在 G－1－1－6.5 关于"提前公布声明"中规定，……提前公布声明不符合规定的，审查员应当发出视为未提出通知书；符合规定的，在专利申请初步审查合格后立即进入公布准备。进入公布准备后，申请人要求撤销提前公布声明的，该要求视为未提出，申请文件照常公布。选项 B 给出的申请人在发明专利申请 A 的请求书中一并提出提前公开声明的，因此应当在 2017 年 7 月 12 日该申请 A 经初步审查合格后立即进入公布准备阶段，即选项 B 的说法是正确的，符合题意。

根据上述规定可知，进入公布准备后，申请人要求撤销提前公布声明的，该要求视为未提出，申请文件照常公布。因此选项 C 的说法错误。

在 G－5－8－1.2.1.1 关于"发明专利申请公布"中规定，……发明专利申请公布的内容包括：著录事项、摘要和摘要附图，但说明书没有附图的，可以没有摘要附图。著录事项主要包括：国际专利分类号、申请号、公布号（出版号）、公布日、申请日、优先权事项、申请人事项、发明人事项、专利代理事项、发明名称等。选项 D 中列出的事项均包括在上述规定的事项之中，虽然没有提及例如公布日等，但其说法是正确的（当然从严格的角度来看，该选项应当与上述规定保持一致更好一些）。

综上所述，本题答案为 A、B、D。

【2. (2016－55) 解析】知识点：发明专利申请的公布；相关知识点：优先权、提前公布声明、分案申请

在 G－1－1－6.5 关于"提前公布声明"中规定，提前公布声明不符合规定的，审查员应当发出视为未提出通知书；符合规定的，在专利申请初步审查合格后立即进入公布准备……。根据上述规定，如果申请人请求早日公布的，则在初审合格后立即进入公布准备，故选项 A 的说法正确（注意：这里将"立即进入公布准备"理解为立即予以公布，但从公布准备到正式公布需要一段时间，因此选项 A 的说法并不严谨）。

G－5－8－1.2.1.1 关于"发明专利申请公布"中规定，发明专利申请经初步审查合格后，自申请日（有优先权的，为优先权日）起满十八个月，即行公布……。因此，如果申请人未要求提前公布的，是自优先权日起满十八个月即行公布，而选项 B 中所述的与优先权日无关的说法是错误的，不符合题意。选项 C 的说法正确，符合题意。

根据 R49.1 的规定，依照该细则第四十八条规定提出的分案申请，可以保留原申请日，享有优先权的，可以保留优先权日，但是不得超出原申请记载的范围。根据该规定可知，分案申请的申请日同原申请的申请日。进一步地，在 G－1－1－5.1.2 关于"分案申请的期限和费用"中规定，分案申请适用的各种法定期限，例如提出实质审查请求的期限，应当从原申请日起算。对于已经届满或者自分案申请递交日起至期限届满日不足两个月的各种期限，申请人可以自分案申请递交日起两个月内或者自收到受理通知书之日起十五日内补办各种手续；期满未补办的，审查员应当发出视为撤回通知书。因此，分案申请的公布日期仍然是自申请日（即原申请的申请日，而非分案申请的提交日）起满十八个月即行公布。此处的关键是分案申请的提交日并非申请日。因此，选项 D 的说法是错误的，不符合题意。

综上所述，本题答案为 A、C。

【3. (2014－93) 解析】知识点：提前公布声明

在 G－1－1－6.5 关于"提前公布声明"中规定，提前公布声明只适用于发明专利申请。申请人提出提前公布声明不得附有任何条件。提前公布声明不符合规定的，审查员应当发出视为未提出通知书；符合规定的，在专利申请初步审查合格后立即进入公布准备。作好公布准备后，申请人要求撤销提前公布声明的，该要求视为未提出，申请文件照常公布。由此可知，由于申请人提出提前公布声明不能附有任何条件，故选项 A 的说法是错误的，不符合题意。由于提前公布声明符合规定，则该申请在初步审查合格后立即进入公布准备，故选项 B 的说法正确，符合题意。由于提前公布声明符合规定，则张某在该申请进入公布准备后要求撤销该提前公布声明的，该要求视为未提出，申请文件照常公布，故选项 C 的说法正确，符合题意。由于对于提前公布声明不符合规定的，审查员应当发出视为未提出通知书，而不是发出补正通知书，即选项 D 的说法是错误的，不符合题意。

综上所述，本题答案为 B、C。

【4. (2013－18) 解析】知识点：提前公布声明

G－5－8－1.2.1.1 关于"发明专利申请公布"中规定，……发明专利申请人在初步审查合格前，要求提前公布其

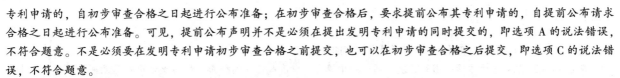

专利申请的，自初步审查合格之日起进行公布准备；在初步审查合格后，要求提前公布其专利申请的，自提前公布请求合格之日起进行公布准备。可见，提前公布声明并不是必须在提出发明专利申请的同时提交的，即选项A的说法错误，不符合题意。不是必须要在发明专利申请初步审查合格之前提交，也可以在初步审查合格之后提交，即选项C的说法错误，不符合题意。

根据R110的规定，向国务院专利行政部门申请专利和办理其他手续时，应当缴纳下列费用：

（一）申请费、申请附加费、公布印刷费、优先权要求费；（二）发明专利申请实质审查费、复审费；（三）年费；（四）恢复权利请求费、延长期限请求费；（五）著录事项变更费、专利权评价报告请求费、无效宣告请求费、专利文件副本证明费。上述规定中并没有提前公布费的规定，因此请求提前公布声明并不需要缴纳费用，即选项B的说法错误，不符合题意。

在G-1-1-6.5关于"提前公布声明"第二段中规定，申请人提出提前公布声明不得附有任何条件。选项D的说法与该规定一致，因此是正确的，符合题意。

综上所述，本题答案为D。

【5.（2017-59）解析】知识点：实用新型的初步审查

根据A42的规定可知，实用新型专利权的期限为十年，自申请日起算，即选项A中所述的自授权公告之日起计算的说法是不正确的，不符合题意。

根据R50.1的规定可知，实用新型专利申请的初步审查需包括是否明显不符合《专利法》第二十二条第二款的规定（即新颖性），因此选项B的说法正确，符合题意。

根据A31.1的规定，一件发明或者实用新型专利申请应当限于一项发明或者实用新型。属于一个总的发明构思的两项以上的发明或者实用新型，可以作为一件申请提出。因此，属于一个总的发明构思的两项以上实用新型，可以作为一件申请提出，即选项C的说法正确，符合题意。

在G-1-2-3.1关于"授予专利权通知"中规定，实用新型专利申请经初步审查没有发现驳回理由的，审查员应当作出授予实用新型专利权通知。能够授予专利权的实用新型专利申请包括不需要补正就符合初步审查要求的专利申请，以及经过补正符合初步审查要求的专利申请。因此，对于不需要补正就符合初步审查要求的实用新型专利申请，国家知识产权局可以直接作出授予实用新型专利权的决定，即选项D的说法正确，符合题意。

综上所述，本题答案为B、C、D。

【6.（2017-60）解析】知识点：实用新型的初步审查

根据R57.2的规定，实用新型或者外观设计专利申请人自申请日起2个月内，可以对实用新型或者外观设计专利申请主动提出修改。根据该规定，实用新型的主动修改的期限是自申请日起2个月内而非申请日起的3个月内，因而选项A的说法错误，符合题意。

根据G-1-1-6.2.2.1关于"在先申请和要求优先权的在后申请"中规定可知，对于实用新型专利申请要求优先权基础的在先申请和要求优先权的在后申请应当符合下列规定：（1）在先申请应当是发明或者实用新型专利申请，不应当是外观设计专利申请，也不应当是分案申请。因此，选项B和C的说法错误，符合题意。

在G-1-2-8关于"根据专利法第三十三条的审查"规定，……对明显错误的更正，不能被认为超出了原说明书和权利要求书记载的范围。所谓明显错误，是指不正确的内容可以从原说明书、权利要求书的上下文中清楚地判断出来，没有作其他解释或者修改的可能……。因此，选项D的说法错误，符合题意。

综上所述，本题答案为A、B、C、D。

【7.（2016-62）解析】知识点：实用新型的初步审查

根据R50的规定，《专利法》第三十四条和第四十条所称初步审查，是指审查专利申请是否具备《专利法》第二十六条或者第二十七条规定的文件和其他必要的文件，这些文件是否符合规定的格式，并审查下列各项：……（二）实用新型专利申请是否明显属于《专利法》第五条、第二十五条规定的情形，是否不符合《专利法》第十七条、第十八条第一款、第十九条第一款或者该细则第十一条、第十九条至第二十二条、第二十四条至第二十六条的规定，是否明显不符合《专利法》第二条第三款、第二十二条、第二十六条第三款、第二十六条第四款、第三十一条第一款、第三十三条或者该细则第二十三条、第四十九条第一款的规定，是否依照《专利法》第九条规定不能取得专利权……。由此可见，选项A中的权利要求得不到说明书支持，涉及《专利法》第二十六条第四款；选项B中的权利要求所要求保护的技术方案不具备新颖性，涉及《专利法》第二十二条第二款；选项C中的权利要求所要求保护的技术方案不具备单一性，涉及《专利法》第三十一条第一款；选项D中的说明书缺少要求保护的产品的形状或构造图，涉及《专利法实施细则》第二十条第五款，以上均属于实用新型初步审查的内容。如果实用新型专利申请存在不符合上述规定的问题，则在初步审查程序中有可能被驳回，即选项A、B、C、D符合题意。

综上所述，本题答案为 A、B、C、D。

【8.（2014-99）解析】知识点：审查意见通知书的答复

在 G-1-2-3.4 关于"通知书的答复"第一段中规定，申请人在收到补正通知书或者审查意见通知书后，应当在指定的期限内补正或者陈述意见。申请人对专利申请进行补正的，应当提交补正书和相应修改文件替换页。对申请文件的修改，应当针对通知书指出的缺陷进行。修改的内容不得超出申请日提交的说明书和权利要求书记载的范围。

根据上述规定可知，选项 A、C 的表述与上述规定相符，因此是正确的，符合题意。在 G-5-1-7 关于"文件份数"中规定，申请人向专利局提交的申请文件及其他文件……，应当为一份，另有规定的除外。因此选项 B 的说法错误，不符合题意。

在 G-1-1-4.1.5 关于"代表人"中规定，……除直接涉及共有权利的手续外，代表人可以代表全体申请人办理在专利局的其他手续。直接涉及共有权利的手续包括：提出专利申请，委托专利代理，转让专利申请权、优先权或者专利权，撤回专利申请，撤回优先权要求，放弃专利权等。直接涉及共有权利的手续应当由全体权利人签字或者盖章。根据上述规定，由于答复实用新型专利申请通知书并不是涉及共有权利的手续，故可以由代表人签章，因此选项 D 中要求"补正书上必须有全体申请人的签章"的说法是错误的，不符合题意。

综上所述，本题答案为 A、C。

（三）总体考点分析

本部分涉及三种专利申请的初步审查，包括初步审查的范围、审查原则、文件的形式审查、手续合法性审查、明显实质性缺陷审查、涉及生物材料申请的审查、提前公布声明（发明专利申请），以及授权通知或驳回决定（实用新型和外观设计专利申请）。其中重点涉及发明专利申请的提前公布声明、实用新型初步审查的主要条款。

高频结论

✓ 提前公布声明只适用于发明专利申请。申请人提出提前公布声明不得附有任何条件。

✓ 提前公布声明不符合规定的，审查员应当发出视为未提出通知书；符合规定的，在专利申请初步审查合格后立即进入公布准备。作好公布准备后，申请人要求撤销提前公布声明的，该要求视为未提出，申请文件照常公布。

✓ 提前公布声明并不是必须在提出发明专利申请的同时提交的，也不是必须要在发明专利申请初步审查合格之前提出，可以在初步审查合格之后提出。

✓ 请求提前公布声明不需要缴纳费用。

✓ 发明专利申请分案申请的公布日期仍然是自申请日（即原申请的申请日，而非分案申请的提交日）起满十八个月即行公布。

✓ 实用新型专利申请的初步审查内容包括是否明显不具备新颖性、创造性、实用性，权利要求得不到说明书支持，不具备单一性，以及说明书缺少要求保护的产品的形状或构造图等。

（四）参考答案

1. A、B、D　　　2. A、C　　　　3. B、C　　　　4. D　　　　5. B、C、D
6. A、B、C、D　 7. A、B、C、D　 8. A、C

四、发明专利申请的实质审查程序

（一）历年试题集合

1.（2019-20）有关发明专利申请实质审查程序，下列说法正确的是？

A. 实质审查程序所遵循的原则有程序节约原则、公平原则、听证原则、请求原则

B. 实质审查程序中不会接受申请人主动提交的不符合有关修改时机规定的修改文本

C. 实质审查程序只有在申请人提出实质审查请求后才能启动

【你的答案】
————————
【选错记录】
————————

D. 在实质审查程序中可以采用会晤、电话讨论和现场调查等辅助手段

2.（2017－44）一件发明专利申请，申请日是 2017 年 3 月 3 日，优先权日是 2016 年 4 月 5 日，申请人欲提交实质审查请求，以下说法正确的是？

　　A. 申请人应当最晚于 2019 年 4 月 5 日前提出实质审查请求

　　B. 申请人应当最晚于 2020 年 3 月 3 日前提出实质审查请求

　　C. 申请人可以在提出实质审查请求时提交对申请的主动修改文件

　　D. 申请人成功办理费用减缴手续的，实质审查请求费可以减缴

【你的答案】

【选错记录】

3.（2014－13）一件优先权日为 2008 年 9 月 27 日、申请日为 2009 年 9 月 27 日的 PCT 国际申请，进入中国国家阶段的日期为 2010 年 9 月 27 日，要求的保护类型为发明专利。申请人应当在哪个日期前向国家知识产权局提出实质审查请求？

　　A. 2011 年 9 月 27 日

　　B. 2012 年 9 月 27 日

　　C. 2013 年 9 月 27 日

　　D. 2010 年 11 月 27 日

【你的答案】

【选错记录】

4.（2011－12）在下列哪些情形下，实质审查请求将被视为未提出？

　　A. 申请人自申请日起两年内提交了实质审查请求书并缴纳了实质审查费，但实质审查请求书的形式不符合规定

　　B. 国家知识产权局对实质审查请求发出办理手续补正通知书，申请人在规定期限内补正，但补正后仍不符合要求

　　C. 申请人提交了符合规定的实质审查请求书，但未在规定期限内缴足实质审查费

　　D. 申请人在提交申请的同时提交了符合规定的实质审查请求书，但未同时缴纳实质审查费

【你的答案】

【选错记录】

5.（2010－60）李某的发明专利申请的申请日为 2007 年 7 月 1 日，优先权日为 2006 年 7 月 1 日，则李某最迟应当于何时提出实质审查请求？

　　A. 2009 年 6 月 30 日

　　B. 2009 年 7 月 1 日

　　C. 2010 年 6 月 3 日

　　D. 2010 年 7 月 1 日

【你的答案】

【选错记录】

6.（2019－71）下列哪些修改文本可以作为发明专利申请的审查文本？

　　A. 申请人在提出实质审查请求时提交的经主动修改的文本

　　B. 申请人在收到国家知识产权局发出的发明专利申请进入实质审查阶段通知书之日起三个月内提交的经主动修改，但内容超出了原申请文件记载的范围的文本

　　C. 申请人提交的修改不符合《专利法实施细则》第五十一条第一款的规定，但国家知识产权局审查员认为其消除了原申请文件存在的应当消除的缺陷，并且符合《专利法》第三十三条的规定

　　D. 申请人在收到国家知识产权局发出的发明专利申请进入实质审查阶段通知书之日起三个月内多次对申请文件进行了主动修改，其最后一次提交的修改文本

【你的答案】

【选错记录】

7.（2012－18）王某于 2007 年 1 月 9 日向国家知识产权局提交了一件发明专利申请，并于 2008 年 10 月 2 日提出了实质审查请求。国家知识产权局于 2008 年 12 月 5 日发出发明专利申请进入实质审查阶段通知书。王某在下列哪个日期主动提交的修改文本应当作为审查的文本？

　　A. 2008 年 9 月 2 日

　　B. 2008 年 12 月 1 日

　　C. 2009 年 2 月 6 日

　　D. 2009 年 4 月 8 日

【你的答案】

【选错记录】

8. (2019 - 60) 发明专利申请的实质审查程序中，国家知识产权局对公众意见的处理，下列说法正确的是？ 【你的答案】

A. 在审查过程中，不必考虑公众提出的意见 【选错记录】

B. 任何人对不符合《专利法》规定的发明专利申请提出的意见，应当存入该申请文档中供在实质审查时考虑

C. 如果公众的意见是在发出授予专利权的通知之后收到的，就不必考虑

D. 对公众意见的处理情况，需要通知提出意见的公众

9. (2017 - 84) 申请人王某向专利局提交的发明申请公布后，另一家企业提交了多篇与该专利申请相关的文献，并提出了该申请不应当被授予专利权的意见。以下说法正确的是？ 【你的答案】

【选错记录】

A. 只有申请人王某或者利害关系人有权就该申请向国务院专利行政部门提出意见

B. 该企业提交的文献和意见应当存入该申请文档中，供审查员在实质审查时考虑

C. 如果该企业提交的相关文献和意见是在审查员发出授予专利权的通知之后收到的，可以不必考虑

D. 专利局应当将该意见的处理情况通知该企业

10. (2013 - 7) 在专利审查过程中，公众对被审查的发明专利申请提出了该申请不符合《专利法》规定的意见。下列说法哪些是正确的？ 【你的答案】

【选错记录】

A. 只要该申请的申请人尚未办理专利权登记手续，审查员均应当考虑该公众意见

B. 审查员在第一次审查意见通知书中采纳该公众意见的，应当同时通知提出意见的公众

C. 如果该公众意见是在审查员发出第一次审查意见通知书之后收到的，就不必考虑

D. 该公众意见应当存入该申请文档中

11. (2013 - 44) 下列关于审查意见通知书的说法哪些是正确的？ 【你的答案】

A. 在任何情况下，第一次审查意见通知书都应当写明审查员对申请的实质方面和形式方面的全部意见 【选错记录】

B. 在审查意见通知书中可以提出修改的建议供申请人修改时参考

C. 申请由于不具备新颖性而不可能被授予专利权的，通知书中可以仅对独立权利要求进行评述，不对从属权利要求进行评述

D. 审查文本超出原说明书和权利要求书记载范围的，审查员可以针对审查文本之外的其他文本提出审查意见，供申请人参考

12. (2018 - 60) 有关会晤，下列说法正确的是？ 【你的答案】

A. 会晤应当是在审查员已发出第一次审查意见通知书之后进行

B. 审查员可以根据案情需要约请申请人会晤，申请人也可以要求会晤 【选错记录】

C. 除非另有声明或者委托了代理机构，共有专利申请的单位或者个人都应当参加会晤

D. 申请人委托了专利代理机构的，会晤必须有代理人参加

13. (2014 - 45，有适应性修改) 下列关于专利审查程序中会晤和电话讨论的说法哪些是不正确的？ 【你的答案】

A. 会晤地点可以由申请人选择 【选错记录】

B. 会晤应当是在审查员已发出第一次审查意见通知书之后进行

C. 申请人（或者代理人）签字或盖章的会晤记录可以代替申请人的正式书面答复或者修改

D. 电话讨论仅适用于解决次要的且不会引起误解的形式方面的缺陷所涉及的问题

14. (2011 - 63) 专利代理师杨某受专利代理机构指派代理姜某向国家知识产权局提出一件发明专利申请。下列关于审查程序中会晤的说法哪些是正确的？ 【你的答案】

A. 只有在发出第一次审查意见通知书之后，才能提出与审查员进行会晤的要求 【选错记录】

B. 在答复第二次审查意见通知书的同时，可以提出与审查员进行会晤的要求

C. 杨某必须参加会晤

D. 姜某必须参加会晤

15. (2011-71) 下列关于实质审查程序中的取证和现场调查的说法哪些是正确的？　【你的答案】

　　A. 一般说来，在实质审查程序中审查员不必要求申请人提供证据

　　B. 申请人提供的证据只能是书面文件而不能是实物模型　　【选错记录】

　　C. 如果申请人不同意审查员的意见，则由申请人决定是否提供证据来支持其主张

　　D. 审查员到现场调查的，调查所需的费用由申请人承担

16. (2012-97) 下列哪些情形属于发明专利申请经实质审查应当予以驳回的情形？　【你的答案】

　　A. 权利要求未以说明书为依据

　　B. 分案申请超出原说明书和权利要求书记载的范围　　【选错记录】

　　C. 专利申请所涉及的发明在中国完成，且向外国申请专利前未报经国家知识产权局进行保密审查

　　D. 专利申请是依赖遗传资源完成的发明创造，申请人在专利申请文件中没有说明该遗传资源的直接来源

（二）参考答案解析

【1. (2019-20) 解析】知识点：实质审查程序

在 G-2-8-2.2 关于"实质审查程序中的基本原则"中规定，（1）请求原则……（2）听证原则……（3）程序节约原则……。上述规定中，并没有提及公平原则，因此选项 A 的说法不正确，不符合题意。

在 G-2-8-4.1 关于"审查的文本"中规定，……如果申请人进行的修改不符合《专利法实施细则》第五十七条第一款的规定，但审查员在阅读该经修改的文件后认为其消除了原申请文件存在的应当消除的缺陷，又符合《专利法》第三十三条的规定，且在该修改文本的基础上进行审查将有利于节约审查程序，则可以接受该经修改的申请文件作为审查文本。选项 B 中所述"实质审查程序中不会接受申请人主动提交的不符合有关修改时机规定的修改文本"的说法显然过于绝对，是错误的，不符合题意。

根据 A35.1 的规定，发明专利申请自申请日起三年内，国务院专利行政部门可以根据申请人随时提出的请求，对其申请进行实质审查；申请人无正当理由逾期不请求实质审查的，该申请即被视为撤回。根据 A35.2 的规定，国务院专利行政部门认为必要的时候，可以自行对发明专利申请进行实质审查。因此，根据上述规定可知，实质审查程序可以在申请人提出实质审查请求后启动，也可以由专利局主动发起，即选项 C 的说法过于绝对化，是错误的，不符合题意（注意：虽然《专利法》实施以来，专利局还没有针对任何一项发明专利申请主动进行实质审查，但也并不能认为上述说法是正确的）。

在 G-2-8-2.1 关于"实质审查程序概要"最后一段中规定，此外，根据需要，审查员还可以按照该指南的规定在实质审查程序中采用会晤、电话讨论和现场调查等辅助手段。据此可知，选项 D 的说法正确，符合题意。

综上所述，本题答案为 D。

【2. (2017-44) 解析】知识点：实质审查请求

在 G-1-1-6.4.1 关于"实质审查请求的相关要求"中规定，实质审查请求应当在自申请日（有优先权的，指优先权日）起三年内提出，并在此期限内缴纳实质审查费……。题中应自优先权日是 2016 年 4 月 5 日起 3 年内提出实审请求（最晚为 2019 年 4 月 5 日前提出），故选项 A 的说法正确，符合题意；选项 B 的说法错误，不符合题意。

根据 R57.1 的规定，发明专利申请人在提出实质审查请求时以及在收到国务院专利行政部门发出的发明专利申请进入实质审查阶段通知书之日起的 3 个月内，可以对发明专利申请主动提出修改。因此，申请人可以在提出实质审查请求时提交对申请的主动修改文件，即选项 C 的说法正确，符合题意。

《专利收费减缴办法》第二条规定可以得知，可以请求减缴的费用包括发明专利申请实质审查费，故申请人成功办理费用减缴手续的，实质审查请求费可以减缴，即选项 D 的说法正确，符合题意。

综上所述，本题答案为 A、C、D。

【3. (2014-13) 解析】知识点：实质审查请求的提出

根据 A35 的规定，发明专利申请自申请日起三年内，国务院专利行政部门可以根据申请人随时提出的请求，对其申请进行实质审查；申请人无正当理由逾期不请求实质审查的，该申请即被视为撤回……。根据 R12.1 的规定，除《专利

法》第二十八条和第四十二条规定的情形外，《专利法》所称申请日，有优先权的，指优先权日……。基于上述规定，提出实质审查请求的期限是自优先权日起三年之内。在 G-3-1-5.9 关于"实质审查请求"中规定，进入国家阶段的国际申请，如果指定了中国的发明专利，自优先权日起三年内应当提出实质审查请求，并缴纳实质审查费……。

根据上述规定，题中专利申请所享有的优先权日为 2008 年 9 月 27 日，故申请人应当自 2008 年 9 月 27 日起三年内，即最晚在 2011 年 9 月 27 日前向国家知识产权局提出实质审查请求，即选项 A 符合题意。提出实质审查请求的期限并不是以实际申请日起算，也与进入国家阶段的日期无关，因此选项 B 和 C 的日期不符合题意。而更不可以是在进入中国国家阶段的日期为 2010 年 9 月 27 日的两个月内（即最晚 2010 年 11 月 27 日），即选项 D 属于干扰项，不符合题意。

综上所述，本题答案为 A。

【4.（2011-12）解析】知识点：实质审查请求的审查及处理

在 G-1-1-6.4.2 关于"实质审查请求的审查及处理"中规定，……申请人已在规定期限内提交了实质审查请求书并缴纳了实质审查费，但实质审查请求书的形式仍不符合规定的，审查员可以发出视为未提出通知书；如果期限届满前通知书已经发出，则审查员应当发出办理手续补正通知书，通知申请人在规定期限内补正；期满未补正或者补正后仍不符合规定的，审查员应当发出视为未提出通知书……。

据此，选项 A 中的申请人是自申请日起两年内提交了实质审查请求书并缴纳了实质审查费的（已在规定期限内提交了实质审查请求书并缴纳了实质审查费），此时如果实质审查请求书的形式不符合规定，审查员可以发出视为未提出通知书，即选项 A 符合题意。根据上述规定，如果国家知识产权局对实质审查请求发出的是办理手续补正通知书，申请人在规定期限内补正，但补正后仍不符合要求，则审查员应当发出视为未提出通知书，故选项 B 符合题意。

根据 R113 的规定，当事人请求实质审查或者复审的，应当在《专利法》及该细则规定的相关期限内缴纳费用；期满未缴纳或者未缴足的，视为未提出请求。根据上述规定可知，选项 C 中，由于未在规定期限内缴足实质审查费，则视为未提出请求，故选项 C 符合题意。而选项 D 由于仅仅是在申请日提交了实质审查请求书，未同时缴纳实质审查费，并不会导致视为未提出（其可以在申请日起三年内任何时间缴纳），故选项 D 的说法错误，不符合题意。

综上所述，本题答案为 A、B、C。

【5.（2010-60）解析】知识点：实质审查请求

参照 2.（2017-44）的解析。在 G-1-1-6.4.1 关于"实质审查请求的相关要求"中规定，实质审查请求应当在自申请日（有优先权的，指优先权日）起三年内提出，并在此期限内缴纳实质审查费……。题中应自优先权日 2006 年 7 月 1 日起三年内提出实审请求（即最晚为 2009 年 7 月 1 日前提出），故选项 B 的说法正确，符合题意。

综上所述，本题答案为 B。

【6.（2019-71）解析】知识点：审查文本

在 G-2-8-4.1 关于"审查的文本"中规定，……申请人在提出实质审查请求时，或者在收到专利局发出的发明专利申请进入实质审查阶段通知书之日起的三个月内，对发明专利申请进行了主动修改的，无论修改的内容是否超出原说明书和权利要求书记载的范围，均应当以申请人提交的经过该主动修改的申请文件作为审查文本……。根据上述规定可知，选项 A 中，申请人在提出实质审查请求时提交的经主动修改的文本，属于符合主动修改时机的修改，应当作为审查文本，即选项 A 符合题意。选项 B 中，申请人在收到国家知识产权局发出的发明专利申请进入实质审查阶段通知书之日起三个月内提交的主动修改，属于符合主动修改时机的修改，因此根据上述规定无论是否超出原说明书和权利要求书记载的范围，均应当以其主动修改的文本作为审查文本，因此选项 B 符合题意。

在 G-2-8-4.1 关于"审查的文本"中规定，……申请人在上述规定期间内多次对申请文件进行了主动修改的，应当以最后一次提交的申请文件为审查文本。申请人在上述规定以外的时间对申请文件进行的主动修改，一般不予接受，其提交的经修改的申请文件，不应作为审查文本。审查员应当在审查意见通知书中告知此修改文本不作为审查文本的理由，并以之前的能够接受的文本作为审查文本。如果申请人进行的修改不符合《专利法实施细则》第五十七条第一款的规定，但审查员在阅读该经修改的文件后认为其消除了原申请文件存在的应当消除的缺陷，又符合《专利法》第三十三条的规定，且在该修改文本的基础上进行审查将有利于节约审查程序，则可以接受该经修改的申请文件作为审查文本。根据上述规定，选项 C 中，虽然申请人提交的修改不符合《专利法实施细则》第五十七条第一款的规定，但国家知识产权局审查员认为其消除了原申请文件存在的应当消除的缺陷，并且符合《专利法》第三十三条的规定，则可以接受该经修改的申请文件作为审查文本，故选项 C 符合题意。同时，根据上述规定可知，选项 D 中，由于申请人是在收到国家知识产权局发出的发明专利申请进入实质审查阶段通知书之日起三个月内多次对申请文件进行了主动修改，符合主动修改的时机，故以其最后一次提交的修改文本作为审查文本，故选项 D 符合题意。

综上所述，本题答案为 A、B、C、D。

【7.(2012-18)解析】知识点：审查的文本；相关知识点：主动修改

在 G-2-8-4.1 关于"审查的文本"第三段中规定，申请人在提出实质审查请求时，或者在收到专利局发出的发明专利申请进入实质审查阶段通知书之日起的三个月内，对发明专利申请进行了主动修改的，无论修改的内容是否超出原说明书和权利要求书记载的范围，均应当以申请人提交的经过该主动修改的申请文件作为审查文本。

题中，国家知识产权局于 2008 年 12 月 5 日发出了发明专利申请进入实质审查阶段通知书，推定王某收到该通知的时间为 2008 年 12 月 20 日（则三个月内的最后期限为 2009 年 3 月 20 日），故王某在 2009 年 3 月 20 日之前进行主动修改，符合在收到专利局发出的发明专利申请进入实质审查阶段通知书之日起的三个月内提出主动修改的时机，故其提交的修改文本应当作为审查的文本。由此可知，选项 A 的 2008 年 9 月 2 日是在其提出实质审查请求之前，以及选项 B 的 2008 年 12 月 1 日，在其提出实质审查请求之后且在收到进入实质审查阶段通知书之前，均不属于可以主动修改的时机，不符合题意。选项 C 的 2009 年 2 月 6 日在上述期限之内，故符合题意。而选项 D 的 2009 年 4 月 8 日在其收到进入实质审查阶段通知书之后的三个月之后（即晚于最后期限 2009 年 3 月 20 日之后），故不符合主动修改的时机，不符合题意。

综上所述，本题答案为 C。

【8.(2019-60)解析】知识点：公众意见

根据 R54 的规定，自发明专利申请公布之日起至公告授予专利权之日止，任何人均可以对不符合《专利法》规定的专利申请向国务院专利行政部门提出意见，并说明理由。进一步，在 G-2-8-4.9 关于"对公众意见的处理"中规定，任何人对不符合《专利法》规定的发明专利申请向专利局提出的意见，应当存入该申请文档中供审查员在实质审查时考虑。如果公众的意见是在审查员发出授予专利权的通知之后收到的，就不必考虑。专利局对公众意见的处理情况，不必通知提出意见的公众。

根据上述规定，任何人对不符合《专利法》规定的发明专利申请向专利局提出的意见，应当存入该申请文档中供审查员在实质审查时考虑，因此选项 A 所述在审查过程中，不必考虑公众意见的说法错误，不符合题意。而选项 B 的说法与上规定一致，故是正确的，符合题意。选项 C 的说法与上述规定一致，故是正确的，符合题意。根据上述规定，由于专利局对公众意见的处理情况，不必通知提出意见的公众，因此选项 D 的说法错误，不符合题意。

综上所述，本题答案为 B、C。

【9.(2017-84)解析】知识点：公众意见

参照 8.(2019-60) 的解析。在 G-2-8-4.9 关于"对公众意见的处理"中规定，任何人都可以提出公众意见，因此选项 A 所述只有申请人王某或者利害关系才有权的说法错误，不符合题意；该企业提交的文献和意见应当存入该申请文档中，供审查员在实质审查时考虑，故选项 B 的说法正确；选项 C 的说法正确。根据上述规定，由于专利局对公众意见的处理情况，不必通知提出意见的公众，因此选项 D 的说法错误。

综上所述，本题答案为 B、C。

【10.(2013-7)解析】知识点：公众意见

参照 8.(2019-60) 的解析。根据 G-2-8-4.9 关于"对公众意见的处理"中的规定可知，审查员在发出授予专利权的通知之后收到公众的意见，就不必考虑，此时即使申请人尚未办理专利权登记手续，也不必考虑，故选项 A 的说法错误。而且在审查员发出第一次审查意见通知书之后收到的，只要没有发出授权通知书，就应当考虑，故选项 C 的说法错误。专利局对公众意见的处理情况，不必通知提出意见的公众，因此审查员在第一次审查意见通知书中采纳该公众意见的，不必通知提出意见的公众，故选项 B 的说法错误。公众意见应当存入该申请文档中，故选项 D 的说法正确。

综上所述，本题答案为 D。

【11.(2013-44)解析】知识点：审查意见通知书

在 G-2-8-4.10.1 关于"总的要求"中规定，……为了使申请人尽快地作出符合要求的修改，必要时审查员可以提出修改的建议供申请人修改时参考。……除该申请因存在严重实质性缺陷而无授权前景（……）或者审查员因申请缺乏单一性而暂缓继续审查之外，第一次审查意见通知书应当写明审查员对申请的实质方面和形式方面的全部意见。此外，在审查文本不符合《专利法》第三十三条规定的情况下，审查员也可以针对审查文本之外的其他文本提出审查意见，供申请人参考。根据上述规定，选项 A 的说法是错误的（虽然实际审查过程，也有审查员也可以既指出无授权前景，同时指出形式方面的审查意见等全部审查意见）。根据该规定，选项 B 所述"在审查意见通知书中可以提出修改的建议供申请人修改时参考"的说法是正确的，符合题意。而选项 D 的说法与上述规定相符，因此是正确的，符合题意。

在 G-2-8-4.10.2.2 关于"审查意见通知书正文"中规定，根据申请的具体情况和检索结果，通知书正文可以按照如下几种方式撰写。……（4）申请由于不具备新颖性或创造性而不可能被授予专利权的，审查员在通知书正文中，必须对每项权利要求的新颖性或者创造性提出反对意见，首先对独立权利要求进行评述，然后对从属权利要求一一评述。但是，在权利要求较多或者反对意见的理由相同的情况下，也可以将从属权利要求分组加以评述；最后还应当指出说明书中也没有可以取得专利权的实质内容。根据上述规定，选项 C 中，由于申请不具备新颖性而不可能被授予专利权的，通知书中不仅对独立权利要求进行评述，还应对从属权利要求进行评述。因此，选项 C 的说法错误，不符合题意。

综上所述，本题答案为 B、D。

【12.（2018 - 60）解析】知识点：会晤

在 G - 2 - 8 - 4.12 关于"会晤"中规定，在实质审查过程中，审查员可以约请申请人会晤，以加快审查程序。申请人亦可以要求会晤，此时，只要通过会晤能达到有益的目的，有利于澄清问题、消除分歧、促进理解，审查员就应当同意申请人提出的会晤要求。某些情况下，审查员可以拒绝会晤要求，例如，通过书面方式、电话讨论等，双方意见已经表达充分、相关事实认定清楚的。

根据上述规定，对于会晤，并不要求只有在发出第一次审查意见通知书之后，才能提出与审查员进行会晤的要求，因此选项 A 的说法错误，不符合题意（注意在《专利审查指南（2010）》2019 年修改之前是有这个要求，但修改后取消了该限制，进入实质审查后，审查员认为有必要均可以进行会晤，意味着在发出第一次审查意见通知书之前也可以进行会晤）。由上述规定可知，在实质审查过程中，审查员可以约请申请人会晤，申请人亦可以要求会晤，因此选项 B 的说法正确，符合题意。

在 G - 2 - 8 - 4.12.2 关于"会晤地点和参加人"中规定，……除非另有声明或者委托了代理机构，共有专利申请的单位或者个人都应当参加会晤……。根据上述规定可知，选项 C 的说法与上述规定一致，是正确的，符合题意。

在 G - 2 - 8 - 4.12.2 关于"会晤地点和参加人"中规定，……申请人委托了专利代理机构的，会晤必须有代理师参加……。据此可知，选项 D 的说法正确，符合题意。

综上所述，本题答案为 B、C、D。

【13.（2014 - 45）解析】知识点：会晤、电话讨论

在 G - 2 - 8 - 4.12.2 关于"会晤地点和参加人"中规定，会晤应当在专利局指定的地点进行，审查员不得在其他地点同申请人就有关申请的问题进行会晤……。因此，选项 A 所述的"会晤地点可以由申请人选择"的说法是错误的，符合题意。

参见 12.（2018 - 60）解析，根据 G - 2 - 8 - 4.12 关于"会晤"中的规定可知，对于会晤，并不要求只有在发出第一次审查意见通知书之后，才能提出与审查员进行会晤的要求，因此选项 B 的说法错误。

在 G - 2 - 8 - 4.12.3 关于"会晤记录"中规定，会晤结束后，审查员应当填写会晤记录。……会晤记录不能代替申请人的正式书面答复或者修改。即使在会晤中，双方就如何修改申请达成了一致的意见，申请人也必须重新提交正式的修改文件，审查员不能代为修改……。根据上述规定，申请人（或者代理师）签字或盖章的会晤记录不能代替申请人的正式书面答复或者修改，因此选项 C 的说法错误，符合题意。

在 G - 2 - 8 - 4.13 关于"电话讨论及其他方式"中规定，在实质审查过程中，审查员与申请人可以就发明和现有技术的理解、申请文件中存在的问题等进行电话讨论，也可以通过视频会议、电子邮件等其他方式与申请人进行讨论。必要时，审查员应当记录讨论的内容，并将其存入申请文档……。根据上述规定，电话讨论不仅仅限于适用于解决次要的且不会引起误解的形式方面的缺陷所涉及的问题。故选项 D 的说法是错误的。（注意：在之前的《专利审查指南》中确实有选项 D 中所述的要求，但随着《专利审查指南》的修改，该限制已不存在，故选项 D 不再正确而是错误的。）

综上所述，本题答案为 A、B、C、D。

【14.（2011 - 63）解析】知识点：会晤

参照 12.（2018 - 60）的解析。根据 G - 2 - 8 - 4.12 关于"会晤"规定可知，对于会晤并不要求只有在发出第一次审查意见通知书之后，才能提出与审查员进行会晤的要求，因此选项 A 的说法错误，不符合题意。当然，申请人可以在答复审查意见通知书（如第二次审查意见通知书）的同时，提出与审查员进行会晤的要求，即选项 B 的说法正确，符合题意。

根据 G - 2 - 8 - 4.12.2 关于"会晤地点和参加人"规定可知，……申请人委托了专利代理机构的，会晤必须有代理师参加。……在委托代理机构的情况下，申请人可以与代理师一起参加会晤……。题中由于姜某委托了专利代理机构，且代理机构指派专利代理师杨某负责代理工作，因此专利代理师杨某必须参加会晤，即选项 C 的说法正确，符合题意；而申请人姜某可以参加会晤，但不是必须要参加的，即选项 D 的说法错误，不符合题意。

综上所述，本题答案为 B、C。

【15.（2011 - 71）解析】知识点：取证和现场调查

在 G - 2 - 8 - 4.14 关于"取证和现场调查"中规定，一般说来，在实质审查程序中审查员不必要求申请人提供证

据，因为审查员的主要职责是向申请人指出申请不符合《专利法》及《专利法实施细则》规定的问题。如果申请人不同意审查员的意见，那么，由申请人决定是否提供证据来支持其主张。如果申请人决定提供证据，审查员应当给予申请人一个适当的机会，使其能提供任何可能有关的证据，除非审查员确信提供证据也达不到有益的目的。申请人提供的证据可以是书面文件或者实物模型。例如，申请人提供有关发明的技术优点方面的资料，以证明其申请具有创造性；又如，申请人提供实物模型进行演示，以证明其申请具有实用性等。如果某些申请中的问题，需要审查员到现场调查方能得到解决，则应当由申请人提出要求，经负责审查该申请的实质审查部的部长批准后，审查员方可去现场调查。调查所需的费用由专利局承担。

根据上述规定可知，选项 A 的说法与上述规定第一句话一致，是正确的。而由于申请人提供的证据可以是书面文件，也可以是实物模型，故选项 B 中所述不能是实物模型的说法错误。选项 C 与上述规定一致，故是正确的。由于调查所需的费用由专利局承担，故选项 D 的说法错误。

综上所述，本题答案为 A、C。

【16.（2012－97）解析】知识点：驳回的种类

R59 规定："依照专利法第三十八条的规定，发明专利申请经实质审查应当予以驳回的情形是指：（一）申请属于专利法第五条、第二十五条规定的情形，或者依照专利法第九条规定不能取得专利权的；（二）申请不符合专利法第二条第二款、第十九条第一款、第二十二条、第二十六条第三款、第二十六条第四款、第二十六条第五款、第三十一条第一款或者本细则第十一条、第二十三条第二款规定的；（三）申请的修改不符合专利法第三十三条规定，或者分案的申请不符合本细则第四十九条第一款的规定的。"

根据 A26.4 的规定，权利要求书应当以说明书为依据，清楚、简要地限定要求专利保护的范围。即选项 A 所述的"权利要求未以说明书为依据"即涉及不符合《专利法》第二十六条第四款的规定，属于驳回的情形。根据 R49.1 的规定，依照细则第四十八条规定提出的分案申请，可以保留原申请日，享有优先权的，可以保留优先权日，但是不得超出原申请记载的范围。选项 B 所述的"分案申请超出原说明书和权利要求书记载的范围"，即涉及不符合《专利实施细则》第四十九条第一款的规定，属于驳回的情形。根据 A19.1 的规定，任何单位或者个人将在中国完成的发明或者实用新型向外国申请专利的，应当事先报经国务院专利行政部门进行保密审查……。选项 C 中，由于专利申请所涉及的发明在中国完成，而向外国申请专利前未报经国家知识产权局进行保密审查，因此不符合《专利法》第十九条第一款的规定，属于驳回的情形。

根据 A26.5 的规定，依赖遗传资源完成的发明创造，申请人应当在专利申请文件中说明该遗传资源的直接来源和原始来源；申请人无法说明原始来源的，应当陈述理由。选项 D 中，由于专利申请是依赖遗传资源完成的发明创造，申请人在专利申请文件中没有说明该遗传资源的直接来源，则不符合《专利法》第二十六条第五款的规定，属于驳回的情形。

综上所述，本题答案为 A、B、C、D。

（三）总体考点分析

本部分涉及发明实质审查程序相关知识，具体包括：（1）实质审查请求：期限、手续。（2）实质审查程序中的基本原则：请求原则、听证原则、程序节约原则；（3）实质审查：审查的文本、对缺乏单一性申请的处理、优先权的核实、全面审查和不全面审查的情况，以及对公众意见的处理、审查意见通知书、会晤、电话讨论、取证和现场调查；（4）驳回决定和授权通知：驳回申请的条件、驳回的种类、驳回决定的组成，以及发出授权通知的条件；（5）实审程序的终止、中止和恢复。

高频结论

✓ 实质审查程序中的基本原则包括：（1）请求原则；（2）听证原则；（3）程序节约原则。但不包括公平原则。

✓ 发明专利申请自申请日（有优先权的，指优先权日）起三年内，国务院专利行政部门可以根据申请人随时提出的请求，对其申请进行实质审查；申请人无正当理由逾期不请求实质审查的，该申请即被视为撤回。

✓ 国务院专利行政部门认为必要的时候，可以自行对发明专利申请进行实质审查。因此，并不是只有申请人才能启动实质审查程序。

✓ 申请人已在规定期限内提交了"实质审查请求书"并缴纳了实质审查费，但实质审查请求书的形式仍不符合规定的，审查员可以发出"视为未提出通知书"；如果期限届满前通知书已经发出，则审查员应当发出"办理手续补正通知书"，通知申请人在规定期限内补正；期满未补正或者补正后仍不符合规定的，审查员应当发出"视为未提出通知书"。

　　✓　发明专利申请人在提出实质审查请求时以及在收到国务院专利行政部门发出的"发明专利申请进入实质审查阶段通知书"之日起的3个月内，可以对发明专利申请主动提出修改。

　　✓　申请人在规定的主动修改时机内多次对申请文件进行了主动修改的，应当以最后一次提交的申请文件为审查文本。申请人在上述规定以外的时间对申请文件进行的主动修改，一般不予接受，其提交的经修改的申请文件，不应作为审查文本。

　　✓　对于发明专利申请，符合主动修改时机的，无论修改的内容是否超出原说明书和权利要求书记载的范围，均应当以申请人提交的经过该主动修改的申请文件作为审查文本。

　　✓　如果申请人进行的修改不符合《专利法实施细则》第五十七条第一款的规定，但审查员在阅读该经修改的文件后认为其消除了原申请文件存在的应当消除的缺陷，又符合《专利法》第三十三条的规定，且在该修改文本的基础上进行审查将有利于节约审查程序，则可以接受该经修改的申请文件作为审查文本。

　　✓　除该申请因存在严重实质性缺陷而无授权前景或者审查员因申请缺乏单一性而暂缓继续审查之外，"第一次审查意见通知书"应当写明审查员对申请的实质方面和形式方面的全部意见。此外，在审查文本不符合《专利法》第三十三条规定的情况下，审查员也可以针对审查文本之外的其他文本提出审查意见，供申请人参考。

　　✓　申请由于不具备新颖性或创造性而不可能被授予专利权的，审查员在通知书正文中，必须对每项权利要求的新颖性或者创造性提出反对意见（不仅对独立权利要求，而且还对其从属权利要求）。

　　✓　为了使申请人尽快地作出符合要求的修改，必要时审查员可以提出修改的建议供申请人修改时参考。

　　✓　自发明专利申请公布之日起至公告授予专利权之日止，任何人均可以对不符合《专利法》规定的专利申请向国务院专利行政部门提出意见，并说明理由（简称"公众意见"）。该意见应当存入该申请文档中供审查员在实质审查时考虑。如果公众的意见是在审查员发出授予专利权的通知之后收到的，就不必考虑（只要发出授权通知书，即使申请人尚未办理专利权登记手续，也不必考虑）。

　　✓　专利局对公众意见的处理情况，不必通知提出意见的公众。

　　✓　审查员还可以在实质审查程序中采用会晤、电话讨论和现场调查等辅助手段。

　　✓　在实质审查过程中，审查员与申请人可以就发明和现有技术的理解、申请文件中存在的问题等进行电话讨论，也可以通过视频会议、电子邮件等其他方式与申请人进行讨论。

　　✓　在实质审查过程中，审查员可以约请申请人会晤，以加快审查程序。申请人亦可以要求会晤，此时，只要通过会晤能达到有益的目的，有利于澄清问题、消除分歧、促进理解，审查员就应当同意申请人提出的会晤要求。某些情况下，审查员可以拒绝会晤要求，例如，通过书面方式、电话讨论等，双方意见已经表达充分、相关事实认定清楚的。

　　✓　除非另有声明或者委托了代理机构，共有专利申请的单位或者个人都应当参加会晤。

　　✓　申请人委托了专利代理机构的，会晤必须有代理师参加。

　　✓　会晤应当在专利局指定的地点进行，审查员不得在其他地点同申请人就有关申请的问题进行会晤。

　　✓　会晤结束后，审查员应当填写会晤记录。会晤记录不能代替申请人的正式书面答复或者修改。即使在会晤中，双方就如何修改申请达成了一致的意见，申请人也必须重新提交正式的修改文件，审查员不能代为修改。

　　✓　一般说来，在实质审查程序中审查员不必要求申请人提供证据。

　　✓　申请人提供的证据可以是书面文件，也可以是实物模型。

　　✓　如果某些申请中的问题，需要审查员到现场调查方能得到解决，则应当由申请人提出要求，经负责审查该申请的实质审查部的部长批准后，审查员方可去现场调查。调查所需的费用由专利局承担。

　　✓　依照《专利法》第三十八条的规定，发明专利申请经实质审查应当予以驳回的情形是指：（1）申请属于《专利法》第五条、第二十五条规定的情形，或者依照《专利法》第九条规定不能取得专利权的；（2）申请不符合《专利法》第二条第二款、第十九条第一款、第二十二条、第二十六条第三款、第二十六条第四款、第二十六条第五款、第三十一条第一款或者该细则第十一条、第二十三条第二款规定的；（3）申请的修改不符合《专利法》第三十三条规定，或者分案的申请不符合《专利法实施细则》第四十三条第一款的规定的。

（四）参考答案

1. D	2. A、C、D	3. A	4. A、B、C	5. B
6. A、B、C、D	7. C	8. B、C	9. B、C	10. D
11. B、D	12. B、C、D	13. A、B、C、D	14. B、C	15. A、C
16. A、B、C、D				

五、审查意见的答复

（一）历年试题集合

1.（2016－63）关于针对审查意见通知书的答复，下列说法正确的是？

A. 电子申请的申请人仍可以采用纸件形式提交答复意见

B. 申请人因正当理由难以在指定期限内作出答复的，可以在期限届满前提出不超过两个月的延期请求

C. 直接提交给审查员的答复文件不视为正式答复，不具备法律效力

D. 申请人有两个以上且委托了专利代理机构的，提交答复意见时可以仅由代表人签字

【你的答案】

【选错记录】

2.（2015－73）下列关于申请人答复审查意见通知书的说法哪些是正确的？

A. 申请人可以仅仅陈述意见，也可以修改申请文件

B. 申请人可以在答复期限届满后提出延长答复期限的请求

C. 申请人直接提交给审查员的答复文件不具备法律效力

D. 答复第一次审查意见通知书的期限是四个月

【你的答案】

【选错记录】

3.（2014－9）下列关于答复审查意见通知书的说法哪个是正确的？

A. 申请人可以通过电子邮件的方式答复审查意见通知书

B. 申请人可以将意见陈述书直接寄给审查其申请的审查员

C. 申请人委托了专利代理机构的，仍然可以自行答复审查意见通知书

D. 申请人未委托专利代理机构的，其提交的意见陈述书应当有申请人的签字或者盖章

【你的答案】

【选错记录】

4.（2013－75）赵某和李某自行提交了一件发明专利申请，赵某是该申请的代表人。2009 年 6 月 16 日赵某收到了发文日为 2009 年 6 月 11 日的第一次审查意见通知书。下列说法哪些是正确的？

A. 赵某和李某应当在 2009 年 10 月 26 日前答复该审查意见通知书

B. 对审查意见通知书的答复可以仅由赵某签字

C. 对审查意见通知书的答复可以仅仅是意见陈述书

D. 对审查意见通知书的答复可以直接提交给审查员

【你的答案】

【选错记录】

5.（2010－43）在实质审查期间，国家知识产权局发出的审查意见通知书指出，专利申请未充分公开权利要求中要求保护的技术方案。申请人可以采取下列哪些答复方式？

A. 在意见陈述书中指出，上述未充分公开的内容属于本领域的公知常识，因此无须写入专利申请文件，并随附了证明上述内容为申请日前公知常识的证据

B. 在意见陈述书中指出，原申请文件不存在上述未充分公开的缺陷，并说明了理由

C. 将仅记载在原说明书摘要中的内容补入说明书的文字部分，并说明了理由

D. 在意见陈述书中指出，未充分公开的内容已记载在原说明书背景技术部分所引用的申请日前已公开的文献中

【你的答案】

【选错记录】

6.（2013-55）申请人在答复审查意见通知书时所进行的下列哪些修改可以被接受？

A. 主动增加新的独立权利要求，该独立权利要求限定的技术方案在原权利要求书中未出现过

B. 删除一项权利要求中的并列技术方案

C. 将独立权利要求相对于最接近的现有技术正确划界

D. 修改通知书中未指出的多项从属权利要求引用多项权利要求的缺陷

【你的答案】
_____
【选错记录】
_____

7.（2012-55）在下列哪些情况下，申请人在答复审查意见通知书时所作的修改即使没有超出原说明书和权利要求书记载的范围，也不能被视为是针对通知书指出的缺陷进行的修改？

A. 主动删除独立权利要求中的技术特征，扩大了该权利要求请求保护的范围

B. 主动改变独立权利要求中的技术特征，导致扩大了请求保护的范围

C. 主动将仅在说明书中记载的与原来要求保护的主题缺乏单一性的技术内容作为修改后的权利要求的主题

D. 主动增加新的从属权利要求，该从属权利要求限定的技术方案在原权利要求书中未出现过

【你的答案】
_____
【选错记录】
_____

8.（2011-80）在答复审查意见通知书时，下列哪些修改即使没有超出原说明书和权利要求书记载的范围，也不符合相关规定？

A. 主动将独立权利要求中的"一种用于汽车的供油装置"修改为"一种供油装置"

B. 主动将独立权利要求中的技术特征"螺栓连接"修改为"固定连接"

C. 主动将独立权利要求中的技术特征"弹性部件"修改为"弹簧件"

D. 主动删除一项从属权利要求

【你的答案】
_____
【选错记录】
_____

9.（2012-15）下列关于申请人对审查意见通知书答复的哪种说法是正确的？

A. 申请人为单位，且未委托专利代理机构的，其答复应当加盖公章并应当有发明人的签字或者盖章

B. 申请人为单位，但委托了专利代理机构的，其答复应当由其所委托的专利代理机构盖章，并由委托书中指定的专利代理师签字或者盖章

C. 申请人为个人，且未委托专利代理机构的，其答复只需要由联系人签字或者盖章

D. 申请人为个人，但委托了专利代理机构的，其答复只需要委托书中指定的专利代理师签字或者盖章

【你的答案】
_____
【选错记录】
_____

10.（2011-37）下列关于专利申请人针对审查意见通知书提交的答复的说法哪些是正确的？

A. 申请人有两个以上且未委托专利代理机构的，其答复可以由代表人签字或者盖章

B. 申请人有两个以上且未委托专利代理机构的，其答复必须由全部申请人签字或者盖章

C. 申请人是单位的，无论是否委托专利代理机构，其答复必须加盖该单位的公章

D. 申请人委托了专利代理机构的，其答复应当由申请人及其所委托的专利代理机构签字或者盖章

【你的答案】
_____
【选错记录】
_____

（二）参考答案解析

【1.（2016-63）解析】知识点：审查意见通知书的答复

根据《关于专利电子申请的规定》第七条的规定，申请人办理专利电子申请各种手续的，应当以电子文件形式提交相关文件。根据上述规定可知，电子申请的申请人应当以电子文件形式，而不能再采用非纸件形式提交答复意见，故选项A的说法错误，不符合题意。

在G-1-1-3.4关于"通知书的答复"中规定，……申请人因正当理由难以在指定的期限内作出答复的，可以提出延长期限请求……。在G-5-7-4.2关于"延长期限请求的批准"中规定，延长期限请求由作出相应通知和决定的部门或者流程管理部门进行审批。延长的期限不足一个月的，以一个月计算。延长的期限不得超过两个月。对同一通知或者决定中指定的期限一般只允许延长一次……。根据上述规定，可以在期限届满前提出不超过两个月的延期请求，即选项B的说法正确，符合题意。

在G-2-8-5.1.1关于"答复的方式"中规定，……申请人的答复应当提交给专利局受理部门。直接提交给审查

员的答复文件或征询意见的信件不视为正式答复，不具备法律效力。因此，选项C的说法正确，符合题意。

在G－2－8－5.1.2关于"答复的签署"中规定可知，申请人未委托专利代理机构的，其提交的意见陈述书或者补正书，应当有申请人的签字或者盖章；申请人是单位的，应当加盖公章；申请人有两个以上的，可以由其代表人签字或者盖章。申请人委托了专利代理机构的，其答复应当由其所委托的专利代理机构盖章，并由委托书中指定的专利代理师签字或者盖章……。根据上述规定，申请人有两个以上且委托了专利代理机构的，提交答复意见时由其所委托的专利代理机构盖章，并由委托书中指定的专利代理师签字或者盖章，并不要求代表人签字（当然不能仅由代表人签字），因此选项D的说法错误，不符合题意。

综上所述，本题答案为B、C。

【2.（2015－73）解析】知识点：审查意见通知书的答复

在G－2－8－5.1关于"答复"中规定，对专利局发出的审查意见通知书，申请人应当在通知书指定的期限内作出答复。申请人的答复可以仅仅是意见陈述书，也可以进一步包括经修改的申请文件（替换页和/或补正书）……。因此，申请人答复审查意见通知书时可以仅仅陈述意见，也可以修改申请文件，即选项A的说法正确，符合题意。

在G－5－7－4.1关于"延长期限请求"中规定，……请求延长期限的，应当在期限届满前提交延长期限请求书，说明理由……。选项B所述的"在答复期限届满后可以提出延长答复期限的请求"不符合上述规定，即选项B的说法错误，不符合题意。

在G－2－8－5.1.1关于"答复的方式"中规定，……申请人的答复应当提交给专利局受理部门。直接提交给审查员的答复文件或征询意见的信件不视为正式答复，不具备法律效力。故选项C的说法正确，符合题意。

在G－5－7－1.2关于"指定期限"中规定，……指定期限一般为两个月。发明专利申请的实质审查程序中，申请人答复第一次审查意见通知书的期限为四个月……。因此，选项D的说法正确，符合题意。

综上所述，本题答案为A、C、D。

【3.（2014－9）解析】知识点：审查意见通知书的答复

在G－5－1－2关于"办理专利申请手续的形式"中规定，……以口头、电话、实物、传真、电子邮件等形式办理的，均视为未提出，不产生法律效力。由此可知，不能通过电子邮件的方式答复审查意见通知书，即选项A的说法错误，不符合题意。注意，G－2－8－4.13关于"电话讨论及其他方式"中规定，在实质审查过程中，审查员与申请人可以就发明和现有技术的理解、申请文件中存在的问题等进行电话讨论，也可以通过视频会议、电子邮件等其他方式与申请人进行讨论。必要时，审查员应当记录讨论的内容，并将其存入申请文档。但此处规定，申请人可以电子邮件与审查员进行讨论，但并不能作为对审查意见通知书的正式答复。

在G－2－8－5.1.1关于"答复的方式"中规定，……申请人的答复应当提交给专利局受理部门。直接提交给审查员的答复文件或征询意见的信件不视为正式答复，不具备法律效力。由此可知，申请人将意见陈述书直接寄给审查其申请的审查员不视为正式答复，即选项B的说法错误，不符合题意。

参见1.（2016－63）选项D的解析，根据G－2－8－5.1.2关于"答复的签署"规定可知，申请人委托了专利代理机构的，答复审查意见通知书时应由专利代理机构盖章，申请人不能自行答复审查意见通知书（除非解除或辞去委托），故选项C的说法错误，不符合题意；由该规定可知，申请人未委托专利代理机构的，其提交的意见陈述书或者补正书，应当有申请人的签字或者盖章，即选项D的说法与上述规定相符，其说法是正确的，符合题意。

综上所述，本题答案为D。

【4.（2013－75）解析】知识点：审查意见通知书的答复（期限、答复的方式、答复的签署）

根据R4.4的规定，国务院专利行政部门邮寄的各种文件，自文件发出之日起满15日，推定为当事人收到文件之日。题中，第一次审查意见通知书的发文日是2009年6月11日，故推定申请人收到日为2009年6月26日。进一步地，根据G－2－8－4.10.3关于"答复期限"中的规定可知，……答复第一次审查意见通知书的期限为四个月。根据上述规定，赵某和李某应当在2009年6月26日起的四个月内即于2009年10月26日前答复该审查意见通知书，故选项A的说法正确，符合题意。

根据G－2－8－5.1.2关于"答复的签署"中的规定可知，申请人未委托专利代理机构的，其提交的意见陈述书或者补正书，应当有申请人的签字或者盖章……可以由其代表人签字或者盖章……。题中由于没有委托代理机构，而赵某是代表人，因此审查意见通知书的答复可以仅由赵某签字即可，选项B的说法正确，符合题意。

根据G－2－8－5.1关于"答复"中的规定可知，……申请人的答复可以仅仅是意见陈述书，也可以进一步包括经修改的申请文件（替换页和/或补正书）……。由此可知，选项C的说法正确，符合题意。

根据G－2－8－5.1.1关于"答复的方式"中的规定可知，……申请人的答复应当提交给专利局受理部门。直接提交给审查员的答复文件或征询意见的信件不视为正式答复，不具备法律效力。由此可知，选项D的说法是错误的，不符合题意。

综上所述，本题答案为 A、B、C。

【5.（2010－43）解析】知识点：审查意见通知书的答复；相关知识点：不允许的修改

在 G－2－8－5.1 关于"答复"中规定，……申请人的答复可以仅仅是意见陈述书，也可以进一步包括经修改的申请文件（替换页和/或补正书）。申请人在其答复中对审查意见通知书中的审查意见提出反对意见或者对申请文件进行修改时，应当在其意见陈述书中详细陈述其具体意见，或者对修改内容是否符合相关规定以及如何克服原申请文件存在的缺陷予以说明……。根据上述规定，选项 A、B 和 D 是在其答复中对审查意见提出反对意见，并且在其意见陈述书中详细陈述了具体意见（选项 A 还提供了证据，也是正常的做法），符合上述规定的答复方式，即选项 A、B、D 符合题意。

在 G－2－2－2.4 关于"说明书摘要"中规定，……摘要的内容不属于发明或者实用新型原始记载的内容，不能作为以后修改说明书或者权利要求书的根据，也不能用来解释专利权的保护范围。因此，选项 C 将仅记载在原说明书摘要中的内容补入说明书的文字部分，显然不符合《专利法》第三十三条的规定，因此所述答复方式不符合相关规定，因而不符合题意。

综上所述，本题答案为 A、B、D。

【6.（2013－55）解析】知识点：被动修改

在 G－2－8－5.2.1.3 关于"答复审查意见通知书时的修改方式"中规定，……当出现下列情况时，即使修改的内容没有超出原说明书和权利要求书记载的范围，也不能被视为是针对通知书指出的缺陷进行的修改，因而不予接受。（1）主动删除独立权利要求中的技术特征，扩大了该权利要求请求保护的范围……。（2）主动改变独立权利要求中的技术特征，导致扩大了请求保护的范围……。（3）主动将仅在说明书中记载的与原来要求保护的主题缺乏单一性的技术内容作为修改后权利要求的主题……。（4）主动增加新的独立权利要求，该独立权利要求限定的技术方案在原权利要求书中未出现过……。（5）主动增加新的从属权利要求，该从属权利要求限定的技术方案在原权利要求书中未出现过……。根据上述规定，选项 A 所述的修改属于上述第（4）种情形，不能被接受，不符合题意。

在 G－2－8－5.2.2.1 关于"对权利要求书的修改"中规定，……（4）删除一项或多项权利要求，以克服原第一独立权利要求和并列的独立权利要求之间缺乏单一性，或者两项权利要求具有相同的保护范围而使权利要求书不简要，或者权利要求未以说明书为依据等缺陷，这样的修改不会超出原权利要求书和说明书记载的范围，因此是允许的……。因此，选项 B 中删除一项权利要求中的并列技术方案的修改可以被接受，符合题意。

在 G－2－8－5.2.2.1 关于"对权利要求书的修改"中规定，……将独立权利要求相对于最接近的现有技术正确划界。这样的修改不会超出原权利要求书和说明书记载的范围，因此是允许的……。选项 C 的修改属于这种情形可以被接受，符合题意。

在 G－2－8－5.2.2.1 关于"对权利要求书的修改"中规定，……（6）修改从属权利要求的引用部分，改正引用关系上的错误，使其准确地反映原说明书中所记载的实施方式或实施例。这样的修改不会超出原权利要求书和说明书记载的范围，因此是允许的……。选项 D 中，为克服多项从属权利要求引用多项权利要求的缺陷而进行的修改，明显不会超出原权利要求书和说明书记载的范围，可以被接受，即选项 D 符合题意。

综上所述，本题答案为 B、C、D。

【7.（2012－55）解析】知识点：被动修改

参见 6.（2013－55）选项 A 的解析，根据 G－2－8－5.2.1.3 关于"答复审查意见通知书时的修改方式"中规定的五种不予接受的情形，选项 A、B、C、D 所述的修改相对于上述规定中的第（1）、（2）、（3）及（5）种情形，不能被视为是针对通知书指出的缺陷进行的修改，符合题意。

综上所述，本题答案为 A、B、C、D。

【8.（2011－80）解析】知识点：被动修改

参见 6.（2013－55）选项 A 的解析，依据是 G－2－8－5.2.1.3 关于"答复审查意见通知书时的修改方式"中规定的五种不予接受的情形。

选项 A 中，将"一种用于汽车的供油装置"修改为"一种供油装置"，由具体的概念修改为上位概念，保护范围扩大，属于上述规定中第（2）种情形"主动改变独立权利要求中的技术特征，导致扩大了请求保护范围"，因此该修改不符合相关规定，即选项 A 符合题意。

选项 B 中，将"螺栓连接"修改为"固定连接"，也是将下位概念修改为上位概念而扩大了保护范围，类似的所述修改也不符合相关规定，即选项 B 符合题意。

选项 C 中，将"弹性部件"修改为"弹簧件"，是将上位概念修改为下位概念，缩小了请求保护的范围，而且根据题干假设这种修改没有超出原说明书和权利要求书记载的范围，对于这种保护范围缩小并符合《专利法》第三十三条规定的修改，通常有利于审查的进程，视为针对通知书指出的缺陷进行的修改，因而符合相关规定，即选项 C 不符合题意。

选项 D 中，主动删除一项从属权利要求，这种修改不会导致出现新的缺陷因而有利于审查进程，这种修改可以被视为是针对通知书指出的缺陷进行的修改，故该种修改符合相关规定，即选项 D 不符合题意。

综上所述，本题答案为 A、B。

【9.（2012-15）解析】知识点：答复的签署

根据 G-2-8-5.1.2 关于"答复的签署"中的规定可知，申请人未委托专利代理机构的，其提交的意见陈述书或者补正书，应当有申请人的签字或者盖章；申请人是单位的，应当加盖公章；申请人有两个以上的，可以由其代表人签字或者盖章。申请人委托了专利代理机构的，其答复应当由其所委托的专利代理机构盖章，并由委托书中指定的专利代理师签字或者盖章。专利代理师变更之后，由变更后的专利代理师签字或者盖章……。

由此可知，选项 A 中的"应当有发明人的签字或者盖章"要求不符合上述规定，故其说法是错误的，不符合题意。选项 B 的说法与上述规定相符，故其说法是正确的，符合题意。注意申请人虽然是单位，但由于委托专利代理机构，因此也不必再由申请人盖章。选项 C 中的"答复只需要由联系人签字或者盖章"，不符合上述规定，应当由申请人签字或者盖章，故选项 C 的说法错误，不符合题意。选项 D 中的"答复只需要委托书中指定的专利代理师签字或者盖章"不符合上述规定，正确的做法是答复由其所委托的专利代理机构盖章，并由委托书中指定的专利代理师签字或者盖章，因此选项 D 的说法错误，不符合题意。

综上所述，本题答案为 B。

【10.（2011-37）解析】知识点：答复的签署

参见 9.（2012-15）解析。根据 G-2-8-5.1.2 关于"答复的签署"的规定可知，选项 A 和 B 中，由于申请人有两个以上且未委托专利代理机构的，故其答复可以由代表人签字或者盖章，而不必由全部申请人签字或者盖章，故选项 A 的说法是正确的，符合题意。选项 B 的说法是错误的，不符合题意。选项 C 中，如果申请人是单位，且委托了专利代理机构，则不是必须要加盖单位的公章，只需专利代理机构盖章即可，故选项 C 的说法错误，不符合题意。基于类似的理由，选项 D 中，委托了专利代理机构，答复不必由申请人签字或盖章，故选项 D 的说法也是错误的，不符合题意。

综上所述，本题答案为 A。

（三）总体考点分析

本部分涉及专利申请审查意见的答复，包括答复的期限、答复的方式、答复的签署、答复时修改的方式。

高频结论

√　对专利局发出的审查意见通知书，申请人应当在通知书指定的期限内作出答复。申请人的答复可以仅仅是意见陈述书，也可以进一步包括经修改的申请文件（替换页和/或补正书）。

√　在答复审查意见通知书时，对申请文件进行修改的，应当针对通知书指出的缺陷进行修改。如果修改的方式不符合《专利法实施细则》第五十七条第三款的规定，则这样的修改文本一般不予接受。然而，对于虽然修改的方式不符合《专利法实施细则》第五十七条第三款的规定，但其内容与范围满足《专利法》第三十三条要求的修改，只要经修改的文件消除了原申请文件存在的缺陷，并且具有被授权的前景，这种修改就可以被视为是针对通知书指出的缺陷进行的修改，因而经此修改的申请文件可以接受。

√　当出现下列五种情况时，即使修改的内容没有超出原说明书和权利要求书记载的范围，也不能被视为是针对通知书指出的缺陷进行的修改，因而不予接受：（1）主动删除独立权利要求中的技术特征，扩大了该权利要求请求保护的范围。（2）主动改变独立权利要求中的技术特征，导致扩大了请求保护的范围。（3）主动将仅在说明书中记载的与原来要求保护的主题缺乏单一性的技术内容作为修改后权利要求的主题。（4）主动增加新的独立权利要求，该独立权利要求限定的技术方案在原权利要求书中未出现过。（5）主动增加新的从属权利要求，该从属权利要求限定的技术方案在原权利要求书中未出现过。

√　申请人的答复应当提交给专利局受理部门。直接提交给审查员的答复文件或征询意见的信件不视为正式答复，不具备法律效力。

✓ 以口头、电话、实物、传真、电子邮件等形式办理，均视为未提出，不产生法律效力。由此可知，不能通过上述方式答复审查意见通知书。

✓ 指定期限一般为两个月。但发明专利申请的实质审查程序中，申请人答复"第一次审查意见通知书"的期限为四个月。

✓ 申请人未委托专利代理机构的，其提交的意见陈述书或者补正书，应当有申请人的签字或者盖章；申请人是单位的，应当加盖公章；申请人有两个以上的，可以由其代表人签字或者盖章。

✓ 申请人委托了专利代理机构的，答复审查意见通知书时应由专利代理机构盖章，而申请人不能自行答复审查意见通知书（除非解除委托之后）。

（四）参考答案

1. B、C	2. A、C、D	3. D	4. A、B、C	5. A、B、D
6. B、C、D	7. A、B、C、D	8. A、B	9. B	10. A

六、申请文件的修改

（一）历年试题集合

1. (2017－77)关于实质审查程序中的主动修改时机，以下说法错误的是？

A. 申请人在提出实质审查请求时，可以对发明专利申请进行主动修改

B. 申请人在收到国务院专利行政部门发出的发明专利申请进入实质审查阶段通知书之日起的四个月内，可以对发明专利申请进行主动修改

C. 申请人在发明专利申请授权前，都可以对发明专利申请进行主动修改

D. 申请人在收到国务院专利行政部门发出的第一次审查意见通知书后，可以对发明专利申请进行主动修改

【你的答案】

【选错记录】

2. (2011－19)申请人于2011年3月1日提出了实质审查请求，国家知识产权局于2011年3月22日发出了进入实质审查程序通知书。申请人在下列哪些日期主动提交修改文件符合相关规定？

A. 2011年3月12日

B. 2011年6月15日

C. 2011年7月6日

D. 2011年7月22日

【你的答案】

【选错记录】

3. (2010－31)申请人于2005年4月1日提出了一件发明专利申请，并于2005年5月1日提交了实质审查请求书。申请人收到国家知识产权局发出2007年1月19日的发明专利申请进入实质审查阶段通知书，其在下列哪些日期提交的修改文件符合主动修改时机的规定？

A. 2005年4月2日

B. 2007年3月1日

C. 2007年4月18日

D. 2007年5月19日

【你的答案】

【选错记录】

4. (2015－21，有适应性修改)下列关于实用新型专利申请的主动修改，哪个说法是正确的？

A. 申请人可以自申请日起两个月内提出主动修改

B. 申请人可以自收到受理通知书之日起三个月内提出主动修改

C. 超出修改期限的修改文件，国家知识产权局一律不予接受

D. 对权利要求书的修改仅限于权利要求的删除、技术方案的删除、权利要求的进一步限定、明显错误

【你的答案】

【选错记录】

的更正

5.（2019－59）下列关于发明专利申请说明书的修改，说法正确的是？

A. 申请人在进行修改时，不可以在申请文件中补入实施方式和实施例以说明在权利要求请求保护的范围内发明能够实施

B. 申请人在进行修改时，不可以在申请文件中补入已记载的反映发明的有益效果数据的标准测量方法

C. 申请人在进行修改时，在文字说明清楚的情况下，为使局部结构清楚可见，允许增加局部放大图

D. 申请人在进行修改时，在不超出原说明书和权利要求书记载的范围的前提下，可以修改发明内容部分中与该发明所解决的技术问题有关的内容，使其与要求保护的主题相适应

【你的答案】

【选错记录】

6.（2017－83）申请人在提出实质审查请求时对申请文件作出的以下哪些修改是不被允许的？

A. 在说明书中补入所属技术领域的技术人员不能直接从原始申请中导出的有益效果

B. 在说明书中补入原权利要求书和说明书未记载的实验数据以说明发明的有益效果

C. 将仅在摘要中记载的技术方案补入说明书中

D. 将原附图中的公知技术附图更换为最接近现有技术的附图

【你的答案】

【选错记录】

7.（2016－61）关于申请人对发明专利申请的修改，以下说法哪些是正确的？

A. 在提出实质审查请求时，以及收到发明申请进入实质审查阶段通知书之日起三个月内，申请人可以对发明专利申请主动提出修改

B. 主动修改时，可以扩大原权利要求请求保护的范围，但不能超出原说明书及权利要求书的记载范围

C. 在答复审查意见通知书时对申请文件进行修改的，通常只能针对通知书指出的缺陷进行修改

D. 答复审查意见通知书时对申请文件进行修改的，只要修改文本未超出原说明书及权利要求书的记载范围均应当被接受

【你的答案】

【选错记录】

8.（2015－72）&（2012－76）下列关于说明书附图的修改，哪些未超出原说明书和权利要求书记载的范围？

A. 增加的内容是通过测量附图得出的尺寸参数技术特征

B. 将记载于优先权文件中但未记载在本申请中的附图追加至本申请中

C. 将说明书附图中的文字注释删除，并增补到说明书中

D. 在文字说明清楚的情况下，为使局部结构清楚起见，增加局部放大图

【你的答案】

【选错记录】

9.（2011－53，有适应性修改）下列对专利申请说明书的修改哪些符合相关规定？

A. 将发明名称的字数由于 75 个缩减到 65 个字

B. 补充实验数据以说明发明的有益效果

C. 补入实施方式和实施例以说明在权利要求请求保护的范围内发明能够实施

D. 申请文件中有附图但缺少附图说明，将所缺附图说明补入说明书中

【你的答案】

【选错记录】

10.（2018－61）以下哪些情况属于不允许的修改？

A. 原申请文件仅记载了弹簧，将其修改为原申请说明书或权利要求书中未记载的"弹性部件"

B. 原申请文件仅记载了较高的温度，将其修改为原申请说明书或权利要求书中未记载的"大于200℃"

C. 将说明书中对某一技术特征的具体描述补充到权利要求对应的技术特征部分中

D. 将不同实施例的内容进行组合得到没有记载在原申请文件的新技术方案

【你的答案】

【选错记录】

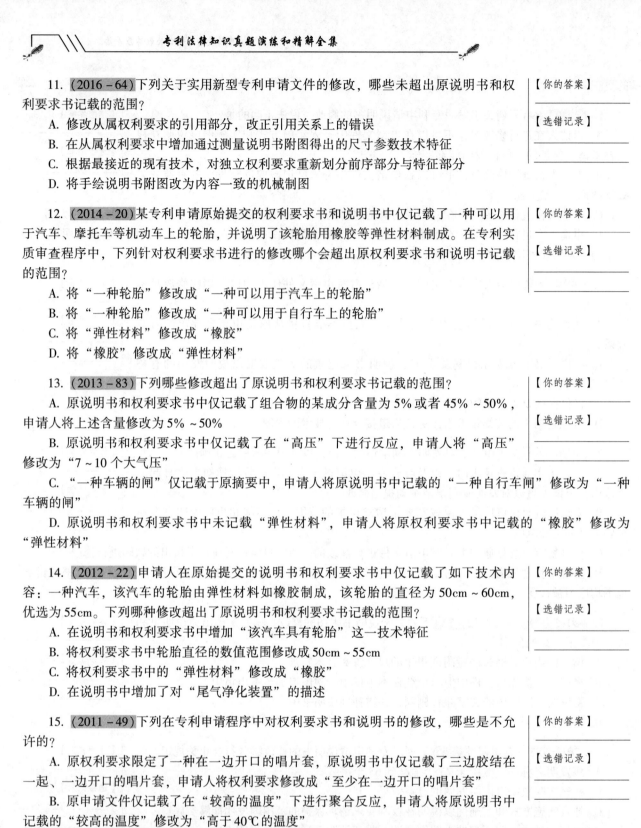

11. （2016－64）下列关于实用新型专利申请文件的修改，哪些未超出原说明书和权利要求书记载的范围？

【你的答案】

A. 修改从属权利要求的引用部分，改正引用关系上的错误

【选错记录】

B. 在从属权利要求中增加通过测量说明书附图得出的尺寸参数技术特征

C. 根据最接近的现有技术，对独立权利要求重新划分前序部分与特征部分

D. 将手绘说明书附图改为内容一致的机械制图

12. （2014－20）某专利申请原始提交的权利要求书和说明书中仅记载了一种可以用于汽车、摩托车等机动车上的轮胎，并说明了该轮胎用橡胶等弹性材料制成。在专利实质审查程序中，下列针对权利要求书进行的修改哪个会超出原权利要求书和说明书记载的范围？

【你的答案】

A. 将"一种轮胎"修改成"一种可以用于汽车上的轮胎"

【选错记录】

B. 将"一种轮胎"修改成"一种可以用于自行车上的轮胎"

C. 将"弹性材料"修改成"橡胶"

D. 将"橡胶"修改成"弹性材料"

13. （2013－83）下列哪些修改超出了原说明书和权利要求书记载的范围？

【你的答案】

A. 原说明书和权利要求书中仅记载了组合物的某成分含量为 5% 或者 45%～50%，申请人将上述含量修改为 5%～50%

【选错记录】

B. 原说明书和权利要求书中仅记载了在"高压"下进行反应，申请人将"高压"修改为"7～10 个大气压"

C. "一种车辆的闸"仅记载于原摘要中，申请人将原说明书中记载的"一种自行车闸"修改为"一种车辆的闸"

D. 原说明书和权利要求书中未记载"弹性材料"，申请人将原权利要求书中记载的"橡胶"修改为"弹性材料"

14. （2012－22）申请人在原始提交的说明书和权利要求书中仅记载了如下技术内容：一种汽车，该汽车的轮胎由弹性材料如橡胶制成，该轮胎的直径为 50cm～60cm，优选为 55cm。下列哪种修改超出了原说明书和权利要求书记载的范围？

【你的答案】

A. 在说明书和权利要求书中增加"该汽车具有轮胎"这一技术特征

【选错记录】

B. 将权利要求书中轮胎直径的数值范围修改成 50cm～55cm

C. 将权利要求书中的"弹性材料"修改成"橡胶"

D. 在说明书中增加了对"尾气净化装置"的描述

15. （2011－49）下列在专利申请程序中对权利要求书和说明书的修改，哪些是不允许的？

【你的答案】

A. 原权利要求限定了一种在一边开口的唱片套，原说明书中仅记载了三边胶结在一起、一边开口的唱片套，申请人将权利要求修改成"至少在一边开口的唱片套"

【选错记录】

B. 原申请文件仅记载了在"较高的温度"下进行聚合反应，申请人将原说明书中记载的"较高的温度"修改为"高于 40℃ 的温度"

C. 原申请文件中限定温度范围为 10℃～300℃，并公开了 100℃ 时的实施例，申请人将原权利要求中记载的 10℃～300℃ 的温度范围修改为 100℃～300℃

D. 原申请文件中记载了"螺旋弹簧支持物"，申请人在说明书中将其修改为"弹性支持物"

16. （2019－65）一件发明专利申请的说明书记载了数值范围 40mm～120mm，说明书附图记载了特定值 80mm、130mm，并且在摘要中公开了特定值 50mm。下列哪些修改是允许的？

【你的答案】

【选错记录】

A. 将权利要求中的数值范围修改成 40mm～80mm

B. 将权利要求中的数值范围修改成 50mm～80mm

C. 将权利要求中的数值范围修改成 80mm～120mm

D. 将权利要求中的数值范围修改成 40mm ~ 130mm

17. （2018 - 62）实审程序中，关于申请文件中数值范围的修改，以下说法错误的是？　【你的答案】

A. 原权利要求中的数值范围是 20 ~ 90，原说明书中还记载了特定数值 40、60、80，可以允许申请人将其修改为 20 ~ 40 或者 60 ~ 80 的数值范围　【选错记录】

B. 原权利要求中的数值范围是 40 ~ 90，原说明书中还记载了特定数值 20、60、80，可以允许申请人将其修改为 20 ~ 60 或者 80 ~ 90 的数值范围

C. 原始文本中记载了数值为 20 和 60 的点值，允许申请人将其修改为 20 ~ 60 的数值范围

D. 原权利要求中记载了 60 ~ 90 的数值范围，原说明书中还记载了特定数值 30，可以允许申请人将其修改成为 30 ~ 90 这一数值范围

18. （2014 - 56）一件发明专利申请的说明书记载了数值范围 20mm ~ 100mm 和特定值 60mm、110mm 并且在说明书摘要中公开了特定值 30mm。下列哪些修改是允许的？　【你的答案】

A. 将权利要求中的数值范围修改成 20mm ~ 60mm　【选错记录】

B. 将权利要求中的数值范围修改成 30mm ~ 60mm

C. 将权利要求中的数值范围修改成 60mm ~ 100mm

D. 将权利要求中的数值范围修改成 20mm ~ 110mm

19. （2013 - 91，文字稍有调整）某权利要求中记载了数值范围 $X = 30 \sim 250$，说明书中还记载了 $X = 30$、100、200、250 的实施例。某对比文件中公开了数值范围 $X = 10 \sim 90$ 和 $X = 30$ 的实施例，该对比文件破坏了该权利要求的新颖性。申请人对该数值范围进行的下列哪些修改既满足了新颖性的要求，又未超出原始申请文件记载的范围？　【你的答案】

A. $X = 100 \sim 250$　【选错记录】

B. $30 \leqslant X \leqslant 200$

C. $X = 200 \sim 250$

D. $X = 95 \sim 250$

20. （2010 - 61）某发明专利申请权利要求的技术方案中温度为 10℃ ~ 100℃，说明书中还记载了特定值 50℃、60℃ 和 90℃。某对比文件公开的技术内容与该技术方案的区别是其所公开的相应的温度范围为 - 10℃ ~ 200℃，该对比文件还公开了该范围内的两个特定值 50℃、60℃。据此，下列对权利要求中温度范围的修改，哪些既符合修改的相关规定又能克服不具备新颖性的缺陷？　【你的答案】

A. 50℃ ~ 90℃　【选错记录】

B. 65℃ ~ 90℃

C. 60℃ ~ 90℃

D. 90℃ ~ 100℃

21. （2018 - 46）申请人对外观设计专利申请文件的下列哪些修改符合《专利法》第三十三条的规定？　【你的答案】

A. 将左视图与右视图的视图名称交换　【选错记录】

B. 将回转体的中心线删除

C. 将 T 恤衫胸前的文字图案与后背的卡通图案交换

D. 将仰视图镜像对称变换，使其与其他视图投影关系对应

22. （2010 - 46）外观设计专利申请的申请人在申请日起两个月内对申请文件提出了主动修改，下列哪些修改是允许的？　【你的答案】

A. 修改明显错误的产品名称　【选错记录】

B. 根据其他视图的表达，将左视图与右视图的视图名称对调

C. 删除简要说明中关于产品内部结构的描述

D. 删除简要说明中关于产品技术效果的描述

23. (2018-9)对于外观设计专利申请，下列哪项不属于审查员可以依职权修改的内容？　　【你的答案】

A. 明显的产品名称错误

B. 申请人在简要说明中指定的最能表明设计要点的图片或者照片明显不恰当　　【选错记录】

C. 简要说明中有宣传用语

D. 相似外观设计申请，申请人在简要说明中未指定基本设计

24. (2014-50)在发出授予专利权的通知书前，允许审查员对准备授权的文本依职权作出下列哪些修改？　　【你的答案】

A. 修改摘要中明显的错误

B. 修改明显不适当的发明名称　　【选错记录】

C. 将权利要求中洗衣机的高度850m修改为本领域技术人员能够确定的850mm

D. 根据说明书的内容，将权利要求中的"氯化纳"修改为"氯化钠"

25. (2012-33)下列哪些内容是审查员可以依职权进行修改的？　　【你的答案】

A. 摘要中的打印错误

B. 权利要求书中的错别字　　【选错记录】

C. 权利要求书中的技术术语

D. 说明书中的语法错误

（二）参考答案解析

【1.(2017-77)解析】知识点：发明专利申请的主动修改时机

根据R57.1的规定，发明专利申请人在提出实质审查请求时以及收到国务院专利行政部门发出的发明专利申请进入实质审查阶段通知书之日起的3个月内，可以对发明专利申请主动提出修改。选项A所述的申请人在提出实质审查请求时，可以对发明专利申请进行主动修改，其说法与上述规定相符，是正确的，即选项A不符合题意。选项B中，所述的"进入实质审查阶段通知书之日起的四个月内"，与上述规定的"3个月内"不符，因此是错误的，符合题意。由于仅有上述两个主动修改的时机，因此选项C所述的"申请人在发明专利申请授权前，都可以对发明专利申请进行主动修改"显然是错误的，符合题意。且上述主动修改的时机也不包括"在收到国务院专利行政部门发出的第一次审查意见通知书后"这一时机，因此选项D的说法是错误的，符合题意。

综上所述，本题答案为B、C、D。

【2.(2011-19)解析】知识点：发明专利申请的主动修改时机

根据R57.1的规定，发明专利申请人在提出实质审查请求时以及在收到国务院专利行政部门发出的发明专利申请进入实质审查阶段通知书之日起的3个月内，可以对发明专利申请主动提出修改。而根据R4.3的规定，国务院专利行政部门邮寄的各种文件，自文件发出之日起满15日，推定为当事人收到文件之日。题中，国家知识产权局2011年3月22日发出了进入实质审查程序通知书，推定为申请人满15日即于2011年4月6日收到该通知书，申请人最迟应当于在推定收到日后的3个月的最后一天（即2011年7月6日）前主动提出修改。选项A的2011年3月12日，既不是申请人提出实质审查请求之时，也不是在收到发明专利申请进入实质审查阶段通知书之日起的3个月之内，因此其该日期提交的主动修改不符合相关规定。选项B的2011年6月15日和选项C的2011年7月6日是在申请人收到发明专利申请进入实质审查阶段通知书之日起的3个月之内，因此该两个日期提出主动修改符合相关规定，符合题意。选项D的2011年7月22日，已经是在申请人收到发明专利申请进入实质审查阶段通知书之日起的3个月之后，即超出了3个月之内的规定，在该日期提交的主动修改不符合相关规定，不符合题意。

综上所述，本题答案为B、C。

【3.(2010-31)解析】知识点：发明专利申请的主动修改的时机

参见1.(2017-77)解析，依据是R57.1的规定。题中，申请人提交实质审查请求书的日期是2005年5月1日，因此申请人可以在这一天同时对其发明专利申请文件进行主动修改，而选项A的2005年4月2日是在提出实质审查请求书之前，故不符合主动修改时机的规定，不符合题意。而申请人收到国家知识产权局发出的发明专利申请进入实质审查阶段通知书的日期是2007年1月19日，则推定15天后申请人收到该通知书（即推定2007年2月3日收到），在此日期起的3个月内即最晚应于2007年5月3日（若遇节假日则顺延至其后的第一个工作日）前提交主动修改文本，而选项B的2007年3月1日，以及选项C的2007年4月18日均处于上述期限之内，其提交的修改文件符合主动修改时机的规定，即选项 B 和 C 符合题意。而选项 D 的 2007 年 5 月 19 日超出了上述期限，即是在收到进入实质审查阶段通知书的 3 个月之后，因此其提交的修改文件不符合主动修改时机的规定，不符合题意。

综上所述，本题答案为 B、C。

【4.（2015 - 21）解析】知识点：实用新型专利申请的主动修改

根据 R57.2 的规定，实用新型或者外观设计专利申请人自申请起 2 个月内，可以对实用新型或者外观设计专利申请主动提出修改。因此，针对实用新型专利申请，申请人可以自申请日起 2 个月内提出主动修改，即选项 A 的说法正确，符合题意。由于针对实用新型专利申请的主动修改时机仅上述规定的一个时机，因此选项 B 所述的"申请人可以自收到受理通知书之日起三个月内提出主动修改"，显然与上述规定不相符，故其说法错误，不符合题意。

在 G - 1 - 2 - 8.1 关于"申请人主动修改"中规定，对于申请人的主动修改，审查员应当首先核对提出修改的日期是否在自申请日起 2 个月内。对于超过 2 个月的修改，如果修改的文件消除了原申请文件存在的缺陷，并且具有被授权的前景，则该修改文件可以接受。由以上规定可知，对于实用新型专利申请而言，申请人主动修改的时机是自申请日起 2 个月内，而对不符合主动修改的时机而作出的修改文件，也并非一律不予接受，如果修改的文件消除了原申请文件存在的缺陷，并且具有被授权的前景，则该修改文件可以接受，故选项 C 所述的"超出修改期限的修改文件，国家知识产权局一律不予接受"的说法过于绝对，是错误的，不符合题意。

对于实用新型专利申请的权利要求书的主动修改，只要其修改符合《专利法》第三十三条的规定，而并不局限于特定的修改方式，即对修改方式并没有进行限制，因此选项 D 的说法错误。注意，选项 D 中所述的修改方式是无效宣告程序对发明或实用新型专利的权利要求书进行修改方式的限制。

综上所述，本题答案为 A。

【5.（2019 - 59）解析】知识点：说明书的修改

在 G - 2 - 8 - 5.2.3.1 关于"不允许的增加"中规定，不能允许的增加内容的修改，包括下述几种。……（6）补入实验数据以说明发明的有益效果，和/或补入实施方式和实施例以说明在权利要求请求保护的范围内发明能够实施。根据上述规定，在申请文件中补入实施方式和实施例以说明在权利要求请求保护的范围内发明能够实施，超出了原说明书和权利要求书记载的范围，因此是不允许的，即选项 A 的说法正确，符合题意。

在 G - 2 - 8 - 5.2.2.2 关于"对说明书及其摘要的修改"中规定，……允许的说明书及其摘要的修改包括下述各种情形……（8）修改最佳实施方式或者实施例。这种修改中允许增加的内容一般限于补入原实施方式或者实施例中具体内容的出处以及已记载的反映发明的有益效果数据的标准测量方法（包括所使用的标准设备、器具）……。根据上述规定，在申请文件中补入已记载的反映发明的有益效果数据的标准测量方法属于上述允许修改的情形，因此选项 B 的说法是错误的，不符合题意。

在 G - 2 - 8 - 5.2.2.2 关于"对说明书及其摘要的修改"中规定，……允许的说明书及其摘要的修改包括下述各种情形（9）修改附图。……在文字说明清楚的情况下，为使局部结构清楚起见，允许增加局部放大图；修改附图的阿拉伯数字编号，使每幅图使用一个编号……。根据上述规定，在文字说明清楚的情况下，为使局部结构清楚可见，允许增加局部放大图，即选项 C 的说法正确，符合题意。

在 G - 2 - 8 - 5.2.2.2 关于"对说明书及其摘要的修改"中规定，……允许的说明书及其摘要的修改包括下述各种情形（4）修改发明内容部分中与该发明所解决的技术问题有关的内容，使其与要求保护的主题相适应，即反映该发明的技术方案相对于最接近的现有技术所解决的技术问题。当然，修改后的内容不应超出原说明书和权利要求书记载的范围……。上述规定的含义是在不超出原说明书和权利要求书记载的范围的前提下，可以修改发明内容部分中与该发明所解决的技术问题有关的内容，使其与要求保护的主题相适应，即选项 D 的说法正确，符合题意。

综上所述，本题答案为 A、C、D。

【6.（2017 - 83）解析】知识点：专利申请文件的修改

在 G - 2 - 8 - 5.2.3.1 关于"不允许的增加"中规定，不能允许的增加内容的修改，包括下述几种。……（5）补入了所属技术领域的技术人员不能直接从原始申请中导出的有益效果。（6）补入实验数据以说明发明的有益效果……（7）增补原说明书中未提及的附图，一般是不允许的；如果增补背景技术的附图，或者将原附图中的公知技术附图更换为最接近现有技术的附图，则应当允许。根据上述规定，选项 A 中在说明书中补入所属技术领域的技术人员不能直接从原始申请中导出的有益效果，相对上述规定的第（5）种情形，故明显是不能允许的，符合题意；选项 B 中在说明书中补入原权利要求书和说明书未记载的实验数据以说明发明的有益效果，相应于上述规定的第（6）种情形，故也不允许，符合题意。选项 D 所述的"将原附图中的公知技术附图更换为最接近现有技术的附图"相对于上述规定第（7）种情形中指出应允许的情形，即选项 D 不符合题意。

在 G - 2 - 2 - 2.4 关于"说明书摘要"中规定，……摘要的内容不属于发明或者实用新型原始记载的内容，不能作为以后修改说明书或者权利要求书的根据……。即说明书摘要不能作为修改的依据，故选项C所述的"将仅在摘要中记载的技术方案补入说明书中"，是不允许的，符合题意。

综上所述，本题答案为A、B、C。

【7.（2016 - 61）解析】知识点：发明专利申请文件的修改

根据R57.1的规定，发明专利申请人在提出实质审查请求时以及在收到国务院专利行政部门发出的发明专利申请进入实质审查阶段通知书之日起的3个月内，可以对发明专利申请主动提出修改。据此可知，选项A的说法正确，符合题意。

R57.1规定了在两个时机可以对发明专利申请进行主动修改，前提条件是符合A33的规定，即不能超出原说明书及权利要求书的记载范围，在此基础上，可以扩大原权利要求请求保护的范围，因此选项B的说法是正确的（注意：在被动修改即针对审查意见通知书的答复时的修改不能扩大保护范围，以及在复审阶段和无效程序阶段对权利要求书的修改都不能扩大保护范围），符合题意。

G - 2 - 8 - 5.2.1.3关于"答复审查意见通知书时的修改方式"中规定，根据《专利法实施细则》第五十七条第三款的规定，在答复审查意见通知书时，对申请文件进行修改的，应当针对通知书指出的缺陷进行修改，如果修改的方式不符合《专利法实施细则》第五十七条第三款的规定，则这样的修改文本一般不予接受。然而，对于虽然修改的方式不符合《专利法实施细则》第五十七条第三款的规定，但其内容与范围满足《专利法》第三十三条要求的修改，只要经修改的文件消除了原申请文件存在的缺陷，并且具有被授权的前景，这种修改就可以被视为是针对通知书指出的缺陷进行的修改，因而经此修改的申请文件可以接受……。

根据上述规定，在答复审查意见通知书时对申请文件进行修改的，应针对通知书指出的缺陷进行修改，但也存在上述规定给出的例外，因此选项C中的表述"在答复审查意见通知书时对申请文件进行修改的，通常只能针对通知书指出的缺陷进行修改"，是正确的，即选项C符合题意。

根据上述规定，针对审查意见通知书的修改，不仅要符合《专利法》第三十三条的规定，而且还要符合《专利法实施细则》第五十七条第三款的规定，即应是针对通知书指出的缺陷进行修改。由此可见，选项D所述的"答复审查意见通知书时对申请文件进行修改的，只要修改文本未超出原说明书及权利要求书的记载范围均应当被接受"的说法不正确，不符合题意。

综上所述，本题答案为A、B、C。

【8.（2015 - 72）&（2012 - 76）解析】知识点：专利申请文件的修改

在G - 2 - 8 - 5.2.3.1关于"不允许的增加"中规定，不能允许的增加内容的修改，包括下述几种。……（3）增加的内容是通过测量附图得出的尺寸参数技术特征……。故选项A所述情形超出了原说明书和权利要求书记载的范围，不符合题意。

在G - 2 - 8 - 5.2.3关于"不允许的修改"中规定，……如果申请的内容通过增加、改变和/或删除其中的一部分，致使所属技术领域的技术人员看到的信息与原申请记载的信息不同，而且又不能从原申请记载的信息中直接地、毫无疑义地确定，那么，这种修改就是不允许的。这里所说的申请内容，是指原说明书（及其附图）和权利要求书记载的内容，不包括任何优先权文件的内容。根据上述规定，将仅记载于优先权文件中但未记载在本申请中的附图追加至本申请中，明显超出原说明书和权利要求书记载的范围，即选项B不符合题意。

在G - 2 - 8 - 5.2.2.2关于"对说明书及其摘要的修改"中规定，……允许的说明书及其摘要的修改包括下述各种情形：（9）修改附图。删除附图中不必要的词语和注释，可将其补入说明书文字部分之中；修改附图中的标记使之与说明书文字部分相一致；在文字说明清楚的情况下，为使局部结构清楚起见，允许增加局部放大图；修改附图的阿拉伯数字编号，使每幅图使用一个编号……。选项C、选项D所述情形是上述规定中所允许修改的，故符合题意。

综上所述，本题答案为C、D。

【9.（2011 - 53）解析】知识点：说明书的修改

在G - 2 - 8 - 5.2.2.2关于"对说明书及其摘要的修改"中规定，……允许的说明书及其摘要的修改包括下述各种情形。（1）修改发明名称，使其准确、简要地反映要求保护的主题的名称。如果独立权利要求的类型包括产品、方法和用途，则这些请求保护的主题都应当在发明名称中反映出来。发明名称应当尽可能简短，一般不得超过25个字，必要时可不受此限，但也不得超过60个字。……（7）修改附图说明。申请文件中有附图，但缺少附图说明的，允许补充所缺的附图说明；附图说明不清楚的，允许根据上下文作出合适的修改。根据上述规定，选项A中将发明名称的字数由75个缩减到65个字，其发明名称的字数仍然超过了字数的上限值，故其修改不符合相关规定（虽然可能符合《专利法》第三十三条的规定），故选项A不符合题意。选项D中申请文件中有附图但缺少附图说明，将所缺附图说明补入说明书中，其属于上述规定中的第（7）种情形，因此其修改符合相关规定，符合题意。

在G-2-8-5.2.3.1关于"不允许的增加"中规定,不能允许的增加内容的修改,包括下述几种。……(6)补入实验数据以说明发明的有益效果,和/或补入实施方式和实施例以说明在权利要求请求保护的范围内发明能够实施……。据此,选项B中补充实验数据以说明发明的有益效果,以及选项C中补入实施方式和实施例以说明在权利要求请求保护的范围内发明能够实施,属于上述规定明确列出的不允许的增加,因而不符合相关规定,不符合题意。

综上所述,本题答案为D。

【10.(2018-61)解析】知识点:不允许的修改

在G-2-8-5.2.3.2关于"不允许的改变"中规定,不能允许的改变内容的修改,包括下述几种。

……(4)改变说明书中的某些特征,使得改变后反映的技术内容不同于原申请文件记载的内容,超出了原说明书和权利要求书记载的范围。……

【例2】原申请文件中记载了"例如螺旋弹簧支持物"的内容,说明书经修改后改变为"弹性支持物",导致将一个具体的螺旋弹簧支持方式,扩大到一切可能的弹性支持方式,使所反映的技术内容超出了原说明书和权利要求书记载的范围……。根据上述规定,选项A中,由于原始申请文件记载的是弹簧,而没有记载"弹性部件",其情形与上述例2所举情形类似,因此修改为原申请说明书或权利要求书中未记载的"弹性部件"是不允许的,即选项A符合题意。

在G-2-8-5.2.3.2关于"不允许的改变"中规定,不能允许的改变内容的修改,包括下述几种。……(2)由不明确的内容改成明确具体的内容而引入原申请文件中没有的新的内容。

【例如】一件有关合成高分子化合物的发明专利申请,原申请文件中只记载在"较高的温度"下进行聚合反应。当申请人看到审查员引证的一份对比文件中记载了在40℃下进行同样的聚合反应后,将原说明书中"较高的温度"改成"高于40℃的温度"。虽然"高于40℃的温度"的提法包括在"较高的温度"范围内,但是,所属技术领域的技术人员,并不能从原申请文件中理解到"较高的温度"是指"高于40℃的温度"。因此,这种修改引入了新内容……。

根据上述规定,选项B中,原申请文件仅记载了较高的温度,而并没有明确记载"大于200℃",而将其修改为"大于200℃",与上述规定中例子的情形类似,因此所作修改是不允许的,即选项B符合题意。

在G-2-8-5.2.3关于"不允许的修改"中规定,……如果申请的内容通过增加、改变和/或删除其中的一部分,致使所属技术领域的技术人员看到的信息与原申请记载的信息不同,而且又不能从原申请记载的信息中直接地、毫无疑义地确定,那么,这种修改就是不允许的……。根据上述规定,如果所作修改能够从原申请记载的信息中直接地、毫无疑义地确定,则修改是允许的(即符合《专利法》第三十三条的规定)。选项C中,将说明书中对某一技术特征的具体描述补充到权利要求对应的技术特征部分中,所修改的内容已经记载在原说明书中,因此可以以说明书为依据,对权利要求的技术方案进行进一步限定,这种修改是允许的,即选项C不符合题意。

在G-2-8-5.2.3.2关于"不允许的改变"中规定,不能允许的改变内容的修改,包括下述几种。……(3)将原申请文件中的几个分离的特征,改变成一种新的组合,而原申请文件没有明确提及这些分离的特征彼此间的关联……。选项D中,将不同实施例的内容进行组合得到没有记载在原申请文件的新技术方案,与上述规定类似,因为这种组合后得到技术方案属于一种新的组合,并不属于原说明书和权利要求书文字记载的内容,因此所作修改是不允许的,即选项D符合题意。

注意:上述审查指南中规定的具体情形及例子,确实难以记忆,但可以根据修改是否允许的判断原则容易地作出判断。

综上所述,本题答案为A、B、D。

【11.(2016-64)解析】知识点:允许的修改、不允许的修改

在G-2-8-5.2.2.1关于"对权利要求书的修改"中规定,……允许的对权利要求书的修改,包括下列各种情形:……(5)将独立权利要求相对于最接近的现有技术正确划界。这样的修改不会超出原权利要求书和说明书记载的范围,因此是允许的。(6)修改从属权利要求的引用部分,改正引用关系上的错误,使其准确地反映原说明书中所记载的实施方式或实施例。这样的修改不会超出原权利要求书和说明书记载的范围,因此是允许的……。根据上述规定,显然选项A所述的"修改从属权利要求的引用部分,改正引用关系上的错误"相应于上述第(6)种情形,未超出原始申请文件的记载范围,符合题意。选项C所述的"根据最接近的现有技术,对独立权利要求重新划分前序部分与特征部分"相应于上述第(5)种情形,未超出原始申请文件的记载范围,符合题意。

在G-2-8-5.2.3.1关于"不允许的增加"中规定,不能允许的增加内容的修改,包括下述几种……(3)增加的内容是通过测量附图得出的尺寸参数技术特征。选项B所述增加通过测量说明书附图得出的尺寸参数技术特征,明显属于上述规定不允许的增加情形,超出了原始申请文件的记载范围,即选项B不符合题意。

根据A33规定可知,如果所作修改能够从原说明书和权利要求书中直接地、毫无疑义地确定的内容,则没有超出原说明书和权利要求书记载的范围。选项D中,将手绘说明书附图改为内容一致的机械制图,修改显然与原来附图表示内容相同,因此所述的修改未超出原说明书和权利要求书记载的范围,符合题意。

综上所述，本题答案为A、C、D。

【12.（2014－20）解析】知识点：允许的修改、不允许的修改

根据A33的规定可知，申请人可以对其专利申请文件进行修改，但是，对发明和实用新型专利申请文件的修改不得超出原说明书和权利要求书记载的范围，对外观设计专利申请文件的修改不得超出原图片或者照片表示的范围。选项A中，将"一种轮胎"修改成"一种可以用于汽车上的轮胎"，由于在原权利要求书和说明书中记载了"一种可以用于汽车、摩托车等机动车上的轮胎"，则实际上记载了"一种可以用于汽车上的轮胎"，故所作修改没有超出原权利要求书和说明书记载的范围，即选项A不符合题意。

选项B中，将"一种轮胎"修改成"一种可以用于自行车上的轮胎"，由于原权利要求书和说明书中仅记载了"一种可以用于汽车、摩托车等机动车上的轮胎"，并没有记载"用于自行车上的轮胎"，故所作修改超出了原权利要求书和说明书记载的范围，可以认为属于不允许的改变，即选项B符合题意。

由于原权利要求书和说明书中记载了"弹性材料"和"橡胶"，因此将"弹性材料"修改成"橡胶"（选项C），或者将"橡胶"修改成"弹性材料"（选项D），都不会超出原权利要求书和说明书记载的范围，即选项C和D均不符合题意。

综上所述，本题答案为B。

【13.（2013－83）解析】知识点：允许的修改、不允许的修改

根据G－2－8－5.2.2.1关于"对权利要求书的修改"规定和G－2－8－5.2.3.2关于"不允许的改变"规定中相关例子——第（4）种情形的【例4】原申请文件中限定组合物的某成分的含量为5%或者45%～60%，后来说明书中修改为5%～60%，如果根据原申请文件记载的内容不能直接地、毫无疑义地得到该含量范围，则该修改超出了原说明书和权利要求书记载的范围。选项A由于修改后的数值范围5%～50%，并不在原始公开的45%～50%的范围之内，因此所作修改超出了原说明书和权利要求书记载的范围，即选项A符合题意。

在G－2－8－5.2.3.2关于"不允许的改变"中规定：……不能允许的改变内容的修改，包括以下几种。……（2）由不明确的内容改成明确具体的内容而引入原申请文件中没有的新的内容。【例如】一件有关合成高分子化合物的发明专利申请，原申请文件中只记载在"较高的温度"下进行聚合反应。当申请人看到审查员引证的一份对比文件中记载了在40℃下进行同样的聚合反应后，将原说明书中"较高的温度"改成"高于40℃的温度"。虽然"高于40℃的温度"的提法包括在"较高的温度"范围内，但是，所属技术领域的技术人员，并不能从原申请文件中理解到"较高的温度"是指"高于40℃的温度"。因此，这种修改引入了新内容……。根据上述规定，选项B中，原说明书和权利要求书中仅记载了"高压"，但"高压"并不能被理解为"7～10个大气压"，因此，其修改超出了原说明书和权利要求书记载的范围，即选项B符合题意。

根据G－2－2－2.4关于"说明书摘要"中规定可知，摘要的内容不属于发明或者实用新型原始记载的内容，不能作为以后修改说明书或者权利要求书的根据。由此可知，选项C中，由于"一种车辆的闸"仅记载于原摘要中，不能作为修改的依据，故将说明书中记载的"一种自行车闸"修改为"一种车辆的闸"，超出了原权利要求书和说明书记载的范围，即选项C符合题意。

参见10.（2018－61）选项A的解析，根据其规定可知，选项D中，由于原说明书和权利要求书中未记载"弹性材料"，因此将权利要求书中的"橡胶"修改为"弹性材料"，改变了权利要求中的技术特征，超出了原权利要求书和说明书记载的范围，即选项D符合题意。

综上所述，本题答案为A、B、C、D。

【14.（2012－22）解析】知识点：允许的修改、不允许的修改

根据A33的规定，如果所作修改是能够从原说明书和权利要求书中直接地、毫无疑义地确定的内容，则没有超出原说明书和权利要求书记载的范围。对于选项A，由于原说明书和权利要求书中已有"该汽车的轮胎"的记载，因此在说明书和权利要求书中增加"该汽车具有轮胎"这一技术特征没有超出原说明书和权利要求书记载的范围，故选项A不符合题意。对选项C，由于原说明书和权利要求书中已有"弹性材料如橡胶"的记载，因此将权利要求书中的"弹性材料"修改成"橡胶"，没有超出原说明书和权利要求书记载的范围，故选项C不符合题意。对于选项D，由于原说明书和权利要求书中没有记载"尾气净化装置"这一技术特征，因此在说明书中增加了对"尾气净化装置"的描述，属于不能从原说明书和权利要求书中直接地、毫无疑义地确定的内容，故超出了原说明书和权利要求书记载的范围，故选项D符合题意。

对于选项B，参照13.（2013－83）的解析。根据G－2－8－5.2.3.2关于"对权利要求书的修改"规定，由于修改后的数值范围50～55cm，其端值在原说明书和权利要求书中有记载，且在原始公开的50～60cm的范围之内，因此所作修改没超出原说明书和权利要求书记载的范围，是允许的，即选项B不符合题意。

综上所述，本题答案为 D。

【15.（2011 - 49）解析】 知识点：允许的修改、不允许的修改

在 G - 2 - 8 - 5.2.3.2 关于"不允许的改变"中规定，不能允许的改变内容的修改，包括下述几种。（1）改变权利要求中的技术特征，超出了原权利要求书和说明书记载的范围。**【例1】** 原权利要求限定了一种在一边开口的唱片套。附图中也只给出了一幅三边胶接在一起、一边开口的套子视图。如果申请人后来把权利要求修改成"至少在一边开口的套子"，而原说明书中又没有任何地方提到过"一个以上的边可以开口"，那么，这种改变超出了原权利要求书和说明书记载的范围……。而选项 A 中描述的情形，与上述规定中的例子相同，因此所述修改是不允许的，符合题意。

参见 10.（2018 - 61）的选项 B 的解析可知，选项 B 中的情形与 G - 2 - 8 - 5.2.3.2 关于"不允许的改变"规定中的例子相同，因此所述修改是不允许的，符合题意。

参照 13.（2013 - 83）的解析。根据 G - 2 - 8 - 5.2.2.1 关于"对权利要求书的修改"规定，由于选项 C 中，修改后的 100 ~ 300℃ 的两个端值在说明书中有明确的记载，且在原权利要求记载的数值范围 10 ~ 300℃ 之内，因此没有超出原始申请文件记载的范围，不符合题意。

参见 10.（2018 - 61）选项 A 的解析可知，选项 D 中描述的情形，与 G - 2 - 8 - 5.2.3.2 关于"不允许的改变"规定的第（4）种情形的【例2】相同，因此所述修改是不允许的，符合题意。

综上所述，本题答案为 A、B、D。

【16.（2019 - 65）解析】 知识点：涉及数值范围的修改

在 G - 2 - 8 - 5.2.2.1 关于"对权利要求书的修改"中规定：……对于含有数值范围技术特征的权利要求中数值范围的修改，只有在修改后数值范围的两个端值在原说明书和/或权利要求书中已确实记载且修改后的数值范围在原数值范围之内的前提下，才是允许的。例如，权利要求的技术方案中，某温度为 20℃ ~ 90℃，对比文件公开的技术内容与该技术方案的区别是其所公开的相应的温度范围为 0℃ ~ 100℃，该文件还公开了该范围内的一个特定值 40℃，因此，审查员在审查意见通知书中指出该权利要求无新颖性。如果发明专利申请的说明书或者权利要求书还记载了 20℃ ~ 90℃ 范围内的特定值 40℃、60℃ 和 80℃，则允许申请人将权利要求中该温度范围修改成 60℃ ~ 80℃ 或者 60℃ ~ 90℃……。

根据上述规定，选项 A 中，修改成"40mm ~ 80mm"，其端值 40 记载在说明书中（是"40mm ~ 120mm"的一个端值，视为已记载），端值 80 记载在说明书附图中，且该范围在原说明书中记载的"40mm ~ 120mm"之内，因此这种修改是允许的，符合题意。选项 B 中，修改成"50mm ~ 80mm"，但由于端值 50 仅仅记载在说明书摘要中。而根据 G - 2 - 2 - 2.4 关于"说明书摘要"中的规定可知，摘要的内容不能作为以后修改说明书或者权利要求书的根据，故选项 B 的修改是不允许的，不符合题意。选项 C 中，修改成"80mm ~ 120mm"，其端值 80 记载在说明书附图中，端值 120 记载在说明书中（是"40mm ~ 120mm"的一个端值，视为已记载），且该范围在原说明书中记载的"40mm ~ 120mm"范围之内，因此这种修改是允许的，符合题意。

对于选项 D 中，修改成"40mm ~ 130mm"，虽然其端值分别记载在说明书和说明书附图中，但由于该范围不在原说明书的"40mm ~ 120mm"范围之内，故其修改是不允许的，不符合题意。这种情形与 G - 2 - 8 - 5.2.3.2 关于"不允许的改变"中规定的第（4）种情形的例4相似 [参见 13.（2013 - 83）解析]，也可以得出，选项 D 的修改也是不允许的，不符合题意。

综上所述，本题答案为 A、C。

【17.（2018 - 62）解析】 知识点：数值范围的修改

参见 16.（2019 - 65）的解析。选项 A 中，端值 20、90 已在原权利要求书中有记载，而端值 40、60 和 80 均已在原说明书中，而修改成 20 ~ 40 或者 60 ~ 80 的数值范围在原权利要求书记载的 20 ~ 90 数值范围之内，因此可以修改为 20 ~ 40 或者 60 ~ 80 的数值范围，即选项 A 的说法正确，不符合题意。

选项 B 中，端值 40、90 已在原权利要求书中有记载，而端值 20、60 和 80 均已在原说明书中，而修改成 80 ~ 90 的数值范围在原权利要求书记载的 40 ~ 90 数值范围之内，因此是允许的，但修改为 20 ~ 60 的数值范围则不在原权利要求书记载的 40 ~ 90 数值范围之内（虽然端值 20 确实在原说明书中有记载），因此是不允许的，即选项 B 的说法错误，符合题意。

选项 C 中，由于原始文本中仅记载了数值为 20 和 60 的端值，而没有记载任何数值范围，因此修改成 20 ~ 60 的数值范围是不允许的，即选项 C 的说法错误，符合题意。

选项 D 中修改为"30 ~ 90"这一范围，虽然说明书记载了端值 30，但该修改范围并不在原来记载的"60 ~ 90"范围之内，故所做修改是允许的，即选项 D 的说法错误，符合题意。

综上所述，本题答案为 B、C、D。

【18.（2014－56）解析】知识点：涉及数值范围的修改、允许的修改

参照16.（2019－65）的解析。根据G－2－8－5.2.2.1关于"对权利要求书的修改"中相关的规定，题中原说明书记载了数值范围20mm～100mm（视为公开了端值20 mm、100mm）和特定值60mm、110mm，因此选项A的"20mm～60mm"和选项C中"60mm～100mm"的数值范围，由于两个端值在原说明书中都已明确记载，且修改后的数值范围在原数值范围之内，故其修改是被允许的，选项A、C符合题意。而选项B中的"30mm～60mm"数值范围，由于30mm这个端值在原说明书和权利要求书中没有记载，故其修改是不允许的，即选项B不符合题意。选项D中的数值范围20mm～110mm，并不在原数值范围20mm～100mm之内，故其修改是不允许的，即选项D不符合题意。

综上所述，本题答案为A、C。

【19.（2013－91）解析】知识点：数值范围的修改；相关知识点：新颖性

根据审查的思路，通常对于修改文本，首先要判断是否超出原始申请文件记载的范围，在不超出原始申请文件记载范围的前提下，进一步判断是否符合其他条款包括新颖性。

参见16.（2019－65）解析。选项A中，X＝100～250的两个端值在说明书实施例中有明确的记载，且在原权利要求记载的数值范围30～250之内，因此没有超出原始申请文件记载的范围。选项B中，30≤X≤200，其两个端值在说明书实施例中有明确的记载，且在原权利要求记载的数值范围30～250之内，因此没有超出原始申请文件记载的范围。选项C中，X＝200～250的端值200在说明书实施例中有记载，端值250与原权利要求记载的数值范围30～250的一端值重合，故满足在原权利要求记载的数值范围之内的要求，因此没有超出原始申请文件记载的范围。选项D中，X＝95～250中的端值95在原说明书和权利要求书中均未记载，故其修改超出了原始申请文件记载的范围，因此选项D不符合题意。

还需要针对选项A、B和C进一步判断其是否符合新颖性的规定（由于选项D的修改不符A33的规定，也就无需考虑其是否具备新颖性）。根据G－2－3－3.2.4关于"数值和数值范围"中的规定可知，根据上述规定，基于给出的几种情形可以简单归结为，只要权利要求的数值或数值范围包括了现有技术公开的一个数值点或一个数值范围，在其他特征相同的情况下，则权利要求不具备新颖性。选项A中，X＝100～250的两端值与对比文件的数值不存在重叠，且对比文件的数值或数值范围也没有落在该范围之内，故选项A满足新颖性的要求，因而选项A符合题意。选项B中，30≤X≤200的端值30被对比文件所公开，即对比文件公开的数值点落在上述数值范围之内（因为有一个共同的端点），故其不符合新颖性的规定，即选项B不符合题意。选项C中，X＝200～250的两端值与对比文件的数值不存在重叠，且对比文件的数值或数值范围也没有落在该范围之内，故选项C满足新颖性的要求，因而选项C符合题意。

综上所述，本题答案为A、C。

【20.（2010－61）解析】知识点：数值范围的修改；相关知识点：新颖性

参照16.（2019－65）的解析。根据G－2－8－5.2.2.1关于"对权利要求书的修改"中的规定可知，选项A中50℃～90℃的两个端值在说明书中有明确的记载，且在原权利要求记载的数值范围10℃～100℃之内，因此没有超出原始申请文件记载的范围。选项B中的65℃～90℃，由于其端值65℃在原权利要求书和说明书中均没有记载，因此超出原始申请文件记载的范围。选项C中的60℃～90℃的两个端值在说明书中有记载，且在原权利要求记载的数值范围10℃～100℃之内，因此没有超出原始申请文件记载的范围。选项D中的90℃～100℃中，端值90在原说明书中有记载，且该数值范围在原权利要求记载的数值范围10℃～100℃之内，故其修改没有超出原始申请文件记载的范围。

由于选项B中的数值范围超出原始申请文件记载的范围，因此不符合题意。还需进一步判断选项A、C、D中的修改是否克服了新颖性的缺陷。

根据G－2－3－3.2.4关于"数值和数值范围"中的规定可知，由于对比文件公开了特定的值50℃是选项A中的50℃～90℃这一数值范围的低端值，对比文件公开了特定的值60℃落入选项A中的50℃～90℃之内，因此选项A中的修改仍然不具备新颖性，不符合题意。由于对比文件公开了特定的值60℃，是选项C中的60℃～90℃这一数值范围的低端值，因此选项C中的修改仍然不具备新颖性，不符合题意。选项D中90℃～100℃这一数值范围的两端值与对比文件的数值不存在重叠，且对比文件的数值或数值范围也没有落入该范围之内，故选项D满足新颖性的要求，即克服了新颖性的缺陷，故选项D符合题意。

综上所述，本题答案为D。

【21.（2018－46）解析】知识点：外观设计申请文件的修改

在G－1－3－10关于"根据专利法第三十三条的审查"中规定，……在判断申请人对其外观设计专利申请文件的修改是否超出原图片或者照片表示的范围时，如果修改后的内容在原图片或者照片中已有表示，或者可以直接地、毫无疑义地确定，则认为所述修改符合《专利法》第三十三条的规定……。

在G－1－3－10.3关于"依职权修改"中规定：……依职权修改的内容主要指以下几个方面：

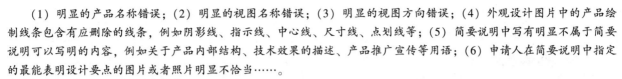

（1）明显的产品名称错误；（2）明显的视图名称错误；（3）明显的视图方向错误；（4）外观设计图片中的产品绘制线条包含有应删除的线条，例如阴影线、指示线、中心线、尺寸线、点划线等；（5）简要说明中写有明显不属于简要说明可以写明的内容，例如关于产品内部结构、技术效果的描述、产品推广宣传等用语；（6）申请人在简要说明中指定的最能表明设计要点的图片或者照片明显不恰当……。

基于上述规定，视图名称错误、视图方向错误以及视图中有多余线条，属于外观设计的图片或者照片中常见的视图缺陷，可以依职权修改，其修改也就是符合《专利法》第三十三条规定的。题中，选项A所述的将左视图与右视图的视图名称交换，属于克服明显的视图名称错误。选项B所述的将回转体的中心线删除，属于克服外观设计图片中的产品绘制线条包含有应删除的线条的缺陷。选项C所述的将T恤衫胸前的文字图案与后背的卡通图案交换，这种图案位置的改变，使得修改后的外观设计在原图片或照片中没有表示，且不能直接地、毫无疑义地确定，因此这种修改超出原图片或者照片表示的范围，故选项C不符合题意。选项D所述的将仰视图镜像对称变换，使其与其他视图投影关系对应，属于克服明显的视图方向错误，修改符合《专利法》第三十三条的规定，符合题意。

综上所述，本题答案为A、B、D。

【22.（2010－46）解析】知识点：外观设计专利申请的修改

参照21.（2018－46）的解析。根据G－1－3－10关于"根据专利法第三十三条的审查"以及G－1－3－10.3关于"依职权修改"的规定可知，选项A所述的修改明显错误的产品名称，甚至属于可依职权修改的内容，因此其修改是允许的。选项B所述的将左视图与右视图的视图名称对调，属于克服明显的视图名称错误，因此其修改是允许的。而选项C中删除简要说明中关于产品内部结构的描述、选项D中删除简要说明中关于产品技术效果的描述，也是属于可依职权修改的内容，都不会超出原图片或者照片表示的范围，故所作修改是允许的。

综上所述，本题答案为A、B、C、D。

【23.（2018－9）解析】知识点：外观设计的依职权修改

在G－1－3－10.3关于"依职权修改"中规定，……依职权修改的内容主要指以下几个方面：

（1）明显的产品名称错误；……（5）简要说明中写有明显不属于简要说明可以写明的内容，例如关于产品内部结构、技术效果的描述、产品推广宣传等用语；（6）申请人在简要说明中指定的最能表明设计要点的图片或者照片明显不恰当……。

根据上述规定，选项A、B、C分别对应于上述第（1）、（6）、（5）项所述可以依职权修改的情形，因而不符合题意。而选项D中，对相似外观设计申请中基本设计的指定，不同的指定可以影响到相似外观设计是否符合合案申请的条件，审查员不能依职权指定或者修改，即选项D符合题意。

综上所述，本题答案为D。

【24.（2014－50）解析】知识点：依职权修改

根据R57.4的规定，国务院专利行政部门可以自行修改专利申请文件中文字和符号的明显错误。国务院专利行政部门自行修改的，应当通知申请人。进一步地，在G－2－8－6.2.2关于"发出授予专利权的通知书时应做的工作"中规定，在发出授予专利权的通知书前，允许审查员对准备授权的文本依职权作如下的修改：（1）说明书方面：<u>修改明显不适当的发明名称和/或发明所属技术领域</u>；<u>改正错别字</u>、错误的符号、标记等；修改明显不规范的用语；增补说明书各部分所遗漏的标题；删除附图中不必要的文字说明等。（2）权利要求书方面：改正错别字、错误的标点符号、错误的附图标记、附图标记增加括号。但是，<u>可能引起保护范围变化的修改，不属于依职权修改的范围</u>。（3）摘要方面：<u>修改摘要中不适当的内容及明显的错误</u>……。根据上述规定，选项A修改摘要中明显的错误，相对于上述第（3）种情形，可以依职权修改；选项B修改明显不适当的发明名称，相对于上述规定的第（1）种情形，可以依职权修改；选项C中的"约850m"修改为"850mm"，导致保护范围的变化，虽然这种修改并没有超出原申请记载的范围，但这种修改不是审查员依职权修改的范畴（审查员发现这种问题应当通知申请人，由申请人作出修改），即选项C不符合题意。选项D中的"氯化纳"中的"纳"字属于明显的文字错误，其修改为"氯化钠"也不会导致保护范围的变化，因此可以由审查员依职权进行修改。

综上所述，本题答案为A、B、D。

【25.（2012－33）解析】知识点：依职权修改

参见24.（2014－50）解析。根据G－2－8－6.2.2关于"发出授予专利权的通知书应做的工作"的规定，选项A中修改摘要中的打印错误，相对于上述第（3）种情形，可以依职权修改。选项B中的修改权利要求书中的错别字，相对于上述第（2）种情形，可以依职权修改。选项C中的修改权利要求书中的技术术语，由于可能引起保护范围的变化，不属于依职权修改的范围，故不符合题意。选项D中修改说明书中的语法错误，相对于上述第（1）种情形，可以依职权修改。

综上所述，本题答案为 A、B、D。

（三）总体考点分析

本部分涉及专利申请的修改相关规定，包括修改的时机（三种专利申请的主动修改要求的差异）、修改的要求、允许的修改、不允许的修改；主动修改、被动修改（针对通知书指出的缺陷进行修改）和审查员依职权修改的内容。重点是主动修改的时机、典型允许的修改和不允许的修改（尤其涉及数值范围的修改）、被动修改的要求以及依职权修改的内容等。

✵ 高频结论

✓ 发明专利申请人在提出实质审查请求时以及收到国务院专利行政部门发出的发明专利申请进入实质审查阶段通知书之日起的 3 个月内，可以对发明专利申请主动提出修改。

✓ 实用新型或者外观设计专利申请人自申请日起 2 个月内，可以对实用新型或者外观设计专利申请主动提出修改。

✓ 主动修改在符合《专利法》第三十三条的规定的前提下（即在原说明书和权利要求书中有明确的记载或者能直接地毫无疑义地得出），可以扩大原权利要求请求保护的范围。

✓ 对于含有数值范围技术特征的权利要求中数值范围的修改，只有在修改后数值范围的两个端值在原说明书和/或权利要求书中已确实记载且修改后的数值范围在原数值范围之内的前提下，才是允许的。例如，权利要求的技术方案中，某温度为 20℃～90℃，说明书或者权利要求书还记载特定值 40℃、60℃和 100℃，则允许申请人将权利要求中该温度范围修改成 20℃～40℃、40℃～60℃或者 60℃～90℃，但不允许修改为 20℃～100℃。

✓ 关于将说明书中对某一技术特征的具体描述补充到权利要求对应的技术特征部分中，因所修改的内容已经记载在原说明书中，因此可以以说明书为依据，对权利要求的技术方案进行进一步限定，是允许的。

✓ 关于修改最佳实施方式或者实施例，允许增加的内容一般限于补入原实施方式或者实施例中具体内容的出处以及已记载的反映发明的有益效果数据的标准测量方法（包括所使用的标准设备、器具）。

✓ 删除附图中不必要的词语和注释，可将其补入说明书文字部分之中；修改附图中的标记使之与说明书文字部分相一致；在文字说明清楚的情况下，为使局部结构清楚起见，允许增加局部放大图。

✓ 原申请文件中只记载在"较高的温度"下进行聚合反应，则不能改成"高于 40℃ 的温度"。

✓ 不允许补入实验数据以说明发明的有益效果，和/或补入实施方式和实施例以说明在权利要求请求保护的范围内发明能够实施。

✓ 不允许补入所属技术领域的技术人员不能直接从原始申请中导出的有益效果。

✓ 增补原说明书中未提及的附图，一般是不允许的；如果增补背景技术的附图，或者将原附图中的公知技术附图更换为最接近现有技术的附图，则应当允许。

✓ 摘要是说明书记载内容的概述，仅是一种技术信息，不具有法律效力。摘要的内容不属于发明或者实用新型原始记载的内容，不能作为以后修改说明书或者权利要求书的根据，也不能用来解释专利权的保护范围。

✓ 将独立权利要求相对于最接近的现有技术正确划界是允许的。

✓ 修改从属权利要求的引用部分，改正引用关系上的错误，使其准确地反映原说明书中所记载的实施方式或实施例，是允许的。

✓ 不允许增加通过测量附图得出的尺寸参数技术特征。

✓ 原说明书（及其附图）和权利要求书记载的内容，不包括任何优先权文件的内容。将仅记载于优先权文件中、但未记载在本申请中的附图追加至本申请中，将超出原说明书和权利要求书记载的范围。

✓ 对于发明或实用新型，在发出授予专利权的通知书前，允许审查员对准备授权的文本依职权作如下的修改：（1）说明书方面：修改明显不适当的发明名称和/或发明所属技术领域；改正错别字、错误的符号、标记等；修改明显不规范的用语；增补说明书各部分所遗漏的标题；删除附图中不必要的文字说明等。（2）权利要求书方面：改正错别字、错误的标点符号、错误的附图标记、附图标记增加括号。但是，可能引起保护范围变化的修改，不属于依职权修改的范围。（3）摘要方面：修改摘要中不适当的内容及明显的错误。

✓ 对于外观设计专利申请，可依职权修改的内容主要指以下几个方面：（1）明显的产品名称错误；

（2）明显的视图名称错误；（3）明显的视图方向错误；（4）外观设计图片中的产品绘制线条包含有应删除的线条。（5）简要说明中写有明显不属于简要说明可以写明的内容，例如关于产品内部结构、技术效果的描述、产品推广宣传等用语；（6）申请人在简要说明中指定的最能表明设计要点的图片或者照片明显不恰当（意味着这些修改也是允许的，没有超出原图片或照片表示的范围）。（7）请求书中，申请人地址或者联系人地址漏写、错写或者重复填写的省（自治区、直辖市）、市、邮政编码等信息。

（四）参考答案

1. B、C、D	2. B、C	3. B、C	4. A	5. A、C、D
6. A、B、C	7. A、B、C	8. C、D	9. D	10. A、B、D
11. A、C、D	12. B	13. A、B、C、D	14. D	15. A、B、D
16. A、C	17. B、C、D	18. A、C	19. A、C	20. D
21. A、B、D	22. A、B、C、D	23. D	24. A、B、D	25. A、B

七、分案申请

（一）历年试题集合

1. (2019-12) 某发明专利申请已经被视为撤回且未恢复权利，针对该申请提出的分案申请，下列说法正确的是？

　　A. 分案申请视为未提出，该分案申请作新申请处理

　　B. 分案申请视为未提出，该分案申请作结案处理

　　C. 分案申请成立与否取决于其内容是否超出原申请公开的范围

　　D. 分案申请不成立，该分案申请将被驳回

【你的答案】

【选错记录】

2. (2017-73) 关于分案申请，以下说法正确的是？

　　A. 分案申请的内容不得超出原申请记载的范围

　　B. 分案申请的权利要求书与分案以后的原申请的权利要求书应当分别要求保护不同的发明

　　C. 分案申请的说明书与分案以后的原申请的说明书必须相同

　　D. 分案申请应当在其说明书的起始部分说明本申请是哪一件申请的分案申请

【你的答案】

【选错记录】

3. (2016-65) 关于分案申请，下列说法正确的是？

　　A. 分案申请的类别应当与原申请的类别一致

　　B. 收到原申请的驳回决定后提出的分案申请均应被视为未提出

　　C. 分案申请与原申请的权利要求书应当分别保护不同的技术方案

　　D. 分案申请所要求保护的技术方案不得超出原申请记载的范围

【你的答案】

【选错记录】

4. (2013-76) 某公司于2009年12月5日向国家知识产权局提交了一件发明专利申请X，该公司于2012年4月1日针对申请X提出了分案申请Y。下列关于分案申请Y的说法哪些是正确的？

　　A. 分案申请Y的发明人可以是申请X发明人中的部分成员

　　B. 分案申请Y与申请X的申请人不相同的，应当提交有关申请人变更的证明材料

　　C. 就分案申请Y提出实质审查请求的期限届满日为2012年12月5日

　　D. 分案申请Y可以是发明专利申请，也可以是实用新型专利申请

【你的答案】

【选错记录】

5. (2010-57) 下列关于分案申请的说法哪些是正确的？

　　A. 分案申请可以保留原申请的申请日

　　B. 复审程序中不得提出分案请求

　　C. 分案申请的原申请号填写正确但未填写原申请日的，国家知识产权局将不予受理

　　D. 分案申请未填写原申请号的，国家知识产权局将按照一般专利申请受理

【你的答案】

【选错记录】

6. (2011-59) 一件实用新型专利申请要求保护 X 和 Y 两个技术方案，X、Y 之间缺乏单一性。对于审查员要求分案的通知，申请人的下列哪些做法符合相关规定？

【你的答案】

【选错记录】

A. 在原申请的说明书中保留 X、Y 的内容，权利要求书只要求保护 Y

B. 在原申请的说明书中删除有关 X 的内容，权利要求书要求保护 X 和 Y

C. 提交分案申请，在其说明书中删除有关 X 的内容，权利要求书只要求保护 Y

D. 提交分案申请，在其说明书中保留 X、Y 的内容，权利要求书只要求保护 X

（二）参考答案解析

【1.（2019-12）解析】知识点：分案申请

在 G-1-1-5.1.1 关于"分案申请的核实"中规定，……申请人最迟应当在收到专利局对原申请作出授予专利权通知书之日起两个月期限（即办理登记手续的期限）届满之前提出分案申请。上述期限届满后，或者原申请已被驳回，或者原申请已撤回，或者原申请被视为撤回且未被恢复权利的，一般不得再提出分案申请。……初步审查中，对于分案申请递交日不符合上述规定的，审查员应当发出分案申请视为未提出通知书，并作结案处理……。根据上述规定，题中发明专利申请已经被视为撤回且未恢复权利，此时针对该申请提出的分案申请，审查员是发出分案申请视为未提出通知书，并作结案处理，即选项 B 的说法正确，符合题意。而不是将该分案申请作新申请处理，即选项 A 的说法错误，不符合题意。也不是将该分案申请驳回，即选项 D 的说法错误，不符合题意。

根据 R48.1 的规定，……专利申请已经被驳回、撤回或者视为撤回的，不能提出分案申请。根据该规定，分案申请是否成立需要在规定的时间内递交才行。而根据 R48.3 的规定可知，分案申请应当与原申请属于相同的类别，否则分案申请也不能成立。此外，根据 R49.1 的规定可知，分案申请不得超出原申请记载的范围，以及根据 R49.2 的规定分案申请应当依照《专利法》及该细则的规定办理有关手续。因此，分案申请成立与否并不仅仅取决于其内容是否超出原申请公开的范围，还包括上述提及各方面的规定，即选项 C 的说法错误，不符合题意。

综上所述，本题答案为 B。

【2.（2017-73）解析】知识点：分案申请

根据 R49.1 的规定可知，分案申请不得超出原申请记载的范围。因此，选项 A 的说法正确，符合题意。

在 G-2-6-3.2 关于"分案申请应当满足的要求"中规定，……分案申请应当在其说明书的起始部分，即发明所属技术领域之前，说明本申请是哪一件申请的分案申请，……分案以后的原申请与分案申请的权利要求书应当分别要求保护不同的发明；而它们的说明书可以允许有不同的情况……。根据上述规定，选项 B 和选项 D 的说法是正确的，符合题意。而选项 C 所述分案申请的说明书与分案以后的原请的说明书必须相同的说法不符合上述规定，因此是错误的，不符合题意。

综上所述，本题答案为 A、B、D。

【3.（2016-65）解析】知识点：分案申请

根据 R48.3 的规定可知，分案的申请不得改变原申请的类别。因此，分案申请的类别应当与原申请的类别一致，故选项 A 的说法正确，符合题意。

在 G-1-1-5.1.1 关于"分案申请的核实"中规定，……对于审查员已发出驳回决定的原申请，自申请人收到驳回决定之日起三个月内，不论申请人是否提出复审请求，均可以提出分案申请；在提出复审请求以后的复审期间、收到复审决定之日起三个月内以及对复审决定不服提起的行政诉讼期间，申请人也可以提出分案申请……。根据上述规定，是否能够提出分案是以驳回决定是否生效为前提，即驳回决定生效之后不能提出分案申请，但在生效之前是可以提出分案申请的。因此，对于申请人收到原申请的驳回决定后提出的分案申请，如果是在上述规定的期限内提出的，则允许的。因此，选项 B 的说法是错误的，不符合题意。

在 G-2-6-3.2 关于"分案申请应当满足的要求"中规定，……分案以后的原申请与分案申请的权利要求书应当分别要求保护不同的发明……根据上述规定，选项 C 的说法与上述规定一致，因此是正确的，符合题意。

根据 R49.1 的规定可知，分案申请不得超出原申请记载的范围。故选项 D 的说法正确，符合题意。

综上所述，本题答案为 A、C、D。

【4.（2013-76）解析】知识点：分案申请

在 G-1-1-5.1.1 关于"分案申请的核实"中规定，……分案申请的申请人应当与原申请的申请人相同；不相同的，应当提交有关申请人变更的证明材料……。分案申请的发明人也应当是原申请的发明人或者是其中的部分成员。……期满未补正的，审查员应当发出视为撤回通知书……。根据上述规定，分案申请的发明人可以是原申请的发明人中的部分成员，故选项 A 的说法是正确的，符合题意。根据上述规定，如果分案申请的申请人与原申请的申请人不相同，应当提交有关申请人变更的证明材料，故选项 B 的说法是正确的，符合题意。

在 G－1－1－5.1.2 关于"分案申请的期限和费用"中规定：分案申请适用的各种法定期限，例如提出实质审查请求的期限，应当从原申请日起算。对于已经届满或者自分案申请递交日起至期限届满日不足两个月的各种期限，申请人可以自分案申请递交日起两个月内或者自收到受理通知书之日起十五日内补办各种手续；期满未补办的，审查员应当发出视为撤回通知书。根据上述规定，就分案申请 Y 提出实质审查请求的期限应当自发明专利申请 X（母案申请或原申请）的申请日 2009 年 12 月 5 日起算的三年内（即其届满日为 2012 年 12 月 5 日），故选项 C 的说法正确，符合题意。

根据 R48.3 的规定可知，分案的申请不得改变原申请的类别。由于原申请是发明专利申请 X，因此其分案申请只能是发明专利申请而不能是实用新型专利申请，故选项 D 的说法错误，不符合题意。

综上，本题答案为 A、B、C。

【5.（2010－57）解析】知识点：分案申请

根据 R49.1 的规定可知，分案申请可以保留原申请日，享有优先权的，可以保留优先权日。故选项 A 的说法正确，符合题意。

参见 3.（2016－65）解析，根据 G－1－1－5.1.1 关于"分案申请的核实"的规定可知，在原申请的复审程序中仍然可以提出分案请求，因此选项 B 说法错误，不符合题意。

在 G－5－3－2.3.2.1 关于"国家申请的分案申请的受理程序"中规定，……分案申请请求书中原申请的申请号填写正确，但未填写原申请的申请日的，以原申请号所对应的申请日为申请日。分案申请请求书中未填写原申请的申请号或者填写的原申请的申请号有误的，按照一般专利申请受理……。由此可知，分案申请的原申请号填写正确但未填写原申请日的，以原申请号所对应的申请日为申请日，而不会导致国家知识产权局不予受理，即选项 C 的说法错误，不符合题意。而分案申请未填写原申请号的，国家知识产权局将按照一般专利申请受理，即选项 D 的说法正确，符合题意。

综上所述，本题答案为 A、D。

【6.（2011－59）解析】知识点：分案申请

在 G－2－6－3.2 关于"分案申请应当满足的要求"中规定，……分案以后的原申请与分案申请的权利要求书应当分别要求保护不同的发明；而它们的说明书可以允许有不同的情况。例如，分案前原申请有 A、B 两项发明；分案之后，原申请的权利要求书若要求保护 A，其说明书可以仍然是 A 和 B，也可以只保留 A；分案申请的权利要求书若要求保护 B，其说明书可以仍然是 A 和 B，也可以只是 B……。根据上述规定，在原申请的说明书中保留 X、Y 的内容，权利要求书只要求保护 Y，或者只要求 X 的做法符合相关规定的要求，即选项 A 和 D 符合相关规定，符合题意。而选项 B 中，由于在说明书中删除有关 X 的内容，但权利要求书中仍然保护 X 和 Y，因而仍然存在不具备单一性的缺陷，其做法不符合相关规定，不符合题意。注意，根据上述规定，审查员在指出专利申请存在不具备单一性的问题时，仅针对权利要求书中要求保护的技术方案来判断，而不是说明书中记载的技术方案。选项 C 中，提交分案申请，在其说明书中删除有关 X 的内容（即保留有关 Y 的内容），权利要求书只要求保护 Y，这种做法符合相关规定，符合题意。

综上所述，本题答案为 A、C、D。

（三）总体考点分析

本部分涉及分案的相关规定，包括分案申请的申请人、发明人、递交的时间，按审查意见再次提出分案申请的递交时间，分案申请不能改申请的类别，分案申请的文本和内容的要求以及外观设计分案申请的特殊规定。重点是分案递交的相关规定。

高频结论

✓ 分案申请，可以保留原申请日，享有优先权的，可以保留优先权日，但是不得超出原申请记载的范围。

✓ 申请人最迟应当在收到专利局对原申请作出授予专利权通知书之日起两个月期限（即办理登记手续的期限）届满之前提出分案申请。上述期限届满后，或者原申请已被驳回，或者原申请已撤回，或者原申请被视为撤回且未被恢复权利的，一般不得再提出分案申请。

✓ 对于审查员已发出驳回决定的原申请，自申请人收到驳回决定之日起三个月内，不论申请人是否提出复审请求，均可以提出分案申请；在提出复审请求以后的复审期间、收到复审决定之日起三个月内以及对复审决定不服提起的行政诉讼期间，申请人也可以提出分案申请。

✓ 初步审查中，对于分案申请递交日不符合规定的，审查员应当发出分案申请视为未提出通知书，并作结案处理。

✓ 分案申请请求书中原申请的申请号填写正确，但未填写原申请的申请日的，以原申请号所对应的申请日为申请日。分案申请请求书中未填写原申请的申请号或者填写的原申请的申请号有误的，按照一般专利申请受理。

✓ 分案申请适用的各种法定期限，例如提出实质审查请求的期限，应当从原申请日起算。对于已经届满或者自分案申请递交日起至期限届满日不足两个月的各种期限，申请人可以自分案申请递交日起两个月内或者自收到受理通知书之日起十五日内补办各种手续；期满未补办的，审查员应当发出视为撤回通知书。

✓ 分案的申请不得改变原申请的类别。根据该规定，分案申请应当与原申请属于相同的类别，否则分案申请也不能成立。

✓ 分案申请的申请人应当与原申请的申请人相同；不相同的，应当提交有关申请人变更的证明材料。分案申请的发明人也应当是原申请的发明人或者是其中的部分成员。期满未补正的，审查员应当发出视为撤回通知书。

✓ 分案申请应当在其说明书的起始部分，即发明所属技术领域之前，说明本申请是哪一件申请的分案申请。

✓ 分案以后的原申请与分案申请的权利要求书应当分别要求保护不同的发明；而它们的说明书可以允许有不同的情况。例如，分案前原申请有A、B两项发明；分案之后，原申请的权利要求书若要求保护A，其说明书可以仍然是A和B，也可以只保留A；分案申请的权利要求书若要求保护B，其说明书可以仍然是A和B，也可以只是B。

（四）参考答案

1. B   2. A、B、D   3. A、C、D   4. A、B、C   5. A、D

6. A、C、D

八、审查的顺序

（一）历年试题集合

1. **（2019－61）** 根据国家知识产权局令第七十六号《专利优先审查管理办法》，下列哪些情形的专利申请或者专利复审案件，可以请求优先审查？

A. 涉及节能环保、新一代信息技术、生物、高端装备制造、新能源、新材料、新能源汽车、智能制造等国家重点发展产业

B. 涉及互联网、大数据、云计算等领域且技术或者产品更新速度快

C. 专利申请人或者复审请求人已经做好实施准备或者已经开始实施，或者有证据证明他人正在实施其发明创造

D. 就相同主题首次在中国提出专利申请又向其他国家或者地区提出申请的该中国首次申请

【你的答案】
_____

【选错记录】
_____

2. **（2018－55）** 关于优先审查，以下说法错误的是？

A. 专利申请人或者复审请求人已经做好实施准备或者已经开始实施，或者有证据证明他人正在实施其发明创造的，属于可以请求优先审查的情形之一

B. 处理、审理涉案专利侵权纠纷的地方知识产权局、人民法院或者仲裁调解组织可以对无效宣告案件提出优先审查请求

C. 申请人提出发明或者实用新型专利申请优先审查的，必须提交由国务院相关部门或者省级知识产权局签署推荐意见的优先审查请求书和现有技术材料

D. 对于优先审查的发明或者实用新型专利申请，申请人应当在审查意见通知书发文日起两个月内进行答复，否则将停止优先审查并按普通程序处理

【你的答案】
_____

【选错记录】
_____

（二）参考答案解析

【1.（2019－61）解析】 知识点：优先审查

《专利优先审查管理办法》（局令第七十六号）第三条规定："有下列情形之一的专利申请或者专利复审案件，可以

请求优先审查：（一）涉及节能环保、新一代信息技术、生物、高端装备制造、新能源、新材料、新能源汽车、智能制造等国家重点发展产业；（二）涉及各省级和设区的市级人民政府重点鼓励的产业；（三）涉及互联网、大数据、云计算等领域且技术或者产品更新速度快；（四）专利申请人或者复审请求人已经做好实施准备或者已经开始实施，或者有证据证明他人正在实施其发明创造；（五）就相同主题首次在中国提出专利申请又向其他国家或者地区提出申请的该中国首次申请；（六）其他对国家利益或者公共利益具有重大意义需要优先审查。"选项A、B、C、D分别相对于上述规定的（一）、（三）、（四）、（五）所述可以优先审查的情形，均符合题意。

综上所述，本题答案为A、B、C、D。

【2.（2018－55）解析】知识点：优先审查

《专利优先审查管理办法》（局令第七十六号）第三条规定，有下列情形之一的专利申请或者专利复审案件可以请求优先审查：……（4）专利申请人或者复审请求人已经做好实施准备或者已经开始实施，或者有证据证明他人正在实施其发明创造的……。故选项A的说法正确，不符合题意。

该办法第五条第二款规定，处理、审理涉案专利侵权纠纷的地方知识产权局、人民法院或者仲裁调解组织可以对无效宣告案件提出优先审查请求。故选项B的说法正确，不符合题意。

该办法第八条第一款规定，申请人提出发明、实用新型、外观设计专利申请优先审查请求的，应当提交优先审查请求书、现有技术或者现有设计信息材料和相关证明文件；除该办法第三条第五项规定的情形外，优先审查请求书应当由国务院相关部门或者省级知识产权局签署推荐意见。依据该规定，就相同主题首次在中国提出专利申请又向其他国家或地区提出申请的该中国首次申请的优先审查请求无须提供当由国务院相关部门或者省级知识产权局签署推荐意见。因此申请人提出专利申请优先审查的，并不是必须都要提交由国务院相关部门或者省级知识产权局签署推荐意见的优先审查请求书，选项C的说法是错误的，符合题意。

该办法第十一条规定，对于优先审查的申请，申请人应当尽快作出答复或者补正。申请人答复发明专利审查意见通知书的期限为通知书发文日起两个月，申请人答复实用新型和外观设计专利审查意见通知书的期限为通知书发文日起十五日。选项D中，对于实用新型专利申请，申请人应当在审查意见通知书发文日起十五日内进行答复而不是两个月内，因此选项D的说法错误，符合题意。此外，注意该条规定的是从发文日起计算（而不是推定申请人收到通知书之日起开始计算）。

综上所述，本题答案为C、D。

（三）总体考点分析

本部分涉及审查的顺序相关规定，包括其审查顺序的一般原则、优先审查、延迟审查以及专利局自行启动。重点是优先审查的相关规定（见《专利优先审查管理办法》），以及可能的延迟审查规定（G-5-7-8）。

高频结论

✓　对于发明、实用新型和外观设计专利申请，一般应当按照申请提交的先后顺序启动初步审查。

✓　对于发明专利申请，在符合启动实审程序的其他条件前提下，一般应当按照提交实质审查请求书并缴纳实质审查费的先后顺序启动实质审查。

✓　申请人可以对发明和外观设计专利申请提出延迟审查请求（注意：实用新型专利申请没有延迟审查制度且这是新增规定）。

✓　发明专利延迟审查请求，应当由申请人在提出实质审查请求的同时提出，但发明专利申请延迟审查请求自实质审查请求生效之日起生效；外观设计延迟审查请求，应当由申请人在提交外观设计申请的同时提出。延迟期限为自提出延迟审查请求生效之日起1年、2年或3年。延迟期限届满后，该申请将按顺序待审。必要时，专利局可以自行启动审查程序并通知申请人，申请人请求的延迟审查期限终止。

✓　对于专利局自行启动实质审查的专利申请，可以优先处理。

✓　有下列情形之一的专利申请或者专利复审案件，可以请求优先审查：（1）涉及节能环保、新一代信息技术、生物、高端装备制造、新能源、新材料、新能源汽车、智能制造等国家重点发展产业；（2）涉及各省级和设区的市级人民政府重点鼓励的产业；（3）涉及互联网、大数据、云计算等领域且技术或者产品更新速度快；（4）专利申请人或者复审请求人已经做好实施准备或者已经开始实施，或者有证据证明他人正在实施其发明创造；（5）就相同主题首次在中国提出专利申请又向其他国家或者地区提出申请的该中国首次申请；（6）其他对国家利益或者公共利益具有重大意义需要优先审查。

✓ 就相同主题首次在中国提出专利申请又向其他国家或地区提出申请的该中国首次申请的优先审查请求无须提供当由国务院相关部门或者省级知识产权局签署推荐意见。其他情况则需要相关的证明材料。

✓ 对于优先审查的申请，申请人应当尽快作出答复或者补正。申请人答复发明专利审查意见通知书的期限为通知书发文日起两个月，申请人答复实用新型和外观设计专利审查意见通知书的期限为通知书发文日起十五日。

✓ 同一申请人同日（仅指申请日）对同样的发明创造既申请实用新型又申请发明的，对于其中的发明专利申请一般不予优先审查。

（四）参考答案

1. A、B、C、D　　　2. C、D

九、专利权的授予

（一）历年试题集合

1.（2019－17）专利权授予之后，专利的法律状态以下列哪项记载的法律状态为准？
A. 专利证书
B. 专利登记簿
C. 专利公告
D. 手续合格通知书

【你的答案】
_____
【选错记录】
_____

2.（2018－51）关于专利证书，以下说法正确的是？
A. 授予专利权时，专利证书上记载的内容与专利登记簿是一致的，在法律上具有同等效力
B. 一件专利有两名以上专利权人的，根据共同权利人的请求，国家知识产权局可以颁发专利证书副本，但颁发的专利证书副本数目不能超过共同权利人的总数
C. 专利证书损坏的，专利权人可以请求重新制作专利证书，专利权终止的除外
D. 因专利权的转移、专利权人更名发生专利权人姓名或者名称变更的，可以请求更换专利证书

【你的答案】
_____
【选错记录】
_____

3.（2016－66，有适应性修改）下列哪些情况下可以更换专利证书？
A. 专利局发出的原纸质专利证书损坏的
B. 因专利权的转让发生专利权人名称变更的
C. 因专利权人更名发生专利权人名称变更的
D. 依据人民法院关于专利权权属纠纷的生效判决办理变更专利权人手续的

【你的答案】
_____
【选错记录】
_____

4.（2014－88）下列关于专利证书副本的说法哪些是正确的？
A. 一件专利有两名以上专利权人的，根据共同权利人的请求，国家知识产权局可以颁发专利证书副本
B. 无论有多少共同权利人，对同一专利权只能颁发一份专利证书副本
C. 专利权终止后，国家知识产权局不再颁发专利证书副本
D. 颁发专利证书后，因专利权转移发生专利权人变更的，国家知识产权局不再向新专利权人颁发专利证书副本

【你的答案】
_____
【选错记录】
_____

5.（2010－75，有适应性修改）下列关于专利证书的说法哪些是正确的？
A. 专利证书按照申请人的数量进行制作和颁发
B. 专利权人不慎将专利证书丢失的，可以请求国家知识产权局补发
C. 专利局发出的原纸质专利证书损坏的，专利权人可以请求更换专利证书
D. 因专利权转移发生专利权人变更的，变更后的专利权人可以要求国家知识产权局颁发专利证书

【你的答案】
_____
【选错记录】
_____

6. （2018-12）以下关于专利登记簿的说法，哪一个是错误的？ 【你的答案】

A. 专利权授予之后，专利登记簿与专利证书上记载的内容不一致的，以专利登记簿上记载的法律状态为准 【选错记录】

B. 专利权授予公告之后，任何人都可以向国家知识产权局请求出具专利登记簿副本，专利权失效的除外

C. 请求出具专利登记簿副本的，应当提交办理文件副本请求书并缴纳相关费用

D. 国家知识产权局授予专利权时建立专利登记簿，授予专利权以前发生的专利申请权转移、专利申请实施许可合同备案等事项均属于专利登记簿登记的内容

7. （2013-88）下列关于专利登记簿的说法哪些是正确的？ 【你的答案】

A. 自国家知识产权局公告授予专利权之日起，任何人均可请求出具专利登记簿副本 【选错记录】

B. 专利权转让之后，专利登记簿与专利证书上记载的内容应当一致

C. 专利登记簿中不登记专利实施许可合同的备案

D. 授予专利权时，专利登记簿与专利证书在法律上具有同等效力

8. （2012-48）下列哪些事项应当在专利登记簿中登记？ 【你的答案】

A. 专利权的转移

B. 专利权人的国籍变更 【选错记录】

C. 专利实施许可合同的备案

D. 专利权的恢复

（二）参考答案解析

【1.（2019-17）解析】知识点：专利证书、专利登记簿

在G-5-9-1.3.2关于"专利登记簿的效力"中规定，授予专利权时，专利登记簿与专利证书上记载的内容是一致的，在法律上具有同等效力；专利权授予之后，专利的法律状态的变更仅在专利登记簿上记载，由此导致专利登记簿与专利证书上记载的内容不一致的，以专利登记簿上记载的法律状态为准。根据上述规定，专利权授予之后，以专利登记簿上记载的法律状态为准而不是以专利证书为准，因此选项B符合题意，选项A不符合题意。法律状态与专利公告、手续合格通知书没有关联，虽然专利权是从专利公告之日起生效，因此，选项C和选项D不符合题意。

综上所述，本题答案为B。

【2.（2018-51）解析】知识点：专利证书（副本，更换）

参见1.（2019-17）解析，根据G-5-9-1.3.2关于"专利登记簿的效力"中规定可知，授予专利权时，专利登记簿与专利证书上记载的内容是一致的，在法律上具有同等效力。即选项A的说法正确，符合题意。

目前《专利审查指南2023》已经删除了关于专利证书副本的规定，根据《关于全面推行专利证书电子化的公告》（国家知识产权局第515号公告）的规定，当事人以电子形式申请并获得专利授权的，通过专利业务办理系统下载电子专利证书；以纸质形式申请并获得专利授权的，按照《领取电子专利证书通知书》中告知的方式下载电子专利证书。因此，选项B的说法错误，不符合题意。

在G-5-9-1.2.2关于"专利证书的更换"中规定，……专利权终止后，专利局不再更换专利证书。因专利权的转移、专利权人更名发生专利权人姓名或者名称变更的，均不更换专利证书……。选项C的说法正确，符合题意。而根据上述规定，因专利权的转移、专利权人更名发生专利权人姓名或者名称变更的，不予更换专利证书，故选项D的说法错误，不符合题意。

综上所述，本题答案为A、C。

【3.（2016-66）解析】知识点：专利证书（更换）

在G-5-9-1.2.2关于"专利证书的更换"中规定，专利权权属纠纷经地方知识产权管理部门调解或者人民法院调解或者判决后，专利权归还请求人的，在该调解或者判决发生法律效力后，当事人可以在办理变更专利权人手续合格后，请求专利局更换专利证书。专利权终止后，专利局不再更换专利证书。因专利权的转移、专利权人更名发生专利权人姓名或者名称变更的，均不予更换专利证书。专利局发出的原纸质专利证书破损损坏的，专利权人可以请求更换专利证书……。

根据上述规定，选项A"专利局发出的原纸质专利证书损坏的"情形、选项D"依据人民法院关于专利权权属纠纷的生效判决办理变更专利权人手续的"情形，可以请求更换专利证书，符合题意。而选项B"因专利权的转让发生专利

权人名称变更的"情形、选项 C"因专利权人更名发生专利权人名称变更的"情形,均不属于可以更换专利证书的情形,不符合题意。

综上所述,本题答案为 A、D。

【4.(2014-88)解析】知识点:专利证书(副本)

目前《专利审查指南 2023》已经删除了关于专利证书副本的规定,根据《关于全面推行专利证书电子化的公告》(国家知识产权局第 515 号公告)的规定,当事人以电子形式申请并获得专利授权的,通过专利业务办理系统下载电子专利证书;以纸质形式申请并获得专利授权的,按照《领取电子专利证书通知书》中告知的方式下载电子专利证书。根据上述规定,选项 A、B 的说法错误,不符合题意。

在 G-5-9-1.2.2 关于"专利证书的更换"中规定,……专利权终止后,<u>专利局不再更换专利证书。因专利权的</u><u>转移、专利权人更名发生专利权人姓名或者名称变更的,均不予更换专利证书。</u>根据上述规定,选项 C 和 D 的说法正确,符合题意。

综上所述,本题答案为 C、D。

【5.(2010-75)解析】知识点:专利证书

目前《专利审查指南 2023》已经删除了关于专利证书副本的规定,根据《关于全面推行专利证书电子化的公告》(国家知识产权局第 515 号公告)的规定,当事人以电子形式申请并获得专利授权的,通过专利业务办理系统下载电子专利证书;以纸质形式申请并获得专利授权的,按照《领取电子专利证书通知书》中告知的方式下载电子专利证书。根据上述规定,故选项 A 的说法错误,不符合题意。

在 G-5-9-1.2.3 关于"专利证书错误的更正"中规定,专利证书中存在错误时,专利权人可以请求专利局更正。专利局经核实存在错误的,将原专利证书公告作废,颁发更正后的专利证书。由此可知,专利权人不慎将专利证书丢失的,不能请求国家知识产权局补发,故选项 B 的说法错误,不符合题意。

在 G-5-9-1.2.2 关于"专利证书的更换"中规定,……专利权终止后,专利局不再更换专利证书。因专利权的转移、专利权人更名发生专利权人姓名或者名称变更的,均不予更换专利证书。专利局发出的原纸质专利证书破损损坏的,专利权人可以请求更换专利证书……。选项 C 的说法正确,符合题意(注意此处不要多想,是在专利权终止之后才发生上述行为的。虽然从严格意义上来说,该选项中增加"专利权终止前"的限定则更严谨)。而选项 D 的说法错误,因为变更后的专利权人不能要求国家知识产权局颁发专利证书,不符合题意。

综上所述,本题答案为 C。

【6.(2018-12)解析】知识点:专利登记簿;相关知识点:专利申请权的转让、专利实施许可合同备案

在 G-5-9-1.3.2 关于"专利登记簿的效力"中规定,授予专利权时,专利登记簿与专利证书上记载的内容是一致的,在法律上具有同等效力……。选项 A 的说法正确,不符合题意。

在 G-5-9-1.3.3 关于"专利登记簿副本"中规定,专利登记簿副本依据专利登记簿制作。专利权授予公告之后,任何人都可以向专利局请求出具专利登记簿副本。请求出具专利登记簿副本的,应当提交办理文件副本请求书并缴纳相关费用……。上述规定中对于请求出具专利登记簿副本,并没有限定是有效专利,对于失效专利等也可以请求出具专利登记簿副本(比如至少可以表明在失效之前的法律状态、失效的日期等),因此选项 B 的说法错误,符合题意。同时,根据上述规定,请求出具专利登记簿副本的,应当提交办理文件副本请求书并缴纳相关费用。故选项 C 的说法正确,不符合题意。

在 G-5-9-1.3.1 关于"专利登记簿的格式"中规定,专利局授予专利权时应当建立专利登记簿。专利登记簿登记的内容包括:专利权的授予,专利申请权、专利权的转移,国防专利、保密专利的解密,专利权的无效宣告,专利权的终止,专利权的恢复,专利权期限的补偿,专利权的质押、保全及其解除,专利实施许可合同的备案,专利实施的开放许可,专利实施的强制许可以及专利权人姓名或者名称、国籍、地址的变更……。由上述规定可知,专利申请权转移事项属于专利登记簿登记的内容。而进一步地,《专利实施许可合同备案办法》第十四条规定,专利实施许可合同备案的有关内容由国家知识产权局在专利登记簿上登记……。由此可知,专利申请实施许可合同备案等事项属于专利登记簿登记的内容。因此,选项 D 的说法正确,不符合题意。

综上所述,本题答案为 B。

【7.(2013-88)解析】知识点:专利登记簿

在 G-5-9-1.3.3 关于"专利登记簿副本"中规定,……专利权授予公告之后,任何人都可以向专利局请求出具专利登记簿副本……。根据上述规定,选项 A 的说法正确,符合题意。

在 G-5-9-1.3.2 关于"专利登记簿的效力"中规定,授予专利权时,专利登记簿与专利证书上记载的内容是一

致的，在法律上具有同等效力；专利权授予之后，专利的法律状态的变更仅在专利登记簿上记载，由此导致专利登记簿与专利证书上记载的内容不一致的，以专利登记簿上记载的法律状态为准。因此，在授予专利权时，专利登记簿与专利证书上记载的内容必然是一致的，但一旦发生专利权转让，则专利登记簿与专利证书上记载的内容就是不一致的，因此选项 B 的说法错误，不符合题意。同时，选项 D 的说法正确，符合题意。

参见 6.（2018 - 12）选项 D 的解析，根据 G - 5 - 9 - 1.3.1 的规定可知，专利登记簿中也要登记专利实施许可合同的备案，故选项 C 的说法错误，不符合题意。

综上所述，本题答案为 A、D。

【8.（2012 - 48）解析】知识点：专利登记簿

R106 规定："国务院专利行政部门设置专利登记簿，登记下列与专利申请和专利权有关的事项：（一）专利权的授予；（二）专利申请权、专利权的转移；（三）专利权的质押、保全及其解除；（四）专利实施许可合同的备案；（五）国防专利、保密专利的解密；（六）专利权的无效宣告；（七）专利权的终止；（八）专利权的恢复；（九）专利权期限的补偿；（十）专利实施的开放许可；（十一）专利实施的强制许可；（十二）专利权人的姓名或者名称、国籍和地址的变更。"选项 A、B、C、D 分别相对于上述规定的第（二）、（十二）、（四）、（八）项中的情形，故均应当在专利登记簿中登记而符合题意。

综上，本题答案为 A、B、C、D。

（三）总体考点分析

本部分涉及下述内容：（1）授权程序：授予专利权通知、办理登记手续、颁发专利证书、登记和公告授权决定以及视为放弃取得专利权的权利；（2）专利证书：专利证书的格式、专利证书的更换、专利证书错误的更正以及电子专利证书；（3）专利登记簿：专利登记簿的内容和格式、效力、副本。其中重点是专利证书以及专利登记簿副本及效力。

高频结论

✓ 专利局发出授予专利权的通知书和办理登记手续通知书后，申请人在规定期限内未规定办理登记手续的，应当发出视为放弃取得专利权通知书。其中申请人在办理登记手续时，应当按照办理登记手续通知书中写明的授权当年（办理登记手续通知书中指明的年度）的年费。

✓ 专利登记簿，登记下列与专利申请和专利权有关的事项：（1）专利权的授予；（2）专利申请权、专利权的转移；（3）专利权的质押、保全及其解除；（4）专利实施许可合同的备案；（5）国防专利、保密专利的解密；（6）专利权的无效宣告；（7）专利权的终止；（8）专利权的恢复；（9）专利权期限的补偿；（10）专利实施的开放许可；（11）专利实施的强制许可；（12）专利权人的姓名或者名称、国籍和地址的变更（R106）。

✓ 专利权终止后，专利局不再更换专利证书。因专利权的转移、专利权人更名发生专利权人姓名或者名称变更的，均不予更换专利证书。专利局发出的原纸质专利证书破损损坏的，专利权人可以请求更换专利证书。

✓ 专利局授予专利权时应当建立专利登记簿。专利登记簿登记的内容包括 R106 规定的十二种事项。上述事项一经作出即在专利登记簿中记载，专利登记簿登记的事项以数据形式储存于数据库中，制作专利登记簿副本时，按照规定的格式打印而成，加盖证件专用章后生效。

✓ 专利权授予公告之后，任何人都可以向专利局请求出具专利登记簿副本（专利登记簿也记载专利权授予之前的相关事项，但只在专利权授予时才建立专利登记簿，并只能在专利权授予之后才能请求专利局出具，且专利失效后也可以请求出具专利登记簿副本）。

✓ 授予专利权时，专利登记簿与专利证书上记载的内容是一致的，在法律上具有同等效力；专利权授予之后，专利的法律状态的变更仅在专利登记簿上记载，由此导致专利登记簿与专利证书上记载的内容不一致的，以专利登记簿上记载的法律状态为准。

（四）参考答案

1. B　　　　2. A、C　　　　3. A、D　　　　4. C、D　　　　5. C
6. B　　　　7. A、D　　　　8. A、B、C、D

十、专利权年度年费及专利权的终止

(一) 历年试题集合

1. (2016 - 19) 一件发明专利申请的优先权日为 2012 年 7 月 18 日,申请日为 2013 年 6 月 30 日,国家知识产权局于 2016 年 1 月 20 日发出授予发明专利权通知书,告知申请人自收到通知书之日起两个月内办理登记手续,申请人在办理登记手续时,应缴纳第几年度的年费?
　　A. 第一年度
　　B. 第二年度
　　C. 第三年度
　　D. 第四年度

【你的答案】

【选错记录】

2. (2010 - 72) 江某的发明专利申请的申请日为 2007 年 9 月 19 日,国家知识产权局于 2010 年 5 月 11 日发出授予专利权通知书和办理登记手续通知书,江某于 2010 年 5 月 20 日收到前述通知书。下列说法哪些是正确的?
　　A. 江某应当在 2010 年 7 月 26 日前缴纳第三年度的年费
　　B. 江某应当在 2010 年 9 月 19 日前缴纳第三年度的年费
　　C. 江某应当在 2010 年 7 月 26 日前缴纳第四年度的年费
　　D. 江某应当在 2010 年 9 月 19 日前缴纳第四年度的年费

【你的答案】

【选错记录】

3. (2019 - 18) 一件实用新型专利的申请日为 2000 年 5 月 15 日,授权公告日为 2001 年 6 月 20 日,关于专利权期限,下列说法正确的是?
　　A. 该专利的期限为 2000 年 5 月 15 日至 2020 年 5 月 14 日（周四）
　　B. 该专利的期限为 2000 年 5 月 16 日至 2010 年 5 月 15 日
　　C. 该专利期满终止日为 2010 年 5 月 15 日（周六）
　　D. 该专利期满终止日为 2010 年 5 月 17 日（周一）

【你的答案】

【选错记录】

4. (2014 - 29) 某专利申请为 2006 年 5 月 10 日,国家知识产权局于 2012 年 6 月 15 日发出缴费通知书,通知专利权人缴纳第七年度的年费及滞纳金。专利权人逾期未缴纳年费及滞纳金,国家知识产权局于 2013 年 1 月 25 日发出专利权终止通知书,专利权人未提出恢复权利的请求。该专利权应当自哪日起终止?
　　A. 2012 年 5 月 9 日
　　B. 2012 年 5 月 10 日
　　C. 2012 年 6 月 15 日
　　D. 2013 年 1 月 25 日

【你的答案】

【选错记录】

5. (2012 - 82) 下列哪些情形将导致专利权终止?
　　A. 未按规定缴纳年费
　　B. 以书面声明放弃专利权
　　C. 专利权期限届满
　　D. 专利权被宣告无效

【你的答案】

【选错记录】

6. (2012 - 16) 下列关于专利权终止的哪种说法是正确的?
　　A. 专利权终止后都可以请求恢复权利
　　B. 终止的专利权视为自始即不存在
　　C. 专利权终止后继续在产品上标注专利标识的,构成假冒专利
　　D. 对终止的专利权不能提出无效宣告请求

【你的答案】

【选错记录】

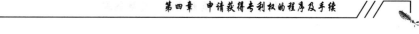

（二）参考答案解析

【1.（2016－19）解析】知识点：专利年度

根据R60.1的规定，国务院专利行政部门发出授予专利权的通知后，申请人应当自收到通知之日起2个月内办理登记手续……。根据R4.4的规定，国务院专利行政部门邮寄的各种文件，自文件发出之日起满15日，推定为当事人收到文件之日。根据该规定，题中授予专利权通知书于2016年1月20日发出，则推定收到日为2016年2月4日，再加上两个月内办理登记手续的期限，则申请人办理登记手续的届满日为2016年4月4日（而最早可以办理登记手续的期限可以是实际收到通知书当天就可以办理，但也不能早于发文日）。

在G-5-9-4.2.1关于"年费"中规定，授予专利权当年的年费应当在办理登记手续的同时缴纳，以后的年费应当在上一年度期满前缴纳。缴费期限届满日是申请日在该年的相应日。进一步地，在G-5-9-4.2.1.1关于"年度"中规定，专利年度从申请日起算，与优先权日、授权日无关，与自然年度也没有必然联系。例如，一件专利申请的申请日是1999年6月1日，该专利申请的第一年度是1999年6月1日至2000年5月31日，第二年度是2000年6月1日至2001年5月31日，以此类推。根据上述规定，题中专利的第一年度为自其申请日2013年6月30日至2014年6月29日，第二年度是2014年6月30日至2015年6月29日，第三年度是2015年6月30日至2016年6月29日，以此类推。根据前述分析，该专利的办理登记手续最早期限至届满日2016年4月4日均处于专利的第三年度期间，因此申请人在办理登记手续时应缴纳第三年度的年费，即选项C正确，符合题意（注意：在实际操作中，为了避免上述办理手续跨专利年度的问题，因此专利局发出的办理登记手续通知书中会指明具体的年度）。

综上所述，本题答案为C。

【2.（2010－72）解析】知识点：年费的计算和缴纳

参照1.（2016－19）的解析，专利年度自申请日起算，题中专利的申请日为2007年9月19日，则第二年度为2008年9月19日至2009年9月18日，第三年度为2009年9月19日至2010年9月18日，第四年度为2010年9月19日至2011年9月18日。题中，江某的发明专利申请的申请日为2007年9月19日，国家知识产权局发出"授予专利权通知书"和"办理登记手续通知书"的日期为2010年5月11日，则推定申请人收到通知的时间为2010年5月26日。此时，处于该专利的第三年度。由于授予专利权当年的年费应当在办理登记手续的同时缴纳，以后的年费应当在上一年度期满前缴纳，因此，江某应当在办理登记时缴纳当年度即第三年度的年费，即最迟应当在2010年7月26日前缴纳第三年度的年费，即选项A的说法正确，符合题意。而不是缴纳第四年度的年费，即选项C所述"江某应当在2010年7月26日前缴纳第四年度的年费"的说法错误，不符合题意。

在G-5-9-4.2.1.2关于"应缴年费数额"中规定，各年度年费按照收费表中规定的数额缴纳。例如，一件专利申请的申请日是1997年6月3日，如果该专利申请于2001年8月1日被授予专利权（授予专利权公告之日），申请人在办理登记手续时已缴纳了第五年度年费，那么该专利权人最迟应当在2002年6月3日按照第六年度年费标准缴纳第六年度年费。结合G-5-9-4.2.1关于"年费"的规定"以后的年费应当在上一年度期满前缴纳"，因此题中第四年度的年费应在第三年度期满前缴纳即2010年9月19日前缴纳，故选项B所述"江某应当在2010年9月19日前缴纳第三年度的年费"的说法错误，不符合题意。即选项D的说法正确（注意：2010年9月19日是缴纳第四年度年费的最迟日期，而不是第三年度年费的最迟日期）。

综上所述，本题答案为A、D。

【3.（2019－18）解析】知识点：专利权的期限、专利期满终止日

根据A42的规定可知，实用新型专利权的期限为十年并且是自申请日起计算。进一步，在G-5-9-4.1关于"专利权期满终止"中规定，……例如，一件实用新型专利的申请日是1999年9月6日，该专利的期限为1999年9月6日至2009年9月5日，专利权期满终止日为2009年9月6日（遇节假日不顺延）……。此处的申请日指的是实际申请日，题中的实用新型专利的实际申请日是2000年5月15日。则该实用新型专利权的期限为2000年5月15日至2010年5月14日，因此选项A所述的"该专利的期限为2000年5月15日至2020年5月14日（周四）"，由于是按二十年而不是十年保护期限计算的，故其说法是错误的，不符合题意。而选项B所述的"该专利的期限为2000年5月16日至2010年5月15日"的说法错误，不符合题意（注意：从申请日2000年5月15日开始计算，而不是从其第二天2000年5月16日才开始计算）。根据上述规定，题中专利期满终止日为2010年5月15日（即这一天开始该专利权不具有效力），因此选项C的说法正确，符合题意。虽然2010年5月15日这一天是周六，但专利权保护期限终止日遇节假日也不顺延，因此选项D所述的"该专利期满终止日为2010年5月17日（周一）"是错误的，不符合题意。

综上所述，本题答案为C。

【4.（2014－29）解析】知识点：专利权的终止；相关知识点：权利的恢复

根据R115的规定，授予专利权当年以后的年费应当在上一年度期满前缴纳。专利权人未缴纳或者未缴足的，国务院专利行政部门应当通知专利权人自应当缴纳年费期满之日起6个月内补缴，同时缴纳滞纳金；滞纳金的金额按照每超过规定的缴费时间1个月，加收当年全额年费的5%计算；期满未缴纳的，专利权自应当缴纳年费期满之日起终止。

关于选项A的干扰项，参见3.（2019－18）解析可知，题中专利权应当自2012年5月10日终止（即自这一天开始就不再具有专利权效力），而不是2012年5月9日终止（但这一天是专利权有效的最后一天）。

在G－5－9－4.2.1.1关于"年度"中规定，专利年度从申请日起算，与优先权日、授权日无关，与自然年度也没有必然联系……。题中，专利申请的申请日为2006年5月10日以此作为专利年度的起算日，则专利的第七年度的年费应在上一年度即第六年度（2011年5月10日至2012年5月9日）期满前缴纳。专利权人逾期未缴纳第七年度年费及滞纳金，则专利权自应当缴纳年费期满之日2012年5月10日终止，即选项B符合题意。

而选项C中的2012年6月15日为专利局发出缴费通知书的时间，选项D中的2013年1月25日为发出专利权终止通知书的时间，均与专利权终止的时间无关，仅仅是专利局通知专利权人相关事项而已。

综上所述，本题答案为B。

【5.（2012－82）解析】知识点：专利权的终止

根据A44.1的规定，有下列情形之一的，专利权在期限届满前终止：（1）没有按照规定缴纳年费的；（2）专利权人以书面声明放弃其专利权的。根据上述规定，选项A所述的"未按规定缴纳年费"，以及选项B所述的"以书面声明放弃专利权"，都会导致专利权的终止，符合题意。

G－5－9－4关于"专利权的终止"，涉及下一级的"4.1专利权期满终止""4.2专利权人没有按照规定缴纳年费的终止""4.3专利权人放弃专利权"三种情形。据此可知，专利权终止还包括专利权期限届满终止的情形，即选项C符合题意。

根据A47.1的规定，宣告无效的专利权视为自始即不存在。该规定中所述的"自始即不存在"是表示视该专利权自始就没有成立，即自始就不具有专利权的效力，不同于专利权"终止"概念，因为"终止"的意思是专利权在相关日期起失去效力，但在终止前（即失去效力之前）具有专利权的效力。因此，选项D所述的"专利权被宣告无效"并不同于专利权终止的概念，故不符合题意。

综上所述，本题答案为A、B、C。

【6.（2012－16）解析】知识点：专利权的终止

根据R6.1的规定，当事人因不可抗拒的事由而延误《专利法》或者该细则规定的期限或者国务院专利行政部门指定的期限，导致其权利丧失的，自障碍消除之日起2个月内且自期限届满之日起2年内，可以向国务院专利行政部门请求恢复权利；但是，延误复审请求期限的，可以自复审请求期限届满之日起2个月内向国务院专利行政部门请求恢复权利。根据R6.2的规定，除前款规定的情形外，当事人因其他正当理由延误《专利法》或者该细则规定的期限或者国务院专利行政部门指定的期限，导致其权利丧失的，可以自收到国务院专利行政部门的通知之日起2个月内向国务院专利行政部门请求恢复权利。根据R6.5的规定，该条第一款和第二款的规定不适用《专利法》第二十四条、第二十九条、第四十二条、第七十四条规定的期限。其中，《专利法》第二十四条、第二十九条、第四十二条、第七十四条规定的期限分别涉及的是不丧失新颖性的宽限期、优先权期限、专利权的期限和侵犯专利权的诉讼时效，即涉及这四类期限，超期或届满后不能请求恢复。因此，选项A所述的"专利权终止后都可以请求恢复权利"的说法是错误的，因为专利权终止也包括专利权期限届满终止，不符合题意。

根据A47.1的规定，宣告无效的专利权视为自始即不存在。而专利权的终止不同于专利权的被宣告无效。专利权终止是意味着该专利权从终止之日起不再具有专利权的效力，而终止日之前该专利是有效的。故选项B所述的"终止的专利权视为自始即不存在"的说法错误，不符合题意。

根据R101.1的规定，下列行为属于《专利法》第六十八条规定的假冒专利的行为：（1）在未被授予专利权的产品或者其包装上标注专利标识，专利权被宣告无效后或者终止后继续在产品或者其包装上标注专利标识，或者未经许可在产品或者产品包装上标注他人的专利号；……。因此，专利权终止后继续在产品上标注专利标识的，构成假冒专利，即选项C的说法正确，符合题意。注意：此处不要与R101.2的规定相混淆，R101.2规定的是"专利权终止前依法在专利产品、依照专利方法直接获得的产品或者其包装上标注专利标识，在专利权终止后许诺销售、销售该产品的，不属于假冒专利行为"。这里所述的并非前面所述的专利权终止后继续在产品上标注专利标识的行为。

在G－4－3－3.1关于"无效宣告请求客体"中规定，无效宣告请求的客体应当是已经公告授权的专利，包括已经终止或者放弃（自申请日起放弃的除外）的专利……。因此，对终止的专利权也可以提出无效宣告请求，即选项D的说法错误，不符合题意（注意：因为终止的专利权在专利权终止之前其专利权是存在的，因此可以提出无效宣告请求）。

综上所述，本题答案为 C。

（三）总体考点分析

本部分涉及专利年费、滞纳金相关规定，以及期满终止、未缴年费终止以及主动放弃专利权的相关知识点。重点是年费和年度的规定、专利权期满终止日的确定的相关规定等。

高频结论

✓　授予专利权当年的年费应当在办理登记手续的同时缴纳，以后的年费应当在上一年度期满前缴纳。缴费期限届满日是申请日在该年的相应日。注意：专利年度从申请日起算，与优先权日、授权日无关，与自然年度也没有必然联系。

✓　授予专利权当年以后的年费应当在上一年度期满前缴纳。专利权人未缴纳或者未缴足的，国务院专利行政部门应当通知专利权人自应当缴纳年费期满之日起 6 个月内补缴，同时缴纳滞纳金；滞纳金的金额按照每超过规定的缴费时间 1 个月，加收当年全额年费的 5% 计算；期满未缴纳的，专利权自应当缴纳年费期满之日起终止。

✓　发明专利权的期限为二十年，实用新型专利权的期限为十年，外观设计专利权的期限为十五年。（注意：《专利法》第四次修改前为十年。）

✓　自发明专利申请日起满四年，且自实质审查请求之日起满三年后授予发明专利权的，国务院专利行政部门应专利权人的请求，就发明专利授权过程中的不合理延迟给予专利权期限补偿，但是申请人引起的不合理延迟除外（A42.2）。

✓　专利权的期限自申请日起计算。例如，一件实用新型专利的申请日是 1999 年 9 月 6 日，该专利的期限为 1999 年 9 月 6 日至 2009 年 9 月 5 日，专利权期满终止日为 2009 年 9 月 6 日（遇节假日不顺延）。

✓　专利权的终止的情形包括：专利权期满终止、专利权人没有按照规定缴纳年费的终止、专利权人放弃专利权而终止等三种情形。（注意：与专利权被宣告无效而视为自始不存在相区分开，因上述三种原因终止的，在终止日之前专利权是存在效力的，而不是自始不存在。）

（四）参考答案

1. C	2. A、D	3. C	4. B	5. A、B、C
6. C				

第三节　专利申请审查流程中的其他手续

一、撤回专利申请声明

（一）历年试题集合

1.（2018－52）某申请人于 2017 年 8 月 25 日针对其所提发明专利申请提出撤回专利申请声明，2017 年 8 月 30 日国家知识产权局公布该申请，国家知识产权局于 2017 年 9 月 6 日针对该撤回专利申请声明发出手续合格通知书，并于 2017 年 10 月 18 日对撤回专利申请声明进行公告，以下说法哪些是错误的？

【你的答案】

【选错记录】

A. 撤回专利申请的生效日为 2017 年 9 月 6 日

B. 撤回专利申请的生效日为 2017 年 10 月 18 日

C. 撤回专利申请的声明是在专利申请公布前提出的，所以国家知识产权局不应当公布该申请

D. 国家知识产权局对该撤回专利申请的声明作出审查结论前，该公司有权随时撤回该声明

2. (2014-51) 某公司欲撤回其自行提交的一件发明专利申请。下列说法哪些是正确的?

    A. 该公司应当提交撤回专利申请声明，并缴纳相应费用

    B. 该申请被撤回后，不能作为任何在后申请的优先权基础

    C. 该公司撤回该专利申请不得附有任何条件

    D. 撤回专利申请的生效日为撤回手续合格通知书的发文日

【你的答案】

【选错记录】

3. (2013-98) 宋某委托专利代理机构提交了一件发明专利申请，现欲撤回该申请。下列说法哪些是正确的?

    A. 撤回专利申请声明可以在专利申请被授予专利权之前随时提出

    B. 宋某可以不通过专利代理机构自行办理撤回专利申请的手续

    C. 宋某撤回其专利申请应当缴纳相应的费用

    D. 撤回专利申请声明在做好公布专利申请文件的印刷准备工作后提出的，申请文件仍予公布

【你的答案】

【选错记录】

4. (2010-62) 申请人李某提出了一件发明专利申请，并同时提交了发明专利申请提前公布声明。该申请初审合格后，李某又提交了撤回专利申请声明，国家知识产权局经审查发出了手续合格通知书。则下列说法哪些是正确的?

    A. 该申请文件将不予公布

    B. 该申请文件将照常公布，但审查程序终止

    C. 撤回专利申请的生效日为手续合格通知书的发文日

    D. 该专利申请的撤回将在以后出版的专利公报上予以公告

【你的答案】

【选错记录】

(二) 参考答案解析

【1. (2018-52) 解析】知识点: 撤回专利申请

在 G-1-1-6.6 关于"撤回专利申请声明"中规定，……撤回专利申请的生效日为手续合格通知书的发文日……。题中，国家知识产权局于 2017 年 9 月 6 日针对该撤回专利申请声明发出手续合格通知书，因此选项 A 的说法正确的，不符合题意，而选项 B 是公告撤回专利申请的声明的时间，并不是生效日，故说法是错误的，符合题意。

根据 R41.2 的规定，撤回专利申请的声明在国务院专利行政部门作好公布专利申请文件的印刷准备工作后提出的，申请文件仍予公布；但是，撤回专利申请的声明应当在以后出版的专利公报上予以公告。题中，申请人于 2017 年 8 月 25 日针对其所提发明专利申请提出撤回专利申请声明，2017 年 8 月 30 日国家知识产权局公布该申请，表明其是在专利局做好公布的准备之后才提出的，因此仍予公布。根据上述规定，选项 C 的说法是错误的，符合题意。

在 G-1-1-6.6 关于"撤回专利申请声明"中规定，……申请人无正当理由不得要求撤销撤回专利申请的声明；但在申请权非真正拥有人恶意撤回专利申请后，申请权真正拥有人（应当提交生效的法律文书来证明）可要求撤销撤回专利申请的声明……。根据上述规定，题中的申请人请求撤回专利申请后，不能随时请求撤销该声明，因此选项 D 的说法是错误的，符合题意。

综上所述，本题答案为 B、C、D。

【2. (2014-51) 解析】知识点: 撤回专利申请

根据 R41.1 的规定，申请人撤回专利申请的，应当向国务院专利行政部门提出声明，写明发明创造的名称、申请号和申请日。因此，某公司欲撤回其自行提交的一件发明专利申请，需要提交撤回专利申请声明。进一步地，R110 规定了申请专利和办理其他手续时应当缴纳的费用种类，其中并不包括撤回专利申请相关的费用，即撤回专利申请并不需要缴纳相关的费用。因此，选项 A 的说法是错误的，不符合题意。

《保护工业产权巴黎公约》第四条规定，……已经在本联盟的一个国家正式提出专利、实用新型注册、外观设计注册或商标注册的任何人或其权利继承人，为了在其他国家提出申请，在以下规定的期间内应享有优先权。……正规的国家申请是指在有关国家中足以确定提出申请日的任何申请，而不问该申请以后的结局如何……对于专利和实用新型应为十二个月……。据此可知，被撤回的申请可以作为在后申请的优先权基础，而且《专利法》及其实施细则，以及《专利审查指南2023》中对优先权基础的要求，并没有排除被撤回的申请，因此选项 B 的说法错误，不符合题意。在 G-1-1-6.6 关于"撤回专利申请声明"中规定，……撤回专利申请不得附有任何条件。撤回专利申请声明不符合规定的，审查员应当发出视为未提出通知书；符合规定的，审查员应当发出手续合格通知书。撤回专利申请的生效日为手续合格通知书的发文日……。选项 C、D 的说法与上述规定相符，因此其说法正确，符合题意。

综上所述，本题答案为 C、D。

【3. (2013－98) 解析】知识点：撤回专利申请

根据A32的规定，申请人可以在被授予专利权之前随时撤回其专利申请。因此，选项A的说法正确，符合题意。在G－1－1－6.6关于"撤回专利申请声明"中规定，……申请人撤回专利申请的，应当提交撤回专利申请声明，并附具全体申请人签字或者盖章同意撤回专利申请的证明材料，或者仅提交由全体申请人签字或者盖章的撤回专利申请声明。委托专利代理机构的，撤回专利申请的手续应当由专利代理机构办理，并附具全体申请人签字或者盖章同意撤回专利申请的证明材料，或者仅提交由专利代理机构和全体申请人签字或者盖章的撤回专利申请声明……。根据上述规定，题中宋某委托了专利代理机构，则由专利代理机构办理撤回专利申请的手续，而宋某不能自行办理，故选项B的说法错误，不符合题意。R110规定的申请专利和办理其他手续时应当缴纳的费用种类中并不包括撤回专利申请相关的费用，即撤回专利申请并不需要缴纳相关的费用。因此，选项C的说法是错误的，不符合题意。根据R41.2的规定，……撤回专利申请的声明在国务院专利行政部门作好公布专利申请文件的印刷准备工作后提出的，申请文件仍予公布；但是，撤回专利申请的声明应当在以后出版的专利公报上予以公告。选项D的说法正确，符合题意。

综上所述，本题答案为A、D。

【4. (2010－62) 解析】知识点：撤回专利申请

在G－1－1－6.5关于"提前公布声明"中规定，……提前公布声明不符合规定的，审查员应当发出视为未提出通知书；符合规定的，在专利申请初步审查合格后立即进入公布准备。作好公布准备后，申请人要求撤销提前公布声明的，该要求视为未提出，申请文件照常公布。进一步地，在G－1－1－6.6关于"撤回专利申请声明"中规定，……撤回专利申请的声明是在专利申请进入公布准备后提出的，申请文件照常公布或者公告，但审查程序终止。题中，由于李某是在其专利申请初审合格后提出的撤回专利申请声明，而由于之前提交了提前公布声明，则该申请在初审合格后立即进入公布准备，因此李某请求撤回专利申请的声明在国务院专利行政部门作好公布专利申请文件的印刷准备工作后提出的，根据上述规定，其申请文件仍予公布。故选项A的说法错误，不符合题意；而选项B的说法正确，符合题意。

根据G－1－1－6.6关于"撤回专利申请声明"中的规定可知，撤回专利申请的生效日为手续合格通知书的发文日。对于已经公布的发明专利申请还应当在专利公报上予以公告。因此，选项C、D与上述规定相符，说法正确，符合题意。

综上所述，本题答案为B、C、D。

（三）总体考点分析

本部分涉及撤回专利申请的相关知识点，包括撤回时间、撤回的程序、提出撤回专利申请声明后的效力。

 高频结论

✓　申请人可以在被授予专利权之前随时撤回其专利申请。

✓　申请人撤回专利申请的，应当提交撤回专利申请声明，并附具全体申请人签字或者盖章同意撤回专利申请的证明材料，或者仅提交由全体申请人签字或者盖章的撤回专利申请声明。委托专利代理机构的，撤回专利申请的手续应当由专利代理机构办理，并附具全体申请人签字或者盖章同意撤回专利申请的证明材料，或者仅提交由专利代理机构和全体申请人签字或者盖章的撤回专利申请声明。但撤回专利申请并不需要缴纳相关的费用。

✓　撤回专利申请不得附有任何条件。撤回专利申请声明不符合规定的，审查员应当发出"视为未提出通知书"；符合规定的，审查员应当发出"手续合格通知书"。

✓　撤回专利申请的生效日为"手续合格通知书"的发文日（而不可能的是公告日等其他日期）。

✓　撤回专利申请的声明在国务院专利行政部门作好公布专利申请文件的印刷准备工作后提出的，申请文件仍予公布；但是，撤回专利申请的声明应当在以后出版的《专利公报》上予以公告。同时也意味着，如果撤回专利申请的声明在国务院专利行政部门作好公布专利申请文件的印刷的准备工作之前提出的，申请文件不予公布，当然不会公告撤回专利申请的声明。

✓　申请人无正当理由不得要求撤销撤回专利申请的声明；但在申请权非真正拥有人恶意撤回专利申请后，申请权真正拥有人（应当提交生效的法律文书来证明）可要求撤销撤回专利申请的声明。

✓　被撤回的申请可以作为在后申请的优先权基础，但如果没有公开，则不能构成在后申请的抵触申请等，但如果进行了公开，则构成在其公开日之后的申请现有技术，也有可能构成在后申请的抵触申请。

（四）**参考答案**

1. B、C、D   2. C、D   3. A、D   4. B、C、D

二、著录项目变更

（一）历年试题集合

1. （2018－53）关于发明人变更，以下说法错误的是？

A. 甲公司员工张某、李某和赵某共同作出一项职务发明创造并由甲公司提出发明专利申请，该申请公布两个月后赵某通过国家知识产权局网站查询到其未记载在发明人之中，甲公司可以以漏填发明人赵某为由向国家知识产权局提出著录项目变更请求

B. 乙公司员工王某、刘某共同作出一项职务发明创造并由乙公司提出专利申请，该申请进入办理授权登记手续阶段时，乙公司与王某、刘某共同商议拟通过著录项目变更的方式在专利证书上增加仅负责组织工作的孙某为共同发明人

C. 丙公司在提交专利申请时因经办人书写错误，将发明人傅某的名字写错，拟通过著录项目变更的方式对发明人进行更正

D. 钱某在将其所拥有的一项发明专利申请转让给周某时，除提出变更专利申请人的请求之外，还可以请求将该专利申请的发明人变更为从未参与本发明创造的周某

【你的答案】

【选错记录】

2. （2017－46，有适应性修改）申请人甲提交了一份专利申请，后欲将该申请转让给乙，乙想委托代理机构办理专利相关事务。这种情况下应当如何办理著录项目变更手续，以下说法正确的是？

A. 办理手续时，应当提交两份著录项目变更申报书

B. 办理手续时，应当提交申请权由甲转让给乙的转让证明以及乙与代理机构签订的专利代理委托书

C. 申请人应当自提出著录项目变更申报书后两个月内缴纳变更费

D. 该手续应当由乙委托的专利代理机构办理

【你的答案】

【选错记录】

3. （2014－77）北京的甲公司委托某专利代理机构向国家知识产权局提交了一件外观设计专利申请，现欲将该申请的申请人变更为德国的乙公司，乙公司仍委托该专利代理机构。则该专利代理机构在办理著录项目变更手续时，应当提交下列哪些文件？

A. 著录项目变更申报书

B. 双方签字或盖章的转让合同

C. 乙公司签字或盖章的委托书

D. 国务院商务主管部门颁发的《技术出口许可证》

【你的答案】

【选错记录】

4. （2013－56）某公司提交了一件发明专利申请，现该公司欲增加漏填的发明人。该公司应当办理下列哪些手续？

A. 提交著录项目变更申报书

B. 缴纳著录项目变更费

C. 提交由全体申请人和变更前全体发明人签章的证明文件

D. 提交申请权转让证明

【你的答案】

【选错记录】

5. （2012－91，有适应性修改）北京人韩某将其拥有的一项发明专利权转让给美国某公司，现欲到国家知识产权局办理登记手续。下列说法哪些是正确的？

A. 登记手续应当由该美国公司委托的中国专利代理机构办理

B. 办理手续时，应当附具双方当事人签字或者盖章的转让合同

C. 办理手续时，应当附具《技术出口许可证》或者《自由出口技术合同登记证书》

D. 登记手续应当在签订专利权转让合同之日起一个月内办理

【你的答案】

【选错记录】

6. (2011－45) 中国内地申请人甲欲将其一件外观设计专利权转让给外国公司乙。下列说法哪些是正确的？

【你的答案】

【选错记录】

A. 甲应当提交著录项目变更申报书并在提交申报书之日起一个月内缴纳著录事项变更费

B. 甲应当提交《技术出口许可证》或者《自由出口技术合同登记证书》，以及双方签字或者盖章的转让合同

C. 如果乙公司在中国没有营业所，则在办理著录项目变更手续时应当委托专利代理机构

D. 如果著录项目变更手续合格，则该专利权的转让自公告之日起生效

7. (2010－25) 在某项专利的登记簿中，姜某和董某是专利权人，陈某是发明人。现当事人欲将专利权人变更为陈某，发明人变更为姜某和董某。下列说法哪些是正确的？

【你的答案】

【选错记录】

A. 对于此两项变更，只需提交一份著录项目变更申报书

B. 由于变更两项著录项目，因此需就该两项著录项目变更分别缴纳著录项目变更手续费

C. 该著录项目变更手续既可以由姜某和董某办理，也可以由陈某办理

D. 该著录项目变更手续应当自国家知识产权局发出变更手续合格通知书之日起生效

（二）参考答案解析

【1. (2018－53) 解析】知识点：著录项目变更（发明人变更）

在 G－1－1－6.7.2.3 关于"发明人变更"中规定，……因漏填或者错填发明人提出变更请求的，应当自收到受理通知书之日起一个月内提出，提交由全体申请人（或专利权人）和变更前后全体发明人签字或者盖章的证明文件……。选项 A 中，由于漏填了发明人赵某，作为申请人的甲公司可以此为由请求国家知识产权局提出增加发明人赵某，即提出著录项目变更请求，故选项 A 的说法正确，不符合题意。

在 G－1－1－6.7.2.1 关于"申请人（或专利权人）姓名或者名称变更"中规定，……（2）个人因书写错误提出变更请求的，应当提交本人签字或者盖章的声明及本人的身份证明文件……。选项 C 中由于经办人书写错误，可以通过著录项目变更的方式对发明人进行更正，故其说法正确，不符合题意。

根据 R14 的规定，《专利法》所称发明人或者设计人，是指对发明创造的实质性特点作出创造性贡献的人。在完成发明创造过程中，只负责组织工作的人、为物质技术条件的利用提供方便的人或者从事其他辅助工作的人，不是发明人或者设计人。选项 B 中的孙某由于仅负责组织工作，因此并不是发明人，因此乙公司与王某、刘某共同商议拟通过著录项目变更的方式在专利证书上增加仅负责组织工作的孙某为共同发明人的做法错误，符合题意。选项 D 中的周某从未参与发明创造，也不可能是发明人，因此不能请求将该专利申请的发明人变更为周某，故选项 D 的说法错误，符合题意。

综上所述，本题答案为 B、D。

【2. (2017－46) 解析】知识点：著录项目变更（申请人变更）

在 G－1－1－6.7.1.1 关于"著录项目变更申报书"中规定，办理著录项目变更手续应当提交著录项目变更申报书。一件专利申请的多个著录项目同时发生变更的，只需提交一份著录项目变更申报书；一件专利申请同一著录项目发生连续变更的，应当分别提交著录项目变更申报书，专利申请权（或专利权）连续转移的，不应当以连续变更的方式办理；多件专利申请的同一著录项目发生变更，且变更的内容完全相同的，可以提交批量著录项目变更申报书。由此可知，题中虽然涉及甲转让给乙，并且乙委托代理机构办理，涉及两个著录项目同时发生变更，但根据上述规定，其属于一件专利申请的多个著录项目同时发生变更的情形，因此在办理手续时，只需提交一份著录项目变更申报书，因此选项 A 的说法错误，不符合题意。

在 G－1－1－6.7.2.2 关于"专利申请权（或专利权）转移"中规定，……（2）申请人（或专利权人）因权利的转让或者赠与发生权利转移提出变更请求的，应当提交双方签字或者盖章的转让或者赠与合同。必要时还应当提交主体资格证明，……该合同是由单位订立的，应当加盖单位公章或者合同专用章。公民订立合同的，由本人签字或者盖章。有多个申请人（或专利权人）的，应当提交全体权利人同意转让或者赠与的证明材料。据此规定，甲将专利申请转让给乙，在提出变更请求时应当提交转让或者赠与合同。进一步地，在 G－1－1－6.7.2.4 关于"专利代理机构及代理人变更"中规定，……（4）专利申请权（或专利权）转移的，变更后的申请人（或专利权人）委托新专利代理机构的，应当提交变更后的全体申请人（或专利权人）签字或者盖章的委托书；变更后的申请人（或专利权人）委托原专利代理机构的，只需提交新增申请人（或专利权人）签字或者盖章的委托书。由此可知，由于是乙想委托代理机构办理，而乙是变更后的申请人，因此需要提交乙签字或者盖章的委托书。综上，题中办理该项手续，需要提交申请人甲将权利转让给乙的转让证明，以及乙与代理机构签订的专利代理委托书。故选项 B 的说法正确，符合题意。

根据 R116.3 的规定，著录项目变更费、专利权评价报告请求费、无效宣告请求费应当自提出请求之日起 1 个月内缴纳……。而选项 C 中"两个月内"的时间期限错误，故其说法不正确，不符合题意。

在 G-1-1-6.7.1.4 关于"办理著录项目变更手续的人"中规定，未委托专利代理机构的，著录项目变更手续应当由申请人（或专利权人）或者其代表人办理；已委托专利代理机构的，应当由专利代理机构办理。因权利转移引起的变更，可以由新的权利人办理；新的权利人已委托代理机构的，应当由其委托的专利代理机构办理。根据上述规定，题中的手续应当由乙委托的专利代理机构办理，即选项 D 的说法正确，符合题意。

综上所述，本题答案为 B、D。

【3.（2014-77）解析】知识点：著录项目变更（转让）

在 G-1-1-6.7 关于"著录项目变更"最后一段中规定，专利申请权（或专利权）转让或者因其他事由发生转移的，申请人（或专利权人）应当以著录项目变更的形式向专利局登记。进一步地，在 G-1-1-6.7.1.1 关于"著录项目变更申报书"中规定，办理著录项目变更手续应当提交著录项目变更申报书……。由此可知，选项 A 的著录项目变更申报书是应当提交的，故符合题意。

在 G-1-1-6.7.2.2 关于"专利申请权（或专利权）转移"中规定，……（2）申请人（或专利权人）因权利的转让或者赠与发生权利转移提出变更请求的，应当提交双方签字或者盖章的转让或者赠与合同……。根据上述规定，选项 B 的双方签字或盖章的转让合同应当提交的，故符合题意。

在 G-1-1-6.7.2.4 关于"专利代理机构及代理师变更"中规定，……（4）专利申请权（或专利权）转移的，变更后的申请人（或专利权人）委托新专利代理机构的，应当提交变更后的全体申请人（或专利权人）签字或者盖章的委托书；变更后的申请人（或专利权人）委托原专利代理机构的，只需提交新增申请人（或专利权人）签字或者盖章的委托书。题中，乙公司仍委托该专利代理机构办理，故需要提交乙公司签字或盖章的委托书，即选项 C 符合题意。

在 G-1-1-6.7.2.2 关于"专利申请权（或专利权）转移"中规定：……（3）专利申请权（或专利权）转让（或赠与）涉及外国人、外国企业或者外国其他组织的，应当符合下列规定：……（ii）对于发明或者实用新型专利申请（或专利），转让方是中国内地的个人或者单位，受让方是外国人、外国企业或者外国其他组织的，应当出具国务院商务主管部门颁发的"技术出口许可证"或者"自由出口技术合同登记证书"，或者地方商务主管部门颁发的"自由出口技术合同登记证书"，以及双方签字或者盖章的转让合同……。根据上述规定，题中转让的是外观设计专利，因此无须提交国务院商务主管部门颁发的"技术出口许可证"，只需提交双方签字或者盖章的转让合同，因此选项 D 的国务院商务主管部门颁发的"技术出口许可证"是不需要提交的，不符合题意。

综上所述，本题答案为 A、B、C。

【4.（2013-56）解析】知识点：著录项目变更（发明人）

在 G-1-1-6.7.2.3 关于"发明人变更"中规定，……因漏填或者错填发明人提出变更请求的，应当自收到受理通知书之日起一个月内提出，提交由全体申请人（或专利权人）和变更前后全体发明人签字或者盖章的证明文件……。题中，由于漏填了发明人，申请人应当提交著录项目变更请求，故选项 A 说法正确，符合题意。同时，选项 C 符合题意。但由于仅涉及漏填发明人而不涉及申请人，故并不涉及申请权转让，无须提交申请权转让证明，即选项 D 不符合题意。

根据 R116.3 的规定，著录事项变更费、专利权评价报告请求费、无效宣告请求费应当自提出请求之日起 1 个月内缴纳；期满未缴纳或者未缴足的，视为未提出请求。由此可知，选项 B 的缴纳著录项目变更费符合题意。

综上所述，本题答案为 A、B、C。

【5.（2012-91）解析】知识点：著录项目变更（转让）

在 G-1-1-6.7.1.4 关于"办理著录项目变更手续的人"中规定，未委托专利代理机构的，著录项目变更手续应当由申请人（或专利权人）或者其代表人办理；已委托专利代理机构的，应当由专利代理机构办理。因权利转移引起的变更，可以由新的权利人办理；新的权利人已委托代理机构的，应当由其委托的专利代理机构办理。题中涉及的专利权转让登记手续应当由变更后的该美国公司委托的中国专利代理机构办理，即选项 A 符合题意。

参见 3.（2014-77）选项 D 的解析，根据 G-1-1-6.7.2.2 关于"专利申请权（或专利权）转移"的规定，题中转让的是发明专利，因此需要提交国务院商务主管部门颁发的"技术出口许可证"，以及双方签字或者盖章的转让合同。由此可知，选项 B、C 的说法正确，符合题意。

在 G-1-1-6.7.4 关于"著录项目变更的生效"中规定，（1）著录项目变更手续自专利局发出变更手续合格通知书之日起生效。专利申请权（或专利权）的转移自登记日起生效，登记日即上述的手续合格通知书的发文日……。根据上述规定，对于专利权转让登记生效时间进行了规定，但并没有规定当事人进行登记的具体时间，但签订转让协议后不及时到国家知识产权局办理专利权转让手续，会影响专利权转让的生效（但转让合同是签订时就生效，即转让合同生效并不以是否登记为前提）。由此可知，选项 D 的说法错误，不符合题意。

综上所述，本题的答案为 A、B、C。

【6.（2011－45）解析】 知识点：著录项目变更（转让）

G－1－1－6.7.1.1 关于"著录项目变更申报书"中规定，办理著录项目变更手续应当提交著录项目变更申报书……。根据 R116.3 的规定，著录事项变更费、专利权评价报告请求费、无效宣告请求费应当自提出请求之日起 1 个月内缴纳；期满未缴纳或者未缴足的，视为未提出请求。由此可知，甲应当提交著录项目变更申报书并在提交申报书之日起 1 个月内缴纳著录事项变更费，即选项 A 的说法正确，符合题意。

参见 3.（2014－77）选项 D 的解析，根据 G－1－1－6.7.2.2 关于"专利申请权（或专利权）转移"的规定，题中转让的是外观设计专利，因此无须提交国务院商务主管部门颁发的"技术出口许可证"，只需提交双方签字或者盖章的转让合同，因此选项 B 的说法不正确，不符合题意。

根据 A18.1 的规定，在中国没有经常居所或者营业所的外国人、外国企业或者外国其他组织在中国申请专利和办理其他专利事务的，应当委托依法设立的专利代理机构办理。由此可知，如果乙公司在中国没有营业所，则在办理著录项目变更手续时应当委托专利代理机构，即选项 C 的说法正确，符合题意。

参见 5.（2012－91）选项 D 的解析，根据 G－1－1－6.7.4 关于"著录项目变更的生效"的规定，该专利权的转让并非自公告之日起生效，而自著录项目变更手续合格通知书的发文日起生效。因而，选项 D 的说法错误，不符合题意。

综上所述，本题答案为 A、C。

【7.（2010－25）解析】 知识点：著录项目变更（转让、发明人）

参见 2.（2017－46）选项 A 的解析，本题中，专利权人和发明人两个著录项目同时变更，属于一件专利申请的多个著录项目同时发生变更的情形，因此在办理手续时，只需提交一份著录项目变更申报书，因此选项 A 的说法正确，符合题意。

在 G－1－1－6.7.1.2 关于"著录事项变更费"中规定，申请人请求变更发明人和/或申请人（或专利权人）的，应当缴纳著录事项变更费，即著录项目变更手续费。专利局公布的专利收费标准中的著录事项变更费是指，一件专利申请每次申报著录项目变更的费用。针对一件专利申请（或专利），申请人同时对同一著录项目提出连续变更的，按一次变更缴纳费用。由此可知，题中，专利权人和发明人两者同时变更，属于一项专利，在一次著录项目变更申报手续中对同一著录项目提出连续变更，视为一次变更的情形（即发明人和申请人/专利权人算作同一著录项目），因此就所述两方面变更无须分别缴纳著录项目变更手续费，而只需缴纳一次变更的变更手续费，故选项 B 的说法错误，不符合题意。

参见 5.（2012－91）选项 A 的解析可知，题中的手续可以由原专利权人姜某和董某办理，也可以由新的专权利人陈某办理，因此选项 C 的说法正确，符合题意。

根据 G－1－1－6.7.4 关于"著录项目变更的生效"的规定，著录项目变更手续自专利局发出变更手续合格通知书之日起生效。因此，选项 D 的说法正确，符合题意。

综上所述，本题答案为 A、C、D。

（三）总体考点分析

本部分涉及著录项目变更相关知识点，包括著录项目变更申报书、变更手续费、变更手续费缴纳期限、办理著录项目变更手续的人、著录项目变更证明文件以及著录项目变更手续的审批和著录项目变更的生效。

高频结论

✓　办理著录项目变更手续应当提交著录项目变更申报书。一件专利申请的多个著录项目同时发生变更的，只需提交一份著录项目变更申报书；一件专利申请同一著录项目发生连续变更的，应当分别提交著录项目变更申报书，专利申请权（或专利权）连续转移的，不应当以连续变更的方式办理；多件专利申请的同一著录项目发生变更，且变更的内容完全相同的，可以提交批量著录项目变更申报书。

✓　申请人请求变更发明人和/或申请人（或专利权人）的，应当缴纳著录事项变更费，即著录项目变更手续费。专利局公布的专利收费标准中的著录事项变更费是指，一件专利申请每次申报著录项目变更的费用。针对一件专利申请（或专利），申请人同时对同一著录项目提出连续变更的，按一次变更缴纳费用。

✓　著录项目变更手续费应当自提出请求之日起一个月内缴纳，另有规定的除外；期满未缴纳或者未缴足的，视为未提出著录项目变更申报。

✓ 未委托专利代理机构的，著录项目变更手续应当由申请人（或专利权人）或者其代表人办理；已委托专利代理机构的，应当由专利代理机构办理。因权利转移引起的变更，可以由新的权利人办理；新的权利人已委托代理机构的，应当由其委托的专利代理机构办理。

✓ 个人因更改姓名提出变更请求的，应当提交户籍管理部门出具的证明文件。个人因书写错误提出变更请求的，应当提交本人签字或者盖章的声明及本人的身份证明文件。

✓ 因漏填或者错填发明人提出变更请求的，应当自收到受理通知书之日起一个月内提出，提交由全体申请人（或专利权人）和变更前后全体发明人签字或者盖章的证明文件。

✓ 申请人（或专利权人）因权利的转让或者赠与发生权利转移提出变更请求的，应当提交双方签字或者盖章的转让或者赠与合同。

✓ 对于发明或者实用新型专利申请（或专利）（不包括外观设计专利申请或专利），转让方是中国内地的个人或者单位，受让方是外国人、外国企业或者外国其他组织的，应当出具国务院商务主管部门颁发的"技术出口许可证"或者"自由出口技术合同登记证书"，或者地方商务主管部门颁发的"自由出口技术合同登记证书"，以及双方签字或者盖章的转让合同。

✓ 著录项目变更手续自专利局发出"变更手续合格通知书"之日起生效。专利申请权（或专利权）的转移自登记日起生效，登记日即上述的"手续合格通知书"的发文日。

✓ 专利申请权（或专利权）转移的，变更后的申请人（或专利权人）委托新专利代理机构的，应当提交变更后的全体申请人（或专利权人）签字或者盖章的委托书；变更后的申请人（或专利权人）委托原专利代理机构的，只需提交新增申请人（或专利权人）签字或者盖章的委托书。

（四）参考答案

1. B、D   2. B、D   3. A、B、C   4. A、B、C   5. A、B、C

6. A、C   7. A、C、D

三、权利的恢复

（一）历年试题集合

1. (2019－70) 当事人因不可抗拒的事由延误规定期限并导致权利丧失的，可以在规定的期限内请求恢复权利。下列哪些期限不适用这一规定？ 【你的答案】
_____
   A. 专利权期限
   B. 优先权期限 【选错记录】
_____
   C. 请求实质审查的期限
_____
   D. 不丧失新颖性的宽限期

2. (2019－14) 国家知识产权局于 2018 年 2 月 13 日向申请人孙某发出视为放弃取得专利权通知书，但该通知书由于地址不清被退回。国家知识产权局通过公告方式通知申请人孙某，公告日为 2018 年 4 月 18 日，孙某于 2018 年 5 月 10 日得知此公告。孙某最迟应当在哪天办理恢复权利手续？ 【你的答案】
_____
【选错记录】
_____
   A. 2018 年 6 月 18 日
   B. 2018 年 7 月 10 日
_____
   C. 2018 年 7 月 18 日
   D. 2018 年 6 月 3 日

3. (2018－78) 因当事人延误了下列哪些期限而导致其权利丧失的，不能予以恢复？ 【你的答案】
_____
   A. 优先权期限
   B. 提出复审请求的期限 【选错记录】
_____
   C. 提出实质审查请求的期限
_____
   D. 不丧失新颖性的宽限期

4. （2017－43）以下哪些情况可以请求恢复权利？

A. 未在期限内答复补正通知书而造成视为撤回的

B. 未在期限内提交不丧失新颖性宽限期的证明文件而造成视为未要求不丧失新颖性宽限期的

C. 分案申请的原申请要求了优先权，而分案申请在提出时未填写优先权声明的

D. 作为本国优先权的在先申请已经被视为撤回的

【你的答案】

【选错记录】

5. （2016－56）根据《专利法实施细则》的规定，当事人因不可抗拒的事由延误规定期限并导致权利丧失的，可以在规定的期限内请求恢复权利。以下哪些期限不适用这一规定？

A. 优先权期限

B. 缴纳年费的期限

C. 专利权的期限

D. 请求实质审查的期限

【你的答案】

【选错记录】

6. （2015－62）因当事人延误了下列哪些期限而导致其权利丧失的，不能予以恢复？

A. 优先权期限

B. 不丧失新颖性的宽限期

C. 提出实质审查请求的期限

D. 提出复审请求的期限

【你的答案】

【选错记录】

7. （2014－6）因当事人延误了下列哪个期限而导致其权利丧失的，可以予以恢复？

A. 优先权期限

B. 不丧失新颖性的宽限期

C. 侵犯专利权的诉讼时效

D. 提交优先权文件副本的期限

【你的答案】

【选错记录】

8. （2013－41）李某于2011年10月20日向国家知识产权局提交了一件要求法国优先权的专利申请，在先申请的申请日为2010年10月21日。由于李某未在规定期限内提交在先申请文件副本，因此收到了发文日为2012年2月29日的视为未要求优先权通知书。现李某欲恢复权利，下列说法哪些是正确的？

A. 李某最迟应当在2012年5月15日办理恢复手续

B. 李某应当提交恢复权利请求书并说明理由

C. 李某应当缴纳恢复费

D. 李某应当在提交恢复权利请求书的同时提交在先申请文件副本

【你的答案】

【选错记录】

9. （2012－60）下列哪些期限被延误而导致权利丧失的，当事人不能请求恢复权利？

A. 提出实质审查请求的期限

B. 要求优先权的期限

C. 答复审查意见通知书的期限

D. 不丧失新颖性的宽限期

【你的答案】

【选错记录】

10. （2012－50）申请人赵某由于生病未能按时答复审查意见通知书，国家知识产权局于2010年7月1日向赵某发出了视为撤回通知书。赵某欲恢复其申请，下列说法哪些是正确的？

A. 赵某应当提交恢复权利请求书

B. 赵某应当缴纳恢复权利请求费

C. 赵某最迟应当在2010年9月1日前办理权利恢复手续

D. 赵某应当在提出恢复请求的同时作出答复

【你的答案】

【选错记录】

11. （2010－5）当事人因耽误下列哪些期限而造成权利丧失的，不能请求恢复权利？

【你的答案】

A. 要求优先权的期限

B. 不丧失新颖性的宽限期

【选错记录】

C. 侵犯专利权的诉讼时效

D. 答复审查意见通知书的期限

（二）参考答案解析

【1.（2019－70）解析】 知识点：期限耽误不能恢复权利的情形

根据 R6.1 的规定，当事人因不可抗拒的事由而延误《专利法》或者该细则规定的期限或者国务院专利行政部门指定的期限，导致其权利丧失的，自障碍消除之日起 2 个月内且自期限届满之日起 2 年内，可以向国务院专利行政部门请求恢复权利。

根据 R6.2 的规定，除前款规定的情形外，当事人因其他正当理由延误《专利法》或者该细则规定的期限或者国务院专利行政部门指定的期限，导致其权利丧失的，可以自收到国务院专利行政部门的通知之日起 2 个月内向国务院专利行政部门请求恢复权利。

根据 R6.5 的规定，该条第一款和第二款的规定不适用《专利法》第二十四条、第二十九条、第四十二条、第七十四条规定的期限。其中，《专利法》第二十四条关于不丧失新颖性的宽限期、第二十九条关于优先权的期限、第四十二条关于专利权的期限、第七十四条规定关于侵权诉讼时效的期限。因此，选项 A 的"专利权期限"、选项 B 的"优先权期限"、选项 D 的"不丧失新颖性的宽限期"被延误的不能请求恢复，符合题意。而选项 C 的请求实质审查的期限，根据上述的规定可知，如果被延误的可以请求恢复，不符合题意。

综上所述，本题答案为 A、B、D。

【2.（2019－14）解析】 知识点：权利恢复；相关知识点：视为放弃取得专利权、公告送达

本题先要弄清公告送达推定孙某收到视为放弃取得专利权通知书的时间。在 G－5－6－2.1.4 关于"公告送达"中规定，专利局发出的通知和决定被退回的，审查员应当与文档核对；如果确定文件因送交地址不清或者存在其他原因无法再次邮寄的，应当在专利公报上通过公告方式通知当事人。自公告之日起满一个月，该文件视为已经送达。

题中，国家知识产权局进行公告日的时间为 2018 年 4 月 18 日，因而自公告之日起满一个月（即 2018 年 5 月 18 日）推定孙某收到相关通知。进一步地，在 G－5－7－6.2 关于"手续"中规定，根据《专利法实施细则》第六条第二款规定请求恢复权利的，应当自收到……处分决定之日起两个月内，或者请求审的期限届满之日起两个月内提交恢复权利请求书，说明理由，并同时缴纳恢复权利请求费；根据《专利法实施细则》第六条第一款规定请求恢复权利的，应当自障碍消除之日起两个月内且自期限届满之日起两年内提交恢复权利请求书，说明理由，必要时还应当附具有关证明文件。因此，孙某最迟应当自 2018 年 5 月 18 日起的两个月内，即最晚于 2018 年 7 月 18 日办理恢复权利手续，即选项 C 符合题意。

综上所述，本题答案为 C。

【3.（2018－78）解析】 知识点：期限耽误不能恢复权利的情形

参照 1.（2019－70）的解析。根据 R6.1 和 R6.5 的规定，选项 A 的"优先权期限"、选项 D 的"不丧失新颖性的宽限期"的期限被延误的不能请求恢复，符合题意。而选项 B 的"提出复审请求的期限"、选项 C 的"提出实质审查的期限"被延误的可以请求恢复，不符合题意。

综上所述，本题答案为 A、D。

【4.（2017－43）解析】 知识点：请求恢复权利；相关知识点：不能恢复权利的情形

参照 1.（2019－70）的解析。根据 R6.2 的规定，……当事人因其他正当理由延误《专利法》或者该细则规定的期限或者国务院专利行政部门指定的期限，导致其权利丧失的，可以自收到国务院专利行政部门的通知之日起 2 个月内向国务院专利行政部门请求恢复权利。选项 A 为延误答复补正通知书的期限，属于专利局的指定期限，可以请求恢复权利。故选项 A 符合题意。而选项 B 耽误的是不丧失新颖性宽限期，属于 R6.5 规定中列出的不能恢复权利的情形，因此选项 B 不符合题意。

虽然，耽误优先权期限属于不能恢复权利的情形，但在 G－1－1－6.2.5 关于"优先权要求的恢复"中规定，视为未要求优先权并属于下列情形之一的，申请人可以根据《专利法实施细则》第六条的规定请求恢复要求优先权的权利：……（4）分案申请的原申请要求了优先权……。选项 C 中由于原申请要求了优先权，分案申请在提出时未填写优先权声明视为未要求优先权，可以请求恢复权利，故选项 C 符合题意。

在 G－1－1－6.2.2.5 关于"视为撤回在先申请的程序"中规定，申请人要求本国优先权的，其在先申请自在后申

请提出之日起即视为撤回。……被视为撤回的在先申请不得请求恢复。根据上述规定，作为本国优先权的在先申请已经被视为撤回的不能请求恢复，即选项D不符合题意。

综上所述，本题答案为A、C。

【5. (2016－56) 解析】知识点：期限耽误不能恢复权利的情形

参照1. (2019－70) 的解析。根据R6.1和R6.5的规定，选项A的"优先权期限"、选项C的"专利权的期限"被延误的不能请求恢复，符合题意。而选项B的"缴纳年费的期限"、选项D的"请求实质审查的期限"被延误的可以请求恢复，不符合题意。

综上所述，本题答案为A、C。

【6. (2015－62) 解析】知识点：期限耽误不能恢复权利的情形

参照1. (2019－70) 的解析。根据R6.1和R6.5的规定，选项A的"优先权期限"、选项B的"不丧失新颖性的宽限期"被延误的不能请求恢复，符合题意。而选项C的"提出实质审查请求的期限"、选项D的"提出复审请求的期限"，被延误的可以请求恢复，不符合题意。

综上所述，本题答案为A、B。

【7. (2014－6) 解析】知识点：期限耽误不能恢复权利的情形

参照1. (2019－70) 的解析。根据R6.1和R6.5的规定，选项A的"优先权期限"、选项B的"不丧失新颖性的宽限期"、选项C的"侵犯专利权的诉讼时效"被延误的不能请求恢复，不符合题意。而选项D的"提交优先权文件副本的期限"，被延误的可以请求恢复，符合题意。

综上所述，本题答案为D。

【8. (2013－41) 解析】知识点：请求恢复权利；相关知识点：优先权、期限的计算

在G-1-1-6.2.6.1关于"根据专利法实施细则第六条的恢复"中规定，视为未要求优先权并属于下列情形之一的，申请人可以根据《专利法实施细则》第六条的规定请求恢复要求优先权的权利：(1) 由于未在指定期限内答复办理手续补正通知书导致视为未要求优先权。(2) 要求优先权声明中至少一项内容填写正确，但未在规定的期限内提交在先申请文件副本或者优先权转让证明。(3) 要求优先权声明中至少一项内容填写正确，但未在规定期限内缴纳或者缴足优先权要求费。(4) 分案申请的原申请要求了优先权。……除以上情形外，其他原因造成被视为未要求优先权的，不予恢复。例如，由于提出专利申请时未在请求书中提出声明而视为未要求优先权的，不予恢复要求优先权的权利。题中，李某于2011年10月20日向国家知识产权局提交了一件要求法国专利申请的优先权，其优先权的期限处于十二个月内，而由于未在规定期限内提交在先申请文件副本导致视为未要求优先权，属于可以请求恢复权利的情形。

在G-5-7-6.2关于"手续"中规定，根据《专利法实施细则》第六条第二款规定请求恢复权利的，应当自收到……处分决定之日起两个月内，或者请求复审的期限届满之日起两个月内提交恢复权利请求书，说明理由，并同时缴纳恢复权利请求费；根据《专利法实施细则》第六条第一款规定请求恢复权利的，应当自障碍消除之日起两个月内且自期限届满之日起两年内提交恢复权利请求书，说明理由，必要时还应当附具有关证明文件……。

题中，视为未要求优先权通知书的发文日为2012年2月29日，则推定2012年3月15日视为李某收到该通知，在此基础上，其应当在2012年3月15日起的两个月内办理恢复手续，即最迟应于2012年5月15日办理，即选项A的说法正确，符合题意。根据上述规定，李某应当提交恢复权利要求书，说明理由，并同时缴纳恢复权利请求费，即选项B和选项C的说法正确，符合题意。

在G-5-7-6.2关于"手续"第二段中规定，当事人在请求恢复权利的同时，应当办理权利丧失前应当办理的相应手续，消除造成权利丧失的原因。例如，申请人因未缴纳申请费，其专利申请被视为撤回后，在请求恢复其申请权的同时，还应当补缴规定的申请费。根据上述规定，李某欲恢复权利，应当在提交恢复权利请求书的同时提交在先申请文件副本（即办理权利丧失前应当办理的相应手续），即选项D的说法正确，符合题意。

综上所述，本题答案为A、B、C、D。

【9. (2012－60) 解析】知识点：期限耽误不能恢复权利的情形

参照1. (2019－70) 的解析。根据R6.1和R6.5的规定，选项B的"要求优先权期限"、选项D的"不丧失新颖性的宽限期"的期限被延误的不能请求恢复，符合题意。而选项A的"提出实质审查请求的期限"、选项C的"答复审查意见通知书的期限"，被延误的可以请求恢复，不符合题意。

综上所述，本题答案为B、D。

【10.（2012－50）解析】知识点：请求恢复权利（手续、期限、条件）

参见8.（2013－41）解析中的G－5－7－6.2关于"手续"的规定可知，赵某欲恢复其申请，则应当提交恢复权利请求书，即选项A的说法正确，符合题意。同时还应当缴纳恢复权利请求费，即选项B的说法正确，符合题意。而且，在提出恢复请求的同时，应当作出答复（即办理权利丧失前应当办理的相应手续）。即选项D的说法正确，符合题意。

根据R4.4的规定，国务院专利行政部门邮寄的各种文件，自文件发出之日起满15日，推定为当事人收到文件之日。因此，国家知识产权局发出视为撤回通知书的时间为2010年7月1日，则推定2010年7月16日视为赵某收到通知书之日。结合R6.2的规定，则应当在推定收到日起2个月内请求恢复权利，即最迟应于2010年9月16日前办理权利恢复手续，而不是选项C所述的最迟应于2010年9月1日前办理（错在没有计算推定15日收到这一时间段），即选项C的说法错误，不符合题意。

综上所述，本题答案为A、B、D。

【11.（2010－5）解析】知识点：耽误期限的补救措施

参照1.（2019－70）的解析，根据R6.5的规定，选项A的"要求优先权的期限"、选项B的"不丧失新颖性的宽限期"、选项C的"侵犯专利权的诉讼时效"，如果期限被耽误，属于不能请求恢复权利的情形，符合题意。而选项D所述的"答复审查意见通知书的期限"，如果被耽误，可以请求恢复权利，即选项D不符合题意。

综上所述，本题答案为A、B、C。

（三）总体考点分析

本部分涉及权利恢复的适用范围、恢复权利请求手续的办理和审批相关知识点。重点尤其是要掌握期限耽误不能恢复权利的几种情形，以及与优先权相关的恢复规定。

 # 高频结论

✓ 当事人因不可抗拒的事由而延误法定期限或者指定期限，导致其权利丧失的，自障碍消除之日起2个月内，最迟自期限届满之日起2年内，可以向国务院专利行政部门请求恢复权利。

✓ 当事人因其他正当理由延误法定期限或者指定期限，导致其权利丧失的，可以自收到国务院专利行政部门的通知之日起2个月内向国务院专利行政部门请求恢复权利。

✓ 但是对于《专利法》第二十四条（关于不丧失新颖性的宽限期）、第二十九条（关于优先权的期限）、第四十二条（关于专利权的期限）、第七十四条（关于侵权诉讼时效的期限），如果期限被耽误，不能请求恢复权利。

✓ 根据因不可抗拒的事由而延误期限而请求恢复权利的，应当自障碍消除之日起两个月且自期限届满之日起两年内提交恢复权利请求书，说明理由，必要时还应当附具有关证明文件。

✓ 因其他正当理由耽误期限而请求恢复权利的，应当自收到专利局处分决定之日起两个月内提交恢复权利请求书，说明理由，并同时缴纳恢复权利请求费。

✓ 申请人要求本国优先权的，其在先申请自在后申请提出之日起即视为撤回。此种被视为撤回的在先申请不得请求恢复。

✓ 当事人在请求恢复权利的同时，应当办理权利丧失前应当办理的相应手续，消除造成权利丧失的原因。例如，申请人因未缴纳申请费，其专利申请被视为撤回后，在请求恢复其申请权的同时，还应当补缴规定的申请费。

（四）参考答案

1. A、B、D	2. C	3. A、D	4. A、C	5. A、C
6. A、B	7. D	8. A、B、C、D	9. B、D	10. A、B、D
11. A、B、C				

四、中止程序

（一）历年试题集合

1. (2015－69)当事人因专利申请权的归属发生纠纷，可以请求国家知识产权局中止下列哪些程序?

　　A. 专利申请的初审程序

　　B. 授予专利权程序

　　C. 放弃专利申请权手续

　　D. 变更专利申请权手续

【你的答案】

_____

【选错记录】

_____

2. (2013－60)甲乙二人因专利申请权的归属发生纠纷，乙向人民法院提起诉讼。在诉讼过程中，乙请求中止有关专利申请程序。下列说法哪些是正确的?

　　A. 应当向国家知识产权局提出中止请求

　　B. 乙应当提交中止程序请求书和人民法院写明申请号的受理文件副本

　　C. 在中止期间，甲提交的撤回专利申请声明的审批手续应当暂停办理

　　D. 中止的期限为一年，不能延长

【你的答案】

_____

【选错记录】

_____

（二）参考答案解析

【1. (2015－69)解析】知识点：中止（中止的范围）

　　根据R105的规定，国务院专利行政部门根据该细则第一百零三条和第一百零四条规定中止有关程序，是指暂停专利申请的初步审查、实质审查、复审程序，授予专利权程序和专利权无效宣告程序；暂停办理放弃、变更、转移专利权或者专利申请权手续，专利权质押手续以及专利权期限届满前的终止手续等。因此，选项A的"专利申请的初审程序"、选项B的"授予专利权程序"、选项C的"放弃专利申请权手续"、选项D的"变更专利申请权手续"都属于上述规定的暂停范围，因此符合题意。

　　综上所述，本题答案为A、B、C、D。

【2. (2013－60)解析】知识点：中止（中止的条件、手续、范围）

　　根据R103的规定，当事人因专利申请权或者专利权的归属发生纠纷，已请求管理专利工作的部门调解或者向人民法院起诉的，可以请求国务院专利行政部门中止有关程序。依照前款规定请求中止有关程序的，应当向国务院专利行政部门提交请求书，说明理由，并附具管理专利工作的部门或者人民法院的写明申请号或者专利号的有关受理文件副本。国务院专利行政部门认为当事人提出的中止理由明显不能成立的，可以不中止有关程序。管理专利工作的部门作出的调解书或者人民法院作出的判决生效后，当事人应当向国务院专利行政部门办理恢复有关程序的手续。自请求中止之日起1年内，有关专利申请权或者专利权归属的纠纷未能结案，需要继续中止有关程序的，请求人应当在该期限内请求延长中止。期满未请求延长的，国务院专利行政部门自行恢复有关程序。根据上述规定，题中甲乙二人因专利申请权的归属发生纠纷，乙向人民法院提起诉讼，则乙可以请求国务院专利行政部门（即国家知识产权局）中止有关程序，故选项A的说法正确，符合题意。根据上述规定，乙还应当附具人民法院的写明申请号或者专利号的有关受理文件副本，因此选项B的说法是正确的，符合题意。此外，上述规定关于中止期限并没有限制为一年，可以请求延长中止，故选项D所述的"中止的期限为一年，不能延长"的说法错误，不符合题意。

　　参见1. (2015－69)解析，根据R105的规定可知，在中止期间，甲提交的撤回专利申请声明的审批手续应当暂停办理属于放弃专利申请权的手续，即选项C的说法正确，符合题意。

　　综上所述，本题答案为A、B、C。

（三）总体考点分析

　　本部分涉及中止相关知识点，涉及中止的概念、中止的条件、请求中止的手续、中止的范围、中止的期限等，有时融入其他方面的考点一并考查。

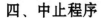 高频结论

　　✓　当事人因专利申请权或者专利权的归属发生纠纷，已请求管理专利工作的部门调解或者向人民法院

起诉的，可以请求国务院专利行政部门中止有关程序。

✓ 请求中止有关程序的，应当向国务院专利行政部门提交请求书，说明理由，并附具管理专利工作的部门或者人民法院的写明申请号或者专利号的有关受理文件副本。国务院专利行政部门认为当事人提出的中止理由明显不能成立的，可以不中止有关程序。

✓ 自请求中止之日起1年内，有关专利申请权或者专利权归属的纠纷未能结案，需要继续中止有关程序的，请求人应当在该期限内请求延长中止。期满未请求延长的，国务院专利行政部门自行恢复有关程序。

✓ 中止有关程序是指暂停专利申请的初步审查、实质审查、复审程序，授予专利权程序和专利权无效宣告程序；暂停办理放弃、变更、转移专利权或者专利申请权手续，专利权质押手续以及专利权期限届满前的终止手续等。

（四）参考答案

1. A、B、C、D 2. A、B、C

五、案卷及登记簿的查阅、复制和保存

（一）历年试题集合

1. （2017－49）2017年4月1日之后，对于已经公布但尚未公告授予专利权的发明专利申请案卷，可以查阅和复制的案卷内容包括？

【你的答案】

A. 申请文件以及与申请直接有关的手续文件

B. 公布文件

【选错记录】

C. 在初步审查程序中向申请人发出的通知书和决定书、申请人对通知书的答复意见正文

D. 在实质审查程序中向申请人发出的通知书、检索报告和决定书

（二）参考答案解析

【1. （2017－49）解析】知识点：允许查阅和复制的内容

在G－5－4－5.2关于"允许查阅和复制的内容"中规定，……对于已经公布但尚未公告授予专利权的发明专利申请案卷，可以查阅和复制该专利申请案卷中的有关内容，包括：申请文件，与申请直接有关的手续文件，公布文件，在初步审查程序中向申请人发出的通知书和决定书、申请人对通知书的答复意见正文，以及在实质审查程序中向申请人发出的通知书、检索报告和决定书。故选项A、B、C、D所述内容均属于上述规定的允许查阅和复制的内容，即均符合题意。注意，对于尚未公布的发明专利申请、尚未授权公告的实用新型和外观设计专利申请，除该案申请人及其专利代理师外，不能查阅其案卷。

综上所述，本题答案为A、B、C、D。

（三）总体考点分析

本部分涉及允许查阅和复制的内容，属于相对低频率考点。

 高频结论

✓ 专利局对公布前的发明专利申请、授权公告前的实用新型和外观设计专利申请负有保密责任。在此期间，查阅和复制请求人仅限于该案申请人及其专利代理师。

✓ 任何人均可向专利局请求查阅和复制公布后的发明专利申请案卷和授权后的实用新型和外观设计专利申请案卷。

✓ 专利局对尚未审结的复审和无效案卷负有保密责任。对于复审和无效宣告程序中的文件，查阅和复制请求人仅限于该案当事人。对于已经审结的复审案件和无效宣告案件的案卷，原则上可以查阅和复制。

✓ 对于已经公布但尚未公告授予专利权的发明专利申请案卷，可以查阅和复制该专利申请案卷中的有关内容，包括：申请文件，优先权文件，与申请直接有关的手续文件，公布文件，在初步审查程序中向申请

人发出的通知书和决定书、申请人对通知书的答复意见正文，以及在实质审查程序中向申请人发出的通知书、检索报告和决定书。

✓ 查阅和复制专利申请案卷中的文件，请求人应当提出书面请求并缴纳规定费用。

（四）参考答案

1. A、B、C、D

六、请求作出实用新型和外观设计专利权评价报告

（一）历年试题集合

1. **(2019－57)** 关于专利权评价报告，下列说法错误的是?

A. 国家知识产权局根据专利权人或者利害关系人的请求，对相关发明专利、实用新型专利或者外观设计专利进行检索，作出专利权评价报告

B. 专利权评价报告可以作为人民法院或者管理专利工作的部门审理、处理专利侵权纠纷的证据

C. 专利权人或者利害关系人对专利权评价报告有异议的，可以提起行政复议

D. 已经终止或者放弃的实用新型或者外观设计专利不可以作为专利权评价报告请求的客体

2. **(2018－89)** 关于实用新型和外观设计的专利权评价报告，以下说法错误的是?

A. 实用新型和外观设计专利侵权纠纷的专利权人和被控侵权人都可以请求国家知识产权局作出专利权评价报告

B. 多个请求人请求作出专利权评价报告的，国家知识产权局分别单独作出评价报告

C. 被告在实用新型或外观设计专利侵权诉讼的答辩期间请求宣告该专利权无效的，当原告出具的专利权评价报告未发现导致该实用新型或外观设计专利权无效的理由时，审理该案的人民法院可以不中止诉讼

D. 专利权评价报告属于国家知识产权局作出的行政决定

3. **(2017－69，此题有修改)** 专利侵权纠纷涉及实用新型的人民法院可以要求专利权人或者利害关系人出具由国家知识产权局作出专利权评价报告，下列哪些属于利害关系人?

A. 专利实施独占许可合同的被许可人

B. 专利权人授予起诉权的专利实施普通许可合同的被许可人

C. 无效宣告请求人

D. 被控侵权人

4. **(2017－18)** 下列不属于外观设计专利权评价报告所涉及内容的有?

A. 外观设计是否属于《专利法》第五条或者第二十五条规定的不授予专利权的情形

B. 外观设计是否属于《专利法》第二条第四款规定的客体

C. 外观设计是否符合《专利法》第二十三条第三款的规定

D. 外观设计专利文件的修改是否符合《专利法》第三十三条的规定

5. **(2017－15，有适应性修改)** 关于实用新型专利权评价报告，下列说法哪个是正确的?

A. 实用新型专利申请人可以在答复审查意见通知书期间请求对该专利申请作出专利权评价报告，国家知识产权局可应此请求作出评价报告

B. 对于被宣告全部无效的实用新型专利，专利权人或者利害关系人可以请求国家知识产权局对该专利权作出评价报告

C. 专利权人对于应其请求作出的评价报告结论不服的，由利害关系人再次向国家知识产权局提出评价请求后，国家知识产权局可再次作出专利权评价报告

【你的答案】

【选错记录】

D. 专利权评价报告作出后，对该专利提出无效宣告请求的请求人可以查阅并复制该评价报告

6. **(2016－20)** 关于实用新型专利权评价报告，下列说法哪个是正确的？ 【你的答案】
   A. 评价报告可以作为审理、处理专利侵权纠纷的证据
   B. 只有专利权人有资格作为专利权评价报告的请求人 【选错记录】
   C. 专利权评价报告仅涉及对新颖性和创造性的评价
   D. 请求人对评价报告结论不服的，可以提起行政复议

7. **(2015－67)** 下列关于专利权评价报告的说法哪些是正确的？ 【你的答案】
   A. 专利权人针对专利权评价报告可以提请行政复议
   B. 专利权人认为专利权评价报告的结论存在需要更正的错误的，可以请求更正 【选错记录】
   C. 已经终止的实用新型专利不属于专利权评价报告请求的客体
   D. 专利权评价报告可以作为人民法院审理、处理专利侵权纠纷的证据

8. **(2014－12)** 下列关于专利权评价报告的说法哪个是正确的？ 【你的答案】
   A. 对发明专利可以请求作出专利权评价报告
   B. 任何单位或者个人都可以请求制作专利权评价报告 【选错记录】
   C. 专利权评价报告只能由国家知识产权局作出
   D. 专利权人对专利权评价报告的结论不服的，可以申请行政复议

9. **(2013－52，题目有调整)** 专利权人甲及其专利实施独占许可合同的被许可人乙 【你的答案】
分别请求国家知识产权局对甲的实用新型专利作出专利权评价报告。下列说法哪些是正
确的？ 【选错记录】
   A. 乙可以提出专利权评价报告请求
   B. 甲因缴纳了专利年费，故无须缴纳专利权评价报告请求费
   C. 国家知识产权局仅作出一份专利权评价报告
   D. 甲或者乙认为专利权评价报告存在错误的，可以向国家知识产权局提起行政复议

10. **(2012－13)** 下列关于专利权评价报告的哪种说法是正确的？ 【你的答案】
    A. 专利权人可以请求对其发明专利权作出专利权评价报告
    B. 申请人可以请求对其实用新型专利申请作出专利权评价报告 【选错记录】
    C. 专利权人对专利权评价报告有异议的，可以提起行政复议
    D. 任何单位或者个人都可以查阅或者复制专利权评价报告

11. **(2011－84)** 下列关于专利权人或者利害关系人请求国家知识产权局作出实用新 【你的答案】
型专利权评价报告的说法哪些是正确的？
    A. 在授予实用新型专利权的决定公告后即可请求作出专利权评价报告 【选错记录】
    B. 在必要情况下，可以请求针对同一实用新型专利权再次作出专利权评价报告
    C. 对专利权评价报告有异议的，可以申请行政复议或者提起行政诉讼
    D. 不得请求对已经终止的实用新型专利权作出专利权评价报告

12. **(2010－71)** 下列有关实用新型专利权评价报告的说法哪些是正确的？ 【你的答案】
    A. 针对已经作出专利权评价报告的实用新型专利提出的专利权评价报告请求，将
被视为未提出 【选错记录】
    B. 任何人均可以请求国家知识产权局作出实用新型专利权评价报告
    C. 请求人可以在一件专利权评价报告请求书中，就同一专利权人的多项实用新型
专利权请求作出专利权评价报告
    D. 国家知识产权局应当自收到专利权评价报告请求书后三个月内作出专利权评价报告

（二）参考答案解析

【1.（2019－57）解析】知识点：专利权评价报告
在 G－5－10－2.2 关于"专利权评价报告请求的客体"中规定，专利权评价报告请求的客体应当是已经授权公告

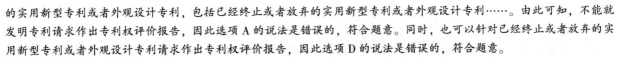

的实用新型专利或者外观设计专利，包括已经终止或者放弃的实用新型专利或者外观设计专利……。由此可知，不能就发明专利请求作出专利权评价报告，因此选项A的说法是错误的，符合题意。同时，也可以针对已经终止或者放弃的实用新型专利或者外观设计专利请求作出专利权评价报告，因此选项D的说法是错误的，符合题意。

在G-5-10-1关于"引言"最后一段中规定，专利权评价报告是人民法院或者管理专利工作的部门审理、处理专利侵权纠纷的证据，主要用于人民法院或者管理专利工作的部门确定是否需要中止相关程序。专利权评价报告不是行政决定，因此请求人不能就此提起行政复议和行政诉讼。因此，选项B的说法与上述规定第一句相对应，其说法是正确的，不符合题意。由于专利权人或者利害关系人对专利权评价报告有异议的不能提起行政复议，因专利权评价报告并非行政决定，故选项C的说法错误，符合题意。

综上所述，本题答案为A、C、D。

【2.（2018-89）解析】知识点：专利权评价报告

A66.2规定，专利侵权纠纷涉及实用新型专利或者外观设计专利的，人民法院或者管理专利工作的部门可以要求专利权人或者利害关系人出具由国务院专利行政部门对相关实用新型或者外观设计进行检索、分析和评价后作出的专利权评价报告，作为审理、处理专利侵权纠纷的证据；专利权人、利害关系人或者被控侵权人也可以主动出具专利权评价报告。根据该规定，专利权人和被控侵权人可以提出请求，故选项A的说法正确，不符合题意。注意《专利法》第四次修改前的第六十条规定，只有专利权人或者利害关系人可以请求国务院专利行政部门作出专利权评价报告。

根据R63.2的规定，……对同一项实用新型或者外观设计专利权，有多个请求人请求作出专利权评价报告的，国务院专利行政部门仅作出一份专利权评价报告……。根据该规定，有多个请求人时，并不会分别单独作出评价报告，即选项B的说法是错误的，符合题意。

《最高人民法院关于审理专利纠纷案件适用法律问题的若干规定》第五条规定：人民法院受理的侵犯实用新型、外观设计专利权纠纷案件，被告在答辩期间内请求宣告该项专利权无效的，人民法院应当中止诉讼，但具备下列情形之一的，可以不中止诉讼：（一）原告出具的检索报告或者专利权评价报告未发现导致实用新型或者外观设计专利权无效的事由的……。根据该规定，选项C的说法是正确的，不符合题意。

根据G-5-10-1关于"引言"最后一段中的规定可知，专利权评价报告不是行政决定，因此专利权人或者利害关系人不能就此提起行政复议和行政诉讼。因此，专利权评价报告不属于国家知识产权局作出的行政决定。故选项D的说法是错误的，符合题意。

综上所述，本题答案为B、D。

【3.（2017-69）解析】知识点：专利权评价报告（请求人资格）

其中根据A65的规定可知，侵犯其专利权，引起纠纷的，专利权人或者利害关系人可以向人民法院起诉，也可以请求管理专利工作的部门处理。

综合上述规定，利害关系人可以是专利实施独占许可合同的被许可人和由专利权人授予起诉权的专利实施普通许可合同的被许可人，即选项A和B所述符合题意。但并不包括无效宣告请求人、被控侵权人，选项C、D不符合题意。

综上所述，本题答案为A、B。

【4.（2017-18）解析】知识点：专利权评价报告（外观设计专利权评价报告的内容）

在G-5-10-3.2.2关于"外观设计专利"中规定，外观设计专利权评价所涉及的内容包括：（1）外观设计是否属于《专利法》第五条或者第二十五条规定的不授予专利权的情形……。（2）外观设计是否属于《专利法》第二条第四款规定的客体……。（3）外观设计是否符合《专利法》第二十三条第一款的规定……。（4）外观设计是否符合《专利法》第二十三条第二款的规定……。（5）外观设计专利的图片或者照片是否符合《专利法》第二十七条第二款的规定……。（6）外观设计专利文件的修改是否符合《专利法》第三十三条的规定……。（7）分案的外观设计专利是否符合《专利法实施细则》第四十九条第一款的规定……。（8）外观设计是否符合《专利法》第九条的规定……。（9）外观设计是否符合《专利法实施细则》第十一条的规定……。故选项A、B、D的内容相对于上述规定的第（1）、（2）、（6）项，故为专利权评价报告涉及的内容。而对于《专利法》第二十三条第三款是否与他人的在先权利相冲突，不属于外观设计专利权评价报告的内容，即选项C不符合题意（注意：对于外观设计专利权评价报告，除《专利法》第二十三条第三款外所有的无效条款都属于其评价的内容，只要记住这一点即可）。

综上，本题答案为C。

【5.（2017-15）解析】知识点：专利权评价报告

在G-5-10-2.2关于"专利权评价报告请求的客体"中规定，专利权评价报告请求的客体应当是已经授权公告的实用新型专利或者外观设计专利，包括已经终止或者放弃的实用新型专利或者外观设计专利。针对下列情形提出的专利权评价报告请求视为未提出：（1）未授权公告的实用新型专利申请或者外观设计专利申请，申请人在办理登记手续时提交专利权评价报告请求的除外；（2）已被宣告全部无效的实用新型专利或者外观设计专利；（3）已作出专利权评价报告的实用新型专利或者外观设计专利。根据上述规定，只有在实用新型的授权决定公告后，才可以请求作出专利权评价报告，因此，实用新型专利申请人在答复审查意见通知书期间不能请求对该专利申请作出专利权评价报告，故选项 A 的说法错误，不符合题意。根据上述规定第（2）种情形，对于被宣告全部无效的实用新型专利，不能请求作出评价报告，故选项 B 的说法错误，不符合题意。根据上述规定第（3）种情形，对于已作出专利权评价报告的实用新型专利或者外观设计专利，不能再次请求作出评价报告，故选项 C 的说法错误，不符合题意。

在 G-5-10-5 关于"专利权评价报告的查阅与复制"中规定，根据《专利法实施细则》第六十三条的规定，国家知识产权局在作出专利权评价报告后，任何单位或者个人可以查阅或者复制……。因此，专利权评价报告作出后，对该专利提出无效宣告请求的请求人可以查阅并复制该评价报告，故选项 D 的说法正确，符合题意。

综上所述，本题答案为 D。

【6.（2016-20）解析】知识点：专利权评价报告

参见 1.（2019-57）选项 B、C 的解析可知，专利权评价报告可以作为审理、处理专利侵权纠纷的证据，故选项 A 的说法是正确的，符合题意。由于专利权评价报告不是行政决定，请求人对专利权评价报告有异议的，不能提起行政复议，故选项 D 的说法错误，不符合题意。

参见 2.（2018-89）选项 A 的解析可知，专利权人、利害关系人或者被控侵权人可以请出作出专利权评价报告，由此可见，选项 B 所述的只有专利权人有资格作为专利权评价报告的请求人的说法是错误的，不符合题意。

根据 G-5-10-3.2.1 关于"实用新型专利"中规定可知，实用新型专利评价报告评价的内容，包括了除保密条款以外的所有无效条款，因此不仅仅涉及对专利权新颖性和创造性的评价。因此，选项 C 所述的专利评价报告仅涉及对新颖性和创造性的评价说法错误，不符合题意。

综上所述，本题答案为 A。

【7.（2015-67）解析】知识点：专利权评价报告

参照 1.（2019-57）的解析，根据 G-5-10-1 关于"引言"最后一段的规定可知，选项 A 所述的"专利权人针对专利权评价报告可以提请行政复议"的说法错误，不符合题意。选项 D 所述的专利权评价报告可以作为人民法院审理、处理专利侵权纠纷的证据的说法正确，符合题意。

在 G-5-10-6 关于"专利权评价报告的更正"中规定，作出专利权评价报告的部门在发现专利权评价报告中存在错误后，可以自行更正。请求人认为专利权评价报告存在需要更正的错误的，可以请求更正……。因此，选项 B 的说法正确，符合题意。

参照 5.（2017-15）的解析，根据 G-5-10-2.2 关于"专利权评价报告请求的客体"的规定可知，已经终止的实用新型专利属于专利权评价报告请求的客体，即选项 C 的说法错误，不符合题意。

综上所述，本题正确答案为 B、D。

【8.（2014-12）解析】知识点：专利权评价报告

在 G-5-10-2.2 关于"专利权评价报告请求的客体"中的规定可知，专利权评价报告请求仅适用于已经授权公告的实用新型专利或者外观设计专利，并不适用于发明专利，故不能就发明专利请求作出专利权评价报告，因此选项 A 的说法是错误的，不符合题意。

参见 2.（2018-89）选项 A 的解析可知，专利权人、利害关系人或者被控侵权人可以请出作出专利权评价报告，故选项 B 的说法是错误的，不符合题意。

根据 A66.2 的规定，专利侵权纠纷涉及实用新型专利或者外观设计专利的，人民法院或者管理专利工作的部门可以要求专利权人或者利害关系人出具由国务院专利行政部门对相关实用新型或者外观设计进行检索、分析和评价后作出的专利权评价报告……。由此可知，专利权评价报告只能由国家知识产权局作出，因此，选项 C 的说法正确的，符合题意。其他任何机构或单位出具的评价都不能称为专利权评价报告。

根据 G-5-10-1 关于"引言"中的规定可知，专利权评价报告不是行政决定，对其不服也不能就此提起行政复议和行政诉讼。由此可知，选项 D 所述的专利权人对专利评价报告的结论不服的，可以申请行政复议的说法错误，不符合题意。

综上所述，本题答案为 C。

【9.（2013-52）解析】知识点：专利权评价报告

参见 2.（2018-89）选项 A 的解析可知，根据 A66.2 的规定，专利权人、利害关系人或者被控侵权人可以提出专利权评价报告请求，故选项A的说法正确，符合题意。

在G-5-10-2.4关于"费用"中规定，请求人自提出专利权评价报告请求之日起一个月内未缴纳或者未缴足专利权评价报告请求费的，专利权评价报告请求视为未提出。由此可知，即使甲缴纳了专利年费，在请求作出专利权评价报告时，也需要缴纳请求费，因此选项B的说法错误，不符合题意。

根据R63.2的规定，对同一项实用新型或者外观设计专利权，有多个请求人请求作出专利权评价报告的，国务院专利行政部门仅作出一份专利权评价报告……。由此可知，针对该实用新型专利，国家知识产权局仅作出一份专利权评价报告，即选项C的说法是正确的，符合题意。

根据G-5-10-1关于"引言"中的规定可知，……专利权评价报告不是行政决定，因此即使对其不服也不能就此提起行政复议和行政诉讼。因此，选项D的说法错误，不符合题意。

综上所述，本题答案为A、C。

【10. (2012-13) 解析】知识点：专利权评价报告

根据A66.2的规定可知，专利权评价报告制度仅适用于实用新型专利和外观设计专利，而不包括发明专利，故选项A的说法错误，不符合题意。专利权评价报告仅适用于已授权的实用新型或者外观设计专利权，不能就尚未授权的实用新型专利申请请求作出专利权评价报告，故选项B的说法错误，不符合题意。

专利权评价报告不是行政决定，因此不能就此提起行政复议和行政诉讼。因此，选项C的说法错误，不符合题意。

根据R63.2的规定，……任何单位或者个人可以查阅或者复制该专利权评价报告。因此，选项D的说法正确，符合题意。

综上所述，本题答案为D。

【11. (2011-84) 解析】知识点：专利权评价报告

根据G-5-10-2.2关于"专利权评价报告请求的客体"中规定可知，专利权评价报告请求的客体应当是已经授权公告的实用新型专利或者外观设计专利，包括已经终止或者放弃的实用新型专利或者外观设计专利……。因此，选项A所述的"在授予实用新型专利权的决定公告后即可请求作出专利权评价报告"的说法是正确的，符合题意。同时，选项D所述的"不得请求对已经终止的实用新型专利权作出专利权评价报告"的说法错误，不符合题意。

根据R63.2的规定，对同一项实用新型或者外观设计专利权，有多个请求人请求作出专利权评价报告的，国务院专利行政部门仅作出一份专利权评价报告……。由此可知，针对同一实用新型专利权仅作出一份专利权评价报。针对已作出专利权评价报告的实用新型专利或者外观设计专利不能再请求作出专利权评价报告。故选项B的说法错误，不符合题意。

专利权评价报告不是行政决定，因此不能就此提起行政复议和行政诉讼。因此，选项C的说法错误，不符合题意。

综上所述，本题答案为A。

【12. (2010-71) 解析】知识点：专利权评价报告

在G-5-10-2.2关于"专利权评价报告请求的客体"中规定，……针对下列情形提出的专利权评价报告请求视为未提出：……（3）已作出专利权评价报告的实用新型专利或者外观设计专利。由此可知，选项A的说法正确。

参见2. (2018-89) 选项A的解释可知，专利权人、利害关系人或者被控侵权人可以请求作出专利权评价报告，故选项B的说法是错误的，不符合题意。

根据R62.2的规定，请求作出专利权评价报告的，应当提交专利权评价报告请求书，写明专利申请号或者专利号。每项请求应当限于一项专利权。由此可知，请求人在一件专利权评价报告请求书中，不能就多项实用新型专利权请求作出专利权评价报告，即选项C的说法错误，不符合题意。

根据R63.1的规定，国务院专利行政部门应当自收到专利权评价报告请求书后两个月内作出专利权评价报告……。由此可知，选项D中所述的自收到专利权评价报告请求书后三个月内作出专利权评价报告的说法是错误的，不符合题意。

综上所述，本题答案为A。

（三）总体考点分析

本部分涉及专利权评价报告相关的知识点。涉及评价报告的主体、客体、请求的受理条件、内容、查阅与复制、更正，尤其是评价报告的法律效力。（注意：《专利法》第四次修改涉及请求人资格的变化。）

高频结论

✓ 专利权评价报告只能由国家知识产权局出具。

✓ 专利权评价报告是人民法院或者管理专利工作的部门审理、处理专利侵权纠纷的证据，主要用于人民法院或者管理专利工作的部门确定是否需要中止相关程序。

✓ 专利权评价报告不是行政决定，因此不能就此提起行政复议和行政诉讼。

✓ 专利权评价报告请求的客体应当是已经授权公告的实用新型专利或者外观设计专利，包括已经终止或者放弃的实用新型专利或者外观设计专利。

✓ 针对未授权公告的实用新型专利申请或者外观设计专利申请、已被宣告全部无效的实用新型专利或者外观设计专利和国家知识产权局已作出专利权评价报告的实用新型专利或者外观设计专利，不能再请求作出专利权评价报告。

✓ 专利权人、利害关系人或者被控侵权人可以请求国家知识产权局作出专利权评价报告（《专利法》第四次修改前仅限于专利权人和利害关系人）。

✓ 请求人自提出专利权评价报告请求之日起一个月内未缴纳或者未缴足专利权评价报告请求费的，专利权评价报告请求视为未提出。

✓ 国家知识产权局应当自收到合格的专利权评价报告请求书和请求费后两个月内作出专利权评价报告，但申请人在办理专利权登记手续时请求作出专利权评价报告的，国务院专利行政部门应当自公告授予专利权之日起2个月内作出专利权评价报告。

✓ 实用新型专利权评价报告的内容涉及除保密审查条款外的所有无效条款，外观设计专利权评价报告的内容涉及除权利冲突条款外的所有无效条款。

✓ 国家知识产权局在作出专利权评价报告后，任何单位或者个人可以查阅或者复制。

✓ 作出专利权评价报告的部门在发现专利权评价报告中存在错误后，可以自行更正。请求人认为专利权评价报告存在需要更正的错误的，可以请求更正。

（四）参考答案

1. A、C、D	2. B、D	3. A、B	4. C	5. D
6. A	7. B、D	8. C	9. A、C	10. D
11. A	12. A			

七、关于电子申请的若干规定

（一）历年试题集合

1.（2019－58）下列关于电子申请的说法正确的是？

A. 国家知识产权局电子专利申请系统收到电子文件的日期为递交日

B. 申请人提交电子申请文件的日期为递交日

C. 通过电子方式发送的通知书，以实际下载日为当事人收到通知书之日

D. 通过电子方式发送的通知书，自发文日起满十五日推定为当事人收到通知书之日

【你的答案】
————————
【选错记录】
————————

2.（2017－50）以下关于电子申请的特殊规定正确的是？

A. 电子申请的代表人应当是电子申请的注册用户

B. 电子申请的各种手续应当以电子形式提交，必要时应当在规定的期限内提交纸件原件

C. 电子申请受理范围包括：发明、实用新型和外观设计专利申请，进入国家阶段的国际申请以及复审和无效宣告请求

D. 国家知识产权局电子专利申请系统收到符合《专利法》及其实施细则规定的专利申请文件之日为申请日

【你的答案】
————————
【选错记录】
————————

3.（2016－67）下列关于电子申请的说法哪些是正确的？

A. 一般情况下，专利局以电子文件形式通过电子专利申请系统向电子申请用户发送各种通知书和决定

B. 电子申请用户未及时接收电子文件形式的通知书的，专利局将作出公告送达

C. 自发文日起十五日内申请人未接收电子文件形式的通知书和决定的，专利局可

【你的答案】
————————
【选错记录】
————————

第四章 申请获得专利权的程序及手续

以发出纸件形式的该通知书和决定的副本

　　D. 电子方式送达的通知和决定，自发文日起满十五日推定为当事人收到日

　　4.（2014-21） 李某欲以电子申请方式提交一件发明专利申请。下列说法哪个是正确的？

　　A. 李某必须委托专利代理机构提交专利电子申请

　　B. 李某通过电子申请方式提交申请的，可以减免一定比例的申请费

　　C. 若李某认为其申请应按照保密专利申请处理的，则不应当通过电子专利申请系统提交

　　D. 李某未及时接收电子文件形式的通知书，国家知识产权局应当公告送达

【你的答案】

【选错记录】

　　5.（2013-29） 甲乙两公司共同向国家知识产权局以电子申请方式提交一件发明专利申请。下列说法哪个是正确的？

　　A. 甲乙均应当注册成为电子申请用户

　　B. 甲乙不得请求将该申请转为纸件申请

　　C. 甲乙未及时接收电子文件形式的通知书和决定的，国家知识产权局不作公告送达

　　D. 国家知识产权局认为该申请需要保密的，甲乙在后续程序中应当以电子申请的特殊加密方式递交各种文件

【你的答案】

【选错记录】

　　6.（2012-72） 下列关于电子申请的说法哪些是正确的？

　　A. 以电子文件形式提交申请的，以国家知识产权局电子专利申请系统收到电子文件的日期为申请日

　　B. 国家知识产权局以电子文件形式发出通知书的，以申请人查阅并下载该通知书的日期为收到通知书之日

　　C. 未委托专利代理机构的多个申请人以电子文件形式提交申请的，以提交电子申请的电子申请用户为代表人

　　D. 涉及国家安全的专利申请，不得通过国家知识产权局电子专利申请系统提交

【你的答案】

【选错记录】

　　7.（2011-60） 下列关于电子申请的说法哪些是正确的？

　　A. 申请人或者专利代理机构只有通过办理合格的电子申请用户注册手续，才能成为电子申请用户

　　B. 申请人可以通过电子申请系统提交包括保密申请在内的各种专利申请

　　C. 进入中国国家阶段的PCT国际申请可以采用电子文件形式提交

　　D. 国家知识产权局以电子发文形式发送的各种通知书和决定，电子申请用户未及时接收的，国家知识产权局应当公告送达

【你的答案】

【选错记录】

（二）参考答案解析

【1.（2019-58）解析】 知识点：电子申请的规定

根据 R4.2 的规定，以电子形式向国务院专利行政部门提交各种文件的，以进入国务院专利行政部门指定的特定电子系统的日为递交日。根据上述规定，选项 A 的说法正确，符合题意。而不是以申请人提交电子申请文件的日期为递交日，即选项 B 的说法错误，不符合题意。

《关于专利电子申请的规定》第九条第二款规定，对于专利电子申请，国家知识产权局以电子文件形式向申请人发出的各种通知书、决定或者其他文件，自文件发出之日起满 15 日，推定为申请人收到文件之日。由此可知，对于以电子文件形式发出通知书的，仍然是以自文件发出之日起满 15 日推定申请人收到文件，而不是以申请人查阅并下载该通知书的日期为收到通知书之日，因此选项 C 的说法是错误的，不符合题意。进一步地，在 G-5-6-2.3.1 关于"邮寄、直接送交和电子方式送达"中规定，通过邮寄、直接送交和电子方式送达的通知和决定，自发文日起满十五日推定为当事人收到通知和决定之日……。因此，对于以电子方式送达的通知书和决定，仍然是自发文日起满十五日推定当事人收到，故选项 D 的说法正确，符合题意。

综上所述，本题答案为 A、D。

· 291 ·

【2. (2017 - 50)解析】知识点：电子申请的规定

《关于专利电子申请的规定》第二条第一款规定，提出专利电子申请的，应当事先与国家知识产权局签订《专利电子申请系统用户注册协议》（以下简称用户协议）。进一步地，第三条规定，申请人有两人以上且未委托专利代理机构的，以提交电子申请的申请人为代表人。根据上述规定，向国家知识产权局提交电子申请的申请人必须是已经注册的电子申请用户，因此可以得知，电子申请的代表人应当是电子申请的注册用户，即选项A的说法正确，符合题意。

《关于专利电子申请的规定》第七条第一款规定，申请人办理专利电子申请各种手续的，应当以电子文件形式提交相关文件……。进一步地，第八条第一款规定，申请人办理专利电子申请的各种手续的，对《专利法》及其实施细则或者《专利审查指南》中规定的应当以原件形式提交的相关文件，申请人可以提交原件的电子扫描文件。国家知识产权局认为必要时，可以要求申请人在指定期限内提交原件。因此，电子申请的各种手续应当以电子形式提交，必要时（即对于必须以原件形式提交的文件）应当在规定的期限内提交纸件原件，即选项B的说法正确，符合题意。

《关于专利电子申请的规定》第四条规定，发明、实用新型和外观设计专利申请均可以采用电子文件形式提出。……进入中国国家阶段的专利申请，可以采用电子文件形式提交。选项C的说法与上述规定相符，因此其说法是正确的，符合题意。

在G-5-3-2.3.1关于"受理程序"中规定，……电子申请以符合要求的申请文件进入专利局指定的特定电子系统的日期为申请日……。可见，选项D的说法上述规定一致，因此是正确的，符合题意。

综上所述，本题答案为A、B、C、D。

【3. (2016 - 67)解析】知识点：电子申请的规定（电子发文）

在G-5-6-2.1.3关于"电子形式"中规定，对于以电子形式提交的专利申请，专利局通过指定的特定电子系统以电子形式向申请人送达各种通知书、决定和其他文件。因此，故选项A的说法正确，符合题意。在G-5-6-2.1.4关于"公告送达"中规定，专利局发出的通知和决定被退回的，审查员应当与文档核对；如果确定文件因送交地址不清或者存在其他原因无法再次邮寄的，应当在专利公报上通过公告方式通知当事人。根据R4.6的规定，文件送交地址不清，无法邮寄的，可以通过公告的方式送达当事人。自公告之日起满1个月，该文件视为已经送达。由此可知，公告送达适用于以纸件形式送达的文件，不适用于以电子形式送达的文件，因此，选项B的说法是错误的，不符合题意。根据R4.7的规定，国务院专利行政部门以电子形式送达的各种文件，以进入当事人认可的电子系统的日期为送达日。根据上述规定，以电子形式送达的文件，没有15天邮路，且送达日是文件进入电子系统的日期，而不是电子申请用户下载文件的日期，因此，选项C、D的说法是错误的，不符合题意。

综上所述，本题答案为A。

【4. (2014 - 21)解析】知识点：电子申请的规定

《关于专利电子申请的规定》第二条规定，提出专利电子申请的，应当事先与国家知识产权局签订《专利电子申请系统用户注册协议》（以下简称用户协议）。开办专利电子申请代理业务的专利代理机构，应当以该专利代理机构名义与国家知识产权局签订用户协议。申请人委托已与国家知识产权局签订用户协议的专利代理机构办理专利电子申请业务的，无须另行与国家知识产权局签订用户协议。由此可知，申请人可以与国家知识产权局签订电子专利申请系统用户注册协议，成为电子申请用户，自行提交专利申请，并不是必须委托专利代理机构才能提交专利电子申请，因此选项A的说法错误，不符合题意。

《专利收费减缴办法》（财税〔2016〕78号）第三条规定，专利申请人或专利权人符合下列条件之一的，可以向国家知识产权局请求减缴上述收费（一）……（三）……。其中并不涉及通过电子申请可以减免一定比例申请费的规定，因此选项B的说法是错误的，不符合题意。

《关于专利电子申请的规定》第五条第一款规定，申请专利的发明创造涉及国家安全或者重大利益需要保密的，应当以纸件形式提出专利申请。因此根据上述规定，李某认为其专利申请需要保密，则不应当通过电子专利申请系统提交申请，即选项C的说法正确，符合题意。

参照3. (2016 - 67)的解析，根据R4.7的规定，国务院专利行政部门以电子形式送达的各种文件，以进入当事人认可的电子系统的日期为送达日。根据上述规定，以电子形式送达的文件，没有15天邮路，且送达日是文件进入电子系统的日期，而不是电子申请用户下载文件的日期，因此选项D的说法错误，不符合题意。

综上所述，本题答案为C。

【5. (2013 - 29)解析】知识点：电子申请的规定

《关于专利电子申请的规定》第二条规定，提出专利电子申请的，应当事先与国家知识产权局签订《专利电子申请系统用户注册协议》（以下简称用户协议）。开办专利电子申请代理业务的专利代理机构，应当以该专利代理机构名义与国家知识产权局签订用户协议。申请人委托已与国家知识产权局签订用户协议的专利代理机构办理专利电子申请业务的，无须另行与国家知识产权局签订用户协议。根据该规定，申请人委托了专利代理机构办理电子申请业务的，则申请人不是必须注册成为电子申请用户的。进一步地，《关于专利电子申请的规定》第三条规定，申请人有两人以上且未委托专利代理机构的，以提交电子申请的申请人为代表人。根据该规定，即使没有委托专利代理机构办理电子申请业务，则代表人必须是电子件申请的用户，其他共同申请人也可以不是电子申请用户。由此可知，选项A的说法是错误的。

《关于专利电子申请的规定》第七条第三款规定，特殊情形下需要将专利电子申请转为纸件申请的，申请人应当提出请求，经国家知识产权局审批并办理相关手续后可以转为纸件申请。根据该规定，在特殊情况下，可以请求将电子申请转为纸件申请，因此，选项B的说法错误，不符合题意。

参照3.（2016-67）的解析，根据R4.7的规定，国务院专利行政部门以电子形式送达的各种文件，以进入当事人认可的电子系统的日期为送达日。根据上述规定，以电子形式送达的文件，没有15天邮路，且送达日是文件进入电子系统的日期，而不是电子申请用户下载文件的日期。因此，甲乙未及时接收电子文件形式的通知书和决定的，国家知识产权局不作公告送达。故选项C的说法正确，符合题意。

《关于专利电子申请的规定》第五条第二款规定，申请人以电子文件形式提出专利申请后，国家知识产权局认为该专利申请需要保密的，应当将该专利申请转为纸件形式继续审查并通知申请人。申请人在后续程序中应当以纸件形式递交各种文件。由此可知，对于专利局需要保密的专利申请，后续只能以纸件形式提交，不存在以电子申请的特殊加密方式递交各种文件的途径，因此选项D的说法错误，不符合题意。

综上所述，本题答案为C。

【6.（2012-72）解析】知识点：电子申请的规定

《关于专利电子申请的规定》第九条第一款规定，采用电子文件形式向国家知识产权局提交的各种文件，以国家知识产权局专利电子申请系统收到电子文件之日为递交日。选项A的说法与上述规定相符，因此其说法正确，符合题意。

《关于专利电子申请的规定》第九条第二款规定，对于专利电子申请，国家知识产权局以电子文件形式向申请人发出的各种通知书、决定或者其他文件，自文件发出之日起满15日，推定为申请人收到文件之日。由此可知，对于以电子文件形式发出通知书的，仍然是以自文件发出之日起满15日推定申请人收到文件，而不是以申请人查阅并下载该通知书的日期为收到通知书之日，因此选项B的说法错误，不符合题意。

《关于专利电子申请的规定》第三条规定，申请人有两人以上且未委托专利代理机构的，以提交电子申请的申请人为代表人。选项C的说法与该规定相符，因此其说法正确，符合题意。

《关于专利电子申请的规定》第五条第一款规定，申请专利的发明创造涉及国家安全或者重大利益需要保密的，应当以纸件形式提出专利申请。根据该规定，对于涉及国家安全的专利申请，不得以电子专利申请形式提出，因此选项D的说法是正确的，符合题意。

综上所述，本题答案为A、C、D。

【7.（2011-60）解析】知识点：电子申请的规定

《关于专利电子申请的规定》第一条第一款规定，提出专利电子申请的，应当事先与国家知识产权局签订《专利电子申请系统用户注册协议》（以下简称用户协议）。由此可知，选项A的说法正确，符合题意。

《关于专利电子申请的规定》第五条第一款规定，申请专利的发明创造涉及国家安全或者重大利益需要保密的，应当以纸件形式提出专利申请。由此可知，选项B的说法错误，不符合题意。

《关于专利电子申请的规定》第四条规定，发明、实用新型和外观设计专利申请均可以采用电子文件形式提出。……进入中国国家阶段的专利申请，可以采用电子文件形式提交。由此可知，选项C的说法正确，符合题意。

根据R4.7的规定，国务院专利行政部门以电子形式送达的各种文件，以进入当事人认可的电子系统的日期为送达日。根据上述规定，以电子形式送达的文件，没有15天邮路，且送达日是文件进入电子系统的日期，而不是电子申请用户下载文件的日期，由此可知，选项D的说法错误，不符合题意。

综上所述，本题答案为A、C。

（三）总体考点分析

本部分涉及电子申请相关的知识点，例如电子申请用户注册、电子申请的接收和受理、电子发文以及电子申请的特殊规定等。重点是电子申请的提交形式、电子申请的接收、电子发文。

高频结论

√　电子申请用户是指已经与国家知识产权局签订电子专利申请系统用户注册协议，办理了有关注册手续，获得用户代码和密码的申请人和专利代理机构。

✓ 申请人有两人以上且未委托专利代理机构的，以提交电子申请的电子申请用户为代表人。

✓ 申请人提出电子申请并被受理的，办理专利申请的各种手续应当以电子文件形式提交。对《专利法》及其实施细则和该指南中规定的必须以原件形式提交的文件，例如，费用减缓证明、专利代理委托书、著录项目变更证明和复审及无效程序中的证据等，应当在《专利法》及其实施细则和该指南中规定的期限内提交纸件原件。

✓ 申请专利的发明创造涉及国家安全或者重大利益需要保密的，应当以纸件形式提出专利申请。

✓ 对于电子申请，专利局电子专利申请系统收到电子文件的日期是递交日。专利局电子专利申请系统收到符合《专利法》及其实施细则规定的专利申请文件之日为申请日。

✓ 国务院专利行政部门以电子形式送达的各种文件，以进入当事人认可的电子系统的日期为送达日。

（四）参考答案

1. A、D   2. A、B、C、D   3. A   4. C   5. C

6. A、C、D   7. A、C

八、国家知识产权局的行政复议

（一）历年试题集合

1. (2019－62) 下列哪些情形不能申请行政复议？

A. 专利申请人对驳回专利申请的决定不服的

B. 复审请求人对复审请求审查决定不服的

C. 集成电路布图设计登记申请人对驳回登记申请的决定不服的

D. 专利权人或者专利实施强制许可的被许可人对强制许可使用费的裁决不服的

【你的答案】

【选错记录】
_____
_____

2. (2018－36) 甲对国家知识产权局针对其恢复权利请求的审批通知的意见不服而申请行政复议的，以下说法正确的是？

A. 甲某应当自收到恢复权利请求审批通知之日起六十日内提出行政复议申请

B. 甲某可以委托代理人代为参加行政复议

C. 行政复议申请受理后，发现甲某又向人民法院提起行政诉讼并被受理的，驳回行政复议申请

D. 行政复议申请受理后，行政复议决定作出之前，复议申请人不得撤回行政复议申请

【你的答案】

【选错记录】
_____
_____

3. (2018－54) 以下哪些情形，行政复议机构应当决定撤销该具体行政行为？

A. 超越职权

B. 主要事实不清，证据不足

C. 行政复议申请人死亡

D. 申请人与被申请人经行政复议机构批准达成和解

_____
_____
【选错记录】
_____
_____

4. (2018－25) 国家知识产权局负责法制工作的机构作为行政复议机构，不具备下列哪一职能？

A. 向有关部门及人员调查取证，调阅有关文档和资料

B. 办理与行政复议申请一并请求的行政赔偿

C. 办理重大行政复议决定备案事项

D. 确定具体行政行为违法，直接重新作出具体行政行为

【你的答案】
_____
_____
【选错记录】
_____
_____

5. (2016－68) 关于当事人向国家知识产权局申请行政复议，以下说法正确的是？

A. 当事人可以自知道相关具体行政行为之日起六十日内提出行政复议申请

B. 当事人提起行政复议后，应当在规定的期限内缴纳行政复议费

C. 行政复议期间，具体行政行为原则上不停止执行

D. 针对国家知识产权局作出的具体行政行为，当事人在提起行政复议的同时可以

【你的答案】

【选错记录】
_____
_____

向人民法院提起行政诉讼

6. (2016－21) 以下哪个情形可以申请行政复议？

A. 专利申请人对驳回专利申请决定不服的

B. 复审请求人对复审请求不予受理通知书不服的

C. 复审请求人对复审请求审查决定不服的

D. 集成电路布图设计登记申请人对驳回登记申请的决定不服的

【你的答案】

_____

【选错记录】

_____

（二）参考答案解析

【1. (2019－62) 解析】知识点：行政复议（不能申请行政复议的情形）

《国家知识产权局行政复议规程》第五条规定："对下列情形之一的，不能申请行政复议：

（一）专利申请人对驳回专利申请的决定不服的；

（二）复审请求人对复审请求审查决定不服的；

（三）专利权人或者无效宣告请求人对无效宣告请求审查决定不服的；

（四）专利权人或专利实施强制许可的被许可人对强制许可使用费的裁决不服的；

（五）国际申请的申请人对国家知识产权局作为国际申请的受理单位、国际检索单位和国际初步审查单位所作决定不服的；

（六）集成电路布图设计登记申请人对驳回登记申请的决定不服的；

（七）集成电路布图设计登记申请人对复审决定不服的；

（八）集成电路布图设计权利人对撤销布图设计登记的决定不服的；

（九）集成电路布图设计权利人、非自愿许可取得人对非自愿许可报酬的裁决不服的；

（十）集成电路布图设计权利人、被控侵权人对集成电路布图设计专有权侵权纠纷处理决定不服的；

（十一）法律、法规规定的其他不能申请行政复议的情形。"

由此可见，选项A、B、C、D分别相对于第（一）、（二）、（六）、（四）种情形，因而不能就其申请行政复议，符合题意。

综上所述，本题答案为A、B、C、D。

【2. (2018－36) 解析】知识点：行政复议（行政复议的手续）

《国家知识产权局行政复议规程》第八条规定，公民、法人或者其他组织认为国家知识产权局的具体行政行为侵犯其合法权益的，可以自知道该具体行政行为之日起60日内提出行政复议申请……。根据上述规定，甲某应当自收到恢复权利请求通知之日起六十日内提出行政复议申请，即选项A的说法正确，符合题意。

《国家知识产权局行政复议规程》第七条规定，复议申请人、第三人可以委托代理人代为参加行政复议。根据上述规定，甲某可以委托代理人代为参加行政复议，即选项B的说法正确，符合题意。

《国家知识产权局行政复议规程》第九条规定，……国家知识产权局受理行政复议申请后，发现在受理前或者受理后当事人向人民法院提起行政诉讼并且人民法院已经依法受理的，驳回行政复议申请。根据上述规定，行政复议申请受理后，发现甲某又向人民法院提起行政诉讼并被受理的，驳回行政复议申请，即选项C的说法正确，符合题意。

《国家知识产权局行政复议规程》第十八条规定，行政复议决定作出之前，复议申请人可以要求撤回行政复议申请。准予撤回的，行政复议程序终止。根据上述规定，在行政复议决定作出之前，复议申请人可以撤回行政复议申请，因此选项D的说法错误，不符合题意。

综上所述，本题答案为A、B、C。

【3. (2018－54) 解析】知识点：行政复议（行政复议的审理与决定）

《国家知识产权局行政复议规程》第二十三条规定："具体行政行为有下列情形之一的，应当决定撤销、变更该具体行政行为或者确认该具体行政行为违法，并可以决定由被申请人重新作出具体行政行为：（一）主要事实不清，证据不足的；（二）适用依据错误的；（三）违反法定程序的；（四）超越或者滥用职权的；（五）具体行政行为明显不当的；（六）出现新证据，撤销或者变更原具体行政行为更为合理的。"故选项A所述的"超越职权"相应于上述第（四）种情况，选项B所述的"主要事实不清，证据不足"相应于上述第（一）种情况，出现所述两种情况，行政复议机构应当决定撤销该具体行政行为，即选项A和B符合题意。

《行政复议法实施条例》第四十二条规定，行政复议期间有下列情形之一的，行政复议终止：……（2）作为申请人的自然人死亡，没有近亲属或者其近亲属放弃行政复议权利的；……选项C所述的行政复议申请人死亡并不能导致行政复议机构撤销该具体行政行为。根据《行政复议法实施条例》第四十二条规定，行政复议期间有下列情形之一的，行政复议终止：……（4）申请人与被申请人依照……规定，经行政复议机构准许达成和解的……。根据上述规定，申请人与被申请人经行政复议机构批准达成和解，是行政复议终止，而不是行政复议机构决定撤销该具体行政行为。因此，选项 C 和 D 不符合题意。

综上所述，本题答案为 A、B。

【4.（2018－25）解析】知识点：行政复议（复议机构及其职责）

《国家知识产权局行政复议规程》第三条规定："国家知识产权局负责法制工作的机构（以下称"行政复议机构"）具体办理行政复议事项，履行下列职责：（一）受理行政复议申请；（二）向有关部门及人员调查取证，调阅有关文档和资料；（三）审查具体行政行为是否合法与适当；（四）办理一并请求的行政赔偿事项；（五）拟订、制作和发送行政复议法律文书；（六）办理因不服行政复议决定提起行政诉讼的应诉事项；（七）督促行政复议决定的履行；（八）办理行政复议、行政应诉案件统计和重大行政复议决定备案事项；（九）研究行政复议工作中发现的问题，及时向有关部门提出行政复议意见或者建议。"故选项 A 相应于上述规定第（二）项，选项 B 相应于上述规定第（四）项，选项 C 相应于上述规定第（八）项的部分内容，因此均不符合题意。

《国家知识产权局行政复议规程》第二十三条规定，具体行政行为有下列情形之一的，应当决定撤销、变更该具体行政行为或者确认该具体行政行为违法，并可以决定由被申请人重新作出具体行政行为……。根据上述规定，在确认具体行政行为违法的情形下，行政复议机构可以决定由被申请人重新作出具体行政行为，而并不是由复议机构作出，故选项 D 所述的并不是行政复议机构的职能，即选项 D 符合题意。

综上所述，本题答案为 D。

【5.（2016－68）解析】知识点：行政复议

根据《国家知识产权局行政复议规程》第八条第一款规定可知，当事人可以自知道相关具体行政行为之日起六十日内提出行政复议申请，即选项 A 的说法正确，符合题意。

《国家知识产权局行政复议规程》第三十四条规定，行政复议不收取费用。选项 B 所述的"在规定的期限内缴纳行政复议费"的说法是错误的，不符合题意。

《国家知识产权局行政复议规程》第十九条规定，行政复议期间，具体行政行为原则上不停止执行。行政复议机构认为需要停止执行的，应当向有关部门发出停止执行通知书，并通知复议申请人及第三人。因此，行政复议期间，具体行政行为原则上不停止执行，即选项 C 的说法正确，符合题意。

根据《国家知识产权局行政复议规程》第九条第二款规定可知，针对国家知识产权局作出的具体行政行为，当事人在提起行政复议的同时不可以向人民法院提起行政诉讼，因而选项 D 的说法错误，不符合题意。

综上所述，本题答案为 A、C。

【6.（2016－21）解析】知识点：行政复议（可以申请行政复议的情形）

参照 1.（2019－62）的解析，根据《国家知识产权局行政复议规程》第五条的规定，选项 A 所述的"专利申请人对驳回专利申请的决定不服的"相应于上述规定第（一）种情形，因而不能就其申请行政复议；选项 C 所述的"复审请求人对复审请求审查决定不服的"相应于上述规定中第（二）种情形，因而不能就其申请行政复议；选项 D 所述的"集成电路布图设计登记申请人对驳回登记申请的决定不服的"相对于上述规定中第（六）种情形，因而不能就其申请行政复议。因此，选项 A、C 和 D 不符合题意。

《国家知识产权局行政复议规程》第四条规定，……有下列情形之一，可以依法申请行政复议：

（一）对国家知识产权局作出的有关专利申请、专利权的具体行政行为不服的；

（二）对国家知识产权局作出的有关集成电路布图设计登记申请、布图设计专有权的具体行政行为不服的；

（三）对国家知识产权局专利复审委员会（第四次专利法修改后变为国家知识产权局）作出的有关专利复审、无效的程序性决定不服的；

（四）对国家知识产权局作出的有关专利代理管理的具体行政行为不服的；

（五）认为国家知识产权局作出的其他具体行政行为侵犯其合法权益的。

根据上述规定，选项 B 所述的"复审请求不予受理通知书"是国家知识产权局在复审程序中作出的一种程序性决定，故选项 B 所述的情形可申请行政复议，符合题意。

综上所述，本题答案为 B。

（三）总体考点分析

本部分涉及国家知识产权局行政复议相关知识点。涉及复议机构及其职责、行政复议的申请与受理、审理与决定、期限与送达，重点是申请复议的范围即可以申请复议的情形和不能申请复议的情形。

高频结论

✓ 公民、法人或者其他组织认为国家知识产权局的具体行政行为侵犯其合法权益的，可以自知道该具体行政行为之日起60日内提出行政复议申请。

✓ 国家知识产权局负责法制工作的机构（以下称"行政复议机构"）具体办理行政复议事项，履行下列职责：(1) 受理行政复议申请；(2) 向有关部门及人员调查取证，调阅有关文档和资料；(3) 审查具体行政行为是否合法与适当；(4) 办理一并请求的行政赔偿事项；(5) 拟订、制作和发送行政复议法律文书；(6) 办理因不服行政复议决定提起行政诉讼的应诉事项；(7) 督促行政复议决定的履行；(8) 办理行政复议、行政应诉案件统计和重大行政复议决定备案事项；(9) 研究行政复议工作中发现的问题，及时向有关部门提出行政复议意见或者建议。

✓ 确认具体行政行为违法的情形下，行政复议机构可以决定由被申请人重新作出具体行政行为，因而并不是由复议机构作出。

✓ 有下列情形之一，可以依法申请行政复议：(1) 对国家知识产权局作出的有关专利申请、专利权的具体行政行为不服的；(2) 对国家知识产权局作出的有关集成电路布图设计登记申请、布图设计专有权的具体行政行为不服的；(3) 对国家知识产权局作出的有关专利复审、无效的程序性决定不服的；(4) 对国家知识产权局作出的有关专利代理管理的具体行政行为不服的；(5) 认为国家知识产权局作出的其他具体行政行为侵犯其合法权益的。

✓ 对于下列情形之一的，不能申请行政复议：(1) 专利申请人对驳回专利申请的决定不服的；(2) 复审请求人对复审请求审查决定不服的；(3) 专利权人或者无效宣告请求人对无效宣告请求审查决定不服的；(4) 专利权人或专利实施强制许可的被许可人对强制许可使用费的裁决不服的；(5) 国际申请的申请人对国家知识产权局作为国际申请的受理单位、国际检索单位和国际初步审查单位所作决定不服的；(6) 集成电路布图设计登记申请人对驳回登记申请的决定不服的；(7) 集成电路布图设计登记申请人对复审决定不服的；(8) 集成电路布图设计权利人对撤销布图设计登记的决定不服的；(9) 集成电路布图设计权利人、非自愿许可取得人对非自愿许可报酬的裁决不服的；(10) 集成电路布图设计权利人、被控侵权人对集成电路布图设计专有权侵权纠纷处理决定不服的；(11) 法律、法规规定的其他不能申请行政复议的情形。

✓ 向国家知识产权局申请行政复议，复议机构已经依法受理的，在法定行政复议期限内不得向人民法院提起行政诉讼。如果发现受理之前或复议期限内，请求人已向法院提起行政诉讼，则驳回行政复议请求。

✓ 行政复议期间，具体行政行为原则上不停止执行。行政复议机构认为需要停止执行的，应当向有关部门发出停止执行通知书，并通知复议申请人及第三人。

✓ 作为申请人的自然人死亡，因其近亲属尚未确定是否参加行政复议，行政复议中止。在行政复议期间，申请人与被申请人依法经行政复议机构准许达成和解的，行政复议终止。

✓ 行政复议决定作出之前，复议申请人可以要求撤回行政复议申请。

✓ 行政复议不收取费用。

（四）参考答案

1. A、B、C、D   2. A、B、C   3. A、B   4. D   5. A、C

6. B

第五章 专利申请的复审与专利权的无效宣告

本章要求熟悉复审请求与无效宣告请求的审查制度和程序；掌握复审请求与无效宣告请求的审查原则及规定；掌握关于口头审理的规定。❶

第一节 概 要

（一）历年试题集合

1. （2017 - 88）关于复审程序中的请求原则，下列说法正确的是？

A. 复审程序应基于当事人的请求启动

B. 请求人在国家知识产权局作出复审请求审查决定前撤回其请求的，复审程序终止

C. 请求人撤回其请求的，复审程序终止，但是国家知识产权局认为根据已进行的审查工作能够作出撤销驳回决定的除外

D. 请求人在审查决定已经发出后撤回请求的，不影响审查决定的有效性

【你的答案】

【选错记录】

2. （2010 - 6）（文字有调整）国家知识产权局对刘某的专利申请作出驳回决定，其发文日为 2009 年 4 月 21 日，刘某于 2009 年 5 月 6 日收到驳回决定。下列哪些做法不符合相关规定？

A. 刘某于 2009 年 9 月 10 日就该驳回决定向专利复审委员会提出复审请求

B. 刘某的妻子王某于 2009 年 7 月 10 日就该驳回决定向专利复审委员会提出复审请求

C. 刘某于 2009 年 9 月 10 日就该驳回决定向国家知识产权局提出行政复议申请

D. 刘某于 2009 年 7 月 10 日就该驳回决定向北京知识产权法院提起行政诉讼

【你的答案】

【选错记录】

3. （2012 - 64）下列关于专利复审程序的说法哪些是正确的？

A. 对不予受理专利申请的决定不服的，可以向国家知识产权局提出复审请求

B. 对驳回专利申请的决定不服的，可以向国家知识产权局提出复审请求

C. 国家知识产权局可以对所审查的复审案件依职权进行审查，而不受当事人请求的范围和提出的理由、证据的限制

D. 国家知识产权局可以直接作出维持驳回决定的复审决定，无须给予当事人陈述意见的机会

【你的答案】

【选错记录】

4. （2019 - 74）关于复审和无效宣告请求审查决定的出版，下列说法正确的是？

A. 复审请求审查决定的正文，应当全部公开出版

B. 外观设计无效宣告请求审查决定的正文，应当全部公开出版

C. 只有生效的复审和无效宣告请求审查决定的正文公开出版

D. 对于应当公开出版的审查决定，当事人对审查决定不服向法院起诉并已被受理的，在人民法院判决生效后，审查决定与判决书一起公开

【你的答案】

【选错记录】

5.（2019－73）在下列哪些情形下，审理无效宣告请求案件的合议组成员应当回避？

　　A. 曾参与过该案件申请阶段的初审审查

　　B. 曾参与过该案件申请阶段的实质审查

　　C. 是无效宣告请求人所委托的代理人的弟弟

　　D. 曾作为合议组长审理过同一请求人针对同一专利权提出的其他无效宣告请求案件

【你的答案】

【选错记录】

6.（2017－90）复审案件合议组成员有下列何种情形的，应当自行回避或当事人有权请求其回避？

　　A. 曾参与原申请的审查的

　　B. 与专利申请有利害关系的

　　C. 是当事人或者其代理人近亲属的

　　D. 与当事人或者其代理人有其他关系，可能影响公正审查和审理的

【你的答案】

【选错记录】

7.（2016－69）针对甲的发明专利权 A，乙提出无效宣告请求，下列哪些情形合议组成员应当自行回避或者当事人有权利请求其回避？

　　A. 合议组主审员是乙的近亲属

　　B. 合议组参审员是该发明专利权 A 在实质审查阶段的审查员

　　C. 合议组组长在乙请求宣告甲的另一项发明专利权 B 无效的案件中担任主审员，且该案审查结论是维持专利权 B 有效

　　D. 合议组组长在乙针对该发明专利权 A 的第一次无效宣告请求案中担任主审员，且该第一次无效宣告案件的审查结论是维持专利权 A 有效

【你的答案】

【选错记录】

8.（2018－18）当事人对国家知识产权局作出的审查决定不服而向人民法院起诉，以下说法正确的是？

　　A. 当事人应当自收到通知之日起六个月内向人民法院起诉

　　B. 对于撤销原驳回决定的复审决定，复审请求人不得向人民法院起诉

　　C. 对于维持专利权有效的审查决定，专利权人不得向人民法院起诉

　　D. 因主要证据不足或者法律适用错误导致审查决定被人民法院撤销的，国家知识产权局不得以相同的理由和证据作出与原决定相同的决定

【你的答案】

【选错记录】

9.（2017－86）针对本案，合议组于 2012 年 12 月 10 日发出撤销驳回决定的复审决定，复审请求人于 2012 年 12 月 22 日收到该决定，下列说法中哪些是不正确的？

　　A. 复审请求人可以在 2013 年 3 月 22 日之前向人民法院起诉

　　B. 由于 2013 年 3 月 10 日是星期日，因此，复审请求人最晚可以在 2013 年 3 月 11 日之前向人民法院起诉

　　C. 复审请求人可以向国家知识产权局提出行政复议

　　D. 复审请求人不能向人民法院起诉

【你的答案】

【选错记录】

10.（2016－70）甲针对乙的发明专利权 A 提出无效宣告请求，国家知识产权局经审查作出维持专利权 A 有效的审查决定，在此情况下，甲采取的下列哪些措施符合相关规定？

　　A. 依据同样的理由和证据再次提起针对发明专利权 A 的无效宣告请求，要求国家知识产权局重新成立合议组，重新作出审查决定

　　B. 依据新的证据或理由向国家知识产权局针对发明专利权 A 提起新的无效宣告请求

　　C. 针对已经作出的审查决定向北京知识产权法院起诉

　　D. 针对已经作出的审查决定向国家知识产权局申请行政复议

【你的答案】

【选错记录】

11.（2013－57）下列关于无效宣告请求审查决定被人民法院生效判决撤销后的审查程序的说法哪些是正确的？

　　A. 因主要证据不足导致审查决定被撤销的，不得以相同的理由和证据作出与原决定相同的决定

　　B. 因法律适用错误导致审查决定被撤销的，不得以相同的理由和证据作出与原决

【你的答案】

【选错记录】

定相同的决定

C. 因违反法定程序导致审查决定被撤销的，根据人民法院的判决，在纠正程序错误的基础上，重新作出审查决定

D. 对于审查决定被人民法院的判决撤销后重新审查的案件，必须重新成立合议组

12. (2012－23，有适应性修改)李某对国家知识产权局作出的复审决定不服，可以采用下列哪种方式寻求救济？

　　A. 要求国家知识产权局重新成立合议组，对该案件重新进行复审

　　B. 向国家知识产权局申请行政复议

　　C. 向北京知识产权法院起诉

　　D. 向北京市高级人民法院起诉

【你的答案】
_____
【选错记录】
_____

13. (2010－11)甲对乙的专利权提出无效宣告请求，国家知识产权局经审理后作出宣告该专利权无效的决定。乙对该决定不服向人民法院起诉。下列说法哪些是正确的？

　　A. 应当以甲作为被告

　　B. 应当以国家知识产权局作为被告

　　C. 人民法院应当通知甲作为第三人参加诉讼

　　D. 人民法院应当通知国家知识产权局作为第三人参加诉讼

【你的答案】
_____
【选错记录】
_____

(二) 参考答案解析

【1. (2017－88) 解析】知识点：复审程序的请求原则

根据G－4－1－2.3关于"请求原则"中的规定可知，复审程序和无效宣告程序均应当基于当事人的请求启动。请求人在复审和无效审理部作出复审请求或者无效宣告请求审查决定前撤回其请求的，其启动的审查程序终止；但对于无效宣告请求，复审和无效审理部认为根据已进行的审查工作能够作出宣告专利权无效或部分无效的决定的除外。请求人在审查决定的结论已宣布或者书面决定已经发出之后撤回请求的，不影响审查决定的有效性。

根据上述规定，复审程序应基于当事人的请求启动，即选项A的说法正确，符合题意；请求人在作出复审请求审查决定前撤回其请求的，复审程序终止，即选项B的说法正确，符合题意；而请求人在审查决定已经发出后撤回请求的，不影响审查决定的有效性，即选项D的说法正确，符合题意。

但是对于复审程序而言，只要请求人撤回其请求的，复审程序终止，即使复审和无效审理部认为根据已进行的审查工作能够作出撤销驳回决定，其复审程序也终止。因此，选项C的说法错误。注意，针对无效宣告请求，复审和无效审理部认为根据已进行的审查工作能够作出宣告专利权无效或者部分无效的决定的情况下，即使请求人撤回无效请求，仍然要作出无效决定。而对于复审程序并没有这种例外的规定。

综上所述，本题答案为A、B、D。

【2. (2010－6) 解析】知识点：复审请求

根据A41.1的规定可知，专利申请人对国家知识产权局驳回申请的决定不服的，可以收到通知之日起三个月内，向国家知识产权局请求复审。国家知识产权局复审后，作出决定，并通知专利申请人。

题中，驳回决定的发文日为2009年4月21日，则发文日起满十五天推定刘某收到驳回决定即2009年5月6日（与其实际收到日恰好同一天），因此刘某提出复审请求的最后日期应当为2009年8月6日。而选项A中刘某提出复审请求的日期为2009年9月10日，超出了上述期限，故不符合规定，选项A符合题意。

根据上述规定，提出复审请求的应当是被驳回的专利申请的申请人而不是其他人，而申请人是刘某而不是刘某的妻子王某，因此刘某的妻子王某无权就刘某的申请作出的驳回决定提出复审请求，因此选项B所述的做法不符合相关规定，符合题意（注意：在提复审的期限内，如果刘某死亡，且刘某的妻子王某是其继承人，则这种情况下她才有资格提出复审请求）。

根据上述规定，专利申请人对驳回决定不服的，只能以请求复审的方式寻求救济。进一步地，《国家知识产权局行政复议规程》第五条规定："对下列情形之一，不能申请行政复议：（一）专利申请人对驳回专利申请的决定不服的；……。因此李某对国家知识产权局作出的复审决定不服，不能向国家知识产权局申请行政复议，即选项C的做法不符合相关规定，符合题意。

根据A41.2的规定可知，专利申请人对国家知识产权局的复审决定不服的，可以自收到通知之日起三个月内向人民法院起诉。结合上述A41.1的规定可知，对于国家知识产权局驳回专利申请的决定，申请人应当先请求复审，如果其后对复审决定不服的，再向人民法院起诉，故刘某就驳回决定直接向人民法院提起诉讼不符合有关规定，即选项D符合

题意。

综上所述，本题答案为A、B、C、D。

【3.（2012 - 64）解析】知识点：复审案件审查原则

根据《国家知识产权局行政复议规程》第四条规定可知，对国家知识产权局作出的有关专利申请、专利权的具体行政行为不服的，可以依法申请行政复议，而不予受理专利申请的决定属于上述规定的具体行政行为，对其不服可以申请行政复议（当然也可以直接提起行政诉讼），而不能提出复审请求。因此，选项A的说法错误，不符合题意。

根据A41.1的规定可知，复审请求案件仅包括对初步审查和实质审查程序中驳回专利申请的决定不服的案件。因此，选项B所述的"对驳回专利申请的决定不服的，可以向国家知识产权局提出复审请求"的说法正确，符合题意。

G-4-1-2.4关于"依职权审查原则"中规定可知，复审和无效审理部可以对所审查的案件依职权进行审查，而不受当事人请求的范围和提出的理由、证据的限制。选项C的说法与上述规定一致，因此其说法是正确的，符合题意。

G-4-1-2.5关于"听证原则"中规定，在作出审查决定之前，应当给予审查决定对其不利的当事人针对审查决定所依据的理由、证据和认定的事实陈述意见的机会，即审查决定对其不利的当事人已经通过通知书、转送文件或者口头审理被告知过审查决定所依据的理由、证据和认定的事实，并且具有陈述意见的机会。在上述规定中，审查决定包括复审决定，而维持驳回决定的复审决定是对当事人不利的，因此应当给予当事人陈述意见的机会，而国家知识产权局不能直接作出维持驳回决定的复审决定。由此可知，因此选项D的说法错误，不符合题意。

综上所述，本题答案为B、C。

【4.（2019 - 74）解析】知识点：审查决定公开

G-4-1-6.3关于"审查决定的公开"中规定可知，复审和无效宣告请求审查决定的正文，除所针对的专利申请未公开的情况以外，应当全部公开。根据上述规定，针对专利申请未公开的情况，复审请求审查决定的正文不会公开出版，因此选项A的说法显然是错误的，不符合题意。而外观设计无效宣告请求审查决定的正文针对的是已公告的外观设计专利，因此应当全部公开出版，即项B的说法正确，符合题意。复审和无效宣告请求审查决定的正文是否公开出版，与是否生效没有关系，而与针对的专利申请是否公开相关，例如即使生效的复审请求审查决定，如果所针对的专利申请未公开，则复审决定的正文也不公开出版，即选项C的说法错误，不符合题意。复审和无效请求审查决定在发出后会及时在国家知识产权局网站上公开，因此，选项D的说法是错误的，不符合题意。

综上所述，本题答案为B。

【5.（2019 - 73）解析】知识点：回避制度

R42规定："在初步审查、实质审查、复审和无效宣告程序中，实施审查和审理的人员有下列情形之一的，应当自行回避，当事人或者其他利害关系人可以要求其回避：（一）是当事人或者其代理人的近亲属的；（二）与专利申请或者专利权有利害关系的；（三）与当事人或者其代理人有其他关系，可能影响公正审查和审理的；（四）复审或者无效宣告程序中，曾参与原申请的审查的。"

选项A所述的"曾参与过该案件申请阶段的初审审查"、选项B所述的"曾参与过该案件申请阶段的实质审查"属于上述规定第（四）种情形，即合议组成员曾参与原申请的审查，应当回避，故选项A和选项B符合题意。选项C所述的"是无效宣告请求人所委托的代理人的弟弟"属于上述规定第（一）种情形，即合议组成员是应当回避代理人的近亲属，应当回避，即选项C符合题意。

G-4-1-3.1关于"合议组的组成"中规定，……作出维持专利权有效或者宣告专利权部分无效的审查决定以后，同一请求人针对该审查决定涉及的专利权以不同理由或者证据提出新的无效宣告请求的，作出原审查决定的主审员不再参加该无效宣告案件的审查工作……。选项D中，合议组长审理过同一请求人针对同一专利权提出的其他无效宣告请求案件，不属于上述规定的不再参加同一请求人针对同一专利权的无效宣告请求案件的情形，不需要回避（注意：如果是无效宣告案件的主审员，则应当回避）。选项D不符合题意。

综上所述，本题答案为A、B、C。

【6.（2017 - 90）解析】知识点：回避制度

参照5.（2019 - 73）的解析。根据R42的规定，选项A所述的"曾参与原申请的审查的"对应于该规定的第（四）种情形，选项B所述的"与专利申请有利害关系的"对应于该规定的第（二）种情形，选项C所述的"是当事人或者其代理师近亲属的"对应于该规定的第（一）种情形，选项D所述的"与当事人或者其代理人有其他关系，可能影响公正审查和审理的"对应于该规定的第（三）种情形，因此都应当自行回避或当事人有权请求其回避，即均符合题意。

综上所述，本题答案为A、B、C、D。

【7.（2016-69）解析】知识点：回避制度；相关知识点：无效宣告程序中的回避

参照5.（2019-73）的解析。根据R42的规定，选项A中，合议组主审员是请求人乙的近亲属，属于该规定的第（一）种情形，应当回避，符合题意。选项B中，参审员参与了该发明专利权A在实质审查阶段的审查，属于该规定的第（四）种情形，应当回避，符合题意。

G-4-1-3.1关于"合议组的组成"中的规定仅适用于同一请求人针对同一专利权提出的无效请求案，基于此选项C中，合议组组长曾参与审查的是甲的另一项发明专利权B的无效宣告案件（并不是同一专利权），因此不属于应当回避情形，不符合题意。且G-4-1-3.1的规定针对主审员适用，合议组组长和参审员并不适用，而选项D中，合议组组长曾参与审查的是针对同一发明专利权A的第一次无效宣告请求案，且担任主审员，因此属于上述规定应当回避的情形，符合题意。

综上所述，本题答案为A、B、D。

【8.（2018-18）解析】知识点：对审查决定不服的司法救济

A41.2规定，专利申请人对国务院专利行政部门复审决定不服的，可以自收到通知之日起三个月内向人民法院起诉。根据A46.2的规定可知，对宣告专利权无效或者维持专利权的决定不服的，可以自收到通知之日起三个月内向人民法院起诉。人民法院应当通知无效宣告请求程序的对方当事人作为第三人参加诉讼。根据上述两方面的规定，当事人对国家知识产权局作出的审查决定不服而向人民法院起诉的时效为收到通知之日起三个月内，而不是六个月内，因此选项A的说法错误，不符合题意。同时，上述规定表明只要当事人对审查决定不服的，都可以向人民法院起诉，对于复审决定并没有对审查决定结论方面的限制，即选项B的说法错误，不符合题意（理论上，即使撤销原驳回决定的复审决定，即总体结论对复审请求人有利，但复审请求人可能对其中事实认定、具体理由等方面不服，也可以向人民法院起诉，只是现实中这种情况非常罕见）。同时选项C的说法也是错误的，不符合题意（同样在理论上，即使维持专利权有效的审查决定，此时总体结构对专利权人有利，但专利权人也可能对其中事实认定、具体推理等方面不服而向人民法院起诉，虽然现实中这种情况也比较非常罕见）。

G-4-1-8关于"关于审查决定被法院生效判决撤销后的审查程序"中规定：（2）因主要证据不足或者法律适用错误导致审查决定被撤销的，不得以相同的理由和证据作出与原决定相同的决定……。选项D的说法与该规定相符，因此其说法正确，符合题意。

综上所述，本题答案为D。

【9.（2017-86）解析】知识点：对复审决定不服的司法救济

根据A41.2的规定可知，即使对于撤销驳回决定的复审决定，虽然其结论对复审请求人有利，但如果复审请求人对复审决定中的诸如事实认定等不服，仍然可以向人民法院起诉，因此选项D所述的"复审请求人不能向人民法院起诉"也就是错误的，符合题意。另外，根据A41.2的规定，复审请求人向法院起诉的期限是自收到复审决定之日起三个月，且此处所述的收到之日并非实际收到日，而根据R4.4的规定，国务院专利行政部门邮寄的各种文件，自文件发出之日起满15日，推定为当事人收到文件之日。题中复审决定于2012年12月10日发出，则发出之日起满15日即2012年12月25日为推定收到日。在该日期起三个月内起诉，即最晚期限是2013年3月25日。即复审请求人可以在2013年3月25日之前向人民法院起诉。可见，选项A是正确的，不符合题意。而选项B是以复审决定的发文日开始计算的，而没有以推定收到日来计算，因此是错误的，符合题意。

根据《国家知识产权局行政复议规程》第五条的规定可知，其中不能申请行政复议的情形包括复审请求人对复审请求审查决定不服的这种情形。因此，题中涉及的复审决定，因此不能申请行政复议，即选项C的说法不正确，符合题意。

综上所述，本题答案为B、C、D。

【10.（2016-70）解析】知识点：对无效宣告审查决定不服的司法救济、一事不再理审查原则

根据R70.2的规定可知，在国家知识产权局就无效宣告请求作出决定之后，又以同样的理由和证据请求无效宣告的，国家知识产权局不予受理。这就是《专利审查指南2023》中所述的"一事不再理原则"（在G-4-3-2.1关于"一事不再理原则"中规定，对已作出审查决定的无效宣告案件涉及的专利权，以同样的理由和证据再次提出无效宣告请求的，不予受理和审理……）。根据上述规定，选项A中，甲依据同样的理由和证据再次提起针对发明专利权A的无效宣告请求，要求国家知识产权局重新成立合议组，重新作出审查决定，这种做法不符合规定，不符合题意。而选项B中，甲依据新的证据或理由向国家知识产权局针对发明专利权A提起新的无效宣告请求，虽然针对同一专利权，但所依据的理由或证据是新的，因此不属于"一事不再理"的情形，即选项B的做法符合规定，符合题意。

根据A46.2的规定可知，对宣告专利权无效或者维持专利权的决定不服的，可以自收到通知之日起三个月内向人民法院起诉……。而《最高人民法院关于北京、上海、广州知识产权法院案件管辖的规定》第一条规定："知识产权法院

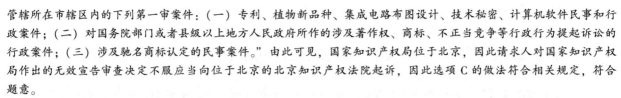

管辖所在市辖区内的下列第一审案件：（一）专利、植物新品种、集成电路布图设计、技术秘密、计算机软件民事和行政案件；（二）对国务院部门或者县级以上地方人民政府所作的涉及著作权、商标、不正当竞争等行政行为提起诉讼的行政案件；（三）涉及驰名商标认定的民事案件。"由此可见，国家知识产权局位于北京，因此请求人对国家知识产权局作出的无效宣告审查决定不服应当向位于北京的北京知识产权法院起诉，因此选项C的做法符合相关规定，符合题意。

根据《国家知识产权局行政复议规程》第五条规定可知，其中不能申请行政复议的情形包括专利权人或者无效宣告请求人对无效宣告审查决定不服的这种情形。因此针对已经作出的审查决定不能向国家知识产权局申请行政复议，即选项D的做法不符合规定，不符合题意。

综上所述，本题答案为B、C。

【11.（2013-57）解析】知识点：对审查决定不服的司法救济后的审查程序

G-4-1-8关于"关于审查决定被法院生效判决撤销后的审查程序"中规定，（1）复审请求或者无效宣告请求审查决定被人民法院的生效判决撤销后，……应当重新作出审查决定。（2）因主要证据不足或者法律适用错误导致审查决定被撤销的，不得以相同的理由和证据作出与原决定相同的决定。（3）因违反法定程序导致审查决定被撤销的，根据人民法院的判决，在纠正程序错误的基础上，重新作出审查决定。由此可知，选项A和选项B的说法与上述规定中第（2）项相符，选项C的说法与上述规定第（3）项相符，因此选项A、B、C的说法正确，符合题意。

G-4-1-3.1关于"合议组的组成"中规定，……对审查决定被人民法院的判决撤销后重新审查的案件，一般应当重新成立合议组。根据该规定，对于审查决定被人民法院的判决撤销后重新审查的案件，采用的是"一般应当"，而不是"必须"要重新成立合议组，故选项D的说法错误，不符合题意。

综上所述，本题答案为A、B、C。

【12.（2012-23）解析】知识点：对复审决定不服的司法救济

根据A41.2的规定可知，专利申请人对复审决定不服的，可以自收到通知之日起三个月内向人民法院起诉。因此，李某对作出的复审决定不服，只能向人民法院起诉，而不能要求国家知识产权局重新成立合议组，对该案件重新进行复审，即选项A的做法错误，不符合题意。

《国家知识产权局行政复议规程》第五条规定："对下列情形之一，不能申请行政复议：（一）专利申请人对驳回专利申请的决定不服的……。"因此李某对国家知识产权局作出的复审决定不服，不能申请行政复议，即选项B的说法错误，不符合题意。

《行政诉讼法》第十五条规定："中级人民法院管辖下列第一审行政案件：（一）对国务院部门或者县级以上地方人民政府所作的行政行为提起诉讼的案件……。"进一步地，《最高人民法院关于北京、上海、广州知识产权法院案件管辖的规定》第一条规定："知识产权法院管辖所在市辖区内的下列第一审案件：（一）专利、植物新品种、集成电路布图设计、技术秘密、计算机软件民事和行政案件……。"因此李某对国家知识产权局作出的复审决定不服，应当向北京知识产权法院起诉，（即选项C的做法正确，符合题意），而不是向北京市高级人民法院起诉，即选项D的做法错误，不符合题意。

综上所述，本题答案为C。

【13.（2010-11）解析】知识点：对无效宣告请求审查决定不服的司法救济

根据A46.2的规定可知，对国家知识产权局宣告专利权无效或者维持专利权的决定不服的，可以自收到通知之日起三个月内向人民法院起诉。人民法院应当通知无效宣告请求程序的对方当事人作为第三人参加诉讼。根据上述规定，乙对无效宣告请求审查决定不服而起诉的，应当以国家知识产权局作为被告，即选项B的说法正确，符合题意，且人民法院应当通知甲作为第三人参加诉讼，即选项C的说法正确，符合题意。当然，在该诉讼案中，不能以甲作为被告，也不会发生人民法院应当通知国家知识产权局作为第三人参加诉讼的情况，即选项A、D的说法错误，不符合题意。

综上所述，本题答案为B、C。

（三）总体考点分析

本部分涉及专利复审和无效宣告的总体知识点，包括审查原则、合议审查（独任审查）、回避制度、审查决定、更正及驳回请求以及对审查决定不服的司法救济等。

高频结论

✓　当事人对国家知识产权局的决定不服，依法向人民法院起诉的，国家知识产权局可出庭应诉。

✓ 复审和无效宣告程序普遍适用的原则包括：合法原则、公正执法原则、请求原则、依职权审查原则、听证原则和公开原则。（但没有公平原则。）

✓ 对已作出审查决定的无效宣告案件涉及的专利权，以同样的理由和证据再次提出无效宣告请求的，不予受理和审理（即一事不再理原则）。

✓ 请求人在国家知识产权局作出复审请求或者无效宣告请求审查决定前撤回其请求的，其启动的审查程序终止；但对于无效宣告请求，国家知识产权局认为根据已进行的审查工作能够作出宣告专利权无效或者部分无效的决定的除外。请求人在审查决定的结论已宣布或者书面决定已经发出之后撤回请求的，不影响审查决定的有效性。

✓ 在作出审查决定之前，应当给予审查决定对其不利的当事人针对审查决定所依据的理由、证据和认定的事实陈述意见的机会，即审查决定对其不利的当事人已经通过通知书、转送文件或者口头审理被告知过审查决定所依据的理由、证据和认定的事实，并且具有陈述意见的机会。

✓ 合议组成员应当自行回避而没有回避的，当事人有权请求其回避。

✓ 在初步审查、实质审查、复审和无效宣告程序中，实施审查和审理的人员有下列情形之一的，应当自行回避，当事人或者其他利害关系人可以要求其回避：（一）是当事人或者其代理人的近亲属的；（二）与专利申请或者专利权有利害关系的；（三）与当事人或者其代理人有其他关系，可能影响公正审查和审理的；（四）复审或者无效宣告程序中，曾参与原申请的审查的。

✓ 复审和无效宣告请求审查决定的正文，除所针对的专利申请未公开的情况以外，应当全部公开。

✓ 当事人对复审决定和无效宣告请求审查决定不服的，可以自收到通知之日起三个月内向人民法院起诉，而不能请求行政复议。不管何种结论的决定，当事人都可以起诉，例如对于撤销原驳回决定的复审决定，复审请求人也可以向人民法院起诉。

✓ 对无效宣告审查决定不服，被告是国家知识产权局，而人民法院应当通知无效宣告请求程序的对方当事人作为第三人参加诉讼。

✓ 对国家知识产权局作出的无效宣告审查决定、复审决定不服应当向北京知识产权法院起诉。

✓ 对于审查决定被人民法院的判决撤销后重新审查的案件，"一般应当"而不是"必须"要重新成立合议组的。

（四）参考答案

1. A、B、D	2. A、B、C、D	3. B、C	4. B	5. A、B、C
6. A、B、C、D	7. A、B、D	8. D	9. B、C、D	10. B、C
11. A、B、C	12. C	13. B、C		

第二节　专利申请的复审

一、复审请求的形式审查

（一）历年试题集合

1. (2017-26) 专利申请人对驳回决定不服的，可以通过下列哪种程序进行救济？【你的答案】

A. 复议程序

B. 复审程序 【选错记录】

C. 申诉程序

D. 异议程序

2. (2019-77) 王某对国家知识产权局驳回其发明专利申请的决定不服，请求复审。【你的答案】下列说法正确的是？

A. 王某的复审请求应当在收到驳回决定之日起三个月内提出

B. 王某可以请求延长提出复审请求的期限 【选错记录】

C. 在复审程序中，王某不得请求延长答复审查意见的期限

D. 王某在收到驳回决定之日起三个月内未缴纳或者未缴足复审费的，其复审请求视为未提出

3. （2014－36）国家知识产权局于 2011 年 3 月 1 日向张某发出了驳回其专利申请的决定。张某不服该驳回决定欲提出复审请求，下列做法哪些是符合相关规定的？

【你的答案】
_____

【选错记录】
_____

A. 在 2011 年 6 月 1 日提出复审请求，并同时缴足复审费

B. 在 2011 年 6 月 16 日提出复审请求，并同时缴足复审费

C. 在 2011 年 6 月 1 日提出复审请求，并在 2011 年 6 月 14 日缴足复审费

D. 在 2011 年 6 月 16 日提出复审请求，并在 2011 年 6 月 20 日缴足复审费

4. （2019－25）在满足其他受理条件的情况下，下列哪个复审请求应当予以受理？

【你的答案】
_____

【选错记录】
_____

A. 甲和乙共有的发明专利申请被驳回后，甲独自提出复审请求

B. 某公司的发明专利申请被驳回，该申请的发明人作为复审请求人提出复审请求

C. 申请人自收到驳回决定之日起两个月内提出复审请求

D. 申请人对国家知识产权局作出的专利申请视为撤回通知书不服提出复审请求

5. （2019－24）申请人对国家知识产权局作出的下列哪个决定不服可以请求复审？

【你的答案】
_____

【选错记录】
_____

A. 不予受理实用新型专利申请的决定

B. 视为未要求优先权的决定

C. 发明专利申请视为撤回的决定

D. 驳回外观设计专利申请的决定

6. （2017－92）关于复审请求案件的范围，下列说法正确的是？

【你的答案】
_____

【选错记录】
_____

A. 对发明初步审查程序中驳回专利申请的决定不服而请求复审的案件

B. 对实用新型初步审查程序中驳回专利申请的决定不服而请求复审的案件

C. 对外观设计初步审查程序中驳回专利申请的决定不服而请求复审的案件

D. 对发明实质审查程序中驳回专利申请的决定不服而请求复审的案件

7. （2015－22）申请人对国家知识产权局作出的下列哪个决定不服的，可以向国家知识产权局请求复审？

【你的答案】
_____

【选错记录】
_____

A. 专利申请视为撤回的决定

B. 驳回专利申请的决定

C. 不予受理专利申请的决定

D. 视为未要求优先权的决定

8. （2018－19，有适应性修改）关于复审程序中的委托手续，以下说法错误的是？

【你的答案】
_____

【选错记录】
_____

A. 复审请求人在复审程序中委托专利代理机构，且委托书中写明其委托权限仅限于办理复审程序有关事务的

B. 复审请求人在复审程序中办理委托手续，但提交的委托书中未写明委托权限仅限于办理复审程序有关事务的，应当在指定期限内补正；期满未补正的，视为未委托

C. 对于根据《专利法》第十八条第一款规定应当委托专利代理机构的复审请求人，未按规定委托的，其复审请求不予受理

D. 复审请求人与多个专利代理机构同时存在委托关系的，其复审请求不予受理

9. （2017－25）一项被驳回申请有多个申请人和多个发明人，关于其复审请求的下述哪种说法是正确的？

【你的答案】
_____

【选错记录】
_____

A. 任何一个或几个申请人提出复审请求都应当被受理

B. 任何一个或几个发明人提出复审请求都应当被受理

C. 只有所有的申请人共同提出复审请求才应当被受理

D. 只有所有的申请人和发明人共同提出复审请求才应当被受理

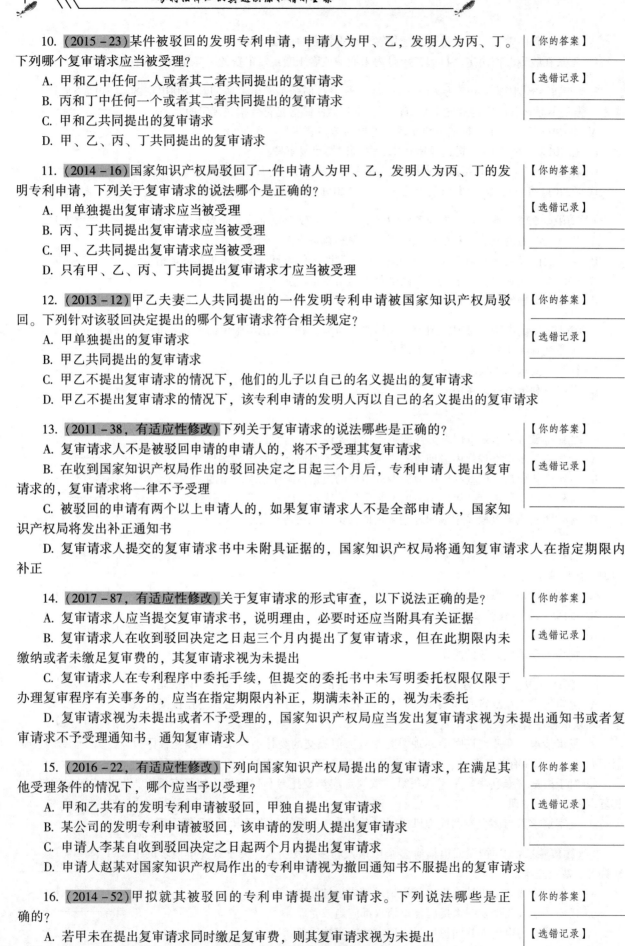

10. (2015－23) 某件被驳回的发明专利申请，申请人为甲、乙，发明人为丙、丁。下列哪个复审请求应当被受理？

　　A. 甲和乙中任何一人或者其二者共同提出的复审请求

　　B. 丙和丁中任何一个或者其二者共同提出的复审请求

　　C. 甲和乙共同提出的复审请求

　　D. 甲、乙、丙、丁共同提出的复审请求

【你的答案】
_____

【选错记录】
_____

11. (2014－16) 国家知识产权局驳回了一件申请人为甲、乙，发明人为丙、丁的发明专利申请，下列关于复审请求的说法哪个是正确的？

　　A. 甲单独提出复审请求应当被受理

　　B. 丙、丁共同提出复审请求应当被受理

　　C. 甲、乙共同提出复审请求应当被受理

　　D. 只有甲、乙、丙、丁共同提出复审请求才应当被受理

【你的答案】
_____

【选错记录】
_____

12. (2013－12) 甲乙夫妻二人共同提出的一件发明专利申请被国家知识产权局驳回。下列针对该驳回决定提出的哪个复审请求符合相关规定？

　　A. 甲单独提出的复审请求

　　B. 甲乙共同提出的复审请求

　　C. 甲乙不提出复审请求的情况下，他们的儿子以自己的名义提出的复审请求

　　D. 甲乙不提出复审请求的情况下，该专利申请的发明人丙以自己的名义提出的复审请求

【你的答案】
_____

【选错记录】
_____

13. (2011－38，有适应性修改) 下列关于复审请求的说法哪些是正确的？

　　A. 复审请求人不是被驳回申请的申请人的，将不予受理其复审请求

　　B. 在收到国家知识产权局作出的驳回决定之日起三个月后，专利申请人提出复审请求的，复审请求将一律不予受理

　　C. 被驳回的申请有两个以上申请人的，如果复审请求人不是全部申请人，国家知识产权局将发出补正通知书

　　D. 复审请求人提交的复审请求书中未附具证据的，国家知识产权局将通知复审请求人在指定期限内补正

【你的答案】
_____

【选错记录】
_____

14. (2017－87，有适应性修改) 关于复审请求的形式审查，以下说法正确的是？

　　A. 复审请求人应当提交复审请求书，说明理由，必要时还应当附具有关证据

　　B. 复审请求人在收到驳回决定之日起三个月内提出了复审请求，但在此期限内未缴纳或者未缴足复审费的，其复审请求视为未提出

　　C. 复审请求人在专利程序中委托手续，但提交的委托书中未写明委托权限仅限于办理复审程序有关事务的，应当在指定期限内补正，期满未补正的，视为未委托

　　D. 复审请求视为未提出或者不予受理的，国家知识产权局应当发出复审请求视为未提出通知书或者复审请求不予受理通知书，通知复审请求人

【你的答案】
_____

【选错记录】
_____

15. (2016－22，有适应性修改) 下列向国家知识产权局提出的复审请求，在满足其他受理条件的情况下，哪个应当予以受理？

　　A. 甲和乙共有的发明专利申请被驳回，甲独自提出复审请求

　　B. 某公司的发明专利申请被驳回，该申请的发明人提出复审请求

　　C. 申请人李某自收到驳回决定之日起两个月内提出复审请求

　　D. 申请人赵某对国家知识产权局作出的专利申请视为撤回通知书不服提出的复审请求

【你的答案】
_____

【选错记录】
_____

16. (2014－52) 甲拟就其被驳回的专利申请提出复审请求。下列说法哪些是正确的？

　　A. 若甲未在提出复审请求同时缴足复审费，则其复审请求视为未提出

　　B. 若甲提交的复审请求书不符合规定格式，则其复审请求将被不予受理

　　C. 若甲委托专利代理机构乙仅为其办理复审程序有关事务，则应当提交专利代理

【你的答案】
_____

【选错记录】
_____

委托书

D. 若甲与多个专利代理机构同时存在委托关系，则应当以书面方式指定其中一个专利代理机构作为收件人

17. （2013－34，有适应性修改）下列关于复审请求受理的说法哪些是正确的？

【你的答案】

【选错记录】

A. 请求人在收到驳回决定三个月后提出复审请求的，国家知识产权局将发出复审请求不予受理通知书

B. 复审请求书不符合规定格式的，国家知识产权局将发出复审请求视为未提出通知书

C. 复审请求经形式审查符合相关规定的，国家知识产权局将发出复审请求受理通知书

D. 复审请求人是在中国没有经常居所的外国人且未委托专利代理机构的，国家知识产权局将发出复审请求不予受理通知书

18. （2012－79，有适应性修改）针对陈某提出的一项发明专利申请，国家知识产权局以权利要求 1 相对于对比文件 1 与公知常识的结合不具备创造性为由作出了驳回决定，陈某对驳回决定不服提出复审请求。下列说法哪些是正确的？

【你的答案】

【选错记录】

A. 陈某在提出复审请求时，可以结合证据说明权利要求 1 相对于对比文件 1 与公知常识的结合具备创造性

B. 陈某在提出复审请求时，可以对独立权利要求 2 进行修改，以克服权利要求 2 没有得到说明书支持的缺陷

C. 合议审查中可以引入技术词典作为公知常识证据

D. 国家知识产权局认为权利要求 1 还存在不清楚的缺陷，拟以此为理由维持驳回决定的，应当发出复审通知书或者进行口头审理

（二）参考答案解析

【1.（2017－26）解析】知识点：对驳回决定不服的救济

根据 A41 的规定可知，对驳回决定不符合的只能请求复审，而不能请求复议，也不能是直接申诉，即复审程序是专利申请人对国务院专利行政部门驳回申请的决定不服的唯一救济途径，所以选项 B 所述的复审程序符合题意。注意，根据《国家知识产权局行政复议规程》第五条的规定可知，专利申请人对驳回专利申请的决定不服的不能就其申请行政复议，因此选项 A 不符合题意。目前实施的《专利法》中并没有选项 D 所述的异议程序（是早期《专利法》中的发明专利授权前的一个环节），也没有异议程序，因此不是正确答案。更不可能有申诉程序，选项 C 错误。

综上所述，本题答案为 B。

【2.（2019－77）解析】知识点：复审请求的期限；相关知识点：期限的延长

G－4－2－2.3 关于"期限"中规定可知，（1）在收到驳回决定之日起三个月内，专利申请人可以……提出复审请求；提出复审请求的期限不符合上述规定的，复审请求不予受理……。据此可知，王某的复审请求应当在收到驳回决定之日起三个月内提出，即选项 A 的说法正确，符合题意。G－4－2－2.5 关于"费用"中规定，（1）复审请求人在收到驳回决定之日起三个月内提出了复审请求，但在此期限内未缴纳或者未缴足复审费的，其复审请求视为未提出……。根据该规定，即使复审请求在期限之内提出，但如果王某在收到驳回决定之日起三个月内未缴纳或者未缴足复审费的，其复审请求视为未提出，即选项 D 的说法正确，符合题意。

G－5－7－4.1 关于"延长期限请求"中规定，当事人因正当理由不能在期限内进行或者完成某一行为或者程序时，可以请求延长期限。可以请求延长的期限仅限于指定期限。但在无效宣告程序中，……指定的期限不得延长……。选项 B 中，提出复审请求的期限属于法定期限，并非指定期限，因此不能请求延长，即选项 B 的说法错误，不符合题意。选项 C 中，复审程序中的审查意见答复的期限属于指定期限，可以请求延长，因而选项 C 所述的王某不能请求延长答复审查意见的期限，是错误的，不符合题意。

综上所述，本题答案为 A、D。

【3.（2014－36）解析】知识点：复审请求的期限

根据 A41.1 的规定可知，专利申请人对驳回决定不服的，可以自收到通知之日起三个月内请求复审。而根据 R4.3 的规定，国务院专利行政部门邮寄的各种文件，自文件发出之日起满 15 日，推定为当事人收到文件之日。根据上述规定，题中，驳回决定的发文日为 2011 年 3 月 1 日，因而推定张某收到驳回决定的时间是 2011 年 3 月 16 日，其提出复审

请求的最后期限是 2011 年 6 月 16 日。

R113 规定，当事人请求实质审查或者复审的，应当在《专利法》及该细则规定的相关期限内缴纳费用；期满未缴纳或者未缴足的，视为未提出请求。进一步地，G-4-2-2.5 关于"费用"中规定，(1) 复审请求人在收到驳回决定之日起三个月内提出了复审请求，但在此期限内未缴纳或者未缴足复审费的，其复审请求视为未提出……。根据上述规定，复审费缴纳的最后期限也是 2011 年 6 月 16 日。即张某应当在 2011 年 6 月 16 日前提出复审请求，并在同日期之前缴纳复审费（但复审请求时可以同时也可以不同时缴纳复审费）。据此，选项 A 中的复审请求和缴费时间为 2011 年 6 月 1 日，在上述期限之内；选项 B 中复审请求和缴费时间为 2011 年 6 月 11 日，在上述期限之内；选项 C 中复审请求时间为 2011 年 6 月 1 日和缴费时间为 2011 年 6 月 14 日，均在上述期限之内，因此选项 A、B、C 的做法符合相关规定，符合题意。选项 D 中复审请求时间为 2011 年 6 月 1 日，缴费时间为 2011 年 6 月 20 日，虽然复审请求的时间在上述期限之内，但缴费期限超出了上述期限，因此不符合相关规定，不符合题意。

综上所述，本题答案为 A、B、C。

【4. (2019-25) 解析】知识点：复审请求的期限，复审请求人，复审请求的客体

根据 G-4-2-2.2 关于"复审请求人资格"的规定可知，被驳回申请的申请人可以向复审和无效审理部提出复审请求。复审请求人不是被驳回申请的申请人的，其复审请求不予受理。被驳回申请的申请人属于共同申请人的，如果复审请求人不是全部申请人，复审和无效审理部应当通知复审请求人在指定期限内补正；期满未补正的，其复审请求视为未提出。根据上述规定，选项 A 中，发明专利申请的申请人为共同申请人，应当由甲和乙共同提出复审请求，而由于甲独自提出复审请求，故不予受理，不符合题意。选项 B 的申请人是某公司，而发明人不是申请人，提出的复审请求不予受理，不符合题意。

G-4-2-2.3 关于"期限"的规定可知，在收到驳回决定之日起三个月内，专利申请人可以向复审和无效审理部提出复审请求。据此可知，选项 C 的复审请求是在自收到驳回决定之日起两个月内提出的，在期限之内，故可以受理，符合题意。

G-4-1-1"引言"中规定，……复审请求案件包括对初步审查和实质审查程序中驳回专利申请的决定不服而请求复审的案件。根据上述规定，仅涉及对专利申请的驳回决定不服时可以提出复审请求，而选项 D 所述的国家知识产权局作出的专利申请视为撤回通知书不属于驳回决定，对其不服不能提出复审请求，即选项 D 中的复审请求不予受理，不符合题意。

综上所述，本题答案为 C。

【5. (2019-24) 解析】知识点：复审请求的客体

根据 G-4-1-1"引言"中的规定可知，仅涉及对专利申请的驳回决定不服时可以提出复审请求，而选项 A 所述的"不予受理实用新型专利申请的决定"、选项 B 所述的"视为未要求优先权的决定"，以及选项 C 所述的"发明专利申请视为撤回的决定"，既不属于初步审查程序中驳回专利申请的决定，也不属于实质审查程序中驳回专利申请的决定，因此不能请求复审，均不符合题意。选项 D 所述的"驳回外观设计专利申请的决定"，属于初步审查中驳回专利申请的决定，对其不服可以请求复审，即选项 D 符合题意。

综上所述，本题答案为 D。

【6. (2017-92) 解析】知识点：复审请求的客体

G-4-1-1"引言"中规定：……复审请求案件包括对初步审查和实质审查程序中驳回专利申请的决定不服而请求复审的案件……。

选项 A 涉及对发明初步审查程序中驳回专利申请的决定不服而请求复审的案件，选项 B 涉及对实用新型初步审查程序中驳回专利申请的决定不服而请求复审的案件，以及选项 C 涉及对外观设计初步审查程序中驳回专利申请的决定不服而请求复审的案件，均属于对初步审查驳回决定不服的情形。根据上述规定，选项 A、B、C 均属于复审请求案件的范围，符合题意。而选项 D 涉及对发明实质审查程序中驳回专利申请的决定不服而请求复审的案件，根据上述规定可知，也明显属于复审请求案件的范围。

综上所述，本题答案为 A、B、C、D。

【7. (2015-22) 解析】知识点：复审请求的客体

根据 G-4-1-1"引言"的规定可知，仅对专利申请的驳回决定不服才能提出复审请求。选项 A 所述的"专利申请视为撤回的决定"、选项 C 所述的"不予受理专利申请的决定"，以及选项 D 所述的"视为未要求优先权的决定"，均不属于对专利申请的驳回决定，因此不能请求复审，不符合题意。选项 B 所述的驳回专利申请的决定，属于上述规定的情形，可以请求复审，符合题意。

综上所述，本题答案为 B。

【8.（2018 - 19）解析】知识点：复审程序中的委托手续

G - 4 - 2 - 2.6 关于"委托手续"中规定可知，（1）复审请求人委托专利代理机构请求复审或者解除、辞去委托的，应当参照该指南第一部分第一章第 6.1 节的规定在专利局办理手续。但是，复审请求人在复审程序中委托专利代理机构，且委托书中写明其委托权限仅限于办理复审程序有关事务的，其委托手续或者解除、辞去委托的手续应当参照<u>上述规定</u>……办理，……。

复审请求人在专利程序中办理委托手续，但提交的委托书中未写明委托权限仅限于办理复审程序有关事务的，应当在指定期限内补正；期满未补正的，视为未委托……。

根据上述规定，复审请求人在复审程序中委托专利代理机构，委托书中应写明其委托权限仅限于办理复审程序有关事务的。即选项 A 的说法是正确的，不符合题意。根据上述规定，复审请求人在专利程序中办理委托手续，但提交的委托书中未写明委托权限仅限于办理复审程序有关事务的，应当在指定期限内补正；期满未补正的，视为未委托。即选项 B 的说法是正确的，不符合题意。

G - 4 - 2 - 2.6 关于"委托手续"中规定可知，……（3）对于根据《专利法》第十八条第一款规定应当委托专利代理机构的复审请求人，未按规定委托的，其复审请求不予受理。根据规定，选项 C 的说法与该规定一致，其说法是正确的，不符合题意。

G - 4 - 2 - 2.6 关于"委托手续"中规定可知，……（2）复审请求人与多个专利代理机构同时存在委托关系的，应当以书面方式指定其中一个专利代理机构作为收件人；未指定的，……将在复审程序中最先委托的专利代理机构视为收件人；最先委托的专利代理机构有多个的，……将署名在先的视为收件人；署名无先后（同日分别委托）的，……应当通知复审请求人在指定期限内指定；未在指定期限内指定的，视为未委托……。根据上述规定，复审请求人与多个专利代理机构同时存在委托关系的，根据不同情况有不同的处理，但仅涉及是否委托的问题，并不涉及复审请求是否受理的问题。即复审请求人与多个专利代理机构同时存在委托关系的，并不会导致其复审请求不予受理，即选项 D 的说法是错误的，符合题意。

综上所述，本题答案为 D。

【9.（2017 - 25）解析】知识点：复审请求人资格

根据 G - 4 - 2 - 2.2 关于"复审请求人资格"的规定可知，对于被驳回申请的申请人属于共同申请人的，复审请求人应当是全部申请人，选项 A 所述的任何一个或几个申请人提出复审请求都应当被受理的说法是错误的，不符合题意。选项 C 所述的"只有所有的申请人共同提出复审请求才应当被受理"的说法正确，符合题意。另外，提出复审请求的应当是申请人，而发明人并不是申请人，不管是一个发明人还是所有发明人提出复审请求，都是不予受理的，因此选项 B 所述的"任何一个或几个发明人提出复审请求都应当被受理"的说法是错误的，不符合题意。复审请求人是申请人而不是发明人，因此复审请求不需要所有的申请人和发明人共同提出复审请求，因此选项 D 的说法是错误的，不符合题意。

综上所述，本题答案为 C。

【10.（2015 - 23）解析】知识点：复审请求人资格

根据 G - 4 - 2 - 2.2 关于"复审请求人资格"的规定可知，题中，被驳回的发明专利申请的申请人为甲、乙，因此只有甲和乙共同提出复审请求才符合相关规定，即选项 C 甲和乙共同提出的复审请求应当被受理，符合题意。选项 A 中甲、乙仅有一个人提出复审请求，不予受理，不符合题意；而选项 B 中丙、丁是发明人而不是申请人，因此不管其中一人还是两人共同提出复审请求，均不予受理，不符合题意。复审请求是且只能是被驳回决定申请的申请人，而不能有发明人，因此选项 D 的复审请求也不符合规定，不符合题意。

综上所述，本题答案为 C。

【11.（2014 - 16）解析】知识点：复审请求人资格

根据 G - 4 - 2 - 2.2 关于"复审请求人资格"的规定，题中，被驳回的发明专利申请的申请人为甲、乙，因此只有甲和乙共同提出复审请求才符合相关规定，即选项 C 的复审请求应当被受理，符合题意。选项 A 中由于甲单独提出复审请求，其并不是全体申请人，复审请求不予受理，不符合题意；而选项 B 中丙、丁是发明人而不是申请人，两人共同提出的复审请求，不予受理，不符合题意。复审请求是且只能是被驳回决定申请的申请人，而不是发明人，因此选项 D 所述的"只有甲、乙、丙、丁共同提出复审请求才应当被受理"的说法不符合规定，不符合题意。

综上所述，本题答案为 C。

【12.（2013－12）解析】知识点：复审请求人资格

根据G－4－2－2.2关于"复审请求人资格"的规定，题中，被驳回的发明专利申请的申请人为甲、乙，因此只有甲和乙共同提出复审请求才符合相关规定，选项A中由于甲单独提出复审请求，其并不是全体申请人，复审请求不予受理，不符合题意。选项B的复审请求符合相关规定，应当被受理，符合题意。而选项C中甲和乙的儿子并不是申请人，其提出的复审请求不符合相关规定，不予受理，不符合题意。选项D中，发明人丙不是申请人，以其名义提出的复审请求不符合相关规定，不符合题意。

综上所述，本题答案为B。

【13.（2011－38）解析】知识点：复审请求人、复审请求的期限、复审请求的文件形式

根据G－4－2－2.2关于"复审请求人资格"的规定可知，复审请求人不是被驳回申请的申请人的，其复审请求不予受理。即选项A的说法与该处规定相符，说法是正确的，符合题意。根据上述规定，如果复审请求人不是全部申请人，国家知识产权局应当通知复审请求人在指定期限内补正，因此选项C的说法正确，符合题意。

根据G－4－2－2.3关于"期限"中的规定可知，（1）在收到驳回决定之日起三个月内，专利申请人可以向复审和无效审理部提出复审请求；提出复审请求的期限不符合上述规定的，复审请求不予受理。（2）提出复审请求的期限不符合上述规定、但在复审和无效审理部作出不予受理的决定后复审请求人提出恢复权利请求的，如果该恢复权利请求符合《专利法实施细则》第六条和第九十九条第一款有关恢复权利的规定，则允许恢复，且复审请求应当予以受理……。由此可知，在收到国家知识产权局专利局作出的驳回决定之日起三个月后，专利申请人提出复审请求的，复审请求并不是一律不予受理（即存在例外），即选项B的说法错误，不符合题意。

根据R65.1的规定可知，请求复审的应当提交复审请求书，说明理由，必要时还应当附具有关证据。由此可知，复审请求人在提交复审请求书时，可以不附具证据，只有在必要时才附具证据。因此，复审请求人提交的复审请求书中未附具证据的，国家知识产权局不会发出补正通知书的，即选项D的说法错误，不符合题意。

综上所述，本题答案为A、C。

【14.（2017－87）解析】知识点：复审请求的形式审查

G－4－2－2.4关于"文件形式"中规定，（1）复审请求人应当提交复审请求书，说明理由，必要时还应当附具有关证据……。选项A的说法与上述规定一致，因此其说法是正确的，符合题意。

G－4－2－2.5关于"费用"中规定，（1）复审请求人在收到驳回决定之日起三个月内提出了复审请求，但在此期限内未缴纳或者未缴足复审费的，其复审请求视为未提出……。选项B的说法与上述规定一致，因此其说法是正确的，符合题意。

根据G－4－2－2.6关于"委托手续"的规定可知，复审请求人……提交的委托书中未写明委托权限仅限于办理复审程序有关事务的，应当在指定期限内补正；期满未补正的，视为未委托……。选项C的说法与上述规定一致，因此其说法是正确的，符合题意。

根据G－4－2－2.7关于"形式审查通知书"的规定可知，复审请求视为未提出或者不予受理的，应当发出复审请求视为未提出通知书或者复审请求不予受理通知书，通知复审请求人……。选项D的说法与上述规定一致，因此其说法是正确的，符合题意。

综上所述，本题答案为A、B、C、D。

【15.（2016－22）解析】知识点：复审请求的形式审查、复审请求的客体、复审请求人

根据A41.1的规定可知，对于选项C，在满足其他受理条件的情况下，申请人李某自收到驳回决定之日起两个月内提出复审请求，符合请求人的资格以及请求复审的期限，应当予以受理，符合题意。

根据G－4－2－2.2关于"复审请求人资格"的规定可知，选项A，其申请的共同申请人为甲和乙，应当甲和乙共同提出复审请求，而甲独自提出复审请求则属于复审请求人不是全部申请人的情形，只有在补正合格后方可受理。因此，选项A所述的情形不应当予以受理，不符合题意。根据上述规定，提出复审请求的应当是申请人，而不能是发明人，故选项B中所述申请的发明人提出复审请求是不予受理的，不符合题意。

根据G－4－2－2.1关于"复审请求客体"的规定可知，复审请求不是针对专利局作出的驳回决定的，不予受理。选项D中所述的国家知识产权局作出的专利申请视为撤回通知书，并不属于驳回决定，对其不服不能提出复审请求，故选项D所述情形是不予受理的，不符合题意。

综上所述，本题答案为C。

【16.（2014－52）解析】知识点：复审请求的形式审查、费用、委托手续

G－4－2－2.5关于"费用"中规定，（1）复审请求人在收到驳回决定之日起三个月内提出了复审请求，但在此期

限内未缴纳或者未缴足复审费的，其复审请求视为未提出……。基于上述规定，复审费在收到驳回决定之日起三个月内缴纳都是可以的，并没有要求必须与复审请求书同时缴纳，因此选项A的说法是错误的，不符合题意。

根据R65.3的规定可知，复审请求书不符合规定格式的，复审请求人应当在国务院专利行政部门指定的期限内补正；期满未补正的，该复审请求视为未提出。进一步地，G-4-2-2.4关于"文件形式"中规定，……（2）复审请求书应当符合规定的格式，不符合规定格式的，复审和无效审理部应当通知复审请求人在指定期限内补正；期满未补正或者在指定期限内补正但经两次补正后仍存在同样缺陷的，复审请求视为未提出。据此可知，若甲提交的复审请求书不符合规定格式，则会被要求补正，而不会导致复审请求直接被不予受理，即选项B的说法错误，不符合题意。

G-4-2-2.6关于"委托手续"中规定，……但是，复审请求人在复审程序中委托专利代理机构，且委托书中写明其委托权限仅限于办理复审程序有关事务的，其委托手续或者解除、辞去委托的手续应当参照上述规定办理，……。由此可知，选项C的说法是正确的，符合题意。

G-4-2-2.6关于"委托手续"中规定，……复审请求人与多个专利代理机构同时存在委托关系的，应当以书面方式指定其中一个专利代理机构作为收件人……。选项D的表述与上述规定相符，因此其说法是正确的，符合题意。

综上所述，本题答案为C、D。

【17.（2013-34）解析】知识点：复审请求的形式审查

根据G-4-2-2.3关于"期限"中的规定可知，在收到驳回决定之日起三个月内，专利申请人可以向复审和无效审理部提出复审请求；提出复审请求的期限不符合上述规定的，复审请求不予受理，因此，请求人在收到驳回决定三个月后提出复审请求的，国家知识产权局将发出复审请求不予受理通知书，即选项A的说法正确，符合题意。

G-4-2-2.4关于"文件形式"中规定，……（2）复审请求书应当符合规定的格式，不符合规定格式的，复审和无效审理部应当通知复审请求人在指定期限内补正；期满未补正或者在指定期限内补正但经两次补正后仍存在同样缺陷的，复审请求视为未提出。根据上述规定，复审请求书不符合规定格式的，发出的是补正通知书，而不直接发出复审请求视为未提出通知书（只有在期满未补正或补正两次仍存在同样缺陷时，才会发出视为未提出通知书），因此选项B的说法错误，不符合题意。

根据G-4-2-2.7关于"形式审查通知书"中的规定可知，复审请求经形式审查符合《专利法》及其实施细则和该指南有关规定的，复审和无效审理部应当发出复审请求受理通知书，通知复审请求人。根据该规定，复审请求经形式审查符合相关规定的，发出的是复审请求受理通知书，即选项C的说法正确，符合题意。

根据G-4-2-2.6关于"委托手续"中的规定可知，……（3）对于根据《专利法》第十八条第一款规定应当委托专利代理机构的复审请求人，未按规定委托的，其复审请求不予受理。其中，根据A18.1的规定，在中国没有经常居所者或者营业所的外国人、外国企业或者外国其他组织在中国申请专利和办理其他专利事务的，应当委托依法设立的专利代理机构办理。根据上述规定，复审请求人是在中国没有经常居所的外国人且未委托专利代理机构的，发出的是复审请求不予受理通知书，因此选项D的说法正确，符合题意。

综上所述，本题答案为A、C、D。

【18.（2012-79）解析】知识点：复审请求的形式审查；相关知识点：复审请求的合议审查

G-4-2-2.4关于"文件形式"中规定，（1）复审请求人应当提交复审请求书，说明理由，必要时还应当附具有关证据……。题中，驳回决定以权利要求1相对于对比文件1与公知常识的结合不具备创造性，因此，陈某在提出复审请求时，针对驳回决定指出的缺陷，可以结合证据说明权利要求1相对于对比文件1与公知常识的结合具备创造性，因此选项A的说法正确，符合题意。

根据R66的规定可知，请求人在提出复审请求或者在对复审通知书作出答复时，可以修改专利申请文件；但是，修改应当仅限于消除驳回决定或者复审通知书指出的缺陷。驳回决定以权利要求1相对于对比文件1与公知常识的结合不具备创造性，而选项B中，如果陈某针对权利要求2进行修改以克服权利要求2没有得到说明书支持的缺陷，则并不是为了消除驳回决定所指出的缺陷，因此选项B的说法错误，不符合题意。

G-4-2-4.1关于"理由和证据的审查"最后一段中规定，在合议审查中，合议组可以引入所属技术领域的公知常识，或者补入相应的技术辞典、技术手册、教科书等所属技术领域中的公知常识性证据。因此，选项C的说法正确，符合题意。

根据G-4-2-1关于"引言"中的规定可知，可以依职权对驳回决定未提及的明显实质性缺陷进行审查。根据上述规定，国家知识产权局认为权利要求1还存在不清楚的缺陷，是驳回决定未提及的明显实质性缺陷，但合议组可以依职权进行审查。进一步地，G-4-2-4.3关于"审查方式"中规定，……根据《专利法实施细则》第六十七条第一款的规定，有下列情形之一的，合议组应当发出复审通知书（包括复审请求口头审理通知书）或者进行口头审理：（1）复审决定将驳回复审请求。（2）需要复审请求人依照《专利法》及其实施细则和审查指南有关规定修改申请文件，才有可能撤销驳回决定。（3）需要复审请求人进一步提供证据或者对有关问题予以说明。（4）需要引入驳回决定未提出的理由或者证据。根据上述规定，合议组拟以权利要求1存在不清楚的缺陷为由维持驳回决定，则应当发出复审通知书（包括复审请求口头审理通知书）或者进行口头审理，因此选项D的说法正确，符合题意。

综上所述，本题答案为A、C、D。

（三）总体考点分析

本部分涉及专利复审程序的形式审查的内容，主要包括复审请求客体、复审请求人资格、复审中的期限（复审请求期限、复审通知书答复的期限）、复审请求的文件形式和费用、复审程序中的委托手续。重点是复审请求客体、复审请求人资格、复审请求形式审查等方面等。

高频结论

√ 复审请求案件包括对初步审查和实质审查程序中驳回专利申请的决定不服而请求复审的案件。这意味着复审请求的客体仅包括初步审查阶段、实质审查阶段的驳回决定两大类。

√ 对国家知识产权局作出的驳回决定不服的，专利申请人可以向国家知识产权局提出复审请求。复审请求不是针对国家知识产权局作出的驳回决定的，不予受理。这意味着对于像专利申请视为撤回的决定、不予受理专利申请的决定、视为未要求优先权的决定等不属于对专利申请的驳回决定，则不能请求复审。

√ 复审请求人不是被驳回申请的申请人的，其复审请求不予受理。这意味着像发明人等不是被驳回申请的申请人，不能提出复审请求（不予受理）。

√ 被驳回申请的申请人属于共同申请人的，如果复审请求人不是全部申请人，国家知识产权局应当通知复审请求人在指定期限内补正；期满未补正的，其复审请求视为未提出。

√ 在收到国家知识产权局作出的驳回决定之日起三个月内，专利申请人可以提出复审请求；提出复审请求的期限不符合上述规定的，复审请求不予受理。

√ 提出复审请求的期限不符合上述规定但在国家知识产权局作出不予受理的决定后复审请求人提出恢复权利请求的，如果该恢复权利请求符合有关恢复权利的规定，则允许恢复，且复审请求应当予以受理。

√ 复审请求人在收到驳回决定之日起三个月内提出了复审请求，但在此期限内未缴纳或者未缴足复审费的，其复审请求视为未提出。

√ 复审请求人应当提交复审请求书，说明理由，必要时还应当附具有关证据。复审请求书应当符合规定的格式，不符合规定格式的，国家知识产权局应当通知复审请求人在指定期限内补正；期满未补正或者在指定期限内补正但经两次补正后仍存在同样缺陷的，复审请求视为未提出。

√ 复审请求人在复审程序中委托专利代理机构，且委托书中写明其委托权限仅限于办理复审程序有关事务的，其委托手续或者解除、辞去委托的手续应当参照相关规定办理。

√ 对于根据《专利法》第十八条第一款规定应当委托专利代理机构的复审请求人，未按规定委托的，其复审请求不予受理。

（四）参考答案

1. B	2. A、D	3. A、B、C	4. C	5. D
6. A、B、C、D	7. B	8. D	9. C	10. C
11. C	12. B	13. A、C	14. A、B、C、D	15. C
16. C、D	17. A、C、D	18. A、C、D		

二、复审请求的合议审查

（一）历年试题集合

1.（2017－89）复审请求人在复审程序中何时可以对申请文件进行修改？

A. 提出复审请求

B. 答复复审通知书

C. 参加口头审理

【你的答案】

【选错记录】

D. 在复审程序中的任意时间

2. （2019－21）甲提出一项发明专利申请，其权利要求书包括独立权利要求1及其从属权利要求2—6。国家知识产权局以独立权利要求1相对于对比文件1和2的结合缺乏创造性为由驳回了该专利申请。甲不服，就此提出复审请求，下列做法不能被允许的是？

A. 删除独立权利要求1

B. 用从属权利要求2的部分特征进一步限定独立权利要求1，并在从属权利要求2中删除相应的特征

C. 将独立权利要求1由产品权利要求改为专用于制造该产品的方法权利要求

D. 只陈述独立权利要求1相对于对比文件1和2的结合具备创造性的理由

3. （2017－27）某专利申请由于权利要求1不具备创造性而被驳回，且该申请仅有一项权利要求，申请人提出复审请求时欲对权利要求书进行修改。下列哪种修改方式可被接受？

A. 权利要求1不变，增加从属权利要求2，权利要求2未超出原权利要求书和说明书记载的范围

B. 对权利要求1进行了修改，修改后的权利要求1相对于驳回决定针对的权利要求1扩大了保护范围，但并未超出原说明书记载的范围

C. 对权利要求1进行进一步限定，新增加了说明书的某一技术特征，未超出原说明书记载的范围

D. 为消除不具备创造性的缺陷，将原产品类权利要求1修改为方法类权利要求，修改内容未超出原说明书记载的范围

4. （2016－72）陈某拥有一项发明专利申请，其中权利要求1及其从属权利要求2涉及一种转笔刀，权利要求3为另一项产品独立权利要求，涉及一种铅笔。实质审查过程中，审查员指出独立权利要求1和3之间缺乏单一性，陈某在答复时删除了权利要求3。最终该申请因权利要求1不具备创造性被驳回。陈某在提出复审请求时对权利要求书进行了修改。下列哪些修改方式符合相关规定？

A. 根据说明书中的实施例进一步限定权利要求1，即将说明书中记载的某技术特征补入权利要求1

B. 删除权利要求1，将从属权利要求2作为新的权利要求1

C. 将权利要求1—2修改为制作转笔刀方法的权利要求

D. 删除权利要求1—2，将原权利要求3作为新的权利要求1

5. （2015－24）复审请求人甲某在复审程序中对申请文件进行了修改，下列哪个修改符合相关规定？

A. 驳回理由是权利要求1不具备创造性，甲某对权利要求进行修改时将权利要求1的类型由方法修改为产品

B. 驳回理由是权利要求1得不到说明书支持，甲某对权利要求进行修改时增加了一项从属权利要求

C. 驳回理由是权利要求1不具备创造性，甲某对权利要求进行修改时将权利要求1中的一个技术特征删除

D. 驳回理由是权利要求1缺少必要技术特征，甲某对权利要求进行修改时将说明书中相应技术方案的特征补入权利要求1中

6. （2012－19）请求人在提出复审请求时对申请文件进行的下列哪种修改方式符合相关规定？

A. 增加了一项独立权利要求

B. 增加了一项从属权利要求

C. 将方法权利要求改为产品权利要求

D. 删除了一项从属权利要求

7. (2010-58)复审请求人在复审程序中对申请文件进行的下列哪些修改不符合相关规定？ 【你的答案】

【选错记录】

A. 改变权利要求的类型

B. 增加从属权利要求

C. 修改后的权利要求相对于驳回决定针对的权利要求扩大了保护范围

D. 将与驳回决定针对的权利要求所限定的技术方案缺乏单一性的技术方案作为修改后的权利要求

8. (2019-75，有适应性修改)复审请求的合议审查中，下列说法正确的是？ 【你的答案】

【选错记录】

A. 在复审程序中，除驳回决定所依据的理由和证据外，合议组发现申请中存在其他明显实质性缺陷的，可以依职权对与之相关的理由及其证据进行审查

B. 在复审程序中，合议组只能针对驳回决定所依据的理由和证据进行审查

C. 在合议审查中，合议组可以补充相应的技术辞典、技术手册、教科书等所属技术领域中的公知常识性证据

D. 为了保证授权专利的质量，合议组可以引入新的对比文件，并告知申请人对此陈述意见

9. (2014-68)某发明专利申请的权利要求如下： 【你的答案】

【选错记录】

"1. 一种产品，包括特征 L。

2. 如权利要求 1 所述的产品，还包括特征 M。

3. 如权利要求 1 或 2 所述的产品，还包括特征 N。"

国家知识产权局经审查以权利要求 1、2 不具备创造性为由作出驳回决定。复审请求人在复审程序中所作的下列哪些修改或者意见陈述可能会使国家知识产权局作出撤销驳回决定的决定？

A. 删除权利要求 1 和 2

B. 合并权利要求 1 和 2

C. 在意见陈述书中详细说明了权利要求 1 和 2 具备创造性的理由

D. 修改说明书，完善对应权利要求 3 产品的技术方案

10. (2017-91)在复审请求审查过程中，在下列哪些情形下，合议组应当发出复审通知书或进行口头审理？ 【你的答案】

【选错记录】

A. 复审决定将维持原驳回决定的

B. 需要引入驳回决定未提出的理由或者证据的

C. 复审请求的理由成立，将撤销原驳回决定的

D. 需要复审请求人进一步提供证据或者对有关问题予以阐明的

11. (2016-71，有适应性修改)申请人李某的发明专利申请因不具备创造性被驳回，李某不服该驳回决定提出了复审请求，关于复审合议审查下列哪些说法是正确的？ 【你的答案】

【选错记录】

A. 如果李某提出复审请求时未修改专利申请文件，国家知识产权局经审查后认为该发明不具备创造性，则可以直接作出维持驳回决定的复审决定

B. 如果李某提出复审请求时提交的申请文件修改内容超出了原始说明书和权利要求书的记载范围，则国家知识产权局可以依职权对该缺陷进行审查并向李某发出复审通知书

C. 如果经审查认定该发明明显是永动机，国家知识产权局最终可以以发明不具备实用性为由维持驳回决定

D. 如果经审查认定该发明明显是永动机，国家知识产权局将直接撤销驳回决定，发回原审查部门重新审理

12. (2014-64)国家知识产权局以权利要求 1 相对于对比文件 1 和公知常识的结合不具备创造性为由驳回了某申请。申请人提出了复审请求，国家知识产权局成立合议组进行审查。在下列哪些情形下应当发出复审通知书或者进行口头审理？ 【你的答案】

【选错记录】

A. 合议组认为复审请求人在提出复审请求时对权利要求 1 所作的修改超出原申请记载的范围

B. 合议组经审查认定权利要求 1 相对于对比文件 1 不具备新颖性

C. 合议组经审查认定权利要求1相对于对比文件1和公知常识的结合不具备创造性

D. 合议组审查认定驳回理由不成立

13. (2013－42) 国家知识产权局以李某的发明专利申请权利要求1不具备实用性为由驳回了该申请。李某提出复审请求，同时提交了权利要求书修改替换页。国家知识产权局在复审通知书中指出：（1）修改后的权利要求书超出了原始申请文件记载的范围；（2）驳回决定所针对的权利要求1不具备实用性。下列说法哪些是正确的？

【你的答案】

【选错记录】

A. 若李某未对申请文件作进一步修改，则国家知识产权局可以以该修改超范围为由维持驳回决定

B. 若李某未对申请文件作进一步修改，则国家知识产权局可以以权利要求1不具备实用性为由维持驳回决定

C. 若李某对申请文件作进一步修改并克服了修改超范围的缺陷，则国家知识产权局应当对修改后的权利要求书是否具备实用性进行审查

D. 若李某对申请文件作进一步修改并克服了修改超范围的缺陷，则国家知识产权局应当撤销驳回决定

14. (2019－76) 下列关于复审通知书的说法正确的是？

【你的答案】

【选错记录】

A. 针对合议组发出的复审通知书，复审请求人应当在收到该通知书之日起三个月内进行书面答复

B. 针对合议组发出的复审通知书，复审请求人应当在收到该通知书之日起一个月内进行书面答复

C. 复审决定将维持驳回决定的，合议组应当发出复审通知书

D. 复审请求人提交无具体答复内容的意见陈述书的，视为对复审通知书中的审查意见无反对意见

15. (2013－49) 国家知识产权局对李某的药物化合物发明专利申请予以驳回，理由是该化合物相对于对比文件1和2的结合不具备创造性。李某提出复审请求，经合议组审理后向李某发出复审通知书。下列说法哪些是正确的？

【你的答案】

【选错记录】

A. 复审通知书应当对发明专利申请的创造性进行评价

B. 复审通知书中可以引入所属技术领域的公知常识

C. 李某应当在收到复审通知书之日起一个月内进行书面答复

D. 若合议组认为该申请的权利要求涉及疾病的治疗方法，可以在复审通知书中指出

（二）参考答案解析

【1. (2017－89) 解析】知识点：复审程序中的修改时机

G－4－2－4.2关于"修改文本的审查"第一段中规定，在提出复审请求、答复复审通知书（包括复审请求口头审理通知书）或者参加口头审理时，复审请求人可以对申请文件进行修改……。

据此规定，复审请求人可以在提出复审请求时（选项A）、在答复复审通知书时（选项B）、在参加口头审理时（选项C）对申请文件进行修改，即选项A、B、C符合题意。但在复审程序中并非任意时间都可以修改申请文件，即选项D不符合题意。

综上所述，本题答案为A、B、C。

【2. (2019－21) 解析】知识点：复审阶段对修改文本的审查

G－4－2－4.2关于"修改文本的审查"中规定，……复审请求人对申请文件的修改应当仅限于消除驳回决定或者合议组指出的缺陷。下列情形通常不符合上述规定：（1）修改后的权利要求相对于驳回决定针对的权利要求扩大了保护范围。（2）将与驳回决定针对的权利要求所限定的技术方案缺乏单一性的技术方案作为修改后的权利要求。（3）改变权利要求的类型或者增加权利要求。（4）针对驳回决定指出的缺陷未涉及的权利要求或者说明书进行修改。但修改明显文字错误，或者修改与驳回决定所指出缺陷性质相同的缺陷的情形除外……。

题中，专利申请的权利要求书包括独立权利要求1及其从属权利要求2—6，驳回决定仅针对权利要求1提出相对于对比文件1和2的结合缺乏创造性。选项A中，删除独立权利要求1是针对消除驳回决定指出的缺陷所进行的修改（符合《专利法实施细则》第六十六条的规定），且也不会超出原说明书记载的范围（符合《专利法》第三十三条的规定），故选项A中所作的修改符合相关规定，不符合题意。选项B中，用从属权利要求2的部分特征进一步限定独立权利要求1，并在从属权利要求2中删除相应的特征，如此权利要求1的保护范围缩小，且是针对消除驳回决定指出的缺陷所进

行的修改，也不会超出原说明书记载的范围，因此符合相关规定，不符合题意。选项C中，将独立权利要求1由产品权利要求改为专用于制造该产品的方法权利要求，属于上述规定中的第（3）种情形，不符合相关规定，是不能允许的，符合题意。选项D中，只陈述独立权利要求1相对于对比文件1和2的结合具备创造性的理由，也就是没有修改申请文件，而根据上述规定，在复审程序中并非必须要修改申请文件，可以只针对驳回决定指出的缺陷陈述意见，因此选项D的做法符合相关规定，不符合题意。

综上所述，本题答案为C。

【3.（2017－27）解析】知识点：复审阶段对修改文本的审查

参照2.（2019－21）的解析。依据是G－4－2－4.2关于"修改文本的审查"的规定。题中的专利申请仅有一项权利要求，驳回决定也仅针对的权利要求1不具备创造性。选项A中权利要求1不变，增加从属权利要求2，可见并未针对权利要求1进行修改，而是增加了权利要求2，故属于上述规定的第（3）种不允许的情形。因此，所作修改不符合相关规定，不符合题意。选项B中，修改后的权利要求1相对于驳回决定针对的权利要求1扩大了保护范围，属于上述规定的第（1）种不允许的情形，因而不符合相关规定，不符合题意。选项C中，对权利要求1进行进一步限定，新增加了说明书的某一技术特征，是针对消除驳回决定指出的缺陷所进行的修改（符合《专利法实施细则》第六十六条规定），且也没有超出原说明书记载的范围（符合《专利法》第三十三条的规定），故选项C中所作的修改符合相关规定，符合题意。选项D中，将原产品类权利要求1修改为方法类权利要求，属于上述规定中的第（3）种不允许的情形，不符合相关规定，不符合题意。

综上所述，本题答案为C。

【4.（2016－72）解析】知识点：复审阶段对修改文本的审查

参照2.（2019－21）的解析。依据是G－4－2－4.2关于"修改文本的审查"的规定。题中的专利申请在驳回时所针对的权利要求书包括两项权利要求，即权利要求1及其从属权利要求2（涉及一种转笔刀），注意不包括权利要求3（其在实质审查过程中删除了）。而驳回决定指出的缺陷是权利要求1不具备创造性。

选项A中，根据说明书中的实施例进一步限定权利要求1，即将说明书中记载的某技术特征补入权利要求1。如此修改是针对消除驳回决定指出的缺陷进行的修改，且没有扩大保护范围，也没有超出原申请文件记载的范围，因此选项A的做法符合相关规定，符合题意。选项B中，删除独立权利要求1，将从属权利要求2作为新的权利要求1，是针对消除驳回决定指出的缺陷所进行的修改，且也不会超出原说明书记载的范围，故所作的修改符合相关规定，符合题意。选项C中，将权利要求1－2修改为制作转笔刀方法的权利要求，属于上述规定中的第（3）种不允许情形，不符合相关规定，不符合题意。选项D中，删除权利要求1－2，将原权利要求3作为新的权利要求1，由于题中明确指出独立权利要求1和3之间缺乏单一性，且在实质审查过程中陈某删除了权利要求3。因此，这种修改属于上述规定中第（2）种不允许情形，是不符合相关规定的，不符合题意。

综上所述，本题答案为A、B。

【5.（2015－24）解析】知识点：复审阶段对修改文本的审查

参照2.（2019－21）的解析。依据是G－4－2－4.2关于"修改文本的审查"的规定。选项A中，将权利要求1的类型由方法修改为产品，属于上述规定中的第（3）种不允许情形，不符合相关规定，不符合题意。选项B中，甲某对权利要求进行修改时增加了一项从属权利要求，故属于上述规定的第（3）种不允许情形，不符合相关规定，不符合题意。选项C中，甲某对权利要求进行修改时将权利要求1中的一个技术特征删除，必然导致相对于驳回决定针对的权利要求1扩大了保护范围，属于上述规定的第（1）种不允许情形，因而不符合相关规定，不符合题意。选项D中，由于驳回理由指出权利要求1缺少必要技术特征，甲某对权利要求进行修改时将说明书中相应技术方案的特征补入权利要求1中，因此是针对消除驳回决定指出的缺陷进行的修改，且没有扩大保护范围，也没有超出原申请文件记载的范围，因此选项D的做法符合相关规定，符合题意。

综上所述，本题答案为D。

【6.（2012－19）解析】知识点：复审阶段对修改文本的审查

参照2.（2019－21）的解析。依据是G－4－2－4.2关于"修改文本的审查"的规定。选项A中"增加一项独立权利要求"，以及选项B中"增加了一项从属权利要求"，均属于上述规定的第（3）种不允许情形，不符合相关规定，不符合题意。选项C中，将方法权利要求改为产品权利要求，属于上述规定中的第（3）种不允许情形，不符合相关规定，不符合题意。选项D中删除了一项从属权利要求，这种主动修改不会超出原申请文件记载的范围，且有利于复审程序的进行和结案，因此是允许的，符合相关规定，符合题意。

综上所述，本题答案为D。

【7.（2010-58）解析】知识点：复审阶段对修改文本的审查

参照2.（2019-21）的解析。依据是G-4-2-4.2关于"修改文本的审查"的规定。选项A中，改变权利要求的类型，属于上述规定中的第（3）种所述的不允许情形之一，不符合相关规定，符合题意。选项B中"增加从属权利要求"，属于上述规定的第（3）种不允许情形之一，不符合相关规定，符合题意。选项C中"修改后的权利要求相对于驳回决定针对的权利要求扩大了保护范围"，属于上述规定的第（1）种不允许情形，不符合相关规定，符合题意。选项D中"将与驳回决定针对的权利要求所限定的技术方案缺乏单一性的技术方案作为修改后的权利要求"，属于上述规定第（2）种不允许情形，不符合相关规定，符合题意。

综上所述，本题答案为A、B、C、D。

【8.（2019-75）解析】知识点：复审请求的合议审查

G-4-2-4.1关于"理由和证据的审查"中规定：

在复审程序中，合议组一般仅针对驳回决定所依据的理由和证据进行审查。

除驳回决定所依据的理由和证据外，合议组发现申请中存在下列缺陷的，可以对与之相关的理由及其证据进行审查：……

（4）驳回决定未指出的明显实质性缺陷。例如，驳回决定指出权利要求1不具备创造性。当该权利要求请求保护的明显是永动机时，合议组指出该权利要求不符合《专利法》第二十二条第四款的规定。

……在合议审查中，合议组可以引入所属技术领域的公知常识，或者补入相应的技术辞典、技术手册、教科书等所属技术领域中的公知常识性证据。

根据上述规定，选项A中，合议组发现审查文本中存在其他明显实质性缺陷的，属于上述规定中的第（4）种情形，合议组可以依职权对与之相关的理由及其证据进行审查，因此选项A的说法正确，符合题意。

根据上述规定，合议组一般仅针对驳回决定所依据的理由和证据进行审查，但也存在例外，因此选项B中所述的在复审程序中合议组只能针对驳回决定所依据的理由和证据进行审查的说法是错误的，不符合题意。

根据上述规定的最后一段可知，合议组可以补入相应的技术辞典、技术手册、教科书等所属技术领域中的公知常识性证据，即选项C的说法与该规定一致，其说法是正确的，符合题意。

根据上述规定，合议组不能引入新的对比文件，因此其选项D的说法是错误的，不符合题意。

综上所述，本题答案为A、C。

【9.（2014-68）解析】知识点：复审请求的合议审查

根据R67.2的规定可知，国家知识产权局进行复审后，认为原驳回决定不符合《专利法》和该细则有关规定的，或者认为经过修改的专利申请文件消除了原驳回决定和复审通知书指出的缺陷的，应当撤销原驳回决定，由原审查部门继续进行审查程序。题中，驳回决定的理由是而且仅是权利要求1、2不具备创造性。选项A中，由于驳回的理由是且仅是权利要求1、2不具备创造性，因此申请人"删除权利要求1和2"也就完全消除了原驳回决定指出的所有缺陷，因而应当作出撤销驳回决定的决定，即选项A符合题意。选项B中，申请人"合并权利要求1和2"，但由于权利要求2是权利要求1的从属权利要求，因此合并权利要求1和2得到的新权利要求仍然不具备创造性，因此没有消除原驳回决定指出的不具备创造性的缺陷，即选项B不符合题意。选项C中，"在意见陈述书中详细说明了权利要求1和2具备创造性的理由"，如果理由充分能够得到合议组的认可，则有可能认定驳回理由不成立而撤销驳回决定，故选项C符合题意。选项D中，"修改说明书，完善对应权利要求3产品的技术方案"，与权利要求1和2不具备创造性的缺陷没有直接关联（而且极有可能不符A33的规定），因此这种做法不可能消除原驳回决定指出的权利要求1和2不具备创造性的缺陷，不会作出撤销驳回决定的决定，即选项D不符合题意。

综上所述，本题答案为A、C。

【10.（2017-91）解析】知识点：复审请求的合议审查

G-4-2-4.3关于"审查方式"中规定，……有下列情形之一的，合议组应当发出复审通知书（包括复审请求口头审理通知书）或者进行口头审理：（1）复审决定将驳回复审请求。（2）需要复审请求人依照《专利法》及其实施细则和审查指南有关规定修改申请文件，才有可能撤销驳回决定。（3）需要复审请求人进一步提供证据或者对有关问题予以说明。（4）需要引入驳回决定未提出的理由或者证据……。上述规定体现的是听证原则（即对当事人不利时，应当给予当事人陈述意见的机会）。选项A属于上述规定的第（1）种情形，选项B属于上述规定的第（4）种情形，选项D属于上述规定的第（3）种情形，均属于合议组应当发出复审通知书或进行口头审理的情形，符合题意。

选项C中"复审请求的理由成立，将撤销原驳回决定的"审查结论有利于复审请求人，无须听证，可以直接作出复审决定，无须发出复审通知书或进行口头审理，因而不符合题意。

综上所述，本题答案为A、B、D。

【11.（2016－71）解析】知识点：复审请求的合议审查、听证原则

参见10.（2017－91）解析，依据G－4－2－4.3关于"审查方式"的规定，选项A中，李某提出复审请求时未修改专利申请文件，经审查后认为该发明不具备创造性，则导致后续复审决定将维持驳回决定，属于上述规定的第（1）种情形，因此合议组应当发出复审通知书或复审请求口头审理通知书或者进行口头审理，而不能直接作出维持驳回决定的复审决定，即选项A的说法错误，不符合题意。

根据G－4－2－4.2关于"修改文本的审查"中的规定可知，在复审程序中，如果复审请求人对申请文件的修改违反了《专利法》第三十三条规定，则合议组应当对缺陷进行审查，并通知复审请求人。该规定也体现了听证原则，因而，如果李某提出复审请求时提交的申请文件修改内容超出了原始说明书和权利要求书的记载范围，则合议组应当对该缺陷进行审查并向李某发出复审通知书，故选项B正确，符合题意。

参见8.（2019－75）解析，依据G－4－2－4.1关于"理由和证据的审查"中的规定可知，如果请求复审的发明明显是永动机，则合议组应当依职权对该缺陷进行审查，并且最终以发明不具备实用性为由维持驳回决定。选项C中所述的情形与上述规定中的例举相同，因此其说法正确，符合题意。同时，在这种情况下合议组不会直接撤销驳回决定并发回原审查部门重新审理，即选项D的说法错误，不符合题意。

综上所述，本题答案为B、C。

【12.（2014－64）解析】知识点：复审请求的合议审查、听证原则

参照11.（2016－71）的解析。选项A中，复审请求时对权利要求1所作的修改超出原申请记载的范围，属于根据G－4－2－4.3关于"审查方式"的规定中应当发出复审通知书或者进行口头审理的第（3）种情形，即需要复审请求人进一步提供证据或者对有关问题予以说明，即选项A符合题意。

在G－4－2－4.1关于"理由和证据的审查"中规定：……合议组发现审查文本中存在下列缺陷的，可以对与之相关的理由及其证据进行审查：……驳回决定未指出的明显实质性缺陷……。选项B中，合议组经审查认定权利要求1相对于对比文件1不具备新颖性，虽然在驳回决定中并没有指出，但属于明显实质性缺陷，故合议组可以对权利要求1不具备新颖性的规定进行审查，并在后续可能维持驳回决定，进而结合G－4－2－4.3关于"审查方式"的规定，合议组应当发出复审通知书或者进行口头审理，即选项B符合题意。

选项C中，合议组经审查认定权利要求1相对于对比文件1和公知常识的结合不具备创造性，这恰好也是驳回决定中指出缺陷，此时结合G－4－2－4.3关于"审查方式"的规定，合议组应当发出复审通知书或者进行口头审理，即选项C符合题意。

选项D中，由于合议组经审查认定驳回理由不成立，该结果对复审请求人有利，故无须发出复审通知书或者进行口头审理，故选项D不符合题意。

综上所述，本题答案为A、B、C。

【13.（2013－42）解析】知识点：复审请求的合议审查

G－4－2－4.2关于"修改文本的审查"中规定，在提出复审请求、答复复审通知书（包括复审请求口头审理通知书）或者参加口头审理时，复审请求人可以对申请文件进行修改。但是，所作修改应当符合《专利法》第三十三条和《专利法实施细则》第六十六条的规定……。题中，由于国家知识产权局在发出的复审通知书中指出李某对权利要求书的修改超出了原始申请文件记载的范围，李某未对申请文件作进一步修改，也就意味着复审通知书中指出的修改超出原申请文件记载的范围缺陷仍然存在，则应当针对李某的修改文本，以修改超范围为由维持驳回决定，由即选项A说法正确，符合题意。根据上述规定，修改是否超范围的审查在其他条款的审查之前，因此对于上述情况，应当针对李某的修改文本，以修改超范围为由维持驳回决定，而不必以权利要求1不具备实用性为由维持驳回决定，即选项B的说法错误，不符合题意。进一步地，如果李某对申请文件作进一步修改并克服了修改超范围的缺陷，则合议组应当针对修改的不超范围的文本，进一步对进行驳回决定中指出的缺陷进行审查即对权利要求书是否具备实用性进行审查（因此选项C的说法正确，符合题意），而不是撤销驳回决定，故选项D的说法错误，不符合题意，因为需要对驳回决定指出的缺陷进行审查之后才能确定是维持还是撤销驳回决定。

综上所述，本题答案为A、C。

【14.（2019－76）解析】知识点：复审通知书、复审通知书的答复

G－4－2－4.3关于"审查方式"中规定，……针对合议组发出的复审通知书，复审请求人应当在收到该通知书之日起一个月内针对通知书指出的缺陷进行书面答复；期满未进行书面答复的，其复审请求视为撤回。复审请求人提交无具体答复内容的意见陈述书的，视为对复审通知书中的审查意见无反对意见……。由此可知，复审请求人针对复审通知书应当在收到该通知书之日起一个月而不三个月内进行书面答复，因此选项A的说法错误，不符合题意，而选项B的说法正确，符合题意。同时，根据上述规定的最后一句话，选项D的说法是正确的，符合题意。

G-4-2-4.3关于"审查方式"中规定，……有下列情形之一的，合议组应当发出复审通知书（包括复审请求口头审理通知书）或者进行口头审理：(1) 复审决定将驳回复审请求。……。因此，根据上述规定，合议组拟维持驳回决定的，既可以发出复审通知书，也可以发出复审请求口头审理通知书，或者进行口头审理。因此，选项C的说法不正确，不符合题意。注意，该题表述以及相关规定不够严谨，因为上述规定中"复审通知书（包括复审请求口头审理通知书）"，似乎将复审请求口头审理通知书归结为复审通知。基于此，有可能认为选项C的说法是正确的，但笔者认为应当严格区分。同时上述规定可知，还有一种可能是进行口头审理，因此选项C的说法错误，不符合题意。

综上所述，本题答案为B、D。

【15.（2013-49）解析】知识点：复审通知书、复审通知书的答复

参照7.（2010-58）的解析。G-4-2-4.1关于"理由和证据的审查"中规定，在复审程序中，合议组一般仅针对驳回决定所依据的理由和证据进行审查……。题中，驳回决定所依据的理由是该化合物相对于对比文件1和2的结合不具备创造性，因此复审通知书应当对发明专利申请的创造性进行评价，即选项A的说法正确，符合题意。G-4-2-4.1关于"理由和证据的审查"最后一段中规定，在合议审查中，合议组可以引入所属技术领域的公知常识，或者补入相应的技术辞典、技术手册、教科书等所属技术领域中的公知常识性证据。因此，选项B所述的"复审通知书中可以引入所属技术领域的公知常识"的说法正确，符合题意。

G-4-2-4.3关于"审查方式"中规定，……针对合议组发出的复审通知书，复审请求人应当在收到该通知书之日起一个月内针对通知书指出的缺陷进行书面答复；期满未进行书面答复的，其复审请求视为撤回……。即选项C的说法正确，符合题意。

G-4-2-4.1关于"理由和证据和审查"中规定，……除驳回决定所依据的理由和证据外，合议组发现审查文本中存在下列缺陷的，可以对与之相关的理由及其证据进行审查：……(4) 驳回决定未指出的明显实质性缺陷……。选项D中，由于"疾病的治疗方法"是明显实质性缺陷，故可以对相关的理由进行审查，而在复审通知书中指出该缺陷，即选项D的说法正确，符合题意。

综上所述，本题答案为A、B、C、D。

（三）总体考点分析

本部分涉及复审合议审查中对理由和证据的审查、复审程序中对申请文件修改的规定、修改文本的审查以及审查方式等。其中，重点是复审阶段对申请文件的修改及其审查规定、合议审查中如何判断消除驳回决定的缺陷等。

高频结论

√ 在提出复审请求、答复复审通知书（包括复审请求口头审理通知书）或者参加口头审理时，复审请求人可以对申请文件进行修改。

√ 复审请求人对申请文件的修改应当仅限于消除驳回决定或者合议组指出的缺陷。下列情形通常不符合相关规定：(1) 修改后的权利要求相对于驳回决定针对的权利要求扩大了保护范围。(2) 将与驳回决定针对的权利要求所限定的技术方案缺乏单一性的技术方案作为修改后的权利要求。(3) 改变权利要求的类型或者增加权利要求。(4) 针对驳回决定指出的缺陷未涉及的权利要求或者说明书进行修改。但修改明显文字错误，或者修改与驳回决定所指出缺陷性质相同的缺陷的情形除外。

√ 在复审程序中，合议组一般仅针对驳回决定所依据的理由和证据进行审查。除驳回决定所依据的理由和证据外，合议组发现审查文本中存在下列缺陷的，可以对与之相关的理由及其证据进行审查：(1) 不符合《专利法实施细则》第十一条的规定。(2) 足以用在驳回决定作出前已告知过申请人的其他理由及其证据予以驳回的缺陷。(3) 与驳回决定所指出缺陷性质相同的缺陷。(4) 驳回决定未指出的其他明显实质性缺陷。

√ 在合议审查中，合议组可以引入所属技术领域的公知常识，或者补入相应的技术辞典、技术手册、教科书等所属技术领域中的公知常识性证据。

√ 有下列情形之一的，合议组应当发出复审通知书（包括复审请求口头审理通知书）或者进行口头审理：(1) 复审决定将驳回复审请求。(2) 需要复审请求人依照《专利法》及其实施细则和审查指南有关规定修改申请文件，才有可能撤销驳回决定。(3) 需要复审请求人进一步提供证据或者对有关问题予以说明。(4) 需要引入驳回决定未提出的理由或者证据。

✓ 针对合议组发出的复审通知书，复审请求人应当在收到该通知书之日起一个月内针对通知书指出的缺陷进行书面答复；期满未进行书面答复的，其复审请求视为撤回。复审请求人提交无具体答复内容的意见陈述书的，视为对复审通知书中的审查意见无反对意见。

✓ 针对合议组发出的复审请求口头审理通知书，复审请求人应当参加口头审理或者在收到该通知书之日起一个月内针对通知书指出的缺陷进行书面答复；如果该通知书已指出申请不符合《专利法》及其实施细则和审查指南有关规定的事实、理由和证据，复审请求人未参加口头审理且期满未进行书面答复的，其复审请求视为撤回。

（四）参考答案

1. A、B、C	2. C	3. C	4. A、B	5. D
6. D	7. A、B、C、D	8. A、C	9. A、C	10. A、B、D
11. B、C	12. A、B、C	13. A、C	14. B、D	15. A、B、C、D

三、其他相关规定（前置审查、复审决定、复审程序的终止等）

（一）历年试题集合

1. （2013-61，有适应性修改）下列关于复审程序的说法哪些是正确的？　【你的答案】
   A. 复审程序是专利审批程序的延续　
   B. 合议组不必对专利申请进行全面审查　【选错记录】
   C. 原专利审查部门的前置审查不是复审程序的必经程序　
   D. 对国家知识产权局作出的复审决定不服的，均不能申请行政复议

2. （2018-67）关于复审请求审查决定，以下说法中正确的是？　【你的答案】
   A. 驳回决定适用法律错误的，合议组将作出撤销原驳回决定的复审决定　
   B. 驳回理由缺少必要的证据支持的，合议组将作出撤销原驳回决定的复审决定　【选错记录】
   C. 驳回决定以申请人放弃的申请文本或者不要求保护的技术方案为依据的，合议组将作出撤销原驳回决定的复审决定　
   D. 驳回决定没有评价申请人提交的与驳回理由有关的证据，以至可能影响公正审理的，合议组将作出撤销原驳回决定的复审决定

3. （2012-41，有适应性修改）在下列哪些情形下，驳回申请的决定将会在复审程序中被撤销？　【你的答案】
   A. 驳回决定适用法律错误的　
   B. 驳回决定以申请人放弃的申请文本为依据的　【选错记录】
   C. 在作出驳回决定前，未与申请人进行会晤的　
   D. 在作出驳回决定前，未给予申请人针对驳回决定所依据的事实、理由和证据陈述意见的机会的

4. （2018-20）关于复审程序的终止，以下说法错误的是？　【你的答案】
   A. 复审请求因期满未答复而被视为撤回的，复审程序终止　
   B. 在作出复审决定前，复审请求人撤回其复审请求的，复审程序终止　【选错记录】
   C. 已受理的复审请求因不符合受理条件而被驳回请求的，复审程序终止　
   D. 复审决定撤销原驳回决定的，复审请求人收到复审决定之日起，复审程序终止

5. （2015-74）王某向国家知识产权局提出了复审请求，下列哪些情况下会导致其复审程序终止？　【你的答案】
   A. 王某未在复审通知书指定的期限内进行答复，其复审请求被视为撤回　
   B. 在作出复审决定之前，王某主动撤回其复审请求　【选错记录】
   C. 王某的复审请求被受理后因不符合受理条件而被驳回

D. 王某在收到维持原驳回决定的复审决定之后，于法定期限内向人民法院起诉

6.（2014－78，有适应性修改）刘某不服国家知识产权局针对其专利申请作出的驳回决定，向国家知识产权局提出复审请求。在下列哪些情形下复审程序终止？
　　A. 刘某未在指定期限内答复复审通知书，其复审请求被视为撤回
　　B. 国家知识产权局作出了维持驳回决定的复审决定
　　C. 一审人民法院依法撤销了国家知识产权局针对刘某复审请求作出的复审决定
　　D. 在作出复审决定前，刘某撤回了其复审请求

【你的答案】
_____
【选错记录】
_____

7.（2013－89）下列哪些情形会导致复审程序终止？
　　A. 复审程序涉及的专利申请出现权属纠纷
　　B. 复审请求人在指定期限内未对复审通知书进行答复而被视为撤回
　　C. 复审请求人在指定期限内未提交口头审理通知书回执
　　D. 复审请求人在国家知识产权局作出复审决定前撤回复审请求

【你的答案】
_____
【选错记录】
_____

8.（2012－56）下列哪些情形将导致复审程序终止？
　　A. 复审请求人期满未答复复审通知书，复审请求被视为撤回的
　　B. 在复审决定作出前，复审请求人撤回其复审请求的
　　C. 已受理的复审请求因不符合受理条件而被驳回请求的
　　D. 复审决定作出后，复审请求人在规定期限内未起诉的

【你的答案】
_____
【选错记录】
_____

9.（2010－48）下列哪些情形下复审程序终止？
　　A. 复审请求人未在复审通知书指定的期限内进行答复，其复审请求被视为撤回
　　B. 在作出复审决定之前，复审请求人主动撤回其复审请求
　　C. 复审请求人收到复审决定后，未在法定期限内向人民法院提起诉讼
　　D. 人民法院生效判决维持了复审决定

【你的答案】
_____
【选错记录】
_____

10.（2010－56，有适应性修改）国家知识产权局基于刘某的复审请求作出了撤销原驳回决定的复审决定。下列说法哪些是正确的？
　　A. 由于原驳回决定已被撤销，因此原审查部门应当对刘某的专利申请直接授予专利权
　　B. 刘某的专利申请将返回原审查部门继续审查
　　C. 原审查部门补充检索了新的对比文件后，可以依据该对比文件再次驳回刘某的专利申请
　　D. 原审查部门不同意复审决定的，可以要求合议组进行再审

【你的答案】
_____
【选错记录】
_____

（二）参考答案解析

【1.（2013－61）解析】知识点：对复审程序的整体认识

根据G－4－2－1关于"引言"中规定可知，复审程序是因申请人对驳回决定不服而启动的救济程序，同时也是专利审批程序的延续。因此，一方面，合议组一般仅针对驳回决定所依据的理由和证据进行审查，不承担对专利申请全面审查的义务；另一方面，为了提高专利授权的质量，避免不合理地延长审批程序，合议组可以依职权对驳回决定未提及的明显实质性缺陷进行审查。根据上述规定，复审程序是专利审批程序的延续，即选项A的说法正确，符合题意。而且不承担（也就不必履行）对专利申请全面审查的义务，即选项B的说法正确，符合题意。

根据G－4－2－3.1关于"前置审查的程序"的规定，复审请求书（包括附具的证明文件和修改后的申请文件）经形式审查合格后转交给审查部门进行前置审查，并由审查部门提出前置审查意见。根据上述规定，前置审查是复审程序的必经程序，选项C的说法是错误的，不符合题意。

《国家知识产权局行政复议规程》第四条规定：……有下列情形之一，可以依法申请行政复议：……（三）对国家知识产权局……作出的有关专利复审、无效的程序性决定不服的……。根据上述规定，对专利复审程序中作出程序性决定不服的（比如复审请求不予受理等），可以请求行政复议，即选项D的说法错误，不符合题意。[注意：根据《国家知识产权局行政复议规程》第五条规定，复审请求人对复审请求审查决定不服的、专利权人或者无效宣告请求人对无效宣告请求所作决定不服的，不能请求行政复议，只能向人民法院（即知识产权法院）提起行政诉讼。]

综上所述，本题答案为A、B。

【2. (2018 - 67) 解析】知识点：复审决定的类型

根据G-4-2-5关于"复审请求审查决定的类型"的规定，复审请求审查决定（简称复审决定）分为下列三种类型：(1) 复审请求不成立，驳回复审请求。(2) 复审请求成立，驳回复审请求。(3) 专利申请文件经复审请求人修改，克服了驳回决定所指出的缺陷，在修改文本的基础上撤销驳回决定。上述第 (2) 种类型包括下列情形：(ⅰ) 驳回决定适用法律错误的；(ⅱ) 驳回理由缺少必要的证据支持的；(ⅲ) 审查违反法定程序的，例如，驳回决定以申请人放弃的申请文本或者不要求保护的技术方案为依据；在审查程序中没有给予申请人针对驳回决定所依据的事实、理由和证据陈述意见的机会；驳回决定没有评价申请人提交的与驳回理由有关的证据，以至可能影响公正审理的；(ⅳ) 驳回理由不成立的其他情形。根据上述规定可知，选项A、B分别对应于上述第 (ⅰ) 和 (ⅱ) 种情形，选项C、D对应于上述第 (ⅲ) 种情形中两种具体例子，因此其说法是正确的。

综上所述，本题答案为A、B、C、D。

【3. (2012 - 41) 解析】知识点：复审决定的类型

参照2. (2018 - 67) 的解析。依据的是G-4-2-5关于"复审请求审查决定的类型"中规定，选项A所述的驳回决定适用法律错误的对应上述第 (ⅰ) 种情形，因此国家知识产权局将作出撤销驳回决定的复审决定，即选项A符合题意。选项B所述的驳回决定以申请人放弃的申请文本为依据的，属于上述规定的第 (ⅲ) 种情形所列举的例子之一（驳回决定以申请人放弃的申请文本或者不要求保护的技术方案为依据），因此国家知识产权局将作出撤销驳回决定的复审决定，即选项B符合题意。选项C所述的"在作出驳回决定前，未与申请人进行会晤的"，但会晤仅仅是实质审查程序中一种方式，只有审查员认为有必要时才采取的方式，并非审查过程必须要进行会晤。因此，选项C所述的情形，不会因此导致撤销驳回决定，不符合题意。选项D所述的"在作出驳回决定前，未给予申请人针对驳回决定所依据的事实、理由和证据陈述意见的机会的"，属于上述规定的第 (ⅲ) 种情形所列举的例子之一（在审查程序中没有给予申请人针对驳回决定所依据的事实、理由和证据陈述意见的机会），因此国家知识产权局将作出撤销驳回决定的复审决定，即选项D符合题意。

综上所述，本题答案为A、B、D。

【4. (2018 - 20) 解析】知识点：复审程序的终止

G-4-2-9关于"复审程序的终止"中规定，复审请求因期满未答复而被视为撤回的，复审程序终止。在作出复审决定前，复审请求人撤回其复审请求的，复审程序终止。已受理的复审请求因不符合受理条件而被驳回请求的，复审程序终止。根据A41.2的规定，专利申请人对国务院专利行政部门的复审决定不服的，可以自收到通知之日起三个月内向人民法院起诉。

故选项A、B、C说法是正确的，不符合题意。在规定的期限内未起诉或者人民法院的生效判决维持复审决定的，复审程序终止，而不是在复审请求人收到复审决定之日起，复审程序终止。即使复审决定是撤销原驳回决定的，也是如此。故选项D的说法错误，符合题意。

综上所述，本题答案为D。

【5. (2015 - 74) 解析】知识点：复审程序的终止

参照4. (2018 - 20) 的解析。依据的是G-4-2-9关于"复审程序的终止"的规定。选项A中，王某未在复审通知书指定的期限内进行答复，属于上述规定中"复审请求因期满未答复而被视为撤回的，复审程序终止"的情形，即选项A符合题意。选项B中，在作出复审决定之前，王某主动撤回其复审请求，属于上述规定中"在作出复审决定前，复审请求人撤回其复审请求的，复审程序终止"的情形，即选项B符合题意。选项C中，王某的复审请求被受理后因不符合受理条件而被驳回，属于上述规定中"已受理的复审请求因不符合受理条件而被驳回请求的，复审程序终止"的情形，符合题意。王某在收到维持原驳回决定的复审决定之后，于法定期限内向人民法院起诉，但根据上述规定，人民法院的生效判决维持该复审决定的，复审程序才会终止，选项D所述情形，并不会导致复审程序终止，故不符合题意。

综上所述，本题答案为A、B、C。

【6. (2014 - 78) 解析】知识点：复审程序的终止

参照4. (2018 - 20) 的解析。依据的是G-4-2-9关于"复审程序的终止"的规定。选项A中，刘某未在指定期限内答复复审通知书，其复审请求被视为撤回，属于上述规定的"复审请求因期满未答复而被视为撤回的，复审程序终止"的情形，即选项A符合题意。根据上述规定可知，只有在规定的期限内未起诉或者人民法院的生效判决维持该复审决定的，复审程序才会终止，选项B不符合题意。对于选项C，属于"人民法院的生效判决维持该复审决定的，复审程序终止"的情形。一审人民法院依法撤销了国家知识产权局针对刘某复审请求作出的复审决定，其中法院的判决还没有生效，因此复审程序尚没有终止，选项C不符合题意。选项D中，在作出复审决定前，刘某撤回了其复审请求，属于上述规定"在作出复审决定前，复审请求人撤回其复审请求的，复审程序终止"的情形，即选项D符合题意。

综上所述，本题答案为 A、D。

【7.（2013－89）解析】知识点：复审程序的终止

参照 4.（2018－20）的解析。依据的是 G－4－2－9 关于"复审程序的终止"的规定。上述规定的情形，并不包括选项 A 所述的"复审程序涉及的专利申请出现权属纠纷"，以及选项 C 所述的"复审请求人在指定期限内未提交口头审理通知书回执"的情况，故这两种情况并不会导致复审程序终止。事实上，如果出现涉及的专利申请出现权属纠纷，则可能导致复审程序中止（而不是终止），等待权属纠纷处理情况；如果复审请求人在指定期限内未提交口头审理通知书回执，根据 G－4－4－3 关于"口头审理的通知"中规定可知，则视为不参加口头审理（不会直接导致复审程序终止）。

综上所述，本题答案为 B、D。

【8.（2012－56）解析】知识点：复审程序的终止

参照 4.（2018－20）的解析。依据的是 G－4－2－9 关于"复审程序的终止"的规定。根据上述规定的"复审请求因期满未答复而被视为撤回的，复审程序终止"情形，可知选项 A 符合题意。根据上述规定的"在作出复审决定前，复审请求人撤回其复审请求的，复审程序终止"的情形，可知选项 B 符合题意。根据上述规定的"已受理的复审请求因不符合受理条件而被驳回请求的，复审程序终止"的情形，可知选项 C 符合题意。根据上述规定的"复审决定作出后，复审请求人在规定的期限内未起诉，复审程序终止"，因此选项 D 符合题意。

综上所述，本题答案为 A、B、C、D。

【9.（2010－48）解析】知识点：复审程序的终止

参照 4.（2018－20）的解析。依据的是 G－4－2－9 关于"复审程序的终止"的规定。根据上述规定的"复审请求因期满未答复而被视为撤回的，复审程序终止"的情形，可知选项 A 符合题意。根据上述规定的"在作出复审决定前，复审请求人撤回其复审请求的，复审程序终止"的情形，可知选项 B 符合题意。根据上述规定的"复审决定作出后，复审请求人在规定的期限内未起诉，复审程序终止"的情形，可知选项 C 符合题意。根据上述规定的"人民法院的生效判决维持该复审决定的，复审程序终止"的情形，可知选项 D 符合题意。

综上所述，本题答案为 A、B、C、D。

【10.（2010－56）解析】知识点：复审决定的效力

根据 R67.2 的规定可知，国务院专利行政部门进行复审后认为原驳回决定不符合《专利法》和该细则有关规定的，或者认为经过修改的专利申请文件消除了原驳回决定和复审通知书指出的缺陷的，应当撤销原驳回决定，由原审查部门继续进行审查程序。进一步地，根据 G－4－2－7 关于"复审决定的约束力"中的规定可知，复审决定撤销原驳回决定的，复审和无效审理部应当将有关的案卷返回审查部门，继续进行审查程序。审查部门应当执行复审决定，不得以同样的事实、理由和证据作出与该复审决定意见相反的决定。题中，已基于刘某的复审请求作出了撤销原驳回决定的复审决定，则应当将有关的案卷返回原审查部门，由原审查部门继续审批程序，即继续进行审查（即选项 B 的说法正确，符合题意），以确定是否存在还可以驳回的缺陷和其他形式缺陷，只有经过审查认为不存在驳回的缺陷才能授予专利权，也就是原审查部门对刘某的专利申请并不是直接授予专利权，即选项 A 的说法错误，不符合题意。根据上述规定，原审查部门不得以同样的事实、理由和证据作出与该复审决定意见相反的决定，但选项 C 中，原审查部门补充检索了新的对比文件后即不同于原来的证据，因此可以依据该对比文件再次驳回刘某的专利申请，即选项 C 的说法正确，符合题意。同时，原审查部门应当执行复审决定，因此即使原审查部门不同意复审决定，也必须执行复审决定，而不能要求合议组进行再审，即选项 D 的说法错误，不符合题意。

综上所述，本题答案为 B、C。

（三）总体考点分析

本部分涉及复审程序的性质、前置审查、复审决定、复审程序的终止等内容。其中重点是复审程序的终止，其次是复审决定的类型中撤销驳回决定的情形。

高频结论

✓　复审程序是因申请人对驳回决定不服而启动的救济程序，同时也是专利审批程序的延续。

✓　合议组一般仅针对驳回决定所依据的理由和证据进行审查，不承担对专利申请全面审查的义务。

✓　为了提高专利授权的质量，避免不合理地延长审批程序，合议组可以依职权对驳回决定未提及的明显实质性缺陷进行审查。

✓ 驳回决定适用法律错误的，则复审请求成立，撤销驳回决定。

✓ 驳回理由缺少必要的证据支持的，则复审请求成立，撤销驳回决定。

✓ 审查违反法定程序的，例如，驳回决定以申请人放弃的申请文本或者不要求保护的技术方案为依据；在审查程序中没有给予申请人针对驳回决定所依据的事实、理由和证据陈述意见的机会；驳回决定没有评价申请人提交的与驳回理由有关的证据，以至可能影响公正审理的，则复审请求成立，撤销驳回决定。

✓ 复审请求因期满未答复而被视为撤回的，复审程序终止。

✓ 在作出复审决定前，复审请求人撤回其复审请求的，复审程序终止。

✓ 已受理的复审请求因不符合受理条件而被驳回请求的，复审程序终止。

✓ 复审决定作出并发送给复审请求人，复审请求人在规定的期限内未起诉或者（起诉后）人民法院的生效判决维持该复审决定的，复审程序终止。

✓ 复审决定撤销原驳回决定的，复审和无效审理部应当将有关的案卷返回审查部门，继续进行审查程序（并不是直接授权，而是要经过继续审查才能确定）。审查部门应当执行复审决定，不得以同样的事实、理由和证据作出与该复审决定意见相反的决定。这意味着以不同的事实、理由或证据则可以再次作出驳回决定。

（四）参考答案

1. A、B   2. A、B、C、D   3. A、B、D   4. D   5. A、B、C

6. A、D   7. B、D   8. A、B、C、D   9. A、B、C、D   10. B、C

第三节　专利权的无效宣告请求

一、无效宣告程序的性质和其他审查原则

（一）历年试题集合

1.（2019－23）关于专利无效宣告程序，下列说法错误的是？

A. 无效宣告程序是专利公告授权后的程序

B. 无效宣告程序是依当事人请求而启动的程序

C. 无效宣告程序中，专利权人可以修改专利说明书和附图

D. 宣告专利权无效的决定，由国务院专利行政部门登记和公告

【你的答案】

【选错记录】

2.（2018－21）关于无效宣告程序，以下说法错误的是？

A. 无效宣告程序是专利公告授权之后方可请求启动的程序

B. 无效宣告程序是依当事人请求而启动的程序

C. 无效宣告程序必须是双方当事人参加的程序

D. 宣告专利权无效的决定，由国家知识产权局登记和公告

【你的答案】

【选错记录】

3.（2017－28，有适应性修改）无效宣告程序是专利（　　）依（　　）而启动的程序。

A. 申请提交之后　申请人的请求

B. 申请审查中　专利局的职权

C. 公告授权后　专利局专利复审和无效审理部的职权

D. 公告授权后　任何单位或个人的请求

【你的答案】

【选错记录】

4.（2019－78）下列哪些是无效宣告程序中应当遵循的审查原则？

A. 公正执法原则、一事不再理原则

B. 请求原则、当事人处置原则

C. 程序节约原则、保密原则

D. 合法原则、禁反言原则

【你的答案】

【选错记录】

5. （2013-17，有适应性修改）下列关于无效宣告程序的说法哪个是正确的？

【你的答案】

A. 对于关系重大经济利益或者社会影响的专利，国家知识产权局可以自行启动无效宣告程序

【选错记录】

B. 无效宣告程序中的口头审理都应当公开举行

C. 请求人撤回无效宣告请求的，无效宣告程序一律终止

D. 无效宣告程序中合议组对案件的审查不受当事人请求的范围和提出的理由、证据的限制

6. （2014-91，有适应性修改）下列关于无效宣告程序的说法哪些是正确的？

【你的答案】

A. 请求人在提出无效宣告请求时提出两项无效理由，在口头审理时可以放弃其中一项无效理由

【选错记录】

B. 当事人有权自行与对方和解

C. 专利权人针对请求人提出的无效宣告请求主动缩小权利要求保护范围且相应的修改文本被合议组接受的，视为专利权人承认大于该保护范围的权利要求自提交修改之日起无效

D. 专利权人声明放弃部分权利要求的，视为专利权人承认请求人对该项权利要求的无效宣告请求

7. （2016-73，有适应性修改）甲针对某发明专利提出了无效宣告请求，主张（1）依据产品销售发票 A1 及产品使用说明书 A2 证明该专利不具备新颖性，（2）依据对比文件 D1 和 D2 的结合证明该专利不具备创造性。合议组经审查认定：（1）由于请求人未能提供 A1 的原件，其真实性不能被确认，故不能证明该专利不具备新颖性；（2）D1、D2 的结合不能证明该专利不具备创造性，故作出维持专利权有效的审查决定。在满足其他受理条件的情况下，针对该发明专利再次提出的下列无效宣告请求哪些应当予以受理？

【你的答案】

【选错记录】

A. 甲以产品销售发票 A1 原件及产品使用说明书 A2 相结合证明该专利不具备新颖性

B. 乙以对比文件 D1、D2 作为证据证明该专利不具备创造性

C. 丙以对比文件 D1 和对比文件 D3 相结合证明该专利不具备创造性

D. 甲以对比文件 D2 和对比文件 D3 相结合证明该专利不具备创造性

8. （2015-76，有适应性修改）张某的专利包括权利要求 1—3，李某对张某的专利提出无效宣告请求，其理由是权利要求 1—3 相对于对比文件 1 和对比文件 2 的结合不具备创造性。无效决定宣告权利要求 1、2 无效，在权利要求 3 的基础上维持该专利权有效。该无效决定生效后，下列哪些无效宣告请求将不予受理？

【你的答案】

【选错记录】

A. 王某以权利要求 1、2 不具备创造性为由提出无效宣告请求

B. 李某以权利要求 3 相对于对比文件 1 和对比文件 2 的结合不具备创造性为由提出无效宣告请求

C. 李某以权利要求 3 相对于对比文件 1 和对比文件 3 的结合不具备创造性为由提出无效宣告请求

D. 王某以权利要求 3 相对于对比文件 3 不具备新颖性为由提出无效宣告请求

9. （2014-82，有适应性修改）甲针对乙的专利权提出无效宣告请求，主张权利要求 1 相对于对比文件 1 不具备新颖性，权利要求 2 相对于对比文件 2 不具备创造性。合议组在审查了上述全部无效宣告请求的理由和证据后，以权利要求 1 缺乏新颖性为由作出了宣告权利要求 1 无效、在权利要求 2 的基础上维持专利权有效的决定。该无效决定已生效。此后，乙主动放弃了专利权。下列说法哪些是正确的？

【你的答案】

【选错记录】

A. 针对已被宣告无效的权利要求 1 所提出的任何无效宣告请求均不应当被受理

B. 鉴于乙已主动放弃了专利权，故任何人针对该专利再次提出的无效宣告请求，均不应当被受理

C. 甲以权利要求 2 相对于对比文件 1 不具备创造性为由再次提出无效宣告请求，应当被受理

D. 丙以权利要求 2 相对于对比文件 2 不具备创造性为由再次提出无效宣告请求，不应当被受理

10. （2011-85，有适应性修改）张某以某专利的权利要求 1 缺乏创造性为由请求宣告该专利权无效，并提交了证据 1 和 2。合议组经审查作出下述决定：权利要求 1 相对于证据 1 具备创造性，维持权利要求 1 有效。证据 2 因未提供原件而不予采信。张某在上述决定作出后针对该专利再次提出无效宣告请求，在下列哪些情形下合议组应当不予受理？

【你的答案】

【选错记录】

A. 张某不同意该无效决定，再次以权利要求 1 相对于证据 1 不具备创造性为由提出

无效宣告请求

  B. 张某提供证据 2 的原件，以权利要求 1 相对于证据 2 不具备新颖性为由提出无效宣告请求

  C. 张某提交证据 3，以权利要求 1 相对于证据 1 和证据 3 的结合不具备创造性为由提出无效宣告请求

  D. 张某以权利要求 1 未得到说明书支持为由提出无效宣告请求

（二）参考答案解析

【1.（2019－23）解析】知识点：无效宣告程序的性质；相关知识点：无效程序中专利文件的修改

  根据 A45 的规定，自国务院专利行政部门公告授予专利权之日起，任何单位或者个人认为该专利权的授予不符合该法有关规定的，可以请求国务院专利行政部门宣告该专利权无效。根据上述规定，只有在专利公告授权之后才可以请求无效，即无效宣告程序是在专利公告授权之后的程序，即选项 A 的说法正确，不符合题意。同时，G－4－3－1 关于"引言"规定，……无效宣告程序是专利公告授权后依当事人请求而启动的、通常为双方当事人参加的程序。因此，无效宣告程序是依当事人请求而启动的程序，即选项 B 的说法正确，不符合题意。

  根据 R73 的规定，在无效宣告请求的审查过程中，发明或者实用新型专利的专利权人可以修改其权利要求书，但是不得扩大原专利的保护范围。国务院专利行政部门在修改后的权利要求基础上作出维持专利权有效或者宣告专利权部分无效的决定的，应当公告修改后的权利要求。发明或者实用新型专利的专利权人不得修改专利说明书和附图，外观设计专利的专利权人不得修改图片、照片和简要说明。根据上述规定，无效宣告程序中，专利权人不可以修改专利说明书和附图，因此选项 C 的说法错误，符合题意。

  根据 A46.1 的规定，国务院专利行政部门对宣告专利权无效的请求应当及时审查和作出决定，并通知请求人和专利权人。宣告专利权无效的决定，由国务院专利行政部门登记和公告。根据上述规定，宣告专利权无效的决定，由国家知识产权局登记和公告，即选项 D 的说法正确，不符合题意。

  综上所述，本题答案为 C。

【2.（2018－21）解析】知识点：无效宣告程序的性质

  参照 1.（2019－23）的解析。根据 A45 的规定可知，无效宣告程序是在专利公告授权之后方可请求启动的程序，即选项 A 的说法正确。同时，G－4－3－1 关于"引言"规定，……无效宣告程序是专利公告授权后依当事人请求而启动的、通常为双方当事人参加的程序。因此，无效宣告程序是依当事人请求而启动的程序，即选项 B 的说法正确。

  G－4－3－1 关于"引言"中规定，……无效宣告程序……通常为双方当事人参加的程序。而根据 G－4－3－3.2 关于"无效宣告请求人资格"中的规定可知，专利权人也可以针对自己的专利权提出无效宣告请求。因此，无效宣告程序也可以由专利权人自己来提出，而当专利权人提出无效宣告请求时，只有一方当事人参加该程序。因此，选项 C 的说法错误，符合题意。

  根据 A46.1 的规定可知，宣告专利权无效的决定，由国务院专利行政部门登记和公告。即选项 D 的说法正确。

  综上所述，本题答案为 C。

【3.（2017－28）解析】知识点：无效宣告程序的性质

  G－4－3－1 关于"引言"第二段中规定：无效宣告程序是专利公告授权后依当事人请求而启动的、通常为双方当事人参加的程序。根据上述规定，选项 A 中，申请提交之后如果还没有授权，不能针对其请求申请无效，而且也不限于申请人而是任何单位和个人都可以请求，故不符合题意。选项 B 中，申请在审查中也还没有授权，不能针对其请求申请无效，同时，无效宣告程序是依任何单位和个人的请求启动，并未包括在专利局的职权范围之内（即专利局不能自行启动无效程序），因此选项 B 不符合题意。选项 C 中，无效宣告程序的启动也不是专利局专利复审和无效审理部的职权，因此选项 C 不符合题意。选项 D 符合题意。

  综上所述，本题答案为 D。

【4.（2019－78）解析】知识点：无效宣告程序的审查原则

  G－4－1－2 关于"审查原则"中规定，复审请求审查程序（简称复审程序）和无效宣告请求审查程序（简称无效宣告程序）中普遍适用的原则包括：合法原则、公正执法原则、请求原则、依职权审查原则、听证原则和公开原则。进一步地，在 G－4－3－2 关于"审查原则"中的规定可知，在无效宣告程序中，除总则规定的原则外，还应当遵循一事不再理原则、当事人处置原则和保密原则。

  结合上述规定，无效宣告程序中应当遵循的审查原则包括：合法原则、公正执法原则、请求原则、依职权审查原则、听证原则、公开原则、一事不再理原则、当事人处置原则和保密原则（其中既有公开原则，又有保密原则，应当注意其具体的含义）。由此可知，选项 A 中提到公正执法原则、一事不再理原则，选项 B 中提到请求原则、当事人处置原则，属于上述规定中所要遵循的原则，即选项 A 和 B 符合题意。选项 C 中的程序节约原则，以及选项 D 中的禁反言原

则不属于上述规定中所要遵循的原则，因此选项C和D不符合题意。

综上所述，本题答案为A、B。

【5.（2013－17）解析】知识点：无效宣告请求的审查原则

G－4－1－2.3关于"请求原则"中规定，复审程序和无效宣告程序均应当基于当事人的请求启动……。由此可知，国家知识产权局不可以自行启动无效宣告程序，因此选项A的说法错误，不符合题意。

G－4－4－5关于"口头审理的进行"中规定，……口头审理应当公开进行，但根据国家法律、法规等规定需要保密的除外。由此可知，对于需要保密的专利，口头审理不能公开进行，故选项B所述的"无效宣告程序中的口头审理都应当公开举行"的说法是错误的，不符合题意。

根据R76的规定可知，对无效宣告的请求作出决定前，无效宣告请求人可以撤回其请求。在作出决定之前，无效宣告请求人撤回其请求或者其无效宣告请求被视为撤回的，无效宣告请求审查程序终止。但是，合议组认为根据已进行的审查工作能够作出宣告专利权无效或者部分无效的决定的，不终止审查程序。由此可知，请求人撤回无效宣告请求的，并非在所有情况下，无效宣告程序都会终止，即选项C的说法错误，不符合题意。G－4－1－2.4关于"依职权审查原则"的规定可知，合议组可以对所审查的案件依职权进行审查，而不受当事人请求的范围和提出的理由、证据的限制。由此可知，选项D的说法与该规定相符，因此是正确的，符合题意。[注意，虽然根据G－4－3－4.1关于"审查范围"的规定可知，在无效宣告程序中，通常仅针对当事人提出的无效宣告请求的范围、理由和提交的证据进行审查，不承担全面审查专利有效性的义务，但这里采用的是"通常"的表述，而且G－4－1－2.4中规定了依职权审查的原则。]

综上所述，本题答案为D。

【6.（2014－91）解析】知识点：当事人处置原则

根据G－4－3－2.2关于"当事人处置原则"中的规定可知，请求人可以放弃全部或者部分无效宣告请求的范围、理由及证据。对于请求人放弃的无效宣告请求的范围、理由和证据，合议组通常不再审查。根据该规定，请求人可以放弃全部或部分无效理由，因此选项A的说法是正确的，符合题意。

根据G－4－3－2.2关于"当事人处置原则"中的规定可知，在无效宣告程序中，当事人有权自行与对方和解。对于请求人和专利权人均向合议组表示有和解愿望的，可以给予双方当事人一定的期限进行和解，并暂缓作出审查决定，直至任何一方当事人要求作出审查决定，或者合议组指定的期限已届满。根据上述规定，当事人有权自行与对方和解，即选项B的说法是正确的，符合题意。

根据G－4－3－2.2关于"当事人处置原则"中规定可知，在无效宣告程序中，专利权人针对请求人提出的无效宣告请求主动缩小专利权保护范围且相应的修改文本已被合议组接受的，视为专利权人承认大于该保护范围的权利要求自始不符合《专利法》及其实施细则的有关规定……。根据上述规定，专利权人针对请求人提出的无效宣告请求主动缩小权利要求保护范围且相应的修改文本被合议组接受的，视为专利权人承认大于该保护范围的权利要求自始不符合相关规定，而不是专利权人提交修改之日起无效，因此选项C的说法错误，不符合题意。

同时，根据G－4－3－2.2关于"当事人处置原则"中的规定可知，专利权人声明放弃权利要求的，视为专利权人承认请求人对该项权利要求的无效宣告请求，即选项D的说法正确，符合题意。

综上所述，本题答案为A、B、D。

【7.（2016－73）解析】知识点：一事不再理原则

G－4－3－2.1关于"一事不再理原则"中规定，对已作出审查决定的无效宣告案件涉及的专利权，以同样的理由和证据再次提出无效宣告请求的，不予受理和审理。如果再次提出的无效宣告请求的理由（简称无效宣告理由）或者证据因时限等原因未被在先的无效宣告请求审查决定所考虑，则该请求不属于上述不予受理和审理的情形。上述规定中的"同样的理由和证据"是针对某一项权利要求而言，所述理由又称无效理由，即不符合《专利法》或实施细则某一法律条款，所述证据完全相同，也相应于该项权利要求和理由所对应的证据而言。

题中，甲依据产品销售发票A1及产品使用说明书A2证明该专利不具备新颖性这一无理由不能成立的原因是，请求人未能提供A1的原件，导致其真实性不能被确认。这是由于A1的原件未提供属于上述规定的例外情形，因此甲以产品销售发票A1原件及产品使用说明书A2相结合证明该专利不具备新颖性，再次提出无效请求，应当予以受理，即选项A符合题意。

选项B中，乙以对比文件D1、D2作为证据证明该专利不具备创造性，其采用的理由和证据与第一次无效宣告请求的第（2）方面完全相同，属于上述规定的"一事不再理"情形，不应予以受理。即选项B不符合题意。

选项C中，丙以对比文件D1和对比文件D3相结合证明该专利不具备创造性，采用了第一次无效宣告请求中没有的新证据D3，故不属于上述规定的"一事不再理"情形，应予受理，符合题意。选项D中，甲以对比文件D2和对比文件D3相结合证明该专利不具备创造性，也采用了新的证据D3，故也不属于上述规定的"一事不再理"情形，应予受理，符合题意。

综上所述，本题答案为 A、C、D。

【8. (2015－76) 解析】知识点：一事不再理原则；相关知识点：无效宣告请求范围

根据 G－4－3－3.1 关于"无效宣告请求客体"中的规定可知，宣告专利权全部或者部分无效的审查决定作出后，针对已被该决定宣告无效的专利权提出的无效宣告请求不予受理，但是该审查决定被人民法院的生效判决撤销的除外。题中，生效决定中已经宣告了权利要求 1、2 无效，故不能再针对权利要求 1、2 提出无效宣告请求，因此王某以权利要求 1、2 不具备创造性为由提出无效宣告请求，将不予受理，即选项 A 符合题意。

参见 7. (2016－73) 的解析，根据 G－4－3－2.1 关于"一事不再理原则"的规定可知，题中，生效决定中权利要求 3 相对于对比文件 1 和 2 的结合具备创造性，因此，不能再以权利要求 3 相对于对比文件 1 和 2 的结合具备创造性为由提出无效宣告请求，因此李某以权利要求 3 相对于对比文件 1 和对比文件 2 的结合不具备创造性为由提出无效宣告请求，将不予受理。即选项 B 符合题意。选项 C 中，李某以权利要求 3 相对于对比文件 1 和对比文件 3 的结合不具备创造性为由提出无效宣告请求，针对的是之前的无效决定维持有效的权利要求 3，且采用之前未用到过的新的证据（即对比文件 3），故不属于上述规定的"一事不再理"情形，应予受理（即选项 C 不符合题意）。选项 D 中，王某以权利要求 3 相对于对比文件 3 不具备新颖性为由提出无效宣告请求，针对的是之前的无效决定维持有效的权利要求 3，且采用之前未用到过的新的证据（即对比文件 3），故不属于上述规定的"一事不再理"情形，应予受理（即选项 D 符合题意）。

综上所述，本题答案为 A、B、D。

【9. (2014－82) 解析】知识点：一事不再理原则；相关知识点：无效宣告请求客体

参照 7. (2016－73) 的解析。根据 G－4－3－2.1 关于"一事不再理原则"的相关规定，题中由于权利要求 1 已被生效的决定宣告无效，故就该权利要求 1 再次提出的任何无效宣告请求，都应当不被受理，即选项 A 的说法正确，符合题意。

而 G－4－3－3.1 关于"无效宣告请求客体"中规定，无效宣告请求的客体应当是已经公告授权的专利，包括已经终止或者放弃（自申请日起放弃的除外）的专利……。根据上述规定，对于主动放弃的专利权，也可以请求宣告无效，因此题中乙已主动放弃了专利权，仍然可以针对该专利再次提出无效宣告请求，因此选项 B 的说法错误，不符合题意。

参照 7. (2016－73) 的解析。根据 G－4－3－2.1 关于"一事不再理原则"的相关规定，题中之前的无效宣告请求虽然用到了对比文件 1，但其理由是权利要求 1 相对于对比文件 1 不具备新颖性，而没有针对权利要求 2 提出不具备创造性的无效理由，因此选项 C 中，甲是以权利要求 2 相对于对比文件 1 不具备创造性为由再次提出无效宣告请求，属于不同的理由请求宣告权利要求 2 无效，因此不属于上述规定的"一事不再理"的情形，应当予以受理，即选项 C 的说法正确，符合题意。而选项 D 中，丙以权利要求 2 相对于对比文件 2 不具备创造性为由再次提出无效宣告请求，与之前的无效宣告请求的理由和证据完全相同，属于上述规定的"一事不再理"的情形，不应当被受理，即选项 D 的说法正确，符合题意。

综上所述，本题答案为 A、C、D。

【10. (2011－85) 解析】知识点：一事不再理原则

参照 7. (2016－73) 的解析。题中，之前的无效宣告请求是以证据 1 和证据 2 作为证据，以权利要求 1 不具备创造性为由。无效决定以权利要求 1 相对于证据 1 具备创造性，维持权利要求 1 有效；证据 2 因未提供原件而不予采信。选项 A 中，张某再次以权利要求 1 相对于证据 1 不具备创造性为由提出无效宣告请求，显然与前次无效宣告请求属于同样的理由和证据再次提出无效宣告请求的，根据"一事不再理原则"的相关规定，其无效请求不予受理，符合题意。选项 B 中，张某提供证据 2 的原件，以权利要求 1 相对于证据 2 不具备新颖性为由提出无效宣告请求，其中的证据 2 在前次审查无效请求中由于未提供原件而未被采信，属于根据"一事不再理原则"规定的例外情形，同时不具备新颖性的无效理由也是前次无效请求中没有出现过的，因此选项 B 中的无效请求，应当予以受理，不符合题意。选项 C 中，张某提交证据 3，以权利要求 1 相对于证据 1 和证据 3 的结合不具备创造性为由提出无效宣告请求，其中证据 3 是前次无效请求中没有用过的证据，因此不属于"一事不再理原则"相关规定中不予受理的情形，应当予以受理，不符合题意。选项 D 中，张某以权利要求 1 未得到说明书支持为由提出无效宣告请求，该无效宣告理由是前次无效请求中没有出现过的，因此选项 D 中的无效宣告请求，应当予以受理，不符合题意。

综上所述，本题答案为 A。

（三）总体考点分析

本部分涉及无效宣告程序的性质，以及其中的特殊审查原则，即一事不再理原则、当事人处置原则和保密原则，其中重点是一事不再理原则。

 高频结论

✓　无效宣告程序中应当遵循的审查原则包括：合法原则、公正执法原则、请求原则、依职权审查原则、听证原则、公开原则、一事不再理原则、当事人处置原则和保密原则（其中既有公开原则，又有保密原则，应当注意其具体的含义）。其中，保密原则是指：在作出审查决定之前，合议组的成员不得私自将自己、其他合议组成员、负责审批的人员对该案件的观点明示或者暗示给任何一方当事人。为了保证公正执法和保密，合议组成员原则上不得与一方当事人会晤。

✓　专利公告授权之后才可以请求无效，即无效宣告程序是在专利公告授权之后的程序。

✓　无效宣告程序是专利公告授权后依当事人请求而启动的、通常为双方当事人参加的程序。但如果是专利权人针对自身拥有的专利权提出无效宣告，则为单方当事人而不是双方参加的程序（基于此，对于专利权人自身提出的无效宣告请求，有其特殊的要求，如只能采用公开出版物，不能请求全部无效等）。

✓　对已作出审查决定的无效宣告案件涉及的专利权，以同样的理由和证据再次提出无效宣告请求的，不予受理和审理。如果再次提出的无效宣告请求的理由（简称"无效宣告理由"）或者证据因时限等原因未被在先的无效宣告请求审查决定所考虑，则该请求不属于上述不予受理和审理的情形，例如需要提供证据原件而未提供导致未被采信的情况，再次请求无效宣告时提供证据原件，则认为不属于相同的证据的情形。

✓　宣告专利权全部或者部分无效的审查决定后，针对已被该决定宣告无效的专利权提出的无效宣告请求不予受理，但是该审查决定被人民法院的生效判决撤销的除外。

✓　请求人可以放弃全部或者部分无效宣告请求的范围、理由及证据。对于请求人放弃的无效宣告请求的范围、理由和证据，合议组通常不再审查。

✓　在无效宣告程序中，当事人有权自行与对方和解。对于请求人和专利权人均向合议组表示有和解愿望的，合议组可以给予双方当事人一定的期限进行和解，并暂缓作出审查决定，直至任何一方当事人要求合议组作出审查决定，或者合议组指定的期限已届满。

✓　在无效宣告程序中，专利权人针对请求人提出的无效宣告请求主动缩小专利权保护范围且相应的修改文本已被合议组接受的，视为专利权人承认大于该保护范围的权利要求自始不符合《专利法》及其实施细则的有关规定，并且承认请求人对该权利要求的无效宣告请求，从而免去请求人对宣告该权利要求无效这一主张的举证责任。

（四）参考答案

1. C	2. C	3. D	4. A、B	5. D
6. A、B、D	7. A、C、D	8. A、B、D	9. A、C、D	10. A

二、无效宣告请求的形式审查

（一）历年试题集合

1.（2019-81）以下关于无效宣告程序的说法正确的是？

A. 只有共同专利权人可以针对其共有的专利权共同提出一件无效宣告请求

B. 无效宣告请求的对象可以是已经终止的专利

C. 任何单位和个人均可以请求宣告专利权全部无效

D. 无效宣告请求人是某研究机构的科技处，不予受理

【你的答案】
_____
【选错记录】
_____
_____

2.（2018-70）以下哪些情形的无效宣告请求不予受理？

A. 请求人不具备民事诉讼主体资格

B. 请求人甲和乙针对丙的专利共同提出一件无效宣告请求

C. 请求人未结合其提交的所有证据具体说明无效宣告理由

D. 专利权人丙请求宣告其本人的某项专利权全部无效

【你的答案】
_____
【选错记录】
_____
_____

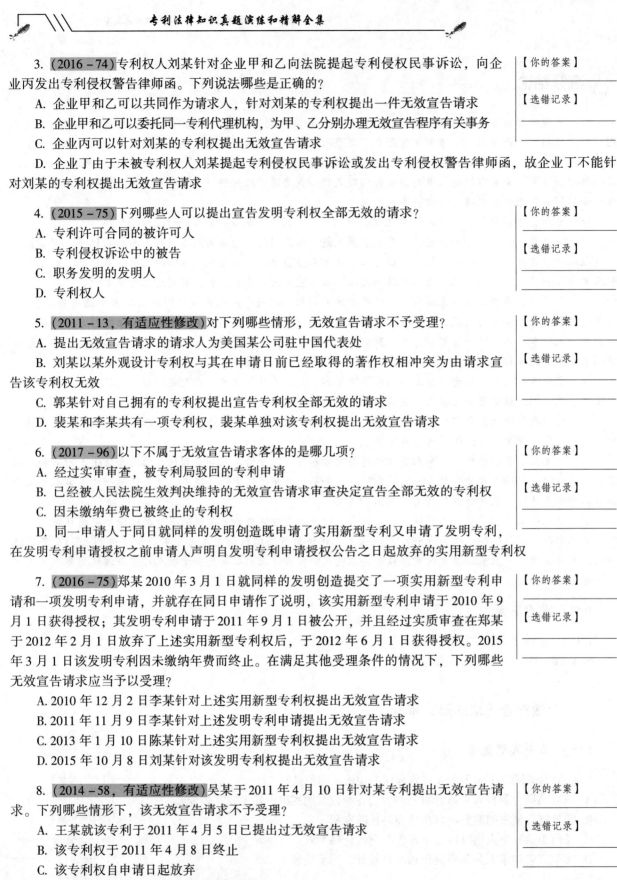

3. (2016－74) 专利权人刘某针对企业甲和乙向法院提起专利侵权民事诉讼，向企业丙发出专利侵权警告律师函。下列说法哪些是正确的？ 　【你的答案】

　　A. 企业甲和乙可以共同作为请求人，针对刘某的专利权提出一件无效宣告请求 　【选错记录】

　　B. 企业甲和乙可以委托同一专利代理机构，为甲、乙分别办理无效宣告程序有关事务

　　C. 企业丙可以针对刘某的专利权提出无效宣告请求

　　D. 企业丁由于未被专利权人刘某提起专利侵权民事诉讼或发出专利侵权警告律师函，故企业丁不能针对刘某的专利权提出无效宣告请求

4. (2015－75) 下列哪些人可以提出宣告发明专利权全部无效的请求？ 　【你的答案】

　　A. 专利许可合同的被许可人

　　B. 专利侵权诉讼中的被告 　【选错记录】

　　C. 职务发明的发明人

　　D. 专利权人

5. (2011－13，有适应性修改) 对下列哪些情形，无效宣告请求不予受理？ 　【你的答案】

　　A. 提出无效宣告请求的请求人为美国某公司驻中国代表处 　【选错记录】

　　B. 刘某以某外观设计专利权与其在申请日前已经取得的著作权相冲突为由请求宣告该专利权无效

　　C. 郭某针对自己拥有的专利权提出宣告专利权全部无效的请求

　　D. 裴某和李某共有一项专利权，裴某单独对该专利权提出无效宣告请求

6. (2017－96) 以下不属于无效宣告请求客体的是哪几项？ 　【你的答案】

　　A. 经过实审审查，被专利局驳回的专利申请

　　B. 已经被人民法院生效判决维持的无效宣告请求审查决定宣告全部无效的专利 　【选错记录】

　　C. 因未缴纳年费已被终止的专利权

　　D. 同一申请人于同日就同样的发明创造既申请了实用新型专利又申请了发明专利，在发明专利申请授权之前申请人声明自发明专利申请授权公告之日起放弃的实用新型专利权

7. (2016－75) 郑某 2010 年 3 月 1 日就同样的发明创造提交了一项实用新型专利申请和一项发明专利申请，并就存在同日申请作了说明，该实用新型专利申请于 2010 年 9 月 1 日获得授权；其发明专利申请于 2011 年 9 月 1 日被公开，并且经过实质审查在郑某于 2012 年 2 月 1 日放弃了上述实用新型专利权后，于 2012 年 6 月 1 日获得授权。2015 年 3 月 1 日该发明专利因未缴纳年费而终止。在满足其他受理条件的情况下，下列哪些无效宣告请求应当予以受理？ 　【你的答案】 　【选错记录】

　　A. 2010 年 12 月 2 日李某针对上述实用新型专利权提出无效宣告请求

　　B. 2011 年 11 月 9 日李某针对上述发明专利申请提出无效宣告请求

　　C. 2013 年 1 月 10 日陈某针对上述实用新型专利权提出无效宣告请求

　　D. 2015 年 10 月 8 日刘某针对该发明专利权提出无效宣告请求

8. (2014－58，有适应性修改) 吴某于 2011 年 4 月 10 日针对某专利提出无效宣告请求。下列哪些情形下，该无效宣告请求不予受理？ 　【你的答案】

　　A. 王某就该专利于 2011 年 4 月 5 日已提出过无效宣告请求 　【选错记录】

　　B. 该专利权于 2011 年 4 月 8 日终止

　　C. 该专利权自申请日起放弃

　　D. 该专利权已被生效决定宣告全部无效

9. (2013－24，有适应性修改) 针对下列哪个专利提出的无效宣告请求，将不予受理？ 　【你的答案】

　　A. 请求宣告无效的专利因未缴纳年费而终止

　　B. 请求宣告无效的专利自申请日起放弃 　【选错记录】

　　C. 请求宣告无效的专利因专利权属纠纷被中止

　　D. 请求宣告无效的专利因期满而终止

10.（2010－64，有适应性修改）甲对某专利权提出无效宣告请求，合议组作出了宣告权利要求1无效、维持权利要求2有效的决定。下列说法哪些是正确的？

【你的答案】

A. 甲不得再次对该专利权提出无效宣告请求

【选错记录】

B. 乙可以以与甲不同的理由和证据请求宣告权利要求2无效

C. 丙认为权利要求2没有被宣告无效的原因是甲未委托代理机构，因此以与甲同样的理由和证据请求宣告权利要求2无效，该请求应当予以受理

D. 无效宣告决定一经作出，针对权利要求1提出的任何无效宣告请求均不予受理

11.（2019－80）下列哪些不能作为宣告专利权无效的理由？

【你的答案】

A. 与他人在先取得的合法权利相冲突

B. 权利要求之间缺乏单一性

【选错记录】

C. 说明书公开不充分

D. 独立权利要求相对于最接近的现有技术的划界不正确

12.（2017－97）&（2014－42）下列哪些理由不能作为宣告专利权无效的理由？

【你的答案】

A. 专利权人未在规定期限内缴纳年费

B. 权利要求之间不具备单一性

【选错记录】

C. 权利要求书未以说明书为依据

D. 专利申请委托手续不符合相关规定

13.（2017－29，有适应性修改）无效宣告理由仅限于以下哪项规定的理由？

【你的答案】

A.《专利法实施细则》第五十条第一款

B.《专利法实施细则》第六十九条第二款

【选错记录】

C.《专利法实施细则》第六十五条第一款

D.《专利法实施细则》第六十七条第二款

14.（2016－23）&（2015－78）对于实用新型专利权，下列哪个不属于无效宣告请求的理由？

【你的答案】

A. 权利要求书没有清楚地说明要求保护的范围

【选错记录】

B. PCT国际申请经修改后被授权，其授权的权利要求所要求保护的技术方案超出了原始提交的国际申请文件所记载的范围

C. 说明书及附图存在错误，导致说明书没有对所要求保护的实用新型作出清楚、完整的说明

D. 授权的多项独立权利要求之间缺乏单一性

15.（2013－77）某专利权有三项权利要求。下列哪些可以作为请求宣告该专利权无效的理由？

【你的答案】

A. 权利要求1和权利要求3之间不具有单一性

【选错记录】

B. 由于存在抵触申请，权利要求1不具备新颖性

C. 权利要求1与现有技术的区别为公知常识，不具备创造性

D. 权利要求1的撰写未区分前序部分和特征部分

16.（2011－4）下列哪些可以作为宣告实用新型专利权无效的理由？

【你的答案】

A. 被授予专利权的实用新型不具备实用性

B. 与现有技术相比，被授予专利权的实用新型不具有实质性特点和进步

【选错记录】

C. 实用新型专利说明书对现有技术的描述不准确

D. 实用新型专利说明书没有满足充分公开实用新型的要求

17.（2018－71，有适应性修改）无效宣告程序中，以下哪些事项，代理人需要具有特别授权的委托书？

【你的答案】

A. 专利权人的代理人赵某在口头审理中删除两项权利要求

【选错记录】

B. 专利权人的代理人钱某书面答复无效宣告请求时，对权利要求作出进一步限缩

性的修改

  C. 口头审理中，请求人的代理人与专利权人商谈和解有关事宜

  D. 在作出审查决定之前，请求人的代理人撤回无效宣告请求

18. (2017－98，有适应性修改)在无效宣告程序中，专利代理师处理下列哪些事项时，需要具有特别授权的委托书？

  A. 专利权人的代理人代为承认请求人的无效宣告请求

  B. 专利权人的代理人代为修改权利要求书

  C. 代理人代为和解

  D. 请求人的代理人代为撤回无效宣告请求

【你的答案】
【选错记录】

19. (2016－77，有适应性修改)在无效宣告程序中，专利代理师的哪些行为需要当事人的特别授权？

  A. 代为修改权利要求书

  B. 代为放弃无效宣告请求所依据的部分证据

  C. 代为接收口头审理中当庭转送的文件

  D. 代为撤回无效宣告请求

【你的答案】
【选错记录】

20. (2011－27，有适应性修改)专利代理师董某接受其所在代理机构的指派，代理专利权人参加无效宣告请求的口头审理。在没有特别授权委托书的情况下，董某的下列哪些做法不符合相关规定？

  A. 当庭放弃了部分权利要求

  B. 当庭承认了请求人的无效宣告请求

  C. 针对无效宣告请求的理由和证据当庭陈述了意见

  D. 接收了合议组当庭转送的文件

【你的答案】
【选错记录】

21. (2012－47，有适应性修改)对下列哪些无效宣告请求，将不予受理？

  A. 以权利要求缺乏单一性为由提出的无效宣告请求

  B. 对处于实质审查阶段的专利申请提出的无效宣告请求

  C. 以外观设计专利权与他人在申请日以前已经取得的合法权利相冲突为由请求宣告外观设计专利权无效，但未提交证明权利冲突的证据

  D. 以同样的理由和证据针对同一专利权再次提出无效宣告请求

【你的答案】
【选错记录】

22. (2012－11，有适应性修改)下列关于无效宣告程序的哪种说法是正确的？

  A. 只有与专利权人有利害关系的人才能够请求宣告专利权无效

  B. 专利权终止后任何人不得提出无效宣告请求

  C. 对无效宣告请求作出决定后，请求人可以撤回无效宣告请求

  D. 在规定期限内无效宣告请求人可以增加无效宣告理由

【你的答案】
【选错记录】

（二）参考答案解析

【1. (2019－81) 解析】知识点：无效宣告请求人资格；相关知识点：无效宣告请求的客体

  G－4－3－3.2关于"无效宣告请求人资格"中规定，请求人属于下列情形之一的，其无效宣告请求不予受理：(1) 请求人不具备民事诉讼主体资格的。……(3) 专利权人针对其专利权提出无效宣告请求且请求宣告专利权全部无效、所提交的证据不是公开出版物或者请求人不是共有专利权的所有专利权人的。(4) 多个请求人共同提出一件无效宣告请求的，但属于所有专利权人针对其共有的专利权提出的除外。根据上述规定第 (4) 项，共同专利权人可以针对其共有的专利权共同提出一件无效宣告请求，其他情况下，不能由多个请求人共同提出一件无效宣告请求，故选项A的说法正确，符合题意。根据上述规定第 (3) 项，专利权人针对自己的专利权不能请求宣告专利权全部无效，因而选项C所述的任何单位和个人均可以请求宣告专利权全部无效的说法过于绝对，而没有考虑到例外的情况，因此其说法是错误的，不符合题意。根据上述规定第 (1) 项，选项D所述的无效宣告请求人是某研究机构的科技处，由于不具备民事诉讼主体资格，无效宣告请求不予受理，即选项D的说法正确，符合题意。

  根据G－4－3－3.1关于"无效宣告请求客体"的规定可知，无效宣告请求的客体应当是已经公告授权的专利，包

括已经终止或者放弃（自申请日起放弃的除外）的专利……。因此，选项 B 所述的无效宣告请求的对象可以是已经终止的专利的说法正确，符合题意。

综上所述，本题答案为 A、B、D。

【2.（2018－70）解析】知识点：无效宣告请求人资格、无效宣告请求范围及理由和证据

参见 1.（2019－81）解析，根据 G－4－3－3.2 关于"无效宣告请求人资格"的规定可知，请求人不具备民事诉讼主体资格的，其无效宣告请求不予受理，即选项 A 符合题意；除共有专利权人针对其共有专利权外，多个请求人共同提出一件无效宣告请求的，不予受理，即选项 B 符合题意；专利权人针对其专利请求宣告专利权全部无效的，无效宣告请求不予受理，即选项 D 符合题意。

G－4－3－3.3 关于"无效宣告请求范围以及理由和证据"中规定，……（5）请求人应当具体说明无效宣告理由，提交有证据的，应当结合提交的所有证据具体说明。……请求人未具体说明无效宣告理由的，或者提交有证据但未结合提交的所有证据具体说明无效宣告理由的，或者未指明每项理由所依据的证据的，其无效宣告请求不予受理。根据该规定，选项 C 中请求人未结合其提交的所有证据具体说明无效宣告理由，无效宣告请求不予受理，符合题意。

综上所述，本题答案为 A、B、C、D。

【3.（2016－74）解析】知识点：无效宣告请求人资格

G－4－3－3.2 关于"无效宣告请求人资格"中规定，请求人属于下列情形之一的，其无效宣告请求不予受理：……（4）多个请求人共同提出一件无效宣告请求的，但属于所有专利权人针对其共有的专利权提出的除外。根据上述规定第（4）项，除共同专利权人可以针对其共有的专利权共同提出一件无效宣告请求，其他情况下，都不能由多个请求人共同提出一件无效宣告请求，故选项 A 说法是错误的，不符合题意。但企业甲和乙在分别提出无效宣告请求的情况下，可以委托同一专利代理机构办理无效宣告程序有关事务，因此选项 B 的说法正确，符合题意。

根据 A45 的规定可知，专利权授予后，任何单位或个人均可以提出无效宣告请求。题中，不管是被专利权人提起专利侵权民事诉讼的被告甲、乙，还是被发出专利侵权律师警告函的丙，以及即使既未被专利权人刘某提起民事诉讼，也未被发出警告律师函的丁，均可以请求宣告所述专利权无效。因此，选项 C 所述的"企业丙可以针对刘某的专利权提出无效宣告请求"的说法正确，符合题意。而选项 D 中述及"企业丁不能针对刘某的专利权提出无效宣告请求"的说法是错误的，不符合题意。

综上所述，本题答案为 B、C。

【4.（2015－75）解析】知识点：无效宣告请求人资格

G－4－3－3.2 关于"无效宣告请求人资格"中规定，请求人属于下列情形之一的，其无效宣告请求不予受理：……（3）专利权人针对其专利权提出无效宣告请求且请求宣告专利权全部无效、所提交的证据不是公开出版物或者请求人不是共有专利权的所有专利权人的……。

根据上述规定，专利权人不能针对其专利权请求宣告专利权全部无效，其他的任何单位或个人都可以针对专利权请求宣告专利权全部无效，即选项 D 不符合题意。而选项 A 的"专利许可合同的被许可人"、选项 B 的"专利侵权诉讼中的被告"，以及选项 C 的"职务发明的发明人"都可以针对专利权请求宣告专利权全部无效，均符合题意。

综上所述，本题答案为 A、B、C。

【5.（2011－13）解析】知识点：无效宣告请求人资格

G－4－3－3.2 关于"无效宣告请求人资格"中规定，请求人属于下列情形之一的，其无效宣告请求不予受理：（1）请求人不具备民事诉讼主体资格的。（2）以授予专利权的外观设计与他人在申请日以前已经取得的合法权利相冲突为理由请求宣告外观设计专利权无效，但请求人不能证明是在先权利人或者利害关系人的。其中，利害关系人是指有权根据相关法律规定就侵犯在先权利的纠纷向人民法院起诉或者请求相关行政管理部门处理的人。（3）专利权人针对其专利权提出无效宣告请求且请求宣告专利权全部无效、所提交的证据不是公开出版物或者请求人不是共有专利权的所有专利权人的。（4）多个请求人共同提出一件无效宣告请求的，但属于所有专利权人针对其共有的专利权提出的除外。

选项 A 中，由于美国某公司驻中国代表处不具备民事诉讼主体资格，故其提出的无效宣告请求不予受理，符合题意。选项 B 中，刘某以某外观设计专利权与其在申请日前已经取得的著作权相冲突为由请求宣告该专利权无效，由于刘某是在先权利人，因此其无效宣告请求应当予以受理，不符合题意。选项 C 中，郭某针对自己拥有的专利权提出宣告专利权全部无效的请求，属于专利权人针对其专利权提出无效宣告请求且请求宣告专利权全部无效，无效宣告请求不予受理，符合题意。选项 D 中，裴某和李某共有一项专利权，裴某单独对该专利权提出无效宣告请求，属于请求人不是共有专利权的所有专利权人而不予受理的情形，符合题意。

综上所述，本题答案为 A、C、D。

【6. (2017-96) 解析】知识点：无效宣告请求的客体

根据 G-4-3-3.1 关于"无效宣告请求客体"的规定可知，无效宣告请求的客体应当是已经公告授权的专利，包括已经终止或者放弃（自申请日起放弃的除外）的专利。无效宣告请求不是针对已经公告授权的专利的，不予受理。被作出宣告专利权全部或者部分无效的审查决定后，当事人未在收到该审查决定之日起三个月内向人民法院起诉或者人民法院生效判决维持该审查决定的，针对已被该决定宣告无效的专利权提出的无效宣告请求不予受理。选项 A 所述的被专利局驳回的专利申请，虽然可以请求复审，但显然不是公告授权的专利，不属于无效宣告请求的客体，故选项 A 符合题意。选项 B 所述的"已经被人民法院生效判决维持的无效宣告请求审查决定宣告全部无效的专利权"，根据上述规定，属于已被无效宣告的专利权，不属于无效宣告请求的客体，即选项 B 符合题意。选项 C 所述的因未缴纳年费已被终止的专利权，根据上述规定，属于无效宣告请求的客体，因此选项 C 不符合题意。选项 D 中，所述的实用新型专利权是自发明专利申请授权公告之日起放弃，而非自申请日起放弃的，根据上述规定，属于无效宣告请求客体，不符合题意。其中需要说明的是，对于已经终止或者放弃（自申请日起放弃的除外）的专利为何可以作为无效宣告请求的客体，原因在于虽然已终止或放弃，但在终止或放弃之前专利权有一段时间存在效力（即授权公告至放弃之日这一段时间），故可以作为无效宣告请求的客体。

综上所述，本题答案为 A、B。

【7. (2016-75) 解析】知识点：无效宣告请求客体

G-4-3-3.1 关于"无效宣告请求客体"中规定，无效宣告请求的客体应当是已经公告授权的专利，包括已经终止或者放弃（自申请日起放弃的除外）的专利。无效宣告请求不是针对已经公告授权的专利的，不予受理……。根据上述规定，无效宣告请求针对的是已经公告授权的专利（包括已经放弃或终止的专利），但不能是还未授权的专利申请。

选项 A 中，李某于 2010 年 12 月 2 日针对实用新型专利权提出无效宣告请求，该实用新型专利权是于 2010 年 9 月 1 日授予的，因此在李某提出无效时，已经是授权的专利，并处于有效状态，因此该无效宣告请求应当予以受理。

选项 B 中，李某于 2011 年 11 月 9 日针对发明专利申请提出无效宣告请求，此时该发明专利申请尚未授予专利权，根据上述规定，其无效宣告请求不应当予以受理，不符合题意。

选项 C 中，陈某于 2013 年 1 月 10 日针对上述实用新型专利权提出无效宣告请求。而 G-5-9-4.3 关于"专利权人放弃专利权"中规定，……申请人依据《专利法》第九条第一款和《专利法实施细则》第四十七条第四款声明放弃实用新型专利权的，专利局在公告授予发明专利权时对放弃实用新型专利权的声明予以登记和公告。在无效宣告程序中声明放弃实用新型专利权的，专利局及时登记和公告该声明。放弃实用新型专利权声明的生效日为发明专利权的授权公告日，放弃的实用新型专利权自该日起终止。由此可知，该实用新型专利权于发明专利权的授权公告日即 2012 年 6 月 1 日终止，但并不是自其申请日起放弃。由于可以针对已放弃的专利权提出无效请求，因此选项 C 中的无效宣告请求应当予以受理。

选项 D 中，刘某于 2015 年 10 月 8 日针对该发明专利权提出无效宣告请求，虽然所针对的发明专利权因未交年费而终止，但由于可以针对已放弃的专利权提出无效请求，故选项 D 中所述的无效宣告请求应当予以受理。

综上所述，本题答案为 A、C、D。

【8. (2014-58) 解析】知识点：无效宣告请求的客体

根据 A45 的规定可知，自国务院专利行政部门公告授予专利权之日起，任何单位或者个人认为该专利权的授予不符合该法有关规定的，可以请求国务院专利行政部门宣告该专利权无效。根据上述规定，选项 A 中，虽然王某就该专利于 2011 年 4 月 5 日提出过无效宣告请求，而吴某于 2011 年 4 月 10 日针对该专利也可以提出无效宣告请求，应当予以受理，因此选项 A 不符合题意〔注意：王某的无效宣告请求在吴某提出无效请求时必然还在审理之中，鉴定两者时间非常接近，可以合并审理〕。

参见 6. (2017-96) 解析，根据 G-4-3-3.1 关于"无效宣告请求客体"的规定可知，对已经终止的专利可以提出无效宣告请求，因此选项 B 中述及"该专利权于 2011 年 4 月 8 日终止"，吴某于 2011 年 4 月 10 日仍然可以针对某专利提出无效宣告请求，应当予以受理，因此选项 B 不符合题意。而根据上述规定，不能针对自申请日起放弃的专利提出无效宣告请求，因此选项 C 所述情形下，吴某提出的无效宣告请求不会被受理，故符合题意。根据上述规定，针对已被生效决定宣告全部无效的专利权提出的无效宣告请求，不予受理，因此选项 D 吴某提出的无效宣告请求不会被受理，故符合题意。

综上所述，本题答案为 C、D。

【9. (2013-24) 解析】知识点：无效宣告请求的客体

参见 6. (2017-96) 解析，根据 G-4-3-3.1 关于"无效宣告请求客体"的规定可知，选项 A 中，请求宣告无效的专利虽然因未缴纳年费而终止，但根据上述规定，无效宣告请求的客体也包括已经终止的专利，故其无效宣告请求应

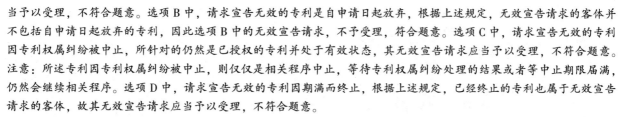

当予以受理，不符合题意。选项B中，请求宣告无效的专利是自申请日起放弃，根据上述规定，无效宣告请求的客体并不包括自申请日起放弃的专利，因此选项B中的无效宣告请求，不予受理，符合题意。选项C中，请求宣告无效的专利因专利权属纠纷被中止，所针对的仍然是已授权的专利并处于有效状态，其无效宣告请求应当予以受理，不符合题意。注意：所述专利因专利权属纠纷被中止，则仅仅是相关程序中止，等待专利权属纠纷处理的结果或者等中止期限届满，仍然会继续相关程序。选项D中，请求宣告无效的专利因期满而终止，根据上述规定，已经终止的专利也属于无效宣告请求的客体，故其无效宣告请求应当予以受理，不符合题意。

综上所述，本题答案为B。

【10. (2010-64) 解析】知识点：无效宣告请求的客体；相关知识点：一事不再理原则

参见6. (2017-96) 解析，根据G-4-3-3.1关于"无效宣告请求客体"的规定可知，题中，前次无效宣告请求的审查结果是，宣告权利要求1无效，维持权利要求2有效。即使该无效审查决定生效，其权利要求2仍然有效，故可以针对该专利权再次提出无效宣告请求，即选项A"甲不得再次对该专利权提出无效宣告请求"的说法错误，不符合题意。参见本节"一、无效宣告程序的性质和其他审查原则"的7. (2016-73) 解析中的"一事不再理原则"选项B中，乙可以以与甲不同的理由和证据请求宣告权利要求2无效，由于是不同的理由和证据，因而并没有违背"一事不再理原则"，因此选项B的说法正确，符合题意。

而选项C中，丙以与甲同样的理由和证据请求宣告权利要求2无效，明显属于"一事不再理的情形"，无效宣告请求应当不予受理。其中，丙所认为的权利要求2没有被宣告无效的原因是甲未委托代理机构，并不能作为违背"一事不再原则"的理由。

对于选项D，题中作出的无效宣告决定中宣告权利要求1无效，而根据G-4-3-3.1关于的相关规定，宣告专利权全部或者部分无效的审查决定作出后，针对已被该决定宣告无效的专利权提出的无效宣告请求不予受理，但是该审查决定被人民法院的生效判决撤销的除外。故选项D的说法是正确的，符合题意。

综上所述，本题答案为BD。

【11. (2019-80) 解析】知识点：无效宣告请求的理由

R69.2规定，前款所称无效宣告请求的理由，是指被授予专利的发明创造不符合《专利法》第二条、第十九条第一款、第二十二条、第二十三条、第二十六条第三款、第二十六条第四款、第二十七条第二款、第三十三条或者本细则第十一条、第二十三条第二款、第四十九条第一款的规定，或者属于专利法第五、第二十五条规定的情形，或者依照《专利法》第九条规定不能取得专利权。

选项A所述的"与他人在先取得的合法权利相冲突"，因而不符合《专利法》第二十三第三款的规定（授予专利权的外观设计不得与他人在申请日以前已经取得的合法权利相冲突），属于上述规定的无效理由，可以作为宣告专利权无效的理由，因此选项A不符合题意。选项B所述的"权利要求之间缺乏单一性"，而不符合《专利法》第三十一条第一款的规定，但该条款并不属于上述规定的无效理由，不能作为宣告专利权无效的理由，因此，选项B符合题意。[注意：关于单一性的《专利法》第三十一条第一款的规定属于驳回条款，但它不属于无效条款。]选项C所述的说明书公开不充分，即不符合《专利法》第二十六条第三款的规定，属于上述规定的无效宣告理由，不符合题意。选项D所述的独立权利要求相对于最接近的现有技术的划界不正确，仅为形式缺陷（即不符合《专利法实施细则》第二十四条的规定），并不属于上述规定的无效理由，不能作为宣告专利权无效的理由，符合题意。

综上所述，本题答案为B、D。

【12. (2017-97) & (2014-42) 解析】知识点：无效宣告请求的理由

参照11. (2019-80) 的解析。根据R69.2的规定，选项A所述的专利权人未在规定期限内缴纳年费，并不属于上述规定的无效理由，不能作为宣告专利权无效的理由，符合题意。选项B所述的"权利要求之间不具备单一性"，即不符合《专利法》第三十一条第一款的规定，并不属于上述规定的无效理由，不能作为宣告专利权无效的理由，符合题意。（注意：关于单一性的《专利法》第三十一条第一款的规定以及关于遗传资源来源披露的《专利法》第二十六条第五款属于驳回条款，但它们不属于无效条款。）选项C所述的权利要求书未以说明书为依据，即不符合《专利法》第二十六条第四款的规定，属于上述规定的无效理由，不符合题意。选项D所述的专利申请委托手续不符合相关规定，并不属于上述规定的无效理由，不能作为宣告专利权无效的理由，符合题意。

综上所述，本题答案为A、B、D。

【13. (2017-29) 解析】知识点：无效宣告请求的理由

G-4-3-3.3关于"无效宣告请求范围以及理由和证据"中规定，……（2）无效宣告理由仅限于《专利法实施细则》第六十九条第二款规定的理由，并且应当以《专利法》及其实施细则中有关的条、款、项作为独立的理由提出。

无效宣告理由不属于《专利法实施细则》第六十九条第二款规定的理由的，不予受理。根据上述规定，无效宣告理由仅限于《专利法实施细则》第六十九条第二款规定的理由，即选项B符合题意。

综上所述，本题答案为B。

【14.（2016－23）&（2015－78）解析】知识点：无效宣告请求的理由

参照11.（2019－80）的解析。根据R69.2的规定，选项A所述的权利要求书没有清楚地说明要求保护的范围，不符合《专利法》第二十六条第四款的规定，属于上述规定的无效理由，不符合题意。选项B中，PCT国际申请经修改后被授权，授权的权利要求所要求保护的技术方案超出了原始提交的国际申请文件所记载的范围，不符合《专利法》第三十三条的规定，属于上述规定的无效理由，不符合题意。选项C中，说明书及附图存在错误，导致说明书没有对所要求保护的实用新型作出清楚、完整的说明，不符合《专利法》第二十六条第三款关于说明书应当清楚、完整地公开发明创造的规定，属于上述规定的无效理由，不符合题意。选项D所述的多项独立权利要求之间缺乏单一性，不符合《专利法》第三十一条的规定，不属于无效宣告请求的理由，即选项D符合题意。

综上所述，本题答案为D。

【15.（2013－77）解析】知识点：无效宣告请求的理由

参照11.（2019－80）的解析。根据R69.2的规定，选项A中，权利要求1和权利要求3之间不具有单一性，不符合《专利法》第三十一条第一款的规定，不属于上述规定的无效理由，不符合题意。选项B所述的权利要求1不具备新颖性，不符合《专利法》第二十二条第二款的规定，属于上述规定的无效理由，符合题意。选项C所述的权利要求1不具备创造性，不符合《专利法》第二十二条第三款的规定，属于上述规定的无效理由，符合题意。选项D所述的权利要求1的撰写未区分前序部分和特征部分是形式缺陷，不符合《专利法实施细则》第二十一条的规定，不属于上述规定的无效理由，不符合题意。

综上所述，本题答案为B、C。

【16.（2011－4）解析】知识点：无效宣告请求的理由

参照11.（2019－80）的解析。依据的是R69.2的规定。选项A所述的被授予专利权的实用新型不具备实用性，不符合《专利法》第二十二条第四款的规定，属于上述规定的无效理由，即选项A符合题意。选项B中，被授予专利权的实用新型不具有实质性特点和进步，不符合《专利法》第二十二条第三款的规定，属于上述规定的无效理由，即选项B符合题意。选项C中，实用新型专利说明书对现有技术的描述不准确，属于形式缺陷，即不符合《专利法实施细则》第二十条第一款的规定，不属于上述规定的无效理由，即选项C不符合题意。选项D中，实用新型专利说明书没有满足充分公开实用新型的要求，不符合《专利法》第二十六条第三款的规定，属于上述规定的无效理由，即选项D符合题意。

综上所述，本题答案为A、B、D。

【17.（2018－71）解析】知识点：无效宣告程序的特别授权委托书

G－4－3－3.6关于"委托手续"中规定，……（7）对于下列事项，代理人需要具有特别授权的委托书：（ⅰ）专利权人的代理人代为承认请求人的无效宣告请求；（ⅱ）专利权人的代理人代为修改权利要求书；（ⅲ）代理人代为和解；（ⅳ）请求人的代理人代为撤回无效宣告请求……。

选项A中，专利权人的代理人赵某在口头审理中删除两项权利要求，以及选项B中，专利权人的代理人钱某书面答复无效宣告请求时，对权利要求作出进一步限缩性的修改，均属于上述规定中代为修改权利要求书的事项，代理人需要具有特别授权的委托书。选项C中，请求人的代理人与专利权人商谈和解有关事宜，属于上述规定中的代理人代为和解的情形，代理人需要具有特别授权的委托书。选项D中请求人的代理人撤回无效宣告请求，属于上述规定中的请求人的代理人代为撤回无效宣告请求的情形，代理人需要具有特别授权的委托书。

综上所述，本题答案为A、B、C、D。

【18.（2017－98）解析】知识点：无效宣告程序的特别授权的委托书

参照17.（2018－71）的解析。根据G－4－3－3.6关于"委托手续"第（7）项规定，选项A、B、C和D所述事项分别相对于上述规定的第（ⅰ）、（ⅱ）、（ⅲ）、（ⅳ）小项所规定的内容，因此都需要具有当事人特别授权的委托书。

综上所述，本题答案为A、B、C、D。

【19.（2016－77）解析】知识点：无效宣告程序的特别授权的委托书

参照17.（2018－71）的解析。根据G－4－3－3.6关于"委托手续"第（7）项规定，选项A中，专利代理师代为修改权利要求书，属于第（ⅱ）小项，需要具有特别授权的委托书。选项 B 中，专利代理师代为放弃无效宣告请求所依据的部分证据，并不涉及上述规定应当需要特别授权的情形（尤其并没有代为撤回无效宣告请求），因此专利代理师不需要具有特别授权的委托书。选项 C 中所述的代为接收口头审理中当庭转送的文件，并不涉及上述规定应当需要特别授权的情形，因此专利代理师不需要具有特别授权的委托书。选项 D 中，代为撤回无效宣告请求，属于上述规定中第（ⅳ）小项的情形，专利代理师需要具有特别授权的委托书。

综上所述，本题答案为 A、D。

【20.（2011 - 27）解析】知识点：无效宣告程序的特别授权的委托书；相关知识点：口头审理中当事人的权利和义务

参照 17.（2018 - 71）的解析。根据 G - 4 - 3 - 3.6 关于"委托手续"第（7）项规定，选项 A 中专利权人的代理师董某当庭放弃了部分权利要求，属于上述规定的第（ⅱ）小项情形，在没有特别授权委托书的情况下，不符合相关规定，符合题意。选项 B 中当庭承认了请求人的无效宣告请求，属于上述规定的第（ⅰ）小项情形，在没有特别授权委托书的情况下，不符合相关规定，符合题意。

而作为专利权人的代理师董某针对无效宣告请求的理由和证据当庭陈述了意见（选项 C），接收了合议组当庭转送的文件（选项 D）并不需要特别授权的委托书，符合相关规定，故选项 C、D 不符合题意。

综上所述，本题答案为 A、B。

【21.（2012 - 47）解析】知识点：无效宣告请求的理由、无效宣告请求的客体；相关知识点：一事不再理原则

根据 R69.2 的规定，选项 A 中权利要求缺乏单一性，不符合《专利法》第三十一条第一款的规定，不属于上述规定的无效理由，符合题意。

根据 G - 4 - 3 - 3.1 关于"无效宣告请求客体"的规定可知，无效宣告请求的客体应当是已经公告授权的专利，不是针对已经公告授权的专利的，不予受理。由此可知，选项 B 中，对处于实质审查阶段的专利申请提出无效宣告请求，由于针对的是尚未授权的专利申请，故不予受理，即选项 B 符合题意。

根据 R70.3 的规定可知，以不符合《专利法》第二十三条第三款的规定为理由请求宣告外观设计专利权无效，但是未提交证明权利冲突的证据的，将不予受理。由此可知，选项 C 所述情形的无效宣告请求不予受理，符合题意。

根据 R70.2 规定的"一事不再理"原则可知，选项 D 所述的"以同样的理由和证据针对同一专利权再次提出无效宣告请求"属于不予受理的情形，因此其说法是正确的，符合题意。注意，在理解该选项的意思时，不能带入不必要附加信息（在 G - 4 - 3 - 2.1 关于"一事不再理原则"中规定，如果再次提出的无效宣告理由或者证据因时限等原因未被在先的无效宣告请求审查决定所考虑，则不属于"以同样的理由和证据针对同一专利权再次提出无效宣告请求"的情形）。

综上所述，本题答案为 A、B、C、D。

【22.（2012 - 11）解析】知识点：无效宣告请求人资格、无效宣告请求的客体；相关知识点：当事人处置原则、无效理由的增加

根据 A45 的规定可知，任何单位或者个人认为授权专利不符合《专利法》有关规定的，可以请求宣告该专利权无效。根据上述规定，任何单位或个人而不是只有与专利权人有利害关系的人才能够请求宣告专利权无效，故选项 A 的说法错误，不符合题意。

G - 4 - 3 - 3.1 关于"无效宣告请求客体"中规定，无效宣告请求的客体应当是已经公告授权的专利，包括已经终止或者放弃（自申请日起放弃的除外）的专利……。根据上述规定，即使专利权终止，也可以针对其提出无效宣告请求，故选项 B 的说法错误，不符合题意。

根据 R76.1 的规定可知，对无效宣告的请求作出决定前，无效宣告请求人可以撤回其请求。根据上述规定，如果对无效宣告请求已经作出审查决定，请求人就不能撤回其无效宣告请求了，故选项 C 的说法错误，不符合题意。

根据 R71 的规定可知，在无效宣告请求受理后，请求人可以在提出无效宣告请求之日起 1 个月内增加理由或者补充证据。逾期增加理由或者补充证据的，合议组可以不予考虑。根据上述规定，在规定期限内无效宣告请求人是可以增加无效宣告理由的，故选项 D 的说法正确。

综上所述，本题答案为 D。

（三）总体考点分析

本部分涉及无效程序中形式审查的内容，包括无效宣告请求客体、无效宣告请求人资格、无效宣告请求范围以及理由和证据、文件形式要求、请求费用及委托手续。其中重点是无效宣告请求人资格、无效宣告请求客体、无效宣告的理由、特别授权的委托书。

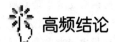

高频结论

✓ 无效宣告请求的客体应当是已经公告授权的专利，包括已经终止或者放弃（自申请日起放弃的除外）的专利。无效宣告请求不是针对已经公告授权的专利的，不予受理。

✓ 在宣告专利权全部或者部分无效的审查决定作出后，针对已被该决定宣告无效的专利权提出的无效宣告请求不予受理，但是该审查决定被人民法院的生效判决撤销的除外。

✓ 请求人不具备民事诉讼主体资格，提出的无效宣告请求不予受理。

✓ 以授予专利权的外观设计与他人在申请日以前已经取得的合法权利相冲突为理由请求宣告外观设计专利权无效，但请求人不能证明是在先权利人或者利害关系人的或者未提交证明权利冲突的证据的，提出的无效宣告请求不予受理。其中，利害关系人是指有权根据相关法律规定就侵犯在先权利的纠纷向人民法院起诉或者请求相关行政管理部门处理的人。

✓ 专利权人针对其专利权提出无效宣告请求且请求宣告专利权全部无效，或者所提交的证据不是公开出版物，或者请求人不是共有专利权的所有专利权人的，提出的无效宣告请求不予受理。

✓ 多个请求人共同提出一件无效宣告请求的，提出的无效宣告请求不予受理，但属于所有专利权人针对其共有的专利权提出的除外，即所有专利权人针对其共有的专利权提出时，是有多个请求人的，提出的无效宣告请求应当受理。

✓ 无效宣告理由仅限于《专利法实施细则》第六十九条第二款规定的理由（驳回条款中除《专利法》第三十一条关于单一性和第二十六条第五款关于遗传资源来源披露条款外，全都是无效理由），并且应当以《专利法》及其实施细则中有关的条、款、项作为独立的理由提出。无效宣告理由不属于《专利法实施细则》第六十九条第二款规定的理由的，不予受理。

✓ 在国家知识产权局就一项专利权已作出无效宣告请求审查决定后，又以同样的理由和证据提出无效宣告请求的，不予受理，但所述理由或者证据因时限等原因未被所述决定考虑的情形除外（即一事不再理原则）。

✓ 请求人应当具体说明无效宣告理由，提交有证据的，应当结合提交的所有证据具体说明。请求人未具体说明无效宣告理由的，或者提交有证据但未结合提交的所有证据具体说明无效宣告理由的，或者未指明每项理由所依据的证据的，其无效宣告请求不予受理。

✓ 请求人自提出无效宣告请求之日起一个月内未缴纳或者未缴足无效宣告请求费的，其无效宣告请求视为未提出。

✓ 请求人或者专利权人在无效宣告程序中委托专利代理机构的，应当提交无效宣告程序授权委托书，且专利权人应当在委托书中写明委托权限仅限于办理无效宣告程序有关事务。在无效宣告程序中，即使专利权人此前已就其专利委托了在专利权有效期内的全程代理并继续委托该全程代理的机构的，也应当提交无效宣告程序授权委托书。

✓ 同一当事人与多个专利代理机构同时存在委托关系的，当事人应当以书面方式指定其中一个专利代理机构作为收件人；未指定的，将在无效宣告程序中最先委托的专利代理机构视为收件人。

✓ 公民代理的权限仅限于在口头审理中陈述意见和接收当庭转送的文件。

✓ 对于下列事项，代理人需要具有特别授权的委托书：（ⅰ）专利权人的代理人代为承认请求人的无效宣告请求；（ⅱ）专利权人的代理人代为修改权利要求书；（ⅲ）代理人代为和解；（ⅳ）请求人的代理人代为撤回无效宣告请求。注意，放弃部分证据等不涉及承认无效宣告请求或撤回无效宣告请求的，无须特别授权的委托书。

（四）参考答案

1. A、B、D	2. A、B、C、D	3. B、C	4. A、B、C	5. A、C、D
6. A、B	7. A、C、D	8. C、D	9. B	10. B
11. B、D	12. A、B、D	13. B	14. D	15. B、C
16. A、B、D	17. A、B、C	18. A、B、C、D	19. A、D	20. A、B
21. A、B、C、D	22. D			

三、无效宣告请求的合议审查

（一）历年试题集合

1. (2019 - 79，有适应性修改) 无效宣告程序中，关于专利权人对权利要求进行修改的时机，下列说法正确的是?

　　A. 任何规定方式的修改都可以在收到受理通知书之日起一个月内提交

　　B. 任何规定方式的修改都可以在收到合议组转送的无效宣告请求补充意见一个月内提交

　　C. 任何规定方式的修改都可以在口审当庭提交

　　D. 删除式修改最迟可以在口头审理辩论终结前提交

2. (2018 - 68) 甲于 2018 年 7 月 24 日针对乙的某项发明专利权向专利复审委员提出了无效宣告请求。乙对其专利文件进行修改的下列情形，哪些是正确的?

　　A. 甲于 2018 年 8 月 28 日向专利复审委员会提交了新的日本专利文献，乙应当在收到该文献后，对独立权利要求作出进一步限缩性修改

　　B. 针对甲的无效宣告请求，乙在答复期限内对说明书作出修改

　　C. 针对甲于 2018 年 8 月 22 日补充提交的无效理由和证据，乙在答复期限内对该无效理由和证据涉及的独立权利要求作出进一步限缩性修改

　　D. 口头审理进行中，乙首次提出删除两项权利要求

3. (2017 - 99) 在无效宣告程序中，专利权人可以通过以下哪些方式对权利要求书进行修改?

　　A. 删除权利要求

　　B. 删除技术方案

　　C. 明显错误的修正

　　D. 在权利要求中补入其他权利要求中记载的一个或多个技术特征

4. (2017 - 100，有适应性修改) 在无效宣告程序中，专利权人可在何时以删除以外的方式修改权利要求书?

　　A. 在合议组作出审查决定之前的任何时候

　　B. 针对无效宣告请求书的答复期限内

　　C. 针对请求人增加的无效宣告理由的答复期限内

　　D. 针对合议组引入的请求人未提及的无效宣告理由或者证据的答复期限内

5. (2016 - 78) 在无效宣告程序中，实用新型专利权人在答复无效宣告请求受理通知书时对其专利文件进行修改，下列哪些方式是允许的?

　　A. 删除原独立权利要求，将并列从属于原独立权利要求的三项从属权利要求修改为三项并列的独立权利要求

　　B. 根据请求人提出的现有技术证据，对独立权利要求重新划分前序部分与特征部分

　　C. 删除独立权利要求，将从属权利要求作为新的独立权利要求

　　D. 删除独立权利要求，将两项并列从属权利要求合并作为新的独立权利要求，并对说明书作适应性修改

6. (2015 - 79，有适应性修改) 甲于 2013 年 3 月 5 日针对乙的某项发明专利权提出无效宣告请求。在以下哪些情形下，乙可以在答复期限内对权利要求作进一步限定的修改?

　　A. 针对甲于 2013 年 4 月 7 日补充提交的美国专利文献

【你的答案】

【选错记录】

B. 针对甲于 2013 年 4 月 2 日补充提交的意见陈述书，其中增加了权利要求 1 缺必要技术特征的理由但没有补充证据

C. 针对甲的无效宣告请求书

D. 针对合议组依职权引入的理由

7. （2015－80）关于无效宣告程序中专利权人对专利文件的修改，下列说法哪些是正确的？ 【你的答案】_____ 【选错记录】_____

A. 外观设计专利的专利权人不得对简要说明进行修改

B. 实用新型专利的专利权人不得对专利说明书进行修改

C. 发明专利的专利权人不得对专利说明书进行修改

D. 发明专利的专利权人不得对权利要求书进行修改

8. （2015－77，有适应性修改）张某针对李某的发明专利提出无效宣告请求，李某在收到无效宣告请求书后，在合议组指定的答复期限内，采取下列哪些做法是符合相关规定的？ 【你的答案】_____ 【选错记录】_____

A. 以权利要求进一步限定的方式修改权利要求

B. 提交外文期刊及其中文译文作为反证

C. 与张某接触，商谈和解事宜

D. 委托专利代理机构，在指定的答复期限内陈述专利权应维持有效的意见

9. （2014－95，有适应性修改）某实用新型专利授权公告的权利要求书为： 【你的答案】_____ 【选错记录】_____

"1. 一种电机，特征为 H。

2. 如权利要求 1 所述的电机，特征还有 I 和 J。

3. 如权利要求 1 所述的电机，特征还有 K 和 L。"

在无效宣告程序中，允许专利权人以下列哪些方式修改权利要求书？

A. 在针对无效宣告请求书的答复期限内，将权利要求书修改为"1. 一种电机，特征为 H、I、J 和 L。"

B. 在针对请求人增加无效宣告理由的答复期限内，将权利要求书修改为"1. 一种电机，特征为 H、I、J、K 和 L。"

C. 在针对合议组引入的请求人未提及的无效宣告理由的答复期限内，将权利要求书修改为"1. 一种电机，特征为 H、I 和 J。"

D. 在口头审理辩论终结前，将权利要求书修改为"1. 一种电机，特征为 H、K 和 L。"

10. （2018－73，有适应性修改）请求人赵某于 2018 年 3 月 15 日提出无效宣告请求并被受理。赵某的无效理由是涉案专利权的全部权利要求均不具备创造性，其提交的现有技术证据包括其从日本获得的某日文期刊出版物 A 及其中文译文、美国专利公开文献 B（英文，但未提交中文译文）等。以下赵某在无效宣告程序中增加的无效理由或补充的证据，合议组应当予以考虑的有？ 【你的答案】_____ 【选错记录】_____

A. 赵某于 2018 年 4 月 16 日（星期一）通过中国邮政 EMS 寄交意见陈述书，增加了无效宣告的理由和证据

B. 针对专利权人随后对权利要求作出的进一步限缩性修改，在指定的期限内，赵某于 2018 年 5 月 18 日提交意见陈述书，但未提交新的证据，仅增加理由具体说明修改后的权利要求相对于出版物 A 结合本领域公知常识仍不具备创造性

C. 口头审理于 2018 年 6 月 20 日举行，赵某在口头审理辩论终结前提交的上述日文期刊出版物 A 的公证文书

D. 口头审理于 2018 年 6 月 20 日举行，赵某在口头审理辩论终结前提交的上述美国专利文献 B 的中文译文

11. （2014－47）在无效宣告程序中，专利权人对其权利要求进行了删除式修改，同时针对请求人所提交的证据提交了三份反证。请求人采取的下列哪些应对措施是被允许的？ 【你的答案】_____ 【选错记录】_____

A. 在指定期限内，针对专利权人修改后的权利要求书增加新的无效宣告理由

B. 在指定期限内，针对专利权人提交的三份反证补充新的证据，并在该期限内结合该证据具体说明相关的无效宣告理由

C. 对明显与提交的证据不相对应的无效宣告理由进行变更

D. 在口审辩论终结前提交教科书等公知常识性证据，并在该期限内结合该证据具体说明相关无效宣告理由

12. （2013 - 85）某专利授权公告的权利要求书如下：

"权利要求1：一种牙刷，具有特征 L 或者特征 M。

权利要求2：根据权利要求1的牙刷，其特征在于，进一步具有特征 N。

权利要求3：根据权利要求1的牙刷，其特征在于，进一步具有特征 O。

权利要求4：权利要求1至3之一的牙刷的制备方法，其特征在于……"

在无效宣告程序中，专利权人作出的下列哪些修改能够被允许？

A. 删除权利要求1中具有特征 M 的牙刷的技术方案

B. 删除权利要求4，同时将本发明的发明名称由"一种牙刷及其制备方法"修改为"一种牙刷"

C. 删除权利要求1，同时将权利要求2和3合并修改为新的权利要求1

D. 修改权利要求1，增加未记载在原说明书和权利要求书中的特征 P

13. （2013 - 38）下列有关无效宣告程序中专利文件的修改，哪些说法是正确的？

A. 外观设计专利文件的修改仅限于简要说明

B. 发明专利文件的修改仅限于权利要求书

C. 实用新型专利文件不得修改

D. 发明专利文件的修改不得改变原权利要求的主题名称

14. （2012 - 27，有适应性修改）某发明专利授权公告的权利要求书如下：

"1. 一种发动机，其特征为 a + b。

2. 如权利要求1所述的发动机，还包括特征 c。

3. 如权利要求2所述的发动机，还包括特征 d。

4. 如权利要求1所述的发动机，还包括特征 e。"

在无效宣告程序中，下列哪种修改方式是被允许的？

A. 将权利要求1修改为"一种发动机，其特征为 a、b 和 d"，删除其他权利要求

B. 权利要求1未作修改，将权利要求2修改为"如权利要求1所述的发动机，还包括特征 c 和 e"，删除权利要求4

C. 将权利要求1修改为"一种发动机，其特征为 a、b 和 e"，删除其他权利要求

D. 将权利要求1修改为"一种发动机，其特征为 a、b 和 f"，特征 f 在原说明书中有明确记载

15. （2016 - 76，有适应性修改）关于无效宣告程序中的委托手续，下列说法哪些是正确的？

A. 专利权人在专利申请阶段委托的代为办理专利申请以及专利权有效期内全部专利事务的专利代理机构，可以直接代表专利权人在无效宣告程序中办理相关事务，专利权人无须再提交无效宣告程序授权委托书

B. 专利权人与多个专利代理机构同时存在委托关系，且未指定收件人的，则在无效宣告程序中最后接受委托的专利代理机构被视为收件人

C. 请求人委托专利代理机构的，需要办理委托手续

D. 请求人先后委托了多个代理机构，可以指定其最先委托的专利代理机构作为收件人

16. （2012 - 84）王某对李某拥有的一项发明专利于2011年3月18日向专利复审委员会提出无效宣告请求，同时提交了对比文件1和2。对于下列哪些增加的无效宣告理由或者证据，专利复审委员会将不予考虑？

A. 王某在2011年4月18日补充了新的无效宣告理由，但未进行具体说明

B. 王某在2011年4月8日对明显与所提交的对比文件1和2都不相对应的无效宣

【你的答案】

【选错记录】

告理由进行变更

    C. 李某在口头审理辩论终结前针对其主张的公知常识补充提交了技术词典并进行了具体说明

    D. 王某在 2011 年 4 月 28 日补充提交了对比文件 2 中的相关段落的中文译文

    17. **(2018－72，有适应性修改)** 无效宣告程序中，下列关于合议组可以依职权进行 　【你的答案】
审查的说法，正确的是？

    A. 无效宣告理由为全部的权利要求不具备创造性，合议组认为涉案专利权保护的 　【选错记录】
主题明显是一种智力活动的规则，属于《专利法》第二十五条第一款规定的不授予专利
权的客体，合议组可以依职权对该缺陷进行审查

    B. 无效宣告理由为独立权利要求 1 不具备创造性，合议组认为该权利要求因不清楚而无法确定其保护
范围，不符合《专利法》第二十六条第四款的规定，合议组可以依职权对该缺陷进行审查

    C. 请求人以权利要求 1 不具备新颖性、从属权利要求 2 不具备创造性为由请求宣告专利权无效，合议
组审查后认定权利要求 1 具有新颖性但不具备创造性、从属权利要求 2 不具备创造性，合议组可以依职权对
权利要求 1 的创造性进行审查

    D. 请求人以权利要求 1 增加了技术特征而导致其不符合《专利法》第三十三条的规定为由请求宣告权
利要求 1 无效，而未指出从属权利要求 2 也存在同样的缺陷，合议组可以引入《专利法》第三十三条的无效
宣告理由对从属权利要求 2 进行审查

（二）参考答案解析

【1.（2019－79）解析】 知识点：无效宣告程序中专利文件的修改方式

    根据 G－4－3－4.6.3 关于"修改方式的限制"中的规定可知，在合议组作出审查决定之前，专利权人可以删除权
利要求或者权利要求中包括的技术方案。仅在下列三种情形的答复期限内，专利权人可以以删除以外的方式修改权利要
求书：（1）针对无效宣告请求书。（2）针对请求人增加的无效宣告理由或者补充的证据。（3）针对合议组引入的请求
人未提及的无效宣告理由或者证据。根据上述规定，删除式修改在合议组作出审查决定之前任何时候都可以，而在上述
三种情形的答复期限内还可以采用删除以外的方式修改权利要求书。进一步，根据 G－4－3－4.4.1 关于"文件的转
送"中的规定可知，根据案件审查需要将有关文件转送有关当事人，而需要指定答复期限的，指定答复期限一般为一个
月。据此，专利权人在收到受理通知书之日起一个月内是答复期限，故在收到受理通知书之日起一个月内可以提交任何
规定方式的修改，故选项 A 的说法正确，符合题意（原题选项 A 中采用的是"任何方式的修改"显然不够严谨，根据
G－4－3－4.6.2 关于"修改方式"的规定，只有四种修改方式，而不是任何方式）。同时，针对请求人增加的无效宣告
理由或者补充的证据的答复期限也是一个月，因此在收到合议组转送的无效宣告请求补充意见一个月内，可以提交任何
规定方式的修改，故选项 B 的说法正确，符合题意。

    基于上述规定，在口头审理时，已超出上述三种情形的答复期限，故只能用删除的方式修改权利要求书，而不能采
用对权利要求的进一步限定、明显错误的修正的修改方式，故选项 C 的说法错误，不符合题意。

    基于上述规定，在合议组作出审查决定之前，专利权人可以删除权利要求或者权利要求中包括的技术方案，因此最
迟作删除式修改的时间是审查决定作出之前，而不是在口头审理辩论终结前，即选项 D 的说法错误，不符合题意。

    综上所述，本题答案为 A、B。

【2.（2018－68）解析】 知识点：无效程序中对专利文件修改方式的限制；相关知识点：无效程序中的举证期限

    根据 R71 的规定可知，请求人可以在提出无效宣告请求之日起 1 个月内增加理由或者补充证据。题中，甲提出无效
请求的时间是 2018 年 7 月 24 日，而选项 A 中甲提交日本专利文献的日期是 2018 年 8 月 28 日，显然超出了其提出无效
宣告请求之日起 1 个月的期限，故合议组不予考虑。参见 1.（2019－79）解析，基于 G－4－3－4.6.3 关于"修改方式
的限制"的规定可知，选项 A 中由于甲提交日本专利文献的日期超出补充证据的期限不予考虑，因此并不存在专利权
人可以以对权利要求作进一步限定方式修改权利要求书的条件，即乙在收到甲补充的日本文献后，没有必要对独立权利
要求作进一步限缩性修改，即选项 A 的说法错误，不符合题意。

    根据 R73 的规定可知，发明或者实用新型专利的专利权人不得修改专利说明书和附图。根据上述规定，无效程序中
不能修改专利的说明书，即选项 B 所述的"针对甲的无效宣告请求，乙在答复期限内对说明书作出修改"的说法是错
误的，不符合题意。

    选项 C 中，甲于补充提交的无效理由和证据的时间是 2018 年 8 月 22 日，在提出无效宣告请求之日起 1 个月内，因
此符合补充无效理由和证据的期限规定，进而根据 G－4－3－4.6.3 关于"修改方式的限制"中的规定，专利权人乙可
以在答复期限内对该无效理由和证据涉及的独立权利要求作出进一步限缩性修改，即选项 C 的说法正确，符合题意。

    G－4－3－4.6.3 关于"修改方式的限制"中规定，专利权人可以在审查决定作出之前，以删除的方式修改权利要

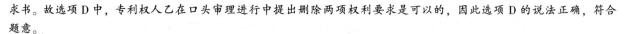

求书。故选项 D 中，专利权人乙在口头审理进行中提出删除两项权利要求是可以的，因此选项 D 的说法正确，符合题意。

综上所述，本题答案为 C、D。

【3. (2017-99) 解析】知识点：无效宣告程序中专利文件的修改方式

G-4-3-4.6.1 关于"修改原则"中规定，发明或者实用新型专利文件的修改仅限于权利要求书，且应当针对无效宣告理由或者合议组指出的缺陷进行修改，其原则是：(1) 不得改变原权利要求的主题名称。(2) 与授权的权利要求相比，不得扩大原专利的保护范围。(3) 不得超出原说明书和权利要求书记载的范围。(4) 一般不得增加未包含在授权的权利要求书中的技术特征。外观设计专利的专利权人不得修改其专利文件。

G-4-3-4.6.2 关于"修改方式"中规定，在满足上述修改原则的前提下，修改权利要求书的具体方式一般限于权利要求的删除、技术方案的删除、权利要求的进一步限定、明显错误的修正。权利要求的删除是指从权利要求书中去掉某项或者某些项权利要求，例如独立权利要求或者从属权利要求。技术方案的删除是指从同一权利要求中并列的两种以上技术方案中删除一种或者一种以上技术方案。权利要求的进一步限定是指在权利要求中补入其他权利要求中记载的一个或者多个技术特征，以缩小保护范围。选项 A 所述的删除权利要求、选项 B 所述的删除技术方案、选项 C 所述的明显错误的修正与上述 G-4-3-4.6.2 规定的修改方式完全一致，而且也满足 G-4-3-4.6.1 规定的修改原则，因此属于专利权人可以进行的修改。选项 D 的表述虽然与 G-4-3-4.6.2 规定中对权利要求进一步限定的表述一致，但仍然需要满足 G-4-3-4.6.1 规定的修改原则（即其中不得超出原说明书和权利要求书记载的范围）。因此，选项 D 所述修改方式，如果未符合修改原则，则也是不允许的。但从考试的角度来看，其表述与规定的相应文字一致，可以作为试题的答案，但从严格意义上来看，作为答案是不严谨的。

综上所述，本题答案为 A、B、C、D。

【4. (2017-100) 解析】知识点：无效程序中对专利文件修改方式的限制

参见 1. (2019-79) 解析。根据 G-4-3-4.6.3 关于"修改方式的限制"的规定可知，对于以删除的方式修改权利要求书，专利权人可以在合议组作出审查决定之前的任何时候进行，但对于以删除以外方式修改权利要求书的，专利权人仅可在上述规定三种情形的答复期限内才能进行，即选项 B、C、D 所述的情形，符合题意，而不能在合议组作出审查决定之前的任何时候进行，即选项 A 所述的情形，不符合题意。

综上所述，本题答案为 B、C、D。

【5. (2016-78) 解析】知识点：无效宣告程序中专利文件的修改方式

参照 3. (2017-99) 和 4. (2017-100) 的解析。选项 A 中，删除原独立权利要求，将并列从属于原独立权利要求的三项从属权利要求修改为三项并列的独立权利要求，实际上是删除权利要求的修改方式，根据 G-4-3-4.6.3 关于"修改方式的限制"中的规定，可以在合议组作出审查决定之前任何时间，当然也包括在答复无效宣告请求受理通知书时，选项 A 符合题意。类似地，选项 C 所述的删除独立权利要求，将从属权利要求作为新的独立权利要求，也是删除权利要求的修改方式，因此也是允许的，符合题意。

选项 B 中，对独立权利要求重新划分前序部分与特征部分，并不属于 G-4-3-4.6.2 关于"修改方式"的规定情形，因此是不允许的。[注意：像这种撰写形式要求方面的修改，在无效程序的任何阶段中都是不必要也是不允许的（但明显错误的修正是可以的）。]故选项 B 不符合题意。

选项 D 中，删除独立权利要求，将两项并列从属权利要求合并作为新的独立权利要求，如前分析，是允许的，但同时对说明书作适应性修改，则是不允许的，因为 G-4-3-4.6.1 关于"修改原则"规定可知，发明或者实用新型专利文件的修改仅限于权利要求书，因此所述修改方式是不允许的，不符合题意。

综上所述，本题答案为 A、C。

【6. (2015-79) 解析】知识点：无效程序中对专利文件修改方式的限制

参照 4. (2017-100) 的解析。参见 1. (2019-79) 解析，根据 G-4-3-4.6.3 关于"修改方式的限制"的规定可知，对于选项 A，根据 R71 的规定，……请求人可以在提出无效宣告请求之日起 1 个月内增加理由或者补充证据……。而题中，甲提出无效请求的时间是 2013 年 3 月 5 日，而补充提交的美国专利文献的时间是 2013 年 4 月 7 日，显然超出了提出无效宣告请求之日起 1 个月的期限，合议组不予考虑。因此，针对该补充提交的美国专利文献转送的答复期限内，专利权人无须也不能采取对权利要求作进一步限定的修改。故选项 A 不符合题意。

选项 B 中，根据 R71 的规定，甲于 2013 年 4 月 2 日补充权利要求 1 缺必要技术特征的理由是在其提出无效宣告请求之日起 1 个月内增加的理由，应当予以考虑，属于上述规定的第 (2) 种情形。参见 1. (2019-79) 解析，根据 G-4-3-4.6.3 关于"修改方式的限制"的规定可知，在所述的答复期限内，专利权人可以对权利要求作进一步限定的修改，即选项 B 符合题意。

选项 C 所述的针对甲的无效宣告请求书，属于上述规定的第（1）种情形，乙可以在答复期限内对权利要求作进一步限定的修改，因此符合题意。

选项 D 所述针对合议组依职权引入的理由，属于上述规定的第（3）种情形，乙可以在答复期限内对权利要求作进一步限定的修改，符合题意。

综上所述，本题答案为 B、C、D。

【7.（2015-80）解析】知识点：无效程序中对专利文件的修改

根据 R73 的规定，在无效宣告请求的审查过程中，发明或者实用新型专利的专利权人可以修改其权利要求书，但是不得扩大原专利的保护范围。发明或者实用新型专利的专利权人不得修改专利说明书和附图，外观设计专利的专利权人不得修改图片、照片和简要说明。根据上述规定，由于外观设计专利的专利权人不得修改图片、照片和简要说明，故选项 A 的说法是正确的，符合题意；由于发明或者实用新型专利的专利权人不得修改专利说明书和附图，因此选项 B 和 C 的说法是正确的，符合题意；由于发明或者实用新型专利的专利权人可以修改其权利要求书，故选项 D 所述的"发明专利的专利权人不得对权利要求书进行修改"的说法是错误的，不符合题意。

综上所述，本题答案为 A、B、C。

【8.（2015-77）解析】知识点：无效宣告程序中对专利文件的修改、举证期限

参见 1.（2019-79）解析。根据 G-4-3-4.6.3 关于"修改方式的限制"的规定可知，权利要求进一步限定的修改可以在收到无效宣告请求书后的答复期限内进行。因此选项 A 的做法符合相关规定，符合题意。

根据 G-4-3-4.3.2 关于"专利权人举证"的规定可知，专利权人应当在合议组指定的答复期限内提交证据，因此，选项 B 中的提交外文期刊及其中文译文作为反证的做法符合相关规定，符合题意。

根据 G-4-3-2.2 关于"当事人处置原则"的规定可知，在无效宣告程序中，当事人有权自行与对方和解。因此，选项 C 中与张某接触，商谈和解事宜，符合相关规定，符合题意。

在 G-4-3-3.6 关于"委托手续"中规定，请求人或者专利权人在无效宣告程序中委托专利代理机构的，应当提交无效宣告程序授权委托书，且专利权人应当在委托书中写明委托权限仅限于办理无效宣告程序有关事务……。因此，专利权人李某可以委托专利代理机构，在指定的答复期限内陈述专利权应维持有效的意见，即选项 D 的做法是正确的。

综上所述，本题答案为 A、B、C、D。

【9.（2014-95）解析】知识点：无效宣告程序中专利文件的修改

参照 3.（2017-99）和 4.（2017-100）的解析。选项 A 和 B 中，权利要求书修改为"1. 一种电机，特征为 H、I、J 和 L"，其相对于原权利要求书而言，是将权利要求 2 和 3 的附加技术特征增加到权利要求 1 中以进一步限定，因此属于权利要求进一步限定的修改方式，且选项 A 明是在针对无效宣告请求书的答复期限内所作的修改，选项 B 明是在针对请求人增加无效宣告理由的答复期限内所作的修改，而根据 G-4-3-4.6.3 关于"修改方式的限制"的规定可知，专利权人在针对无效宣告请求书的答复期限内或者针对请求人增加的无效宣告理由或者补充的证据的答复期限内，可以采取权利要求进一步限定的修改方式。因此选项 A 和 B 符合题意。

选项 C 中，将权利要求书修改为"1. 一种电机，特征为 H、I 和 J"，其属于删除方式的修改，即删除了原权利要求 1 和权利要求 3，而将原来从属权利要求 2 作为新独立权利要求。而在 G-4-3-4.6.3 关于"修改方式的限制"中规定可知，在合议组作出审查决定之前，专利权人可以删除权利要求或者权利要求中包括的技术方案。因此选项 C 中，这里在针对合议组引入的请求人未提及的无效宣告理由的答复期限内（显然还未作出审查决定），是允许的，即选项 C 符合题意。同样的道理，选项 D 中，将权利要求书修改为"1. 一种电机，特征为 H、K 和 L"，也是删除式修改，即删除了原权利要求 1 和权利要求 2，而将原来从属权利要求 3 作为新独立权利要求。基于与选项 C 的分析可知，在审查决定作出之前进行所述修改是允许的，即选项 D 符合题意。

综上所述，本题答案为 A、B、C、D。

【10.（2018-73）解析】知识点：无效理由的增加、无效宣告程序中的举证期限

根据 R71 的规定可知，在受理无效宣告请求后，请求人可以在提出无效宣告请求之日起 1 个月内增加理由或者补充证据。逾期增加理由或者补充证据的，可以不予考虑。进一步地，根据 R5 的规定，《专利法》和该细则规定的各种期限的开始的当日不计算在期限内，自下一日开始计算。期限以年或者月计算的，以其最后一月的相应日为期限届满日；该月无相应日的，以该月最后一日为期限届满日；期限届满日是法定休假日的，以休假日后的第一个工作日为期限届满日。

题中，请求人赵某于 2018 年 3 月 15 日提出无效宣告请求，则可以在一个月内增加理由或补充证据，一个月届满的期限日是 2018 年 4 月 15 日，但由于 2018 年 4 月 15 日是星期日（从选项 A 中的表述可以推知），为法定休假日，根据

R5 的规定，应当以其后的第一个工作日（即 2018 年 4 月 16 日星期一）为期限届满日。因此，选项 A 中，赵某于 2018 年 4 月 16 日（星期一）通过中国邮政 EMS 寄交意见陈述书，增加无效宣告的理由和证据，合议组应当予以考虑，即选项 A 符合题意。

根据 G-4-3-4.2 关于"无效宣告理由的增加"中的规定可知，请求人在提出无效宣告请求之日起一个月后增加无效宣告理由的，一般不会被考虑，但下列情形除外：（ⅰ）针对专利权人以删除以外的方式修改的权利要求，在合议组指定期限内增加无效宣告理由，并在该期限内对所增加的无效宣告理由具体说明的；（ⅱ）对明显与提交的证据不相对应的无效宣告理由进行变更的。选项 B 中，专利权人对权利要求作出的进一步限缩性修改属于上述规定中的"以删除之外的方式修改"，因此赵某可以在合议组指定期限内增加无效宣告理由，并在该期限内对所增加的无效宣告理由具体说明，即对于赵某增加理由具体说明修改后的权利要求相对于出版物 A（原来提交过的证据）结合本领域公知常识仍不具备创造性，合议组予以考虑，即选项 B 符合题意。

根据 G-4-3-4.3.1 关于"请求人举证"中的规定可知，(1) 请求人在提出无效宣告请求之日起一个月内补充证据的，应当在该期限内结合该证据具体说明相关的无效宣告理由，否则，合议组不予考虑。(2) 请求人在提出无效宣告请求之日起一个月后补充证据的，合议组一般不予考虑，但下列情形除外：（ⅰ）针对专利权人提交的反证，请求人在合议组指定的期限内补充证据，并在该期限内结合该证据具体说明相关无效宣告理由的；（ⅱ）在口头审理辩论终结前提交技术词典、技术手册和教科书等所属技术领域中的公知常识性证据或者用于完善证据法定形式的公证文书、原件等证据，并在该期限内结合该证据具体说明相关无效宣告理由的。(3) 请求人提交的证据是外文的，提交其中文译文的期限适用该证据的举证期限。选项 C 中，赵某在口头审理辩论终结前提交的日文期刊出版物 A 的公证文书，属于"用于完善证据法定形式的公证文书证据"，根据上述规定，合议组应当予以考虑（即选项 C 符合题意）。选项 D 中，美国专利文献 B 的中文译文的提交期限适用该美国专利文献 B 的举证期限，即应当在请求日起一个月内提交，而赵某在口头审理辩论终结前才提交，已经超出举证的期限，合议组不予考虑。故选项 D 不符合题意。

综上所述，本题答案为 A、B、C。

【11.（2014-47）解析】知识点：无效宣告理由的增加、无效宣告程序中的举证期限

参见 10.（2018-73）中的解析，根据 G-4-3-4.2 关于"无效宣告理由的增加"中的规定可知，选项 A 中，请求人在合议组指定期限内，针对专利权人修改后的权利要求书增加新的无效宣告理由。但由于专利权人对其权利要求进行的是删除式修改，因此请求人不能对所述修改后的权利要求增加新的无效宣告理由，因此选项 A 的做法不能被允许（注意：如果请求人是在提交无效宣告请求之日起一个月内增加上述新的无效宣告理由，则是允许的，但从题干中并不能得出该结论，因此选项 A 的做法应当认定不符合相关规定），不符合题意。

根据 G-4-3-4.2 关于"无效宣告理由的增加"规定的第 (2)（ⅱ）项，请求人对明显与提交的证据不相对应的无效宣告理由进行变更是允许的，即选项 C 的做法是允许的，符合题意。

根据 G-4-3-4.3.1 关于"请求人举证"中的规定可知，请求人在合议组指定期限内，针对专利权人提交的三份反证可以补充新的证据，并在该期限内结合该证据具体说明相关的无效宣告理由是允许的，选项 B 符合题意。

而根据其中规定的 (2)（ⅱ）项，请求人可以在口审辩论终结前提交教科书等公知常识性证据，并在该期限内结合该证据具体说明相关无效宣告理由，即选项 D 的做法是允许的。

综上所述，本题答案为 B、C、D。

【12.（2013-85）解析】知识点：无效宣告程序中对专利文件的修改

参照 3.（2017-99）的解析。对于选项 A，由于原权利要求 1"一种牙刷，具有特征 L 或者特征 M"包括两个并列的技术方案，因此删除权利要求 1 中具有特征 M 的牙刷的技术方案，属于 G-4-3-4.6.2 关于修改方式的中规定的"技术方案的删除"的修改方式，是允许的。选项 A 符合题意。

选项 B 中，删除权利要求 4，属于 G-4-3-4.6.2 关于"修改方式"中规定的"权利要求的删除"的修改方式，是允许的，但将该发明的发明名称由"一种牙刷及其制备方法"修改为"一种牙刷"，属于对说明书的修改，而根据 G-4-3-4.6.1 关于"修改原则"的规定可知，发明或者实用新型专利文件的修改仅限于权利要求书，但不得修改说明书，故选项 B 中修改发明名称是不允许的，不符合题意。

选项 C 中，删除权利要求 1，同时将权利要求 2 和 3 合并修改为新的权利要求 1，其实属于 G-4-3-4.6.2 关于"修改方式"中规定的"权利要求的进一步限定"的修改方式（即将权利要求 2 和 3 的附加技术特征增加原权利要求 1 中作进一步的限定），是允许的，符合题意。

选项 D 中，修改权利要求 1 而增加未记载在原说明书和权利要求书中的特征 P，不符合 G-4-3-4.6.1 关于"修改原则"的第 (4) 项规定，即一般不得增加未包含在授权的权利要求书中的技术特征。故选项 D 的做法是不允许的，不符合题意。

综上所述，本题答案为 A、C。

【13.（2013-38）解析】知识点：无效宣告程序中对专利文件的修改

根据 R73 的规定可知，外观设计专利的专利权人不得修改图片、照片和简要说明。因此，对外观设计专利，实际不能作任何修改，因此选项 A 所述的"外观设计专利文件的修改仅限于简要说明"的说法是错误的，不符合题意。根据 R73 的规定可知，对发明专利文件的修改，仅限于权利要求书，因此选项 B 的说法正确，符合题意。当然可以对实用新型专利文件的权利要求书进行修改，因此选项 C 的说法正确，符合题意。

根据 G-4-4-4.6.1 关于"修改原则"的规定可知，对发明或者实用新型专利文件不得改变原权利要求的主题名称。即对发明专利文件的修改，也不得改变原权利要求的主题名称，即选项 D 的说法正确。

综上所述，本题答案为 B、C、D。

【14.（2012-27）解析】知识点：无效宣告程序中对专利文件的修改

参照 3.（2017-99）的解析。选项 A 中，将权利要求 1 修改为"一种发动机，其特征为 a、b 和 d"，删除其他权利要求，属于 G-4-3-4.6.2 关于"修改方式"中规定的"权利要求的删除"的修改方式（即将权利要求 3 的附加技术特征对权利要求 1 作进一步的限定），是允许的，符合题意。类似的理由可知，选项 C 中，将权利要求 1 修改为"一种发动机，其特征为 a、b 和 e"（即将权利要求 4 的附加技术特征对权利要求 1 作进一步的限定），并删除其他权利要求，这种修改方式是允许的，符合题意。

选项 B 中，将权利要求 2 修改为"如权利要求 1 所述的发动机，还包括特征 c 和 e"，删除权利要求 4，属于 G-4-3-4.6.2 关于"修改方式"中规定的"权利要求的删除"的修改方式（删除权利要求 2 和 3）以及"权利要求的进一步限定"的修改方式（即将权利要求 4 的附加技术特征对权利要求 2 作进一步的限定），是允许的，符合题意。

根据 G-4-4-4.6.1 关于"修改原则"中的规定可知，发明或者实用新型专利文件的修改仅限于权利要求书，其中一般不得增加未包含在授权的权利要求书中的技术特征。选项 D 中，将权利要求 1 修改为"一种发动机，其特征为 a、b 和 f"，但特征 f 是在原说明书中记载的特征，不符合上述规定的原则，因此选项 D 中所述的修改方式是不允许的，不符合题意。

综上所述，本题答案为 A、B、C。

【15.（2016-76）解析】知识点：无效宣告程序的委托手续

在 G-4-3-3.6 关于"委托手续"中规定，(1) 请求人或者专利权人在无效宣告程序中委托专利代理机构的，应当提交无效宣告程序授权委托书，且专利权人应当在委托书中写明委托权限仅限于办理无效宣告程序有关事务。在无效宣告程序中，即使专利权人此前已就其专利委托了在专利权有效期内的全程代理并继续委托该全程代理的机构的，也应当提交无效宣告程序授权委托书……。根据上述规定，专利权人在专利申请阶段委托的代为办理专利申请以及专利权有效期内全部专利事务的专利代理机构，也不可以直接代表专利权人在无效宣告程序中办理相关事务，专利权人也应当提交无效宣告程序授权委托书，故选项 A 的说法错误，不符合题意。

在 G-4-3-3.6 关于"委托手续"中规定：…… (5) 同一当事人与多个专利代理机构同时存在委托关系的，当事人应当以书面方式指定其中一个专利代理机构作为收件人；未指定的，复审和无效审理部将在无效宣告程序中最先委托的专利代理机构视为收件人；……。根据上述规定，专利权人与多个专利代理机构同时存在委托关系，且未指定收件人的，则在无效宣告程序中最先接受委托的专利代理机构被视为收件人，而不是最后接受委托的专利代理机构作为收件人，故选项 B 的说法错误，不符合题意。同时，根据上述规定，对于先后委托了多个代理机构的，当事人可以指定其最先委托的专利代理机构作为收件人，因此选项 D 的说法正确，符合题意。

根据 G-4-3-3.6 关于"委托手续"中规定的第 (2) 项可知，在无效宣告程序中，请求人委托专利代理机构的，或者专利权人委托专利代理机构且委托书中写明其委托权限仅限于办理无效宣告程序有关事务的，需要办理委托手续。根据上述规定，在无效宣告程序中，不管专利权人还是请求人委托专利代理机构的，都应当办理委托手续，即选项 C 的说法正确，符合题意。

综上所述，本题答案为 C、D。

【16.（2012-84）解析】知识点：无效宣告理由的增加、举证期限

在 G-4-3-4.2 关于"无效宣告理由的增加"中规定，(1) 请求人在提出无效宣告请求之日起一个月内增加无效宣告理由的，应当在该期限内对所增加的无效宣告理由具体说明；否则，……不予考虑。选项 A 中，虽然请求人王某是在提出无效宣告请求之日起一个月内增加的无效宣告理由的（即补充理由的时间没有超出期限），但由于未对所增加的无效宣告理由进行具体说明，故合议组将不予考虑，选项 A 符合题意。

根据 G-4-3-4.2 关于"无效宣告理由的增加"中的规定可知，请求人在提出无效宣告请求之日起一个月后增加无效宣告理由的，如果是对明显与提交的证据不相对应的无效宣告理由进行变更的，则合议组应当考虑。王某对明显与所提交的对比文件 1 和 2 都不相对应的无效宣告理由进行变更属于应当考虑的情形，故选项 B 不符合题意。

根据 G-4-3-4.3.2 关于"专利权人举证"中规定可知，对于技术词典、技术手册和教科书等所属技术领域中的公知常识性证据或者用于完善证据法定形式的公证文书、原件等证据，专利权人可以在口头审理辩论终结前补充。选项 C 中，李某在口头审理辩论终结前补充提交的技术词典及其具体说明，合议组应当予以考虑，即选项 C 不符合题意。

根据 G-4-3-4.3.2 关于"专利权人举证"中规定可知，专利权人提交的证据是外文的，提交其中文译文的期限适用该证据的举证期限。而根据 R71 条的规定可知，在无效宣告请求受理后，请求人可以在提出无效宣告请求之日起 1 个月内增加理由或者补充证据。逾期增加理由或者补充证据的，可以不予考虑。因此，对比文件 2 中的相关段落的中文译文提交期限与对比文件 2 的提交期限相同。题中，王某 2011 年 3 月 18 日提出的无效宣告请求，其补充提交证据最后期限应当是 2011 年 4 月 18 日。选项 D 中，王某补充的中文译文的时间 2011 年 4 月 28 日，超出了上述期限，因此合议组对该中文译文不予考虑，即选项 D 符合题意。

综上所述，本题答案为 A、D。

【17.（2018-72）解析】知识点：无效宣告程序中依职权审查的情形

在 G-4-3-4.1 关于"审查范围"中规定，……在下列情形可以依职权进行审查：……（3）专利权存在请求人未提及的明显不属于专利保护客体的缺陷，……可以引入相关的无效宣告理由进行审查……。根据上述规定，选项 A 中，虽然无效宣告理由为全部的权利要求不具备创造性，但合议组认为涉案专利权保护的主题明显是一种智力活动的规则，属于请求人未提及的明显不属于专利保护客体的缺陷，因此可以依职权审查引入不符合《专利法》第二十五条第一款规定这一无效宣告理由进行审查，故选项 A 的说法正确，符合题意。

在 G-4-3-4.1 关于"审查范围"中规定，……在下列情形可以依职权进行审查：……（4）专利权存在请求人未提及的缺陷而导致无法针对请求人提出的无效宣告理由进行审查的，……可以依职权针对专利权的上述缺陷引入相关无效宣告理由并进行审查。例如，无效宣告理由为独立权利要求 1 不具备创造性，但该权利要求因不清楚而无法确定其保护范围，从而不存在审查创造性的基础的情形下，……可以引入涉及《专利法》第二十六条第四款的无效宣告理由并进行审查……。选项 B 中，合议组认为该权利要求因不清楚而无法确定其保护范围，因而不存在审查创造性的基础，因此合议组可以引入不符合《专利法》第二十六条第四款的规定这一无效宣告理由进行审查，故选项 B 的说法正确，符合题意。

在 G-4-3-4.1 关于"审查范围"中规定，……在下列情形可以依职权进行审查：……（5）请求人请求宣告权利要求之间存在引用关系的某些权利要求无效，而未以同样的理由请求宣告其他权利要求无效，不引入该无效宣告理由将会得出不合理的审查结论的，……可以依职权引入该无效宣告理由对其他权利要求进行审查。例如，请求人以权利要求 1 不具备新颖性、从属权利要求 2 不具备创造性为由请求宣告专利权无效，如果……认定权利要求 1 具有新颖性，而从属权利要求 2 不具备创造性，则可以依职权对权利要求 1 的创造性进行审查……。选项 C 中所述的情形，恰好是上述规定中所例举的情形，故其说法是正确的，符合题意。

在 G-4-3-4.1 关于"审查范围"中规定，……在下列情形可以依职权进行审查：……（6）请求人以权利要求之间存在引用关系的某些权利要求存在缺陷为由请求宣告其无效，而未指出其他权利要求也存在相同性质的缺陷，……可以引入与该缺陷相对应的无效宣告理由对其他权利要求进行审查。例如，请求人以权利要求 1 增加了技术特征而导致其不符合《专利法》第三十三条的规定为由请求宣告权利要求 1 无效，而未指出从属权利要求 2 也存在同样的缺陷，……可以引入《专利法》第三十三条的无效宣告理由对从属权利要求 2 进行审查……。选项 D 中所述的情形，恰好是上述规定中所例举的情形，故其说法是正确的，符合题意。

综上所述，本题答案为 A、B、C、D。

（三）总体考点分析

本部分涉及无效宣告理由的增加、审查的方式、案件的合并审理，以及无效宣告程序中专利文件的修改，重点是无效宣告理由的增加、无效宣告程序中专利文件的修改（其中请求人和专利权人的举证期限也是重点，单独列出一小节）。

高频结论

　√　在无效宣告程序中，合议组通常仅针对当事人提出的无效宣告请求的范围、理由和提交的证据进行审查，不承担全面审查专利有效性的义务。

　√　在下列情形可以依职权进行审查：（1）专利权的取得明显违背诚实信用原则的，合议组可以引入《专利法实施细则》第十一条的无效宣告理由进行审查。（2）请求人提出的无效宣告理由明显与其提交的证据不相对应的，合议组可以告知其有关法律规定的含义，允许其变更或者依职权变更为相对应的无效宣告理由。（3）专利权存在请求人未提及的明显不属于专利保护客体的缺陷，合议组可以引入相关的无效宣告理由进行审查。(4) 专利权存在请求人未提及的缺陷而导致无法针对请求人提出的无效宣告理由进行审查的,合议组可以依职权针对专利权的上述缺陷引入相关无效宣告理由并进行审查。(5) 请求人请求宣告权利要求之间存在引用关系的某些权利要求无效,而未以同样的理由请求宣告其他权利要求无效,不引入该无效宣告理由将会得出不合理的审查结论的,合议组可以依职权引入该无效宣告理由对其他权利要求进行审查。(6) 请求人以权利要求之间存在引用关系的某些权利要求存在缺陷为由请求宣告其无效,而未指出其他权利要求也存在相同性质的缺陷,合议组可以引入与该缺陷相对应的无效宣告理由对其他权利要求进行审查。(7) 请求人以不符合《专利法》第三十三条或者《专利法实施细则》第四十三条第一款的规定为由请求宣告专利权无效,且对修改超出原申请文件记载范围的事实进行了具体的分析和说明,但未提交原申请文件的,合议组可以引入该专利的原申请文件作为证据。(8) 合议组可以依职权认定技术手段是否为公知常识,并可以引入技术词典、技术手册、教科书等所属技术领域中的公知常识性证据。

√ 请求人在提出无效宣告请求时没有具体说明的无效宣告理由以及没有用于具体说明相关无效宣告理由的证据,且在提出无效宣告请求之日起一个月内也未补充具体说明的,合议组不予考虑。

√ 无效理由的增加:(1) 请求人在提出无效宣告请求之日起一个月内增加无效宣告理由的,应当在该期限内对所增加的无效宣告理由具体说明;否则,合议组不予考虑。(2) 请求人在提出无效宣告请求之日起一个月后增加无效宣告理由的,一般不予考虑,但下列情形除外:(ⅰ) 针对专利权人以删除以外的方式修改的权利要求,在指定期限内补充证据,并在该期限内结合该证据具体说明相关无效宣告理由的;(ⅱ) 在口头审理辩论终结前提交技术词典、技术手册和教科书等所属技术领域中的公知常识性证据或者用于完善法定形式的公证文书、原件等证据,并在该期限内结合该证据具体说明相关无效宣告理由的。

√ 无效程序中,发明或者实用新型专利文件的修改仅限于权利要求书,其原则是:(1) 不得改变原权利要求的主题名称。(2) 与授权的权利要求相比,不得扩大原专利的保护范围。(3) 不得超出原说明书和权利要求书记载的范围。(4) 一般不得增加未包含在授权的权利要求书中的技术特征。外观设计专利的专利权人不得修改其专利文件。

√ 无效程序中的修改方式:修改权利要求书的具体方式一般限于权利要求的删除、技术方案的删除、权利要求的进一步限定、明显错误的修正。其中,(a) 权利要求的删除是指从权利要求书中去掉某项或者某些项权利要求,例如独立权利要求或者从属权利要求。(b) 技术方案的删除是指从同一权利要求中并列的两种以上技术方案中删除一种或者一种以上技术方案。(c) 权利要求的进一步限定是指在权利要求中补入其他权利要求中记载的一个或者多个技术特征,以缩小保护范围。

√ 修改方式的限制:在审查决定作出之前,专利权人可以删除权利要求或者权利要求中包括的技术方案。仅在下列三种情形的答复期限内,专利权人可以以删除以外的方式修改权利要求书:(1) 针对无效宣告请求书。(2) 针对请求人增加的无效宣告理由或者补充的证据。(3) 针对合议组引入的请求人未提及的无效宣告理由或者证据。

(四) 参考答案

1. A、B	2. C、D	3. A、B、C、D	4. B、C、D	5. A、C
6. B、C、D	7. A、B、C	8. A、B、C、D	9. A、B、C、D	10. A、B、C
11. B、C、D	12. A、C	13. B、C、D	14. A、B、C	15. C、D
16. A、D	17. A、B、C、D			

四、无效宣告请求审查决定和无效程序的终止及其他

(一) 历年试题集合

1. (2019-82) 一件申请日为 2008 年 2 月 10 日的发明专利于 2019 年 3 月 20 日被宣告部分无效。专利权人在收到该无效审查决定之日起三个月内未向人民法院起诉。下列说法正确的是?

　　A. 维持有效的权利要求视为自 2019 年 3 月 20 日起有效

　　B. 被宣告无效的权利要求视为自 2008 年 2 月 10 日起即不存在

　　C. 该无效审查决定对 2015 年已经履行完毕的与被无效专利权有关的专利实施许可合同不具有追溯力

【你的答案】

_____

【选错记录】

_____

D. 该无效审查决定对人民法院 2017 年针对该专利权作出并已执行的专利侵权的判决具有追溯力

2. (2018-22) 某发明专利申请于 2015 年 11 月 20 日获得公告授权，专利权人为甲。针对该专利权，乙于 2016 年 5 月 20 日向专利复审委员会提出无效宣告请求，甲随后删除了部分权利要求。专利复审委员会于 2016 年 11 月 20 日作出审查决定，宣告修改后的权利要求维持有效。2017 年 1 月 20 日，甲将丙公司诉至人民法院，主张丙公司于 2016 年 1 月至 4 月的销售行为侵犯了该专利权。请问：在甲与丙公司的侵权纠纷中，应当以哪份权利要求书作为审理的基础？

【你的答案】

【选错记录】

A. 2015 年 11 月 20 日该专利授权公告时的权利要求书

B. 2016 年 11 月 20 日专利复审委员会审查决定宣告维持有效的权利要求书

C. 2016 年 5 月 20 日乙请求专利复审委员会宣告无效的权利要求书

D. 2016 年 1 月至 4 月间丙公司能够查阅到的权利要求书

3. (2016-79) 甲于 2011 年 7 月 1 日提交了一项实用新型专利申请，该申请于 2011 年 11 月 15 日被授予专利权，其授权公告的权利要求书包括独立权利要求 1 及并列从属权利要求 2、3，在无效宣告程序中，专利权人删除了原权利要求 1—3，将从属权利要求 2、3 合并形成修改后的独立权利要求 1，专利复审委员会于 2013 年 7 月 30 日作出审查决定：在修改后的权利要求 1 的基础上维持该专利权有效，且双方均未起诉，下列说法正确的是？

【你的答案】

【选错记录】

A. 原权利要求 1—3 视为自 2011 年 7 月 1 日即不存在

B. 原权利要求 1—3 视为自 2013 年 7 月 30 日起不存在

C. 修改后的权利要求 1 自 2011 年 7 月 1 日起即存在

D. 修改后的权利要求 1 自 2013 年 7 月 30 日起生效

4. (2018-74，有适应性修改) 请求人赵某认为，专利权人钱某所拥有的具有相同申请日（有优先权的，指优先权日）、不同授权日的两项专利权不符合《专利法》第九条第一款的规定，因此提出无效宣告请求。针对赵某的无效宣告请求，下列说法正确的是？

【你的答案】

【选错记录】

A. 赵某请求宣告其中授权在前的专利权无效，在不存在其他无效宣告理由或者其他理由不成立的情况下，应当维持该项专利权有效

B. 赵某请求宣告其中授权在后的专利权无效，国家知识产权局经审查后认为构成同样的发明创造的，应当宣告该项专利权无效

C. 赵某请求宣告其中任一专利权无效，国家知识产权局经审查后认为两者构成同样的发明创造的，国家知识产权局可以自行决定选择其中一项专利权宣告无效

D. 如果上述两项专利权为钱某同日（仅指申请日）申请的一项实用新型专利权和一项发明专利权，钱某在申请时根据《专利法实施细则》第四十一条第二款的规定作出过说明，且发明专利权授予时实用新型专利权尚未终止，在此情形下，钱某可以通过放弃授权在前的实用新型专利权以保留被请求宣告无效的发明专利权

5. (2015-25，有适应性修改) 在下列哪个情形下无效宣告程序终止？

【你的答案】

【选错记录】

A. 请求人请求撤回其无效宣告请求，但合议组认为根据已进行的审查工作能够作出宣告专利权无效的决定

B. 专利权人未提交口头审理回执，也未参加口头审理

C. 当事人在收到无效宣告请求审查决定之日起三个月内未向人民法院起诉

D. 国家知识产权局对无效宣告请求作出维持专利权有效的审查决定

6. (2012-35) 赵某就一项实用新型专利提出无效宣告请求，下列哪些情形将导致无效宣告程序终止？

【你的答案】

【选错记录】

A. 赵某在国家知识产权局对其请求作出审查决定之前，主动撤回了其请求，并且国家知识产权局认为根据已进行的审查工作不能够作出宣告专利权无效或者部分无效的

决定

B. 赵某的请求被受理后，国家知识产权局发现请求不符合受理条件，驳回了其请求

C. 国家知识产权局认为赵某的无效宣告理由均不成立，作出维持专利权有效的审查决定，赵某未在规定的期限内起诉

D. 赵某未在指定的期限内答复国家知识产权局发出的口头审理通知书，也未参加口头审理，并且国家知识产权局认为根据已进行的审查工作不能够作出宣告专利权无效或者部分无效的决定

7. （2014－26，有适应性修改）下列关于撤回无效宣告请求的说法哪个是正确的？

A. 请求人在口头审理中提出撤回请求的，无效宣告程序终止

B. 请求人在口头审理结束后提出的撤回请求，国家知识产权局不予考虑

C. 请求人在国家知识产权局作出无效宣告请求审查决定前撤回请求的，无效宣告审查程序终止

D. 请求人在国家知识产权局已发出书面审查决定后撤回请求的，不影响审查决定的有效性

【你的答案】
————————
【选错记录】
————————

（二）参考答案解析

【1. （2019－82）解析】知识点：无效宣告请求审查决定的效力

根据 A47.1 的规定，宣告无效的专利权视为自始即不存在。进一步地，在 G－4－3－5 关于"无效宣告请求审查决定的类型"最后一段中规定，一项专利被宣告部分无效后，被宣告无效的部分应视为自始即不存在。但是被维持的部分（包括修改后的权利要求）也同时应视为自始即存在。在所述规定中，"自始"指的是自专利的申请日开始（虽然真正生效是授权公告日才开始）。题中，由于专利权人在收到该无效审查决定之日起三个月内未向人民法院起诉，因此该无效审查决定生效，则维持有效的权利要求视为自专利的申请日 2008 年 2 月 10 日起有效，而不是自被无效的时间（即 2019 年 3 月 20 日）起有效。因此，选项 A 所述的"维持有效的权利要求视为自 2019 年 3 月 20 日起有效"的说法错误，不符合题意。同样地，被宣告无效的权利要求视为自专利的申请日 2008 年 2 月 10 日起即不存在，因此选项 B 的说法正确，符合题意。

根据 A47.2 的规定，宣告专利权无效的决定，对在宣告专利权无效前人民法院作出并已执行的专利侵权的判决、调解书，已经履行或者强制执行的专利侵权纠纷处理决定，以及已经履行的专利实施许可合同和专利权转让合同，不具有追溯力。但是因专利权人的恶意给他人造成的损失，应当给予赔偿。根据上述规定，题中专利被部分无效是在 2019 年 3 月 20 日，该无效决定对此前 2015 年已经履行完毕的与被无效专利权有关的专利实施许可合同不具有追溯力，即选项 C 的说法正确，符合题意。同样地，该无效审查决定对人民法院之前针对该专利权作出并已执行的专利侵权的判决也不具有追溯力，即选项 D 的说法错误，不符合题意。

综上所述，本题答案为 B、C。

【2. （2018－22）解析】知识点：无效宣告请求审查决定的效力

在 G－4－3－5 关于"无效宣告请求审查决定的类型"最后一段中规定，一项专利被宣告部分无效后，被宣告无效的部分应视为自始即不存在。但是被维持的部分（包括修改后的权利要求）也同时应视为自始即存在。题中，对于专利权人甲的专利，专利复审委员会员于 2016 年 11 月 20 日作出的审查决定中宣告修改后的权利要求维持有效。甲于 2017 年 1 月 20 日针对丙公司提起侵权诉讼，虽然甲主张丙公司于 2016 年 1 月至 4 月间的销售行为侵犯了该专利权，但基于上述规定，而不能再以该专利授权公告时的权利要求书作为审理基础（选项 A 不符合题意），而应当以 2016 年 11 月 20 日专利复审委员会审查决定维持有效的权利要求书作为审理的基础，即选项 B 符合题意。更不能以被宣告无效的权利要求书（其视为自始不存在）作为审理基础，选项 C 不符合题意。也不是以丙公司销售行为发生的时间所能查到的权利要求书为审理基础，选项 D 不符合题意。

综上所述，本题答案为 B。

【3. （2016－79）解析】知识点：无效宣告请求审查决定的效力

参见 2. （2018－22）解析。题中，在无效宣告程序中，专利权人删除了原权利要求 1—3，将从属权利要求 2、3 合并形成修改后的独立权利要求 1，专利复审委员会于在修改后的权利要求 1 的基础上维持该专利权有效。那么，原来的权利要求 1—3 视为自始即不存在（而不是审查决定作出之日），而修改后的权利要求 1 视为自始即存在。其中这里所说的"自始"指的是该专利的申请日（而不是该专利的公告授权日），题中申请日为 2011 年 7 月 1 日。因此，选项 A 所述的原权利要求 1—3 视为自 2011 年 7 月 1 日即不存在，说法是正确的，符合题意。而选项 B 所述的原权利要求 1—3 视为自 2013 年 7 月 30 日起不存在，说法是错误的，错误地以审查决定作出之日作为时间节点，不符合题意。选项 C 所述修改后的权利要求 1 自 2011 年 7 月 1 日起即存在，说法是正确的，符合题意，而选项 D 所述的修改后的权利要求 1 自

2013 年 7 月 30 日起生效, 以审查决定作出之日作为时间节点, 说法是错误的。

综上所述, 本题答案为 A、C。

【4. (2018-74) 解析】知识点: 无效宣告程序中对于同样发明创造的处理

题中, 专利权人钱某拥有具有相同申请日 (有优先权的, 指优先权日)、不同授权日的两项专利权。在 G-4-7-2.1 关于 "授权公告日不同" 第一段中规定, 任何单位或者个人认为属于同一专利权人的具有相同申请日 (有优先权的, 指优先权日) 的两项专利权不符合《专利法》第九条第一款的规定而请求宣告其中授权在前的专利权无效的, 在不存在其他无效宣告理由或者其他理由不成立的情况下, 合议组应当维持该项专利权有效。基于上述规定, 赵某请求宣告其中授权在前的专利权无效, 在不存在其他无效宣告理由或者其他理由不成立的情况下, 国家知识产权局应当维持该项专利权有效, 即选项 A 的说法正确, 符合题意。

在 G-4-7-2.1 关于 "授权公告日不同" 第二段中规定, 任何单位或者个人认为属于同一专利权人的具有相同申请日 (有优先权的, 指优先权日) 的两项专利权不符合《专利法》第九条第一款的规定而请求宣告其中授权在后的专利权无效的, 合议组经审查后认为构成同样的发明创造的, 应当宣告该项专利权无效。根据上述规定, 赵某请求宣告其中授权在后的专利权无效, 合议组经审查后认为构成同样的发明创造的, 应当宣告该项专利权无效, 即选项 B 的说法正确, 符合题意。

根据上述两段的规定, 如果赵某请求宣告授权在前的专利权无效, 则按第一段的规定处理; 如果赵某请求宣告授权在后的专利权无效, 则按第二段的规定处理。因而, 不存在 "合议组经审查后认为两者构成同样的发明创造的, 合议组可以自行决定选择其中一项专利权宣告无效" 的可能性, 故选项 C 的说法错误, 不符合题意。

在 G-4-7-2.1 关于 "授权公告日不同" 第三段中规定, 如果上述两项专利权为同一专利权人同日 (仅指申请日) 申请的一项实用新型专利权和一项发明专利权, 专利权人在申请时根据《专利法实施细则》第四十七条第二款的规定作出过说明, 且发明专利权授予时实用新型专利权尚未终止, 在此情形下, 专利权人可以通过放弃授权在前的实用新型专利权以保留被请求宣告无效的发明专利权。选项 D 中描述的情形与上述规定相符, 因此钱某可以通过放弃授权在前的实用新型专利权以保留被请求宣告无效的发明专利权, 即选项 D 的说法正确, 符合题意。

综上所述, 本题答案为 A、B、D。

【5. (2015-25) 解析】知识点: 无效宣告程序的终止

在 G-4-3-8 关于 "无效宣告程序的终止" 第一段中规定, 请求人在合议组对无效宣告请求作出审查决定之前, 撤回其无效宣告请求的, 无效宣告程序终止, 但合议组认为根据已进行的审查工作能够作出宣告专利权无效或者部分无效的决定的除外。选项 A 中, 请求人请求撤回其无效宣告请求, 但合议组认为根据已进行的审查工作能够作出宣告专利权无效的决定, 因此根据上述规定, 无效宣告程序不因请求人请求撤回其无效宣告请求而终止, 即选项 A 不符合题意。

在 G-4-3-8 关于 "无效宣告程序的终止" 第二段中规定: 请求人未在指定的期限内答复口头审理通知书, 并且不参加口头审理, 其无效宣告请求被视为撤回的, 无效宣告程序终止, 但合议组认为根据已进行的审查工作能够作出宣告专利权无效或者部分无效的决定的除外。进一步地, 在 G-4-4-3 关于 "口头审理的通知" 第一段中规定, 在无效宣告程序中, 确定需要进行口头审理的, 合议组应当向当事人发出口头审理通知……。无效宣告请求人期满未提交回执, 并且不参加口头审理的, 其无效宣告请求视为撤回, 无效宣告请求审查程序终止。但合议组认为根据已进行的审查工作能够作出宣告专利权无效或者部分无效的决定的除外。专利权人不参加口头审理的, 可以缺席审理。基于上述规定, 只有请求人未提交口头审理回执, 也未参加口头审理, 才可能导致无效宣告请求审查程序终止, 而专利权人未提交口头审理回执, 也未参加口头审理, 可以缺席审理, 因而不会导致无效宣告请求审查程序终止, 即选项 B 不符合题意。

根据 A46.2 的规定, 对国务院专利行政部门宣告专利权无效或者维持专利权的决定不服的, 可以自收到通知之日起三个月内向人民法院起诉。人民法院应当通知无效宣告请求程序的对方当事人作为第三人参加诉讼。

根据上述规定, 当事人在收到无效宣告请求审查决定之日起三个月内未向人民法院起诉, 则无效宣告程序终止。即选项 C 符合题意。

根据上述规定, 国家知识产权局对无效宣告请求作出维持专利权有效的审查决定, 也需要等待当事人收到审查决定之日起的三个月起诉期来确定无效宣告程序是否终止。故选项 D 不符合题意。

综上所述, 本题答案为 C。

【6. (2012-35) 解析】知识点: 无效宣告程序的终止

参见 5. (2015-25) 解析。选项 A 中, 赵某主动撤回了其无效请求, 并且国家知识产权局认为根据已进行的审查工作不能够作出宣告专利权无效或者部分无效的决定, 根据其规定, 此种情况, 无效宣告程序终止, 即选项 A 符合题意。

在 G-4-3-8 关于 "无效宣告程序的终止" 第三段中规定, 已受理的无效宣告请求因不符合受理条件而被驳回请求的, 无效宣告程序终止。选项 B 中, 赵某的请求被国家知识产权局受理后, 发现请求不符合受理条件, 而驳回了其请求, 根据上述规定, 无效宣告程序终止, 即选项 B 符合题意。

根据 A46.2 的规定，对国务院专利行政部门宣告专利权无效或者维持专利权的决定不服的，可以自收到通知之日起三个月内向人民法院起诉。人民法院应当通知无效宣告请求程序的对方当事人作为第三人参加诉讼。选项 C 中，赵某未在规定的期限内起诉，因而无效宣告程序终止。即选项 C 符合题意。

根据 G—4—3—8 关于"无效宣告程序的终止"第二段中的规定可知，选项 D 中，作为请求人的赵某未在指定的期限内答复口头审理通知书，也未参加口头审理，并且国家知识产权局认为根据已进行的审查工作不能够作出宣告专利权无效或者部分无效的决定，则其无效宣告请求被视为撤回的，无效宣告程序终止。即选项 D 符合题意。

综上所述，本题答案为 A、B、C、D。

【7.（2014—26）解析】知识点：无效宣告请求的撤回

参见 5.（2015—25）解析。根据 G—4—3—8 关于"无效宣告程序的终止"第一段的规定，对于请求人在口头审理中提出撤回请求的，无效宣告程序是否终止还要看国家知识产权局认为根据已进行的审查工作是否能够作出宣告专利权无效或者部分无效的决定的。如果能够，则无效程序也不会终止，因此选项 A 的说法错误，不符合题意。同样的道理，选项 C 的说法也是错误的，不符合题意。

根据上述规定，只要在作出决定之前，无效宣告请求人撤回其请求，国家知识产权局应当会考虑，并且无效程序终止（但如果其认为根据已进行的审查工作能够作出宣告专利权无效或者部分无效的决定的，则无效程序也不会终止），故选项 B 的说法错误，不符合题意。

根据 G—4—1—2.3 关于"请求原则"的规定可知，……请求人在审查决定的结论已宣布或者书面决定已经发出之后撤回请求的，不影响审查决定的有效性。因此，请求人在国家知识产权局已发出书面审查决定后撤回请求的，不影响审查决定的有效性，即选项 D 的说法正确，符合题意。

综上所述，本题答案为 D。

（三）总体考点分析

本部分涉及无效宣告请求审查决定的类型、效力、送交、登记和公告，无效宣告程序中对于同样发明创造的处理，以及无效宣告程序终止或不终止的情形。重点是无效宣告请求审查决定的效力、无效宣告程序终止或不终止的情形。

高频结论

✓ 宣告无效的专利权视为自始即不存在。

✓ 一项专利被宣告部分无效后，被宣告无效的部分应视为自始即不存在。但是被维持的部分（包括修改后的权利要求）也同时应视为自始即存在。所述规定中，"自始"指的是自专利的申请日开始（注意，不是优先权日）。

✓ 宣告专利权无效的决定，对在宣告专利权无效前人民法院作出并已执行的专利侵权的判决、调解书，已经履行或者强制执行的专利侵权纠纷处理决定，以及已经履行的专利实施许可合同和专利权转让合同，不具有追溯力。但是因专利权人的恶意给他人造成的损失，应当给予赔偿。

✓ 任何单位或者个人认为属于同一专利权人的具有相同申请日（有优先权的，指优先权日）的两项专利权不符合《专利法》第九条第一款的规定而请求宣告其中授权在前的专利权无效的，在不存在其他无效宣告理由或者其他理由不成立的情况下，应当维持该项专利权有效。如果请求宣告其中授权在后的专利权无效的，经审查后认为构成同样的发明创造的，应当宣告该项专利权无效。

✓ 请求人在无效宣告请求审查决定作出之前，撤回其无效宣告请求的，无效宣告程序终止，但国家知识产权局认为根据已进行的审查工作能够作出宣告专利权无效或者部分无效的决定的除外。

✓ 请求人未在指定的期限内答复口头审理通知书，并且不参加口头审理，其无效宣告请求被视为撤回的，无效宣告程序终止，但国家知识产权局认为根据已进行的审查工作能够作出宣告专利权无效或者部分无效的决定的除外。

✓ 已受理的无效宣告请求因不符合受理条件而被驳回请求的，无效宣告程序终止。

（四）参考答案

1. B、C	2. B	3. A、C	4. A、B、D	5. C
6. A、B、C、D	7. D			

第四节　口头审理

（一）历年试题集合

1.（2019－83） 在无效宣告程序口头审理中，当事人有哪些权利和义务？

A. 有权请求审案人员回避

B. 发言和辩论仅限于合议组指定的与审理案件有关的范围

C. 对另一方当事人提出的问题应该予以正面回答

D. 当事人对自己提出的主张有举证责任，反驳对方主张的，应当说明理由

【你的答案】

【选错记录】

2.（2011－99） 在口头审理中，胡某享有下列哪些权利？

A. 请求审案人员回避

B. 请求撤回无效宣告请求

C. 缩小无效宣告请求的范围

D. 放弃无效宣告请求的部分理由及相应证据

【你的答案】

【选错记录】

3.（2018－75） 在复审程序和无效宣告程序的口头审理中，以下说法正确的是？

A. 合议组应当询问当事人是否请求审案人员回避，对于当事人请求审案人员回避的，合议组组长可以宣布中止口头审理

B. 在无效宣告程序的口头审理中，当事人当庭增加理由或者补充证据的，合议组应当根据有关规定判断所述理由或者证据是否予以考虑

C. 在复审程序的口头审理调查后，合议组可以就有关问题发表倾向性意见，必要时将其认为专利申请不符合《专利法》及其实施细则和审查指南有关规定的具体事实、理由和证据告知复审请求人，并听取复审请求人的意见

D. 在无效宣告程序的口头审理辩论时，合议组成员不得发表自己的倾向性意见，也不得与任何一方当事人辩论

【你的答案】

【选错记录】

4.（2018－76） 某无效宣告案件的口头审理，关于证人赵某和钱某出庭作证，以下说法正确的是？

A. 赵某是出具过证言并在口头审理通知书回执中写明的证人，可以就其证言出庭作证

B. 钱某是专利权人在口头审理中向合议组提出出庭作证请求的证人，合议组可根据案件的具体情况决定是否准许

C. 赵某和钱某不得旁听案件的审理

D. 合议组问赵某时，钱某不得在场，但需要钱某与赵某对质的除外

【你的答案】

【选错记录】

5.（2010－77） 下列关于无效宣告请求口头审理中证人出庭作证的说法哪些是正确的？

A. 有证人出席口头审理的，应当在口头审理通知书回执中写明

B. 证人有权旁听案件的审理

C. 合议组可以对证人进行提问，证人应当作出明确回答

D. 当事人无权对证人进行提问

【你的答案】

【选错记录】

6.（2016－80） 下列有关口头审理的说法哪些是正确的？

A. 无效宣告请求人可以以需要当面向合议组说明事实为由，请求进行口头审理

B. 参加口头审理的每方当事人及其代理人的数量不得超过三人

C. 当事人请求审案人员回避的，合议组组长可以宣布中止口头审理

D. 若请求人未出席口头审理，则其无效宣告请求视为撤回，该案件的审理结束

【你的答案】

【选错记录】

7. (2015-81) 甲针对乙的某项专利权提出了无效宣告请求，当事人可以依据下列哪些理由请求进行口头审理？

　　A. 乙要求同甲当面质证和辩论

　　B. 甲需要当面向合议组说明事实

　　C. 甲需要实物演示

　　D. 乙需要请出具过证言的证人作证

8. (2014-74) 下列关于无效宣告程序口头审理的说法哪些是正确的？

　　A. 专利权人未出席口头审理的，口头审理中止，改期进行

　　B. 出庭作证的证人不能旁听案件的审理

　　C. 旁听人员可以向参加口头审理的当事人传递有关信息

　　D. 合议组和双方当事人均可以对证人进行提问

9. (2013-69) 张某就李某的专利权提出无效宣告请求。关于该无效宣告请求的口头审理，下列说法哪些是正确的？

　　A. 李某不参加口头审理，合议组可以缺席审理

　　B. 因口头审理为公开审理，随李某前来旁听口头审理的某公司职员可以向李某传递信息

　　C. 张某可以在口头审理的过程中放弃无效宣告请求的部分理由

　　D. 口头审理终止后，张某和李某都有权阅读笔录，但对于笔录的差错，不能请求更正

10. (2010-22，有适应性修改) 关于无效宣告程序中的口头审理，下列说法哪些是正确的？

　　A. 对于尚未进行口头审理的无效宣告案件，合议组在审查决定作出前，收到当事人以需要实物演示为理由以书面方式提出的口头审理请求的，应当进行口头审理

　　B. 未经口头审理，合议组不得作出无效宣告请求审查决定

　　C. 无效宣告请求人无正当理由拒不提交口头审理回执，也不参加口头审理的，其无效宣告请求视为撤回

　　D. 参加口头审理的无效宣告请求人无正当理由中途退庭的，其无效宣告请求视为撤回

11. (2015-26，有适应性修改) 复审请求人丁某收到口头审理通知书后，其下列哪个做法不符合相关规定？

　　A. 丁某不参加口头审理，委托两名专利代理师参加

　　B. 丁某在指定的期限内进行书面意见陈述，不参加口头审理

　　C. 丁某未进行书面意见陈述，在指定日期参加口头审理

　　D. 丁某与其委托的四名专利代理师在指定的日期参加口头审理

12. (2012-14) 下列有关复审程序中口头审理的哪种说法是正确的？

　　A. 复审请求人提出口头审理请求后，合议组必须进行口头审理

　　B. 在一件复审案件的审理过程中，只能进行一次口头审理

　　C. 在收到口头审理通知书后，复审请求人必须参加口头审理，否则复审请求视为撤回

　　D. 参加复审案件口头审理的每方当事人及其代理人的人数不得超过四人

（二）参考答案解析

【1.（2019-83）解析】知识点：口头审理中当事人的权利和义务

　　在 G-4-4-13 关于"当事人的权利和义务"中规定，合议组应当在口头审理开始阶段告知当事人在口头审理中的权利和义务。（1）当事人的权利：当事人有权请求审案人员回避；……。（2）当事人的义务：……发言和辩论仅限于合议组指定的与审理案件有关的范围；当事人对自己提出的主张有举证责任，反驳对方主张的，应当说明理由；……。根据上述规定，选项 A 属于当事人的权利，故符合题意；选项 B、D 属于当事人的义务，符合题意。但上述规定中并没有要求对另一方当事人提出的问题应该予以正面回答，因此选项 C 不属于当事人的义务，不符合题意。

　　综上所述，本题答案为 A、B、D。

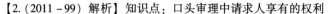

【2.（2011－99）解析】知识点：口头审理中请求人享有的权利

在 G－4－4－13 关于"当事人的权利要求和义务"中规定，……（1）当事人的权利：当事人有权请求审案人员回避；无效宣告程序中的当事人有权与对方当事人和解；有权在口头审理中请出具过证言的证人就其证言出庭作证和请求演示物证；有权进行辩论。无效宣告请求人有权请求撤回无效宣告请求，放弃无效宣告请求的部分理由及相应证据，以及缩小无效宣告请求的范围。专利权人有权放弃部分权利要求及其提交的有关证据……。选项 A、B、C、D 相应于上述规定，因此均符合题意。

综上所述，本题答案为 A、B、C、D。

【3.（2018－75）解析】知识点：口头审理的进行

在 G－4－4－5.1 关于"口头审理第一阶段"第二段中规定，……合议组宣布口头审理开始后。……询问当事人是否请求审案人员回避，是否请证人作证和请求演示物证。根据该规定，合议组应当询问当事人是否请求审案人员回避。进一步地，在 G－4－4－6 关于"口头审理的中止"中规定，有下列情形之一的，合议组可以宣布中止口头审理，并在必要时确定继续进行口头审理的日期：（1）当事人请求审案人员回避的。（2）因和解需要协商的。（3）需要对发明创造进一步演示的。（4）合议组认为必要的其他情形。根据上述规定，当事人请求审案人员回避的，合议组组长可以宣布中止口头审理。选项 A 的说法正确，符合题意。

在 G－4－4－5.2 关于"口头审理第二阶段"中规定，……当事人当庭增加理由或者补充证据的，合议组应当根据有关规定判断所述理由或者证据是否予以考虑……。选项 B 的说法与上述规定一致，故其说法正确，符合题意。

在 G－4－4－5.3 关于"口头审理第三阶段"中规定，在无效宣告程序的口头审理调查后，进行口头审理辩论。……在口头审理辩论时，合议组成员可以提问，但不得发表自己的倾向性意见，也不得与任何一方当事人辩论。……在复审程序的口头审理调查后，合议组可以就有关问题发表倾向性意见，必要时将其认为专利申请不符合有关规定的具体事实、理由和证据告知复审请求人，并听取复审请求人的意见。根据上述规定，对复审程序和无效程序中的口头审理处理是不一样的，在复审程序的口头审理调查后，合议组可以就有关问题发表倾向性意见，必要时将其认为专利申请不符合专利法及其实施细则和审查指南有关规定的具体事实、理由和证据告知复审请求人，并听取复审请求人的意见，因此选项 C 的说法是正确的，符合题意。但在无效宣告程序口头审理辩论时提问，合议组成员不得发表自己的倾向性意见，也不得与任何一方当事人辩论，因此选项 D 的说法也是正确的，符合题意。

综上所述，本题答案为 A、B、C、D。

【4.（2018－76）解析】知识点：无效宣告程序中的口头审理中证人出庭作证

在 G－4－4－10 关于"证人出庭作证"第一段中规定，出具过证言并在口头审理通知书回执中写明的证人可以就其证言出庭作证。当事人在口头审理中提出证人出庭作证请求的，合议组可根据案件的具体情况决定是否准许。根据上述规定，由于赵某是出具过证言并在口头审理通知书回执中写明的证人，因此可以就其证言出庭作证，选项 A 的说法正确，符合题意，而由于钱某是专利权人在口头审理中才向合议组提出出庭作证请求的证人，则合议组可根据案件的具体情况决定是否准许，选项 B 的说法正确，符合题意。

在 G－4－4－10 关于"证人出庭作证"第二段中规定，……出庭作证的证人不得旁听案件的审理。询问证人时，其他证人不得在场，但需要证人对质的除外。根据上述规定，赵某和钱某作为证人，不得旁听案件的审理，选项 C 的说法正确，符合题意；且合议组询问赵某时，钱某不得在场，但需要钱某与赵某对质的除外，选项 D 的说法正确，符合题意。

综上所述，本题答案为 A、B、C、D。

【5.（2010－77）解析】知识点：无效宣告程序中的口头审理证人出庭作证

在 G－4－4－10 关于"证人出庭作证"第一段中规定，出具过证言并在口头审理通知书回执中写明的证人可以就其证言出庭作证。当事人在口头审理中提出证人出庭作证请求的，合议组可根据案件的具体情况决定是否准许。根据该规定，有证人出庭作证的，应当在口头审理通知书回执中写明，即选项 A 的说法正确，符合题意。

在 G－4－4－10 关于"证人出庭作证"第二段中规定，……出庭作证的证人不得旁听案件的审理。询问证人时，其他证人不得在场，但需要证人对质的除外。根据该规定，证人无权旁听案件的审理，即选项 B 的说法错误，不符合题意。

在 G－4－4－10 关于"证人出庭作证"第三段中规定，合议组可以对证人进行提问。在双方当事人参加的口头审理中，双方当事人可以对证人进行交叉提问。证人应当对合议组提出的问题作出明确回答，对于当事人提出的与案件无关的问题可以不回答。根据该规定，合议组可以对证人进行提问，并且证人应当作出明确回答，即选项 C 的说法正确，符合题意。同时，双方当事人可对证人进行提问，因此选项 D 的说法错误，不符合题意。

综上所述，本题答案为 A、C。

【6. (2016 – 80) 解析】知识点：无效宣告程序中的口头审理

在 G–4–4–2 关于"口头审理的确定"中规定，……无效宣告程序的当事人可以依据下列理由请求进行口头审理：(1) 当事人一方要求同对方口头质证和辩论。(2) 需要向合议组口头说明事实。(3) 需要实物演示。(4) 需要请出具过证言的证人出庭作证……。因此，无效宣告请求人可以以需要当面向合议组说明事实为由，请求进行口头审理，即选项 A 的说法正确，符合题意。

在 G–4–4–3 关于"口头审理的通知"中规定，……参加口头审理的每方当事人及其代理人的数量不得超过四人……。因此，选项 B 的说法错误，不符合题意。

在 G–4–4–6 关于"口头审理的中止"中规定，有下列情形之一的，合议组可以宣布中止口头审理，并在必要时确定继续进行口头审理的日期：(1) 当事人请求审案人员回避的。(2) 因和解需要协商的。(3) 需要对发明创造进一步演示的。(4) 合议组认为必要的其他情形。因此，当事人请求审案人员回避的，合议组组长可以宣布中止口头审理，即选项 C 的说法正确，符合题意。

根据 R74.3 的规定可知，无效宣告请求人对口头审理通知书在指定的期限内未作答复，并且不参加口头审理的，其无效宣告请求视为撤回；专利权人不参加口头审理的，可以缺席审理。根据该规定，只有请求人未在规定的期限内答复口头审理通知书，而且未出席口头审理的，其无效宣告请求才被视为撤回，仅仅是请求人未出席口头审理，并不必然导致其无效宣告请求视为撤回，例如请求人答复了口头审理通知书，就不会导致其无效宣告请求视为撤回。从这一角度可知，选项 D 的说法错误。进一步地，根据 R76.2 的规定可知，即使无效宣告请求被视为撤回，但是如果合议组认为根据已进行的审查工作能够作出宣告专利权无效或者部分无效的决定，则不终止该无效宣告请求的审查程序，即此时该案件的审理并未结束。从这一角度来看，选项 D 的说法也是错误的。因此，选项 D 的说法存在两个方面的错误，不符合题意。

综上所述，本题答案为 A、C。

【7. (2015 – 81) 解析】知识点：无效宣告程序中请求举行口头审理的事由

参见 6. (2016 – 80) 选项 A 的解析。依据 G–4–4.2 关于"口头审理确定"的四种情形可知，选项 A 所述的"乙要求同甲当面质证和辩论"属于第 (1) 种情形，选项 B 所述的"甲需要当面向合议组说明事实"属于第 (2) 种情形，选项 C 所述的"甲需要实物演示"属于第 (3) 种情形，选项 D 所述的"乙需要请出具过证言的证人作证"属于第 (4) 种情形，因此均可以作为请求进行口头审理的理由，符合题意。

综上所述，本题答案为 A、B、C、D。

【8. (2014 – 74) 解析】知识点：无效宣告程序中的口头审理

参见 6. (2016 – 80) 选项 D 的解析。根据 R74.3 可知，专利权人不参加口头审理的，可以缺席审理。因此，专利权人未出席口头审理的，是缺席审理，并不会一定导致口头审理中止，改期进行 (当然在现实中，有可能基于案情需要，合议组可以改期举行)，故选项 A 的说法错误，不符合题意。

在 G–4–4–10 关于"证人出庭作证"第二段中规定，……出庭作证的证人不得旁听案件的审理。询问证人时，其他证人不得在场，但需要证人对质的除外。根据上述规定，出庭作证的证人不能旁听案件的审理，故选项 B 的说法正确，符合题意。

在 G–4–4–12 关于"旁听"中规定，在口头审理中允许旁听，旁听者无发言权；未经批准，不得拍照、录音和录像，也不得向参加口头审理的当事人传递有关信息……。根据该规定，选项 C 的说法错误，不符合题意。

在 G–4–4–10 关于"证人出庭作证"第三段中规定，……合议组可以对证人进行提问。在双方当事人参加的口头审理中，双方当事人可以对证人进行交叉提问。证人应当对合议组提出的问题作出明确回答，对于当事人提出的与案件无关的问题可以不回答。根据该规定，合议组和双方当事人均可以对证人进行提问，即选项 D 的说法正确，符合题意。

综上所述，本题答案为 B、D。

【9. (2013 – 69) 解析】知识点：无效宣告程序中的口头审理

在 G–4–4–3 关于"口头审理通知"第一段中规定，……专利权人不参加口头审理的，可以缺席审理。由此可知，李某作为专利权人，不参加口头审理，可以缺席审理，因此选项 A 的说法正确，符合题意。

在 G–4–4–12 关于"旁听"中规定，在口头审理中允许旁听，旁听者无发言权；未经批准，不得拍照、录音和录像，也不得向参加口头审理的当事人传递有关信息……。根据该规定，只要是旁听人员就不得向参加口头审理的当事人传递有关信息，因此选项 B 的说法错误，不符合题意。

在 G–4–4–13 关于"当事人的权利和义务"中规定了无效宣告请求人有权请求撤回无效宣告请求，放弃无效宣告请求的部分理由及相应证据，以及缩小无效宣告请求的范围。根据上述规定，请求人张某可以在口头审理的过程中放弃无效宣告请求的部分理由，即选项 C 的说法是正确的，符合题意。

在 G-4-4-11 关于"记录"第二段中规定，……在重要的审理事项记录完毕后或者在口头审理终止时，合议组应当将笔录交当事人阅读。对笔录的差错，当事人有权请求记录人更正。笔录核实无误后，应当由当事人签字并存入案卷。当事人拒绝签字的，由合议组在口头审理笔录中注明……。根据上述规定，张某和李某都有权阅读笔录，但对于笔录的差错，有权请求更正，而选项 D 所述"不能请求更正"的说法是错误的，不符合题意。

综上所述，本题答案为 A、C。

【10.（2010-22）解析】知识点：无效宣告程序中的口头审理

根据 G-4-4-2 关于"口头审理的确定"中的规定可知，对于尚未进行口头审理的无效宣告案件，在审查决定作出前收到当事人依据上述理由以书面方式提出口头审理请求的，合议组应当同意，但是合议组认为确无必要进行口头审理的除外。选项 A 的说法正确，符合题意。

根据 R74.1 的规定可知，合议组是根据当事人的请求或者案情需要来决定对无效宣告请求进行口头审理。因此，无效宣告程序中并不是必须要进行口头审理，也可以通过书面审理。因此选项 B 的说法是错误的（注意：在现实中无效案件几乎都要进行口头审理，但并没有规定无效案件都应当进行口头审理），不符合题意。

参见 6.（2016-80）选项 D 的解析。根据 R74.3 的规定可知，无效宣告请求人既不提交口头审理回执，也不参加口头审理的，其无效宣告请求视为撤回，故选项 C 的说法是正确的，符合题意。

在 G-4-4-9 关于"当事人中途退庭"中规定，在无效宣告程序或者复审程序的口头审理过程中，未经合议组许可，当事人不得中途退庭。当事人未经合议组许可而中途退庭的，或者因妨碍口头审理进行而被合议组责令退庭的，合议组可以缺席审理。但是，应当就该当事人已经陈述的内容及其中途退庭或者被责令退庭的事实进行记录，并由当事人或者合议组签字确认。根据上述规定，无效宣告请求人无正当理由中途退庭的，合议组可以缺席审理，但并不会导致其无效宣告请求视为撤回，因此选项 D 的说法错误，不符合题意。

综上所述，本题答案为 A、C。

【11.（2015-26）解析】知识点：复审程序中的口头审理

在 G-4-4-3 关于"口头审理的通知"第六段中规定，参加口头审理的每方当事人及其代理人的数量不得超过四人。回执中写明的参加口头审理人员不足四人的，可以在口头审理开始前指定其他人参加口头审理。一方有多人参加口头审理的，应当指定其中之一作为第一发言人进行主要发言。根据 G-4-4-3 关于"口头审理的通知"第七段中规定可知，当事人依照《专利法》第十八条规定委托专利代理机构代理的，该机构应当指派专利代理师参加口头审理。根据上述规定，复审请求人丁某可以不参加口头审理，而可以委托两名专利代理师参加（要求是不超过四人），因此选项 A 的做法符合规定，不符合题意。基于上述规定，选项 D 中"丁某与其委托的四名专利代理师在指定的日期参加口头审理"，显然违反了人数不能超过四人的规定，因此不符合规定，符合题意。

在 G-4-4-3 关于"口头审理的通知"第三段中规定，合议组应当在口头审理通知书中告知复审请求人，可以选择参加口头审理进行口头答辩，或者在指定的期限内进行书面意见陈述。复审请求人应当在口头审理通知书指定的答复期限内提交口头审理通知书回执，并在回执中明确表示是否参加口头审理；逾期未提交回执的，视为不参加口头审理。根据上述规定，复审请求人丁某可以选择不参加口头审理，且可以在指定的期限内进行书面意见陈述，即选项 B 的做法符合规定，不符合题意。进一步，在 G-4-4-3 关于"口头审理的通知"第四段中规定，口头审理通知书中已经告知该专利申请不符合《专利法》及其实施细则和该指南有关规定的具体事实、理由和证据的，如果复审请求人既未出席口头审理，也未在指定的期限内进行书面意见陈述，其复审请求视为撤回。据此也能得出选项 B 是符合规定的，不符合题意。同时根据上述规定可知，丁某可以不进行书面意见陈述，而直接在指定日期参加口头审理，因此选项 C 的做法也符合规定，不符合题意。

综上所述，本题答案为 D。

【12.（2012-14）解析】知识点：复审程序中的口头审理

在 G-4-4-2 关于"口头审理的确定"中规定，……复审请求人提出口头审理请求的，合议组根据案件的具体情况决定是否进行口头审理……。根据该规定，复审请求人提出口头审理请求后，合议组并不必须要进行口头审理的，而需要根据具体情况决定，因此选项 A 的说法错误，不符合题意。

在 G-4-4-2 关于"口头审理的确定"中规定，……在无效宣告程序或者复审程序中，合议组可以根据案情需要自行决定进行口头审理。针对同一案件已经进行过口头审理的，必要时可以再次进行口头审理……。根据该规定，对于同一件复审案件的审理过程中，并不是只能进行一次口头审理，必要时可以再次进行口头审理的，故选项 B 的说法错误，不符合题意。

参见11. (2015－26) 选项B的解析，根据G-4-4-3关于"口头审理的通知"第三段中规定可知，在收到口头审理通知书后，复审请求人并不是必须要参加口头审理的（即不参加口头审理也不会导致复审请求视为撤回），可以选择不参加口头审理，而在指定的期限内进行书面意见陈述，因此选项C的说法错误，不符合题意。

在G-4-4-3关于"口头审理的通知"第六段中规定，参加口头审理的每方当事人及其代理人的数量不得超过四人……。由此可知，选项D的说法是正确的，符合题意。

综上所述，本题答案为D。

（三）总体考点分析

本部分涉及口头审理相关知识点，包括口头审理的性质、确定、中止、终止、口头审理前的准备和进行以及其他事项。具体来说主要包括：请求口头审理的理由、口头审理请求的提出、口头审理通知书、口头审理通知书回执、当事人不参加口头审理的法律后果、口头审理参加人、当事人的缺席、证人出庭作证、旁听和当事人的权利和义务等。本部分知识点比较分散，涉及口头审理众多方面，但相对重点的是：口头审理的确定、证人出庭作证、当事人的权利和义务等。

 高频结论

✓ 无效宣告程序的当事人可以依据下列理由请求进行口头审理：（1）当事人一方要求同对方口头质证和辩论。（2）需要向合议组口头说明事实。（3）需要实物演示。（4）需要请出具过证言的证人出庭作证。

✓ 对于尚未进行口头审理的无效宣告案件，在审查决定作出前收到当事人依据上述理由以书面方式提出口头审理请求的，合议组应当同意进行口头审理（注意：无效宣案件并不必须要进行口头审理）。

✓ 在无效宣告程序或者复审程序中，合议组可以根据案情需要自行决定进行口头审理。

✓ 针对同一案件已经进行过口头审理的，必要时可以再次进行口头审理。

✓ 当事人应当在口头审理通知指定的答复期限内提交口头审理通知书回执。无效宣告请求人期满未提交回执，并且不参加口头审理的，其无效宣告请求视为撤回，无效宣告请求审查程序终止。但合议组认为根据已进行的审查工作能够作出宣告专利权无效或者部分无效的决定的除外。

✓ 专利权人不参加口头审理的，可以缺席审理。

✓ 对于复审的口头审理通知书，复审请求人可以选择参加口头审理进行口头答辩，或者在指定的期限内进行书面意见陈述（即可以选择不参加口头审理，而不会导致复审请求视为撤回）。如果复审请求人既未出席口头审理，也未在指定的期限内进行书面意见陈述，其复审请求视为撤回。

✓ 参加口头审理的每方当事人及其代理人的数量不得超过四人。

✓ 当事人不能在指定日期参加口头审理的，可以委托其专利代理师或者其他人代表出庭。

✓ 在无效宣告程序的口头审理辩论时，合议组成员可以提问，但不得发表自己的倾向性意见，也不得与任何一方当事人辩论。

✓ 在复审程序的口头审理调查后，合议组可以就有关问题发表倾向性意见，必要时将其认为专利申请不符合《专利法》及其实施细则和审查指南有关规定的具体事实、理由和证据告知复审请求人，并听取复审请求人的意见。

✓ 有下列情形之一的，合议组可以宣布中止口头审理，并在必要时确定继续进行口头审理的日期：（1）当事人请求审案人员回避的。（2）因和解需要协商的。（3）需要对发明创造进一步演示的。（4）合议组认为必要的其他情形。

✓ 当事人未经合议组许可而中途退庭的，或者因妨碍口头审理进行而被合议组责令退庭的，合议组可以缺席审理。

✓ 出庭作证的证人不得旁听案件的审理。询问证人时，其他证人不得在场，但需要证人对质的除外。

✓ 合议组可以对证人进行提问。在双方当事人参加的口头审理中，双方当事人可以对证人进行交叉提问。证人应当对合议组提出的问题作出明确回答，对于当事人提出的与案件无关的问题可以不回答。

✓ 在口头审理中，由书记员或者合议组组长指定的合议组成员进行记录。合议组应当将笔录交当事人阅读。对笔录的差错，当事人有权请求记录人更正。

✓ 在口头审理中允许旁听，旁听者无发言权；未经批准，不得拍照、录音和录像，也不得向参加口头审理的当事人传递有关信息。

✓　当事人有权请求审案人员回避；无效宣告程序中的当事人有权与对方当事人和解；有权在口头审理中请出具过证言的证人就其证言出庭作证和请求演示物证；有权进行辩论。无效宣告请求人有权请求撤回无效宣告请求，放弃无效宣告请求的部分理由及相应证据，以及缩小无效宣告请求的范围。专利权人有权放弃部分权利要求及其提交的有关证据。复审请求人有权撤回复审请求；有权提交修改文件。

（四）参考答案

1. A、B、D	2. A、B、C、D	3. A、B、C、D	4. A、B、C、D	5. A、C
6. A、C	7. A、B、C、D	8. B、D	9. A、C	10. A、C
11. D	12. D			

第五节　无效宣告程序中证据相关规定

一、举证期限

（一）历年试题集合

1. (2018－69，有适应性修改)无效宣告请求人在提出无效宣告请求时提交了买卖合同和产品使用说明书，在之后的1个月内补充提交了日本出版的专业期刊文献的复印件及其中文译文。在2个月后的口头审理中，请求人当庭提交了机械工业出版社出版的《机械设计制造大辞典》、前述提交过的日本出版的专业期刊原件及其公证认证文书、美国专利文献及其中文译文。合议组对请求人提交的下列哪些证据会予以考虑？

【你的答案】

【选错记录】

  A. 请求人在口头审理之前提交的买卖合同和产品使用说明书
  B. 请求人在口头审理中提交的机械工业出版社出版的《机械设计制造大辞典》
  C. 请求人在口头审理中提交的日本出版的专业期刊原件及其公证认证文书
  D. 请求人在口头审理中提交的美国专利文献及其中文译文

2. (2017－30，有适应性修改)无效宣告请求人在提出无效宣告请求时提交的证据有技术设计图纸，在1个月内补充的证据有日本专利文献及其中文译文，并在口头审理时提交了硕士论文、《日汉技术手册》和技术人员的书面证言作为证据，请求人结合上述证据详细阐述了被请求专利不具有新颖性和创造性的理由。以下说法哪些是正确的？

【你的答案】

【选错记录】

  A. 合议组应对请求人提交的所有证据均予以考虑
  B. 合议组应对请求人在口头审理时提交的证据均不予考虑
  C. 合议组应对请求人在口头审理时提交的硕士论文和《日汉技术手册》予以考虑
  D. 合议组应对请求人在口头审理时提交的书面证言不予考虑

3. (2016－24)陈某于2010年3月4日以某日本专利文献为证据就某专利权提出无效宣告请求，其提交了该专利文献的原文，但未提交中文译文。专利复审委员会受理了该无效宣告请求，并于2010年3月6日向双方发出受理通知书。下列说法哪个是正确的？

【你的答案】

【选错记录】

  A. 陈某应当在2010年4月4日前提交该日本专利文献的译文
  B. 陈某应当在2010年4月6日前提交该日本专利文献的译文
  C. 陈某应当在2010年4月21日前提交该日本专利文献的译文
  D. 陈某可以在2010年6月2日举行口头审理的当天提交该日本专利文献的译文

4. (2015－82，有适应性修改)无效宣告请求人在提出无效宣告请求时提交了施工合同和设计图纸，在之后的1个月内补充提交了台湾专利文献。2个月后，请求人在口头审理时提交了《化工原料手册》、台湾专利文献公证书和韩国出版的专业杂志文献及其译文。合议组对请求人提交的下列哪些证据会予以考虑？

【你的答案】

【选错记录】

  A. 请求人在口头审理之前提交的台湾专利文献

B. 请求人在口头审理时提交的韩国出版的专业杂志文献及其译文

C. 请求人在口头审理时提交的《化工原料手册》和台湾专利文献公证书

D. 请求人提交的施工合同和设计图纸

5. （2014－85）丁某于 2012 年 1 月 20 日向专利复审委员会提出无效宣告请求，专利复审委员会于 2012 年 1 月 27 日受理了该无效宣告请求。下列说法哪些是正确的？

【你的答案】

【选错记录】

A. 丁某在 2012 年 2 月 19 日补充证据是符合规定的

B. 丁某在 2012 年 2 月 25 日补充证据是符合规定的

C. 丁某提交外文证据中文译文的期限是在口头审理辩论终结前

D. 丁某提交用于完善证据法定形式的公证文书的期限是在口头审理辩论终结前

6. （2012－26）陈某于 2010 年 3 月 4 日就某专利提出无效宣告请求，所依据的证据是某美国专利文献，陈某提交了该专利文献的中文译文但未提交该专利文献的原文。专利复审委员会于 2010 年 3 月 6 日收到了该无效宣告请求。下列哪种说法是正确的？

【你的答案】

【选错记录】

A. 陈某可以在 2010 年 3 月 4 日起 1 个月内提交该美国专利文献的原文

B. 陈某可以在 2010 年 3 月 6 日起 1 个月内提交该美国专利文献的原文

C. 陈某可以在 2010 年 3 月 21 日起 1 个月内提交该美国专利文献的原文

D. 陈某可以在口审当天提交该美国专利文献的原文

7. （2011－55）郭某就李某的发明专利于 2011 年 3 月 5 日提出无效宣告请求。专利复审委员会受理该请求后将有关文件转送给李某。2011 年 7 月 8 日，专利复审委员会举行并完成了口头审理。专利复审委员会对下列哪些证据应当予以接受？

【你的答案】

【选错记录】

A. 郭某于 2011 年 4 月 2 日提交的一份外文证据，并于 2011 年 6 月 2 日提交了该证据的中文译文

B. 郭某于 2011 年 7 月 9 日提交的一本用作公知常识性证据的期刊

C. 李某在口头审理辩论终结前当庭提交的用于完善证据法定形式的公证文书

D. 李某在指定的答复期限内提交的某证据的复印件，并于 2011 年 7 月 7 日提交了该证据的原件

8. （2010－27）请求人在 2009 年 4 月 5 日通过邮寄的方式提出无效宣告请求并提交了外文证据，专利复审委员会于 4 月 10 日受理了该无效宣告请求。下列说法哪些是正确的？

【你的答案】

【选错记录】

A. 请求人可以在 2009 年 5 月 5 日前补充证据，并结合该证据具体说明相关的无效宣告理由

B. 请求人可以在 2009 年 5 月 10 日前补充证据，并结合该证据具体说明相关的无效宣告理由

C. 对请求人于 2009 年 4 月 12 日提交的新证据，并在 2009 年 5 月 10 日结合该证据具体说明的无效宣告理由，专利复审委员会对该证据应当予以考虑

D. 请求人在 2009 年 5 月 8 日提交外文证据及其中文译文的，专利复审委员会对该译文应当予以考虑

（二）参考答案解析

【1.（2018－69）解析】知识点：无效宣告程序中的举证期限

G－4－3－4.3.1 关于"请求人举证"中规定，（1）请求人在提出无效宣告请求之日起一个月内补充证据的，应当在该期限内结合该证据具体说明相关的无效宣告理由，否则，……不予考虑。（2）请求人在提出无效宣告请求之日起一个月后补充证据的，……一般不予考虑，但下列情形除外：（i）针对专利权人提交的反证，请求人在……指定的期限内补充证据，并在该期限内结合该证据具体说明相关无效宣告理由的；（ii）在口头审理辩论终结前提交技术词典、技术手册和教科书等所属技术领域中的公知常识性证据或者用于完善证据法定形式的公证文书、原件等证据，并在该期限内结合该证据具体说明相关无效宣告理由的。（3）请求人提交的证据是外文的，提交其中文译文的期限适用该证据的举证期限。

选项 A 中述及的在口头审理之前提交的买卖合同和产品使用说明书，是在无效宣告请求之日提出的，因此合议组应予以考虑，即选项 A 符合题意。

选项 B 中机械工业出版社出版的《机械设计制造大辞典》属于公知常识性证据，根据上述规定最迟可以在口头审理辩论终结前提交。因此，请求人在口头审理中提交的该证据，合议组可以考虑，即选项 B 符合题意。

选项 C 中由于请求人在提出无效宣告请求之日起的 1 个月内补充提交了日本出版的专业期刊文献的复印件及其中文

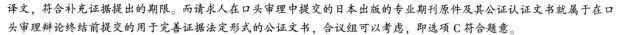

译文，符合补充证据提出的期限。而请求人在口头审理中提交的日本出版的专业期刊原件及其公证认证文书就属于在口头审理辩论终结前提交的用于完善证据法定形式的公证文书，合议组可以考虑，即选项C符合题意。

选项D中的美国专利文献及其中文译文是在无效宣告请求2个月后才提出的，超出了举证期限，且也不是上述规定的例外情形，既不是公知常识性证据，也不是用于完善证据法定形式的公证文书、原件等证据。因此，合议组不予考虑，故选项D不符合题意。

综上所述，本题答案为A、B、C。

【2.（2017-30）解析】知识点：无效宣告程序中的举证期限

参见1.（2018-69）的解析。依据是G-4-3-4.3.1关于"请求人举证"的规定。无效宣告请求人在提出无效宣告请求时提交的证据有技术设计图纸，以及在一个月内补充的证据有日本专利文献及其中文译文，符合上述规定的第（1）种情形，应当予以考虑。对于无效宣请求人在口头审理时提交的硕士论文、《日汉技术手册》和技术人员的书面证言，《日汉技术手册》属于公知常识类证据，可以在口头审理结束前提交，而硕士论文及技术人员的书面证言并不属于公知常识性证据，在口头审理时提交已经超出举证的期限（因为口头审理时必然也超出提出无效宣告请求之日起1个月内的期限），因此合议组不应予以考虑。由此可知，选项A所述的"应对请求人提交的所有证据均予以考虑"，显然是错误的，因为口头审理结束前提交的硕士论文及技术人员的书面证言是不予考虑的；选项B所述的"应对请求人在口头审理时提交的证据"均不予考虑，也是错误的，因为口头审理结束前提交的《日汉技术手册》属于公知常识类证据，应予考虑；选项C所述的在口头审理时提交的硕士论文和《日汉技术手册》予以考虑是错误的，因为提交的硕士论文不是公知常识性证据，故不予考虑；选项D所述的请求人在口头审理时提交的书面证言不予考虑是正确的，因为在口头审理时提交的书面证言，举证逾期且不属于公知常识性证据，故不予考虑。

综上所述，本题答案为D。

【3.（2016-24）解析】知识点：无效宣告程序中的举证期限

根据R71的规定可知，无效宣告请求受理后，请求人可以在提出无效宣告请求之日起1个月内增加理由或者补充证据。逾期增加理由或者补充证据的，合议组可以不予考虑。根据上述规定，请求人应当自其提出无效宣告请求日即2010年3月4日起1个月内，最迟于2010年4月4日前补充证据。进一步地，G-4-3-4.3.1关于"请求人举证"规定可知，请求人在提出无效宣告请求之日起1个月内补充证据的，应当在该期限内结合该证据具体说明相关的无效宣告理由，否则，合议组不予考虑。……请求人提交的证据是外文的，提交其中文译文的期限适用该证据的举证期限。根据上述规定，日本专利文献的中文译文也应当在上述期限内提交，即最迟于2010年4月4日前提交，故选项A的说法正确。而选项B中"2010年4月6日前提交"是按发出受理通知书的时间即2010年3月6日起计算的，因此说法是错误的。选项C中"2010年4月21日前提交"是按推定收到受理通知书的时间即2010年3月21日起计算的，因此说法是错误的。选项D中，2010年6月2日举行口头审理的当天提交该日本专利文献的译文，明显超出补充证据的提交期限，因此选项D的说法是错误的。

综上所述，本题答案为A。

【4.（2015-82）解析】知识点：无效宣告程序中的举证期限

参见1.（2018-69）的解析。依据是G-4-3-4.3.1关于"请求人举证"的规定。

选项A中述及的在口头审理之前提交的台湾专利文献，是在无效宣告请求之日起1个月内补充提交的，符合补充证据的期限，因此合议组应予以考虑，即选项A符合题意。

选项B中的在口头审理时提交的韩国出版的专业杂志文献及其译文，是在口头审理时才提出的，超出了举证期限，且也不是上述规定的例外情形，既不是公知常识性证据，也不是用于完善证据法定形式的公证文书、原件等证据，因此合议组不予考虑，故选项B不符合题意。

选项C中的在口头审理时提交的《化工原料手册》，属于公知常识性证据，根据上述规定，最迟可以在口头审理辩论终结前提交。因此，请求人在口头审理中提交的该证据，合议组可以考虑。而由于请求人在提出无效宣告请求之日起的1个月内补充提交了所述的台湾专利文献，在口头审理时提交的台湾专利文献公证书属于在口头审理辩论终结前提交的用于完善证据法定形式的公证文书，合议组可以考虑，即选项C符合题意。

选项D中请求人提交的施工合同和设计图纸，是在无效宣告请求时就已提交的证据，很明显，合议组应予考虑，故选项D符合题意。

综上所述，本题答案为A、C、D。

【5.（2014-85）解析】知识点：无效宣告程序中的举证期限

参见1.（2018-69）解析。依据是G-4-3-4.3.1关于"请求人举证"的规定。丁某提出无效宣告请求的时间是

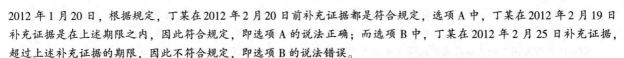

2012 年 1 月 20 日，根据规定，丁某在 2012 年 2 月 20 日前补充证据都是符合规定，选项 A 中，丁某在 2012 年 2 月 19 日补充证据是在上述期限之内，因此符合规定，即选项 A 的说法正确；而选项 B 中，丁某在 2012 年 2 月 25 日补充证据，超过上述补充证据的期限，因此不符合规定，即选项 B 的说法错误。

根据上述规定的第（3）项可知，提交外文证据的中文译文期限与该证据的举证期限相同，即丁某提交外文证据的中文译文的期限是 2012 年 2 月 20 日，而不是在口头审理辩论终结前，而选项 C 的说法错误。

根据上述规定的第（2）项第（ⅱ）小项可知，丁某提交用于完善证据法定形式的公证文书的期限是在口头审理辩论终结前，符合规定即选项 D 的说法是正确的。

综上所述，本题答案为 A、D。

【6.（2012－26）解析】知识点：无效宣告程序中的举证期限

根据 R71 的规定可知，请求人可以在提出无效宣告请求之日起 1 个月内增加理由或者补充证据。上述规定中，补充证据的时间起点是提出无效宣告请求之日，而不是专利复审委员会收到无效请求之日。因此，陈某于 2010 年 3 月 4 日提出无效宣告请求，可以在 2010 年 3 月 4 日起 1 个月内提交证据，即最迟于 2010 年 4 月 4 日补充证据。对于美国专利文献的原文，陈某应当在 2010 年 3 月 4 日起 1 个月内提交，即选项 A 符合题意；选项 B 中，显然错误地以专利复审委员会收到无效请求之日起算；选项 C 中，干扰点在于其以专利复审委员会收到无效请求之日增加了 15 天来计算，明显也是错误的；选项 D 中，如果陈某在口审当天提交该美国专利文献的原文，则显然超出提出无效宣告请求之日起 1 个月内补充证据的期限，也是错误的。

综上所述，本题答案为 A。

【7.（2011－55）解析】知识点：无效宣告程序中的举证期限

参见 1.（2018－69）的解析。依据是 G－4－3－4.3.1 关于"请求人举证"的规定。请求人郭某就专利权人李某的发明专利提出无效宣告请求的时间是 2011 年 3 月 5 日，口头审理于 2011 年 7 月 8 日举行。选项 A 中，请求人郭某于 2011 年 4 月 2 日提交的一份外文证据，这是在举证期限内提交的，因为相距于无效宣告请求之日的 1 个月之内，但该证据的中文译文是在 2011 年 6 月 2 日才提交，而根据上述规定的最后一段"请求人提交的证据是外文的，提交其中文译文的期限适用该证据的举证期限"可知，该中文译文的提交时间超出举证期限，合议组不会接受，因此选项 A 不符合题意。

选项 B 中，郭某于 2011 年 7 月 9 日提交的一本用作公知常识性证据的期刊，根据上述规定第（2）项第（ⅱ）规定可知，虽然在口头审理辩论终结前可以提交技术词典、技术手册和教科书等所属技术领域中的公知常识性证据，而郭某提交的一本用作公知常识性证据的期刊时间是 2011 年 7 月 9 日，已经是口头审理结束之后，而由于期刊不可能是公知常识性证据，故属于超期举证因此不符合上述举证期限的要求，故选项 B 不符合题意。

G－4－3－4.3.2 关于"专利权人举证"中规定，专利权人应当在指定的答复期限内提交证据，但对于技术词典、技术手册和教科书等所属技术领域中的公知常识性证据或者用于完善证据法定形式的公证文书、原件等证据，可以在口头审理辩论终结前补充。专利权人提交或者补充证据的，应当在上述期限内对提交或者补充的证据具体说明。专利权人提交的证据是外文的，提交其中文译文的期限适用该证据的举证期限。

选项 C 中，李某在口头审理辩论终结前当庭提交的用于完善证据法定形式的公证文书，根据上述规定，合议组应当予以考虑，即选项 C 符合题意。选项 D 中，李某在指定的答复期限内提交的某证据的复印件，符合专利权人举证的期限规定，而该证据的原件属于上述规定的用于完善证据法定形式的原件，可以在口头审理辩论终结前提交，选项 D 中提交所述原件的时间是 2011 年 7 月 7 日（在口头审理举行的前一天），显然符合上述规定的期限，故合议组应当予以考虑。即选项 D 符合题意。

综上所述，本题答案为 C、D。

【8.（2010－27）解析】知识点：无效宣告程序中的举证期限

参见 1.（2018－69）的解析。依据是 G－4－3－4.3.1 关于"请求人举证"的规定。请求人在 2009 年 4 月 5 日通过邮寄的方式提出无效宣告请求并提交了外文证据，表明其无效宣告请求日 2009 年 4 月 5 日。而 2009 年 4 月 10 日是专利复审委员会收到或受理该无效宣告请求的时间。根据上述规定，请求人应当自其提出无效宣告请求日（即 2009 年 4 月 5 日）起 1 个月内，最迟于 2009 年 5 月 4 日前补充证据。进一步地，根据 G－4－3－4.3.1 关于"请求人举证"的规定可知，请求人在提出无效宣告请求之日起 1 个月内补充证据的，应当在该期限内结合该证据具体说明相关的无效宣告理由，否则……不予考虑。由此可知，请求人可以在 2009 年 5 月 5 日前补充证据，并结合该证据具体说明相关的无效宣告理由，即选项 A 的说法正确。而选项 B 中"2009 年 5 月 10 日前提交"是按专利复审委员会收到或受理该无效宣告请求的时间（即 2009 年 4 月 10 日）起计算的，因此选项 B 的说法是错误的。

选项 C 中，虽然请求人于 2009 年 4 月 12 日提交的新证据是规定期限内提交的，但当时并未结合该证据具体说明的无效宣告理由，而在 2009 年 5 月 10 日才进行具体说明，此时已经超出补充证据的期限（即 2009 年 5 月 5 日），因此该证据专利复审委员会不予考虑，故选项 C 的说法错误。

选项 D 中，请求人在 2009 年 5 月 8 日提交的是外文证据及其中文译文，不属于公知常识性证据和用于完善证据法定形式的公证文书、原件等证据，而该证据的提交时间已经超出补充证据的期限（即 2009 年 5 月 5 日），因此专利复审委员会不予考虑，故选项 D 的说法错误。

综上所述，本题答案为 A。

（三）总体考点分析

本部分涉及无效宣告程序中请求人和专利权人举证的期限规定。基本上每年会有至少 1 道题涉及该知识点。

高频结论

✓　在无效宣告请求受理后，请求人可以在提出无效宣告请求之日起 1 个月内增加理由或者补充证据。逾期增加理由或者补充证据的，合议组可以不予考虑。注意，这里以无效宣告请求之日为计算时间起点，而不是以合议组收到或受理无效宣告请求之日起计算的。

✓　请求人在提出无效宣告请求之日起 1 个月内补充证据的，应当在该期限内结合该证据具体说明相关的无效宣告理由，否则，合议组不予考虑。注意，试题中经常出现补充证据与结合该证据进行具体说明时间不一样的情况，有可能后者已经超出举证期限，导致该证据不予考虑。

✓　请求人在提出无效宣告请求之日起 1 个月后补充证据的，合议组一般不予考虑，但下列情形除外：（1）针对专利权人提交的反证，请求人在指定的期限内补充证据，并在该期限内结合该证据具体说明相关无效宣告理由的；（2）在口头审理辩论终结前提交技术词典、技术手册和教科书等所属技术领域中的公知常识性证据或者用于完善证据法定形式的公证文书、原件等证据，并在该期限内结合该证据具体说明相关无效宣告理由的。

✓　专利权人应当在合议组指定的答复期限内提交证据，但对于技术词典、技术手册和教科书等所属技术领域中的公知常识性证据或者用于完善证据法定形式的公证文书、原件等证据，可以在口头审理辩论终结前补充。

✓　专利权人提交或者补充证据的，应当在上述期限内对提交或者补充的证据具体说明。专利权人提交或者补充证据不符合上述期限规定或者未在上述期限内对所提交或者补充证据具体说明的，合议组不予考虑。

✓　请求人或专利权人提交的证据是外文的，提交其中文译文的期限适用该证据的举证期限。注意，试题中经常出现外文证据与该外文证据的中文译文提交时间不一样的情况，有可能后者已经超出举证期限，导致该证据不应予考虑。

（四）参考答案

1. A、B、C	2. D	3. A	4. A、C、D	5. A、D
6. A	7. C、D	8. A		

二、举证责任分配、质证及其他

（一）历年试题集合

1.（2019-72）王某提出一项无效宣告请求，理由是权利要求 1 与对比文件 1 的区别特征 A 是所属技术领域的公知常识，因此权利要求 1 不具备创造性。下列说法正确的是？

A. 王某主张区别特征 A 是所属技术领域的公知常识，对其主张承担举证责任

B. 王某可以在口头审理辩论终结前提交公知常识性证据，证明区别特征 A 是所属领域的公知常识

C. 王某可以通过教科书或者技术词典、技术手册等工具书记载的技术内容来证明 A 是该领域的公知

【你的答案】

【选错记录】

常识

　　D. 王某必须在提出无效宣告请求之日起1个月内提交公知常识性证据，证明区别特征 A 是所属领域的公知常识

　　2.（2017－94）无效宣告程序中关于公知常识，以下哪些说法是正确的？

　　A. 无效程序中一方当事人甲主张某技术手段是本领域公知常识，另一方当事人乙不予认可，则甲对其主张承担举证责任

　　B. 教科书记载的技术内容可用来证明某项技术手段是本领域的公知常识

　　C. 技术手册记载的技术内容可用来证明某项技术手段是本领域的公知常识

　　D. 技术词典记载的技术内容不能用来证明某项技术手段是本领域的公知常识

【你的答案】
【选错记录】

　　3.（2015－83，有适应性修改）李某对张某的专利权提出无效宣告请求，理由是权利要求1与对比文件1的区别特征 X 是所属领域的公知常识，权利要求1不具备创造性。下列说法哪些是正确的？

　　A. 李某必须提交证据证明区别特征 X 是所属领域的公知常识

　　B. 李某可以在口头审理时提交公知常识性证据，证明区别特征 X 是所属领域的公知常识

　　C. 李某可以在口头审理结束后无效决定作出之前，提交公知常识性证据，证明区别特征 X 是所属领域的公知常识

　　D. 张某认可李某提交的公知常识性证据，合议组可以确认其证明力

【你的答案】
【选错记录】

　　4.（2019－22）针对一项有效的中国专利，王某提出无效宣告请求，其中使用一件在美国形成的域外证据，下列说法错误的是？

　　A. 该证据需经美国公证机关予以证明，并经中国驻美国使领馆予以认证

　　B. 该证据需经中国公证机关予以证明，并经美国驻中国使领馆予以认证

　　C. 如果该证据可以从国内公共图书馆获得，无须办理有关公证和认证手续

　　D. 如果对方当事人认可该证据的真实性，无须办理有关公证和认证手续

【你的答案】
【选错记录】

　　5.（2018－23）无效宣告程序中，当事人提交的以下哪种证据无须办理公证、认证等相关的证明手续？

　　A. 在美国出版、纸质发行的专业期刊

　　B. 在德国举办的某展览会的会议图册

　　C. 某产品在中国台湾地区公开制造、销售的有关合同和票据

　　D. 从中国国家图书馆获得的英国专利文件

【你的答案】
【选错记录】

　　6.（2018－77）请求人赵某认为专利权人钱某拥有的一项实用新型专利权不具备《专利法》规定的创造性，向国家知识产权局提出无效宣告请求，并提交了日文专利文献作为现有技术证据之一。以下说法正确的是？

　　A. 赵某应当提交该日文专利文献的中文译文，如果赵某未在举证期限内提交中文译文，则视为未提交

　　B. 钱某对该日文专利文献的中文译文内容有异议的，应当在指定的期限内对有异议的部分提交中文译文。没有提交中文译文的，视为无异议

　　C. 赵某和钱某就中文译文的异议部分达成一致意见的，以双方最终认可的中文译文为准

　　D. 赵某和钱某未能就该日文专利文献的中文译文内容的异议部分达成一致意见，必要时专利复审委员会可以委托翻译，委托翻译所需翻译费用应由赵某和钱某各承担50%

【你的答案】
【选错记录】

　　7.（2018－80）&（2016－81）（有适应性修改）甲对乙的实用新型专利权提出无效宣告请求，甲提供的证据仅为证人丙在公证人员面前作出书面证言的公证书原件，内容为丙在涉案专利申请日前购买了与涉案专利相同的空调。在口头审理中丙未出庭作证，合议组当庭调查发现丙不属于确有困难不能出席口头审理作证的情形。下列说法正确的是？

　　A. 甲提供了该公证书原件，在没有其他证据推翻的情况下，一般应当认定该公证

【你的答案】
【选错记录】

书的真实性

B. 该公证书是由公证人员作出的，因此该公证书能证明丙在涉案专利申请日前确实购买过空调

C. 该公证书是由公证人员作出的，因此该公证书能证明丙在涉案专利申请日前确实购买了与涉案专利相同的空调

D. 丙未出席口头审理进行作证，其书面证言不能单独作为认定案件事实的依据

8. **(2017－95，有适应性修改)** 无效宣告程序中关于证据，以下哪些说法是正确的？　　【你的答案】

A. 对于互联网证据，公众能够浏览互联网信息的最早时间为该互联网信息的公开时间，一般以互联网信息的发布时间为准　【选错记录】

B. 申请日后形成或公开的证据，不能作为现有技术的证据使用

C. 合议组在案件审查中不需要有关单位或者专家对案件中涉及的技术内容和问题提供咨询性意见

D. 在无效宣告程序中，当事人在提交样品等不作为证据的物品时，有权以书面形式请求在其案件审结后取走该物品

9. **(2017－93)** 无效宣告程序中关于证据的质证，以下哪些说法是正确的？　　【你的答案】

A. 证据应当具有新颖性、合法性和真实性，合议组在确定证据具有以上性质之后可以将其作为认定事实的依据　【选错记录】

B. 证据应当具有新颖性、合法性、真实性和公开性，合议组在确定证据具有以上性质之后可以将其作为认定事实的依据

C. 质证时当事人应当针对证据的证明力有无以及证明力的大小进行质疑、说明和辩驳

D. 质证的过程应当围绕证据的关联性、合法性、真实性进行

10. **(2013－93)** 下列关于无效宣告程序中证据的说法哪些是正确的？　　【你的答案】

A. 没有证据或者证据不足以证明当事人的事实主张的，由负有举证责任的当事人承担不利后果　【选错记录】

B. 对方当事人对证据的中文译文内容存在异议时，应当在指定的期限内对有异议的部分提交中文译文

C. 公证文书的结论均可以作为认定案件事实的依据

D. 申请日后形成的记载有使用公开内容的书证不能用于证明专利在申请日前使用公开

11. **(2013－73)** 在无效宣告程序中，下列有关物证和证人证言的说法哪些是正确的？　　【你的答案】

A. 当事人提交物证的，应当在举证期限内提交足以反映该物证客观情况的照片和文字说明，具体说明依据该物证所要证明的事实　【选错记录】

B. 对于经公证机关公证封存的物证，当事人在举证期限内可以仅提交公证文书而不提交该物证

C. 证人根据其经历所作的判断、推测或者评论可以作为认定案件事实的依据

D. 证人无正当理由不出席口头审理的，其所出具的书面证言不能单独作为认定案件事实的依据

（二）参考答案解析

【1.（2019－72）解析】 知识点：公知常识的认定

G－4－8－4.3.3关于"公知常识"中规定，主张某技术手段是本领域公知常识的当事人，对其主张承担举证责任。该当事人未能举证证明或者未能充分说明该技术手段是本领域公知常识，并且对方当事人不予认可的，合议组对该技术手段是本领域公知常识的主张不予支持。当事人可以通过教科书或者技术词典、技术手册等工具书记载的技术内容来证明某项技术手段是本领域的公知常识。

根据上述规定，主张某技术手段是本领域公知常识的当事人，对其主张承担举证责任。因此，王某主张区别特征A是所属技术领域的公知常识，则对其主张承担举证责任，可以通过教科书或技术词典、技术手册等工具书证明，因此选项A、C的说法正确。

根据G－4－3－4.3.1关于"请求人举证"的规定可知，对于技术词典、技术手册和教科书等所属技术领域中的公知常识性证据或者用于完善证据法定形式的公证文书、原件等证据可在口头审理辩论终结前提交，并在该期限内结合该

证据具体说明相关无效宣告理由的，……可以接受。因此，选项 B 中，王某可以在口头审理辩论终结前提交公知常识性证据，证明区别特征 A 是所属领域的公知常识，其说法是正确的。根据上述规定，对于公知常识性证据并不是必须要在提出无效宣告请求之日起 1 个月内提交，故选项 D 的说法错误。

综上所述，本题答案为 A、B、C。

【2.（2017 - 94）解析】知识点：公知常识的认定

参见 1.（2019 - 72）解析。依据 G - 4 - 8 - 4.3.3 关于"公知常识"中的规定。选项 A 中，当事人甲主张某技术手段是本领域公知常识，另一方当事人乙不予认可，根据上述规定可知，甲应当对其主张承担举证责任，故选项 A 正确。根据上述规定可知，教科书、技术手册、技术词典记载的技术内容可用来证明某项技术手段是本领域的公知常识，故选项 B 和 C 的说法正确。而由于技术词典是公知常识性证据，因此选项 D 的说法是错误的。

综上所述，本题答案为 A、B、C。

【3.（2015 - 83）解析】知识点：公知常识的认定

参见 1.（2019 - 72）的解析。依据是 G - 4 - 8 - 4.3.3 关于"公知常识"的规定。为表明是本领域公知常识，当事人可以举证证明或者进行充分说明，并不是必须提供证据。因此，对于权利要求 1 与对比文件 1 的区别特征 X，李某主张其是所属领域的公知常识，既可以举证证明，也可以充分说明，即选项 A 的说法是错误的。

根据 G - 4 - 3 - 4.3.1 关于"请求人举证"的规定，对于技术词典、技术手册和教科书等所属技术领域中的公知常识性证据或者用于完善证据法定形式的公证文书、原件等证据可在口头审理辩论终结前提交，并在该期限内结合该证据具体说明相关无效宣告理由的，……可以接受。因此，选项 B 中，李某可以在口头审理时提交公知常识性证据，证明区别特征 X 是所属领域的公知常识，其说法是正确的。而选项 C 中，李某是在口头审理结束后才提交公知常识性证据，超出了上述规定的公知常识性证据提交的最迟期限，因此不能被接受，因此选项 C 的说法是错误的。

根据 G - 4 - 8 - 4.3.2 关于"认可和承认"的规定可知，在无效宣告程序中，一方当事人明确认可的另外一方当事人提交的证据，合议组应当予以确认。但其与事实明显不符，或者有损国家利益、社会公共利益，或者当事人反悔并有相反证据足以推翻的除外。据此可以得出，张某认可李某提交的公知常识性证据，合议组可以确认其证明力，即选项 D 的说法正确。

综上所述，本题答案为 B、D。

【4.（2019 - 22）解析】知识点：域外证据的公证认证

G - 4 - 8 - 2.2.2 关于"域外证据及香港、澳门、台湾地区形成的证据的证明手续"中规定，域外证据是指在中华人民共和国领域外形成的证据，该证据应当经所在国公证机关予以证明，或者履行中华人民共和国与该所在国订立的有关条约中规定的证明手续。……但是在以下几种情况下，对上述两类证据，当事人可以在无效宣告程序中不办理相关的证明手续：（1）该证据是能够从除香港、澳门、台湾地区外的国内公共渠道获得的，如从专利局获得的国外专利文件，或者从公共图书馆获得的国外文献资料。（2）对方当事人认可该证据的真实性的。……（4）有其他证据足以证明该证据真实性的。题中，请求人王某使用一件在美国形成的域外证据。

选项 A 所述的"该证据需经美国公证机关予以证明，并经中国驻美国使领馆予以认证"，是上述规定的第一段所述的内容，其是对域外证据的一般规定，应当认为其说法是正确的（不要因为后面第三段又规定了例外，而认为该选项 A 的说法是错误的，如果选项 A 这样说"该证据必须经美国公证机关予以证明，并必须经中国驻美国使领馆予以认证"，是绝对化的说法，则认为其说法是错误的）。

根据上述规定，要求的是"经中华人民共和国驻该国使领馆予以认证"而不是"经美国驻中国使领馆予以认证"，因此选项 B 的说法错误。

根据上述规定第三段第（1）种情况，如果该证据可以从国内公共图书馆获得，则可以在无效宣告程序中不办理相关的证明手续（即无须办理有关公证和认证手续），即选项 C 的说法正确。根据上述规定第三段第（2）种情况可知，如果对方当事人认可该证据的真实性，则可以在无效宣告程序中不办理相关的证明手续（即无须办理有关公证和认证手续），即选项 D 的说法正确。

综上所述，本题答案为 A、C、D。

【5.（2018 - 23）解析】知识点：域外证据及香港、澳门、台湾地区形成的证据的证明手续

参见 4.（2019 - 22）解析。依据是 G - 4 - 8 - 2.2.2 关于"域外证据及香港、澳门、台湾地区形成的证据的证明手续"中的规定。

选项 A 中的在美国出版、纸质发行的专业期刊，以及选项 B 中的在德国举办的某展览会的会议图册，都属于域外证据，且不属于上述规定中的三种无须办理相关的证明手续的情况，因此应当经所在国公证机关予以证明，并经中华人民

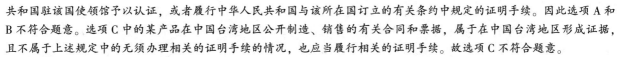

共和国驻该国使领馆予以认证，或者履行中华人民共和国与该所在国订立的有关条约中规定的证明手续。因此选项 A 和 B 不符合题意。选项 C 中的某产品在中国台湾地区公开制造、销售的有关合同和票据，属于在中国台湾地区形成证据，且不属于上述规定中的无须办理相关的证明手续的情况，也应当履行相关的证明手续。故选项 C 不符合题意。

选项 D 中的从中国国家图书馆获得的英国专利文件，属于从公共图书馆等国内公共渠道获得的国外专利文件，在无效宣告程序中可以不办理相关的证明手续，即选项 D 符合题。

综上所述，本题答案为 D。

【6.（2018-77）解析】知识点：外文证据的提交；相关知识点：无效宣告程序中的举证期限

R3.2 规定，依照《专利法》和该细则规定提交的各种证件和证明文件是外文的，国务院专利行政部门认为必要时，可以要求当事人在指定期限内附送中文译文；期满未附送的，视为未提交该证件和证明文件。G-4-3-4.3.1 关于"请求人举证"中规定，……请求人提交的证据是外文的，提交其中文译文的期限适用该证据的举证期限。G-4-8-2.2.1 关于"外文证据的提交"中规定，当事人提交外文证据的，应当提交中文译文，未在举证期限内提交中文译文的，该外文证据视为未提交……。题中，请求人赵某提了日文专利文献，则其中文译文也应当在规定期限内提交，否则视为该证据未提交，因此选项 A 正确。

G-4-8-2.2.1 关于"外文证据的提交"中规定，……对方当事人对中文译文内容有异议的，应当在指定的期限内对有异议的部分提交中文译文。没有提交中文译文的，视为无异议……。选项 B 的说法与上述规定相符，因此其说法是正确的。

G-4-8-2.2.1 关于"外文证据的提交"中规定，……对中文译文出现异议时，双方当事人就异议部分达成一致意见的，以双方最终认可的中文译文为准……。选项 C 的说法与上述规定相符，因此其说法是正确的。

根据 G-4-8-2.2.1 关于"外文证据的提交"中的规定，双方当事人未能就异议部分达成一致意见的，必要时，复审和无效审理部可以委托翻译。……所需翻译费用由双方当事人各承担 50%；拒绝指定或者支付翻译费用的，视为其承认对方当事人提交的中文译文正确。选项 D 的说法与上述规定相符，因此其说法是正确的。

综上所述，本题答案为 A、B、C、D。

【7.（2016-81）&（2018-80）解析】知识点：证据认定、证人证言、公证文书

甲提供的证据为证人丙在公证人员面前作出书面证言的公证书原件，既具有公证书的性质，又具有证人证言的性质。

G-4-8-4.2 关于"证据的审核"中规定，……合议组应当根据案件的具体情况，从以下方面审查证据的真实性：（1）证据是否为原件、原物，复印件、复制品与原件、原物是否相符；（2）提供证据的人与当事人是否有利害关系；（3）发现证据时的客观环境；（4）证据形成的原因和方式；（5）证据的内容；（6）影响证据真实性的其他因素。选项 A 中，公证书属于公证部门出具的，由于甲提供了公证书证据的原件，在没有相反的证据的情况下，则应当认定该公证书的真实性，因此，选项 A 的说法是正确的。

G-4-8-4.3.4 关于"公证文书"中规定，一方当事人将公证文书作为证据提交时，有效公证文书所证明的事实，应当作为认定事实的依据，但有相反证据足以推翻公证证明的除外。……如果公证文书的结论明显缺乏依据或者公证文书的内容存在自相矛盾之处，则相应部分的内容不能作为认定案件事实的依据。例如，公证文书仅根据证人的陈述而得出证人陈述内容具有真实性的结论，则该公证文书的结论不能作为认定案件事实的依据。题中，公证书的内容是丙在涉案专利申请日前购买了与涉案专利相同的空调，仅仅是基于证人的陈述而得出证人陈述内容具有真实性的结论，故该公证文书的结论不能作为认定案件事实的依据。也就是说，不能基于该公证书来证明丙在涉案专利申请日前确实购买过与涉案专利相同的空调。因此，选项 B 的说法是错误的。同样地，也不能基于该公证书来证明丙在涉案专利申请日前确实购买了与涉案专利相同的空调，因此选项 C 的说法是错误的。

选项 D 中，甲提供的证据实际上也是证人作出书面证言。根据 G-4-8-4.3.1 关于"证人证言"中的规定可知，对于证人证言的认定，证人应当出席口头审理作证，接受质询。未能出席口头审理作证的证人所出具的书面证言不能单独作为认定案件事实的依据，但证人确有困难不能出席口头审理作证的除外。根据上述规定可知，由于证人丙未能出席口头审理且不属于确有困难不能出席口头审理作证的情形，故对其出具的书面证言不能单独作为认定案件事实的依据，即选项 D 的说法是正确的。注意，关于书面证言不能单独作为认定案件事实依据的理由在于，证人证言并不是原始客观证据，是证人在事后经过回忆、主观判断、思考后作出的陈述，所以对于证人证言所陈述的内容的真实性需要结合在口头审理中双方当事人以及合议组对证人的质询情况，可以通过对证人与案件的利害关系以及证人的智力状况、品德、知识、经验、法律意识和专业技能等的综合分析作出判断。如果证人不出席口头审理进行作证，则无法进行有效的质证，导致合议组无法进行有效的判断，故书面证言不能单独作为认定案件事实的依据。

综上所述，本题答案为 A、D。

【8.（2017-95）解析】知识点：证据的其他规定

G-4-8-5.1关于"互联网证据的公开时间"中规定，公众能够浏览互联网信息的最早时间为该互联网信息的公开时间，一般以互联网信息的发布时间为准。选项A的说法与上述规定一致，因此是正确的。

G-4-8-5.2关于"申请日后记载的使用公开或者口头公开"中规定，申请日后（含申请日）形成的记载有使用公开或者口头公开内容的书证，或者其他形式的证据可以用来证明专利在申请日前使用公开或口头公开。在判断上述证据的证明力时，形成于专利公开前（含公开日）的证据的证明力一般大于形成于专利公开后的证据的证明力。上述规定并没有排除申请日后形成或公开的证据作为现有技术的证据使用，例如，口头公开在申请日前进行的，而相关的口头公开的书证可能形成于申请日之后，则在后的书证有可能证明申请日之前的口头公开的事实。因此，选项B的说法是错误的。

根据G-4-8-5.3关于"技术内容和问题的咨询、鉴定"中的规定可知，合议组可以根据需要邀请有关单位或者专家对案件中涉及的技术内容和问题提供咨询性意见，必要时可以委托有关单位进行鉴定，所需的费用根据案件的具体情况由专利局或者当事人承担。选项C的说法与上述规定明显相左，因此是错误的。

G-4-8-5.4关于"当事人提交的样品等不作为证据的物品的处理"中规定，在无效宣告程序中，当事人在提交样品等不作为证据的物品时，有权以书面方式请求在其案件审结后取走该物品……。选项D的说法与上述规定完全相符，因此其说法是正确的。

综上所述，本题答案为A、D。

【9.（2017-93）解析】知识点：证据的质证

G-4-8-4.1关于"证据的质证"中规定，证据应当由当事人质证，未经质证的证据，不能作为认定案件事实的依据。质证时，当事人应当围绕证据的关联性、合法性、真实性，针对证据证明力有无以及证明力大小，进行质疑、说明和辩驳。

根据上述规定，作为认定案件事实依据的证据，应当具有关联性、合法性、真实性，而非证据的"新颖性、合法性、真实性"，也不是证据的"新颖性、合法性、真实性和公开性"（新颖性是A22.2规定的概念，证据也不一定是都要求具有公开性），故选项A和B的说法错误。

根据上述规定，质证时，当事人应当针对证据证明力有无以及证明力大小进行质疑、说明和辩驳（因此选项C的说法正确），而且是围绕证据的关联性、合法性、真实性进行的（因此选项D的说法正确）。

综上所述，本题答案为C、D。

【10.（2013-93）解析】知识点：无效宣告程序中有关证据问题的规定

G-4-8-2.1关于"举证责任的分配"中规定，当事人对自己提出的无效宣告请求所依据的事实或者反驳对方无效宣告请求所依据的事实有责任提供证据加以证明。……没有证据或者证据不足以证明当事人的事实主张的，由负有举证责任的当事人承担不利后果。选项A的说法与上述规定一致，因此其说法是正确的。

G-4-8-2.2.1关于"外文证据的提交"中规定，……对方当事人对中文译文内容有异议的，应当在指定的期限内对有异议的部分提交中文译文。没有提交中文译文的，视为无异议……。选项B的说法与上述规定一致，因此其说法是正确的。

G-4-8-4.3.4关于"公证文书"的规定，一方当事人将公证文书作为证据提交时，有效公证文书所证明的事实，应当作为认定事实的依据，但有相反证据足以推翻公证证明的除外。……如果公证文书的结论明显缺乏依据或者公证文书的内容存在自相矛盾之处，则相应部分的内容不能作为认定案件事实的依据……。根据上述规定可知，公证文书的结论并不必然可以作为认定案件事实的依据，因此选项C的说法错误。

G-4-8-5.2关于"申请日后记载的使用公开或者口头公开"中规定，申请日后（含申请日）形成的记载有使用公开或者口头公开内容的书证，或者其他形式的证据可以用来证明专利在申请日前使用公开或者口头公开……。根据上述规定可知，申请日后形成的记载有使用公开内容的书证可以用于证明专利在申请日前使用公开，因此选项D的说法是错误的。

综上所述，本题答案为A、B。

【11.（2013-73）解析】知识点：物证的提交、证人证言

G-4-8-2.2.3关于"物证的提交"中规定，……当事人提交物证的，应当在举证期限内提交足以反映该物证客观情况的照片和文字说明，具体说明依据该物证所要证明的事实。选项A的说法与上述规定一致，因此其说法是正确的。

G-4-8-2.2.3关于"物证的提交"中规定，……对于经公证机关公证封存的物证，当事人在举证期限内可以仅提交公证文书而不提交该物证，但最迟在口头审理辩论终结前提交该物证。选项B的说法与上述规定相符，故其说法是正确的（在举证期限内可以不提交物证，而上述规定中要求的"最迟在口头审理辩论终结前提交该物证"没有在选

项 B 中描述，不影响其说法的正确性）。

G-4-8-4.3.1 关于"证人证言"中规定，证人应当陈述其亲历的具体事实。证人根据其经历所作的判断、推测或者评论，不能作为认定案件事实的依据……。因此，选项 C 的说法是错误的。

G-4-8-4.3.1 关于"证人证言"中规定：……证人应当出席口头审理作证，接受质询。未能出席口头审理作证的证人所出具的书面证言不能单独作为认定案件事实的依据，但证人确有困难不能出席口头审理作证的除外……。由此可知，选项 D 的说法与上述规定第一句是一致的，故其说法是正确的。（注意：虽然选项 D 中没有表述规定中但书，但也不影响其正确性。）

综上所述，本题答案为 A、B、D。

（三）总体考点分析

本部分涉及无效宣告程序中有关证据问题的相关规定，包括法律适用、证据的调查收集、举证责任的分配、证据的质证和审核认定及其他知识点。具体而言，包括举证责任的分配，证据的质证、审核和认定，证人证言，证据的认可和承认，公知常识性证据，公证文书，以及互联网证据的公开时间，申请日后记载的使用公开或者口头公开等。

本部分知识点的规定相对较为烦琐，对于公知常识性证据除可结合假设例子来考查外，其他规定大多直接涉及《专利审查指南 2023》中的规定本身。

高频结论

√　对方当事人对中文译文内容有异议的，应当在指定的期限内对有异议的部分提交中文译文。没有提交中文译文的，视为无异议。对中文译文有异议时，双方当事人就异议部分达成一致意见的，以双方最终认可的中文译文为准。双方当事人未能就异议部分达成一致意见的，必要时，复审和无效审理部可以委托翻译。……双方当事人就委托翻译达不成协议的，复审和无效审理部可以指定专业翻译单位进行翻译。所需翻译的费用由双方当事人各承担 50%；拒绝指定或者支付翻译费用的，视为其承认对方当事人提交的中文译文正确。

√　域外证据是指在中华人民共和国领域外形成的证据，该证据应当经所在国公证机关予以证明，或者履行中华人民共和国与该所在国订立的有关条约中规定的证明手续。当事人向国家知识产权局提供的证据是在香港、澳门、台湾地区形成的，应当履行相关的证明手续。但是在以下几种情况下，当事人可以在无效宣告程序中不办理相关的证明手续：（1）该证据是能够从除香港、澳门、台湾地区外的国内公共渠道获得的，如从专利局获得的国外专利文件，或者从公共图书馆获得的国外文献资料。（2）对方当事人认可该证据的真实性的。（3）该证据已为生效的人民法院裁判、行政机关决定或仲裁机构裁决所确认的。（4）有其他证据足以证明该证据真实性的。

√　对于经公证机关公证封存的物证，当事人在举证期限内可以仅提交公证文书而不提交该物证，但最迟在口头审理辩论终结前提交该物证。

√　证据应当由当事人质证，未经质证的证据，不能作为认定案件事实的依据。质证时，当事人应当围绕证据的关联性、合法性、真实性，针对证据证明力有无以及证明力大小，进行质疑、说明和辩驳。

√　证人应当陈述其亲历的具体事实。证人根据其经历所作的判断、推测或者评论，不能作为认定案件事实的依据。

√　证人应当出席口头审理作证，接受质询。未能出席口头审理作证的证人所出具的书面证言不能单独作为认定案件事实的依据，但证人确有困难不能出席口头审理作证的除外。证人确有困难不能出席口头审理作证的，则根据前述规定对其书面证言进行认定。

√　在无效宣告程序中，一方当事人明确认可的另一方当事人提交的证据，合议组应当予以确认。但其与事实明显不符，或者有损国家利益、社会公共利益，或者当事人反悔并有相反证据足以推翻的除外（对方当事人陈述的案件事实有类似规定）。

√　主张某技术手段是本领域公知常识的当事人，对其主张承担举证责任。该当事人未能举证证明或者未能充分说明该技术手段是本领域公知常识，并且对方当事人不予认可的，合议组对该技术手段是本领域公知常识的主张不予支持。

√　当事人可以通过教科书或者技术词典、技术手册等工具书记载的技术内容来证明某项技术手段是本领域的公知常识。

✓ 一方当事人将公证文书作为证据提交时，有效公证文书所证明的事实，应当作为认定事实的依据，但有相反证据足以推翻公证证明的除外。公证文书仅根据证人的陈述而得出证人陈述内容具有真实性的结论，则该公证文书的结论不能作为认定案件事实的依据。

✓ 公众能够浏览互联网信息的最早时间为该互联网信息的公开时间，一般以互联网信息的发布时间为准。

✓ 申请日后（含申请日）形成的记载有使用公开或者口头公开内容的书证，或者其他形式的证据可以用来证明专利在申请日前使用公开或者口头公开。

✓ 国家知识产权局可以根据需要邀请有关单位或者专家对案件中涉及的技术内容和问题提供咨询性意见，必要时可以委托有关单位进行鉴定，所需的费用根据案件的具体情况由国家知识产权局或者当事人承担。

✓ 在无效宣告程序中，当事人在提交样品等不作为证据的物品时，有权以书面方式请求在其案件审结后取走该物品。

（四）参考答案

1. A、B、C   2. A、B、C   3. B、D   4. A、C、D   5. D

6. A、B、C、D   7. A、D   8. A、D   9. C、D   10. A、B

11. A、B、D

第六章 专利权的实施与保护

本章要求熟悉专利权人的权利、专利权的期限及专利权保护范围；掌握专利侵权判定及救济方法；掌握其他专利纠纷与违反《专利法》的行为；掌握有关专利管理和运用的知识技能；掌握有关专利的特别许可的规定。

第一节 专利权

一、专利权的期限及诉讼时效

（一）历年试题集合

1.（2017-4）张某向国家知识产权局提交了一项发明专利申请，2017年7月4日，国家知识产权局向张某发出了授予发明专利权通知书。2017年8月4日，张某到国家知识产权局办理了登记手续，同日国家知识产权局对其专利权进行了登记，并于2017年8月17日进行了公告。2017年8月24日，张某收到了国家知识产权局颁发的专利证书。那么，张某的专利权应当自何时生效？

A. 2017年7月4日

B. 2017年8月4日

C. 2017年8月17日

D. 2017年8月24日

【你的答案】

【选错记录】

2.（2017-40）下列关于专利保护期限计算的说法哪些是正确的？

A. 分案申请获得专利权后，专利权保护期限自分案申请递交日起计算

B. 国际申请进入中国国家阶段获得授权后，专利权保护期限自国际申请日起计算

C. 享有外国优先权的专利申请获得授权后，专利权保护期限自优先权日起计算

D. 享有国内优先权的专利申请获得授权后，专利保护期限自提出申请之日起计算

【你的答案】

【选错记录】

3.（2016-85）甲于2010年12月11日向国家知识产权局就同样的发明创造同时提交了发明和实用新型专利申请，且根据《专利法实施细则》第41条进行说明；实用新型专利申请于2011年6月15日被公告授权；为避免重复授权，甲于2012年10月15日提交了放弃实用新型专利权的声明，国家知识产权局于2013年2月15日针对发明专利申请发出授权通知书并同意甲放弃实用新型专利权，发明专利申请于2013年4月15日被公告授权。下列说法哪些是正确的？

A. 实用新型专利权自2011年6月15日生效，于2013年2月15日终止

B. 实用新型专利权自2011年6月15日生效，于2013年4月15日终止

C. 发明专利权自2013年4月15日生效，实用新型专利权视为自申请日即2010年12月11日起即不存在

D. 发明专利权自2013年4月15日生效，实用新型专利权自该日起终止

【你的答案】

【选错记录】

4.（2015-27）某发明专利的申请日为2008年8月1日，优先权日为2007年9月1日，公布日为2009年1月10日，授权公告日为2012年3月1日。该专利权的期限届满日是哪一天？

A. 2027年9月1日

【你的答案】

【选错记录】

B. 2028 年 8 月 1 日

C. 2029 年 1 月 10 日

D. 2032 年 3 月 1 日

5.（2014－5）某发明专利申请的申请日为 2010 年 3 月 25 日，优先权日为 2009 年 3 月 26 日。国家知识产权局于 2012 年 11 月 23 日发出授权通知书，2013 年 2 月 27 日公告授予专利权。该专利权的期限何时届满？

【你的答案】

【选错记录】

A. 2029 年 3 月 26 日

B. 2030 年 3 月 25 日

C. 2032 年 11 月 23 日

D. 2033 年 2 月 27 日

6.（2013－6）金某于 2004 年 3 月 18 日向国家知识产权局提交了一件实用新型专利申请。2004 年 8 月 13 日，金某以该实用新型专利申请为优先权基础提出一件 PCT 国际申请。该 PCT 国际申请于 2006 年 7 月 20 日进入中国国家阶段，并于 2008 年 3 月 6 日被公告授予发明专利权。该项发明专利权的保护期限何时届满？

【你的答案】

【选错记录】

A. 2024 年 3 月 18 日

B. 2024 年 8 月 13 日

C. 2026 年 7 月 20 日

D. 2028 年 3 月 6 日

7.（2012－5，有适应性修改）下列关于专利权期限的哪种说法是错误的？

A. 享有优先权的发明专利权期限为 20 年，自优先权日起计算

B. 享有优先权的实用新型专利权期限为 15 年，自申请日起计算

C. 享有优先权的外观设计专利权期限为 10 年，自申请日起计算

D. 专利权的期限都是自申请日起计算，有优先权的自优先权日起算

【你的答案】

【选错记录】

8.（2010－40，有适应性修改）一件实用新型专利权的申请日为 2007 年 1 月 1 日，授权公告日为 2008 年 1 月 9 日。某人针对该专利于 2009 年 1 月 1 日提出无效宣告请求，专利复审委员会于 2009 年 6 月 1 日作出维持权利要求 1 有效、宣告权利要求 2 无效的决定。下列说法哪些是正确的？

A. 权利要求 1 记载的技术方案的专利权期限自 2007 年 1 月 1 日起计算

B. 权利要求 1 记载的技术方案的专利权期限自 2008 年 1 月 9 日起计算

C. 权利要求 2 记载的技术方案的专利权视为自 2009 年 1 月 1 日起不存在

D. 权利要求 2 记载的技术方案的专利权视为自 2009 年 6 月 1 日起不存在

【你的答案】

【选错记录】

9.（2018－99）甲于 2010 年 1 月 1 日向国家知识产权局提交了一件设备产品专利申请，该申请于 2011 年 7 月 1 日公开、2012 年 12 月 1 日授权。

乙在该专利申请公开后、授权公告前未经甲的许可制造了相同的专利设备，并于 2011 年 10 月 1 日与丙签订购销合同。合同约定，丙分期向乙支付设备及服务款项，乙向丙提供该设备，并自合同订立之日起 10 年内向丙提供相应的设备安装、调试、维修、保养等技术支持服务。

以下说法哪些是正确的？

A. 乙在该专利授权公告后向丙提供设备调试、维修、保养等技术支持服务构成未经许可使用该专利产品的行为，属于侵犯甲的专利权的行为

B. 乙在该专利授权公告后向丙提供设备调试、维修、保养等技术支持服务，不属于侵犯甲的专利权的行为

C. 丙在该专利授权公告后使用该专利设备的行为属于侵犯甲的专利权的行为

D. 丙在该专利授权公告后使用该专利设备的行为不属于侵犯甲的专利权的行为

【你的答案】

【选错记录】

10.（2018-96）甲于 2015 年 1 月 1 日向国家知识产权局提交了一件发明专利申请，权利要求为："一种产品 W，包含技术特征 a 和 b。"该申请于 2016 年 7 月 1 日公布。

【你的答案】
_____

乙自 2016 年 10 月 1 日开始，该专利申请公布后未经甲的许可制造、销售相同的产品 W，所述产品包含技术特征 a 和 b。

【选错记录】
_____

2018 年 1 月 2 日，甲的该专利申请经审查并公告授权，授权的权利要求为："一种产品 W，包含技术特征 a、b 和 c。"

以下说法哪些是错误的？

A. 乙应当为其"在该专利授权公告前制造、销售产品 W"的行为向甲支付适当费用

B. 乙无须为其"在该专利授权公告前制造、销售产品 W"的行为向甲支付适当费用

C. 乙应当为其"在该专利授权公告前制造、销售产品 W"的行为承担专利侵权赔偿责任

D. 乙应当在该专利授权公告后立即停止制造、销售产品 W 的专利侵权行为

11.（2017-39）发明专利申请公布后至专利权授予前他人使用该发明不支付适当费用的，在专利权授予后，专利权人可以起诉。关于诉讼时效，下列哪些说法是错误的？

【你的答案】
_____

A. 如果在授权前专利权人已经得知或者应当得知他人使用该发明，诉讼时效从授权之日起计算

【选错记录】
_____

B. 诉讼时效从专利权人得知或应当得知他人使用该发明之日起计算

C. 专利权人要求支付使用费的诉讼时效是 1 年

D. 诉讼时效从他人使用该发明之日起计算

12.（2016-25）甲于 2011 年 2 月 1 日提交了一项涉及产品 X 的发明专利申请，该申请于 2012 年 8 月 1 日被公布，并于 2014 年 5 月 1 日获得授权；乙在 2013 年 1 月开始制造、销售上述产品 X，由于销路不佳，在 2014 年 3 月 30 日停止制造、销售行为；丙在 2011 年 4 月自行研发了相同产品，并一直进行制造销售。下列哪个说法是正确的？

【你的答案】
_____

A. 由于乙制造、销售产品 X 的期间在甲专利授权之前，因此无须向甲支付费用

【选错记录】
_____

B. 虽然丙是在专利申请公布前独自完成的发明，但也需向甲支付费用

C. 如果甲在 2014 年 2 月 1 日知道乙的制造行为，其有权要求乙立即停止制造、销售行为

D. 如果甲在 2014 年 2 月 1 日知道丙的制造行为，其诉讼时效为自 2014 年 2 月 1 日起 2 年

13.（2016-26）甲提交了一件发明专利申请，在公布文本中，其权利要求请求保护的技术方案中包括 a、b、c、d 四个技术特征；该申请经过实质审查后被授权，授权公告的权利要求保护的技术方案中包括 a、b、c、e 四个技术特征，其中技术特征 e 是记载在申请文件的说明书中的特征，且与技术特征 d 不等同。乙、丙、丁、戊在该申请公布日后至授权公告日之前，分别生产制造了下列相关产品。甲可以要求支付费用的是？

【你的答案】
_____

【选错记录】
_____

A. 乙生产制造的产品包括 a、b、c 三个技术特征

B. 丙生产制造的产品包括 a、b、c、d 四个技术特征

C. 丁生产制造的产品包括 a、b、c、e 四个技术特征

D. 戊生产制造的产品包括 a、b、c、d、e 五个技术特征

14.（2013-43）下列关于专利权的哪些说法是正确的？

【你的答案】
_____

A. 发明专利申请在公布日至授权公告日期间，任何人都可以无偿使用该申请所要求保护的技术方案

【选错记录】
_____

B. 发明专利权自公告之日起生效

C. 实用新型专利权自公告之日起生效

D. 外观设计专利权自公告之日起生效

15.（模拟题-1）根据《专利法》第四十二条第二款的专利权期限补偿，同一申请人同日对同样的发明创造既申请实用新型专利又申请发明专利，以下说法正确的是？

【你的答案】
_____

A. 同一申请人同日对同样的发明创造既申请实用新型专利又申请发明专利，该发明专利权的期限不适用《专利法》第四十二条第二款的规定

【选错记录】
_____

B. 同一申请人同日对同样的发明创造既申请实用新型专利又申请发明专利，依照《专利法实施细则》第四十七条第四款的规定取得发明专利权的，该发明专利权的期限不适用《专利法》第四十二条第二款的规定

C. 同一申请人同日对同样的发明创造既申请实用新型专利又申请发明专利，该实用新型专利权的期限适用《专利法》第四十二条第二款的规定

D. 同一申请人同日对同样的发明创造既申请实用新型专利又申请发明专利，依照《专利法实施细则》第四十七条第四款的规定取得发明专利权的，该实用新型专利权的期限适用《专利法》第四十二条第二款的规定

16.（模拟题－2）下列关于药品专利权期限补偿的说法哪些是正确的？

A. 药品专利权补偿期限最长不超过三年，且新药批准上市后总有效专利权期限不超过十五年

B. 药品专利权补偿期限最长不超过五年，且新药批准上市后总有效专利权期限不超过十四年

C. 涉及发明专利权期限补偿和药品专利权期限补偿的补偿期限可以"叠加"，应当先计算药品专利权期限补偿，再计算发明专利权期限补偿

D. 涉及发明专利权期限补偿和药品专利权期限补偿的补偿期限可以"叠加"，应当先计算发明专利权期限补偿，再计算药品专利权期限补偿

【你的答案】
_____
【选错记录】
_____

（二）参考答案解析

【1.（2017－4）解析】知识点：专利权的生效日

A39 规定，发明专利申请经实质审查没有发现驳回理由的，由国务院专利行部门作出授予发明专利权的决定，发给发明专利证书，同时予以登记和公告。发明专利权自公告之日起生效。由此可知，在本题中，专利权生效日是发明专利权的公告日即 2017 年 8 月 17 日，而不是国家知识产权局发出授予发明专利权通知书的时间（2017 年 7 月 4 日），也不是张某到国家知识产权局办理登记手续的时间（2017 年 8 月 4 日），更不是张某收到国家知识产权局颁发的专利证书的时间（2017 年 8 月 24 日）。故选项 C 的 2017 年 8 月 17 日是专利权的公告日，符合题意。

综上所述，本题答案为 C。

【2.（2017－40）解析】知识点：专利权保护期限的计算

A42 规定，发明专利权的期限为 20 年，实用新型专利权的期限为 10 年，外观设计专利权的期限为 15 年均自申请日起计算。R12.1 规定，除《专利法》第二十八条和第四十二条规定的情形外，《专利法》所称申请日，有优先权的，指优先权日。因此，专利权的期限是从实际申请日（有优先权的，也不是优先权日）起算。据此可知，对于享有外国优先权的专利申请获得授权后，专利权保护期限自其实际申请日而不是优先权日起计算，即选项 C 的说法错误；而对于享有国内优先权的专利申请获得授权后，专利保护期限自提出申请之日（实际申请日）起算，即选项 D 的说法正确。

进一步地，G－5－3－2.3.2.1 关于"国家申请的分案申请的受理程序"中规定，对符合受理条件的分案申请，专利局应当受理，给出专利申请号，以原申请的申请日为申请日，并记载分案申请递交日。根据该规定，分案申请的申请日是原申请的申请日，而不是分案申请递交日。因此，分案申请的专利权保护期限自原申请的申请日而非分案申请递交日起算，因此选项 A 的说法错误。

R119 规定，按照《专利合作条约》已确定国际申请日并指定中国的国际申请，视为向国务院专利行政部门提出的专利申请，该国际申请日视为《专利法》第二十八条所称的申请日。根据该规定以及 A42 的规定，对于国际申请进入中国国家阶段获得授权后的申请日就是国际申请日，即专利权的保护期限从国际申请日起计算，即选项 B 的说法正确。

综上所述，本题答案为 B、D。

【3.（2016－85）解析】知识点：专利权的生效日、专利保护期限的计算；相关知识点：专利权的放弃

A39 规定，发明专利申请经实质审查没有发现驳回理由的，由国务院专利行政部门作出授予发明专利权的决定，发给发明专利证书，同时予以登记和公告。发明专利权自公告之日起生效。A40 规定，实用新型和外观设计专利申请经初步审查没有发现驳回理由的，由国务院专利行政部门作出授予实用新型专利权或者外观设计专利权的决定，发给相应的专利证书，同时予以登记和公告。实用新型专利权和外观设计专利权自公告之日起生效。根据上述规定，题中，实用新型专利申请于 2011 年 6 月 15 日被公告授权，即实用新型专利权自 2011 年 6 月 15 日生效；而发明专利申请于 2013 年 4 月 15 日被公告授权，即发明专利权自 2013 年 4 月 15 日生效。

对于同一申请人在同日（指申请日）对同样的发明创造既申请实用新型专利又申请发明专利的，且相互进行声明，通常是实用新型专利先获得授权。根据 R47.4 的规定，发明专利申请经审查没有发现驳回理由，国务院专利行政部门应当通知申请人在规定期限内声明放弃实用新型专利权。申请人声明放弃的，国务院专利行政部门应当作出授予发明专利权的决定，并在公告授予发明专利权时一并公告申请人放弃实用新型专利权声明。申请人不同意放弃的，国务院专利行政部门应当驳回该发明专利申请；申请人期满未答复的，视为撤回该发明专利申请。进而，R47.5 规定，实用新型专利权自公告授予发明专利权之日起终止。根据上述规定可知，题中，甲于 2012 年 10 月 15 日提交了放弃实用新型专利权的声明，且被国家知识产权局审批同意甲放弃实用新型专利权，则实用新型专利权应于发明专利申请的授权公告日即 2013 年 4 月 15 日终止。注意，并不是国家知识产权局针对发明专利申请发出授权通知书的日期即于 2013 年 2 月 15 日终止。综合上述分析，实用新型专利权自 2011 年 6 月 15 日生效，于 2013 年 4 月 15 日终止（选项 A 的说法错误，而选项 B 的说法正确），因而实用新型专利权视为于 2013 年 4 月 15 日终止，而不是自申请日 2010 年 12 月 11 日起即不存在（选项 C 的说法错误）；并且发明专利权自 2013 年 4 月 15 日生效，而实用新型专利权自该日起终止（选项 D 的说法正确）

综上所述，本题答案为 B、D。

【4.（2015 - 27）解析】知识点：发明专利权期限的届满日

参见 2.（2017 - 40）的解析。根据 A42 的规定可知，发明专利权的期限为 20 年，自申请日计算。进一步地，根据 G - 5 - 9 - 4.1 关于"专利权期满终止"中的例子，即一件实用新型专利的申请日是 1999 年 9 月 6 日，该专利的期限为 1999 年 9 月 6 日至 2009 年 9 月 5 日，专利期满终止日为 2009 年 9 月 6 日（遇节假日不顺延）。根据上述规定，题中，发明专利的申请日为 2008 年 8 月 1 日，以该日期作专利权期限的起算日，则到 2028 年 8 月 1 日期限届满，即选项 B 正确。注意，专利权期限为 2008 年 8 月 1 日至 2028 年 7 月 31 日，而专利权期满终止日为 2028 年 8 月 1 日，即从 2028 年 8 月 1 日这一天专利权失效。

而选项 A 的错误在于以优先权日为专利权期限的起算日，选项 C 的错误在于以专利申请公布日作为起算日，选项 D 的错误在于以授权公告日为作为起算日，均为干扰项。

综上所述，本题答案为 B。

【5.（2014 - 5）解析】知识点：发明专利权期限的届满日

参见 4.（2015 - 27）的解析。题中，发明专利的申请日为 2010 年 3 月 25 日，故以该日期作专利权期限的起算日，则到 2030 年 3 月 25 日期限届满，即选项 B 正确。

综上所述，本题答案为 B。

【6.（2013 - 6）解析】知识点：发明专利权期限的届满日

R119 规定，按照《专利合作条约》已确定国际申请日并指定中国的国际申请，视为向国务院专利行政部门提出的专利申请，该国际申请日视为《专利法》第二十八条所称的申请日。参见 2.（2017 - 40）解析可知，专利权的期限是从实际申请日（有优先权的，也不是优先权日）起算。题中，金某发明专利权的保护期限应以其 PCT 国际申请的申请日即 2004 年 8 月 13 日起算，自 2004 年 8 月 13 日起 20 年，则 2024 年 8 月 13 日为其发明专利权保护期限的届满日，故选项 B 的 2024 年 8 月 13 日符合题意。选项 A 的 2024 年 3 月 18 日是由于错误地以优先权日起算的，选项 C 的 2026 年 7 月 20 日是由于错误地以进入中国国家阶段的日期起算的，选项 D 的 2028 年 3 月 6 日是由于错误地以发明专利权授权公告日起算，均是干扰项。

综上所述，本题答案为 B。

【7.（2012 - 5）解析】知识点：专利权的期限

A42 规定，发明专利权的期限为 20 年，实用新型专利权的期限为 10 年，外观设计专利权的期限为 15 年均自申请日起计算。R12.1 规定，除《专利法》第二十八条和第四十二条规定的情形外，《专利法》所称申请日，有优先权的，指优先权日。由上述规定可知，无论专利申请是否享有优先权，授权后专利权的期限都是自实际申请日起算，而不是以优先权日起算。因此，选项 A 所述的享有优先权的发明专利权期限为 20 年，自优先权日起算，选项 D 所述的专利权的期限都是自申请日起算，有优先权的自优先权日起算，均是错误的。根据上述规定，无论是否享受优先权，专利权的期限都是固定的，因此即使享有优先权的实用新型，专利权期限仍然是 10 年而不是 15 年（故选项 B 的说法错误）。而享有优先权的外观设计专利权期限也仍然为 15 年，也是自申请日起算（故选项 C 的说法错误），注意在《专利法》第四次修改前，外观设计专利权的期限为 10 年。

综上所述，本题答案为 A、B、C、D。

【8.(2010-40)解析】知识点：专利权的期限、无效宣告请求审查决定的效力

参见7.(2012-5)的解析，根据A42的规定，发明专利权、实用新型专利权和外观设计专利权期限均自申请日起算。题中，该实用新型专利权的申请日为2007年1月1日，故权利要求1记载的技术方案的专利权期限应当自2007年1月1日起算，因此选项A的说法正确，而选项B的错误在于以授权公告日为2008年1月9日起算。

A47.1规定，宣告无效的专利权视为自始即不存在。题中，由于权利要求2被宣告无效（从出题的意图来看，其宣告无效的审查决定是生效的），则权利要求2记载的技术方案的专利权视为自始（即申请日2007年1月1日）不存在，题中的实用新型专利的申请日是2007年1月1日，因此权利要求2记载技术方案的专利权应当视为自2007年1月1日起即不存在。而选项C错误地以提出无效宣告请求之日（2009年1月1日）作为权利要求2不存在的起始时间，选项D错误地以作出无效宣告决定的时间（2009年6月1日）作为权利要求2不存在的起始时间。

综上所述，本题答案为A。

【9.(2018-99)解析】知识点：发明专利申请的临时保护

A11.1规定，发明和实用新型专利权被授予后，除该法另有规定的以外，任何单位或者个人未经专利权人许可，都不得实施其专利，即不得为生产经营目的制造、使用、许诺销售、销售、进口其专利产品，或者使用其专利方法以及使用、许诺销售、销售、进口依照该专利方法直接获得的产品。

A74规定，侵犯专利权的诉讼时效为3年，自专利权人或者利害关系人得知或者应当得知侵权行为之日起计算。发明专利申请公布后至专利权授予前使用该发明未支付适当使用费的，专利权人要求支付使用费的诉讼时效为3年，自专利权人得知或者应当得知他人使用其发明之日起计算，但是，专利权人于专利权授予之日前即已得知或者应当得知的，自专利权授予之日起计算。

根据上述规定，如果他人在发明专利申请公布后至专利权授予之前（称为专利临时保护期）实施其发明，申请人可以要求其支付适当的费用，但专利临时保护期内，他人实施其发明的行为并不属于专利侵权行为，申请人不能请求他人停止实施。因此，在发明专利临时保护期内他人实施相关发明的行为，不属于A11禁止的行为。在此基础上，在发明专利临时保护期内他人实施相关发明行为本身后续的使用、许诺销售、销售该产品的行为，即使在专利授权之后且未经专利权人许可，也应当得到允许。也就是说，对于发明专利申请来说，在公开日到授权日之间，为发明专利申请提供临时保护，在此期间实施相关发明，并不为《专利法》所禁止，因而应当允许实施发明得到的产品在此期间之后的后续实施行为，只不过专利权人在获得专利权后有权要求在临时保护期内实施其发明者支付适当费用。

题中，甲的发明专利申请于2011年7月1日公开、2012年12月1日授权，而乙在该专利申请公开后、授权公告前未经甲的许可制造了相同的专利设备，并于2011年10月1日与丙签订购销合同。上述行为均发生在该发明专利临时保护期内，如上分析可知，该行为不为《专利法》所禁止。在此情况下，也应当允许后续丙使用所购买的被诉专利侵权产品。因此，丙后续的使用行为不侵犯涉案发明专利权（选项C的说法是错误的，而选项D的说法是正确的）。同理，乙在涉案发明专利授权后为丙使用被诉专利侵权产品提供售后服务也不侵犯涉案发明专利权（选项A的说法是错误的，而选项B的说法是正确的）。当然，在甲专利授权之后，丙的使用被诉专利侵权产品的行为，只要能证明其产品来源，就可以免除支付费用的责任，但乙应当向甲支付适当的费用，如果乙拒绝支付，甲可以在专利授权之后向法院起诉。

综上所述，本题答案为B、D。

【10.(2018-96)解析】知识点：发明专利申请的临时保护

A13规定，发明专利申请公布后，申请人可以要求实施其发明的单位或者个人支付适当的费用。进一步地，《最高人民法院关于审理侵犯专利权纠纷案件应用法律若干问题的解释（二）》第十八条第一款和第二款规定，权利人依据《专利法》第十三条诉请在发明专利申请公布日至授权公告日期间实施该发明的单位或者个人支付适当费用的，人民法院可以参照有关专利许可使用费合理确定。发明专利申请公布时申请人请求保护的范围与发明专利公告授权时的专利权保护范围不一致，被诉技术方案均落入上述两种范围的，人民法院应当认定被告在前款所称期间内实施了该发明；被诉技术方案仅落入其中一种范围的，人民法院应当认定被告在前款所称期间内未实施该发明。根据上述规定，只有被诉技术方案满足"双落入"的条件，才认定实施发明而须向专利权人支付适当费用。题中，乙自2016年10月1日开始，该专利申请公布后未经甲的许可制造、销售相同的产品W，所述产品包含技术特征a和b。该产品落入甲的发明专利公布时的保护范围，但因其不包含技术特征c而未落入甲发明专利授权时保护范围（不满足"双落入"的条件），无须向专利权人甲支付费用。因此，选项A的说法是错误的，而选项B的说法是正确的。

基于上述分析，乙在该专利授权公告前制造、销售的产品W，即使其落入甲专利授权时的保护范围，由于是在其授权公告前进行上述行为的，也不会构成专利侵权行为。况且，由于产品W并不包含技术特征c，没有落入甲专利授权时的保护范围，当然在甲专利授权之后也不可能构成专利侵权，因为专利侵权与否是授权公告时的保护范围为准，而不是专利申请公布时的保护范围为准。乙在该专利授权公告前制造、销售的产品W，不会因此承担专利侵权赔偿责任，故选项

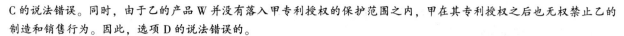

C的说法错误。同时，由于乙的产品W并没有落入甲专利授权的保护范围之内，甲在其专利授权之后也无权禁止乙的制造和销售行为。因此，选项D的说法错误的。

综上所述，本题答案为A、C、D。

【11.（2017－39）解析】知识点：发明专利申请的临时保护的诉讼时效

A74.2规定，发明专利申请公布后至专利权授予前使用该发明未支付适当使用费的，专利权人要求支付使用费的诉讼时效为3年，自专利权人得知或者应当得知他人使用其发明之日起计算，但是，专利权人于专利权授予之日前即已得知或者应当得知的，自专利权授予之日起计算。根据上述规定，对于临时保护期的支付使用费的诉讼时效，自专利权人得知或者应当得知他人使用其发明之日起计算（选项B的说法正确，不符合题意）。如果在授权前专利权人已经得知或者应当得知他人使用该发明，诉讼时效就从授权之日起计算（选项A的说法正确）。

选项C中的诉讼时效是1年，与规定中的诉讼时效3年不一致，因此是错误的，符合题意。选项D所述的"诉讼时效从他人使用该发明之日起计算"与上述规定中"自专利权人得知或者应当得知他人使用其发明之日起计算"不一致，因此是错误的，符合题意。

综上所述，本题答案为C、D。

【12.（2016－25）解析】知识点：发明专利临时保护、专利纠纷的诉讼时效

A13规定，发明专利申请公布后，申请人可以要求实施其发明的单位或者个人支付适当的费用。题中，甲的发明专利申请公布于2012年8月1日，于2014年5月1日获得授权；而乙在2013年1月至2014年3月30日制造、销售了上述产品X，因此乙制造、销售产品X的期间在甲发明专利申请公开之后，并在其专利授权之前。根据上述规定，甲有权要求乙支付适当费用，因此选项A的说法是错误的。但在专利授权之前，甲无权要求乙停止制造、销售行为。选项C中，如果甲在2014年2月1日知道乙的制造行为，由于此时甲的专利还没有被授权，甲无权要求乙立即停止制造、销售行为，故选项C的说法错误。

A75规定，有下列情形之一的，不视为侵犯专利权：……（二）在专利申请日前已经制造相同产品、使用相同方法或者已经作好制造、使用的必要准备，并且仅在原有范围内继续制造、使用的……"（即先用权）。题中，丙自行研发相同产品的时间是2011年4月，是在甲的发明专利的申请日之后才完成的发明，不能享受上述规定的先用权（要在专利申请日前），且自2011年4月起丙一直进行制造、销售，则在甲的专利申请公布后，甲有权要求丙支付适当的费用（此时无权禁止其制造、销售），在甲的专利授权之后，丙的行为构成专利侵权行为，甲有权禁止丙的制造、销售行为并要求赔偿，故选项B的说法是正确的。

参见11.（2017－39）解析，根据A74.2的规定可知，题中，如果甲在2014年2月1日知道丙的制造行为，此时甲的专利申请尚没有被授予专利权，因此是在其授权前得知的，则甲的诉讼时效应当自其专利授权时（2014年5月1日）才开始计算，而不是自2014年2月1日起计算，因此选项D的说法错误。

综上所述，本题答案为B。

【13.（2016－26）解析】知识点：发明专利申请的临时保护

参见10.（2018－96）的解析。题中，发明公布时请求保护的范围包括a、b、c、d四个技术特征，而授权公告时的专利权保护范围包括a、b、c、e四个技术特征，两者并不一致。选项A中，乙生产制造的产品包括a、b、c三个技术特征，不具备公开时保护范围的技术特征d，也不包括授权时保护范围的技术特征e，因此均没有落于上述两种范围，甲不能要求乙支付费用。选项B中，丙生产制造的产品包括a、b、c、d四个技术特征，完全具备公开时保护范围的所有特征，因此落入其保护范围，但并不包括授权时保护范围的技术特征e，因此没有落入授权时的保护范围，不满足上述"双落入"的条件，故甲不能要求丙支付费用。选项C中，丁生产制造的产品包括a、b、c、e四个技术特征，其虽然落入授权时的保护范围，但没有落入公开时的保护范围（不具备技术特征d），不满足上述"双落入"的条件，故甲不能要求丁支付费用。选项D中，戊生产制造的产品包括a、b、c、d、e五个技术特征，既落入公开时的保护范围，又落入授权时的保护范围，满足"双落入"条件，则戊在发明专利申请公布日至授权公告日期间实施了甲的发明，甲可以要求戊支付费用，符合题意。

综上所述，本题答案为D。

【14.（2013－43）解析】知识点：发明专利申请的临时保护、专利权的生效日

A13规定，发明专利申请公布后，申请人可以要求实施其发明的单位或者个人支付适当的费用。由此可知，在发明专利申请在公布日至授权公告日期间，并非可以无偿使用该申请所要求保护的技术方案，因此选项A的说法错误。

参见3.（2016－85）的解析，依据A39和A40的规定可知，发明专利权、实用新型专利权和外观设计专利权均自公告之日起生效。因此，选项B所述的发明专利权自公告之日起生效、选项C所述的实用新型专利权自公告之日起生效，

以及选项 D 所述的外观设计专利权自公告之日起生效，说法都是正确的。

综上所述，本题答案为 B、C、D。

【15.（模拟题-1）解析】知识点：专利权期限补偿

G-5-9-2 关于"根据专利法第四十二条第二款的专利权期限补偿"规定："同一申请人同日对同样的发明创造既申请实用新型专利又申请发明专利，依照专利法实施细则第四十七条第四款的规定取得发明专利权的，该发明专利权的期限不适用专利法第四十二条第二款的规定。"这是考虑到专利权人可以自相对更早的实用新型专利公告授权之日起即可主张权利。即使相应的发明专利在授权过程中存在不合理延迟，但因相应的实用新型专利已经授权，实质上并不会影响专利权人行使有关权利。因此，选项 B 的说法正确，选项 A、C、D 的说法错误。

综上所述，本题答案为 B。

【16.（模拟题-2）解析】知识点：药品专利权期限补偿

A42.3 规定，为补偿新药上市审评审批占用的时间，对在中国获得上市许可的新药相关发明专利，国务院专利行政部门应专利权人的请求给予专利权期限补偿。补偿期限不超过五年，新药批准上市后总有效专利权期限不超过十四年。因此，选项 A 的说法错误，选项 B 的说法正确。

A42.2 与 A42.3 分别规定了发明专利权期限补偿、药品专利权期限补偿，由于补偿的理由不同，两种补偿期限是可以"叠加"的，但是，由于药品专利权期限补偿期间其保护范围仅限于国家药品监督管理局批准上市的新药及其经批准的适应症相关技术方案；而且，药品专利权补偿期限还有补偿期限不超过五年和新药批准上市后总有效专利权期限不超过十四年的限制。因此，必须先计算发明专利权期限补偿，再计算药品专利权期限补偿。因此，选项 C 的说法错误，选项 D 的说法正确。

综上所述，本题答案为 B、D。

（三）总体考点分析

本部分涉及专利权的生效及保护期限，具体包括专利权生效的条件、专利权生效的时间、专利权的保护期限（注意有新增规定）、专利权保护期限的计算方式，以及相关发明专利申请公布后的临时保护。

 高频结论

✓　发明专利权的期限为 20 年，实用新型专利权的期限为 10 年，外观设计专利权的期限为 15 年，均自申请日起计算。注意，专利权的期限是从实际申请日（有优先权的，也不是优先权日）起算。

✓　（新增）自发明专利申请日起满 4 年，且自实质审查请求之日起满三年后授予发明专利权的，国务院专利行政部门应专利权人的请求，就发明专利在授权过程中的不合理延迟给予专利权期限补偿，但申请人引起的不合理延迟除外（A42.2）。

✓　（新增）为补偿新药上市审评审批占用的时间，对在中国获得上市许可的新药相关发明专利，国务院专利行政部门应专利权人的请求给予专利权期限补偿。补偿期不超过 5 年，新药批准上市后总有效专利权期限不超过 14 年（A42.3）。

✓　分案申请的专利权保护期限自原申请的申请日而非分案申请递交日起算。

✓　对于国际申请进入中国国家阶段后的中国专利申请，其申请日就是国际申请日，即其专利权的保护期限从国际申请日起算。

✓　专利权是自公告之日起生效。注意，不是发出或收到授权通知书之日起生效。

✓　关于专利权终止日的计算，以下述为例：一件实用新型专利的申请日是 1999 年 9 月 6 日，该专利的期限为 1999 年 9 月 6 日至 2009 年 9 月 5 日，专利权期满终止日为 2009 年 9 月 6 日（遇节假日不顺延）。注意，该实用新型专利权在 1999 年 9 月 6 日至 2009 年 9 月 5 日有效，而从期满终止日为 2009 年 9 月 6 日这一天开始失效。

✓　判断有关专利权的生效日和失效日应注意与专利权放弃（包括是否从申请日起放弃）、无效的专利权利要求（无效视为自始即不存在）的区别。

✓　发明专利申请公布后，申请人可以要求实施其发明的单位或者个人支付适当的费用。即在发明专利申请在公布日至授权公告日期间，并非可以无偿使用该申请所要求保护的技术方案。

✓　如果他人在发明专利申请公布后至专利权授予之前（称为"专利临时保护期"）实施其发明，申请人就可以要求其支付适当的费用，但在专利临时保护期内，他人实施其发明的行为并不属于专利侵权行为，申请人不能请求他人停止实施。因此，在发明专利临时保护期内他人实施相关发明的行为不属于《专利法》第十一条规定禁止的行为。

√　权利人依据《专利法》第十三条诉请在发明专利申请公布日至授权公告日期间实施该发明的单位或者个人支付适当费用的，人民法院可以参照有关专利许可使用费合理确定。发明专利申请公布时申请人请求保护的范围与发明专利公告授权时的专利权保护范围不一致，被诉技术方案均落入上述两种范围的，人民法院应当认定被告在前款所称期间内实施了该发明；被诉技术方案仅落入其中一种范围的，人民法院应当认定被告在前款所称期间内未实施该发明。被诉技术方案只有满足上述"双落入"的条件，才认定实施发明而须向专利权人支付适当费用。

√　侵犯专利权的诉讼时效为3年，自专利权人或者利害关系人得知或者应当得知侵权行为之日起计算。

√　发明专利申请公布后至专利权授予前使用该发明未支付适当使用费的，专利权人要求支付使用费的诉讼时效为3年，自专利权人得知或者应当得知他人使用其发明之日起计算，但是，专利权人于专利权授予之日前即已得知或者应当得知的，自专利权授予之日起计算。

√　同一申请人同日对同样的发明创造既申请实用新型专利又申请发明专利，依照《专利法实施细则》第四十七条第四款的规定取得发明专利权的，该发明专利权的期限不适用《专利法》第四十二条第二款的规定。

（四）参考答案

1. C	2. B、D	3. B、D	4. B	5. B
6. B	7. A、B、C、D	8. A	9. B、D	10. A、C、D
11. C、D	12. B	13. D	14. B、C、D	15. B
16. B、D

二、专利权人的专利标识等权利

（一）历年试题集合

1. (2015-87) 某公司拥有一项实用新型专利权。下列说法哪些是正确的？
A. 该公司应当在其生产和销售的专利产品或该产品包装上标注专利标识
B. 该公司在该专利产品上标注专利标识的，应当采用中文标明专利权的类型
C. 在该专利权被授予前，该公司可以在产品上标注专利申请号，但应标明"专利申请，尚未授权"字样
D. 该公司在该专利权期限届满前在产品上标注专利标识，在专利权终止后继续销售上述产品的，不构成假冒专利行为

2. (2013-16) 关于专利标识，下列说法哪个是正确的？
A. 专利标识既可以标注在专利产品上，也可以标识在专利产品的包装上
B. 只需标注"专利产品 仿冒必究"，而没有必要标注专利号等相关信息
C. 只需标注专利号，而没有必要标明专利类别，因为专利类别可以从专利号中获知
D. 专利标识的标注不符合规定的，由国务院专利行政部门责令改正

3. (2012-42) 下列关于专利标识的说法哪些是正确的？
A. 标注专利标识的，应当采用中文标明专利权的类别
B. 标注专利标识的，应当标明国家知识产权局授予专利权的专利号
C. 标注专利标识的，不得附加专利类别和专利号以外的文字、图形标记
D. 专利标识可以标注在产品上、产品的包装上或者产品说明书上

4. (2010-7) 专利权人应享有下列哪些权利？

　　A. 转让专利权的权利

　　B. 放弃专利权的权利

　　C. 许可他人实施专利的权利

　　D. 在专利产品上标明专利标识的权利

【你的答案】

【选错记录】

5. (2019-94) 甲委托某专利代理机构申请一项发明专利。下列有关甲放弃该项权利的说法哪些是正确的？

　　A. 甲随时可以主动要求放弃该项专利权

　　B. 甲可以要求放弃该项专利权中的某个特定部分

　　C. 放弃专利权的手续应当由该专利代理机构办理

　　D. 甲放弃专利权后，该专利权视为自始即不存在

【你的答案】

【选错记录】

6. (2018-13) 关于放弃专利权声明的说法，以下说法哪些是错误的？

　　A. 一项专利权包含多项发明创造的，专利权人可以放弃全部专利权，也可以放弃部分专利权

　　B. 申请人在办理授予专利权登记手续程序中，未缴纳年费的，视为放弃取得专利权

　　C. 对于同一申请人同日（仅指申请日）对同样的发明创造既申请实用新型又申请发明专利的，在先获得授权的实用新型专利权尚未终止的，申请人若不愿修改发明专利申请避免重复授权，则应当提交放弃实用新型专利权的声明

　　D. 专利权处于质押状态的，未经质权人同意，专利权人无权放弃专利权

【你的答案】

【选错记录】

7. (2015-86) 林某委托某专利代理机构申请一项发明专利。下列有关林某放弃该项权利的说法哪些是正确的？

　　A. 林某随时可以主动要求放弃该项专利权

　　B. 林某可以要求放弃该项专利权中的某个特定部分

　　C. 放弃专利权的手续应当由该专利代理机构办理

　　D. 林某放弃专利权后，该专利权视为自始即不存在

【你的答案】

【选错记录】

（二）参考答案解析

【1.（2015-87）解析】知识点：专利标识标注

A16.2规定，专利权人有权在其专利产品或者该产品的包装上标明专利标识。根据该规定，专利权人在其专利产品或者该产品的包装上标明专利标识是专利权人的权利而不是义务，即专利权人可以选择不在其生产和销售的专利产品或该产品包装上标明专利标识。因此，选项A的表述采用"应当"标注，导致其说法错误。

《专利标识标注办法》第五条第一款规定："标注专利标识的，应当标明下述内容：（一）采用中文标明专利权的类别，例如中国发明专利、中国实用新型专利、中国外观设计专利；（二）国家知识产权局授予专利权的专利号。"根据上述第（一）项的要求，如果在该专利产品上标注专利标识，应当采用中文标明专利权的类型，即选项B的说法正确。

《专利标识标注办法》第七条规定，专利权被授予前在产品、该产品的包装或者该产品的说明书等材料上进行标注的，应当采用中文标明中国专利申请的类别、专利申请号，并标明"专利申请，尚未授权"字样。根据该规定可知，在该专利权被授予前，也可以在产品上标注专利申请号，不过还要标明"专利申请，尚未授权"的字样，即选项C的说法正确。

R101.2规定，专利权终止前依法在专利产品、依照专利方法直接获得的产品或者其包装上标注专利标识，在专利权终止后许诺销售、销售该产品的，不属于假冒专利行为。根据该规定可知，选项D的说法正确。

综上所述，本题答案为B、C、D。

【2.（2013-16）解析】知识点：专利标识标注

《专利标识标注办法》第四条规定，在授予专利权之后的专利权有效期内，专利权人或者经专利权人同意享有专利标识标注权的被许可人可以在其专利产品、依照专利方法直接获得的产品、该产品的包装或者该产品的说明书等材料上标注专利标识。根据该规定可知，专利标识既可以标注在专利产品上，可以标识在专利产品的包装上，也可以标注在该产品的说明书上。因此，选项A的说法正确。

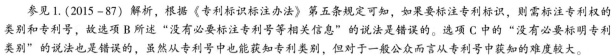

参见1.（2015-87）解析，根据《专利标识标注办法》第五条规定可知，如果要标注专利标识，则需标注专利权的类别和专利号，故选项B所述"没有必要标注专利号等相关信息"的说法是错误的。选项C中的"没有必要标明专利类别"的说法也是错误的，虽然从专利号中也能获知专利类别，但对于一般公众而言从专利号中获知的难度较大。

《专利标识标注办法》第八条规定，专利标识的标注不符合该办法第五条、第六条或者第七条规定的，由管理专利工作的部门责令改正。专利标识标注不当，构成假冒专利行为的，由管理专利工作的部门依照……规定进行处罚。由此可知，对专利标识的标注不符合规定的，由管理专利工作的部门（而不是国务院专利行政部门）责令改正，因此，选项D的说法错误。注意，管理专利工作的部门俗称地方知识产权局，并不包括国务院专利行政部门。

综上所述，本题答案为A。

【3.（2012-42）解析】知识点：专利标识标注

《专利标识标注办法》第五条规定："标注专利标识的，应当标明下述内容：（一）采用中文标明专利权的类别，例如中国发明专利、中国实用新型专利、中国外观设计专利；（二）国家知识产权局授予专利权的专利号。除上述内容之外，可以附加其他文字、图形标记，但附加的文字、图形标记及其标注方式不得误导公众。"根据上述规定可知，标注专利标识的，应当采用中文标明专利权的类别（选项A的说法正确）；应当标明国家知识产权局授予专利权的专利号（选项B的说法正确）；只要不误导公众即可，可以附加专利类别和专利号以外的其他文字、图形标记（选项C的说法错误）。

参见2.（2013-16）选项A的解析，根据《专利标识标注办法》第四条规定可知，专利标识可以标注在产品上、产品的包装上或者产品说明书上，即选项D的说法正确。

综上所述，本题答案为A、B、D。

【4.（2010-7）解析】知识点：专利权人的权利

A10.1规定，专利申请权和专利权可以转让。根据该规定可知，专利权人可以就其专利权进行转让，即享有转让其专利权的权利。因此，选项A的说法正确。

A44.1规定："有下列情形之一的，专利权在期限届满前终止：（一）没有按照规定缴纳年费的；（二）专利权人以书面声明放弃其专利权的。"根据该规定可知，专利权人可以书面声明放弃其专利权，即享有放弃专利权的权利。因此，选项B的说法正确。

A12规定，任何单位或者个人实施他人专利的，应当与专利权人订立实施许可合同，向专利权人支付专利使用费。被许可人无权允许合同规定以外的任何单位或者个人实施该专利。根据该规定可知，专利权人可以与他人订立实施许可合同，即专利权人享有许可他人实施专利的权利。因此，选项C的说法正确。

A16.2规定，专利权人有权在其专利产品或者该产品的包装上标明专利标识。根据该规定可知，专利权人可以在其专利产品上标明专利标识，即享有在专利产品上标明专利标识的权利。因此，选项D的说法正确。

综上所述，本题答案为A、B、C、D。

【5.（2019-94）解析】知识点：专利权的放弃

G-5-9-4.3关于"专利权人放弃专利权"中规定，授予专利权后，专利权人随时可以主动要求放弃专利权，专利权人放弃专利权的，应当提交放弃专利权声明，并附具全体专利权人签字或者盖章同意放弃专利权的证明材料，或者仅提交由全体专利权人签字或者盖章的放弃专利权声明。委托专利代理机构的，放弃专利权的手续应当由专利代理机构办理，并附具全体申请人签字或者盖章的同意放弃专利权声明。主动放弃专利权的声明不得附有任何条件。放弃专利权只能放弃一件专利的全部，放弃部分专利权的声明视为未提出。

根据上述规定第一句，甲随时可以主动要求放弃该项专利权，因此选项A的说法正确。根据上述规定最后一句，放弃专利权只能放弃一件专利的全部，放弃部分专利权的声明视为未提出，因此甲不能要求放弃该项专利权中的某个特定部分，即选项B的说法错误。根据上述关于委托专利代理机构时的规定，放弃专利权的手续应当由专利代理机构办理，只不过还要附具全体申请人签字或者盖章的同意放弃专利权声明，因此选项C的说法是正确的。

G-5-9-4.3关于"专利权人放弃专利权"中规定，放弃专利权声明经审查，不符合规定的，审查员应当发出视为未提出通知书；符合规定的，审查员应当发出手续合格通知书，并将有关事项分别在专利登记簿和专利公报上登记和公告。放弃专利权声明的生效日为手续合格通知书的发文日，放弃的专利权自该日起终止……根据上述规定，甲放弃专利权后，放弃的专利权自专利局的手续合格通知书的发文日起终止，而不是该专利权视为自始即不存在，只有被宣告无效才视为专利权自始不存在。故选项D的说法是错误的。

综上所述，本题答案为A、C。

【6.（2018-13）解析】知识点：专利权的放弃；相关知识点：专利权质押登记

G-5-9-4.3关于"专利权人放弃专利权"中规定，放弃专利权只能放弃一件专利的全部，放弃部分专利权的声明视为未提出。根据上述规定，专利权要么全部放弃，要么不放弃，不存在部分放弃的可能，即专利权包含多项发明创造的，也不能放弃部分专利权。因此，选项 A 的说法是错误的，符合题意。

G－5－9－1.1.5 关于"视为放弃取得专利权的权利"中规定，专利局发出授予专利权的通知书和办理登记手续通知书后，申请人在规定期限内……办理登记手续的，应当发出视为放弃取得专利权通知书。其中，G－5－9－1.1.3 关于"登记手续"中规定，申请人在办理登记手续时，应当按照办理登记手续通知书的要求缴纳授权当年的年费。因此，在办理授予专利权登记手续程序中，未缴纳年费的，则视为放弃取得专利权。因此，选项 B 的说法正确，不符合题意。

A9.1 规定，同样发明创造只能授予一项专利权。但是，同一申请人同日对同样的发明创造既申请实用新型专利又申请发明专利，先获得的实用新型专利权尚未终止，且申请人声明放弃该实用新型专利权的，可以授予发明专利权。进一步地，G－2－3－6.2.2 关于"对一件专利申请和一项专利权的处理"中规定，对于同一申请人同日（仅指申请日）对同样的发明创造既申请实用新型又申请发明专利的，在先获得的实用新型专利权尚未终止，并且申请人在申请时分别做出说明的，除通过修改发明专利申请外，还可以通过放弃实用新型专利权避免重复授权。因此，在对上述发明专利申请进行审查的过程中，如果该发明专利申请符合授予专利权的其他条件，应当通知申请人进行选择或者修改，申请人选择放弃已经授予的实用新型专利权的，应当在答复审查意见通知书时附交放弃实用新型专利权的书面声明。根据上述规定，选项 C 的说法正确，不符合题意。

《专利权质押登记办法》第十七条规定，专利权质押期间，出质人未提交质权人同意其放弃该专利权的证明材料的，国家知识产权局不予办理专利权放弃手续。因此，专利权处于质押状态下，未经质权人同意，专利权人无权放弃专利权，故选项 D 的说法正确，不符合题意。

综上所述，本题答案为 A。

【7.（2015－86）解析】知识点：专利权的放弃

参见 5.（2019－94）的解析可知，本题答案为 A、C。

（三）总体考点分析

本部分涉及专利权人的下述权利的知识点：放弃专利权的权利、标明专利标识的权利等。

高频结论

✓ 专利权人有权在其专利产品或者该产品的包装上标明专利标识。当然经专利权人同意享有专利标识标注权的被许可人也可以进行标注。

✓ 可以在其专利产品、依照专利方法直接获得的产品、该产品的包装或者该产品的说明书等材料（当然不局限于通常理解的包装本身）上标注专利标识。

✓ 标注专利标识的，应当标明下述内容：（1）采用中文标明专利权的类别，例如中国发明专利、中国实用新型专利、中国外观设计专利；（2）国家知识产权局授予专利权的专利号。

✓ 专利权被授予前在产品、该产品的包装或者该产品的说明书等材料上进行标注的，应当采用中文标明中国专利申请的类别、专利申请号，并标明"专利申请，尚未授权"的字样。

✓ 专利权终止前依法在专利产品、依照专利方法直接获得的产品或者其包装上标注专利标识，在专利权终止后许诺销售、销售该产品的，不属于假冒专利行为。

✓ 授予专利权后，专利权人随时可以主动要求放弃专利权，专利权人放弃专利权的，应当提交放弃专利权声明，并附具全体专利权人签字或者盖章同意放弃专利权的证明材料，或者仅提交由全体专利权人签字或者盖章的放弃专利权声明。

✓ 委托专利代理机构的，放弃专利权的手续应当由专利代理机构办理，并附具全体申请人签字或者盖章的同意放弃专利权声明。主动放弃专利权的声明不得附有任何条件。

✓ 放弃专利权只能放弃一件专利的全部，放弃部分专利权的声明视为未提出。

✓ 专利权质押期间，出质人未提交质权人同意其放弃专利权的证明材料的，国家知识产权局不予办理专利权放弃手续。即专利权处于质押状态的，未经质权人同意，专利权人无权放弃专利权。

（四）参考答案

1. B、C、D   2. A   3. A、B、D   4. A、B、C、D   5. A、C

6. A   7. A、C

三、侵犯专利权的行为和不视为侵犯专利权的情形

(一) 历年试题集合

1. (2019－85) 在未经专利权人同意的情况下，在专利权的有效期内，下列哪些行为侵犯专利权？ 【你的答案】

　　A. 甲公司从公开渠道获得一份技术材料，但不知其已经获得发明专利权，甲自行应用该技术生产产品并销售 【选错记录】

　　B. 乙按照他人的外观设计专利制作一套沙发以自用

　　C. 丙实施了他人的实用新型专利技术方案，将产品以成本价卖给某公司

　　D. 医院丁按照一件中药发明专利的技术方案配制汤药用以医治病人

2. (2018－97) 甲获得一项产品发明专利，并与乙签订《专利使用协议》。该协议约定，甲允许乙对该专利产品进一步开发并在产品中标注甲的专利号。该协议同时约定："双方在开发的产品正式投产之前再行签订正式详尽的合同"。 【你的答案】

乙在开发过程中，试制了一批甲的专利产品，并进行研发，研发制得新的产品相对于甲的专利权利要求的范围删除了一些不必要的部件，增加了一些具有实质性区别的新的功能部件，相对于原专利产品实现了明显的技术效果改进。但乙未申请该新产品的专利。随后，乙在未与甲进一步签订正式详尽合同的情况下批量制造其研发的新产品，并向市场销售该新产品，所销售新产品上标注有甲的专利号。 【选错记录】

以下说法哪些是正确的？

　　A. 因为乙与甲没有按照协议约定签订正式详尽的合同，所以乙在产品开发中制造、使用甲的专利产品的行为属于侵犯甲的专利权的行为

　　B. 即便乙与甲没有按照协议约定签订正式详尽的合同，乙在产品开发中制造、使用甲的专利产品的行为也不属于侵犯甲的专利权的行为

　　C. 乙在所销售新产品上标注甲的专利号的行为构成假冒专利的行为

　　D. 乙与甲签订的《专利使用协议》中明确约定"乙可以在产品中标注甲的专利号"，因此乙在所销售新产品上标注甲的专利号的行为不构成假冒专利的行为

3. (2018－82) 丙发明了一种机械装置并获得发明专利权，设计单位甲未经丙许可，为乙设计绘制了的该发明专利装置的零件图和总装图，并获取了设计报酬。以下说法哪些是正确的？ 【你的答案】

　　A. 无论乙是否采用甲的设计方案用于生产经营活动，甲的上述行为都不属于《专利法》第十一条规定的直接侵犯丙的专利权的行为 【选错记录】

　　B. 如果乙没有采用甲的设计方案实际制造并销售该装置，则甲和乙的上述行为均不构成侵犯丙的专利权的行为

　　C. 如果乙采用甲的设计方案并实际制造并销售该装置，则乙的上述行为侵犯丙专利权，但甲的上述行为不构成对丙的专利的侵权行为

　　D. 如果乙采用甲的设计方案实际制造并销售该装置，则甲的上述行为构成对丙的专利的共同侵权

4. (2018－83) 以下情形，哪些行为不构成侵犯专利权的行为？ 【你的答案】

　　A. 在某次地震灾害时，某公司赶制一批受他人专利权保护的挖掘救援器具，并作为无偿捐赠的救灾物资紧急运送到灾区 【选错记录】

　　B. 某人按照他人的专利权的中药药方配制一服中药，熬成药汤自己服用

　　C. 某公司从市场大量回收废旧的某型专利设备，从中拆解零部件重新组装制成完整的该型专利设备，并在市场上销售

　　D. 某公司购买了一批未经许可制造并售出的专利零部件，并将其储存在公司的仓库中，以备该公司生产运行设备中该型零部件损坏时更换，但至今尚未更换

5. （2017－36）以下哪些说法不符合我国《专利法》的规定？

A. 除《专利法》另有规定外，发明专利权人有权禁止他人为生产经营目的许诺销售其专利产品

B. 除《专利法》另有规定外，方法发明专利权人有权禁止他人为生产经营目的制造与依照其专利方法直接获得的产品相同的产品

C. 除《专利法》另有规定外，实用新型专利权人有权禁止他人为生产经营目的许诺销售、销售、进口其专利产品

D. 除《专利法》另有规定外，外观设计专利权人有权禁止他人为生产经营目的制造、使用、销售其专利产品

6. （2016－93）甲拥有一项机床的发明专利权，乙未经甲的许可制造了该机床，用于为自己的客户加工零部件，同时将部分机床对外销售；丙不知道该机床为侵权产品，以合理价格购买了该机床用于企业的生产。以下说法哪些是正确的？

A. 乙制造该机床供自己使用的行为不侵犯甲的专利权

B. 丙使用该机床侵犯了甲的专利权

C. 丙能证明其采购机床的合法来源，无须承担赔偿责任

D. 法院根据甲的请求，应当判令乙、丙立即停止使用该机床

7. （2015－91）甲公司在中国拥有一项抗癌药品的专利权，并在中国国内进行制造销售。以下未经甲公司许可的哪些行为侵犯了甲公司的专利权？

A. 乙是病人，从印度购买仿制的该专利药品自己服用，并将多余的药品带回国内销售

B. 丙从甲公司购买了该专利药品，将其加价卖给第三人

C. 丁在国内某报纸上发布印度仿制的该专利药品的销售广告

D. 戊见甲公司销售的药品价格过于昂贵，自行制造并低价销售该专利药品

8. （2015－92）甲公司拥有一项新型药物的专利权。未经甲公司许可，下列哪些行为侵犯甲公司的专利权？

A. 乙公司通过电子邮件向某医院发出销售该新型药物的信息

B. 李某在专业期刊上发表文章对该新型药物的性能作了全面介绍

C. 某医院为尽快治疗好患者，自行配置并使用该新型药物

D. 丙公司为提供行政审批所需的信息，自行制造该新型药物

9. （2014－24）某公司拥有一项3D打印机的专利权。下列哪种行为侵犯该公司的专利权？

A. 为了改进该打印机的性能，甲自行制造一台该种3D打印机用于实验

B. 乙未获得该公司的许可而在报纸上发布出售该种3D打印机的信息

C. 丙从该公司购买一台3D打印机，未经该公司同意，公开出售由该3D打印机打印出的产品

D. 丁从该公司批发一批3D打印机，并以高价出口到该公司未获得专利权的国家

10. （2014－59）下列哪些未经专利权人许可的行为构成侵犯专利权的行为？

A. 某大学使用专利方法制造扩音设备用于教学

B. 某汽车制造厂将实用新型专利产品用作汽车内部零部件

C. 某电视机厂将外观设计专利产品用作电视机内部不可见的零部件

D. 某药厂为药品上市提供行政审批所需的信息而制造专利药品

11. （2013－82）甲公司研制了一种新药品，并在中国和印度获得了专利权。乙公司未经甲公司许可而制造了该药品。丙公司在不知乙公司未获得授权的情况下，通过合法渠道从乙公司购买了该药品并进行销售。丁公司在印度购买了甲公司制造的该药品并进口到中国，戊公司从丁公司处购买了该药品并进行销售。下列说法哪些是正确的？

A. 乙公司的行为构成侵权，但可以免除赔偿责任

B. 丙公司的行为构成侵权，但可以免除赔偿责任

C. 丁公司的行为不构成侵权

D. 戊公司的行为构成侵权

12. （2010-23）吴某对一种新型血液透析设备仅在中国和美国享有专利权。下列哪些行为人未经吴某许可而实施的行为侵犯吴某的专利权？

【你的答案】

【选错记录】

A. 甲医院为更好地治疗患者，制造并使用该种血液透析设备

B. 乙医药公司为提供行政审批所需的信息，进口在日本制造的该种血液透析设备

C. 丙医药大学专为科学研究和试验，制造并使用该种血液透析设备

D. 丁公司从吴某许可的美国某公司处进口一批该种血液透析设备，并进行销售

13. （2019-47）下列哪些情形不视为侵犯专利权？

【你的答案】

【选错记录】

A. 某药厂为提供行政审批所需要的信息进口一批专利药品

B. 甲获得一项发明专利，乙在该专利申请日前已经实施与之相同的技术，并在原有范围内继续实施

C. 某临时通过中国领空的美联航飞机上为其自身需要而使用有关专利

D. 某大学实验室使用有关专利进行科学研究，以便对其加以改进

14. （2018-30）关于"不视为侵犯专利权的情形"，以下说法哪些是正确的？

【你的答案】

【选错记录】

A. 甲发明一项产品，仅在中国申请并获得了专利权，乙公司在越南制造销售该专利产品，丙公司从越南的乙公司购得该专利产品，并将其进口到中国内地销售。丙的行为属于平行进口行为，不视为侵犯专利权的情形

B. 甲获得一项焊接技术专利。乙公司在该专利申请日前已经运用该技术用于焊接，丙公司将乙公司连同该焊接技术一并收购，并在乙公司原有生产规模范围内继续实施该焊接技术。丙公司实施该专利技术的行为不视为侵犯甲的专利权

C. 某大学工业设计实验室对某项外观设计专利产品进行分析，研究仿制该外观设计产品。该大学实验室的行为属于专为科学研究和实验而使用有关专利的行为，不视为侵犯专利权

D. 某大学研究所针对某专利产品进行研究，并组织中等产量规模的试制。该大学研究所的行为属于专为科学研究和实验而使用有关专利的行为，不视为侵犯专利权

15. （2018-27）甲获得一项工艺方法的专利权，该工艺方法的实施需要使用一种专用装置X，该工艺方法直接获得产品Y。甲并未申请该专用装置X的专利保护。

【你的答案】

【选错记录】

甲与乙订立书面购销合同，甲向乙出售一批该专用装置X。所述合同中，甲未对该装置X的使用方法提出任何限制。

乙使用该批装置X按照甲公司的专利方法制造产品Y，并将其批发给丙。丙在市场上公开销售该产品Y。

以下说法哪些是正确的？

A. 乙和丙侵犯了甲的方法专利权

B. 乙未侵犯甲的方法专利权，丙侵犯了甲的方法专利权

C. 乙侵犯了甲的方法专利权，丙的行为属于"不视为侵犯专利权"的行为

D. 乙未侵犯甲的方法专利权，丙的行为属于"不视为侵犯专利权"的行为

16. （2016-94）甲拥有一项X产品实用新型专利权，向法院起诉乙制造的产品侵犯自己的专利权。以下哪些可以作为乙不侵权抗辩的理由？

【你的答案】

【选错记录】

A. 乙用于制造X产品的设备是以合理价格从他人手中购买的

B. 乙在甲申请专利之前自行完成了研发并开始制造X产品

C. 乙就其所制造的产品拥有自己的专利权

D. 乙有证据表明其生产的X产品属于现有技术

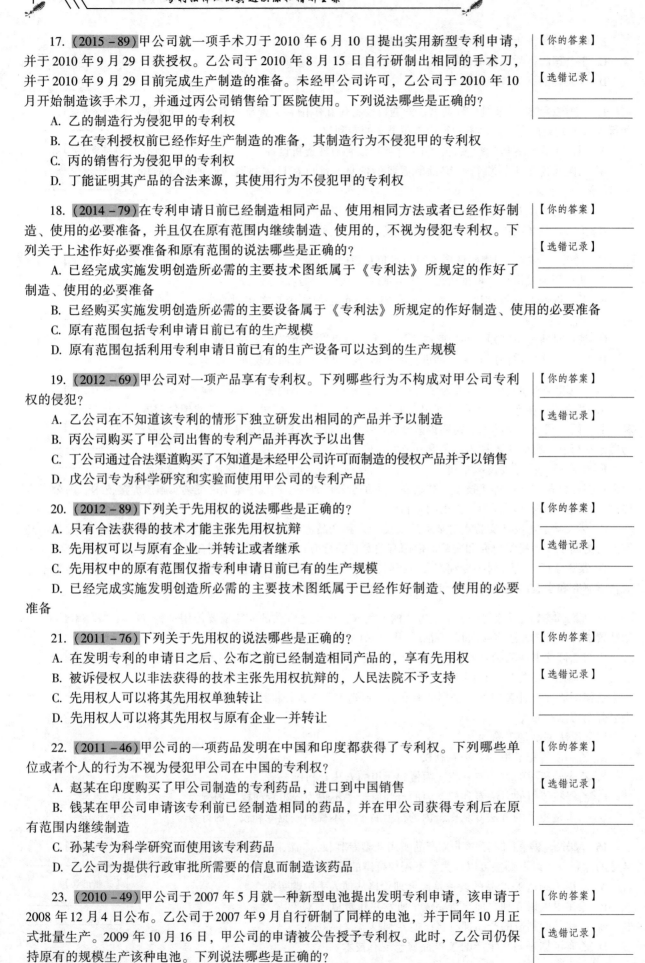

17. （2015－89）甲公司就一项手术刀于 2010 年 6 月 10 日提出实用新型专利申请，并于 2010 年 9 月 29 日获授权。乙公司于 2010 年 8 月 15 日自行研制出相同的手术刀，并于 2010 年 9 月 29 日前完成生产制造的准备。未经甲公司许可，乙公司于 2010 年 10 月开始制造该手术刀，并通过丙公司销售给丁医院使用。下列说法哪些是正确的？

【你的答案】

【选错记录】

A. 乙的制造行为侵犯甲的专利权

B. 乙在专利授权前已经作好生产制造的准备，其制造行为不侵犯甲的专利权

C. 丙的销售行为侵犯甲的专利权

D. 丁能证明其产品的合法来源，其使用行为不侵犯甲的专利权

18. （2014－79）在专利申请日前已经制造相同产品、使用相同方法或者已经作好制造、使用的必要准备，并且仅在原有范围内继续制造、使用的，不视为侵犯专利权。下列关于上述作好必要准备和原有范围的说法哪些是正确的？

【你的答案】

【选错记录】

A. 已经完成实施发明创造所必需的主要技术图纸属于《专利法》所规定的作好了制造、使用的必要准备

B. 已经购买实施发明创造所必需的主要设备属于《专利法》所规定的作好制造、使用的必要准备

C. 原有范围包括专利申请日前已有的生产规模

D. 原有范围包括利用专利申请日前已有的生产设备可以达到的生产规模

19. （2012－69）甲公司对一项产品享有专利权。下列哪些行为不构成对甲公司专利权的侵犯？

【你的答案】

【选错记录】

A. 乙公司在不知道该专利的情形下独立研发出相同的产品并予以制造

B. 丙公司购买了甲公司出售的专利产品并再次予以出售

C. 丁公司通过合法渠道购买了不知道是未经甲公司许可而制造的侵权产品并予以销售

D. 戊公司专为科学研究和实验而使用甲公司的专利产品

20. （2012－89）下列关于先用权的说法哪些是正确的？

A. 只有合法获得的技术才能主张先用权抗辩

B. 先用权可以与原有企业一并转让或者继承

C. 先用权中的原有范围仅指专利申请日前已有的生产规模

D. 已经完成实施发明创造所必需的主要技术图纸属于已经作好制造、使用的必要准备

【你的答案】

【选错记录】

21. （2011－76）下列关于先用权的说法哪些是正确的？

A. 在发明专利的申请日之后、公布之前已经制造相同产品的，享有先用权

B. 被诉侵权人以非法获得的技术主张先用权抗辩的，人民法院不予支持

C. 先用权人可以将其先用权单独转让

D. 先用权人可以将其先用权与原有企业一并转让

【你的答案】

【选错记录】

22. （2011－46）甲公司的一项药品发明在中国和印度都获得了专利权。下列哪些单位或者个人的行为不视为侵犯甲公司在中国的专利权？

【你的答案】

【选错记录】

A. 赵某在印度购买了甲公司制造的专利药品，进口到中国销售

B. 钱某在甲公司申请该专利前已经制造相同的药品，并在甲公司获得专利后在原有范围内继续制造

C. 孙某专为科学研究而使用该专利药品

D. 乙公司为提供行政审批所需要的信息而制造该药品

23. （2010－49）甲公司于 2007 年 5 月就一种新型电池提出发明专利申请，该申请于 2008 年 12 月 4 日公布。乙公司于 2007 年 9 月自行研制了同样的电池，并于同年 10 月正式批量生产。2009 年 10 月 16 日，甲公司的申请被公告授予专利权。此时，乙公司仍保持原有的规模生产该种电池。下列说法哪些是正确的？

【你的答案】

【选错记录】

A. 乙公司的行为不视为侵犯甲公司的专利权

B. 甲公司可以就乙公司于 2008 年 12 月 4 日至 2009 年 10 月 16 日的生产行为要求其支付适当的费用

C. 由于乙公司在甲公司的专利申请公布之前已进行批量生产，故甲公司的专利权应当被宣告无效

D. 甲公司可以就乙公司在 2009 年 10 月 16 日后的生产行为向人民法院起诉

24.（2019－95）甲公司获得一项灯具的外观设计专利权。乙公司未经甲公司许可制造了相同外观设计的灯具，并由丙公司出售给丁酒店。丁酒店使用该灯具装饰其酒店大堂。下列说法哪些是正确的？

【你的答案】
_____

【选错记录】
_____

A. 乙的制造行为侵犯了甲的专利权

B. 丙的销售行为侵犯了甲的专利权

C. 丁的使用行为侵犯了甲的专利权，但因其能证明产品的合法来源，可以不承担侵权赔偿责任

D. 丁的使用行为未侵犯甲的专利权

25.（2018－26）甲公司获得一项灯具的外观设计专利权。乙公司未经甲公司的许可制造了相同设计的灯具，并出售给丙酒店。丙酒店使用该灯具装饰其酒店大堂使其显得金碧辉煌以招徕顾客。以下说法哪些是正确的？

【你的答案】
_____

【选错记录】
_____

A. 乙公司和丙酒店的上述行为均侵犯了甲公司的专利权

B. 乙公司的上述行为侵犯了甲公司的专利权，但丙酒店的上述行为未侵犯甲公司的专利权

C. 乙公司的上述行为未侵犯甲公司的专利权，但丙酒店的上述行为侵犯了甲公司的专利权

D. 乙公司和丙酒店的上述行为均未侵犯甲公司的专利权

26.（2018－93）甲获得一项外观设计专利。乙在该专利申请日后、授权公告前未经甲的许可制造了一批该专利产品并销售给丙。

丙将该外观设计专利产品作为零部件组装到自己的产品上提升产品美感，并在该外观设计专利授权公告后持续向市场销售。

以下说法哪些是正确的？

【你的答案】
_____

【选错记录】
_____

A. 乙的上述行为侵犯甲的外观设计专利权

B. 乙的上述行为不属于侵犯甲的外观设计专利权的行为

C. 丙的上述行为侵犯甲的外观设计专利权

D. 丙的上述行为不侵犯甲的外观设计专利权

27.（2013－62）王某拥有一项外观设计专利权。未经其许可，他人为生产经营目的不得实施下列哪些行为？

【你的答案】
_____

【选错记录】
_____

A. 制造该外观设计专利产品

B. 使用该外观设计专利产品

C. 许诺销售该外观设计专利产品

D. 进口该外观设计专利产品

28.（2013－99）王某未经外观设计专利权人许可，依照该外观设计专利制造了 100 件产品，其中 10 件送朋友，5 件放家里摆放，80 件用于出售，5 件在展销会上展出。王某的哪些行为侵犯了该外观设计专利权？

【你的答案】
_____

【选错记录】
_____

A. 送朋友

B. 在家里摆放

C. 出售

D. 在展销会上展出

（二）参考答案解析

【1.（2019－85）解析】知识点：侵犯专利权的行为

A11.1 规定，发明和实用新型专利权被授予后，除该法另有规定的以外，任何单位或者个人未经专利权人许可，都不得实施其专利，即不得为生产经营目的的制造、使用、许诺销售、销售、进口其专利产品，或者使用其专利方法以及使用、许诺销售、销售、进口依照该专利方法直接获得的产品。选项 A 中，甲公司虽然并不知道自己实施（生产和销售）

的是专利技术，但仍然属于未经专利权人的同意而实施专利技术，因此甲的行为侵犯了该发明专利权（侵犯专利权并不以是否知道为前提）。因此，选项A符合题意。

A11.2规定，外观设计专利权被授予后，任何单位或者个人未经专利权人许可，都不得实施其专利，即不得为生产经营目的制造、许诺销售、销售、进口其外观设计专利产品。选项B中，乙按照他人的外观设计专利制作一套沙发以自用的行为，一方面其没有为生产经营目的而制造外观设计专利产品，因此不构成侵权行为；另一方面，禁止他人未经许可实施外观设计专利的情形并不包括使用外观设计专利产品的行为。因此，乙的行为没有侵犯专利权，故选项B不符合题意。

根据A11.1的规定，丙实施了他人的实用新型专利技术方案，并且进行了销售，是为生产经营目的制造和销售专利产品的行为，因此构成专利侵权的要件，即丙的行为侵犯了专利权，故选项C符合题意。其中，销售的价格并不是关键因素，只要是未经专利权人同意而以生产经营为目的制造或销售专利产品，即使以成本价或低于成本价销售都构成侵权行为。

选项D中，医院丁按照一件中药发明专利的技术方案配制汤药用以医治病人，也属于是未经专利权人同意而以生产经营为目的制造和使用专利产品，即丁的行为构成侵犯专利权的行为。因此，选项D符合题意。注意，在中国，医院或医生未经专利权人同意，以生产经营为目的而实施专利也同样构成侵权行为，但可能在后续侵权救济等方面有一些特殊的考量。

综上所述，本题答案为A、C、D。

【2.（2018-97）解析】知识点：禁止他人未经许可实施专利的情形；相关知识点：假冒专利的行为

根据A11.1规定可知，侵犯专利权的条件之一是是否得到专利权人的许可。题中，乙在产品开发过程中，制造了一批该专利产品，则其行为是否构成侵权，关键在于乙的行为是否得到甲的许可。由于甲与乙签订的《专利使用协议》约定，甲允许乙对专利产品进一步开发，并在产品中标注甲的专利号。据此应当理解为甲允许乙在产品开发过程中制造、使用该专利产品。虽然还约定了"双方在开发的产品正式投产之前再行签订正式详尽的合同"，但该约定是对产品正式投产之后进行的约定，并不是对产品研发过程的约定（其已由《专利使用协议》进行的约定是有效的）。因此，双方未在产品正式投产前进一步签订正式合同这一事实并不会推翻之前签订的《专利使用协议》的效力，即甲允许乙制造、使用该专利产品。因此，乙在产品开发过程中，制造了一批该专利产品，则其行为是得到甲的允许的，而没有侵犯甲的专利权。因此，选项A的说法错误，选项B的说法正确。

根据R101.1的规定，在未被授予专利权的产品或者其包装上标注专利标识……或者未经许可在产品或者产品包装上标注他人的专利号，属于假冒专利的行为。题中，乙正式制造、销售的产品，相对于甲的专利权利要求的范围删除了一些不必要的部件，增加了一些具有实质性区别的新的功能部件，相对于原专利产品实现了明显的技术效果改进，因此与甲的专利技术产品既不相同也不构成等同，不再属于甲的专利保护范围之内。乙公司正式投产的产品不再是甲的专利产品，因此在该产品上标注甲的专利号，构成假冒专利的行为。因此，选项C的说法是正确的，而选项D的说法是错误的。

综上所述，本题答案为B、C。

【3.（2018-82）解析】知识点：禁止他人未经许可实施专利的情形；相关知识点：直接侵犯专利权、共同侵权

根据A11.1的规定可知，对于专利产品而言，实施专利的行为包括为生产经营目的的制造、使用、许诺销售、销售、进口五种行为。从规定表述来看，这里是穷举的，即除列举的五种行为之外，其他行为并不会导致直接侵犯专利权的。

题中，设计单位甲绘制的该发明专利装置的零件图和总装图，仅仅是处于设计阶段，其本身并不构成对丙的发明专利的直接侵权行为（故选项A的说法是正确的），此是乙委托甲进行上述行为，委托行为本身也不构成丙发明专利的直接侵权行为。在这种情况下，如果乙没有采用甲的设计方案实际制造并销售该装置，则甲和乙都不会构成丙的发明专利的侵权行为（故选项B的说法是正确的）。但是如果乙采用甲的设计方案，实际制造并销售该装置，则乙的制造和销售行为构成对丙的发明专利的直接侵权，此时甲的行为虽然不构成对所述专利的直接侵权，但属于为乙提供制造专利产品的协助，甲应当承担连带侵权责任，认定甲设计阶段的行为构成共同侵权。因此，选项C的说法错误，而选项D的说法正确。

综上所述，本题答案为A、B、D。

【4.（2018-83）解析】知识点：为生产经营目的的含义，制造、使用专利产品的含义

根据A11的规定，他人侵犯发明专利权、实用新型专利权或者外观设计专利权的行为，必须是"为生产经营目的"，否则就不会构成侵权行为。

选项A中，公司制造挖掘救援器具是为了公共安全的紧急目的而作为无偿捐赠的救灾物资，并没有"为生产经营目的"而实施专利技术，因此该公司的行为不构成侵犯专利权的行为。

选项B中，该人配制的中药仅供自己服用，也不属于"为生产经营目的"而实施专利技术的行为，故该人行为不

构成侵犯专利权的行为。

选项 C 中，该公司回收、拆解、重新组装制成完整的专利设备，并在市场销售是以生产经营为目的，因此该公司的行为属于未经许可而为生产经营目的制造和销售专利产品的行为，构成侵犯专利权的行为。其中需要注意的是，制造专利设备的行为并没有限定所采用的原材料或零部件，因此采用废旧的专利设备上拆解零部件来生产专利设备，同样也是制造专利设备的行为。

选项 D 中，该公司购买的是未经许可制造并售出的专利零部件，且其目的是要使用该零部件（以生产经营的目的），虽然购买的专利零部件储存在公司的仓库中而未实际使用，但由于公司对这些零部件的直接目的是使用（即用于生产运行设备中该型零部件损坏时进行更换），因此虽然还未实际使用，也应当视为使用了该产品。该公司的行为属于"为生产经营目的"使用专利产品，因此构成侵犯专利权的行为。

综上所述，本题答案为 A、B。

【5.（2017－36）解析】知识点：禁止他人未经许可实施专利的权利

根据 A11.1 的规定可知，发明专利的专利权人有权禁止他人未经许可而为生产经营目的的许诺销售其专利产品的行为，因此，选项 A 的说法是正确的。

根据 A11.1 的规定，方法发明专利权人有权禁止他人为生产经营目的制造依照其专利方法直接获得的产品（必须是使用其专利方法），但并不能禁止他人利用其他方法制造相同的产品，即选项 B 中缺乏"使用其专利方法"的限定，故选项 B 的说法是错误的。

根据 A11.1 的规定可知，实用新型专利权人有权禁止他人为生产经营目的许诺销售、销售、进口其专利产品，因此，选项 C 的说法是正确的。

A11.2 规定，外观设计专利权被授予后，任何单位或者个人未经专利权人许可，都不得实施其专利，即不得为生产经营目的制造、许诺销售、销售、进口其外观设计专利产品。根据上述规定，禁止他人未经许可实施外观设计专利的情形不包括使用外观设计专利产品的行为，即外观设计专利权人并不能禁止他人为生产经营目的使用其专利产品。因此，选项 D 的说法是错误的。

综上所述，本题答案为 B、D。

【6.（2016－93）解析】知识点：侵犯专利权的行为；相关知识点：不承担赔偿责任的情况、不视为侵犯专利权的情形

本题涉及对 A11.1 规定的理解。选项 A 中，乙未经甲的许可制造该机床，并非个人使用，而是通过机床生产产品供后续销售等，因此其制造、使用该机床的行为是以经营为目的，侵犯了甲的专利权，故选项 A 的说法错误。

由于乙制造的机床是侵权产品，那么丙从乙处购买的该机床用于企业生产的行为，也必然是侵权行为，即选项 B 的说法正确。

A77 规定，为生产经营目的使用、许诺销售或者销售不知道是未经专利权人许可而制造并售出的专利侵权产品，能证明该产品合法来源的，不承担赔偿责任。据此可知，丙不知道该机床为侵权产品，并且是以合理价格购买的，因此丙可以证明其机床的合理来源，则不承担赔偿责任。因此，选项 C 的说法正确。

对选项 D，由于乙是自己制造了侵权产品并使用，法院根据甲的请求，可以判令乙停止使用该机床。但对于丙而言，需要考虑《最高人民法院关于审理侵犯专利权纠纷案件应用法律若干问题的解释（二）》第二十五条第一款的规定，即为生产经营目的的使用、许诺销售或者销售不知道是未经专利权人许可而制造并售出的专利侵权产品，且举证证明该产品合法来源的，对于权利人请求停止上述使用、许诺销售、销售行为的主张，人民法院应予支持，但被诉侵权产品的使用者举证证明其已支付该产品的合理对价的除外。由于丙不知道该机床为侵权产品，并且以合理价格购买了该机床用于企业的生产，那么丙作为被诉侵权产品的使用者，已支付该产品的合理对价，属于上述规定中的除外情形，即可以不停止使用。因此，选项 D 的说法是错误的。

综上所述，本题答案为 B、C。

【7.（2015－91）解析】知识点：侵犯专利权的行为；相关知识点：不视为专利侵权的情形

本题涉及对 A11.1 规定的理解。选项 A 中，乙作为病人从印度购买仿制的该专利药品自己服用，属于自用而没有以生产经营为目的，并不侵犯甲的专利权。但乙将多余的药品带回国内销售，则具有为生产经营目的的性质的销售行为，由于其并没有得到专利权人的许可，因此构成侵犯甲公司的专利权的行为。

选项 C 中，丁在国内某报纸上发布印度仿制的该专利药品的销售广告，具有销售意愿的表示，且印度仿制的该专利药品也没有获得专利权人甲的许可，因此丁的上述行为构成许诺销售行为，侵犯了甲公司的专利权。

选项 D 中，戊自行制造并销售该专利药品，且未经专利权人甲的许可，构成了制造和销售行为，侵犯了甲公司的专利权。

选项 B 中，甲公司将产品售出后，丙再进行销售，属于 A75 规定的不视为侵犯专利权的情形的第（一）项情形，即"专利产品或者依照专利方法直接获得的产品，由专利权人或者经其许可的单位、个人售出后，使用、许诺销售、销售、进口该产品的"。丙进行再销售的行为没有侵犯甲公司的专利权（虽然其进行加价销售，如果超出一定限度，则违反法律，但与是否侵犯专利权无关）。

综上所述，本题答案为 A、C、D。

【8.（2015-92）解析】 知识点：侵犯专利权的行为；相关知识点：不视为侵犯专利权的情形

本题涉及对 A11.1 规定的理解。选项 A 中，乙公司通过电子邮件向某医院发出销售该新型药物的信息，具有向医院销售的意愿表示，因此构成了许诺销售行为。由于未经专利权人甲许可，侵犯了甲公司的专利权。因此选项 A 符合题意。

选项 B 中，李某在专业期刊上发表文章对该新型药物的性能作了全面介绍，目的是让公众了解该新型药物的性能，其中并没有许诺销售等意思的表示，这种行为并不构成侵犯甲公司专利权的行为。因此，选项 B 不符合题意。

选项 C 中，某医院自行配置并使用该新型药物，虽然是为了尽快治疗好患者，但仍然是未经专利权人同意而以生产经营为目的的制造和使用专利产品的行为，侵犯了甲公司的专利权。因此，选项 C 符合题意。

A75 规定："有下列情形之一的，不视为侵犯专利权：……（五）为提供行政审批所需要的信息，制造、使用、进口专利药品或者专利医疗器械的，以及专门为其制造、进口专利药品或者专利医疗器械的。"选项 D 中，丙公司为提供行政审批所需要的信息，自行制造了该新型药物，属于上述规定的不视为侵犯专利权的情形。因此，选项 D 不符合题意。

综上所述，本题答案为 A、C。

【9.（2014-24）解析】 知识点：侵犯专利权的行为；相关知识点：不视为侵犯专利权的情形

A75 规定："有下列情形之一的，不视为侵犯专利权：（一）专利产品或者依照专利方法直接获得的产品，由专利权人或者经其许可的单位、个人售出后，使用、许诺销售、销售、进口该产品的；（二）在专利申请日前已经制造相同产品、使用相同方法或者已经作好制造、使用的必要准备，并且仅在原有范围内继续制造、使用的；（三）临时通过中国领陆、领水、领空的外国运输工具，依照其所属国同中国签订的协议或者共同参加的国际条约，或者依照互惠原则，为运输工具自身需要而在其装置和设备中使用有关专利的；（四）专为科学研究和实验而使用有关专利的；（五）为提供行政审批所需要的信息，制造、使用、进口专利药品或者专利医疗器械的，以及专门为其制造、进口专利药品或者专利医疗器械的。"

基于上述规定可知，选项 A 中，甲自行制造和使用该种 3D 打印机，目的是科学实验而没有以生产经营为目的，属于 A75 第（四）种情形，其行为没有侵犯该公司的专利权。因此，选项 A 不符合题意。

选项 B 中，乙在报纸上发布出售该种 3D 打印机信息的行为，具有销售意愿的表示，因此属于许诺销售行为。乙在未获得该公司许可的情况下，行为侵犯了该公司的专利权。因此，选项 B 符合题意。

选项 C 中，丙使用的此类 3D 打印机是从该公司购买的，就已经从该公司的销售中获得应用该打印机打印产品的用途（如果购买打印机而不允许购买者利用打印机进行打印，则显然是不合理的，也可以视为销售打印机之后，其专利权用尽），属于 A75 第（一）种情形（由专利权人售出后，使用该产品的行为不侵犯专利权），因此丙公开出售由该 3D 打印机打印的产品，并不需要再经过该公司同意，其行为没有侵犯该公司的专利权。因此，选项 C 不符合题意。

选项 D 中，丁由于是从该公司批发的此类 3D 打印机，该公司专利权的权利已用尽，其进一步处置包括出口行为并不再为专利权人所禁止，没有侵犯该公司的专利权。因此，选项 D 不符合题意。注意，这里不要与"平行进口"的概念相混淆。选项 D 中，如果丁将所批发的 3D 打印机出口到某公司拥有专利权的国家，则根据某些国家的规定，仍然有可能侵犯某公司在该国家的专利权（专利权并未用尽）。当然，关于这一点仍然在国际上具有争议。

综上所述，本题答案为 B。

【10.（2014-59）解析】 知识点：侵犯专利权的行为；相关知识点：不视为侵犯专利权的情形

参见 9.（2014-24）的解析。选项 A 中，该大学使用专利方法制造扩音设备用于教学，行为属于生产经营行为，在未经专利权人许可的情况下，侵犯了所述专利。因此，选项 A 符合题意。选项 D 中，该药厂为药品上市提供行政审批所需要的信息而制造专利药品，其属于 A75 第（五）种不视为侵犯专利权的情形，因此该药厂的行为虽然未经专利权人的许可，但是没有构成侵犯专利权的行为。

《最高人民法院关于审理侵犯专利权纠纷案件应用法律若干问题的解释》第十二条第一款规定，将侵犯发明或者实用新型专利权的产品作为零部件，制造另一产品的，人民法院应当认定属于《专利法》第十一条规定的使用行为；销售该另一产品的，人民法院应当认定属于《专利法》第十一条规定的销售行为。根据上述规定可知，选项 B 中，该汽车制造厂将实用新型专利产品用作汽车内部零部件，构成了侵犯所述实用新型专利权的行为。因此，选项 B 符合题意。

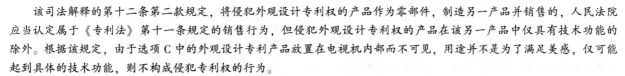

该司法解释的第十二条第二款规定，将侵犯外观设计专利权的产品作为零部件，制造另一产品并销售的，人民法院应当认定属于《专利法》第十一条规定的销售行为，但侵犯外观设计专利权的产品在该另一产品中仅具有技术功能的除外。根据该规定，由于选项 C 中的外观设计专利产品放置在电视机内部而不可见，用途并不是为了满足美感，仅可能起到具体的技术功能，则不构成侵犯专利权的行为。

综上所述，本题答案为 A、B。

【11. (2013 - 82) 解析】知识点：侵犯专利权的行为；相关知识点：不视为侵犯专利权的情形

参见 9. (2014 - 24) 的解析。根据 A11.1 的规定，乙公司未经甲公司许可而制造该药品的行为侵犯了甲公司的专利权，且丙虽然不知道乙公司未获得授权的情况下而从乙处购买并进行销售的行为，也同样侵犯了甲公司的专利权。进一步地，A77 规定，为生产经营目的使用、许诺销售或者销售不知道是未经专利权人许可而制造并售出的专利侵权产品，能证明该产品合法来源的，不承担赔偿责任。虽然丙公司销售该药品的行为侵犯了甲公司的专利权，但由于是合法渠道从乙公司处购买的，可以免除赔偿责任。因此，选项 B 的说法正确。由于乙公司的行为并不属于上述可以免除赔偿责任的情形，因此选项 A 说法是错误的。

根据 A75 第（一）项所述的不视为侵犯专利权的情形，即"专利产品或者依照专利方法直接获得的产品，由专利权人或者经其许可的单位、个人售出后，使用、许诺销售、销售、进口该产品的"，丁公司在印度购买了甲公司制造的该药品（由于甲在印度获得了专利权，故属于专利权人售出的药品）并进口到中国，其行为不构成侵权，故选项 C 的说法正确。进一步地，戊公司从丁公司处购买了该药品并进行销售的行为也不侵犯甲公司的专利权，故选项 D 的说法错误。

综上所述，本题答案为 B、C。

【12. (2010 - 23) 解析】知识点：侵犯专利权的行为；相关知识点：不视为侵犯专利权的情形

参见 9. (2014 - 24) 的解析。选项 A 中，甲医院未经专利权人吴某许可而制造并使用该种血液透析设备，虽然是为了更好地治疗患者，仍然属于为生产经营目的制造、使用专利产品，侵犯了吴某的专利权。因此，选项 A 符合题意。选项 B 中，由于乙医药公司从日本进口该种血液透析设备是为了提供行政审批所需要的信息，属于 A75 第（五）项中规定的情形，视为不侵犯吴某的专利权。因此，选项 B 不符合题意。选项 C 中，由于丙医药大学制造并使用该种血液透析设备是专为科学研究和试验且未以生产经营为目的，属于 A75 第（四）项中规定的情形，视为不侵犯吴某的专利权。因此，选项 C 不符合题意。选项 D 中，由于美国的某公司获得了吴某的许可，丁公司从该美国公司进口该种血液透析设备并进行销售的行为，属于 A75 第（一）种情形（由专利权人售出后，进口该产品的行为不侵犯专利权），即丁公司的行为视为不侵犯吴某的专利权。因此，选型 D 不符合题意。

综上所述，本题答案为 A。

【13. (2019 - 47) 解析】知识点：不视为侵犯专利权的情形

参见 9. (2014 - 24) 解析。依据是 A75 的规定，选项 A 中，某药厂为提供行政审批所需要的信息进口一批专利药品，根据上述规定的第（五）项，属于不视为侵犯专利权的情形。因此，选项 A 符合题意。选项 B 中，乙是在甲的专利申请日前已经实施与之相同的技术并在原有范围内继续实施，属于根据上述规定的第（二）项中所称的先用权，不视为侵犯专利权情形。因此，选项 B 符合题意。选项 C 中，某临时通过中国领空的美联航飞机上为其自身需要而使用有关专利，由于中国和美国明显共同参加了相关的国际条约相互之间也有互惠原则，所述情形属于上述规定的第（三）项的情形，故选项 C 符合题意。选项 D 中，某大学实验室使用有关专利进行科学研究以便对其加以改进，属于上述规定的第（四）项所述"专为科学研究和实验而使用有关专利"的情形。因此，选项 D 符合题意。

综上所述，本题答案为 A、B、C、D。

【14. (2018 - 30) 解析】知识点：不视为侵犯专利权的情形

参见 9. (2014 - 24) 解析。依据是 A75 的规定，选项 A 涉及平行进口的概念。根据 A75 规定的第（一）项，认定平行进口不构成侵犯专利权行为的前提条件是，专利权人或者经其许可的单位、个人在我国境外售出其专利产品，并不要求专利权人在销售地所在国或地区获得专利权。由于丙购买的商品是由乙在越南生产销售的，但乙在越南生产销售该专利产品的行为无须经甲的许可（因为甲在越南没有获得专利权），因而丙进口的该专利产品并不是由专利权人或其许可的单位或个人售出的，则其行为并不属于"专利权人或者经其许可的单位、个人在我国境外售出的专利产品"。基于此，丙的行为不属于不符合上述规定的第（一）项的情况，侵犯了甲的专利权。因此，选项 A 的说法错误。

根据 A75 规定第（二）项的规定，先用权属于"不视为侵犯专利权的行为"。进一步地，《最高人民法院关于审理侵犯专利权纠纷案件应用法律若干问题的解释》第十五条第四款规定："先用权人在专利申请日后将其已经实施或作好实施必要准备的技术或设计转让或者许可他人实施，被诉侵权人主张该实施行为属于在原有范围内继续实施的，人民法院不予支持，但该技术或设计与原有企业一并转让或者承继的除外。"选项 B 中，乙公司在甲专利的申请日前就已经运用该技术用于焊接，丙公司将乙公司连同该焊接技术一并收购，并在乙公司原有生产规模范围内继续实施该焊接技术，据此可知，丙公司实施该专利技术的行为不视为侵犯甲的专利权。因此，选项B的说法正确。

选项C中，某大学工业设计实验室对某项外观设计专利产品进行分析，研究仿制该外观设计产品。但是外观设计仅是对产品的整体或者局部的形状、图案或者其结合以及色彩与形状、图案的结合所作出的富有美感并适于工业应用的新设计（参见A2.4的规定），因而并不直接涉及技术内容。对于外观设计而言，并不存在对其进行"科学研究和实验"，可见该大学工业设计实验室对外观设计产品的仿制并不是为了科学研究。因此，该实验室的行为不属于A75规定第（四）项所述的"专为科学研究和实验而使用有关专利的"行为，侵犯了所述外观设计专利权。因此，选项C的说法错误。

选项D中，某大学研究所针对某专利产品进行了研究，并组织了中等产量规模的试制。如果仅仅是对所述专利产品进行研究，则属于A75规定第（四）项所述"专为科学研究和实验而使用有关专利的"的行为，但是组织中等产量规模的试制明显超出科学研究和实验目的，因此该研究所的行为不属于A75规定第（四）项所述的不视为侵犯专利权的行为。因此，选项D的说法错误。

综上所述，本题答案为B。

【15.（2018－27）解析】知识点：不视为侵犯专利权的情形；相关知识点：专利实施许可

题中，甲向乙出售的专用装置X，该装置本身并没有受专利的保护，却是方法专利的工艺方法实施所需要使用的专用装置。乙使用该批装置X按照甲公司的专利方法制造产品Y，并将其批发给丙，丙在市场上公开销售该产品。其问题在于，乙制造产品Y的行为以及丙的销售产品的行为是否侵犯专利权。

由于乙与甲订立购买专用装置X的购销合同中，甲未对该装置X的使用方法提出任何限制。在这种情况下，购买专用装置X的目的就在于使用该装置（如果购买该装置而不能使用，购买就失去意义，有悖于常理），而甲并未向乙表达对该装置X的使用方法的限制，出于信赖保护原则，应当推定乙购买该专用装置X可以用于实施所述专利的工艺方法。因此乙从甲购买该专用装置X的同时，即获得使用所述专利方法以及使用、许诺销售、销售、进口依照该专利方法直接获得的产品的"默示许可"。基于此，根据A11.1的规定，乙制造产品Y和销售产品Y的行为未侵犯甲的方法专利权。

进一步地，A75规定："有下列情形之一的，不视为侵犯专利权：（一）专利产品或者依照专利方法直接获得的产品，由专利权人或者经其许可的单位、个人售出后，使用、许诺销售、销售、进口该产品的……。"根据该规定，由于乙获得了利用所购买的专用装置X实施该专利方法的默示许可，那么丙所销售的产品Y就属于上述规定中的"由专利权人或者经其许可的单位、个人售出"的产品，属于不视为侵犯专利权的情形。

基于上述分析，选项A、B、C的说法是错误的，选项D的说法正确。

综上所述，本题答案为D。

【16.（2016－94）解析】知识点：不视为侵犯专利权的情形；相关知识点：现有技术抗辩

本题涉及对A11.1规定的理解。选项A中，乙制造X产品的行为以生产经营为目的，且未经专利权人许可，故侵犯了甲的实用新型专利权。这一结论与乙所使用的设备来源无关，即使是通过合法渠道、以合理价格购买的，制造X产品的行为也构成侵权。故选项A所述情形不能作为乙不侵权抗辩的理由，不符合题意。只有在乙用于制造X产品的设备是专用于所述专利方法的设备，并且是购买自专利权人甲或其许可的人，其制造X产品的行为才有可能不构成侵权。

参见9.（2014－24）的解析。依据A75规定的第（二）项不视为侵犯专利权的情形"（二）在专利申请日前已经制造相同产品、使用相同方法或者已经作好制造、使用的必要准备，并且仅在原有范围内继续制造、使用的"，此种权利也称为先用权。选项B中，乙自行完成研发并开始制造X产品在甲申请专利之前，属于上述情形，可以作为乙不侵权抗辩的理由。因此，选项B符合题意。

《最高人民法院关于审理侵犯专利权纠纷案件应用法律若干问题的解释（二）》第二十三条规定，被诉侵权技术方案或者外观设计落入在先的涉案专利保护范围，被诉侵权人以其技术方案或者外观设计被授予专利权为由抗辩不侵犯涉案专利权的，人民法院不予支持。据此可知，选项C中，乙所制造的产品拥有自己的专利权，不能作为乙不侵权抗辩的理由。因此，选项C不符合题意。对制造行为是否犯他人的专利权与自身是否拥有专利权无关，经常有考生混淆，需要特别留意。

A67规定，在专利侵权纠纷中，被控侵权人有证据证明其实施的技术或者设计属于现有技术或者现有设计的，不构成侵犯专利权。根据该规定，选项D中，乙有证据表明其生产的X产品属于现有技术，可以作为不侵权抗辩的理由，符合题意。

综上所述，本题答案为B、D。

【17.（2015－89）解析】知识点：不视为侵犯专利权的情形（先用权）

参见9.（2014－24）的解析。依据A75规定的第（二）项不视为侵犯专利权的情形"（二）在专利申请日前已经制

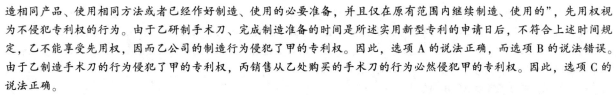

造相同产品、使用相同方法或者已经作好制造、使用的必要准备，并且仅在原有范围内继续制造、使用的"，先用权视为不侵犯专利权的行为。由于乙研制手术刀、完成制造准备的时间是所述实用新型专利的申请日后，不符合上述时间规定，乙不能享受先用权，因而乙公司的制造行为侵犯了甲的专利权。因此，选项 A 的说法正确，而选项 B 的说法错误。由于乙制造手术刀的行为侵犯了甲的专利权，丙销售从乙处购买的手术刀的行为必然侵犯甲的专利权。因此，选项 C 的说法正确。

选项 D 中，由于乙制造手术刀的行为、丙销售所述手术刀的行为侵犯了甲的专利权，那么丁医院使用所述手术刀的行为也必然侵犯甲的专利权。但是，A77 规定，为生产经营目的使用、许诺销售或者销售不知道是未经专利权人许可而制造并售出的专利侵权产品，能证明该产品合法来源的，不承担赔偿责任。该规定是为了保护善意第三人，在特定条件下给予免除赔偿责任，但并没有否定其侵犯了专利权的结论。因此，丁医院如果能证明其产品的合法来源，则不承担赔偿责任。但其使用行为侵犯了甲的专利权这一结论与其产品是否有合法来源无关，即使证明其产品有合法来源，其侵权的结论仍然没有发生变化。因此，选项 D 的说法错误。

综上所述，本题答案为 A、C。

【18.（2014-79）解析】 知识点：不视为侵犯专利权的情形（先用权）

《最高人民法院关于审理侵犯专利权纠纷案件应用法律若干问题的解释》第十五条规定："被诉侵权人以非法获得的技术或者设计主张先用权抗辩的，人民法院不予支持。有下列情形之一的，人民法院应当认定属于专利法第六十九条❶第（二）项规定的已经作好制造、使用的必要准备：（一）<u>已经完成实施发明创造所必需的主要技术图纸或者工艺文件</u>；（二）<u>已经制造或者购买实施发明创造所必需的主要设备或者原材料</u>。专利法第六十九条第（二）项规定的原有范围，包括<u>专利申请日前已有的生产规模以及利用已有的生产设备或者根据已有的生产准备可以达到的生产规模</u>。先用权人在专利申请日后将其已经实施或作好实施必要准备的技术或设计转让或者许可他人实施，被诉侵权人主张该实施行为属于在原有范围内继续实施的，人民法院不予支持，但该技术或设计与原有企业一并转让或者承继的除外"。由此可知，选项 A 所述的情形相应于上述规定的第（一）种情形，因此是正确的；选项 B 所述的情形相应于上述规定的第（二）种情形，因此是正确的。选项 C 和 D 关于原有范围表述的两种情形与上述规定中关于原有范围的定义相同，因此也是正确的。

综上所述，本题答案为 A、B、C、D。

【19.（2012-69）解析】 知识点：不视为侵犯专利权的情形

根据 A11.1 的规定，未经专利权人许可，不管他人是否知道其专利，都不得实施其专利。选项 A 中，乙公司虽然在不知道该专利的情形下独立研发出产品，但由于甲公司已就该产品获得专利，乙公司制造该产品的行为构成了对甲公司专利权的侵犯。因此，选项 A 不符合题意。

参见 9.（2014-24）的解析。A75 规定的第（一）项不视为侵犯专利权的情形"（一）专利产品或者依照专利方法直接获得的产品，由专利权人或者经其许可的单位、个人售出后，使用、许诺销售、销售、进口该产品的"主要涉及权利用尽。选项 B 中，丙公司从专利权人甲公司处购买该产品，丙公司对产品进行再销售的行为不构成对甲公司专利权的侵犯。故选项 B 符合题意。

参见 17.（2015-89）选项 D 的解析，根据 A77 的规定，丁公司如果能证明其产品的合法来源，则不承担赔偿责任，但其使用行为侵犯了甲的专利权这一结论与其产品是否有合法来源无关，即使是通过合法渠道购买了不知道是未经甲公司许可而制造的侵权产品，其侵权的结论仍然没有发生变化。因此，选项 C 不符合题意。

参见 9.（2014-24）的解析。依据的是 A75 规定的第（四）项不视为侵犯专利权的情形"专为科学研究和实验而使用有关专利的"。选项 D 中，戊公司专为科学研究和实验而使用甲公司的专利产品，不构成对甲公司专利权的侵犯。因此，选项 D 符合题意。

综上所述，本题答案为 B、D。

【20.（2012-89）解析】 知识点：不视为侵犯专利权的情形（先用权）

参见 18.（2014-79）的解析。《最高人民法院关于审理侵犯专利权纠纷案件应用法律若干问题的解释》第十五条第一款规定："被诉侵权人以非法获得的技术或者设计主张先用权抗辩的，人民法院不予支持。"只有合法获得的技术才能主张先用权抗辩，故选项 A 的说法正确。该司法解释第十五条第三款规定："先用权人在专利申请日后将其已经实施或作好实施必要准备的技术或者设计转让或者许可他人实施，被诉侵权人主张实施行为属于在原有范围内继续实施的，人民法院不予支持，但该技术或设计与原有企业一并转让或者继承的除外。"据此可知，先用权可以与原有企业一并转让或者继承。故选项 B 的说法正确。该司法解释第十五章第二款规定："有下列情形之一的，人民法院应当认定属于专

---

❶ 《专利法》第四次修改为第七十五条。

利法第六十九条第（二）项规定的已经作好制造、使用的必要准备：（一）已经完成实施发明创造所必需的主要技术图纸或者工艺文件；（二）已经制造或者购买实施发明创造所必需的主要设备或者原材料。"先用权中的原有范围不仅仅指专利申请日前已有的生产规模这一种情形。因此，选项C的说法错误。而已经完成实施发明创造所必需的主要技术图纸属于已经作好制造、使用的必要准备。因此，选项D的说法正确。

综上所述，本题答案为A、B、D。

【21.（2011 - 76）解析】知识点：不视为侵犯专利权的情形（先用权）

根据A75的规定，"在专利申请日前已经制造相同产品、使用相同方法或者已经作好制造、使用的必要准备，并且仅在原有范围内继续制造、使用的"不视为侵犯专利权。先用权的时间界限是申请日，而选项A不符合上述时间期限的要求，而不能享有有先用权。因此，选项A的说法错误。

参见18.（2014 - 79）的解析。依据是《最高人民法院关于审理侵犯专利权纠纷案件应用法律若干问题的解释》第十五条第一款关于先用权的具体规定。该规定中指出"被诉侵权人以非法获得的技术或者设计主张先用权抗辩的，人民法院不予支持"，可知，选项B的说法正确。上述司法解释第十五条第四款中指出"先用权人在专利申请日后将其已经实施或作实施必要准备的技术或者设计转让或者许可他人实施，被诉侵权人主张实施行为属于在原有范围内继续实施的，人民法院不予支持，但该技术或设计与原有企业一并转让或者继承的除外"。据此可知，先用权人不能将其先用权单独转让，但可以与原有企业一并转让或者继承。因此，选项C的说法错误，选项D的说法正确。

综上所述，本题答案为B、D。

【22.（2011 - 46）解析】知识点：不视为侵犯专利权的情形

参见9.（2014 - 24）的解析。依据是A75的规定。选项A中，赵某在印度购买了甲公司制造的专利药品，再进口到中国销售的行为，属于A75规定的第（一）项中不视为侵犯甲公司在中国的专利权的情形（即由专利权人或者经其许可的单位、个人售出后的情形）。故选项A符合题意。

选项B中，钱某在甲公司申请该专利前已经制造相同的药品，并在甲公司获得专利后在原有范围内继续制造，属于A75规定的第（二）项中所述先用权而不视为侵犯甲公司在中国的专利权的情形。故选项B符合题意。

选项C中，孙某专为科学研究而使用该专利药品，属于A75规定的第（四）项中不视为侵犯甲公司在中国的专利权的情形，故选项C符合题意。

选项D中，乙公司为提供行政审批所需要的信息而制造该药品，属于A75规定的第（五）项中所述的不视为侵犯甲公司在中国的专利权的情形，故选项D符合题意。

综上所述，本题答案为A、B、C、D。

【23.（2010 - 49）解析】知识点：不视为侵犯专利权的情形；相关知识点：对侵犯专利权行为的救济方法

参见9.（2014 - 24）的解析。依据是A75的规定。题中，乙公司开始生产该种新型电池的时间为2007年9月，是在甲公司提出专利申请之后，不能享受A75规定的第（二）项所述先用权的情形。而由于乙公司在甲公司的申请于2009年10月16日被公告授予专利权时仍在生产该种电池，构成在甲公司的专利权授予后实施其专利权的行为，因未经专利权人甲公司的许可，侵犯了甲公司的专利权。因此，选项A的说法错误。

A13规定，发明专利申请公布后，申请人可以要求实施其发明的单位或者个人支付适当的费用。题中，甲公司的申请于2008年12月4日公布，并于2009年10月16日被公告授予专利权，乙公司于2007年10月正式批量生产该种电池，随后一直保护这种规模生产。根据A13的规定，甲公司可以就乙公司在其申请公布之日（即2008年12月4日）至授权公告之日（即2009年10月16日）的生产行为要求其支付适当的费用。因此，选项B的说法正确。

根据A22.5的规定，现有技术含义是指申请日以前在国内外为公众所知的技术。乙公司在甲公司的专利申请公布之前已进行批量生产，但在甲公司的专利申请的申请日之后，并不构成现有技术，不能影响甲公司专利的新颖性，即不能以发明专利申请之后公布之前的制造行为作为宣告专利权无效的理由。因此，选项C的说法错误。

根据A40中的规定，……实用新型专利权和外观设计专利权自公告之日起生效。进一步地，根据A65中的规定，未经专利权人许可，实施其专利，即侵犯其专利权，引起纠纷的，由当事人协商解决；不愿协商或者协商不成的，专利权人或者利害关系人可以向人民法院起诉，也可以请求管理专利工作的部门处理。根据上述规定，乙公司在2009年10月16日后的继续生产行为，构成对甲的专利权的侵犯，甲公司可以向人民法院起诉。因此，选项D的说法正确。

综上所述，本题答案为B、D。

【24.（2019 - 95）解析】知识点：外观设计的专利侵权

A11.2规定，外观设计专利权被授予后，任何单位或者个人未经专利权人许可，都不得实施其专利，即不得为生产经营目的制造、许诺销售、销售、进口其外观设计专利产品。由该条款可知，禁止他人未经许可实施外观设计专利的情

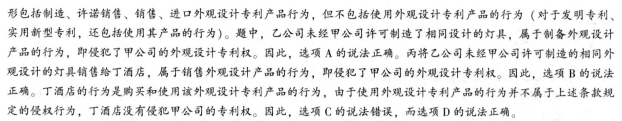

形包括制造、许诺销售、销售、进口外观设计专利产品行为，但不包括使用外观设计专利产品的行为（对于发明专利、实用新型专利，还包括使用其产品的行为）。题中，乙公司未经甲公司许可制造了相同设计的灯具，属于制备外观设计产品的行为，即侵犯了甲公司的外观设计专利权。因此，选项 A 的说法正确。丙将乙公司未经甲公司许可制造的相同外观设计的灯具销售给丁酒店，属于销售外观设计产品的行为，即侵犯了甲公司的外观设计专利权。因此，选项 B 的说法正确。丁酒店的行为是购买和使用该外观设计专利产品的行为，由于使用外观设计专利产品的行为并不属于上述条款规定的侵权行为，丁酒店没有侵犯甲公司的专利权。因此，选项 C 的说法错误，而选项 D 的说法正确。

综上所述，本题答案为 A、B、D。

【25.（2018-26）解析】知识点：外观设计的专利侵权

参见 24.（2019-95）的解析。题中，乙公司未经甲公司许可制造了相同设计的灯具，并出售给丙酒店，属于制备和销售外观设计产品的行为，即侵犯了甲公司的外观设计专利权。由此可知，选项 C 和 D 中提到乙公司未侵犯甲公司的专利权，故其说法是错误的。进一步地，丙酒店的行为是购买和使用该外观设计专利产品的行为，由于使用外观设计专利产品的行为并不属于上述条款规定的侵权行为，丙酒店没有侵犯甲公司的专利权。因此，即选项 A 的说法是错误的。综合上述分析可知，乙公司的制造和销售行为侵犯了甲公司的专利权，但丙酒店的购买和使用行为未侵犯甲公司的专利权。因此，选项 B 的说法正确。

综上所述，本题答案为 B。

【26.（2018-93）解析】知识点：外观设计的专利侵权

参见 24.（2019-95）的解析。根据 A11.2 的规定可知，侵犯专利权只能在专利授权之后才会产生，而题中乙生产销售该专利产品的行为发生在该专利授权公告前，不构成侵权（注意，虽然其是在专利申请日后进行的，但是专利侵权与否以专利授权公告日为界限，与专利申请日无关）。因此，选项 A 的说法错误，而选项 B 的说法正确。

《最高人民法院关于审理侵犯专利权纠纷案件应用法律若干问题的解释》第十二条第二款规定："将侵犯外观设计专利权的产品作为零部件，制造另一产品并销售的，人民法院应当认定属于专利法第十一条规定的销售行为，但侵犯外观设计专利权的产品在该另一产品中仅具有技术功能的除外。"题中，丙使用该外观设计产品作为零部件组装产品以提升产品的艺术美感、制造并销售该组装产品，由于其在该外观设计专利授权公告后持续向市场销售，构成了未经专利权人同意而以生产经营为目的实施该外观专利的行为，侵犯了甲的专利权。因此，选项 C 的说法正确，而选项 D 的说法错误。注意，如果甲仅仅是直接使用外观设计产品而未用于组装到自己的产品上，即使是在专利授权之后进行的，也不会构成侵犯外观设计专利权的行为，因为禁止他人未经许可实施外观设计专利的情形并不包括使用外观设计专利产品的行为。

综上所述，本题答案为 B、C。

【27.（2013-62）解析】知识点：侵犯专利权的行为

根据 A11.2 规定可知，对于外观设计专利，未经专利权人的许可，他人不得为生产经营目的制造、许诺销售、销售、进口其外观设计专利产品，但并不包括禁止他人为生产经营目的使用其专利产品。因此，选项 A、C、D 符合题意，而选项 B 不符合题意。

综上所述，本题答案为 A、C、D。

【28.（2013-99）解析】知识点：侵犯专利权的行为

根据 A11.2 规定可知，侵犯外观设计专利权的要件之一是"为生产经营目的"。题中，王某未经外观设计专利权人许可制造的产品，如果免费送给朋友或摆放在自己家里，不属于"为生产经营目的"的情形，则不会侵犯专利权。因此，选项 A、B 不符合题意。如果用于出售，则明显属于"为生产经营目的"的情形，构成侵犯专利权的行为。因此，选项 C 符合题意。如果在展销会上展出，则由于展销会的目的是销售，因此也属于"为生产经营目的"的情形，构成侵犯专利权的行为。因此，选项 D 符合题意。

综上所述，本题答案为 C、D。

（三）总体考点分析

本部分涉及专利权人禁止他人未经许可实施专利的权利（相对应的是侵犯专利权的行为），以及不视为侵犯专利权的情形。本部分属于高频考点，尤其涉及先权用等不视为侵犯专利权的行为、使用外观设计等不属于侵权行为。

高频结论

(1) 禁止他人未经许可实施专利的权利及专利侵权的行为

✓ 发明和实用新型专利权被授予后，除《专利法》另有规定的以外，任何单位或者个人未经专利权人许可，都不得实施其专利，即不得为生产经营目的制造、使用、许诺销售、销售、进口其专利产品，或者使用其专利方法以及使用、许诺销售、销售、进口依照该专利方法直接获得的产品。注意，上述行为是以穷举方式列出的，其他行为都不会构成侵权行为，例如仅仅是根据专利进行设计、绘图等不会侵犯专利权。

✓ 外观设计专利权被授予后，任何单位或者个人未经专利权人许可，都不得实施其专利，即不得为生产经营目的制造、许诺销售、销售、进口其外观设计专利产品。注意，上述行为也是以穷举方式列出的，但不包括使用外观设计专利产品。

✓ 通过电子邮件、信函、广告等发出销售专利产品的意思表示，构成许诺销售，在未经专利权人许可的情况下，构成侵犯专利权的行为。但在专业期刊、专业报纸上发表文章仅对专利产品的性能进行介绍，不构成许诺销售行为。

✓ 如果不是以生产经营为目的而实施专利（例如，自己制造并供个人使用而不对外销售），则不侵犯专利权。例如，个人配制专利的中药产品，仅供自己服用，不侵犯专利权，但如果是医生配制而用于治疗他人，则构成侵权行为。

✓ 专利侵权与否以专利授权公告日为界限，与专利申请日和发明专利申请的公开日无关（注意与发明专利的临时保护的区别）。

✓ 将侵犯发明或者实用新型专利权的产品作为零部件，制造另一产品的，应当认定属于《专利法》第十一条规定的使用行为；销售该另一产品的，应当认定属于《专利法》第十一条规定的销售行为。

✓ 将侵犯外观设计专利权的产品作为零部件，制造另一产品并销售的，应当认定属于《专利法》第十一条规定的销售行为，但侵犯外观设计专利权的产品在该另一产品中仅具有技术功能的除外。

✓ 对于使用专利方法获得的原始产品，应当认定为《专利法》第十一条规定的依照专利方法直接获得的产品。对于将上述原始产品进一步加工、处理而获得后续产品的行为，应当认定属于《专利法》第十一条规定的使用依照该专利方法直接获得的产品。

(2) 不视为侵犯专利权的情形

✓ 专利产品或者依照专利方法直接获得的产品，由专利权人或者经其许可的单位、个人售出后，使用、许诺销售、销售、进口该产品的，不视为侵犯专利权。该情形属于权利用尽，但要注意平行进口的要求。

✓ 在专利申请日前已经制造相同产品、使用相同方法或者已经作好制造、使用的必要准备，并且仅在原有范围内继续制造、使用的，不视为侵犯专利权。该情形属于先用权，注意其时间界限的要求。

✓ 临时通过中国领陆、领水、领空的外国运输工具，依照其所属国与中国签订的协议或者共同参加的国际条约，或者依照互惠原则，为运输工具自身需要而在其装置和设备中使用有关专利的，不视为侵犯专利权。该情形属于为临时过境外国运输工具自身需要而使用的情形。

✓ 专为科学研究和实验而使用有关专利的，不视为侵犯专利权。需要注意专为科学研究和实验而使用的含义和范畴。

✓ 为提供行政审批所需要的信息，制造、使用、进口专利药品或者专利医疗器械的，以及专门为其制造、进口专利药品或者专利医疗器械的，不视为侵犯专利权。该情形属于药品和医疗器械的行政审批而不视为侵权的例外的情形。

✓ 被诉侵权人以非法获得的技术或者设计主张先用权抗辩的，人民法院不予支持。

✓ 有下列情形之一的，人民法院应当认定属于《专利法》第七十五条第（二）项规定的已经作好制造、使用的必要准备：（一）已经完成实施发明创造所必需的主要技术图纸或者工艺文件；（二）已经制造或者购买实施发明创造所必需的主要设备或者原材料。

✓ 《专利法》第七十五条第（二）项规定的原有范围，包括专利申请日前已有的生产规模以及利用已有的生产设备或者根据已有的生产准备可以达到的生产规模。

✓ 先用权人在专利申请日后将其已经实施或作好实施必要准备的技术或设计转让或者许可他人实施，被诉侵权人主张该实施行为属于在原有范围内继续实施的，人民法院不予支持，但该技术或设计与原有企业一并转让或者承继的除外。

（3）其他

✓ 为生产经营目的的使用、许诺销售或者销售不知道是未经专利权人许可而制造并售出的专利侵权产品，且举证证明该产品合法来源的，对于权利人请求停止上述使用、许诺销售、销售行为的主张，人民法院应予支持，但被诉侵权产品的使用者举证证明其已支付该产品的合理对价的除外。

（四）参考答案

1. A、C、D	2. B、C	3. A、B、D	4. AB	5. B、D
6. B、C	7. A、C、D	8. A、C	9. B	10. A、B
11. B、C	12. A	13. A、B、C、D	14. B	15. D
16. B、D	17. A、C	18. A、B、C、D	19. B、D	20. A、B、D
21. B、D	22. A、B、C、D	23. B、D	24. A、B、D	25. B
26. B、C	27. A、C、D	28. C、D		

四、现有技术抗辩

（一）历年试题集合

1. **(2018 - 90)** 关于现有技术抗辩，以下说法哪些是错误的？

A. 用于不侵权抗辩的现有技术，必须是可以自由使用的现有技术，不包括仍在有效保护期内的专利技术

B. 可以使用抵触申请作为不侵权抗辩的现有技术

C. 仅当被控侵权物的全部技术特征与一份现有技术方案的相应技术特征完全相同时，才可以认为不侵权抗辩成立

D. 如果被控侵权人主张被控侵权物相对于两份现有技术的结合显而易见，则该抗辩理由不成立

【你的答案】
【选错记录】

2. **(2014 - 17 & 2011 - 56❶)（有适应性修改）** 专利权人王某发现李某未经许可而实施其专利，遂向人民法院起诉。李某主张其实施的技术方案属于现有技术，因而不侵犯王某的专利权，同时李某还主张，该专利权不具备新颖性和创造性，应当被宣告无效，并提供了充足的证据。下列说法哪个是正确的？

A. 人民法院应当就该专利权是否有效进行审理

B. 人民法院应当中止诉讼，告知李某向国务院专利行政部门请求宣告该专利权无效

C. 人民法院认定李某实施的技术方案为现有技术的，可以直接宣告该专利权无效

D. 人民法院认定李某实施的技术方案为现有技术的，可以直接判决李某不侵权

【你的答案】
【选错记录】

3. **(2013 - 95)** 甲向人民法院起诉乙侵犯其于2008年10月1日申请并于2010年10月10日被授权的产品发明专利权。该专利的权利要求包括特征L、M、N，乙实施的技术包含特征L、M、N、O。乙证明存在下列哪些事实之一，就足以认定其不侵犯甲的专利权？

A. 乙实施的技术已经记载在2008年8月30日公布的丙的发明专利申请中

B. 乙实施的技术已经记载在2008年3月1日申请、2008年10月16日公告授权的丙的实用新型专利申请中

C. 含有特征L、M、O的技术方案已经记载在2007年1月10日公告授权的丙的专利中，含有特征L、N、O的技术方案已经记载在2008年3月10日公告授权的丙的专利中

D. 乙实施的技术已经在2008年3月1日出版的某科技期刊上刊载

【你的答案】
【选错记录】

---

❶ 两题的区别仅在于选项C和D顺序不同。

（二）参考答案解析

【1.（2018－90）解析】知识点：现有技术抗辩

A67 规定，在专利侵权纠纷中，被控侵权人有证据证明其实施的技术或者设计属于现有技术或者现有设计的，不构成侵犯专利权。上述规定所述的现有技术应当与 A22.5 所述的现有技术含义相同，指申请日以前在国内外为公众所知的技术。这里并没有对现有技术进行任何限定，因而可以是自由使用的现有技术，也可以是申请日前公开或授权的专利或专利申请（也包括还处于有效期内的专利）。因此，选项 A 的说法是错误的。根据上述规定可知，用于不侵权抗辩的必须是现在技术，不包括抵触申请，因为抵触申请相对于专利而言仅仅是申请在先、公开在后的专利申请，不属于申请日前在国内外为公众所知的现有技术。因此，选项 B 的说法是错误的。

《最高人民法院关于审理侵犯专利权纠纷案件应用法律若干问题的解释》第十四条第一款规定，被诉落入专利权保护范围的全部技术特征，与一项现有技术方案中的相应技术特征相同或者无实质性差异的，人民法院应当认定被诉侵权人实施的技术属于《专利法》第六十二条❶规定的现有技术。根据该规定，不侵权抗辩成立的情形不仅包括"技术特征相同"的情形，也包括"技术特征没有实质差异"的情形。因此，选项 C 的说法是错误的。根据该规定可知，用于不侵权抗辩的现在技术只能是采用一份现有技术，即将专利技术方案与单独一份现有技术对比，而不能将多篇现有技术结合来进行对比。因此，选项 D 的说法是正确的。

综上所述，本题答案为 A、B、C。

【2.（2014－17）解析】知识点：现有技术抗辩；相关知识点：无效宣告请求审理的部门

A45 规定，自国务院专利行政部门公告授予专利权之日起，任何单位或者个人认为该专利权的授予不符合该法有关规定的，可以请求国务院专利行政部门宣告该专利权无效。由该规定可知，对于专利权的无效宣告请求的审查，应当由国务院专利行政部门负责，人民法院不能直接审理专利权是否有效的无效宣告请求。因此，选项 A 的说法错误。进一步地，即使人民法院认定李某实施的技术方案为现有技术，也不能直接宣告该专利权无效。因此，选项 C 的说法错误。

《最高人民法院关于审理专利纠纷案件适用法律问题的若干规定》第五条规定："人民法院受理的侵权实用新型、外观设计专利权纠纷案件，被告在答辩期间内请求宣告该项专利权无效的，人民法院应当中止诉讼，但具备下列情形之一的，可以不中止诉讼：（一）原告出具的检索报告或专利权评价报告未发现导致实用新型或者外观设计专利权无效的事由的；（二）被告提供的证据足以证明其使用的技术是已经公知的；（三）被告请求宣告该项专利权无效所提供的证据或者依据的理由明显不充分的；（四）人民法院认为不应当中止诉讼的其他情形。"上述规定中的第（二）种情形，不中止的原因在于：被告提供的证据证明其使用的技术是已经公知的，也就是提出现有技术抗辩，那么人民法院对被告的现有技术抗辩是否成立进行认定进而作出是否构成侵权的判决，因此无须中止审理。题中，由于"李某还主张，该专利权不具备新颖性和创造性应当被宣告无效，并提供了充足的证据"即提出了现有技术抗辩，人民法院可以不中止诉讼。因此，选项 B 的说法错误。

A67 规定，在专利侵权纠纷中，被控侵权人有证据证明其实施的技术或者设计属于现有技术或者现有设计的，不构成侵犯专利权。由此可知，在侵权纠纷中，被控侵权人提出现有技术抗辩的，受理侵权纠纷的法院认定其实施的技术方案为现有技术即现有技术抗辩成立的情况下，可以直接认定不构成侵权。因此，选项 D 的说法正确。

综上所述，本题答案为 D。

【3.（2013－95）解析】知识点：现有技术抗辩；相关知识点：专利的保护范围

参见 1.（2018－90）的解析。题中，甲的专利申请日是 2008 年 10 月 1 日，授权公告日是 2010 年 10 月 10 日。

选项 A 中，乙实施的技术已经记载在 2008 年 8 月 30 日公布的丙的发明专利申请中，可见乙实施技术已在甲的专利申请日 2008 年 10 月 1 日之前公布，则属于现有技术，乙没有侵犯甲的专利权。因此，选项 A 符合题意。

选项 B 中，乙实施的技术是记载在 2008 年 3 月 1 日申请、2008 年 10 月 16 日公告授权的丙的实用新型专利申请中，可见乙实施的技术是甲的专利申请日 2008 年 10 月 1 日之后才公告授权，因此相对于甲的专利来说不是现有技术，不能据此认定乙没有侵犯甲的专利权。因此，选项 B 不符合题意。注意，丙的实用新型专利申请从时间上来看，构成了甲的专利的抵触申请，但现有技术抗辩不包括抵触申请，不要因此而得出错误的判断。

选项 C 中，含有特征 L、M、O 的技术方案已经记载在 2007 年 1 月 10 日公告授权的丙的专利中，含有特征 L、N、O 的技术方案已经记载在 2008 年 3 月 10 日公告授权的丙的专利中，从时间上来看，都在甲专利申请日 2008 年 10 月 1 日之前公告授权，属于甲的专利的现有技术，但分别都没有记载乙实施技术的全部技术特征即特征 L、M、N、O，也没有记载甲专利的权利要求全部特征即特征 L、M、N。而《最高人民法院关于审理侵犯专利权纠纷案件应用法律若干问题的解释》第十四条第一款规定，被诉落入专利权保护范围的全部技术特征，与一项现有技术方案中的相应技术特征相

---

❶ 《专利法》第四次修改为第六十七条。

同或者无实质性差异的，人民法院应当认定被诉侵权人实施的技术属于专利法第六十二条❶规定的现有技术。根据上述规定，现有技术抗辩只能采用单独一份现有技术而不能采用两份现有技术的组合，据此可以得出，上述证明不能表明乙实施的技术是现有技术，进而不能据此认定乙不侵犯甲的专利权。因此，选项C不符合题意。

选项D中，乙实施的技术已经在2008年3月1日出版的某科技期刊上刊载，可见乙实施的技术已经在甲的专利申请日2008年10月1日之前公开，构成甲专利的现有技术，能够证明乙实施的技术是现有技术，即能据此认定乙不侵犯甲的专利权。因此，选项D符合题意。

综上所述，本题答案为A、D。

（三）总体考点分析

本部分涉及现有技术抗辩，属于较高频率考点，经常与其他知识点（如专利侵权行为、不视为侵犯专利权的情形）综合来考查，因此某题单独涉及现有技术抗辩的题目相对较少。

高频结论

✓　在专利侵权纠纷中，被控侵权人有证据证明其实施的技术或者设计属于现有技术或者现有设计的，不构成侵犯专利权。该规定在专利侵权诉讼中作为被告所采用的策略称为现有技术抗辩。

✓　现有技术抗辩中的现有技术与《专利法》第二十二条第五款规定所述现有技术含义相同，指申请日以前在国内外为公众所知的技术。这里并没有对现有技术进行任何限定，因而可以是自由使用的现有技术，也可以是申请日前公开或授权的专利或专利申请（也包括还处于有效期内的专利）。显然，抵触申请由于不是现有技术，不能作为不侵权抗辩的理由。

✓　被诉落入专利权保护范围的全部技术特征与一项现有技术方案中的相应技术特征相同或者无实质性差异的，人民法院应当认定被诉侵权人实施的技术属于现有技术。根据该规定，不侵权抗辩成立的情形不仅包括与现有技术"技术特征相同"的情形，也包括与现有技术"技术特征没有实质差异"的情形；用于不侵权抗辩的现有技术只能采用一份现有技术，即将专利技术方案与单独一份现有技术对比，而不能使用多份现有技术结合来进行对比。

✓　人民法院受理的侵犯实用新型、外观设计专利权纠纷案件，被告在答辩期间内请求宣告该项专利权无效的，人民法院应当中止诉讼；但如果被告提供的证据足以证明其使用的技术已经公知的，则不中止审理。原因在于：被告提供的证据证明其使用的技术已经公知的，也就是提出了现有技术抗辩，那么人民法院对被告的现有技术抗辩是否成立进行认定进而作出是否构成侵权的判决，因此无须中止审理。

（四）参考答案

1. A、B、C　　　　2. D　　　　　　3. A、D

第二节　专利侵权判定与救济方法

一、发明和实用新型专利保护范围及专利侵权的判定

（一）历年试题集合

1. （2019－87）一项专利的独立权利要求包含N、O两个技术特征，从属权利要求还包括特征P。下列哪些技术方案落入了该专利的保护范围？

【你的答案】

【选错记录】

A. 一项由N、O、P三个技术特征构成的技术方案

B. 一项由N、O、P、Q四个技术特征构成的技术方案

C. 一项由N、O'、Q三个技术特征构成的技术方案，其中O'是O的等同特征

D. 一项由N、O、Q三个技术特征的技术方案，其中Q不等同于P

---

❶　《专利法》第四次修改为第六十七条。

2. （2018－84）甲获得一项方法专利，该专利方法包括 3 个步骤：①由产品 a 制得产品 b；②由产品 b 制得产品 c；③由产品 c 制得产品 d。但甲未获得产品 d 的产品专利。

【你的答案】

乙在制造产品 X 时，未经甲的许可采用包括如下反应步骤的方法：①由产品 b 制得产品 c；②由产品 c 制得产品 d；③由产品 d 制得产品 X。并向市场大量出口产品 X。

【选错记录】

以下说法哪些是正确的？

A. 乙的行为构成"使用专利方法"的行为，侵犯甲的专利权

B. 乙的行为不构成"使用专利方法"的行为，未侵犯甲的专利权

C. 乙的行为构成"使用依照该专利方法直接获得的产品 d"的行为，侵犯甲的专利权

D. 乙的行为不构成"使用依照该专利方法直接获得的产品 d"的行为，未侵犯甲的专利权

3. （2018－85）某公司拥有 1 项组合物专利，该专利仅 1 项权利要求："一种组合物，由 A 部分与 B 部分组成，其中：所述 A 部分选自化合物 a1；所述 B 部分由结构各不相似、功能各不相同的 3 种化合物 x、y、z 组成。"并且，该专利说明书中还提到，其中所述组合物的 A 部分还可以选自 a2、a3、a4 等结构不同但功能相似的化合物。

【你的答案】

【选错记录】

下述选项的组合物，未落入上述专利保护范围的有哪些？

A. 一种组合物，由 A 部分与 B 部分组成，其中：所述 A 部分选自化合物 a1；所述 B 部分由结构各不相似、功能各不相同的 4 种化合物 x、y、z、m 组成

B. 一种组合物，由 A 部分与 B 部分组成，其中：所述 A 部分选自化合物 a1；所述 B 部分由结构各不相似、功能各不相同的 3 种化合物 x、y、m 组成，其中化合物 m 与前述化合物 z 结构不相似、实现不同功能

C. 一种组合物，由 A 部分与 B 部分组成，其中：所述 A 部分选自化合物 a2；所述 B 部分由结构各不相似、功能各不相同的 3 种化合物 x、y、z 组成

D. 一种组合物，由 A 部分与 B 部分组成，其中：所述 A 部分选自化合物 a1；所述 B 部分由结构各不相似、功能各不相同的 3 种化合物 x、y、z' 组成，其中的化合物 z' 与前述化合物 z 结构基本相同，能够实现基本相同的功能，达到基本相同的效果

4. （2018－95）（题目有修改）甲向国家知识产权局提交了一份发明专利申请，权利要求限定为"一种产品，其包含技术特征 a、b。"

【你的答案】

在授权审查程序中，甲陈述意见强调其中特征 b 的特定选择是实现发明技术效果的关键。但国家知识产权局专利审查部门明确否定该意见，认为特征 b 属于本领域公知常识。

【选错记录】

随后甲将特征 c 补充到权利要求中，并强调特征 c 克服了技术偏见。该申请随后获得授权，授权权利要求为"一种产品，其包含技术特征 a、b 和 c。"

乙未经甲许可制造并销售一种产品，其包含技术特征 a、b' 和 c。其中，特征 b' 与特征 b 以基本相同的手段，实现基本相同的功能，达到基本相同的效果。甲向乙发出专利侵权警告。

乙随后向国家知识产权局请求宣告甲的专利无效。

甲在无效程序意见陈述中关于特征 b、c 的观点与授权审查阶段的意见一致。合议组作出决定维持该专利权有效，其理由是特征 c 的选择克服了技术偏见。但合议组的决定对特征 b 没有发表意见。甲随后向法院起诉乙侵犯其专利权。

以下说法哪些是正确的？

A. 乙被控侵权的产品包含与专利权利要求记载的全部技术特征相同或等同的技术特征，应当认定其落入甲的该专利权的保护范围

B. 甲在授权和确权阶段对技术特征 b 作了限缩性陈述，因此，在侵权纠纷诉讼中应适用"禁止反悔"原则，不能主张技术特征 b 与技术特征 b' 构成等同替换

C. 甲对技术特征 b 所作的陈述已经在授权审查程序被国家知识产权局专利审查部门"明确否定"，因此，在侵权纠纷诉讼中不适用"禁止反悔原则"，可以主张技术特征 b 与技术特征 b' 构成等同替换

D. 在无效确权程序中，合议组作出的维持专利有效的决定未对甲有关技术特征 b 的限缩性陈述发表意见，相当于专利审查部门在授权审查程序中针对甲有关特征 b 的限缩性陈述的"明确否定"性意见被合议组推翻，因此，在侵权纠纷诉讼中应适用"禁止反悔"原则，不能主张技术特征 b 与技术特征 b' 构成等同替换

5. (2016－87)甲就研磨机获得了一项实用新型专利权，其授权公告的独立权利要求1包括a、b、c、d四个技术特征。以下哪些产品落入该实用新型专利权的保护范围？

【你的答案】

【选错记录】

A. 乙制造的研磨机，包括a、b、c、e四个技术特征，其中技术特征e为记载在甲的授权专利说明书中的特征，并与技术特征d不相同也不等同

B. 丙制造的研磨机，包括a、b、c、d'四个技术特征，其中技术特征d'与甲授权专利中的技术特征d等同

C. 丁制造的研磨机，包括a、b、c、d、e五个技术特征，其中技术特征e为记载在甲的授权专利说明书中的特征

D. 戊制造的研磨机，仅包括a、b、c三个技术特征

6. (2015－29)甲公司拥有一项产品发明专利，其权利要求包括a、b、c、d四个特征，其中a、b、c三个特征属于必要技术特征。未经甲公司许可，乙公司制造的下列哪个产品侵犯甲公司的专利权？

【你的答案】

【选错记录】

A. 产品包括特征a、b、c、f，其中特征f是记载在甲公司专利说明书中的特征

B. 产品包括特征b、c、d、e

C. 产品包括特征a、b'、c，其中b'与b是等同的技术特征

D. 产品包括特征a、b、c、d、g，其中特征g是没有记载在甲公司专利说明书中的特征

7. (2014－98)下列关于专利权保护范围的说法哪些是正确的？

【你的答案】

【选错记录】

A. 仅在发明专利说明书或者附图中描述而在权利要求中未记载的技术方案，权利人在侵犯专利权纠纷案件中将其纳入专利权保护范围的，人民法院不予支持

B. 实用新型专利权的保护范围以其权利要求的内容为准，说明书及附图可以用于解释权利要求的内容

C. 外观设计专利权的保护范围以表示在图片或者照片中的该产品的外观设计为准，简要说明可以用于解释图片或者照片所表示的该产品的外观设计

D. 人民法院判定被诉侵权技术方案是否落入专利权的保护范围，应当审查权利人主张的权利要求所记载的全部技术特征

8. (2014－72)一项专利权的权利要求由X、Y、Z三个技术特征构成。则下列哪些技术方案可以落入该专利权的保护范围？

【你的答案】

【选错记录】

A. 一项由X、Y两个技术特征构成的技术方案

B. 一项由X、Y、Z三个技术特征构成的技术方案

C. 一项由W、X、Y、Z四个技术特征构成的技术方案

D. 一项由X、Y、Z'三个技术特征构成的技术方案，其中Z'是Z的等同技术特征

9. (2013－86)某项电子锁专利的权利要求包括N、O、P三个技术特征，其中特征P对于实现电子锁的功能不起任何作用。下列哪些电子锁可以落入该专利的保护范围？

【你的答案】

【选错记录】

A. 含有N、O、P、Q四个技术特征的电子锁

B. 含有N、O两个技术特征的电子锁

C. 含有N、O'、P三个技术特征的电子锁，其中O'是O的等同特征

D. 含有N、O、Q三个技术特征的电子锁，其中Q不等同于P

10. (2012－30)一件发明专利的权利要求如下：

【你的答案】

【选错记录】

"1. 一种衬底组合物，包含J和K，其中J的浓度小于3.5%，K的浓度大于0.1%。

2. 根据权利要求1所述的衬底组合物，其中J的浓度为1.0%～3.5%。

3. 根据权利要求1所述的衬底组合物，其中K的浓度为0.1%～2.0%。"

下列含有J和K的衬底组合物，哪个可以落入该专利的保护范围？

A. J浓度为1.0%，K的浓度为0.1%

B. J浓度为0.5%，K的浓度为0.2%

C. J 浓度为 4.0%，K 的浓度为 1.0%

D. J 浓度为 3.5%，K 的浓度为 2.0%

11.（2010 – 65）甲公司于 2006 年提交的"用于治疗心脏病药物的制备方法"的发明专利申请，2009 年被授予专利权。甲公司于 2010 年发现乙公司少量生产药品"心康"，即向人民法院起诉乙公司侵犯其专利权。乙公司证明存在下列哪些事实之一，就足以认定其行为不构成侵权？

【你的答案】

【选错记录】

A."心康"的生产方法与该专利方法相比缺少一个关键步骤

B."心康"与该专利方法获得的产品不同

C. 乙公司生产"心康"是为了提供药品注册所需的信息

D. 乙公司自 2005 年起就以现有规模生产药品"心康"

12.（2011 – 17）一项专利权的权利要求由 a、b、c、d 四个技术特征构成。下列哪些技术方案可以落入该专利权的保护范围？

【你的答案】

【选错记录】

A. 一项由 a、b、c 三个技术特征构成的技术方案

B. 一项由 a、b、c、d 四个技术特征构成的技术方案

C. 一项由 a、b、c、d、e 五个技术特征构成的技术方案

D. 一项由 a、b、c、f 四个技术特征构成的技术方案，其中 f 是 d 的等同技术特征

13.（2011 – 64）下列说法哪些是正确的？

【你的答案】

【选错记录】

A. 将侵犯发明专利权的产品作为零部件制造另一产品的，属于未经专利权人许可的使用专利产品的行为

B. 将侵犯实用新型专利权的产品作为零部件制造另一产品的，属于未经专利权人许可制造专利产品的行为

C. 将侵犯外观设计专利权的产品作为零部件制造另一产品的，属于未经专利权人许可制造专利产品的行为

D. 将使用专利方法获得的原始产品进一步加工而获得后续产品的，属于使用依照该专利方法直接获得产品的行为

14.（2010 – 30）关于侵犯专利权纠纷案件的审理，下列哪些说法是正确的？

【你的答案】

【选错记录】

A. 权利人主张以从属权利要求确定保护范围的，人民法院以该从属权利要求记载的附加技术特征及其引用的权利要求记载的技术特征，确定专利权的保护范围

B. 对于权利要求中以效果表述的技术特征，人民法院结合说明书和附图描述的该效果的具体实施方式及其等同的实施方式，确定该技术特征的内容

C. 对于仅在说明书中描述而在权利要求中未记载的技术方案，权利人在侵犯专利权纠纷案件中将其纳入专利权保护范围的，人民法院不予支持

D. 专利申请人在授权程序中通过意见陈述放弃的技术方案，权利人在侵犯专利权纠纷案件中将其纳入专利权保护范围的，人民法院不予支持

（二）参考答案解析

【1.（2019 – 87）解析】知识点：全面覆盖原则，等同原则

《最高人民法院关于审理侵犯专利权纠纷案件应用法律若干问题的解释》第七条第一款规定，人民法院判定被诉侵权技术方案是否落入专利权的保护范围，应当审查权利人主张的权利要求所记载的全部技术特征。第七条第二款规定，被诉侵权技术方案包含与权利要求记载的全部技术特征相同或者等同的技术特征的，人民法院应当认定其落入专利权的保护范围；被诉侵权技术方案的技术特征与权利要求记载的全部技术特征相比，缺少权利要求记载的一个以上的技术特征，或者有一个以上技术特征不相同也不等同的，人民法院应当认定其没有落入专利权的保护范围。该规定简称"技术特征全面覆盖原则"。

题中，专利的独立权利要求包含 N、O 两个技术特征，从属权利要求还包括特征 P（从属权利要求包括 N、O 和 P 三个技术特征）。选项 A 中，技术方案包括 N、O、P 三个技术特征覆盖独立权利要求和从属权利要求的全部技术特征，因此可以落入该专利的保护范围，符合题意。选项 B 中，技术方案包括 N、O、P、Q 四个技术特征，同样也覆盖独立权

利要求和从属权利要求的全部技术特征，因此可以落入该专利的保护范围，符合题意。注意，相对于从属权利要求多出的技术特征Q对上述结论不产生影响。选项C中，技术方案包括N、O'、Q三个技术特征，但由于O'是O的等同特征，因此根据上述规定，其属于技术方案包含与权利要求记载的全部技术特征相同或者等同的技术特征，应当认定其落入专利权的保护范围，故选项C符合题意。选项D中，技术方案包括N、O、Q三个技术特征，包括独立权利要求的所有技术特征N和O两个技术特征，因此可以落入该专利的保护范围，符合题意。注意，选项D中，Q不等同于P，则表明所述技术方案没有包括从属权利要求中的技术特征P，因此没有落入从属权利要求的保护范围，但落入独立权利要求的保护范围，由于题干问的是所述技术方案是否"可以落入该专利的保护范围"，含义是只要落入任何一个权利要求的保护范围即可。因此选项D仍然符合题意。

综上所述，本题答案为A、B、C、D。

【2.（2018－84）解析】知识点：方法专利权的效力、技术特征全面覆盖原则

参见1.（2019－87）的解析。依据是《最高人民法院关于审理侵犯专利权纠纷案件应用法律若干问题的解释》第七条规定的技术特征全面覆盖原则。题中，乙的制造方法未包含甲专利方法的反应步骤①，并没有满足技术特征全面覆盖原则。乙的行为并没有构成"使用甲的方法专利"的行为。因此，选项A的说法是错误的，而选项B的说法是正确的。

《最高人民法院关于审理侵犯专利权纠纷案件应用法律若干问题的解释》第十三条规定，对于使用专利方法获得的原始产品，人民法院应当认定为《专利法》第十一条规定的依照专利方法直接获得的产品。对于将上述原始产品进一步加工、处理而获得后续产品的行为，人民法院应当认定属于《专利法》第十一条规定的使用依照该专利方法直接获得的产品。

题中，虽然乙的制造方法步骤③中使用产品d，但所采用的制造方法并没有包括专利方法反应步骤①，因此乙的制造方法中所使用的产品d并不属于"依照该专利方法直接获得的"，进而乙在制造该产品d所采用的方法并不属于A11规定的"依照该专利方法直接获得的产品"的行为。因此，选项C的说法是错误的，选项D的说法是正确的。

综上所述，本题答案为B、D。

【3.（2018－85）解析】知识点：全面覆盖原则、等同原则、捐献原则、封闭式权利要求的保护范围

《最高人民法院关于审理侵犯专利权纠纷案件应用法律若干问题的解释（二）》第七条规定，被诉侵权技术方案在包含封闭式组合物权利要求全部技术特征的基础上增加其他技术特征的，人民法院应当认定被诉侵权技术方案未落入专利权的保护范围，但该增加的技术特征属于不可避免的常规数量杂质的除外。题中，专利组合物为封闭式权利要求，其中B部分的结构由x、y、z三种化合物组成，而选项A的组合物中的B部分不仅包括x、y、z三种化合物，还包括m化合物这一特征。因此，选项A的组合物未落入题干中专利保护范围，故符合题意。

《最高人民法院关于审理侵犯专利权纠纷案件应用法律若干问题的解释》第七条第二款规定：……被诉侵权技术方案的技术特征与权利要求记载的全部技术特征相比，缺少权利要求记载的一个以上的技术特征，或者有一个以上技术特征不相同也不等同的，人民法院应当认定其没有落入专利权的保护范围。题中，专利组合物B部分的结构由x、y、z三种化合物组成，而选项B的组合物中B部分的结构由x、y、m三种化合物组成，但化合物m与前述化合物z结构不相似、实现不同功能，表明技术特征m与技术特征z不相同也不等同。因此选项B的组合物与专利的组合物存在一个技术特征不相同也不等同，未落入该专利权的保护范围。因此，选项B符合题意。

《最高人民法院关于审理侵犯专利权纠纷案件应用法律若干问题的解释》第五条规定，对于仅在说明书或者附图中描述而在权利要求中未记载的技术方案，权利人在侵犯专利权纠纷案件中将其纳入专利权保护范围的，人民法院不予支持。选项C的组合物的A部分选自a2，根据题意可知，a2与专利权利要求中的a1结构不同、但功能相似的化合物，但a2仅在说明书中提及，而未记载在该专利的权利要求中。因此，选项C的组合物未落入题干中专利保护范围，故符合题意。

《最高人民法院关于审理侵犯专利权纠纷案件应用法律若干问题的解释》第七条第二款规定，被诉侵权技术方案包含与权利要求记载的全部技术特征相同或者等同的技术特征的，人民法院应当认定其落入专利权的保护范围……。选项D的组合物相对于专利组合物，仅仅是将成分z替换为z'，而z和z'两者结构基本相同，能够实现基本相同的功能，达到基本相同的效果，而属于等同的技术特征。因此，选项D的组合物落入题干中专利保护范围，故不符合题意。

综上所述，本题答案为A、B、C。

【4.（2018－95）解析】知识点：全面覆盖原则、等同原则、禁止反悔原则

《最高人民法院关于审理侵犯专利权纠纷案件应用法律若干问题的解释》第六条规定，专利申请人、专利权人在专利授权或者无效宣告程序中，通过对权利要求、说明书的修改或者意见陈述而放弃的技术方案，权利人在侵犯专利权纠纷案件中又将其纳入专利权保护范围的，人民法院不予支持。该规定简称"禁止反悔"原则。

《最高人民法院关于审理侵犯专利权纠纷案件应用法律若干问题的解释（二）》第十三条规定，权利人证明专利申请人、专利权人在专利授权确权程序中对权利要求书、说明书及附图的限缩性修改或者陈述被明确否定的，人民法院应当认定该修改或者陈述未导致技术方案的放弃。该规定是禁止反悔原则的例外。

题中，甲的专利在授权程序中关于技术特征b的特定选择是实现发明技术效果的关键的强调是对技术特征作出限缩性陈述，因为是作为很关键的特定选择，则不能再适用等同原则，但国家知识产权局专利审查部门对此进行明确的否定，进而是由于增加认为其克服技术偏见的特征c，才最终对其授予专利权。且在无效程序中，由于合议组对于技术特征b没有发表意见，因此并没有推翻国家知识产权专利审查部门对该技术特征b所持的观点。基于这些信息，应认为甲关于特征b的限缩性陈述已经被明确否定。

根据《最高人民法院关于审理侵犯专利权纠纷案件应用法律若干问题的解释（二）》的规定，甲关于特征b的限缩性陈述不适用禁止反悔原则。乙未经甲许可制造并销售一种产品，包含技术特征a、b'和c。由于特征b'与特征b以基本相同的手段，实现基本相同的功能，达到基本相同的效果，因此特征b'与特征b构成等同特征，且由于不适用禁止反悔原则，故甲可以主张技术特征b与技术特征b'构成等同替换。因此，选项C的说法正确，而选项B的说法错误。

进而，根据《最高人民法院关于审理侵犯专利权纠纷案件应用法律若干问题的解释》第七条第二款的规定，被诉侵权技术方案包含与权利要求记载的全部技术特征相同或者等同的技术特征的，人民法院应当认定其落入专利权的保护范围……。基于此，乙被控侵权的产品包含与专利权利要求记载的全部技术特征相同或等同的技术特征，应当认定其落入甲的该专利权的保护范围。因此，选项A的说法正确。综合上述分析可知，合议组作出的维持专利有效的决定未对甲有关技术特征b的限缩性陈述发表意见，表示其并未推翻国家知识产权局专利审查部门在授权审查程序中针对甲有关特征b限缩性陈述的"明确否定"性意见。因此，在侵权纠纷诉讼中不应适用"禁止反悔"原则，可以主张技术特征b与技术特征b'构成等同替换。因此，选项D的说法错误。

综上所述，本题答案为A、C。

【5.（2016-87）解析】知识点：全面覆盖原则、等同原则

参见1.（2019-87）的解析。依据是《最高人民法院关于审理侵犯专利权纠纷案件应用法律若干问题的解释》第七条规定的全面覆盖原则。题中，甲的实用新型专利权权利要求1包括a、b、c、d四个技术特征。选项A中，乙制造的研磨机包括a、b、c、e四个技术特征，不包括甲授权专利权利要求1中的技术特征d，并且由于技术特征e与技术特征d不相同也不等同，因此选项A的乙制造的研磨机未落入该专利权的保护范围。选项B中，丙制造的研磨机包括a、b、c、d'四个技术特征，由于技术特征d'与甲授权专利权利要求1中的技术特征d等同，根据上述规定，其落入该专利权的保护范围。因此，选项B符合题意。选项C中，丁制造的研磨机包括a、b、c、d、e五个技术特征，覆盖甲授权专利权利要求1中的所有技术特征，落入该专利权的保护范围。因此，选项C符合题意。注意，选项C中提及"其中技术特征e为记载在甲的授权专利说明书中的特征"是干扰信息，由于丁制造的研磨机已经符合全面覆盖原则而落入该专利保护范围之内，因而并不属于适用捐献原则的情形。选项D中，戊制造的研磨机包括a、b、c三个技术特征，没有包括甲授权专利权利要求1中技术特征d，因此不满足全面覆盖原则，而没有落入该专利权的保护范围。

综上所述，本题答案为B、C。

【6.（2015-29）解析】知识点：全面覆盖原则、等同原则

参见1.（2019-87）的解释。依据是《最高人民法院关于审理侵犯专利权纠纷案件应用法律若干问题的解释》第七条的规定。

题中，甲公司拥有产品发明专利的权利要求包括a、b、c、d四个特征，由于专利的保护范围由其权利要求决定，故其保护范围就是含有a、b、c、d这四个技术特征的技术方案。选项A中，其产品包括特征a、b、c、f，并不包括上述专利权利要求中的特征d，不满足全面覆盖原则而没有侵犯甲的专利权。其中，特征f是记载在甲公司专利说明书中的特征，跟上述结论没有任何关联，属于干扰信息。选项B中，其产品包括特征b、c、d、e，并不包括上述专利权利要求中的特征a，因此未落入该专利的保护范围之内，没有侵犯甲的专利权。选项C中，其产品包括特征a、b'、c，并不包括上述专利权利要求中的特征d，不满足全面覆盖原则而没有侵犯甲的专利权。其中，提及的"其中b'与b是等同的技术特征"属于干扰信息。选项D中，产品包括特征a、b、c、d、g，包括上述专利权利要求中的所有特征，因此落入该专利的保护范围之内而侵犯了甲的专利权，符合题意。其中，选项D中提及的"特征g是没有记载在甲公司专利说明书中的特征"属于干扰信息，因为就前述已经得出侵权的结论来说，特征g是否记载在专利说明书中无关紧要。

综上所述，本题答案为D。

【7.（2014-98）解析】知识点：专利权的保护范围

《最高人民法院关于审理侵犯专利权纠纷案件应用法律若干问题的解释》第五条规定，对于仅在说明书或者附图中描述而在权利要求中未记载的技术方案，权利人在侵犯专利权纠纷案件中将其纳入专利权保护范围的，人民法院不予支持。选项A的说法与上述一致，故是正确的。

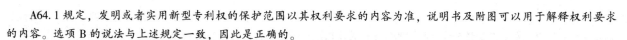

A64.1规定，发明或者实用新型专利权的保护范围以其权利要求的内容为准，说明书及附图可以用于解释权利要求的内容。选项B的说法与上述规定一致，因此是正确的。

A64.2规定，外观设计专利权的保护范围以表示在图片或者照片中的该产品的外观设计为准，简要说明可以用于解释图片或者照片所表示的该产品的外观设计。选项C的说法与该规定一致，因此是正确的。

《最高人民法院关于审理侵犯专利权纠纷案件应用法律若干问题的解释》第七条第一款规定，人民法院判定被诉侵权技术方案是否落入专利权的保护范围，应当审查权利人主张的权利要求所记载的全部技术特征。选项D的说法与上述规定一致，故是正确的。

综上所述，本题答案为A、B、C、D。

【8.（2014－72）解析】知识点：全面覆盖原则、等同原则

参见1.（2019－87）的解释。依据是《最高人民法院关于审理侵犯专利权纠纷案件应用法律若干问题的解释》第七条的规定。

题中，专利权的权利要求由X、Y、Z三个技术特征构成，由专利的保护范围由其权利要求决定，故其保护范围就是含有X、Y、Z这三个技术特征的技术方案。选项A中，其技术方案包括特征X、Y，并不包括上述专利权利要求中的特征Z，不满足全面覆盖原则而没有落入该专利的保护范围，不符合题意。选项B中，其技术方案包括特征X、Y、Z，包括上述专利权利要求中的所有特征，因此落入该专利的保护范围之内，符合题意。选项C中，其技术方案包括特征W、X、Y、Z，包括上述专利权利要求中的所有特征，因此落入该专利的保护范围之内，符合题意。选项D中，其技术方案包括特征X、Y、Z'，由于Z'是Z的等同技术特征，根据等同原则，应该认为其包括上述专利权利要求中的所有特征，因此落入该专利的保护范围之内，符合题意。

综上所述，本题答案为B、C、D。

【9.（2013－86）解析】知识点：全面覆盖原则、等同原则

参见1.（2019－87）的解释。依据是《最高人民法院关于审理侵犯专利权纠纷案件应用法律若干问题的解释》第七条的规定。

题中，该项电子锁专利的权利要求所保护的技术方案由N、O、P三个技术特征构成，由于专利权的保护范围以其权利要求的内容为准，因此其保护范围就是含有该三个技术特征的技术方案。选项A中的电子锁含N、O、P、Q四个技术特征，包括专利的权利要求全部的技术特征，故落入该项专利的保护范围，选项A符合题意。选项B中的电子锁包含N、O两个技术特征，因而没有包含专利的权利要求全部的技术特征（没有P这个技术特征），故没有落入该项专利的保护范围，选项B不符合题意。选项C中的电子锁包含N、O'、P三个技术特征，但由于O'是O的等同特征，根据等同原则，选项C中的电子锁落入了该专利的保护范围，即选项C符合题意。

选项D中的电子锁含有N、O、Q三个技术特征，并且Q不等同于P，因此不满足全面覆盖原则，故没有落入该项专利的保护范围，选项D不符合题意。

综上所述，本题答案为A、C。

【10.（2012－30）解析】知识点：专利侵权的判定、专利保护范围的解释

G－2－2－3.3关于"权利要求的撰写规定"中规定，一般情况下，权利要求中包含有数值范围的，其数值范围尽量以数学方式表达，例如，"≥30℃""＞5"等。通常，"大于""小于""超过"等理解为不包括本数；"以上""以下""以内"等理解为包括本数。根据上述规定，题中，专利的权利要求1中"J的浓度小于3.5%，K的浓度大于0.1%"，均不包括本数，因此该表述转换成数学式表达为"J的浓度为＜3.5%，K的浓度为＞0.1%"。

选项A中的"J浓度为1.0%，K的浓度为0.1%"，可见K的浓度为0.1%，并不在该专利权利要求1的"K的浓度大于0.1%"的范围之内，因而没有落入专利的保护范围之内，故选项A不符合题意。选项B中"J的浓度为0.5%，K的浓度为0.2%"，都在上述专利的J和K的范围之内，因此落入该专利的保护范围内，故选项B符合题意。选项C中"J浓度为4.0%，K的浓度为1.0%"，其中J的浓度为4.0%并不在该专利权利要求1的"J的浓度为＜3.5%"范围之内，因而没有落入该专利的保护范围之内，故选项C不符合题意。选项D中"J的浓度为3.5%，K的浓度为2.0%"，其中J的浓度为3.5%，并不在该专利权利要求1的"J的浓度为＜3.5%"范围之内，因而没有落入该专利的保护范围之内，故选项D不符合题意。

综上所述，本题答案为B。

【11.（2010－65）解析】知识点：方法专利的侵权判定；相关知识点：不视为侵犯专利权的情形、先用权

根据《最高人民法院关于审理侵犯专利权纠纷案件应用法律若干问题的解释》第七条第二款的规定，对于选项A，如果乙公司能够证明其"心康"的生产方法与该专利方法相比缺少一个关键步骤，则不构成侵权，故选A符合题意。

根据 A11.1 的规定，题中，甲公司的专利是方法专利，那么只要按专利的方法制备用于治疗心脏病药物，就构成实施其专利的行为，在未经专利人许可的情况下就构成侵权，而不是以获得的产品是否相同作为判断标准。因此，选项 B 不符合题意。

A75 规定："有下列情形之一的，不视为侵犯专利权：……（二）在专利申请日前已经制造相同产品、使用相同方法或者已经作好制造、使用的必要准备，并且仅在原有范围内继续制造、使用的；……（五）为提供行政审批所需要的信息，制造、使用、进口专利药品或者专利医疗器械的，以及专门为其制造、进口专利药品或者专利医疗器械的。"选项 C 中，乙公司生产"心康"是为了提供药品注册所需的信息，属于上述规定的第（五）项不视为侵犯专利权的行为，故选项 C 符合题意。选项 D 中，乙公司自 2005 年起就以现有规模生产药品"心康"，由于是在甲公司的专利申请日之前使用与专利相同方法，并且在原有范围内继续制造，因此属于上述规定的第（二）项不视为侵犯专利权的行为，故选项 D 符合题意。

综上所述，本题答案为 A、C、D。

【12.（2011－17）解析】知识点：全面覆盖原则、等同原则

参见 1.（2019－87）的解释。依据是《最高人民法院关于审理侵犯专利权纠纷案件应用法律若干问题的解释》第七条的规定。

题中，专利的权利要求 1 包括 a、b、c、d 四个技术特征。选项 A 中的技术方案包括 a、b、c 三个技术特征，不包括专利权利要求中的技术特征 d，因此，选项 A 的技术方案未落入该专利权的保护范围，不符合题意。选项 B 中的技术方案包括 a、b、c、d，覆盖专利的权利要求的所有技术特征，因此落入该专利权的保护范围，符合题意。选项 C 中的技术方案包括 a、b、c、d、e 五个技术特征，覆盖专利的权利要求的所有技术特征，因此落入该专利权的保护范围，符合题意。选项 D 中技术方案包括 a、b、c、f，但由于 f 是 d 的等同技术特征，根据相关规定，应当认定其落入该专利权的保护范围，符合题意。

综上所述，本题答案为 B、C、D。

【13.（2011－64）解析】知识点：专利侵权的判定

《最高人民法院关于审理侵犯专利权纠纷案件应用法律若干问题的解释》第十二条规定，将侵犯发明或者实用新型专利权的产品作为零部件，制造另一产品的，人民法院应当认定属于《专利法》第十一条规定的使用行为；销售该另一产品的，人民法院应当认定属于《专利法》第十一条规定的销售行为。将侵犯外观设计专利权的产品作为零部件，制造另一产品并销售的，人民法院应当认定属于《专利法》第十一条规定的销售行为，但侵犯外观设计专利权的产品在该另一产品中仅具有技术功能的除外。对于前两款规定的情形，被诉侵权人之间存在分工合作的，人民法院应当认定为共同侵权。根据上述规定可知，选项 A 的说法是正确的，而选项 B 的错误在于所述行为是"使用行为"而不是"制造专利产品的行为"，故其说法是错误的。选项 C 中，如果其没有进行销售而仅仅制造并使用，就不会构成侵犯外观设计专利权的行为，或者如果侵犯外观设计专利权的产品在该另一产品中仅具有技术功能，则上述行为不会构成侵犯外观设计专利权的行为，故选项 C 的说法错误。

《最高人民法院关于审理侵犯专利权纠纷案件应用法律若干问题的解释》第十三条规定，对于使用专利方法获得的原始产品，人民法院应当认定为《专利法》第十一条规定的依照专利方法直接获得的产品。对于将上述原始产品进一步加工、处理而获得后续产品的行为，人民法院应当认定属于《专利法》第十一条规定的使用依照该专利方法直接获得的产品。根据上述规定，选项 D 的说法与上述规定相符，因此是正确的。

综上所述，本题答案为 A、D。

【14.（2010－30）解析】知识点：专利侵权的判定

《最高人民法院关于审理侵犯专利权纠纷案件应用法律若干问题的解释》第一条第二款规定，权利人主张以从属权利要求确定保护范围的，人民法院应当以该从属权利要求记载的附加技术特征及其引用的权利要求记载的技术特征，确定专利权的保护范围。选项 A 的说法与上述规定一致，故其说法是正确的。

上述若干问题的解释第四条规定，对于权利要求中以功能或者效果表述的技术特征，人民法院应当结合说明书和附图描述的该功能或者效果的具体实施方式及其等同的实施方式，确定该技术特征的内容。选项 B 的说法与上述规定一致，故其说法是正确的。

上述若干问题的解释第五条规定，对于仅在说明书或者附图中描述而在权利要求中未记载的技术方案，权利人在侵犯专利权纠纷案件中将其纳入专利权保护范围的，人民法院不予支持。该规定称为"捐献原则"。选项 C 的说法与上述规定相符，因此是正确的。

上述若干问题的解释第六条规定，专利申请人、专利权人在专利授权或者无效宣告程序中，通过对权利要求、说明书的修改或者意见陈述而放弃的技术方案，权利人在侵犯专利权纠纷案件中又将其纳入专利权保护范围的，人民法院不

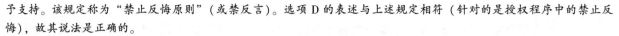

予支持。该规定称为"禁止反悔原则"（或禁反言）。选项 D 的表述与上述规定相符（针对的是授权程序中的禁止反悔），故其说法是正确的。

综上所述，本题答案为 A、B、C、D。

（三）总体考点分析

本部分涉及发明和实用新型专利的保护范围（权利要求书的作用以及说明书、附图的作用）、全面覆盖原则、相同侵权、等同侵权、等同特征的概念等。其中更多的知识或规定在最高人民法院的相关司法解释中。

高频结论

✓ 发明或者实用新型专利权的保护范围以其权利要求的内容为准，说明书及附图可以用于解释权利要求的内容。

✓ **全面覆盖原则**：人民法院判定被诉侵权技术方案是否落入专利权的保护范围，应当审查权利人主张的权利要求所记载的全部技术特征。被诉侵权技术方案包含与权利要求记载的全部技术特征相同或者等同的技术特征的，人民法院应当认定其落入专利权的保护范围；被诉侵权技术方案的技术特征与权利要求记载的全部技术特征相比，缺少权利要求记载的一个以上的技术特征，或者有一个以上技术特征不相同也不等同的，人民法院应当认定其没有落入专利权的保护范围。

✓ 对于权利要求中以功能或者效果表述的技术特征，人民法院应当结合说明书和附图描述的该功能或者效果的具体实施方式及其等同的实施方式，确定该技术特征的内容。

✓ 权利人主张以从属权利要求确定保护范围的，人民法院应当以该从属权利要求记载的附加技术特征及其引用的权利要求记载的技术特征，确定专利权的保护范围。

✓ 被诉侵权技术方案在包含封闭式组合物权利要求全部技术特征的基础上增加其他技术特征的，人民法院应当认定被诉侵权技术方案未落入专利权的保护范围，但该增加的技术特征属于不可避免的常规数量杂质的除外。

✓ 通常，权利要求中的"大于""小于""超过"等理解为不包括本数；"以上""以下""以内"等理解为包括本数。

✓ **捐献原则**：对于仅在说明书或者附图中描述而在权利要求中未记载的技术方案，权利人在侵犯专利权纠纷案件中将其纳入专利权保护范围的，人民法院不予支持。

✓ **禁止反悔原则**：专利申请人、专利权人在专利授权或者无效宣告程序中，通过对权利要求、说明书的修改或者意见陈述而放弃的技术方案，权利人在侵犯专利权纠纷案件中又将其纳入专利权保护范围的，人民法院不予支持。

✓ **禁止反悔原则的例外**：权利人证明专利申请人、专利权人在专利授权确权程序中对权利要求书、说明书及附图的限缩性修改或者陈述被明确否定的，人民法院应当认定该修改或者陈述未导致技术方案的放弃。

（四）参考答案

1. A、B、C、D   2. B、D   3. A、B、C   4. A、C   5. B、C
6. D   7. A、B、C、D   8. B、C、D   9. A、C   10. B
11. A、C、D   12. B、C、D   13. A、D   14. A、B、C、D

二、外观设计专利保护范围及专利侵权的判定

（一）历年试题集合

1. （2018－98）关于外观设计专利，以下说法哪些是正确的？

A. 对于各构件之间无组装关系或者组装关系不唯一的组件产品的外观设计专利，如果被控侵权设计与其全部单个构件的外观设计相同或近似，则应当认为构成专利侵权

B. 对于组装关系唯一的组件产品的外观设计专利，如果被控侵权设计与其组合状

【你的答案】
_____

【选错记录】
_____

态下的外观设计相同或近似，则应当认为构成专利侵权

C. 对于成套产品的外观设计专利，如果被诉侵权设计与其一项外观设计相同或者近似，应当认为构成专利侵权

D. 对于成套产品的外观设计专利，只有被诉侵权设计与其整套外观设计相同或者近似，才可认为构成专利侵权

2. (2016-51) 某外观设计专利在其简要说明中说明请求保护色彩。下列哪些说法是正确的？

A. 该专利要求保护的外观设计为图片或照片所示包含有色彩的外观设计

B. 该专利要求保护的外观设计为以色彩设计为设计要点的外观设计

C. 在判断被诉设计是否落入该专利的保护范围时，应重点考虑色彩对整体视觉效果的影响

D. 在判断被诉设计是否落入授权专利的保护范围时，应将该专利中的色彩设计以及图片或照片所示其他设计作整体观察、综合判断

3. (2016-88) 甲有一项名称为"茶具"的外观设计专利，其包括茶壶和茶杯两件产品；乙在某网购平台上销售茶壶，其销售的茶壶与甲的外观设计专利中的茶壶属于相同的设计，丙从该网购平台购买乙销售的茶壶供自己使用。以下说法哪些是正确的？

A. 乙销售的茶壶落入甲的专利权保护范围

B. 乙销售的茶壶未落入甲的专利权保护范围

C. 丙购买并使用该茶壶侵犯甲的专利权

D. 丙购买并使用该茶壶不侵犯甲的专利权

4. (2016-89) 某沙发床的外观设计专利，其授权图片所示该沙发具有沙发和床两个变化状态。下列说法哪些是正确的？

A. 被诉侵权产品为沙发，不能变化为床，该沙发与授权专利中沙发使用状态下的外观设计相同，则落入该外观设计专利权的保护范围

B. 被诉侵权产品为沙发，不能变化为床，尽管该沙发与授权专利中沙发使用状态下的外观设计相同，但也不会落入该外观设计专利权的保护范围

C. 被诉侵权产品为沙发床，有三个变化状态，且其中两个变化状态分别与授权专利对应的两个变化状态外观设计近似，尽管其第三个变化状态与授权专利任一状态下的外观设计均不近似，但其仍然落入该外观设计专利权的保护范围

D. 被诉侵权产品为沙发床，有三个变化状态，且其中两个变化状态分别与授权专利对应的两个变化状态外观设计近似，第三个变化状态与授权专利任一状态下的外观设计均不近似，则不会落入该外观设计专利权的保护范围

5. (2012-77) 下列关于外观设计专利侵权判断的说法哪些是正确的？

A. 在与外观设计专利产品相同或者相近种类产品上，采用与授权外观设计相同或者近似的外观设计，应当认定被诉侵权设计落入外观设计专利权的保护范围

B. 应当根据外观设计产品的用途，认定产品种类是否相同或者相近似

C. 确定产品的用途时，可以参考外观设计的简要说明、国际外观设计分类表、产品的功能以及产品销售、实际使用的情况等因素

D. 应当以外观设计专利产品的一般消费者的知识水平和认知能力，判断外观设计是否相同或者近似

（二）参考答案解析

【1. (2018-98) 解析】知识点：组件产品的外观设计专利侵权判定、成套产品的外观设计专利侵权判定

《最高人民法院关于审理侵犯专利权纠纷案件应用法律若干问题的解释（二）》第十六条规定，对于组装关系唯一的组件产品的外观设计专利，被诉侵权设计与其组合状态下的外观设计相同或者近似的，人民法院应当认定被诉侵权设计落入专利权的保护范围。对于各构件之间无组装关系或者组装关系不唯一的组件产品的外观设计专利，被诉侵权设计与其全部单个构件的外观设计均相同或者近似的，人民法院应当认定被诉侵权设计落入专利权的保护范围；被诉侵权设

计缺少其单个构件的外观设计或者与之不相同也不近似的，人民法院应当认定被诉侵权设计未落入专利权的保护范围。根据该规定，对于包含多个组件产品的外观设计专利，在组装关系不唯一或无组装关系的情况下，应当将被诉侵权设计与其全部单个构件的外观设计进行比较，如果被控侵权设计与其全部单个构件的外观设计相同或近似，则应当认为构成专利侵权。因此，选项A的说法正确。对于包含多个组件产品的外观设计专利、在组装关系是唯一的情况下，应将被诉侵权设计与其组装状态下的外观设计进行比较，如果被控侵权设计与其组合状态下的外观设计相同或近似，则应当认为构成专利侵权。因此，选项B的说法正确。

《最高人民法院关于审理侵犯专利权纠纷案件应用法律若干问题的解释（二）》第十五条规定，对于成套产品的外观设计专利，被诉侵权设计与其一项外观设计相同或者近似的，人民法院应当认定被诉侵权设计落入专利权的保护范围。根据该规定，对于成套产品的外观设计专利，如果被诉侵权设计与其一项外观设计相同或者近似，可以认定构成专利侵权（选项C的说法是正确的），而不是要求被诉侵权设计与其整套外观设计相同或者近似，才认定构成专利侵权（选项D的说法是错误的）。

综上所述，本题答案为A、B、C。

【2.（2016－51）解析】知识点：外观设计专利权的保护范围

A64.2规定，外观设计专利权的保护范围以表示在图片或者照片中的该产品的外观设计为准，简要说明可以用于解释图片或者照片所表示的该产品的外观设计。根据该规定可知，由于该专利在其简要说明中说明请求保护色彩，故其保护的外观设计为图片或照片所示包含有色彩的外观设计，即选项A的说法正确。

G－1－3－4.3关于"简要说明"中第（3）项要求写明外观设计的设计要点。设计要点是指与现有设计相区别的产品的形状、图案及其结合，或者色彩与形状、图案的结合，或者部位。对设计要点的描述应当简明扼要。进一步地，G－4－5－6.1关于"与相同或者相近种类产品现有设计对比"中规定，……应当注意的是，外观设计简要说明中设计要点所指设计并不必然对外观设计整体视觉效果具有显著影响，不必然导致涉案专利与现有设计相比具有明显区别。例如，对于汽车的外观设计，简要说明中指出其设计要点在于汽车底面，但汽车底面的设计对汽车的整体视觉效果并不具有显著影响。基于上述规定可知，该专利在其简要说明中说明请求保护色彩，并不代表其要求保护的外观设计为以色彩设计为设计要点的外观设计，故选项B的说法错误。

G－4－5－5.2.4关于"整体观察、综合判断"中规定，对比时应当采用整体观察、综合判断的方式。所谓整体观察、综合判断是指以一般消费者为判断主体，整体观察涉案专利与对比设计，确定两者的相同点和区别点，判断其对整体视觉效果的影响，综合得出结论。由此规定可知，由于该专利在简要说明中请求保护色彩，故判断被诉设计是否落入授权专利的保护范围时，应将该专利中的色彩设计以及图片或照片所示其他设计作整体观察、综合判断。即选项D的说法是正确的。进而，在判断侵权时，就不应当重点考虑色彩对整体视觉效果的影响，而是整体观察、综合判断，故选项C的说法错误。

综上所述，本题答案为A、D。

【3.（2016－88）解析】知识点：成套产品的外观设计专利侵权判定；相关知识点：外观设计专利权人的权利

参见1.（2018－98）选项C、D的解析，题中的"茶具"外观设计专利是由茶杯、茶壶两项外观设计构成的成套产品，则被诉侵权设计只要与其中一项外观设计相同或相近似即认定落入该成套产品外观设计专利的保护范围。基于此，乙在某网购平台上销售的茶壶，与甲的外观设计专利中的茶壶属于相同的设计，则认定其落入甲的专利权保护范围。因此，选项A的说法正确，选项B的说法错误。

根据A11.2的规定可知，对于外观设计专利而言，实施其专利并不包括使用外观设计专利产品的行为，购买并使用外观设计专利的产品不会侵犯外观设计专利权。丙购买并使用该茶壶并没有侵犯甲的专利权。因此，选项C的说法错误，而选项D的说法正确。

综上所述，本题答案为A、D。

【4.（2016－89）解析】知识点：变化状态外观设计专利权的保护范围

《最高人民法院关于审理侵犯专利权纠纷案件应用法律若干问题的解释（二）》第十七条规定，对于变化状态产品的外观设计专利，被诉侵权设计与变化状态图所示各种使用状态下的外观设计均相同或者近似的，人民法院应当认定被诉侵权设计落入专利权的保护范围；被诉侵权设计缺少其中一种使用状态下的外观设计或者与之不相同也不近似的，人民法院应当认定被诉侵权设计未落入专利权的保护范围。根据该规定，对于变化状态产品的外观设计专利，被诉侵权设计与各种变化状态下的外观设计均构成相同或近似，才认为落入专利权的保护范围（被诉侵权设计产品具有更多的变化状态则无关紧要），如果只与其中部分变化状态下的外观设计相同或近似，则认为没有落入专利权的保护范围。

题中的外观设计专利的沙发外观设计具有沙发和床两个变化状态。选项A和B中的沙发，由于不能变化为床，则相对于该专利而言缺少其中一种使用状态下的外观设计，因此没有落入该外观设计专利权的保护范围，故选项A的说法错误，而选项 B 的说法正确。选项 C 和 D 中的沙发，被诉侵权产品为沙发床的其中两个变化状态分别与授权专利对应的两个变化状态外观设计近似，可以认定其落入该外观设计专利权的保护范围，而被诉侵权产品具有第三个变化状态无关紧要，即使与授权专利任一状态下的外观设计均不近似，其仍然落入该外观设计专利权的保护范围。因此，选项 C 的说法正确，而选项 D 的说法错误。

综上所述，本题答案为 B、C。

【5.（2012－77）解析】知识点：外观设计专利权的保护范围

《最高人民法院关于审理侵犯专利权纠纷案件应用法律若干问题的解释》第八条规定，在与外观设计专利产品相同或者相近种类产品上，采用与授权外观设计相同或者近似的外观设计的，人民法院应当认定被诉侵权设计落入……外观设计专利权的保护范围。选项 A 的说法与上述规定一致，故是正确的。

上述若干问题的解释第九条规定，人民法院应当根据外观设计产品的用途，认定产品种类是否相同或者相近。确定产品的用途，可以参考外观设计的简要说明、国际外观设计分类表、产品的功能以及产品销售、实际使用的情况等因素。根据上述规定，选项 B 和 C 的说法正确。

上述若干问题的解释第十条规定，人民法院应当以外观设计专利产品的一般消费者的知识水平和认知能力，判断外观设计是否相同或者近似。选项 D 的说法与上述规定一致，故是正确的。

综上所述，本题答案为 A、B、C、D。

（三）总体考点分析

本部分涉及外观设计专利的保护范围（外观设计专利产品照片或图片的作用、简要说明的作用）。其中，许多知识或规定在最高人民法院的相关司法解释中。

 高频结论

✓ 外观设计专利权的保护范围以表示在图片或者照片中的该产品的外观设计为准，简要说明可以用于解释图片或者照片所表示的该产品的外观设计。

✓ 在与外观设计专利产品相同或者相近种类产品上，采用与授权外观设计相同或者近似的外观设计的，人民法院应当认定被诉侵权设计落入外观设计专利权的保护范围。

✓ 人民法院应当根据外观设计产品的用途，认定产品种类是否相同或者相近。确定产品的用途，可以参考外观设计的简要说明、国际外观设计分类表、产品的功能以及产品销售、实际使用的情况等因素。

✓ 人民法院应当以外观设计专利产品的一般消费者的知识水平和认知能力，判断外观设计是否相同或者近似。

✓ 外观设计简要说明中设计要点所指设计并不必然对外观设计整体视觉效果具有显著影响，不必然导致涉案专利与现有设计相比具有明显区别。例如，对于汽车的外观设计，简要说明中指出其设计要点在于汽车底面，但汽车底面的设计对汽车的整体视觉效果并不具有显著影响。

✓ 对于组装关系唯一的组件产品的外观设计专利，被诉侵权设计与其组合状态下的外观设计相同或者近似的，人民法院应当认定被诉侵权设计落入专利权的保护范围。对于各构件之间无组装关系或者组装关系不唯一的组件产品的外观设计专利，被诉侵权设计与其全部单个构件的外观设计均相同或者近似的，人民法院应当认定被诉侵权设计落入专利权的保护范围；被诉侵权设计缺少其单个构件的外观设计或者与之不相同也不近似的，人民法院应当认定被诉侵权设计未落入专利权的保护范围。

✓ 对于成套产品的外观设计专利，被诉侵权设计与其一项外观设计相同或者近似的，人民法院应当认定被诉侵权设计落入专利权的保护范围。

✓ 对于变化状态产品的外观设计专利，被诉侵权设计与变化状态图所示各种使用状态下的外观设计均相同或者近似的，人民法院应当认定被诉侵权设计落入专利权的保护范围；被诉侵权设计缺少其中一种使用状态下的外观设计或者与之不相同也不近似的，人民法院应当认定被诉侵权设计未落入专利权的保护范围。

（四）参考答案

1. A、B、C 2. A、D 3. A、D 4. B、C 5. A、B、C、D

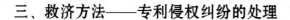

三、救济方法——专利侵权纠纷的处理

（一）历年试题集合

1. (2018-94) 以下说法哪些是正确的？ 【你的答案】

A. 人民法院受理的侵犯发明专利权纠纷案件，被告在答辩期间内请求宣告该项专利权无效的，人民法院应当中止诉讼 【选错记录】

B. 当事人因专利权的归属发生纠纷，已向人民法院起诉的，可以请求国家知识产权局中止该专利的无效宣告程序

C. 实用新型和外观设计侵权纠纷案件中，人民法院可以根据案件审理需要要求原告提交检索报告或者专利权评价报告，原告无正当理由不提交的，人民法院可以裁定中止诉讼

D. 侵犯实用新型、外观设计专利权纠纷案件的被告请求中止诉讼的，应当在答辩期内对原告的专利权提出宣告无效的请求

2. (2018-92) 专利权人发现侵犯其专利权的行为时，可以采取以下哪些措施？ 【你的答案】

A. 向人民法院起诉

B. 请求管理专利工作的部门处理 【选错记录】

C. 向人民法院申请采取责令停止有关行为的措施

D. 向人民法院申请保全证据

3. (2016-91) 甲公司发现乙公司未经其许可，制造销售甲公司拥有实用新型专利权的某产品，向法院提起侵权诉讼；乙公司在被诉后向国家知识产权局提起针对甲公司 【你的答案】

上述专利权的无效宣告请求；国家知识产权局经过审理，作出宣告甲公司上述实用新型专利权全部无效的审查决定；甲公司不服该决定，向法院提起行政诉讼要求撤销该审查 【选错记录】

决定。下列说法哪些是正确的？

A. 甲公司提起侵权诉讼时，法院可以要求其提交专利权评价报告

B. 甲公司在侵权起诉前可以请求当地管理专利工作的部门采取证据保全措施

C. 根据国家知识产权局作出的无效宣告审查决定，法院可以裁定驳回甲公司的侵权起诉，无须等待针对上述审查决定的行政诉讼结果

D. 甲公司提起行政诉讼后，乙公司作为第三人参加诉讼

4. (2015-93，有适应性修改) 甲未经专利权人乙的许可而实施其专利，引起专利侵权纠纷。乙可以通过下列哪些途径解决该纠纷？ 【你的答案】

A. 与甲协商解决

B. 直接向人民法院提起诉讼 【选错记录】

C. 请求地方人民政府管理专利工作的部门处理

D. 如果该纠纷在全国有重大影响，则请求国务院专利行政部门处理

5. (2014-69，有适应性修改) 下列关于专利行政执法的说法哪些是正确的？ 【你的答案】

A. 管理专利工作的部门可以委托有实际处理能力的市、县级人民政府设立的专利管理部门查处假冒专利行为、调解专利纠纷 【选错记录】

B. 专利权人已就专利侵权纠纷向人民法院起诉的，不能再请求管理专利工作的部门处理该纠纷

C. 符合立案规定的，管理专利工作的部门应当在收到请求书之日起5个工作日内立案并通知请求人，同时指定2名或者2名以上执法人员处理该专利侵权纠纷

D. 管理专利工作的部门处理专利侵权纠纷，应当自立案之日起4个月内结案，经管理专利工作的部门负责人批准，延长的期限最多不超过2个月

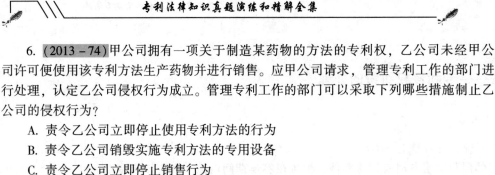

6. （2013-74）甲公司拥有一项关于制造某药物的方法的专利权，乙公司未经甲公司许可便使用该专利方法生产药物并进行销售。应甲公司请求，管理专利工作的部门进行处理，认定乙公司侵权行为成立。管理专利工作的部门可以采取下列哪些措施制止乙公司的侵权行为？

【你的答案】

【选错记录】

  A. 责令乙公司立即停止使用专利方法的行为

  B. 责令乙公司销毁实施专利方法的专用设备

  C. 责令乙公司立即停止销售行为

  D. 没收乙公司生产的该药物

7. （2013-47）下列关于专利侵权纠纷解决的说法哪些是正确的？

【你的答案】

【选错记录】

  A. 当事人可以协商解决

  B. 专利权人可以请求管理专利工作的部门处理

  C. 专利权人可以直接就专利侵权纠纷向人民法院提起民事诉讼

  D. 当事人对管理专利工作的部门作出的责令停止侵权的决定不服的，可以向人民法院提起行政诉讼

8. （2013-20）王某和李某将共同拥有的一项专利权独占实施许可给宋某，赵某侵犯了该专利权。下列说法哪个是正确的？

【你的答案】

【选错记录】

  A. 未经宋某同意，王某和李某不得共同请求管理专利工作的部门处理该侵权纠纷

  B. 未经李某和王某同意，宋某不得请求管理专利工作的部门处理该侵权纠纷

  C. 王某、李某和宋某可以共同请求管理专利工作的部门处理该侵权纠纷

  D. 只有在李某和王某不请求的情况下，宋某才可以请求管理专利工作的部门处理该侵权纠纷

9. （2012-57，有适应性修改）下列关于管理专利工作的部门处理专利侵权纠纷的说法哪些是正确的？

【你的答案】

【选错记录】

  A. 管理专利工作的部门应当在收到请求书之日起5个工作日内立案并通知请求人

  B. 管理专利工作的部门应当指定3名或者3名以上单数执法人员处理专利侵权纠纷

  C. 管理专利工作的部门处理专利侵权纠纷案件时，可以根据当事人的意愿进行调解

  D. 管理专利工作的部门处理专利侵权纠纷，应当自立案之日起6个月内结案

10. （2011-51）下列关于请求管理专利工作的部门处理专利侵权纠纷的说法哪些是正确的？

【你的答案】

【选错记录】

  A. 请求人必须是专利权人

  B. 请求人可以是专利权人的合法继承人

  C. 独占实施许可合同的被许可人可以单独提出请求

  D. 除合同另有约定外，普通实施许可合同的被许可人不能单独提出请求

11. （2011-82）管理专利工作的部门认定专利侵权行为成立时，有权采取下列哪些措施制止侵权行为？

【你的答案】

【选错记录】

  A. 侵权人制造专利侵权产品的，责令其立即停止制造行为，销毁制造侵权产品的专用设备、模具

  B. 侵权人使用专利方法的，责令其立即停止使用行为，销毁实施专利方法的专用设备、模具

  C. 侵权人销售专利侵权产品的，责令其立即停止销售行为，并且追回已经售出的侵权产品

  D. 侵权人许诺销售专利侵权产品的，责令其立即停止许诺销售行为，消除影响

（二）参考答案解析

【1.（2018-94）解析】知识点：专利侵权诉讼的中止

《最高人民法院关于审理专利纠纷案件适用法律问题的若干规定》第七条规定，人民法院受理的侵犯发明专利权纠纷案件……被告在答辩期间内请求宣告该项专利权无效的，人民法院可以不中止诉讼。根据该规定，采用的是"可以中

止诉讼"而不是"应当中止诉讼",其意味着,即使被告在答辩期间内请求宣告该项专利权无效,在某些情况下(如提供的证据明显不能影响专利权的稳定性),人民法院也可以不中止诉讼。因此,选项A的说法是错误的。

R103规定,当事人因专利申请权或者专利权的归属发生纠纷,已……向人民法院起诉的,可以请求国务院专利行政部门中止有关程序。R105规定,国务院专利行政部门根据该细则第一百零三条和第一百零四条规定中止有关程序,是指暂停……专利权无效宣告程序……。综合上述规定可知,当事人因专利权的归属发生纠纷,已向人民法院起诉的,可以请求国家知识产权局中止该专利的无效宣告程序。因此,选项B的说法正确。

《最高人民法院关于审理专利纠纷案件适用法律问题的若干规定》第四条第一款规定,……根据案件审理需要,人民法院可以要求原告提交检索报告或者专利权评价报告。原告无正当理由不提交的,人民法院可以裁定中止诉讼或者判令原告承担可能的不利后果。选项C的表述与上述规定一致,因此其说法是正确的。

《最高人民法院关于审理专利纠纷案件适用法律问题的若干规定》第四条第二款规定,侵犯实用新型、外观设计专利权纠纷案件的被告请求中止诉讼的,应当在答辩期内对原告的专利权提出宣告无效的请求。选项D的表述与上述规定一致,因此其说法是正确的。

综上所述,本题答案为B、C、D。

【2.(2018-92)解析】知识点:专利侵权纠纷的处理、专利侵权行为的诉前停止、证据保全

根据A65的规定可知,专利权人发现侵犯其专利权的行为时,可以向人民法院起诉,或请求管理专利工作的部门处理。因此,选项A、B符合题意。

A72规定,专利权人或者利害关系人有证据证明他人正在实施或者即将实施侵犯专利权的行为、妨碍其实现权利的行为,如不及时制止将会使其合法权益受到难以弥补的损害的,可以在起诉前向人民法院申请采取财产保全、责令作出一定行为或者禁止作出一定行为的措施。根据上述规定,专利权人在发现侵犯其专利权的行为时,可以向人民法院申请采取责令停止有关行为的措施,至于是否同意,需要人民法院裁定。因此,选项C符合题意。

A73规定,为了制止专利侵权行为,在证据可能灭失或者以后难以取得的情况下,专利权人或者利害关系人可以在起诉前向人民法院申请保全证据。专利权人在发现侵犯其专利权的行为时,可以向人民法院申请保全证据,至于是否同意,需要人民法院裁定。因此,选项D符合题意。

综上所述,本题答案为A、B、C、D。

【3.(2016-91)解析】知识点:诉前证据保全、侵权诉讼的中止;相关知识点:无效宣告请求审查决定的行政诉讼

A66.2规定,专利侵权纠纷涉及实用新型专利或者外观设计专利的,人民法院或者管理专利工作的部门可以要求专利权人或者利害关系人出具由国务院专利行政部门对相关实用新型或者外观设计进行检索、分析和评价后作出的专利权评价报告,作为审理、处理专利侵权纠纷的证据……。所以,选项A的说法正确。

根据A73的规定可知,当事人采取证据保全措施请求应当向人民法院提出,而管理专利工作的部门不具有这方面的职能,因此不能请求当地管理专利工作的部门采取证据保全措施,故选项B的说法错误。

《最高人民法院关于审理侵犯专利权纠纷案件应用法律若干问题的解释(二)》第二条第一款规定,权利人在专利侵权诉讼中主张的权利要求被国务院专利行政部门宣告无效的,审理侵犯专利权纠纷案件的人民法院可以裁定驳回权利人基于该无效权利要求的起诉。根据上述规定,根据无效宣告审查决定(其中并没有规定需要等待针对上述审查决定的行政诉讼结果),法院可以裁定驳回甲公司的侵权起诉。因此,选项C的说法正确。

根据A46.2规定可知,对国务院专利行政部门宣告专利权无效或者维持专利权的决定不服的,可以自收到通知之日起3个月内向人民法院起诉。人民法院应当通知无效宣告请求程序的对方当事人作为第三人参加诉讼。根据上述规定,甲公司不服国家知识产权局作出的无效宣告请求审查决定提起行政诉讼后,乙公司应作为第三人参加诉讼。因此,选项D的说法正确。

综上所述,本题答案为A、C、D。

【4.(2015-93)解析】知识点:专利侵权纠纷的解决途径

根据A65的规定,对于题中的专利侵权纠纷而言,乙既可以与甲协商解决,也可以直接向人民法院提起诉讼,还可以请求地方人民政府管理专利工作的部门处理。因此,选项A、B、C符合题意。选项D中,由于国务院专利行政部门也就是国家知识产权局,并不直接受理一般专利侵权纠纷案件。但根据A70.1的规定可知,国家知识产权局可以应专利权人或者利害关系人的请求处理在全国有重大影响的专利侵权纠纷。因此,选项D的说法正确,不符合题意。

综上所述,本题答案为A、B、C、D。

【5.(2014-69)解析】知识点:管理专利工作的部门对专利侵权纠纷的处理

《专利行政执法办法》第六条第一款规定,管理专利工作的部门可以依据本地实际,委托有实际处理能力的市、县

级人民政府设立的专利管理部门查处假冒专利行为、调解专利纠纷。选项 A 的说法与上述规定一致，因此是正确的。

《专利行政执法办法》第十条第一款规定："请求管理专利工作的部门处理专利侵权纠纷的，应当符合下列条件：（一）请求人是专利权人或者利害关系人；（二）有明确的被请求人；（三）有明确的请求事项和具体事实、理由；（四）属于受案管理专利工作的部门的受案和管辖范围；（五）当事人没有就该专利侵权纠纷向人民法院起诉。"根据上述第（五）项的规定，如果专利权人已就专利侵权纠纷向人民法院起诉，就不能再请求管理专利工作的部门处理该纠纷。因此，选项 B 的说法正确。

《专利行政执法办法》第十三条规定，请求符合该办法第十条规定条件的，管理专利工作的部门应当在收到请求书之日起 5 个工作日内立案并通知请求人，同时指定 3 名或者 3 名以上单数执法人员处理该专利侵权纠纷；请求不符合该办法第十条规定条件的，管理专利工作的部门应当在收到请求书之日起 5 个工作日内通知请求人不予受理，并说明理由。根据上述规定，选项 C 的说法涉及执法人员的数量是错误的。

《专利行政执法办法》第二十一条第一款规定，管理专利工作的部门处理专利侵权纠纷，应当自立案之日起 3 个月内结案。案件特别复杂需要延长期限的，应当由管理专利工作的部门负责人批准。经批准延长的期限，最多不超过 1 个月。根据上述规定，选项 D 中，提及的"应当自立案之日起 4 个月内结案"与上述规定中的"应当自立案之日起 3 个月内结案"不一致，且提及的"延长的期限最多不超过 2 个月"与上述规定中的"延长的期限最多不超过 1 个月"不一致，因此其说法是错误的。

综上所述，本题答案为 A、B。

【6.（2013－74）解析】 知识点：专利侵权纠纷的处理

《专利行政执法办法》第四十三条第一款规定："管理专利工作的部门认定专利侵权行为成立，作出处理决定，责令侵权人立即停止侵权行为的，应当采取下列制止侵权行为的措施：（一）侵权人制造专利侵权产品的，责令其立即停止制造行为，销毁制造侵权产品的专用设备、模具，并且不得销售、使用尚未售出的侵权产品或者以任何其他形式将其投放市场；侵权产品难以保存的，责令侵权人销毁该产品；（二）侵权人未经专利权人许可使用专利方法的，责令侵权人立即停止使用行为，销毁实施专利方法的专用设备、模具，并且不得销售、使用尚未售出的依照专利方法所直接获得的侵权产品或者以任何其他形式将其投放市场；侵权产品难以保存的，责令侵权人销毁该产品……。"题中，管理专利工作的部门认定乙公司侵权行为成立，可以责令乙公司立即停止使用专利方法的行为，责令乙公司销毁实施专利方法的专用设备，责令乙公司不得销售、使用尚未售出的依照专利方法所直接获得的侵权产品或者以任何其他形式将其投放市场，因此选项 A、B、C 符合题意。但上述规定中，并没有规定管理专利工作的部门没收侵权产品，故选项 D 不符合题意。

综上所述，本题答案为 A、B、C。

【7.（2013－47）解析】 知识点：专利侵权纠纷的处理

参见 2.（2018－92）的解析，依据是 A65 的规定。根据该规定，发生专利侵权纠纷，当事人可以协商解决，当事人中的专利权人或者利害关系人可以向人民法院起诉，也可以请求管理专利工作的部门处理。而管理专利工作的部门处理时，认定侵权行为成立的，可以责令侵权人立即停止侵权行为，当事人不服的，可以自收到处理通知之日起 15 日内依照《中华人民共和国行政诉讼法》向人民法院起诉，即当事人对管理专利工作的部门作出的责令停止侵权的决定不服的，可以向人民法院提起行政诉讼。由此可知，选项 A、B、C、D 均符合题意。

综上所述，本题答案为 A、B、C、D。

【8.（2013－20）解析】 知识点：专利侵权纠纷的处理

《专利行政执法办法》第十条规定："请求管理专利工作的部门处理专利侵权纠纷的，应当符合下列条件：（一）请求人是专利权人或者利害关系人……第（一）项所称利害关系人包括专利实施许可合同的被许可人、专利权人的合法继承人。专利实施许可合同的被许可人中，独占实施许可合同的被许可人可以单独提出请求；排他实施许可合同的被许可人在专利权人不请求的情况下，可以单独提出请求；除合同另有约定外，普通实施许可合同的被许可人不能单独提出请求。"题中，由于王某和李某是该项专利的共同拥有人，宋某是独占实施许可的被许可人，因此宋某既可以单独提出请求，也可以与王某和李某共同提出请求，故选项 C 正确。

综上所述，本题答案为 C。

【9.（2012－57）解析】 知识点：专利侵权纠纷的处理

参见 5.（2014－69）选项 C 的解析，根据《专利行政执法办法》第十三条的规定可知，管理专利工作的部门应当在收到请求书之日起 5 个工作日内立案并通知请求人，且应当指定 3 名或者 3 名以上单数执法人员处理专利侵权纠纷。因此，选项 A 和 B 的说法正确。

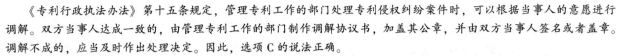

《专利行政执法办法》第十五条规定，管理专利工作的部门处理专利侵权纠纷案件时，可以根据当事人的意愿进行调解。双方当事人达成一致的，由管理专利工作的部门制作调解协议书，加盖其公章，并由双方当事人签名或者盖章。调解不成的，应当及时作出处理决定。因此，选项C的说法正确。

《专利行政执法办法》第二十一条第一款规定，管理专利工作的部门处理专利侵权纠纷，应当自立案之日起3个月内结案。案件特别复杂需要延长期限的，应当由管理专利工作的部门负责人批准。经批准延长的期限，最多不超过1个月。由此可知，选项D所述6个月内结案的说法是错误的。

综上所述，本题答案为A、B、C。

【10. (2011－51) 解析】知识点：专利侵权纠纷的处理

参见8. (2013－20) 解析，根据《专利行政执法办法》第十条的规定，其中，请求人可以是专利权人，也可以是利害关系人，因此选项A所述请求人必须是专利权人的说法错误。上述规定中，所称利害关系人包括专利实施许可合同的被许可人、专利权人的合法继承人，因此选项B的说法正确。上述规定中，进一步明确"独占实施许可合同的被许可人可以单独提出请求"（选项C的说法正确），并且"除合同另有约定外，普通实施许可合同的被许可人不能单独提出请求"（选项D的说法正确）。

综上所述，本题答案为B、C、D。

【11. (2011－82) 解析】知识点：专利侵权纠纷的处理

参见6. (2013－74) 解析，根据《专利行政执法办法》第四十三条第一款的规定可知，管理专利工作的部门认定专利侵权行为成立时，侵权人制造专利侵权产品的，可以责令其立即停止制造行为，销毁制造侵权产品的专用设备、模具（选项A的说法正确），并且不得销售、使用尚未售出的侵权产品或者以任何其他形式将其投放市场；侵权产品难以保存的，责令侵权人销毁该产品。由此可知，对于侵权人制造的专利侵权产品，仅仅是规定不得销售、使用尚未售出的侵权产品或者以任何其他形式将其投放市场，并没有要求追回已经售出的侵权产品。因此，选项C说法是错误的。

根据《专利行政执法办法》第四十三条第一款中列出的第（二）项情形可知，侵权人未经专利权人许可使用专利方法的，责令侵权人立即停止使用行为，销毁实施专利方法的专用设备、模具……。因此，选项B的说法正确。

根据《专利行政执法办法》第四十三条第一款中列出的第（四）项情形可知，侵权人许诺销售专利侵权产品或者依照专利方法直接获得的侵权产品的，责令其立即停止许诺销售行为，消除影响，并且不得进行任何实际销售行为。因此，选项D的说法正确。

综上所述，本题答案为A、B、D。

（三）总体考点分析

本部分涉及专利侵权纠纷的处理，包括当事人自行协商、请求管理专利工作的部门调解和处理，以及直接向人民法院起诉等解决途径。重点是专利侵权纠纷的途径、管理专利工作的部门可以采取的措施等。

高频结论

✓ 未经专利权人许可，实施其专利，即侵犯其专利权，引起纠纷的，由当事人协商解决；不愿协商或者协商不成的，专利权人或者利害关系人可以向人民法院起诉，也可以请求管理专利工作的部门处理。

✓ 管理专利工作的部门处理时，认定侵权行为成立的，可以责令侵权人立即停止侵权行为，当事人不服的，可以自收到处理通知之日起15日内依照《中华人民共和国行政诉讼法》向人民法院起诉；侵权人期满不起诉又不停止侵权行为的，管理专利工作的部门可以申请人民法院强制执行。

✓ 进行处理的管理专利工作的部门应当事人的请求，可以就侵犯专利权的赔偿数额进行调解；调解不成的，当事人可以依照《中华人民共和国民事诉讼法》向人民法院起诉。

✓ 请求管理专利工作的部门处理专利侵权纠纷的，应当符合下列条件：（1）请求人是专利权人或者利害关系人；（2）有明确的被请求人；（3）有明确的请求事项和具体事实、理由；（4）属于受案管理专利工作的部门的受案和管辖范围；（5）当事人没有就该专利侵权纠纷向人民法院起诉。

✓ 处理专利侵权纠纷的请求符合规定条件的，管理专利工作的部门应当在收到请求书之日起5个工作日内立案并通知请求人，同时指定3名或者3名以上单数执法人员处理该专利侵权纠纷；请求不符合规定条件的，管理专利工作的部门应当在收到请求书之日起5个工作日内通知请求人不予受理，并说明理由。

✓ 管理专利工作的部门处理专利侵权纠纷，应当自立案之日起3个月内结案。案件特别复杂需要延长期限的，应当由管理专利工作的部门负责人批准。经批准延长的期限，最多不超过1个月。

✓ 管理专利工作的部门认定专利侵权行为成立，作出处理决定，责令侵权人立即停止侵权行为的，应当采取下列制止侵权行为的措施：

（1）侵权人制造专利侵权产品的，责令其立即停止制造行为，销毁制造侵权产品的专用设备、模具，并且不得销售、使用尚未售出的侵权产品或者以任何其他形式将其投放市场；侵权产品难以保存的，责令侵权人销毁该产品。

（2）侵权人未经专利权人许可使用专利方法的，责令侵权人立即停止使用行为，销毁实施专利方法的专用设备、模具，并且不得销售、使用尚未售出的依照专利方法所直接获得的侵权产品或者以任何其他形式将其投放市场；侵权产品难以保存的，责令侵权人销毁该产品。

（3）侵权人销售专利侵权产品或者依照专利方法直接获得的侵权产品的，责令其立即停止销售行为，并且不得使用尚未售出的侵权产品或者以任何其他形式将其投放市场；尚未售出的侵权产品难以保存的，责令侵权人销毁该产品。

（4）侵权人许诺销售专利侵权产品或者依照专利方法直接获得的侵权产品的，责令其立即停止许诺销售行为，消除影响，并且不得进行任何实际销售行为。

（5）侵权人进口专利侵权产品或者依照专利方法直接获得的侵权产品的，责令侵权人立即停止进口行为；侵权产品已经入境的，不得销售、使用该侵权产品或者以任何其他形式将其投放市场；侵权产品难以保存的，责令侵权人销毁该产品；侵权产品尚未入境的，可以将处理决定通知有关海关。

（6）停止侵权行为的其他必要措施。

✓ 人民法院受理的侵犯发明专利权纠纷案件，被告在答辩期间内请求宣告该项专利权无效的，人民法院可以（而不是应当）不中止诉讼。

✓ 当事人因专利申请权或者专利权的归属发生纠纷，已向人民法院起诉的，可以请求国务院专利行政部门中止有关程序。所述中止有关程序，是指暂停专利权无效宣告程序等。

✓ 根据案件审理需要，人民法院可以要求原告（专利权人或利害关系人）提交检索报告或者专利权评价报告。专利权人、利害关系人或者被控侵权人也可以主动出具专利权评价报告。

✓ 侵犯实用新型、外观设计专利权纠纷案件的被告请求中止诉讼的，应当在答辩期内对原告的专利权提出宣告无效的请求。

（四）参考答案

1. B、C、D	2. A、B、C、D	3. A、C、D	4. A、B、C、D	5. A、B
6. A、B、C	7. A、B、C、D	8. C	9. A、B、C	10. B、C、D
11. A、B、D				

四、救济方法——专利侵权纠纷处理的管辖

（一）历年试题集合

1.（2019－88）甲未经专利权人许可在 A 市制造一批专利产品，并由乙运往 B 市销售。A 市、B 市中级人民法院都具有专利纠纷案件的管辖权。下列说法哪些是正确的？　【你的答案】

A. 如果专利权人仅起诉甲，未起诉乙，可向 A 市中级人民法院起诉　【选错记录】

B. 如果专利权人同时起诉甲和乙，可向 A 市中级人民法院起诉

C. 如果专利权人同时起诉甲和乙，可向 B 市中级人民法院起诉

D. 如果专利权人同时起诉甲和乙，专利权人可以选择 A 市、B 市中级人民法院的其中一个起诉

2.（2018－29）住所地位于 A 市的甲获得一项产品专利，乙未经甲的许可在 B 市制造该专利产品，丙从乙处大量购置该专利产品并在 C 市销售。A、B、C 市中级人民法院都具有专利纠纷案件的管辖权。甲欲以乙和丙为共同被告提起专利侵权诉讼。以下说法哪些是正确的？　【你的答案】

A. A 市中级人民法院有管辖权　【选错记录】

B. B市中级人民法院有管辖权

C. C市中级人民法院有管辖权

D. A、B、C市中级人民法院均具有管辖权

3. (2015-90)甲公司拥有一项雨伞的外观设计专利权。未经甲公司许可，重庆的乙公司生产了该专利雨伞，并将该雨伞在成都销售给当地的丙酒店使用，甲公司遂向人民法院起诉。下列哪些说法是正确的？

【你的答案】
_____

【选错记录】
_____

    A. 甲公司可以向重庆的基层人民法院起诉乙公司

    B. 甲公司可以向成都市的中级人民法院起诉丙酒店

    C. 甲公司可以向成都市的中级人民法院起诉乙公司

    D. 甲公司提起诉讼时可以向受理法院提交专利权评价报告

4. (2013-90)济南市的甲公司拥有一项产品专利权，未经甲公司许可，成都市的乙公司在杭州市生产该产品并在南京市销售。甲公司可以在下列哪些人民法院起诉乙公司？

【你的答案】
_____

【选错记录】
_____

    A. 济南市中级人民法院

    B. 成都市中级人民法院

    C. 杭州市中级人民法院

    D. 南京市中级人民法院

5. (2011-21)下列关于专利侵权诉讼管辖的说法哪些是正确的？

【你的答案】
_____

【选错记录】
_____

    A. 专利侵权诉讼可以由被告住所地人民法院管辖

    B. 专利侵权诉讼可以由侵权行为地人民法院管辖

    C. 销售者是制造者分支机构，原告在销售地起诉侵权产品制造者制造、销售行为的，销售地人民法院有管辖权

    D. 仅对侵权产品制造者提起诉讼，未起诉销售者，侵权产品制造地与销售地不一致的，制造地人民法院有管辖权

6. (2016-90)北京市的甲公司拥有一项发明专利权，深圳市的乙公司未经甲公司的许可，制造了该专利产品，并在上海市进行公开销售，以下说法哪些是正确的？

【你的答案】
_____

【选错记录】
_____

    A. 甲公司可以请求北京市知识产权局进行处理

    B. 甲公司可以请求深圳市知识产权局进行处理

    C. 甲公司可以请求上海市知识产权局进行处理

    D. 甲公司可以请求国家知识产权局进行处理

7. (2014-43)广州市的甲公司发现天津市的乙公司未经其许可在重庆市销售涉嫌侵犯其专利权的产品。甲公司可以请求哪些知识产权局处理？

【你的答案】
_____

【选错记录】
_____

    A. 天津市知识产权局

    B. 重庆市知识产权局

    C. 广州市知识产权局

    D. 广东省知识产权局

8. (2012-92)下列关于管理专利工作的部门处理专利侵权纠纷管辖的说法哪些是正确的？

【你的答案】
_____

【选错记录】
_____

    A. 当事人请求处理专利侵权纠纷的，由被请求人所在地或者侵权行为地的管理专利工作的部门管辖

    B. 两个以上管理专利工作的部门对专利侵权纠纷都有管辖权的，当事人可以向其中一个管理专利工作的部门提出请求

    C. 当事人向两个以上有管辖权的管理专利工作的部门提出请求的，由最先受理的管理专利工作的部门管辖

    D. 管理专利工作的部门对管辖权发生争议的，由其共同的上级人民政府管理专利工作的部门指定管辖

9.（2011－14） 下列说法哪些是正确的？

【你的答案】

A. 当事人请求管理专利工作的部门处理专利侵权纠纷的，由被请求人所在地或者侵权行为地的管理专利工作的部门管辖

【选错记录】

B. 两个以上管理专利工作的部门都有管辖权的专利侵权纠纷，当事人可以向其中一个管理专利工作的部门提出请求

C. 当事人向两个以上有管辖权的管理专利工作的部门提出处理专利侵权纠纷请求的，由最先受理的管理专利工作的部门管辖

D. 管理专利工作的部门对处理专利侵权纠纷的管辖权发生争议的，如无共同上级人民政府管理专利工作的部门，则由国务院专利行政部门管辖

（二）参考答案解析

【1.（2019－88）解析】 知识点：专利侵权的诉讼管辖（地域管辖）

《最高人民法院关于审理专利纠纷案件适用法律问题的若干规定》第二条第一款规定，因侵犯专利权行为提起的诉讼，由侵权行为地或者被告住所地人民法院管辖。第二款规定，侵权行为地包括：被诉侵犯发明、实用新型专利的产品的制造、使用、许诺销售、销售、进口等行为实施地；专利方法使用行为的实施地，依照该专利方法直接获得的产品的使用、许诺销售、销售、进口行为的实施地；外观设计专利产品的制造、许诺销售、销售、进口等行为的实施地；假冒他人专利的行为实施地。上述侵权行为的侵权结果发生地。进一步地，第三条第一款规定，原告仅对侵权产品制造者提起诉讼，未起诉销售者，侵权产品制造地与销售地不一致的，制造地人民法院有管辖权；以制造者与销售者为共同被告起诉的，销售地人民法院有管辖权。题中，甲制造侵权产品的制造地是A市，如果专利权人仅起诉甲，未起诉乙，根据上述规定，则侵权产品制造地人民法院即A市中级人民法院有管辖权。因此，选项A的说法符合题意。

题中，侵权产品的销售地在B市，即侵权产品制造地与销售地不一致，因此如果专利权人同时起诉制造者甲和销售者乙，则侵权产品销售地人民法院具有管辖权，即B市中级人民法院有管辖权。因此，选项C符合题意。注意，在这种同时起诉制造者甲和销售者乙的情况下，制造地人民法院（即A市中级人民法院）没有管辖权，进而不能在A市、B市中级人民法院选择一个进行起诉。因此，选项B和D不符合题意。

综上所述，本题答案为A、C。

【2.（2018－29）解析】 知识点：专利侵权的诉讼管辖（地域管辖）

参见1.（2019－88）的解析。题中，由于甲以制造者乙和销售者丙为共同被告提起专利侵权诉讼，应当是销售地C市的中级人民法院有管辖权。因此，选项C的说法正确。注意，A市仅仅是专利权人甲住所地，既不是侵权产品的制造地，也不是销售地，A市中级人民法院不具有管辖权（管辖方面的原则是"原告就被告"）；B市虽然是侵权产品的制造地，但由于甲以制造者乙和销售者丙为共同被告提起专利侵权诉讼，则由侵权产品的销售地而不是制造地人民法院管辖，因此B市中级人民法院对该侵权诉讼也不具有管辖权。因此，选项A、B和D的说法错误。

综上所述，本题答案为C。

【3.（2015－90）解析】 知识点：专利侵权的诉讼管辖（地域管辖、级别管辖）；相关知识点：侵犯外观设计专利的行为、专利权评价报告

《最高人民法院关于适用〈中华人民共和国民事诉讼法〉的解释》第二条第一款规定，专利纠纷案件由知识产权法院、最高人民法院确定的中级人民法院和基层人民法院管辖。结合《最高人民法院关于审理专利纠纷案件适用法律问题的若干规定》第二条第一款的规定可知，题中，专利纠纷案件，应当最高人民法院确定的所在地的中级人民法院管辖，基层人民法院没有管辖权，故选项A的说法是错误的。

根据A11.2的规定可知，实施外观专利的行为仅包括制造、许诺销售、销售、进口行为，并不包括使用外观设计专利产品的行为，因此丙酒店的使用行为并未构成侵犯外观设计专利权，而只有乙公司的制造行为和销售行为构成了侵犯专利权，故甲公司不能起诉丙酒店，即选项B的说法错误。

进而，参见1.（2019－88）的解析，根据《最高人民法院关于审理专利纠纷案件适用法律问题的若干规定》第二条的规定，甲公司可以向乙公司的制造地重庆市中级人民法院，或者销售地成都市中级人民法院起诉乙公司，故选项C的说法正确。

根据A66.2的规定可知，专利权人或者利害关系人可以主动出具由国务院专利行政部门作出的专利权评价报告。因此，甲公司提起诉讼时可以向受理法院提交专利权评价报告，即选项D的说法正确。

综上所述，本题答案为C、D。

【4.（2013－90）解析】 知识点：专利案件的管辖

参见1.（2019－88）的解析。依据是《最高人民法院关于审理专利纠纷案件适用法律问题的若干规定》第二条规

定。题中，乙公司作为被告，住所地在成都，甲公司可以在成都市中级人民法院起诉乙公司，故选项B符合题意。而侵权行为地是在杭州和南京，甲公司还可以在杭州市中级人民法院，或者在南京市中级人民法院起诉乙公司，即选项C和D符合题意。

而选项A的济南市中级人民法院属于甲公司住所地的中级人民法院，但济南既不是被告所在地，也不是侵权行为发生地，因此甲公司不能在济南市中级人民法院起诉乙公司。因此，选项A不符合题意

综上所述，本题答案为B、C、D。

【5.（2011–21）解析】知识点：专利侵权的诉讼管辖（地域管辖）

《最高人民法院关于审理专利纠纷案件适用法律问题的若干规定》第二条第一款规定，因侵犯专利权行为提起的诉讼，由侵权行为地或者被告住所地人民法院管辖。根据该规定可知，选项A和B的说法正确。

该司法解释第三条第二款规定，销售者是制造者分支机构，原告在销售地起诉侵权产品制造者制造、销售行为的，销售地人民法院有管辖权。因此，选项C的说法是正确的。

该司法解释第三条第一款规定，原告仅对侵权产品制造者提起诉讼，未起诉销售者，侵权产品制造地与销售地不一致的，制造地人民法院有管辖权；以制造者与销售者为共同被告起诉的，销售地人民法院有管辖权。因此，选项D的说法是正确的。

综上所述，本题答案为A、B、C、D。

【6.（2016–90）解析】知识点：管理专利工作部门的地域管辖

本题涉及管理专利工作部门的地域管辖。R97.1规定，当事人请求处理专利侵权纠纷或者调解专利纠纷的，由被请求人所在地或者侵权行为地的管理专利工作的部门管辖。题中，被请求人乙公司所在地为深圳市，侵权发生地在上海市，因此专利权人甲公司可以请求乙公司所在地深圳市的管理专利工作部门（深圳市知识产权局）进行处理，也可以请求侵权发生地上海市的管理专利工作部门（上海市知识产权局）进行处理，即选项B和C的说法正确。注意，选项A中的北京市知识产权局是请求人甲公司所在地的管理专利工作部门，不具有管辖权，因此选项A的说法错误。选项D中的国家知识产权局是国务院专利行政部门，不处理一般专利纠纷，因此也不具有管辖权，即选项D说法错误。

综上所述，本题答案为B、C。

【7.（2014–43）解析】知识点：管理专利工作部门的地域管辖

R97.1规定，当事人请求处理专利侵权纠纷或者调解专利纠纷的，由被请求人所在地或者侵权行为地的管理专利工作的部门管辖。题中，被请求人乙公司所在地为天津市，因此甲公司可以请求天津市知识产权局处理侵权纠纷（选项A符合题意）；侵权行为地在重庆市，因此甲公司可以请求重庆市知识产权局处理侵权纠纷（选项B符合题意）。而选项C所述的广州市知识产权局既不是被请求人所在地也不是侵权行为发生所在地的管理专利工作部门，虽然是请求人所在地是广州，但其也不具备管辖权。而选项D所述的广东省知识产权局既不是被请求人所在地也不是侵权行为发生所在地的管理专利工作部门的上级部门，因此也不可能具有管辖权。

综上所述，本题答案为A、B。

【8.（2012–92）解析】知识点：管理专利工作部门的地域管辖

R97.1规定，当事人请求处理专利侵权纠纷或者调解专利纠纷的，由被请求人所在地或者侵权行为地的管理专利工作的部门管辖。根据该规定，选项A的说法正确。

R97.2规定，两个以上管理专利工作的部门都有管辖权的专利纠纷，当事人可以向其中一个管理专利工作的部门提出请求；当事人向两个以上有管辖权的管理专利工作的部门提出请求的，由最先受理的管理专利工作的部门管辖。根据该规定前半句可知，选项B的说法正确；根据该规定后半句可知，选项C的说法正确。

R97.3规定，管理专利工作的部门对管辖权发生争议的，由其共同的上级人民政府管理专利工作的部门指定管辖；无共同上级人民政府管理专利工作的部门的，由国务院专利行政部门指定管辖。该规定称为指定管辖，在管辖权发生争议且无共同上级人民政府管理专利工作的部门时，由国务院专利行政部门指定管辖，即选项D的说法正确。

综上所述，本题答案为A、B、C、D。

【9.（2011–14）解析】知识点：管理专利工作部门的地域管辖

参见8.（2012–92）的解释。根据R97.1的规定可知，选项A的说法正确。根据R97.2的规定可知，选项B和C的说法正确。根据R97.3的规定可知，在管辖权发生争议且无共同上级人民政府管理专利工作的部门时，由国务院专利行政部门指定管辖，而不是由国务院专利行政部门管辖。因此，选项D的说法错误。

综上所述，本题答案为A、B、C。

（三）总体考点分析

本部分涉及专利侵权纠纷的管辖包括行政执法管辖和诉讼管辖，包括级别管辖、地域管辖和指定管辖。

 高频结论

✓ 当事人请求处理专利侵权纠纷或者调解专利纠纷的，由被请求人所在地或者侵权行为地的管理专利工作的部门管辖（"请求人就被请求人"的原则，管辖与请求人所在地没有直接关系）。

✓ 两个以上管理专利工作的部门都有管辖权的专利侵权纠纷，当事人可以向其中一个管理专利工作的部门提出请求，并由最先受理的管理专利工作的部门管辖。

✓ 管理专利工作的部门对管辖权发生争议的，由其共同的上级人民政府管理专利工作的部门指定管辖；在管辖权发生争议且无共同上级人民政府管理专利工作的部门时，由国务院专利行政部门指定管辖，而不是由国务院专利行政部门管辖（称为指定管辖）。

✓ 国家知识产权局可以应当事人的请求处理在全国有重大影响的专利侵权纠纷案件（A70.1新增）。

✓ 当地人民政府管理专利工作的部门对在本行政区域内侵犯同一专利权的案件可以合并处理；对跨区域侵犯同一专利权的案件可以请求上级地方人民政府管理专利工作的部门处理（新增）。

✓ 因侵犯专利权行为提起的诉讼，由侵权行为地或者被告住所地人民法院管辖（"原告就被告"的原则，即地域管辖）。

✓ 侵权行为地包括：被诉侵犯发明、实用新型专利的产品的制造、使用、许诺销售、销售、进口等行为实施地；专利方法使用行为的实施地，依照该专利方法直接获得的产品的使用、许诺销售、销售、进口行为的实施地；外观设计专利产品的制造、许诺销售、销售、进口等行为的实施地；假冒他人专利的行为实施地。上述侵权行为的侵权结果发生地。

✓ 原告仅对侵权产品制造者提起诉讼，未起诉销售者，侵权产品制造地与销售地不一致的，制造地人民法院有管辖权；以制造者与销售者为共同被告起诉的，销售地人民法院有管辖权。

✓ 专利纠纷第一审案件，由知识产权法院和最高人民法院确定的中级人民法院和基层人民法院管辖（称为级别管辖）。

（四）参考答案

1. A、C   2. C   3. C、D   4. B、C、D   5. A、B、C、D
6. B、C   7. A、B   8. A、B、C、D   9. A、B、C

五、救济方法——诉前措施

（一）历年试题集合

1. (2019-26)专利权人对于正在实施的侵权行为，可以在诉前申请采取责令停止有关行为的措施，下列说法正确的是？

A. 利害关系人提出诉前责令停止侵权行为的申请时，可以不提供担保

B. 利害关系人可以向管理专利工作的部门提出诉前责令停止侵权行为的申请

C. 只有独占实施许可合同的被许可人可以单独向人民法院提出申请

D. 当事人对责令停止侵权行为的裁定不服的，可以申请复议

【你的答案】

【选错记录】

2. (2018-88)发生专利侵权纠纷时，依法向人民法院提出诉前责令停止侵犯专利权行为的申请的，以下说法错误的是？

A. 专利权人或专利财产权利的合法继承人可以向人民法院提出申请

B. 无论专利权人是否提出申请，排他实施许可合同的被许可人均可单独向人民法院提出申请

C. 专利普通实施许可合同的被许可人可以与专利权人一起向人民法院提出申请

【你的答案】

【选错记录】

D. 诉前临时措施的被申请人可以通过提出反担保以解除该诉前临时措施

3. (2015－28) 下列关于诉前停止侵权行为的说法哪个是正确的？

A. 专利权人提出诉前责令停止侵权行为的申请时，应当提供担保

B. 专利权人可以向管理专利工作的部门提出诉前责令停止侵权行为的申请

C. 专利实施许可合同的被许可人不能单独提出责令停止侵权行为的申请

D. 当事人对责令停止侵权行为的裁定不服的，可以申请复议或提起上诉

【你的答案】

【选错记录】

4. (2011－32) 下列关于诉前责令停止侵犯专利权行为的说法哪些是正确的？

A. 诉前责令停止侵犯专利权行为的申请，可以向管理专利工作的部门或者人民法院提出

B. 申请人提出诉前责令停止侵犯专利权行为的申请时，应当提供担保

C. 人民法院应当自接受诉前责令停止侵犯专利权行为的申请之时起四十八小时内作出裁定；有特殊情况需要延长的，可以延长四十八小时

D. 当事人对责令停止侵犯专利权行为的裁定不服的可以申请复议，复议期间暂停裁定的执行

【你的答案】

【选错记录】

5. (2014－8) & (2011－68) (有适应性修改) 下列关于诉前证据保全的说法哪个是正确的？

A. 专利权人可以在对侵权行为请求处理前向管理专利工作的部门申请保全证据

B. 申请人在起诉前申请保全证据的，应当依法提供担保

C. 人民法院应当自接受诉前证据保全申请之时起四十八小时内作出裁定；有特殊情况需要延长的，可以延长四十八小时

D. 申请人自人民法院采取保全措施之日起三十日内不起诉的，人民法院应当解除该措施

【你的答案】

【选错记录】

6. (2010－98) (有适应性修改) 甲公司认为乙公司的制造行为如不及时制止，将会使其合法权益受到难以弥补的损害，遂向人民法院申请采取责令停止有关行为的措施。下列就甲公司提出的申请，哪些说法是正确的？

A. 甲公司可以通过电子邮件向人民法院提交申请状

B. 甲公司应当向人民法院提交授权通知书以证明其专利权真实有效

C. 甲公司应当提交证明乙公司实施侵犯其专利权行为的证据

D. 甲公司应当依法提供担保

【你的答案】

【选错记录】

（二）参考答案解析

【1. (2019－26) 解析】知识点：专利侵权行为的诉前停止

A72 规定，专利权人或者利害关系人有证据证明他人正在实施或者即将实施侵犯专利权、妨碍其实现权利的行为，如不及时制止将会使其合法权益受到难以弥补的损害的，可以在起诉前向人民法院申请采取财产保全、责令作出一定行为或者禁止作出一定行为的措施。根据该规定可知，利害关系人可以提出诉前责令停止侵权行为的申请。《最高人民法院关于审查知识产权纠纷行为保全案件适用法律若干问题的规定》第十一条第一款规定，申请人申请行为保全的，应当依法提供担保。因此，申请人提出上述申请时，应当提供担保，因此选项 A 的说法错误。

该若干问题的规定第三条第一款规定，申请诉前行为保全，应当向被申请人住所地具有相应知识产权纠纷管辖权的人民法院或者对案件具有管辖权的人民法院提出。根据该规定可知，不能向管理专利工作的部门提出诉前责令停止侵权行为的申请，因此选项 B 的说法错误。

该若干问题的规定第二条第二款规定，知识产权许可合同的被许可人申请诉前责令停止侵害知识产权行为的，独占许可合同的被许可人可以单独向人民法院提出申请；排他许可合同的被许可人在权利人不申请的情况下，可以单独提出申请；普通许可合同的被许可人经权利人明确授权以自己的名义起诉的，可以单独提出申请。根据该规定可知，并非只有独占实施许可合同的被许可人可以单独向人民法院提出申请，因此选项 C 的说法是错误的。

该若干问题的规定第十四条规定，当事人不服行为保全裁定申请复议的，人民法院应当在收到复议申请后十日内审查并作出裁定。根据该规定可知，当事人对责令停止侵权行为的裁定不服的，可以申请复议，即选项 D 的说法正确。

综上，本题答案为 D。

【2.（2018－88）解析】知识点：专利侵权行为的诉前停止

参照1.（2019－26）的解释。根据《最高人民法院关于审查知识产权纠纷行为保全案件适用法律若干问题的规定》第二条第二款规定可知，发生专利侵权纠纷时，专利权人及专利财产权的继承人可以向法院提出诉前责令停止侵犯专利权行为的申请，即选项A的说法正确，不符合题意。而根据该规定，对于排他实施许可的被许可人，只有在专利权人不提出申请的情况下才可以单独向人民法院提出申请，因此选项B的说法是错误的，符合题意。根据该规定，普通实施许可的被许可人要么经权利人明确授权以自己的名义起诉的，可以单独提出申请，要么不能提出申请，因而不能与专利权人一起向人民法院提出申请，因此选项C的说法错误，符合题意。

该若干问题的规定第十二条规定，人民法院采取的行为保全措施，一般不因被申请人提供担保而解除，但是申请人同意的除外。因此，诉前临时措施的被申请人一般不能通过提出反担保以解除该诉前临时措施，即选项D的说法错误，符合题意。

综上，本题答案为B、C、D。

【3.（2015－28）解析】知识点：专利侵权行为的诉前停止

参照1.（2019－26）的解释。根据《最高人民法院关于审查知识产权纠纷行为保全案件适用法律若干问题的规定》的第十一条第一款规定可知，专利权人提出诉前责令停止侵权行为的申请时，应当提供担保，即选项A的说法正确。根据该规定可知，只能向人民法院申请采取责令停止有关行为，而不能向管理专利工作的部门提出诉前责令停止侵权行为的申请，因此选项B的说法错误。

根据该若干问题的规定第二条第二款规定可知，因此选项C的说法是错误的。《民事诉讼法》第111条规定，当事人对保全或者先予执行的裁定不服的，可以申请复议一次。复议期间不停止裁定的执行。由此可知，当事人对责令停止侵权行为的裁定不服的，可以申请复议，而不能提起上诉，因此选项D的说法错误。

综上，本题答案为A。

【4.（2011－32）解析】知识点：专利侵权行为的诉前停止

参照1.（2019－26）的解释。根据《最高人民法院关于审查知识产权纠纷行为保全案件适用法律若干问题的规定》第三条规定可知，诉前责令停止侵犯专利权行为的申请应当（也只能）向人民法院提出，而不能向管理专利工作的部门提出，因此选项A的说法错误。根据该若干问题的规定的第十一条第一款规定可知，申请人提出诉前责令停止侵犯专利权行为的申请时，应当提供担保，即选项B的说法正确。

《民事诉讼法》第104条第2款规定，人民法院接受申请后，必须在48小时内作出裁定；裁定采取保全措施的，应当立即开始执行。注意该款针对的是利害关系人因情况紧急，不立即申请保全将会使其合法权益受到难以弥补的损害的情形。该规定中，可知并没有规定延长的情形。因此，选项C的说法错误。

根据《民事诉讼法》第111条的规定可知，当事人对责令停止侵犯专利权行为的裁定不服的，可以申请复议一次，但在复议期间不停止裁定的执行。而选项D中提及"复议期间暂停裁定的执行"与上述规定不一致，因此说法是错误的。

综上，本题答案为B。

【5.（2014－8）&（2011－68）解析】知识点：诉前证据保全

参照1.（2019－26）的解释。根据A72规定可知，诉前证据保全申请是向人民法院提出，而不是向管理专利工作的部门提出，因此，选项A的说法错误。《最高人民法院关于审查知识产权纠纷行为保全案件适用法律若干问题的规定》第十一条规定，申请人申请行为保全的，应当依法提供担保。因此，申请人提出上述申请时，应当依法提供担保，故选项B的说法正确。

根据《民事诉讼法》第104条第2款规定可知，人民法院应当自接受诉前证据保全申请之时起48小时内作出裁定，并没有规定可以延长的情形，因此选项C中提及"有特殊情况需要延长的，可以延长四十八小时"的说法是错误的。

《民事诉讼法》第104条第3款规定，申请人在人民法院采取保全措施后30日内不依法提起诉讼或者申请仲裁的，人民法院应当解除保全。选项D的表述与该规定相符，因此其说法是正确的。

综上，本题答案为B、D。

【6.（2010－98）解析】知识点：诉前停止有关行为

参照1.（2019－26）的解释。根据A72的规定可知，专利权人有证据证明他人正在实施或者即将实施侵犯专利权，如不及时制止将会使其合法权益受到难以弥补的损害的，可以在起诉前向人民法院申请采取责令停止有关行为的措施。

《最高人民法院关于审查知识产权纠纷行为保全案件适用法律若干问题的规定》第四条规定："向人民法院申请行为保全，应当递交申请书和相应证据。申请书应当载明下列事项：……（三）申请所依据的事实、理由，包括被申请人的行为将会使申请人的合法权益受到难以弥补的损害或者造成案件裁决难以执行等损害的具体说明；……。"据此，选

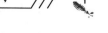

项 A 所述 "甲公司可以通过电子邮件向人民法院提交申请状" 的说法是错误的。而选项 C 所述 "甲公司应当提交证明乙公司实施侵犯其专利权行为的证据" 的说法正确。此外，授权通知书并不能表明专利权真实有效，因此选项 B 的说法是错误的。

根据该若干问题的规定第十一条第一款规定，申请人申请行为保全的，应当依法提供担保。因此，申请人提出上述申请时，应当依法提供担保。据此可知，选项 D 的说法正确。

综上，本题答案为 C、D。

（三）总体考点分析

本小节涉及专利侵权的诉前措施，包括诉前证据保全、专利侵权行为的诉前停止两个方面。需要注意两方面的要求存在不同。

高频结论

✓　为了制止专利侵权行为，在证据可能灭失或者以后难以取得的情况下，专利权人或者利害关系人可以在起诉前向人民法院申请采取财产保全、责令作出一定行为或者禁止作出一定行为的措施（统称为 "行为保全"）。注意，管理专利工作的部门不具有该职能。

✓　知识产权许可合同（对于专利而言就是专利许可合同）的被许可人申请诉前责令停止侵害知识产权行为的，独占许可合同的被许可人可以单独向人民法院提出申请；排他许可合同的被许可人在权利人不申请的情况下，可以单独提出申请；普通许可合同的被许可人经权利人明确授权以自己的名义起诉的，可以单独提出申请。

✓　向人民法院申请行为保全，应当递交申请书和相应证据。

✓　专利权人在提出行为保全（如诉前责令停止侵权行为）的申请时，应当依法提供担保。申请人提供的担保数额，应当相当于被申请人可能因执行行为保全措施所遭受的损失，包括责令停止侵权行为所涉产品的销售收益、保管费用等合理损失。在执行行为保全措施过程中，被申请人可能因此遭受的损失超过申请人担保数额的，人民法院可以责令申请人追加相应的担保。申请人拒不追加的，可以裁定解除或者部分解除保全措施。

✓　人民法院采取的行为保全措施，一般不因被申请人提供担保而解除，但是申请人同意的除外。

✓　人民法院接受申请后，必须在 48 小时内作出裁定；裁定采取保全措施的，应当立即开始执行。注意该款针对的是利害关系人因情况紧急，不立即申请保全将会使其合法权益受到难以弥补的损害的情形。

✓　当事人对裁定不服的，可以申请复议；复议期间不停止裁定的执行。

✓　申请人在人民法院采取保全措施后 30 日内不依法提起诉讼或者申请仲裁的，人民法院应当解除保全。注意，这是时间期限是 30 日。

（四）参考答案

1. D　　　　　　2. B、C、D　　　　3. A　　　　　　4. B　　　　　　5. B、D
6. C、D

六、侵犯专利权的法律责任

（一）历年试题集合

1. (2019－100) 甲向法院起诉乙侵犯其发明专利权并请求获得赔偿，下列关于侵权赔偿数额的说法哪些是正确的？

【你的答案】

【选错记录】

A. 侵权赔偿的数额按照甲因被侵权所受到的实际损失确定，还应包括因研发该专利技术所投入的合理成本

B. 侵权赔偿的数额可以按照乙因侵权所获得的利益计算

C. 侵权赔偿数额应包括甲为制止侵权行为所支付的合理开支

D. 侵权赔偿数额可以参照该专利许可使用费的倍数合理确定

2. (2016-92) 甲将自己拥有专利保护的一款运动鞋委托乙代工生产，后发现乙未经其许可，自行生产该款运动鞋并对外销售，甲向法院起诉并请求获得赔偿。以下说法哪些可以作为侵权赔偿数额计算的依据？

【你的答案】

【选错记录】

A. 甲因研发该专利技术所投入的合理成本
B. 乙因侵权所获得的利益
C. 该专利权的市场评估价值
D. 甲乙双方签订的委托加工合同中约定的专利侵权赔偿条款

3. (2013-80) 专利实施许可合同中记载的下列哪些事项可以作为人民法院确定侵权纠纷赔偿数额时的参照？

【你的答案】

【选错记录】

A. 许可的时间
B. 许可的性质
C. 许可的范围
D. 许可使用费的数额

4. (2011-72) 下列关于侵犯专利权的赔偿数额的说法哪些是正确的？

【你的答案】

【选错记录】

A. 专利权人的实际损失可以确定的，按照权利人因被侵权所受到的实际损失确定
B. 专利权人的实际损失难以确定但侵权人因侵权所获得的利益可以确定的，可以按照侵权人因侵权所获得的利益确定
C. 赔偿数额应当包括权利人为制止侵权行为所支付的合理开支
D. 侵犯专利权的法定赔偿数额为 5000 元以上 50 万元以下

（二）参考答案解析

【1. (2019-100) 解析】知识点：侵权赔偿数额的计算依据

A71.1 规定，侵犯专利权的赔偿数额按照权利人因被侵权所受到的实际损失确定或者侵权人因侵权所获得的利益确定；权利人的损失或者侵权人获得的利益难以确定的，参照该专利许可使用费的倍数合理确定。对故意侵犯专利权，情节严重的，可以按照上述方法确定数额的一倍以上五倍以下确定赔偿数额。依据上述规定，侵犯专利权的赔偿数额可以按照权利人因被侵权所受到的实际损失确定，即应当以因被侵权所受到的实际损失作为依据，并没有规定还应包括因研发该专利技术所投入的合理成本，因此选项 A 的说法错误。上述规定中，也可以按照侵权人因侵权所获得的利益确定，因此侵权人因侵权所获得的利益是确定侵犯专利权赔偿数额的依据之一，故选项 B 的说法正确。

A71.3 规定，赔偿数额还应当包括权利人为制止侵权行为所支付的合理开支。因此选项 C 的说法正确。A71.1 规定中，也明确了侵权赔偿数额可以"参照该专利许可使用费的倍数合理确定"，故选项 D 说法正确。

综上所述，本题答案为 B、C、D。

【2. (2016-92) 解析】知识点：侵权赔偿数额的计算依据

依据 A71.1 的规定，确定侵犯专利权赔偿数额的依据之一是侵权人因侵权所获得的利益，因此选项 B 可以作为侵权赔偿数额计算的依据，符合题意。选项 A 所述甲因研发该专利技术所投入的合理成本并不是确定侵犯专利权赔偿数额的依据，因此不符合题意。选项 C 所述的该专利权的市场评估价值也并不是上述规定中可以作为侵犯专利权赔偿数额的直接依据，也不符合题意。注意，虽然研发该专利技术所投入的合理成本，或者专利权的市场评估价值可以作为"专利许可使用费"确定的考虑因素，但根据上述规定，其并不是确定赔偿数额的依据。

《最高人民法院关于审理侵犯专利权纠纷案件应用法律若干问题的解释（二）》第二十八条规定，权利人、侵权人依法约定专利侵权的赔偿数额或者赔偿计算方法，并在专利侵权诉讼中主张依据该约定确定赔偿数额的，人民法院应予支持。根据该规定，如果甲乙双方签订的委托加工合同中约定的专利侵权赔偿条款，则可以作为侵权赔偿数额计算依据，故选项 D 符合题意。

综上所述，本题答案为 B、D。

【3. (2013-80) 解析】知识点：侵权赔偿数额的计算依据

《最高人民法院关于审理专利纠纷案件适用法律问题的若干规定》第十五条规定，权利人的损失或者侵权人获得的利益难以确定，有专利许可使用费可以参照的，人民法院可以根据专利权的类型、侵权行为的性质和情节，专利许可的性质、范围、时间等因素，参照该专利许可使用费的倍数合理确定赔偿数额……。根据上述规定，有专利许可使用费可以参照的，人民法院可以根据专利权的类型、侵权行为的性质和情节、专利许可的性质、专利许可的范围、专利许可的

时间等因素，参照该专利许可使用费的倍数合理确定赔偿数额，故选项 A、B、C、D 符合题意。

综上所述，本题答案为 A、B、C、D。

【4.（2011－72）解析】知识点：侵权赔偿数额的计算依据

根据 A71.1 的规定可知，侵犯专利权的赔偿数额的第一种依据之一是专利权人的实际损失可以确定的，按照权利人因被侵权所受到的实际损失确定，即选项 A 的说法正确。也可以按照侵权人因侵权所获得的利益确定赔偿数额，因此选项 B 的说法正确。A71.3 明确规定"赔偿数额还应当包括权利人为制止侵权行为所支付的合理开支"，即选项 C 的说法正确。

A71.2 规定，权利人的损失、侵权人获得的利益和专利许可使用费均难以确定的，人民法院可以根据专利权的类型、侵权行为的性质和情节等因素，确定给予三万元以上五百万元以下的赔偿。选项 D 中所述的法定赔偿数额与上述规定不一致，因此选项 D 的说法错误。

综上所述，本题答案为 A、B、C。

（三）总体考点分析

本部分涉及侵犯专利权的法律责任，包括停止侵权、制止侵权的措施、赔偿损失、赔偿责任的免除情形以及赔偿数额的计算。重点是赔偿数额的计算依据（免除赔偿责任的情形通常与不视侵犯专利权的情形的考点结合考查），尤其需要注意《专利法》第四次修改的变化。

高频结论

✓　侵犯专利权的赔偿数额按照权利人因被侵权所受到的实际损失或者侵权人因侵权所获得的利益确定。权利人的损失或者侵权人获得的利益难以确定的，参照该专利许可使用费的倍数合理确定。

✓　赔偿数额还应当包括权利人为制止侵权行为所支付的合理开支。

✓　对故意侵犯专利权，情节严重的，可以在按照上述方法确定数额的一倍以上五倍以下确定赔偿数额（这就是新增的惩罚性赔偿）。

✓　权利人的损失、侵权人获得的利益和专利许可使用费均难以确定的，人民法院可以根据专利权的类型、侵权行为的性质和情节等因素，确定给予 3 万元以上 500 万元以下的赔偿。

✓　参照专利许可使用费的，人民法院可以根据专利权的类型，侵权行为的性质和情节，专利许可的性质、范围、时间等因素，参照该专利许可使用费的倍数合理确定赔偿数额。

✓　因研发专利技术所投入的合理成本、专利权的市场评估价值都不是侵犯专利权的赔偿数额的依据。

✓　人民法院为确定赔偿数额，在权利人已经尽力举证，而与专利侵权行为相关的账簿、资料主要由侵权人掌握的情况下，可以责令侵权人提供该账簿、资料。侵权人无正当理由拒不提供或者提供虚假的账簿、资料的，可以根据权利人的主张和提供的证据判定赔偿数额。

✓　权利人、侵权人依法约定专利侵权的赔偿数额或者赔偿计算方法，并在专利侵权诉讼中主张依据该约定确定赔偿数额的，人民法院应予支持。

（四）参考答案

1. B、C、D　　　　2. B、D　　　　3. A、B、C、D　　　4. A、B、C

第三节　其他专利纠纷与违反专利法的行为

一、其他专利纠纷

（一）历年试题集合

1.（2019－93）下列哪些纠纷当事人既可以请求管理专利工作的部门调解，也可以直接向人民法院起诉？

A. 专利申请权和专利权归属纠纷

B. 职务发明创造的发明人、设计人的奖励和报酬纠纷

【你的答案】

【选错记录】

C. 发明人或设计人资格纠纷

D. 在发明专利申请公布后专利权授予前使用发明而未支付适当费用的纠纷

2. (2015－95) 管理专利工作的部门应当事人的请求，可以对下列哪些专利纠纷进行调解？

　　A. 专利申请权归属纠纷

　　B. 发明人资格纠纷

　　C. 职务发明创造的发明人的奖励和报酬纠纷

　　D. 在发明专利申请公布后专利权授予前使用发明而未支付适当费用的纠纷

【你的答案】

【选错记录】

3. (2014－48) 人民法院可以受理下列哪些专利纠纷案件？

　　A. 专利权权属纠纷案件

　　B. 发明人、设计人资格纠纷案件

　　C. 专利权、专利申请权转让合同纠纷案件

　　D. 诉前申请停止侵权、财产保全案件

【你的答案】

【选错记录】

4. (2012－85) 甲公司员工张某在完成单位交付的任务中作出一项发明创造，张某未告知甲公司而自行申请并获得专利。下列说法哪些是正确的？

　　A. 甲公司可以与张某协商解决该权属纠纷

　　B. 甲公司可以就权属纠纷向人民法院起诉

　　C. 甲公司可以就权属纠纷请求管理专利工作的部门调解

　　D. 甲公司可以就权属纠纷请求国家知识产权局处理

【你的答案】

【选错记录】

5. (2010－16) 人民法院可以受理下列哪些专利纠纷案件？

　　A. 发明人、设计人资格纠纷案件

　　B. 职务发明创造发明人奖励、报酬纠纷案件

　　C. 不服国家知识产权局行政复议决定案件

　　D. 诉前申请停止侵权、财产保全案件

【你的答案】

【选错记录】

（二）参考答案解析

【1. (2019－93) 解析】知识点：专利纠纷案件的处理

根据 R102.1 的规定可知，除专利侵权纠纷外，管理专利工作的部门应当事人请求，可以对下列专利纠纷进行调解：(1) 专利申请权和专利权归属纠纷；(2) 发明人、设计人资格纠纷；(3) 职务发明创造的发明人、设计人的奖励和报酬纠纷；(4) 在发明专利申请公布后专利权授予前使用发明而未支付适当费用的纠纷；(5) 其他专利纠纷。其中第 (4) 项所列的纠纷应在专利权授予之后提出。选项 A 相应于上述规定的第 (1) 项，选项 B 相应于上述规定第 (3) 项，选项 C 相应于上述规定的第 (2) 项，选项 D 相应于上述规定第 (4) 项，因此纠纷当事人都可以请求管理专利工作的部门调解。

同时，《最高人民法院关于审理专利纠纷案件适用法律问题的若干规定》第一条规定："人民法院受理下列专利纠纷案件：

1. 专利申请权权属纠纷案件；

2. 专利权权属纠纷案件；

3. 专利合同纠纷案件；

4. 侵害专利权纠纷案件；

5. 假冒他人专利纠纷案件；

6. 发明专利临时保护期使用费纠纷案件；

7. 职务发明创造发明人、设计人奖励、报酬纠纷案件；

8. 诉前申请行为保全纠纷案件；

9. 诉前申请财产保全纠纷案件；

10. 因申请行为保全损害责任纠纷案件；

11. 因申请财产保全损害责任纠纷案件；

12. 发明创造发明人、设计人署名权纠纷案件；

13. 确认不侵害专利权纠纷案件；

14. 专利权宣告无效后返还费用纠纷案件；

15. 因恶意提起专利权诉讼损害责任纠纷案件；

16. 标准必要专利使用费纠纷案件；

17. 不服国务院专利行政部门维持驳回申请复审决定案件；

18. 不服国务院专利行政部门专利权无效宣告请求决定案件；

19. 不服国务院专利行政部门实施强制许可决定案件；

20. 不服国务院专利行政部门实施强制许可使用费裁决案件；

21. 不服国务院专利行政部门行政复议决定案件；

22. 不服国务院专利行政部门作出的其他行政决定案件；

23. 不服管理专利工作的部门行政决定案件；

24. 确认是否落入专利权保护范围纠纷案件；

25. 其他专利纠纷案件。"

根据上述规定，选项 A 相应于上述规定的第 1 和第 2 项，选项 B 相应于上述规定第 7 项，选项 C 相应于上述规定的第 12 项所述的"发明创造发明人、设计人署名权纠纷案件"，选项 D 相应于上述规定第 6 项所述的"发明专利临时保护期使用费纠纷案件"，因此纠纷当事人都可以直接向人民法院起诉。

基于上述两方面的规定可知，选项 A、B、C、D 所述的纠纷既可以请求管理专利工作的部门调解，也可以直接向人民法院起诉。

综上所述，本题答案为 A、B、C、D。

【2.（2015 - 95）解析】知识点：管理专利工作的部门对专利纠纷的调解

参见 1.（2019 - 93）解析，依据的是 R102.1，选项 A 相应于上述规定的第（1）项，选项 B 相应于上述规定的第（2）项，选项 C 相应于上述规定的第（3）项，选项 D 相应于上述规定的第（4）项所述的纠纷类型，因此都可以由管理专利工作的部门应当事人的请求进行调解。

综上所述，本题答案为 A、B、C、D。

【3.（2014 - 48）解析】知识点：人民法院对专利纠纷案件的受理

参见 1.（2019 - 93）的解析。根据《最高人民法院关于审理专利纠纷案件适用法律问题的若干规定》第一条的规定，选项 A 相应于其中的第 2 项、选项 B 相应于其中的第 12 项所述的"发明创造发明人、设计人署名权纠纷案件"，选项 C 相应于其中的第 3 项所述的"专利合同纠纷案件"，选项 D 分别相应于其中第 8 项所述的"诉前申请行为保全纠纷案件"和第 9 项所述的"诉前申请财产保全纠纷案件"。因此，选项 A、B、C、D 所述的纠纷都是人民法院受理的范围，均符合题意。

综上所述，本题答案为 A、B、C、D。

【4.（2012 - 85）解析】知识点：专利权权属纠纷案件

题中，甲公司员工张某在完成单位交付的任务中作出一项发明创造，属于职务发明，申请专利的权利是甲公司，授权后甲公司为专利权人。张某未告知甲公司而自行申请并获得专利，由此产生甲公司与张某之间关于专利权的归属而产生的纠纷，属于专利权权属纠纷。专利权涉及民事权利性质，依据民事活动自愿的原则，甲公司可以与张某协商解决该权属纠纷，因此选项 A 的说法正确。

参见 1.（2019 - 93）的解析，根据《最高人民法院关于审理专利纠纷案件适用法律问题的若干规定》第一条第 2 项的规定，人民法院可以受理专利权权属纠纷案件。因此，选项 B 的说法正确。

参见 1.（2019 - 93）的解析，根据 R102.1 的规定，管理专利工作的部门应当事人请求，可以对专利权归属纠纷进行调解。因此，选项 C 的说法正确。

进一步地，根据 R95 的规定，省、自治区、直辖市人民政府管理专利工作的部门以及专利管理工作量大又有实际处理能力的地级市、自治州、盟、地区和直辖市的区人民政府管理专利工作的部门，可以处理和调解专利纠纷。根据 A70.1 的规定，国务院专利行政部门可以应专利权人或者利害关系人的请求处理在全国有重大影响的专利侵权纠纷。因此甲公司不能就权属纠纷请求国家知识产权局处理，即选项 D 的说法错误。

综上所述，本题答案为 A、B、C。

【5.（2010 - 16）解析】知识点：人民法院对专利纠纷案件的受理

参见 1.（2019 - 93）的解析。根据《最高人民法院关于审理专利纠纷案件适用法律问题的若干规定》第一条的规定，选项 A 相应于其中的第 12 项所述的"发明创造发明人、设计人署名权纠纷案件"；选项 B 相应于其中第 7 项；选项 C 相应于其中第 21 项所述的"不服国务院专利行政部门行政复议决定案件"；选项 D 分别相应于其中第 8 项所述的"诉前申请行为保全纠纷案件"和第 9 项所述的"诉前申请财产保全纠纷案件"。因此，选项 A、B、C、D 所述的纠纷都是人民法院受理的范围，均符合题意。

综上所述，本题答案为 A、B、C、D。

（三）总体考点分析

本部分涉及除专利侵权纠纷外的其他专利纠纷的处理，包括管理专利工作的部门、国家知识产权局和人民法院分别可以受理的专利纠纷案件的范围。

 高频结论

✓ 管理专利工作的部门应当事人请求，除可以对专利侵权纠纷进行调解外，还可以对下列专利纠纷进行调解：

（1）专利申请权和专利权归属纠纷；

（2）发明人、设计人资格纠纷；

（3）职务发明创造的发明人、设计人的奖励和报酬纠纷；

（4）在发明专利申请公布后专利权授予前使用发明而未支付适当费用的纠纷（当事人请求管理专利工作的部门调解的，应当在专利权被授予之后提出）；

（5）其他专利纠纷。

✓ 地方人民政府管理专利工作的部门应专利权人或者利害关系人请求处理专利侵权纠纷，对本行政区域内侵犯同一专利权的案件可以合并处理；对跨区域侵犯同一专利权的案件可以请求上级地人民政府管理专利工作的部门处理。

✓ （新增）国家知识产权局并不直接具体负责一般专利纠纷的处理，只可以受理全国有重大影响的专利侵权纠纷案件。

✓ 《最高人民法院关于审理专利纠纷案件适用法律问题的若干规定》第一条规定，人民法院受理下列专利纠纷案件：

（1）专利申请权权属纠纷案件；

（2）专利权权属纠纷案件；

（3）专利合同纠纷案件；

（4）侵害专利权纠纷案件；

（5）假冒他人专利纠纷案件；

（6）发明专利临时保护期使用费纠纷案件；

（7）职务发明创造发明人、设计人奖励、报酬纠纷案件；

（8）诉前申请行为保全纠纷案件；

（9）诉前申请财产保全纠纷案件；

（10）因申请行为保全损害责任纠纷案件；

（11）因申请财产保全损害责任纠纷案件；

（12）发明创造发明人、设计人署名权纠纷案件；

（13）确认不侵害专利权纠纷案件；

（14）专利权宣告无效后返还费用纠纷案件；

（15）因恶意提起专利权诉讼损害责任纠纷案件；

（16）标准必要专利使用费纠纷案件；

（17）不服国务院专利行政部门维持驳回申请复审决定案件；

（18）不服国务院专利行政部门专利权无效宣告请求决定案件；

（19）不服国务院专利行政部门实施强制许可决定案件；

（20）不服国务院专利行政部门实施强制许可使用费裁决案件；

（21）不服国务院专利行政部门行政复议决定案件；

（22）不服国务院专利行政部门作出的其他行政决定案件；

（23）不服管理专利工作的部门行政决定案件；

（24）确认是否落入专利权保护范围纠纷案件；

（25）其他专利纠纷案件。

（四）参考答案

1. A、B、C、D　　　2. A、B、C、D　　　3. A、B、C、D　　　4. A、B、C　　　5. A、B、C、D

二、假冒专利的行为

（一）历年试题集合

1.（2019-92）下列哪些属于假冒专利的行为？

A. 专利权被宣告无效后继续在产品或者其包装上标注专利标识

B. 专利权终止前依法在专利产品上标注专利标识，在专利权终止后许诺销售该产品

C. 在产品说明书等材料中将未被授予专利权的技术称为专利技术

D. 未经许可在产品包装上标注他人的专利号

【你的答案】
_____

【选错记录】
_____
_____
_____

2.（2018-91）以下哪些属于假冒专利行为？

A. 在未被授予专利权的产品或包装上标注专利标识的

B. 在专利权被宣告无效后或终止后，继续在产品或包装上标注专利标识的

C. 专利权终止前依法在专利产品或者其包装上标注专利标识，在专利权终止后许诺销售、销售标注专利标识的该产品的

D. 未经许可在产品或者产品包装上标注他人的专利号

【你的答案】
_____

【选错记录】
_____
_____
_____

3.（2016-95）甲公司拥有一项产品发明专利权，乙公司未经甲公司许可制造该专利产品，并在产品上标注甲公司的专利号；丙公司从乙公司处采购该产品并对外销售。下列哪些说法是正确的？

A. 乙公司和丙公司的行为构成假冒专利行为

B. 乙公司和丙公司的行为构成专利侵权行为

C. 管理专利工作的部门查封、扣押乙公司和丙公司产品的，应当经人民法院批准

D. 丙公司若能证明其不知道所销售产品为侵权产品，并且是通过合法途径、以合理价格采购该产品，则不承担赔偿责任，但应停止销售

【你的答案】
_____

【选错记录】
_____
_____
_____

4.（2016-27）下列哪个不属于假冒专利的行为？

A. 未经许可在产品包装上标注他人的专利号

B. 销售不知道是假冒专利的产品，并且能够证明该产品合法来源

C. 在产品说明书中将专利申请称为专利

D. 专利权终止前依法在专利产品上标注专利标识，在专利权终止后销售该产品

【你的答案】
_____

【选错记录】
_____
_____
_____

5.（2015-94）下列哪些属于假冒专利的行为？

A. 专利权终止后继续在产品上标注专利标识

B. 未经许可在产品包装上标注他人的专利号

C. 将拥有的实用新型专利证书变造成发明专利证书

D. 伪造专利文件

【你的答案】
_____

【选错记录】
_____
_____
_____

6.（2014-96）甲公司的一件实用新型专利申请于2012年11月20日被授予专利权，该专利权于2014年4月8日终止。下列哪些构成假冒专利的行为？

A. 甲公司在专利权终止后继续销售2014年2月生产并标注该实用新型专利标识的产品

【你的答案】
_____

【选错记录】
_____
_____

B. 乙公司未经甲公司同意，在其生产的类似产品上标注甲公司的专利号

C. 甲公司在2012年10月3日出厂的产品说明书上标明该产品是专利产品，使公众误认为该产品是专利产品

D. 甲公司为了申报高新技术企业，将实用新型专利证书变造成发明专利证书

7. (2013-28) 下列哪种不属于假冒专利行为？ 【你的答案】

A. 未经许可在产品上标注他人的专利号

B. 在产品说明书中将未被授予专利权的技术称为专利技术，使公众将所涉及的技术误认为是专利技术 【选错记录】

C. 变造专利证书

D. 购买并使用假冒专利产品

8. (2012-20) 下列哪个不属于假冒专利行为？ 【你的答案】

A. 专利权被宣告无效后继续在其包装上标注专利标识

B. 销售他人制造的假冒专利产品 【选错记录】

C. 伪造专利申请文件

D. 专利权终止前依法在专利产品上标注专利标识，在专利权终止后继续销售该产品

9. (2011-42) 下列哪些属于假冒专利的行为？ 【你的答案】

A. 专利权被宣告无效后继续在产品上标注专利标识

B. 销售不知道是假冒专利的产品 【选错记录】

C. 在产品说明书中将专利申请称为专利

D. 专利权终止前依法在专利产品上标注专利标识，在专利权终止后销售该产品

10. (2013-66) 下列关于查处假冒专利行为的说法哪些是正确的？ 【你的答案】

A. 查处假冒专利行为由假冒专利行为发生地的管理专利工作的部门管辖

B. 管理专利工作的部门作出行政处罚决定前，应当告知当事人作出处罚决定的事实、理由和依据 【选错记录】

C. 管理专利工作的部门作出较大数额罚款的决定之前，应当告知当事人有要求举行听证的权利

D. 管理专利工作的部门查处假冒专利案件，应当自立案之日起4个月内结案

11. (2012-61) 管理专利工作的部门对假冒专利案件作出的下列处理，哪些是正确的？ 【你的答案】

A. 假冒专利行为不成立的，依法撤销案件

B. 假冒专利行为轻微并已及时改正的，免予处罚 【选错记录】

C. 假冒专利行为成立应当予以处罚的，依法给予行政处罚

D. 假冒专利行为涉嫌犯罪的，依法移送公安机关

12. (2011-87，有适应性修改) 关于查处假冒专利行为，下列说法哪些是正确的？ 【你的答案】

A. 管理专利工作的部门发现涉嫌假冒专利行为的，应当自发现之日起5个工作日内立案，并指定两名或者两名以上执法人员进行调查

B. 管理专利工作的部门作出较大数额罚款的决定之前，应当告知当事人有要求举行听证的权利 【选错记录】

C. 管理专利工作的部门认定假冒专利行为成立，作出处罚决定的，应当自作出决定之日起20个工作日内予以公开

D. 管理专利工作的部门作出处罚决定后，当事人申请行政复议的，在行政复议期间停止决定的执行

13.（2010-59）管理专利工作的部门根据已经取得的证据，对涉嫌假冒专利行为进行查处时，可以采取下列哪些执法手段？

A. 询问有关当事人，调查与涉嫌违法行为有关的情况

B. 对当事人涉嫌违法行为的场所实施现场检查

C. 查阅、复制与涉嫌违法行为有关的合同、发票、账簿

D. 对有证据证明是假冒专利的产品予以查封或者扣押

【你的答案】

【选错记录】

（二）参考答案解析

【1.（2019-92）解析】 知识点：假冒专利的行为

根据 R101.1 的规定可知，下列行为属于假冒专利的行为：

（1）在未被授予专利权的产品或者其包装上标注专利标识，专利权被宣告无效后或者终止后继续在产品或者其包装上标注专利标识，或者未经许可在产品或者产品包装上标注他人的专利号；

（2）销售第（1）项所述产品；

（3）在产品说明书等材料中将未被授予专利权的技术或者设计称为专利技术或者专利设计，将专利申请称为专利，或者未经许可使用他人的专利号，使公众将所涉及的技术或者设计误认为是专利技术或者专利设计；

（4）伪造或者变造专利证书、专利文件或者专利申请文件；

（5）其他使公众混淆，将未被授予专利权的技术或者设计误认为是专利技术或者专利设计的行为。

R101.2 规定，专利权终止前依法在专利产品、依照专利方法直接获得的产品或者其包装上标注专利标识，在专利权终止后许诺销售、销售该产品的，不属于假冒专利行为。

根据上述规定可知，选项 A、C、D 均属于其中 R101.1 第（1）项所述的假冒专利的行为。选项 B 属于其中 R101.2 明确提及的不属于假冒专利的行为，因而不符合题意。

综上所述，本题答案为 A、C、D。

【2.（2018-91）解析】 知识点：假冒专利的行为

参见 1.（2019-92）的解析。依据是 R101.1 和 R101.2 的规定。根据上述规定，选项 A、B、D 均属于其中 R101.1 第（1）项所述的假冒专利的行为。选项 C 属于其中 R101.2 明确提及的不属于假冒专利的行为，因而不符合题意。

综上所述，本题答案为 A、B、D。

【3.（2016-95）解析】 知识点：假冒专利的行为、假冒专利的查处、假冒专利行为的法律责任；相关知识点：专利侵权的行为

参见 1.（2019-92）的解析。依据是 R101.1 和 R101.2 的规定。题中，乙公司未经专利权人甲公司许可制造其专利产品、未经甲公司许可在该产品上标注甲公司的专利号的行为，以及丙公司对外销售该产品的行为，均构成假冒专利行为，即选项 A 的说法正确。

A11.1 规定，发明和实用新型专利权被授予后，除该法另有规定的以外，任何单位或者个人未经专利权人许可，都不得实施其专利，即不得为生产经营目的制造、使用、许诺销售、销售、进口其专利产品……。题中，乙公司未经专利权人甲公司许可制造其专利产品、丙公司从乙公司处采购该产品并对外销售的行为，根据上述规定，均侵犯甲公司的发明专利权，即选项 B 的说法正确。

《专利行政执法办法》第三十条第一款规定，管理专利工作的部门查封、扣押涉嫌假冒专利产品的，应当经其负责人批准。查封、扣押时，应当向当事人出具有通知书。根据上述规定，管理专利工作的部门在查封、扣押乙公司和丙公司的假冒专利的产品时，应当经其负责人批准，而不必经人民法院批准，因此选项 C 的说法是错误的。

R101.3 规定，销售不知道是假冒专利的产品，并且能够证明该产品合法来源的，由县级以上负责专利执法的部门责令停止销售。题中，丙公司若能证明其不知道所销售产品为侵权产品，并且是通过合法途径、以合理价格采购该产品的，则可以免除罚款的处罚（即不承担赔偿责任），但应停止销售，因此选项 D 的说法正确。

综上所述，本题答案为 A、B、D。

【4.（2016-27）解析】 知识点：假冒专利的行为

参见 1.（2019-92）的解析。根据 R101.1 的规定，选项 A 属于其中第（1）项所述的假冒专利的行为；选项 B 属于其中第（2）项所述的假冒专利的行为，即使能够证明该产品合法来源，其行为也构成假冒专利的行为，应当停止销售（只不过可以请求免除罚款的处罚）；选项 C 属于其中第（3）项所述的在产品说明书等材料中将专利申请称为专利，使公众将所涉及的技术或者设计误认为是专利技术或者专利设计，构成假冒专利的行为。因此，选项 A、B、C 均不符合题意。

根据 R101.2 的规定，选项 D 中，其做法属于其中明确不属于假冒专利的行为的情形，故选项 D 符合题意。

综上所述，本题答案为 D。

【5.（2015 - 94）解析】知识点：假冒专利的行为

参见 1.（2019 - 92）的解析。根据 R101.1 的规定，选项 A 属于其中第（1）项所述的假冒专利的行为；选项 B 属于其中第（2）项所述的假冒专利的行为；选项 C 属于变造专利证书的行为，因而属于其中第（4）项所述的假冒专利的行为；选项 D 属于其中第（4）项所述的假冒专利的行为。

综上所述，本题答案为 A、B、C、D。

【6.（2014 - 96）解析】知识点：假冒专利的行为

参见 1.（2019 - 92）的解析。选项 A 中，甲公司在 2014 年 2 月生产并标注了该实用新型专利标识的产品，是在其专利权终止（2014 年 4 月 8 日）之前进行的，因此根据 R84.2 的规定，甲公司可以在其专利权终止后继续销售这一批产品，因此不构成假冒专利的行为，即选项 A 不符合题意。

选项 B 中，乙公司所做属于 R101.1 规定的第（1）项所述的"未经许可在产品或者产品包装上标注他人的专利号"的假冒专利的行为。

选项 C 中，由于当时甲公司实用新型专利申请尚未授予专利权，因此属于 R101.1 规定的第（1）项所述的"在未被授予专利权的产品或者其包装上标注专利标识"的假冒专利的行为。

选项 D 中，甲公司将实用新型专利证书变造成发明专利证书，属于变造专利证书的行为，因而属于 R101.1 规定的第（4）项所述的假冒专利的行为。

综上所述，本题答案为 B、C、D。

【7.（2013 - 28）解析】知识点：假冒专利的行为

参见 1.（2019 - 92）的解析。根据 R101.1 的规定，选项 A 属于其中规定第（1）项所述的假冒专利的行为；选项 B 属于其中规定第（3）项所述的假冒专利的行为；选项 C 属于其中规定的第（4）项所述的假冒专利的行为。选项 D 中，根据 R101.1 的规定可知，涉及生产制造环节和销售环节才会构成假冒专利的行为（关于制造者和销售者），购买和使用环节（购买使用者，且不再进行进一步的销售）就不会构成假冒专利的行为。如果购买假冒专利产品，并进一步销售，则构成假冒专利的行为。因此，选项 D 符合题意。

综上所述，本题答案为 D。

【8.（2012 - 20）解析】知识点：假冒专利的行为

参见 1.（2019 - 92）的解析。根据 R101.1 的规定，选项 A 属于其中规定第（1）项所述的假冒专利的行为；选项 B 属于其中规定第（2）项所述的假冒专利的行为；选项 C 属于其中规定的第（4）项所述的假冒专利的行为（注意，该项所述的情形不仅包括伪造专利证书、伪造专利文件，还包括伪造专利申请文件）。

根据 R101.2 的规定可知，专利权终止前依法在专利产品上标注专利标识，在专利权终止后继续销售该产品，不属于假冒专利行为，即选项 D 符合题意。

综上所述，本题答案为 D。

【9.（2011 - 42）解析】知识点：假冒专利的行为

参见 1.（2019 - 92）的解析。根据 R101.1 的规定，选项 A 属于其中规定第（1）项所述的假冒专利的行为；选项 B 属于其中规定第（2）项所述的假冒专利的行为（虽然本人不知情，但是仍然构成假冒专利的行为，只不过如能证明产品的来源，可以免除罚款的责任）；选项 C 属于其中规定的第（3）项所述的假冒专利的行为。

根据 R101.2 的规定可知，专利权终止前依法在专利产品上标注专利标识，在专利权终止后继续销售该产品，不属于假冒专利行为，即选项 D 不符合题意。

综上所述，本题答案为 A、B、C。

【10.（2013 - 66）解析】知识点：假冒专利的行为的查处

《专利行政执法办法》第二十九条第一款规定，查处假冒专利行为由行为发生地的管理专利工作的部门管辖。由此可知，选项 A 的表述与该规定一致，因此其说法是正确的。

《专利行政执法办法》第三十二条第一款规定，管理专利工作的部门作出行政处罚决定前，应当告知当事人作出处罚决定的事实、理由和依据，并告知当事人依法享有的权利。由此可知，选项 B 的表述与该规定一致，因此其说法是正确的。

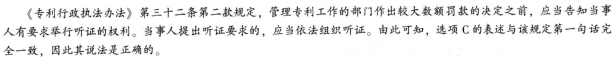

《专利行政执法办法》第三十二条第二款规定，管理专利工作的部门作出较大数额罚款的决定之前，应当告知当事人有要求举行听证的权利。当事人提出听证要求的，应当依法组织听证。由此可知，选项C的表述与该规定第一句话完全一致，因此其说法是正确的。

《专利行政执法办法》第三十六条第一款规定，管理专利工作的部门查处假冒专利案件，应当自立案之日起1个月内结案。案件特别复杂需要延长期限的，应当由管理专利工作的部门负责人批准。经批准延长的期限，最多不超过15日。由此可知，选项D所述的时间要求与上述规定不一致，因此其说法是错误的。

综上所述，本题答案为A、B、C。

【11. (2012 - 61) 解析】知识点：假冒专利行为的处理

《专利行政执法办法》第三十一条规定："案件调查终结，经管理专利工作的部门负责人批准，根据案件情况分别作如下处理：（一）假冒专利行为成立应当予以处罚的，依法给予行政处罚；（二）假冒专利行为轻微并已及时改正的，免予处罚；（三）假冒专利行为不成立的，依法撤销案件；（四）涉嫌犯罪的，依法移送公安机关。"选项A相应于上述规定中第（3）种情形，选项B相应于上述规定中第（2）种情形，选项C相应于上述规定中第（1）种情形，选项D相应于上述规定中第（4）种情形，因此均符合题意。

综上所述，本题答案为A、B、C、D。

【12. (2011 - 87) 解析】知识点：假冒专利行为的查处

《专利行政执法办法》第二十八条规定，管理专利工作的部门发现或者接受举报、投诉发现涉嫌假冒专利行为的，应当自发现之日5个工作日内或者收到举报、投诉之日起10个工作日内立案，并指定两名或者两名以上执法人员进行调查。选项A的说法与上述规定中涉及管理专利工作的部门发现涉嫌假冒专利行为的立案和执法人员的规定相符，因此其说法是正确的。

《专利行政执法办法》第三十二条第二款规定，管理专利工作的部门作出较大数额罚款的决定之前，应当告知当事人有要求举行听证的权利。当事人提出听证要求的，应当依法组织听证。由此可知，选项B的表述与该规定第一句话完全一致，因此其说法是正确的。

《专利行政执法办法》第四十六条规定，管理专利工作的部门认定专利侵权行为成立并责令侵权人立即停止侵权行为的决定，或者认定假冒专利行为成立并作出处罚决定的，应当自作出决定之日起20个工作日内予以公开，通过政府网站等途径及时发布执法信息。由此可知，管理专利工作的部门认定假冒专利行为成立，作出处罚决定的，应当自作出决定之日起20个工作日内予以公开，即选项C的说法正确。

《专利行政执法办法》第四十八条规定，管理专利工作的部门作出处罚决定后，当事人申请行政复议或者向人民法院提起行政诉讼的，在行政复议或者诉讼期间不停止决定的执行。由此可知，管理专利工作的部门作出处罚决定后，当事人申请行政复议的，在行政复议期间也不停止决定的执行，因此选项D的说法是错误的。

综上所述，本题答案为A、B、C。

【13. (2010 - 59) 解析】知识点：假冒专利行为的查处

A69.1规定："负责专利权法的部门根据已经取得的证据，对涉嫌假冒专利行为进行查处时，有权采取下列措施：（一）询问有关当事人，调查与涉嫌违法行为有关的情况；（二）对当事人涉嫌违法行为的场所实施现场检查；（三）查阅、复制与涉嫌违法行为有关的合同、发票、账簿以及其他有关资料；（四）检查与涉嫌违法行为有关的产品；（五）对有证据证明是假冒专利的产品，可以查封或者扣押。"选项A、B、C、D所述的执法手段均在该规定有明确的规定，因此均符合题意。

综上所述，本题答案为A、B、C、D。

（三）总体考点分析

本部分涉及假冒专利的相关规定，包括构成假冒专利的行为以及假冒专利行为的查处。

高频结论

✓ 下列行为属于假冒专利的行为：

（1）在未被授予专利权的产品或者其包装上标注专利标识，专利权被宣告无效后或者终止后继续在产品或者其包装上标注专利标识，或者未经许可在产品或者产品包装上标注他人的专利号；

（2）销售第（1）项所述产品；

（3）在产品说明书等材料中将未被授予专利权的技术或者设计称为专利技术或者专利设计，将专利申请称为专利，或者未经许可使用他人的专利号，使公众将所涉及的技术或者设计误认为是专利技术或者专利设计；

(4) 伪造或者变造专利证书、专利文件或者专利申请文件；

(5) 其他使公众混淆，将未被授予专利权的技术或者设计误认为是专利技术或者专利设计的行为。

✓ 专利权终止前依法在专利产品、依照专利方法直接获得的产品或者其包装上标注专利标识，在专利权终止后许诺销售、销售该产品的，不属于假冒专利行为。

✓ 查处假冒专利行为由行为发生地的管理专利工作的部门管辖。

✓ 负责专利执法的部门根据已经取得的证据，对涉嫌假冒专利行为进行查处时，有权采取下列措施：(一) 询问有关当事人，调查与涉嫌违法行为有关的情况；(二) 对当事人涉嫌违法行为的场所实施现场检查；(三) 查阅、复制与涉嫌违法行为有关的合同、发票、账簿以及其他有关资料；(四) 检查与涉嫌违法行为有关的产品；(五) 对有证据证明是假冒专利的产品，可以查封或者扣押。(A69.1)

✓ 管理专利工作的部门查封、扣押涉嫌假冒专利产品的，应当经其负责人批准。查封、扣押时，应当向当事人出具通知书。

✓ 管理专利工作的部门作出行政处罚决定前，应当告知当事人作出处罚决定的事实、理由和依据，并告知当事人依法享有的权利。

✓ 管理专利工作的部门作出较大数额罚款的决定之前，应当告知当事人有要求举行听证的权利。当事人提出听证要求的，应当依法组织听证。

✓ 管理专利工作的部门查处假冒专利案件，应当自立案之日起1个月内结案。案件特别复杂需要延长期限的，应当由管理专利工作的部门负责人批准。经批准延长的期限，最多不超过15日。

✓ 假冒专利的，除依法承担民事责任外，由负责专利执法的部门责令改正并予公告，没收违法所得，可以处违法所得五倍以下的罚款；没有违法所得或者违法所得在五万元以下的，可以处二十五万元以下的罚款；构成犯罪的，依法追究刑事责任。

✓ 销售不知道是假冒专利的产品，并且能够证明该产品合法来源的，由县级以上负责专利执法的部门责令停止销售。

（四）参考答案

1. A、C、D	2. A、B、D	3. A、B、D	4. D	5. A、B、C、D
6. B、C、D	7. D	8. D	9. A、B、C	10. A、B、C
11. A、B、C、D	12. A、B、C	13. A、B、C、D		

三、其他违反专利法的行为及其法律责任

本部分涉及擅自向外国申请专利泄露国家秘密及其法律责任、专利行政部门人员渎职行为及其法律责任、管理专利工作的部门参与经营活动及其法律责任等违反《专利法》的行为及其法律责任，属于低频考点，需要适当了解。

第四节　专利管理和运用

一、专利转让

（一）历年试题集合

1. **(2018－86)** 某中国发明专利权人甲与乙依法订立专利权转让合同，在向国家知识产权局办理该转让合同的登记手续之前，甲又与丙就同一专利权订立了专利权转让合同，并向国家知识产权局办理了该转让合同的登记手续。以下说法哪些正确？

A. 甲与乙的合同成立在先，应当由乙作为受让人享受和行使被转让的专利权

B. 甲与丙的合同依法向国家知识产权局进行登记，应当由丙作为受让人享受和行

【你的答案】

【选错记录】

使被转让的专利权

  C. 甲与乙的合同未向国家知识产权局办理了登记手续，因此，甲与乙的合同无效

  D. 甲应当承担合同违约责任

  2.（2017-3）王某拥有一项实用新型专利权，2017年5月5日，王某和张某签订专利权转让合同，但没有到国家知识产权局进行登记。此后，王某又于2017年7月3日与刘某签订专利权转让合同，并于2017年7月14日到国家知识产权局进行登记。2017年8月1日，国家知识产权局对该项专利权的转让进行公告。那么下列哪个说法是正确的？

【你的答案】

【选错记录】

  A. 该专利权的转让自2017年5月5日起生效

  B. 该专利权的转让自2017年7月3日起生效

  C. 该专利权的转让自2017年7月14日起生效

  D. 该专利权的转让自2017年8月1日起生效

  3.（2011-61）专利权人王某与甲公司订立专利权转让合同，将其专利权转让给甲公司，但未办理登记手续。后王某在甲公司不知情的情况下与乙公司订立转让该专利权的合同，并按规定办理了专利权转让登记手续。下列说法哪些是正确的？

【你的答案】

【选错记录】

  A. 该专利权由甲公司享有

  B. 该专利权由乙公司享有

  C. 王某与甲公司订立的专利权转让合同无效

  D. 根据甲公司的请求，国家知识产权局可以撤销该专利权的转让登记

  4.（2019-84）上海公司甲欲将其中国发明专利权转让给香港公司乙，下列说法哪些是正确的？

【你的答案】

【选错记录】

  A. 在转让前应当事先获得当地管理专利工作的部门审核批准

  B. 甲公司与乙公司应当订立书面转让合同

  C. 办理转让手续时需出具《技术出口许可证》或《自由出口技术合同登记证书》

  D. 该专利权的转让自转让合同签订之日起生效

  5.（2017-37）在办理专利申请权或专利权的转让手续时，下列哪些情形应当出具国务院商务主管部门颁发的《技术出口许可证》或者《自由出口技术合同登记证书》，或者地方商务主管部门颁发的《自由出口技术合同登记证书》？

【你的答案】

【选错记录】

  A. 上海一家国有企业与美国一家公司共同向国家知识产权局提交了一件发明专利申请，之后将该专利申请权转让给一家日本公司

  B. 北京某大学教授王某向国家知识产权局提交了一件发明专利申请并获得了专利权，其在英国期间，将该专利权转让给一家英国公司

  C. 重庆某民营公司向国家知识产权局提交了一件外观设计专利申请并获得了专利权，之后其将该专利权转让给一家韩国公司

  D. 天津市民张某向国家知识产权局提交一件发明专利申请并获得专利权，之后其将该专利权转让给一家在中国内地注册的外资公司

  6.（2016-83）中国内地的甲公司将其在中国境内完成的一项发明创造向国家知识产权局提出发明专利申请并获得授权，现甲公司拟将该发明专利权转让给美国乙公司，下列说法哪些是正确的？

【你的答案】

【选错记录】

  A. 甲公司在转让前应当事先获得当地管理专利工作的部门审核批准

  B. 甲公司与乙公司应当订立书面转让合同

  C. 办理转让手续时应当出具《技术出口许可证》或《自由出口技术合同登记证书》

  D. 该专利权的转让自合同签订之日起生效

7. (2015-85) 中国的甲公司将其拥有的一项专利申请权转让给美国的乙公司。下列说法哪些是正确的？

　　A. 该转让需经国家知识产权局进行保密审查

　　B. 该转让应当订立书面合同

　　C. 该转让自合同订立之日起生效

　　D. 该转让要向国家知识产权局登记后方可生效

【你的答案】
_____

【选错记录】
_____

8. (2014-92) 中国的甲公司欲将其一项发明专利权转让给美国的乙公司。下列说法哪些是正确的？

　　A. 甲乙之间应当订立书面的转让合同

　　B. 甲乙应当自订立转让合同之日起 3 个月内，向国务院专利行政部门办理登记手续

　　C. 甲乙向国务院专利行政部门办理登记手续的，应当出具商务主管部门颁发的有关证明文件

　　D. 该专利权的转让自合同订立之日起生效

【你的答案】
_____

【选错记录】
_____

9. (2012-36) 美国甲公司欲将其一项中国专利权转让给中国乙公司。下列说法哪些是正确的？

　　A. 双方应当签订书面的专利权转让合同

　　B. 专利权转让合同自国家知识产权局登记之日起生效

　　C. 专利权的转让自国家知识产权局登记之日起生效

　　D. 该转让应当经商务主管部门批准或登记

【你的答案】
_____

【选错记录】
_____

10. (2011-9) 专利权人王某欲将其实用新型专利权转让给某美国公司，下列说法哪些是正确的？

　　A. 王某与该公司应当订立书面转让合同

　　B. 王某与该公司订立转让合同后，应当向国家知识产权局登记

　　C. 当事人应当向国家知识产权局提交《技术出口许可证》或者《自由出口技术合同登记证书》

　　D. 专利权的转让自转让合同订立之日起生效

【你的答案】
_____

【选错记录】
_____

（二）参考答案解析

【1. (2018-86) 解析】知识点：专利权转让的生效条件

A10.3 规定，转让专利申请权或者专利权的，当事人应当订立书面合同，并向国务院专利行政部门登记，由国务院专利行政部门予以公告。专利申请权或者专利权的转让自登记之日起生效。根据该规定，专利权转让的生效条件是以在国务院专利行政部门办理登记手续，并自登记之日起生效，即办理登记手续是专利权转让生效的必要条件。题中，甲与乙虽然订立的专利权转让合同在先，但未在国务院专利行政部门办理登记手续，因此甲与乙的专利权转让并没有生效。那么乙不能享受和行使被转让的专利权，故选项 A 的说法是错误的。而甲与丙就同一专利权订立专利权转让合同的时间虽然在后，但是向国家知识产权局办理了该转让合同的登记手续，因此其专利权转让自其登记之日起生效，故丙可以享受和行使被转让的专利权，因此选项 B 的说法是正确的。

同时，根据上述规定，专利权转让生效的必要条件是向国务院专利行政部门办理登记手续，但这并不是专利权转让合同自身生效的必要条件。而根据《民法典》第 502 条的规定，转让合同自合同订立之日起生效。据此，甲与乙的转让合同未在国务院专利行政部门登记并不会导致该合同无效，其仍然是有效合同，故选项 C 的说法是错误的。题中，由于甲随后又与就同一专利权进行转让并且专利权转让生效，乙的权利受到损害，因此乙可以要求甲承担合同违约责任，即选项 D 的说法是正确的。

注意，专利权转让的生效与专利权转让合同的生效是两个不同的概念。专利权转让的生效是指专利权发生从一方当事人转移给另一方当事人的效力，该效力发生后受让人获得该专利权的全部权利并履行相应义务。而专利权转让合同的生效指双方当事人就转让专利权达成的协议生效，该效力发生后双方应当履行该协议，任何一方违反协议都将承担继续履行、赔偿损失等责任。这与房屋等不动产的转让和不动产转让合同的生效类似。

综上所述，本题答案为 B、D。

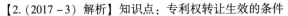

【2.（2017-3）解析】知识点：专利权转让生效的条件

根据 A10.3 的规定可知，专利权转让生效的必要条件是向国务院专利行政部门进行登记，转让生效日是办理登记手续之日，而不是公告之日（注意，这不同于专利权的生效日，因为专利权的生效日是授权公告之日而不是办理登记手续之日）。

题中，王某和张某于 2017 年 5 月 5 日签订专利权转让合同，但没有到国家知识产权局进行登记，因此专利权的转让并没有生效。而王某于 2017 年 7 月 3 日与刘某签订专利权转让合同，并于 2017 年 7 月 14 日到国家知识产权局进行登记，且国家知识产权局于 2017 年 8 月 1 日对该项专利权的转让进行公告。王某向刘某转让专利权的行为生效，且以其登记的时间 2017 年 7 月 14 日起生效。因此，选项 C 符合题意。

选项 A 的错误在于以王某与张某签订专利权转让合同时间 2017 年 5 月 5 日作为专利权转让生效时间，其仅仅是转让合同生效，但专利权转让行为并不是以转让合同签订时间作为生效时间的，如果不进行登记，则根本不会生效。选项 B 的错误也是以王某与刘某签订专利权转让合同时间 2017 年 7 月 3 日作为专利权转让生效时间。选项 D 的错误是国家知识产权局对该项专利权的转让进行公告的时间（即 2017 年 8 月 1 日）作为生效时间，而专利权转让生效时间以登记之日作为生效时间，而不是以公告时间作为生效时间。

综上所述，本题答案为 C。

【3.（2011-61）解析】知识点：专利权的转让

参见 1.（2018-86）的解析。由 A10.3 的规定可知，专利权的转让以登记为生效条件。题中，王某与甲公司订立专利权转让合同，但未办理登记手续，因此其专利权转让行为没有生效，即该专利权并不由甲公司享有（选项 A 的说法错误）。而王某与乙公司订立转让该专利权的合同，并按规定办理了专利权转让登记手续，其专利权转让行为生效，因此该专利权已经转移到由乙公司享有（选项 B 的说法正确）。

王某与甲公司订立了专利权转让合同，根据《民法典》第 502 条的规定，是依法成立的合同，自签订时生效，因此选项 C 的说法错误。而题中，王某随后又就同一专利权进行转让并且专利权转让生效，导致甲的权利受到损害，因此甲公司可以要求王某承担合同违约责任，但不能请求国家知识产权局撤销该专利权的转让给乙公司的登记，因为其转让在登记时已生效，即选项 D 的说法是错误的。

综上所述，本题答案为 B。

【4.（2019-84）解析】知识点：向港澳台地区的个人或企业或组织转让专利权

A10.2 规定，中国单位或者个人向外国人、外国企业或者外国其他组织转让专利申请权或者专利权的，应当依照有关法律、行政法规的规定办理手续。该条所称的"中国单位"是指按照中国法律成立而具有中国国籍的单位，不仅包括全民所有制企业、集体所有制企业、股份有限公司、有限责任公司，还包括中外合资企业、中外合作企业和外商独资企业。

进一步地，G-1-1-6.7.2.2 关于"专利申请权（或专利权）转移"中规定：……（ii）对于发明或者实用新型专利申请（或专利），转让方是中国内地的个人或者单位，受让方是外国人、外国企业或者外国其他组织的，应当出具国务院商务主管部门颁发的"技术出口许可证"或者"自由出口技术合同登记证书"，或者地方商务主管部门颁发的"自由出口技术合同登记证书"，以及双方签字或者盖章的转让合同。……中国内地的个人或者单位与外国人、外国企业或者外国其他组织作为共同转让方，受让方是外国人、外国企业或者外国其他组织的，适用该项（ii）的规定处理。……转让方是中国内地的个人或者单位，受让方是香港、澳门或者台湾地区的个人、企业或者其他组织的，参照该项（ii）的规定处理。

根据上述规定，上海公司作为中国内地企业向香港公司乙转让专利权的，参照上述规定第（ii）的规定来处理，即需要提供商务主管部门的证明文件（"技术出口许可证"或"自由出口技术合同登记证书"）（选项 C 的说法正确），但并没有规定在转让前应当事先获得当地管理专利工作的部门审核批准，因此选项 A 的说法错误。

根据 A10.3 的规定可知，由于涉及专利权的转让，也应当订立书面合同，即选项 B 的说法正确。专利权的转让自登记之日起生效，而不是转让合同签订之日起生效，故选项 D 的说法错误。

综上所述，本题答案为 B、C。

【5.（2017-37）解析】知识点：向外国人转让专利申请权和专利权

参见 4.（2019-84）的解释。依据是 A10.2 和 G-1-1-6.7.2.2 关于"专利申请权（或专利权）转移"的相关规定。选项 A 中，虽然上海这家国有企业是与美国的公司共同向国家知识产权局提交了一件发明专利申请，若要将该专利申请权转让给日本公司，属于上述规定中国单位与外国企事业作为共同转让方的情形，由于受让方是外国企业，因此应当出具国务院商务主管部门颁发的"技术出口许可证"或者"自由出口技术合同登记证书"，或者地方商务主管部门颁发的"自由出口技术合同登记证书"。因此，选项 A 符合题意。选项 B 中，北京某大学教授王某属于中国个人，向一家英国公司转让专利权，属于中国个人向国外企业转让专利权的情形，应当办理上述手续，即选项 B 符合题意。选项 C 中，虽然中国企业向外国企业转让专利权，但转让的是外观设计专利，根据 G-1-1-6.7.2.2 关于"专利申请权（或专利权）转移"的规定，办理所述手续的情形仅适用发明和实用新型（因为外观设计并不涉及技术），因此重庆某民营公司转其外观设计专利权给韩国公司并不需要办理相关手续，即选项 C 不符合题意。选项 D 中，作为受让方的在中国内地注册的外资公司属于 A10.2 规定的中国单位，因此所述转让行为并不涉及中国个人向外国企业的转让，因此不必办理相关的手续。

综上所述，本题答案为 A、B。

【6.（2016-83）解析】知识点：向外国人转让专利权

参照 4.（2019-84）的解释。依据是 A10.2 以及 G-1-1-6.7.2.2 关于"专利申请权（或专利权）转移"的相关规定。题中，中国企业甲公司向外国企业美国乙公司转让发明专利权，属于向外国人转让专利权。在向外国人转让发明或实用新理专利权时，需要办理的手续是出具国务院商务主管部门颁发的"技术出口许可证"或者"自由出口技术合同登记证书"，或者地方商务主管部门颁发的"自由出口技术合同登记证书"，即选项 C 的说法正确。但上述规定中并没有规定事先获得当地管理专利工作的部门审核批准，因此选项 A 的说法错误。

根据上述规定，中国企业向外国企业转让专利权的，应当提供双方签字或者盖章的转让合同即应订立书面合同，故选项 B 的说法正确。

根据 A10.3 的规定可知，只要是转让专利权，就必须向国务院专利行政部门登记才能生效，且专利权的转让自登记之日起生效，而不是自合同签订之日起生效，故选项 D 的说法错误。

综上所述，本题答案为 B、C。

【7.（2015-85）解析】知识点：向外国人转让专利申请权

根据 A10.3 的规定，甲公司将专利申请权转让给美国的乙公司，应当签订书面合同（选项 B 的说法正确），且该专利申请权转让是自向国务院专利行政部门登记时生效（选项 D 的说法正确），而不是自合同订立之日起生效（选项 C 的说法错误，注意转让合同仍然以合订立之日起生效）。

其中，选项 A 的说法是错误的。中国单位向外国单位转让专利申请权或专利权应当办理的手续是指根据 G-1-1-6.7.2.2 关于"专利申请权（或专利权）转移"中规定的出具国务院商务主管部门颁发的"技术出口许可证"或者"自由出口技术合同登记证书"，或者地方商务主管部门颁发的"自由出口技术合同登记证书"。而保密审查涉及的是将在中国完成的发明或者实用新型向外国申请专利时，应当事先报经国务院专利行政部门进行保密审查（A19.1 的规定），因此向外国人转让专利申请权和专利权涉及的手续并不是保密审查的手续（当然保密专利申请或保密专利不能向外转让）。

综上所述，本题答案为 B、D。

【8.（2014-92）解析】知识点：向外国人转让专利权

参照 4.（2019-84）的解释。依据是 A10.2 和 G-1-1-6.7.2.2 关于"专利申请权（或专利权）转移"的相关规定。根据 A10.2 的规定，甲乙公司之间应当签订书面合同（选项 A 的说法正确），且该专利申请权转让是自向国务院专利行政部门登记时生效，而不是自合同订立之日起生效（选项 D 的说法错误，注意转让合同仍然是以合订立之日起生效）。在上述规定中，并没有明确规定向国务院专利行政部门办理登记手续的时间要求，因此选项 B 的说法是错误的。注意，根据《专利实施许可合同备案办法》第五条的规定，当事人应当自专利实施许可合同生效之日起 3 个月内办理备案手续。该规定涉及的是专利实施许可合同而不是专利转让合同。

由于甲公司向乙公司转让专利权属于转让方是中国单位、受让方是外国企业的情形，根据 G-1-1-6.7.2.2 关于"专利申请权（或专利权）转移"的规定，应当出具国务院商务主管部门颁发的"技术出口许可证"或者"自由出口技术合同登记证书"，或者地方商务主管部门颁发的"自由出口技术合同登记证书"。因此，甲乙向国务院专利行政部门办理登记手续的，应当出具商务主管部门颁发的有关证明文件，即选项 C 的说法正确。

综上所述，本题答案为 A、C。

【9.（2012-36）解析】知识点：外国人向中国人转让专利权

根据 A10.3 的规定可知，美国甲公司欲将其一项中国专利权转让给中国乙公司，双方应当签订书面的专利权转让合同（选项 A 的说法正确），专利权的转让自国家知识产权局登记之日起生效（选项 C 的说法正确），而专利权转让合同自签订之日起生效而不是自国家知识产权局登记之日起生效（选项 B 的说法错误）。注意，选项 B 说的是专利权转让合同，而选项 C 说的是专利权的转让，不要混淆。

根据 A10.2 的规定可知，只有中国单位或者个人向外国人、外国企业或者外国其他组织转让专利申请权或者专利权的，应当依照有关法律、行政法规的规定办理手续（出具国务院商务主管部门颁发的"技术出口许可证"或者"自由出口技术合同登记证书"，或者地方商务主管部门颁发的"自由出口技术合同登记证书"）。如果是外国人向中国人转让专利申请权或专利权，则无须办理上述手续，即选项D的说法错误。当然，中国人之间、外国人之间就中国专利申请权或专利权的转让也无须办理该手续。

综上所述，本题答案为A、C。

【10.（2011－9）解析】知识点：向外国人转让专利权

参见4.（2019－84）的解释。依据是A10.2以及G－1－1－6.7.2.2关于"专利申请权（或专利权）转移"的相关规定。

根据A10.3的规定可知，王某与该公司应当订立书面转让合同（选项A的说法正确），并向国务院专利行政部门（国家知识产权局）登记（选项B的说法正确），并且专利申请权或者专利权的转让自登记之日起生效，而不是自转让合同订立之日起生效（选项D的说法错误）。根据G－1－1－6.7.2.2关于"专利申请权（或专利权）转移"的规定可知，对于发明或者实用新型专利申请（或专利），转让方是中国内地的个人或者单位，受让方是外国人、外国企业或者外国其他组织的，应当出具国务院商务主管部门颁发的"技术出口许可证"或者"自由出口技术合同登记证书"，或者地方商务主管部门颁发的"自由出口技术合同登记证书"，以及双方签字或者盖章的转让合同。题中，涉及的是中国个人王某向外国企业美国公司转实用新型专利权，因此应当办理上述手续，即选项C的说法正确。

综上所述，本题答案为A、B、C。

（三）总体考点分析

本部分涉及专利转让的内容，属于高频考点。重点是专利申请权或专利权转让合同生效与专利权转让行为生效的区别，尤其是向外国人转让专利申请权和专利权的特殊要求等。

高频结论

✓　转让专利申请权或者专利权的，当事人应当订立书面合同，并向国务院专利行政部门登记，由国务院专利行政部门予以公告。专利申请权或者专利权的转让自登记之日起生效。根据该规定，专利权的转让自登记之日起生效，而不是转让合同签订之日起生效。

✓　涉及专利权转让生效的必要条件是向国务院专利行政部门办理登记手续，但这并不是专利权转让合同自身生效的必要条件（转让合同未在国务院专利行政部门登记并不会导致该合同无效，其仍然是有效合同）。

✓　专利权申请权或专利权转让的生效日是办理登记手续之日，而不是公告之日（专利权的生效日是授权公告之日而不是办理登记手续之日，注意区分）。

✓　中国单位或者个人向外国人、外国企业或者外国其他组织转让专利申请权或者专利权的，应当依照有关法律、行政法规的规定办理手续（即出具商务主管部门颁发的证明文件，该手续并不是事先获得当地管理专利工作的部门审核批准，或者保密审查等手续）。

✓　中国单位是指按照中国法律成立而且具有中国国籍的单位，不仅包括全民所有制企业、集体所有制企业、股份有限公司、有限责任公司，还包括中外合资企业、中外合作企业和外商独资企业。

✓　对于发明或者实用新型专利申请或专利，转让方是中国内地的个人或者单位，受让方是外国人、外国企业或者外国组织的，应当出具国务院商务主管部门颁发的"技术出口许可证"或者"自由出口技术合同登记证书"，或者地方商务主管部门颁发的"自由出口技术合同登记证书"，以及双方签字或者盖章的转让合同。注意，对于外观设计专利申请或专利不需要办理上述手续。

✓　中国内地的个人或者单位与外国人、外国企业或者外国其他组织作为共同转让方，受让方是外国人、外国企业或者外国其他组织的，也需要出具上述商务主管部门颁发的证明文件。

✓　转让方是中国内地的个人或者单位，受让方是香港、澳门或者台湾地区的个人、企业或者其他组织的，也需要出具上述商务主管部门颁发的证明文件。

✓　外国人向中国人转让专利申请权或专利权，中国人之间、外国人之间就中国专利申请权或专利权的转让均无须办理上述手续（无须出具商务主管部门颁发的证明文件）。

（四）参考答案

1. B、D	2. C	3. B	4. B、C	5. A、B
6. B、C	7. B、D	8. A、C	9. A、C	10. A、B、C

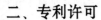

二、专利许可

(一) 历年试题集合

1. (2016-86) 甲公司拥有一项推荐性行业标准中明示的必要专利技术，乙公司未经甲公司同意，在其制造的产品中使用该项专利技术，以下说法哪些是正确的？

【你的答案】

A. 由于该专利已被列入推荐性行业标准，因此乙公司使用该项技术无须支付许可费

【选错记录】

B. 虽然该专利已被列入推荐性行业标准，但是乙公司使用该项技术应当支付许可费

C. 由于该专利已被列入推荐性行业标准，因此乙公司使用该项技术不侵犯甲公司专利权

D. 虽然该专利已被列入推荐性行业标准，但乙公司未经同意使用该技术仍然属于侵权行为

2. (2016-82) & (2012-75) 下列关于专利实施许可的说法哪些是正确的？

【你的答案】

A. 专利实施许可合同应当自合同生效之日起 3 个月内向国家知识产权局申请办理备案手续

【选错记录】

B. 专利实施许可合同的被许可人可以不经专利权人同意在产品的包装上标注专利标记

C. 独占实施许可合同的被许可人可以单独向人民法院提出诉前责令被申请人停止侵犯专利权行为的申请

D. 普通实施许可合同的被许可人在专利权人不请求的情况下，可以单独请求管理专利工作的部门处理专利侵权纠纷

3. (2014-65) 甲拥有一项产品发明专利权，为了扩大产能，甲欲在自行生产的同时许可乙公司生产该专利产品。下列说法哪些是正确的？

【你的答案】

A. 甲可以将该专利权独占许可给乙

【选错记录】

B. 甲可以将该专利权排他许可给乙

C. 甲可以将该专利权普通许可给乙

D. 甲与乙订立实施许可合同的，应自合同生效之日起 3 个月内向国家知识产权局备案

4. (2013-78) 甲关于冷、热水混水水龙头的发明创造被授予实用新型专利权，乙在该实用新型专利基础上改进该水龙头的温度调节性能，并就此获得一项发明专利权，该发明专利的实施依赖于甲的实用新型专利的实施。下列说法哪些是正确的？

【你的答案】

【选错记录】

A. 甲可以不经乙同意，实施该发明专利

B. 乙可以不经甲同意，实施该发明专利

C. 甲、乙可以通过签订交叉许可合同实施该发明专利

D. 任何第三方需要经过甲、乙同意，才能实施该发明专利

(二) 参考答案解析

【1. (2016-86) 解析】知识点：推荐性标准中的必要专利的许可

《最高人民法院关于审理侵犯专利权纠纷案件应用法律若干问题的解释（二）》第二十四条第一款规定，推荐性国家、行业或者地方标准明示所涉必要专利的信息，被诉侵权人以实施该标准无须专利权人许可为由抗辩不侵犯该专利权的，人民法院一般不予支持。根据上述规定，使用推荐性行业标准中明示的专利技术仍然需要付费，即选项 A 的说法错误，而选项 B 的说法正确。根据上述规定，对于使用推荐性行业标准中明示的专利技术，如果没有得到专利权人的许可，也构成侵犯相关专利权的行为，选项 C 的说法错误，而选项 D 的说法正确。

综上所述，本题答案为 B、D。

【2. (2016-82) & (2012-75) 解析】知识点：专利实施许可合同、被许可人的权利

R15. 2 规定，专利权人与他人订立的专利实施许可合同，应当自合同生效之日起 3 个月内向国务院专利行政部门备案。选项 A 的说法与该规定一致，故其说法是正确的。

《专利标识标注办法》第四条规定，在授予专利权之后的专利权有效期内，专利权人或者经专利权人同意享有专利

标识标注权的被许可人可以在其专利产品、依照专利方法直接获得的产品、该产品的包装或者该产品的说明书等材料上标注专利标识。根据该规定，专利权人以外的其他人，只有经专利权人同意享有专利标识标注权的才可以标注其专利标识，即使是专利实施许可合同的被许可人，也必须获得专利权人的同意才能标注其专利标识。虽然现实中在专利实施许可合同中经常会约定专利权人同意被许可人进行专利标识（当然也可以约定不同意），但是不能因为是专利实施许可合同的被许可人就必然受标注专利标识的权利。故选项 B 的说法是错误的。

《最高人民法院关于审查知识产权纠纷行为保全案件适用法律若干问题的规定》第 2 条第 2 款规定，知识产权许可合同的被许可人申请诉前责令停止侵害知识产权行为的，独占许可合同的被许可人可以单独向人民法院提出申请；排他许可合同的被许可人在权利人不申请的情况下，可以单独提出申请；普通许可合同的被许可人经权利人明确授权以自己的名义起诉的，可以单独提出申请。故选项 C 的说法是正确的。

《专利行政执法办法》第十条规定："请求管理专利工作的部门处理专利侵权纠纷的，应当符合下列条件：（一）请求人是专利权人或者利害关系人；……其中，第（一）项所称利害关系人包括专利实施许可合同的被许可人、专利权人的合法继承人。专利实施许可合同的被许可人中，独占实施许可合同的被许可人可以单独提出请求；排他实施许可合同的被许可人在专利权人不请求的情况下，可以单独提出请求；除合同另有约定外，普通实施许可合同的被许可人不能单独提出请求。"据此可知，普通实施许可合同的被许可人在没有合同约定的情况下，是不能单独请求管理专利工作的部门处理专利侵权纠纷，即选项 D 的说法错误。

综上所述，本题答案为 A、C。

【3.（2014 - 65）解析】知识点：专利实施许可的类型

本题涉及专利实施许可的类型。典型的类型包括：（1）独占实施许可（简称"独占许可"）是指专利权人只许可一个被许可人实施其专利，而且专利权人自己也不得实施该专利。独占实施许可被许可人的地位与专利权人有相似之处。独占实施许可的被许可人可以根据合同的约定独占地实施专利技术，排除专利权人的实施行为，也可以单独提起侵权诉讼，或者请求人民法院采取诉前临时措施。（2）排他实施许可（简称"排他许可"）也称独家许可，是指专利权人只许可一个被许可人实施其专利，但专利权人自己有权实施该专利。其中，排他许可与独占许可的区别就在于排他许可中的专利权人自己享有实施该专利的权利，而独占许可中的专利权人自己也不能实施该专利。排他实施许可的被许可人在专利权人不主张的情况下，可以提起侵权诉讼，或者请求人民法院采取诉前临时措施。（3）普通实施许可（简称"普通许可"）是专利权人许可他人实施其专利，同时保留许可其他被许可人实施该专利的权利。被许可人同时可能有若干家，专利权人自己也可以实施。

A12 规定，任何单位或者个人实施他人专利的，应当与专利权人订立实施许可合同，向专利权人支付专利使用费。被许可人无权允许合同规定以外的任何单位或者个人实施该专利。从题中的表述来看，为了扩大产能，专利权人甲在自行生产的同时许可乙公司生产该专利产品。根据专利许可类型定义可知，甲可以采取排他许可或普通许可的方式，但不能采用独占许可的方式（因为专利权人甲自己也要实施专利），因此选项 A 的说法错误，选项 B 和 C 的说法正确。

R15.2 规定，专利权人与他人订立的专利实施许可合同，应当自合同生效之日起 3 个月内向国务院专利行政部门备案。因此，甲与乙订立实施许可合同的，应自合同生效之日起 3 个月内向国家知识产权局备案，故选项 D 的说法正确。

综上所述，本题答案为 B、C、D。

【4.（2013 - 78）解析】知识点：专利实施许可中的交叉许可

本题涉及从属专利和交叉许可的问题。A11.1 规定，发明和实用新型专利权被授予后，除该法另有规定的以外，任何单位或者个人未经专利权人许可，都不得实施其专利，即不得为生产经营目的的制造、使用、许诺销售、销售、进口其专利产品，或者使用其专利方法以及使用、许诺销售、销售、进口依照该专利方法直接获得的产品。根据该规定，由于乙获得发明专利权，那么任何人实施该专利都必须经过专利权人乙的许可，因此甲不经乙同意，不得实施该发明专利，即选项 A 的说法错误。注意，虽然乙是在甲的实用新型专利基础上改进而获得的发明专利权，但甲不经乙的同意，也不能实施该发明专利。

由于该发明专利的实施依赖于甲的实用新型专利的实施，那么只要实施发明专利就必然实施实用新型专利，因此在没有得到甲的许可的情况下，乙也不能实施自己获得的发明专利（乙的发明专利是甲的实用新型专利的从属专利），因此乙不经甲同意，也不能实施发明专利，即选项 B 的说法错误。

如果甲和乙都同意对方使用其专利，则双方可以通过签订交叉许可合同实施该发明专利，即选项 C 的说法正确。由于乙的发明专利的实施依赖于甲的实用新型专利的实施，如果任何第三方想要实施该发明专利，都必须得到甲和乙的同意（仅其中一方同意是不够的），因此，选项 D 的说法正确。

综上所述，本题答案为 C、D。

（三）总体考点分析

本部分涉及专利实施许可相关知识，具体包括专利许可合同的备案、专利许可的类型及其异同（尤其是不同被许可人的权利)、从属专利和交叉许可。

 高频结论

✓ 专利权人与他人订立的专利实施许可合同,应当自合同生效之日起3个月内向国务院专利行政部门备案。但该规定并非强制性规定,如果没有进行备案,不影响专利实施许可合同的效力,只是不能对抗善意第三人,同时被许可人的某些权利将会受到影响。

✓ 独占实施许可(简称"独占许可")是指专利权人只许可一个被许可人实施其专利,而且专利权人自己也不得实施该专利。

✓ 排他实施许可(简称"排他许可")也称独家许可,是指专利权人只许可一个被许可人实施其专利,但专利权人自己有权实施该专利。

✓ 普通实施许可(简称"普通许可")是专利权人许可他人实施其专利,同时保留许可其他被许可人实施该专利的权利。被许可人同时可能有若干家,专利权人自己也可以实施。

✓ 对于提出诉前责令被申请人停止侵犯专利权行为的申请,专利实施许可合同被许可人中,独占实施许可合同的被许可人可以单独向人民法院提出申请;排他实施许可合同的被许可人在专利权人不申请的情况下,可以提出申请。

✓ 对于请求管理专利工作的部门处理专利侵权纠纷的,专利实施许可合同的被许可人中,独占实施许可合同的被许可人可以单独提出请求;排他实施许可合同的被许可人在专利权人不请求的情况下,可以单独提出请求;除合同另有约定外,普通实施许可合同的被许可人不能单独提出请求。

✓ 推荐性国家、行业或者地方标准明示所涉必要专利的信息,被诉侵权人以实施该标准无须专利权人许可为由抗辩不侵犯该专利权的,人民法院一般不予支持。即使用推荐性行业标准中明示的专利技术仍然需要付费,而对于使用推荐性行业标准中明示的专利技术,如果没有得到专利权人的许可,也构成侵犯相关专利权的行为。

✓ 专利实施许可合同的被许可人,也必须获得专利权人的同意才能标注其专利标识。

✓ 对于依赖于之前专利的在后专利(所谓"从属专利"),从属专利的专利权人自己实施也必须得到在前专利权人的许可。在前专利权人要实施该从属专利,也必须得到从属专利专利权人的许可。如果双方签订交叉许可,则双方均可实施该从属专利。而第三方要实施该从属专利,必须同时得到在前专利权人和从属专利专利权人的同意。

(四)参考答案

1. B、D   2. A、C   3. B、C、D   4. C、D

三、专利质押融资

(一)历年试题集合

1. (2019-68)专利权质押期间的专利权转移,应当提交下列哪些文件?

A. 转让人和受让人签章的转让合同

B. 质权人和出质人同意变更的证明文件

C. 如果受让人继续委托同一代理机构,应当重新提交专利代理委托书

D. 如果受让人不再委托代理机构,应当提交解聘代理机构的解聘书

【你的答案】

_____

【选错记录】

_____

2. (2017-38)下列哪些情况下专利权质押合同不予登记?

A. 出质人与专利登记簿记载的专利权人不一致的

B. 专利权已经终止的

C. 专利权处于年费缴纳滞纳期的

D. 专利权已被启动无效宣告程序的

【你的答案】

_____

【选错记录】

_____

3. (2016－84) 甲公司和乙公司共同拥有一项实用新型专利权，未对权利的行使进行约定，现甲公司欲以该专利权进行质押融资。下列说法哪些是正确的？

【你的答案】

【选错记录】

A. 该专利权的质押须取得乙公司的同意

B. 申请专利权质押登记时，应当向国家知识产权局提交该专利权的评价报告

C. 在该专利权的质押期间内可以对该专利权再次进行质押

D. 在该专利权的质押期间内转让该专利权的，须取得质权人的同意

4. (2015－88) 甲将一项专利权质押给乙，于 2012 年 3 月 1 日签订质押合同，并于 2012 年 3 月 5 日到国家知识产权局进行登记。后经乙同意，甲于 2012 年 5 月 10 日与丙签订专利权转让合同，并于 2012 年 5 月 17 日到国家知识产权局进行登记。下列说法哪些是正确的？

【你的答案】

【选错记录】

A. 质权自 2012 年 3 月 1 日起生效

B. 质权自 2012 年 3 月 5 日起生效

C. 专利权的转让自 2012 年 5 月 10 日起生效

D. 专利权的转让自 2012 年 5 月 17 日起生效

5. (2014－35) 甲公司和乙公司共同拥有一项外观设计专利权，现甲公司欲以该专利权质押给银行进行融资。下列说法哪些是正确的？

【你的答案】

【选错记录】

A. 甲公司可以自行将该专利权质押，无须取得乙公司的同意

B. 甲公司与乙公司可以通过协议约定任何一方无须取得对方同意即可质押该专利权

C. 只有经国家知识产权局登记，该专利权的质押才能生效

D. 甲公司请求国家知识产权局进行质押登记的，应当提交该专利权的评价报告

6. (2013－58) 甲公司欲向乙银行贷款，将其拥有的一项专利权出质给该银行作为担保，下列说法哪些是正确的？

【你的答案】

【选错记录】

A. 甲公司与乙银行应当就专利权质押订立单独的合同

B. 甲公司应当与乙银行共同向国务院专利行政部门办理出质登记

C. 质权自国务院专利行政部门登记时设立

D. 专利权质押期间，甲公司未提交乙银行同意其放弃该专利权的证明材料的，国务院专利行政部门不予办理专利权放弃手续

7. (2012－65) 甲公司和乙公司共同拥有一项专利权，未对权利的行使进行约定，现甲公司欲以该专利权进行质押融资。下列说法哪些是正确的？

【你的答案】

【选错记录】

A. 该专利权的质押须取得乙公司的同意

B. 该专利权的质押须向国家知识产权局办理质押登记

C. 在该专利权的质押期间内可以对该专利权再次进行质押

D. 在该专利权的质押期间内放弃该专利权的，须取得质权人的同意

（二）参考答案解析

【1. (2019－68) 解析】知识点：专利权质押期间的专利权转移

A10.3 规定，转让专利申请权或者专利权的，当事人应当订立书面合同，并向国务院专利行政部门登记，由国务院专利行政部门予以公告。专利申请权或者专利权的转让自登记之日起生效。根据该规定，专利权质押期间的专利权转移，应当提供转让人和受让人签章的转让合同，即选项 A 符合题意。

根据 G－1－1－6.7.2.2 关于"专利申请权（或专利）转移"第（7）项的规定，专利权质押期间的专利权转移，除应当提交变更所需的证明文件外，还应当提交质押双方当事人同意变更的证明文件。根据该规定，专利权质押期间的专利权转移，应当提供质权人和出质人同意变更的证明文件，即选项 B 符合题意。

根据 G－1－1－6.7.2.4 关于"专利代理机构及代理人变更"第（4）项的规定，专利申请权（或专利权）转移的，变更后的申请人（或专利权人）委托新专利代理机构的，应当提交变更后的全体申请人（或专利权人）签字或者盖章的委托书；变更后的申请人（或专利权人）委托原专利代理机构的，只需提交新增申请人（或专利权人）签字或者盖章的委托书。根据该规定可知，即使受让人（必然不同于或不完全同于变更前的专利权人）继续委托同一代理机构，也应当重新提交专利代理委托书，即选项 C 的说法正确。由于受让人不同于原专利权人，因而受让人（变更后的专利权

人）不需要与原代理机构办理解聘手续，故选项 D 的说法错误。

综上所述，本题答案为 A、B、C。

【2.（2017 - 38）解析】知识点：专利权质押合同的登记

《专利权质押登记办法》第十一条规定："专利权质押登记申请经审查合格的，国家知识产权局在专利登记簿上予以登记，并向当事人发送《专利权质押登记通知书》。经审查发现有下列情形之一的，国家知识产权局作出不予登记的决定，并向当事人发送《专利权质押不予登记通知书》：（一）出质人不是当事人申请质押登记时专利登记簿记载的专利权人的；（二）专利权已终止或者已被宣告无效的；（三）专利申请尚未被授予专利权的；（四）专利权没有按照规定缴纳年费的；（五）因专利权的归属发生纠纷已请求国家知识产权局中止有关程序，或者人民法院裁定对专利权采取保全措施，专利权的质押手续被暂停办理的；（六）债务人履行债务的期限超过专利权有效期的；（七）质押合同不符合本办法第八条规定的；（八）以共有专利权出质但未取得全体共有人同意且无特别约定的；（九）专利权已被申请质押登记且处于质押期间的；（十）请求办理质押登记的同一申请人的实用新型有同样的发明创造已于同日申请发明专利的，但当事人被告知该情况后仍声明同意继续办理专利权质押登记的除外；（十一）专利权已被启动无效宣告程序的，但当事人被告知该情况后仍声明同意继续办理专利权质押登记的除外；（十二）其他不符合出质条件的情形。"

根据上述规定可知，选项 A 相应于上述规定的第（1）种情形，选项 B 相应于上述规定的第（2）种情形，选项 C 相应于上述规定的第（4）种情形，选项 D 相应于上述规定的第（11）种情形，均符合题意。

综上所述，本题答案为 A、B、C、D。

【3.（2016 - 84）解析】知识点：专利权的质押；相关知识点：共有专利权的行使

A14 规定，专利申请权或者专利权的共有人对权利的行使有约定的，从其约定。没有约定的，共有人可以单独实施或者以普通许可方式许可他人实施该专利；许可他人实施该专利的，收取的使用费应当在共有人之间分配。除前款规定的情形外，行使共有的专利申请权或者专利权应当取得全体共有人的同意。进一步地，根据《专利权质押登记办法》第四条的规定，以共有的专利权出质的，除全体共有人另有约定的以外，应当取得其他共有人的同意。根据该规定，共有人以共有专利权出质，在没有约定的情况下，应当取得其他共有人的同意。题中，甲公司和乙公司是该实用新型专利权的共有专利权人，由于未对权利的行使进行约定，因此甲公司以该专利权进行质押应获得乙公司的同意，故选项 A 的说法正确。

《专利权质押登记办法》第七条第一款规定："申请专利权质押登记的，当事人应当向国家知识产权局提交下列文件：（一）出质人和质权人共同签字或者盖章的专利权质押登记申请表；（二）专利权质押合同；（三）双方当事人的身份证明，或当事人签署的相关承诺书；（四）委托代理的，注明委托权限的委托书；（五）其他需要提供的材料。"根据上述规定，在办理质押登记手续时，并没有规定必须提交专利权评价报告，即选项 B 的说法错误。

参见 2.（2017 - 38）的解释。根据《专利权质押登记办法》第十一条第二款规定的不予登记的第（九）种情形，在申请专利权质押登记时，专利权已被申请质押登记且处于质押期间的，国家知识产权局将作出不予登记的决定。因此，在该专利权的质押期间内不可以对该专利权再次进行质押，即选项 C 的说法错误。

《专利权质押登记办法》第十八条第一款规定，专利权质押期间，出质人未提交质权人同意转让或者许可实施该专利权的证明材料的，国家知识产权局不予办理专利权转让登记手续或者专利实施合同备案手续。根据该规定，出质人在专利权质押期间转让该专利权的，须取得质权人的同意，即选项 D 的说法正确。

综上所述，本题答案为 A、D。

【4.（2015 - 88）解析】知识点：专利权的质押、专利权的转让

《专利权质押登记办法》第十一条规定，专利权质押登记申请经审查合格的，国家知识产权局在专利登记簿上予以登记，并向当事人发送《专利权质押登记通知书》。《专利权质押登记办法》第三条第三款规定，出质人和质权人应共同向国家知识产权局办理专利权质押登记。专利权质权自国家知识产权局登记时设立。根据该规定，质权是生效日国家知识产权局进行登记的时间而不是签订质押合同的时间。题中，甲将专利权质押给乙的质押合同是在 2012 年 3 月 5 日到国家知识产权局进行登记的，因此所述质权的生效日（质权设立日）为 2012 年 3 月 5 日（选项 B 的说法正确），而不是签订质押合同的时间即 2012 年 3 月 1 日（选项 A 的说法错误）。

根据 A10.3 的规定可知，专利申请权或者专利权的转让自登记之日起生效。根据该规定，专利权的转让是自国家知识产权局登记的时间（2012 年 5 月 17 日）起生效（选项 D 的说法正确），而不是自签订专利权转让合同的时间生效（选项 C 的说法错误）。

综上所述，本题答案为 B、D。

【5.（2014 - 35）解析】知识点：专利权的质押；相关知识点：共有专利权的行使

参见 3.（2016 - 84）的解释。根据 A14 的规定，甲公司如需将该外观设计专利权质押，在没有事先约定的情况下，必

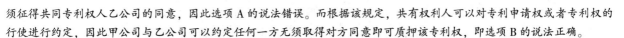

须征得共同专利权人乙公司的同意，因此选项 A 的说法错误。而根据该规定，共有权利人可以对专利申请权或者专利权的行使进行约定，因此甲公司与乙公司可以约定任何一方无须取得对方同意即可质押该专利权，即选项 B 的说法正确。

根据《专利权质押登记办法》第七条第一款的规定，在办理质押登记手续时，并没有规定必须提交专利权评价报告，即选项 D 的说法错误。

《专利权质押登记办法》第十一条规定，专利权质押登记申请经审查合格的，国家知识产权局在专利登记簿上予以登记，并向当事人发送《专利权质押登记通知书》。第三条第三款规定，出质人和质权人应共同向国家知识产权局办理专利权质押登记，专利权质权自国家知识产权局登记时设立。根据该规定可知，选项 C 的说法正确。

综上所述，本题答案为 B、C。

【6.（2013 - 58）解析】知识点：专利权的质押

《专利权质押登记办法》第三条第一款规定，以专利权出质的，出质人与质权人应当订立书面合同。质押合同可以是单独订立的合同，也可以是主合同中的担保条款。据此可知，甲公司与乙银行并不一定就专利权质押订立单独的合同，因此选项 A 说法错误。

R15.3 规定，以专利权出质的，由出质人和质权人共同向国务院专利行政部门办理出质登记。根据该规定，甲公司应当与乙银行共同向国务院专利行政部门办理出质登记，选项 B 的说法正确。

《专利权质押登记办法》第十一条规定，专利权质押登记申请经审查合格的，国家知识产权局在专利登记簿上予以登记，并向当事人发送《专利权质押登记通知书》。第三条第三款规定，出质人和质权人应共同向国家知识产权局办理专利权质押登记，专利权质权自国家知识产权局登记时设立。根据该规定可知，选项 C 的说法正确。

《专利权质押登记办法》第十七条规定，专利权质押期间，出质人未提交质权人同意其放弃该专利权的证明材料的，国家知识产权局不予办理专利权放弃手续。选项 D 的说法与该规定相符，因此其说法是正确的。

综上所述，本题答案为 B、C、D。

【7.（2012 - 65）解析】知识点：专利权的质押；相关知识点：共有专利权的行使

参见 3.（2016 - 84）的解释。根据 A14 的规定，甲公司如需将该专利权进行质押，由于没有事先约定，则必须征得共同专利权人乙公司的同意，因此选项 A 的说法正确。

《专利权质押登记办法》第十一条规定，专利权质押登记申请经审查合格的，国家知识产权局在专利登记簿上予以登记，并向当事人发送《专利权质押登记通知书》。第三条第三款规定，出质人和质权人应共同向国家知识产权局办理专利权质押登记，专利权质权自国家知识产权局登记时设立。根据该规定可知，选项 B 的说法正确。

参见 2.（2017 - 38）的解释，根据《专利权质押登记办法》第十一条第二款规定的不予登记的第（九）种情形，即在申请专利权质押登记时，专利权已被申请质押登记且处于质押期间的，国家知识产权局将作出不予登记的决定。因此，在该专利权的质押期间内不可以对该专利权再次进行质押，即选项 C 的说法错误。

《专利权质押登记办法》第十七条规定，专利权质押期间，出质人未提交质权人同意其放弃该专利权的证明材料的，国家知识产权局不予办理专利权放弃手续。根据该规定可知，出质人在专利权质押期间放弃该专利权的，须取得质权人的同意，即选项 D 的说法正确。

综上所述，本题答案为 A、B、D。

（三）总体考点分析

本部分涉及专利质押融资的相关内容。

高频结论

✓　以共有的专利权出质的，除全体共有人另有约定的以外，应当取得其他共有人的同意。

✓　申请专利权质押登记的，当事人应当向国家知识产权局提交下列文件：（1）出质人和质权人共同签字或者盖章的专利权质押登记申请表；（2）专利权质押合同；（3）双方当事人的身份证明，或当事人签署的相关承诺书；（4）委托代理的，注明委托权限的委托书；（5）其他需要提供的材料。但在办理质押登记手续时，并没有规定必须要提交专利权评价报告。

✓　专利权质押登记申请经审查合格的，国家知识产权局在专利登记簿上予以登记，并向当事人发送《专利权质押登记通知书》。质权自国家知识产权局登记时设立（注意，不是签订质押合同的时间设立）。

✓　以专利权出质的，出质人与质权人应当订立书面质押合同。质押合同可以是单独订立的合同，也可以是主合同中的担保条款。

✓ 以专利权出质的，由出质人和质权人共同向国务院专利行政部门办理出质登记。

✓ 专利权质押期间，出质人未提交质权人同意转让或者许可实施该专利权的证明材料的，国家知识产权局不予办理专利权转让登记手续或者专利实施合同备案手续。即出质人在专利权质押期间转让该专利权的，须取得质权人的同意。

✓ 经审查发现有下列情形之一的，国家知识产权局作出不予登记的决定，并向当事人发送《专利权质押不予登记通知书》：(1) 出质人不是当事人申请质押登记时专利登记簿记载的专利权人的；(2) 专利权已终止或者已被宣告无效的；(3) 专利申请尚未被授予专利权的；(4) 专利权没有按照规定缴纳年费的；(5) 因专利权的归属发生纠纷已请求国家知识产权局中止有关程序，或者人民法院裁定对专利权采取保全措施，专利权的质押手续被暂停办理的；(6) 债务人履行债务的期限超过专利权有效期的；(7) 质押合同不符合本办法第八条规定的；(8) 以共有专利权出质但未取得全体共有人同意且无特别约定的；(9) 专利权已被申请质押登记且处于质押期间的；(10) 请求办理质押登记的同一申请人的实用新型有同样的发明创造已于同日申请发明专利的，但当事人被告知该情况后仍声明同意继续办理专利权质押登记的除外；(11) 专利权已被启动无效宣告程序的，但当事人被告知该情况后仍声明同意继续办理专利权质押登记的除外；(12) 其他不符合出质条件的情形。

✓ 专利权质押期间的专利权转移，应当提供转让人和受让人签章的转让合同。

✓ 专利权质押期间的专利权转移，除应当提交变更所需的证明文件外，还应当提交质押双方当事人同意变更的证明文件（专利权质押期间的专利权转移，应当提供质权人和出质人同意变更的证明文件）。

（四）参考答案

1. A、B、C   2. A、B、C、D   3. A、D   4. B、D   5. B、C

6. B、C、D   7. A、B、D

四、专利推广应用

（一）历年试题集合

1.（2019－27）下列关于专利推广应用的说法哪些是正确的？

A. 实用新型专利可以被推广应用

B. 只有国有企事业单位的发明专利才能被推广应用

C. 国内专利权人的专利都可以被推广应用

D. 推广应用后，实施单位需要向人民政府支付使用费用

【你的答案】

_____

【选错记录】

_____

2.（2014－53）下列有关专利推广应用的说法哪些是正确的？

A. 被推广应用的专利应当是对国家利益或者公共利益具有重大意义的发明或者实用新型专利

B. 被推广应用专利的专利权人应当是国有企业事业单位

C. 专利的推广应用应当由国务院有关主管部门批准

D. 专利被推广应用后，应当由实施单位按照国家规定向专利权人支付使用费

【你的答案】

_____

【选错记录】

_____

3.（2012－9）下列关于专利推广应用的哪种说法是正确的？

A. 只有发明专利才能被推广应用

B. 任何单位的专利都能被推广应用

C. 推广应用须报经国务院专利行政部门批准

D. 推广应用后，实施单位无须支付使用费

【你的答案】

_____

【选错记录】

_____

4.（2011－5）下列关于专利的推广应用的说法哪些是正确的？

A. 推广应用的对象包括发明专利和实用新型专利

B. 推广应用的专利应当为国有企业事业单位的专利

C. 推广应用必须由国务院主管部门或者省级人民政府批准

【你的答案】

_____

【选错记录】

_____

D. 推广应用无须向专利权人支付使用费

（二）参考答案解析

【1.（2019 – 27）解析】知识点：发明专利的推广应用

A49 规定，国有企业事业单位的发明专利，对国家利益或者公共利益具有重大意义的，国务院有关主管部门和省、自治区、直辖市人民政府报经国务院批准，可以决定在批准的范围内推广应用，允许指定的单位实施，由实施单位按照国家规定向专利权人支付使用费。该规定就是通常所称的专利推广应用条款，被推广应用的专利仅包括发明专利，而不包括实用新型专利和外观设计专利，故选项 A 的说法是错误的。根据上述规定，被推广应用的专利仅适用于国有企业事业单位（因此选项 B 的说法正确），而不是任何国内专利权人的专利都可以被推广应用（因此选项 C 的说法错误）。上述条款中明确规定，对于被推广应用专利，由实施单位按照国家规定向专利权人支付使用费，而不是向人民政府支付使用费用，因此选项 D 的说法错误。

综上所述，本题答案为 B。

【2.（2014 – 53）解析】知识点：发明专利的推广应用

根据 A49 的规定可知，被推广应用的专利仅包括发明专利，而不包括实用新型专利和外观设计专利，故选项 A 的说法是错误的。根据上述规定，被推广应用的专利仅适用于国有企业事业单位，因此选项 B 的说法正确。并且，所述专利的推广应用应当由国务院有关主管部门和省、自治区、直辖市人民政府报经国务院批准，而不仅仅是由国务院有关主管部门批准即可，因此选项 C 的说法错误。上述条款中明确规定，被推广应用专利，是在批准的范围内推广应用，允许指定的单位实施，由实施单位按照国家规定向专利权人支付使用费，因此选项 D 的说法正确。

综上所述，本题答案为 B、D。

【3.（2012 – 9）解析】知识点：发明专利的推广应用

参见 1.（2019 – 27）的解析。根据 A49 的规定，只有发明专利才能被推广应用，故选项 A 的说法是正确的。被推广应用的专利仅适用于国有企业事业单位，因此选项 B 的说法错误。根据上述规定，所述的专利的推广应用应当由国务院有关主管部门和省、自治区、直辖市人民政府报经国务院批准，而不是报经国务院专利行政部门批准，因此选项 C 的说法错误。并且，对于被推广应用专利，由实施单位按照国家规定向专利权人支付使用费，因此选项 D 的说法错误。

综上所述，本题答案为 A。

【4.（2011 – 5）解析】知识点：发明专利的推广应用

参见 1.（2019 – 27）的解析。根据 A49 的规定，被推广应用的专利仅包括发明专利，而不包括实用新型专利和外观设计专利，故选项 A 的说法是错误的。根据上述规定，被推广应用的专利仅适用于国有企业事业单位，因此选项 B 的说法正确。并且，所述的专利的推广应用应当由国务院有关主管部门和省、自治区、直辖市人民政府报经国务院批准，而不仅仅是由国务院有关主管部门或者省级人民政府批准即可，因此选项 C 的说法错误。上述条款明确规定，由实施单位按照国家规定向专利权人支付使用费，因此选项 D 的说法错误。

综上所述，本题答案为 B。

（三）总体考点分析

本部分涉及专利推广应用相关知识，具体包括《专利法》对于专利推广应用的规定，专利被推广应用的条件、程序以及使用费的支付。

高频结论

✓ 仅针对国有企业事业单位的发明专利才适用专利推广应用，不适用其他单位，也不适用于实用新型专利和外观设计专利。

✓ 推广应用时，由国务院有关主管部门和省、自治区、直辖市人民政府报经国务院批准，不是由国务院有关主管部门，也不是报经国务院专利行政部门（国家知识产权局）批准，也不是由省人民政府批准。

✓ 推广应用后，由实施单位按照国家规定向专利权人支付使用费。并非不支付使用费，支付的使用费是给专利权人而不是人民政府。

（四）参考答案

1. B   2. B、D   3. A   4. B

五、其他专利管理和运用

本部分涉及其他专利管理和运用的知识，包括专利管理的含义、专利管理的主体、专利管理的主要内容、知识产权管理体系贯标认证（简称贯标），以及专利运用中的专利保险、专利导航。

本部分有些是比较新的概念，往年试题并没有涉及，但未来应该会有相关的试题，因此也需要适当关注。重点关注《企业知识产权管理规范》《高等学校知识产权管理规范》《科研组织知识产权管理规范》的主要内容和贯标认证，以及专利导航的概念、应用、实施流程和实施要求。

第五节 专利实施的特别许可

一、专利实施的强制许可

（一）历年试题集合

1. (2018-28) 关于专利实施强制许可，以下说法哪些是正确的？【你的答案】

A. 根据"国家出现紧急状态或非常情况，或为了公共利益的目的"或"为公共健康目的，对取得专利权的药品"请求给予强制许可的，不适用听证程序　【选错记录】

B. 在国家知识产权局作出驳回强制许可申请的决定的情况下，强制许可的请求人可以向法院起诉

C. 专利权人与取得强制许可的单位或个人不能就强制许可的使用费达成协议的，可以直接向法院提起诉讼，无须先经过国家知识产权局裁决

D. 对专利强制许可的使用费裁决不服的，可以向国家知识产权局提起行政复议

2. (2018-87) 关于专利实施的强制许可，以下说法哪些是错误的？【你的答案】

A. 具备实施条件的单位或个人可以"未实施或未充分实施其专利"的理由，请求给予实施某项芯片发明专利的强制许可　【选错记录】

B. 可以给予强制许可实施"某型具体产品所涉及的全部的专利"，而不必逐一列明所涉及的专利号

C. 除出口专利药品的强制许可之外，强制许可的实施应主要为了供应国内市场

D. 某公司的某型产品因为采用特殊的专利外观设计大获市场好评、一货难求、价格高昂，具备实施条件的单位或个人可以"未实施或未充分实施其专利"的理由，针对该外观设计专利提出强制许可请求

3. (2016-96) 甲在乙的发明专利基础上开发一项具有显著经济意义并有重大技术进步的技术方案，就该技术方案甲申请发明专利并获得授权，甲实施其发明专利时有赖于乙的发明专利的实施。下列说法哪些是正确的？【你的答案】

A. 甲可以向国务院专利行政部门申请强制许可，说明理由并附具有关证明文件　【选错记录】

B. 如果甲与乙就强制许可使用费不能达成协议，可以请求国务院专利行政部门裁决

C. 甲或乙对强制许可使用费的行政裁决不服的，可以提起行政复议

D. 如果甲获得实施乙专利的强制许可，则乙自动获得实施甲专利的强制许可

4. (2015-96) 世界贸易组织成员 X 暴发一场流行疾病，甲公司在中国拥有治疗该疾病药品的专利权。乙公司向国家知识产权局提出申请，请求对甲公司的药品专利给予强制许可。下列说法哪些是正确的？【你的答案】

A. 国家知识产权局在作出给予强制许可的决定前应当组织听证　【选错记录】

B. 给予强制许可的决定应当写明给予强制许可的范围和期限

C. 乙公司获得强制许可后，无须向甲公司交纳专利使用费

D. 乙公司获得强制许可后，应当将制造的药品全部出口到X

5. **(2014－75)** 下列说法哪些是正确的？
A. 专利权人与取得实施强制许可的单位或者个人就使用费不能达成协议的，由国务院专利行政部门裁决
B. 取得实施强制许可的单位或者个人享有独占的实施权
C. 专利权人对给予实施强制许可的决定不服的，可以依法申请行政复议
D. 强制许可的理由消除并不再发生时，国务院专利行政部门可以自行作出终止实施强制许可的决定

【你的答案】
_____

【选错记录】
_____

_____

6. **(2013－50)** 下列关于强制许可的说法哪些是正确的？
A. 国务院专利行政部门作出给予实施强制许可的决定，应当及时通知专利权人，并予以登记和公告
B. 国务院专利行政部门在作出驳回强制许可请求的决定前，应当通知请求人和专利权人拟作出的决定及其理由
C. 专利权人对国务院专利行政部门关于实施强制许可的决定不服的，可以自收到通知之日起3个月内向人民法院起诉
D. 专利权人对国务院专利行政部门关于实施强制许可的使用费的裁决不服的，可以自收到通知之日起3个月内向人民法院起诉

【你的答案】
_____

【选错记录】
_____

_____

7. **(2012－46)** 下列关于强制许可的说法哪些是正确的？
A. 取得实施强制许可的单位或者个人不享有独占的实施权
B. 取得实施强制许可的单位或者个人无权允许他人实施
C. 取得实施强制许可的单位或者个人应当付给专利权人合理的使用费，或者依照我国参加的有关国际条约的规定处理使用费问题
D. 强制许可的理由消除并不再发生时，国务院专利行政部门可以依职权作出终止实施强制许可的决定

【你的答案】
_____

【选错记录】
_____

_____

8. **(2012－95)** 下列关于强制许可的说法哪些是正确的？
A. 在国家出现紧急状态时，国务院有关主管部门可以根据《专利法》的规定，建议国务院专利行政部门给予其指定的具备实施条件的单位强制许可
B. 国务院专利行政部门在作出驳回强制许可请求的决定前，应当通知请求人和专利权人拟作出的决定及其理由
C. 专利权人对国务院专利行政部门关于实施强制许可的决定不服的，可以自收到通知之日起3个月内向人民法院起诉
D. 专利权人对国务院专利行政部门关于实施强制许可的使用费的裁决不服的，可以自收到通知之日起3个月内向人民法院起诉

【你的答案】
_____

【选错记录】
_____

_____

9. **(2011－28)** 下列关于强制许可的说法哪些是正确的？
A. 任何强制许可的实施只能为了供应国内市场，不能出口
B. 取得实施强制许可的单位或者个人享有独占的实施权，但无权允许他人实施
C. 专利权人对国家知识产权局关于实施强制许可的决定不服的，可以申请行政复议
D. 强制许可的理由消除并不再发生时，国家知识产权局可以自行作出终止实施强制许可的决定

【你的答案】
_____

【选错记录】
_____

_____

10. **(2011－90)** 在下列哪些情形下申请强制许可的，应当提供其以合理的条件请求专利权人许可实施专利但未能在合理的时间内获得许可的证据？
A. 因专利权人无正当理由未实施其专利而申请给予强制许可
B. 专利权人行使专利权的行为被依法认定为垄断行为，为消除或者减少该行为对竞争产生的不利影响而申请给予强制许可
C. 为了公共利益的目的申请给予强制许可
D. 针对半导体技术申请给予强制许可

【你的答案】
_____

【选错记录】
_____

11. （2011 - 69）下列关于强制许可使用费的说法哪些是正确的？

　　A. 强制许可使用费数额可以由双方协商确定

　　B. 因强制许可使用费数额产生的纠纷可以直接向人民法院起诉

　　C. 因强制许可使用费数额产生的纠纷可以请求管理专利工作的部门裁决

　　D. 当事人对关于强制许可使用费的裁决不服的，可以向人民法院起诉

【你的答案】
_____

【选错记录】
_____

12. （2010 - 39）下列有关强制许可的说法哪些是正确的？

　　A. 所有强制许可的实施都应当为了供应国内市场

　　B. 取得实施强制许可的单位或者个人无权允许他人实施

　　C. 取得实施强制许可的单位或者个人与专利权人之间就使用费不能达成协议的，可以请求管理专利工作的部门裁决

　　D. 强制许可的理由消除并不再发生时，专利权人可以请求国务院专利行政部门作出终止实施强制许可的决定

【你的答案】
_____

【选错记录】
_____

13. （2010 - 78）甲公司拥有一项治疗某种流行疾病特效药物的发明专利，乙公司具备实施该发明专利的条件。下列哪些情形下国家知识产权局可以根据乙公司提出的申请给予其实施甲公司发明专利的强制许可？

　　A. 甲公司自专利权被授予之日起满3年，且自提出专利申请之日起满4年，无正当理由未实施其专利

　　B. 乙公司认为甲公司享有该专利权导致其生产经营困难

　　C. 乙公司为开拓海外市场，打算制造该药物，专门出口到甲公司不享有专利权的国家

　　D. 乙公司拥有一项药物发明专利权，其实施依赖于甲公司发明的实施，乙公司的药物与甲公司的药物相比具有显著经济意义的重大技术进步

【你的答案】
_____

【选错记录】
_____

（二）参考答案解析

【1.（2018 - 28）解析】知识点：专利实施的强制许可

　　《专利实施强制许可办法》第十八条规定，请求人或者专利权人要求听证的，由国务院专利行政部门组织听证。……根据《专利法》第四十九条或者第五十条❶的规定建议或者请求给予强制许可的，不适用听证程序。A54 规定，在国家出现紧急状态或者非常情况时，或者为了公共利益的目的，国务院专利行政部门可以给予实施发明专利或者实用新型专利的强制许可。A55 规定，为了公共健康目的，对取得专利权的药品，国务院专利行政部门可以给予制造并将其出口到符合中华人民共和国参加的有关国际条约规定的国家或者地区的强制许可。由此可见，选项 A 的说法是正确的。

　　A63 规定，专利权人对国务院专利行政部门关于实施强制许可的决定不服的，……可以自收到通知之日起 3 个月内向人民法院起诉。根据该规定，专利权人可以对国务院专利行政部门实施的强制许可决定向法院起诉，而没有规定强制许可请求人对该决定向法院起诉，因此强制许可请求人不能对该决定向法院起诉。因此，选项 B 的说法是错误的。

　　A62 规定，取得实施强制许可的单位或者个人应当付给专利权人合理的使用费，或者依照中华人民共和国参加的有关国际条约的规定处理使用费问题。付给使用费的，其数额由双方协商；双方不能达成协议的，由国务院专利行政部门裁决。根据上述规定可知，对于强制许可使用费协商不成的，首先由国务院专利行政部门裁决。如果对裁决不服的，再依据 A63 的规定向法院起诉。因此，选项 C 的说法是错误的。

　　根据《国家知识产权局行政复议规程》第五条规定的不能申请行政复议的第（四）项情形，即"专利权人或者专利实施强制许可的被许可人对强制许可使用费的裁决不服的"，因此专利权人对国家知识产权局关于实施强制许可的决定不服的，不能对其提起行政复议，而根据 A63 的规定，应该向法院提起诉讼，而不能提起行政复议。因此选项 D 的说法是错误的。

　　综上所述，本题答案为 A。

【2.（2018 - 87）解析】知识点：专利实施的强制许可

　　A63 规定："有下列情形之一的，国务院专利行政部门根据具备实施条件的单位或者个人的申请，可以给予实施发明专利或者实用新型专利的强制许可：（一）专利权人自专利权被授予之日起满三年，且自提出专利申请之日起满四年，无正当理由未实施或者未充分实施其专利的；（二）专利权人行使专利权的行为被依法认定为垄断行为，为消除或

----

❶　《专利法》第四次修改后为第五十四条和第五十五条。

者减少该行为对竞争产生的不利影响的。"进一步地，A57 规定，强制许可涉及的发明创造为半导体技术的，其实施限于公共利益的目的和该法第五十三条第（二）项规定的情形。选项 A 中，芯片属于半导体技术，根据上述规定，仅限于公共利益目的和构成垄断行为提出强制许可，不能以"未实施或未充分实施其专利"为由提出强制许可，因此选项 A 的说法错误，符合题意。

《专利实施强制许可办法》第十四条规定，强制许可请求有下列情形之一的，不予受理并通知请求人：（1）请求给予强制许可的发明专利或者实用新型专利的专利号不明确或者难以确定……。因此，对于给予强制许可所涉及专利的专利号一定要一一列明，而不能笼统地写为"某型具体产品所涉及的全部的专利"，因此选项 B 的说法是错误的，符合题意。

A58 规定，除依照该法第五十三条第（二）项、第五十五条规定给予的强制许可外，强制许可的实施应当主要为了供应国内市场。A55 的规定是为了公共健康目的获得的强制许可需要出口到相应的国家或者地区，对于 A53 第（二）项规定的因垄断行为颁布的强制许可，其实施也不受"主要为了供应国内市场"的限制。因此，并不是所有强制许可的实施都主要为了供应国内市场的。因此，选项 C 的说法是错误的，符合题意。

根据 A53 的规定，强制许可的专利仅适用于发明专利和实用新型专利，因此不能针对外观设计专利提出强制许可请求。选项 D 中涉及的是外观设计专利，因此无论以何种理由，都不能针对其提出强制许可请求，故选项 D 的说法是错误的，符合题意。

综上所述，本题答案为 A、B、C、D。

【3.（2016 - 96）解析】知识点：从属专利的强制许可

A56.1 规定，一项取得专利权的发明或者实用新型比前已经取得专利权的发明或者实用新型具有显著经济意义的重大技术进步，其实施又有赖于前一发明或者实用新型的实施的，国务院专利行政部门根据后一专利权人的申请，可以给予实施前一发明或者实用新型的强制许可。在依照前款规定给予实施强制许可的情形下，国务院专利行政部门根据前一专利权人的申请，也可以给予实施后一发明或者实用新型的强制许可。该条款简称"从属专利强制许可"。题中，甲的发明专利的实施有赖于乙的发明专利的实施，因此根据该规定，甲可以向国务院专利行政部门申请强制许可。A59 规定，依照该法第五十三条第（一）项、第五十六条规定申请强制许可的单位或者个人应当提供证据，证明其以合理的条件请求专利权人许可其实施专利，但未能在合理的时间内获得许可。根据上述规定，甲可以向国务院专利行政部门申请强制许可，说明理由并附具有关证明文件，故选择 A 的说法正确。

同时，根据上述规定，后一专利的专利权人获得前一专利的强制许可后，国务院专利行政部门根据前一专利权人的申请，也可以给予实施后一发明或者实用新型的强制许可。因此，后一专利的专利权人获得前一专利的强制许可，并不必然使得在先专利的专利权人获得后一专利的强制许可，也需要向国务院专利行政部门提出申请，经批准后才能获得强制许可。因此，选项 D 的说法错误。

根据 A62 的规定可知，取得实施强制许可的单位或者个人应当付给专利权人合理的使用费，其数额由双方协商；双方不能达成协议的，由国务院专利行政部门裁决。因此，如果甲与乙就强制许可使用费不能达成协议，可以请求国务院专利行政部门裁决，即选项 B 的说法正确。

根据《国家知识产权局行政复议规程》第五条规定的不能申请行政复议的第（四）种情形，即"专利权人或者专利实施强制许可的被许可人对强制许可使用费的裁决不服的"，甲或乙对强制许可使用费的行政裁决不服的，不能提起行政复议，选项 C 的说法错误。事实上，根据 A63 的规定，甲或乙对强制许可使用费的行政裁决不服的，可以向人民法院提起行政诉讼，但不能向国家知识产权局申请行政复议。

综上所述，本题答案为 A、B。

【4.（2015 - 96）解析】知识点：为公共利益目的的强制许可

A55 规定，为了公共健康目的，对取得专利权的药品，国务院专利行政部门可以给予制造并将其出口到符合中华人民共和国参加的有关国际条约规定的国家或者地区的强制许可。该条款属于为公共健康目的的强制许可类型。

《专利实施强制许可办法》第十六条规定，国家知识产权局受理强制许可请求的，应当及时将请求书副本送交专利权人。除另有指定的外，专利权人应当自收到通知之日起 15 日内陈述意见；期满未答复的，不影响国家知识产权局作出决定。《专利实施强制许可办法》第十八条第一款规定，请求人或者专利权人要求听证的，由国家知识产权局组织听证。综合上述规定，国家知识产权局作出给予强制许可的决定前是否组织听证是应请求人或者专利权人的请求而启动的，因此并不是应当组织听证，故选项 A 的说法错误。

《专利实施强制许可办法》第二十二条第一款规定："给予强制许可的决定应当写明下列各项：（一）取得强制许可的单位或者个人的名称或者姓名、地址；（二）被给予强制许可的发明专利或实用新型专利的名称、专利号、申请日及授权公告日；（三）给予强制许可的范围和期限；（四）决定的理由、事实和法律依据；（五）国家知识产权局的印章及负责人签字；（六）决定的日期；（七）其他有关事项。"选项 B 相应于上述规定中应当写明的第（三）项事项，因此其说法是正确的。

根据 A62 的规定可知，取得实施强制许可的单位或者个人应当付给专利权人合理的使用费。因此，选项 C 的说法是错误的。

《专利实施强制许可办法》第二十三条规定："国家知识产权局根据专利法第五十条❶作出给予强制许可的决定的，还应当在该决定中明确下列要求：（一）依据强制许可制造的药品数量不得超过进口方所需的数量，并且必须全部出口到该进口方……。"根据该规定，乙公司获得强制许可后，应当将制造的药品全部出口到成员 X，即选项 D 的说法正确。

综上所述，本题答案为 B、D。

【5.（2014－75）解析】知识点：专利实施的强制许可

根据 A57 的规定可知，双方不能就实施强制许可使用费达成协议的，由国务院专利行政部门裁决。因此，选项 A 的说法正确。

A61 规定，取得实施强制许可的单位或者个人不享有独占的实施权，并且无权允许他人实施。因此，选项 B 的说法错误。

根据《国家知识产权局行政复议规程》第四条的规定，对国家知识产权局作出的有关专利申请、专利权的具体行政行为不服的，可以依法申请行政复议。由于实施强制许可的决定是国家知识产权局作出的有关专利权的具体行政行为，专利权人可以申请行政复议，即选项 C 的说法正确。

根据 A60.2 的规定，……强制许可的理由消除并不再发生时，国务院专利行政部门应当根据专利权人的请求，经审查后作出终止实施强制许可的决定，即选项 D 的说法错误。

综上所述，本题答案为 A、C。

【6.（2013－50）解析】知识点：专利实施的强制许可

A60.1 规定，国务院专利行政部门作出的给予实施强制许可的决定，应当及时通知专利权人，并予以登记和公告。选项 A 的说法与该规定相符，故其说法正确。

R90.3 规定，国务院专利行政部门在作出驳回强制许可请求的决定或者给予强制许可的决定前，应当通知请求人和专利权人拟作出的决定及其理由。选项 B 的说法与该规定相符，因此其说法是正确的。

A63 规定，专利权人对国务院专利行政部门关于实施强制许可的决定不服的，专利权人和取得实施强制许可的单位或者个人对国务院专利行政部门关于实施强制许可的使用费的裁决不服的，可以自收到通知之日起 3 个月内向人民法院起诉。根据该规定可知，选项 C 和 D 的说法正确。

综上所述，本题答案为 A、B、C、D。

【7.（2012－46）解析】知识点：专利实施的强制许可

A61 规定，取得实施强制许可的单位或者个人不享有独占的实施权，并且无权允许他人实施。根据该规定，选项 A 和 B 的说法正确。

A62 规定，取得实施强制许可的单位或者个人应当付给专利权人合理的使用费，或者依照中华人民共和国参加的有关国际条约的规定处理使用费问题……。选项 C 的说法与上述规定一致，因此其说法是正确的。

根据 A60.2 的规定可知，强制许可的理由消除并不再发生时，国务院专利行政部门不可以依职权（而是应专利权人的请求）作出终止实施强制许可的决定，即选项 D 的说法错误。

综上所述，本题答案为 A、B、C。

【8.（2012－95）解析】知识点：专利实施的强制许可

A54 规定，在国家出现紧急状态或者非常情况时，或者为了公共利益的目的，国务院专利行政部门可以给予实施发明专利或者实用新型专利的强制许可。进一步地，《专利实施强制许可办法》第六条规定，在国家出现紧急状态或者非常情况时，或者为了公共利益的目的，国务院有关主管部门可以根据《专利法》第四十九条（《专利法》修改后为第五十四条）的规定，建议国家知识产权局给予其指定的具备实施条件的单位强制许可。根据该规定，在国家出现紧急状态时，国务院有关主管部门可以根据《专利法》的规定，建议国务院专利行政部门给予其指定的具备实施条件的单位强制许可，即选项 A 的说法正确。

R90.3 规定，国务院专利行政部门在作出驳回强制许可请求的决定或者给予强制许可的决定前，应当通知请求人和专利权人拟作出的决定及其理由。由此可知，选项 B 的说法与该规定相符，故其说法正确。

根据 A63 的规定可知，选项 C 和 D 与上述规定相符，因此其说法是正确的。

综上所述，本题答案为 A、B、C、D。

---

❶ 《专利法》第四次修改后改为第五十五条。

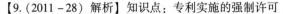

【9.(2011-28)解析】知识点：专利实施的强制许可

参见2.(2018-87)选项C的解析可知，并不是所有强制许可的实施都只为了供应国内市场，不能出口。因此，选项A的说法错误。

A61规定，取得实施强制许可的单位或者个人不享有独占的实施权，并且无权允许他人实施。由此可知，选项B的说法错误。

参见5.(2014-75)选项C的解析可知，专利权人对实施强制许可的决定不服的，可以申请行政复议。因此，选项C的说法正确。

根据A60.2的规定可知，国务院专利行政部门不可以自行（而是应专利权人的请求）作出终止实施强制许可的决定，即选项D的说法错误。

综上所述，本题答案为C。

【10.(2011-90)解析】知识点：合理条件的强制许可

A59规定，依照该法第五十三条第（一）项、第五十六条规定申请强制许可的单位或者个人应当提供证据，证明其以合理的条件请求专利权人许可其实施专利，但未能在合理的时间内获得许可。

根据上述规定，对于因专利权人无正当理由未实施其专利而申请给予强制许可（相应于A59第（一）项所述情形），应当提供证据，以证明其以合理的条件请求专利权人许可其实施专利，但未能在合理的时间内获得许可，因此选项A符合题意。此外，就是在A56所述的涉及从属专利的情况下，需要提供证据，以证明其以合理的条件请求专利权人许可其实施专利，但未能在合理的时间内获得许可。而对于其他情况，包括"专利权人行使专利权的行为被依法认定为垄断行为，为消除或者减少该行为对竞争产生的不利影响"而申请给予强制许可（相应于A53第（二）项所述情形）、为了公共利益的目的申请给予强制许可（A55）、针对半导体技术申请给予强制许可（A57），均没有规定需要提供上述证据。因此，选项B、C和D均不符合题意。

综上所述，本题答案为A。

【11.(2011-69)解析】知识点：专利实施强制许可的使用费

根据A62的规定可知，取得实施强制许可的单位或者个人应当付给专利权人合理的使用费，其数额由双方协商；双方不能达成协议的，由国务院专利行政部门裁决。由此可知，强制许可使用费数额可以由双方协商确定，即选项A的说法正确。

A63规定，……专利权人和取得实施强制许可的单位或者个人对国务院专利行政部门关于实施强制许可的使用费的裁决不服的，可以自收到通知之日起3个月内向人民法院起诉。综合A62和A63的规定可知，对于强制许可使用费协商不成的，首先由国务院专利行政部门裁决，如果对裁决不服的，再依据A63的规定向法院起诉。因此，选项B的说法是错误的。注意，先由国务院专利行政部门裁决即国家知识产权局进行裁决，而不是请求管理专利工作的部门（通常称为地方知识产权局）裁决，故选项C的说法是错误的。根据A63的规定，对国务院专利行政部门关于实施强制许可的使用费的裁决不服的，可以自收到通知之日起3个月内向人民法院起诉。因此，选项D的说法正确。

综上所述，本题答案为A、D。

【12.(2010-39)解析】知识点：专利实施的强制许可

参见2.(2018-87)的解释。根据A57的规定可知，A53第（二）项规定的因垄断行为颁布的强制许可，其实施也不受"主要为了供应国内市场"的限制。因此，选项A的说法错误。

根据A61的规定，选项B的说法正确。

根据A63的规定可知，对于实施强制许可而付给使用费，双方不能达成协议的，由国务院专利行政部门裁决，而不是请求管理专利工作的部门裁决，故选项C的说法错误。

根据A60.2的规定可知，强制许可的理由消除并不再发生时，专利权人可以请求国务院专利行政部门作出终止实施强制许可的决定，即选项D的说法正确。

综上所述，本题答案为B、D。

【13.(2010-78)解析】知识点：合理条件的强制许可

A53规定："有下列情形之一的，国务院专利行政部门根据具备实施条件的单位或者个人的申请，可以给予实施发明专利或者实用新型专利的强制许可：（一）专利权人自专利权被授予之日起满三年，且自提出专利申请之日起满四年，无正当理由未实施或者未充分实施其专利的；（二）专利权人行使专利权的行为被依法认定为垄断行为，为消除或者减少该行为对竞争产生的不利影响的。"该条款规定的是合理条件的强制许可类型。题中，乙公司具备实施该发明专利的条件，如果甲公司自专利权被授予之日起满 3 年，且自提出专利申请之日起满 4 年，无正当理由未实施其专利，则乙公司可以请求给予强制许可，即国家知识产权局可以根据乙公司提出的申请给予其实施甲公司发明专利的强制许可，即选项 A 所述条件符合题意。

选项 B 并不是强制许可的理由。除非根据 A53 第（二）项规定的情形，即专利权人行使专利权的行为被依法认定为垄断行为，为消除或者减少该行为对竞争产生的不利影响的，才可以请求强制许可。因此，选项 B 不符合题意。

选项 C 中，乙公司为开拓海外市场，打算制造该药物，专门出口到甲公司不享有专利权的国家，该情形不是强制许可的理由。A55 规定，为了公共健康目的，对取得专利权的药品，国务院专利行政部门可以给予制造并将其出口到符合中华人民共和国参加的有关国际条约规定的国家或者地区的强制许可。题中，虽然甲公司获得专利权的发明是治疗流行病的药物，但因为乙公司制造该药物的目的在于出口到甲公司不享有专利权的国家，而并不是为了解决 A55 中规定的公共健康问题，因此选项 C 所述情形不符合题意。

根据 A56.1 的规定可知，选项 D 中乙公司可以请求给予甲公司药物专利的强制许可，故符合题意。

综上所述，本题答案为 A、D。

（三）总体考点分析

本部分涉及专利实施的强制许可相关规定，属于较高频考点，主要包括强制许可的类型，强制许可请求和审批，对强制许可的给予和实施的限制、终止，以及强制许可使用费的裁决。重点掌握：因专利权人未实施或者未充分实施专利而给予的强制许可、为消除或者减少垄断行为对竞争产生的不利影响而给予的强制许可、为公共利益目的而给予的强制许可、为公共健康目的而给予的强制许可以及从属专利的强制许可等强制许可类型；强制许可请求的提出及要求；强制许可请求的听证、给予强制许可的决定、对给予强制许可的决定不服的救济；对强制许可的被许可人的要求和权利、给予强制许可实施的限制；强制许可使用费解决途径，尤其是强制许可使用费的裁决和对裁决决定不服的救济；强制许可的终止，尤其是强制许可理由不再存在的终止程序。

高频结论

√ 专利权人自专利权被授予之日起满 3 年，且自提出专利申请之日起满 4 年，无正当理由未实施或者未充分实施其专利的，国务院专利行政部门根据具备实施条件的单位或者个人的申请，可以给予实施发明专利或者实用新型专利的强制许可（简称"专利权人未实施或者未充分实施专利而给予的强制许可"）。

√ 专利权人行使专利权的行为被依法认定为垄断行为，为消除或者减少该行为对竞争产生的不利影响的，国务院专利行政部门根据具备实施条件的单位或者个人的申请，可以给予实施发明专利或者实用新型专利的强制许可（简称"消除或者减少垄断行为对竞争产生的不利影响而给予的强制许可"）。

√ 在国家出现紧急状态或者非常情况时，或者为了公共利益的目的，国务院专利行政部门可以给予实施发明专利或者实用新型专利的强制许可（简称"公共利益目的而给予的强制许可"）。

√ 国家出现紧急状态时，国务院有关主管部门可以根据《专利法》的规定，建议国务院专利行政部门给予其指定的具备实施条件的单位强制许可。

√ 强制许可涉及的发明创造为半导体技术的，其实施限于公共利益的目的和消除或者减少垄断行为对竞争产生的不利影响，即对半导体技术，不能以未实施或未充分实施其专利为由提出强制许可。

√ 为了公共健康目的，对取得专利权的药品，国务院专利行政部门可以给予制造并将其出口到符合中华人民共和国参加的有关国际条约规定的国家或者地区的强制许可（简称"公共健康目的的强制许可类型"）。

√ 一项取得专利权的发明或者实用新型比前已经取得专利权的发明或者实用新型具有显著经济意义的重大技术进步，其实施又有赖于前一发明或者实用新型的实施的，国务院专利行政部门根据后一专利权人的申请，可以给予实施前一发明或者实用新型的强制许可。在依照前款规定给予实施强制许可的情形下，国务院专利行政部门根据前一专利权人的申请，也可以给予实施后一发明或者实用新型的强制许可（简称"从属专利强制许可"）。

√ 对于因垄断行为颁布的强制许可，其实施不受"主要为了供应国内市场"的限制。因此，并不是所有强制许可的实施都只为了供应国内市场，或者不能出口（为公共健康目的的强制许可是需要出口到相应国家的）。

√ 涉及专利权人未实施或者未充分实施专利而给予的强制许可，以及从属专利而给予的强制许可，需要提供证据，以证明其以合理的条件请求专利权人许可其实施专利，但未能在合理的时间内获得许可（称为

"合理条件的强制许可")。

　　✓　强制许可的专利仅适用于发明专利和实用新型专利，而无论以何种理由，都不能针对外观设计专利提出强制许可请求。

　　✓　国务院专利行政部门作出的给予实施强制许可的决定，应当及时通知专利权人，并予以登记和公告。

　　✓　国务院专利行政部门在作出驳回强制许可请求的决定或者给予强制许可的决定前，应当通知请求人和专利权人拟作出的决定及其理由。

　　✓　请求给予强制许可的发明专利或者实用新型专利的专利号应当明确，而不能笼统地写为"某型具体产品所涉及的全部的专利"。

　　✓　对于专利强制许可，请求人或者专利权人要求听证的，由国务院专利行政部门组织听证（不是应当或必须组织听证）。此外，对于国家出现紧急状态或者非常情况时，或者为了公共利益的目的而给予的强制许可，或者为了公共健康目的而给出药品专利给予强制许可的，不适用听证程序。

　　✓　专利权人对国务院专利行政部门关于实施强制许可的决定不服的（请求人不能起诉），可以自收到通知之日起3个月内向人民法院起诉。

　　✓　实施强制许可的决定是国家知识产权局作出的有关专利权的具体行政行为，可以依法申请行政复议。

　　✓　取得实施强制许可的单位或者个人不享有独占的实施权，并且无权允许他人实施。

　　✓　取得实施强制许可的单位或者个人应当付给专利权人合理的使用费，或者依照中华人民共和国参加的有关国际条约的规定处理使用费问题。付给使用费的，其数额由双方协商；双方不能达成协议的，由国务院专利行政部门裁决（并不是管理专利工作的部门）。

　　✓　专利权人和取得实施强制许可的单位或者个人对国务院专利行政部门关于实施强制许可的使用费的裁决不服的，可以自收到通知之日起3个月内向人民法院起诉。

　　✓　对于强制许可使用费协商不成的，首先由国务院专利行政部门裁决；如果对裁决不服的，再依据规定向法院起诉（不能直接起诉，必须经过裁决环节）。

　　✓　专利权人或者专利实施强制许可的被许可人对强制许可使用费的裁决不服的，不能申请行政复议。

（四）参考答案

1. A　　　　　　2. A、B、C、D　　　3. A、B　　　　　4. B、D　　　　　5. A、C
6. A、B、C、D　　7. A、B、C　　　　8. A、B、C、D　　9. C　　　　　　10. A
11. A、D　　　　12. B、D　　　　　13. A、D

二、专利实施的开放许可

（一）模拟试题测试

模拟题－1. 下列哪些属于专利权人不得对其专利实行开放许可的情形？

　　A. 专利权处于独占或者排他许可有效期限内的

　　B. 专利权被宣告部分无效的

　　C. 专利权评价报告结论认为实用新型或者外观设计专利权部分不符合授予专利权条件的

　　D. 专利权被质押，但是质权人同意对其专利实行开放许可的

【你的答案】

【选错记录】

模拟题－2. 下列关于开放许可声明中许可费的表述，哪些说法是符合规定的？

　　A. 采用一次总付的方式，一次性全额支付许可使用费1000—2000万元

　　B. 采用一次总付的方式，一次性全额支付许可使用费2500万元

　　C. 采用一次总付的方式，一次性全额支付许可使用费1000万元

　　D. 采用一次总付的方式，一次性全额支付许可使用费1000万元，具体可以酌情再商量

【你的答案】

【选错记录】

模拟题－3. 下列关于专利开放许可的说法正确的是？

A. 专利开放许可是专利权人的自愿行为

B. 专利权人提出开放许可声明时只能以纸质书面形式提交

C. 任何单位或者个人有意愿以开放许可方式实施专利的，可以通知专利权人，并与专利权人进一步协商许可使用费的支付方式和标准

D. 当事人就实施开放许可发生纠纷的，可以由国务院专利行政部门进行调解，也可以向人民法院起诉

【你的答案】

【选错记录】

模拟题－4. 下列关于专利开放许可撤回手续的说法正确的是？

A. 共有专利权人就共有专利权撤回开放许可声明的，应当取得全体共有人的书面同意

B. 专利权人有意愿与他人签订独占许可合同的，应首先撤回已公告生效的专利开放许可声明

C. 专利开放许可声明撤回后，视为该声明自始不存在

D. 已公告的专利开放许可声明，在专利权被宣告全部无效后，应当及时撤回专利开放许可声明

【你的答案】

【选错记录】

模拟题－5. 专利权人对已实行开放许可的专利办理以下哪些手续时，应先撤回开放许可声明的是？

A. 因专利权转让，提出著录项目变更请求的

B. 专利权人以书面声明请求放弃其专利权的

C. 因继承发生专利权转移，提出著录项目变更请求

D. 对已实行开放许可的专利，经质权人同意后办理专利权质押登记手续的

【你的答案】

【选错记录】

模拟题－6. 下列关于专利开放许可声明的说法正确的是？

A. 发明专利、实用新型专利和外观设计专利都可以提出开放许可声明，但是就实用新型专利和外观设计专利提出开放许可声明的，应当提供专利权评价报告

B. 专利权人撤回开放许可声明的，自撤回声明当年所在的专利年度起不再享有因开放许可获得的专利年费减缴

C. 请求人办理专利开放许可实施合同备案后，还需进一步提交备案专利的年费减缴请求，才视为专利权人提出专利年费减缴请求

D. 专利权人通过提供虚假材料、隐瞒事实等手段作出开放许可声明的，国家知识产权局一经发现，应予撤销

【你的答案】

【选错记录】

（二）参考答案解析

【模拟题－1解析】知识点：专利开放许可

G－5－11－3.1关于"专利开放许可声明的客体"规定："专利权有下列情形之一的，专利权人不得对其实行开放许可：（1）专利权处于独占或者排他许可有效期限内的；……（4）专利权被质押，未经质权人同意的；……（6）专利权已经被宣告全部无效的；……（8）专利权评价报告结论认为实用新型或者外观设计专利权不符合授予专利权条件的……"因此，根据情形（1），选项A的说法正确；根据情形（6），专利权只有被宣告全部无效的才不得对其实行开放许可，对于被宣告部分无效是可以实行开放许可的，因此，选项B的说法错误；根据情形（8），专利权评价报告结论认为实用新型或者外观设计专利权全部不符合授予专利权条件的，才不得对该专利实行开放许可，对于专利权评价报告结论认为实用新型或者外观设计专利权部分不符合授予专利权条件的是可以对该专利实行开放许可的，因此，选项C说法错误；根据情形（4），专利权被质押，未经质权人同意的是不得对其专利实行开放许可的，但是对于经质权人同意的专利，是可以对其实行开放许可的，因此，选项D的说法错误。

综上所述，本题答案为A。

【模拟题－2解析】知识点：开放许可声明、许可费

A50.1中规定："专利权人自愿以书面方式向国务院专利行政部门声明愿意许可任何单位或者个人实施其专利，并明确许可使用费支付方式、标准的，由国务院专利行政部门予以公告，实行开放许可"。A51.1规定："任何单位或者个人有意愿实施开放许可的专利的，以书面方式通知专利权人，并依照公告的许可使用费支付方式、标准支付许可使用费后，即获得专利实施许可。"由此可知，我国的专利开放许可采取的是要约模式，在提出开放许可声明时应当明确许可使用费的标准和支付方式，因此，选项A和D的说法错误，选项C的说法正确。

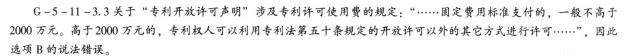

G-5-11-3.3关于"专利开放许可声明"涉及专利许可使用费的规定："……固定费用标准支付的，一般不高于2000万元。高于2000万元的，专利权人可以利用专利法第五十条规定的开放许可以外的其它方式进行许可……"，因此选项B的说法错误。

综上所述，本题答案为C。

【模拟题-3解析】知识点：专利开放许可

A50.1中规定："专利权人自愿以书面方式向国务院专利行政部门声明愿意许可任何单位或者个人实施其专利，并明确许可使用费支付方式、标准的，由国务院专利行政部门予以公告，实行开放许可。"因此，选项A的说法正确。

G-5-11-3关于"专利开放许可声明的提出"规定："专利权人有意愿实行开放许可专利的，应当向国家知识产权局提交专利开放许可声明。开放许可声明原则上应当通过电子形式提交，电子形式提交确有困难的，可以向国家知识产权局指定的地点面交或者邮寄相关文件。"可见，开放许可声明时主要电子形式提交，而不是只能以纸质书面形式提交。因此，选项B的说法错误。

A51.1规定："任何单位或者个人有意愿实施开放许可的专利的，以书面方式通知专利权人，并依照公告的许可使用费支付方式、标准支付许可使用费后，即获得专利实施许可。"即并不是在通过专利权人后"与专利权人进一步协商许可使用费的支付方式和标准"。因此，选项C的说法错误。

A52规定："当事人就实施开放许可发生纠纷的，由当事人协商解决；不愿协商或者协商不成的，可以请求国务院专利行政部门进行调解，也可以向人民法院起诉。"因此，选项D的说法正确。

综上所述，本题答案为A、D。

【模拟题-4解析】知识点：专利开放许可

G-5-11-4关于"专利开放许可声明的撤回"中规定："专利权人可以依据专利法实施细则第八十六条规定或者基于其他正当理由撤回开放许可声明。共有人就共有专利权撤回开放许可声明的，应当取得全体共有人的书面同意。"因此，选项A的说法正确。

G-5-11-3.1关于"专利开放许可声明的客体"中规定："专利权有下列情形之一的，专利权人不得对其实行开放许可：（1）专利权处于独占或者排他许可有效期限内的；……（6）专利权已经被宣告全部无效的；……"根据情形（1），选项B的说法正确，根据情形（6），选项D的说法正确。

A50.2规定："……开放许可声明被公告撤回的，不影响在先给予的开放许可的效力。"G-5-11-4关于"专利开放许可声明的撤回"中规定："开放许可声明的撤回，自公告之日起生效。"因此，选项C的说法错误。

综上所述，本题答案为A、B、D。

【模拟题-5解析】知识点：专利开放许可

G-5-11-9关于"已实行开放许可的专利相关手续办理"规定："对于已实行开放许可的专利，在办理以下手续前，专利权人应当首先撤回开放许可声明：（1）因专利权转让，提出著录项目变更请求的；（2）专利权人以书面声明请求放弃其专利权的。除专利权转让外，专利权人因其他事由发生变更且继续实行开放许可的，应当及时办理原开放许可声明撤回和重新声明的相关手续；……专利权人以实行开放许可的专利权出质的，办理专利权质押登记时，应当提供质权人同意继续实行专利开放许可的书面声明。"因此，选项A和选项B的说法正确，选项C和选项D的说法错误。

综上所述，本题答案为A、B。

【模拟题-6解析】知识点：专利开放许可

G-5-11-3.1关于"专利开放许可声明的客体"中规定："专利开放许可声明的客体应当是已经授权公告的发明专利、实用新型专利和外观设计专利"，同时A50.1中规定，就实用新型、外观设计专利提出开放许可声明的，应当提供专利权评价报告，因此，选项A的说法正确。G-5-11-8关于"专利开放许可实施期间费减手续的办理"中规定："专利权人撤回开放许可声明的，自下一专利年度起不再享有因开放许可获得的专利年费减缴。"因此，选项B的说法错误。

G-5-11-8关于"专利开放许可实施期间费减手续的办理"中规定："请求人办理专利开放许可实施合同备案，视为专利权人同时提出专利年费减缴请求。专利开放许可实施合同被准予备案的，专利权人可以在专利开放许可实施期间，按规定享有自备案日起尚未到期的专利年费的减缴。"因此，选项C的说法错误。R88规定："专利权人不得通过提供虚假材料、隐瞒事实等手段，作出开放许可声明或者在开放许可实施期间获得专利年费减免。"同时在G-5-11-3.4关于"准予公告和不予公告"第（3）项规定："专利权人通过提供虚假材料、隐瞒事实等手段作出开放许可声明的，国家知识产权局一经发现，应予撤销。"因此，选项D的说法正确。

综上所述，本题答案为A、D。

（三）总体考点分析

开放许可是《专利法》第四次修改新增的内容（涉及 A50、A51、A52），将是今后可能的考点。因此将相关规定列出作为高频结论。

 高频结论

✓ 专利权人可以自愿（非强制）以书面方式（不能以其他方式）向国家知识产权局（不是其他部门如法院、地方知识产权局等）声明愿意许可任何单位或者个人实施其专利，并明确许可使用费支付方式标准。国家知识产权局对其予以公告、实行开放许可。

✓ 就实用新型、外观设计提出开放许可声明的，应当提供专利权评价报告。

✓ 专利权人可以撤回开放许可声明，需以书面方式提出，国家知识产权局予以公告。

✓ 开放许可声明被公告撤回的，不影响在先给予的开放许可的效力。

✓ 有意愿实施开放许可的专利的，以书面方式通知专利权人。

✓ 开放许可实施期间，对专利权人缴纳专利年费相应给予减免。

✓ 开放许可是普通许可，不得就该专利给予独占或者排他许可。

✓ 当事人就实施开放许可产生纠纷的，可以协商解决；不愿协商，或协商不成的，可以请求国家知识产权局进行调解，也可以向人民法院起诉。

✓ 专利许可使用费采用以固定费用标准支付的，一般不高于 2000 万元。

✓ 专利权处于独占或者排他许可有效期限内的被质押，未经质权人同意的；已经被宣告全部无效的；专利权评价报告结论认为实用新型或者外观设计专利权全部不符合授予专利权条件的，专利权人不得对其专利权实行开放许可。

✓ 专利开放许可实施合同被准予备案的，专利权人可以在专利开放许可实施期间，按规定享有自备案日起尚未到期的专利年费的减缴；专利权人撤回开放许可声明的，自下一专利年度起不再享有因开放许可获得的专利年费减缴。

✓ 开放许可声明的撤回，自公告之日起生效。

（四）试题参考答案

1. A	2. C	3. A、D	4. A、B、D	5. A、B
6. A、D				

第七章　专利合作条约及其他与专利相关的国际条约

本章要求了解《专利合作条约》的目的；掌握《专利合作条约》及其实施细则中关于国际申请程序、国际检索、国际公布和国际初步审查的规定；掌握国际申请进入中国国家阶段的特别规定；适当了解中国参加的与专利相关的其他国际条约。

第一节　专利合作条约

一、条约的基本知识及国际申请

（一）历年试题集合

1. (2019-28) 某 PCT 国际申请有两个申请人，第一申请人的国籍和居所均为美国，第二申请人的国籍为韩国，居所为中国。下列说法哪些是错误的？

　　A. 中国国家知识产权局不可以作为该国际申请的主管受理局

　　B. 美国专利商标局可以作为该国际申请的主管受理局

　　C. 申请人可以向世界知识产权组织国际局提交该国际申请

　　D. 韩国知识产权局可以作为该国际申请的主管受理局

【你的答案】

【选错记录】

2. (2017-57) 下列关于 PCT 国际申请的说法哪些是正确的？

　　A. 申请人可以依据 PCT 条约提交 PCT 国际申请，也可以依据《巴黎公约》直接向外国提交专利申请

　　B. 国际初步审查程序是 PCT 国际申请的必经程序

　　C. 国际检索单位书面意见和专利性国际初步报告是国际单位对作为国际申请主题的发明是否有新颖性、创造性和工业实用性提出的初步的、无约束力的意见

　　D. 有些 PCT 国际申请的主题如原子核变换方法，即使国际单位经检索认为其具备新颖性和创造性，也无法在中国获得专利权

【你的答案】

【选错记录】

3. (2016-97) 美籍华人张某长期居住在上海，就其在上海工作期间完成的发明创造提交 PCT 国际申请，下列说法哪些是正确的？

　　A. 张某可以直接向美国专利商标局提交国际申请

　　B. 张某可以直接向国家知识产权局提交国际申请

　　C. 张某可以直接向世界知识产权组织国际局提交国际申请

　　D. 该国际申请进入中国国家阶段时，申请人可以要求发明或实用新型专利保护

【你的答案】

【选错记录】

4. (2013-81) 根据 PCT 条约的相关规定，下列说法哪些是正确的？

　　A. PCT 条约述及"专利"应解释为述及发明人证书、实用证书、实用新型、外观设计证书等

　　B. 通过 PCT 条约途径提出的专利申请只能获得发明专利保护

　　C. PCT 条约中所述及的"受理局"，是指受理国际申请的国家局或者政府间组织

　　D. 经国际专利合作联盟大会决定，申请人是《巴黎公约》缔约国但不是 PCT 条约缔约国的居民或者国民也可以提出国际申请

【你的答案】

【选错记录】

5. (2017－10)申请人于 2017 年 6 月 1 日通过邮局向国家知识产权局寄出一份 PCT 国际申请。国家知识产权局于 2017 年 6 月 9 日收到该申请。经审查发现，申请人提交了请求书、说明书和权利要求书，但未提交摘要，且未在请求书上签字。后申请人于 2017 年 7 月 6 日补交经申请人签字的请求书替换页，于 2017 年 7 月 7 日补交摘要，则该 PCT 申请的国际申请日是哪一天？

【你的答案】

【选错记录】

A. 2017 年 6 月 1 日

B. 2017 年 6 月 9 日

C. 2017 年 7 月 6 日

D. 2017 年 7 月 7 日

6. (2016－98)下列哪些情形的国际申请不能以受理局收到国际申请文件之日作为国际申请日？

【你的答案】

【选错记录】

A. 申请中没有按规定写明发明人的姓名

B. 申请中未指定任何缔约国

C. 没有缴纳国际申请费和手续费

D. 国际申请没有用规定的语言撰写

7. (2015－99）&（2012－49）下列关于 PCT 国际申请的说法哪些是正确的？

【你的答案】

A. 香港特别行政区的居民可以向国家知识产权局提交 PCT 国际申请，也可以向国际局提交 PCT 国际申请

【选错记录】

B. 不能就外观设计提出 PCT 国际申请

C. 中国国民向国家知识产权局提交的 PCT 国际申请，可以指定欧洲专利局进行国际检索

D. PCT 国际申请在进入国家阶段之前必须经过国际初步审查

8. (2014－38)下列关于 PCT 国际申请相关费用的说法哪些是正确的？

【你的答案】

A. 中国港澳台地区的申请人不能享受国际申请费的减免

【选错记录】

B. 在国际阶段符合一定条件的 PCT 国际申请可以减免国际申请费

C. 由国家知识产权局作为受理局受理的英文国际申请，在进入中国国家阶段时不能减免申请费及申请附加费

D. PCT 国际申请进入中国国家阶段后，申请人改正译文错误的，应当提交书面请求、译文改正页，并缴纳译文改正费

9. (2013－23)对处于国际阶段的 PCT 国际申请，下列哪种情形可能导致重新确定国际申请日？

【你的答案】

A. 摘要使用的语言跟说明书和权利要求使用的语言不一致

【选错记录】

B. 申请人未在申请中写明发明名称

C. 申请人未在规定期限内缴纳国际申请费

D. 申请文件中遗漏一页说明书

10. (2011－10)向国家知识产权局提出的 PCT 国际申请，在满足其他受理条件的情况下，下列哪些情形可以将收到该申请之日记录为国际申请日？

【你的答案】

A. 申请人以日文提交申请

【选错记录】

B. 申请中未按规定方式写明申请人的姓名或者名称

C. 申请人提交的申请文件中有一部分表面上看像是说明书

D. 申请人提交的权利要求书中含有表格

11. (2010－73)一位长期居住在日本的中国公民，2009 年在香港某大学作访问学者期间提出一件 PCT 申请，下列哪些机构可以受理其提出的 PCT 申请？

【你的答案】

A. 日本特许厅

【选错记录】

B. 香港特别行政区知识产权署

  C. 中国国家知识产权局

  D. 世界知识产权组织国际局

12. (2010 - 18)国家知识产权局收到一件由两个申请人共同提出的 PCT 国际申请。下列哪些情形将导致国家知识产权局收到该国际申请之日不能作为国际申请日？

  A. 申请是以英文提出的

  B. 共同申请人之一不是《专利合作条约》缔约国的居民或者国民

  C. 未按规定填写关于优先权要求的声明

  D. 未按规定方式写明申请人的姓名

【你的答案】

【选错记录】

（二）参考答案解析

【1. (2019 - 28) 解析】 知识点：PCT 条约（受理局的确定）

《专利合作条约实施细则》（简称"PCT 细则"）第 19.1 条（a）规定，除（b）另有规定外，国际申请应按照申请人的选择，（i）向申请人是其居民的缔约国的或者代表该国的国家局提出，或（ii）向申请人是其国民的缔约国的或者代表该国的国家局提出，（iii）向国际局提出，而与申请人是其居民或者国民的缔约国无关。

PCT 细则第 19.2 条规定，如果有两个或者两个以上申请人，（i）只要接受国际申请的国家局是一个缔约国的或者代表一个缔约国的国家局，而且申请人中至少有一人是该缔约国的居民或国民，则应认为已经符合该细则第 19.1 条的要求；（ii）只要申请人中至少有一人是某缔约国的国民或居民，根据该细则第 19.1 条（a）（iii），国际申请可以向国际局递交。

根据上述规定，国际申请向哪里提交与申请人的顺序没有关系，只要其中一个申请人能够向哪里提交，则这个国际申请就可以向哪里提交。因此，本题中第一申请人和第二申请人顺序不重要，只要其中一个有权提交的局就是该申请可以提交的局，故第一申请人的国籍和居所均为美国，则表明该国际申请可以向美国专利商标局和世界知识产权组织国际局提交，即选项 B 和选项 C 的说法正确，不符合题意；第二申请人国籍为韩国、居所为中国，则表明该国际申请可以向韩国知识产权局、中国国家知识产权局和世界知识产权组织国际局这三个地方提交，即选项 C 和选项 D 的说法正确，不符合题意；而选项 A 的说法是错误的，符合题意。

综上所述，本题答案为 A。

【2. (2017 - 57) 解析】 知识点：PCT 条约（国际申请的程序）

《专利合作条约》（简称"PCT 条约"）第 3 条规定，（1）在任何缔约国，保护发明的申请都可以按照该条约作为国际申请提出……。根据《巴黎公约》的国民待遇原则，在工业产权保护方面，公约各成员国必须在法律上给予公约其他成员国相同于其该国国民的待遇；即使是非成员国国民，只要他在公约某一成员国内有住所，或有真实有效的工商营业所，亦应给予相同于该国国民的待遇。因此，申请人既可以依据 PCT 条约提交 PCT 国际申请（简称"PCT 途径"），也可以依据《巴黎公约》直接向外国提交专利申请（简称"巴黎公约途径"），因此选项 A 的说法正确。

PCT 条约第 31 条规定，（1）经申请人要求，对国际申请应按下列规定和细则进行国际初步审查……。国际初步审查程序是国际阶段的可选程序，如果申请人未要求国际初步审查的，则不进行国际初步审查。因此，选项 B 的说法是错误的。注意，国际检索才是 PCT 国际申请的必经程序。

G-3-2-5.1 关于"专利性国际初步报告的使用"中规定，国际申请的国际初步审查是根据 PCT 条约第 33 条（1）的规定对请求保护的发明看起来是否有新颖性、是否有创造性（非显而易见性）和是否有工业实用性提出初步的无约束力的意见。故选项 C 的说法是正确的。

G-3-2-5.2 关于"审查申请是否属于不授予专利权的发明创造"中规定，……进入国家阶段的国际申请属于《专利法》第五条或《专利法》第二十五条规定不授予专利权的发明创造（例如赌博工具、原子核变换方法）的，即使其申请主题不属于 PCT 细则第 39 条规定所排除的内容，也不能被授予专利权。根据该规定，PCT 国际申请的主题是原子核变换方法，即使国际单位经检索认为其具备新颖性和创造性，在中国也无法获得专利权，因此选项 D 的说法正确。

综上所述，本题答案为 A、C、D。

【3. (2016 - 97) 解析】 知识点：PCT 条约（受理局的确定）；相关知识点：保密审查

A19 规定，任何单位或者个人将在中国完成的发明或者实用新型向外国申请专利的，应当事先报经国务院专利行政部门进行保密审查。保密审查的程序、期限等按照国务院的规定执行。中国单位或者个人可以根据中华人民共和国参加的有关国际条约提出专利国际申请。申请人提出专利国际申请的，应当遵守前款规定。进一步地，R8.3 规定，向国务院专利行政部门提交专利国际申请的，视为同时提出了保密审查请求。

PCT 细则第 19.1 条（a）规定，除（b）另有规定外，国际申请应按照申请人的选择，（i）向申请人是其居民的缔约国的或者代表该国的国家局提出，或（ⅱ）向申请人是其国民的缔约国的或者代表该国的国家局提出，或（ⅲ）向国际局提出，而与申请人是其居民或者国民的缔约国无关。

根据上述规定，张某就其在中国完成的发明提出专利国际申请，有三种选择：一种选择是张某可以根据其国籍即美国，有权向美国专利商标局提出国际申请，但根据 A19 的规定，应当遵守保密审查的规定，即需要事先要向中国国家知识产权局提出保密审查的请求。因此，选项 A 中，由于没有事先向中国国家知识产权局提出保密审查请求，故其说法是不正确的。

另一种选择是可以依据其居住地所属国即中国，因而可直接向中国国家知识产权局提出国际申请；并且根据 A19 和 R8.3 的规定，由于向中国国家知识产权局提出申请，就视为已提出保密审查请求，因而不必另外提出保密审查的请求。因此，选项 B 的说法是正确的。

再一种选择是向世界知识产权组织国际局提出，但这样提出的国际申请同样要遵守保密审查的规定，也须事先要向中国国家知识产权局提出保密审查的请求。选项 C 中，未事先向中国国家知识产权局提出保密审查请求，因此其说法是不正确的。

R121 规定，申请人依照该细则第一百二十条的规定办理进入中国国家阶段的手续的，应当符合下列要求：（一）以中文提交进入中国国家阶段的书面声明，写明国际申请号和要求获得的专利权类型……。进一步，G-3-1-3.1.2 关于"保护类型"中规定，《专利法》第九条第一款规定：同样的发明创造只能授予一项专利权。国际申请指定中国的，办理进入国家阶段手续时，应当选择要求获得的是"发明专利"或者"实用新型专利"，两者择其一，不允许同时要求获得"发明专利"和"实用新型专利"。不符合规定的，审查员应当发出国际申请不能进入中国国家阶段通知书。根据上述规定，国际申请进入中国国家阶段时，申请人可以要求发明或者实用新型专利的一种保护，即选项 D 的说法是正确的。

综上所述，本题答案为 B、D。

【4.（2013 - 81）解析】知识点：PCT 条约（专利的类型）；相关知识点：保密审查

PCT 条约第 2 条（ⅱ）中规定，述及"专利"应解释为述及发明专利、发明人证书、实用证书、实用新型、增补专利或增补证书、增补发明人证书和增补实用证书。根据该规定，PCT 条约中的专利并不包括外观设计证书，因此，选项 A 的说法不正确。根据该规定，PCT 条约中的专利可以是发明，也可以是实用新型专利等。根据 G-3-1-3.1.2 关于"保护类型"的规定：……办理进入中国国家阶段手续时，应当选择要求获得"发明专利"或者"实用新型专利"……因此，选项 B 的说法是错误的。

PCT 条约第 2 条（xv）中规定，"受理局"是指受理国际申请的国家局或政府间组织。因此，选项 C 的说法是正确的。

PCT 条约第 9 条规定，（1）缔约国的任何居民或国民均可提出国际申请。（2）大会可以决定，允许《保护工业产权巴黎公约》缔约国但不是该条约缔约国的居民或国民提出国际申请……。因此，选项 D 的说法是正确的。

综上所述，本题答案为 C、D。

【5.（2017 - 10）解析】知识点：国际申请（申请日的确定）

PCT 条约第 11 条（1）规定，受理局应以收到国际申请之日作为国际申请日，但以该局在收到申请时认定该申请符合下列要求为限：……（ⅲ）国际申请至少包括以下项目：（a）说明是作为国际申请提出的；（b）至少指定一个缔约国；（c）按规定方式写明的申请人的姓名或者名称；（d）有一部分表面上看像是说明书；（e）有一部分表面上看像是一项或几项权利要求。

进一步地，PCT 条约第 14 条（1）（a）规定，受理局应检查国际申请是否有下列缺陷，即：（ⅰ）国际申请没有按细则的规定签字；……（ⅳ）国际申请没有摘要。

PCT 条约第 14 条（1）（b）规定，如果受理局发现上述缺陷，应要求申请人在规定期限内改正该国际申请，期满不改正的，该申请即被视为撤回，并由受理局作相应的宣布。

题中，首先根据规定是"受理局应以收到国际申请之日作为国际申请日"，申请人于 2017 年 6 月 1 日邮寄，而国家知识产权局于 2017 年 6 月 9 日收到该申请，因此如果提交文件符合受理条件，则其国际申请日则应当以国家知识产权局的收到日即 2017 年 6 月 9 日为准（而不是像国内申请那样以邮寄日即邮戳日为准）。而国家知识产权局收到的申请文件包括请求书、权利要求书和说明书，符合 PCT 条约第 11 条规定的确定国际申请日的必要文件提交要求，因此其国际申请日是 2017 年 6 月 9 日（选项 B）。注意，该次申请文件中，申请人未在请求书上签字和未提交摘要属于 PCT 条约第 14 条规定的形式缺陷，并不影响确定 2017 年 6 月 9 日作为国际申请日，故 2017 年 7 月 6 日申请人补交经签字的请求书替换页，于 2017 年 7 月 7 日补交摘要，均属于干扰信息。

综上所述，本题答案为 B。

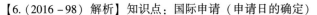

【6.（2016-98）解析】知识点：国际申请（申请日的确定）

PCT条约第11条（1）规定，受理局应以收到国际申请之日作为国际申请日，但以该局在收到申请时认定该申请符合下列要求为限：……（ⅱ）国际申请是用规定的语言撰写；（ⅲ）国际申请至少包括以下项目：（a）说明是作为国际申请提出的；（b）至少指定一个缔约国；（c）按规定方式写明的申请人的姓名或者名称；（d）有一部分表面上看像是说明书；（e）有一部分表面上看像是一项或几项权利要求。

根据上述规定可知，选项A所述申请中没有按规定写明发明人的姓名不属于不应受理的情形。上述规定的受理必要条件之一即"（ⅲ）（b）至少指定一个缔约国"，故选项B中由于未指定任何缔约国不能以受理局收到国际申请文件之日作为国际申请日。选项C所述没有缴纳国际申请费和手续费不属于不应受理的情形。上述规定的受理必要条件之一即"（ⅱ）国际申请是用规定的语言撰写"，故选项D中于没有使用规定的语言撰写，因而不能以受理局收到国际申请文件之日作为国际申请日。

综上所述，本题答案为B、D。

【7.（2015-99）&（2012-49）解析】知识点：PCT条约（受理局的确定、条约所称的专利、国际检索单位、国际初步审查）

《关于香港回归后中国内地和香港专利申请若干问题的说明》中规定，中国专利局是香港特别行政区法人和居民根据PCT条约提交国际申请的受理局。香港特别行政区的法人和居民也可以直接向世界知识产权组织国际局提交国际申请。由此可知，香港特别行政区的居民可以向国家知识产权局提交PCT国际申请，也可以向国际局提交PCT国际申请，即选项A的说法正确。

PCT条约第2条（ⅰ）的规定可知，PCT条约中不包括外观设计专利申请，因此不能就外观设计提出PCT国际申请，即选项B的说法正确。

PCT细则第19.1条（b）规定，任何缔约国可以与另一个缔约国或者任何政府间组织达成协议，规定为了所有或者某些目的，后一国的国家局或者该政府间组织代表前一国的国家局作为前一国居民或者国民的申请人的受理局。但由于中国未与其他国家或者政府间组织签订这种协议，故中国国民可以向（也只能向）中国国家知识产权局和国际局提出PCT国际申请。另外，PCT条约第16条规定，每个受理局都应"指定一个或几个有权对向该局提出的国际申请进行检索的国际检索单位"。由于我国并没有指定国家知识产权局以外的单位作为国际检索单位，对于向国家知识产权局提交的PCT申请，只能由国家知识产权局作为国际检索单位，而不能指定欧洲专利局进行国际检索，故选项C的说法错误。

PCT条约第31条（1）规定，经申请人要求，对国际申请应按下列规定和细则进行国际初步审查。由此可知，国际初步审查是应申请人的请求而启动的，并不是PCT国际申请国际阶段必经的程序，故选项D的说法错误。

综上所述，本题答案为A、B。

【8.（2014-38）解析】知识点：PCT条约（国际申请的费用）

PCT细则第96.1条4规定，如果国际申请按照行政规程的规定以下列形式提交，国际申请费按照以下数额减少：（a）电子形式，请求书没有使用字符码格式100瑞士法郎；（b）电子形式，请求书使用字符码格式200瑞士法郎；（c）电子形式，请求书、说明书、权利要求书以及摘要使用字符码格式300瑞士法郎。根据上述规定，无论来自何地的申请人采用电子形式提交PCT国际申请都能按上述方式享受申请费的减免，因此选项A的说法错误。由该规定可知，选项B的说法也就是正确的。

G-3-1-7.2.1关于"申请费的免缴"中规定，由中国专利局作为受理局受理并进行国际检索的国际申请在进入国家阶段时免缴申请费及申请附加费。根据该规定，免缴申请费及申请附加费的条件仅仅是国家知识产权局作为受理局这一条件，并没有对其语言提出要求，即由国家知识产权局作为受理局受理的英文国际申请，在进入中国国家阶段时也可以减免申请费及申请附加费，故选项C的说法错误。

R131.2规定，申请人改正译文错误的，应当提出书面请求并缴纳规定的译文改正费。进一步地，根据G-3-2-5.7关于"改正译文错误"中规定可知，申请人改正译文错误，应当提出书面请求，同时提交译文的改正页和缴纳规定的译文改正费。由此可知，选项D的说法是正确的。

综上所述，本题答案为B、D。

【9.（2013-23）解析】知识点：PCT条约（申请日的确定）

根据PCT细则第20.5条规定可知，当受理局在审查PCT国际申请文件时，发现说明书、权利要求书或者附图的一部分被遗漏，或者看似被遗漏的，受理局应当通知申请人，如申请人将遗漏部分提交给受理局的，受理局应当将收到该遗漏部分之日确定为国际申请日。除此之处，并不存在重新确定申请日的情况。因而，选项A仅涉及摘要使用的语言问题，选项B未发明名称，选项C未在规定期限内缴费，都不会导致重新确定申请日。而选D项中遗漏一页说明书属于上述规定中可能导致重新确定申请日的情形，故选项D符合题意。

进一步地，为了理解上述选项 A、B、C 的缺陷的后果，在此将相关规定列出：对于选项 A，根据 PCT 细则第 26.3 条之三的规定，（a）如果摘要或附图的任何文字内容使用不同于说明书和权利要求书的语言提交，受理局应通知申请人提交摘要或附图文字内容的译文……。该规定要求摘要语言不一致时，通知申请人提交译文，并不存在重新确定申请日的规定。

对于选项 B，根据 PCT 条约第 14 条的规定可知，如果受理局发现 PCT 国际申请没有发明名称的，应要求申请人在规定期限内改正，期满不改正的，该申请即被视为撤回，并由受理局作相应的宣布。因此，缺少发明名称要改正，如果不改正，则其申请视为撤回，也不存在重新确定申请日的问题。

对于选项 C，根据 PCT 细则第 16 条之二 .1 的规定可知，未按期缴纳国际申请费的，受理局应当向申请人发出通知，要求申请人在自通知之日起 1 个月内缴纳相关费用，期限届满申请人未缴纳的，PCT 国际申请即被视为撤回，并由受理局作相应的宣布。因此，未在规定期限内缴费，是要求申请人在自通知之日起 1 个月内缴纳相关费用，期限届满未缴纳，则 PCT 国际申请被视为撤回，也不存在重新确定申请日的问题。

综上所述，本题答案为 D。

【10.（2011－10）解析】知识点：PCT 条约（申请日的确定）

《关于中国实施〈专利合作条约〉的规定》第 5 条规定，申请人应当使用中文或者英文向专利局提出国际申请，该申请应当包括请求书、说明书、一项或者几项权利要求、一幅或者几幅附图（需要时）和摘要各一份。根据上述规定，日文并不是国家知识产权局的语言（只能是中文或英文），故申请人以日文向国家知识产权局提交专利申请，不符合上述规定，不能将收到该申请之日记录为国际申请日，故选项 A 不符合题意。

参见 5.（2017－10）的解释，根据 PCT 条约第 11 条（1）中规定可知，申请中未按规定方式写明申请人的姓名或者名称，不符合上述规定，故选项 B 的情形下也不能将收到该申请之日记录为国际申请日，即不符合题意。而选项 C 中，申请人提交的申请文件中有一部分表面上看像是说明书，则符合上述规定，即选项 C 符合题意。选项 D 中，虽然申请人提交的权利要求书中含有表格，但只有"有一部分表面上看像是一项或几项权利要求"就符合上述规定（况且权利要求书中在特别必要的情况下也可以采用表格的形式），故应以收到国际申请之日作为国际申请日的规定，即选项 D 符合题意。

综上所述，本题答案为 C、D。

【11.（2010－73）解析】知识点：PCT 条约（受理局的确定）

PCT 细则第 19.1 条（a）规定，除（b）另有规定外，国际申请应按照申请人的选择，（ⅰ）向申请人是其居民的缔约国的或者代表该国的国家局提出；或（ⅱ）向申请人是其国民的缔约国的或者代表该国的国家局提出；（ⅲ）向国际局提出，而与申请人是其居民或者国民的缔约国无关。

本题中，由于该申请人是中国公民，则可以向中国国家知识产权局和世界知识产权组织国际局提出 PCT 国际申请，但他长期居住在日本，则属于日本居民，可以向日本特许厅和世界知识产权组织国际局提出 PCT 申请。由于香港特别行政区知识产权署并不是 PCT 申请的受理局，不能受理其提出的 PCT 国际申请，即选项 B 不符合题意，而选项 A、C、D 符合题意。

综上所述，本题答案为 A、C、D。

【12.（2010－18）解析】知识点：PCT 条约（申请日的确定）

根据《关于中国实施〈专利合作条约〉的规定》第 5 条的规定可知，申请人可以使用中文或者英文向专利局提出国际申请，即向国家知识产权局提出 PCT 国际申请可以采用英文，即选项 A 不会导致国家知识产权局收到该国际申请之日不能作为国际申请日。

PCT 细则第 18.3 条规定，如果有两个或者两个以上申请人，只要其中至少有一人根据条约第 9 条有权提出国际申请，就应认为有权提出国际申请。选项 B 所述共同申请人之一不是 PCT 条约缔约国的居民或者国民，则意味着其他共同申请人是 PCT 条约缔约国的居民或者国民，因此选项 B 的情形不会导致国家知识产权局收到该国际申请之日不能作为国际申请日。

PCT 细则第 26.2 条之二对优先权要求中的缺陷的处理进行了规定，其中对于未按规定填写优先权声明的情形，该条规定受理局或者国际局应当通知申请人改正优先权要求，因此选项 C 的情形并不会导致国家知识产权局收到该国际申请之日不能作为国际申请日。

根据 PCT 条约第 11 条（1）中的规定可知，写明申请人的姓名是确定 PCT 申请日的必要条件，未按规定方式写明申请人的姓名将会导致国家知识产权局不将收到该国际申请之日作为国际申请日，选项 D 符合题意。

综上所述，本题答案为 D。

（三）总体考点分析

本部分涉及 PCT 条约的基本规定，包括国际申请的申请人要求、指定国、主管受理局、语言、请求书和申请文件、费用和撤回，优先权的要求、改正或增加或恢复，确定国际申请日的条件，国际申请日的效力，国际申请中缺陷的改正等。

高频结论

✓ 即使是非成员国国民，只要他在《巴黎公约》某一成员国内有住所，或有真实有效的工商营业所，就既可以依据 PCT 条约提交 PCT 国际申请（简称"PCT 途径"），也可以依据《巴黎公约》直接向外国提交专利申请（简称"《巴黎公约》途径"）。

✓ 如果有两个或者两个以上申请人，只要接受国际申请的国家局是一个缔约国的或者代表一个缔约国的国家局，而且申请人至少有一人是该缔约国的居民或国民，就可以向该国家局提交国际申请。

✓ 只要申请人中至少有一人是某缔约国的国民或居民，其国际申请就可以向国际局递交。

✓ 如果有两个或者两个以上申请人，只要其中至少有一人有权提出国际申请，就应认为有权提出国际申请。

✓ 中国国内完成的发明创造，申请人向国家知识产权局提交专利国际申请的，视为同时提出保密审查请求；如果向世界知识产权组织国际局提交国际申请，则需要申请人使用中文或者英文向国家知识产权局提出保密审查请求。

✓ 国家知识产权局是 PCT 主管受理局（受理 PCT 国际申请）；作为国际检索单位，制定国际检索报告；作为国际初步审查单位，制定专利性国际初步报告等职责，但不负责 PCT 国际申请的公布出版。

✓ 申请人应当使用中文或者英文向国家知识产权局提出国际申请。

✓ 申请人所在国的公民，既可以向所居住的国家（是其居民）和工商营业所所在国的国家局提出国际申请，也可以向国际局提出国际申请。

✓ 受理局应以收到国际申请之日作为国际申请日（这与国内申请的申请日的确定不同）。

✓ 国际申请受理至少包括以下项目：（a）说明是作为国际申请提出的；（b）至少指定一个缔约国；（c）按规定方式写明的申请人的姓名或者名称；（d）有一部分表面上看像是说明书；（e）有一部分表面上看像是一项或几项权利要求。

✓ 无论来自何地的申请人采用电子形式提交 PCT 国际申请都可以享受申请费的减免。

✓ 由国家知识产权局作为受理局受理的以中文或英文提交的国际申请在进入国家阶段时免缴申请费及申请附加费。

✓ 当受理局在审查 PCT 国际申请文件时，发现说明书、权利要求书或者附图的一部分被遗漏，或者看似被遗漏的，应当通知申请人，如申请人将遗漏部分提交给受理局的，受理局应当将收到该遗漏部分之日确定为国际申请日。除此之处，并不存在重新确定申请日的情况。

✓ PCT 条约中"申请"是指保护发明的申请；包括发明专利、发明人证书、实用证书、实用新型、增补专利或增补证书、增补发明人证书和增补实用证书的申请，不包括外观设计专利申请，因此不能就外观设计提出 PCT 国际申请。

（四）参考答案

1. A   2. A、C、D   3. B、D   4. C、D   5. B

6. B、D   7. A、B   8. B、D   9. D   10. C、D

11. A、C、D   12. D

二、国际检索、国际公布及国际初步审查

（一）历年试题集合

1. (2019－97) 关于 PCT 国际申请国际阶段的修改，下列说法哪些是正确的？ 【你的答案】

A. 在国际检索报告传送给申请人之日起 2 个月内，申请人可依据 PCT 条约第 19 条对权利要求书提出修改

B. 在国际公布的技术准备工作完成之前，申请人可依据 PCT 条约第 19 条对说明书和附图提出修改

【选错记录】

C. 在提出国际初步审查要求时，申请人可依据 PCT 条约第 34 条对权利要求书提出修改

D. 在国际初步审查报告作出之前，申请人可依据 PCT 条约第 34 条对说明书和附图提出修改

2. （2018－63）对于 PCT 国际申请在国际申请阶段或进入中国国家阶段申请人所作的修改，以下哪些是允许的？

　　A. 申请人自国际检索单位向申请人和国际局传送国际检索报告之日起 2 个月或者自优先权日起 16 个月向国际检索单位提交的权利要求书、说明书及附图的修改替换页

　　B. 申请人在提交国际初审请求书时向国际初审单位提交的权利要求书、说明书及附图的修改替换页

　　C. 申请人在国际初审单位传送专利性国际初步报告制定之前向国际初审单位提交的权利要求书及附图的修改替换页

　　D. 申请人在该 PCT 申请进入中国国家阶段时提交的权利要求书、说明书及附图的修改替换页

3. （2018－17）如果国际检索单位认为一件 PCT 国际申请没有满足发明单一性的要求，则下列说法哪些是错误的？

　　A. 申请人未在规定期限内缴纳附加检索费的，则国际检索单位仅对该国际申请权利要求中首先提到的发明部分作出国际检索报告

　　B. 该申请提出国际初审的，国际初审单位对于没有作出国际检索报告的权利要求也需进行国际初步审查

　　C. 由于申请人未按国际单位的要求缴纳附加检索费或附加审查费，该 PCT 申请部分权利要求未经国际检索或国际初步审查时，在进入中国国家阶段后，申请人要求将所述部分作为审查基础的，专利审查部门认为国际检索单位或者国际初步审查单位对发明单一性的判断正确的，应当通知申请人在指定期限内缴纳单一性恢复费

　　D. 在 PCT 申请进入中国国家阶段后，专利审查部门经审查认定申请人提出的作为审查基础的申请文件中要求保护的主题不存在缺乏单一性的问题，但是与国际单位所作出的结论不一致的，则应当对所有要求保护的主题进行审查

4. （2018－66）关于国际检索，下列说法哪些是正确的？

　　A. 国际检索只能在原始国际申请文件的基础上进行

　　B. 如果在国际公布的技术准备工作完成前，国际局已得到国际检索报告，国际检索报告将随申请文件一起进行国际公布

　　C. 国际检索单位作出的书面意见随申请文件一起进行国际公布

　　D. 申请日为 2015 年 2 月 1 日的国际申请（未要求优先权），国际检索单位收到检索本为 2015 年 3 月 1 日，则完成国际检索报告及书面意见的期限为 2015 年 11 月 1 日

5. （2017－11）一件 PCT 国际申请，国际申请日是 2017 年 3 月 29 日，优先权日是 2016 年 4 月 11 日。国际检索单位于 2017 年 7 月 17 日将国际检索报告传送给国际局和申请人。根据 PCT 条约第 19 条的规定，对权利要求书提出修改的最晚期限是哪天？

　　A. 2017 年 8 月 11 日

　　B. 2017 年 9 月 17 日

　　C. 2017 年 10 月 15 日

　　D. 2018 年 2 月 11 日

6. （2017－51）如果国际检索单位认为一件 PCT 国际申请没有满足发明单一性的要求，则下列说法哪些是正确的？

　　A. 申请人未在规定期限内缴纳检索附加费的，国际检索单位应当宣布不作出国际检索报告

　　B. 申请人在规定期限内缴纳检索附加费的，国际检索单位应当对国际申请的全部权利要求作出国际检索报告

　　C. 申请人在规定期限内缴纳检索附加费和异议费的，如果异议成立，检索附加费和异议费将被退回

【你的答案】

【选错记录】

【你的答案】

【选错记录】

【你的答案】

【选错记录】

【你的答案】

【选错记录】

【你的答案】

【选错记录】

D. 申请人未在规定期限内缴纳检索附加费，且在进入中国国家阶段后未按规定缴纳单一性恢复费的，申请人不得提出分案申请

7.（2014－83）某中国公司以中文向国家知识产权局提交了一件 PCT 国际申请，其优先权日为 2013 年 8 月 8 日，国际申请日为 2014 年 8 月 8 日。下列关于该申请国际公布的说法哪些是正确的？

【你的答案】

【选错记录】

A. 国际公布应当以英文或法文进行，因此国际局还需将该申请全部内容翻译成英文或法文进行国际公布

B. 申请人想通过撤回国际申请来避免国际公布，则该撤回通知应在国际公布的技术准备完成之前到达国际局

C. 如果申请人不要求提前公布，则该申请将在 2015 年 2 月 8 日之后迅速进行国际公布

D. 国际检索报告在国际公布的技术准备工作完成前已作出的，国际公布应当公布国际检索报告

8.（2011－73）某申请人用英文向国家知识产权局提交一件 PCT 国际申请，该申请进入中国国家阶段时要求的保护类型为发明。下列说法哪些是正确的？

【你的答案】

【选错记录】

A. 该申请应当以英文进行国际公布

B. 国家知识产权局应当在该申请的进入日后一个月内进行国家公布

C. 国家知识产权局进行国家公布时应当公布该申请文件的中文译文

D. 自国家公布之日起该申请人可以要求实施其发明的单位或者个人支付适当的费用

9.（2010－12）对于一件优先权日为 2007 年 9 月 27 日、国际申请日为 2008 年 2 月 15 日的 PCT 申请，国际检索单位于 2008 年 3 月 10 日收到检索本后，应当最迟在下列哪个日期完成国际检索报告？

【你的答案】

【选错记录】

A. 2008 年 5 月 15 日

B. 2008 年 6 月 10 日

C. 2008 年 6 月 27 日

D. 2008 年 12 月 10 日

（二）参考答案解析

【1.（2019－97）解析】知识点：PCT 国际申请的修改

PCT 细则第 46.1 规定，根据条约第 19 条所述的期限应为自国际检索单位将国际检索报告传送给国际局和申请人之日起 2 个月，或者自优先权日起 16 个月，以后到期为准……。因此，选项 A 的说法正确。

PCT 条约第 19 条（1）规定，申请人在收到国际检索报告后，有权享受一次机会，在规定的期限内对国际申请的权利要求向国际局提出修改。申请人可以按细则的规定同时提出一项简短声明，解释上述修改并指出其对说明书和附图可能产生的影响。因此，根据 PCT 条约第 19 条所进行的修改，只可以修改权利要求书，不能修改说明书及附图。因此，选项 B 的说法错误。

PCT 条约第 34 条规定，……（b）在国际初步审查报告作出之前，申请人有权依规定的方式，并在规定的期限内修改权利要求书、说明书及附图……。根据该规定，申请人在提出国际初步审查要求时，申请人依据 PCT 条约第 34 条既可以对权利要求书提出修改（选项 C 的说法正确），也可以对说明书和附图进行修改（选项 D 的说法正确）。

综上所述，本题答案为 A、C、D。

【2.（2018－63）解析】知识点：PCT 国际申请的修改

参见 1.（2019－97）选项 A 的解析可知，选项 A 中所述期限是根据 PCT 条约第 19 条所进行的修改，只可以修改权利要求书，不能修改说明书及附图。因此，选项 A 所述的修改是不允许的。（注意，根据 PCT 条约第 19 条的修改只涉及权利要求书，只不过在声明中可以解释所作修改对说明书和附图可能产生的影响，而不是可以对说明书或附图进行修改。）

根据 PCT 条约第 34 条的规定，申请人在提交初审请求书时或至专利性国际初步报告制定之前，可以修改的权利要求书、说明书及附图。故选项 B 和选项 C 所述的修改是允许的。

根据 PCT 条约第 28 条或第 41 条的规定，PCT 申请进入中国国家阶段时，申请人可以修改权利要求书、说明书及附图。故选项 D 所述的修改是允许的。

综上所述，本题答案为 B、C、D。

【3.（2018－17）解析】知识点：国际检索、国际初步审查，进入国家阶段的国际申请的单一性

PCT条约第17条规定，……（3）（a）如果国际检索单位认为国际申请不符合细则中规定的发明单一性的要求，该检索单位应要求申请人缴纳附加费。国际检索单位应对国际申请的权利要求中首先提到的发明（"主要发明"）部分作出国际检索报告；在规定期限内付清要求的附加费后，再对国际申请中已经缴纳该项费用的发明部分作出国际检索报告。根据该规定，如果申请人未在规定期限内缴纳附加检索费，则仅对该国际申请权利要求中首先提到的发明部分作出国际检索报告，因此选项A的说法正确，不符合题意。

PCT细则第66.1条（e）规定，对于没有作出任何国际检索报告的发明的权利要求，不需进行国际初步审查。据此，选项B的说法是错误的，符合题意。

R133.2规定，在国际阶段，国际检索单位或者国际初步审查单位认为国际申请不符合PCT条约规定的单一性要求时，申请人未按照规定缴纳附加费，导致国际申请某些部分未经国际检索或者未经国际初步审查，在进入中国国家阶段时，申请人要求将所述部分作为审查基础，国务院专利行政部门认为国际检索单位或者国际初步审查单位对发明单一性的判断正确的，应当通知申请人在指定期限内缴纳单一性恢复费。根据该规定，选项C的说法是正确的，不符合题意。

G－3－2－5.5关于"单一性的审查"中规定，……经审查认定申请人提出的作为审查基础的申请文件中要求保护的主题不存在缺乏单一性的问题，但是与国际单位所作的结论不一致的，则应当对所有要求保护的主题进行审查。因此选项D的说法是正确的，不符合题意。

综上所述，本题答案为B。

【4.（2018－66）解析】知识点：国际检索

在国际阶段的修改包括按照PCT第19条或第34条进行的修改，但都是在国际检索报告作出之后才进行的，因此国际检索是在原始国际申请文件的基础上进行的，即选项A的说法正确。

PCT细则第48.2条规定，（a）国际申请的公布应包括：（ⅰ）标准格式扉页；（ⅱ）说明书；（ⅲ）权利要求书；（ⅳ）附图（如果有话）；（ⅴ）除（g）另外规定外，国际检索报告……（g）如果在国际公布的技术准备完成之时，尚不能得到国际检索报告，则扉页中应包括不能得到国际检索报告的说明，以及国际检索报告（在其能得到时）将修订后的扉页另行公布的说明。根据上述规定，如果在国际公布的技术准备工作完成前，国际局已得到国际检索报告，国际检索报告将随申请文件一起进行国际公布，因此选项B的说法正确。

根据上述规定，国际申请公布包括国际检索报告，而国际检索单位作出的书面意见包括在国际检索报告之中，或一同作出的，因此国际检索单位作出的书面意见随申请文件一起进行国际公布。因此选项C的说法正确。注意该规定的修改变化，在2005年之前PCT细则第44条还包括"之三"是关于"书面意见、报告、译文及意见的保密性"的规定，即除非经申请人请求或授权，国际局和国际检索单位不应允许任何人在自优先权日起30个月届满之前获得书面意见，所述"获得"一词包含任何第三方可以获得认知的方式。按此规定，书面意见不会随着国际公布一同公开，由于在2005年修订时该规定已被删除。

PCT细则第42.1条规定："制定国际检索报告或者提出条约第17条（2）（a）所述宣布的期限应为自国际检索单位收到检索本起3个月，或者自优先权日起9个月，以后到期者为准。"其中没有优先权的则所述优先权日就是指其申请日。选项D中，申请日为2015年2月1日的国际申请，由于未要求优先权，则申请日起9个月的期限为2015年11月1日，而收到检索本的时间为2015年3月1日，3个月则为2015年6月1日，两个期限以后到期的为准，故作出国际检索报告和书面意见的期限是2015年11月1日。因此选项D的说法正确。

综上所述，本题答案为A、B、C、D。

【5.（2017－11）解析】知识点：PCT国际申请的修改（PCT条约第19条）

PCT细则第46.1条规定，条约第19条所述的期限自国际检索单位将国际检索报告传送给国际局和申请人之日起2个月，或者自优先权日起16个月，以后到期为准；但国际局在适用的期限届满后收到根据条约第19条所作修改的，如果该修改在国际公布的技术准备工作完成之前到达国际局，应认为国际局已在上述期限的最后一日收到该修改。

根据上述规定，若以优先权日2016年4月11日起算，根据PCT条约第19条所作修改的最后期限是2017年8月11日；若以国际检索单位将国际检索报告传送给国际局和申请人的时间2017年7月17日起算，根据PCT条约第19条所作修改的最后期限是2017年9月17日，显然后者的时间后到期，故选项B是正确的。注意，这里前者的起算日是优先权日而不是申请日。

综上所述，本题答案为B。

【6.（2017－51）解析】知识点：国际检索（分案申请）

参见3.（2018－17）选项A的解释可知，如果未在规定期限内缴纳检索附加费，国际检索单位仅针对主要发明作出国际检索报告，而不是"宣布不作出国际检索报告"，故选项A的说法错误；而如果申请人在规定期限内缴纳检索附加

费，国际检索单位应当对国际申请的全部权利要求作出国际检索报告，即选项 B 的说法正确。

PCT 细则第 40.2 条规定，……（c）任何申请人可以在缴纳附加费时提出异议，即附一说明理由的声明，说明该国际申请符合发明单一性的要求或者说明要求缴纳的附加费数额过高。该项异议应由设立在国际检索单位机构内的一个复核组进行审查，在其认为异议有理由的限度内，应将附加费的全部或者一部分退还申请人。……（e）……如果（c）所述的复核组认为异议完全成立，异议费应当退还给申请人。根据该规定，申请人在规定期限内缴纳检索附加费和异议费的，如果异议成立，检索附加费和异议费将被退回，即选项 C 的说法正确。

根据 R133.2 的规定可知，国际检索单位认为国际申请不符合 PCT 条约规定的单一性要求时，申请人未按照规定缴纳附加费，那么，在进入中国国家阶段后，申请人期满未缴纳单一性恢复费的，国际申请中未经检索或者未经国际初步审查的部分视为撤回。进一步地，G-3-2-5.5 关于"单一性的审查"中规定，对于申请人因未缴纳单一性恢复费而删除的发明，……，申请人不得提出分案申请。根据上述规定，选项 D 的说法正确。

综上所述，本题答案为 B、C、D。

【7.（2014-83）解析】知识点：国际检索

PCT 细则第 48.3 条（a）规定，如果国际申请是用阿拉伯文、中文、英文、法文、德文、日文、韩文、葡萄牙文、俄文或者西班牙文（"公布语言"）提出的，该申请应以其提出时使用的语言公布。由此可知，中文是其中规定的公布语言，因此题干中的 PCT 国际申请将以中文进行公布，选项 A 的说法错误。

PCT 细则第 90 条之二.1（c）规定，如果申请人提交的，或者由受理局或者国际初步审查单位送交的撤回通知是在国际公布的技术准备完成前到达国际局的，不应进行国际申请的国际公布。由此可知，为避免国际公布，则该撤回通知应在国际公布的技术准备完成之前到达国际局，即选项 B 的说法正确。

PCT 条约第 21 条（2）规定，（a）……，国际申请的国际公布应在自该申请的优先权日起满 18 个月后迅速予以办理。（b）申请人可以要求国际局在（a）所述的期限届满之前的任何时候公布其国际申请。国际局应当按照细则的规定予以办理。由此可知，题中的 PCT 国际申请，由于申请人不要求提前公布，应当自优先权日 2013 年 8 月 8 日起满 18 个月后迅速公布，即 2015 年 2 月 8 日之后迅速进行国际公布。因此，选项 C 的说法正确。

参见 4.（2018-66）选项 C 的解析，国际检索报告在国际公布的技术准备工作完成前已作出的，国际公布应当公布国际检索报告，即选项 D 的说法正确。

综上所述，本题答案为 B、C、D。

【8.（2011-73）解析】知识点：国际公布、国家公布；相关知识点：临时保护

根据 PCT 细则第 48.3 条（a）的规定，英语是 PCT 国际申请的公布语言，故题中的该申请应以其提出时使用的语言——英语进行公布。因此，选项 A 的说法正确。

R132.1 规定，对要求获得发明专利权的国际申请，国务院专利行政部门经初步审查认为符合《专利法》和该细则有关规定的，应当在专利公报上予以公布；国际申请以中文以外的文字提出的，应当公布申请文件的中文译文。进一步地，G-3-1-6.1 关于"何时公布"中规定，多数国际申请在自优先权日起满 18 个月后进入国家阶段，不适用《专利法》第三十四条的规定。专利局对进入国家阶段的国际申请进行初步审查，认为合格之后，应当及时进行国家公布的准备工作。该规定并没有要求国家知识产权局应当在该申请的进入日后 1 个月内进行国家公布，故选项 B 的说法错误。而根据上述 R132.1 的规定，国际申请以中文以外的文字提出的，应当公布申请文件的中文译文，即选项 C 的说法正确。

R132.2 规定，要求获得发明专利权的国际申请，由国际局以中文进行国际公布的，自国际公布日或者国务院专利行政部门公布之日起适用《专利法》第十三条的规定；由国际局以中文以外的文字进行国际公布的，自国务院专利行政部门公布之日起适用《专利法》第十三条的规定。该规定中所说的《专利法》第十三条规定，发明专利申请公布后，申请人可以要求实施其发明的单位或者个人支付适当的费用（临时保护）。据此，本题由于国际公布采用的是英文，因而国际公布时不产生临时保护，而应当从国家公布开始才产生临时保护，即选项 D 的说法正确。

综上所述，本题答案为 A、C、D。

【9.（2010-12）解析】知识点：国际检索

参见 4.（2018-66）选项 D 的解析。题中该申请的优先权日为 2007 年 9 月 27 日，则自优先权日起 9 个月的期限为 2008 年 6 月 27 日，国际检索单位收到检索本的时间为 2008 年 3 月 10 日，自该日期起 3 个月的期限为 2008 年 6 月 10 日。根据 PCT 细则第 42.1 条的规定，两个期限以后到期者为准，即最迟应当在 2008 年 6 月 27 日前完成国际检索报告。故选项 C 符合题意。

综上所述，本题答案为 C。

（三）总体考点分析

本部分涉及国际检索、国际公布、国际初步审查、根据 PCT 条约第 34 条的修改。PCT 条约的相关知识比较多，需掌握重点内容，包括国家知识产权局在国际阶段程序的职责、各阶段的时间期限、无须进行国际检索的主题、不予公布和提前公布、国际公布的效力、无须进行国际初步审查的主题及单一性、根据 PCT 条约第 19 条和第 34 条的修改要求等。

高频结论

✓ 向国家知识产权局提交专利国际申请的，视为同时提出保密审查请求。

✓ 国际申请公布语言有中文、英文、法文、德文、日文、韩文等，即国际申请以公布语言提出的，则应以其提出时使用的语言公布。

✓ 如果国际申请是用英文以外的一种语言公布的，则国际检索报告，发明的名称、摘要以及摘要附图所附的文字都应使用这种语言和英文公布。

✓ 如果在国际公布的技术准备工作完成前，国际局已得到国际检索报告，国际检索报告（含国际检索单位作出的书面意见）将随申请文件一起进行国际公布。

✓ 制定国际检索报告的期限应为自国际检索单位收到检索本起 3 个月内，或者自优先权日起 9 个月内，以后到期者为准。

✓ 申请人自国际检索单位向申请人和国际局传送国际检索报告之日起 2 个月或者自优先权日起 16 个月，以在后届满的期限为准，可以根据 PCT 条约第 19 条修改权利要求书，但不能修改说明书及附图。

✓ 申请人在提交初审请求书时或至专利性国际初步报告制定之前，可以根据 PCT 条约第 34 条修改的权利要求书、说明书及附图。

✓ PCT 申请进入中国国家阶段时，申请人可以修改权利要求书、说明书及附图（根据 PCT 条约第 28 条或第 41 条的规定）。

✓ 如果国际申请是用英文以外的一种语言公布的，根据该细则第 48.2 条（a）（v）的规定公布的国际检索报告或者 PCT 条约第 17 条（2）（a）所述的宣布、发明的名称、摘要以及摘要附图所附的文字都应使用这种语言和英文公布。译文由国际局负责准备。

✓ 如果国际检索单位认为国际申请不符合发明单一性的要求，该检索单位应要求申请人缴纳附加费。国际检索单位应对国际申请的权利要求中首先提到的发明（主要发明）部分作出国际检索报告；在规定期限内付清要求的附加费后，再对国际申请中已经缴纳该项费用的发明部分作出国际检索报告。如果申请人未在规定期限内缴纳附加检索费，则仅对该国际申请权利要求中首先提到的发明部分作出国际检索报告。

✓ 对于没有作出任何国际检索报告的发明的权利要求，不需进行国际初步审查。

✓ 在国际阶段，国际检索单位或者国际初步审查单位认为国际申请不符合 PCT 条约规定的单一性要求时，申请人未按照规定缴纳附加费，导致国际申请某些部分未经国际检索或者未经国际初步审查，在进入中国国家阶段时，申请人要求将所述部分作为审查基础，国务院专利行政部门认为国际检索单位或者国际初步审查单位对发明单一性的判断正确的，应当通知申请人在指定期限内缴纳单一性恢复费（不缴纳费用，则这一部分视为撤回）。

✓ 国家阶段经审查认定申请人提出的作为审查基础的申请文件中要求保护的主题不存在缺乏单一性的问题、与国际单位所作出的结论不一致的，则应当对所有要求保护的主题进行审查。

（四）参考答案

1. A、C、D　　　2. B、C、D　　　3. B　　　4. A、B、C、D　　　5. B
6. B、C、D　　　7. B、C、D　　　8. A、C、D　　　9. C

第二节　国际申请进入中国国家阶段的特殊要求

本节包括国际申请进入中国国家阶段的期限、手续（含生物材料和遗传资源）及国家阶段公布等。

（一）历年试题集合

1. （2019－96）如果申请人通过援引在先申请的方式在PCT国际申请中加入递交申请时遗漏的部分，当该申请进入中国国家阶段时，下列说法哪些是正确的？

【你的答案】

【选错记录】

A. 申请人可以同时保留援引加入部分和原国际申请日

B. 申请人希望保留援引加入部分的，应在办理进入国家阶段手续时在进入声明中予以指明并请求修改相对于中国的申请日

C. 申请人希望保留原国际申请日的，不能保留援引加入部分

D. 申请人可以在后续审查程序中，请求修改申请日以便保留援引加入的部分

2. （2019－98）某中国申请人于2016年4月26日就其在中国完成的一项发明创造用中文向国家知识产权局提交一件PCT国际申请。下列说法哪些是正确的？

【你的答案】

【选错记录】

A. 该PCT国际申请是向国家知识产权局提出的，视为同时提出保密审查请求

B. 国际公布应当以中文进行，并且发明的名称、摘要以及摘要附图所附的文字都应使用中文和英文公布

C. 申请人最迟应当在2018年12月26日前办理进入中国国家阶段的手续

D. 在办理进入中国国家阶段手续时，申请人可以暂不选择要求获得的专利类型

3. （2019－99）PCT国际申请进入国家阶段时涉及单一性问题的，下列说法哪些是正确的？

【你的答案】

【选错记录】

A. 在国际阶段的检索和审查中，国际单位未提出单一性问题的，国家知识产权局不能再提出存在单一性缺陷的问题

B. 在国际阶段的检索和审查中，国际单位未提出单一性问题，而实际上存在单一性缺陷的，国家知识产权局可以提出存在单一性缺陷的问题

C. 对于申请人因未缴纳单一性恢复费而删除的发明，申请人不得提出分案申请

D. 对于申请人因未缴纳单一性恢复费而删除的发明，申请人可以提出分案申请

4. （2018－65）一件PCT国际申请，在国际阶段提出多项优先权要求，经审查合格后确定的优先权信息记载在该申请国际公布文本的扉页上，该PCT国际申请进入中国国家阶段后，以下说法哪些是正确的？

【你的答案】

【选错记录】

A. 进入中国国家阶段的声明中写明的在先申请信息应当与该申请国际公布文本扉页中的记载一致，除非国际局曾向国家知识产权局传送通知书以表明所涉及的优先权要求已经失去效力

B. 申请人认为国际阶段的优先权书面声明中某一事项存在书写错误的，可以在进入中国国家阶段的同时或自进入之日起2个月内提出改正请求

C. 在国际阶段中，要求优先权声明的填写符合规定，但未在规定期限内缴纳或缴足优先权要求费使其中要求的一项优先权被视为未要求，申请人可以在进入国家阶段后请求恢复该项优先权

D. 申请人在国际阶段没有提供在先申请的申请号的，应当在进入声明中写明

5. （2018－64）国际申请进入中国国家阶段后被授予专利权，下列说法正确的是？

【你的答案】

【选错记录】

A. 译文错误致使授权的权利要求书确定的保护范围超出国际申请原文所表达的范围的，应以授权时的保护范围为准

B. 译文错误致使授权的权利要求书确定的保护范围超出国际申请原文所表达的范围的，应以原文限制后的保护范围为准

C. 译文错误致使授权的权利要求书确定的保护范围小于国际申请原文所表达的范围的，应以授权时的保护范围为准

D. 译文错误致使授权的权利要求书确定的保护范围小于国际申请原文所表达的范围的，应以原文的保护范围为准

6. (2017–53) 根据 PCT 条约的规定，允许申请人在国家阶段提出复查请求的情况包括哪些？ 【你的答案】

    A. 受理局拒绝给予国际申请日

    B. 受理局宣布国际申请已被视为撤回 【选错记录】

    C. 国际检索单位宣布不作出国际检索报告

    D. 国际局由于在规定期限内没有收到国际申请的登记本而宣布该申请被视为撤回

7. (2017–54) 对于一件涉及生物材料的 PCT 国际申请，如果申请人请求进入中国国家阶段，则下列说法哪些是正确的？ 【你的答案】

    A. 申请人应当在国际阶段对生物材料样品的保藏作出说明，包括保藏单位名称和地址、保藏日期、保藏编号 【选错记录】

    B. 申请人应当在进入声明中指明记载生物材料样品保藏事项的文件以及在该文件中的具体记载位置

    C. 申请人未在进入声明中指明生物材料样品保藏事项的，应当自进入日起 4 个月内补正，期满未补正的，该申请视为撤回

    D. 申请人应当自进入日起 4 个月内提交生物材料样品保藏证明和存活证明，期满未提交的，该申请视为撤回

8. (2017–55) 申请人在韩国提出一件 PCT 国际申请，国际申请日是 2015 年 3 月 2 日。申请人在国际阶段办理了恢复优先权手续，经审查合格后确定的优先权日是 2014 年 2 月 14 日。该 PCT 国际申请于 2016 年 8 月 14 日进入中国国家阶段。下列说法哪些是正确的？ 【你的答案】

    A. 如果该申请被授予专利权，则专利权的期限自 2014 年 2 月 14 日起计算 【选错记录】

    B. 进入中国国家阶段后，申请人可以要求增加一项新的优先权，该在先申请的申请日为 2014 年 4 月 11 日

    C. 对于一项因在国际阶段未提供在先申请的申请号，进入声明中仍未写明在先申请的申请号而被视为未要求的优先权，申请人可以在进入中国国家阶段后请求恢复该项优先权

    D. 如果作为优先权基础的在先申请是一件中国国家申请，应当看作要求本国优先权

9. (2017–56) 关于 PCT 国际申请在中国国家阶段提交的译文，下列说法哪些是正确的？ 【你的答案】

    A. 国际申请以外文提出的，在进入国家阶段时，应当提交原始国际申请的说明书、权利要求书、摘要和附图中的文字的译文 【选错记录】

    B. 审查基础文本声明中提及国际阶段的修改的，应当自进入日起 2 个月内提交该修改文件的译文

    C. 申请人可以在国家知识产权局作好公布发明专利申请或者公告实用新型专利权的准备工作之前，或是在收到国家知识产权局发出的发明专利申请进入实质审查阶段通知书之日起 3 个月内主动提出改正译文错误

    D. 基于国际申请授予的专利权，译文有误时，以国家知识产权局授权时的保护范围为准

10. (2017–58) 一件 PCT 国际申请的国际申请日是 2017 年 6 月 1 日。申请人在国际阶段办理了恢复优先权手续，经审查合格后确定的优先权日是 2016 年 5 月 14 日。下列说法哪些是正确的？ 【你的答案】

    A. 申请人最迟应当在 2019 年 1 月 14 日前办理进入中国国家阶段手续 【选错记录】

    B. 申请人最迟应当在 2020 年 2 月 1 日前办理进入中国国家阶段手续

    C. 该 PCT 申请如果要求获得发明专利，申请人最迟应当在 2019 年 5 月 14 日前提出实质审查请求

    D. 该 PCT 申请如果要求获得发明专利，申请人最迟应当在 2020 年 6 月 1 日前提出实质审查请求

11. (2016–99) 王某以英文提交了 PCT 国际申请，其国际申请日为 2011 年 1 月 18 日，优先权日为 2010 年 9 月 15 日，进入中国国家阶段的日期为 2013 年 3 月 1 日。下列说法哪些是正确的？ 【你的答案】

    A. 在进入中国国家阶段时，申请人应当提交该国际申请的原始说明书和权利要求 【选错记录】

书的中文译文

  B. 申请人应当于 2013 年 9 月 15 日前提出实质审查请求

  C. 该申请授权后，专利权期限的起算日为 2011 年 1 月 18 日

  D. 该申请授权后，专利权期限的起算日为 2013 年 3 月 1 日

12.（2016 - 29）涉及生物材料的国际申请进入中国国家阶段时，申请人应当在下列哪个期限内提交生物材料样品的保藏证明和存活证明？ 【你的答案】

  A. 进入实质审查程序之前

  B. 国家公布技术准备工作完成之前 【选错记录】

  C. 办理进入国家阶段手续之日起 6 个月内

  D. 办理进入国家阶段手续之日起 4 个月内

13.（2016 - 28）某 PCT 国际申请的国际申请日是 2012 年 2 月 5 日，优先权日是 2011 年 10 月 8 日，该国际申请未要求国际初步审查，申请人应在下列哪一期限届满前办理进入中国国家阶段手续？ 【你的答案】

  A. 自 2012 年 2 月 5 日起 30 个月

  B. 自 2012 年 2 月 5 日起 20 个月 【选错记录】

  C. 自 2011 年 10 月 8 日起 20 个月

  D. 自 2011 年 10 月 8 日起 30 个月

14.（2015 - 97）某 PCT 申请的国际申请日为 2009 年 10 月 26 日，进入中国国家阶段的日期为 2012 年 2 月 26 日。下列说法哪些是正确的？ 【你的答案】

  A. 该申请应当视为 2012 年 2 月 26 日向国家知识产权局提出的专利申请

  B. 在进入中国国家阶段时，申请人可以选择外观设计作为保护类型 【选错记录】

  C. 申请人不能在该申请进入中国国家阶段后提出新的优先权要求

  D. 如果该申请被授予专利权，则专利权的期限自 2009 年 10 月 26 日起计算

15.（2014 - 54）下列关于 PCT 国际申请进入中国国家阶段手续的说法哪些是正确的？ 【你的答案】

  A. 在进入中国国家阶段时，申请人可以同时选择发明和实用新型作为获得专利权的类型 【选错记录】

  B. 国际申请以外文提出的，申请人应当提交原始国际申请的说明书和权利要求书的中文译文

  C. 在国际阶段向国际局已办理申请人变更手续的，申请人应当提供变更后的申请人享有申请权的证明材料

  D. 国际申请以中文提出的，申请人应当提交国际公布文件中的摘要和摘要附图副本

16.（2013 - 48）下列关于 PCT 国际申请的优先权说法哪些是正确的？ 【你的答案】

  A. 申请人可以要求在世界贸易组织成员中提出的在先申请作为 PCT 国际申请优先权的基础 【选错记录】

  B. PCT 国际申请的优先权日不在国际申请日前 12 个月内但在 14 个月内的，国家知识产权局作为指定局对申请人要求恢复优先权的请求应当不予批准

  C. PCT 国际申请中的优先权要求未写明在先申请号，该优先权要求不能仅因为此原因被视为未提出

  D. 申请人在 PCT 国际申请提出后的一定期限内可以对优先权声明进行改正或者增加

17.（2010 - 38）申请人在办理 PCT 申请进入中国国家阶段的手续时，应当符合下列哪些要求？ 【你的答案】

  A. PCT 申请以外文提出的，提交摘要的中文译文

  B. 缴纳申请费、公布印刷费和实质审查费 【选错记录】

  C. 在进入声明中写明申请人姓名或者名称

  D. 在国际阶段向国际局已办理申请人变更手续的，向国家知识产权局提出著录项目变更请求

18.（2010－53）某 PCT 申请的国际申请日为 2007 年 10 月 26 日，进入中国国家阶段的日期为 2010 年 2 月 26 日。下列说法哪些是正确的？

A. 该申请应当视为 2010 年 2 月 26 日向国家知识产权局提出的专利申请

B. 在进入中国国家阶段时，申请人可以同时选择发明和实用新型作为保护类型

C. 申请人不能在该申请进入中国国家阶段后提出新的优先权要求

D. 如果该申请被授予专利权，则专利权的期限自 2007 年 10 月 26 日起计算

【你的答案】

【选错记录】

19.（2011－33）一件进入中国国家阶段的 PCT 国际申请涉及依赖于遗传资源完成的发明创造，下列说法哪些是正确的？

A. 申请人应当在进入声明中予以说明，并填写遗传资源来源披露登记表

B. 申请人应当说明该遗传资源的直接来源和原始来源；无法说明原始来源的，应当陈述理由

C. 该遗传资源是违反行政法规的规定获取的，该申请不能被授予专利权

D. 该申请未说明该遗传资源直接来源的，国家知识产权局将直接作出驳回该申请的决定

【你的答案】

【选错记录】

20.（2011－65）一件优先权日为 2009 年 7 月 5 日、国际申请日为 2010 年 3 月 26 日的 PCT 国际申请，现欲办理进入中国国家阶段的手续。下列说法哪些是正确的？

A. 该申请应当被视为于 2009 年 7 月 5 日向国家知识产权局提出的专利申请

B. 申请人在 2011 年 1 月 6 日至 2011 年 3 月 5 日之间向国家知识产权局办理进入国家阶段手续的，应当缴纳宽限费

C. 申请人应当自进入日起 2 个月内缴纳优先权要求费

D. 申请人要求以国际阶段的修改作为审查基础的，最迟应当自进入日起 2 个月内提交修改部分的中文译文

【你的答案】

【选错记录】

21.（模拟题－1）对于国际申请，《专利法》第 33 条所说的原说明书和权利要求书是指原始提交的国际申请的？

A. 权利要求书

B. 说明书

C. 说明书附图

D. 援引加入的项目或者部分

【你的答案】

【选错记录】

22.（模拟题－2）某 PCT 申请要求了一项优先权，该申请的申请日在其优先权期限届满之日起两个月内，则关于该申请要求的优先权的恢复，下列说法正确的有？

A. 如该项优先权在国际阶段已经由受理局批准恢复，则专利局一般不再提出疑问

B. 如在国际阶段申请人未请求恢复优先权，申请人有正当理由的，可以自进入日起两个月内依据《专利法实施细则》第 128 条请求恢复优先权

C. 如在国际阶段申请人提出了恢复请求但受理局未批准，则该申请进入中国国家阶段，申请人不能再请求恢复优先权

D. 如该项优先权在国际阶段已经由受理局批准恢复，视为依照细则第 36 条提出了恢复优先权请求

【你的答案】

【选错记录】

23.（模拟题－3）某 PCT 国际申请要求了一项优先权，且国际申请日在优先权期限届满之后两个月内，在国际阶段申请人也未请求恢复该项优先权。该申请进入中国国家阶段时，申请人请求恢复该项优先权，则需要办理的手续为？

A. 自进入日起两个月内提交恢复优先权请求书，说明理由，请求恢复优先权

B. 缴纳恢复权利请求费

C. 缴纳优先权要求费

D. 如未向国际局提交过在先申请文件副本，同时还需附具在先申请文件副本

【你的答案】

【选错记录】

（二）参考答案解析

【1.（2019－96）解析】知识点：进入中国国家阶段手续（援引加入）

根据 R45 的规定，发明或者实用新型专利申请缺少或者错误提交权利要求书、说明书或者权利要求书、说明书的部

分内容，但申请人在递交日要求了优先权的，可以自递交日起2个月内或者在国务院专利行政部门指定的期限内以援引在先申请文件的方式补交。补交的文件符合有关规定的，以首次提交文件的递交日为申请日。进一步地，G-3-1-5.3关于"援引加入"中规定，根据《专利合作条约实施细则》的规定，申请人在递交国际申请时遗漏或者错误提交了某些项目或部分，可以通过援引在先申请中相应部分的方式加入遗漏或者正确的项目或部分，而保留原国际申请日。其中的"项目"是指全部说明书或者全部权利要求，"部分"是指部分说明书、部分权利要求或者全部或部分附图。

对于在国际阶段存在援引加入项目或部分的国际申请，申请人在办理进入国家阶段手续时应当提交与援引加入相关的在先申请文件副本的中文译文，并在进入声明中正确指明援引加入的项目或部分在原始申请文件译文（或以中文提出的原始申请文件）和在先申请文件副本译文（或以中文提出的在先申请文件副本）中的位置。

根据上述规定，申请人能同时保留援引加入部分和原国际申请日，故选项A的说法正确。选项B、C、D的说法是不正确的。

综上所述，本题答案为A。

【2.（2019-98）解析】知识点：受理局的确定、国际公布、进入国家阶段的手续；相关知识点：保密审查

R8.3规定，向国务院专利行政部门提交专利国际申请的，视为同时提出了保密审查请求。故选项A的说法正确。

PCT细则第48.3条（a）规定，如果国际申请是用阿拉伯文、中文、英文、法文、德文、日文、韩文、葡萄牙文、俄文或者西班牙文（"公布语言"）提出的，该申请应以其提出时使用的语言公布。由此可知，中文是其中规定的公布语言，因此题干中的PCT国际申请将以中文进行公布。PCT细则第48.3条（c）规定，如果国际申请是用英文以外的一种语言公布的，根据该细则第48.2条（a）（v）的规定公布的国际检索报告或者专利合作条约第17条（2）（a）所述的宣布、发明的名称、摘要以及摘要附图所附的文字都应使用这种语言和英文公布。译文由国际局负责准备。因此，题中PCT申请在进行国际公布时，发明的名称、摘要以及摘要附图所附的文字都应使用中文和英文公布。故选项B的说法正确。

R120规定，国际申请的申请人应当在《专利合作条约》第二条所称的优先权日（该章简称优先权日）起30个月内，向国务院专利行政部门办理进入中国国家阶段的手续；申请人未在该期限内办理该手续的，在缴纳宽限费后，可以在自优先权日起32个月内办理进入中国国家阶段的手续。题中PCT申请的申请日为2016年4月26日（没有优先权日），应当自该申请日起30个月内（最迟为2018年10月26日）进入中国国家阶段，如果缴纳宽限费，则可以自该申请日起32个月内（最迟为2018年12月26日）进入中国国家阶段，因此申请人最迟应当在2018年12月26日前办理进入中国国家阶段的手续，即选项C的说法正确。

G-3-1-3.1.2关于"保护类型"中规定，……国际申请指定中国的，办理进入国家阶段手续时，应当选择要求获得的是"发明专利"或者"实用新型专利"，两者择其一，不允许同时要求获得"发明专利"和"实用新型专利"。根据该规定，在办理进入中国国家阶段手续时，申请人必须选择要求获得的专利类型（发明专利或实用新型专利之一）。故选项D的说法是错误的。

综上所述，本题答案为A、B、C。

【3.（2019-99）解析】知识点：进入中国国家阶段手续（单一性）

G-3-2-5.5关于"单一性的审查"规定，……在国际阶段的检索和审查中，国际单位未提出单一性问题，而实际上申请存在单一性缺陷的，参照该指南第二部分第六章的规定进行处理。其中所述第二部分第六章就是关于单一性的规定。根据该规定，即使在国际阶段的检索和审查中，国际单位未提出单一性问题，而实际上申请存在单一性缺陷的，国家知识产权局可以提出存在单一性缺陷的问题。因此，选项A的说法错误，而选项B的说法正确。

G-3-2-5.5关于"单一性的审查"规定，……对于申请人因未缴纳单一性恢复费而删除的发明，……申请人不得提出分案申请。除此情形外，国际申请包含两项以上发明的，申请人可以……提出分案申请。据此可知，对于申请人因未缴纳单一性恢复费而删除的发明，申请人不得提出分案申请。因此，选项C的说法正确，而选项D的说法错误。

综上所述，本题答案为B、C。

【4.（2018-65）解析】知识点：进入中国国家阶段手续（优先权）

G-3-1-5.2.1关于"要求优先权声明"中规定，……申请人应当在进入声明中准确地写明其在先申请的申请日、申请号及原受理机构名称。除下段所述情况外，写明的内容应当与国际公布文本扉页中的记载一致。审查员发现不一致时，可以以国际公布文本扉页中记载的内容为依据，依职权改正进入声明中的不符之处，并及时通知申请人。国际局曾经向专利局传送的"撤回优先权要求通知书"（PCT/IB/317表）或"优先权要求被认为未提出通知书"（PCT/IB/318表）中所涉及的优先权要求应认为已经失去效力，不应写入进入声明中……。根据上述规定，如果国际局向国家知识产权局传送通知书表明涉及的优先权要求已经失去效力，则不应写入声明中，也就是此时进入中国国家阶段的声明中写明的在先申请信息与该申请国际公布文本扉页中的记载是不一致的，而其他情况下都应当是一致的。因此，选项A的说法

正确。

G-3-1-5.2.1 关于"要求优先权声明"中规定，……申请人认为在国际阶段提出的优先权书面声明中某一事项有书写错误，可以在办理进入国家阶段手续的同时或者自进入日起两个月内提出改正请求……。根据上述规定，选项 B 的说法正确。

G-3-1-5.2.5 关于"根据专利法实施细则第六条的恢复"中规定，……国际申请在进入国家阶段后，由于下述情形之一导致视为未要求优先权的，可以根据《专利法实施细则》第六条的规定请求恢复要求优先权的权利：……（4）要求优先权声明填写符合规定，但未在规定期限内缴纳或缴足优先权要求费……。根据上述规定可知，在国际阶段中，要求优先权声明的填写符合规定，但由于未在规定期限内缴纳或缴足优先权要求费、而使其中要求的一项优先权被视为未要求的，申请人可以在进入国家阶段后请求恢复该项优先权，即选项 C 的说法正确。

G-3-1-5.2.1 关于"要求优先权声明"中规定，……申请人在国际阶段没有提供在先申请的申请号的，应当在进入声明中写明……。因此选项 D 的说法正确。

综上所述，本题答案为 A、B、D。

【5. (2018-64) 解析】 知识点：进入中国国家阶段手续（译文错误）

R135 规定，基于国际申请授予的专利权，由于译文错误，致使……确定的保护范围超出国际申请的原文所表达的范围的，以依据原文限制后的保护范围为准；致使保护范围小于国际申请的原文所表达的范围的，以授权时的保护范围为准。

根据上述规定，译文错误致使授权的权利要求书确定的保护范围超出国际申请原文所表达的范围的，应以依据原文限制后的保护范围为准，而不是以授权时的保护范围为准，故选项 A 的说法错误。而选项 B 与上述规定一致，其说法正确。译文错误致使授权的权利要求书确定的保护范围小于国际申请原文所表达的范围的，应以授权时的保护范围为准而不以原文的保护范围为准，即选项 C 的说法与规定一致，是正确的，而选项 D 的说法错误。

综上所述，本题答案为 B、C。

【6. (2017-53) 解析】 知识点：进入中国国家阶段手续（国家阶段的复查）

PCT 条约第 25 条（1）（a）规定，如果受理局拒绝给予国际申请日，或者宣布国际申请已被视为撤回，或者如果国际局已经按第 12 条（3）作出认定，国际局应该根据申请人的请求，立即将档案中任何文件的副本送交申请人指明的任何指定局。PCT 条约第 12 条（3）规定，如果国际局在规定的期限内没有收到登记本，国际申请即被视为撤回。根据上述规定，受理局拒绝给予国际申请日，受理局宣布国际申请已被视为撤回，国际局由于在规定期限内没有收到国际申请的登记本而宣布该申请被视为撤回允许申请人在国家阶段提出复查请求。因此，选项 A、B 和 D 符合题意。

而国际检索单位宣布不作出国际检索报告，并不包括在上述规定的可以复查的情形之中，因此选项 C 不符合题意。

综上所述，本题答案为 A、B、D。

【7. (2017-54) 解析】 知识点：进入中国国家阶段手续（生物材料样品的保藏）

PCT 细则第 13 条之二.3 规定，（a）对保藏的生物材料的记载应说明下列事项：（i）进行保藏的保藏单位的名称和地址；（ii）在该单位保藏生物材料的日期；（iii）该单位对保藏物给予的保藏号……根据上述规定，选项 A 的说法正确。

R25.1 规定，申请人按照 PCT 条约的规定，对生物材料样品的保藏已作出说明的，视为已经满足了该细则第二十七条第（三）项的要求。申请人应当在进入中国国家阶段声明中指明记载生物材料样品保藏事项的文件以及在该文件中的具体记载位置。根据此规定，选项 B 的说法正确。

R125.2 规定，申请人在原始提交的国际申请的说明书中已记载生物材料样品保藏事项，但是没有在进入中国国家阶段声明中指明的，应当自进入日起 4 个月内补正。期满未补正的，该生物材料视为未提交保藏。根据上述规定，期满未补正的，仅仅是该生物材料视为未提交保藏而不是该申请视为撤回，故选项 C 的说法错误。

R125.3 规定，申请人自进入日起 4 个月内向国务院专利行政部门提交生物材料样品保藏证明和存活证明的，视为在该细则第二十七条第（一）项规定的期限内提交。G-3-1-5.5.3 关于"生物材料样品保藏证明"中规定，由于国际申请的特殊程序，提交生物材料样品保藏证明和存活证明的期限是自进入日起 4 个月。对保藏证明和存活证明内容的审查，适用该指南第一部分第一章 5.2.1 节的规定。根据上述规定，在自进入日起 4 个月内，申请人未提交生物材料存活证明，又没有说明未能提交该证明的正当理由的，该生物材料品视为未提交保藏，审查员应当发出生物材料样品视为未保藏通知书。期满未提交的，仅仅是审查员应当发出生物材料样品视为未保藏通知书而不是该申请视为撤回，故选项 D 的说法错误。

综上所述，本题答案为 A、B。

【8.（2017－55）解析】知识点：进入中国国家阶段手续（优先权）、专利权期限

根据 A42 的规定可知，发明专利权的期限自申请日起计算。进一步地，R119 规定，按照 PCT 条约已确定国际申请日并指定中国的国际申请，视为向国务院专利行政部门提出的专利申请，该国际申请日视为《专利法》第二十八条所称的申请日。据此，本题中的专利权的期限应当自国际申请日 2015 年 3 月 2 日起计算（与优先权日无关），故选项 A 错误。

G－3－1－5.2.1 关于"要求优先权声明"规定，……进入国家阶段不允许提出新的优先权要求。根据该规定，选项 B 的说法是错误的。虽然新增优先权的在先申请的申请日为 2014 年 4 月 11 日符合优先权期限要求 12 个月内，也仍然不能新增优先权。

G－3－1－5.2.2 关于"根据专利法实施细则第六条的恢复"中规定，……国际申请在进入国家阶段后，由于下述情形之一导致视为未要求优先权的，可以……请求恢复要求优先权的权利：（1）申请人在国际阶段没有提供在先申请的申请号，进入声明中仍未写明在先申请的申请号……。因此，选项 C 的说法正确。

G－3－1－5.2.6 关于"在先申请是在中国提出"中规定，……在先申请是在中国提出的，要求优先权的国际申请进入国家阶段，应当看作要求本国优先权……。故选项 D 与此一致，说法正确。

注意，根据 G－3－1－5.2.1 关于"要求优先权声明"的规定，本题中 PCT 申请的申请日在其所要求的优先权日起 12 个月之后、14 个月之内，其优先权要求在中国不发生效力。但该条件并没有在选项中涉及，属于干扰信息，不要因此而选错答案。

综上所述，本题答案为 C、D。

【9.（2017－56）解析】知识点：进入中国国家阶段手续（提交的译文）

R121 规定，申请人……办理进入中国国家阶段的手续的，应当符合下列要求：……（三）国际申请以外文提出的，提交原始国际申请的说明书和权利要求书的中文译文；……（五）国际申请以外文提出的，提交摘要的中文译文，有附图和摘要附图的，提交附图副本并指定摘要附图，附图中有文字的，将其替换为对应的中文文字……。根据上述规定，国际申请以外文提出的，在进入国家阶段时，应当提交原始国际申请的说明书、权利要求书、摘要和附图中的文字的译文（即译成中文），即选项 A 的说法正确。

R123 规定，国际申请在国际阶段作过修改，申请人要求以经修改的申请文件为基础进行审查的，应当自进入日起 2 个月内提交修改部分的中文译文……。进一步地，G－3－1－3.1.6 关于"审查基础文本声明"中规定，……审查基础文本声明中提及国际阶段的修改的，应当自进入日起 2 个月内提交该修改文件的译文……。因此，选项 B 的说法与上述规定一致，是正确的。

R131.1 规定，申请人发现提交的说明书、权利要求书或者附图中的文字的中文译文存在错误的，可以在下列规定期限内依照原始国际申请文本提出改正：（一）在国务院专利行政部门作好公布发明专利申请或者公告实用新型专利权的准备工作之前；（二）在收到国务院专利行政部门发出的发明专利申请进入实质审查阶段通知书之日起 3 个月内。根据此规定，选项 C 的说法与上述规定一致，是正确的。

R135 规定，基于国际申请授予的专利权，由于译文错误，致使……确定的保护范围超出国际申请的原文所表达的范围的，以依据原文限制后的保护范围为准；致使保护范围小于国际申请的原文所表达的范围的，以授权时的保护范围为准。根据上述规定，基于国际申请授予的专利权，译文有误时，并不是一定要以国家知识产权局授权时的保护范围为准的，因此选项 D 的说法错误。

综上所述，本题答案为 A、B、C。

【10.（2017－58）解析】知识点：进入中国国家阶段手续、期限

本题涉及优先权恢复。G－3－1－2 关于"国际申请进入国家阶段手续的审查"中规定，国际申请希望在中国获得专利保护的，申请人应当在《专利法实施细》则第一百二十条规定的期限内办理进入国家阶段手续。该期限应当按照世界知识产权组织国际局（以下简称国际局）记录的最早优先权日起算。R120 规定，国际申请的申请人应当在 PCT 条约第 2 条所称的优先权日起 30 个月内，向国务院专利行政部门办理进入中国国家阶段的手续；申请人未在该期限内办理该手续的，在缴纳宽限费后，可以在自优先权日起 32 个月内办理进入中国国家阶段的手续。基于上述规定，本题中申请人最迟应当在自优先权日 2016 年 5 月 14 日起 32 个月内（2019 年 1 月 14 日前）办理进入国家阶段手续（选项 A 的说法正确），而不是从国际申请日是 2017 年 6 月 1 日起算的 32 个月内（2020 年 2 月 1 日前，即选项 B 的说法错误）。

进一步地，根据 R128 的规定，国际申请的申请日在优先权期限届满之后 2 个月内，在国际阶段受理局已经批准恢复优先权的，视为已经依照该细则第三十六条的规定提出了恢复优先权请求；在国际阶段申请人未请求恢复优先权，或者提出了恢复优先权请求但受理局未批准，申请人有正当理由的，可以自进入日起 2 个月内向国务院专利行政部门请求恢复优先权。根据 A35.1 的规定可知，发明专利申请的申请人应自申请日起 3 年内提出实质审查请求。根据 A12.1 的规定，除《专利法》第二十八条和第四十二条规定的情形外，《专利法》所称申请日，有优先权的，指优先权日。根据此规定，就该申请提出实质审查请求的期限应不是从国际申请日 2017 年 6 月 1 日起算的 3 年内（2020 年 6 月 1 日，即选

项 D 的说法错误），而是从优先权日 2016 年 5 月 14 日起算的 3 年（2019 年 5 月 14 日，即选项 C 正确）。

综上所述，本题答案为 A、C。

【11.（2016 - 99）解析】知识点：进入中国国家阶段手续、期限

R121.1 规定，……（三）国际申请以外文提出的，应提交原始国际申请的说明书和权利要求书的中文译文；……。由于王某以英文提交了 PCT 国际申请，则在进入中国国家阶段时，申请人应当提交该国际申请的原始说明书和权利要求书的中文译文，选项 A 的说法正确。

R119 规定，按照 PCT 条约已确定国际申请日并指定中国的国际申请，视为向国务院专利行政部门提出的专利申请，该国际申请日视为《专利法》第二十八条所称的申请日（有优先权的，则指优先权日）。A35.1 规定，发明专利申请自申请日起 3 年内，国务院专利行政部门可以根据申请人随时提出的请求，对其申请进行实质审查；……。本题中，王某的国际申请日为 2011 年 1 月 18 日，优先权日为 2010 年 9 月 15 日，两者相差没有超过 12 个月，其优先权日成立。根据上述规定，王某应当自优先权日 2010 年 9 月 15 日起 3 年内提出实质审查请求，即应于 2013 年 9 月 15 日前提出实质审查请求，故选项 B 的说法正确。

根据 A42 的规定可知，发明专利权的期限只能自申请日起计算，而与优先权日无关，更是与 PCT 申请进入国家阶段的日期无关。故选项 C 的说法正确，选项 D 的说法错误。

综上，本题答案为 A、B、C。

【12.（2016 - 29）解析】知识点：进入中国国家阶段手续（生物材料样品的保藏）

R125.3 规定，申请人自进入日起 4 个月内向国务院专利行政部门提交生物材料样品保藏证明和存活证明的，视为在该细则第二十七条第（三）项规定的期限内提交。根据该规定，对于进入中国国家阶段的涉及生物材料的国际申请，应当自办理进入国家阶段手续之日（进入日）起 4 个月内提交生物材料样品的保藏证明和存活证明（故选项 D 符合题意），而不是进入实质审查程序之前提交（选项 A 不符合题意），也不是国家公布技术准备工作完成之前提交（选项 B 不符合题意）。而选项 C 的错误在于时间期限有误，提交时间应当是办理进入国家阶段手续之日起 4 个月内而不是 6 个月内，选项 C 不符合题意。

综上所述，本题答案为 D。

【13.（2016 - 28）解析】知识点：进入中国国家阶段的期限

R120 规定，国际申请的申请人应当在 PCT 条约第 2 条所称的优先权日起 30 个月内，向国务院专利行政部门办理进入中国国家阶段的手续；申请人未在该期限内办理该手续的，在缴纳宽限费后，可以在自优先权日起 32 个月内办理进入中国国家阶段的手续。题中，PCT 国际申请的优先权日是 2011 年 10 月 8 日，根据上述规定，其应当在该优先权日 2011 年 10 月 8 日起 30 个月内办理进入中国国家阶段手续，因此选项 D 符合题意。而选项 A 的错误在于以国际申请日为起算而没有以有效的优先权日为起算日。选项 B 不仅起算日错误，而且期限也是错误的，应当是 30 个月内而不是 20 个月内进入国家阶段。选项 C 的错误在于期限错误，应当是 30 个月内而不是 20 个月内进入国家阶段。

综上所述，本题答案为 D。

【14.（2015 - 97）解析】知识点：进入中国国家阶段手续、期限

根据 R119 的规定，该申请应当视为国际申请日 2009 年 10 月 26 日而不是进入中国国家阶段日 2012 年 2 月 26 日向国家知识产权局提出的专利申请，故选项 A 的说法错误。

G - 3 - 1 - 3.1.2 关于"保护类型"中规定，……国际申请指定中国的，办理进入国家阶段手续时，应当选择要求获得的是"发明专利"或者"实用新型专利"，两者择其一，不允许同时要求获得"发明专利"和"实用新型专利"。由此可见，PCT 申请并不涉及外观设计专利申请，进入中国国家阶段也不能以外观设计作为保护类型。因此，选项 B 的说法错误。

参见 10.（2017 - 55）选项 B 的解析，G - 3 - 1 - 5.2.1 关于"要求优先权声明"规定，……进入国家阶段不允许提出新的优先权要求。选项 C 的说法正确。

参见 10.（2017 - 55）选项 A 的解析，本题中专利权的期限应当自国际申请日 2009 年 10 月 26 日起计算，故选项 D 的说法正确。

综上所述，本题答案为 C、D。

【15.（2014 - 54）解析】知识点：进入中国国家阶段手续

根据 G - 3 - 1 - 3.1.2 关于"保护类型"的规定可知，在进入中国国家阶段时，申请人只能选择发明专利或者实用新型专利中的一种，不能同时选择发明专利和实用新型专利，故选项 A 的说法错误。

参见 11. (2016 - 99) 选项 A 的解析,根据 R121.1 的规定,……(三) 国际申请以外文提出的,提交原始国际申请的说明书和权利要求书的中文译文……。因此,选项 B 的说法正确。

根据 R121.1 的规定,……(六) 在国际阶段向国际局已办理申请人变更手续的,必要时提供变更后的申请人享有申请权的证明材料……。因此,选项 C 的说法是正确的。

根据 R121.1 的规定,……(五) 国际申请以外文提出的,提交摘要的中文译文,有附图和摘要附图的,提交附图副本并指定摘要附图,附图中有文字的,将其替换为对应的中文文字……。因此,选项 D 的说法是正确的。

综上所述,本题答案为 B、C、D。

【16. (2013 - 48) 解析】知识点:进入中国国家阶段手续(优先权)

PCT 细则第 4.10 条 (a) 中规定,可以要求一个或多个在先申请的优先权,该在先申请是在《保护工业产权巴黎公约》的任何成员国提出的或者为该条约的任何成员国申请的,或者在不是该公约成员国的任何世界贸易组织成员提出的,或者为不是该公约成员国的任何世界贸易组织成员申请的。由此可知,PCT 国际申请的优先权在先申请可以是在任何世界贸易组织成员提出的,即选项 A 正确。

参见 10. (2017 - 58) 的解析,根据 R128 的规定,国际申请的申请日在优先权期限届满之后 2 个月内,在国际阶段受理局已经批准恢复优先权的,视为已经依照该细则第三十六条的规定提出了恢复优先权请求;在国际阶段申请人未请求恢复优先权,或者提出了恢复优先权请求但受理局未批准,申请人有正当理由的,可以自进入日起 2 个月内向国务院专利行政部门请求恢复优先权。因此,选项 B 的说法错误。

PCT 细则第 26 条之二.2 (c) 中规定,优先权要求不应仅仅因为下述原因而被视为未提出:(i) 没有写明该细则 4.10 (a) (ii) 涉及的在先申请号;(ii) 优先权要求中的某一说明与优先权文本中的相应说明不一致;或者 (iii) 国际申请的国际申请日晚于优先权期限届满日,但是国际申请日在自该届满日起的 2 个月期限内。由此可知,该优先权要求不能仅因为 PCT 国际申请中的优先权要求未写明在先申请号的原因被视为未提出,故选项 C 的说法正确。

PCT 细则第 26 条之二.1 (a) 中规定,申请人可以通过向受理局或国际局递交一份通知而在请求书中改正或增加一项优先权要求,期限是自优先权日起 16 个月内,或者如果所作的改正或增加将导致优先权日改变,期限是自改变了的优先权日 16 个月内,以先届满的任一个 16 个月期限为准……。由此可知,申请人在 PCT 国际申请提出后的一定期限内可以对优先权声明进行改正或者增加。因此,选项 D 的说法正确。

综上所述,本题答案为 A、C、D。

【17. (2010 - 38) 解析】知识点:进入中国国家阶段手续

R121.1 规定:"申请人依照本细则第一百二十条的规定办理进入中国国家阶段的手续的,应当符合下列要求:……(二) 缴纳本细则第一百一十条第一款规定的申请费、公布印刷费,必要时缴纳该细则第一百二十条规定的宽限费;(三) 国际申请以外文提出的,提交原始国际申请的说明书和权利要求书的中文译文;(四) 在进入中国国家阶段的书面声明中写明发明创造的名称,申请人姓名或者名称、地址和发明人的姓名……;(五) 国际申请以外文提出的,提交摘要的中文译文……;(六) 在国际阶段向国际局已办理申请人变更手续的,必要时提供变更后的申请人享有申请权的证明材料;……。"

根据上述规定的第 (五) 项,PCT 申请以外文提出的,提交摘要的中文译文,即选项 A 符合题意。根据上述规定的第 (二) 项,申请人在办理 PCT 申请进入中国国家阶段的手续时,不需同时缴纳实质审查费的,故选项 B 不符合题意。根据上述规定的第 (四) 项,在进入声明中要写明申请人姓名或者名称,即选项 C 符合题意。根据上述规定的第 (六) 项,在国际阶段向国际局已办理申请人变更手续的,在进入中国国家阶段时,仅需提供变更后的申请人享有申请权的证明材料,而不需要再向国家知识产权局提出著录项目变更请求。因此,选项 D 不符合题意。

综上所述,本题答案为 A、C。

【18. (2010 - 53) 解析】知识点:国际申请日的效力、优先权、进入中国国家阶段的手续

PCT 条约第 11 条 (3) 规定,除第 64 条 (4) 另有规定外,国际申请符合该条 (1) (i) 至 (iii) 列举的要求,并已被给予国际申请日的,在每个指定国内自国际申请日起具有正规的国家申请的效力。国际申请日应认为是在每个指定国的实际申请日。根据上述规定,题中 PCT 申请的国际申请日为 2007 年 10 月 26 日,则该申请应当视为 2007 年 10 月 26 日向国家知识产权局提出的专利申请,而不是进入中国国家阶段的日期即 2010 年 2 月 26 日,故选项 A 的说法错误。

G-3-1-3.1.2 关于"保护类型"中规定,……国际申请指定中国的,办理进入国家阶段手续时,应当选择要求获得的是"发明专利"或者"实用新型专利",两者择其一,不允许同时要求获得"发明专利"和"实用新型专利"。根据该规定可知,进入中国国家阶段时,申请人不能同时选择发明和实用新型作为保护类型,即选项 B 的说法错误。

G-3-1-5.2.1 关于"要求优先权声明"最后一段规定,进入国家阶段不允许提出新的优先权要求。选项 C 的说法与此规定一致,故是正确的。

根据 A42 的规定可知，专利权的期限自申请日起计算。由于该申请的国际申请日是 2007 年 10 月 26 日，其被视为向国家知识产权局提出专利申请的申请日，因而专利权的期限自 2007 年 10 月 26 日起计算，故选项 D 的说法正确。

综上所述，本题答案为 C、D。

【19. (2011 - 33) 解析】知识点：进入中国国家阶段手续、涉及遗传资源的国际申请

R126 规定，国际申请涉及的发明创造依赖遗传资源完成的，申请人应当在国际申请进入中国国家阶段的书面声明中予以说明，并填写国务院专利行政部门制定的表格。进一步地，G - 3 - 1 - 5.6 关于"遗传资源的来源"中规定，国际申请涉及的发明创造的完成依赖于遗传资源的，申请人应当在进入声明中予以说明，并填写遗传资源来源披露登记表。不符合规定的，审查员应当发出补正通知书，通知申请人补正。期满未补正的，审查员应当发出视为撤回通知书。补正后仍不符合规定的，该专利申请应当被驳回。根据该规定，本题中的申请人应当在进入声明中予以说明，并填写遗传资源来源披露登记表，即选项 A 的说法正确。而该申请未说明该遗传资源直接来源的，国家知识产权局将发出补正通知书，通知申请人补正，而不是直接作出驳回该申请的决定。因此，选项 D 的说法是错误的。

A26.5 规定，依赖遗传资源完成的发明创造，申请人应当在专利申请文件中说明该遗传资源的直接来源和原始来源；申请人无法说明原始来源的，应当陈述理由。因此，选项 B 的说法与该规定一致，故是正确的。

A5.2 规定，对违反法律、行政法规的规定获取或者利用遗传资源，并依赖该遗传资源完成的发明创造，不授予专利权。根据该规定，如果该遗传资源是违反行政法规的规定获取的，该申请不能被授予专利权，即选项 C 的说法正确。注意，此处规定既包括违反法律，也包括违反行政法规，这不同于 A5.1 的规定，后者仅涉及法律而不包括行政法规。

综上所述，本题答案为 A、B、C。

【20. (2011 - 65) 解析】知识点：进入中国国家阶段手续、期限

根据 R119 的规定可知，国际申请日视为《专利法》第 28 条所称的申请日。由此可知，该申请应当被视为于 2010 年 3 月 26 日而不是优先权日（即 2009 年 7 月 5 日）向国家知识产权局提出的专利申请，即选项 A 的说法错误。

根据 R120 的规定，国际申请的申请人应当在 PCT 条约第 2 条所称的优先权日（该章简称优先权日）起 30 个月内，向国务院专利行政部门办理进入中国国家阶段的手续；申请人未在该期限内办理该手续的，在缴纳宽限费后，可以在自优先权日起 32 个月内办理进入中国国家阶段的手续。由此可知，根据本题的信息，自优先权日起的 30 个月至 32 个月的时间为 2012 年 1 月 6 日至 2012 年 3 月 5 日，只有在该期限内向国家知识产权局办理进入国家阶段手续的，才需要缴纳宽限费，选项 B 给出的时间期限是错误的。

R127.2 规定，申请人应当自进入日起 2 个月内缴纳优先权要求费；期满未缴纳或者未缴足的，视为未要求该优先权。因此，选项 C 的说法是正确的。

R123 规定，国际申请在国际阶段作过修改，申请人要求以经修改的申请文件为基础进行审查的，应当自进入日起 2 个月内提交修改部分的中文译文。在该期间内未提交中文译文的，对申请人在国际阶段提出的修改，国务院专利行政部门不予考虑。根据该规定，申请人要求以国际阶段的修改作为审查基础，最迟应当自进入日起 2 个月内提交修改部分的中文译文，即选项 D 的说法正确。

综上所述，本题答案为 C、D。

【21 (模拟题 - 1) 解析】知识点：国际申请，原说明书和权利要求书

G - 3 - 2 - 3.3 关于"原始提交的国际申请文件的法律效力"中规定："对于国际申请，专利法第三十三条所说的原说明书和权利要求书是指原始提交的国际申请的权利要求书、说明书及其附图，包含援引加入的项目或者部分。"因此，选项 A、B、C、D 的说法正确。

综上所述，本题答案为 A、B、C、D。

【22 (模拟题 - 2) 解析】知识点：国际申请，优先权的恢复

G - 3 - 1 - 5.2.5.1 关于"根据专利法实施细则第一百二十八条的恢复"中规定，国际申请要求了优先权，且国际申请日在优先权期限届满之后两个月内，在国际阶段已经由受理局批准恢复优先权的，专利局一般不再提出疑问。因此，选项 A 的说法正确。

A128 规定，国际申请的申请日在优先权期限届满之后 2 个月内，在国际阶段受理局已经批准恢复优先权的，视为已经依照该细则第三十六条的规定提出了恢复优先权请求；在国际阶段申请人未请求恢复优先权，或者提出了恢复优先权请求但受理局未批准，申请人有正当理由的，可以自进入日起 2 个月内向国务院专利行政部门请求恢复优先权。因此，选项 B、D 的说法正确，选项 C 的说法错误。

综上所述，本题答案为 A、B、D。

【23（模拟题-3）解析】知识点：国际申请，优先权的恢复

G-3-1-5.2.5.1关于"根据专利法实施细则第一百二十八条的恢复"中规定，在国际阶段申请人未请求恢复优先权，或者提出了恢复请求但受理局未批准，申请人有正当理由的，可以自进入日起两个月内请求恢复优先权，提交恢复优先权请求书，说明理由，并且缴纳恢复权利请求费、优先权要求费，未向国际局提交过在先申请文件副本的，同时还应当附具在先申请文件副本。故A、B、C、D正确。

综上所述，本题答案为A、B、C、D。

（三）总体考点分析

本部分涉及PCT国际申请进入中国国家阶段的期限和手续。主要涉及具体期限规定、进入日的确定、国际申请的效力，涉及生物材料样品的保藏（保藏证明和存活证明的提交要求）和遗传资源的国际申请，国际阶段优先权要求的效力、援引加入的保留等，国家公布的时间、公布的语言和效力，中国国家阶段对国际阶段不予受理和视为撤回的复查、译文有误时专利权保护范围的确定。

高频结论

✓　PCT细则规定申请人在递交国际申请时遗漏或者错误提交了某些项目或部分，可以通过援引在先申请中相应部分的方式加入遗漏或者正确的项目或部分，而保留原国际申请日。其中的"项目"是指全部说明书或者全部权利要求，"部分"是指部分说明书、部分权利要求或者全部或部分附图。对于在国际阶段存在援引加入项目或部分的国际申请，申请人在办理进入国家阶段手续时应当提交与援引加入相关的在先申请文件副本的中文译文，并在进入声明中正确指明援引加入的项目或部分在原始申请文件译文（或以中文提出的原始申请文件）和在先申请文件副本译文（或以中文提出的在先申请文件副本）中的位置。

✓　由中国作出国际检索报告及专利性国际初步报告的国际申请，在进入国家阶段并提出实质审查请求时，免缴实质审查费。

✓　国际申请的申请人应当在PCT条约第二条所称的优先权日起30个月内，向国务院专利行政部门办理进入中国国家阶段的手续；申请人未在该期限内办理该手续的，在缴纳宽限费后，可以在自优先权日起32个月内办理进入中国国家阶段的手续。

✓　PCT条约中的申请类型包括发明专利和实用新型专利等，但不包括外观设计专利。在国际申请指定中国的，办理进入国家阶段手续时，应当选择要求获得的是"发明专利"或者"实用新型专利"之一，不允许同时要求获得"发明专利"和"实用新型专利"。

✓　在国际阶段的检索和审查中，国际单位未提出单一性问题，而实际上申请存在单一性缺陷的，国家知识产权局可以提出存在单一性缺陷的问题。

✓　对于进入中国的PCT国际申请，申请人因未缴纳单一性恢复费而删除的发明，申请人不得提出分案申请。

✓　申请人应当在进入声明中准确地写明其在先申请的申请日、申请号及原受理机构名称。写明的内容应当与国际公布文本扉页中的记载一致。但下述除外，国际局曾经向专利局传送的"撤回优先权要求通知书"或"优先权要求被认为未提出通知书"中所涉及的优先权要求应认为已经失去效力，不应写入进入声明中。

✓　国际申请的申请日在优先权期限届满之后2个月内，在国际阶段受理局已经批准恢复优先权的，视为已经依照《专利法实施细则》第三十六条的规定提出了恢复优先权请求；在国际阶段申请人未请求恢复优先权，或者提出了恢复优先权请求但受理局未批准，申请人有正当理由的，可以自进入日起2个月内向国务院专利行政部门请求恢复优先权。

✓　申请人认为在国际阶段提出的优先权书面声明中某一事项有书写错误，可以在办理进入国家阶段手续的同时或者自进入日起2个月内提出改正请求。

✓　在国际阶段中，要求优先权声明的填写符合规定，但未在规定期限内缴纳或缴足优先权要求费而使其中要求的一项优先权被视为未要求，申请人可以在进入国家阶段后请求恢复该项优先权。

✓　PCT国际申请进入国家阶段不允许提出新的优先权要求。

✓　对于国际申请以外文提出的，在进入中国国家阶段时，应当提交原始国际申请的说明书、权利要求书、摘要和附图中文字的中文译文；对于国际申请以中文提出的，提交国际公布文件中的摘要和摘要附图副本。

✓ 国际申请在国际阶段作过修改，申请人要求以经修改的申请文件为基础进行审查的，应当自进入日起2个月内提交修改部分的中文译文。

✓ 在先申请是在中国提出的，要求优先权的国际申请进入国家阶段，应当看作要求本国优先权。

✓ 按照PCT条约已确定国际申请日并指定中国的国际申请，视为向国务院专利行政部门提出的专利申请，该国际申请日视为《专利法》第28条所称的申请日。

✓ 申请人发现提交的说明书、权利要求书或者附图中的文字的中文译文存在错误的，可以在下列规定期限内依照原始国际申请文本提出改正：（1）在国务院专利行政部门作好公布发明专利申请或者公告实用新型专利权的准备工作之前；（2）在收到国务院专利行政部门发出的发明专利申请进入实质审查阶段通知书之日起3个月内。

✓ 基于国际申请授予的专利权，译文错误致使保护范围超出国际申请的原文所表达的范围的，以依据原文限制后的保护范围为准；致使保护范围小于国际申请的原文所表达的范围的，以授权时的保护范围为准。

✓ 在国际阶段向国际局已办理申请人变更手续的，在进入中国国家阶段时，仅需提供变更后的申请人享有申请权的证明材料，而不需要再向国家知识产权局提出著录项目变更请求。

✓ 在国际阶段应对生物材料样品的保藏作出说明，包括保藏单位名称和地址、保藏日期、保藏编号。

✓ 涉及生物材料的国际申请，应当在办理进入国家阶段手续之日起4个月内提交生物材料样品的保藏证明和存活证明。

✓ 申请人在原始提交的国际申请的说明书中已记载生物材料样品保藏事项，但是没有在进入中国国家阶段声明中指明的，应当自进入日起4个月内补正。期满未补正的，该生物材料视为未提交保藏（而不是该申请视为撤回）。

✓ 国际申请涉及的发明创造的完成依赖于遗传资源的，申请人应当在进入声明中予以说明，并填写遗传资源来源披露登记表。不符合规定的，审查员应当发出"补正通知书"，通知申请人补正。期满未补正的，审查员应当发出"视为撤回通知书"。补正后仍不符合规定的，该专利申请应当被驳回。

✓ 受理局拒绝给予国际申请日、受理局宣布国际申请已被视为撤回、国际局由于在规定期限内没有收到国际申请的登记本而宣布该申请被视为撤回等情形（但不包括不作出国际检索报告的决定），允许申请人在国家阶段提出复查请求。

✓ 国际申请要求了优先权，且国际申请日在优先权期限届满之后两个月内，在国际阶段已经由受理局批准恢复优先权的，专利局一般不再提出疑问即承认其优先权。

✓ 在国际阶段受理局已经批准恢复优先权的，视为已经依照《专利法实施细则》第三十六条的规定提出了恢复优先权请求；在国际阶段申请人未请求恢复优先权，或者提出了恢复优先权请求但受理局未批准，申请人有正当理由的，可以自进入日起2个月内向国务院专利行政部门请求恢复优先权。

（四）参考答案

1. A	2. A、B、C	3. B、C	4. A、B、D	5. B、C
6. A、B、D	7. A、B	8. C、D	9. A、B、C	10. A、C
11. A、B、C	12. D	13. D	14. C、D	15. B、C、D
16. A、C、D	17. A、C	18. C、D	19. A、B、C	20. C、D
21. A、B、C、D	22. A、B、D	23. A、B、C、D		

第三节　相关专利国际条约

本部分涉及的相关专利条约是指《国际承认用于专利程序的微生物保存布达佩斯条约》《国际专利分类斯特拉斯堡协定》《建立工业品外观设计国际分类洛迦诺协定》。具体涉及中国参加条约的时间、签订条约的目的、条约适用的范围，以及各条约的相关具体知识点，如国际保藏单位、微生物国际保藏的承认与效力、国际专利分类法的语言和使用、工业品外观设计国际分类法包括的内容及所使用的语言和使用及法定范围等。

本节属于低频率考点，个别年份会有一个题涉及（2010～2019 年十年间几乎没有专门的试题涉及）。

高频结论

✓ 《建立工业品外观设计国际分类洛迦诺协定》涉及外观设计（针对外观设计专利的分类），但《国际承认用于专利程序的微生物保存布达佩斯条约》《国际专利分类斯特拉斯堡协定》（针对发明专利和实用新型专利的分类）以及 PCT 条约等均不涉及外观设计专利。

✓ 《巴黎公约》和 PCT 条约不仅涉及发明专利，还明确涉及实用新型专利。

✓ 《伯尔尼公约》是涉及的文学和艺术作品（属于著作权）的国际公约。

✓ 《工业品外观设计国际注册海牙协定》是涉外观设计专利的国际条约，其中外观设计专利保护期限为 15 年。

第八章 专利文献与专利分类

本章要求了解专利文献基本知识，熟悉主要国家或组织专利文献种类；了解专利分类知识，熟悉国际专利分类的应用；掌握专利信息检索技术与方法。

第一节 专利文献基本知识

（一）历年试题集合

1. (2019－30) 下列关于文献种类代码与专利类型对应关系的说法哪些是错误的？ 【你的答案】
   A. U、Y 用于标识实用新型专利
   B. A 用于标识发明专利申请 【选错记录】
   C. B、C 用于标识发明专利
   D. D、S 用于标识外观设计专利

2. (2018－100) 关于专利文献种类，下列说法哪些是正确的？ 【你的答案】
   A. CN××××××× A 表示一篇发明专利申请公布文本
   B. CN××××××× B 表示一篇发明专利授权公告文本 【选错记录】
   C. CN××××××× Y 表示一篇实用新型专利授权公告文本
   D. CN××××××× U 表示一篇实用新型专利权部分宣告无效的公告文本

3. (2016－30) 以下关于专利文献种类标识代码中字母含义的说法哪个是正确的？ 【你的答案】
   A. 字母"B"表示发明专利申请公布
   B. 字母"Y"表示发明专利权部分无效宣告的公告 【选错记录】
   C. 字母"U"表示实用新型专利权部分无效宣告的公告
   D. 字母"S"表示外观设计专利授权公告或外观设计专利权部分无效宣告的公告

4. (2015－100) & (2010－80) 某专利文献扉页上印有"CN100378905A"，由此专 【你的答案】
   利文献号可以分析出下列哪些信息？
   A. 这是一篇中国专利文献 【选错记录】
   B. 这是一篇实用新型专利文献
   C. 该专利申请已被授予专利权
   D. 第一位数字 1 表示发明专利申请

5. (2014－100) 某篇专利文献的文献号为"CN101576367B"，下列说法哪些是正确的？ 【你的答案】
   A. 这是一篇中国专利文献
   B. 这是实用新型专利单行本 【选错记录】
   C. 这是发明专利单行本
   D. 这是发明专利申请单行本

6. (2013－30) 下列哪个文献号是中国实用新型专利授权公告号？ 【你的答案】
   A. ZL 1044155 A
   B. ZL 3021827 S 【选错记录】
   C. CN 201435903 U

D. CN 101084708 B

7.（2012－29）下列各组用以表示公布专利文献的国家或机构的国际标准代码，哪组存在错误？

【你的答案】
_____

【选错记录】
_____

    A. 法国 FR、西班牙 ES、奥地利 AT

    B. 欧洲专利局 EP、英国 UK、韩国 KR

    C. 澳大利亚 AU、瑞士 CH、俄罗斯联邦 RU

    D. 日本 JP、瑞典 SE、世界知识产权组织 IB

8.（2011－89）根据下图所示的美国专利文献，可以看出哪些专利信息？

【你的答案】
_____

【选错记录】
_____

(12) **United States Patent** Berger et al.	(10) Patent No.: **US 6,640,992 B1** (45) Date of Patent: Nov. 4, 2003
(54) TUMBLER (76) Inventors: Jennifer N. Berger, 3203 Huum Rd., Pearland, TX (US) 77581; David Berger, 3203 Huum Rd., Pearland, TX (US) 77581 (*) Notice: Subject to any disclaimer, the term of this patent is extended or adjusted under 35 U.S.C. 154(b) by 0 days. (21) Appl. No.: 10/369,453 (22) Filed: Feb. 20, 2003 (51) Int. Cl.⁷ .... A47G 19/22 (52) U.S. Cl. .... 220/603, 220/710.5, 220/713 (58) Field of Search .... 220/603, 710.5, 220/713, 719, 718 (56) References Cited U.S. PATENT DOCUMENTS 2,601,763 A * 3/1952 Wall 220/710	4,096,964 A * 6/1978 Kiselak .... 220/603 4,388,996 A * 6/1983 Panieri .... 220/604 5,294,018 A * 3/1994 Boucher .... 220/603 * cited by examiner Primary Examiner—Joseph M. Moy (57) ABSTRACT The present invention discloses a toddler's drinking cup design to teach toddler's and children how to drink properly without a sucking motion. The three piece self-righting toddler's drinking cup comprising a lid with threads, a concave surface having a ledge encircling the outside of the lid comprising a slit adapted for drinking and an air venting hole(s); a cup with matching threads, a weighted rubber round bottom and two diametrically opposed handles; and an o-ring seal adapted for sealing the lid to the cylinder. 20 Claims, 2 Drawing Sheets

    A. 该专利的申请人是 Berger 等

    B. 该专利的申请日是 2003 年 11 月 4 日

    C. 该专利的国际分类号 220/603，220/710.5

    D. 该专利的专利授权号是 US10/369453

9.（2019－89）&（2016－54）下列哪些选项所示申请号为实用新型专利申请？

【你的答案】
_____

【选错记录】
_____

    A. 201430465498. X

    B. 201290004238. 0

    C. 201320278122. 1

    D. 201140376384. 3

10.（2015－61）根据 ZC0006—2003 专利申请号标准，下列关于专利申请号中申请种类号的说法哪些是正确的？

【你的答案】
_____

【选错记录】
_____

    A. 1 表示发明专利申请

    B. 2 表示实用新型专利申请

    C. 3 表示外观设计专利申请

    D. 4 表示进入中国国家阶段的 PCT 发明专利申请

11.（2014－2）下列哪个是发明专利申请的申请号？

【你的答案】
_____

【选错记录】
_____

    A. 201120276239. 3

    B. 201210233747. 2

    C. 201330498971. X

    D. 201290000806. 5

12. (2012 - 100) 下列哪些号码是已进入中国国家阶段的 PCT 国际申请的申请号？

A. 200710077832.3

B. 200930143483.0

C. 200490000001.3

D. 200480002090.2

【你的答案】

_____

【选错记录】

_____

_____

13. (2011 - 22) 下列哪个号码是进入中国国家阶段的 PCT 发明专利申请的申请号？

A. 200710077832.3

B. 200930143483.0

C. 200480002090.2

D. 200490000001.3

【你的答案】

_____

【选错记录】

_____

_____

14. (2011 - 57) 外观设计专利单行本包括下列哪些部分？

A. 扉页、说明书、权利要求书、说明书附图

B. 扉页、彩色外观设计图片或者照片、简要说明

C. 请求书、彩色外观设计图片或者照片、简要说明

D. 扉页、权利要求书、彩色外观设计图片或者照片、简要说明

【你的答案】

_____

【选错记录】

_____

_____

15. (2010 - 66) 中国发明专利公报包括下列哪些内容？

A. 发明专利申请的公布

B. 保密发明专利权的授予

C. 发明专利申请的检索报告

D. 发明专利权的授予

【你的答案】

_____

【选错记录】

_____

_____

（二）参考答案解析

【1. (2019 - 30) 解析】知识点：专利文献种类标识代码

G - 5 - 8 - 2.2.1 关于"发明专利申请单行本"中规定，发明专利申请单行本的文献种类代码为"A"……。G - 5 - 8 - 2.2.2 关于"发明专利单行本"中规定，发明专利单行本的文献种类代码为"B"。……发明专利权授予之后，在无效宣告程序中权利要求书需要修改后才能维持专利权的，应当再次出版该修改后的权利要求书，其文献种类代码依次为"C1 - C7"，并标明修改后的权利要求书的公告日。

G - 5 - 8 - 2.2.3 关于"实用新型专利单行本"中规定，实用新型专利单行本的文献种类代码为"U"。……实用新型专利权授予之后，在无效宣告程序中权利要求书需要修改后才能维持专利权的，应当再次出版该修改后的权利要求书，其文献种类代码依次为"Y1 - Y7"，并标明修改后的权利要求书的公告日。

G - 5 - 8 - 2.2.4 关于"外观设计专利单行本"中规定，外观设计专利单行本的文献种类代码为"S"。……外观设计专利权授予之后，在无效宣告程序中图片或者照片需要修改后才能维持专利权的，应当再次出版该修改后的图片或者照片，其文献种类代码依次为"S1 - S7"，并标明修改后的图片或者照片的公告日。

而且《中国专利文献种类标识代码》（ZC 0008 - 2012）第 4.2 节关于"专利文献种类标识代码中字母的含义"中规定，A 表示发明专利申请公布，B 表示发明专利授权公告，C 表示宣告发明专利权部分无效的公告，U 表示实用新型专利授权公告，Y 表示宣告实用新型专利权部分无效的公告，S 表示外观设计专利授权公告或宣告专利权部分无效的公告。

U、Y 用于标识实用新型专利，即选项 A 的说法正确。而字母 A 用于标识发明专利申请，即选项 B 的说法正确。字母 B、C 用于标识发明专利，即选项 C 的说法正确。S 用于标识外观设计专利，但字母 D 并未作为代码标识，也不可能用于外观设计专利。因此选项 D 的说法错误，符合题意。

综上所述，本题答案为 D。

【2. (2018 - 100) 解析】知识点：专利文献种类标识代码

参见 1. (2019 - 30) 的解析可知，选项 A 的说法正确，选项 B 的说法正确，选项 C 的说法错误，选项 D 的说法错误。

综上所述，本题答案为 A、B。

【3.（2016－30）解析】知识点：专利文献种类标识代码

参见1.（2019－30）的解析可知，B表示发明专利授权公告，故选项A错误；Y表示宣告实用新型专利权部分无效的公告而非发明专利权部分无效的公告，故选项B错误；U表示实用新型专利授权公告而不是宣告实用新型专利权部分无效的公告，故选项C错误；S表示外观设计专利授权公告或宣告专利权部分无效的公告，即选项D正确，符合题意。

综上所述，本题答案为D。

【4.（2015－100）&（2010－80）解析】知识点：专利文献种类标识代码、专利文献号标准

《中国专利文献号》（ZC 0007－2012）第6.2条对"专利文献号与中国国家代码CN，以及专利文献种类标识代码的联合使用"作出了规定。题中，CN100378905A代表的是一篇中国专利文献，且是发明专利申请公布文本，因此选项A的说法正确。而选项B和选项C的说法是错误的。

《中国专利文献号》（ZC 0007－2012）第5.1条规定，专利文献号用9位阿拉伯数字表示，包括申请种类号和文献流水号两个部分。专利文献号中的第1位数字表示申请种类号，第2~9位数字（共8位）为文献流水号，表示文献公布或公告的排列顺序。《中国专利文献号》第5.2条规定，专利文献号中的申请种类号用1位阿拉伯数字表示。所使用的数字含义规定如下：1表示发明专利申请；2表示实用新型专利申请；3表示外观设计专利申请。由此可知，由于题中的CN100378905A中的第一位数字为1，其代表的是发明专利申请，故选项D的说法正确。

综上所述，本题答案为A、D。

【5.（2014－100）解析】知识点：专利文献种类标识代码、专利文献号标准

参见4.（2015－100）&（2010－80）的解析可知，专利文献号中的CN表示所述专利文献是一篇中国专利文献，故选项A正确。

参见1.（2019－30）的解析可知，发明专利单行本的文献种类代码为"B"。因此，CN101576367B是发明专利单行本，即选项C正确。

综上所述，本题答案为A、C。

【6.（2013－30）解析】知识点：专利文献种类标识代码

《中国专利文献号》（ZC 0006－2012）第6.2节规定，中国国家代码CN和专利文献种类标识代码均不构成专利文献号的组成部分。然而，为了完整、准确地标识不同种类的专利文献，应将中国国家代码CN、专利文献号、专利文献种类标识代码联合使用。排列顺序应为：国家代码CN、专利文献号、专利文献种类标识代码。《中国专利文献号》（ZC 0006—2012）公告第6.3节规定，除法律法规、行政规章另有规定以外，为了保证专利文献号的易读性，在印刷及数据显示格式中，可以在国家代码CN、专利文献号、专利文献种类标识代码之间分别空一个字符的间隙。在专利文献号的前后或其中不得使用上述5.1节规定以外的任何其他文字、数字、符号或空格作为专利文献号的组成部分。示例：CN×××××××××A；CN×××××××××B；CN×××××××××U；CN×××××××××S。参见1.（2019－30）的解析，实用新型专利单行本的文献种类代码为"U"，故选项C中的CN 201435903 U是中国实用新型专利授权公告号，其是正确的。

综上所述，本题答案为C。

【7.（2012－29）解析】知识点：专利文献的编号和国别代码

国别代码由两个英文字母组成，是世界知识产权组织在标准ST.3中指定的。因此，需要了解常见国家的国别代码，比如获得PCT国家检索单位资格或其出版的专利文献被包含在PCT最低专利文献量中的国家或组织，具体的例如中国CN、美国US、欧洲EP、日本JP、韩国KR、英国GB、世界知识产权组织IB、法国FR、西班牙ES、奥地利AT、瑞典SE、瑞士CH、俄罗斯联邦RU等。其中，英国的代码应为GB而不是UK，因此选项B中存在错误，符合题意。

综上所述，本题答案为B。

【8.（2011－89）解析】知识点：专利文献著录项目及其代码

在专利文献中，存在一套国际统一的专利文献著录项目标识代码，即INID码。通过对INID的熟悉和掌握，可以消除专利文献用户在浏览各国专利文献时的语言困惑。本题中美国专利文献的著录项目标识代码包括：(10) 专利、补充保护证书或专利文献标识；(12) 文献种类文字释义；(21) 申请号；(22) 申请日期；(45) 此日或日前已经授权的专利文献，通过印刷或类似方法使公众获悉的日期；(51) 国际专利分类；(52) 内部分类或国家分类；(54) 发明名称；(56) 单独列出的现有技术文献清单；(57) 文摘或权利要求；(58) 检索领域；(76) 发明人兼申请人和权利人姓名。通过上述专利文献著录项目标识代码和该美国文献的具体内容可知，该专利的申请人是Berger等，申请日是2003年2

月20日，国际分类号是A47G 19/22，授权号是US6640992 B1。故选项A正确，选项B、C、D错误。

综上所述，本题答案为A。

【9.（2019－89）&（2016－54）解析】知识点：申请号的组成

《专利申请号标准》（ZC 0006－2003）第4.1条规定，专利申请号用12位阿拉伯数字表示，包括申请年号、申请种类号和申请流水号三个部分。按照由左向右的次序，专利申请号中的第1~4位数字表示受理专利申请的年号，第5位数字表示专利申请的种类，第6~12位数字（共7位）为申请流水号，表示受理专利申请的相对顺序。由此可知，专利申请种类号由专利申请号中的第5位确定。

进一步地，《专利申请号标准》（ZC 0006－2003）第4.3条规定，专利申请号的申请种类号用1位数字表示，所使用数字的含义规定如下：1表示发明专利申请；2表示实用新型专利申请；3表示外观设计专利申请；8表示进入中国国家阶段的PCT发明专利申请；9表示进入中国国家阶段的PCT实用新型专利申请。由上述规定可知，选项A中，由于第5位数字的专利申请的种类号为3，故是外观设计专利申请的申请号。选项B中，由于第5位数字的专利申请的种类号为9，其是进入中国国家阶段的PCT实用新型专利申请的申请号，即选项B符合题意。选项C中，由于第5位数字的专利申请的种类号为2，其是实用新型专利申请的申请号，即选项C符合题意。选项D中，由于第5位数字的专利申请的种类号为4，由于没有这种申请种类号，故是错误的专利申请号。

综上所述，本题答案为B、C。

【10.（2015－61）解析】知识点：专利申请号标准

《专利申请号标准》（ZC 0006—2003）第4.3条规定，专利申请号中的申请种类号用1位数字表示，所使用数字的含义规定如下：1表示发明专利申请；2表示实用新型专利申请；3表示外观设计专利申请；8表示进入中国国家阶段的PCT发明专利申请；9表示进入中国国家阶段的PCT实用新型专利申请。根据该规定，选项A、B、C正确。由于进入中国国家阶段的PCT发明专利申请的申请号种类号是8，而不是4，故选项D错误。

综上所述，本题答案为A、B、C。

【11.（2014－2）解析】知识点：申请号的组成

参见9.（2019－89）的解析，选项A中，由于第5位数字的专利申请的种类号为2，其是实用新型专利申请的申请号。选项B中，由于第5位数字的专利申请的种类号为1，其是发明专利申请的申请号，故选项B符合题意。选项C中，由于第5位数字的专利申请的种类号为3，其是外观设计专利申请的申请号。选项D中，由于第5位数字的专利申请的种类号为9，其是进入中国国家阶段的PCT实用新型专利申请。

综上所述，本题答案为B。

【12.（2012－100）解析】知识点：申请号的组成

参见9.（2019－89）的解析，专利申请号中的申请种类号（专利申请号中第5位）为8时，表示进入中国国家阶段的PCT发明专利申请；专利申请号中的申请种类号为9时，表示进入中国国家阶段的PCT实用新型专利申请。因此，选项C、D正确。

综上所述，本题答案为C、D。

【13.（2011－22）解析】知识点：申请号的组成

参见11.（2014－2）的解析，根据《专利申请号标准》（ZC 0006－2003）第4.1条的规定，专利申请第5位数字表示专利申请的种类，根据《专利申请号标准》（ZC 0006－2003）第4.3条的规定，专利申请号的申请种类号中用8表示进入中国国家阶段的PCT发明专利申请。故选项C代表的是进入中国国家阶段的发明专利申请。选项A为发明专利申请的申请号（并不是进入中国国家阶段的国际申请），选项B为外观设计专利申请的申请号，选项D为进入中国国家阶段的PCT实用新型专利申请的申请号。

综上所述，本题答案为C。

【14.（2011－57）解析】知识点：专利说明书单行本

G－5－8－2.2.4关于"外观设计专利单行本"中规定，外观设计专利单行本的文献种类代码为"S"。包括：扉页、彩色外观设计图片或者照片以及简要说明。因此，选项B正确。由于外观设计没有权利要求书，故选项A和D错误。专利说明书单行本不包括请求书，选项C错误。

综上所述，本题答案为B。

【15.（2010－66）解析】知识点：中国专利公报

G－5－8－1.2.1关于"发明专利公报"中规定：发明专利公报包括发明专利申请公布、国际专利申请公布、发明专利权授予、保密发明专利、发明专利事务、索引（申请公布索引、授权公告索引）。由此规定可知，选项A、B、D正确。由此规定亦可知，发明专利公报中并不包括选项C所述的发明专利申请的检索报告，即选项C错误。

综上所述，本题答案为A、B、D。

（三）总体考点分析

本部分涉及专利文献基础知识。具体包括：专利文献基本知识（如其特点、作用以及同族专利），专利说明书类文献组成部分、专利说明书种类（国别代码）、专利文献著录项目及其代码的含义，以及中外（相关组织）专利文献基本知识。注意区分申请号与文献号两者的区别。

高频结论

✓ 中国专利申请号用12位阿拉伯数字表示，按照由左向右的次序，专利申请号中的第1～4位数字表示受理专利申请的年号，第5位数字表示专利申请的种类，第6～12位数字（共7位）为申请流水号。

✓ 专利申请号的申请种类号用1位数字表示，所使用数字的含义规定如下：1表示发明专利申请；2表示实用新型专利申请；3表示外观设计专利申请；8表示进入中国国家阶段的PCT发明专利申请；9表示进入中国国家阶段的PCT实用新型专利申请。

✓ 中国发明专利申请单行本的文献种类代码为A，发明专利单行本的文献种类代码为B。无效宣告程序中权利要求书需要修改后才能维持专利权的，再次出版该修改后的权利要求书，其文献种类代码依次为C1～C7。

✓ 实用新型专利单行本的文献种类代码为U。无效宣告程序中权利要求书需要修改后才能维持专利权的，再次出版该修改后的权利要求书，其文献种类代码依次为Y1～Y7。

✓ 外观设计专利单行本的文献种类代码为S。在无效宣告程序中图片或者照片需要修改后才能维持专利权的，再次出版该修改后的图片或者照片，其文献种类代码依次为S1～S7。

✓ 中国专利文献号用9位阿拉伯数字表示，包括申请种类号和文献流水号两个部分。专利文献号中的第1位数字表示申请种类号，第2～9位数字（共8位）为文献流水号。专利文献号中的申请种类号用1位阿拉伯数字表示，其中：1表示发明专利申请；2表示实用新型专利申请；3表示外观设计专利申请。

✓ 发明专利公报包括发明专利申请公布、国际专利申请公布、发明专利权授予、保密发明专利、发明专利事务、索引（申请公布索引、授权公告索引）（不包括检索报告）。

✓ 发明专利申请单行本或发明专利单行本包括扉页、权利要求书、说明书（说明书有附图的，包含说明书附图）。

✓ 实用新型专利单行本包括扉页、权利要求书、说明书和说明书附图。

✓ 外观设计专利单行本包括扉页、彩色外观设计图片或者照片以及简要说明。

✓ 扉页由著录事项、摘要、摘要附图组成，说明书无附图的，则没有摘要附图。其内容应当与同一天出版的专利公报中相应专利申请的内容一致。

✓ 国别代码由两个英文字母组成，需要了解常见国家的国别代码，如中国CN、美国US、欧洲EP、日本JP、韩国KR、英国GB、世界知识产权组织IB、法国FR、西班牙ES、奥地利AT、瑞典SE、瑞士CH、俄罗斯联邦RU等。

（四）参考答案

1. D	2. A、B	3. D	4. A、D	5. A、C
6. C	7. B	8. A	9. B、C	10. A、B、C
11. B	12. C、D	13. C	14. B	15. A、B、D

第二节　专利分类

（一）历年试题集合

1. （2016－100）下列各组表示国际专利分类表部的类号所指示的部的类名，请判断哪些组存在错误？

 A. G 部：固定建筑物 F 部：机械工程、照明

 B. E 部：电学 C 部：化学、冶金

 C. A 部：人类生活必需 D 部：纺织、造纸

 D. H 部：物理 B 部：作业、运输

【你的答案】
_____

【选错记录】
_____

2. （2015－30）下述说法哪个是错误的？

 A. 中国采用国际专利分类法对发明专利申请进行分类

 B. 中国采用国际专利分类法对实用新型专利申请进行分类

 C. 中国采用洛迦诺分类法对实用新型专利申请进行分类

 D. 中国采用洛迦诺分类法对外观设计专利申请进行分类

【你的答案】
_____

【选错记录】
_____

3. （2014－30）下面为国际专利分类表的节选：

 "H01G 4/00 固定电容器：及其制造方法

 H01G 4/002 ··· 零部件

 H01G 4/018 ·············· 电介质

 H01G 4/04 ········· 液体电介质

 H01G 4/06 ········· 固体电介质

 H01G 4/08 ············ 无机电介质

 H01G 4/10 ············ 金属氧化物电介质

 H01G 4/12 ················ 陶瓷电介质"

对于一件技术主题为"一种以二氧化钛薄膜为电介质的电容器"的专利申请，下列哪个分类是正确的？

 A. H01G 4/08

 B. H01G 4/10

 C. H01G 4/08、H01G 4/10

 D. H01G 4/00、H01G 4/002、H01G 4/018、H01G 4/06、H01G 4/08

【你的答案】
_____

【选错记录】
_____

4. （2013－100）下列关于专利分类号 H01C 1/00 或 C08F 110/02 中含义的说法哪些是正确的？

 A. H 代表部

 B. C08F 代表大类

 C. H01C 1/00 代表小组

 D. C08F 110/02 代表小组

【你的答案】
_____

【选错记录】
_____

（二）参考答案解析

【1.（2016－100）解析】知识点：专利分类（国际专利分类）

《国际专利分类表》各部的技术领域：A 部：人类生活必需；B 部：作业、运输；C 部：化学、冶金；D 部：纺织、造纸；E 部：固定建筑物；F 部：机械工程、照明、加热、武器、爆破；G 部：物理；H 部：电学。

选项 A 中的 G 部应为物理，而不是固定建筑物（其为 E 部分），故选项 A 中存在错误。选项 B 中的 E 部应为固定建筑物，而不是电学（其为 H 部分），故选项 B 中存在错误。选项 C 中的 A 部和 D 部是正确的，故选项 C 中不存在错误，不符合题意。选项 D 中的 H 部为电学而不是物理，故选项 D 中存在错误。

综上所述，本题答案为 A、B、D。

【2.（2015-30）解析】知识点：专利分类（国际专利分类、洛迦诺分类）

G-1-4-1 关于"引言"中规定，专利局采用国际专利分类对发明专利申请和实用新型专利申请进行分类，以最新版的《国际专利分类表》（IPC，包括其使用指南）中文译本为工作文本，有疑义时以相同版的英文或者法文版本为准。由此可知，选项 A、B 的说法正确。G-1-3-12 关于"外观设计分类"中规定，专利局采用国际外观设计分类法（即洛迦诺分类法）对外观设计专利申请进行分类，以最新公布的《国际外观设计分类表》中文译本为工作文本。由此可知，选项 C 的说法错误，而选项 D 的说法正确。

总之，国际专利分类适用于发明专利申请和实用新型专利申请，而洛迦诺分类法只适用于外观设计专利申请。

综上所述，本题答案为 C。

【3.（2014-30）解析】知识点：专利分类（国际专利分类）

根据国际专利分类规则，分类时由高到低，逐级找到能够准确表达该技术主题的小组位置。具体是，先确定某一技术主题合适的分类，首先应确定相关的部，其次确定大类和小类，最后确定大组或范围足以包括待分类技术主题实质特点的最低一级小组。本题中的"一种以二氧化钛薄膜为电介质的电容器"，其中属于固定电容器，即确定 H01G，为其中二氧化钛属于金属氧化物，故其对应的最低一级小组是 4/10（金属氧化物电介质），因而其分类号为 H01G 4/10，即选项 B 的分类是正确的。

选项 A 中，分类号 H01G 4/08 虽然以二氧化钛薄膜为电介质属于无机电介质，但显然该分类号不属于最低一级小组，因此选项 A 是错误的。选项 C 和 D 的错误在于不能同时分类在多个不同层级的分类号中。

综上所述，本题答案为 B。

【4.（2013-100）解析】知识点：专利分类（国际专利分类）

国际专利分类法按技术范围设置成部、大类、小类、大组或小组，由大到小的递降次序排列。其中，部是用英文大写字母 A～H 表示；大类的类号是由部的类号及在其后加上两位数字组成；小类的类号由大类类号加上一个英文大写字母组成；大组的类号由小类类号加上一个 1～3 位的阿拉伯数字及"/00"组成；小组的类号由小类类号加上一个 1～3 位数，后面跟着斜线"/"，再加上一个除"00"以外的至少两位的数组成。

由此可知，题中 H 代表部，选项 A 的说法是正确的。C08F 代表小类而不是大类，故选项 B 的说法错误。H01C 1/00 代表大组而不是小组，故选项 C 的说法错误。C08F 110/02 代表小组，故选项 D 的说法正确。

综上所述，本题答案为 A、D。

（三）总体考点分析

本部分涉及发明和实用新型的国际专利分类（IPC）以及外观设计的洛迦诺分类。具体知识点包括国际专利分类 8 个部的类名、完整的分类号与分类表的等级结构、IPC 号在专利文献中的表达形式、技术主题所涉及的发明信息和附加信息，《国际外观设计分类表》的编排、等级结构及分类号的表示。

本部分的知识点属于相对较低频率考点，重点是国际专利分类（IPC）的知识，外观设计分类考试频率更低一些。

高频结论

✓ 中国采用国际专利分类法对发明专利申请和实用新型专利申请进行分类。

✓ 中国采用洛迦诺分类法对外观设计专利申请进行分类。

✓ 《国际专利分类表》各部的技术领域：A 部：人类生活必需；B 部：作业、运输；C 部：化学、冶金；D 部：纺织、造纸；E 部：固定建筑物；F 部：机械工程、照明、加热、武器、爆破；G 部：物理；H 部：电学。

✓ 根据国际专利分类规则，确定某一技术主题合适的分类，首先应确定相关的部，其次确定大类和小类，最后确定大组或范围足以包括待分类技术主题实质特点的最低一级小组。

✓ 国际专利分类号由部、大类、小类、大组或小组依次组成。部用英文大写字母 A～H 表示；大类的类号由部的类号及在其后加上两位数字组成；小类的类号由大类类号加上一个英文大写字母组成；大组的类号由小类类号加上一个 1～3 位的阿拉伯数字及"/00"组成；小组的类号由小类类号加上一个 1～3 位数，后面跟着斜线"/"，再加上一个除"00"以外的至少两位的数组成。例如，C08F 110/02 这个分类号中，C 代表部，C08 代表大类，C08F 代表小类，C08F 110/02 代表小组（如果是 C08F 110/00，则代表大组）。

（四）参考答案

1. A、B、D   2. C   3. B   4. A、D

第三节　专利信息检索

　　本部分涉及专利信息检索相关知识，包括专利信息的概念、检索工具、检索种类，基本的专利信息检索技术与方法（检索要素和检索策略），以及主要的互联网专利信息检索系统。

　　本部分知识点属于低频率考点，个别年份有所涉及。曾有试题涉及检索的基本方法的试题。试题中针对的是一种升降晾衣架的技术主题，检索时发现分类号 A47G 25/02 与其相关，此时可按"（升降 AND 晾衣架）OR A47G 25/02"重新检索，其中"升降"与"晾衣架"两者是必要的特征，因此不应分开检索，例如一般不用"升降 OR 晾衣架 OR A47G 25/02"来进行检索。

第九章　综合型试题

本章收集的历年真题具有多个不同方面的知识点，不便归于前八章的某一节。本章以考试年份倒序排列，并以 2018～2012 年的综合型试题为第一节，以 2011 年的综合型试题为第二节，以第 2010 年的综合型试题为第三节。

第一节　2018～2012 年的综合型试题

（一）历年试题集合

1. (2018－49) 江苏某企业作为代表人与国外某公司共同申请专利，由这家江苏企业通过其电子申请注册用户的权限以电子申请的方式提出专利申请，并指定其常驻上海的员工叶某为联系人，以下说法哪些是错误的？

A. 由于共同申请人之一为国外公司，所以应当委托依法设立的专利代理机构提交专利申请

B. 由于该江苏企业为提交电子申请的电子申请用户，所以该江苏企业应当为共同专利申请的代表人

C. 代表人可以代表全体申请人办理涉及共有权利之外的其他手续，例如提出提前公开声明、提出实质审查请求、提交意见陈述书

D. 如果该国外公司在南京设有办事机构，则可以同时指定其办事机构的工作人员为第二联系人

【你的答案】
────────
【选错记录】
────────

2. (2018－56) 下列关于非正常申请专利行为的说法哪些是正确的？

A. 同一单位或者个人提交多件不同材料、组分、配比、部件等简单替换或者拼凑的专利申请，属于非正常申请专利的行为

B. 同一单位或者个人提交多件实验数据或者技术效果明显编造的专利申请，属于非正常申请专利的行为

C. 对于非正常申请专利的行为情节严重的，自该年度起 5 年内不予资助或者奖励

D. 通过非正常申请专利的行为骗取资助和奖励，情节严重构成犯罪的，依法移送有关机关追究刑事责任

【你的答案】
────────
【选错记录】
────────

3. (2018－81) 以下说法哪些是正确的？

A. 侵犯专利权的，不仅应承担民事责任，还可能被追究刑事责任

B. 假冒专利的，不仅应承担民事责任，还可能被追究刑事责任

C. 侵犯专利权的，应承担民事责任，但不涉及刑事责任

D. 假冒专利的，应承担民事责任，但不涉及刑事责任

【你的答案】
────────
【选错记录】
────────

4. (2016－1) 下列说法哪个是正确的？

A. 发明专利申请经初步审查合格，自申请日起满 18 个月公告授权

B. 专利申请涉及国防利益需要保密的，经国防专利机构审查没有发现驳回理由的，由国防专利机构作出授予国防专利权的决定

C. 授予专利权的外观设计与现有设计或者现有设计特征的组合相比，应当具有明显区别

D. 实用新型专利申请经实质审查没有发现驳回理由的，由国家知识产权局作出授予实用新型专利权的决定

【你的答案】
────────
【选错记录】
────────

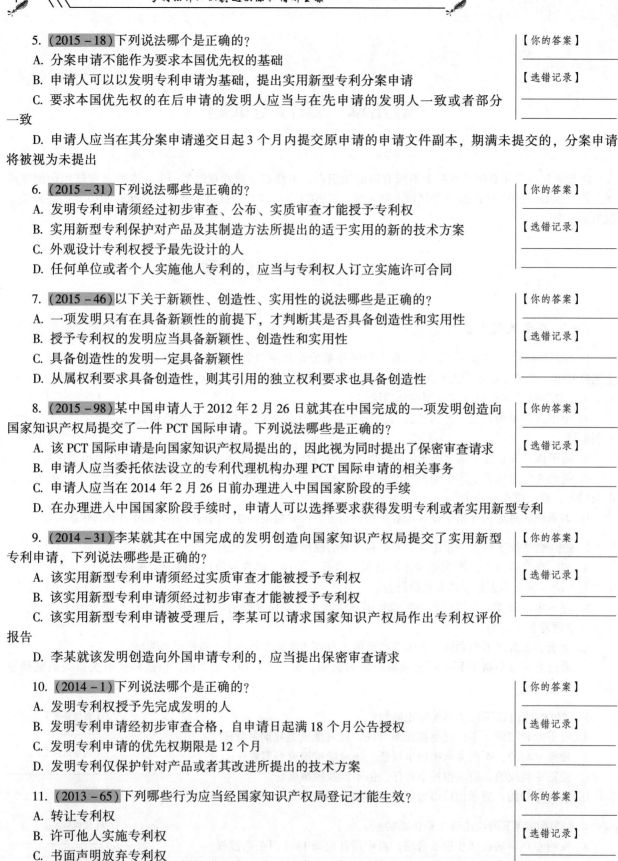

5. (2015－18) 下列说法哪个是正确的?　【你的答案】

A. 分案申请不能作为要求本国优先权的基础

B. 申请人可以以发明专利申请为基础，提出实用新型专利分案申请　【选错记录】

C. 要求本国优先权的在后申请的发明人应当与在先申请的发明人一致或者部分一致

D. 申请人应当在其分案申请递交日起 3 个月内提交原申请的申请文件副本，期满未提交的，分案申请将被视为未提出

6. (2015－31) 下列说法哪些是正确的?　【你的答案】

A. 发明专利申请须经过初步审查、公布、实质审查才能授予专利权

B. 实用新型专利保护对产品及其制造方法所提出的适于实用的新的技术方案　【选错记录】

C. 外观设计专利权授予最先设计的人

D. 任何单位或者个人实施他人专利的，应当与专利权人订立实施许可合同

7. (2015－46) 以下关于新颖性、创造性、实用性的说法哪些是正确的?　【你的答案】

A. 一项发明只有在具备新颖性的前提下，才判断其是否具备创造性和实用性

B. 授予专利权的发明应当具备新颖性、创造性和实用性　【选错记录】

C. 具备创造性的发明一定具备新颖性

D. 从属权利要求具备创造性，则其引用的独立权利要求也具备创造性

8. (2015－98) 某中国申请人于 2012 年 2 月 26 日就其在中国完成的一项发明创造向国家知识产权局提交了一件 PCT 国际申请。下列说法哪些是正确的?　【你的答案】

A. 该 PCT 国际申请是向国家知识产权局提出的，因此视为同时提出了保密审查请求　【选错记录】

B. 申请人应当委托依法设立的专利代理机构办理 PCT 国际申请的相关事务

C. 申请人应当在 2014 年 2 月 26 日前办理进入中国国家阶段的手续

D. 在办理进入中国国家阶段手续时，申请人可以选择要求获得发明专利或者实用新型专利

9. (2014－31) 李某就其在中国完成的发明创造向国家知识产权局提交了实用新型专利申请，下列说法哪些是正确的?　【你的答案】

A. 该实用新型专利申请须经过实质审查才能被授予专利权

B. 该实用新型专利申请须经过初步审查才能被授予专利权　【选错记录】

C. 该实用新型专利申请被受理后，李某可以请求国家知识产权局作出专利权评价报告

D. 李某就该发明创造向外国申请专利的，应当提出保密审查请求

10. (2014－1) 下列说法哪个是正确的?　【你的答案】

A. 发明专利权授予先完成发明的人

B. 发明专利申请经初步审查合格，自申请日起满 18 个月公告授权

C. 发明专利申请的优先权期限是 12 个月　【选错记录】

D. 发明专利仅保护针对产品或者其改进所提出的技术方案

11. (2013－65) 下列哪些行为应当经国家知识产权局登记才能生效?　【你的答案】

A. 转让专利权

B. 许可他人实施专利权　【选错记录】

C. 书面声明放弃专利权

D. 质押专利权

12. (2012－10) 下列哪种说法是正确的?　【你的答案】

A. 已视为撤回但未被恢复权利的专利申请，可以作为要求本国优先权的基础

B. 申请人可以以发明专利申请为基础，提出实用新型专利分案申请　【选错记录】

C. 要求本国优先权的在后申请的发明人应当与在先申请的发明人一致或者部分

一致

D. 申请人应当在其分案申请递交日起3个月内提交原申请的申请文件副本，期满未提交的，分案申请视为未提出

13.（2012-78）下列哪些情况下的多项发明创造可以作为一件专利申请提出？

【你的答案】

_____

A. 在技术上相互关联，包含一个相同的必要技术特征的两项以上的发明

B. 在技术上相互关联，包含一个相应的特定技术特征的两项以上的实用新型

【选错记录】

_____

C. 同一产品两项以上的相似外观设计

D. 用于同一类别并且成套出售的产品的两项以上的外观设计

（二）参考答案解析

【1.（2018-49）解析】知识点：委托专利代理、代表人、联系人

A18.1规定，在中国没有经常居所或者营业所的外国人、外国企业或者外国其他组织在中国申请专利和办理其他专利事务的，应当委托依法设立的专利代理机构办理。题中，代表人是江苏某企业，属于中国的申请人，而该国外某公司是作为第二署名的共同申请人，因此不是必须委托专利代理机构提交专利申请，也可以自行提交专利申请。故选项A的说法错误。

根据《关于专利电子申请的规定》第三条的规定，申请人有两人以上且未委托专利代理机构的，以提交电子申请的申请人为代表人。根据该规定，选项B的说法正确。

G-1-1-4.1.5关于"代表人"中规定，……除直接涉及共有权利的手续外，代表人可以代表全体申请人办理在专利局的其他手续。直接涉及共有权利的手续包括：提出专利申请，委托专利代理，转让专利申请权、优先权或者专利权，撤回专利申请，撤回优先权要求，放弃专利权等。直接涉及共有权利的手续应当由全体权利人签字或者盖章。根据上述规定，由于提出提前公开请求、提出实质审查请求、提交意见陈述书不属于直接涉及共有权利的手续，代表人可以代表全体申请人进行办理，即选项C的说法正确。

G-1-1-4.1.4关于"联系人"中规定，申请人是单位且未委托专利代理机构的，应当填写联系人，联系人是该单位接收专利局所发信函的收件人。……联系人只能填写一人……。由该规定可知，联系人不能填写两人及两人以上，不存在第二联系人之说，选项D的说法错误。

综上所述，本题答案为A、D。

【2.（2018-56）解析】知识点：正常申请专利的行为

《规范申请专利行为的规定》（国家知识产权局第七十七号令）第三条规定："本规定所称非正常申请专利行为包括：（一）所提出的多件专利申请的发明创造内容明显相同，或者实质上由不同发明创造特征、要素简单组合形成的；（二）所提出专利申请存在编造、伪造、变造发明创造内容、实验数据或者技术效果，或者抄袭、简单替换、拼凑现有技术或者现有设计等类似情况的；（三）所提出专利申请的发明创造内容主要为利用计算机技术等随机生成的；（四）所提出专利申请的发明创造为明显不符合技术改进、设计常理，或者变劣、堆砌、非必要缩限保护范围的；（五）申请人无实际研发活动提交多件专利申请，且不能作出合理解释的；（六）将实质上与特定单位、个人或者地址关联的多件专利申请恶意分散、先后或者异地提出的；（七）出于不正当目的转让、受让专利申请权，或者虚假变更发明人、设计人的；（八）违反诚实信用原则、扰乱专利工作正常秩序的其他非正常申请专利行为。"选项A和B相应于其中第（二）项所述情形，故选项A和选项B的说法正确。

《规范申请专利行为的规定》（国家知识产权局第七十七号令）第九条规定，可以对非正常申请专利行为采取下列处理措施："……（五）对申请人和相关代理机构不予资助或者奖励；已经资助或者奖励的，全部或者部分追还。"《规范申请专利行为的规定》（国家知识产权局第七十七号令）第八条第三款规定："对于违反本规定涉嫌犯罪的，依法移送司法机关追究刑事责任。"因此选项C和选项D的说法正确。

综上所述，本题答案为A、B、C、D。

【3.（2018-81）解析】知识点：侵犯专利权的民事责任、假冒专利的法律责任

A65规定，未经专利权人许可，实施其专利，即侵犯其专利权，引起纠纷的，由当事人协商解决；不愿协商或者协商不成的，专利权人或者利害关系人可以向人民法院起诉，也可以请求管理专利工作的部门处理。管理专利工作的部门处理时，认定侵权行为成立的，可以责令侵权人立即停止侵权行为，当事人不服的，可以自收到处理通知之日起15日内依照《中华人民共和国行政诉讼法》向人民法院起诉；侵权人期满不起诉又不停止侵权行为的，管理专利工作的部门可以申请人民法院强制执行。进行处理的管理专利工作的部门应当事人的请求，可以就侵犯专利权的赔偿数额进行调解；调解不成的，当事人可以依照《中华人民共和国民事诉讼法》向人民法院起诉。根据该规定，侵犯专利权应承担的

是民事责任，并不涉及刑事责任。因此，选项 A 的说法错误，选项 C 的说法正确。

A68 规定，假冒专利的，除依法承担民事责任外，由管理专利工作的部门责令改正并予公告，没收违法所得，可以并处违法所得五倍以下的罚款；没有违法所得或者违法所得五万元以下的，可以处二十五万元以下的罚款；构成犯罪的，依法追究刑事责任。由此可知，假冒专利的行为可导致没收违法所得或者被罚款（承担民事责任），如果构成犯罪，则还被依法追究刑事责任。因此，选项 B 的说法正确，选项 D 的说法错误。

综上所述，本题答案为 B、C。

【4.（2016-1）解析】知识点：三种专利的审查制度、国防专利机构及其职能

A34 规定，国务院专利行政部门收到发明专利申请后，经初步审查认为符合该法要求的，自申请日起满 18 个月，即行公布。国务院专利行政部门可以根据申请人的请求早日公布其申请。注意，此处规定的是公布专利申请而不是公告授权。而根据 A35 的规定可知，发明须经过实质审查才确定是否能够授权。A39 规定，发明专利申请经实质审查没有发现驳回理由的，由国务院专利行政部门作出授予发明专利权的决定，发给发明专利证书，同时予以登记和公告。发明专利权自公告之日起生效。因此，发明专利申请须经过初步审查、公布、实质审查才能最终确定是否授予专利权，因此选项 A 的说法错误，其中注意是发明专利申请经初步审查合格，自申请日起满 18 个月是进行专利申请的公布，而不是公告授权，因此注意申请公布与公告授权的区别。

R7.1 规定，专利申请涉及国防利益需要保密的，由国防专利机构受理并进行审查；国务院专利行政部门受理的专利申请涉及国防利益需要保密的，应当及时移交国防专利机构进行审查。经国防专利机构审查没有发现驳回理由的，由国务院专利行政部门作出授予国防专利权的决定。根据该规定，虽然国防专利申请受理和审查由国防专利机构负责，但授予国防专利权的决定是由国务院专利行政部门作出的，故选项 B 的说法错误。进一步地，根据《国防专利条例》第 18 条的规定可知，虽然由国务院专利行政部门作出授予国防专利权的决定，但是委托国防专利机构颁发国防专利证书的。

A23.2 规定，授予专利权的外观设计与现有设计或者现有设计特征的组合相比，应当具有明显区别。选项 C 的说法与上述规定一致，因此其说法是正确的。

A40 规定，实用新型和外观设计专利申请经初步审查没有发现驳回理由的，由国务院专利行政部门作出授予实用新型专利权或者外观设计专利权的决定，发给相应的专利证书，同时予以登记和公告。实用新型专利权和外观设计专利权自公告之日起生效。根据该规定，实用新型专利申请只须经初步审查合格后即授予专利权，无须经过实质审查，故选项 D 的说法错误。注意，我国对实用新型和外观设计专利申请施行的是初步审查制度，只有对发明专利申请施行的是实质审查制。

综上所述，本题答案为 C。

【5.（2015-18）解析】知识点：本国优先权、分案申请

R35.2 规定："……提出后一申请时，在先申请的主题有下列情形之一的，不得作为要求本国优先权的基础：（一）已经要求外国优先权或者本国优先权的；（二）已经被授予专利权的；（三）属于按照规定提出的分案申请的。"由此可知，分案申请不能作为要求本国优先权的基础，即选项 A 的说法正确。

R48.3 规定，分案的申请不得改变原申请的类别。据此，申请人以发明专利申请为基础提出分案申请时，不能提出实用新型专利分案申请而只能提出发明专利分案申请，即选项 B 的说法错误。

G-1-1-6.2.2.4 关于"在后申请的申请人"中规定，要求优先权的在后申请的申请人与在先申请中记载的申请人应当一致；不一致的，在后申请的申请人应当在优先权日（要求多项优先权的，指最早优先权日）起十六个月内提交由在先申请的全体申请人签字或者盖章的优先权转让证明文件……。根据上述规定，只针对要求优先权的在后申请的申请人与在先申请中记载的申请人应当一致的规定，但并没有要求发明人一致或者部分一致，因此选项 C 的说法错误。注意，虽然从实际情况来看，在后申请的发明人理论上应当与优先权的发明人相同或部分相同，但相关规定并没有对此作出规定，故不能根据日常理解推论得出选项 C 的说法正确。G-1-1-5.1.1 关于"分案申请的核实"中规定，……（4）……分案申请的发明人应当是原申请的发明人或者是其中的部分成员。针对分案申请提出的再次分案申请的发明人应当是该分案申请的发明人或者是其中的部分成员。对于不符合规定的，审查员应当发出补正通知书，通知申请人补正。期满未补正的，审查员应当发出视为撤回通知书。即对分案申请的发明人与原申请的发明人的关系有明确的要求。

G-1-1-5.1.1 关于"分案申请的核实"中还规定，……原申请中已提交的与分案申请相关的各种证明文件，视为已提交，例如优先权申请文件副本、生物材料保藏证明和存活证明等。因此，选项 D 的说法错误。

综上所述，本题答案为 A。

【6.（2015-31）解析】知识点：发明专利的审查制度、实用新型保护客体、先申请制、专利权人的权利

参见 4.（2016-1）选项 A 的解析，选项 A 的说法正确。

A2.3 规定，实用新型，是指对产品的形状、构造或者其结合所提出的适于实用的新的技术方案。由此可见，实用新型专利保护对象只能是产品，不包括任何制造方法，故选项 B 的说法错误。

A9.2 规定，两个以上的申请人分别就同样的发明创造申请专利的，专利权授予最先申请的人。根据该规定，外观设计专利权授予最先申请的人（先申请制），而非最先设计的人，故选项 C 的说法错误。

A12 规定，任何单位或者个人实施他人专利的，应当与专利权人订立实施许可合同，向专利权人支付专利使用费。被许可人无权允许合同规定以外的任何单位或者个人实施该专利。由此可知，选项 D 的说法正确。

综上所述，本题答案为 A、D。

【7.（2015－46）解析】 知识点：新颖性、创造性、实用性

G－2－5－3 关于"实用性的审查"中规定，发明或者实用新型专利申请是否具备实用性，应当在新颖性和创造性审查之前首先进行判断规定。据此可知，选项 A 的说法错误。

A22.1 规定，授予专利权的发明和实用新型，应当具备新颖性、创造性和实用性。据此可知，选项 B 的说法正确。该规定通常简称发明或者实用新型专利应当具有"三性"。

G－2－4－3 关于"发明创造性的审查"中规定，一件发明专利申请是否具备创造性，只有在该发明具备新颖性的条件下才予以考虑。据此可知，具备创造性的发明一定具备新颖性。因此，选项 C 的说法正确。

G－2－8－4.7.1 关于"审查权利要求书"中规定，……如果经审查认为独立权利要求不具备新颖性或创造性，则应当进一步审查从属权利要求是否具备新颖性和创造性……。根据上述规定，当独立权利要求不具备新颖性或创造性时，其从属权利要求可能由于其附加技术特征而使从属权利要求相对于现有技术具备新颖性和创造性。因此，从属权利要求具备创造性，并不意味着其所引用的独立权利要求也具备创造性。因此，选项 D 的说法错误。

综上所述，本题答案为 B、C。

【8.（2015－98）解析】 知识点：向外申请专利的保密审查、委托代理机构、PCT 申请进入国家阶段的手续

根据 R8.3 的规定，向国务院专利行政部门提交专利国际申请的，视为同时提出了保密审查请求。因此，选项 A 的说法正确，符合题意。

根据 A18.2 的规定，中国单位或者个人在国内申请专利和办理其他专利事务的，可以委托依法设立的专利代理机构办理。这里采用的是"可以委托"，意味着不是强制的。题中的 PCT 申请是由中国申请人向国家知识产权局提出，故其可以不委托依法设立的专利代理机构办理，即选项 B 的说法错误，不符合题意（注意：只有外国单位或个人在中国没有经常居所或营业所的，以及港澳台的单位或个人在我国内地没有经常居所或营业所的，才必须委托我国依法设立的专利代理机构）。

根据 R120 的规定，国际申请的申请人应当在 PCT 条约第二条所称的优先权日（该章简称优先权日）起 30 个月内，向国务院专利行政部门办理进入中国国家阶段的手续；申请人未在该期限内办理该手续的，在缴纳宽限费后，可以在自优先权日起 32 个月内办理进入中国国家阶段的手续。据此，题中 PCT 申请的申请日是 2012 年 2 月 26 日（因为没有要求优先权，此处的申请日就是 PCT 条约规定中所称的优先权日），故其应当在该日期起算的 30 个月内即 2014 年 8 月 26 日前进入中国国家阶段，但如果缴纳宽限费，应当在该日期起算的 32 个月内即 2014 年 10 月 26 日前办理进入中国国家阶段的手续，因此选项 C 所述的申请人应当在 2014 年 2 月 26 日前办理进入中国国家阶段的手续的说法是错误的（其所述的期限相对于国际申请的申请日仅有 24 个月），不符合题意。

G－3－1－3.1.2 中规定：……国际申请指定中国的，办理进入国家阶段手续时，应当选择要求获得的是"发明专利"或者"实用新型专利"，两者择其一，不允许同时要求获得"发明专利"和"实用新型专利"。不符合规定的，审查员应当发出国际申请不能进入中国国家阶段通知书。根据该规定，在办理进入中国国家阶段手续时，申请人可以选择要求获得发明专利或者实用新型专利，即选项 D 的说法正确，符合题意。

综上所述，本题答案为 A、D。

【9.（2014－31）解析】 知识点：实用新型的审查制度、专利权评价报告、保密审查

根据 A40 的规定可知，实用新型审查制度是初步审查制，无须经过实质审查阶段。故选项 A 的说法错误，而选项 B 的说法正确。

根据 R62.1 的规定可知，只有在实用新型专利授权后，才能请求国务院专利行政部门作出专利权评价报告，而不能在其受理后就能提出上述请求的。因此，选项 C 的说法错误。

A19.1 规定，任何单位或者个人将在中国完成的发明或者实用新型向外国申请专利的，应当事先报经国务院专利行政部门进行保密审查。保密审查的程序、期限等按照国务院的规定执行。由此可知，李某就该发明创造向外国申请专利的，应当提出保密审查请求，即选项 D 的说法正确。

综上所述，本题答案为 B、D。

【10.（2014－1）解析】知识点：先申请原则审查制度、优先权、专利保护客体

A9.2 规定，两个以上的申请人分别就同样的发明创造申请专利的，专利权授予最先申请的人。据此可知，选项 A 的说法错误。

参见 4.（2016－1）选项 A 的解析，选项 B 的说法错误。

根据 A29.1 的规定可知，发明专利申请的优先权期限是 12 个月，即选项 C 的说法正确。

A2.2 规定，发明，是指对产品、方法或者其改进所提出的新的技术方案。由此可知，发明专利保护对象不是仅保护针对产品或者其改进所提出的技术方案，也包括对方法或者其改进所提出的新的技术方案，故选项 D 的说法错误。

综上所述，本题答案为 C。

【11.（2013－65）解析】知识点：专利权转让、专利许可、专利放弃、专利质押的生效

A10.3 规定，转让专利申请权或者专利权的，当事人应当订立书面合同，并向国务院专利行政部门登记，由国务院专利行政部门予以公告。专利申请权或者专利权的转让自登记之日起生效。由此可知，转让专利权须经国家知识产权局登记才能生效，即选项 A 符合题意。

R15.2 规定，专利权人与他人订立的专利实施许可合同，应当自合同生效之日起 3 个月内向国务院专利行政部门备案。由此可知，对于许可他人实施专利权的，自其合同签订之日起生效，而无须经国家知识产权局登记，即选项 B 不符合题意。

A44 规定："有下列情形之一的，专利权在期限届满前终止：（一）没有按照规定缴纳年费的；（二）专利权人以书面声明放弃其专利权的。专利权在期限届满前终止的，由国务院专利行政部门登记和公告。"由此可知，书面声明放弃专利权需要经国家知识产权局登记才能生效，即选项 C 符合题意。

R15.3 规定，以专利权出质的，由出质人和质权人共同向国务院专利行政部门办理出质登记。《专利权质押登记办法》第 12 条第 1 款规定，专利权质押登记申请经审查合格的，国家知识产权局在专利登记簿上予以登记，并向当事人发送《专利权质押登记通知书》。质权自国家知识产权局登记时设立。根据该规定，质权经国家知识产权局登记才能生效。由此可知，选项 D 符合题意。

综上所述，本题答案为 A、C、D。

【12.（2012－10）解析】知识点：本国优先权、分案申请

参见 5.（2015－18）的解析。R35.2 只规定了"（一）已经要求外国优先权或者本国优先权的；（二）已经被授予专利权的；（三）属于按照规定提出的分案申请的"这三种情形不能作为要求本国优先权的基础。对于已视为撤回但未被恢复权利的专利申请，只要在优先权期限之内，仍有可以作为要求本国优先权的基础，即选项 A 的说法正确。

选项 B、C 和 D 与 5.（2015－18）的相应选项相同，其说法是错误的。

综上所述，本题答案为 A。

【13.（2012－78）解析】知识点：发明或实用新型的单一性、外观设计的单一性

R39 规定，依照《专利法》第 31 条第 1 款规定，可以作为一件专利申请提出的属于一个总的发明构思的两项以上的发明或者实用新型，应当在技术上相互关联，包含一个或者多个相同或者相应的特定技术特征，其中特定技术特征是指每一项发明或者实用新型作为整体，对现有技术作出贡献的技术特征。根据该规定，具备单一性的多项发明只要求具有一个相同或相应的特定技术特征即可，并不是要求包含一个相同的必要技术特征，故选项 A 的说法错误，选项 B 的说法正确。注意，特定技术特征是专门针对单一性提出的概念，与必要技术特征则是完全不同的概念。必要技术特征是指发明或者实用新型为解决其技术问题所不可缺少的技术特征，总和足以构成发明或者实用新型的技术方案，使之区别于背景技术中所述的其他技术方案。

A31.2 规定，一件外观设计专利申请应当限于一项外观设计。同一产品两项以上的相似外观设计，或者用于同一类别并且成套出售或者使用的产品的两项以上外观设计，可以作为一件申请提出。由此可知，选项 C 和 D 都具备单一性，可以作为一件申请提出，即两者说法正确。

综上所述，本题答案为 B、C、D。

（三）参考答案

1. A、D	2. A、B、C、D	3. B、C	4. C	5. A
6. A、D	7. B、C	8. A、D	9. B、D	10. C
11. A、C、D	12. A	13. B、C、D		

第二节 2011 年的综合型试题

（一）历年试题集合

1. (2011 - 75) 下列说法哪些是正确的？

A. 申请人因不可抗拒的事由超出法定期限导致专利申请被视为撤回，专利审查程序终止的，申请人可以请求恢复被终止的审查程序

B. 对于因专利申请权归属纠纷当事人的请求而中止的实质审查程序，在国家知识产权局收到发生法律效力的调解书或者判决书后，不涉及权利人变动的，应当予以恢复

C. 自请求中止专利审查程序之日起 1 年内，专利申请权归属纠纷未能结案，请求人又未请求延长中止的，专利申请将被视为撤回

D. 无效宣告程序不能因财产保全而中止

(2011 - 91 ～ 94) 根据下述情形，完成 2011 - 91 ～ 2011 - 94 题

张某受其所在公司指派完成一项发明。该公司就此项发明于 2009 年 10 月 30 日向国家知识产权局提出发明专利申请 F1。2010 年 7 月 12 日，该公司针对申请 F1 提出分案申请 F2。2010 年 10 月 20 日，该公司对申请 F2 再次提出分案申请 F3。申请 F3 的授权公告日为 2011 年 7 月 29 日。

2. (2011 - 91) 下列关于申请 F3 的说法哪些是正确的？

A. 申请 F3 的请求书中应当填写申请 F1 的申请号和申请日

B. 申请 F3 的请求书中应当填写申请 F2 的申请号

C. 申请 F3 可以是实用新型专利申请

D. 申请 F3 的内容不得超出申请 F1 记载的范围

3. (2011 - 92) 关于专利权 F3 的保护期限，下列说法哪些是正确的？

A. 自 2009 年 10 月 30 日起算

B. 自 2011 年 7 月 29 日起算

C. 至 2030 年 7 月 12 日截止

D. 至 2030 年 10 月 20 日截止

4. (2011 - 93) 在下列哪些情况下，应当到国家知识产权局办理登记手续？

A. 该公司将专利权 F3 转让给他人

B. 该公司以专利权 F3 出质

C. 该公司声明放弃专利权 F3 中的部分权利要求

D. 该公司许可他人实施专利权 F3

5. (2011 - 94) 如果该公司未与张某事先约定也未在其依法制定的规章制度中规定有关奖励和报酬的事宜，在 F3 专利权有效期内，该公司的下列哪些做法符合相关规定？

A. 2011 年 9 月 20 日发给张某 5000 元奖金

B. 该公司实施 F3 专利后，每年从实施该专利的营业利润中提取 1% 作为报酬给予张某

C. 该公司实施 F3 专利后，每年从实施该专利的营业利润中提取 5% 作为报酬给予张某

D. 该公司许可他人实施 F3 专利后，从收取的使用费中提取 5% 作为报酬给予张某

(2011 - 95 ～ 100) 根据下述情形，完成 2011 - 95 ～ 2011 - 100 题

张某于 2008 年 3 月 1 日向国家知识产权局提交一件发明专利申请。上述申请于 2010 年 3 月 1 日被公告授予专利权，授权公告文本的权利要求如下：

"1. 一种摄影机，其特征为 a 和 b。

2. 如权利要求 1 所述的摄影机，还包括特征 c。

3. 如权利要求 2 所述的摄影机，还包括特征 d。

4. 如权利要求 1 所述的摄影机，还包括特征 e。

5. 一种照相机，其特征为 a 和 f。"

胡某于 2011 年 3 月 1 日提出宣告上述发明专利权无效的请求，专利复审委员会受理了该请求，并决定于 2011 年 7 月 10 日举行口头审理。

6. (2011－95) 下列哪些理由可以作为胡某提出无效宣告请求的理由？

【你的答案】

A. 张某未足额缴纳年费

【选错记录】

B. 胡某认为该专利权应当属于自己

C. 权利要求 5 没有得到说明书的支持

D. 独立权利要求 1 和独立权利要求 5 之间不具备单一性

7. (2011－96，有适应性修改) 张某在专利复审委员会发出的受理通知书指定的答复期限内提交答复意见并对权利要求书进行修改。下列哪些修改是不被允许的？

【你的答案】

【选错记录】

A. 将权利要求 1 修改为 "一种摄影机，其特征为 a、b 和 d"，并删除了权利要求 3

B. 在权利要求 1 不作修改的情况下，将权利要求 2 修改为 "如权利要求 1 所述的摄影机，还包括特征 c 和 e"，并删除了权利要求 4

C. 将权利要求 1 修改为 "一种摄影机，其特征为 a、b、c 和 e"，删除权利要求 2 至权利要求 4

D. 将权利要求 1 修改为 "一种照相机，其特征为 a、b 和 f"

8. (2011－97) 如果张某通过修改删除权利要求 1 和权利要求 2，并针对胡某提交的证据提交反证。则胡某在其提出无效宣告请求之日起 1 个月后采取下列哪些应对措施符合相关规定？

【你的答案】

【选错记录】

A. 针对修改后的文本增加新的无效宣告理由

B. 在指定期限内提交公知常识性证据并结合该证据具体说明相关无效宣告理由

C. 在指定期限内针对反证提交新证据并结合该证据具体说明相关无效宣告理由

D. 撤回其无效宣告请求

9. (2011－98，有适应性修改) 关于本无效宣告请求的口头审理，下列说法哪些是正确的？

【你的答案】

【选错记录】

A. 张某未到庭但委托专利代理师出庭，胡某出庭符合规定，则合议组应当正常进行口头审理

B. 胡某未经合议组许可而中途退庭的，其无效宣告请求被视为撤回

C. 出具过证言并在口头审理通知书回执中写明的证人可以就其证言出庭作证

D. 代理张某出庭的代理人发现口头审理笔录中出现差错，可以请求记录人更正

10. (2011－99) 在口头审理中，胡某享有下列哪些权利？

【你的答案】

A. 请求审案人员回避

【选错记录】

B. 请求撤回无效宣告请求

C. 缩小无效宣告请求的范围

D. 放弃无效宣告请求的部分理由及相应证据

11. (2011－100) 胡某于 2011 年 7 月 20 日请求撤回其无效宣告请求，下列哪些情况不影响国家知识产权局继续作出审查决定或不影响已作出的审查决定的有效性？

【你的答案】

【选错记录】

A. 国家知识产权局根据已进行的审查工作能够作出宣告专利权部分无效的决定

B. 国家知识产权局根据已进行的审查工作能够作出宣告专利权全部无效的决定

C. 审查决定的结论已于 2011 年 7 月 10 日当庭宣布

D. 国家知识产权局已于 2011 年 7 月 18 日发出书面审查决定

（二）参考答案解析

【1. (2011－75) 解析】知识点：实质审查程序的恢复、中止，无效宣告程序的中止

R6.1 规定，当事人因不可抗拒的事由而延误《专利法》或者该细则规定的期限或者国务院专利行政部门指定的期

限，导致其权利丧失的，自障碍消除之日起2个月内且自期限届满之日起2年内，可以向国务院专利行政部门请求恢复权利。上述规定中的"《专利法》或者该细则规定的期限"即为法定期限，其中的"请求恢复权利"是对于"专利申请被视为撤回导致专利审查程序终止"而言的，就是请求恢复被终止的审查程序，故选项A的说法正确。

R103.3规定，管理专利工作的部门作出的调解书或者人民法院作出的判决生效后，当事人应当向国务院专利行政部门办理恢复有关程序的手续。自请求中止之日起1年内，有关专利申请权或者专利权归属的纠纷未能结案，需要继续中止有关程序的，请求人应当在该期限内请求延长中止。期满未请求延长的，国务院专利行政部门自行恢复有关程序。根据上述规定，选项B中，对于因专利申请权归属纠纷当事人的请求而中止的实质审查程序，国家知识产权局在收到发生法律效力的调解书或者判决书后，如果不涉及权利人变动，国家知识产权局将恢复实质审查程序，即选项B的说法正确；选项C中，自请求中止专利审查程序之日起1年内，专利申请权归属纠纷未能结案，请求人又未请求延长中止的，国家知识产权局将自行恢复专利审查程序，而该专利申请不会被视为撤回，即选项C的说法错误。

G-5-7-7.4.2关于"因协助执行财产保全而中止的期限"中规定，对于人民法院要求专利局协助执行财产保全而执行中止程序的，按照民事裁定书及协助执行通知书写明的财产保全期限中止有关程序。根据该规定，人民法院要求专利局协助执行财产保全而执行中止的程序包括所有程序，当然也包括无效宣告程序，因此选项D的说法错误。注意，G-5-7-7.4.3关于"涉及无效宣告程序中止期限"中规定，对涉及无效宣告程序中的专利，应权属纠纷当事人请求的中止，中止期限不超过1年，中止期限届满专利局将自行恢复有关程序。该规定中虽然没有提及"执行财产保全"请求中止，但是含义是对无效宣告程序中，应人民法院要求协助执行财产保全的中止，不设定不超过1年的限制。

综上所述，本题答案为A、B。

【2.（2011-91）解析】知识点：分案申请

G-1-1-5.1.1关于"分案申请的核实"中规定，……分案申请应当以原申请（第一次提出的申请）为基础提出。分案申请的类别应当与原申请的类别一致。分案申请应当在请求书中填写原申请的申请号和申请日；对于已提出过分案申请，申请人需要针对该分案申请再次提出分案申请的，还应当填写该分案申请的申请号。题中，F3是基于分案申请F2而再次提出的分案申请。根据该规定可知，对于F3这一分案申请而言，请求书中不仅应当填写申请F1的申请号和申请日，还应当填写申请F2的申请号，因此选项A和B的说法正确。另外，分案申请的类别应当与原申请的类别一致，而原申请即F1是发明专利申请，因此其分案申请只能是发明专利申请而不能是实用新型专利申请，因此选项C的说法错误。

根据R49.1的规定可知，分案申请可以保留原申请日，享有优先权的，可以保留优先权日，但是不得超出原申请记载的范围。因此，分案申请F3的内容也就不得超出原申请F1记载的范围，即选项D的说法正确。

综上所述，本题答案为A、B、D。

【3.（2011-92）解析】知识点：专利权的保护期限

根据A42的规定可知，专利权的期限自申请日起计算。而根据R43.1的规定可知，分案申请可以保留原申请日，享有优先权的，可以保留优先权日。题中，由于原申请F1的申请日是2009年10月30日，F3申请获得授权后，其专利权保护期限自2009年10月30日起算，即选项A正确。由于发明专利申请的保护期限是20年，F3专利是至2029年10月30日终止。选项B的2011年7月29日是F3专利的授权公告日，并不是专利权期限的起算日，因此是错误的；选项C所述F3专利至2030年7月12日截止，是错误地以分案申请F2的分案递交日起算的，故错误的；选项D所述F3专利至2030年10月20日截止，是错误地以分案申请F3的分案递交日起算的，故是错误的。

综上所述，本题答案为A。

【4.（2011-93）解析】知识点：专利权的转让、质押、放弃、实施许可

A10.3规定，转让专利申请权或者专利权的，当事人应当订立书面合同，并向国务院专利行政部门登记，由国务院专利行政部门予以公告。专利申请权或者专利权的转让自登记之日起生效。由此可知，选项A中，该公司将专利权F3转让给他人，应当到国家知识产权局办理登记手续，故符合题意。

R15.3规定，以专利权出质的，由出质人和质权人共同向国务院专利行政部门办理出质登记。由此可知，选项B该公司以专利权F3出质，应当到国家知识产权局办理登记手续，故符合题意。

G-5-9-4.3关于"专利权人放弃专利权"规定，授予专利权后，专利权人随时可以主动要求放弃专利权，专利权人放弃专利权的，应当提交放弃专利权声明，并附具全体专利权人签字或者盖章同意放弃专利权的证明材料，或者仅提交由全体专利权人签字或者盖章的放弃专利权声明。……放弃专利权只能放弃一件专利的全部，放弃部分专利权的声明视为未提出……。根据上述规定可知，放弃专利权只能放弃一件专利的全部，放弃部分专利权的声明视为未提出。故选项C中该公司声明放弃专利权F3中的部分权利要求是不允许的，因此不应该到专利局办理这种登记手续，因此选项

C 不符合题意。注意，如果放弃一件专利的全部，则应当国家知识产权局办理相关手续。

R15.2 规定，专利权人与他人订立的专利实施许可合同，应当自合同生效之日起 3 个月内向国务院专利行政部门备案。由此可知，专利实施许可合同自订立起生效，只不过在其后可以到国家知识产权局备案。但这并不是许可合同生效的前提条件，因此该公司许可他人实施专利权 F3，无须到国家知识产权局办理备案手续即可生效，故选项 D 不符合题意。

综上所述，本题答案为 A、B。

【5.（2011-94）解析】知识点：对职务发明创造的发明人或者设计人的奖励和报酬

根据 R93.1 的规定可知，被授予专利权的单位未与发明人、设计人约定也未在其依法制定的规章制度中规定奖励的方式和数额的，应当自专利权公告之日起 3 个月内发给发明人或者设计人奖金。一项发明专利的奖金最低不少于 4000 元；一项实用新型专利或者外观设计专利的奖金最低不少于 1500 元。题中，F3 申请获得授权是发明专利，其授权公告日为 2011 年 7 月 29 日，选项 A 既符合给予奖励的时间期限规定（在授权公告日起 3 个月内），也符合给予奖金额度的规定（没有低于 4000 元），故选项 A 的做法符合相关规定。

根据 R94 和《促进科技成果转化法》第五十四条第一款规定可知，将该项职务科技成果转让、许可给他人实施的，从该项科技成果转让净收入或者许可净收入中提取不低于百分之五十的比例；将该项职务科技成果自行实施或者与他人合作实施的，应当在实施转化成功投产后连续三至五年，每年从实施该项科技成果的营业利润中提取不低于百分之五的比例。题中，F3 专利是发明专利，因此该公司实施 F3 专利后，每年应当从实施该专利的营业利润中提取 5%（而不是 1%）作为报酬给予张某，即选项 B 的做法不符合相关规定。而选项 C 的报酬是 5%，符合规定，故选项 C 的做法符合相关规定。该公司许可他人实施 F3 专利后，应当从收取的使用费中提取不低于 50% 作为报酬给予张某，而选项 D 中只有 5%，不符合上述报酬的最低限 50% 的规定，故选项 D 的做法不符合相关规定。

综上所述，本题答案为 A、C。

【6.（2011-95）解析】知识点：无效宣告的理由

R69.2 规定，前款所称无效宣告请求的理由，是指被授予专利的发明创造不符合《专利法》第二条、第十九条第一款、第二十二条、第二十三条、第二十六条第三款、第二十六条第四款、第二十七条第二款、第三十三条或者本细则第十一条、第二十三条第二款、第四十九条第一款的规定，或者属于专利法第五条、第二十五条规定的情形，或者依照《专利法》第九条规定不能取得专利权。

选项 A、B 以及 D 均不属于上述规定的无效宣告理由，不符合题意。选项 C 所述的权利要求 5 没有得到说明书的支持，不符合《专利法》第二十六条第四款关于权利要求书应当以说明书为依据的规定，属于无效宣告理由之一，即选项 C 符合题意。

综上所述，本题答案为 C。

【7.（2011-96）解析】知识点：无效宣告程序中专利文件的修改

G-4-3-4.6.1 关于"修改原则"中规定，发明或者实用新型专利文件的修改仅限于权利要求书，且应当针对无效宣告理由或者合议组指出的缺陷进行修改，其原则是：（1）不得改变原权利要求的主题名称。（2）与授权的权利要求相比，不得扩大原专利的保护范围。（3）不得超出原说明书和权利要求书记载的范围。（4）一般不得增加未包含在授权的权利要求书中的技术特征。外观设计专利的专利权人不得修改其专利文件。

G-4-3-4.6.2 关于"修改方式"中规定，在满足上述修改原则的前提下，修改权利要求书的具体方式一般限于权利要求的删除、技术方案的删除、权利要求的进一步限定、明显错误的修正。权利要求的删除是指从权利要求书中去掉某项或者某些项权利要求，例如独立权利要求或者从属权利要求。技术方案的删除是指从同一权利要求中并列的两种以上技术方案中删除一种或者一种以上技术方案。权利要求的进一步限定是指在权利要求中补入其他权利要求中记载的一个或者多个技术特征，以缩小保护范围。

选项 A 中，修改后的权利要求 1 相当于将权利要求 3 的附加技术特征，增加到独立权利要求 1，本质上属于对权利要求进一步限定的修改方式，且保护范围没有扩大，因此修改是允许的。

选项 B 中，修改后的权利要求 2 相当于通过权利要求 4 的附加技术特征对权利要求 2 作进一步限定，这种修改也没有扩大保护范围，因此修改是允许的。

选项 C 中，修改后的权利要求 1 相当于将权利要求 2 至权利要求 4 的附加技术特征都限定进来，也属于对权利要求进一步限定的修改方式，且保护范围没有扩大，因此修改是允许的。

选项 D 中，修改后的权利要求 1 相对于原来的权利要求 1 而言，改变了主题名称，不符合上述关于"不得改变原权利要求的主题名称"的修改原则，因此该修改不能被允许，符合题意。

综上所述，本题答案为 D。

【8.（2011－97）解析】知识点：无效宣告理由的增加、举证期限

G－4－3－4.2关于"无效宣告理由的增加"中规定：

（1）请求人在提出无效宣告请求之日起一个月内增加无效宣告理由的，应当在该期限内对所增加的无效宣告理由具体说明；否则，合议组不予考虑。

（2）请求人在提出无效宣告请求之日起一个月后增加无效宣告理由的，合议组一般不予考虑，但下列情形除外：

（ⅰ）针对专利权人以删除以外的方式修改的权利要求，在合议组指定期限内增加无效宣告理由，并在该期限内对所增加的无效宣告理由具体说明的；

（ⅱ）对明显与提交的证据不相对应的无效宣告理由进行变更的。

选项A中，如果胡某针对修改后的文本增加新的无效宣告理由，则属于提出无效宣告请求之日起一个月后增加无效宣告理由，并且不属于上述所列例外需要考虑的情形，因此选项A的做法不符合相关规定，不符合题意。

G－4－3－4.3.1关于"请求人举证"中规定：

（1）请求人在提出无效宣告请求之日起一个月内补充证据的，应当在该期限内结合该证据具体说明相关的无效宣告理由，否则，合议组不予考虑。

（2）请求人在提出无效宣告请求之日起一个月后补充证据的，合议组一般不予考虑，但下列情形除外：

（ⅰ）针对专利权人提交的反证，请求人在合议组指定的期限内补充证据，并在该期限内结合该证据具体说明相关无效宣告理由的；

（ⅱ）在口头审理辩论终结前提交技术词典、技术手册和教科书等所属技术领域中的公知常识性证据或者用于完善证据法定形式的公证文书、原件等证据，并在该期限内结合该证据具体说明相关无效宣告理由的。

（3）请求人提交的证据是外文的，提交其中文译文的期限适用该证据的举证期限。

选项B中，胡某在指定期限内提交公知常识性证据并结合该证据具体说明相关无效宣告理由。由于提交的证据是公知常识性证据（根据上述规定第（ⅱ）点可知，最晚可以在口头审理辩论终结前提交公知常识性证据），因此符合相关规定。注意，对于此处的具体说明相关的无效宣告理由，由于提交的是公知常识性证据，按出题人思路，所述无效宣告理由应当是此前提出过的无效宣告理由而不是这次新提出的，所以选项B的做法符合相关规定。

选项C中，胡某在指定期限内针对反证提交新证据并结合该证据具体说明相关无效宣告理由，符合上述规定的第（ⅰ）点的情形，因此符合相关规定。

根据R72.1的规定可知，对无效宣告的请求作出决定前，无效宣告请求人可以撤回其请求。因此，选项D中，胡某撤回其无效宣告请求的做法是允许，符合相关规定。

综上所述，本题答案为B、C、D。

【9.（2011－98）解析】知识点：口头审理（当事人的缺席、当事人中途退庭、证人出庭作证、记录）

G－4－4－8关于"当事人的缺席"中规定，有当事人未出席口头审理的，只要一方当事人的出庭符合规定，合议组按照规定的程序进行口头审理。进一步地，G－4－4－3关于"口头审理的通知"中规定，……专利权人不参加口头审理的，可以缺席审理。根据上述规定，由于张某是专利权人，而请求人胡某符合出庭规定，因此可以正常进行口审（专利权人缺席审理），即选项A的说法正确。

G－4－4－9关于"当事人中途退庭"中规定，……当事人未经合议组许可而中途退庭的，或者因妨碍口头审理进行而被合议组责令退庭的，合议组可以缺席审理。根据该规定，胡某未经合议组许可而中途退庭的，可以缺席审理，并不会导致无效宣告请求被视为撤回，即选项B的说法错误，不符合题意。

G－4－4－10关于"证人出庭作证"中规定，出具过证言并在口头审理通知书回执中写明的证人可以就其证言出庭作证。选项C的说法与上述规定一致，故其说法正确。

G－4－4－11关于"记录"中规定，……在重要的审理事项记录完毕后或者在口头审理终止时，合议组应当将笔录交当事人阅读。对笔录的差错，当事人有权请求记录人更正。选项D中，代理师张某出庭的代理人发现口头审理笔录中出现差错，可以请求记录人更正，其说法是正确的。

综上所述，本题答案为A、C、D。

【10.（2011－99）解析】知识点：无效宣告请求人的权利

根据G－4－4－13关于"当事人的权利"中的规定可知，当事人有权请求审案人员回避……。无效宣告请求人有权请求撤回无效宣告请求，放弃无效宣告请求的部分理由及相应证据，以及缩小无效宣告请求的范围……。因此，选项A、B、C、D正确。

综上所述，本题答案为A、B、C、D。

【11.（2011－100）解析】知识点：无效宣告请求的撤回

根据G－4－1－2.3关于"请求原则"中的规定可知，请求人在复审和无效审理部作出复审请求或者无效宣告请求

审查决定前撤回其请求的，其启动的审查程序终止；但对于无效宣告请求，复审和无效审理部认为根据已进行的审查工作能够作出宣告专利权无效或者部分无效的决定的除外。请求人在审查决定的结论已宣布或者书面决定已经发出之后撤回请求的，不影响审查决定的有效性。选项A和B中，国家知识产权局根据已进行的审查工作能够作出宣告专利权部分或者无效的决定，则胡某请求撤回其无效宣告请求不影响国家知识产权局继续作出审查决定；选项C中，由于审查决定的结论已于2011年7月10日当庭宣布，而胡某于2011年7月20日请求撤回无效宣告请求，是在审查决定的结论已宣布后提出的，不影响国家知识产权局已作出的审查决定的有效性；选项D中，国家知识产权局已于2011年7月18日发出书面审查决定，胡某请求撤回其无效宣告请求是在审查决定的结论已宣布后提出，不影响已作出的审查决定的有效性。

综上所述，本题答案为A、B、C、D。

（三）参考答案

1. A、B
2. A、B、D
3. A
4. A、B
5. A、C
6. C
7. D
8. B、C、D
9. A、C、D
10. A、B、C、D
11. A、B、C、D

第三节　2010年的综合型试题

（一）历年试题集合

1.（2010－1）下列说法哪些是正确的？

A. 只能对发明专利给予实施专利的强制许可

B. 只有发明专利申请才需要进行保密审查

C. 只能对实用新型专利作出专利权评价报告

D. 只有发明专利才能由国务院批准推广应用

2.（2010－34）下列哪些情形中申请人应当在请求书中予以声明或者说明？

A. 同一申请人就同样的发明创造同日分别提出发明专利申请和实用新型专利申请

B. 申请专利的发明创造是依赖遗传资源完成的

C. 要求优先权

D. 要求提前公布发明专利申请

3.（2010－35）下列说法哪些是正确的？

A. 对违反法律规定获取遗传资源，并依赖该遗传资源完成的发明创造，不授予专利权

B. 任何单位或者个人将在中国完成的发明向外国申请专利的，应当事先报经国务院专利行政部门进行保密审查

C. 专利申请涉及国防利益需要保密的，经国防专利机构审查没有发现驳回理由的，由国防专利机构作出授予国防专利权的决定

D. 授予专利权的外观设计与现有设计或者现有设计特征的组合相比，应当具有明显区别

4.（2010－54）在满足其他授权条件的情况下，下列哪些申请仍不能被授予发明专利权？

A. 申请专利的发明是依赖遗传资源完成的，但该遗传资源的利用违反行政法规

B. 同一申请人同日对同样的发明创造既申请实用新型专利又申请发明专利，申请人不放弃其先获得的实用新型专利权的

C. 未经保密审查，将在中国完成的发明在外国申请专利后，再到中国申请专利的

D. 职务发明的发明人私自将其作出的发明以自己名义申请专利的

（2010－85～88）根据下述情形，完成2010－85～2010－88题。

金某就一种新微生物于2008年9月29日在韩国首次提出发明专利申请S1。2009年6月29日，金某就该微生物的培育方法在韩国首次提出发明专利申请S2。2009年10月4日，金某就该微生物及其培育方法向世界知识产权组织国际局提出PCT申请S3，该PCT申请未指定中国。2009年11月24日，金某委托某专利代理事务所就该微生物及其培育方法在中国提出发明专利申请S4，并要求享有S1、S2和S3的优先权。S4申请中涉及的新微生物需要保藏。

5. （2010－85）金某应当自向国家知识产权局提出申请之日起2个月内或者收到受理通知书之日起15日内缴纳下列哪些费用？

    A. 优先权要求费

    B. 申请费

    C. 微生物保藏费

    D. 公布印刷费

6. （2010－86）关于S4申请中涉及的微生物样品的保藏，下列说法哪些是正确的？

    A. 金某应当最迟在2010年1月24日将该微生物样品提交保藏

    B. 金某应当将该微生物样品提交国家知识产权局认可的保藏单位保藏

    C. 金某应当最迟在2010年1月24日在请求书和说明书中写明该微生物的分类命名

    D. 金某应当最迟在2010年3月24日提交保藏证明和存活证明

7. （2010－87）在符合其他条件下，下列有关S4享有优先权的说法哪些是正确的？

    A. S4中的微生物仅能享有S1的优先权

    B. S4中的微生物仅能享有S3的优先权

    C. S4中的培育方法仅能享有S2的优先权

    D. S4中的培育方法仅能享有S3的优先权

8. （2010－88，有适应性修改）下列有关金某委托该专利代理事务所的说法哪些是正确的？

    A. 该事务所应当是国家知识产权局指定的专利代理机构

    B. 该事务所可以以其合伙人的名义与金某签订委托合同

    C. 金某可以要求该事务所必须派遣其指定的专利代理师承办代理业务

    D. 该事务所向国家知识产权局提交的委托书中应当写明委托权限

（2010－89～93）根据下述情形，完成2010－89～2010－93题。

甲的发明专利权授权公告时的权利要求书如下：

"1. 一种豆浆机，……

2. 根据权利要求1所述的豆浆机，……

3. 根据权利要求2所述的豆浆机，……

4. 根据权利要求1所述的豆浆机，……"

乙于2008年对甲的专利权提出无效宣告请求。专利复审委员会经审理后作出维持该专利权有效的决定，双方均未在法定期限内起诉。乙于2010年2月3日再次对该专利权提出无效宣告请求。专利复审委员会向双方当事人发出口头审理通知书，并告知口头审理的时间。回答下列问题。

9. （2010－89）下列哪些情形下，合议组成员应当回避或按照规定不再参加该案件的审查工作？

    A. 是当事人乙的哥哥

    B. 是甲发明专利在实质审查阶段的审查员

    C. 曾经参与审理请求宣告甲的其他专利权无效的案件

    D. 是乙针对该专利第一次提出无效宣告请求案的主审员

10. **（2010－90）**甲收到专利复审委员会转送的无效宣告请求书后，在规定期限提交修改的权利要求书。下列哪些修改方式是允许的？

A. 删除权利要求1，保留权利要求2、权利要求3、权利要求4

B. 保留权利要求3，删除权利要求1、权利要求2、权利要求4

C. 保留权利要求1、权利要求3，将权利要求2、权利要求4合并

D. 删除权利要求1，保留权利要求2，将权利要求3、权利要求4合并

11. **（2010－91）**针对专利复审委员会发出的口头审理通知书，下列哪些情形将导致无效宣告程序终止？

A. 乙未在口头审理通知书指定的期限内答复，且未参加口头审理，但专利复审委员会认为根据已进行的审查工作，能作出宣告专利权无效的决定

B. 甲提交了回执，但未参加口头审理

C. 乙主动撤回了其无效宣告请求，并且专利复审委员会认为根据已进行的审查工作，尚不能作出审查决定

D. 乙在口头审理通知书指定的期限内书面答复表示不参加口头审理

12. **（2010－92）**在甲采取仅删除权利要求的修改方式的情形下，乙提交下列哪些证据专利复审委员会不予考虑？

A. 乙于2010年3月2日补充提交的一份刊登在中文期刊上的文章

B. 乙在口头审理时补充提交的一份中文专利文献作为对比文件使用

C. 乙在口头审理时补充提交的中文版《机械设计手册》作为公知常识性证据使用

D. 乙在口头审理时，就其提出无效宣告请求时附具的美国专利文献提交中文译文

13. **（2010－93）**乙在规定期限内提交一份外文豆浆机说明书及其中文译文作为证据。甲认为该中文译文不准确，在指定的期限内另行提交其认为准确的中文译文。下列说法哪些是正确的？

A. 中文译文以甲提交的为准

B. 中文译文以合议组认为翻译更准确的那份为准

C. 双方当事人就委托翻译达成协议，专利复审委员会可以委托双方当事人认可的翻译单位进行翻译

D. 双方当事人就委托翻译达不成协议，专利复审委员会可以自行委托专业翻译单位进行翻译

（2010－94～100） 根据下述情形，完成2010－94～2010－100题。

成都的甲公司以邮寄的方式递交一件发明专利申请，其信封上的邮戳日为2008年4月7日，国家知识产权局于2008年4月10日收到该申请。该申请于2009年11月27日公布，并于2010年6月18日被公告授予专利权。广州的乙公司自2010年4月7日起在深圳制造与甲公司专利申请相同的产品，并将甲公司的专利申请号前加"ZL"字样标注于产品的包装上。丙公司在长沙销售乙公司的产品。乙公司和丙公司的行为一直持续到甲公司的专利授权后。甲公司2010年5月9日得知乙公司和丙公司的行为。

14. **（2010－94）**甲公司的发明专利权的期限何时届满？

A. 2028年4月7日

B. 2028年4月10日

C. 2029年11月27日

D. 2030年6月18日

15. **（2010－95，有适应性修改）**就乙公司和丙公司的行为，下列说法哪些是正确的？

A. 乙公司在2010年6月18日后的生产行为是假冒专利行为

B. 乙公司在2010年6月18日后的生产行为不是冒假专利行为

C. 丙公司在2010年6月18日后的销售行为是冒假专利行为

D. 丙公司在2010年6月18日前的销售行为不是专利侵权行为

右侧栏（每题）：
【你的答案】
【选错记录】

16. （2010－96，有适应性修改）甲公司就乙公司在 2010 年 6 月 18 日前的行为要求支付使用费的，诉讼时效何时届满？

    A. 2012 年 11 月 27 日

    B. 2013 年 4 月 7 日

    C. 2013 年 5 月 9 日

    D. 2013 年 6 月 18 日

【你的答案】

【选错记录】

17. （2010－97）甲公司欲就乙公司侵犯其专利权的行为起诉，下列哪些法院具有管辖权？

    A. 成都市中级人民法院

    B. 广州市中级人民法院

    C. 深圳市中级人民法院

    D. 长沙市中级人民法院

【你的答案】

【选错记录】

18. （2010－98）甲公司认为乙公司的制造行为如不及时制止，将会使其合法权益受到难以弥补的损害，遂向人民法院申请采取责令停止有关行为的措施。下列就甲公司提出的申请，哪些说法是正确的？

    A. 甲公司可以通过电子邮件向人民法院提交申请状

    B. 甲公司应当向人民法院提交授权通知书以证明其专利权真实有效

    C. 甲公司应当提交证明乙公司实施侵犯其专利权行为的证据

    D. 甲公司应当提供担保

【你的答案】

【选错记录】

19. （2010－99，有适应性修改）在甲公司诉乙公司侵犯其专利权的案件中，人民法院可以依照下列哪些方式确定乙公司的赔偿数额？

    A. 甲公司因乙公司的侵权行为所受到的实际损失能够确定的，可以依照该实际损失确定赔偿数额

    B. 乙公司因制造该产品而获得的利益能够确定的，可以依照乙公司因制造该产品而获得的利益确定赔偿数额

    C. 乙公司制造产品的数量能够确定的，以乙公司制造该产品的数量乘以甲公司销售其专利产品的价格为赔偿数额

    D. 乙公司制造产品的数量难以确定的，以丙公司销售该产品的数量乘以甲公司销售其专利产品的价格为赔偿数额

【你的答案】

【选错记录】

20. （2010－100）甲公司就丙公司 2010 年 6 月 18 日后的销售行为可以通过下列哪些途径维护自己的权益？

    A. 与丙公司进行协商

    B. 请求管理专利工作的部门处理

    C. 请求国务院专利行政部门处理

    D. 向人民法院提起诉讼

【你的答案】

【选错记录】

（二）参考答案解析

【1.（2010－1）解析】知识点：专利实施的强制许可、保密审查、专利权评价报告、发明专利的推广应用

A53 规定，有下列情形之一的，国务院专利行政部门根据具备实施条件的单位或者个人的申请，可以给予实施发明专利或者实用新型专利的强制许可……。根据该规定，除发明专利可以给予实施的强制许可外，还可以对实用新型专利给予实施的强制许可，因此选项 A 的说法错误。注意，强制许可制度并不适用外观设计专利。

A19.1 规定，任何单位或者个人将在中国完成的发明或者实用新型向外国申请专利的，应当事先报经国务院专利行政部门进行保密审查。保密审查的程序、期限等按照国务院的规定执行。根据该规定，向外国申请专利的，除发明专利申请需要进行保密审查外，实用新型专利申请也需要进行保密审查，因此选项 B 的说法错误。注意，外观设计的保护对象是产品的外形设计，不涉及技术方案，不可能涉及国家安全或者重大利益，因此将外观设计向外国申请专利无须进行保密审查。

根据 R62.1 的规定可知，除实用新型专利外，对外观设计专利也可以作出专利权评价报告，因此选项 C 的说法错

误。注意，专利权评价报告制度并不适用于发明专利，因为发明专利是经过实质审查才获得授权的，权利稳定性相对较高。

A49 规定，国有企业事业单位的发明专利，对国家利益或者公共利益具有重大意义的，国务院有关主管部门和省、自治区、直辖市人民政府报经国务院批准，可以决定在批准的范围内推广应用，允许指定的单位实施，由实施单位按照国家规定向专利权人支付使用费。根据该规定，只有发明专利才能由国务院批准推广应用，因此选项 D 的说法正确。对于实用新型专利和外观设计专利不适用推广应用。

综上所述，本题答案为 D。

【2.（2010－34）解析】知识点：同日申请声明、遗传资源披露、要求优先权声明、提前公布声明

根据 R47.2 的规定可知，同一申请人在同日（指申请日）对同样的发明创造既申请实用新型专利又申请发明专利的，应当在申请时分别说明对同样的发明创造已申请了另一专利；未作说明的，依照《专利法》第九条第一款关于同样的发明创造只能授予一项专利权的规定处理。根据上述规定，同一申请人就同样的发明创造同日分别提出发明专利申请和实用新型专利申请，应当在请求书中声明，即选项 A 符合题意。

根据 R29.2 的规定可知，就依赖遗传资源完成的发明创造申请专利的，申请人应当在请求书中予以说明，并填写国务院专利行政部门制定的表格。由此可知，申请专利的发明创造是依赖遗传资源完成的，应当在请求书中予以说明，即选项 B 符合题意。

G－1－1－6.2.1.2 关于"要求优先权声明"中规定，申请人要求优先权的，应当在提出专利申请的同时在请求书中声明；未在请求书中提出声明的，视为未要求优先权。由此可知，要求优先权的，应当在请求书中声明，即选项 C 符合题意。

R52 规定，申请人请求早日公布其发明专利申请的，应当向国务院专利行政部门声明……。根据该规定，申请人请求早公布其发明专利申请，既可以在提出专利申请的同时提出，也可以在提出专利申请后提出，因此"要求提前公布发明专利申请"，并不是一定要在请求书中予以声明。如果在提出专利申请后才提出，则是专门提交一份请求早日公布的声明而不是在请求书中声明。因此，选项 D 不符合题意。

综上所述，本题答案为 A、B、C。

【3.（2010－35）解析】知识点：涉及遗传资源的专利申请、向外申请的保密审查、国防专利申请的审查和授权、外观设计专利申请的授权条件

A5.2 规定，对违反法律、行政法规的规定获取或者利用遗传资源，并依赖该遗传资源完成的发明创造，不授予专利权。根据该规定，选项 A 的说法是正确的。

A19.1 规定，任何单位或者个人将在中国完成的发明或者实用新型向外国申请专利的，应当事先报经国务院专利行政部门进行保密审查。根据该规定，选项 B 的说法是正确的。

R7.1 规定，专利申请涉及国防利益需要保密的，由国防专利机构受理并进行审查；国务院专利行政部门受理的专利申请涉及国防利益需要保密的，应当及时移交国防专利机构进行审查。经国防专利机构审查没有发现驳回理由的，由国务院专利行政部门作出授予国防专利权的决定。根据该规定，选项 C 的说法错误，因为授权决定仍然是国务院专利行政部门作出的。

A23.2 规定，授予专利权的外观设计与现有设计或者现有设计特征的组合相比，应当具有明显区别。根据该规定，选项 D 的说法是正确的。

综上所述，本题答案为 A、B、D。

【4.（2010－54）解析】知识点：涉及遗传资源的申请、对同样的发明创造的处理、向外国申请专利、职务发明

A5.2 规定，对违反法律、行政法规的规定获取或者利用遗传资源，并依赖该遗传资源完成的发明创造，不授予专利权。根据该规定，申请专利的发明是依赖遗传资源完成的，但该遗传资源的利用违反行政法规，是不能授予专利权的，即选项 A 符合题意。

A9.1 规定，同样的发明创造只能授予一项专利权。但是，同一申请人同日对同样的发明创造既申请实用新型专利又申请发明专利，先获得的实用新型专利权尚未终止，且申请人声明放弃该实用新型专利权的，可以授予发明专利权。根据该规定，对于同一申请人同日对同样的发明创造既申请实用新型专利又申请发明专利，如果申请人不声明放弃该实用新型专利权的，则不能授予发明专利权，故选项 B 符合题意。注意该选项 B 暗含的意思是，发明专利申请拟授权的权利要求书与实用新型专利的权利要求书构成重复授权的情形。如果两者虽然同日申请，但发明专利申请拟授权的权利要求书与实用新型专利的权利要求书不存在保护相同的权利要求，即不构成重复授权，则即使申请人不放弃实用新型专利权，发明专利申请也可以获得授权。

A19.1 规定，任何单位或者个人将在中国完成的发明或者实用新型向外国申请专利的，应当事先报经国务院专利行

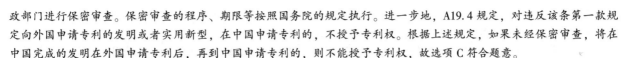

政部门进行保密审查。保密审查的程序、期限等按照国务院的规定执行。进一步地，A19.4规定，对违反该条第一款规定向外国申请专利的发明或者实用新型，在中国申请专利的，不授予专利权。根据上述规定，如果未经保密审查，将在中国完成的发明在外国申请专利后，再到中国申请专利的，则不能授予专利权，故选项C符合题意。

A6.1规定，执行本单位的任务或者主要是利用本单位的物质技术条件所完成的发明创造为职务发明创造。职务发明创造申请专利的权利属于该单位；申请被批准后，该单位为专利权人。但是，R44和R53分别规定了初步审查和发明专利申请实质审查驳回的范围，但均不涉及《专利法》第六条规定的申请人资格问题。因此，对于职务发明的发明人私自将其作出的发明以自己名义申请专利的情形，如果满足授权条件，并不会因此影响申请的授权，因此选项D不符合题意。注意，这种情况下，如果真正的申请人即发明人所在的单位没有向专利局提出异议，则专利局默认填写的申请人有权申请专利；但如果发明人所在的单位向专利局提出异议，则存在专利申请权的权利纠纷，则该申请程序可能中止，最终如果符合授权条件仍然会授予专利权，并不会受此影响。

综上所述，本题答案为A、B、C。

【5.（2010－85）解析】知识点：费用的种类、缴费期限

R112规定，申请人应当自申请日起2个月内或者在收到受理通知书之日起15日内缴纳申请费、公布印刷费和必要的申请附加费；期满未缴纳或者未缴足的，其申请视为撤回。申请人要求优先权的，应当在缴纳申请费的同时缴纳优先权要求费；期满未缴纳或者未缴足的，视为未要求优先权。根据上述规定，金某的专利申请应当缴纳申请费和公布印刷费，同时要求优先权，还需缴纳优先权要求费，因此选项A、B、D符合题意。对于选项C所述的微生物保藏费，并不是国家知识产权局专利局收取而是由保藏机构收取的，即专利局规定的费用中没有微生物保藏费这一种类，故选项C不符合题意。

综上所述，本题答案为A、B、D。

【6.（2010－86）解析】知识点：提交生物材料样品保藏的期限、提交保藏证明和存活证明的期限

R27规定："申请专利的发明涉及新的生物材料，该生物材料公众不能得到，并且对该生物材料的说明不足以使所属领域的技术人员实施其发明的，除应当符合专利法和本细则的有关规定外，申请人还应当办理下列手续：（一）在申请日前或者最迟在申请日（有优先权的，指优先权日），将该生物材料的样品提交国务院专利行政部门认可的保藏单位保藏，并在申请时或者最迟自申请日起4个月内提交保藏单位出具的保藏证明和存活证明；期满未提交证明的，该样品视为未提交保藏。（二）在申请文件中，提供有关该生物材料特征的资料。（三）涉及生物材料样品保藏的专利申请应当在请求书和说明书中写明该生物材料的分类命名（注明拉丁文名称）、保藏该生物材料样品的单位名称、地址、保藏日期和保藏编号；申请时未写明的，应当自申请日起4个月内补正；期满未补正的，视为未提交保藏。"

上述规定中，对于生物材料的样品的保藏时间是申请日前或者最迟在申请日（有优先权的，指优先权日），且必须是至国家知识产权局认可的保藏单位进行保藏，而提交保藏单位出具的保藏证明和存活证明的时间是申请时或者最迟自申请日（是实际申请日，不是优先权日）起4个月内，如果放弃享有优先权，则最迟于实际申请日提交保藏。题中，S4申请的申请日为2009年11月24日，能够享有的最早优先权日为2009年6月29日（但最早优先权日是2008年9月29日，超出12个月期限），因此其应当在2009年6月29日或之前向国务院专利行政部门认可的保藏单位提交保藏微生物样品。如果放弃享有的优先权日，则提交保藏微生物样品的时间则不晚于申请日2009年11月24日；而提交保藏证明和存活证明最迟应当自申请日2009年11月24日起的4个月内即2010年3月24日前提交。据此，选项A所述时间显晚于其享有的优先权日，也晚于实际申请日，因此无论如何都不符合相关规定，即选项A的说法错误。选项B的说法正确。选项D的说法正确。

选项C的说法错误，因为根据上述规定，其申请时应当在请求书和说明书中写明该生物材料的分类命名（注明拉丁文名称）；如果申请时未写明，应当自申请日起4个月内补正即最晚可于申请日2009年11月24日起的4个月内（即2010年3月24日）前补正（而选项C中的最迟时间2010年1月24日是从申请日起的2个月内）。

综上所述，本题答案为B、D。

【7.（2010－87）解析】知识点：优先权

G－2－3－4.1.1关于"享有外国优先权的条件"中规定，享有外国优先权的专利申请应当满足以下条件：（1）申请人就相同主题的发明创造在外国第一次提出专利申请（以下简称外国首次申请）后又在中国提出专利申请（以下简称中国在后申请）。（2）就发明和实用新型而言，中国在后申请之日不得迟于外国首次申请之日起12个月。根据《专利法实施细则》第三十六条规定恢复优先权的除外。（3）申请人提出首次申请的国家或者政府间组织应当是同中国签有协议或者共同参加国际条约，或者相互承认优先权原则的国家或者政府间组织……。

题中，S4申请的申请日是2009年11月24日，作为优先权基础的S1申请的申请日为2008年9月29日，则S4的申请日是跟该日期已超出上述规定的12个月期限，因此S4中的微生物不能享有S1的优先权，即选项A的说法错误。

作为优先权基础的S3申请，由于其两个主题即该微生物及其培育方法，均不是首次申请（微生物的首次申请是

S1，其培育方法的首次申请为 S2)，故不符合上述第 (1) 点中关于外国首次申请的规定，即 S4 不能享有 S3 申请两个主题的优先权，因此选项 B 的说法错误，选项 D 的说法也是错误的。

作为优先权基础的 S2 申请，申请日为 2009 年 6 月 29 日，S4 的申请时是在该日期起的 12 个月内，该 S2 申请的主题是该微生物的培育方法，属于首次申请，且韩国明显同中国共同参加了国际条约，因此 S2 申请作为优先权的基础符合上述规定所有条件，即选项 C 的说法正确。

综上所述，本题答案为 C。

【8.（2010-88）解析】知识点：委托专利代理

A18.1 规定，在中国没有经常居所或者营业所的外国人、外国企业或者外国其他组织在中国申请专利和办理其他专利事务的，应当委托依法设立的专利代理机构办理。根据该规定，当事人只要委托依法设立的专利代理机构办理即可，而不是国家知识产权局指定的专利代理机构，故选项 A 的说法错误。注意，在《专利法》实施的早期阶段，国家知识产权局确实指定了涉外专利代理机构，但早已取消该规定，即国家知识产权局不再指定任何专利代理机构。

《专利代理条例》第二条规定，该条例所称专利代理，是指专利代理机构接受委托，以委托人的名义在代理权限范围内办理专利申请、宣告专利权无效等专利事务的行为。根据上述规定，只有专利代理机构可以接受委托人的委托，因此该事务所不能以其合伙人的名义与金某签订委托合同，即选项 B 的说法错误。

《专利代理条例》第十四条第二款规定，专利代理机构应当指派在该机构执业的专利代理师承办专利代理业务，指派的专利代理师本人及其近亲属不得与其承办的专利代理业务有利益冲突。根据该规定，是专利代理机构指派在该机构执业的专利代理师承办专利代理业务，并非必须是委托人指定的专利代理师承办代理业务。而且有时委托人指定的专利代理师也可能需要回避等情况的发生，因此选项 C 的说法错误。注意，在《专利代理条例》2018 年修改之前确实有"指派委托人指定专利代理人承办专利代理业务"这种规定，但修改后的条例对此进行了修订。

R17.2 规定，申请人委托专利代理机构向国务院专利行政部门申请专利和办理其他专利事务的，应当同时提交委托书，写明委托权限。因此，选项 D 的说法是正确的。

综上所述，本题答案为 D。

【9.（2010-89）解析】知识点：回避制度

R42 规定："在初步审查、实质审查、复审和无效宣告程序中，实施审查和审理的人员有下列情形之一的，应当自行回避，当事人或者其他利害关系人可以要求其回避：（一）是当事人或者其代理人的近亲属的；（二）与专利申请或者专利权有利害关系的；（三）与当事人或者其代理人有其他关系，可能影响公正审查和审理的；（四）复审或者无效宣告程序中，曾参与原申请的审查的。"

题中，合议组是当事人乙的哥哥，属于其近亲属，故其不能参加该案件的审查工作，即选项 A 符合题意。甲是该发明专利在实质审查阶段的审查员，属于上述规定第（四）点所述曾参与原申请的审查的，因此甲不能参加该案件的审查工作，即选项 B 符合题意。

根据 G-4-1-3.1 关于"合议组的组成"中的规定可知，复审和无效审理部作出维持专利权有效或者宣告专利权部分无效的审查决定以后，同一请求人针对该审查决定涉及的专利权以不同理由或者证据提出新的无效宣告请求的，作出原审查决定的主审员不再参加该无效宣告案件的审查工作。根据该规定，乙针对该专利第一次提出无效宣告请求案的主审员不能参加该案件的审查工作，即选项 D 符合题意。而选项 C 中，由于是合议组成员曾经参与审理请求宣告甲的其他专利权无效的案件，并不是同一专利的无效案件，因此并不属于上述规定应当回避的情形，即选项 C 不符合题意。

综上所述，本题答案为 A、B、D。

【10.（2010-90）解析】知识点：无效宣告程序中专利文件的修改

根据 G-4-3-4.6.2 关于"修改方式"的规定可知，修改权利要求书的具体方式一般限于权利要求的删除、技术方案的删除、权利要求的进一步限定、明显错误的修正。权利要求的删除是指从权利要求书中去掉某项或者某些项权利要求，例如独立权利要求或者从属权利要求。技术方案的删除是指从同一权利要求中并列的两种以上技术方案中删除一种或者一种以上技术方案。权利要求的进一步限定是指在权利要求中补入其他权利要求中记载的一个或者多个技术特征，以缩小保护范围。

题中，选项 A 和选项 B 中的修改方式都是删除权利要求，因此其修改是允许的，符合题意。选项 C 中，将权利要求 2 和权利要求 4 进行合并，实际上相当于将权利要求 4 的附加技术特征补入权利要求 2 中，缩小了权利要求 2 的保护范围，属于上述权利要求的进一步限定的修改方式，因此这种修改方式是允许，即选项 C 符合题意。选项 D 中，删除独立权利要求 1 属于删除权利要求的修改方式，而将从属权利要求 3、从属权利要求 4 合并实际上是在权利要求 3 中补入权利要求 4 的附加技术特征，属于对权利要求进一步限定的修改方式，是允许的，即选项 D 符合题意。

综上所述，本题答案为 A、B、C、D。

【11. (2010－91) 解析】知识点：无效宣告程序的终止

G－4－3－8关于"无效宣告程序的终止"中规定，……请求人未在指定的期限内答复口头审理通知书，并且不参加口头审理，其无效宣告请求被视为撤回，无效宣告程序终止，但合议组根据已进行的审查工作能够作出宣告专利权无效或者部分无效的决定的除外……。题中，乙作为请求人虽然未在口头审理通知书指定的期限内答复，且未参加口头审理，但根据上述规定，如果根据已进行的审查工作，能作出宣告专利权无效的决定，则也不会导致无效宣告程序终止，专利复审委员会将仍然会作出宣告专利权无效的决定，选项A不符合题意。

R74.3的规定可知，无效宣告请求人对国务院专利行政部门发出的口头审理通知书在指定的期限内未作答复，并且不参加口头审理的，其无效宣告请求视为撤回；专利权人不参加口头审理的，可以缺席审理。题中，甲是专利权人，不参加口头审理，根据上述规定，可以缺席审理，不会导致无效宣告程序终止，因此选项B不符合题意。注意，即使专利权人未提交回执，也不会导致无效宣告程序终止。对于请求人乙来说，只有对口头审理通知书既未作答复，也不参加口头审理的，才会导致无效宣告请求视为撤回，而如果提交了回执（即使表示不参加口头审理），或者不交回执但参加口头审理都不会导致无效宣告请求视为撤回。因此，选项D中，乙在口头审理通知书指定的期限内书面答复表示不参加口头审理，不会导致无效宣告程序终止，因而不符合题意。

根据G－4－3－8作出关于"无效宣告程序的终止"中的规定可知，请求人在无效宣告请求审查决定作出之前，撤回其无效宣告请求的，无效宣告程序终止，但合议组认为根据已进行的审查工作能够作出宣告专利权无效或者部分无效的决定的除外。根据上述规定，如果请求人撤回其无效宣告请求，而专利复审委员会认为根据已进行的审查工作，尚不能作出审查决定，则无效宣告程序终止，故选项C符合题意。

综上所述，本题答案为C。

【12. (2010－92) 解析】知识点：无效宣告程序中的当事人举证

参见本章第二节8. (2011－97) 解析，依据G－4－3－4.3.1关于"请求人举证"的规定，选项A中，乙的证据是在提出无效宣告请求之日起一个月内提交的，因此选项A中证据应当予以考虑，即选项A不符合题意。

选项B，乙提交的并不是公知常识性证据（同时，必然超出提出无效宣告请求之日起一个月内的期限），故应当不予考虑，选项B符合题意。注意，在口头审理辩论终结前，只能提交技术词典、技术手册和教科书等所属技术领域中的公知常识性证据或者用于完善证据法定形式的公证文书、原件等证据，才应当予以考虑。进而，选项C中，乙提交的证据是作为公知常识性证据使用的，根据上述规定，应当予以考虑，即选项C不符合题意。

根据上述规定，对于外文证据的中文译文的期限适用该证据的举证期限，而选项D中，乙提交的证据必然超出提出无效宣告请求之日起一个月内的举证期限，故不予考虑该证据，即选项D符合题意。

综上所述，本题答案为B、D。

【13. (2010－93) 解析】知识点：无效宣告程序中外文证据的翻译、中文译文的提交

根据G－4－8－2.2.1关于"外文证据的提交"中的规定可知，对中文译文出现异议时，双方当事人就异议部分达成一致意见的，以双方最终认可的中文译文为准。双方当事人未就异议部分达成一致意见的，必要时，合议组可以委托翻译。双方当事人就委托翻译达成协议的，专利复审委员会可以委托双方当事人认可的翻译单位进行全文、所使用部分或者有异议部分的翻译。双方当事人就委托翻译达不成协议的，专利复审委员会可以自行委托专业翻译单位进行翻译。委托翻译所需翻译费用由双方当事人各承担50%；拒绝支付翻译费用的，视为其承认对方当事人提交的中文译文正确。

题中，甲认为该中文译文不准确，因此双方对中文译文出现异议。根据上述规定，双方当事人就异议部分达成一致意见的，以双方最终认可的中文译文为准，因而不能直接以甲提交的中文译文为准（即选项A的说法错误），也不是直接以合议组认为翻译更准确的那份译文为准（即选项B的说法错误）。

根据上述规定，双方当事人就委托翻译达成协议的，专利复审委员会可以委托双方当事人认可的翻译单位进行翻译（即选项C的说法正确）。而如果双方当事人就委托翻译达不成协议的，专利复审委员会可以自行委托专业翻译单位进行翻译（即选项D的说法正确）。

综上所述，本题答案为C、D。

【14. (2010－94) 解析】知识点：申请日的确定、专利权的保护期限

A28规定，国务院专利行政部门收到专利申请文件之日为申请日。如果申请文件是邮寄的，以寄出的邮戳日为申请日。题中，甲公司寄出发明专利申请的邮戳日为2008年4月7日，就是申请日（注意申请日不是专利局收到日2008年4月10日）。根据A42的规定可知，发明专利权的期限自申请日起计算。据此可知，甲公司的发明专利权的期限应当自申请日2008年4月7日起20年即在2028年4月7日届满，因此选项A符合题意。

综上所述，本题答案为A。

【15.(2010－95)解析】知识点：假冒专利行为、专利侵权行为

R101.1规定："下列行为属于专利法第六十八条规定的假冒专利的行为：

(一) 在未被授予专利权的产品或者其包装上标注专利标识，专利权被宣告无效后或者终止后继续在产品或者其包装上标注专利标识，或者未经许可在产品或者产品包装上标注他人的专利号；

(二) 销售第 (一) 项所述产品；

(三) 在产品说明书等材料中将未被授予专利权的技术或者设计称为专利技术或者专利设计，将专利申请称为专利，或者未经许可使用他人的专利号，使公众将所涉及的技术或者设计误认为是专利技术或者专利设计；

(四) 伪造或者变造专利证书、专利文件或者专利申请文件；

(五) 其他使公众混淆，将未被授予专利权的技术或者设计误认为是专利技术或者专利设计的行为。

乙公司将甲公司的专利申请号前加"ZL"字样标注于产品的包装上，丙公司的销售所述产品的行为，两者的行为在2010年6月18日前是将尚未授权的专利申请标为专利，构成假冒专利行为；而在2010年6月18日之后则构成未经许可使用他人的专利号的行为，也属于假冒专利行为。因此，选项A、C的说法正确，而选项B的说法错误。

根据A74.2的规定可知，对于发明专利申请公布前，乙公司生产、丙公司销售相关产品的，不构成专利侵权行为，即选项D的说法正确。注意，乙公司和丙公司的上述行为如果在2010年6月18日后仍然继续进行，则构成侵权行为。

综上所述，本题答案为A、C、D。

【16.(2010－96)解析】知识点：专利侵权诉讼时效

A74.2规定，发明专利申请公布后至专利权授予前使用该发明未支付适当使用费的，专利权人要求支付使用费的诉讼时效为3年，自专利权人得知或者应当得知他人使用其发明之日起计算，但是，专利权人于专利权授予之日前即已得知或者应当得知的，自专利权授予之日起计算。题中，甲公司的专利于2010年6月18日被公告授予专利权，虽然甲公司得知乙公司行为的时间为2010年5月9日，早于专利的授权日，但根据上述规定，诉讼时效仍然自专利权授予之日2010年6月18日 (授权公告日) 起计算的3年，即于2013年6月18日届满，因此选项D符合题意。

综上所述，本题答案为D。

【17.(2010－97)解析】知识点：专利侵权诉讼的地域管辖

《最高人民法院关于审理专利纠纷案件适用法律问题的若干规定》第二条第一款规定，因侵犯专利权行为提起的诉讼，由侵权行为地或者被告住所地人民法院管辖。第五条第二款规定，侵权行为地包括：被诉侵犯发明、实用新型专利的产品的制造、使用、许诺销售、销售、进口等行为实施地；专利方法使用行为的实施地，依照该专利方法直接获得的产品的使用、许诺销售、销售、进口行为的实施地；外观设计专利产品的制造、许诺销售、销售、进口等行为的实施地；假冒他人专利的行为实施地。上述侵权行为的侵权结果发生地。进一步地，第三条第一款规定，原告仅对侵权产品制造者提起诉讼，未起诉销售者，侵权产品制造地与销售地不一致的，制造地人民法院有管辖权；以制造者与销售者为共同被告起诉的，销售地人民法院有管辖权。

题中，甲公司仅就侵权产品制造者即乙公司起诉，而乙公司所在地为广州市，而其在深圳市制造，即侵犯专利权的行为发生地为深圳市，根据相关规定，被告乙所在地 (即广州市中级人民法院) 和侵权行为地 (即深圳市中级人民法院) 都具有管辖权，选项B和选项C符合题意。而选项A中，甲公司所在地的成都市中级人民法院不具有管辖权；选项D是销售者丙公司销售侵权产品的行为发生地长沙市的人民法院，但甲公司并没有起诉丙公司，因此长沙市中级人民法院不具有管辖权。

综上所述，本题答案为B、C。

【18.(2010－98)解析】知识点：专利侵权行为的诉前停止

《最高人民法院关于审查知识产权纠纷行为保全案件适用法律若干问题的规定》第四条规定："向人民法院申请行为保全，应当递交申请书和相应证据。申请书应当载明下列事项：(一) 申请人与被申请人的身份、送达地址、联系方式；(二) 申请采取行为保全措施的内容和期限；(三) 申请所依据的事实、理由，包括被申请人的行为将会使申请人的合法权益受到难以弥补的损害或者造成案件裁决难以执行等损害的具体说明；(四) 为行为保全提供担保的财产信息或资信证明，或者不需要提供担保的理由；(五) 其他需要载明的事项。"

2021年，最高人民法院建立人民法院网上保全系统，当事人可以通过人民法院网上保全系统提交保全申请。

根据上述规定，如果甲公司认为对乙公司的制造行为如不及时制止，将会使其合法权益受到难以弥补的损害，则甲公司可以线上或线下提交保全申请，而不能通过电子邮件向人民法院提交申请书，即选项A的说法错误。

根据上述规定，授权通知书不能证明其专利权真实有效，不属于相关证据，因此选项B的说法错误；甲公司应当提交证明乙公司实施侵犯其专利权行为的证据，即选项C的说法正确。

根据上述若干规定的第十一条第一款规定，申请人申请行为保全的，应当依法提供担保。因此，选项D的说法

正确。

综上所述，本题答案为 C、D。

【19. (2010 - 99) 解析】知识点：侵权赔偿数额的计算

A71.1 规定，侵犯专利权的赔偿数额按照权利人因被侵权所受到的实际损失或者侵权人因侵权所获得的利益确定；权利人的损失或者侵权人获得的利益难以确定的，参照该专利许可使用费的倍数合理确定……。因此，权利人因被侵权所受到的实际损失能够确定的，可以依据该实际损失确定赔偿数额（选项 A 的说法正确），而如果侵权人因侵权所获利益能够确定，也可以按照侵权人因侵权所获得的利益确定赔偿数额（选项 B 的说法正确）。

《最高人民法院关于审理专利纠纷案件适用法律问题的若干规定》第十四条第一款规定，《专利法》第 65 条❶规定的权利人因被侵权所受到的实际损失可以根据专利权人的专利产品因侵权所造成销售量减少的总数乘以每件专利产品的合理利润所得之积计算。权利人销售量减少的总数难以确定的，侵权产品在市场上销售的总数乘以每件专利产品的合理利润所得之积可以视为权利人因被侵权所受到的损失。根据上述规定，侵权赔偿数额的确定与乙公司制造产品的数量没有直接关系，而是权利人销售量减少的总数，或者侵权产品在市场上销售的总数有关，因此选项 C 的说法错误。

进一步地，上述若干规定第十四条第二款规定，《专利法》第 65 条❷规定的侵权人因侵权所获得的利益可以根据该侵权产品在市场上销售的总数乘以每件侵权产品的合理利润所得之积计算。侵权人因侵权所获得的利益一般按照侵权人的营业利润计算，对于完全以侵权为业的侵权人，可以按照销售利润计算。根据该规定，侵权赔偿数额的确定并不是直接以侵权产品销售数量乘以甲公司销售其专利产品的价格来计算，而乘以每件侵权产品的合理利润所得来计算的。因此，选项 D 的说法是错误的。

综上所述，本题答案为 A、B。

【20. (2010 - 100) 解析】知识点：专利侵权救济途径

A65 规定，未经专利权人许可，实施其专利，即侵犯其专利权，引起纠纷的，由当事人协商解决；不愿协商或者协商不成的，专利权人或者利害关系人可以向人民法院起诉，也可以请求管理专利工作的部门处理……。

根据上述规定甲公司既可以与丙公司协商解决，可以直接向人民法院提起诉讼，也可以请求地方人民政府管理专利工作的部门处理。因此，选项 A、B、D 符合题意。国务院专利行政部门也就是国家知识产权局，只可以应专利权人或者利害关系人的请求才处理全国重大影响的专利侵权纠纷案件，题目情形不属于全国重大影响的专利侵权纠纷。因此选项 C 不符合题意。

综上所述，本题答案为 A、B、D。

（三）参考答案

1. D	2. A、B、C	3. A、B、D	4. A、B、C	5. A、B、D
6. B、D	7. C	8. D	9. A、B、D	10. A、B、C、D
11. C	12. B、D	13. C、D	14. A	15. A、C、D
16. D	17. B、C	18. C、D	19. A、B	20. A、B、D

---

❶ 《专利法》第四次修改后改为第七十一条。
❷ 《专利法》第四次修改后改为第七十一条。